总主编　刘春田

◎21世纪知识产权系列教材

著作权法（第二版）

王　迁　著

中国人民大学出版社
·北京·

图书在版编目（CIP）数据

著作权法/王迁著．--2版．--北京：中国人民大学出版社，2023.2
21世纪知识产权系列教材
ISBN 978-7-300-31322-1

Ⅰ.①著… Ⅱ.①王… Ⅲ.①著作权法-中国-高等学校-教材 Ⅳ.①D923.41

中国国家版本馆CIP数据核字（2023）第004674号

21世纪知识产权系列教材
总主编　刘春田
著作权法（第二版）
王　迁　著
Zhuzuoquanfa

出版发行	中国人民大学出版社		
社　　址	北京中关村大街31号	邮政编码	100080
电　　话	010－62511242（总编室）		010－62511770（质管部）
	010－82501766（邮购部）		010－62514148（门市部）
	010－62515195（发行公司）		010－62515275（盗版举报）
网　　址	http：//www.crup.com.cn		
经　　销	新华书店		
印　　刷	北京密兴印刷有限公司	版　　次	2015年3月第1版
开　　本	787 mm×1092 mm　1/16		2023年2月第2版
印　　张	38　插页1	印　　次	2024年5月第3次印刷
字　　数	886 000	定　　价	98.00元

作者简介

王迁，华东政法大学教授、博士研究生导师、校学术委员会副主任委员。入选“万人计划”哲学社会科学领军人才、教育部长江学者奖励计划青年学者项目、国家“百千万人才工程”并被授予“有突出贡献中青年专家”称号。获评第九届全国杰出青年法学家、文化名家暨“四个一批”人才、“全国知识产权保护最具影响力人物”、“全国知识产权领军人才”、“中国版权卓越成就者”、“全国优秀教师”和“上海市先进工作者”；享受国务院政府特殊津贴；获得上海市五一劳动奖章、霍英东青年教师奖一等奖。

兼任中国版权协会副理事长和中国法学会知识产权法学研究会常务理事；是北京市高级人民法院、上海市人民检察院和上海知识产权法院等多家法院和检察院的咨询专家，是《著作权法》第三次修改专家委员会成员；在世界知识产权组织2012年《视听表演北京条约》和2013年《马拉喀什条约》外交会议中，任“起草委员会”成员和中国代表团成员。

主持国家社会科学基金重大项目等多项国家社会科学基金课题和教育部课题、司法部课题和上海市哲学社会科学规划课题等省部级课题，以及国家版权局、文化部等部委委托的大量课题。独著《网络著作权专有权利研究》《版权法对技术措施的保护与规制研究》《网络环境中的著作权保护研究》《〈视听表演北京条约〉释义》《论“基因歧视”及其法律对策》，在《中国法学》《法学研究》等学术刊物上发表学术论文和评论百余篇。研究成果曾获教育部高等学校科学研究优秀成果二等奖、中国法学优秀成果奖、上海市哲学社会科学优秀成果奖和钱端升法学研究成果奖。

修订说明

本教材第二版与第一版的出版时间相距长达 8 年，这是笔者自己也未曾想到的。2015 年本教材第一版出版时，笔者曾经以为修订指日可待。这是因为早在 2011 年国家版权局就启动了《著作权法》第三次修改工作，国家版权局起草完成修改稿后，经过两次公开征求意见和多次的内部研讨后，向当时的国务院法制办公室提交了修改草案送审稿。国务院法制办公室又于 2014 年对其公开征求意见。当时笔者乐观地觉得《著作权法》的第三次修改指日可待，《著作权法实施条例》和《信息网络传播权保护条例》也很快会随之修改，本书在上述修改完成之后也会出版第二版，因此第一版不会使用多长时间。

然而未曾想到《著作权法》直至 2020 年 11 月才完成第三次修改。此后笔者一直在关注和等待《著作权法实施条例》和《信息网络传播权保护条例》的修改，因为这两个条例，特别是前者，会对《著作权法》中较为原则、抽象的规则进行细化和补充，其新的规定对于著作权法教材而言是极为重要的。但是，2020 年修改的《著作权法》留下了许多疑难和有争议的问题，比如该法第 17 条将视听作品区分为“电影作品、电视剧作品”和“其他视听作品”，同时又对这两类视听作品规定了不同的著作权归属规则：前者的著作权由制作者享有，后者的著作权由约定确定，无约定或约定不明时才归属于制作者。问题在于：“电影作品、电视剧作品”与“其他视听作品”的划分标准是什么？《著作权法》本身没有作出规定，修法过程中形成的报告或说明也没有提及。估计立法者寄希望于《著作权法实施条例》作出明确规定。然而，对视听作品的这种分类在全世界是独一无二的，没有其他任何一个国家或地区的规定可资参考，估计《著作权法实施条例》的制定者也对此头痛不已。因此，在 2020 年修订后的《著作权法》颁布两年多之后，该条例的修订仍未完成。然而知识产权专业的同学们需要使用更新后的著作权法教材，笔者觉得实在不能再等下去了。未能纳入修改后的两个新条例的内容，当然是本次修订的缺憾，但其第二版至少比根据 2020 年修改之前的《著作权法》撰写的第一版更适合教学和学习之用。

本教材第二版与第一版的出版时间相距较远，其间除《著作权法》经历了较大修改之外，中外司法实践中也出现了许多具有代表性、典型性的案件，其中有些还引发了较大的争议，这些发展都需要反映在修订后的教材之中。因此本次修订的幅度是比较大的，增加和替换了相当多的内容，基本反映了目前学术界和实务界的最新进展和前沿问题。希望本教材能使读者既领略著作权法的精妙，也能理解它的复杂，从而产生学习和研究著作权法的兴趣。当然，本教材一定还有许多问题和不足，在此也恳请读者不吝赐教，使本教材在今后的修订中日趋完善。

王　迁

2022 年 12 月于上海

撰写说明

今年是笔者在华东政法大学为本科生开设“著作权法”课程的第十个年头。十年的教学经历使笔者认识到：著作权法的规则非常复杂，特别是它与很多人的习惯做法和直观感受有相当大的差距，初学者要入门着实不易。例如，出于朴素的正义观，初学者很难理解为什么故意购买盗版书阅读和出租盗版书并非侵权行为。尽管如此，由于著作权法在许多方面与人们的日常生活关系密切，一些涉及著作权的纠纷和事件经常出现在新闻报道中。如果引导得当，就能激发学生探索的热情。同时，著作权法中又存在许多疑难问题，且随着技术的发展，新问题层出不穷，其中不少并非中国独有，是世界各国共同面对的问题。这就为学生研究著作权法，包括进行比较研究，提供了一片广阔的天地。而要让学生领略著作权法的魅力，教材是重要的一环。笔者结合自己的教学心得和研究体会，在撰写这本教材时做了如下尝试：

首先，注意将国际条约融入各章节的内容。

我国著作权立法中的许多条文都直接来源于国际条约，同时对条文的解释也不能背离国际条约，因此学习国际条约，对于理解和解释我国著作权法十分重要。本教材在讲解著作权法中的规则时，尽量结合它们在国际条约中的起源和背景，力求使读者获得对相关条文更深入的理解。例如，在了解了《伯尔尼公约》的相关规定和权威解释之后，读者就会发现，《著作权法》对广播权的定义中，“以有线传播或者转播的方式向公众传播广播的作品”并不是指“以有线方式”进行的“传播或转播”，而是指“有线传播或者（无线）转播”。同样，读者也会认识到，对于《著作权法》规定的“为报道时事新闻，在报纸、期刊、广播电台、电视台等媒体中，以及在向通过网络向公众提供的作品中不可避免地再现或者引用已发表的作品”，其中的“不可避免”不能根据字面意思理解为“如果没有，就无法报道”。

在“著作权的主体”和“邻接权”两章中，本教材以较为新颖的方法讲解了国际条约与我国著作权法及司法实践的关系。对于初学者经常忽略或误解的问题，如“国民待遇”的真实含义，国际著作权条约与国际邻接权条约中“国民待遇”的不同范围等，进行了重点讲解。例如，我国加入的《与贸易有关的知识产权协定》仅为广播组织规定了以无线方式转播其广播的权利，但我国《著作权法》为广播组织规定的转播权可以控制通过有线电缆进行的转播，那么总部设在其他《与贸易有关的知识产权协定》协约方的广播电台、电视台，在我国能否享有通过有线电缆转播其广播的权利？对类似这样的问题，恐怕不是仅靠了解“国民待遇”的字面含义就能作出正确回答的。

其次，“寓教于案”。

著作权法中的许多规则非常复杂，但法律条文相对简单和原则。而通过实际发生的案例，不仅可以发现隐藏在法律条文背后的诸多问题，还可以了解立法原意以及法官运用的分析、推理和法律解释方法，从而对法律规则产生更为深入的理解，并掌握其适用方法。因此，本教材选择了较多既有典型性，又具有易读性和趣味性的案例。同时，每一章之后的“问题与思考”也多采用案例形式，促使读者对相关问题作进一步思考。例如，阅读了“法蓝瓷工艺产品案”和“《曼哈顿的印第安人》绘画案”（第二章第四节），读者就容易理解美术作品是“造型艺术作品”的真实含义。而将两案与该章思考题中的“电影宣传画案”（第9题）和“麦当劳卡通形象案”（第10题）相比较，读者就会发现，应用不同的标准判断作品之间的实质性相似，会得出大相径庭的结论。对于哪种标准更为合理，读者也会产生直观的感受。

最后，不回避争议问题与疑难问题。

本教材除了讲解公知常识和通说，还对不少争议问题与疑难问题进行了专题讨论。例如，对美术作品进行精确临摹产生的结果，是复制品还是作品？古籍断句能否形成作品？在自己创作的作品上署他人之名（冒名）侵犯的是他人的署名权还是姓名权？对通过互联网转播广播的行为，应适用广播权还是兜底权利？《著作权法》有无必要规定修改权与汇编权？“法人作品”的范围应如何界定？广播组织是否只能禁止他人转播广播，而不能许可他人转播？对国际条约规定的权利声明保留后，我国立法是否还能规定相同的权利？合理使用是使用者的权利还是对侵权的抗辩？“电子水印”是否构成技术措施？提供规避技术措施的手段是否构成间接侵权？……凡此种种，都是在我国学界和司法实践中出现的理论或实务问题，且尚无定论。笔者对其提出了自己的观点和论证。当然，读者可以提出不同意见，但本教材至少为进一步的探讨提供了基础。

对于本教材的撰写，笔者倾注了很多心血。对大量中外案例和其他资料的查找、研读、筛选与核实，无一不需要投入可观的时间与精力。特别是对国外案例，要逐一阅读、摘录要点、撰写介绍或设计问题，其中的艰辛，可谓如鱼饮水，冷暖自知。相信读者能够感受到笔者的用心与真诚。

受笔者能力所限，本教材的缺点与问题在所难免，笔者欢迎各位读者提出宝贵的意见与建议，以便笔者在今后的修订中对本教材进行完善。

王　迁

2014年12月于上海

目　录

第一章　著作权制度的基本问题 …… 1
　第一节　著作权的概念 …… 1
　第二节　著作权制度的产生 …… 3
　第三节　知识、财产及著作权制度的正当性 …… 6
　第四节　著作权和其他知识产权区别于物权的特征 …… 11
第二章　著作权的客体：作品 …… 19
　第一节　作品的概念 …… 19
　第二节　独创性 …… 25
　第三节　不受著作权法保护的对象 …… 57
　第四节　作品的类型 …… 96
　第五节　民间文学艺术表达的特殊问题 …… 160
第三章　著作权的内容：权利 …… 178
　第一节　著作人身权 …… 178
　第二节　著作财产权 …… 201
　第三节　著作财产权的转让、许可与质押 …… 254
第四章　著作权的主体：著作权人 …… 264
　第一节　著作权人概述 …… 264
　第二节　作者及著作权的自动取得 …… 266
　第三节　特殊作品的著作权归属与行使 …… 276
　第四节　外国著作权人 …… 314
　第五节　著作权的保护期 …… 325
第五章　邻接权 …… 330
　第一节　邻接权概述 …… 330
　第二节　表演者权 …… 337
　第三节　录制者权 …… 356
　第四节　广播组织权 …… 364

第五节　其他邻接权 …… 373
第六节　外国邻接权人 …… 380
第六章　对著作权的限制 …… 394
第一节　对著作权的限制概述 …… 394
第二节　合理使用 …… 398
第三节　法定许可 …… 451
第七章　著作权的集体管理 …… 472
第一节　著作权集体管理概述 …… 472
第二节　著作权集体管理组织 …… 482
第八章　著作权侵权及法律救济 …… 492
第一节　直接侵权 …… 492
第二节　间接侵权 …… 498
第三节　侵权救济的程序保障 …… 503
第四节　侵权诉讼中的举证 …… 512
第五节　侵犯著作权的法律责任 …… 522
第九章　对技术措施与权利管理信息的保护 …… 542
第一节　对技术措施的保护 …… 542
第二节　对权利管理信息的保护 …… 575

细　目

第一章　著作权制度的基本问题 …… 1

第一节　著作权的概念 …… 1

一、狭义著作权与邻接权 …… 1

二、著作权与版权 …… 2

第二节　著作权制度的产生 …… 3

一、特许出版权 …… 4

二、现代著作权制度的产生 …… 4

第三节　知识、财产及著作权制度的正当性 …… 6

一、知识与财产 …… 6

二、著作权制度的正当性 …… 8

典型案例　萨法罗夫诉阿塞拜疆 …… 9

第四节　著作权和其他知识产权区别于物权的特征 …… 11

一、客体不是物（客体与物质载体可分离） …… 11

二、是排他权而非自用权 …… 13

（一）著作权与作者能否、如何利用自己的作品无关 …… 14

典型案例　“删帖”并不侵害发帖者的著作权 …… 14

（二）所有权人对物的“自用”与著作权人对作品的“自用” …… 15

（三）著作权的“排他”与所有权的“排他” …… 15

三、地域性 …… 17

四、时间性 …… 18

第二章　著作权的客体：作品 …… 19

第一节　作品的概念 …… 19

一、作品须为人类的智力成果 …… 20

典型案例　猕猴的自拍照不是作品 …… 20

典型案例　人工智能生成的图形不能作为作品获得登记 …… 21

二、作品须是可被客观感知的外在表达 …… 22

三、作品须是文学、艺术或科学领域内的成果 …… 22
典型案例 第九套广播体操案和瑜伽案 …… 23
四、作品须具有独创性 …… 25
第二节 独创性 …… 25
一、独创性中的“独” …… 26
（一）独创性中“独”的含义 …… 26
（二）具有“独”的两种情况 …… 26
实务探讨 达利版的《蒙娜丽莎》是作品吗？ …… 27
（三）“独”是对表达的要求 …… 28
理论研究 精确临摹是否创作出了作品 …… 29
典型案例 《儿童插画库》临摹案 …… 31
典型案例 电视剧剧照绘画案 …… 31
二、独创性中的“创” …… 33
（一）对“独创性”是否包含“智力创造”要求的不同理解 …… 33
典型案例 演讲速记稿案 …… 33
（二）独创性中“创”的含义 …… 35
典型案例 电话号码簿案（Feist 案） …… 36
典型案例 使用图表处理软件生成的曲线图不是作品 …… 37
理论研究 人工智能生成的内容是作品吗？ …… 38
典型案例 “山姆大叔”案 …… 42
理论探讨 短标题是作品吗？ …… 44
实务探讨 15 个单词组成的隽语是作品吗？ …… 46
（三）“创”的程度 …… 47
理论研究 独创性是“有无”还是“高低”（程度）问题 …… 49
三、独创性与侵权认定 …… 52
（一）成果具有独创性是其作为作品受保护的条件 …… 52
典型案例 黑棍小人案 …… 53
（二）被控侵权成果具有独创性并非抗辩理由 …… 54
典型案例 《堆云·堆雪》案 …… 55
典型案例 振鼎鸡剪纸案 …… 56
第三节 不受著作权法保护的对象 …… 57
一、思想 …… 57
（一）“思想”的范畴 …… 57
典型案例 女子十二乐坊案 …… 59
典型案例 “泡泡堂”与“QQ 堂” …… 59
实务探讨 节目模式受著作权法保护吗？ …… 60
（二）“思想”在著作权法和学术规范中的不同地位 …… 62
典型案例 《红楼春秋》案 …… 62

（三）思想与表达的分界 …… 63
典型案例　迪士尼米老鼠案 …… 64
典型案例　《爱尔兰之花》案 …… 66
典型案例　《超人》案 …… 66
典型案例　庄羽诉郭敬明 …… 67
典型案例　琼瑶诉于正案 …… 68
实务探讨　情节相似与侵权与否的认定 …… 70
（四）“混同原则”与“场景原则” …… 71
实务探讨　菜谱是作品吗？ …… 71
（五）历法、通用数表、通用表格和公式 …… 72
理论研究　非通用数表和非通用表格能受著作权法保护吗？ …… 72
典型案例　答题卡案 …… 73
典型案例　药品配伍表案 …… 73
二、操作方法、技术方案和实用功能 …… 75
典型案例　记账方法不受保护 …… 76
典型案例　钢琴记谱方法不受保护 …… 76
典型案例　绘画手法不受保护 …… 77
典型案例　杂交种子的基因序列不受保护 …… 78
理论研究　适用于分析计算机软件中的思想与表达的“抽象概括法” …… 79
典型案例　计算机程序中的菜单命令不受版权保护 …… 83
三、事实及对事实无独创性的汇编 …… 84
（一）“事实”的范畴和在不同规范中的地位 …… 85
典型案例　《谁毁灭了兴登堡号》案 …… 85
实务探讨　“古文点校”产生作品吗？ …… 87
（二）“事实”与单纯事实消息 …… 89
典型案例　新闻报道转载案 …… 90
（三）对事实无独创性的汇编 …… 91
四、官方文件 …… 91
典型案例　美国佐治亚州诉“公共资源组织” …… 92
五、违禁作品的著作权保护问题 …… 94
实务探讨　对未经行政审批的作品是否适用损害赔偿的救济方式 …… 96
第四节　作品的类型 …… 96
一、《著作权法》第3条规定的作品类型 …… 97
理论研究　一种智力创作成果可否同时归属于两类作品 …… 97
（一）文字作品 …… 98
典型案例　律师的辩护词可构成文字作品 …… 98
（二）口述作品 …… 99
立法背景　《伯尔尼公约》对口述作品的保护 …… 100

典型案例 新东方罗永浩讲课录音案 …… 101
（三）音乐、戏剧、曲艺、舞蹈、杂技艺术作品 …… 101
实务探讨 什么是“戏剧作品”？ …… 102
理论研究 杂技、魔术、马戏是“作品”吗？ …… 104
典型案例 “狼蛛魔术”案 …… 106
（四）美术、建筑作品 …… 107
典型案例 沙漏流沙画不是美术作品 …… 108
典型案例 音乐喷泉是“美术作品”吗？ …… 108
典型案例 《曼哈顿的印第安人》绘画案 …… 112
典型案例 “美国黑棍小人案” …… 113
典型案例 法蓝瓷工艺产品案 …… 114
典型案例 异形魔方案 …… 119
典型案例 宜家儿童椅凳案 …… 122
典型案例 “人头马”酒瓶不能作为作品登记 …… 122
（五）摄影作品 …… 123
典型案例 翻拍平面艺术作品不能形成拍摄作品 …… 123
典型案例 圣路易斯大教堂照片侵权案 …… 126
典型案例 《青春的优雅》案 …… 127
理论研究 两大法系对摄影作品独创性的不同要求 …… 128
典型案例 “腹腔镜照片”案 …… 129
（六）视听作品 …… 130
典型案例 卡拉OK音乐电视著作权侵权案 …… 132
典型案例 中超赛事现场直播案 …… 132
（七）图形作品和模型作品 …… 134
典型案例 玩具产品设计图案 …… 134
典型案例 地图中的事实不受保护 …… 136
理论研究 建筑工程设计图和建筑作品是何种关系 …… 137
典型案例 “歼十”战斗机模型案 …… 139
典型案例 “慧鱼”创意组合模型案 …… 140
（八）计算机软件 …… 141
理论研究 计算机程序为什么成了著作权法上的作品？ …… 141
实务探讨 计算机软件中的“字库”属于“计算机软件”吗？ …… 144
（九）符合作品特征的其他智力成果 …… 145
理论研究 “作品类型法定”与“作品类型开放” …… 145
理论研究 香水气味和食品味道是作品吗？ …… 148
二、演绎作品与汇编作品 …… 150
（一）演绎作品 …… 151
（二）汇编作品 …… 152

立法背景　如何理解“对其他材料的汇编” …… 153
典型案例　英超赛程表案 …… 156
典型案例　英语单词记忆教材对单词的汇编能形成汇编作品吗？ …… 159
典型案例　教辅图书使用与教科书相同的目录侵权吗？ …… 160
第五节　民间文学艺术表达的特殊问题 …… 160
一、民间文学艺术作品与民间文学艺术表达 …… 160
二、对民间文学艺术作品的保护 …… 161
典型案例　《乌苏里船歌》案 …… 163
【问题与思考】 …… 165
第三章　著作权的内容：权利 …… 178
第一节　著作人身权 …… 178
理论研究　著作人身权与一般人身权之间的关系 …… 180
一、发表权 …… 180
理论研究　发表权与著作财产权之间的关系 …… 181
典型案例　钱钟书书信拍卖案 …… 183
二、署名权 …… 183
典型案例　安顺地戏案 …… 184
理论研究　制作冒名作品侵犯了著作权中的署名权吗？ …… 185
三、修改权 …… 187
理论研究　我国《著作权法》有必要单独创设“修改权”吗？ …… 187
四、保护作品完整权 …… 189
典型案例　为飞鹅雕塑披挂彩带案 …… 191
典型案例　《蓝色的面具》侵权案 …… 193
典型案例　《上海人在东京》案 …… 194
典型案例　《九层妖塔》著作权侵权案 …… 195
实务探讨　艺术作品权利人反对毁损艺术品的权利 …… 197
典型案例　市政府毁损艺术品案 …… 197
五、特殊权利 …… 198
（一）收回作品权 …… 198
立法背景　大陆法系国家对收回作品权的规定 …… 199
（二）接触作品权 …… 200
（三）追续权 …… 200
第二节　著作财产权 …… 201
背景知识　经济权利与版权产业 …… 202
一、复制权 …… 203
（一）复制行为的构成 …… 203
（二）复制行为的分类 …… 205
典型案例　迪比特诉摩托罗拉案 …… 209

理论研究 平面美术作品受保护的范围：如何认定对美术作品“从平面到立体”的复制 …… 209
（三）数字环境中的复制行为 …… 214
理论研究 复制权和信息网络传播权的关系 …… 215
二、发行权与出租权 …… 217
（一）发行权 …… 218
典型案例 音乐作品网络传播与发行权无关 …… 220
典型案例 对赠品适用“发行权用尽”原则吗？ …… 222
（二）出租权 …… 223
三、传播权 …… 223
（一）传播权概述 …… 223
典型案例 通过电子邮件将作品作为证据发送给法院不属于“向公众传播” …… 225
实务探讨 一个城市中 IPTV 的用户不是“公众”吗？ …… 225
（二）展览权 …… 229
（三）表演权 …… 231
典型案例 邓丽君经典歌曲演唱会案 …… 232
典型案例 购物广场播放背景音乐案 …… 233
（四）放映权 …… 234
实务探讨 “点播影院”通过互联网电视供公众点播源自网络的影视剧应如何定性 …… 235
（五）广播权 …… 235
实务探讨 网络主播在直播中演唱歌曲的行为应如何定性 …… 236
典型案例 西班牙作家和出版商协会诉拉斐尔宾馆案 …… 239
理论研究 实施传播行为与为传播提供实物设施的区别 …… 240
（六）信息网络传播权 …… 242
实务探讨 如何理解“公众可以在其选定的时间和地点获得作品” …… 245
四、演绎权 …… 246
典型案例 贴画瓷砖案 …… 246
理论研究 什么是《著作权法》中的“整理” …… 247
（一）摄制权 …… 249
（二）改编权 …… 249
典型案例 游戏作弊器案 …… 250
（三）翻译权 …… 251
五、汇编权的特殊问题 …… 251
理论研究 《著作权法》有必要规定汇编权吗？ …… 252
第三节 著作财产权的转让、许可与质押 …… 254
一、著作财产权的转让 …… 254

典型案例　歌曲《老鼠爱大米》“一权三卖”案 …… 255
二、著作财产权的许可 …… 256
典型案例　向绘画比赛参赛者提供素材构成创作与展示演绎作品的默许许可 …… 257
典型案例　作者同意演出是否包含了使用作品的许可？ …… 258
三、著作财产权的质押 …… 259
【问题与思考】 …… 259
第四章　著作权的主体：著作权人 …… 264
第一节　著作权人概述 …… 264
一、作者作为著作权人和非作者作为著作权人 …… 264
二、原始取得著作权的人和继受取得著作权的人 …… 265
三、国内著作权人和国外著作权人 …… 265
四、著作权人和著作权被许可人 …… 265
第二节　作者及著作权的自动取得 …… 266
一、自然人作者 …… 266
典型案例　《歌乐山烈士群雕》案 …… 267
二、被视为作者的法人或非法人组织 …… 267
典型案例　“葫芦娃”美术作品著作权归属案 …… 268
典型案例　新华社记者拍摄的党和国家领导人照片是法人作品吗？ …… 269
理论研究　质疑我国《著作权法》对法人作品的规定 …… 270
三、著作权的自动取得、作者身份的推定、著作权的存在和归属推定 … 272
实务探讨　©旁出现的名称是否为作者的“署名” …… 274
第三节　特殊作品的著作权归属与行使 …… 276
一、职务作品 …… 276
（一）职务作品的概念 …… 276
（二）特殊职务作品的著作权归属与行使 …… 278
典型案例　小学教案案 …… 280
（三）一般职务作品的著作权归属与行使 …… 281
典型案例　抗美援朝战争照片案 …… 281
二、委托作品 …… 282
理论研究　人像摄影作品的著作权的归属和行使 …… 284
三、合作作品 …… 284
（一）合作作品的概念 …… 284
典型案例　穆罕默德案 …… 286
典型案例　“La Torna”案 …… 286
（二）可以分割使用的合作作品的著作权归属及行使 …… 287
典型案例　《五环之歌》著作权侵权案 …… 288
（三）不可分割使用的合作作品的著作权归属及行使 …… 289

实务探讨　合作创作的学术专著与论文如何出版与发表 …… 291
（四）合作作者之著作权的继承 …… 291
四、演绎作品与汇编作品 …… 292
（一）演绎作品著作权的归属与行使 …… 292
理论研究　侵权演绎作品受保护吗？ …… 293
典型案例　《死了都不卖》歌曲改编案 …… 293
典型案例　《鬼吹灯》游戏改编案 …… 296
（二）汇编作品著作权的归属与行使 …… 297
五、视听作品 …… 297
（一）视听作品的类型及分类标准 …… 298
实务探讨　如何区分“电影作品、电视剧作品”和“其他视听作品” …… 298
（二）“电影作品、电视剧作品”的著作权归属与行使 …… 300
典型案例　《世纪人生》案 …… 302
典型案例　将根据小说拍摄的电影改成话剧演出需要经过谁的许可 …… 302
典型案例　黄梅戏电影《天仙配》案 …… 304
实务探讨　“电影作品、电视剧作品”的著作权归属可以由合同约定吗？ … 305
（三）“其他视听作品”的著作权归属与行使 …… 306
实务探讨　对“其他视听作品”采用约定优先的著作权归属规则造成的问题 …… 307
（四）视听作品中可被单独使用的作品 …… 308
典型案例　阿凡提美术形象案 …… 309
六、作者身份不明的作品 …… 309
理论研究　“孤儿作品”问题及相关制度设计 …… 310
七、其他两种特殊情形 …… 313
典型案例　《我的前半生》著作权归属纠纷案 …… 314
第四节　外国著作权人 …… 314
一、外国著作权人受我国著作权法保护的情形 …… 315
二、我国著作权法对外国著作权人的保护 …… 317
（一）国际著作权条约的作用 …… 317
（二）自动保护原则 …… 318
（三）独立保护原则 …… 320
（四）国民待遇、国民待遇的例外与超国民待遇 …… 321
立法背景　“超国民待遇”的产生 …… 324
第五节　著作权的保护期 …… 325
【问题与思考】 …… 326
第五章　邻接权 …… 330
第一节　邻接权概述 …… 330
一、邻接权产生的原因 …… 330

二、邻接权的概念及与狭义著作权的关系 …… 333
理论研究　邻接权等于作品传播者权吗？ …… 334
理论研究　专有出版权是邻接权吗？ …… 335
第二节　表演者权 …… 337
一、表演者权的主体 …… 337
典型案例　形象大使选拔赛中的选手是“表演者”吗？ …… 338
实务探讨　真人秀节目的参与者是表演者吗？ …… 339
典型案例　纪录片中的乡村教师不是“表演者” …… 340
典型案例　特定节目的主持人是即兴创作的作品的“表演者” …… 342
二、表演者权的客体 …… 343
三、表演者权的内容 …… 344
（一）表明表演者身份权 …… 344
（二）保护表演形象不受歪曲权 …… 344
典型案例　将电影中同性接吻的镜头纳入艾滋病纪录片，构成对表演者形象的歪曲篡改 …… 345
（三）现场直播权 …… 345
典型案例　Anthony 诉乐视网信息公司 …… 346
（四）首次固定权（首次录制权） …… 346
（五）复制、发行权 …… 347
典型案例　未经许可录制现场表演并复制、发行录制品侵犯表演者权 … 347
（六）出租权 …… 348
（七）信息网络传播权 …… 348
典型案例　将表演制成 Flash 是否侵犯表演者权 …… 349
四、表演者权的保护期 …… 349
五、表演者权的归属 …… 350
（一）职务表演中表演者权的归属 …… 350
（二）视听录制品中表演者权归属概述 …… 350
（三）视听作品中表演者权的归属 …… 352
典型案例　黄梅戏电影《天仙配》案 …… 352
（四）录像制品中表演者权的归属 …… 353
典型案例　郭德纲等诉飞乐影视公司 …… 354
六、表演者与著作权人的关系 …… 355
典型案例　未经许可演唱《暗香》是否由签约歌手承担责任 …… 355
第三节　录制者权 …… 356
一、录制者权的主体与客体 …… 356
实务探讨　将电影作品制作成 DVD 产生录像制作者权吗？ …… 358
实务探讨　机械、忠实地录制现存的视听作品或录像制品能形成新的录像制品吗？ …… 358

二、录制者权的内容 …… 359
（一）复制权 …… 359
实务探讨　模仿并独立制作相同的录音、录像制品侵犯录制者权吗？ …… 359
（二）发行权 …… 360
（三）信息网络传播权 …… 360
（四）出租权 …… 360
（五）录音制作者的“传播录音制品获酬权” …… 361
典型案例　爱尔兰录音制品集体管理组织诉爱尔兰司法部长案 …… 362
（六）录像制作者的“许可电视台播放权” …… 363
三、录制者权的保护期 …… 363
四、录制者与著作权人和表演者的关系 …… 363
第四节　广播组织权 …… 364
一、广播组织权的主体与客体 …… 364
二、广播组织权的内容 …… 366
（一）转播权 …… 366
（二）录制、复制权 …… 367
（三）信息网络传播权 …… 367
理论研究　表演者、录制者和广播组织“通过信息网络向公众传播”的权利在范围上大于作者享有的“信息网络传播权”吗？ …… 368
三、广播组织权的保护期 …… 369
理论研究　在广播组织权中规定信息网络传播权和保护期带来的问题 …… 370
四、广播组织与著作权人、表演者、录制者的关系 …… 371
理论研究　如何理解《著作权法》第47条第2款对行使广播组织权的限制？ …… 372
第五节　其他邻接权 …… 373
一、版式设计权 …… 373
理论研究　版式设计权中包含信息网络传播权吗？ …… 374
典型案例　封面装帧设计不能作为版式设计受保护 …… 376
二、对特定版本的邻接权 …… 377
三、对照片的邻接权 …… 378
四、对无独创性数据库的邻接权 …… 378
五、其他类型的邻接权 …… 379
理论研究　增加我国《著作权法》中邻接权的种类 …… 379
第六节　外国邻接权人 …… 380
一、外国邻接权人受我国著作权法保护的情形 …… 380
（一）录音制品、广播表演受我国著作权法保护的情形 …… 381
（二）表演受我国著作权法保护的情形 …… 383
典型案例　菲尔·科林斯诉Imtrat贸易公司 …… 386

立法背景　《视听表演北京条约》 …… 387
二、我国著作权法对外国邻接权人的保护 …… 389
（一）自动保护原则和独立保护原则 …… 389
（二）国民待遇和国民待遇的例外 …… 390
【问题与思考】 …… 391
第六章　对著作权的限制 …… 394
第一节　对著作权的限制概述 …… 394
理论研究　合理使用是使用者的权利吗？ …… 396
典型案例　权利人采用技术措施不侵犯“使用者权” …… 397
第二节　合理使用 …… 398
典型案例　“三步检验标准”与“欧共体诉美国案” …… 399
一、个人使用 …… 404
典型案例　索尼录像机案 …… 404
典型案例　个人用户下载盗版构成侵权 …… 407
典型案例　歌曲片段试听案 …… 408
二、适当引用 …… 408
理论研究　“转换性使用”、“讽刺性模仿”与“合理使用” …… 409
典型案例　《杨家埠年画之旅》案 …… 411
典型案例　《环球时报》配图案 …… 411
典型案例　电影海报使用动漫形象案 …… 412
典型案例　谷歌数字图书馆案 …… 413
典型案例　使用 7 秒钟的介绍视频属于合理使用 …… 414
典型案例　利用照片创作拼接画案 …… 414
实务探讨　电台、电视台的“读报”节目侵犯了报刊文章的著作权吗？ … 416
三、时事新闻报道中的使用 …… 417
实务探讨　什么是“不可避免地再现或者引用” …… 418
典型案例　使用飞行表演照片案 …… 419
典型案例　提供财报会议中高管陈述的录音及文稿属于合理使用 …… 420
典型案例　阿什比·唐纳德等诉法国案 …… 420
四、对时事性文章的使用 …… 421
实务探讨 …… 422
典型案例　《上海进口化妆品销售火爆的背后……》不属于关于经济问题的时事性文章 …… 424
五、对公众集会上讲话的使用 …… 424
立法背景　什么是“公众集会上的讲话” …… 425
六、在课堂教学和科研中使用 …… 427
典型案例　将他人 40 篇文章编入习题册印发给本校学生不属于合理使用 …… 429

典型案例 《冲出亚马逊》案 …… 430
实务探讨 私立学校和社会培训机构对作品的使用属于“教学性合理使用”吗？ …… 430
典型案例 《新概念英语》网络教学案 …… 431
七、国家机关的公务性使用 …… 432
典型案例 律师纪律委员会复制律师的博客文章作证据使用侵权吗？ …… 433
立法建议 改“国家机关的公务性使用”为“立法、司法和行政程序中的使用” …… 434
典型案例 高考试卷使用他人作品案 …… 434
八、图书馆等对馆藏作品的特定复制和传播 …… 436
实务探讨 图书馆可以向读者提供复印服务吗？ …… 437
典型案例 图书馆允许用户在电子阅读室下载作品至存储器后带走是否侵权 …… 439
九、免费表演 …… 440
典型案例 使用他人作品参加表演比赛是合理使用吗？ …… 440
典型案例 餐厅内演奏音乐不是“免费表演” …… 441
实务探讨 慈善义演是否属于“免费表演” …… 441
十、对公共场所的艺术品以平面形式进行利用 …… 442
典型案例 鸟巢型烟花侵权案 …… 445
十一、制作少数民族语言文字版本 …… 445
十二、制作、提供无障碍格式版本 …… 446
典型案例 未设身份验证措施，提供无障碍电影点播侵犯著作权 …… 447
十三、法律、行政法规规定的其他情形 …… 448
典型案例 电影中对美术作品的附带性使用 …… 449
理论研究 完善我国的“合理使用”制度 …… 450
第三节 法定许可 …… 451
一、报刊转载法定许可 …… 451
典型案例 杂志摘编著作中的篇章属于法定许可的范围吗？ …… 452
二、制作录音制品法定许可 …… 452
典型案例 出版翻唱《传奇》的CD侵权吗？ …… 454
三、播放作品法定许可 …… 455
四、编写出版教科书法定许可 …… 456
典型案例 小学教材使用摄影作品案 …… 457
典型案例 教辅图书引用教科书中作品案 …… 458
五、制作和提供课件法定许可 …… 461
六、通过网络向农村提供特定作品的准法定许可 …… 461
【问题与思考】 …… 463

第七章　著作权的集体管理 …… 472
第一节　著作权集体管理概述 …… 472
一、著作权集体管理产生的必然性 …… 472
二、集体管理涉及的主要领域 …… 473
（一）对音乐作品表演权、广播权和信息网络传播权的集体管理 …… 474
（二）对音乐作品机械录制权的集体管理 …… 475
（三）对文字和艺术作品影印复制权的集体管理 …… 476
（四）其他集体管理 …… 478
三、独家集体管理与竞争性集体管理 …… 478
四、保障集体管理有效性的机制 …… 479
（一）强制集体管理 …… 479
（二）延伸集体管理 …… 480
（三）合同承诺 …… 481
第二节　著作权集体管理组织 …… 482
一、著作权集体管理组织的性质 …… 482
典型案例　非法集体管理与合法行使专有被许可人权利之间的界限 …… 483
二、著作权集体管理组织的设立 …… 484
三、著作权集体管理组织的职责、收费与分配 …… 485
四、著作权集体管理组织的内部管理和外部关系 …… 488
【问题与思考】 …… 490
第八章　著作权侵权及法律救济 …… 492
第一节　直接侵权 …… 492
一、直接侵权的概念和构成要件 …… 492
二、直接侵权的构成与主观过错 …… 493
典型案例　侵占装有软件的电脑并不侵害软件的著作权 …… 495
三、直接侵权责任与合法来源抗辩 …… 496
理论研究　出租者能通过证明复制品有合法来源而免责吗？ …… 497
第二节　间接侵权 …… 498
一、间接侵权的概念和发展 …… 498
二、间接侵权的类型 …… 499
三、网络环境中的间接侵权 …… 501
第三节　侵权救济的程序保障 …… 503
一、临时措施 …… 503
（一）临时措施概述 …… 503
（二）行为保全 …… 504
（三）证据保全 …… 507
（四）财产保全 …… 507
二、管辖与时效 …… 508

（一）地域管辖与级别管辖 …… 508
实务探讨 能将网络购物的收货地和权利人住所地确定为知识产权侵权行为地吗？ …… 508
典型案例 信息网络传播权侵权纠纷原则上不能以“原告发现侵权内容的计算机终端等设备所在地”来确定管辖 …… 510
（二）诉讼时效 …… 512
第四节 侵权诉讼中的举证 …… 512
一、举证责任的分配 …… 512
典型案例 商业性使用盗版软件案 …… 513
二、对被控侵权行为的证明 …… 514
典型案例 《Love is a Wonderful Thing》歌曲侵权案 …… 515
典型案例 毛绒小猪玩具案 …… 516
典型案例 《钢铁侠》电影宣传海报案 …… 517
典型案例 计算机程序权利人在侵权诉讼中的举证责任 …… 518
实务探讨 “陷阱取证”合法吗？ …… 519
三、举证妨碍 …… 521
第五节 侵犯著作权的法律责任 …… 522
一、民事责任 …… 522
（一）停止侵害 …… 522
（二）消除影响、赔礼道歉 …… 522
（三）赔偿损失：补偿性赔偿、惩罚性赔偿和法定赔偿 …… 523
典型案例 使用盗版软件被判赔偿1 500余万元 …… 526
典型案例 未经许可使用侵害他人肖像权的摄影作品 无须向摄影作品著作权承担赔偿责任吗？ …… 527
（四）随附责任 …… 529
二、行政责任 …… 530
立法背景 对可进行行政处罚和不可进行行政处罚的侵权行为的区分 … 531
实务探讨 什么是“损害公共利益”的侵权行为 …… 534
三、刑事责任 …… 535
实务探讨 《刑法》第217条中的“复制发行”与第218条中的“销售”的关系 …… 538
【问题与思考】 …… 539
第九章 对技术措施与权利管理信息的保护 …… 542
第一节 对技术措施的保护 …… 542
一、技术措施的概念 …… 544
（一）用于作品和著作权法保护的其他客体 …… 544
典型案例 精雕诉奈凯案 …… 545
（二）具有阻止实施特定行为的功能 …… 546

实务探讨　“电子水印”是技术措施吗？ …… 546
二、技术措施的分类 …… 546
（一）接触控制措施 …… 547
理论研究　只能阻止部分接触方式的技术措施是否构成“接触控制措施” …… 548
（二）版权保护措施 …… 550
立法背景　《著作权法》所保护的技术措施的范围 …… 552
三、技术措施的有效性 …… 554
典型案例　“DVD解密码案”与技术措施“有效性”的认定 …… 554
（一）对有效性的判断应当以普通计算机用户为标准 …… 556
典型案例　“娱乐基地”案 …… 556
（二）对有效性的判断应针对具体规避行为 …… 557
典型案例　模拟式录制案 …… 558
四、直接规避行为与提供规避手段行为的定性 …… 559
（一）直接规避技术措施行为的定性 …… 559
典型案例　名片设计软件序列号案 …… 560
理论研究　著作权法保护技术措施的正当性 …… 561
（二）提供规避手段行为的定性 …… 562
典型案例　提供软件破解补丁案 …… 563
典型案例　“专业锁”软件系统破解案 …… 564
五、认定与规避有关的违法行为的标准及责任 …… 565
（一）认定违法的直接规避行为的标准 …… 565
典型案例　借用他人用户名和密码登录数据库不构成违法的直接规避行为 …… 566
（二）认定违法提供规避手段的标准 …… 568
典型案例　索尼PS游戏机解密码系列案 …… 569
典型案例　DVD和CD复制软件案 …… 571
（三）此类违法行为的法律责任 …… 572
立法背景　规避技术措施入罪的行为类型是什么 …… 573
第二节　对权利管理信息的保护 …… 575
一、权利管理信息的概念 …… 575
典型案例　与技术措施无关的权利管理信息受保护吗？ …… 576
二、相关行为的定性及法律责任 …… 577
理论研究　删改权利管理信息的行为是间接侵权吗？ …… 577
【问题与思考】 …… 579

第一章
著作权制度的基本问题

本章导读

著作权制度的产生和发展与复制和传播技术的进步有密切关系。从印刷术、电子技术到网络技术，每一次巨大的技术进步都会催生出新的著作权客体和专有权利，因此需要用发展的眼光看待和学习著作权法律制度。作为概论，本章主要论述了著作权的概念、著作权制度的产生、著作权制度的正当性，以及著作权的特征。

第一节　著作权的概念

著作权是依著作权法民事主体对作品及相关客体所享有的权利。其中最为重要的权利类型是“排他权利”，又称“专有权利”（exclusive rights），意为阻止他人未经许可实施特定行为的权利，如复制权、发行权等。① 如果他人未经许可对作品或相关客体实施受专有权利控制的行为，如复制行为、发行行为，可能构成对专有权利的侵权，侵权人因此而承担法律责任。著作权人既可以许可他人实施利用作品或相关客体的特定行为，并从中获取许可使用费，也可以起诉未经许可以特定方式利用作品或相关客体的人。著作权制度由此保障了权利人能够从他人对作品或相关客体的特定利用行为中获得报酬，从而对作品的创作和相关客体的制作起到了激励、鼓励的作用。

一、狭义著作权与邻接权

“著作权”这一概念有狭义和广义之分。狭义的著作权仅指作者和从作者手中继受权利的人对作品所享有的一系列权利。广义的著作权还包括邻接权（也称相关权），即作者之外

① 需要说明的是，一些国家的著作权法还规定了一些特殊的权利，如追续权、收回作品权和接触作品权等，它们并不属于“排他权利”或“专有权利”。参见本书第三章第一节。

的民事主体对作品之外的客体享有的一系列权利。邻接权在我国依《著作权法》的规定特指表演者对其表演、录音录像制作者对其制作的录音录像制品、广播组织对其播出的节目信号和出版者对其设计的版式享有的权利。“著作权”一词究竟是在狭义还是广义上使用，取决于上下文。例如，我国著作权立法的名称——《中华人民共和国著作权法》中的“著作权”是指广义著作权，因为这部法律规定了邻接权。但该法第二章中的“著作权”则是指狭义著作权，因为其中仅规定了作者及继受作者著作权的人对作品享有的权利。

狭义著作权与邻接权的关键区别在客体，而不在主体。换言之，不能因为权利的享有者是作者之外的其他人或组织，就认为该权利是邻接权。这是因为作者可以将其狭义著作权中的财产权利转让给他人或许可他人行使。例如，小说作者与出版社签订了为期 10 年的专有出版权合同，如果有人未经许可，重新设计版式后，复制并销售了相同的小说，则出版社有权提起诉讼。但该诉讼并非侵犯邻接权之诉，而是侵犯狭义著作权之诉。这是因为被控侵权人实施的行为是未经许可复制和发行作品，侵犯的是作者对作品享有的复制权和发行权，而出版社的法律地位，是作者享有的著作权的专有被许可人。换言之，出版社享有的权利，是作者通过专有出版合同许可给出版社行使的对小说的复制权和发行权，因此，出版社是作为著作权的专有被许可人提起侵犯著作权之诉。综上，将出版社通过与作者签订合同取得的专有出版权归于“邻接权”是不适当的。《著作权法实施条例》第 26 条明确规定：“著作权法和本条例所称与著作权有关的权益，是指出版者对其出版的图书和期刊的版式设计享有的权利，表演者对其表演享有的权利，录音录像制作者对其制作的录音录像制品享有的权利，广播电台、电视台对其播放的广播、电视节目享有的权利。”其中并不包括“专有出版权”，这说明我国立法者对这一问题的认识是清楚的。

如果他人直接复印了出版社出版的作品后销售，其行为不仅是对作品的复制，也是对出版社版式设计的复制。如果出版社仅以自己的版权设计权受到侵犯而提起诉讼，该诉讼才是侵犯邻接权之诉，因为出版社要求保护的，并非作者对作品享有的复制权和发行权，而是基于自己对版式的设计而享有的版式设计权（我国《著作权法》规定的四种邻接权之一）。

二、著作权与版权

与“著作权”这一术语经常替换使用的是“版权”。“著作权”与“版权”这两个术语从词源来看存在很大差别。“版权”（copyright）是英美法系的概念。从其英文原词可以看出，版权的最初意思就是控制复制件的权利，是为了阻止他人未经许可复制作品，损害作者的经济利益而由法律创设的权利。英美法系国家并未将版权看成所谓的“天赋人权”或“自然权利”，而是将它视作鼓励、刺激创作作品的公共政策的产物。与此相适应，版权的侧重点也在于保护作者的财产权利（又称经济权利）。作品曾长期被单纯视为作者的财产，而与作者的精神、人格关系不大。英国于 1988 年颁布的《版权、外观设计与专利法》（以下简称《英国版权法》）第 1 条就开宗明义地规定“版权是一种财产权”（copyright is a property right）。版权既然是一种财产权，就可以像其他有形财产那样自由转让。同时，雇员在受雇期间为了完成雇主交付的任务而创作的作品，也被视为雇主而非雇员的财产，其版权由雇主享有。有的英美法系国家甚至规定在这种情况下视雇主为作者。

而“著作权”是大陆法系的概念，其原意为“作者权”(author's right)。与英美法系的版权法相比，大陆法系的著作权法将作品更多地视为作者人格的延伸和精神的反映，并非普通的财产，因此，大陆法系的著作权法非常注重保护作者的人身权利（又称精神权利）。《法国知识产权法典》中有关著作权的部分也是在第1条就规定：作者的权利既有反映作者智力和精神性质的特征，也有财产性质的特征。这显然是将对作者精神权利的保护放在了第一位。因此，大陆法系国家对著作权的转让施加较多限制。在法国等采取将精神权利和财产权利分别对待的“二元论”的国家，不允许转让和放弃人身权利，只可转让和放弃财产权利。在德国等采取将精神权利和财产权利进行一体化保护的“一元论”的国家，甚至不允许财产权转让，只允许许可。同理，对于雇员为了完成雇主交付的工作任务而创作的作品，一般情况下雇员仍然能够原始取得著作权，雇主只能通过合同受让或被许可使用其中的著作财产权。

但是，随着两大法系的主要国家均加入了《伯尔尼公约》以及两大法系之间的相互借鉴和融合，“著作权”和“版权”在概念上的差别也在缩小。例如，目前大部分英美法系国家都在其版权立法中规定了作者的精神权利。以前一直不在《美国版权法》中明确承认精神权利的美国也在20世纪90年代修法，为视觉艺术品的作者规定了有限的精神权利。而一些大陆法系国家也承认计算机软件的著作权可以为雇主所原始取得。不过，版权制度与著作权制度的差异毕竟没有消失，例如，一些英美法系国家的版权法虽然规定了精神权利，但规定精神权利可以放弃，这与大陆法系国家对精神权利的保护仍然存在很大差异。

在我国自清末从日本引进“著作权”的概念后，在正式立法中一直使用“著作权”，我国现行立法的名称也是《著作权法》。但这并不意味着我国的《著作权法》体现了典型的大陆法系著作权制度，相反，英美法系版权法中的不少规则和观念也体现在我国《著作权法》之中。例如，《著作权法》规定了“法人作品”，在特定条件下视法人或非法人组织为“作者”。这条规定借鉴自《美国版权法》，而传统大陆法系著作权法并不承认不能动手进行实际创作的法人或非法人组织能够成为“作者”。再如，《著作权法》第53条第8项规定“……制作、出售假冒他人署名的作品的……”构成侵权，同样源自英美法系版权法对“禁止冒名权”的规定。我国《著作权法》同时借鉴了两大法系的相关制度，该法第62条明确规定“本法所称的著作权即版权”，这使“著作权”和“版权”在我国立法中成为同义词。然而，鉴于“著作权”和“版权”这两个概念分别代表的著作权制度和版权制度的差异客观存在，在描述大陆法系国家立法时，应当使用“著作权”；而在描述英美法系国家立法时，则应当使用“版权”。使用“英国著作权法”、“美国著作权法”或“德国版权法”、“法国版权法”的用语似乎并不恰当。

第二节 著作权制度的产生

应当说，在人类历史长河中，与其他财产权制度相比，著作权制度的历史是非常短暂的。在著作权制度正式产生之前，曾经出现过部分出版商享有印刷出版作品特权的现象。虽然从表面上看，这种特权与著作权有几分相似，其都可以阻止其他出版商擅自印刷出版作品，但两者存在着本质差异。

一、特许出版权

造纸术和印刷术传入西方并得到普及和应用后，印刷书籍的成本大大降低，促进了出版业的繁荣。大书商通过大规模地印刷和出版书籍，获得了丰厚的利润。但印刷成本的降低又使许多小书商跟风大书商印刷畅销书籍变得极其容易，威胁到了大书商的利益。出于维护自身利益的需要，这些大书商要求获得保护。而当时的封建政府或君主出于书籍审查、言论控制和获得稳定税收的需要，也愿意与出版商合作，其手段就是赋予出版商以出版特定书籍的垄断权，而出版商则要根据封建政府或君主的要求拒绝出版对政府或君主不利的书籍。这种垄断权就是特许出版权。从15世纪开始，威尼斯共和国政府、罗马教皇、法国国王和英国国王都曾向出版商授予专有印刷出版的特权，以及禁止他人翻印的特许令。[①] 在英国，在16世纪成立了由出版商组成的印刷公会，英国政府实行书刊出版的特许证制度，由皇室特别授予印刷公会的成员出版书籍的垄断权，并授权公会搜查并销毁非法印刷的书籍。1662年的《许可法案》也规定了这一机制。[②]

印刷出版特权在我国古代也有所反映。在我国宋代的《东都事略》中，已载有“已申上司不许覆版”的文字。“覆版”就是“翻版”，也就是现代语言中的“盗版”。我国香港特别行政区和台湾地区现在还在使用“翻版”指代“盗版”。宋朝国子监甚至还发布过对盗印者将施以“追板劈毁、断罪施刑”处罚的公告。“追板劈毁”就是把用于印刷盗版书籍的母板劈烂毁坏，类似于今天查禁盗版光盘生产线时，把用于制作盗版的母盘用压路机压毁。明代的书籍中曾出现过“陈衙藏版，翻刻必究”的牌记。[③]

需要注意的是：特许出版权并不是真正的著作权。它是一种封建政府或君主授予的出版特权，是一种公权力的体现。而且能够获得特许出版权的只能是出版商，而不是作者。现代意义上的著作权并不是出版商的权利，而是作者的权利。出版商只能基于作者的许可而获得复制和发行作品的权利。由于特许出版权并不保护作品作者的权利，而只是保护当时在封建社会中拥有很大权力的出版商的利益，因而其与现代著作权存在本质区别。

二、现代著作权制度的产生

随着西方资产阶级革命的胜利，资产阶级取代封建统治者登上了政治舞台。能够创作文学艺术作品的知识分子的地位也随之提高，他们自然努力谋求自身的经济利益。在英国，专用于维护出版商利益，而置作者利益于不顾的特许出版权制度受到了越来越多的批评。1688年资产阶级革命之后，规定特许出版权的《许可法案》于1694年失效，出版商也未能说服英国议会重新赋予其出版特权。在这种情况下，出版商改变策略，转而争取使作者获得法律保护。这是由于作者往往会将其权利转让给出版商或许可其行使，一旦法律赋予了作者对

---

① 参见郑成思：《版权法》（修订本），9页，北京，中国人民大学出版社，1997。

② See Paul Goldstein，Bernt Hugenholtz，*International Copyright：Principles，Law and Practice*（3rd edition），Oxford，2013，pp. 15－16.

③ 参见周林、李明山主编：《中国版权史研究文献》，2～4页，北京，中国方正出版社，1999。

Anno Octavo
Annæ Reginæ.
An Act for the Encouragement of Learning, by Vesting the Copies of Printed Books in the Authors or Purchasers of such Copies, during the Times therein mentioned.
Whereas Printers, Booksellers, and other Persons have of late frequently taken the Liberty of Printing, Reprinting, and Publishing, or causing to be Printed, Reprinted, and Published Books, and other Writings, without the Consent of the Authors or Proprietors of such Books and Writings, to their very great Detriment, and too often to the Ruin of them and their Families: For Preventing therefore such Practices for the future, and for the Encouragement of Learned Men to Compose and Write useful Books; May it please Your Majesty, that it may be Enacted, and be it Enacted by the Queens most Excellent Majesty, by and with the Advice and Consent of the Lords Spiritual and Temporal, and Commons in this present Parliament Assembled, and by the Authority of the same, That from and after the Tenth Day of April, One thousand seven hundred and ten, the Author of any Book or Books already Printed, who hath not Transferred to any other the Copy or Copies of such Book or Books, Share or Shares thereof, or the Bookseller or Booksellers, Printer or Printers, or other Person or Persons, who hath or have Purchased or Acquired the Copy or Copies of any Book or Books, in order to Print or Reprint the same, shall have the sole Right and Liberty of Printing such Book and Books for the Term of One and twenty Years, to Commence from the said Tenth Day of April, and no longer; and that the Author of any Book or Books already Composed and not Printed and Published, or that shall hereafter be Composed, and his Assignee, or Assigns, shall have the sole Liberty of Printing and Reprinting such Book and Books for the Term of Four-
Ccc 2

其作品的权利，出版商也能从中受益。这一策略取得了成功。[①]英国议会于1709年通过了一部以保护作者利益为核心的立法，史称《安娜女王法》(也有译作《安妮女王法》的，见右图)。[②]该法的核心内容是：“鉴于最近印刷商、书商擅自印刷、重印、出版他人书籍或其他著述，而未获得该书籍或著述之著作者许可，对其造成损害，或经常导致其本人破产及家境败落，为防止将来此等行为的发生，同时为了勉励学人撰写著作及写作有益的书籍……（现规定）著作人及其受让人，自该书籍首次发行之日起算，应享有印刷、重印该书籍的专有权14年。”[③]

可见，《安娜女王法》一方面将保护的重点从出版商转向作者，赋予作者对其作品的印刷、重印权（现代意义上的复制和发行权），并明确指出立法的目的是鼓励创作；另一方面又规定了14年的保护期。根据该法的规定，作者或出版商可以通过注册而取得版权，从而确立了以作者为权利主体、以复制发行权为核心，辅之以法定保护期的现代版权制度雏形。

《安娜女王法》赋予作者的专有权利与封建时代的特许出版权有着本质的区别。特许出版权只保护出版商的利益，而《安娜女王法》则将作者的利益放到了第一位。同时，特许出版权是由封建统治者特别授予的，是其单方意志的决定，是对出版商的“恩赐”。出版商不能随意转让被授予的出版印刷特权。因此，特许出版权带有公权性质。而《安娜女王法》则为作者规定了法定权利，这种权利是可以根据意思自治原则而自由行使和转让的财产权，是典型的私权。正因为如此，《安娜女王法》被公认为人类历史上第一部现代意义上的版权法。

从18世纪后期开始，欧洲大陆各国也开始建立著作权制度。但欧洲大陆各国的著作权法更多地接受了欧洲大陆启蒙思想家关于作品的独特观念：他们并不将作品视为普通财产，而首先将其看作是作者人格的延伸和精神的反映。与此相适应，欧洲大陆各国建立著作权制度，并不是单纯出于鼓励与刺激文学艺术创作的功利性目的，而是为了保护所谓“天赋人权”。因此，欧洲大陆各国的著作权制度特别注重保护作者的精神权利，从而走上了与英美法系国家不同的著作权保护道路。

在此之后，复制与传播技术的进步一直推动着著作权制度的发展。随着制图工艺、照片摄影技术、电影摄制技术和计算机技术的出现，地图、摄影作品、电影作品和计算机软件也陆续被纳入著作权的保护对象范围。而录音技术、无线和有线广播技术、卫星传播技术和网络技术又使机械表演权、广播权、网络传播权等成为著作权人的权利，今后技术的发展还可能催生新的著作权客体和权利。

---

① See Julie E. Cohen, etc., *Copyright in a Global Information Economy* (3rd edition), Aspen Publishers, 2010, pp. 21-22.

② 该法的全称很长，为《通过在本法规定的期限内，将对所印书籍复制件的权利赋予作者或购买者，鼓励学识的法案》(An Act for the Encouragement of Learning, by Vesting the Copies of Printed Books in the Authors or Purchasers of such Copies, during the Times therein Mentioned)。

③ 刘波林译：《安妮法》，载《中国版权》，2005 (2)。

第三节　知识、财产及著作权制度的正当性

著作权是一种重要的知识产权。从字面来看，“知识产权”是指“对知识的产权”，而“产权”是指法律意义上的财产权，因此，“知识产权”在表面上可被理解为“对知识的财产权”。换言之，知识似乎就是一种在法律意义上受保护的财产。然而，以这种方式去理解“知识产权”的结果，就是任何知识都成了法律上的财产。那么，是否任何知识都是法律上的财产？或者有哪些形态的知识才是法律上的财产呢？

一、知识与财产

回顾财产权法律制度的发展历程可以发现，在人类历史的长河中，法律上的“财产”长期以来是指有形财产。在一般人看来，一幢房子、一辆汽车和一根金条当然是财产。可是，为什么它们能够被称为法律上的财产呢？换言之，它们具有怎样的共同属性之后才成为法律上的财产呢？

波斯纳等学者认为，法律上的财产必须符合三个方面的条件：一是因稀缺而具有价值。二是能够归属于某一特定主体，该主体能够排除他人的共享和干涉。三是可以以一定价格让渡给他人。① 这三个条件可分别被称为价值性、排他性和可交易性。显然，根据这三个条件，有体物最容易成为法律上的财产。一种有价值的有体物天然可以被某人占有，而占有不但代表着排他性的控制，而且意味着在符合道德准则和法律规定的条件下，可以通过转移占有进行交易。因此，在人类历史上，有价值的有体物最先成为法律上的财产。

那么，文学艺术作品在古代是不是法律上的财产呢？回答是否定的。作者创作完成作品之后，为了获得声誉总是会将作品公之于众。而优秀的作品一旦被公之于众，就会引起广泛的传抄（复制）。由于传抄是由不特定的个人分别在不同场所实施的，作者仅凭自身的力量是无法制止的。换言之，一旦作品被公之于众，作者就无法控制对作品的复制与传播。这样一来，虽然作者可能获得良好的声誉，但是其智力创作成果——作品无法被他加以排他性的控制，因此作品并不能成为作者法律上的财产。

作品的本质是信息。美国作家约翰·佩里·巴洛（John Pery Barlow）曾经指出：信息是自由的（information wants to be free）。信息一旦被传播出去，就会自由流动，人们可以轻易地进行复制和再传播，信息的创造者无法凭借自己的力量对信息进行排他性控制，阻止信息被他人所利用。这与有形物的所有人能够通过对有形物的占有而排除他人对有形物的利用完全不同。信息既然是“自由”的，由这一信息所构成的智力成果就不可能天然成为法律意义上的财产。

那么，为什么文学艺术作品这种由信息构成的智力成果最终成为法律所承认并保护的财产呢？法律又是怎样把原本“自由”的信息变成了创作者的一种财产呢？

---

① 参见［美］理查德·A. 波斯纳著，蒋兆康译，林毅夫校：《法律的经济分析》，42页，北京，中国大百科全书出版社，1997。

信息具有经济学意义上“公共产品”的性质。信息被一个人所利用，并不会影响另一个人对相同信息以相同方式加以利用。例如，写在黑板上的诗歌被一个人抄录，并不会影响另一个人进行同样的抄录。这与一个苹果被一个人吃掉后，他人就无法再吃相同的苹果是完全不同的。因此，对作品的创作存在一个缺乏经济激励机制的问题，即作品一旦发表，就可以同时被许多人无偿利用，而作者无法仅凭借自己的力量阻止未经许可者进行复制和传播。这会导致作者无法从他人对作品的利用中获得充分的经济回报。

当然，获得报酬并非创作作品的唯一动机。对文艺创作的热爱、对传播思想和崇高声誉的追求也会促使许多人将毕生精力投入对作品的创作中，而甘愿忍受贫困。同时，即使文艺作品不被承认为法律上的财产，那些杰出的文艺创作者也至少可以通过受托创作或出售作品原件而获得不菲的报酬。例如，在没有著作权法的文艺复兴时代，罗马教廷请米开朗基罗作画要支付相当数量的酬金。同样，唐明皇请李白创作诗歌《清平调》，估计也给了不少赏赐。但是，由于作品在当时不是法律上的财产，作品一旦被公之于众，他人就可以自由复制传播，作者无法从中获得回报。这就意味着：即使是杰出的创作者，也只能依靠持续创作出新作品并都卖出好价钱，才能维持体面的生活。而创作毕竟不是简单、机械的重复劳动，需要有文艺创作的灵感，并进行漫长而艰苦的思考与研究。很少有创作者能够一直保持旺盛的创作精力，像铁匠打造铁器那样，有稳定的作品“产量”。因此，大部分文艺创作者如果仅依靠受托创作或出售作品原件获得经济收入，恐怕辛劳一生，也难以过上令人羡慕的富裕生活。如果文艺创作者普遍贫穷，则会使年轻人在面临人生道路的选择时，对文艺创作望而却步，担心步前辈清贫的后尘。显然，在缺乏经济激励机制的情况下，社会上愿意从事文艺创作的人在数量上就不会很多，这于文艺的繁荣和文化的进步当然是极为不利的。

相反，如果法律赋予作者利用作品的专有权利，也即承认作品为作者的财产，则他人以特定方式利用作品，就需要经过作者的许可并向其支付报酬。而且作品越受欢迎，被利用的次数越多、范围越广，作者能获得的报酬就越高。由此就会形成一个激励人们投身创作，力求创作出优秀作品的机制。因此，法律将那些由“自由”的信息构成的作品转变为属于创作者的财产，是出于激励创作的需要。而将信息转变为财产的方法，则是为作者规定一系列权利，以控制利用作品的特定行为，如用复制权控制印刷作品等复制行为，用发行权控制出版作品等发行行为，用表演权控制公开演唱音乐作品、表演戏剧作品等公开表演行为。他人如果未经许可，以复制、发行或公开表演等方式利用作品，则会构成侵权并承担法律责任。由此，法律的规定及其实施的效力就赋予作者对原本“自由”的信息一定程度的控制力，使其能够排斥他人未经许可的利用，也即实现了前文所述的波斯纳提出的“财产三要件说”中的排他性。在这一前提下，希望利用作品的人可向作者寻求许可并支付许可使用费，从而实现了“财产三要件说”中的可交易性。这样一来，作品就符合了成为法律意义上的财产的所有要件。而著作权法的作用，正是将作品规定为法律意义上的财产并提供法律保护。

由此可见，作品等由信息构成的成果与黄金、土地等有体物成为法律意义上的财产的原因是有所区别的。对于后者而言，即使法律并没有明确承认其为财产，人们在长期的经济活动中，也会自然形成其为财产的观念。在没有任何民事法律的时代中，一个购买了烧饼的人也会反对他人未经允许就将其拿走、吃掉，公众也普遍认为随意拿走他人东西的行为是不道德的。这实际上就是所有权观念的体现。因此，物权法在很大程度上并非从无到有地去创设所有权制度，而是根据社会上早已普遍形成的所有权观念对所有权制度加以确认而已。

而作品等由信息构成的成果天然缺乏排他性和与之相关的可交易性，人们很难自发地形成作品为财产的观念。如果没有著作权法禁止他人未经许可以特定方式利用作品的强制性规定，作品就不可能成为法律意义上的财产。例如，许多制作、销售盗版作品的人可能从未偷窃过有形财物。这正是因为他们有自发产生的所有权观念，认为偷窃他人有形财产是可耻的，但他们没有自发产生作品为财产的观念，从而不觉得制作、销售盗版是错误的。因此，著作权法的首要功能，是从无到有地创设一种新的财产权——对作品的著作权。[①] 既然著作权是由著作权法创设的财产权，何种成果构成受保护的客体（财产）以及财产权的内容、范围和受到的限制，完全取决于著作权法的规定。

例如，故意购买并阅读盗版小说书并不是侵犯著作权的行为。这是因为著作权法并没有为著作权人规定“阅读权”，以控制他人未经许可购买并阅读作品复制件的行为。换言之，在著作权法没有将财产权的范围拓展至“阅读权”的情况下，著作权人当然不享有这项权利。同样道理，在我国《著作权法》仅为视听作品和计算机软件的权利人规定出租权的情况下（参见本书第三章第二节），美术作品著作权人并不能阻止他人未经许可出租其美术作品的原件或复制件。从这个角度来看，著作权的法定性极强：在著作权法规定一项权利之前，作者绝对不享有这项权利。[②]

二、著作权制度的正当性

为什么法律要将原本自由流动、可为任何人所免费使用的信息变成为信息创造者所垄断的财产？不同的思想流派给出了不同的正当性解释。在英美法系国家，占主导地位的是功利主义的正当性解释，即认为版权并非一种天赋人权，而是立法者为了鼓励、刺激更多的人投身于特定对社会有益的活动（如创作作品，进行发明创造等），而通过立法创设的权利。《美利坚合众国宪法》第 1 条第 8 款规定：“国会将有权……通过保证作者和发明人对其作品和发明享有有限时间的专有权利，以促进科学和实用技术的进步”。世界上第一部版权法——英国的《安娜女王法》也指出：该法的目的是“……鼓励有知识的人们创作和写作有益的书籍”。这些目的性极强的条款说明立法者是将版权作为一种政策性工具加以使用的。

与此形成鲜明对比的是，大陆法系国家则更多地从天赋人权的角度去解释法律创设著作权的正当性，即认为著作权是一种自然权利，只要作者创作出了作品，国家就有义务保护其著作权。以法国为例，法国国会早已否定了保护作品是为了刺激文学和艺术活动这一

---

① 此处的财产权特指复制权、发行权等著作财产权，不包括著作人身权。下文对此还有论述。

② 我国《著作权法》虽然规定了“兜底权利”——“应当由著作权人享有的其他权利”，但其适用有极其严格的条件，参见本书第三章第二节。

功利主义的观念。[1]《世界人权宣言》第 27 条第 2 款规定：“人人对由于他所创作的任何科学、文学或美术作品而产生的精神的和物质的利益，有享受保护的权利。”这也正是将版权视为自然权利的结果。英国哲学家约翰·洛克在其名著《政府论》中关于“劳动财产权”的学说，也经常被用于论证著作权的自然权利属性。洛克认为：“土地和一切低等动物为一切人所共有，但是每人对他自己的人身享有一种所有权，除他以外任何人都没有这种权利。他的身体所从事的劳动和他的双手所进行的工作，我们可以说，是正当地属于他的。所以只要他使任何东西脱离自然所提供的和那个东西所处的状态，他就已经渗进他的劳动，在这上面加入他自己所有的某些东西，因而使它成为他的财产。既然是由他来使这件东西脱离自然所安排给它的一般状态，那么在这上面就由他的劳动加上了一些东西，从而排斥了其他人的共同权利。因为，既然劳动是劳动者无可争议的所有物，那么对于这一有所增益的东西，除他以外就没有人能够享有权利，至少在还留有足够的同样好的东西给其他人所共有的情况下，事情就是如此”[2]。显然，作品是基于作者的劳动而产生的，是“脱离自然状态的”。根据“劳动财产权说”，作者对作品享有财产权也就是天经地义的了。

“自然权利说”对于著作权法中的某些制度而言是具有说服力的。例如，精神权利通常被认为是一种与生俱来的权利。在著作权制度产生之前，无论是作者还是一般公众，都认为未参与创作者在作品上署名的行为是极不道德的。然而，“自然权利说”并不能对著作权法提供全面的正当性解释，在著作权法的规则日趋精细的今天更是如此。许多类型的劳动成果并非刚一出现就受到著作权法的保护，而是在经过长期激烈争论之后才被纳入著作权法保护的作品范围，如计算机程序。还有一些类型的劳动成果在一些国家作为作品受到保护，而在另一些国家却不被作为作品受到保护，如独创性程度较低的照片在大陆法系国家不被认为是作品，但在英美法系国家被认为是作品。“自然权利说”很难解释这些现象。

与“自然权利说”密切相关的“劳动财产权说”也有类似问题。它无法解释，为什么许多具有价值的劳动成果不能作为作品受到著作权法的保护。例如，电话号码簿、足球赛程表、具有极高价值的思想观念（如牛顿提出的“万有引力”）和首次被发现的事实等成果，无疑是基于人们的辛勤劳动而产生的，是“脱离自然状态的”，但它们并不能受到绝大多数国家的著作权法的保护。本书作者认为：功利主义的正当性解释更符合现代著作权法的现实。当然，“自然权利说”可以成为有益的补充，因为其更适合解释保护作者精神权利的正当性。但无论如何，特定无形成果应当作为财产受到法律保护，已成为国际社会的普遍共识。《世界人权宣言》将知识产权作为基本人权予以规定，充分反映了这一点。

典型案例

萨法罗夫诉阿塞拜疆

阿塞拜疆学者萨法罗夫撰写了一本著作《十九世纪和二十世纪埃里温省人民种族构成

---

① See Jane C. Ginsburg, “A Tale of Two Copyrights: Literary Property in Revolutionary France and America”, 64 *Tulane Law Review* 991, 992 (1990).

② ［英］约翰·洛克著，叶启芳、瞿菊农译：《政府论》，下篇，17～20 页，北京，商务印书馆，2005。

的变迁》，阿塞拜疆某民间机构在其网站 www. history. az 上提供该书的电子版免费下载。萨法罗夫发现后要求该网站移除电子版，该网站移除该书电子版后，萨法罗夫对该网站提起侵权诉讼，要求其赔偿损失。阿塞拜疆萨拜尔地区法院、巴库上诉法院和阿塞拜疆最高法院分别以该网站的行为符合阿塞拜疆《著作权法》规定的私人复制例外、图书馆例外和发行权用尽以及萨法罗夫不能证明其遭受的损失为由，判决网站不侵权。

萨法罗夫向欧洲人权法院提起诉讼，认为阿塞拜疆法院未能在其著作权因非法复制和网络传播而受到侵害时提供保护，从而违反了《欧洲人权公约》第一议定书第 1 条。该条第 1 款规定，每个自然人或法人都有权和平地享有其财产。任何人的财产都不得被剥夺，除非是为了公共利益，并符合法律和国际法一般原则规定的条件；第 2 款规定，但是，上述规定不得以任何方式损害一国以其认为必要的方式实施法律的权力，以根据一般利益控制财产的使用，或确保缴纳税款或其他缴款或罚款。阿塞拜疆政府认为，网站传播萨法罗夫的著作并不是出于商业目的，而是为了使公众能够了解历史。①

欧洲人权法院认为：对知识产权的保护，包括对版权的保护，属于《欧洲人权公约》第一议定书第 1 条的范围，因此萨法罗夫拥有该条所称的“财产”。而未经其同意复制及在线传播其著作，影响了其和平享有其财产的权利。国家有积极义务采取必要措施保护财产权，在当事人可能合法期望政府采取的措施与其有效享有财产之间存在直接联系的情况下更是如此。此项积极义务旨在确保财产权在该国法律制度中受到法律的充分保护，并获得充分的补救措施，使权利受到侵害的一方能够捍卫其权利，包括酌情就所遭受的任何损失要求损害赔偿。要求国家采取的措施可以是预防性的或补救性的。对于可能采取的预防措施，立法机构在执行社会和经济政策方面有很大的自主决定权，特别是在国家必须考虑相互竞争的私人利益的情况下。对于补救措施，各国有义务规定司法程序，以提供必要程序保障，使国内法院和仲裁庭能够有效和公正地裁决私人之间的任何争端。

在本案中，萨法罗夫并未提出作者的权利没有受到阿塞拜疆法律的充分保护，而是主张法院在其案件中对现行法律的适用是非法和武断的。

阿塞拜疆法院以阿塞拜疆《著作权法》规定的限制和例外为该案中网站的行为提供正当性。

阿塞拜疆法院首先认为网站的行为属于私人复制例外。欧洲人权法院指出阿塞拜疆《著作权法》规定的私人复制例外只适用于自然人，同时也不适用于对作品的全部复制。但涉案网站是法人，其也没有将萨法罗夫的作品用于私人目的，而是在网络中不限数量地向公众提供，同时也对作品进行了全部复制。

其次，阿塞拜疆法院认为对网站的行为适用图书馆例外，认为网站是在“图书馆”栏目下提供萨法罗夫的著作的，目的是提供关于阿塞拜疆历史的信息。阿塞拜疆政府也认为该行为并无商业目的。欧洲人权法院认为根据阿塞拜疆《著作权法》对图书馆例外的规定，是否适用此项权利限制，并不只考虑相关行为是否具有商业目的。由于网站在网络中面向全世界的读者，而不仅仅是面向造访图书馆大楼的读者提供萨法罗夫的著作，阿塞拜疆法

① 阿塞拜疆虽然是亚洲国家，但它是欧洲理事会成员国，而《欧洲人权公约》向欧洲理事会成员国开放签字，因此阿塞拜疆有资格加入且已加入了该公约。

院有义务对图书馆例外条款进行详细的推理，以说明应在这种情况下适用图书馆例外，但阿塞拜疆法院没有解释为什么网站未经许可的行为符合图书馆例外条款的具体规定。

阿塞拜疆法院最后认为对网站的行为应当适用发行权用尽规则。欧洲人权法院则援引《世界知识产权组织版权条约》有关发行权的议定声明，指出：发行权用尽规则仅在作为有体物的合法复制件被投入流通的情况下适用（参见本书第三章第二节对发行权的讲解）。而在本案中，萨法罗夫的著作虽然已出版，也能在书店买到纸质书，但他并没有授权以数字形式复制和向公众传播。引起争议的并不是合法出版的书籍的发行，而是未经许可以数字形式复制和在线提供作品。阿塞拜疆法院并没有解释为什么发行权用尽规则与本案有关。

欧洲人权法院据此认定：阿塞拜疆法院未能提供理由，证明阿塞拜疆《著作权法》关于权利限制的规定构成网站行为合法的依据。因此，阿塞拜疆未能履行《欧洲人权公约》第一议定书第1条规定的积极义务，特别是通过有效的补救措施保护知识产权的义务。

第四节　著作权和其他知识产权区别于物权的特征

虽然物权与包括著作权在内的知识产权都是财产权①，但与物权相比，著作权和其他知识产权不仅历史要短得多，而且具有自身鲜明的特征。

一、客体不是物（客体与物质载体可分离）

与物权相比，著作权和其他知识产权最显著的区别在于客体不同。物权的客体是物，而且主要是有体物。而著作权和其他知识产权的客体与固定该的物质载体可以分离，有别于物质载体（见下图）。

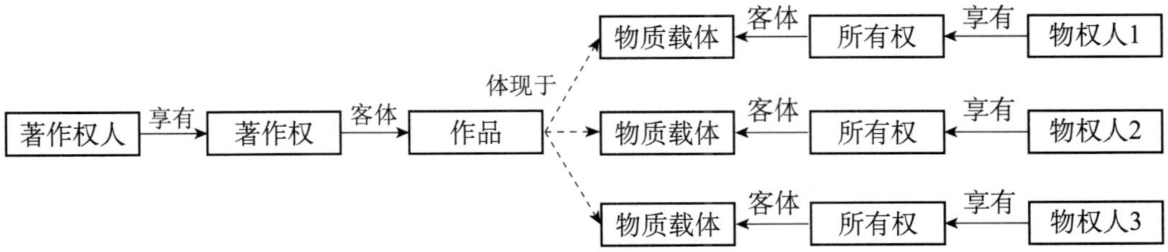

上图即是对著作权的客体与其物质载体可以分离这一特征的说明。作为狭义著作权的客体，作品往往需要依附于物质载体，但这并不意味着著作权的客体是物质载体本身，著作权的客体只是物质载体所“承载”或“体现”的作品。

例如，一本300页的小说书实际上是由两种客体构成的。首先，300页纸的整体是物质载体，它们是物权的客体。其次，300页纸上印有文字组成的小说（文字作品），而小说是著作权的客体。对300页纸的物权和对小说的著作权完全可能由不同的人享有。作者创作完成小说之后，就对作为文字作品的小说享有著作权。作者授权出版社将小说出版之后，印出的1 000册小说书被1 000名读者所购买。读者通过购买小说书，仅仅取得了300页纸

① 当然，知识产权中的人身权利不属于财产权。

的所有权，而没有取得纸张所承载作品的著作权。因此，读者对小说并不享有复制权、发行权、信息网络传播权等归属于小说作者的著作权。而小说作者对 1 000 册已经售出的小说书（物质载体）并不享有任何权利，因为其通过创作小说仅仅获得了对作品的著作权，而没有获得对作品物质载体的所有权。尽管人们一般也要通过获得小说的物质载体来欣赏作品。但小说作者享有的著作权的客体并不是纸张，而是纸张所承载的作品。小说在被印成 1 000 册小说书之后，小说就有了 1 000 个物质载体，但这 1 000 个物质载体之上只有一部作品。1 000 个物质载体作为 1 000 个物，其所有权可以归属于 1 000 个人，但那一部作品的著作权仍然归属于作者。

对上页图所反映的“著作权的客体与其物质载体可以分离”可以从三个方面理解。

首先，图中涉及的权利以虚线为界，虚线左边为著作权，右边为物权，享有一边的权利并不等于享有另一边的权利。其中特别需要注意的是：获得了物质载体的所有权，并不等于享有物质载体所承载的作品的著作权。画家将自己创作的油画原件售出之后，仍然享有作为美术作品的油画的著作权，但丧失了承载美术作品的画纸的所有权。因此，画家不得仅凭油画著作权人的身份，要求合法购买者返还油画原件。而购得油画原件的人虽然取得了载有美术作品的画纸这一物质载体的所有权，但对画纸所承载的美术作品不享有著作权。①

其次，转让虚线一边的权利，并不等于同时转让了虚线另一边的权利。作家在自己的稿纸上撰写了一部小说，此时他同时享有对稿纸（物质载体）的所有权和对稿纸所承载的小说的著作权。假如日后他将该手稿赠送给他人，即转让对稿纸的所有权，并不意味着稿纸之上的作品的著作权也发生了转移。同样，作家与出版社约定将小说的发行权转让给出版社，也并不意味着他同时需要转让对稿纸的所有权。作家完全可以将手稿的复制件交给出版社，或者将手稿中的作品输入计算机后以电子邮件形式发给出版社。在后一种情况下，作家无须转让作品的任何有形载体就可以履行向出版社交稿的义务。对此，我国《著作权法》第 20 条第 1 款明确规定：“作品原件所有权的转移，不改变作品著作权的归属……”《美国版权法》也规定，“享有版权，或任何版权中的排他性权利，有别于享有任何承载作品的物体的所有权。对任何物体的转移，包括对作品首次被固定在其中的复制件或唱片的转移，本身并不导致承载于物体中版权作品中权利的转移，在缺乏协议的情况下，也不导致物体中版权或任何版权中排他性权利的转移”②。

最后，侵犯虚线一边的权利也不等于同时侵犯虚线另一边的权利。例如，小偷偷窃了读者从书店购买的一本小说书，小偷的行为仅侵犯了读者对小说书（物质载体）的所有权，而没有侵犯小说的著作权。读者如将小说书借给他人阅读，他人未经许可将小说的内容输入计算机并上传至网站供网友下载，则此人的行为仅侵犯了作者对作品的著作权，并没有侵犯读者对小说书的物权。

需要指出的是：对著作权和其他知识产权的客体与其物质载体可以分离的特征，学界

---

① 但只要他购得的是油画的原件，就可以公开展览该原件，这属于例外情况，参见本书第三章第二节。

② 17 U. S. C. 202.

还存在一种表述，即客体的“无形性”①。这一用语本身是正确的，因为其真实含义是：著作权和其他知识产权的客体不是“有形”的物质载体，而是不具备有形形态的智力成果等客体。然而，这一用语有时使人不易理解。例如，如何理解雕刻作品的“无形”呢？对于罗丹著名的雕刻作品“上帝之手”而言，如果没有那块看得见、摸得着的石头，人们如何去欣赏作品，甚至如何知晓这一雕刻作品的存在呢？实际上，用“著作权的客体与其物质载体具有可分离性”的表述，可能更易使人理解。以雕刻为例，尽管需要以某种“有形”的物质载体来固定作品，但著作权的客体并不是那一块固定了作品的石头，而是石头所固定的作品本身。采用现代技术可以轻而易举地对雕刻进行无限量的复制，可以放大复制，也可以缩小复制；可以在石头上复制，也可以在塑料上复制。新出现的3D打印技术更是使这种“立体到立体”的复制变得简便易行。但是，无论最初的雕刻被复制了多少份，有多少个材质不同的物质载体，作品始终就是一个。是这一个作品，而不是那许许多多用于固定作品的物质载体，才是著作权的客体。换言之，虽然在多数情况下，作者需要在载体上创作作品，如在宣纸上挥毫作画，在计算机上撰写论文和在石头上雕刻人物造型，同时，作品通常也需要借助物质载体才能为人们所感知，但作品与其物质载体仍然具有可分离性——同一作品，可以在不同的物质载体（无论是否为同一材质）上得到体现，这实际上是“著作权的客体与其物质载体可以分离”的表现。

需要注意的是，作品的“物质载体”指一切可以固定作品的有体物，与民法意义上的“物”不能画等号。如有生命的人体并不是民法上的“物”，但这是出于保护人格尊严、防止对人的身体进行商业交易的政策考虑，并非否认人的身体本身是物质世界的“物”、具有固定作品的功能。许多艺术家在人体模特上所创作的彩绘精美绝伦，在符合独创性的条件下，当然可以作为美术作品受到保护。法院也认为“西湖十景”的艺术发型构成作品。②

正是由于作品具有可与其物质载体分离的特征，对作品的著作权也不可能像对物权一样，通过对物质载体的占有进行公示。占有作品的物质载体只能公示载体物权的归属，而不能公示作品著作权的归属。例如，对一本《知识产权法》教科书的占有并不能公示这部作品著作权的归属。著作权有其自身的公示方法，如我国《著作权法》第11条第1款规定，“著作权属于作者……”。第12条第1款规定：“在作品上署名的自然人、法人或者非法人组织为作者……有相反证明的除外”。由于作者一般是作品的原始著作权人，因而该规定实际上是依署名推定著作权的原始归属。

二、是排他权而非自用权

物权中的所有权被普遍认为具有占有、使用、收益和处分的权能。我国《民法典》第240条明确规定：“所有权人对自己的不动产或者动产，依法享有占有、使用、收益和处分的权利。”受此影响，有观点认为：著作权也包含了“自用权”，即著作权人本人使用作品的权利。这一观点恐难成立。

① 刘银良：《知识产权法》，11页，北京，高等教育出版社，2010；王晓先主编：《知识产权法学》，11页，厦门，厦门大学出版社，2012。

② 参见浙江省杭州市中级人民法院（2011）浙杭知终字第54号民事判决书。

（一）著作权与作者能否、如何利用自己的作品无关

知识产权就是“专有权利”，或称“排他权利”，即禁止他人实施某种行为的权利，而与“自用权”无关。《民法典》第123条第2款规定：“知识产权是权利人依法就下列客体享有的专有的权利……”，其中“专有的权利”源于英文“exclusive right”。“Exclusive”意为“排他的”，动词形式是“exclude”，意思是“排斥、阻止”。显然，只有排斥和阻止他人为某种行为的权利才能被称为“exclusive right”。“Exclusive right”可被译成“专有（的）权利”、“独占权利”或“排他权利”。其中“排他权利”是最佳翻译，因为它清楚地揭示了“exclusive right”的本质是排斥他人为特定行为的权利。只是“专有（的）权利”这一译法约定俗成，被使用得更多，但其含义仍然是排他权利。可见，作为专有权利的知识产权的作用并不在于确认权利人有为某种行为的自由，而在于排斥他人为特定行为。换言之，在取得知识产权之后，权利人能否对智力成果或其他受保护客体进行利用，能以何种方式进行利用，与知识产权并无关系，而是取决于其他法律、法规的规定，以及是否侵犯他人的知识产权。

对于著作权是否包含了“自用权”的问题，可举一例说明。在没有《著作权法》的年代，戏剧作品的创作者当然不享有著作权法意义上的复制权和翻译权，那么该作者是否有权将其戏剧作品的手稿放入复印机，按下复印键加以“复制”，或者自行将该戏剧作品从中文“翻译”成英文呢？回答当然是肯定的，因为自行复印和翻译作品本来就是宪法赋予公民的自由。同样，只要不违反法律规定（包括不侵犯他人的权利），作者也当然可以自行组织剧团公开“表演”该戏剧作品的复制件，或通过出版社公开“发行”该戏剧作品。这与有没有《著作权法》，以及该法是否规定了复制权、翻译权、表演权和发行权毫无关系。这是“法无禁止即自由”的反映。享有著作权的意义应在于：他人未经许可不得以特定方式利用作品。如果他人未经许可复制、翻译、表演和发行戏剧作品，只有当《著作权法》规定了相应的复制权、翻译权、表演权和发行权时，戏剧作品的作者才能借助法律的规定阻止他人实施这些行为。再如，在《著作权法》规定了“发表权”的情况下，为他人拍摄裸体艺术照的摄影师作为摄影作品著作权人，无权在未经被拍摄者许可的情况下，公开“发表”摄影作品，因为这样做会侵犯他人的隐私权。摄影师享有“发表权”，只意味着可以阻止他人，包括被拍摄者本人，以发表等方式利用该摄影作品。

由此可见，著作权与其他知识产权一样，都是“排他权”或者“禁止权”，也即禁止他人实施某种行为的权利（从中可派生出许可权能），而非“自用权”。著作权的作用并不在于赋予著作权人利用自己作品的自由。作者自己能否，以及以何种方式对作品进行利用，与其获得的著作权并无关系，而是取决于法律是否有禁止性的规定。

典型案例

“删帖”并不侵害发帖者的著作权

本案原告在被告所开设的论坛注册后多次发帖（内容构成作品），因其所发的帖子被删除，于是起诉被告侵害其发表权和信息网络传播权。法院指出：被告针对原告的删帖行为，

实质上是拒绝为原告提供网络信息存储空间。原告虽然对自己的作品享有发表权，但无权要求他人为作品的发表积极作为，换言之，被告不负有向原告提供网络信息存储空间的法定义务。由于要求他人提供网络空间不属于发表权的权利范围，故被告针对原告进行的删帖行为并未侵犯原告的发表权。同理，要求他人提供网络空间不属于信息网络传播权的权利范围，故本案被告并未侵犯原告的信息网络传播权。①

本案与第八章第一节的典型案例“侵占装有软件的电脑并不侵害软件的著作权”有类似之处。发表权和信息网络传播权作为《著作权法》规定的权利，意味着他人不得未经许可发表作品和对作品进行交互式传播（interactive communication）。这与作者发表作品和传播作品的自由无关，作者当然也不能以这两项权利为基础，要求他人发表其作品和为其作品提供传播平台。本案中，被告并未擅自实施将原告的作品以交互式传播的手段首次公之于众的行为，因此并不侵害原告的发表权和信息网络传播权。

（二）所有权人对物的“自用”与著作权人对作品的“自用”

有人可能会提出质疑：著作权和其他知识产权与所有权一样，都具有强烈的排他性，具有排斥他人未经许可利用相关客体的效力，因此这两种权利都是绝对权或对世权。既然物权法明文规定所有权人对自己的物享有占有、使用、收益和处分的权利，也即所有权人对自己的物享有“自用权”，为什么著作权法为著作权人规定了复制权、发行权、表演权和翻译权等各项权利，就不能被认为赋予了著作权人对自己的作品的“自用权”呢？

对此需要指出的是：所有权的客体是物，而且主要是有体物。所有权人要实现对物的利用和交易，并从中获取收益，必须对物进行占有。而对于同一个物，不同的人无法在不同的物理空间同时占有。物权法只要规定了所有权人有权占有自己的物，并以此为基础有权使用、收益和处分，就会自然排斥他人对该物的占有、使用、收益和处分。例如，一个苹果被一个人占有、吃掉或者售出，他人无法同时占有、吃掉或者售出该苹果。因此，规定所有权人对自己的物享有占有、使用、收益和处分的权利，与规定他人不得未经许可，对所有权人的物进行占有、使用、收益和处分，效果是相同的，是一个硬币的正反面。换言之，物权的“排他权”和“自用权”是一回事。

与此形成鲜明对比的是，著作权和其他知识产权的客体不是物，而是以物为载体的智力成果等客体。这些非物质性的客体可以由不同的人在不同的物理空间同时加以利用。著作权人对自己的作品的利用，并不影响其他人对同一作品的利用。例如，当作者在复印机中复制自己的小说手稿时，其他人也可以在另一部复印机中复制同一小说的复制件——一册小说书。因此，规定著作权人对自己的作品有自行利用的权利，与规定他人未经许可不得利用该作品并不是一回事。在这种情况下，认为著作权法规定了“自用权”，著作权人据此有权以复制、发行、表演和翻译等方式利用自己的作品的观点，是难以成立的。

（三）著作权的“排他”与所有权的“排他”

包括著作权在内的知识产权与所有权都是绝对权或对世权，具有强烈的排他性。著作权法为著作权人规定的各项权利，如复制权、发行权、表演权和翻译权等权利，都属于

① 参见浙江省慈溪市人民法院（2007）慈民二初字第1005号民事判决书。

“排他权利”或“专有权利”[①]（exclusive right）。

知识产权是绝对权，就意味着非经知识产权人许可或法律作出特别规定，他人不得实施受知识产权专有权利控制的行为。换言之，对于知识产权法保护的客体，他人只有经过知识产权人许可或在有法律特别规定的情况下，才能以特定方式加以利用，否则将构成侵权。

有人可能会提出这样的问题：所有权同样具有强烈的“排他性”，他人未经所有权人许可，不得对物进行占有、使用和处分。为什么“排他性”还是知识产权的一个特征呢？

所有权和知识产权在专有性的表现上确实是相同的。也正因为如此，所有权的客体和知识产权的客体才能够被称为法律意义上的财产。但是，所有权的排他性和知识产权的排他性在其他方面仍然是存在区别的。

首先，排他性的来源不同。对物是可以进行占有的，而占有意味着占有人可以天然排除他人的共享。除非采取偷窃或暴力抢夺等手段，否则，他人无法未经占有人许可而获得被占有的物。更重要的是，在物权法出现之前，在长期经济交易活动中，根据生活的经验和习惯，人们在观念上已经自然形成了所有权的观念。物权法在很大程度上是先确认所有权的观念。而知识产权则不同：由于作品、发明创造等非物质的东西无法被占有，人们难以自然形成对作品等智力成果的使用应当由创作者或创造者排他性控制的观念。在人类社会漫长的历史中，保护知识产权只有三百多年的历史，而且直到现在，真正形成全民尊重知识产权、具有很强知识产权意识的国家只是极少数，许多人仍然将他人非物质的智力创造成果视为可以随意免费使用的东西。盗版软件的横行就是一个典型例子：使用盗版软件的人很少会去偷窃计算机等硬件设备，因为即使没有物权法等保护有形财产的法律存在，人们通过长期以来形成的道德观念也会尊重有形财产的所有权。但是许多人并不认为作为非物质性智力成果的计算机软件也是由创作者所享有的财产，应当受到尊重和保护。在他们看来，使用盗版软件在道德上并不会受到谴责。因此，如果没有法律的强制性规定，创造者对软件等非物质的智力创造成果的排他性控制就无从谈起。只有通过法律强制性地将非物质成果的特定使用权规定为归属于创造者，他人未经许可而使用该成果构成侵权、必须承担法律责任，才能确立创造者对其非物质的智力创造成果的排他性。

其次，侵犯排他性的表现形式不同，保护排他性的方法不同。对物权排他性的侵犯一般表现为对物的偷窃、抢夺、毁损或以其他方式进行侵占，而对知识产权排他性的侵犯一般与侵占承载智力成果的物质载体无关，而是表现为在未经知识产权人许可或缺乏法律特别规定的情况下，擅自实施受知识产权专有权利控制的行为。例如，小偷去书店偷书，只是侵犯了书店对书的所有权，并没有侵犯著作权人对书中作品的著作权。但是，对于自己合法购买的小说书，如果未经著作权人许可而擅自将其上传至网络供公众阅读或下载，虽然并没有侵犯任何人的所有权，却侵犯了著作权，因为这种行为是受信息网络传播权这一著作权人享有的专有权利控制的。

同时，对物权的排他性可以依靠物权人对物的占有进行保护，而对知识产权的排他性

---

① “Exclusive right”通常被译为“专有权利”，这是从绝对权专属于权利人的角度，而不是从绝对权的排他效力角度来描述这类权利的特征。只要不将“专有权利”理解为著作权人的自用权，该译法也是成立的。

只能依靠法律进行保护。例如，买回一串项链之后，可以将它锁在箱子里，或者放在银行的保险柜里加以保护。换言之，占有就是一种对物权进行自力保护的方法，而这种方法对于知识产权的保护是根本不适用的。知识产权人要实现其非物质的智力创造成果的价值，就必须对非物质的智力创造成果加以一定程度的公开或使用。如作家创作完成一部小说之后，他必须发表才能获得声誉和相应的经济收入。但是非物质的智力创造成果一旦公开，公众就可以获得、占有非物质的智力创造成果的载体，并很容易在未经创造者许可的情况下对其进行利用，而创造者本人对此是无力控制的。例如，小说书一旦在书店公开出售，购买者就有可能私自翻印或上传到网上，而小说作者是无法进行自力保护的。要确保知识产权的专有性得到实现，只能依靠法律的强制力量。

最后，排他性受到的限制不同。同为私权的物权和知识产权都受到一定程度的限制。如国家按照法律的规定出于公共利益的需要可以征用私人房屋，从而使物权的排他性受到限制。但相较于物权知识产权受到的限制更多，如《著作权法》就具体规定了 12 种既无须经过著作权人许可，也无须支付报酬就可以特定方式利用作品的情形，这就是对著作权排他性的限制，此外，对知识产权还有时间性、地域性的限制等。这是因为作为知识产权客体的非物质的智力创造成果表现为原本可以自由流动的信息，知识产权这一财产权则是公共政策的产物，而公共政策一方面通过创设知识产权来刺激和鼓励人们投身于创作和创造活动之中，另一方面只对其进行有限保护，以使社会公众能够合理地利用。

三、地域性

著作权和其他知识产权的地域性是指：除非有国际条约、双边或多边协定的特别规定，知识产权的效力只限于本国境内。这一点与所有权形成了鲜明对比。举例而言，在 1992 年中国加入《保护文学艺术作品伯尔尼公约》（以下简称《伯尔尼公约》）之前，一名中国人在英国被人抢劫了手表，他完全可以要求英国警方抓住劫匪，找回被抢的手表，英国警方不会以该手表是在中国购买的（所有权在中国取得）为由而予以拒绝。这是因为所有权的保护一般不受地域的限制。但是，如果在 1992 年之前有人在英国未经许可而将中国人的作品翻译成英文并出版发行，英国没有义务保护中国作者，要求未经许可而翻译和出版者承担法律责任。这是因为著作权作为知识产权的一种，具有地域性的特征，在中国加入《伯尔尼公约》或与英国签订保护知识产权的双边协定之前，中国人在中国取得的著作权仅在中国境内受到保护，英国并无保护中国人著作权的义务。

为什么知识产权会具有地域性呢？根本原因在于知识产权是法定权利，同时也是一国公共政策的产物，必须法律有规定才能存在，且其权利的范围和内容也完全取决于本国法律的规定。而各国有关知识产权的获得和保护的规定各不相同，因此一国的知识产权在他国不能自动获得保护。需要注意的是，不能将“权利保护是根据本国法律进行的（准据法）”与“地域性”相混淆。仍然以手表和作品为例：“权利保护是根据本国法律进行的（准据法）”是说中国人的手表在英国要根据英国法律（而不是中国的法律）受到保护，“地域性”是说在英国与中国共同加入《伯尔尼公约》等国际著作权条约之前，中国没有义务保护英国人的作品。换言之，“准据法”解决的是根据哪一个国家的法律提供保护的问题，而“地域性”会导致他国作品在本国不受保护。

随着国际经济一体化进程的加速，知识产权的地域性也有被淡化的趋势。如《伯尔尼公约》规定了自动保护原则，即作品一旦创作完成就自动享有著作权，而无须进行登记或发表。同时，《伯尔尼公约》又要求各成员国保护源于其他成员国的作品。这意味着一个成员国国民的作品在其他成员国是自动受到保护的，从而大大削弱了著作权的地域性。

当然，国际知识产权条约只是在一定程度上削弱了知识产权的地域性，但并没有完全取消地域性。即使是《伯尔尼公约》，也规定各缔约国有权依照本国法律对来自其他缔约国的作品进行保护。例如，《德国著作权法》规定了"追续权"，而这并不是《伯尔尼公约》要求各成员国必须规定的权利。我国《著作权法》并未规定"追续权"，因此德国公民在德国享有的"追续权"是无法在我国受到保护的。

四、时间性

时间性是指包括著作权在内的多数知识产权的保护期是有限的，一旦超过法律规定的保护期限知识产权就不再受保护了。例如，我国《著作权法》对于普通作品规定的保护期限是作者有生之年加50年，50年之后，该作品的著作财产权就不再受《著作权法》保护，出版社可以不经作者继承人的许可而出版该作品，其他作者可以自由地将该作品改编成其他文艺形式。

多数知识产权的时间性与所有权的"永续性"形成了鲜明对照。对于所有权而言，只要作为客体的物没有出现被毁损、灭失等情况，对该物的所有权就可以一直存在。为什么客体可以与其物质载体相分离的多数知识产权不能像所有权那样"永续"呢？其原因仍然在于知识产权完全是法律基于公共政策创造出的财产权，它的创设是为了激励人们从事文艺创作和创造发明，并保护相关的特定利益。但是，知识产权的客体毕竟是能够被自由传播和使用的，如果法律规定其创造者永远享有知识产权，那么社会公众始终需要付费才能使用，反而会妨碍公众根据前人的非物质的智力创造成果进行新的创作和创造发明，从而形成对知识产权的过度保护。因此，对公开的智力创造成果而言，其知识产权的保护期是有限的。

第二章 著作权的客体：作品

本章导读

狭义著作权与邻接权的关键区别在于客体不同。只有对著作权法意义上的“作品”才能享有狭义著作权，作品的创作者才能被称为著作权法意义上的“作者”。对作品之外的劳动成果只能享有邻接权，该劳动成果的创造者不是著作权法意义上的“作者”。本章所使用的“著作权”为狭义概念，因此，本章标题“著作权的客体”即指由作者创作，并对其享有狭义著作权的作品。本章学习的重点和难点也在于判断何种劳动成果是著作权法意义上的“作品”。

第一节 作品的概念

人们在日常生活中经常会使用“作品”一词，但许多“作品”并非著作权法意义上的作品。例如，作家王安忆曾说过：“儿子是作品，作品也是儿子”[①]。这句话中的第一个“作品”显然不是著作权法意义上的作品。在 2014 年巴西世界杯荷兰对西班牙的比赛中，荷兰队的范佩西用鱼跃冲顶打进了一个精彩绝伦的进球，中央电视台解说员刘建宏说道：“范佩西的父亲是个艺术家，我觉得他父母最好的作品就是范佩西”。此言中的“作品”显然也是在比喻意义上使用的。同样，设计业界习惯将所有设计成果都称为“作品”，但许多这样的“作品”如由几个字构成的广告词，并不在著作权法保护范围之内。可见，著作权法意义上的作品有其特定的含义，有别于日常生活中使用的“作品”。

任何人要向他人传递信息，或使他人了解自己的思想感情或研究成果，就必须借助语言、声音、图像等来加以表达，使他人得以阅读、欣赏和感知。这种将内心世界的思想、感情或其他信息借助语言、艺术和科学符号体系加以表达的过程就是“创作”，由此形成的具有文艺或科学美感和独创性的智力成果就是著作权法意义上的“作品”。

① 王安忆：《今夜星光灿烂》，13 页，北京，新星出版社，2013。

《著作权法》第3条对“作品”所下的定义是：“本法所称的作品，是指文学、艺术和科学领域内具有独创性并能以一定形式表现的智力成果”。对“作品”的这一定义，应当从以下三个方面来理解。

一、作品须为人类的智力成果

《著作权法》的立法目的是鼓励作品的创作[1]，而人的智力活动才能被称为“创作”，才能受到立法的“鼓励”。纯粹的自然风光和声音虽然可能很优美，具有欣赏价值，以至于可以被称为“大自然的杰作”，但它不是人类智力创作的结果，也就不是著作权法意义上的作品。长江三峡上的神女峰宛若亭亭玉立的少女，无疑是一座自然天成的艺术品。但是，它并非由人雕刻创作而成，因此，任何人都不可能对神女峰享有著作权。如果有摄影师通过对拍摄角度、光线明暗、距离和光圈的选择而拍摄了一幅神女峰的艺术照片，则该艺术照片是摄影师创作的作品，摄影师作为作者享有著作权。右图是本书作者在海南三亚拍摄的照片。照片中宛若桃子的石头并非作品，但本书作者拍摄的照片是作品。

典型案例

猕猴的自拍照不是作品

一名英国摄影师在印度尼西亚拍摄时，一只猕猴趁其不备抢走了他的照相机。由于当地常有游客造访并给猕猴拍照，猕猴已经会模仿人类使用照相机的行为。这只猕猴连续按下快门进行“自拍”，其中有张照片（见下图）既清晰又令人捧腹，在网上风靡一时。

一场法律争议很快产生：猕猴的自拍照是否构成著作权法意义上的作品？如果回答是肯定的，其权利归属于谁？在那名英国摄影师出版其摄影集并在其中收录了猕猴的自拍照后，“善待动物者”组织向法院起诉，称：作为拍摄者的猕猴享有自拍照的版权，摄影师未经许可展示和出版照片的行为构成侵权，因此应当将侵权所得利润返还给那只猕猴，并禁止摄影师今后再实施类似侵权行为。美国加州联邦地区法院认为：《美国版权法》并未规定动物可成为作者，以往的判例在分析作者身份时所用的术语也是“人”。同时，可作为参考依据的是，美国版权局在其版权登记手册中明确规定：作品必须是由人创作的。对由自然现象或动植物的活动形成的结果不能进行版权

① 参见《著作权法》第1条。

登记。法院因此认定，猕猴不是《美国版权法》意义上的“作者”，当然也无诉权。①

如果本案发生在我国，结果也会是相同的。我国《著作权法》第 2 条第 1 款规定，“中国公民、法人或者非法人组织的作品，不论是否发表，依照本法享有著作权”。这里的“公民、法人或者非法人组织”当然不包括动物在内。该条在规定对外国作品的保护时，用语是“外国人、无国籍人的作品”，也无法解读出外国动物是“外国人、无国籍人”。

需要指出的是：动物也具备一定智力。那只猕猴能从对游客行为的长期观察中学会按下照相机的快门拍照，甚至刻意在镜头前作出鬼脸，说明其非常聪明，因此将猕猴自拍照称为“创作成果”未尝不可。然而，正如本书第一章中所述，文艺作品等由信息构成的成果之所以成为法律上的财产，是出于特定公共政策的需要。我国《著作权法》第 1 条就开宗明义地说明了这种公共政策——“鼓励有益于社会主义精神文明、物质文明建设的作品的创作……”。只有人的行为才可能为著作权法所鼓励。猕猴不会因为其自拍照受著作权法保护而受到激励（除非是科幻电影《人猿星球》中那种基因发生变异、具有人类智力和情感的猿猴），从而更加热情地投身于创作活动中，并对其他猕猴形成良好的示范效应，最终“促进社会主义文化和科学事业的发展与繁荣”。因此，猕猴自拍照并不是我国《著作权法》意义上的作品，当然也无著作权法保护可言。

典型案例

人工智能生成的图形不能作为作品获得登记

美国人泰勒声称名为“创造机器”的人工智能在没有任何人类智力贡献的情况下自主创作了《通向天堂之近路》的作品（见右图），要求在美国版权局获得登记（对于美国作品，在美国版权局进行登记是版权人提起版权侵权诉讼的前提条件——引者注）。美国版权局以该内容非由人类创作为由拒绝登记。泰勒向美国版权局中的版权复审委员会请求复审。

泰勒提出：美国版权局有关作品必须由人类创作的要求，既不符合宪法，也未得到法律或判例的支持。版权复审委员会则强调：版权法只保护基于人类心智的创作能力而产生的智力劳动成果。美国版权局将不会登记在缺乏人类作者创造性投入的情况下由机器或者纯粹机械过程而生成的内容。版权复审委员会回顾了法律条文、司法判例，以及美国版权局长期的实践之后认定由人类创作是在美国获得版权保护的前提。《美国版权法》保护“作者独创的作品”(original works of authorship)。该用语具有很强的包容性，但其范围并非没有限制。包括美国联邦最高法院在内的法院在解释《美国版权法》时无一例外的将版权保护限定为人类作者的创作成果。美国联邦政府机构对此也持同样立场。在 20 世纪 70 年代为应对计算机技术对版权制度的影响而成立的委员会认为，受版权保护的资格并不取决于

① Naruto v. David john slater，2016 U. S. Dist. LEXIS 11041. 二审判决维持一审判决的结果，see Naruto Naruto v. Slater，888 F. 3d 418 (9th Cir.，2018)。

在创作时使用的设备，而是是否有最低限度的人类智力创造。在 1976 年《美国版权法》通过之前，美国版权局的报告也指出："关键问题看来在于'作品'是由人类创作的，而计算机仅是辅助工具，还是作品创作的传统要素（文学、艺术或音乐表达，以及对各因素的选择、编排）实际是由机器而不是人预设和实施的。"正因如此，《美国版权局实务手册》一直将由人类创作定为作品登记的前提。泰勒还认为由人工智能生成的内容可以根据《美国版权法》对职务作品的规定获得保护（《美国版权法》规定：为完成雇主交付的任务而创作的作品为职务作品，视包括公司在内的雇主为作者——引者注）。版权复审委员会认为该观点同样不能成立：一是因为职务作品以存在合同关系为前提，而人工智能不可能与人签订合同。二是因为职务作品条款关注的是版权归属而不是相关的内容是否受版权保护。而受版权保护的作品必须是由人创作的。因此泰勒的作品登记申请被驳回。

泰勒提出的人工智能生成内容的作品登记申请被驳回，是因为美国版权局认为只有人类创作的作品才可能受保护，因此才予以登记。本书作者赞同这一做法，同时认为，从人工智能生成内容的产生过程来看，也不可能符合独创性的要求。本书将在讲解独创性之"创"的含义时对此点予以分析。

二、作品须是可被客观感知的外在表达

作品是沟通作者内心世界和客观外部世界的桥梁，思想感情或"腹稿"如果没有通过一定的语言、艺术或科学符号形式表达出来，就无法使社会公众加以阅读、欣赏或感知，无法被复制和传播，也就没有任何社会价值，当然也无法由著作权法加以保护。《著作权法》第 2 条所说的"能以一定形式表现的智力成果"，实际上就是强调"作品"只能是"外在表达"，因为只有"外在表达"才具有"一定形式"。单纯停留在内心世界的思想感情或者"腹稿"并不是著作权法意义上的"作品"。例如，即使准备画竹子的画家已经在脑海中完成了对绘画每一处细节的构思设计，以至于"胸有成竹"，也不能认为他"胸中的成竹"是"作品"。只有当他用画笔将构思付诸纸张，画出了可供他人欣赏的竹子时，才能说这幅竹子图是作品。

需要注意的是：作品中抽象的思想本身是不受著作权法保护的，只有对思想的具体表达才受著作权法保护。但如何判断作品中的哪些成分属于不受著作权法保护的思想有时比较困难，本章第三节将专门讲述思想与表达的分界问题。

三、作品须是文学、艺术或科学领域内的成果

人类的智力成果及其表达形式极为丰富，绝不是所有"能以一定形式表现"的智力成果都属于著作权法意义上的作品。相反，在浩如烟海的人类智力成果及其表达形式之中，只有一部分能够作为作品受到著作权法的保护。因此，必须在著作权法保护的作品与其他知识产权法保护的智力成果之间进行必要的分界。《著作权法》对"文学、艺术和科学领域"的限定，实际上是要求作品作为智力创作成果，必须是对思想、情感或观点具有一定文艺或科学美感的表达（但有个别例外，本章第四节在阐述计算机程序时会进行分析）。除此之外的智力成果及其表达形式有些受到其他知识产权法律制度或者知识产权法之外的其

他法律制度的保护，有些则基于某种原因，不能成为财产权的客体而受到法律的保护。

例如，竞技体育活动展现的是运动力量和技巧，无论其中的动作组合是否为“独创”的，由于其并非以展示文学艺术或科学美感为目标，不属于文学、艺术和科学领域内的智力成果，不能构成著作权法意义上的作品。同时，对竞技体育技巧或比赛策略的设计也仅是一种方法或思想，不能受到著作权法的保护。当然，在竞技体育活动中观众有时也能获得美的享受，如足球运动员轻盈的盘带和巧妙的过人、篮球运动员泰山压顶般的大力扣篮和跳水运动员的身体在空中翻滚而划出美妙的弧线，但这些“美感”是在展示身体力量和竞技技巧过程中附带产生的，与竞技技巧无法分离，著作权法不能对其予以保护。因此，奥运会的口号是“更高、更快、更强、更团结”，却没有“更美”。从另一个角度看，将竞技体育活动作为作品保护，意味着竞技动作的首创者有权阻止竞争者使用实质性相似的动作，而这会严重影响竞技体育的发展。例如，由我国著名体操运动员程菲首创的一套高难度跳马动作被命名为“程菲跳”，在 2008 年北京奥运会上，朝鲜选手洪恩真用“程菲跳”击败了程菲，获得了金牌。难道程菲可以起诉洪恩真侵犯其著作权，或者在比赛之前向法院申请临时禁令，阻止其在比赛中使用“程菲跳”？美国联邦第二巡回上诉法院在著名的“NBA 诉摩托罗拉案”中指出：篮球比赛并不属于版权法保护的客体。即使对于最接近创作的活动——花样滑冰、体操而言，如果参赛者设计并作出优美而高难度的特技动作就能获得版权保护，将不可避免地影响未来的比赛竞争。[①] 当然，某些对思想情感具有美感的外在表达活动虽然也被纳入了比赛活动，但只要其符合独创性的要求，仍然能作为作品受到著作权法的保护。例如，如果某人独立地设计了一套舞蹈动作，即使这套舞蹈动作是在舞蹈比赛中被首次表演的，仍然构成舞蹈作品。

典型案例

第九套广播体操案和瑜伽案

国家体育总局组织创编了第九套广播体操，并将“复制、出版、发行和网络信息传播权独家授予了中国体育报业总社（人民体育出版社）”。某音像公司出版了第九套广播体操的演示教学 DVD，包括全套正面演示、分解动作教学演示、全套背面演示等 10 段影像。中国体育报业总社起诉该音像公司侵犯著作权。

法院认为：广播体操是一种具有健身功能的体育运动，由屈伸、举振、转体、平衡、跳跃等一系列简单肢体动作组成，但与同样包含肢体动作的舞蹈作品不同，其并非通过动作表达思想、感情，而是以肢体动作产生的运动刺激来提高机体各关节的灵敏性，增强大肌肉群的力量，促进循环系统、呼吸系统和精神传导系统功能的改善。简而言之，广播体操的动作有强身健体之功用，而无思想、情感之表达，既不展现文学艺术之美，亦不展现科学之美，故不属于文学、艺术和科学领域内的智力成果……广播体操是一种具有特定功能的身体练习活动，包含一系列连续的肢体动作，当这一系列动作按照规定的方式施行时，

---

① National Basketball Association v. Motorola，105 F. 3d 841，at 846（2nd Cir.，1997）.

将产生既定的健身效果。因此，广播体操本质上属于一种健身方法、步骤或程序，而不是著作权法所保护的作品。①

法院的判决体现了对著作权法原理的精确理解。第九套广播体操的动作设计或对已有动作的选择和编排是独立完成的，也是智力成果。然而，正如前文所述，并非所有“独创”的智力成果都是作品。广播体操与舞蹈不同：舞蹈动作设计的目的在于展示艺术美感和表达思想、情感，健身只是附带的效果。而广播体操动作设计首先要达到强身健体的实用效果，不是为了展示艺术美感和表达思想、情感。其作为一种健身方法，应被排除出著作权法的保护范围。

在美国也发生了类似的诉讼。印度人比克拉姆自创了由26种姿势组成的瑜伽动作，撰写了《比克拉姆瑜伽课程入门》等书籍并进行了作品登记，同时开设了瑜伽训练课程。他人教授相同的瑜伽动作，比克拉姆发现后起诉其侵犯版权。2012年，在我国“广播体操案”判决作出4天后，美国加利福尼亚州中区联邦地区法院在该案中认定比克拉姆独创的瑜伽动作不能受到版权法的保护，因为它具有预防和治疗疾病的功能，属于“系统或方法”，是《美国版权法》明文排除出保护范围的对象。② 这与我国“广播体操案”的判决可谓不谋而合。美国版权局也宣布瑜伽动作设计是“功能性的系统或方法”，不能受到版权保护。③

与此同时，无论是我国《著作权法》，还是《伯尔尼公约》，都只提到了“科学领域”，而没有提及“技术领域”。这并不是对技术进步的漠视，而是有意为之。虽然“科学”与“技术”之间存在密切关系，“科学技术”经常作为一个词语使用，但两者之间仍然存在差异，而这个差异在著作权法中极为重要。

“技术”存在于应用层面，具有直接的实用性质。其作用，简单地说就是“改造世界”，其最终表现形式为具体的产品、工艺、系统、操作方法和技术手段。对这些成果一旦提供著作权保护，就会造成破坏知识产权法律体系和损害公共利益的严重后果。例如，某人发明了一种新装置（产品发明），该发明创造当然属于“能以一定形式表现”的智力成果，其表现形式当然可以是制造完成的装置本身。试问：该发明创造本身及其表现形式——制造完成的新装置是作品吗？他人未经许可而仿造该新装置且投入使用侵犯了作品的著作权吗？回答当然是否定的，否则专利制度将被架空，也没有存在的必要了。由于无须提出“著作权申请”，无须缴纳申请费和日后的维持年费，无须经过专利行政管理部门对新颖性、创造性和实用性的审查，技术方案这类“能以一定形式表现”的智力成果就能自动获得长达作者有生之年加50年的著作权保护（而不是自申请之日起算的20年的发明专利保护期），试问：还有谁会申请专利？正是因为用著作权法保护技术方案会产生极其严重的后果，《与贸易有关的知识产权协定》第9条第2款和《世界知识产权组织版权条约》第2条均明文规定：版权保护延及表达，而不延及思想、过程、操作方法或数学概念本身。因此，不保护实用功能（技术）是著作权法的基本原理，是著作权制度与专利制度的区别，是不容突破

① 参见北京市西城区人民法院（2012）西民初字第14070号民事判决书。

② Bikram's Yoga College of India v. Evolation Yoga，2012 WL 6548505，at 3（C. D. Cal.，2012）.

③ See Copyright Office，“Registration of Claims to Copyright”，77 FR 37605-01，at 37607.

的底线。工艺、系统、操作方法和技术方案虽然也属于“能以一定形式表现”的智力成果，但本身并不可能成为作品。有的技术成果虽然也有一定美感，但该美感与技术功能融为一体、无法分离。如我国研发的“歼十”战斗机造型在许多军事爱好者眼中也有美感，但其每一处造型和弯曲角度都是为了实现特定技术功能，因此该智力成果并不能构成作品（参见本章第三节）。

与之相比，“科学”存在于基础层面，其作用，简单地说就是“认识和反映世界”、探索和反映自然规律，其成果表现为论文、图表和科学模型等，通常并不具有直接的实用性，需要通过“技术”的转化才能“改造世界”。此类成果尽管并不处于通常所说的文学和艺术领域并具有文学和艺术美感，但它们具有科学美感，与文学、艺术领域的成果具有同质性，在符合其他条件的情况下是可以作为作品受到著作权法保护的。《著作权法》所保护的程设计图、产品设计图和模型作品等就属于这种情况（参见本章第四节）。

四、作品须具有独创性

只有具有独创性的外在表达才是作品。独创性是作品区别于其他人类劳动成果的关键，但独创性的概念以及判断独创性的标准比较复杂，本章第二节将对此进行专门论述。

需要特别指出的是，并非任何在字面上符合《著作权法》第 3 条规定的成果均属于著作权法意义上的作品。例如，爱因斯坦提出的质能方程 $E=mc^2$ 可谓是 20 世纪最为重要的公式之一，爱因斯坦为此无疑付出了大量的创造性智力劳动；同时，该方程也从未被前人提出过，可谓是爱因斯坦的“独创”。但该公式，无论在哪个国家，均无法作为“作品”受到著作权法的保护。

因此，在认定一种劳动成果是否构成著作权法意义上的作品时，不能仅仅判断其是否为“智力成果”、是否为“独立完成”或“首次完成”的，以及其是否凝聚了作者的智力创造，还要根据著作权法的基本原理，将许多类型的智力成果，如思想、事实、程序、操作方法和数学公式等排除出去。如果一种智力成果属于不受著作权法保护的客体，则无论其是否为“独创”的，也无论其社会经济价值如何，都不可能作为“作品”受到著作权法的保护。换言之，《著作权法》第 2 条对“作品”所下的定义，只能被理解为构成作品的“必要但非充分条件”，换言之，作品必须符合该条的规定，但并非所有字面上符合该条规定的劳动成果都是作品。在著名的“食品味道案”中，欧盟法院负责提供咨询意见的法务官也指出：只有符合独创性要求，才能构成受 2001 年《版权指令》第 2 条（a）款保护的作品，但不能反过来将其解释为，任何满足独创性要求的客体都能因此“自动”被认为是受欧盟《版权指令》保护的作品。[①]

第二节 独创性

只有具有“独创性”的外在表达才能成为著作权法意义上的作品。“独创性”这一我国

① Levola Hengelo BV v. Smilde Foods BV，Opinion of the Court of Justice，Case C-310/17（2018），para. 47.

《著作权法》中的术语译自英语 originality，也可称为“原创性”。英语——originality 本身就包含两层意思，而汉字“独创性”可以被分解为“独”与“创”两个方面，并分别与 originality 的两层意思相对应，因此，可以从劳动成果的外在表达必须同时具备“独”与“创”两个条件来理解“独创性”。

一、独创性中的“独”

在技术领域经常能听到这种说法：“某技术为我国工程技术人员所独创”。这里的“独创”显然意味着这种技术世界上原本没有，是由我国工程技术人员首先发明的。换言之，技术文献中使用的“独创”往往指专利法意义上的“新颖性”，即以前没有相同的技术在国内外被公开发表过，或者公开使用过。但是，著作权法意义上的“独创”与“首创”或“独一无二”并不同义。

（一）独创性中“独”的含义

独创性中的“独”是指“独立创作、源于本人”。英语中“独创性”（originality）的动词形式“独创”originate 即为“起源”的意思，与介词 from 搭配后即指“起源于”。因此，在著作权法意义上“独创性”中的“独”是指劳动成果源于劳动者本人，也即劳动成果是由劳动者独立完成的，而非抄袭的结果。

（二）具有“独”的两种情况

劳动成果在两种情况下符合独创性中“独”的要求：第一，劳动成果是劳动者从无到有独立地创造出来的。第二，以他人已有作品为基础进行再创作，而由此产生的保留了原作品基本表达的成果与原作品之间存在着可以被客观识别的并非太过细微的差异。

1. 从无到有进行独立创作

只要是独立创作的结果，劳动成果即使碰巧与他人的劳动成果一模一样，也仍然符合独创性中“独”的要求。例如，甲、乙均是摄影师。甲于某风景胜地拍摄风景照片一张。乙从未看到过甲拍摄的照片，但乙在同一风景胜地旅游时，碰巧在同一拍摄地点，以同样型号的照相机，用同样类型的胶卷，以同样的取景、同样的角度、同样的光圈和快门拍摄了一张照片。这张照片与甲拍出的照片几乎一模一样，一般人很难用肉眼辨别出其中存在的微小差异。那么乙所拍摄的照片是否具有“独创性”呢？乙拍摄的照片虽然与甲拍出的照片一模一样，但只要这张照片是乙独立拍摄的结果，仍然是“源于”乙的，就符合独创性中“独”的要求。如果该成果同时符合“创”的要求，则它仍然是受著作权法保护的作品。最高人民法院《关于审理著作权民事纠纷案件适用法律若干问题的解释》（以下简称《著作权司法解释》）第 15 条因此承认：“由不同作者就同一题材创作的作品，作品的表达系独立完成并且有创作性的，应当认定作者各自享有独立著作权。”

当然，由于每个人观察世界的角度、方法有所差异，内心思想与情感世界不尽相同，表达手段也各有特点，独立创作的结果总是不可避免地会打上个性的烙印，出现完全雷同的可能性是很小的。此外，如果相同作品已经公之于众，每个人都有接触这部作品的合理机会，那么后人要想证明自己独立、努力创作出了与之一模一样的作品会遇到举证上的困难。但是，只要能够证明相似或相同并非抄袭的结果，而是来源于创作上的巧合，那么后人的劳动成果仍然可以被认定为他创作的作品。

2. 以已有作品为基础进行再创作

如果是在他人作品的基础之上进行创作，则只要由此产生的保留了原作品基本表达的成果与原作品之间存在着可以被客观识别的并非太过细微的差异，该差异部分仍然符合独创性中“独”的要求。例如，某艺术家根据缺少一只手臂的维纳斯雕塑进行创作，补上了那只缺失的手臂。尽管剩余的部分与原作完全相同，但新增加的手臂就是新雕塑与原有雕塑的差异部分，新雕塑也因此符合独创性中“独”的要求。如果这只手臂的造型也符合独创性中“创”的要求，则新雕塑为原雕塑的演绎作品。

实务探讨

达利版的《蒙娜丽莎》是作品吗？

请比较以下两幅绘画，左边是世界名画《蒙娜丽莎》，右边是西班牙画家萨尔瓦多·达利在《蒙娜丽莎》的基础上根据自己的容貌所作的《蒙娜丽莎》。两幅绘画显然有相同之处（背景、人物头型、头发和身躯），均源于达·芬奇，但两幅绘画也存在显著差异（脸庞和手），这些差异部分反映了达利一系列个性化的智力选择和判断，如对画中人容貌和神情的选择与对线条、色彩的运用等。由此形成的劳动成果不仅符合“独”的要求，也符合“创”的要求，无疑是受著作权法保护的作品。

如果以在先作品为基础形成的成果与原作品之间只有细微差异，则这种成果并不符合“独”的要求，而只能被称为原作品的“复制件”，形成该成果的过程也只能是“复制”而非“创作”。例如，将他人小说加以抄写并改正其中错别字的行为虽然也具有一定价值，但由此产生的成果与原小说之间的差异过于细微，改过后的小说并不是符合独创性中“独”的要求的新作品。再如，左图中的热气球图案与右图中的热气球图案相比，虽有区别，但仅属于微调，并不构成新的作品。[①]

---

① The Review Board of the United States Copyright Office，Re：Second Request for Reconsideration for Refusal to Register RE/MAX Hot Air Balloon Logo；Correspondence ID：1-3DJ6NIL；SR＃ 1-5790193091.

需要指出的是：在具有“独”的两种情形之中，产生的作品具有不同的权利层次。对于从无到有创作完成的作品，创作者独享著作权。以他人作品为基础创作完成的作品，则属于“演绎作品”。如果作为创作基础的他人作品的著作权保护期尚未届满，要利用该演绎作品，就需要获得原作品作者和演绎作品作者的双重许可（参见本书第四章第三节）。假设断臂的维纳斯尚在著作权保护期内，则补上了断臂的维纳斯就是演绎作品，要制作这尊雕塑的复制件并出售，就应当经过原作品著作权人和演绎作品著作权人的双重许可。

（三）“独”是对表达的要求

“独”是对表达的要求，也即能够成为作品的表达必须是独立形成的，而非源自他人。如果前人的表达已经客观存在，则另一人通过独立的艰苦努力再现或还原了相同的表达，并不符合“独”的要求。换言之，仅仅是“自己动手”，还不一定能形成作品。例如，有诗人创作出诗歌后对其进行加密处理，即以特定方法打乱文字顺序。有人解密，将诗歌还原。解密者固然挥洒了辛勤的汗水且进行了大量智力投入，但其解密的诗歌并非源于解密者，而是源于诗人，故解密者的行为仍然只是复制（尽管是极其复杂的复制）而非创作。因此，一切与表达无关的独立劳动，包括选择作品所在的特定位置、改变作品的载体、大小，以及复制作品时运用的高度技巧，都不可能产生新的作品。例如，选择到“一个长期与黑暗、阴暗、肮脏和恐惧联系在一起的地方”，在小巷中一堵受天气影响而破损的墙上涂上“LOVE”，产生了独特的象征意义，即以爱给人们以希望。然而“LOVE”是公有领域的词汇，只要没有对它进行艺术装饰（如用独创的动漫造型拼出 LOVE），就不可能构成美术作品。而它的介质（破损的墙）和位置（落后、贫穷与暴力滋生之地的小巷）都不属于作品的表达，与作品的认定无关。[①]

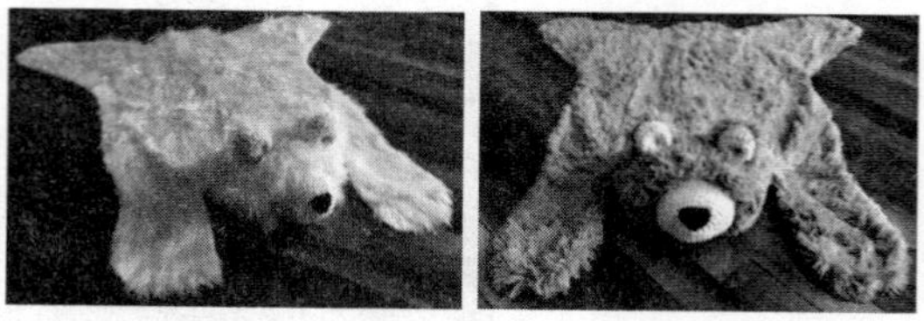

再如以一只玩具熊（右图左）的造型为基础制作的另一只玩具熊（右图右），仅将颜色从白色改为棕色，并将“又长又夸张的人造毛”改为丝棉，并没有改变艺术造型，没有产生新作品。[②] 同样，将绘画刻在头发上（发雕），或在木头或石头上制成雕塑，或绣在丝织品上，即使涉及常人难以企及的技艺水准，而且也会因载体材质的改变而带来不同的观感，但只要新的观感并非来源于对艺术造型本身的实质性改变，就不可能产生新作品（演绎作品）。最高人民法院曾在相关判决中指出：“无论其制作过程多么艰辛繁复、所需的技艺多么高超独特，都可能因缺乏独创性或不具有审美意义而不能被认定为著作权法意义上的美术作品。”[③] 如曾有人根据米老鼠的形象制造上发条的玩具（见右图），其竞争对手仿造相同的玩具引发诉讼。对此美国法院认定米老鼠造型的玩具并不是新作品，不受版权法保护，因此被告并

① The Review Board of the United States Copyright Office，Re：Second Request for Reconsideration for Refusal to Register Love Mural（Correspondence ID：1-4O0LBNX；SR ＃ 1-9012945671).

② The Review Board of the United States Copyright Office，Re：Second Request for Reconsideration for Refusal to Register Bear Rug Claraloo Variation 16，SR 1-4699580604，Correspondence ID：1-2XJS9XJ.

③ 最高人民法院（2015）民提字第 47 号民事判决书。

不侵权。[①] 同样，将一幅绘图制成浮雕，除非改变了艺术造型，否则并不属于创作，而是从平面到立体的复制。我国法院曾就此指出：浮雕制作本身是一门成熟的技艺，将人物姿态、肢体动作、面部表情、衣冠服饰、色彩搭配等要素已经固定的平面或立体造型制作成对应一致的浮雕件，是对工艺和技法的应用，即利用常规工艺技术将同一艺术形象在不同载体之间进行转换，其人物形象本身并没有因制作行为而体现出与原有人物形象有明显区别的构思。至于浮雕作品所呈现的更为直观、丰满的特征，也仅属于众所周知的浮雕工艺品的固有特性，不能被视为创造性智力活动的成果。[②]

理论研究

精确临摹是否创作出了作品

假设某人擅长临摹名画，能达到以假乱真的地步，一般人根本无法通过肉眼分辨原作与此人的临摹之作。此人对他人作品所作的这种精确性临摹是不是著作权法意义上的作品呢？郑成思教授认为：临摹原已存在的、享有著作权的绘画作品，不但要具备一定的技巧，而且要在自己的“再现品”中增加自己的创作性劳动，因此这种临摹的结果，实际上是“再创作”出新的美术作品。[③]

对此需要指出的是：只有符合独创性要求的劳动成果才是著作权法意义上的作品。而“独”和“创”两方面的要求必须同时得到满足，没有独立完成的成果，就谈不上该成果是否达到了一定的创作高度。正是由于精确临摹的结果与原作品相比在视觉上没有可以被客观识别的差异，或者差异过于细微，临摹的结果并不符合独创性中“独”的要求。虽然对艺术作品进行精确的临摹需要高度技巧、艺术品位与判断力，但精确临摹并没有产生可以被客观识别的、“源于临摹者”的成果，因此，精确临摹者所运用的仅仅是为进行“精确复制”所需要的技巧、艺术品位与判断力。

当然，精确临摹毕竟是由人而非机器进行的，人的临摹总会融入临摹者的个性因素，涉及高度个性化的选择和判断，如用力大小等。因此，如果有两位艺术大师对同一幅艺术作品进行临摹，从技术上说，无论两位大师多么追求临摹的精确性，他们临摹出来的绘画之间总会存在一定差异，这反过来也说明他们临摹出来的绘画与原艺术作品之间仍然存在一定差异。正如郑成思教授所指出的那样：即使在临摹中可以“无限接近地泯除一切个人特征”，但终究因为临摹者是有精神的人而不是机器，它们只能“接近”而已，却永远不能“到达”；临摹的结果中应当有“主体的人格”或“个人的特征”存在，它们包含了掌握这种绘画技巧之人的“判断”及“选择”[④]。但是，“判断和选择”如果不能形成可以被人们客观加以识别的、不同于被临摹作品的部分，那么在绝大多数观赏者的眼中，临摹者对于临

---

① Durham Industries, Inc. v. Tomy Corp., 630 F. 2d 905, 908-911 (2nd Cir., 1980).

② 参见四川省高级人民法院（2010）川民终字第476号民事判决书。

③ 参见郑成思：《版权法》（修订本），161页，北京，中国人民大学出版社，1997。

④ 郑成思教授因此得出了结论“判断与选择如果真的体现在作品中，人们就再难否定作品的独创性”［郑成思：《版权法》（修订本），173页，北京，中国人民大学出版社，1997］。

摹之作仍然没有贡献出不同于原作品，从而“源于”他自己的东西；临摹的结果也只是对原作品的重复和翻版。英国版权法学者指出：在同一介质上对艺术品进行复制（copying）确实比对文字作品的单纯复制（mere reproduction）需要有更高程度的技巧和判断，但仅仅是复制（copying）过程中的技巧、劳动和判断不能产生独创性。① 他们还强调：要构成作品，必须在原作品基础上进行某种实质性的改变或润色，而且这种改变或润色在视觉上对作为一个整体的作品的影响比其技术上的意义更重要。② 换言之，如果在他人作品的基础之上进行劳动所产生的成果在视觉上与原作品差异很小，则无论这种细微的差异是否体现了劳动者具有个性化的选择、判断以及高度的艺术技巧和品位，劳动成果仍然不能达到独创性的要求。

英国版权判例也指出：“对于绘图而言，重要的是视觉价值。对原有绘图进行重新绘制，如果只有很小的视觉差异，则不能构成独创性的艺术作品，无论复制过程需要投入多少劳动和技巧……”③ “……通过绘画去制作完美的（油画）复制件，或制作放大版的照片都需要极大的技巧、判断和劳动，但是没有人会认为油画的复制件或放大版的照片是‘独创性’艺术作品并能获得版权保护。（原因）仅仅存在于复制过程中的技巧、劳动或判断并不足以产生独创性。”④

如果临摹艺术作品的结果与原作品在视觉上差异明显，而且差异部分达到了独创性中“创”的要求，那么临摹的结果就是作品（演绎作品）。不过，此时用“临摹”这个词可能不是很恰当了。例如，有文章将张大千模仿石涛的画作（下图左）称为“临摹”（下图右为张大千的“临摹”）。该“临摹”成果显然不是前文讨论的“临摹”，因为它与原画在构图上差异相当明显，显然是以原图为基础创作的演绎作品。

①② See Walter Arthur Copinger, etc., *Copinger and Skone James on Copyright*, Sweet and Maxwell, Ltd., 1999, §3.19.

③ Interlego A. G. v. Tyco Industries Inc., [1988] R. P. C. 343, at 367.

④ Ibid., at 371.

典型案例

《儿童插画库》临摹案

原告临摹了已处于公有领域的一些儿童插画并出版，被告又从原告的书中复制了这些插画，出版了《儿童插画库》。争议的焦点在于原告对其临摹的插画是否享有版权。原告首先提出，其临摹的插画在颜色深浅上与原画有些差异。美国纽约南区联邦地区法院认为：这些微不足道的差异并不是原告刻意为之的，也不能反映原告自己的艺术观点，其临摹的插画只不过是原作的复制件而已。原告又提出，其临摹过程异常复杂，需要耗费艺术家大量时间和精力。对此法院指出："原告的贡献仅仅是对原作的复制。"虽然原告无疑需要极大的努力和许多时间对插画进行复制，但"这种努力和时间本身并不足以认定独创性"。最后，原告提出对其临摹之作进行保护符合公共利益的需要：原作已极为罕见，很难在图书馆中找到，是原告的临摹才使这些画作得以为公众所获得。对此，法院认为：虽然公众确实能够从原告的工作中受益，但也不足以使原告的临摹获得版权保护。①

本案是有关精确临摹不构成创作的典型案例。为准确再现原作而付出的努力、时间和技巧如果没有形成可供识别的、源于本人的贡献，其成果只能是原作品的复制件，而非符合独创性要求的作品。

典型案例

电视剧剧照绘画案

黄某根据电视剧剧照（下图左），使用电脑绘制了演员陈乔恩的一幅图形（下图右）。某图片网站未经许可利用了该图形，引发纠纷。

电视剧剧照

原告的绘图

① Michael Patrick Hearn v. Susan E. Meyer, 664 F. Supp. 832, at 836, 839 - 840 (S. D. N. Y., 1987).

一审法院认为："从摄影到绘画的临摹确实需要绘画者凭借其个人对摄影作品的观察和理解再现摄影作品的画面形象，但是该过程制作的绘画仍需具有最低限度的独创性才能得到著作权法的保护，特别是在现代数字化图形处理技术发展的背景下，该种制作应达到可区别的、实质性改变的程度才能符合独创性最低限度的要求……本案中，虽然原告在陈乔恩人像的制作过程中投入了劳动，但因后制作的陈乔恩人像图在表达上与在先摄影作品相比并无实质性区别，仅是将原有表达在另一种载体上重现，故原告所制作的陈乔恩人像图仅是剧照的复制品。"①

本案判决引起了争议，本书作者赞同一审法院的判决。原告显然是先将电视剧剧照扫描进电脑，然后再沿着照片中造型的线条用笔重新勾勒。由此形成的图形虽然在视觉感官上会与剧照略有差异，但没有贡献出有别于剧照中人物和道具的新造型，不同之处仅源于复制的技艺。美国著名的学者型法官波斯纳曾指出："艺术上的独创性与《美国版权法》中独创性的法律概念并不是一回事。艺术上的独创性确实可以存在于细节和细微的差别之中，其程度如此之小以至于无法被法官所辨别。被称为'超级写实主义'的现代艺术学派尝试使绘画（波斯纳法官在判决后文中说明，这是指对已有作品进行绘画，并不包括对现实事物，如人或物体进行绘画——引者注）的结果看上去就像照片。这些绘画售价很高，买者肯定认同其中有些独创的东西……在这个意义上，而不是在艺术意义上，它们的独创性比立体主义或抽象表现主义的绘画要低。"②

由此可见，艺术界理解的"独创"与著作权法中的"独创"并非同一概念。不同的艺术表现形式当然都有其艺术价值，但独创性程度并不相同。即使本案中原告的绘画能售出较高价格，也不能说明该绘画就是作品。

既然"独"是对表达的要求，在以已有作品为创作基础的情况下，只有当由此形成的成果与已有作品存在可供识别的差异，也即产生了真正源于本人的表达时，才能产生作品。这就意味着，当一个初学绘画的人试图对美术作品进行精确临摹，却因技术不佳，临摹出的绘画与原作品相去甚远时，这样的绘画反而可能符合"独"的要求，从而成为作品。这似乎是一个悖论：临摹者的技艺越高超，临摹的成果越接近原作品，越难以构成作品；临摹者的技艺越低劣，临摹的成果与原作品差距越大，越容易构成作品。

本书作者认为：根据著作权法的立法目的，上述"悖论"很容易得到合理解释。《著作权法》第1条就规定："为……鼓励有益于社会主义精神文明、物质文明建设的作品的创作和传播，促进社会主义文化和科学事业的发展与繁荣，根据宪法制定本法。"由此可见，著作权法的立法目的在于鼓励创作，而"创作"必须产生源于本人的表达，这就是著作权法将独创性作为作品构成条件的原因。前文已经指出，"独"虽然不能和"首创"画等号，却能画约等号。在排除基于巧合形成相同表达的情况下，"独"意味着贡献出新表达。因此，著作权法实际上是要鼓励"创新"，而不是鼓励"重复"。只有"创新"才能增加文化多样性，促进文化的发展与繁荣。临摹的技艺再高超，也仅是"重复"已有作品，没有进行

① 上海市浦东新区人民法院（2019）沪0115民初6515号民事判决书。本案二审以调解结案。

② Gracen v. Bradford Exchange，698 F. 2d 300，304 (1983).

“创新”。初学者技艺不佳，却恰恰没有“重复”已有作品，而是进行了“创新”，从而增加了文化的多样性。因此，著作权法保护后者而非前者，是符合其立法目的的。当然，某些精确临摹的确对保存濒临灭失的文化成果具有极高的价值，如常书鸿先生对敦煌壁画的临摹就是如此。这种为保存和传播现有文化成果而作的努力，可以受到著作权法之外的法律制度的保护，但它不能产生以独创性为前提的“作品”。

二、独创性中的“创”

独创性中的“创”对智力创造性有一定要求。但是，一种成果要达到何种程度的创造性才能构成作品？这是一个非常复杂的问题。

（一）对“独创性”是否包含“智力创造”要求的不同理解

“独创性”的英文 originality 本身有双重含义，除有“源于”的意思之外，还有“创造性”的含义。那么著作权法意义上的独创性究竟是只指第一种含义还是同时包含两种含义？对这个问题的不同回答，将世界各国的著作权/版权保护体制分成了两个截然不同的阵营。

在现代版权法的发源地英国，以及早期以英国版权法为立法参考的美国、加拿大、澳大利亚和新西兰等英美法系国家，即使劳动成果中没有体现出任何智力创造成分，只要该劳动成果包含了作者“独立的艰苦劳动”并具有实际价值，就可以满足版权法对独创性的要求。英国版权法方面的权威著作《现代版权与外观设计法》指出：“独创性只是意味着作者并没有原封不动地抄袭……技巧、知识可以弥补脑力劳动的缺乏。”[1] 直至今日，《英国版权法》第 1 条也只对其保护的第一类作品（文学作品、戏剧作品、音乐作品和艺术作品）要求独创性，对其保护的第二类作品（录音制品、影片和广播）和第三类作品（版式设计）并不要求独创性，即并不要求体现智力创造性。

典型案例

演讲速记稿案

在 20 世纪初发生在英国的“Walter v. Lane”中，一名报社记者运用速记法忠实、准确地记录了政治家演讲的内容，另一家报社未经该名记者所在的报社许可而刊登了该名记者所记录的内容，两家报社就该行为是否构成版权侵权发生纠纷。英国当时事实上的最高法院——上议院认为：记者花费劳动和运用准确速记技巧所记录的文字应受版权法的保护。[2] 这实际上是承认不包含智力创造成分，而体现了独立努力、具有实际价值的劳动成果也是版权法意义上的作品。而根据目前多数国家著作权/版权立法中的“独创性”标准，该案中的记者并没有创作出任何新的作品，该名记者的劳动属于通过速记方法对他人作品进行的“复制”，由此形成的记录稿应当只是他人作品的复制件。

该案的判决显然是不合理的。如果政治家是拿着自己的讲稿演讲的，而演讲内容又被

---

① Hugh Laddie, etc., *The Modern Law of Copyright and Designs* (3rd edition), Butterworths, 2000, §5.7.

② Walter v. Lane, 15 [1900] A.C. 539.

记者一字不差地记下，试问：转载者侵犯的是政治家的版权，还是同时侵犯了记者的版权？换一个角度，是否仅因为演讲的内容被记者一字不差地记下，政治家就不能独享讲稿的版权，而必须和记者共享？如果政治家弄丢了自己的讲稿，在出版演讲集时，使用了记者的记录稿，是否侵犯了记者的版权？（而记者的记录稿和政治家的讲稿内容是一模一样的！）

假设甲公司为了编制当地居民的电话号码簿，派人走家串户收集并逐一核实每一位居民的电话号码，花费了大量的时间和人力。在收集了当地全体居民的电话号码之后，甲公司按居民姓名的字母顺序排列了电话号码。乙公司抄袭了甲公司的电话号码簿。乙公司是否侵犯了甲公司的著作权？毫无疑问：甲公司花费了大量人力、物力和财力。但甲公司收集与编排电话号码的工作没有任何智力创造性可言。因为电话号码本身是不受著作权法保护的事实，甲公司收集了本地全体居民的电话号码，在对电话号码的选择上没有体现出智力创造成分。而且按照居民姓名电话号码排序是一种最古老和最为常规的编排方式，也没有智力创造性。但是，根据英美法系国家早期判例，这种走街串巷的跑腿工作和常规性的编排工作就足以使电话号码簿符合“独创性”的要求，成为受版权法保护的作品。如美国早期的判例认为：“对付出了劳动而写成的书获得版权并不取决于……是否在思想或语言方面，或者在辛勤收集材料之外的方面体现了文学技巧或创造性。那个走街串巷记下每一个居民姓名、职业和街牌号码的人就是其所获材料的作者。他通过自己的劳动产生了一种应当获得回报的编排结果，他可以就此获得版权，并由此获得制作其作品复制件的排他性权利。”①

显然，这类电话号码簿之所以能够被视为作品并获得版权，并不是因为它体现了劳动者的智力创造，而是因为它具有价值并凝聚了独立和辛勤的劳动，哪怕是单纯的体力劳动或者非常简单的脑力劳动。因此，早期英美法系版权法中判断独创性的标准被形象地称为“额头流汗”标准。

根据“额头流汗”标准，对事实的汇编只要付出了劳动，无论选择或编排之中是否体现了汇编者的智力创造，该汇编结果都是具有独创性的作品。这实际上是将著作权法等同于反不正当竞争法，而且容易导致对事实本身的垄断。以电话号码簿为例：只要第一家电话公司通过“额头流汗”编出了一本电话号码簿，就可以对其享有著作权，今后任何人想要在不侵犯著作权的情况下出版一本类似的电话号码簿，只能自己再一次走街串巷，进行独立收集和编排。可见，第一家电话公司实际上就获得了对电话号码的垄断。同样，根据“演讲速记稿案”的判决，即使对于单纯的事实消息，只要第一家报纸进行了报道，另一家报社只能自己派出记者进行实地采访，而不能根据第一家报纸对事实的描述撰写新闻稿。②对于地图绘制而言，英国法院根据“额头流汗”标准宣布：“对于一本有关道路的书而言，他必须自己计算里程。对于新发现岛屿的地图而言，他必须亲自完成全部测量工作，就像他从未看过以前的地图一样，通常，不经过他自己的独立劳动，他无权从前面出版的信息

---

① Jeweler's Circular Pub. Co. v. Keystone Pub. Co.，281 F. 83，at 88（2nd Cir.，1922）.

② Walter v. Steinkopff，［1892］3 Ch. 489，at 495.

中使用一个字。”[1] 这就意味着第二个出版地图的出版社无权参考前一家出版社出版的地图。

虽然“额头流汗”标准在一定程度上防止了劳动成果被他人不公平地加以免费利用，但会不可避免地阻碍他人利用前人劳动成果中的事实和数据进行创作，而这是与著作权法鼓励后人“站在前人肩膀上”创作新作品的基本宗旨相违背的。特别需要指出的是：“额头流汗”标准并不符合《伯尔尼公约》的要求。《伯尔尼公约》虽然没有直接使用独创性一词，但将作者的“智力创造”（intellectual creations）成果作为保护对象[2]，这就暗示了受保护的作品应当是作者智力创造的成果，而非仅仅是体力劳动或“额头流汗”的成果。正因为如此，“额头流汗”标准受到一些学者的强烈批评，认为它是违反《伯尔尼公约》的实质精神的。[3]

正因为如此，目前坚守“额头流汗”标准的国家已经很少了。英美法系中的美国、加拿大和澳大利亚已明确放弃了这一标准。而在大陆法系国家，著作权法意义上的 originality 不仅是指“独立创作”，还要求有一定程度的智力投入。如《德国著作权法》规定著作权保护的是“个人的智力创作”[4]（personal intellectual creation），而《法国知识产权法典》则保护“智力作品”[5]（work of the mind）。这就清楚地表明作品必须是智力创造的结果，而不能仅仅来源于“额头流汗”。

（二）独创性中“创”的含义

独创性中“创”是指源于本人的表达是智力创造成果，具有一定程度的智力创造性。对于独创性而言，在“独”之外，“创”是另一个要求。外在表达要成为受著作权法保护的作品，首先要“源于本人”，即劳动者要独立地贡献出表达。这个“独”实际上是一种“有和无”的判断。对于劳动者本人而言，如果原先世上不存在这种表达，或者别人已经完成了这种表达，而劳动者又独立完成了相同表达，则这种表达就符合独创性中“独”的要求。同样，如果劳动者在他人表达的基础上进行了新的创作活动，导致新的表达与原表达之间存在可以被客观识别的差异，则差异部分及作为一个整体的新成果也符合“独”的要求。但除此之外，表达还要具有一定程度的“智力创造性”，即能够体现作者独特的智力判断与选择、展示作者的个性。最高人民法院也曾指出：“独立完成和付出劳动本身并不是某项客体获得著作权法保护的充分条件”[6]。这表明仅有“独”还不足以构成作品。对于一些特定类型的作品，还要达到一定的创作高度。这是一种“高与低”的判断。“独”与“创”两个条件对于构成作品而言缺一不可，一种独立完成的表达也可能因为没有达到最基本的智力创造高度而无法成为作品、受到著作权法的保护。

例如，一个孩子心情烦乱，拿起粉笔在黑板上随手乱画几道线作为发泄。这种随手进行的乱涂乱抹缺乏最起码的艺术美感和智力创造成分，虽然是由孩子“独立完成”的，也

---

① Kelly v. Morris，(1865 - 66) L. R. 1 Eq. 697，at 701 - 702.

② 参见《伯尔尼公约》第 2 条第 5 款。

③ See Sam Ricketson，*The Berne Convention for the Protection of Literary and Artistic Works：1886—1996*，Kluwer，1987，paras. 6. 15 - 6. 15. 2.

④ Law on Copyright and Neighboring Rights (Copyright Law)，Article 2 (2).

⑤ Law on Intellectual Property Code，Art. I. L. 111. 1.

⑥ 最高人民法院（2012）民申字第 1392 号民事裁定书。

不能形成著作权法意义上的作品。再如，我国《著作权法》承认尚未被固定在有形载体之上的口头表达也可以成为“口头作品”而受到保护。而要构成口头作品，即兴的口头创作就必须具有最低限度的内容和最低限度的长度。这样才有可能符合“创”的要求。人们在日常生活中随口说的话并非都是口述作品（参见本章第四节）。最高人民法院在相关判决中也指出：“《著作权法》保护的是具有独创性的作品，必须同时符合‘独立创作’和‘具有最低限度创造性’两个方面的条件才可能成为《著作权法》意义上的作品。受《著作权法》保护的作品不仅要求独立完成，还需达到一定水准的智力创造高度，智力创造性能够体现作者独特的智力判断与选择、展示作者的个性并达到一定创作高度要求，‘独’与‘创’缺一不可。”①

典型案例

电话号码簿案（Feist 案）

前文有关电话号码簿的实例源于美国联邦最高法院于 1991 年判决的 Feist 案。该案是美国版权法历史上具有里程碑意义的重要案例，它使美国彻底告别了“额头流汗”标准，而将“最低限度的智力创造性”作为劳动成果具有独创性和享有版权的条件。在该案中，原告郊区电话公司拥有得克萨斯州西北部几个社区电话服务的经营权，其出版了一本电话号码簿，其中收录了当地居民的电话号码，并按照居民姓名的字母排序。被告费思特（Feist）出版公司是一家专营电话号码簿的出版商。该公司出版的电话号码簿的特点在于覆盖了较广的区域，使用户通过查阅一本电话号码簿就可以找到附近许多城镇的电话号码。费思特出版公司本身没有电话服务的经营权，无法直接获取居民的电话号码。为了编辑电话号码簿，费思特出版公司愿意出资向包括原告在内的 11 个电话公司购买其用户的电话号码，但原告拒绝了费思特出版公司的请求。费思特出版公司便在未经原告许可的情况下复制了其电话号码簿中的电话号码，包括原告为了证明他人擅自复制而加入的 4 个虚构的姓名和电话号码。为此，郊区电话公司起诉费思特出版公司侵犯其对电话号码簿的版权。

由于电话号码本身是客观存在的事实，不能受到版权法的保护（参见本章第三节），因而本案的关键问题在于原告对电话号码的收集和编排能否构成受保护的作品。对此，美国联邦最高法院明白无误地指出：版权法意义上的作品是指由作者独创的，而“独创性”的意思是作者独立创作和体现了最低限度的创造性。就对事实的汇编而言，只要包含对事实的选择或编排具有创造性，也能构成受保护的作品。②

虽然被告确实未经许可复制了原告汇编的电话号码，但后者并不是符合独创性要求的作品。因为原告为对当地电话服务享有专营权的电话公司，只要当地居民申请电话服务，原告就会分配给申请者一个电话号码，并将其印在电话号码簿中。这一过程完全是照章办事，不涉及对电话号码任何有创造性的“选择”。同样，按照居民姓名的字母顺序来排列他

---

① 宝佳商标有限公司与国家工商行政管理总局商标评审委员会等商标异议行政纠纷案，最高人民法院（2012）知行字第 38 号行政裁定书。

② Feist Publications v. Rural Telephone Service，499 U. S. 340，at 341 - 344（1991）.

们的电话号码也没有任何创造性可言，因为这种排列方式早就存在，一直沿用，以至于已经成为业界的常规。因此，原告对于电话号码无论在选择还是编排方面都没有体现出任何创造性，其电话号码簿并不是版权法意义上的作品。原告因此败诉。

1. “创”与智力创作空间

一个劳动过程要产生作品，该过程必须给劳动者留下智力创作空间，否则由此获得的结果，不可能符合独创性的要求。如果仅仅是按照既定的规则机械地完成一种工作，即使劳动者必须具备某种技能或知识，而且这种技能或知识需要经过长期的学习、训练和研究才能获得，或者他人都不掌握这种技能或知识，由此形成的成果也不是作品。这首先是因为该成果往往不符合“独”的要求，因为其没有产生源于劳动者本人的表达；其次是因为劳动过程没有给劳动者留下智力创作空间和个性发挥余地，不能被称为“创作”。

例如，虽然将用简谱记载的音乐改成五线谱的工作，只有识谱的人才能完成，但由于简谱与五线谱之间存在着一一对应的关系，任何具有音乐知识的人只要不犯错误，根据简谱改成的五线谱都是相同的。由于音乐作品无论用简谱还是五线谱形式体现，本身都没有发生改变，因而简谱与五线谱之间转换的结果没有产生源于转换者的音乐作品，不符合“独”的要求，也不可能符合“创”的要求。相反，将一篇英文小说翻译成中文却是创作活动，翻译的结果是作品。这是因为面对同一个英文词、句或段，不同的翻译者根据自己对原作品的理解，在翻译过程中有很大的选择、判断，甚至再创作的余地，翻译的结果必定打上了译者个性的烙印，是个人智力创作的产物。同样，摄影也可能产生摄影作品，因为即使对于同一场景，不同的摄影师也可以选取不同的拍摄角度、光线明暗、距离、曝光度等，这都涉及高度个性化的智力判断和选择。

典型案例

使用图表处理软件生成的曲线图不是作品

孙某使用WPS表格处理软件，在将日期和鸡苗价格设定为图表的横轴和纵轴，选择了软件自带的模板，并输入每天的鸡苗价格数据后，生成了鸡苗价格曲线。在先后点击“添加趋势线”选项、移动平均值选择，并在周期选项中输入天数后，生成了移动平均趋势线。孙某认为他人未经许可使用图表的行为侵害了其对图形作品的著作权。

最高人民法院认为：涉案曲线图系孙某根据客观的价格数据，通过使用WPS制表工具制作完成。鉴于图表所使用的数据客观存在，数量有限，且WPS为通用软件，将上述数据录入制表工具所形成的结果，尽管符合独立完成的要件，但该结果的表现形式有限。换言之，使用上述数据与工具所产生的结果缺少差异性。这种唯一或有限的表达方式通常被排除在独创性之外。同时，在线条数量有限的情况下，对线条颜色的选择并不能改变该图表表达有限的现状。因此涉案曲线图并不构成著作权法意义上的作品。①

---

① 参见孙某与马某侵害著作权纠纷案，最高人民法院（2016）最高法民申2136号民事裁定书。

在本案中涉案图表是在用户输入数据后，调用其选择的模板并根据函数关系自动生成的。各种图表模板的设计及与数据之间的转换程序，都需要投入智力劳动。但是，如果将它们应用于原始材料之后，无论由何人实施，获得的结果具有唯一性，就排除了使用者发挥聪明才智的可能性，导致相应的结果无法具有个性化的特征，从而不符合独创性的要求。可以想象，任何人输入相同的鸡苗价格和选定相同的图表模板后，所能够获得的各类图表都是相同的，这些图表显然不能构成作品。

理论研究

人工智能生成的内容是作品吗？

自从人工智能程序“阿尔法围棋”战胜了人类顶尖围棋高手，人们开始意识到人工智能已经不再仅仅是一个抽象的学术概念，而是活生生的现实。根据世界知识产权组织的一份政策文件，“人工智能”是计算机科学中的一门学科，旨在开发各种机器和系统，这些机器和系统能够在有限或完全没有人类干预的情况下执行被认为需要人类智能完成的任务。“阿尔法围棋”程序就是这样的人工智能系统，它可以通过对大量数据的分析和复杂的计算，掌握之前只有人类才能运用的围棋对弈技能，甚至比人类做得更好。

人工智能的发展和应用，也带来了许多人关注的问题：人工智能生成的内容是否属于著作权法意义上的作品？现在的人工智能确实已经能够根据预定的程序与算法，甚至通过机器学习，生成在外观上与人类创作的作品相近的内容。比如俄罗斯的一款美图软件利用“深度神经网络”的人工智能算法，可以将照片或图片变为印象派、野兽派等各种风格。对于进行风格转换后的图片而言，如果人们并不知道它是美图软件生成的，而以为就是人工绘制的，则当然会认定它是美术作品，也就是基于原作品形成的演绎作品。再如，德国研发的一种绘画机器人可以为真人绘制素描，如果不说这些素描是机器人绘制的，人们都会认为它们就是画家所创作的作品。同样，我国技术人员开发的新闻写作软件写出的新闻报道足以以假乱真，使大部分读者都以为是记者所撰写的作品。

既然人工智能已经可以生成在外观上和人类创作的作品几乎没有差异的内容，能不能认为该内容就是著作权法意义上的作品呢？对此，我国学术界存在明显的意见分歧。要回答这个问题，首先需要搞清楚人工智能是如何生成内容的。为此可以先对比两个例子：第一个例子是将一首曲子的五线谱改成简谱，第二个例子是将英文写的小说译成中文。显然，第一种情况下形成的不是作品而是作品的复制件，这一过程是复制而不是创作。原因是五线谱和简谱之间存在着严格的对应关系，任何人只要按照规则去做，不出错，结果都是一样的，也即相关的工作没有给任何人留下发挥其聪明才智的创作空间。但英文小说与中文译文之间并不存在严格的对应关系，不同的人可以按照自己对原文的理解选择不同的文字组合，遣词造句。即使是同一名翻译者，两次翻译同一部英语小说，也可能因为他对原文意思的理解发生了变化，以及他情绪和感受的波动而形成内容不同的翻译。这说明作品带有作者聪明才智的独特烙印，是作者个性化创作的产物。凡是由算法、规则和模板直接决定的结果，无论算法、规则和模板多么复杂和先进，甚至它们本身属于具备高度创造性的发明创造，由此形成的内容都不可能是符合独创性要求的作品。

人工智能生成的内容只是应用某种算法、规则和模板处理信息所直接产生的结果，不可能符合独创性的要求。回到上面提及的美图软件，它虽然可以将图片处理成印象派等各种绘画风格，而且会使很多人误认为是画家绘制而成的，但这一过程是创作吗？只要比较一下人的创作就能得到非常清晰的答案。

在艺术家眼中，要把一张图片改成印象派风格的画作，两者之间并不存在严格的对应关系。以同一张图片为基础，不同的艺术家可以绘制出无数被称为印象派风格的画作，虽然每位艺术家都要遵循印象派的画风，也要保留原图的基本内容，绘制过程也为绘画者留下了发挥的空间。绘画者可以凭借自己对原图的理解和对印象派画风的感悟，对色彩、明暗、阴影和线条等各种因素进行选择和判断，以表达其独特的思想感情。由此产生的绘画具有个性化的特征：多名绘画者在具有相同专业水准的情况下，以同一图片为基础，绘制成的印象派画作也会存在差异。当然，不同绘画者也可能基于巧合而画出相近的印象派画作，但巧合在实务中很少发生，原因就在于作品反映个性和情感，而每个人的个性和情感都是不同的。

利用采用人工智能技术的美图软件对图片进行风格转换的结果，本质上是由算法所决定的。该算法在分析了上千万张图像后，确定不同风格之间的对应关系，从而使美图软件在较短的时间内实现图像处理。但是，无论这套算法多么复杂、先进和富有创意，采用相同算法的软件转换图片风格所得到的结果不会有所不同。这就从根本上抹杀了处理过程中的创作空间，排除了处理结果具有个性化特征的可能。所以，由此形成的画面不可能是作品。

同样道理，在形式上最接近人类创作的“机器人作画”也不可能符合独创性的要求。以人工智能为基础的机器人为真人绘制素描的新闻甚至引发了“美术学院教谁去”的疑问。但是，机器人作画和画家作画在性质上是不具有可比性的。在美术学院的人物绘画课上，如果许多学生都对着同一名模特进行绘画，每个人绘出的人物长相虽然近似，但构图互不相同、各具特色，这反映了美术作品创作过程中每名学生的独特个性。

即使同一名绘画者，事隔几年后被要求再次对同一模特绘制素描，假设光线、距离等条件都相同，模特也有相同的姿势和神态，除非绘画者记忆力超群或将第一次素描摆放在旁边，否则也很难画出相同的素描，因为人的思想、感受和心情是会发生变化的。这正如小说的作者因电脑故障无法打开未备份的电子文档而被迫重写时也往往会感到重写后的文字与原文有所不同，原文中的一些精彩表述再难重现。这也就是为什么作者总是对丢失其手稿等作品唯一载体的行为深恶痛绝。这种现象正是独创性的体现，这就使著作权法意义上的创作有别于严格根据算法、规则和模板直接生成内容的过程。

机器人绘制素描，无非是根据研发者预先确立的算法和编制的计算机程序，先用机器人自带的照相机对人脸进行拍摄，再提取其中的特征点，再将其矢量化为一些线段，最后将这些线段传给机器人的控制器，由末端执行器在纸上绘制肖像。由此可见，机器人绘制素描的过程完全受到算法的控制。只要模特是同一人，在相同的照明条件下，在同一距离和位置上具有相同姿势和神态，无论相隔多长时间，机器人绘制出的素描肖像就别无二致，不可能体现绘画者独特的个性。

“自动新闻写作”则综合运用了算法模板。这一类人工智能写作的关键在于针对某一类型文章，如财经新闻、体育新闻等，开发出针对原始数据进行分析的算法，再将经算法处理后的数据分类套入各种模板。比如对美国职业篮球赛（NBA）进行直播报道的自动写作软件的核心是两样东西：一是上百个模板。这些模板是根据数据的类别以及对以往赛事的新闻报道的常用语言制作的，类似于有固定格式、栏目和标题的表单。二是开发者构建的“比分差函数”，运用算法对数据进行分类，并填充到相应的模板中。由此产生的结果就是由算法和模板所决定的。应用了相同算法和模板的自动写作软件只要利用的数据是相同的，产生的结果就是相同的或者是有限的。

有一种观点认为，只要最终成果具有独创性，即使形成过程应用了算法、规则和模板，也应承认该成果是作品。对此需要指出的是，如果仅仅是以算法、规则和模板为基础进行智力创作，产生了因人而异、反映个性化选择与判断的成果，则该成果当然可以成为作品。比如作家创作小说也有一定的规律、套路和模式，但它们不可能决定小说的内容。从故事情节到文字组合、遣词造句，体现的都是作者个人的聪明才智，由此形成的小说当然是作品。但是，在上面分析的几个人工智能生成内容的例子中，无论是绘画还是新闻报道，都是由算法、规则和模板直接生成的。这里的关键在于，只要算法、规则和模板确定了，所得结果就是唯一的或者只产生有限的可能。当然，设计者可能会刻意加入随机因素，刻意使人工智能处理相同信息的结果产生差异，但这种随机因素本质上也是由算法决定的，与创作所需要的思想、情感等个性特征毫无关系。

电影《海上钢琴师》中有一个令人动容的场景：一位天才的钢琴师在为录制唱片而开始演奏时，一位美丽少女偶然向他看来，拨动了他沉睡已久的心弦，钢琴师一时爱如泉涌，心潮澎湃，即兴创作了感人至深的钢琴曲 *Playing Love*。本书作者在观看一这段时，禁不住泪流满面。虽然这是电影，是虚构的故事，但它深刻地揭示了一个颠扑不破的真理：人之所以被称为万物之灵长，并不是因为人会计算、会模仿，而是因为人有思想、有个性、有情怀，会被感动，能迸发创作的冲动和灵感：能在自己深爱的祖国和民族深陷危难之际怀着悲愤与信念谱写《义勇军进行曲》；能抚古思今，用万丈豪情吟出“数风流人物，还看今朝”；能满怀对生活的无限热爱和对美的不懈追求画出蒙娜丽莎神秘的微笑。用心灵进行创作的潜能是人区别于其他一切生物的本质特征。人工智能可以通过远超人类所及的复杂和精密的计算模仿人类创作的作品，甚至用算法模拟人类的创作过程，但这不是真正的创作，因为人工智能不会拥有思想和情感。如果真的有那么一天，一个会弹钢琴的人工智能机器人偶遇一位美丽的少女，会迸出爱情的火花，能摆脱算法、规则和模板的束缚，用激情与感动即兴创作出一首钢琴曲，那我们绝不应当赞叹科技的进步，而是应当感到恐惧和无助。这意味着人类失去了自身的独特性，除生育之外人类的一切都可以被机器替代。到了那一天，人工智能生成内容的可版权性还是一个值得花哪怕一分钟时间去思考的问题吗？真正的问题变成了人类是继续保持万物之灵长的地位，还是沦为机器的奴隶，甚至是人类的命运是生存还是毁灭。著作权法是激励创新、保护智力成果的重要法律制度，但绝不是唯一的法律制度。著作权法有自身的逻辑和理念，如果抽走了任何作品只能来源于人的创作这一块基石，著作权法的大厦将轰然倒塌。对人工智能生成内容提供一定程度的保护也许是必要的，但将该内容认定为作品并提供著作权保护并非明智之举。人类既然有智慧发明人工智能，当然也有智慧在作者权（狭义著作权）之外设计适用于人工智能生成内容的其他权利或权益，这才是法学研究者的努力方向。

2.“创”与专利法中的“创造性”

著作权法中的“独创性”（originality）必须与专利法中的“创造性”（creativity, inventive step）区分开。专利法中的“创造性”作为发明和实用新型获得专利权的实质性要件，要求的创造高度远超过著作权法中的独创性。我国《专利法》第22条第3款规定：“创造性，是指与现有技术相比，该发明具有突出的实质性特点和显著的进步，该实用新型具有实质性特点和进步。”如果一项发明或实用新型在本领域的专业技术人员看来是显而易见的，该项技术就缺乏创造性。而独创性中的“创”并非要求劳动成果比他人的现有成果先进或高明，或创作出了他人不能轻易完成的成果，只是要求劳动成果是智力创作的结果。

3.“创”与成果的质量和价值

“创”的要求与质量和价值并无直接关系。文学艺术大师们高质量的经典传世之作当然是作品，但在大师眼中显得平庸、乏味的创作成果仍然可能符合“创”的要求。美国著名的霍姆斯法官曾经说过：由那些只受过法律训练的人来判断美术作品的价值是危险的。一方面，有些极具天赋者的绘画一开始不被人们所欣赏。另一方面，有些在法官看来缺乏美学价值和教育意义的作品却能够被一些民众所接受，不能因为这些民众的品位低就认为这幅绘画不受版权保护。[①] 凡·高等天才画家的绘画在早期都曾被世人当作平庸之作而未受到重视，在当代却成为价值连城的精品。画家在作画时对线条、色彩、手法和具体画面设计的选择和判断都足以使绘画符合独创性中“创”的要求。一名儿童虽然并未受过美术训练，但仍然能够观察、感知和理解世界，并通过画笔描绘对美的感受。只能要完成一幅较为完整、能够表达一定感情的绘画，儿童在这一过程中对绘画对象的选择和判断、对色彩的选择、对形状大小的选择和判断无不是高度个性化的，是具有一定智力创造性的，因此儿童的绘画也能构成作品。

本书作者不知见过多少学生粗制滥造的论文，难有学术价值可言，但只要论文中的文字表述是由学生独立完成的，且能表达一定的观点，反映了学生在写作时对文字的选择和对论点的判断，则仍然符合独创性的要求，论文是受著作权法保护的作品。因此，虽然许多受保护的作品都具有很高的品质和价值，但并不意味着品质低劣和在许多人眼中缺乏文艺价值的成果就不是作品。换言之，作品不仅是指“阳春白雪”，也包括“下里巴人”。

需要指出的是：“创”与成果的质量和价值无关，并不意味着著作权法对艺术作品（如我国《著作权法》中规定的美术作品和建筑作品）不要求美感。世界知识产权组织指出：“艺术作品（artistic work or work of art）是一种意图吸引感知者审美感官的创作成果。”[②] 因此，一种成果要构成艺术作品就应当是一种具有美感的艺术性表达。换言之，该成果是

---

① Bleistein v. Donaldson Lithographing Co., 188 U.S. 239, at 251 (1903).

② 世界知识产权组织编，刘波林译：《著作权与邻接权法律术语汇编》（中英法对照），13页，北京，北京大学出版社，2007。

否为艺术性表达是一回事，该艺术性表达的质量或价值如何则是另一回事。如果一种成果因缺乏最起码的美感而不能被认为是艺术性表达，则其也不可能被称为艺术作品。同时，虽然“创”对智力创造性的要求并不高，但毕竟还是存在一定的程度要求，如果劳动成果体现出的智力创造性微不足道，同样不符合“创”的标准。例如，对他人现有作品进行加工之后，如果新的劳动成果与原作品相比的差异部分反映的智力投入程度过低，则这样的劳动成果不能被视为原作品的“演绎作品”，而只能是原作品的复制件。在“超羣”商标注册案中，最高人民法院指出：将涉案的“超羣”标识（见右图）与“超羣”二字以普通篆体及隶书的不同书写方式进行对比，其表现形式并未显示存在独特的风格，仅存在细微的差别。其中“超羣”标识中“不规则的边框”以及文字与边框的组合，均体现了仿古印章的普遍特点。即便“超羣”标识系独立完成的，其也因没有达到最基本的智力创造高度而不能成为受《著作权法》保护的作品。[①] 再如，下图左边两组图形截取自右边两个动漫形象（美术作品），只是给截取的部分套上了六边形和长方形，改变了颜色并对造型稍作调整。截取部分与原美术作品相比，虽然有视觉上的差异，但智力投入微乎其微，不足以满足对“创”的要求，不能被认为是演绎作品。[②]

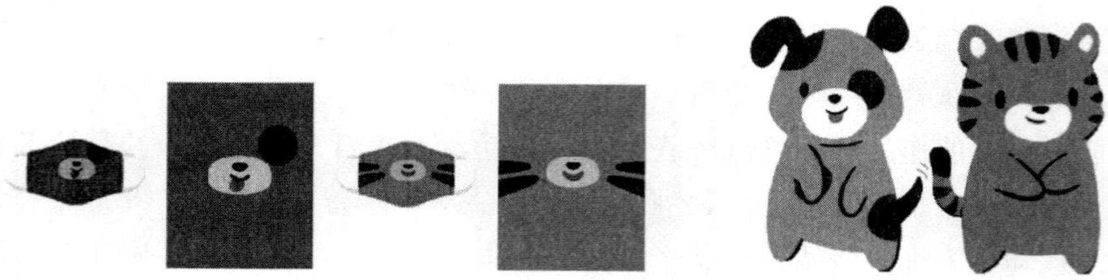

典型案例

“山姆大叔”案

请比较下页图中两个实用艺术品，右边的“山姆大叔”雕像是在左边雕像的基础上制作的。

显然，这两座雕像之间只存在微小的视觉差异，如伞的造型、手臂的位置、裤子的条纹等。右边的雕像与左边的雕像相比，即使勉强可以符合独创性中“独”的要求，但由于差异部分所反映的智力创造程度过低，不符合独创性中“创”的要求，仍然不能构成作品，而只是左边雕像的复制件。[③]

---

① 参见最高人民法院（2012）知行字第38号行政裁定书。

② The Review Board of the United States Copyright Office，Re：Second Request for Reconsideration for Refusal to Register Tomo the Tiger & Pimm the Puppy（SRs # 1-9239427049，1-9239426851；Correspondence ID：1-4PNQ7RZ）.

③ 本例及图片来源于美国案例 L. Batlin & Son，Inc.，v. Jeffrey Snyder d/b/a/ J. S. N. Y. and Etna Products Co.，Inc.，536 F. 2d 486（2nd Cir.，1976）。

4.“创”与作品的长度

作品是用于表达作者的思想感情、展示文艺美感或传递一定量的信息的。如果一种表达缺乏最起码的长度，仅仅是个别字词或字词的简单组合，往往不但不符合“独”的要求，也难以较为完整地表达作者的思想感情、展示文艺美感或传递一定量的信息。此时不同的人使用该字词或字词的简单组合，都只能表达相同的意思，无法进行个性化的表达，而这并不符合“创”的要求。

假设汉字中本不存在“囧”字，有人第一次写出了“囧”，那么能否认为“囧”是作品呢？网络中流行网友们“独创”的新词汇，被称为“火星文”，如“喜大普奔”、“火钳刘明”、“不明觉厉”、“男默女泪”、“人艰不拆”、“细思恐极”、“说闹觉余”、“啊痛悟蜡”、“十动然拒”等。如果不在“百度百科”等网站查询，许多人根本不了解其含义。这些新词是否为作品呢？同样，如果几个词汇的组合也是首次出现，如“舌尖上的中国”，该组合能否构成作品呢？不可否认的是，创造一个新的字或词是需要智力投入的，但正如前文强调的那样，并非所有人类的智力创造成果都是著作权法意义上的作品。这些字、词本身只有与其他文字结合起来成为一个整体，才可能较为完整地表达作者的思想感情、展示文艺美感或传递一定量的信息。因此，对于文字作品而言，“创”意味着文字组合应当具备起码的长度。

同时，单独存在的字、词以及词汇的简单组合是公众表达自己思想感情的基本工具。文字作品类似于一栋房子，字与词则类似于构筑房子的基本建筑材料——砖与瓦。不同的人使用相同的砖与瓦可以搭建造型独特的房子，著作权法保护房子的独特造型，他人不得未经许可搭建相同造型的房子。但是，如果将一砖一瓦都垄断起来，公众就无法用相同的砖瓦搭建造型各异的房子，这是与著作权法鼓励创作的立法目的背道而驰的。随着科技的进步和社会文化生活的日益丰富，越来越多的新字、词被不断创造出来，如“给力”、“抓手”等都是近年来才出现的新词，它们必须被留在公有领域，成为创作文字作品的基本材料。

理论探讨

短标题是作品吗?

2006年国家司法考试第三卷第15题为：“某杂志社的期刊名称设计新颖，具有独特的含义，并且产生了广泛而良好的社会声誉，特咨询某律师其名称可以获得哪些法律保护。就该问题，该律师的下列哪种回答既符合法律规定又能最大限度地保护当事人的利益?”4个备选项分别为：A. 著作权法、商标法、反不正当竞争法；B. 著作权法、商标法；C. 著作权法、反不正当竞争法；D. 商标法、反不正当竞争法。标准答案为A。该题涉及我国在理论上和司法实践中尚有争议的问题，即简短的标题是否为受著作权法保护的作品。

著作权法只保护符合独创性要求的劳动成果，因此，任何劳动成果只有同时符合“独立创作”和“具有最低限度创造性”两方面的条件才可能成为著作权法意义上的作品。简短的标题在绝大多数情况下并不是独立创作出来的。例如，对于《读者》、《家庭》、《航空知识》和《法学研究》的杂志名称而言，“读者”、“家庭”、“航空知识”和“法学研究”均是早已被前人反复运用的词汇，杂志社只是可能首先将其作为杂志名称使用而已。因此，绝大多数杂志名称根本就不符合“独创性”中“独”的要求。同时，即使在极少数情况下作为杂志名称的词汇确实是杂志社首先创造出来的，它也缺乏最起码的长度和必要的深度，无法充分地表达和反映作者的思想感情或研究成果，以及与此相适应的智力创造性。因此，无论是大陆法系国家还是英美法系国家，在司法实践中均不承认简短的标题可以成为著作权法保护的作品。例如，德国著作权法专家雷炳德教授指出：“作品的创作要有一定的深度，以便人们可以辨认出它的独创性特征……仅仅是某种将要表达出来的思想、某种思想的片段，某个广告语的关键字或者某个标题都还不是作品……很少情况下会用著作权来保护作品的标题。只有当标题在某种程度上体现了作者个人的独创性智慧时，才会涉及著作权保护的问题。如果这种标题仅仅包含了某种单个的或许属于原创性的思想，就没有满足这一条件。通常情况下，标题自身的正常长度并不能满足这里的必要条件。也就是说，通常情况下标题仅仅是作品的一个象征而已……尽管帝国法院理论上准许对标题进行著作权法保护，但是，在具体的案件中却一一予以否定。”①

《意大利著作权法》虽然规定作品的标题可以受到保护，但《意大利著作权法》恰恰是将作品标题作为作品之外的其他客体进行保护的，换言之，作品标题在意大利不是能够享有著作权的作品，而只是享有邻接权的其他客体。② 意大利学者也普遍认为标题并不能像作品那样享有著作权，《意大利著作权法》的这一条规定也不能被理解为将作品标题作为作品

---

① ［德］M. 雷炳德著，张恩民译：《著作权法》，52、531页，北京，法律出版社，2005。

② 《意大利著作权法》的第一部分是对作品的保护即狭义著作权，第二部分是对作品之外其他客体的保护即邻接权。《意大利著作权法》对作品标题的保护规定在第二部分的第11章。Law No. 633 of April 22，1941 Protection of Copyright and Rights Related to Its Exercise（as last amended on February 2，2001），Part Ⅱ，Chapter Ⅷ.

的“创造性成分”加以保护，相反，只有当标题具有识别性时，才享受类似商标那样的保护。[①] 同样，尽管《法国知识产权法典》第 L112—4 条规定，如果作品的标题具有独创性，可以与作品本身一起受到保护，但法国学者认为，对只有几个词或符号构成的标题加以著作权法保护是不适当的，且法院也认定对那些仅仅是由描述性的常用词语构成的标题不应给予著作权保护。[②] 显然，这是因为这些词语并无独创性可言。

在美国，无论是美国版权局还是法院均清楚无误地认为：标题是不能根据《美国版权法》获得版权保护的。美国版权法方面公认的权威著作《尼默尔论版权》持同样观点。[③] 在英国，判例均认为期刊名称、小说名称、歌曲名称等简短的标题不能作为作品受到版权法保护。尽管再简短的标题都可能是创作者绞尽脑汁进行思考的结果，但过于简短的文字根本就称不上是文字作品。[④]

我国法院也曾认定作为书名的“中华老字号”系两个通用名词的简单组合，不符合作品独创性的要求，同时其本身并不包含任何思想内容。如果原告的创作活动赋予其一定的意义，该意义也是源于该书的内容，而不是源于该书名本身。在“郭某诉杭州娃哈哈集团公司著作权侵权案”中，歌曲《娃哈哈》的作者认为“娃哈哈”三字作为歌曲的标题和其中的歌词均享有著作权。法院除指出“作品名称不在著作权法的保护之列”外，还强调：“著作权法保护作者的创作成果，保护以一定表现形式反映特定思想内容的作品。为此，在确定著作权法保护对象时，应当首先确定要求保护的作品或作品的一部分是不是作者全部思想或者思想实质部分的独特表现。从语言文字学的角度看，‘娃哈哈’是‘娃娃笑哈哈’的紧缩句式。‘娃哈哈’作为歌曲中的副歌短句、歌词的一个组成部分，其重要性主要在于在歌词中起上下句歌词的连接作用，所表现的内涵并不是作者思想的独特表现，也无法认定其反映了作者的全部思想或思想的实质部分。因此，原告以紧缩句‘娃哈哈’一词主张其拥有著作权，与我国《著作权法》的规定不符。”[⑤] 这样就非常有力地说明了无论是短标题的还是短歌词的“娃哈哈”三字均不符合“最低限度创造性”的要求。同样，法院认定书名《舌尖上的中国》系两个通用名词的简单组合，且该书名仅有 6 个字，缺乏相应的长度和必要的深度，无法充分地表达和反映作者的思想感情或研究成果，无法体现作者对此所付出的智力创作，故该书名本身不包含任何思想内容，不符合作品独创性的要求，并不是作者思想的独特表现，不是我国《著作权法》所保护的作品。[⑥]

因此，根据我国《著作权法》有关作品应当符合“独创性”的基本原理和国外立法与司法实践，短标题是不能作为作品受到著作权法保护的。前述司法考试题答案认为“设计

---

① See Alberto Musso, Mario Fabiani, Italy, § 2 [4] [a], in Paul Edward Geller (ed.), *International Copyright Law and Practice*, Matthew Bender & Company, Inc., 2002.

② See Andre Lucas, Pascal Kaminan, Robert Plaisantn, France, § 2 [4] [a], in Paul Edward Geller (ed.), *International Copyright Law and Practice*, Matthew Bender & Company, Inc., 2002.

③ See Melvile B. Nimmer & David Nimmer, *Nimmer on Copyright*, Matthew Bender & Company, Inc., 2003, § 2.16.

④ See Hugh Laddie, Peter Prescott, Mary Vitoria, *The Modern Law of Copyright and Designs* (3rd edition), Butterworths, 2000, § 2.61.

⑤ 上海市第二中级人民法院（1998）沪二中知初字第 5 号民事判决书。

⑥ 参见北京市东城区人民法院（2012）东民初字第 9636 号民事判决书。

新颖，具有独特的含义”的期刊名称可以受到著作权法保护，似是误将著作权法意义上的“独创性”理解为专利法意义上的“新颖性”了。

实务探讨

15个单词组成的隽语是作品吗？

对于由十余个字、词组成的句子而言，上述有关字、词或其简单组合，如作品标题等，并不构成作品的结论是否还能适用呢？这些句子如果源于常见的表达（如“今天天气不错，我的心情也很好”），当然缺乏独创性，不能被认定为作品。但当它们属于新颖的文字组合，特别是还具有独特的含义时，问题似乎就较为复杂。例如，有人向美国版权局申请将自己的由15个单词组成的一句话“在一个从自我怀疑中获利的社会中，喜欢自己是一种反叛行为（In a society that profits from your self doubt，liking yourself is a rebellious act）”登记为作品。没有证据表明这15个单词的组合此前曾经出现过，因此其符合独创性中的“独”的要求并无问题，且这句话富有哲理，发人深思，那么该句话能作为作品受到保护吗？对此应当注意的是，对独创性中的“创”也有程度要求，尽管该要求并不高，但确实存在。同时，“创”并不是对文字组合要传递的思想情感的要求，而是对文字组合本身的要求。对符合“独”要求的文字组合而言，其长度越短，其体现的“创”的程度通常就越低，而且也越容易发生思想与表达的混同（参见第三节对混同原则的讲解）。仍以上述15个单词组成的隽语为例，美国版权局认为：这句话缺乏足够的创造性。从结构和句式看，属于模式化的普通修辞编排，没有反映创造性的或不同寻常的结构选择。从内容上看，这句话最多体现了最低限度的创造性，其呈现的创造性程度（amount of creativity）没有超越公众已知的普通词汇与短语（的组合）。而且在表达相应的思想情感时，也都需要使用相同的句式结构和包括“怀疑”、“获利”、“自我”和“反叛”等词汇。美国版权局认为不应对从思想中自然产生的标准化的表达进行作品登记。[①] 在美国的司法实践中，“杀不死我，就会使我更强大（what does not kill me，makes me stronger）”[②]，“如果你不为某些事情而坚持，你会因任何事情而堕落（if you don't stand for something，you'll fall for anything）”[③]，和“强者取之于弱者，智者取之于人人（the strong take from the weak but the smart take from everybody）”[④] 等一句话隽语也未被认定为作品，其原因也在于一句话的表述太短，独创性程度不足。

与此同时，前文提及的字、词以及词汇的简单组合不受保护的政策原因——它们是公众表达自己的思想感情的基本工具，对一句话隽语也是适用的。如果将字与词比作构筑房子所需的最小单位的建筑材料——砖与瓦，则一句话隽语类似于稍大些的建筑材料——预制板。就像预制板要被用于建造造型各异的房子，一句话隽语的长度也决定了其经常会被

---

① The Review Board of the United States Copyright Office，Re：Second Request for Reconsideration for Refusal to Register Untitled（SR # 1-7780378501；Correspondence ID：1-3YRXF7R）.

② Peters v. West，692 F. 3d 629，635（7th Cir.，2012）.

③ Acuff-Rose Music，Inc. v. Jostens Inc.，988 F. Supp. 289，294（S. D. N. Y.，1997）.

④ Winstead v. Jackson，509 F. App'x. 139，144 - 45（3d Cir.，2013）.

纳入更宏大的文学大厦。如果在作品中使用名言警句也都需要经过许可，将极大地妨碍，而非鼓励作品的创作。因此，将类似于上文所述的由15个单词组成的隽语留在公有领域，不把其作为作品保护，是更为合理的政策选择。

(三)“创”的程度

虽然英美法系国家的版权法和大陆法系国家的著作权法都规定作品必须具有独创性，但两者对独创性的要求不同。即使是不再采用“额头流汗”标准的英美法系国家，如美国、加拿大等，对独创性中“创”的要求仍然远低于大陆法系国家的要求。美国联邦最高法院在Feist案中指出：“(独创性中) 创造性的要求是极端低的，即使是一点点也足够了。”[①] 美国版权法学者尼默尔 (Nimmer) 也认为：“即使是最普通和陈腐的独立努力的结果都可能受到版权保护，只要这种独立努力不是微不足道的。”[②] 以照片为例：由于摄影不可避免地会涉及个性化的选择与判断，英美法系国家普遍认为，只要照片不是完全由机器自动拍摄的，以及不是纯粹翻拍他人的照片，都是符合独创性的作品[③] (参见本章第四节中“肯尼迪遇刺录影案”)。

与此相反，大陆法系国家普遍对“创”的要求较高。德国著作权法学者雷炳德指出：“创作必须更多地属于在自己的作品类型领域比人们所期待的普通的智力劳动能带来更多的活动”[④]；“那些运用普通人的能力就能做到的东西，那些几乎每个人都可以做成的东西，即使这些东西是新的，也不能作为作品受到保护”[⑤]。同样以照片为例：德国著作权法是区分摄影作品 (Lichtbildwerke) 与照片(Lichtbilder) 的，只有表达了摄影师的艺术观点与创造力的照片才会被认为属于摄影作品，而平庸的业余爱好者所摄制的照片，以及在企业中为应付公事制作出来的照片由于“创造性”较低，并不能作为摄影作品受到狭义著作权保护，而只能作为作品之外的其他客体受到邻接权保护。[⑥]

英美法系国家的版权法与大陆法系国家的著作权法对独创性中“创”的不同要求，导致一些在英美法系国家被视为作品、受到保护的客体如录音制品，在大陆法系国家无法作为作品受到保护，只能受到邻接权的保护。然而，并不能将这种差异绝对化地理解为英美法系国家对“创”都几乎没有要求，甚至接近于零。如美国版权局在进行作品登记时，一直强调“充分的创造性” (sufficient creativity) 是有别于“独立创作”的另一个要求[⑦]，并对一些由几何形状组成的造型以“不包含为版权保护所需的足够量的创造性

---

① Feist Publications v. Rural Telephone Service, 499 U.S. 340, at 345 (1991).

② Melvile B. Nimmer & David Nimmer, *Nimmer on Copyright*, Matthew Bender & Company, Inc., 2003, § 2.01.

③ Burrow-Giles Lithographic Co. v. Sarony, 111 U.S. 53 (1884).

④ [德] M. 雷炳德著，张恩民译：《著作权法》，117页，北京，法律出版社，2004。

⑤ 同上书，49页。

⑥ 参见上书，151、528页。

⑦ The Review Board of the United States Copyright Office, Re: Second Request for Reconsideration for Refusal to Register Bear Rug Claraloo Variation 6, SR 1-4642238991, p. 4.

(sufficient amount of creativity)”为由拒绝登记。[1] 在许多案件中，许多智力成果也被英美法系国家认为“创”的程度不足而未被认定为作品。上文“实务探讨：15 个单词组成的隽语是作品吗?”提及的“在一个从自我怀疑中获利的社会中，喜欢自己是一种反叛行为”，以及本章第四节引述的“人头马”酒瓶和小熊针织篮子的造型不可谓没有创造性，然而美国版权局仍然以其创造性程度不足为由拒绝进行作品登记。下面所示的几个图形，虽然其构图符合“独”的要求，且对公有领域中形状的组合与安排体现了一定艺术构思，但美国版权局也均认为其“未体现充分的创造性”，或“创造性不足以受版权保护”(not creative enough to be copyrightable)，而决定不予登记。这说明对“创”的程度要求是切实存在的。

三个马蹄形内置于盾形构成的图形[2]

象征篝火的图形[3]

四种颜色的旋风图形[4]

两个脚掌中的心形[5]

飞跃的小人[6]

“C 型标志”[7]

同样对于相对简洁的下列图示，美国版权局则认为其体现了足以获得版权保护的创造性。两相对比，上列图示与下列图示体现的创造性很难说是绝对意义上的“无”和“有”的关系，而是程度不同。

① The Review Board of the United States Copyright Office, Re: Second Request for Reconsideration for Refusal to Register Outsole, SR # 1-8409988481; Correspondence ID: 1-47JEY17, p. 4.

② The Review Board of the United States Copyright Office, Re: Second Request for Reconsideration for Refusal to Register Ariat Shield Logo (SR # 1-10499313421; Correspondence ID: 1-52XO1KW).

③ The Review Board of the United States Copyright Office, Re: Second Request for Reconsideration for Refusal to Register JETBOIL Logo; Correspondence ID: 1-40YN9E8; SR # 1-7832585331.

④ The Review Board of the United States Copyright Office, Re: Second Request for Reconsideration for Refusal to Register Whirl Design Logo (SR # 1-8536940141; Correspondence ID: 1-4KH6AI4).

⑤ The Review Board of the United States Copyright Office, Re: Second Request for Reconsideration for Refusal to Register Heart in Feet; Correspondence ID: 1-2W3SLVJ; SR# 1-5174639191.

⑥ The Review Board of the United States Copyright Office, Re: Second Request for Reconsideration for Refusal to Register Fly Guy, Correspondence ID: 1-354GO3Y; SR # 1-6723446081.

⑦ The Review Board of the United States Copyright Office, Re: Second Request for Reconsideration for Refusal to Register C Design (SR # 1-7053886421; Correspondence ID: 1-3VN8JZW).

变形的 M 与 H 组成的火焰[①]

DK 标志[②]

我国《著作权法实施条例》虽然规定只有具备独创性的劳动成果才能成为著作权法意义上的作品，但对独创性中“创”的高度没有作出任何规定。同时，虽然我国法律制度在整体上接近大陆法系，但《著作权法》同时借鉴了英美法系版权法和大陆法系著作权法，如“视法人为作者”的规定就是来自英美法系版权法。虽然我国《著作权法》将“著作权”和“邻接权”加以区分的立法来自大陆法系，使人认为我国的独创性标准当然应当与大陆法系国家的保持一致，但我国《著作权法》中“邻接权”的种类远少于德国等大陆法系国家规定的，如果认为“创”的标准应当符合德国等大陆法系国家的标准，则许多含有一定智力创造性的劳动成果在我国将无法受到《著作权法》的保护。由于在立法上始终缺乏对独创性标准的界定，司法实践中判断尺度也无法统一。[③]

理论研究

独创性是“有无”还是“高低”（程度）问题

任何作品都必须具备独创性，这是常识。然而，学术界和实务界对于独创性中的“创”是否应有高度（程度）要求存在不同看法。一种观点认为，独创性只有“有无”问题，无所谓“高低”（程度）。这一观点在“中超赛事现场直播案”的再审判决中得到了体现。在该案中，中国足球协会通过中超公司授权新浪网对中国足球超级联赛进行网络直播，新浪网的经营者指称凤凰网的经营者未经许可对其直播的中国足球超级联赛进行了网络转播，构成侵权。该案的焦点之一在于中国足球超级联赛的现场直播画面是否符合独创性的要求。

该案的再审判决认为，“对于作品的独创性判断，只能定性其独创性之有无，而无法定量其独创性之高低……邻接权……目的在于对那些不具有独创性……的成果也给予保护……电影类作品与录像制品的划分标准应为有无独创性，而非独创性程度的高低”[④]。换言之，再审判决认为独创性是“零或一”的问题（“零”就是没有独创性，“一”就是有独创性），而不是“零至十”的判断（“零”为独创性的程度最低，“十”为独创性的程度最

---

① The Review Board of the United States Copyright，Re：Second Request for Reconsideration for Refusal to Register NBA Logos，Correspondence IDs：1-3G65DNY and 1-3G6RHHW；SR ＃ 1-6028239859，1-6028239907，1-6080136621.

② The Review Board of the United States Copyright，Re：Second Request for Reconsideration for Refusal to Register Dead Kennedys “DK” Logo；Correspondence ID：1-3M8QY9R；SR 1-7294661771.

③ 参见姜颖：《作品独创性判定标准的比较研究》，载《知识产权》，2004（3）。

④ 北京市高级人民法院（2020）京民再 128 号民事判决书，以下引用该判决时不再重复加本注。

高）。再审判决据此认为涉案的赛事直播是“有”独创性（无论其程度如何）的，因此是作品。

本书作者认为：这一认识是不能成立的。试举一例：某音像出版社录制了小鸟鸣叫的录音。为了取得令人震撼的声音效果，该出版社在小鸟鸣叫的现场布置了16台录音设备，从不同角度捕捉小鸟鸣叫的声音及大自然其他的天籁之声，并对这些声音进行剪辑和音效处理。录制过程包括如下步骤：一是录制准备。制作者需要在小鸟鸣叫的现场对录制场景、录音范围、录音机定点以及音效等进行选择和安排。该步骤需要对小鸟鸣叫的规律、小鸟活动的范围等作出充分预判。二是现场录制。制作者在录音采集时需要对音源方向、摆放录音设备的角度、现场氛围等进行选择和判断。为了全方位捕捉精彩声音，需要十几台录音设备进行多设备分工配合。三是加工剪辑。制作者运用包括数字录音技术在内的多种计算机程序，对不同录音设备采集后的声音内容进行选择、加工和剪辑。由此形成的录音制品在声音效果方面当然会因人而异，即不同的制作团队呈现的小鸟鸣叫的录音制品（不是指小鸟鸣叫本身，而是指制作的录音的效果）相互之间会存在不小的差异。试问：这样的录音制品有没有独创性？

对此问题，依据上述案子的再审判决认为赛事直播画面的形成过程有独创性的理由，完全可以得到肯定的回答。上述案子的再审判决认定：“从该类赛事节目的制作过程看，一般包括如下步骤：一是摄制准备，制作者需要在赛事现场对摄制场景、拍摄范围、机位定点以及灯光音效等进行选择和安排，该步骤需要对赛事规律、运动员的活动范围等作出充分预判；二是现场拍摄，制作者在拍摄采集时需要对镜头定焦、拍摄视角、现场氛围等进行选择和判断，为了全方位捕捉现场精彩画面，经常需要进行多镜头分工配合；三是加工剪辑，制作者运用包括数字遥感等技术在内的多种计算机程序，对不同摄像机采集后的赛事视听内容进行选择、加工和剪辑……”

按照上述案子的再审判决关于在“摄制准备、现场拍摄、加工剪辑”三个步骤中需要“作出一系列个性化的选择和安排”的“定性”，对于经过同样三个步骤制作的上述录制了小鸟鸣叫的录音制品，即使其选择和判断在程度或难度方面不如为对体育赛事进行现场直播而进行的选择和判断，根据上述案子的再审判决有关“对于作品的独创性判断，只能定性其独创性之有无，而无法定量其独创性之高低”的论述，从逻辑上当然应当得出“该录音制品是有独创性的作品”这一结论。

那么，上述录音制品应当作为作品受到保护吗？依据我国《著作权法》该录音制品当然不是作品，这是因为我国《著作权法》将录音制品规定为邻接权——录制者权的客体，这就决定了录音制品本身不可能是我国《著作权法》保护的作品，否则会带来体系上的混乱。

由此可见，将录音制品设置为邻接权的客体，并非如前述案子的再审判决所述，“目的在于对那些不具有独创性……的成果也给予保护”。相反，完全符合前述案子的再审判决所述独创性（是“一”而不是“零”）的成果也可以属于邻接权的客体，而非作品。特定国家的著作权法区分作品和其他受保护的客体并非依据其是否具备一点点独创性，而必须综合考虑该国的著作权法划分著作权和邻接权的体系，以及是否采用“作品类型法定”模式等一系列因素。

从比较法的视角观察，前述案子的再审判决对独创性认识的不当就更为突出。前文所述的精心制作而成的小鸟鸣叫的录音制品在我国并不属于作品，而是作为邻接权的客体。但该录音制品依《美国版权法》当然是作品，这是因为《美国版权法》规定的作品类型中就包含“录音制品”[①]（sound recording），同时《美国版权法》并未规定以录音制品为客体的、作为邻接权的录制者权。需要指出的是：在《美国版权法》中作为作品受到保护的录音制品同样必须符合独创性的要求。[②] 按照前述案子的再审判决有关独创性只能是“有无”而非“高低”的论断，相同的录音制品在我国（以及所有规定了以录音制品为客体的录制者权的大陆法系国家）“无”独创性（“零”和“一”选择中的“零”），而在美国“有”独创性（“零”和“一”选择中的“一”）。试问：对此如何解释？如果只是“零”和“一”的判断，而不是从“零”至“十”的判断，则相同的东西在所有国家都在“零”和“一”中有相同的判断，即均为“零”或均为“一”，怎么会在有的国家是“零”，而在有的国家为“一”？

对此只能作出一种合理解释，即如果要以“有无”来认识独创性，则“有”和“无”并不是前述案子的再审判决所理解的“一”和“零”的关系，而仍然是对程度的描述。“有无”在不同的语境下具有不同的含义。假如在大学校友聚会中，大家相互询问：“你有孩子了吗?”（“有无”孩子）则回答只能是“有”或者“无”，也就是“一”和“零”的关系，而不是高低（程度）的问题。但是，当谈论一个人的财富（此人“有没有钱”）时，人们经常会说“此人没钱”或“此人有钱”。这里的“没钱”并不必然意味着此人拥有的财富以货币衡量为“零”，而是指此人拥有的财富没有达到依当地观念设置的特定水准，比如年收入人民币 10 万元。正是在这个意义上，“没钱”和“有钱”的区分在不同国家存在显著差异：可能在某些国家，一个人年收入人民币 1 万元就被认为“有钱”了，而在另一些国家，一个人的年收入可能需要达到人民币 100 万元才能被认为“有钱”。正因为如此，抛开一个人所在的国家去讨论他“有钱”还是“没钱”，在许多情况下是没有意义的。更为重要的是，讨论“有钱”和“没钱”究竟是“有无”还是“高低”（“多少”）也是没有意义的，因为这里的“有无”在根本上还是以“高低”（“多少”）进行界定的，也就是在当地财富“高”到多少才能被认为是“有”钱。在这个语境下的“有无”和“高低”（“多少”）是表述一个概念的同义词，是可以互换的概念。

所谓独创性的“有无”和“高低”也是一样的道理。如果要用“有无”来描述独创性，则这里的“有无”是程度问题，是以“高低”进行界定的，也就是只有达到了一定的程度，才能被称为“有”独创性，未达到该程度就被称为“无”独创性。不同国家对特定类型的作品要求的独创性程度不同，才会导致出现同一表达在有些国家被认为“有”独创性，在另一些国家被认为“无”独创性。同一录音制品在中美两国立法中的不同地位就是最好的实例：在两国都规定作品必须具备独创性的情况下，该录音制品在美国属于作品，在我国不属于作品，是因为《美国版权法》和我国《著作权法》要求的独创性程度不同。制作录音制品所需的较低程度的独创性在《美国版权法》中可被称为“有”独创性，而在我国《著作权法》中则可被称为“无”独创性。

---

① 17 U. S. C. 102 (a) (7).

② 17 U. S. C. 102 (a).

由此可见，只有从“高低”（程度）角度去理解独创性的“有无”，“有无”才是有意义的用语。这就是为什么在美国的判决书中经常可见有关“独创性/创造性的标准（standard）/门槛（threshold）/程度（degree）/水准（level）”以及“充分的独创性”（sufficiently original）的表述。[①] 前述案子的再审判决将独创性的“有无”与“高低”对立起来，以此说明只要独创性不是“零”的连续影像都是电影作品和类电作品（现为“视听作品”），是对独创性标准的误解。

三、独创性与侵权认定

对侵权作品的认定应遵循长久以来国际上公认的公式：“接触＋实质性相似。”如果被控侵权作品的作者曾接触过原告受著作权法保护的作品，同时该被控侵权作品又与原告作品存在内容上的实质性相似，则除非有合理使用等法定抗辩理由，否则即可认定其为侵权作品。至于被告利用侵权作品的行为侵犯何种专有权利，则需要结合被控侵权内容的特征和被告的行为加以具体判断。

（一）成果具有独创性是其作为作品受保护的条件

独创性与侵权认定具有密切的关系。成果具有独创性是其构成作品、受著作权法保护的前提，任何人只能就自己独创的内容主张著作权保护。在著作权侵权诉讼中，即使被告的智力创造成果与原告的作品实质性相似，但若被告能够举证证明该部分并非由原告独创，而是源于第三人，那么原告的诉讼请求也不能成立。如在一起诉讼中，原告创作了《邹鲁赞歌》歌词，其认为邹城市政府擅自将其中的一句歌词“东方君子国，邹鲁圣贤乡”用作宣传城市形象的广告语使用，构成侵权。但汉朝许慎的《说文解字》中已记载了“出于东方君子之国”，清朝人孔东塘的《书翰》中已记载了“邹鲁圣贤之乡”。法院认为，“东方君子国，邹鲁圣贤乡”与上述古文相比，区别仅仅在于涉案歌词省略了“之”和“有”，以及涉案歌词将两句古文前后组合在一起。这种简单的省略和组合，不能体现出足够的创作高度和个性，不能使涉案歌词具备独创性，因此侵权指称不能成立。[②] 再如，原告根据泰迪熊的形象制作了用于安放婴儿安抚奶嘴的支架（见右图左），被告也制作了类似造型的支架（见右图右）。法院认为，原、被告的产品所有相似之处都来自泰迪熊，并非原告的独创性表达，因此被告的行为并不侵犯原告的版权。[③]

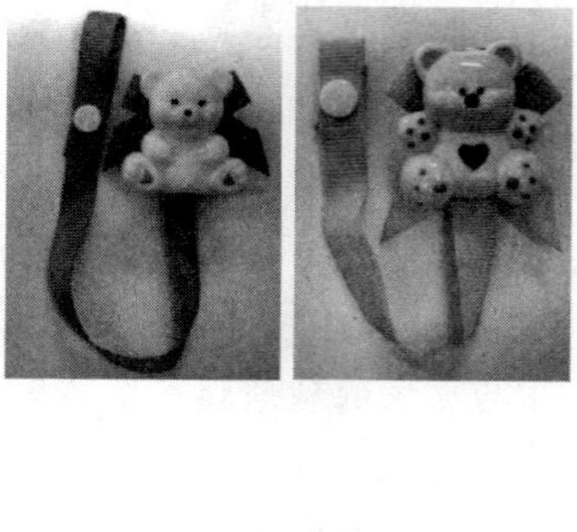

① 如美国版权局对一款手镯拒绝作为实用艺术作品进行登记，原因是其“没有达到为版权登记所需的创造水准”（does not rise to the level of creativity necessary for copyright registration）。The Review Board of the United States Copyright Office，Re：Second Request for Reconsideration for Refusal to Register Bangle Collection Bracelet（Correspondence ID：1-3YQGXCU；SR ＃ 1-7026393061）.

② 参见孙某诉山东省邹城市人民政府侵害著作权纠纷案，最高人民法院（2016）最高法民申 1672 号民事裁定书。

③ Baby Buddies，Inc. v. Toys R Us，Inc.，611 F. 3d 1308，1320（11th Cir.，2010）.

典型案例

黑棍小人案

原告朱某以“火柴棍小人”作为主题人物形象创作了《小小特警》等一系列网络动漫(flash)，并对这些动漫进行了作品登记。美国耐克公司为了推广新产品，发布了其拍摄的宣传广告片，其中含有与“火柴棍小人”相似的“黑棍小人”形象。朱某认为耐克公司侵犯了自己对“火柴棍小人”平面形象的著作权，遂起诉。

耐克的“黑棍小人”

朱某的“火柴棍小人”

一审法院判决朱某胜诉。二审法院经审理后指出：根据现有证据，在“火柴棍小人”和“黑棍小人”形象出现之前，即已出现以圆球表示头部、以线条表示躯干和四肢的创作人物形象的方法和人物形象，但是从“火柴棍小人”的创作过程及表达形式看，该形象确实包含朱某的选择、判断，具有他本人的个性，朱某力图通过该形象表达他的思想，因此，“火柴棍小人”形象具有独创性，符合作品的构成条件，应受著作权法保护。由于用“圆形表示人的头部，以直线表示其他部位”方法创作的小人形象已经进入公有领域，任何人均可以此为基础创作小人形象；另外，“火柴棍小人”形象的独创性程度并不高，因此，对“火柴棍小人”形象不能给予过高的保护，同时应将公有领域的部分排除出保护范围。将“火柴棍小人”形象和“黑棍小人”形象进行对比，二者有相同之处，但相同部分主要存在于已进入公有领域、不应得到著作权法保护的部分，其差异部分恰恰体现了各自创作者的独立创作，因此，不能认定“黑棍小人”形象使用了“火柴棍小人”形象的独创性部分，“黑棍小人”形象未侵犯朱某对“火柴棍小人”形象的著作权。[①]

在本案中，“火柴棍小人”与“黑棍小人”确实很像，但问题在于：这种相似度来自何方？《福尔摩斯探案集》中“跳舞的小人”、“男厕所”标志、“注意行人”交通标志和“紧急出口”标志（见下页图）等所使用的小人图形，均是以实心圆球表示头部、以线条表示躯干和四肢，且出现时间均远早于朱某的“火柴棍小人”。因此，这一基本形象并不“源

① 参见北京市高级人民法院（2005）高民终字第538号民事判决书。

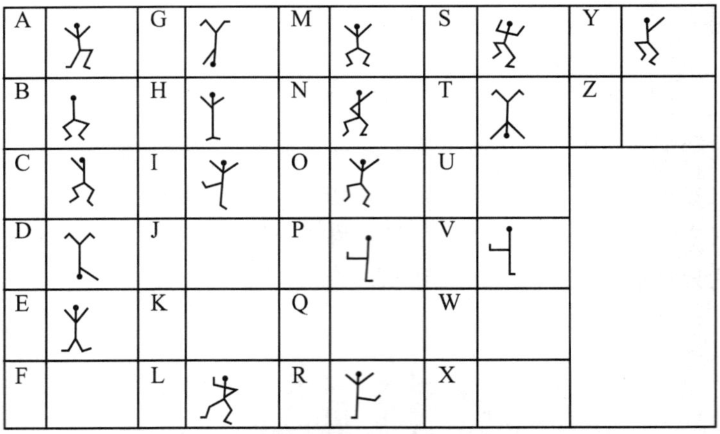

《福尔摩斯探案集》中“跳舞的小人”

“注意行人”交通标志

“紧急出口”标志

“男厕所”标志

于”朱某。当然，“火柴棍小人”仍然有一些自身的特点，如与“男厕所”标志相比，“火柴棍小人”的头部与躯干是相连的，用于表示躯干和四肢的线条粗细是相同的，而且多了两只“脚”。与“跳舞的小人”相比，“火柴棍小人”的头部（实心圆形）更大些，用于表示躯干和四肢的线条更粗些。正如法院所言：这其中包含了朱某的选择、判断，具有他本人的个性。因此“火柴棍小人”是作品。但该作品应被视为建立在原先各种小人形象基础之上的演绎作品。朱某仅能就“源于其本人”的部分享有权利，而对于“小人”的基本形象不能享有任何权利。而“火柴棍小人”与“黑棍小人”的相似之处，并非“火柴棍小人”的独创性部分。这是法院判决耐克公司胜诉的根本原因。

（二）被控侵权成果具有独创性并非抗辩理由

目前，有关独创性与侵权认定之间的关系的最大误解在于，“只要被告的成果具有独创性、构成了作品，被告利用该成果的行为就不侵权”。实际上，独创性只是判断一种劳动成果是否能作为作品受著作权法保护的标准，并非认定该成果是否为侵权作品的标准。一种成果具有独创性不能在侵权诉讼中成为被告的抗辩理由，其完全可能既构成作品，又侵犯他人的著作权。假设一位漫画家将钱钟书先生的小说《围城》画成了一套漫画，完整地表现了小说《围城》的情节，该套漫画显然是符合独创性要求的作品，但如果未经许可而出版这套漫画，则构成对小说《围城》的著作权的侵权。同样，根据小说《围城》拍摄的电视剧当然是“以类似摄制电影的方法创作的作品”，其独创性是毋庸置疑的，但如果未经许可而拍摄并播放，也当然是侵犯小说《围城》的著作权的行为。

因此，在认定是否为侵权作品时，仍然应当遵循“接触＋实质性相似”的公式。在被告曾接触过原告的作品，其被控侵权成果又与原告的作品存在实质性相似的情况下，除非存在合理使用等法定免责理由，否则被控侵权成果与原告的作品相比是否具有独创性，只影响对侵犯何种具体权利的判断，而不影响对侵权的认定。如果被控侵权成果与原告的作品相比，不具有独创性，说明被控侵权成果只是原告的作品的“复制件”，此时应认定被告侵犯了原告的“复制权”（参见本书第三章第二节中的“复制权”）。如果被控侵权成果与原告的作品相比，具有独创性，则被控侵权成果可能构成原告的作品的“演绎作品”，此时应认定被告侵犯的是原告的“演绎权”（参见本书第三章第二节中的“演绎权”）。前文所举的未经许可而出版漫画版《围城》和拍摄、播放电视剧《围城》的行为，即分别构成对小说《围城》的“改编权”和“摄制权”（均为“演绎权”的子权利）的侵犯。

有一种观点认为“临摹”不构成侵权，理由是2001年我国《著作权法》修改时，不再将“临摹”列为复制行为的一种。实际上，2001年修法时将临摹从复制行为的实例中删除，只能说明立法者认为部分“临摹”并不是复制（如那些企图进行“精确再现”，但画得不像的“临摹”），而并不能说明“临摹”就不是侵权，只要这种“临摹”符合“接触＋实质性相似”的要件，同时缺乏合理使用等法定免责理由，仍然构成侵权，只不过侵犯的不是“复制权”，而是“演绎权”。美国的判例也指出：如果在画布上作画的艺术家将其作品的版权转让给了他人，则该艺术家重画一幅与原作只有细微差异的画作并出售的行为，将侵犯原作版权受让人的权利。①

典型案例

《堆云·堆雪》案

雕塑家李某创作了《堆云·堆雪》雕塑（见下页图），有人未经许可而将其画成了油画（见下页图）。被告是一家商业公司，购入该油画后，将其悬挂在自己经营的俱乐部内，并拍摄成照片，在广告宣传册和网站上使用。在李某起诉被告侵权时，被告提出的主要抗辩理由即为：该油画作为临摹作品本身具有独创性和著作权，因此不构成对《堆云·堆雪》雕塑的著作权的侵犯。法院指出：虽然李某的雕塑和被告使用的油画载体不同，但除了尺寸、颜色及局部的部分差异外，二者在人物的整体造型、姿势、神态、服饰搭配等方面均基本相同，被告使用的油画在整体上仍构成对原作的再现。②

本案被告将临摹而成的油画具有“独创性”作为抗辩理由是不能成立的。本案中的油画可以构成新作品，但油画与雕塑均为造型艺术，涉案油画在人物造型方面显然与原告的雕塑实质性相似。在缺乏法定抗辩理由的情况下，被告对油画（演绎作品）的使用构成侵权行为。

① Gross v. Seligman，212 F. 930，at 931（2nd Cir.，1914）.

② 参见北京市朝阳区人民法院（2009）朝民初字第29303号民事判决书。

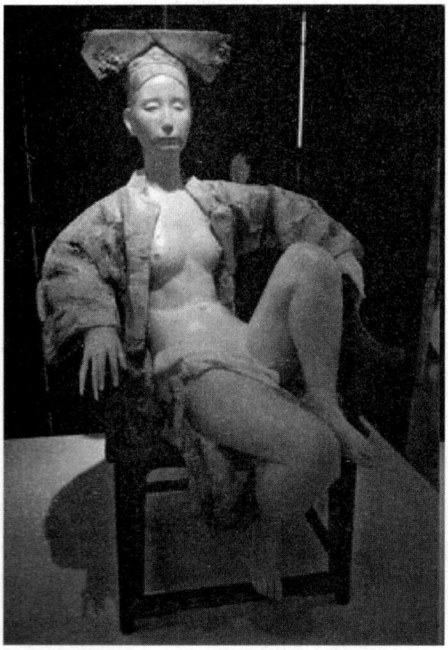

李某创作的《堆云·堆雪》雕塑

临摹雕塑形成的油画

典型案例

振鼎鸡剪纸案

剪纸艺术家王某于1979年创作并发表了剪纸《一唱雄鸡天下白》（见下图左），振鼎鸡餐饮公司将与之近似的剪纸（见下图右）作为商标予以注册，并在户外广告、店堂招牌上使用。王某的子女起诉振鼎鸡公司侵犯著作权。

原告的剪纸

被告使用的剪纸

被告振鼎鸡公司辩称：其使用的公鸡图案与涉案剪纸作品存在以下差别：(1) 被告使用的公鸡形象较为健壮，而原告主张权利的剪纸作品中的公鸡形象较为瘦小；(2) 两者之鸡冠的长度和厚度均不同；(3) 两者之鸡尾羽毛的数量不相同，被告的要比原告的多；(4)

两者之公鸡的朝向相反；(5) 两者之鸡翅膀的波纹不相同，被告的波纹宽广而原告的波纹小；(6) 两者的底座形状不相同。因此，两者不构成实质性相似，被告的剪纸未侵犯涉案剪纸作品的著作权。

法院认为：原、被告的剪纸除在鸡冠、底座及鸡身形上略有差异外，其余极为近似，在涉案剪纸作品较具独创性的鸡眼、鸡翅膀、鸡尾部分以及鸡身的留白处理等方面更为接近，两者在整体上构成实质性相似。被告就两者比对时提出的几点差异虽然存在，但属细微差异，尚不足以影响两者实质性相似的认定。[①] 因此法院判决被告承担侵权责任。

此案中被告的剪纸与原告的剪纸相比，存在一定差异，有一些独创之处，但如前文所述，独创性是认定一种成果构成作品的条件，并非被诉侵权时的抗辩理由。由于两者构成实质性相似，且被告有接触原告在先作品的合理机会，因此被告败诉。

第三节 不受著作权法保护的对象

著作权法是用于保护人类智力劳动成果的，但并非人类所有的智力劳动成果都能受到著作权法的保护，著作权法只保护其中符合独创性要求的、特定的智力劳动成果，而将其他智力劳动成果留给其他法律机制如专利法、商业秘密法、反不正当竞争法和合同法等加以保护。不受著作权法保护的对象包括以下几种。

一、思想

著作权法并不保护抽象的思想、思路、观念、理论、构思、创意、概念、工艺、系统、操作方法、技术方案，而只是保护以文字、音乐、美术等各种有形的方式对思想的具体表达。

《与贸易有关的知识产权协定》第 9 条第 2 款规定：版权保护应延及表达，而不延及思想、工艺、操作方法或数学概念之类。《美国版权法》第 102 条第 2 款规定："在任何情况下，对于作者原创性作品的版权保护，都不延及思想观念、程序、工艺、系统、操作方法、概念、原则和发现，不论它们在该作品中是以何种形式被描述、解释、说明或体现的。"这些规定都反映了著作权法不保护思想的基本原理。我国《著作权法》虽然对此没有作出明确规定，但法院在司法实践中普遍认同。同时，我国《计算机软件保护条例》第 6 条针对计算机软件的著作权保护规定："本条例对软件著作权的保护不延及开发软件所用的思想、处理过程、操作方法或者数学概念等。"这显然就是著作权法不保护思想的体现。

(一)"思想"的范畴

"思路、观念、理论、构思、创意、概念"显然属于公众日常用语中所说的"思想"的范畴，而"操作方法和技术方案"等则是广义的"思想"(idea)。在美国等发达国家的论著与判决中，与"表达"相对应的"思想"一般是指广义的思想。由于操作方法和技术方案与计算机软件、工程设计图和产品设计图这几种作品类型有直接的关系，本节对其进行单

---

① 参见上海市第一中级人民法院（2011）沪一中民五（知）初字第 127 号民事判决书。

独阐述。

为什么著作权法不保护思想？从深层原因看，这是与民主社会对思想自由的珍视紧密相连的。著作权实质上是一种相对意义上的垄断权，垄断就意味着未经许可不得使用。如果思想受著作权保护，那么未经许可使用他人的思想就会构成侵权。这样一来，任何一个老师在课堂上讲解知识产权法都可能是侵权行为，因为在老师讲授的内容中，有相当部分是前人早已提出并且广为接受的思想。实际上，无论是人们日常生活中的语言文字表达还是学术和艺术创作，都不可避免地建立在前人思想的基础之上。即使是世界顶级的学术大师所提出的看似独一无二的、开拓性的思想或理论，实际上也都或多或少地建立在以往思想的基础之上。如果思想也受著作权法保护，那就意味着他人不得在未经许可的情况下，用同一思想创作自己的作品，甚至不能以自己的方式去表述和谈论同一思想。这显然是在钳制思想，是为民主观念所不能容忍的。

从著作权法所追求的目的和效果来看，法律赋予作者著作权的最终目的不是奖励作者而是鼓励创作，而创作作品不可能是在空中建楼阁、完全脱离前人已有的成果，每一个作者都会自觉不自觉地受到他人的启发。因此，公共政策要求著作权法允许人们自由使用他人作品中所蕴含的思想，用以创作出在表达上具有独创性的作品。如果思想也受著作权保护，那么市场上不可能出现多少作品，因为完全不借助他人思想而创作的作品几乎是不存在的，而要求每一个作者都向思想的原始提出者缴纳许可使用费之后才能使用将会极大地限制创作行为。

如果有一名画家在世界上第一次想出要画一幅一条正在听主人留声机中的声音的小狗，即使他将这个创意告诉了别人，这个创意也不能作为作品受到保护。而且即使他根据这一创意画出了一幅图，他人仍然可以以其他方式使用“一只小狗在听留声机”这个创意。著作权法保护的只是画家以图形的形式对这一创意的具体表达。例如，画家可以画一个具有特定外观的留声机、一间有特定背景的房间、一套有特定摆设的家具，当然还有一只特定品种的小狗，小狗有特别的姿势和表情。这些画面组合在一起就是对创意的表达，也就是受保护的作品。[①] 再如，描绘一个肌肉发达、手持武器准备战斗的尼安德特人的形象（下图左），只能就具体的人物造型（表达）获得保护。他人以不同的造型描绘另一个肌肉发达、手持武器准备战斗的尼安德特人的形象（下图右），利用的只是思想而不是表达，因此不构成侵权。[②]

① See Hugh Laddie, etc., *The Modern Law of Copyright and Designs* (3rd edition), Butterworths, 2000, § 4.44.

② Mattel, Inc. v. Azrak-Hamway International, 724 F.2d 357, 360 (2nd Cir., 1983).

再如，电影界有所谓“跟风”的做法。如果一部电影在票房上非常成功，可能很快就会有许多类似题材的电影跟进。像《少林寺》这部最早反映少林功夫的电影推出后，电影市场上就出现了一大批以少林武术为题材或背景的电影，如《南北少林》、《少林俗家弟子》和《少林足球》等。《无间道》在香港上映后，又有《黑白森林》等反映黑社会和警察互派“卧底”的电影出现。跟拍的有类似题材的电影显然借用了第一部电影的思想创意，但仅凭这一点并不能得出“跟风”的电影侵权的结论，原因就在于著作权法只保护表达，而不保护思想。电影“跟风”现象本身，也从一个侧面反映了著作权法不保护思想起到的积极作用——促进作品的创作。

典型案例

女子十二乐坊案

张某创作了《中华女子乐坊创意策划文案》和《北京中华女子乐坊文化发展有限公司整合报告》（以下简称《整合报告》），提出了成立“中华女子乐坊”和经营方法的构思。张某认为王某在获得上述作品之后，未经许可对其进行改编，形成了《“女子十二乐坊”项目实施计划》（以下简称《实施计划》），并付诸实施。张某认为自己创作的作品是“中华女子乐坊”，是中国民族音乐新的表现形式，属于艺术作品。王某正在国内外演出市场表演的“女子十二乐坊”，是将张某创作的“中华女子乐坊”作品搬上了舞台，整体地剽窃了张某的艺术创作。

法院经审理后认为：原、被告的文字作品在篇章结构、全文基本内容及各部分内容、表达方式等方面均不相同。对于张某关于王某剽窃的指称，法院指出：“由于人的思维和创造力是无法限定的，因此著作权不延及思想，只延及思想的表达。在著作权法的保护范围中，不包括思想、方法、步骤、概念、原则或发现，无论上述内容以何种形式被描述、展示或体现。由此可见，著作权法不保护创意或构思，著作权人不能阻止他人使用其作品中所反映出的思想或信息……虽然（原、被告）二者创作目的均是对成立女子乐团、演奏民乐的演出模式予以说明和实施，但由于二者中所涉及的演出模式包括创意和操作方法，总体上属于创意、构思或理念的范畴，不属于我国著作权法规定的作品保护范围。因此，在著作权法意义上，不能认定《实施计划》对《整合报告》构成剽窃、改编或汇编。”①

典型案例

“泡泡堂”与“QQ堂”

韩国Nexon株式会社开发了休闲游戏“泡泡堂”，玩法是由玩家在各种场地内放置“炸弹”攻击对手，同时防止自己为对方的“炸弹”所伤。腾讯公司则推出了游戏规则类似的“QQ堂”游戏。Nexon株式会社指称“QQ堂”在游戏形式等诸多方面抄袭了“泡泡堂”，

---

① 北京市第二中级人民法院（2005）二中民终字第47号民事判决书。

构成了对其操作方式等多项著作权的侵权。

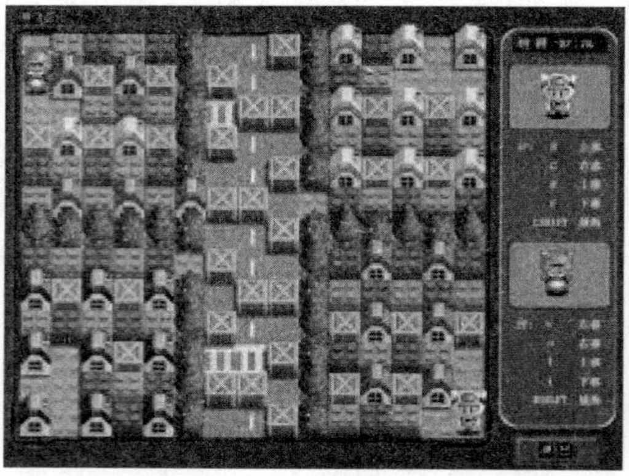

“泡泡堂”游戏截图

“QQ堂”游戏截图

法院认为：这两款游戏在文字部分，虽然若干道具名称具有相似之处，但原告并不能对诸如“太阳帽”“天使之环”“天使之翼”等名称享有著作权；而在画面部分，整体上并不相似。其中“以笑表示获胜、哭表示失败”属于思想的范畴，只要原、被告双方的表达方式不同，即不视为著作权方面的侵权。法院因此驳回了原告的诉讼请求。①

本案中这两款游戏的源代码由原、被告独立编写，因此不存在计算机软件侵权问题。这两款游戏的画面又并不相似，故也不存在美术作品侵权问题。而道具名称等文字也不受著作权法的保护。原告真正希望达到的目的，应是阻止被告运营具有相同游戏规则和操作方式的游戏。但这种游戏规则和操作方式在著作权法上仅属于思想的范畴，不受著作权法保护。

实务探讨

节目模式受著作权法保护吗？

近些年来，我国许多电视台之间不断因为模仿对方独创或出资引进的“节目模式”而发生著作权纠纷，从而引发了“节目模式”能否受著作权法保护的问题。例如，某传媒公司制作了一档名称为“面罩”的深夜访谈节目，模式为由戴着面罩的嘉宾讲述自己在情感中遇到的问题。某网络公司在其网站上也推出了一档名称为“面罩”的谈话实录节目，形式为嘉宾戴着面罩与主持人互动。该传媒公司起诉该网络公司侵犯其对《面罩》节目模式享有的著作权。

法院认为：原告主张的节目模式实际上是对《面罩》节目的构思、创意。其只有通过语言文字、符号、线条、色彩、声音、造型等客观形式将这种构思、创意表达出来，才能被人们感知，才能以有形形式进行复制。同时，只有当这种表达是独创的且符合法律规定时，才构成著作权法保护的作品。因此，原告关于《面罩》节目的构思、创意本身并不属于我国著作权法规定的作品保护范围。最终法院认定《面罩》节目模式不属于著作权法意

① 参见北京市第一中级人民法院（2006）一中民初字第8564号民事判决书。

义上的作品，驳回了原告的诉讼请求。[①]

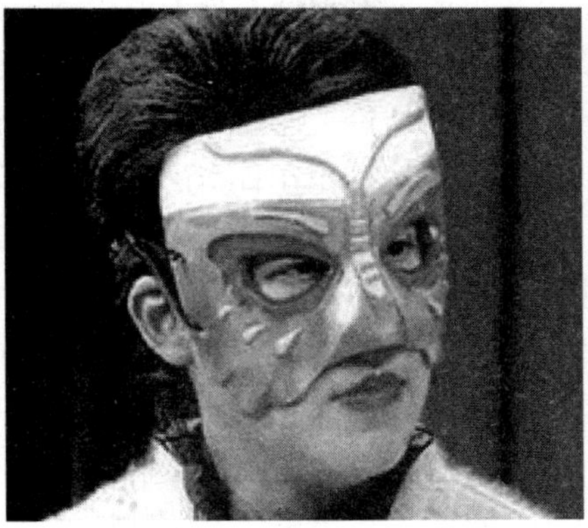

原告的节目中戴着面罩的嘉宾[②]

被告的节目中戴着面罩的嘉宾[③]

本书作者赞同法院的判决。"节目模式"属于选秀等节目的一种制作方法，本质上仍然属于思想、创意的范畴，因此无法受到著作权法的保护。在国际上也曾经发生节目制作者起诉他人未经许可而使用其"节目模式"、侵犯其著作权的诉讼，但多以节目制作者败诉告终。[④] 如在葡萄牙最高法院审理的"'葡萄牙小姐'节目模式案"和西班牙马德里上诉法院审理的"'我有问题问你'节目模式案"中，法院都认为单纯的节目模式不受著作权法保护。[⑤]

在我国发生的涉及"节目模式"的纠纷中，原告起诉的依据之一，往往是其已经进行了著作权登记。原告获得了著作权登记证书，存在有两种可能的情况：一是就节目的完整录影进行了登记，二是就节目的文字脚本（或文字策划案）进行了登记。前一种情况只能证明登记人享有对视听作品的著作权或对录像的邻接权（视画面的独创性而定），他人未经许可在电视台播放该节目是侵权的。后一种情况也只能证明登记人享有对文字作品的著作权，他人未经许可而复制、发行该文字作品是侵权的。但无论是哪一种情形的著作权登记，都无法阻止他人利用录影或文字作品中体现出的思想、创意。

还需要指出的是，许多媒体报道我国一些电视台在引进国外的"节目模式"时"支付了版权许可（使用）费"。这一说法是不准确的，既然"节目模式"本身不构成作品，那么使用相同的模式制作自己的节目，当然没有"版权许可"之说。但是，许多电视节目的制作过程异常复杂，其中有许多不为人知的环节和技巧，仅仅通观看节目无从知晓。要利用国外的节目模式制作出同样成功的节目，就需要聘请外方专家进行指导，引进方当然要为此付费。因此，这笔费用的性质并非"版权许可（使用）费"，而是"技术指导费"。

---

① 参见北京市海淀区人民法院（2005）海民初字第15050号民事判决书。

② 图片来源：http：//gb. cri. cn/6851/2004/12/15/602@391893. htm，访问日期：2013-09-30。

③ 图片来源：http：//women. sohu. com/s2005/mianzhao2. shtml，访问日期：2013-09-30。

④ 如英国枢密院判决的Green v. Broadcasting Corporation of New Zealand，[1989] R. P. C. 700。

⑤ 3501/05. 0TBOER. L1. S1；355/2013 Case.

（二）“思想”在著作权法和学术规范中的不同地位

著作权法不保护思想，意味着作为学术研究成果的学术观点本身不能受到著作权法的保护。例如，某历史学家通过对我国唐朝和日本的历史文献的大量研究，得出了杨贵妃并非被缢死于马嵬坡，而是辗转东渡，最终病死在日本的结论。他撰写了一篇学术论文，文中推测了杨贵妃侥幸逃脱的原因、东渡日本的路线图和杨贵妃在日本的生活状况，并引用大量历史文献对自己的观点加以论证。如果一名作家在读过这位历史学家的学术论文后受到启发，根据论文中提出的观点创作了历史小说，讲述了杨贵妃自马嵬驿之变后在友人的帮助下东渡日本的故事，则即使该历史小说的剧情完全以该历史学家在学术论文中提出的观点为基础，其仍然不构成著作权侵权。这是因为该历史学家有关杨贵妃之死的真实原因的推断是一种不受保护的“思想”，任何人都可以自由地使用这一思想进行文学艺术创作，包括以这一思想为基础撰写历史小说。从另一个角度看，该历史学家的结论也是一种“事实”，同样不受著作权法的保护。以其他方式利用作品中所呈现的思想也不构成对作品著作权的侵害。如有人在其研究成果《南水北调设想——嘉、汉入渭以济陕、甘诸省》中提出了“引汉济渭方案”，他人将该设想变为现实，只是对思想的利用，并非对表达的复制，因此并不侵害该研究成果的著作权。①

典型案例

《红楼春秋》案

在我国曾发生多起与研究者的学术研究成果有关的著作权诉讼。1989 年红学爱好者霍某姐弟合作创作了学术论文《〈红楼梦〉中隐去了何人何事》，其中提出了一个新的观点，即《红楼梦》以隐晦的笔法揭示了雍正皇帝暴死的真实原因。该文认为：不但曹雪芹被雍正皇帝抄了家，而且他自幼青梅竹马的相好竺香玉也被选入宫中，成为雍正的皇后。在雍正十三年（1735 年），曹雪芹和竺香玉两人设法用丹砂将雍正毒死，事后竺香玉自杀，曹雪芹则写下了《红楼梦》，以极其隐晦的方式记载了这段历史。作者同时刊出“启示”，称：任何个人或单位若欲将该作品翻译或改编成电影、电视、录像、戏剧、小说等表现形式，都应与作者联系。红学爱好者富某看到这篇论文后受到启发，撰写了一部 25 万字的章回体小说《红楼春秋》并出版。《红楼春秋》作为一部纯文学作品，正是围绕着《〈红楼梦〉中隐去了何人何事》一文的核心观点展开故事叙述的。霍某姐弟因此起诉富某侵犯其改编权和保护作品完整权。法院认定富某的行为并不构成侵权。②

显然，提出《红楼梦》行文背后隐藏的是曹雪芹和竺香玉毒死雍正皇帝的真相，仅仅是一种观点，属于“思想”的范畴。根据这一思想创作的小说与红学研究著作之间的相似之处如果仅在于这一思想本身，则小说作者的行为当然不构成著作权侵权，因为思想本身是不受著作权法保护的。

---

① 参见陕西省高级人民法院（2017）陕民终 1123 号民事判决书。

② 但是，法院同时认定小说是论文的“演绎作品”。这一结论是不能成立的，参见后文对“演绎作品”的分析。

正如前文在阐述独创性标准时所说明的：著作权法对质量的要求是第二位的，对创新的要求才是第一位的。而“独创”的对象，并非思想，而是表达。在著作权法不保护思想的情况下，那些在思想方面模仿他人但表达源于本人的作品，并不会被认定为侵权作品，只是这样的作品在质量上难以与具有原创思想的作品相媲美。当然，一种行为不侵犯他人的著作权，并不意味着这种行为在道义上就是正当的。著作权法认定侵权与否的标准，与判断一种行为是否符合道德规范并不完全重合。某些行为既构成著作权侵权行为，也为道德规范所不容，如基本原封不动地抄袭他人的论文。但是，重新表达“抄袭”自他人的思想，却可能是一种违反道德规范的行为。这一点在学术领域显得尤为突出。学术观点是学术论著中的灵魂，但观点恰恰属于不受著作权法保护的思想。如果有人在论文中将其他学者的观点故意当成自己原创的观点提出，却使用了完全不同的文字表述，并不构成对他人著作权的侵权，但这种行为显然违反了“不掠人之美”的学术道德。前文曾提及，质能方程 $E=mc^2$ 并不受著作权法的保护，但如有人在了解到爱因斯坦的此项研究成果之后，在著作中声称是自己首创了该方程式，恐为学术界所不齿。中国科学院《关于加强科研行为规范建设的意见》列出的“科学不端行为”就包括“违反职业道德利用他人重要的学术认识、假设、学说或者研究计划，包括……窃取他人的研究计划和学术思想据为己有”。该规定体现了学术规范对学术思想的保护，它体现的是道德规范。《回忆马克思恩格斯》一书曾记载了马克思“不掠人之美”的学术品格：“只有他（指马克思——引者注）才引用这些作家。《资本论》里引证了那么多无名作家的话，他说：‘我执行历史的裁判，给每个人以应得的奖励。’他觉得指出第一个发表某一种思想或把这种思想阐述得比任何一个人都更为精确的作家的名字（不管这个作家是多么不重要和多么不知名）是他的责任。”① 此外，在著作权法之外，其他法律有可能对思想提供一定程度的保护。例如，市场上有所谓的“点子公司”专门向企业提供改善经营状况的方案。“点子”当然属于思想，如果其不能受到任何法律机制的保护，“点子公司”也就无法生存了。事实上，“点子公司”与接受咨询服务的企业之间存在合同关系，合同法可以对“点子”提供一定的保护，也即企业应当为获得“点子”而支付对价。企业的经营计划和策略等如果符合商业秘密的构成要件，即使其在著作权法中被归入思想的范畴，也能作为商业秘密受到相关法律机制的保护。

（三）思想与表达的分界

著作权法只保护表达，不保护思想。这是著作权法的基本原理。在著作权侵权诉讼中，在思想与表达之间划出清晰的界限，往往是判断侵权是否成立的前提，因为只有被控侵权的成果与原告在作品中的表达相似，才有可能认定侵权。如果只有思想相似，尽管被告的行为可能违反道德规范，却并非侵犯著作权的行为。思想与表达的划分，在有些情况下是明显的，如前文引述的“女子十二乐坊案”和“《红楼春秋》案”中。但在另一些情况下，思想与表达的划分并非易事。

---

① ［法］保尔·拉法格等著，马集译：《回忆马克思恩格斯》，139页，北京，人民出版社，1973。

典型案例

迪士尼米老鼠案

在1978年发生的“迪士尼公司诉Air Pirates案”中，被告Air Pirates公司使用了米老鼠的基本形象，但用于讲述不同的故事。在迪士尼公司的作品中，米老鼠是一个活泼可爱、勇于助人的形象。在被告的作品中，米老鼠成了一个反社会的角色，满嘴脏话，甚至还吸食毒品。[①] 被告并没有直接从原告的漫画中复制一个米老鼠，而是根据人所共知的米老鼠的特征自己画出了一系列的米老鼠。法院判决被告败诉。[②]

在该案中，即使在迪士尼公司拥有版权的无数米老鼠的静态漫画中也无法找到一幅和被告所画的米老鼠一模一样的漫画，被告对原告的米老鼠形象的使用，也绝非仅限于“创意”或“思想”部分，而是使用了“表达”。对于漫画作品而言，角色是通过绘画这种艺术手法加以表达的。对角色单独的、静态的绘画本身就是美术作品，是受保护的“表达”。把许多同一个角色的漫画放在一起来看，该角色必定具备一些共同的特征。以米老鼠为例：无论它是站，是坐，是跑还是摆出任何其他姿势，它身体每一部分的特征都是由漫画家事先予以确定的，如长长的鼻子、圆圆的耳朵，这些具体的特征都是具体的“表达”而不是抽象的“思想”。被告所画的米老鼠漫画尽管从单幅来看，没有和原告的漫画一模一样的，但是被告实际上是将原告创作的米老鼠的各个特征进行了一些非常简单的重新安排和组合。只要被告没有改变米老鼠的基本特征，其绘制米老鼠的行为仍然是在使用原告的受保护的“表达”而非“思想”。当然，如果被告的漫画体现出了足够的独创性，是可以作为演绎作品受到保护的，但是创作演绎作品也不能侵犯原作品作者的权利，因此，被告的行为仍然构成侵权。

有时“著作权法只保护表达，不保护思想”的原则被表述为“著作权法只保护表达形式，不保护思想”。这种说法固然比“著作权法只保护表达”更符合汉语语法习惯（因为汉语中“表达”是一个动词，“表达形式”才是名词），但容易使人认为著作权法只保护“形式”，而不保护与“形式”相对的“内容”。

确实，在一些情况下，作品的“内容”是不受保护的，只有“表达形式”才受保护。例如，学术论文中“内容”多是学术观点，其作为思想，不能受著作权法的保护，只有文字组合、遣词造句这种“表达形式”才受保护。但是，在许多其他情况下，作品的“内容”并不能归入思想的范畴，而是受保护的表达。“著作权法只保护表达形式”的说法就容易导致误解，因为它意味着任何人都可以自由使用作品的内容，只要不使用相同或相似的语言等表达形式就可以了。据此，将他人创作的小说或戏剧中的故事用“同义词替换”的方法全部改写一遍并不会侵犯著作权，因为改写之后产生的新作品虽然在故事情节、人物、结构、事件发展顺序、人物之间关系等“内容”上与原作品相同，但是“形式”，也即具体措

---

① 本案除了涉及“思想与表达”的分界之外，还涉及其文艺创作形式——“模仿讽刺”（parody）能否构成“合理使用”的问题。对该问题将在“对著作权的限制”一章加以讨论。

② Walt Disney Productions v. Air Pirates，581 F. 2d 751（9th Cir.，1978）.

辞，完全不同。这种不侵权的结论显然是荒谬的。

同样，按照"著作权法只保护表达形式"的说法，如果有漫画家未经许可而使用他人小说作品中的全部故事情节和人物等内容绘制出了一套漫画，也不是著作权侵权行为，因为小说与漫画的"表达形式"完全不同，前者是文字，后者是美术造型，漫画并没有使用小说的"表达形式"。

由此可见，"表达"并不限于"表达形式"，否则，著作权法中的"演绎权"，包括摄制权、改编权和翻译权等，都会失去意义，因为"演绎权"所控制的行为，正是以不同的表达形式表现同一内容。对于改写和翻译而言，虽然新作品的遣词造句或所使用的语言文字与原作品截然不同，但表达了相同的内容。使用他人小说绘制漫画和拍摄电影尽管很少使用原作品的表达形式——书面文字，而是主要借助美术与电影画面，但仍然表现了与小说相同的故事。这些行为均是对原作品中"表达"的使用。换言之，至少对于部分作品而言，与"思想"相对应的"表达"不仅仅包括"形式"，也包括"内容"。

在著作权法所保护的各类作品中，都存在着思想与表达的划分问题，但迄今为止探讨最多的，是小说、戏剧等有故事内容的文学作品中思想与表达的划分，因为其最为典型，也最为复杂。这类文学作品通常会有一个主题，该主题当然属于不受著作权法保护的"思想"。第一个就某主题创作文学作品的作者，不能用著作权法去阻止其他作者就相同主题创作不同的文学作品。最高人民法院颁布的《著作权司法解释》（2020 年修正）第 15 条对此明确指出：由不同作者就同一题材创作的作品，作品的表达系独立完成并且有创作性的，应当认定作者各自享有独立著作权。

同时，小说或戏剧中的细节描写，则构成"表达"。因此，根据前人的小说创作一部主题相似但内容完全不同的小说（借用"思想"）并不构成侵权，而一字不差地抄袭他人小说（盗用"表达"）则会侵犯他人著作权。但是，处于主题和细节这两个极端之间的内容，包括故事的情节、故事的结构、故事中主要的事件、事件之间的顺序、人物的性格、人物之间的关系等，究竟属于"思想"还是"表达"呢？

实际上，对于一部小说或一部戏剧而言，能归入"思想"范畴的绝不仅仅是这部小说或戏剧的主题思想。从无数具体的细节，到作品的最终主题思想，这是一个由下至上的金字塔形的结构（见下页图）。从金字塔底端的每一句话的文字表达至金字塔顶端的主题思想之间，可以有一个不断地抽象和概括的过程。我们可以首先对处于金字塔最底层的每一个段落进行抽象和概括，提炼出每一段的主要意思；然后对每一段落的主要意思进行再抽象和概括，提炼出每一小节的主要意思；接着再对每一小节的主要意思进行抽象和概括，这样又可以提炼出每一章的主要意思，由此最终提炼出整部作品的中心思想，也即到达了金字塔的顶点——故事的主题思想。在这一从金字塔底层到顶端的渐进过程中，随着抽象和概括程度的不断提高，越来越多的具体因素被排除出去。而在由下至上的递进关系中，被抽象和概括出的内容相对于下一层次是"思想"，相对于上一层次却可能是"表达"了。在金字塔的底层和顶端之间，总会存在一个分界线，在这条分界线之上就是不受保护的"思想"，而在这条分界线之下就是受保护的"表达"。他人如果仅仅使用了这条分界线之上的内容，并不会构成对著作权的侵犯；反之，他人如果未经许可而使用了这条分界线之下的内容，就有可能构成著作权侵权。

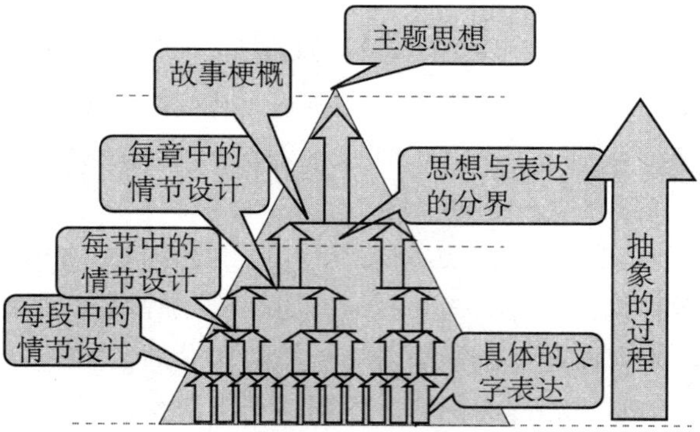

典型案例

《爱尔兰之花》案

这种寻找“思想”与“表达”之间界线的“抽象概括法”是由美国著名的汉德法官在1930年判决的“尼克尔斯诉环球电影公司案”中首先提出的。在该案中原告创作了一部戏剧《爱尔兰之花》(*Abie's Irish Rose*)，而被告拍摄了一部与之在内容上有相似之处的电影。这两部作品叙述的内容均涉及爱尔兰人的女儿与犹太人的儿子相好，由于宗教的冲突，双方家长起始均不同意，闹出了各种戏剧性的故事，最后经过双方子女一番努力，再加上孩子的出生，两家终于合好。汉德法官指出：就任何（有情节的）作品，尤其是戏剧作品来说，随着越来越多的情节被剥离出去，就会有一系列越来越具抽象性的模式与之相应，最后一个模式可能就会是该戏剧是有关什么的最一般的陈述，有时可能只包括它的名称。但是，在这一系列的抽象概括中，有一个不再受到保护的临界点，超过这一临界点，作品的内容就不受保护了，否则，剧作家就可能阻止他人使用其“思想”，而剧作家的财产权永远不能延及与表达相对应的思想本身。虽然汉德法官认为两部作品如果在情节方面过于相似，后者可以构成对前者的侵权，但在应用“抽象概括法”对涉案的两部作品进行分析之后，汉德法官认为它们在具体的情节设计方面相差很远，相似之处仅为早已处于公有领域的戏剧模式或仅属于“思想”的范畴，因此判定被告的行为不构成侵权。①

典型案例

《超人》案

原告华纳兄弟电影公司拍摄了举世闻名的电影《超人》，其主人公是一个身着披风、具有超人能力的英雄。而被告美国广播公司拍摄了同样以“超人”为主角的电视连续剧《最伟大的美国英雄》，但其中“超人”的性格以及具体故事情节与电影《超人》显著不同：电

---

① Nichols v. Universal Pictures Co.，45 F. 2d 119，121 (2nd Cir.，1930).

视剧的主角是一位性格懦弱、身陷家庭情感旋涡的中学老师亨克利。一天他在野外开车时偶然遇到了外星人。外星人送了他一套神奇的披风，并且告诉他坏人策划毁灭世界，而他必须承担拯救世界的重负。穿上这套披风后，亨克利就有了超人的能量。但他遗失了披风的使用手册，只记得外星人教他的几句口诀。由于没有使用手册，再加上性格懦弱，所以刚开始穿上披风的时候，亨克利不但非常胆怯，而且也显得很笨拙：起飞的时候会被吓得大喊大叫，有时候还会一头栽到草丛中去。降落的时候也是跌跌撞撞，几次都被摔得老远。和坏人交火的时候，虽然有披风保护他不受伤害，但他也是畏畏缩缩，胆怯地用手把脸捂得严严实实。①

原告认为：被告电视剧中的主角亨克利与电影《超人》中的超人具有实质上的相似性。被告未经允许复制了电影《超人》的披风和能力。观众在观看被告的电视剧时，总能够想起电影《超人》。法院认为：被告的“超人”与原告的“超人”具有显著的不同。电影中的“超人”在外貌和行为上都是一个勇敢的、自豪的英雄，主动将自己的一生献给了与邪恶势力作斗争的事业。而电视剧中的“超人”无论在外貌和行为上都是一个胆怯的、缩头缩尾的英雄，他极不情愿地接受了与邪恶势力作斗争的使命，其实更愿意过一种普通人的生活。电影中的“超人”对超人能力运用自如，表现出了技巧、魄力和锐气，而电视剧中的“超人”则被披风带给他的超人能力搞得晕头转向，是以一种跌跌撞撞和搞笑的方式来运用这种能力的。法院最终认定：被告的电视剧虽然使用了原告的电影中超人的某些因素，但相似之处在于“思想”，而非“表达”。

应当指出：除了被告的电视剧与原告的电影情节大相径庭之外，虽然这两部影视作品中都有“超人”，但两位“超人”角色具有显著差异，相似之处仅在于他们具有大致相同的“超人能力”。自从电影《超人》上映之后，公众通常都会认为一个“超人”应当能够自由飞翔，同时力大无比、刀枪不入。这种“超人能力”应当是“思想”，而并非“表达”。

典型案例

庄羽诉郭敬明

作家庄羽创作了长篇小说《圈里圈外》，其指称郭敬明的长篇小说《梦里花落知多少》抄袭了《圈里圈外》中故事的主要线索、大部分情节和主要人物特征等，甚至还照搬了《圈里圈外》的片段以及能够表达作品内容的部分语句。

法院经审理后认定：这两部作品中有12个主要情节明显雷同。例如，《圈里圈外》中有这样一个情节：张小北为了给现在的情人张萌萌创造一个做演员的机会，找到过去的女朋友初晓，初晓念及张小北以前对自己的好，同意帮忙，经过努力，最终没有办成，反被张小北误会是因为没有给钱而故意拖着不办，初晓因张小北的态度而十分郁闷。而《梦里花落知多少》中有十分类似的情节：顾小北为了让自己现在的女朋友写的小说能够出版，找到过去的女朋友林岚，林岚念及顾小北以前对自己的好，同意帮忙，经过努力，最终没

① Warner Brothers，Inc. v. American Broadcasting Companies，Inc.，720 F. 2d 231，243（2nd Cir.，1980）.

有办成，反被顾小北误会是因为没给钱而故意拖着不办，林岚因顾小北的态度而十分郁闷。

同时，在庄羽指控侵权的57处“一般侵权情节和语句”中，部分内容明显相似，例如：《圈里圈外》中有“怕什么来什么，怕什么来什么，真的是怕什么来什么”，《梦里花落知多少》中有“怕什么来什么，怕什么来什么，真是怕什么来什么啊!!”。部分内容比较相似，例如：《圈里圈外》中有“我特了解李穹，她其实是个纸老虎，充其量也就是个塑料的”，《梦里花落知多少》中有“像我和闻婧这种看上去特二五八万的，其实也就嘴上贫，绝对纸老虎，撑死一硬塑料的”①。

法院认为：将这两部作品整体上进行对比，《梦里花落知多少》中的主要人物及情节与《圈里圈外》中的主要人物及情节存在众多雷同之处。从构成相似的主要情节和一般情节、语句的数量来看，已经远远超出了可以用“巧合”来解释的程度。从情节和语句来看，如果一个情节或一个语句相似就认为构成剽窃，则对被控侵权人是不公平的；但如果在两部作品中相似的情节和语句普遍存在，则应当可以认定被控侵权的作品构成了抄袭。②

本案是在没有逐字抄袭的情况下，因情节相似而认定侵权的典型案例。涉案的两部作品在具体、细致的情节设计和各种人物复杂关系之间的相似之处相当多，其相似部分已经越过了“思想”的范畴，进入了“表达”的领域。在情节相似的同时，还有几十处语句相似，有的几乎一字不差，有的则类似于做了同义词替换（如将“充其量也就是个塑料的”改为“撑死一硬塑料的”），这更加说明这两部小说已经达到了表达相似的程度。

典型案例

琼瑶诉于正案

作家琼瑶（本名陈喆）指称于正（本名余征）未经其许可而采用其电视剧剧本及同名小说《梅花烙》创作电视剧剧本《宫锁连城》，侵犯其改编权。由于这两部作品的文字表述相去甚远，只有部分情节相似，因而本案的关键在于相似之处是否属于表达上的实质性相似。

法院认为：文学作品的表达，不仅表现为文字性的表达，也包括文字所表述的故事内容，但人物设置及相互的关系，以及由具体事件的发生、发展和先后顺序等构成的情节只有具体到一定程度，即文学作品的情节选择、结构安排、情节推进设计反映了作者独特的选择、判断、取舍，才能成为著作权法保护的表达。如果对情节相似之处只能概括到“偷龙转凤”这一标题级别，显然属于思想；如果能概括到“福晋无子，侧房施压，为保住地位偷龙转凤”，仍然属于思想的部分；但包含时间、地点、人物、事件起因、经过、结果等细节的情节，则可以成为著作权法保护的表达。如琼瑶作品中的“福晋连生三女无子，王爷纳侧福晋地位受到威胁后，计划偷龙转凤，生产当日又产一女，计划实施，弃女肩头带有印记，成为日后相认的凭据”。该情节设计实现了男女主人公身份的调换，为男女主人公

① 北京市第一中级人民法院（2004）一中民初字第47号民事判决书。
② 参见北京市高级人民法院（2005）高民终字第539号民事判决书。

长大后的相识进行了铺垫，同时，该情节也是整个故事情节发展脉络的起因。上述细节及其他八处情节的设计均构成具有独创性的具体的情节，属于著作权法保护的表达，剧本《宫锁连城》的相应情节与其构成实质性相似。

法院同时指出：《梅花烙》中还有二十余处情节在前后衔接、逻辑顺序上已经紧密贯穿为完整的个性化表达。虽然《宫锁连城》在故事线索上更为复杂，但上述情节的前后衔接、逻辑顺序均可映射在剧本《宫锁连城》的情节推演中。上述情节在《宫锁连城》的所有情节中所占比例并不高，但是其基本包含了涉案作品的故事内容架构，以至于受众足以感知到来源于涉案作品，且上述情节是《梅花烙》的绝大部分内容。因此，剧本《宫锁连城》与涉案作品在整体上仍然构成实质性相似。据此，法院认定于正的行为侵犯了琼瑶的改编权。[①]

显然，在根据“抽象概括法”绘制的金字塔的结构中，思想与表达的界限并不能被划在最底端，否则就意味着他人只要没有进行逐字逐句的抄袭，就不会被认定为使用了“表达”，从而不构成侵权。由此会大大缩小“表达”的应有范围，使作者丧失原本应当享受的保护。例如，对小说逐句进行同义词替换，在由此产生的结果中，完全可能没有一个句子与原小说中的任何一句一模一样。再如，将小说绘制成一套反映相同故事情节的漫画，同样不会产生文字上的高度相似，但这两种行为当然应受到著作权法的规制。同样，思想与表达的界限也不能被划在金字塔结构的最顶端，否则，任何稍比标题所揭示的主题具体一些的抽象情节，也会成为受保护的“表达”。由此会大大扩大“表达”的应有范围，使其他作者无从对作品进行合理的借鉴。

虽然对于小说、戏剧等有故事内容的作品而言，其“表达”并不限于文字组合、遣词造句本身（金字塔结构的最底端），也包括由文字所表述的故事内容，但角色人物及其相互之间的关系，以及由具体事件的发生、发展和先后顺序等构成的情节，只有具体到一定程度，在汉德法官所称的“临界点”之下，才能作为“表达”受到保护。换言之，故事内容越抽象，在金字塔结构中的位置越接近顶端，越有可能被认为是“思想”，而越具体、越接近底端，则越有可能被认为是“表达”。英国已故著名法官和学者休·拉迪认为：如果作者创造出的是一个被充分描述的结构（sufficiently elaborate structure），其就构成“表达”[②]。但是，关于在具体的作品中哪些情节属于“思想”、哪些情节属于“表达”，并没有一个固定的或者放诸四海皆准的标准，还是要根据具体情况进行分析。[③] 汉德法官也曾坦率地承认：“要提出一个原则，说明何时模仿者超越了对‘思想’的复制，演变为对‘表达’的借用，是明显不可能的。因此必须根据个案作出判断。”[④]

虽然“抽象概括法”和相应的金字塔结构是在分析文学作品时首先提出的，但它对其

① 参见北京市高级人民法院（2015）高民（知）终字第1039号民事判决书。

② Hugh Laddie, etc., *The Modern Law of Copyright and Designs* (3rd edition), Butterworths, 2000, § 3.85.

③ 汉德法官在“尼克尔斯（Nichols）诉环球电影公司案”（也即前引《爱尔兰之花》案）的判决中曾说过一句略显悲观的话：“思想与表达”之间的界限“没人曾经能够找到，也没人能够找得到”。

④ Peter Pan Fabrics, Inc. v. Martin Weiner Corp., 274 F.2d 487, 489 (2nd Cir., 1960).

他类型的作品同样适用，因为思想与表达的分界问题在著作权法是普遍存在的。

实务探讨

情节相似与侵权与否的认定

当被控侵权的文学作品并非直接抄袭原作品中的文字表述，双方只是有部分情节相似时，需要综合考虑以下因素以进行侵权与否的认定。

首先，原告要求保护的情节是否由原告独创。在人类数千年的文学史中，有大量的叙事模式早已被使用过了，后人的作品中的情节设计有时是对前人的作品中的情节设计的翻新。而没有独创性的情节设计不能获得保护，独创性较低的情节设计受到的保护水平则相应较低。例如，在"《胭脂盒》案"中，原告认为被告的沪剧《胭脂盒》未经许可改编了自己创作的小说《胭脂扣》，理由之一是这两部小说在部分情节上雷同，如男主角陈振邦与女主角如花的恋情遭到陈家反对，导致他们双双服毒殉情。法院指出：这很难说是小说独创的情节，因为富家子与风尘女相恋而遭家庭反对，恋人因爱情遇阻而殉情是爱情题材文学作品中惯常的表达。①

其次，原告要求保护的情节，包括角色人物及其相互之间的关系，以及具体事件的发生、发展和先后顺序，是否已具体到一定程度，可以作为"表达"受到保护。如果原、被告的作品之中的相似之处已明显超越了概括的叙事模式，而是较为具体的情节，同时，相似的各要素之间存在强烈的逻辑联系，足以构成英国著名的休·拉迪法官所称的"一个被充分描述的结构"，则其整体应当属于"表达"。但如果双方的作品的相似之处只是较为概括、抽象的情节，则很可能接近金字塔的顶端，而被认为是思想。"《潜伏》案"就是如此，《潜伏》的作者认为《地上，地下》与其作品在故事结构方面是相似的：《潜伏》描写的是知识分子余则成打入军统内部，与农村妇女、女游击队员翠平假扮夫妇，一起进行地下工作；《地下，地上》描写的是八路军的侦察连长刘克豪打入军统内部，与女游击队员王迎香假扮夫妇，一起进行地下工作。这两部作品还都描述了因双方经历、背景方面的差异而产生的暂时矛盾、冲突等。但这两部作品在这方面的相似只关乎整个故事展开的背景，小说的精华应当是这对假扮的夫妇是如何在磕磕碰碰中完成地下工作任务的，而这些具体的情节设计并不相似，因此法院并未认定《地下，地上》是侵权作品。②

最后，被告对原告的作品中的独创性情节的使用，是否达到了一定的量，即存在"实质性相似"。如果只有个别具体情节是相似的，则难以构成侵权。在"庄羽诉郭敬明案"中，郭敬明的《梦里花落知多少》与庄羽的《圈里圈外》相比，有多处主要情节设计相似，数十处一般情节设计相似，外加数十处语句相似，因此法院判决郭敬明败诉，也即认为这两部作品之间是实质性相似的。③

---

① 参见上海市第一中级人民法院（2012）沪一中民五（知）终字第112号民事判决书。

② 参见北京市第二中级人民法院（2008）二中民终字第02232号民事判决书。

③ 参见北京市高级人民法院（2005）高民终字第539号民事判决书。

（四）“混同原则”与“场景原则”

“思想”与“表达”的混同是指在某些情况下，对某种“思想”只有一种或极其有限的表达。例如，任何比赛都有一套规则，指示参赛的选手可以做什么、应当怎样去做、不可以做什么，该规则本身可以被称为一种“思想”。但是，如果要用简洁的语言来陈述这一套规则，如“足球比赛中球被本方球员踢出本方底线，由对方罚角球”，则可供选择的表达方式并不多，不同的人用各自的语言描述这套规则的结果是大同小异的。其原因在于：在保持语言简洁的前提下，能够用于描述该规则的词汇和方式很有限。在这种情况下，原本不受保护的“思想”和原本受到保护的“表达”混在了一起，无法在两者之间划出明确的界限。如果将对规则的语言描述作为“表达”加以著作权法的保护，会导致“表达”所依附的“思想”本身也被垄断。假设类似“足球比赛中球被本方球员踢出本方底线，由对方罚角球”的表述享有著作权，则除非他人能证明自己从来没有看到过这条规则的表述，而是自己独立提出的，否则就不能未经许可而以复制等方式使用这条规则的表述。这显然是一种不合理的垄断，此时在立法政策上只能选择不保护这样的规则表述。因此，如果一种“思想”实际上只有一种或非常有限的表达，那么这些表达也被视为“思想”而不受保护。这就是著作权法中的“混同原则”。

我国《计算机软件保护条例》第 29 条规定：“软件开发者开发的软件，由于可供选用的表达方式有限而与已经存在的软件相似的，不构成对已经存在的软件的著作权的侵权。”这也是“混同原则”的反映。

与“混同原则”密切相关的一个原则是“场景原则”（译自法语 Scenes à faire）。前文在讲解“思想与表达的分界”时曾经讲道：故事情节，包括主要事件、故事结构、故事发展顺序等，都有可能被当作“表达”而受到著作权法的保护。对故事情节更细致的设计和描述，自然也是有可能受保护的成分。而“场景原则”是指在文学作品之中，如果根据历史事实或者人们的经验、观众的期待，在表达某一主题的时候，必须描述某些场景或使用某些场景的安排和设计，那么即使这些场景是由在先作品描述的，在后作品以自己的表达描写相同场景也不构成侵权。

这种情况在历史作品中特别典型。作者要描述某一历史事件，往往必须描写事件发生地点的情况、风土人情、历史背景，等等。如西方有关吸血鬼的恐怖电影大都带有夜间坟地、棺材、猫头鹰等场景，以纳粹德国为背景的历史小说往往要描写党卫队、啤酒馆和“希特勒万岁”的口号，这些都是所谓的“标准场景”，如果不加使用就无法创作出特定的历史小说或戏剧。后一部同题材的作品如果仅仅借鉴前一部作品中的这些“标准场景”，并不会构成著作权侵权。

实务探讨

菜谱是作品吗？

国外曾经多次发生有关菜谱是否为作品的诉讼，原告都认为：自己辛辛苦苦设计了新的菜肴，对付诸文字的菜谱应享有著作权。例如，某厨师经过反复试验，做出了一种配料为炸鸡胸饼、生菜、番茄、美洲干酪和蒜香蛋黄酱的新品汉堡包，并受到欢迎①，那么，他

① Colón v. South American Restaurants，799 F. 3d 31，34 - 35 (1st Cir.，2015).

人未经许可而印制厨师写下的描述这种汉堡包的配料和制作方法的菜谱，是否侵犯了这名厨师的著作权呢？

然而，制作汉堡包的方法即使是新颖的，也属于著作权法中的“思想”[①]。如果记载配料和做法的文字简洁明了，是这种思想的唯一或最佳表达，就会发生“思想与表达的混同”，不能受到保护。

（五）历法、通用数表、通用表格和公式

《著作权法》第5条第3项规定“历法、通用数表、通用表格和公式”不受保护。其中，公历、农历等“历法”是推算年、月、日，并使其与相关天象对应的方法。诸如$E=mc^2$的公式，以及通用数表，如元素周期率、函数表、对数表等[②]，反映的是对科学规律的认识，均属于“思想”的范畴。即使将历法、公式和通用数表视为一种“表达”，它们也是思想的唯一或最佳表达，因此发生了思想与表达的混同，不能受到著作权法的保护。历法、通用数表和类似通用会计账册表格的通用表格往往也已流传、使用多年，早已进入公有领域，不能再为任何人所垄断。

理论研究

非通用数表和非通用表格能受著作权法保护吗？

1990年《著作权法》第5条规定，著作权法不适用于“数表”。2001年《著作权法》修改时将“数表”改为“通用数表”，说明立法者认为非通用数表是可以受著作权法保护的。立法者举出的典型实例是“作者创作的五代以内血亲表”[③]。

本书作者对此实例有不同看法。五代之内的血亲是确定的，以单纯的文字表格形式说明五代之内的血亲，表达形式是有限的。此时该表格会因发生思想与表达的混同而不能受到著作权法的保护。只有增加其他表达，如自行绘制人像图形，以指代每一名血亲，才可能形成受保护的作品。

著作权法保护的是能传递思想、感情、信息或展示美感的特定表达。如果“表格”是指履历表、统计表和各类奖项或课题申报表，即使其表格栏目的设计具有新意，其作用也不在于传递信息，而在于记录信息，也很难构成作品。美国法院曾指出：判断表格是否受版权保护取决于它们是“仅能够用于记录信息”还是“其本身就传递了信息”[④]。当然，如果表格的表现形式融入了其他智力创造成果，如用卡通手法绘制表格的线条和字体，供小朋友使用，或表格中的文字说明有独创性，当然可以形成作品。

需要指出的是，即使非通用数表和非通用表格如上文所述的实例那样具有独创性，由于《著作权法》中不存在“数表作品”或“表格作品”的类型，它们也只能被归于美术作

---

① Publications Intern，Ltd. v. Meredith Corp.，88 F. 3d 473，480（7th Cir.，1996）.

② 参见胡康生主编：《中华人民共和国著作权法释义》，26～27页，北京，法律出版社，2011。

③ 同上书，27页。

④ Norton Printing Co. v. Augustana Hospital，155 U. S. P. Q. 133，134（N. D. Ill.，1967）.

品、文字作品等《著作权法》明文规定的作品类型。在一些情况下，它们还可因为在构成要素的选择或编排上有独创性而构成汇编作品（参见本章第四节对各种作品类型的讲解）。

典型案例

答题卡案

陈某设计了三种供机器识别的主观分答题卡，其指称某公司未经许可而复制、发行了这三种答题卡。一审法院认定被告的行为侵犯了陈某的著作权。[①] 二审法院则认为陈某设计的答题卡属于通用数表，不受著作权法的保护。二审法院指出："在本案中，三个主观分答题卡是为适应目前考试分数统计形式，而在原先的答题卡基础上增加三个主观分分数框的答题卡形式，其图形主要包括若干题号和代表选项的字母A、B、C、D或数字0～9，以及少量考试信息相关的文字，如姓名、准考证号、科目等。这种图形和文字是针对考题的选项设置和统计信息需要而设的，且图形排布受制于光标阅读机所识别的行列间距等参数，因而答题卡自身并不能表达某种思想和设计……"[②]

二审法院实际上是认为答题卡无法表达思想、感情或传递信息，这一理由是本书作者所赞同的。需要指出：答题卡本身的形式是多种多样的。正如二审判决书所描述的那样，"用户也可以自定义一些信息卡格式文件，例如不同的题量、选项内容、横竖排列、文字内容、子方框内容（例如考号选项、主观分选项）等等，自定义完成之后，就对应形成该光标阅读机此次运行所识别的答题卡样式。因此，对光标阅读机软件进行不同的参数设置可以得到不同的答题卡样式"[③]。但答题卡形式的多样性并不足以使答题卡成为著作权法保护的作品：一方面，在给定的题型、题量和选项之下，对答题卡的设计方式仍然可能是有限的，从而产生思想与表达的混同。另一方面，供机器阅读的答题卡不可能增加卡通漫画或详细文字说明等其他作品，而是线条、方框、字母和数字的组合。它只能供考生或教师录入信息，本身无法表达思想、感情或传递信息，因此难以受到著作权法的保护。

典型案例

药品配伍表案

沈某为《306种注射剂临床配伍应用检索表》（以下简称《306表》）的作者之一（"配伍"是指把两种或两种以上的药物配合起来同时使用）。该表包括一个三角表、三个方表和提示几部分内容。在三角表中，三条边上各标注有171个药品名称或者药品名称代码。上述药品按照药理作用被分为9类，如抗感染类药物、解毒抗肿瘤类药物等。三角表内存在若干个小方格，方格内标有红色、绿色、黄色、蓝色等颜色的圆点，或者是空白状态。绿色圆点代表可配伍，蓝色圆点代表先稀释，红色圆点代表忌配伍，黄色圆点代表单独应用，

---

① 参见四川省自贡市中级人民法院（2010）自民三初字第1号民事判决书。

②③ 四川省高级人民法院（2010）川民终字第334号民事判决书。

黑色圆点代表不宜配伍（毒性增加），紫色圆点代表不宜配伍（疗效降低），空白代表无资料。对患者进行治疗时，如遇到需要配伍应用的两种药物，查询者只需要在平面直角坐标系上根据药物分类找出两药对应的对应点（上述红色、绿色等圆点），即可知道两药的配伍结果。在方表内，三角表未能容纳下的 135 种药品也被分为 9 类，在各药品名称后标注有若干药品代码，这些药品代码使用红色、绿色、蓝色或黄色等色彩标注以显示相应的药品配伍禁忌关系。在提示部分，编者除解释了各种颜色圆点的含义外，还对表中使用的药品名称的来源、使用方法等内容进行了解释。

此后，丁某等编写了《318 种中西药注射剂配伍变化快捷检索表》（以下简称《318 表》）。《318 表》中包括汉字笔画索引、一个三角表和一个方表、说明及特别提示等几部分。三角表的三条边上各有 200 种药品名称或者药品名称代码，表内以红色或者绿色等颜色的圆点表示配伍禁忌关系。在说明部分指出，绿色圆点代表可配伍，红色圆点代表不宜配伍，粉色圆点代表分开注射，浅蓝色圆点代表先稀释，紫色圆点代表毒性增强，深蓝色圆点代表禁忌原因不明，黄色圆点代表单独应用，空白代表缺乏资料。三角表和方表均将药品名称按照汉语拼音排序，以颜色的不同显示配伍关系的禁忌。沈某认为《318 表》抄袭了《306 表》具有独创性的作品标题、交通信号灯形式（以几种色彩表明药品之间的配伍关系）、信号灯色彩、检索方法和版式设计，且《318 表》所选择的药品品种和配伍结果也与《306 表》存在着大量雷同之处，构成对《306 表》的著作权的侵犯。①

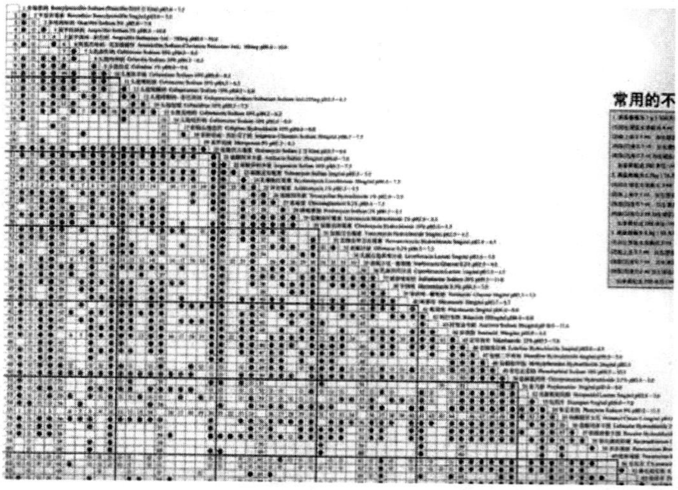

法院经审理后认为：《306 表》是作者根据特定的使用目的，在大量的药品中选择常用的药品，并根据公开的研究成果和临床经验，确定这些药品之间的配伍关系，在此基础上编排所形成的一个便于应用的图表。该表的创作体现了独创性，符合作品的构成要件。

但法院同时指出：早在 20 世纪 60 年代，就出现了使用三角表的形式来表现常用药物配伍禁忌的图表。三角表和方表的基本形式在《306 表》创作之前已经作为表达药品配伍关系的形式存在多年，属于公有领域的常用表达形式，而非原告所独创，故应将该部分排除在保护范围之外；将两种图表及提示编排在一起也属于一种非常简单的组合，不具有独创

① 参见北京市第一中级人民法院（2007）一中民初字第 11478 号民事判决书。

性；而该表中使用彩色圆点表示药品之间的配伍关系，无论是否最早由原告使用于药品配伍检索表，都是对公众常用的色彩和图形的运用，亦不具有可独创性；同时，药品之间的配伍关系表现的是客观事实，不具有可版权性。因此，上述《306 表》的构成要素，均不属于著作权法保护的范围。由于《306 表》的独创性体现在对药品的选择以及将选定药品之间的配伍结果进行编排，据此，将《306 表》与《318 表》进行比较，二者的药品数量相差十余种，对于常用药品的配伍变化表，药品的选择范围相对较小，这种差别应属于比较明显；同时，二者在药品的分类、药品排列的顺序等具体编排上也有显著差别，因此，不能认定《318 表》构成对《306 表》的抄袭。[①]

正如法院所指出的那样，《306 表》的各个构成要素本身都不能受到著作权法的保护。用三角形来表示药品之间的配伍关系只是一种方法，这种方法本身属于思想、创意的范畴，不能受到著作权法的保护。正如在地形图中使用等高线来表示某一区域的海拔高度的方法本身不受著作权法保护，更何况这种方法也并非本案原告所独创。同样，用红绿灯的形式来表现配伍结果仍然属于方法。著作权法不禁止任何人使用这种方法来表示药品之间的配伍结果。这正如有人第一次绘制出了一张“上海市交通堵塞图”，用大红色标出堵车最严重的地段，用黄色标出堵车较严重的地段，用绿色标出畅通的地段等。这种用不同颜色标注道路畅通与堵塞程度的方法本身是不受著作权法保护的。同时，各种药品之间的配伍关系如何，属于客观事实。即使是原告第一次通过研究工作发现了这一事实，事实本身也不能受到著作权法保护。

从另一角度看，《306 表》中包含了原告对药品在选择和配伍结果编排方面的独创性选择，可以构成汇编作品，但汇编作品的保护范围仅限于有独创性的选择或编排。由于常用药品本身数量有限，而需要指明配伍关系的更加有限，因此留给原告的选择余地并不大，而被告选择的药品数量毕竟与原告所选的差别十余种，在原告的选择独创性程度不高的情况下，很难认定被告抄袭了原告的选择。加之两表在对药品的分类、药品排列的顺序等具体编排上存在显著差别，因此即使原告主张其汇编作品的著作权受到侵犯，也难以得到法院的支持。

二、操作方法、技术方案和实用功能

在英美法系版权法理论中，工艺、系统、操作方法、技术方案和任何实用性功能都属于“思想”的范畴。由于在汉语中这些因素与“思想”并非同义词或近义词，本书将其分开讲解，但前文所述的“混合原则”与“场景原则”在此也完全适用。

著作权法只保护具有独创性的表达，任何操作方法、技术方案和实用功能等都不在著作权法的保护范围之内。如果某人撰写了一本介绍美容技术的书，另一人阅读之后，在美容院使用这一技术为顾客服务，或者用自己的语言将这本书中涉及的美容技术重新加以描述和说明，都不会构成著作权侵权。原因是他仅仅再现了美容技术，而这种技术本身是不受著作权法保护的。[②] 再如，在论文中描述对新产品的设计方案，他人未经许可根据论文的

---

① 参见北京市高级人民法院（2008）高民终字第 1039 号民事判决书。

② Runge v. Lee，441 F. 2d 579（9th Cir.，1971）.

描述制造该新产品并应用于工业生产，并不侵犯论文作者的著作权。[①] 论文作者如欲保护自己的发明创造，应当在通过发表论文等方式向社会公开之前申请专利权。当然，操作方法、技术方案和实用功能不受保护，并不意味着对其进行的独创性表达，如文字、图画和科学模型等，不受保护。例如，医院首创的血管疾病康复体操并不能受保护（参见本书第二章第一节典型案例“第九套广播体操和瑜伽案”），他人教患者做此体操并不侵害著作权，但未经许可而复制该医院编写的宣传手册则侵害了文字作品的著作权。[②]

典型案例

记账方法不受保护

在 1879 年美国联邦最高法院判决的“Baker v. Selden 案”中，原告在其撰写的书中解释了一种记账方法，其中附上了空白的用于记账的表格，表格上画有标题和横线，是为配合书中描述的记账方法而设计的。被告的书中也附了一种记账表格，能够达到和原告设计的表格同样的管理效果，但却使用了不同的栏目和标题。原告没有指称被告的书和自己的书实质性相似，甚至也没有指称被告的书中所附的表格样式和自己书中的表格样式实质性相似，而是认为自己通过获得作品的版权而取得了使用书中所述记账方法的排他性权利。美国联邦最高法院判决原告败诉，原因是双方的作品中的表达并不实质性相似，相似的只是有关记账的“思想”[③]。

在该案中，原告的真实想法是：既然这本书描述了一种新的记账方法，而且这本书享有版权，则任何人未经许可使用这种记账方法就构成版权侵权。原告要求的实质上是对方法专利的保护。但著作权法与专利法的一个重要区别就在于：专利法是保护技术方案本身的，一旦技术方案获得专利权，任何人未经专利权人许可不得使用，否则，构成侵权。但专利法上的技术方案在著作权法上只是一种“思想”，不受著作权法的保护。因此，如果作者通过著述将这种技术方案公之于众，他人将这种技术付诸实施并不会侵犯作者的著作权。我国有关部门一直在呼吁科研人员要加强专利意识，其原因就是许多科研人员在投入大量时间和精力完成一项研究成果后，没有就其中的技术申请专利，而是写成科研论文发表，而一旦发表，论文中所描述的技术就被公之于众，成为全人类的共有财富，他人未经许可而实施这项技术并不构成侵权，而作为论文作者的科研人员所享有的，仅仅是对文字表述的著作权，但在这种情况下，科研论文之著作权的经济价值与技术本身相比显然是微不足道的。

典型案例

钢琴记谱方法不受保护

谭某独创了一种既不同于简谱也不同于五线谱的钢琴记谱新方法，仅用阿拉伯数字 1、

---

① 参见“孟某诉石家庄棉纺四厂等利用其作品中表明的技术思想绘制图纸后制作装置侵犯著作权案”，来源：北大法律信息网数据库。原判决书案号缺失。

② 参见北京市海淀区人民法院（2005）海民初字第 18203 号民事判决书。

③ Baker v. Selden，101 U. S. 99（1879）.

2、3、4、5进行标注，使学习钢琴者能够很快识谱并进行钢琴弹奏。谭某将《欢乐颂》等公有领域的歌曲转成了以该方法展示的曲谱形式，某公司未经许可，对其在网络上进行了传播。谭某诉该公司侵犯了其改编作品的著作权。

法院认为：谭某提交的“改编曲谱”仅仅是一种便于不识简谱、五线谱的人员使用钢琴弹奏已经进入公有领域的作品的指法及指位标记。未提交以通常的记谱方法（简谱或五线谱）展示的曲谱，无从判断其主张的“改编”是否具有独创性。因此，法院驳回了谭某的诉讼请求。①

欢乐颂

key　c　　曲：　贝多芬　　编谱：　谭某

C> 3 3 4 5 5	5 4 3 2 1	1 1 2 3 5	3 2 2 1	3 3 4 5 5	5 4 3 2 1
1 1 2 3 5	2 1 1 1 5	2 2 3 1 1	2 3 4 3 1 1	2 3 4 3 2 1	1 2 2 1
C> 3 3 4 5 5	5 4 3 2 1	1 1 2 3 5	2 1 1 1 5		

用原告新方法展示的曲谱

如果法院经对比发现，用谭某的新方法展示《欢乐颂》等公有领域的歌曲的曲谱之后，其中的旋律、音调等均未发生改变，则说明用原有方法和新方法记谱的音乐作品本身是相同的，发生变化的仅是记谱方法。这正如用一套密码给一部作品加密，加密后的作品展示形式与原有形式产生了区别，但作品本身未变。显然，无论是加密方法还是记谱方法，都不是著作权法意义上的作品，不能受到著作权法保护。

典型案例

绘画手法不受保护

书画家郑某陆续创作并发表了一系列美术作品，他认为这些作品是一种“独创模式文字画”，并指称著名画家吴冠中创作的文字画与自己的画作在作品观念和手法上完全吻合，构成抄袭（见下页图）。法院经审理后认定：“文字入画”这种创作观念和手法自古有之，中、西方艺术家都曾采用这一理念进行创作。原告也承认文字画不是其首创的，其只是独创了一种文字画的风格模式。著作权法所保护的不是作品所体现的主题、思想、情感以及科学原理等，而是作者对这些主题、思想、情感或科学原理的表达或表现。就美术作品而言，著作权法对它的保护范围不能扩大到任何思想、创作观念。在本案中，原告的起诉理由是被告的作品与其作品在观念、风格和手法上完全吻合，而观念、风格和手法作为美术作品所要体现的内涵，属于抽象的主观范畴，不在著作权法的保护范围之内，不构成著作权法的保护对象。法院据此驳回了原告的起诉。②

---

① 参见北京市第一中级人民法院（2009）一中知民初字第9159号民事判决书。

② 参见北京市丰台区人民法院（2007）丰民初字第14041号民事裁定书。

郑某的作品

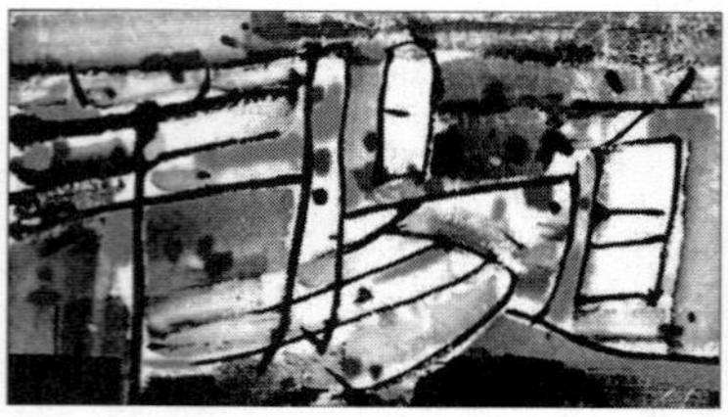

吴冠中的作品

为什么对于同一种技术方案，用于申请专利就可能获得对技术方案本身的垄断权，从而使发明人有权阻止他人未经许可而使用这种技术，而仅在论文或著作中加以描述就不能阻止他人使用呢？这是因为专利权并不是自发明人设计完成技术方案之时就自动产生的，只有专利行政管理部门经过审查，确认一项技术方案具有新颖性、创造性和实用性之后，才能授予发明人专利权。这种严格的审查程序确保了这项技术必须是新颖的，能带来技术进步，而且能够运用于产业领域，获得积极的社会效益。也因此国家才对它进行有期限的保护。而著作权是自作品完成之时就自动产生的，没有经过任何实质性的审查，根本无从保证作品所描述的技术方案具有新颖性、创造性和实用性，作品所描述的技术可能是别人早已公开使用的或者轻易就能想到的，只是从未付诸文字而已；而且著作权保护的时间远远长于专利权保护的时间，允许作者通过著作权来垄断作品中所描述的技术方案无疑是不公平的，会阻碍技术的进步和知识传播。

典型案例

杂交种子的基因序列不受保护

印度一家基因公司培育成功了一种杂交种子，其指称其前雇员将该种子独特的基因信息泄露给了印度一家种业公司，使该家种业公司制造了具有相同基因的种子并出售。基因公司起诉其前雇员及种业公司侵权，其理由之一是该杂交种子独特的基因序列属于《印度版权法》保护的文字作品，对方的行为侵害其版权。原告进一步提出，基因序列能够以书面或类似方式表现（类似于我国《著作权法》第 3 条规定的“能以一定形式表现”），是其通过杂交过程“独创的”，因为没有创造者的技巧和辛劳，这种序列就不会存在。虽然该基因序列是一系列不能直接被人脑所直接应用的指令，但同样不能被人脑所直接应用的、由一系列指令构成的计算机程序（代码化指令序列）已作为文字作品受到了版权保护，因此基因序列也应当受版权保护。

印度德里高等法院认为：劳动（额头流汗）或人力与资源的投入，并不能替代独创性。从自然界中获取的基因序列本身不是独创的，微生物学家仅发现并复制了能够制造蛋白质的基因序列。即使人为地制造一个由基因序列构成的分子，且在分析后确认为其分子式 H_2O，都不可能对该分子式主张版权保护，因为该分子式就是该分子，而不是该分子的“表达”。退一步讲，即使基因的组合是“独创”的表达，也属于有限的表达方式。根据混同原则，与思想混同的表达也不受版权法保护。与此同时，虽然基因序列与计算机程序有相似之处，但它们存在重要区别。如果把基因序列比作程序，一个“基因程序”只有一种表达方式，那就是四个核苷酸碱基。产生蛋白质的DNA指令只能以核苷酸序列的形式存在。陈述蛋白质生成的过程或方法的方式仅限于一种表达或一个程序。但计算机程序很灵活，足以使操作指令以多种方式、通过多种程序语言表达出来。更何况对计算机程序的版权保护也受到混同原则的限制。因此，涉案的基因序列不能作为作品受到保护。①

如果本案中的原告利用生物工程技术将不同基因剪切后组合在一起，使相应的农作物具有特定抗病虫害或高产的特性，则该基因序列因并不直接来源于自然界，在技术意义上是“独创”的。然而如前文所述，并非所有“独创”的智力创造成果都是作品。涉案的基因序列唯一的作用就是通过其核苷酸碱基形成蛋白质，以使农作物获得相应的特性。这表明其具备的是纯粹技术意义上的实用功能，而不是传递思想、情感和信息的功能；其处在技术领域，而不是文学、艺术和科学领域。至于用于记载基因序列的字母组合如“AFAF-FAA”，则如法院所述，与该技术功能无法分离，在用于记录基因序列的现有符号体系之下，是记录该特定基因序列的唯一方式，保护了这一字母组合必将同时保护该特定基因序列本身。这类似于科学家在实验室制造出了一种自然界并不存在的合金之后，必须利用化学元素表和化学公式（既定的记录化合物的符号体系）将其分子式写出来，形成字母、数字和符合的组合。由于该合金是人为制造的，与之相应的完整的分子式在技术意义上一定也是“独创”的。但根据上述原理，这样的分子式当然不能作为作品受到保护，因此本案中法院认定基因序列不是作品是正确的。

既然著作权法不保护任何实用功能，为什么还将工程设计图和产品设计图这类工业设计图纳入保护范围内？下文在“作品的类型”一节中，会对著作权法保护这两类设计图的原因和范围进行讲解。

理论研究

适用于分析计算机软件中的思想与表达的“抽象概括法”

在计算机软件这种具有高度功能性的智力创造成果被纳入著作权法的保护范围之后，著作权法理论中有关思想与表达的区分对于计算机软件也是适用的，而且显得更为突出和

① Emergent Genetics v. Shailendra Shivam, 2012 DEL 8860, paras. 1 - 30.

重要。计算机软件与一般文学艺术作品存在着本质不同，它是一种具有实用性的工具，必须能够完成某种工作任务。而著作权法对计算机软件的保护必须严格遵循不保护技术方案和实用性功能的基本原则。在计算机软件市场，具有相同功能的软件之间要相互进行竞争，都必须尽量具备对方所能实现的功能。这导致同类软件在功能和操作方法上总是具有较大的相似性，但这并不一定意味着后开发的软件侵犯了在先软件的著作权，因为后开发的软件完全可能是软件编制者针对某一特定功能进行独立创作的结果。

例如，某一软件公司开发的一种杀毒软件具备查杀“木马程序”的特定功能。另一软件公司通过“反向工程”发现了前一杀毒软件查杀“木马程序”的特定技术方法，但使用不同的代码编写出了使用同一方法、具备同一功能的软件，并不构成著作权侵权。这是因为软件中的任何技术方案和实用功能均不受著作权法的保护。

在后一软件的编写者通过“反向工程”分析出了前一软件的结构和代码的情况下，如果该编程者没有逐行抄袭前一软件的代码，而只是借鉴或模仿了前一软件的设计、结构和部分要素等，就会引发一个复杂的问题：后一软件从前一软件中借鉴的究竟是不受保护的思想还是受保护的表达？

这一问题与前文讨论的有关小说中的故事情节、人物是否属于思想或表达的问题是相似的，因此也需要对两个软件进行更为细致的比对分析。美国为计算机软件产业最为发达的国家，其法院在司法实践中逐渐总结出一套较为成熟的划定计算机软件中思想与表达界限的规则，对世界各国均产生了重大影响。这套规则，正是对前文所述的由汉德法官首先提出的“抽象概括法”的发展，即：首先对原告的软件进行自下而上的抽象概括，将软件中不受版权保护的思想等成分逐步过滤出去，再对剩下的成分与被告的软件进行比较，以保证被比较的只是受版权保护的表达而非思想。如果比较的结果是两个软件具有实质性的相似，就可认定被告侵权。[①] 根据美国版权法专家尼默尔教授的论述，该套规则的实施步骤如下[②]：

1. 将只构成抽象思想的部分排除出去

计算机软件的程序员在编写程序时，通常会首先确定程序应当完成何种特定任务或具备何种特定功能的目标，然后绘制出程序的编制流程图，用于确定程序的框架结构。接着程序员会在大框架中分出几个模块，每一个都用于解决一个特定的具体问题，而且该模块还可以再向下分为更多的子模块。最后，程序员会根据每一个子模块编写出源程序，并使隶属于各模块的程序之间相互协调。

对编写程序的这种特定方式很适合使用汉德法官提出的“抽象概括法”加以分析。在编写程序的最初阶段，程序员只有一个程序应当具备什么功能、实现什么任务或应当采取何种算法的大致概念，这属于不受保护的思想（它位于前文所述的金字塔结构的顶端）。而当程序编写完成的时候，每一行具体的代码属于受保护的表达（它位于前文所述的金字塔结构的最底层）。在这两个极端之间，随着自下向上抽象和概括的程度越来越高，思想和表

① Computer Associates International Inc. v. Altai Inc., 126 F. 3d 365 (2nd Cir., 1998).

② See Melvile B. Nimmer & David Nimmer, *Nimmer on Copyright*, Matthew Bender & Company, Inc., 2003, § 13.03 (F).

达之间的界限终将被跨越。

2. 将为逻辑和使软件具有效率所必需的代码排除出去

根据“混同原则”，当一种思想只有一种或极其有限的几种表达时，该表达不受著作权法保护，以免导致思想本身被垄断。在计算机软件著作权侵权的诉讼中“混同原则”显然特别重要。这是因为虽然从理论上看，实施一种特定编程思想，使软件具备特定功能、实现特定任务的途径有许多，但使之效率最大化的最优途径只有非常有限的一两种。这实际上使程序员只能首选这一两种有限的表达，而排除了使用其他表达的可能性。根据“混同原则”，这一两种以代码形式出现的表达就不能受到著作权法的保护。

尼默尔教授指出：计算机搜索和分类的算法是计算机程序领域思想与表达发生“混同”的典型实例。任何计算机系统都要处理大量的数据，并要花费大量时间对海量数据进行查找和分类，使用高速数据查找和分类算法对于提高计算机程序的效能是极为重要的。虽然理论上有许多不同的算法供程序员选择，但其中只有非常有限的几种能够大幅度地降低计算机系统对数据进行查找和分类的时间，因此，程序员在涉及数据查找和分类的程序中都会选择这几种算法和与之对应的程序。根据“混同原则”，与这几种算法对应的程序就属于为提高效率所必需的，不受著作权法的保护。同时，如果两种程序之间的相似之处仅仅在于这类算法对应的代码相同，则也不能认定后一程序构成对前一程序的侵权。

3. 将“标准程序”所对应的代码排除出去

前文提到的“场景原则”同样非常适用于计算机程序。根据“场景原则”，在历史小说中如果某些场景描写属于“标准场景”，即为说明某一特定历史背景或事件所不可或缺的，则两部历史小说中出现同样的场景设计并不能作为证明后一部作品侵权的证据。而在计算机程序编写过程中，程序员也必须使用特定的标准编程技术，以使计算机程序能够根据特定的软、硬件环境实现特定功能。这些与标准编程技术所对应的代码也应当在比较软件之间的相似性时被排除在外。以下的软、硬件标准对程序的编写形成了限制。

(1) 硬件标准。

计算机程序只有符合计算机硬件的设计标准时才能正常运行，因此，针对相同硬件所编写的程序通常会包含相同的子程序，以实现与硬件的兼容。例如，要通过某一类型的显卡在计算机屏幕上正常显示图形，程序中就必须包含特定的代码，以对显卡进行各种操作。这种由硬件所决定的标准代码就相当于历史小说中的“标准场景”。

(2) 软件标准。

程序的运行除要依赖计算机硬件之外，还要与其他各种软件，特别是操作系统相互兼容。这种兼容性的要求也决定了程序员必须使用某些标准程序。例如，能够在 Windows 操作系统中运行的程序在将数据存储至硬盘的代码方面往往是相似的，而这可能是因为这些程序要符合 Windows 操作系统所固有的数据存储模式。

(3) 硬件制造商要求的标准。

有时计算机硬件制造商会主动为软件商设定适用于该硬件的某些程序设计标准，如对程序界面的设计和对按键的选择等，以确保用户无论选择使用何种软件都能以基本相同的界面和操作方法对硬件加以利用。虽然这些设计标准并不具有强制性，软件商可以不采用，但如果其他软件商的程序都遵守这一标准，导致用户对根据这一标准设计的程序界面或操作方法已经非常熟悉，不采用这一标准的程序将遇到很大的市场风险。

例如，硬件生产商IBM公司曾经发布过《通用用户使用系统应用结构手册》(Common User SAA Manual)，指示程序员在编程时如何使程序符合IBM硬件的系统应用结构，以确保程序在不同IBM机型之间的兼容性。该手册说明了软件商应当如何设计用户界面，包括如何对特定信息加以编排，以何种方式在屏幕上显示，对于不同的用户消息应当使用怎样的颜色、如何选择快捷键，甚至包括要求将F1键用作“帮助键”。遵循该手册指示的程序在这些方面当然会因此而具有相似性，但这种相似性并不能作为证明后一程序抄袭或复制前一程序的证据。

(4) 通用编程技术、商业惯例和用户习惯。

为计算机软件行业所普遍遵循的通用编程技术本身是不受著作权法保护的，如果其对应的程序代码只有有限的表达方式，根据“混同原则”，其程序代码也不受著作权法保护。商业惯例和用户习惯也会影响程序员对程序的设计。例如，使用法律、法规检索软件的用户通常都会要求软件具备根据“关键词”、“颁布部门”和“颁布时间”等条件进行检索的功能，因此，即使市场上第一个出现的法律、法规检索软件首先设计了按这些条件进行检索的功能，也不能阻止后来的软件商设计同样的检索功能。

4. 将从公共领域获得的程序部分排除出去

程序一旦基于超过保护期等原因进入了公共领域，则不能再为任何人所垄断，因此前一软件中包含的已进入公共领域的程序当然不能受到著作权法的保护，后一软件如果也包含相同的程序，并不能成为证明两个软件实质性相似的证据。

5. 对剩下部分的相似性进行分析

通过上述步骤逐渐排除了不受著作权法保护的各种因素之后，剩下的就应当是受到著作权法保护的部分。对这部分应当与被指称侵权的软件进行比较，如果比较的结果是两个程序之间存在实质性相似，则有可能认定侵权成立。

当然，在进行比较时，不能采取机械的方法。上述被逐步排除的因素虽然本身不受著作权法的保护，但是对其在整体上的选择和安排也是可能符合独创性要求的。正如尼摩尔教授以由几何图形构成的平面图形为例指出的那样：构成图形的每一个平面图形，如圆形、正方形、三角形等形状，本身都是处于公有领域中的，不能为任何人所垄断。但如果机械地采用上述方法将这些公有领域中的形状一个个都排除出去，该图形中就没有任何东西是可能享有著作权的，他人复制这一图形也就不会侵犯著作权了。而这样的结论显然是荒谬的，因为虽然构成图形的每一个几何形状都处于公有领域，但绘制者对它们位置的设计以及对相互关系的安排可能产生新的美学效果，图形在整体上完全可以作为作品享有著作权。对程序之间相似性的分析也要遵循这一原则，即使排除了不受保护的各要素，也要考虑原告的程序对这些要素相互之间的逻辑关系的安排是否符合著作权法中独创性的要求，以及被告的程序是否使用了同样的安排。

在“Computer Associates International v. Altai 案”中，原告开发出一种软件CA-SCHEDULER，其中的一个部分叫ADAPTER，作用在于使软件在DOS、VSE、CMS、MVS这几种操作系统上都能使用。被告要开发一种类似的软件ZEKE，也要解决兼容性问题。原告的一名技术人员到被告处工作，使用了ADAPTER的源代码，帮助被告开发了OSCAR 3.4。在原告发现后，被告编写了OSCAR 3.5，将原告的软件代码全部删去。原告认为仍然构成侵权。法院应用前述“抽象概括法”将原告的软件中为效率和外部因素所必需的成分以及来自公共领域的部分过滤掉以后，认为剩下的部分与被告的程序并不实质性相似。[①]

典型案例

计算机程序中的菜单命令不受版权保护

原告莲花公司（Lotus Development Corporation）在其著名的表格处理软件 Lotus 1-2-3 中设计了有层次的菜单命令（如点击菜单中的“文件”会弹出“新建”、“保存”和“复制”等选项）。而被告波兰德公司开发了一种功能更为强大的表格处理软件，为了让原先 Lotus 1-2-3 软件的用户能够更好地使用自己的新软件，波兰德公司在自己设计的菜单之外，又加入了 Lotus 1-2-3 软件的菜单。熟悉 Lotus 1-2-3 软件的用户在使用波兰德公司的软件时，就可以选择使用与 Lotus 1-2-3 软件相同的一套菜单。莲花公司起诉波兰德公司对其菜单的复制侵犯了其版权。但波兰德公司并没有复制 Lotus 1-2-3 软件的程序代码，而仅仅是借用了其菜单结构和用语，因此，本案中的关键问题是复制程序中的菜单层次结构和菜单命令用语是否构成侵权。

一审法院地区法院认为：Lotus 1-2-3 软件中也存在着思想与表达的分界。“用有层次的菜单命令操作计算机”是思想，而莲花公司对菜单命令的选择和安排，即菜单结构作为一个整体，包括其用语、结构和顺序，应当作为表达而受到保护。根据地区法院的观点，“菜单树”可以使用不同命令和结构，通过改变菜单命令，可以产生无数易于操作的“菜单树”，例如，“quit”（意为“退出”）命令可以被“exit”（“quit”与“exit”为同义词）代替，“copy”（意为“复制”）可以被“clone”或“duplicate”（“copy”与“clone”及“duplicate”都有“复制”的意思）代替。据此，地区法院认为莲花公司在“菜单树”中对菜单命令的选择和安排构成了受保护的表达，并判决被告侵权，理由是被告对原告的菜单命令和菜单结构的复制程度、被复制的菜单命令和菜单结构包含与其功能相分离的表达因素。

而针对地区法院关于 Lotus 1-2-3 软件中的思想与表达的论述，上诉法院指出：首要的问题并不是菜单命令层次结构是否包含“表达”，而是菜单命令层次结构是不是一种“操作方法”（method of operation），因为如果是“操作方法”，则根本不属于版权法的保护范围。上诉法院认为：Lotus 1-2-3 软件的菜单命令和其层次结构就是一种不受版权法保护的“操作方法”，因为它仅仅为用户提供了控制和操作 Lotus 1-2-3 软件的途径。整个菜单都是运行软件所必需的，用户只能通过点击菜单中的命令来告诉计算机该做什么。没有菜单命令和其层次结构，用户将无法利用 Lotus 1-2-3 软件的功能完成任何工作。莲花公司确实进行了“表达性的”选择和安排，但这种“表达”并不受版权法的保护，因为它只是 Lotus 1-2-3 软件的操作方法的一部分。当特定的词汇（如“copy”）对软件进行操作所必不可少时，它们也是操作方法的一部分，是不能获得版权法保护的。Lotus 1-2-3 软件的菜单就像录像机上的控制按钮一样，按钮也是不受版权法保护的“操作方法”，对按钮的

① See Melvile B. Nimmer & David Nimmer, *Nimmer on Copyright*, Matthew Bender & Company, Inc., 2003, §13.03 (F).

安排也不能被当作“操作录像机方法”这一思想的表达受到保护。

针对地区法院提出的波兰德公司可以采用不同的菜单命令和结构层次来实现同样功能的观点，上诉法院认为：波兰德公司使用 Lotus 1-2-3 软件的菜单的做法只是为了保持其软件在“操作方法”上与 Lotus 1-2-3 软件的兼容性，使老用户能够适应新软件。上诉法院认为强迫用户用不同方法实现同一操作有违“操作方法不能获得版权法保护”的原则。

上诉法院进一步指出：Lotus 1-2-3 软件的菜单命令和其层次结构是控制和操作软件的途径。波兰德公司虽然可以不复制与 Lotus 1-2-3 软件中的菜单命令和其层次结构相对应的程序代码，但却必须使用 Lotus 1-2-3 软件的菜单命令和其层次结构本身，以达到使用这一“操作方法”的目的。换言之，波兰德公司用自己独立编写的程序代码制作出与 Lotus 1-2-3 软件相同的菜单命令和层次结构不构成侵权。

在上诉法院的判决中，布丁（Boudin）法官单独撰写了判决理由，他认为：Lotus 1-2-3 软件的菜单中的许多命令在很大程度上已经是标准的程序命令了，如“打印”（“print”）、“退出”（“exit”）等。它们既不是莲花公司首先创造的，也不能为莲花公司所垄断。莲花公司设计的仅仅是标准菜单命令的组合以及分类。但如果给予莲花公司对这种设计的垄断权，那些熟悉 Lotus 1-2-3 软件的菜单的用户就只能一直使用 Lotus 1-2-3 软件了，就像熟悉老式键盘布局的人只能使用老式键盘一样。但是如果出现了比 Lotus 1-2-3 软件更先进的软件，那些已经学会使用并熟悉 Lotus 1-2-3 软件的菜单的用户就难以转向新软件了。

面对这一局面，布丁法官认为法院可以有两个选择，要么认为菜单根本就是不受版权法保护的，要么认定波兰德公司对菜单的使用是为版权法所允许的。布丁法官倾向于后一选择，因为尽管莲花公司新设计的程序菜单可能是一项具有独创性的作品，但波兰德公司使用 Lotus 1-2-3 软件的菜单并不是为了代替自己对菜单的设计，而是使 Lotus 1-2-3 软件的老用户能够用他们自己熟悉的方式使用新软件。①

虽然上诉法院的法官一致判决波兰德公司胜诉，但细究起来，布丁法官和其他法官们的判决理由大相径庭。其他法官认定程序的菜单在本质上与录像机上的“播放”、“录制”和“暂停”等按钮一样是“操作方法”，本身不能获得版权法的保护。这等于是认为程序中的菜单属于思想而非表达，或者是发生了与思想相“混同”的“表达”。根据版权法只保护表达而非思想，或“混同原则”，该程序中的菜单不能受到保护。而布丁法官认为尽管菜单中的许多命令，如“打印”、“退出”等，早已因成为“标准命令”而处于公有领域，但对这些命令的排列和对层次关系的设计也可能构成符合独创性要求的作品。此时只能根据版权法中的其他规则，如合理使用，来认定波兰德公司不构成侵权。

三、事实及对事实无独创性的汇编

事实是客观存在和发生的事情，它一旦产生，就不可能再受人类思想或创作活动的影响，不可能由作者“创作”出来，因此不可能是具有“独创性”的作品。作者可能是第一

---

① Lotus Development Corporation v. Borland International, Inc., 49 F. 3d 807 (1st Cir., 1995).

个发现、报告或描述客观事实的人，但他并不能对事实享有著作权。例如，对于人口统计工作而言，统计人员并没有“创作”出人口统计数字，他们仅仅是通过大量调查发现或揭示了这个数据，因此，统计数据不可能作为作品获得著作权法保护。与人口统计数据一样，各种客观事实，包括科学事实、历史事实、新闻事实，本身都不可能受著作权法的保护。它们从产生那一刻起就进入了著作权法意义上的公共领域，任何人都可以自由使用。

（一）“事实”的范畴和在不同规范中的地位

假设一名历史学家在进行了大量的调查和走访之后，撰写了一部有关历史事件的调查报告，该调查报告基于其具有独创性的文字表达当然是受著作权法保护的作品。但这并不意味着构成作品的每一个要素同时也受到著作权法的保护。由于有关历史事件的调查结果本身可以被视为客观事实，或至少是关于什么是客观事实的思想、观点，因而它可以被后来的作者自由使用，借以创作出其他具有独创性的作品，调查报告的作者对此是无权加以阻止的。换言之，虽然这部调查报告也是作品，但只享有较弱的著作权保护（thin protection)。他人虽然不能未经许可而对其中的文字表述加以抄袭，或加以发表、出版等，但能够使用被讲述或描述的历史事实。

典型案例

《谁毁灭了兴登堡号》案

1937年5月6日，当时世界上最大的载人商用飞船——德国的“兴登堡号”在从德国飞往美国时失事，飞船在36秒的时间内就被烧毁殆尽，有36人遇难。事后虽然德国和美国都进行了调查，但始终未能找到飞船失事的确切原因。原告于1962年通过查阅大量历史文献、他人著述和对幸存者的走访调查，撰写了一本名为《谁毁灭了兴登堡号》的著作，并使用了严肃的客观描述文体。该书揭示的飞船失事原因是：“兴登堡号”的机械师使用了由干电池和闪光灯泡制成的爆炸装置，引起了飞船的失火燃烧。10年之后，一名作家撰写了名为《兴登堡号》的文学作品，尽管和《谁毁灭了兴登堡号》在文体与立意上都不同，但同样采用了机械师破坏“兴登堡号”的情节。出版商将该书的摄制权许可给美国环球城市电影公司之后，电影公司又请另一名作家将其改编成具有全新情节的电影剧本，其中也使用了是“兴登堡号”的机械师制造这场灾难的结论。原告诉作家及电影公司侵权。美国联邦第二巡回上诉法院认为：版权法保护不能延及历史，包括对历史文献或对历史事件所进行的解释，因为历史是公共财产，每一代人都有权从过去的发现和启示中获益。①

对“《谁毁灭了兴登堡号》案”，需要思考三个问题：(1) 如果原告所撰写的并非严肃的历史调查报告，而是一部历史小说，则他人是否还能随意使用原告的作品中的故事情节？(2) 如果原告的书虽然以“调查报告”为名，而且使用了这类作品通常运用的严肃文体，但实际上没有反映历史的真实，全部是不折不扣的虚构，则他人是否还能使用其中所谓的

① A. A. Hoehling v. Universal City Studios, 618 F. 2d 972 (2nd Cir., 1980).

对“历史或对历史事件所进行的解释”？（3）如果原告撰写的确实是调查报告，并无虚构成分，但10年之后，他人基于独立的调查，也撰写了一本调查报告，但其中揭示了完全不同的事件经过和飞船失事的原因。由于真相只可能有一个，这两本调查报告的描述哪一种是“事实”？

这三个问题都涉及如何认定作品中的“事实”，也即著作权法中“事实”的范畴。事实本来是客观存在的，但后人未必能够发现或准确记载历史的真实。也许作者笔下有些确实是实实在在曾经发生过的事件，但已无从查考，有些则是虚构的或经过了艺术加工。那么著作权法依何种标准判断作品描述的事件是否为不受保护的“事实”呢？

法律只能依外在的客观标准去判断“事实”。如果作者采用了历史小说或戏剧等文学艺术文体，则根据一般常识，这类作品中反映的并非客观的历史真实，而是以历史事件为基础，由作者独创的故事。前文“思想”部分已经说明：如果对故事情节的设计和描述足够具体和充分，是可以受到著作权法的保护的。当然，如果他人有充分的证据证明虽然原作品是历史小说，但自己使用的原作品中的那一部分恰巧是历史事实，则这种使用仍然不会构成侵权。

如果作者凭借其艺术想象力虚构出了一个故事，却冠以“调查报告”的名称，并以严肃的叙述文体加以撰写，则公众就会认为原作品是对客观历史事件的讲述，公众也因而有权基于这种信任而将其中的内容作为“事实”加以使用。此时作者就不能再声称自己所写的并非“历史”而是“小说”，进而起诉未经许可而使用其中“故事情节”的人侵犯其著作权。这样的法律规则不仅是为保护公众利益和防止欺诈所必需的，也能有效地督促作者尊重历史事实。

如果不同的作者根据各自的研究得出了不同结论，但都认为该结论反映了客观事实，则虽然只有其中一个结论与事实吻合，甚至可能尚没有一个结论能够反映客观事实，但只要作者表述研究过程和结论的方式足以使读者相信这是事实，对这些结论也必须作为“事实”对待。从这个意义上说，著作权法中的“事实”与客观事实有时并不是一回事。

还需要指出的是：获取事实的过程也许需要投入大量的时间、精力，有时也需要利用专业知识进行选择和判断，这一过程往往也需要智力劳动。例如，2014年马来西亚航空公司一架飞往北京的航班不幸失联，要准确地定位航班坠毁的地点，需要设计一种复杂和先进的处理方法，对从各种渠道获取的大量信息和数据加以梳理、计算和分析，还要进行逻辑推理，从各种可能性中进行选择和判断，最后才能得出结论。但是，无论获取事实的过程多么艰辛、是否需要智力劳动，最终查明的事实都不能作为作品受到著作权法的保护。

美国早期的判例曾经以“额头流汗”标准为依据，认为历史学家对于通过辛勤研究而揭示的历史事实享有版权。在一个早期案例中，原告在撰写某位人物的传记时参考了丹麦文著作以及此人的书信，而被告仅在阅读了英文资料以及原告的著作之后就撰写了同一人物的传记。对此，美国联邦第七巡回上诉法院认为：被告是否侵权取决于他是否使用了丹麦文原始资料并进行了独立的研究。由于被告并未使用第一手的丹麦文资料，而是参考了原告的著作，并且用了不到原告著书时间三分之一的时间就完成了作品，因此被告侵权成立。[①]

---

① Toksvig v. Bruce Publishing Co.，181 F. 2d 664（7th Cir.，1950).

而在“米勒诉环球城市电影公司案”中，美国佛罗里达南区联邦地区法院甚至断言：“如果我们期望个人进行独立的劳动，不但有必要对表达事实时涉及的努力和天资予以奖励，还需要对获得事实真相过程中付出的努力和天资予以奖励。”并依此认定调查者通过花费时间和精力而发现的一起绑架案的事实真相可以获得版权保护，从而判决使用该事实真相拍摄电影的公司构成侵权。①

这些判例现在均已丧失了约束力。② 如果著作权法对于在历史研究过程中为调查、揭示历史事实而付出的努力加以保护，则无异于使作为研究结果的历史事实本身也受到保护，而这是与作者只能就其具有独创性的作品获得著作权法保护的基本原则相违背的。无论研究者付出了多少辛勤的劳动，历史事实并不“源于”研究者，而是早就客观存在着，它不可能成为历史研究者的“作品”。用著作权法保护作为研究结果的历史事实将妨碍其他人合理地借鉴该历史事实进行文艺创作，也为著作权立法的根本宗旨所不容。

实务探讨

“古文点校”产生作品吗?

“古文点校”是指对古文进行断句、加注标点、划分段落和改正错字等工作。当“古文点校”的成果被他人未经许可而使用时，就产生了该成果是否能作为作品受著作权法保护的问题。

古文本身是没有标点的，而且不同版本之间往往存在差异。为此，点校者无疑需要加以选择与判断，点校结果往往是其智力成果。对此并不存在实质争议。但“古文点校”的目的无疑是还原古文的原意，即在应当停顿之处进行断句，并根据古文作者的语气标出适当的标点，如逗号、句号或感叹号等。如果古文有个别地方字词模糊或多个版本之间存在差异，还要通过研究确定、恢复其原貌。显然，“古文点校”并非为了创作出违背古文原意的新东西，而是要通过艰苦的劳动找到并展现原本就客观存在的历史真实——古文的原貌。因此，点校者的工作就是“恢复”事实。无论发现和还原先前不为人所知的事实需要投入多少时间、精力甚至智力创造，被发现和还原的事实都不能作为作品受到保护。

如果“古文点校”的结果与古籍作品的原意一致，则点校者仅是准确地揭示了客观事实，对客观事实的“复原”显然不可能构成受著作权法保护的作品。假设对一本古籍的点校结果与事后考古新发现的古代文献对该古籍的解读完全吻合，只能证明点校者具有很高的学术水准。点校者不能因为其第一个找到并展示客观事实，就将该客观事实通过著作权法加以垄断。

当然，能够通过考古发现验证“古文点校”的情况，毕竟是极为罕见的，更常见的情况是，“古文点校”的结果与古文原意是否一致是无法被客观证明的。但必须指出，在“古文点校”领域之外，许许多多涉及历史的研究结论也是无法被客观证明的。然而，即使研

---

① Miller v. Universal City Studios, Inc., 460 F. Supp. 984, 988 (S. D. Fla., 1978).

② Nash v. CBS, Inc., 899 F. 2d 1537, 1542 (7th Cir., 1990); Miller v. Universal City Studios, Inc., 650 F. 2d 1365 (5th Cir., 1981).

究者所揭示的“事实”无法被证明就是客观事实，或者被最终证伪，该“事实”本身仍然不能作为作品受到著作权法的保护。这首先是因为研究者总是会将其诸如“古文点校”的研究成果作为客观事实呈现给公众。研究者都会真诚地认为自己的点校是符合古人原意的，也就是自信还原了客观事实。在迄今为止发生的涉及“古文点校”的诉讼中，法院也均确认了这一点。公众由此产生了信赖利益，有权将该研究成果作为事实来使用。在前文提及的“《谁毁灭了兴登堡号》案”中，假设《谁毁灭了兴登堡号》的作者在法庭宣称，这本书虽然以调查报告或学术研究专著的形式写成，但其实是一本小说，其中的所有事情都是小说情节，并不是客观事实，试问：根据该书揭示的“兴登堡号”失事原因编写剧本并拍摄电影的被告是否会因此败诉？回答是否定的。既然原告写作的文体使公众认为该书揭示的是历史事实，那么原告就被“禁反言”，不得在他人将该书陈述的“兴登堡号”失事原因作为事实使用时，以这仅仅是自己的虚构为由，阻止他人的使用。

从另一个角度看，研究者认为的“事实”即使无法被证明，也至少属于“对事实的假说”，该假说本身落入了思想的范畴。如果将点校结果视为表达，它也必然是点校者的思想观点——“古人停顿之处在哪里”的唯一表达方式。当一种思想观点只存在唯一或极为有限的表达方式时，著作权法为了避免在保护表达的同时垄断思想观点本身，必然将该表达视为与思想观点相混同的部分而不予保护。这就是著作权法中众所周知的“混同原则”。对这样的表达提供著作权法保护，与“混同原则”背道而驰。

有一种观点认为：“不同点校者所做的点校的结果并不相同”，这是由于不同的点校人员的经验与水平有差异，点校过程体现了点校者的选择与判断。因此，点校的结果应当是作品。① 还有一种观点认为，点校类似于对外文小说的翻译，既然中译本属于翻译作品，点校的结果也是作品。这一观点是对上述“混同原则”的误解。实际上，只要存在客观事实，而关于该客观事实是什么的观点，只存在一种或极为有限的表达方式，就发生了思想与表达的“混同”，该表达就不能受著作权法的保护。至于对某一问题客观上是只存在一种思想观点还是每个人都可以提出各自独特的思想观点，在所不问。在前文提及的“《谁毁灭了兴登堡号》案”中，假设三位历史学家研究之后得出了“兴登堡号”失事原因的三种解释，则该案法院指出的“版权保护不能延及历史，包括对……历史事件所进行的解释”同样适用，这三种解释都应被视为“事实”。再举一例：中国古代的契丹族创制的契丹文早已失传。对于考古发现的大量契丹文字，学者尽力进行“破解”，而不同的学者对同一个契丹文字的理解可能并不相同。试问：可否因为每名学者对每个契丹文字与汉字的对应关系均作出了与其他学者不同的解读，即“破解”契丹文的结果“有较大差异”，就以“并非仅有非常有限的表达方式”为由，认定这些解读是受著作权法保护的作品呢？对此问题的回答是否定的。每名学者对每个契丹文字的“破解”过程，当然会有“不同的判断和选择”，并形成其独特的思想观点。即使将“破解”的结果称为对其“所理解的契丹文的原意的表达”，这种“表达”——一个契丹文字与一个汉字的对应关系，也是这个契丹文字应当被解释为

① 参见北京市第一中级人民法院（2004）一中民初字第 297 号民事判决书，北京市东城区人民法院（2008）东民初字第 9562 号民事判决书，北京市西城区人民法院（2009）西民初字第 2978 号民事判决书，北京市海淀区人民法院（2011）海民初字第 12761 号民事判决书，北京市第一中级人民法院（2012）一中民终字第 14251 号民事判决书，最高人民法院（2016）最高法民再 175 号民事判决书。

哪一个汉字这一思想观点的唯一表达，此时发生了思想与表达的“混同”。这与学者的思想观点（一个契丹文字究竟对应哪个汉字）是否相同，以及学者可以对这种对应关系提出多少种方案毫无关系。

同时，将一部外文小说译成中文与古文点校并不是一回事。对于前者而言，不存在唯一正确的翻译结果（客观事实），译者在不违背原意的前提下，能够自由地遣词造句，实现翻译的信、达、雅；对后者而言，有唯一正确的标点方式，现代人只是力求还原客观事实而已。

根据著作权法的原理，从那些认定“古文点校”产生作品的判决中应当得出一个结论——所有的点校者的工作成果都是不科学、不符合古人原意的，因为点校的结果均源于点校者本人，是其“独创”的，不同于古文原貌。若如此，不知点校者们会作何感想！

前文曾提及，未经许可而使用他人作品中的思想虽然并不侵犯著作权，但不意味着这种行为在道义上就是正当的，也不意味着思想不能受到其他法律机制的保护。这一点对“事实”完全适用。例如，学术论文中研究的结论，如史学论文中对某一历史人物或事件的考据结果，或医学论文中阐述的某一药理实验结果往往就是著作权法意义上的“事实”，他人在论文中使用这些结论时不说明出处，是一种违反学术道德的行为。

（二）“事实”与单纯事实消息

《伯尔尼公约》第 2 条第 8 款规定：“本公约所提供的保护不得适用于日常新闻或纯属报刊消息性质的社会新闻。”我国《著作权法》第 5 条第 2 项规定：著作权法不适用于单纯事实消息。单纯的事实消息之所以不能作为作品受到著作权法保护，原因在于它仅仅以极为简单的语言描述了事实。尽管用于描述事实的语言本身是表达，但简单的语言表达很容易与被描述的事实发生混同，即遵循新闻报道的要求，以平铺直叙的方式说明在何时、何地，因何人，以何种方式，发生了何事。该文字表达无法反映撰写者的个性，满足著作权法对独创性的要求，因此其并不构成作品。1967 年修订《伯尔尼公约》的斯德哥尔摩会议报告指出，“本公约不保护单纯的新闻或各类事实，因为这类内容并不具备构成作品所需的特征”①。

正如思想与表达发生混同时，表达不能受到保护一样，当事实与表达发生混同时，表达也不能受到保护。换言之，在严格遵循新闻报道要求的情况下，不同的人写出的消息内容可能差异很小。为了避免对事实的垄断，著作权法对这种文字描述不予保护。但是，如果新闻报道不是“单纯的事实消息”，而是加入了以文艺手法创作的新闻评论，则其中具有独创性的表达成分仍然是受著作权法保护的。《著作权法》之所以使用了“单纯”一词，就是为了强调：对事实富有个性化的表达仍然可作为作品受保护。例如，夹叙夹议的新闻评论就是典型的新闻类作品。因此，《著作权法》第 5 条的立法意图，并不是为了促进信息的流通，将某些以事实为基础创作的新闻作品排除出著作权法的保护范围。换言之，该规定

① Mihály Ficsor, Guide to the Copyright and Related Rights Treaties Administered by WIPO and Glossary of Copyright and Related Rights Terms, WIPO Publication No. 891 (E), 2003, p. 33. 另参见刘波林译：《保护文学和艺术作品伯尔尼公约（1971 年巴黎文本）指南》（附英文文本），21 页，北京，中国人民大学出版社，2002。

在性质上并不属于对权利的限制与例外。《伯尔尼公约指南》也指出：《伯尔尼公约》第2条第8款仅意味着构成新闻的事实不受保护，而不是将包含了事实但构成文字作品的文章或报道排除在外。①

典型案例

新闻报道转载案

原告网站刊发了一篇新闻报道，内容如下："北京5月15日讯　第36届世界期刊大会今天进入第二天，今天进行的主要议题是发展中国家的期刊市场、期刊与搜索引擎：挑战还是机遇、商业媒体的全球化变革、传统期刊的数字化发展战略等，这些议题将在四个分会场同时进行，××网传媒频道全程图文直播。在昨天的开幕式上，国务委员陈至立、新闻出版总署署长柳斌杰、北京市市长王岐山、国际期刊联盟执行主席唐纳德·库墨菲尔德等先后在开幕式上致辞。大会秘书长、新闻出版总署副署长李东东主持开幕式。共有来自全球45个国家和地区的一千多位期刊出版业精英出席了此次大会。"网页底部有"××网版权所有，未经书面授权禁止使用"字样。被告网站未经许可进行了全文转载，但注明了出处和作者姓名。原告认为，自己通过合同已取得了记者职务作品的著作权，被告的行为构成侵权。

法院认为：该文是对第36届世界期刊大会第二天活动的介绍。议题、出席人员、发言人员等都是客观事实的组成部分，在介绍时文中没有明显的思想、情感、修辞、评论成分。基于新闻报道的真实性要求，报道者只能按照时间、地点顺序对客观事实进行叙述，没有作者发挥的余地，也没有个性表达的空间。因此，该文中议题、出席人员、发言人员的部分属于单纯事实消息，不受著作权法保护，任何人都无权主张著作权。②

本书作者认为：该文虽然篇幅较长，但其内容是按照新闻报道的客观规律，以平实的语言陈述事实，个性化程度很弱，可被认为是发生了"事实与表达的混同"，因此不受著作权法保护。

需要注意的是，反映新闻事件的照片通常并不是"单纯的事实消息"。拍摄过程通常都能为拍摄者留下展示其个性的空间，不同的摄影师在对同一事件或人物进行拍摄时，可以对拍摄角度、距离、光线和明暗等拍摄因素进行富有个性化的选择，使照片影像具有独特的效果。摄影师还可以运用自己的判断力，敏感和准确地捕捉到稍纵即逝的场景，使照片影像体现"瞬间的艺术"。人类摄影史上的许多传世之作，都是抓拍的结果。同时，我国对摄影作品的保护借鉴了英美法系的做法，采用了极低的独创性标准（参见本章第四节中"摄影作品"的阐述），因此，新闻照片通常都属于摄影作品。③ 例如，在上文所述的"新闻

---

① See Sam Ricketson, Jane C. Ginsburg, *International Copyright and Neighbouring Rights: The Berne Convention and Beyond* (2nd edition), Oxford University Press, 2006, p. 500.

② 参见北京市海淀区人民法院（2009）海民初字第13593号民事判决书。

③ 参见北京市第一中级人民法院（2010）一中民终字第10328号民事判决书。

报道转载案”中，人民网记者拍摄的会议发言人照片（见右图）就应当属于摄影作品。[①] 因此，《著作权法》第 5 条不能适用于拍摄新闻事件而形成的摄影作品。

（三）对事实无独创性的汇编

对事实所进行的选择或编排如果没有体现出任何独创性，则汇编的结果并不是著作权法意义上的作品。前文在“独创性”一节对此已进行了较为详细的讲解。Feist 案中原告的电话号码簿之所以不是作品，就是因为原告对电话号码的选择（只要有用户申请就分配一个电话号码并载入电话号码簿）以及编排（按居民姓氏字母顺序排列）均没有任何智力创造性可言。

事实无著作权的道理似乎是天经地义的，但是对事实无独创性的汇编是否能够作为作品受到著作权法保护的问题，在早期则充满了争议和分歧，原因在于搜集事实或发现事实往往需要付出许多心血、大量经济投入，以及经过长期艰辛努力。许多人认为如果不用著作权法来保护这种劳动成果，而放任他人自由免费地“搭便车”、从中获得商业利益，实在有违公平、正义原则。这也是“额头流汗”标准得以在英美法系国家长期施行的原因。

对此需要指出的是：首先，著作权和其他类型的知识产权一样，从权利产生的历史和关于权利的观念上看都不是一种所谓的“自然法上的权利”，而是一种纯粹的法定权利。换言之，著作权以及关于著作权的观念都不像所有权和关于所有权的观念那样是随着社会、经济的发展自然产生的。相对于人类几千年文明史而言，真正意义上的著作权是近代法律强制规定的产物。著作权法的终极目标并不是奖励一个人的劳动，而是促进文艺创作。给予作者就其作品享有的排他性权利相对于著作权法所要发挥的社会作用而言只是一种手段，这就是为什么对著作权等知识产权的法定限制要远远多于对所有权的限制。为了达到促进文艺创作的目的，著作权法一方面要确保作者对其独创性表达享有排他性的权利，另一方面又要允许并鼓励他人自由地使用作品中的思想和事实，使他人在此基础上创作出新的作品。如果著作权法允许作者禁止他人使用其作品中的思想和事实，就意味着作者对其作品形成了一种绝对性质的垄断，作品不可能成为其他人进行新创作的材料来源，这将严重地阻碍思想和信息的传播以及文艺创作。其次，虽然事实本身以及对事实进行无独创性的搜集或编排并不能形成受著作权法保护的作品，并不意味着这种劳动不能获得任何法律保护。事实上，反不正当竞争法、合同法和近年来出现的数据库保护立法，都可以在某种程度上对在搜集和编排事实方面付出的努力提供一定程度的保护。

四、官方文件

《伯尔尼公约》第 2 条第 4 款规定：本同盟各成员国对立法、行政或司法性质的官方文件以及这些文件的正式译本（以下简称“官方文件”）的保护由其国内立法确定。也即允许

---

① 在该案中，法院认为该涉案照片“是对第 36 届世界期刊大会发言席现场的描述，是以图片形式表达发言人的身份、形象、现场等客观事实，该幅照片与上述文字一起，共同表现世界期刊大会的活动进程和现场。因此，该幅照片也是时事新闻的有机组成部分，属于以图片形式表现的时事新闻。上述内容都属于著作权法上的时事新闻，不受著作权法保护，任何人都无权主张著作权”[北京市海淀区人民法院（2009）海民初字第 13593 号民事判决书]。该认定并不恰当。

各成员国将官方文件排除出著作权法的保护范围。我国《著作权法》第 5 条据此规定：著作权法不适用于“法律、法规，国家机关的决议、决定、命令和其他具有立法、行政、司法性质的文件，及其官方正式译文”。

需要注意的是：不受保护的官方文件完全可能是符合独创性要求的作品。例如，近年来许多法院的判决书论理充分、文字表述严谨，相当于优秀的论文，其独创性是毋庸置疑的。再如，由商务部翻译并出版的《与贸易有关的知识产权协定》的中译本必然是翻译者的智力创造成果。但是，官方文件涉及社会公众的利益，社会公众有获知的权利，国家也力图鼓励公众尽可能地加以复制和传播。而著作权是一种相对意义上的垄断权，它意味着未经许可他人不得复制、传播或以其他方式利用相关作品，这与官方文件的性质是截然相反的，而国家不希望通过提供著作权保护增加社会公众获取、复制和传播官方文件的成本。与此同时，著作权立法的主要目的在于通过保障作者从他人对作品的利用中获得合理回报，来激励作品的创作，而起草官方文件是国家相关公职人员的职责，并不需要通过保护官方文件的著作权来产生激励作用。因此国家选择不向官方文件提供著作权法保护。现在不少法学教科书在附录部分附上相关法律、法规的行为并不构成对著作权的侵犯。

《著作权法》第 5 条不仅不保护“法律、法规，国家机关的决议、决定、命令”，也不保护“其他具有立法、行政、司法性质的文件”。这说明相关文件是否具有法律效力，在我国并不是决定是否适用《著作权法》第 5 条，将其排除出保护范围的唯一依据。例如，在《著作权法》第三次修改过程中，司法部和全国人民代表大会宪法和法律委员会共提交了四份有关《著作权法修正案（草案）》的说明和修改情况的汇报与报告，这四份文件本身并不是“法律、法规，国家机关的决议、决定、命令”，但它们是参与法律起草和制定的机构为履行法定职责而起草并作为与法律有关的解释性文件公布的，对于理解立法意图具有重要意义，属于“其他具有立法、行政、司法性质的文件”，应当供社会公众自由获取和复制、传播。官方文件和其译文不受著作权法保护，是其自身的性质决定的，与起草者是否为国家立法、行政或司法机关的工作人员并无关系。假设某部法律草案或相关的立法报告由立法机关委托给某位法学院教授起草，该草案或立法报告在被原文采纳、通过之后，就成为官方文件，该名教授无法主张著作权。如果相关文件虽然为政府工作人员所起草和发表，但并非作为官方文件向社会公众提供，则仍然可受到著作权法的保护，例如，参与法律起草的全国人大常委会委员撰文表达个人对法律的看法，以及撰写对工作人员进行培训的教学材料等，其撰写的论文和教学材料可受到著作权法的保护。

典型案例

美国佐治亚州诉“公共资源组织”

由佐治亚法典修订委员会编纂的《佐治亚官方法典》（注释版）“经（佐治亚）州授权出版”，其每卷的首页都有该州的官方印章（见右图）。它不仅含有佐治亚州的所有现行法规文本，而且在文本之下还有注释，包括适用特定条款的司法判决摘要、州司法部长相关意见的摘要以及相关法学论文和类似参考材料的清单。此外通常还包括编者说明，提供有关法律条文起源的信息，例如它是否源自特定的司法判决或者是否与经乔治亚州法院解释后的原有条款类似。以该法典第21部分（选举法）第2章第131条（确定和公布候选人的资格费、支付方式和分配）为例：法条（StatuteText）后的注释（Annotations）中先出现的是"编者说明"（Editor's Notes），陈述了该条是由哪一部佐治亚立法规定的，意在实施佐治亚州宪法中的哪一条，此后哪一部立法有不同规定，哪一部立法应当优先适用。接着是"法学论文"（Law Reviews），列出了两篇评论与该条有关的判决的法学论文。下一部分是"司法判决"（Judicial Decisions），共列出六个判决，每一段都将判决的核心观点作为标题，说明了相关判决的要旨。此部分第一个出现的是"本条第（a）（2）款违宪——本条第（a）（2）款规定的收费违反了《宪法》中的平等保护条款，因此是违宪的(后接判决的案号)"。再下一部分是"（州）司法部长的意见"（Opinions of the Attorney General），共列出了三条意见的要旨。如第一条意见是"参与一个已过半的未届满任期竞选的候选人必须支付全额资格费，如候选人就一个完整任期参与竞选一样（后接该意见的发表时间和编号）。"最后一部分是"研究参考资料"（Research References），列出了两篇参考资料。

《佐治亚官方法典》（注释版）由佐治亚法典修订委员会编纂。该委员会由佐治亚州立法机构设立，其职责是将不同的法案合并成一部法典，供立法机构重新颁布。该委员会每年都要向佐治亚州立法机构提交其编纂的法规文本和随附注释，以供批准。立法机构随后投票决定做三件事：一是（重新）颁布被编入法典的法规部分；二是将法规部分与注释部分合并；三是授权发布《佐治亚官方法典》（注释版）。该委员会的经费来源于对州立法机构的拨款，15名成员中的大多数必须是佐治亚州参议院或众议院的议员，其辅助工作人员由旨在为立法机构提供服务的立法顾问办公室聘用。根据佐治亚州宪法，该委员会在汇编法规文本和随附注释方面的作用属于"立法权力范围"。当前版本的《佐治亚官方法典》（注释版）中的注释部分是由Lexis公司根据与该委员会签订的协议，在该委员会的监督下编制的，该协议约定其成果的版权属于佐治亚州，但Lexis公司享有出版发行《佐治亚官方法典》（注释版）的独家权利。同时Lexis公司同意限定其售价（目前精装本售价为412美元，远低于私人公司自行编制的同类注释版法典的售价），并免费向公众在线提供未经注释的法典全文。

非营利机构"公共资源组织"旨在促进公众获取政府记录和法律资料，其未经许可，将《佐治亚官方法典》（注释版）的电子版在许多网站上予以提供，供公众免费下载。该组织还向许多组织和佐治亚州的官员分发了《佐治亚官方法典》（注释版）。佐治亚法典修订委员会以该组织的行为侵犯其版权提起诉讼，该组织则在反诉中请求法院宣告其行为不侵权。双方都认同《佐治亚官方法典》（注释版）中的法规部分不受版权保护，但对于注释部分是否受版权保护存在争议。

《美国版权法》第105条（版权的客体：美国政府作品）规定：版权保护不适用于美国政府的任何作品。同时"美国政府的作品"又被定义为"由美国政府的官员或雇员为履行其法定职责而创作的作品"[1]。但该条至少在字面上只适用于美国联邦政府（含立法、司法、

---

① See 17 U.S.C. 101.

行政机关）的作品，并不适用于各州政府的作品。与此同时，判例法中还有“政府法令不受保护原则”（government edicts doctrine），但对法典的上述注释是否属于该原则的适用范围，也并不明确。

美国联邦最高法院认为，是否适用“政府法令不受保护原则”要考察两个方面：一是制定者是否具有相应的身份和权限，二是相关内容是否为履行法定职责所产生的结果。在本案中，佐治亚法典修订委员会虽然本身不是立法机构，但由立法机构设立，主要由立法者组成，接受为立法机构拨付的资金和配备的工作人员，且其主持编写的法典注释必须得到立法机构的批准才能与法规文本合在一起发布。佐治亚州最高法院曾判决认定，该委员会的工作，即选择出版商，签订合同并监督对法规的编纂，包括编纂法院对法律的解释，属于立法权限。因此，在编写和出版法典注释方面，该委员会是佐治亚立法机构的延伸。在佐治亚法典修订委员会对《佐治亚官方法典》（注释版）的编纂是否为履行其立法职责的问题上，美国联邦最高法院认为：该委员会编制法典注释属于“立法权限”，这些注释提供了立法机构认为与理解其法律相关的评论和资源。正如法官撰写判决摘要或要旨属于其以法官身份履行的职责，立法机构发布对法规文本的注释也属于以立法者身份履行的职责。

美国联邦最高法院特别强调：相关内容是否具有法律效力并不具有决定性的意义，因为判决书中由法官撰写的不具有法律约束力的判决摘要、要旨，以及赞同意见和反对意见（美国法院的判决书中经常含有“赞同意见”，即同意多数派结论的法官阐述不同理由或补充性理由的意见，以及“反对意见”，即不同意多数派结论的法官说明其反对理由的意见，这两种意见都不能构成“先例”，并不具有法律约束力——引者注），都公认不受版权法保护。同样，立法机构以立法者身份编写的不具有法律约束力的立法材料，如议会中的发言、法律草案和委员会报告，也不受版权法保护。以前文列举的该法典第 21 部分（选举法）第 2 章第 131 条为例：如果一名佐治亚州的居民有意了解他的权利和义务，并阅读了不带注释的《佐治亚官方法典》，当他读到这一条时，只知道该条要求公职的候选人支付资格费，并不了解该条已被佐治亚州最高法院裁定违宪。只有阅读了《佐治亚官方法典》（注释版），他才明白该条实际上已不再实施，只是立法机构还没来得及修改或废止而已。两个版本的区别类似于经济舱和头等舱。美国联邦最高法院担心，如果认定除法规和判决之外的一切都可受版权法保护，那么各州将只为那些能够负担额外费用的人提供一系列优质法律产品。为避免这种情况，不应只看相关内容是否具有法律效力，而应当认定，只要撰写者是法官或立法者，以及其是为履行其司法或立法职责而撰写，由此产生的作品都不应受版权法保护。因此美国联邦最高法院认定应对《佐治亚官方法典》（注释版）中的注释部分适用“政府法令不受保护原则”，不对其提供版权保护。①

对于本案中的其他问题，请参与本章“问题与思考”。

五、违禁作品的著作权保护问题

2010 年修订之前的《著作权法》第 4 条第 1 款规定：“依法禁止出版、传播的作品，不

① Georgia v. Public Resource Org., Inc., 140 S. Ct. 1498, 1503 - 1513 (2020).

受本法保护。”该条中的“依法禁止出版、传播的作品”（本书称为“违禁作品”）是指内容根本违法，不可能合法出版、传播的作品，如淫秽照片等，而不是指内容本身不违法，但出版、传播方式不符合有关出版的行政管理规定的作品。例如，以买卖书号的方式出版图书是受行政法规禁止的，但这并不导致作品成为著作权法意义上的“违禁作品”。再如，根据中美之间的协议，中国目前每年只允许特定数量的美国电影进口至中国市场。同时《电影管理条例》第 24 条第 2 款规定：未经国务院广播电影电视行政部门的电影审查机构审查通过的电影片，不得发行、放映、进口、出口。因此，多数美国电影不能获准进入中国市场。但即使是在该第 4 条第 1 款被删除之前，未获得进口许可的美国电影只要内容不违法，仍然受我国《著作权法》保护。

在“美国诉中国知识产权保护与执法措施案”中，世界贸易组织（WTO）争端解决机构裁决我国 2001 年《著作权法》第 4 条第 1 款不符合《伯尔尼公约》和《与贸易有关的知识产权协定》有关作品应当自动获得保护的规定。2010 年 2 月，全国人大常委会决定对 2001 年《著作权法》进行修改，删除了其第 4 条第 1 款。2020 年修改的《著作权法》第 4 条的内容为：“著作权人和与著作权有关的权利人行使权利，不得违反宪法和法律，不得损害公共利益。国家对作品的出版、传播依法进行监督管理。”这就意味着依法禁止出版、传播的违禁作品也依然能够受到著作权法的保护，其作者可以通过司法途径起诉未经许可而利用其作品的行为。

违禁作品受到著作权法保护，这当然与人们的直觉相冲突，但完全符合著作权法的原理。如本书第一章所述，知识产权与“自用权”无关。我国 2001 年《著作权法》所规定的各项专有权利，均为“排他权利”，也即禁止他人实施某种行为的权利，而不是确认作者有为某种行为的自由。换言之，作者创作完成作品之后，能否自行对作品进行复制、发行、表演和网络传播等，与《著作权法》规定的专有权利并无关系，而是完全取决于法律、法规是否有禁止性规定，包括禁止侵犯他人权利的规定。因此，即使没有“依法禁止出版、传播的作品，不受本法保护”的规定，淫秽小说等内容根本违法的作品也不能合法地出版、传播。作者如果对此类作品实施了出版、传播行为，轻则将受到行政处罚，重则将可能被追究刑事责任。因此绝不能认为《著作权法》对违禁作品的保护，会导致此类作品的公开发行或传播。

对违禁作品的著作权保护也不会损害公共利益。假设某人拍摄了内容淫秽的照片，他人未经其许可通过网络传播这些淫秽照片，拍摄者对其提起侵犯著作权之诉，法院当然应当依法保护这些淫秽照片（摄影作品）的著作权（信息网络传播权），但只能判决侵权人停止侵害，而不能判决其向拍摄者赔偿损失。即使上述假想例中淫秽照片的拍摄者举证证明他曾许可某网站传播这些照片并获 10 万元许可使用费，因此主张被告未经其许可传播相同照片给其造成的损失至少为 10 万元，法院也并不会支持其赔偿损失的诉讼请求。这是因为赔偿损失的适用以侵权行为对权利人造成了法律所承认的损失为前提。而对于淫秽照片，包括作者本人在内的任何人都不得公开利用，作者也当然不能合法地从对作品的公开利用中获得任何经济利益。因此淫秽照片拍摄者许可他人公开传播照片的合同，违反法律的强制性规定和公序良俗，故属于无效合同，自始不产生效力。拍摄者并不能合法取得 10 万元许可使用费，因此他人的侵权行为也不可能造成其为法律所承认的许可使用费损失，损害赔偿无从谈起。这样一来，违禁作品的作者起诉他人侵害该作品著作权的，能够获得的救济就是停止侵害。这等于是多了一条制止违禁作品公开利用的渠道，对公共利益有益而无害。

实务探讨

对未经行政审批的作品是否适用损害赔偿的救济方式

当一部内容本身合法，但尚未经过行政管理部门审批的作品，被他人未经许可而利用时，著作权人除了可以请求法院判决他人停止侵权，是否还可以获得损害赔偿呢？这一问题目前在涉外影视剧著作权侵权纠纷中尤为突出。如前文所述，根据《电影管理条例》等法规的规定，涉外影视剧只有经过有关部门的审批之后，才能获准进入中国市场进行放映或传播。而在诸多视频网站未经许可而传播的涉外影视剧中，许多尚未通过行政审批。有法院认为：对未经行政审批而进口的境外影视作品，权利人对信息网络传播权的行使应当仅限于阻止他人对该作品通过网络进行传播，司法保护只支持停止侵权和赔偿维权合理费用的诉讼请求，不应支持赔偿经济损失的诉讼请求。[①]

本书作者认为：这一观点是值得商榷的。内容根本违法的作品（如陈某某拍摄的“艳照”），与内容本身不违法，仅是缺少行政审批手续的作品，在受著作权法保护方面存在本质区别。如果陈某某以著作权人的身份许可一家网站传播其“艳照”，并收取著作权许可使用费，基于“艳照”作为淫秽物品的性质，该合同将因“损害社会公共利益”而无效，陈某某将不能合法地从中获取许可使用费。相反，如果境外影视作品的权利人许可境内网站通过网络传播该影视剧，则只要影视剧内容本身不违法，该许可合同仍然有效，境外权利人可以合法地获取许可使用费，只是被许可人在获得行政审批之后才能通过网络传播该影视剧。他人未经许可传播影视剧会使权利人丧失获取许可使用费的合理机会，对于由此导致的损害后果，理应视情况予以赔偿。

在涉及韩国电视剧的著作权侵权纠纷案中，最高人民法院在再审判决书中明确指出著作权人维护自己的合法权益并不以获得进口行政审批为条件，并判决未经许可而传播该电视剧的网站赔偿权利人损失。[②] 这是值得赞同的做法。

第四节　作品的类型

作品可以按照一定的标准划分为许多类别，其中依表现形式分类是基本的分类方法。《著作权法》第3条列举的8类作品，如文字作品、音乐作品和美术作品等，就是按照表现形式划分的。

---

① 参见重庆市高级人民法院（2009）渝高法民终字第62号民事判决书。

② 参见最高人民法院（2010）民提字第39号民事判决书。

一、《著作权法》第3条规定的作品类型

《著作权法》对作品类型的划分具有重要意义。首先，它说明了可受著作权法保护的表达形式。人类的表达形式丰富多彩，但并非所有表达形式都可成为受保护的作品。我国《著作权法》第3条以表达形式作为依据规定了八类作品，说明相应的八种表达形式可以产生受保护的作品。至于该条规定的“符合作品特征的其他智力成果”，则具有不确定性，无法使公众事先知晓在法定八种表达形式之外，还有哪些表达形式可以产生作品，只能由法院进行个案判断。同时，《著作权法》第15条规定的汇编作品有“兜底”的作用：如果以体系化方式呈现的信息集合无法直接被归入第3条规定的八类作品，但对信息的选择或编排体现了独创性的，则可被认定为汇编作品。其次，不同类别作品的著作权人享有的专有权利可能有所不同，例如，出租权只能由计算机软件和视听作品这两类作品的著作权人享有。最后，对于不同类别的作品而言，著作权的归属与行使的规则也不同。例如，视听作品中的电影作品和电视剧作品的除署名权外的著作权其他权利归属于制作者，而并不由编剧、导演等全体合作作者共同享有，但其他合作作品的著作权由全体合作作者共同享有。

理论研究

一种智力创作成果可否同时归属于两类作品

《著作权法》第3条按作品的表现形式划分作品类型，容易使人认为一种智力创作成果只能归属于一类作品，不可能同时归属于两类作品，但这一认识并不正确。

例如，《著作权法》第3条将“建筑作品”、“设计图作品”和“模型作品”归入不同的作品类型。同时，《著作权法实施条例》将“建筑作品”定义为“以建筑物或者构筑物形式表现的有审美意义的作品”①，其中并不包括建筑物的设计图和建筑模型。然而，从建筑物的设计、建造过程看，首先需要绘制一系列建筑设计图，再根据设计图制作建筑模型，最后才是施工建设，形成建筑物。建筑设计图、建筑模型和建筑物显然体现了相同的建筑设计，如果这三者是不同的作品，则根据建筑设计图和建筑模型修建建筑物的行为，似乎就应当构成演绎而非复制，否则无法解释建筑物（建筑作品）的独创性从何而来。但如果是演绎，又如何解释这三者体现的是同一建筑设计呢？

实际上，同一智力创作成果可以有不同的表现形式，根据其中一种表现形式将其归入一类作品，并不意味着不可以根据其另一种表现形式将其归入另一类作品。例如，一名善于绘画的舞蹈设计师设计了一套全新的舞蹈动作，并在纸张上绘制了表现舞者连续动作的系列绘画，任何舞蹈演员都可以依据该系列绘画进行舞蹈表演。试问：该系列绘画是美术作品还是舞蹈作品？该智力创作成果的直观形式是绘画，构成美术作品，因为它是“以线条、色彩或者其他方式构成的有审美意义的平面或者立体的造型艺术作品”②。但是，该系

① 《著作权法实施条例》第4条第9项。

② 《著作权法实施条例》第4条第8项。

列绘画又描述了连续的动作和姿势设计[①]，属于舞蹈作品。如果出版社未经许可而出版该系列绘画，构成对美术作品著作权的侵权；如果舞蹈演员未经许可而依据该系列绘画公开表演其中的舞蹈动作设计，则构成对舞蹈作品著作权的侵权。因此，即使舞蹈设计者在进行著作权登记时，仅将其登记为美术作品或舞蹈作品，也不能否认其可以同时作为两类作品受到保护。[②] 同样道理，毛主席以其特有的"毛体"创作并手书了不少诗词。这些诗词的文字组合、遣词造句属于文字作品，造型优美的手书外观又是美术作品（书法）。

只有理解了这一点，才能对上述建筑设计图、建筑模型和建筑物之间的关系作出正确的解释。下文会在"建筑作品"和"图形作品"部分对此进行详细讲解。

对作品除了可按照《著作权法》第3条的规定进行分类，还可以按照其他分类标准加以划分，如根据作品是否具有派生性质将作品划分为原始作品和演绎作品，根据作品是否为数人共同创作的结果划分为非合作作品和合作作品，根据作品是否为履行工作任务的结果划分为个人作品和职务作品等。本节只讨论《著作权法》第3条划定的各类作品、演绎作品，以及起到"兜底"作用的汇编作品。

（一）文字作品

文字作品是指小说、诗词、散文、论文等以文字形式表现的作品[③]，即以书面语言作为表达工具的作品。对文字作品需要注意两点：一是"文字作品"的范围要比"文学作品"的范围广。没有上升到"文学"水准，但有独创性的文字组合仍然是文字作品，如产品说明书、理工科方面的学术论文等。二是文字作品不仅包括我们平时所熟悉的以文字（包括汉字、英文等）写成的作品，还包括以数字、符号表示的作品。《著作权法》虽然将计算机软件单独列为一类作品，但在国际上计算机软件也属于文字作品，这是因为计算机软件仍然是以语言为表达工具的，其中，源代码是能够为程序员所理解的语言，而目标代码则是能够为计算机所读取的语言。基于同样的原因，用盲文撰写的作品也是文字作品。

需要注意的是：文字作品的表达首先是具体的文字组合。例如，对于相同的科学原理，不同的人撰文加以描述，其文字总是有所区别的。这是因为不同的人会基于自己富有个性的选择和判断而使用不同的遣词造句。但是，对于小说、戏剧等具有情节的文学作品而言，其表达不仅包括文字组合，还包括情节设计。对这一点，前文在"思想"部分已经进行了讨论。

典型案例

律师的辩护词可构成文字作品

本案原告接受犯罪嫌疑人张某的委托担任其辩护人。在分析案情后，原告认为张某和其他三名非同案犯罪嫌疑人的行为并不构成犯罪，张某的行为甚至可能没有违法。此后原

---

① 参见《著作权法实施条例》第4条第6项。

② 美国版权局颁布的有关版权登记的政策即明确规定，对舞蹈动作以示意图的方式加以描述的，示意图可被登记为舞蹈作品。See Compendium Ⅱ of Copyright Office Practices，450.07（d).

③ 参见《著作权法实施条例》第4条第1项。

告在两次审查起诉、补充侦查过程中一共撰写了四份辩护词。人民检察院最终予以采信，认定张某的行为不构成犯罪，并作出不起诉决定书；其他非同案犯罪嫌疑人也均被作出不起诉决定。后原告发现被告作为非同案犯罪嫌疑人徐某的辩护人提交的辩护词中摘抄了原告的辩护词的大量内容，于是提起诉讼。

法院认为：原告的辩护词虽具备刑事辩护词的一般格式，且因受文书类型的限制，其表达方式也较为有限，但具体到特定案件时，涉案辩护词围绕辩护人所掌握和推断的案件事实，结合辩护人对法律规定的理解，以辩护人自己的语言文字和行文逻辑对委托人的行为不构成犯罪进行论述，突出了辩护的方向和重点。其行文层层逻辑论证，体现了原告的个性化选择和表达，具有独创性，属于文字作品，应受著作权法保护。被告未经许可大量复制，侵害了张某对涉案作品享有的著作权。①

（二）口述作品

口述作品亦称口头作品，《伯尔尼公约》第 2 条第 1 款列举的作品类型中就包括“授课、演讲、布道和其他相同性质的作品”。这些作品是以即兴口述的方式创作的。我国《著作权法实施条例》将“口述作品”定义为“即兴的演说、授课、法庭辩论等以口头语言形式表现的作品”②。

需要指出的是：《著作权法实施条例》列举了“演说、授课、法庭辩论”这三种典型的口述作品，这种列举并非多余。任何受著作权法保护的作品都必须符合独创性的要求。人们日常交流的口头表述，如果较为简短或简单，往往源于社会生活中长期重复的表达，很少能符合独创性的要求，如“今天天气不错”“《著作权法》很重要，大家要努力学习”等，同时还有可能发生思想或事实与表达的混同。口头表述只有达到了一定的长度和复杂度，才有可能融入个性因素，展示个人的聪明才智。“演说、授课、法庭辩论”正是这种典型实例，过于简短或简单的口头表述都不可能被称为“演说、授课、法庭辩论”。《著作权法实施条例》对上述三种口述作品的列举，意味着日常交流中的大量言语是无法被认定为口述作品的，只有句子与句子关联起来，作为一个整体能够充分表达作者的思想、感情并反映作者的个性时，才可能构成口述作品。

创作口述作品与以口头形式表演作品完全不同。在以演说等口述方式创作作品之前，作品并不存在，作品是在演说等活动中才被即兴创作出来的。如果演说、授课和法庭辩论基本上是按照事先准备好的讲稿来宣讲的，则有独创性的讲稿属于文字作品，而按照讲稿进行宣讲只是对文字作品的表演。宣讲者并没有创作出新作品，不是作品的作者，而只是他人作品的表演者；其享有的也不是狭义著作权而只是表演者权。如果《七步诗》（“煮豆燃豆萁，豆在釜中泣。本是同根生，相煎何太急！”）确实为曹植在曹丕逼迫之下在七步之内创作并吟诵的，当然为口述作品，因为曹植不可能事先写好，而是即兴创作。

在口述作品被创作出来之后，如果没有以速记、录音和录像等方式被固定在有形物质

① 参见张某诉钱某著作权侵权纠纷案，浙江省绍兴市中级人民法院（2017）浙 06 民初 57 号民事判决书，浙江省高级人民法院（2017）浙民终 478 号民事判决书。

② 《著作权法实施条例》第 4 条第 2 项。

载体上，许多国家是不对其提供著作权法保护的。《伯尔尼公约》第 2 条第 2 款也允许成员国立法自行决定是否以作品已固定在物质载体上作为所有作品或特定类型作品受保护的条件。《美国版权法》第 102（a）条明确规定：作品受版权法保护的前提条件是它已经被“固定在任何有形媒介上”。《英国版权法》第 3 条第 2 款也规定：除非文字作品、戏剧作品或音乐作品以文字或其他方式被记录，否则其版权并不存在。这是因为如果口述作品没有被固定在物质载体之上，在发生著作权侵权纠纷时，在举证方面会遇到很大的困难。我国《著作权法》虽然保护口述作品，但口述作品的创作者如果没有将其口述作品固定下来，形成作品的复制件，如对即兴演讲的录音或文字记录稿等，一般也不能对他人未经许可而使用其口述作品的行为提起诉讼。因此，完全没有被固定的口述作品在我国实际上也很难得到有效的保护。

立法背景

《伯尔尼公约》对口述作品的保护

《伯尔尼公约》最初没有将口述作品纳入受保护的作品清单之中。这是因为许多国家将作品受保护的前提设定为作品被固定在物质载体上。这就意味着没有被记录下来的口述作品是不受保护的。但另一些国家希望在《伯尔尼公约》中明确规定对口述作品的保护，这自然遭到了以英国为代表的国家的反对。在 1928 年的《伯尔尼公约》修订会议上，两派意见最终达成了妥协，解决方案是《伯尔尼公约》只将授课、演讲、布道和其他具有相同性质的作品列入受保护的作品清单，而非笼统地将所有口述作品纳入，并允许成员国在立法中完全或部分排除对政治言论或法律诉讼中的言论的保护，以及自行规定在何种条件下报刊可以使用授课、演讲、布道等口述作品，也即设定限制和例外。[①] 同时，《伯尔尼公约》斯德哥尔摩文本还明确允许成员国不对未在物质载体上固定的口述作品提供保护[②]，这就意味着英国等以作品被固定为保护条件的国家无须修改本国立法。

从《伯尔尼公约》将口述作品纳入保护范围的历程可以看出，该公约对口述作品的保护是有限的，并非所有符合独创性要求、能够被认定为作品的口头表达都是该公约所保护的口述作品。该公约只保护“授课、演讲、布道和其他具有相同性质的作品”，虽然“其他具有相同性质的作品”有兜底性质，但“相同性质”自然是与“授课、演讲、布道”的性质相同。“授课、演讲、布道”都是面对听众所进行的较为正式的口头语言表达[③]，其中的遣词造句是经过一定程度的准备和思考的，且具有一定长度。这就意味着《伯尔尼公约》并不要求保护一般性的、更为随意的日常口头表达，如日常对话、对体育赛事以正常方式进行的解说和一问一答式的电视访谈。[④]

上述结论对于解释我国口述作品的范围也具有参考价值。虽然《伯尔尼公约》只规定

---

① 参见《伯尔尼公约》罗马文本第 2 条第 1 款、第 2 条之二。

② 参见《伯尔尼公约》斯德哥尔摩文本第 2 条第 2 款。

③④ See Sam Ricketson, Jane C. Ginsburg, *International Copyright and Neighbouring Rights: The Berne Convention and Beyond* (2nd edition), Oxford University Press, 2006, p. 418, para. 8. 19.

了最低保护水平，并不妨碍成员国扩大保护范围，但是，我国《著作权法实施条例》对口述作品的定义是“即兴的演说、授课、法庭辩论等以口头语言形式表现的作品”，其用语与《伯尔尼公约》的用语接近，对“演说、授课、法庭辩论”的列举，同样暗示了对较高程度独创性的要求。因此，可以认为我国《著作权法》也并非对所有达到独创性要求的口头表述提供保护，而是仅将具有较高创作水准的口头表述纳入了保护范围。

典型案例

新东方罗永浩讲课录音案

罗永浩曾是北京新东方学校的教师，在该校讲授英语课程，且具有较高知名度。某网站上传了载有罗永浩讲课内容的MP3格式录音文件，登载时注明“新东方老罗语录”等字样，并对文件进行了介绍：“罗永浩，北京新东方的英语教师，以讲课生动活泼且令人爆笑不止闻名，很多经典段子都是课堂上同学们自己录下来的。”罗永浩起诉该网站侵权。

法院认为：教师讲课内容是口述作品的一种，依法受我国《著作权法》的保护。罗永浩向学生讲授的课程虽是以相关的大纲、教材为基础，但具体的授课内容系罗永浩独立构思并口头创作而成，故其授课内容具有独创性，符合《著作权法》规定的作品要件，全部内容均可构成口述作品。网站未经许可将罗永浩享有著作权的口述作品上传，供用户浏览或者下载，侵犯了罗永浩对其口述作品享有的信息网络传播权，依法应当承担赔偿损失等民事责任。[①]

（三）音乐、戏剧、曲艺、舞蹈、杂技艺术作品

《伯尔尼公约》第2条第1款列举的作品类型中包括“戏剧或音乐戏剧作品；舞蹈作品和哑剧；配词或未配词的乐曲”。这些作品的特点在于：创作的目的在于表演。人们感知它们的主要方式，也是欣赏表演。我国《著作权法》据此规定了“音乐、戏剧和舞蹈作品”，同时为了体现中国特色，还规定了“曲艺作品”和“杂技艺术作品”。

1. 音乐作品

音乐作品是指歌曲、交响乐等能够演唱或者演奏的带词或不带词的作品。[②] 音乐作品的核心是旋律、音调等音乐要素及其和谐。音乐作品的独创性也体现于这些要素。因此，在认定对音乐作品的侵权成立与否时，必须判断被控侵权的音乐作品与权利人的音乐作品是否在旋律、音调和节奏等方面实质性相似。没有词的曲可以构成音乐作品，但没有曲的词只能是文字作品，不能单独构成音乐作品。带词的音乐作品与文字作品有一定的交叉，因为歌词本身就是文字作品，有的音乐作品的歌词干脆就使用现成的文字作品，如电视剧《三国演义》的片头曲就使用了《临江仙·滚滚长江东逝水》一词。歌词究竟应当作为音乐作品还是文字作品受到著作权法的保护呢？我国《著作权法》规定了利用音乐作品制作录

---

① 参见北京市海淀区人民法院（2006）海民初字第9749号民事判决书。

② 参见《著作权法实施条例》第4条第3项。

音制品的法定许可（参见本书第六章第三节），因此，无论歌词是特意为配合曲谱而创作的，还是在曲谱产生之前就已经存在的文字作品，录音制品制作者只要符合法定许可的条件，均可以利用包括歌词在内的音乐作品制作录音制品。此时，歌词在著作权法上的地位显然是音乐作品的一部分，而非单纯的文字作品。但在其他情况下，讨论歌词是文字作品还是音乐作品并无意义，因为它无论是作为文字作品还是作为音乐作品，受到的保护都是相同的。

音乐作品通常以曲谱形式体现，但不能说没有记录形成的曲谱就没有音乐作品。如贝多芬在皎洁的月光下思如泉涌，即兴为盲女创作并弹奏了《月光曲》。一曲弹毕，传世之作《月光曲》当然已经诞生了，但当时尚无人为他记谱。因此，存在没有曲谱的音乐作品。

2. 戏剧作品

《著作权法实施条例》对戏剧作品的定义是：话剧、歌剧、地方戏等供舞台演出的作品。[①] 创作戏剧作品的目的是通过演员在舞台上的表演将故事活灵活现地展示在观众面前，因此美国的霍姆斯法官指出：戏剧是我们看到的活的故事和事件。[②] 对戏剧作品的表演可以包括叙述、对话等表现形式，但不能仅仅有叙述而没有其他任何可以被称为“表演”的行为，因为单纯地叙述文字无异于即兴创作文字作品或对已有的文字作品进行表演，而与表演“活的故事”无关。

实务探讨

什么是“戏剧作品”？

对于究竟什么是“戏剧作品”，法律界和艺术界有不同的认识。部分法律界人士认为戏剧作品指的是剧本，而文艺界人士认为戏剧是指以舞台的演出形式而存在的综合艺术，即“一整台戏”[③]。对此，首先需要注意的是：文艺理论中的“戏剧作品”与著作权法上的“戏剧作品”是存在一定差距的。在文艺界人士看来，戏剧应当是许多人，如戏剧作家、导演、演员、灯光师、化妆师、舞蹈设计师等，创作或劳动的综合产物。但是，在著作权法上，必须区分不同人、不同性质的劳动来决定哪些劳动成果可以作为作品受到保护，以及归入哪一类别的作品加以保护。演员在舞台上的表演虽然非常关键，但演员只能作为戏剧作品的表演者享有表演者权，而非狭义著作权。灯光师和化妆师虽然辛苦，但其付出的是技术性而非智力创造性劳动，不可能符合独创性的要求，因此，其在著作权法上并不能享受任何权利。同样，按剧本的描述或要求对舞台场景加以布置，也并非创作作品的智力劳动，相关人员也不能在著作权法上享有权利。单纯的舞蹈设计如果无法使观众欣赏到“活的故事”，只能作为舞蹈作品而非戏剧作品受到保护。

因此，著作权法意义上的“戏剧作品”与在舞台上上演的那“一整台戏”是有区别的，

---

① 参见《著作权法实施条例》第 4 条第 4 项。

② Kalem Co. v. Harper Bros.，222 U.S. 55，61（1911）.

③ 郑成思：《版权法》（修订本），93 页，北京，中国人民大学出版社，1997；刘春田主编：《知识产权法》，2 版，52 页，北京，中国人民大学出版社，2002。

只能指被上演的作品本身，它一般是通过由对话、旁白、配词等构成的剧本加以体现的。不同的演出班子可以在不同的时间和地点演出这些剧本，但无论演出多少次，被演出的戏剧作品始终只有一部。像曹禺的《雷雨》、老舍的《茶馆》、莎士比亚的《罗密欧与朱丽叶》等都是戏剧作品。但是，戏剧作品并不能与写出来的剧本画等号，因为有些戏剧不需要，甚至不能够通过剧本来加以表现。比如，一个戏剧大师对其创作的一部简短戏剧熟记于心，对场景如何布置，故事如何开始、发展、达到高潮和结局，以及演员应当有怎样的表情、动作和对话，都心中有数，根本不需要通过文字记载下来。只要他指导表演班子在舞台上表演了这部戏剧，仍然有著作权法意义上的戏剧作品存在。再如，哑剧主要是通过动作、神态和表情来表现的，较难用文字记载。而哑剧只要得到表演，即使没有写好的剧本，一样是戏剧作品。《伯尔尼公约》第 2 条第 1 款在规定哑剧时，用语是"哑剧表演中的活动"（entertainments in dumb show），也即承认哑剧的通常表现形式并非文字剧本，而是表演。

由此可见，戏剧作品的独创性体现在对"活的故事"的设计，特别是对其中关键冲突情节的设计。与此相适应，对戏剧作品的侵权，也不一定需要通过对剧本的复制而进行。例如，在看过戏剧表演后，在新的戏剧中以不同的语言组合表现相同的故事设计就构成对原戏剧作品的侵权。

戏剧作品和文字作品存在一定交叉。除了哑剧和没有以文字记载的戏剧作品之外，可以说以剧本形式体现的戏剧作品是一类特殊的文字作品。同时，戏剧作品与音乐作品也可能存在交叉，因为许多"音乐剧"中有大量的音乐。在许多国家，分清戏剧中的音乐究竟是戏剧作品还是音乐作品是具有重要意义的，因为这些国家对戏剧作品的保护水平高于对一般文字和音乐作品的保护。例如，《美国版权法》第 115 条中有关复制作品的法定许可、第 116 条有关使用自动点唱机播放音乐的法定许可和第 118 条中有关广播的法定许可，均只适用于一般音乐作品［"非戏剧音乐作品"（non-dramatic music）］，而不能适用于作为戏剧一部分的音乐。但我国《著作权法》对文字作品与剧本、音乐作品与戏剧中的音乐在保护水平上是相同的，因此，讨论它们的区分在我国并无太大意义。

3. 曲艺作品

曲艺作品是指以相声、快书、大鼓、评书等说唱为主要形式表演的作品。① 它们均属于我国传统的文艺创作成果。但细究起来，相声、快书、评书等通常需要先以书面方式创作出作品，然后由演员在舞台上进行表演。在这种情况下，关于文字作品的规定就足以保护这类作品的著作权。而相声演员、说书者作为表演者享有表演者权。有时演员可以即兴创作并加以表演，此时《著作权法》关于口述作品的规定也足以对即兴创作者加以保护。而大鼓等由说与唱或对乐器的演奏组成，从作品角度可以分解为文字作品与音乐作品的结合或口述作品与音乐作品的结合，从表演角度看则是对文字作品或口述作品以及音乐作品的表演。既然这类文艺形式中所包括的作品本身就可以作为文字作品、口述作品和音乐作品获得保护，而且将它们单列出来归为"曲艺作品"又没有获得任何特殊的著作权保护，那

① 参见《著作权法实施条例》第 4 条第 5 项。

么在宣示这些公众喜闻乐见的曲艺表演中包含受著作权法保护的作品之外，这种分类的意义和价值就值得讨论了。

4. 舞蹈作品

舞蹈作品是指通过人体连续的动作、姿势、表情等表现思想情感的作品。[①] 换言之，舞蹈作品是通过躯体的具有艺术感染力的活动来表现思想、感情的作品。舞蹈作品同样不是指在舞台上的表演，而是指被表演的舞蹈动作的设计。因此舞蹈动作的独创性也主要体现在对动作的设计上。早已在公有领域流传多年的常规舞步、造型、动作和顺序等因缺乏独创性，不能受到著作权法的保护。

对舞蹈动作的设计一般是以文字描述、动作标记、绘图示意或录制下的舞蹈画面加以体现的。当然，编舞者也可能将自己设计的动作熟记于心，甚至无须将其以上述任何一种方式记录下来，而是可以直接由自己或指导他人表演出来。此时，事前没有物质载体的舞蹈作品仍然是受著作权法保护的。构成舞蹈作品著作权侵权的前提，应是实质性地复制了舞蹈作品中的动作设计。例如，将舞蹈表演《千手观音》中小姑娘们的伸手投足的动作加以记录，由另一批演员依样表演，即构成对《千手观音》舞蹈作品著作权的侵权。由于舞蹈作品是由“连续”的动作、姿势、表情构成的，是这些因素相互组合和连接的方式体现了独创性，静止的、单独的动作、姿势、表情几乎不可能有独创性，因此，仅仅张贴舞蹈表演时拍摄的几张照片，在无法基本还原连续的舞蹈动作设计的情况下，难言构成对舞蹈作品著作权的侵害。

舞蹈作品与戏剧作品不同，后者必须演绎一个“活的故事”，而前者即使是根据某个动人故事设计的，但由于受到表现手法的限制，也只能将故事以极其抽象的身体语言向观众传达，往往难以使观众了解具体故事情节。因此，能够表现具体故事的哑剧应当属于戏剧作品而非舞蹈作品。但由于我国《著作权法》对戏剧作品与舞蹈作品的保护水平并无差异，故对二者的区分也仅有理论上的价值。

5. 杂技艺术作品

根据《著作权法实施条例》的解释，杂技艺术作品是指杂技、魔术、马戏等通过形体动作和技巧表现的作品。有学者进一步将杂技解释为“包括蹬技、手技、顶技、踩技、口技、车技、武术、爬杆、走索以及各种民间杂耍等，通常也把戏法、魔术、驯兽包括在内”[②]。

理论研究

杂技、魔术、马戏是“作品”吗？

我国《著作权法》将“杂技艺术作品”列为保护对象，问题在于：杂技、魔术和马戏是符合著作权法要求的作品吗？以杂技中的走索为例：1997 年 6 月 22 日，被誉为“中国高空王子”的新疆维吾尔族“达瓦孜”世家的第六代传人阿迪力・吾守尔仅用了 13 分 39 秒

---

① 参见《著作权法实施条例》第 4 条第 6 项。

② 刘春田主编：《知识产权法》，2 版，53 页，北京，中国人民大学出版社，2002。

就成功地走完了架在三峡瞿塘峡、长达 640.75 米的高空钢丝。阿迪力要以如此之短的时间走完架设在高空的钢丝，当然要经过长期的训练、付出极大的努力和具备常人难以企及的勇气。可是，阿迪力在高空走钢丝的行为能够被视为著作权法意义上的“创作”吗？该行为是否产生了著作权法意义上的“作品”？前文在讲解“不受著作权法保护的对象”时曾经提出：传统著作权法保护的不仅是具有独创性的表达，而且是对思想、观念或情感具有一定美感的表达。而以展示身体力量和竞技技巧为主要目的与价值的竞技体育活动不涉及表现这种具有美感的创作活动，故不是著作权法意义上的作品。这一原理对于杂技等活动也是适用的。走索等杂技活动展示的仅仅是技巧，而非具有美感的艺术表达。当然，如果阿迪力在高空走钢丝时，凭借其高超的身体平衡感又在钢丝上用连续的动作、姿势和表情表演了一段舞蹈，则被表演的舞蹈动作设计只要符合独创性的要求，当然能够作为舞蹈作品受到保护，而阿迪力可以作为表演者享有表演者权。但这并不意味着高空走钢丝本身就是著作权法意义上的作品。少有国家将杂技作为作品加以保护。

根据 2001 年全国人大法律委员会关于《著作权法修正案（草案）》修改情况的汇报，2001 年《著作权法》之所以将“杂技艺术作品”列为《著作权法》的保护对象，是因为有一种观点认为“我国杂技在世界上享有很高的声誉，杂技造型具有独创性，应明确规定为著作权保护的客体”[①]。对此，首先应当指出的是：我国杂技在世界上享有很高声誉并不是用著作权法对其加以保护的理由。著作权法是保护我国传统文化和历史遗产的重要法律手段，但并非唯一法律手段。只有那些符合著作权法要求的、具有独创性的作品才能受到著作权法的保护。除著作权法之外，还有许多其他法律制度能够提供相当程度的保护。例如，对景泰蓝等传统手工艺品的制作技术就不能用著作权法加以保护，而适宜用有关保护商业秘密的法律机制进行保护。

其次，著作权法并不保护任何操作方法、技术方案或实用性功能。某些杂技表演中演员的“造型”可能确实很优美，但如果这种造型是为使用某些杂技技巧所必不可少的，如在高空走钢丝时为保证身体平衡而需要摆出的特定姿势，则该造型并不能受到著作权法的保护。在涉及杂技《俏花旦》的著作权侵权纠纷中，法院认为“具备一定艺术表现力的独创性杂技形体动作和技巧才可能构成《著作权法》意义上的杂技艺术作品”。[②] 本书作者认为，将“技巧”作为著作权保护的对象，并不妥当。

最后，即使优美的“造型”与杂技技巧并无关系，或者可以在观念上予以分离，由一个静止的身体姿势所形成的“造型”也很难受到著作权法的保护。一方面，人类已经有数千年与艺术造型有关的文艺创作和表演历史，很难想象一个单一的静止动作不是来自公有领域，而是独立创造出来的；另一方面，单一的静止动作很容易与被表现的思想、观念或艺术设计理念发生“混同”。因此，根据独创性的要求和“混同原则”，很难认定一个静止的造型是受保护的“作品”，能禁止他人未经许可予以模仿。

本书作者认为：杂技、魔术和马戏等活动唯一与作品有关的只可能是其中具有美感的

---

① 2001 年 4 月 18 日全国人大法律委员会作出的《关于中华人民共和国著作权法修正案（草案）修改情况的汇报》。

② 吴桥县桑园镇张硕杂技团与中国杂技团有限公司著作权权属、侵权纠纷案，北京知识产权法院（2019）京 73 民终 2823 号民事判决书。

艺术活动，如背景音乐和穿插其中的舞蹈等。如对于杂技《俏花旦》而言，即使将其中所有用于杂技表演的道具和难度极高的杂技动作全部拿掉，其独创性的舞步和动作设计仍然可以构成舞蹈作品。换言之，受保护的是为杂技锦上添花的艺术，而不是杂技的核心要素——技巧。由于具有独创性的音乐和舞蹈本身就是受我国《著作权法》保护的作品，再单独设立“杂技艺术作品”不仅是多余的，也极其容易使人误认为单纯表现身体技巧的活动也是受《著作权法》保护的作品。因此，对“杂技艺术作品”的规定实无必要。

需要进一步指出的是：《保护表演者、录音制品制作者和广播组织罗马公约》（以下简称《罗马公约》）一方面在第3条将表演者定义为表演文学或艺术作品的人，另一方面又在第9条规定：“任何缔约国均可根据国内法律和规章，将本公约提供的保护扩大到不是表演文学或艺术作品的艺人。”世界知识产权组织编写的《罗马公约指南》也明确指出：《罗马公约》将表演者定义为表演文学或艺术作品的人，“意味着公约不保护某些尽管可以被认为是表演者却并未表演著作权意义上的作品的人，例如，各种杂耍和马戏艺人（魔术师、杂技演员和马戏小丑）”；而《罗马公约》允许缔约国扩大保护范围，也是因为未表演文学、艺术作品的艺人，如杂耍和马戏艺人（魔术师、杂技演员和马戏小丑）的利益需要得到一定保护。[①] 如果我国立法者认为表演杂技、魔术、马戏的人需要得到保护，可以借鉴法国的做法，赋予这些人以表演者的地位，而不需要将杂技、魔术和马戏界定为作品。

典型案例

“狼蛛魔术”案

规定“杂技艺术作品”不但在理论上难以成立，而且在司法实务中导致了尴尬局面。在我国首起涉及“杂技艺术作品”的诉讼中，一名以色列魔术师向北京市第一中级人民法院起诉他人未经许可而使用其设计的一种将戒指升至半空的“狼蛛魔术”。原告声称，其设计的魔术使用了其发明的“狼蛛魔术道具”，“通过指法及形体，辅之转移观众注意力等表演技巧，实现魔术艺术效果”；并明确主张其对“狼蛛道具的运用和演示本身已经构成魔术作品”。法院认定：原告“整个魔术在呈现给观众的形体动作、姿势的编排上体现了一定构思”，“整体上属于《著作权法》所保护的魔术作品”[②]。

在此案中，被告并未直接模仿原告表演的魔术，只是未经许可而复制、发行了载有原告魔术表演与揭秘过程的DVD，法院以DVD中的内容构成“电影作品”，而被告没有“单独使用”电影作品中的“魔术作品”为由，驳回了原告的诉讼请求，从而将认定“魔术作品”所可能导致的影响降到了最低（关于对电影作品著作权归属的认定，参见本书第四章第三节）。但这仍然是我国将“魔术”认定为作品的先例。

在判决书中，法院认为，魔术中“被技巧或装置掩盖的动作”因“无法被观众客观感知”而不能受到著作权法的保护。这一点无疑是正确的。法院由此将“魔术作品”限定在

① 参见刘波林译：《罗马公约和录音制品公约指南》（附英文文本），15、33页，北京，中国人民大学出版社，2002。

② 北京市第一中级人民法院（2010）一中民初字第10067号民事判决书。

“魔术中呈现给观众的形体动作、姿势的表达”[①]。可以说，这一定义已经是在符合著作权法不保护技巧这一原理的前提下，能够为“魔术作品”作出的最佳定义了。但问题在于：《著作权法》已经规定了“舞蹈作品”，而且《著作权法实施条例》将“舞蹈作品”定义为“通过连续的动作、姿势、表情等表现思想情感的作品”[②]。试问：在排除魔术技巧的情况下，“魔术作品”这一“形体动作、姿势的表达”与“舞蹈作品”的关系如何处理？“魔术作品”中的动作与姿势当然是“连续的”。同时，任何文学、艺术领域的作品都要“表现思想、情感”，“魔术”既然是“作品”，当然也不例外。将“魔术作品”定义为“形体动作、姿势的表达”，将使《著作权法》对“舞蹈作品”的规定失去意义，因为任何独创的“形体动作、姿势的表达”即使达不到最低限度的艺术性、不是“舞蹈”，也可以构成“魔术作品”。同时，由于魔术技巧和与之相关的魔术秘密不在著作权法的保护范围之内，这种“形体动作、姿势的表达”是不是在表演魔术也变得无关紧要。换言之，即使魔术师手中没有任何道具，也没有表演出任何魔术效果，只要他将动作从头至尾做一遍，就可以作为“魔术作品”受保护，这将导致“舞蹈作品”丧失其存在的意义。

（四）美术、建筑作品

“图画、油画、建筑、雕塑、雕刻和版画作品”是《伯尔尼公约》第 2 条第 1 款明文列举的作品类型。我国 1990 年《著作权法》中只规定了“美术作品”，并未规定“建筑作品”的类型。但这并不意味着该部《著作权法》不保护建筑作品，而是将符合条件的建筑物作为美术作品加以保护。[③] 由于《伯尔尼公约》第 2 条第 1 款明确将“建筑作品”列为一种作品类型，2001 年我国《著作权法》修订时，也单独规定了“建筑作品”，与“美术作品”并列为第 3 条规定的第四类作品。两者之间的共同之处，就在于它们是具有审美意义的外观造型。

1. 美术作品

《著作权法实施条例》将“美术作品”定义为“绘画、书法、雕塑等以线条、色彩或者其他方式构成的有审美意义的平面或者立体的造型艺术作品”[④]。美术作品不但包括各种形式的平面绘画，如油画、水墨画、木版画、铜版画、素描等，也包括了各种立体形式的雕刻和雕塑，如石雕、木雕和以各种材料塑造出来的形象。需要注意的是，这里的“平面或立体的造型艺术作品”不是指物理学意义上的以二维或三维物体为载体表现的艺术作品。我们生活在一个三维世界，任何物体都具备长、宽、高三个维度。例如，画家用以作画的纸张无论多薄，都具有物理学意义上的体积，因此也是三维的。大概只有科幻小说《三体》中导致太阳系毁灭的“二向箔”才是物理学意义上的二维物。[⑤] 因此“平面美术作品”与“立体美术作品”的区分并不是以作品的载体是否为物理学意义上的二维物为依据的。平面美术作品原件或复制件作为物质载体当然是物理学意义上的三维物，只是在表现该美术作

① 北京市第一中级人民法院（2010）一中民初字第 10067 号民事判决书。
② 《著作权法实施条例》第 4 条第 6 项。
③ 参见姚红主编：《中华人民共和国著作权法释解》，58～59 页，北京，群众出版社，2001。
④ 《著作权法实施条例》第 4 条第 8 项。
⑤ 参见刘慈欣：《三体》，Ⅲ·死神永生，401～420 页，重庆，重庆出版社，2010。

品时，只需要借助该物质载体的两个维度，而无须同时借助三个维度。如画家在创作完成一幅国画之时，只需要纸张的两个维度（长度和宽度）即可表现该国画（美术作品），无须借助纸张的第三个维度（厚度）。例如，华东政法大学松江校区的校名书写在门口的大石头上。石头当然是三维物，但"华东政法大学"的手书作为书法作品，只需要借助石头的长和宽两个维度就足以充分展现。有些"立体画"有强烈的立体效果（如艺术家在马路上画出一个貌似地面开裂的大洞，吓得司机不敢开车前行），但其同样只需要借助长和宽两个维度就可表现，故也属于平面美术作品。反之，立体美术作品（如雕塑作品原件）则需同时借助物质载体的三个维度来表现作品。但是，无论是平面美术作品还是立体美术作品，都以有体物为载体，区别仅在于是需要同时借助两个维度还是需要借助三个维度。因此，不存在没有被固定的美术作品。

典型案例

沙漏流沙画不是美术作品

本案涉及常见的沙漏流沙画摆件，也就是将几种颜色的沙子和水放入很薄的玻璃容器中并充入气泡，当改变摆件的位置时，其中的沙子和水会在重力的作用下缓缓流动，在静止后会形成类似于山水画的造型。原告声称自己发明了这种流沙画摆件，从而创作出了澳大利亚版权法意义上的艺术作品。其起诉出售类似摆件的被告侵犯版权。

澳大利亚维多利亚州最高法院指出：可以认为由上述过程形成的图形具有艺术吸引力，但每次摆弄该摆件都会形成不同的形状。它们不是直接由人的双手所创作的，而是随着摆件重心的改变而形成的，其造型事先难以预测。因此不能将该造型称为艺术作品。[①]

在本案中，原告提供了几个沙漏流沙画摆件的照片，其中的造型确实有艺术美感。但该造型的形成无非两种可能性：一是经过无数次的尝试，原告选择了在其看来最具艺术性的造型。但在这种情况下，正如法院所述，该造型的形成不是"创作"的成果，而是随机形成的，原告自己都不能预测改变摆件的位置会产生何种造型。原告的智力贡献在于对装置的设计，而不是对艺术造型的创作。二是原告事先在纸上画出了艺术造型，再运用其娴熟的操控技巧小心地改变摆件的位置，使其中的沙子停在预定位置，再现了纸上的绘画。在这种情况下，原告完全可以对绘制在纸上的画主张权利，无须主张玻璃容器中的所谓流沙画是"动态艺术作品"（work of kinetic art）。法院也指出，由于流沙场景无法保持固定形态，该场景不能被认定为艺术作品。

典型案例

音乐喷泉是"美术作品"吗？

在引起很大争议的"音乐喷泉案"中，原告设计了随着音乐、灯光和色彩而舞动的喷

① Komesaroff v. Mickle，(1986) 77 ALR 502，at 509.

泉，要求保护“喷泉在特定音乐配合下而形成的喷射表演效果、具有美感的独特视觉效果”①。二审法院认为：法律对“美术作品”规定的要件中“并未有意排除动态的、存续时间较短的造型表达”，“涉案音乐喷泉喷射效果的呈现是一种由优美的音乐、绚烂的灯光、瑰丽的色彩、美艳的水型等包含线条、色彩在内的多种要素共同构成的动态立体造型表达，这种美轮美奂的喷射效果呈现显然具有审美意义”。因此，二审法院认定“涉案音乐喷泉喷射效果的呈现属于美术作品的保护范畴”②。

本书作者认为，音乐喷泉明显不符合美术作品的法定含义及人们的普遍认识。《著作权法实施条例》将美术作品定义为“绘画、书法、雕塑等以线条、色彩或者其他方式构成的有审美意义的平面或者立体的造型艺术作品”，其中“平面或者立体”作为定语具有限定范围的作用，必然有其存在的意义。二审法院也注意到了这一点，因此强调涉案音乐喷泉具有“水型三维立体形态”，属于“动态立体造型表达”。这显然是将水柱在空中喷射的瞬间形态当成了“立体美术作品”，这一理解显属不当。

“平面美术作品”和“立体美术作品”是美术作品中非此即彼的分类，且以其借以表现的物质载体的维度作为区分依据，即只需要借助物质载体的长与宽两个维度来表现的，是平面美术作品（如油画），而需要同时借助物质载体的长、宽和高三个维度来表现的，是立体美术作品（如雕塑）。这意味着不借助物质载体加以表现，也就是没有固定形态的设计，并不属于美术作品。对于这一点，也可从《著作权法》对美术作品原件和复制件的区分中得到印证。《著作权法》第20条第1款中规定，美术作品原件的展览权由原件所有人享有。言下之意就是美术作品复制件的所有人并不能未经美术作品著作权人许可展览该复制件。可见美术作品必须被固定在物质载体上，不能像口述作品那样脱离物质载体而存在，否则也不可能有“原件”和“复制件”的区分了。当然，物质载体并不一定永远存续，如艺术家利用积雪制作的具有独创造型的雪人也是立体美术作品，即使它在天气转暖之后会逐渐融化。但稍纵即逝的非固定形态，如流动的液体和弥散的气体，无所谓“平面”或“立体”，也无所谓“原件”或“复制件”。“固定形态”也不要求造型中的全体组成部分都必须绝对静止。例如，美国西雅图美术馆门前人形雕塑的手臂在不断晃动，但没有人会否认这尊雕塑是立体美术作品。这里强调固定形态，是为了说明艺术造型已经融入物质载体之中，从而可以借助物质载体稳定地保存。

在“音乐喷泉案”中，二审法院所要保护的音乐喷泉，是“音乐喷泉喷射效果的呈现”。本书作者当然认同音乐喷泉能够给人以美的享受，也不妨将其称为一种艺术表达，但问题的关键在于：它是否构成美术作品的法定表达形式？无论是“婀娜多姿的水舞”“绚丽斑斓的灯光”还是“灿烂缤纷的色彩”，都是稍纵即逝的，并没有依附于物质载体加以稳定地保存，当然也不可能借助物质载体的三个维度进行表现。可见，二审法院是误将是否具有“立体视觉效果”作为区分平面美术作品和立体美术作品的依据，它会带来一系列解释上的问题。

假设该音乐喷泉的喷射时长为10分钟，试问：该美术作品是在哪一分钟形成的？或者10分钟的喷射才构成美术作品？如果是后者，就出现了“长度为10分钟的美术作品”，今

① 北京市海淀区人民法院（2016）京0108民初15322号民事判决书。

② 北京知识产权法院（2017）京73民终1404号民事判决书。

后人们在谈论美术作品时，是否要问一件美术作品会“持续”多长时间？同时，对于“音乐喷泉喷射效果的呈现”这种“美术作品”，如何区分原件和复制件，又如何展览原件和复制件？再者，如果“婀娜多姿的水舞”都能成为美术作品的主要构成要素，举轻以明重，编舞者设计的“婀娜多姿的人舞”是否也应当被认为是美术作品？事实上，如果将“音乐喷泉案”中的“水舞”改成“人舞”，也就是由表演艺术家伴随着与之配合的“袅袅动听的音乐”、不断变换的“绚丽斑斓的灯光”和“灿烂缤纷的色彩”，根据编舞者预先独立设计的舞蹈动作翩翩起舞，形成“具有美感的独特视觉效果”[①]，人们都会认同舞蹈动作设计属于舞蹈作品，“人舞”属于对舞蹈作品的表演，而不会将舞台表演的整体称为“美术作品”。

在“音乐喷泉案”中，二审法院之所以将音乐喷泉解释为美术作品，是担心如果不这样做，会“挫伤权利人积极投入和努力创造的动力，导致抄袭模仿盛行，最终影响的是广大公众从中受益”[②]。这一良好的愿望当然值得赞赏，但二审法院似乎没有考虑通过其他途径提供合理保护的可能性。“（版权）法必须有其限度，并非所有的概念艺术都能获得版权保护。”[③] 设计喷泉喷射形成的“造型”及色彩的变换当然很重要，但关键在于如何实现。它涉及计算机控制、电气安装、机械加工、流体力学、液压控制、照明科技和环艺设计等众多领域，需要程序控制系统与音乐控制系统相结合。仅从外部观察某一音乐喷泉，特别是大型音乐喷泉，恐难以制作出效果相同的音乐喷泉。一审判决书中记载，本案原告称：经被告索要，并在被告承诺对所获资料只作向领导汇报推荐所用的情况下，向其提供了涉案音乐喷泉的核心资料（包含详细设计图纸、气动水膜的设计数据、实验视频等）。[④] 如果该情况属实，则原告要求被告承担缔约过失责任，也能够获得应有的保护。

美术作品必须具备“审美意义”，也就是应具备艺术性，但并不需要具备高度的艺术创作水准或高超的艺术创作质量，因为美的观念总是因人而异、因时而异。前文“独创性”部分曾引用了美国霍姆斯法官的名言：“由那些只受过法律训练的人来判断美术作品的价值是危险的。一方面，有些极具天才的绘画一开始不被人们所欣赏。另一方面，有些在法官看来缺乏美学价值和教育意义的作品却能够被一些民众所接受。不能因为这些民众的品位低就认为这幅绘画不受版权保护。”[⑤] 只要创作者将其对美学的独特观点在物质载体之上以可视方式表现出来，符合最低限度创造性的要求，就能形成美术作品。正如美国著名版权法专家尼摩尔教授指出的那样：对于有相当部分的人群认同的“作品”，无论这些人的品位是高贵的还是低俗的，无论他们是嬉皮士、先锋派还是小资，是成人还是少年，我们都必须承认它是版权法意义上的艺术品。[⑥]

需要注意的是，正如第二节在分析“独创性”中“创”的要求时所述，一种成果是否

---

① 一审法院认定，“音乐喷泉作品所要保护的对象是喷泉在特定音乐配合而形成的喷射表演效果、具有美感的独特视觉效果”。

② 北京知识产权法院（2017）京 73 民终 1404 号民事判决书。

③ Kelley v. Chicago Park Dist. 635 F. 3d 290，304（7th Cir.，2011）.

④ 参见北京市海淀区人民法院（2016）京 0108 民初 15322 号民事判决书。

⑤ Bleistein v. Donaldson Lithographing Co.，188 U. S. 239，at 251（1903）.

⑥ See Melvile B. Nimmer & David Nimmer，*Nimmer on Copyright*，Matthew Bender & Company，Inc.，2003，§ 2.08（B）（1）.

为具有美感的艺术性表达，与这种艺术性表达的质量并不是一回事。换言之，不考虑艺术创作水准或质量并不等于不考虑“审美意义”，也就是艺术性。只有具有美感的艺术性表达才可能构成美术作品，这是美术作品区分于其他智力创造成果的根本特征。对创作水准或质量的评判总是因人而异、因时而异，难求统一，但如果一种表达形式缺乏最起码的审美意义，甚至都不能被称为一种艺术造型，根本不属于艺术领域的成果，那就不能作为美术作品受到保护。在我国，最高人民法院曾指出：“不同种类作品对独创性的要求不尽相同。对于美术作品而言，其独创性要求体现作者在美学领域的独特创造力和观念。”[①] 例如，右图中的胶带切割机是纯粹的工业产品，法院指出其“缺乏审美意义，也无法使人体会其要表达何种意境，单独陈列时具有何种欣赏价值”[②]，当然不属于美术作品。意大利最高法院在“耶稣诞生像案”中认为：作品通常都与众不同，源于每位作者独特的个性与才华。涉案的“耶稣诞生像”描绘的是千篇一律型的常见的耶稣诞生的场景，是为了进行批量生产而制作的，粗制滥造，细节方面疏于处理，还有颜料和塑料材料的污迹。其造型和其他市场同类产品难以区分，从而使其缺乏艺术价值，也没有作者独特的印记（author's imprint），没有创造性，不能作为立体美术作品受到保护。[③] 曾有人主张著作权法对美术作品的美感要求应当为零，本书作者对此无法认同。如果只要一种外观造型是新颖的，就可以作为美术作品受到著作权法的保护，恐怕大至飞机、装甲车，小至螺丝、鼠标，只要其外形设计有些创新，都可以成为“立体美术作品”了。这不仅突破了《伯尔尼公约》和我国《著作权法》为作品设定的“文学、艺术和科学领域”，也会使著作权法与外观设计法的界限荡然无存。对此，可参见下文“实用艺术品及受保护的条件”的讨论。

“绘画、书法、雕塑等以线条、色彩或者其他方式构成的有审美意义的平面或者立体的造型艺术作品”的定义还准确地将美术作品定性为具有艺术性的造型。因此，在涉及美术作品的著作权侵权诉讼中，关键问题是被控侵权的成果与在先美术作品在由线条、色彩等要素构成的造型上是否存在实质性相似。

与文字作品类似，在涉及美术作品的侵权诉讼中，也需要区别其中的思想与表达，并判断原、被告的表达是否构成实质性相似。不能认为只有精确无误地照抄（如精确临摹）他人美术作品，才是对表达（色彩和线条等因素构成的造型）的利用，因为此种“照抄”是对复制权的侵害，还需要考虑是否因艺术表达上的实质性相似而构成对改编权的侵害。例如，将美术作品（左图左）改为讽刺其他社会现象的画作（左图右），虽然其中艺术造型发生了一定变化，但仍然构成表达

① 最高人民法院（2012）民申字第1392号民事裁定书。

② 广东省高级人民法院（2006）粤高法民三终字第45号民事判决书。

③ Euromarchi Srl v. Due Esse Christmas Srl，2 January 2018 [It Cass (I)]，IIC 2018，49 (9)，1106 - 1110.

上的实质性相似。[①] 再如，在涉及纺织品上美术作品的侵权纠纷中，原告的设计（右图左）与被告的图案虽然接近，但也有一定差异。美国的汉德法官指出："普通观察者除非刻意寻找差异，否则会倾向于忽略这些差异，并认为原、被告的设计在审美吸引力上视为是相同的。（对于侵权认定）这就足够了。"[②] 当然，如果被诉侵权的作品与原告的美术作品之间在艺术造型上相距甚远，近似的只是主题或理念，则被告利用的只是思想而非表达。

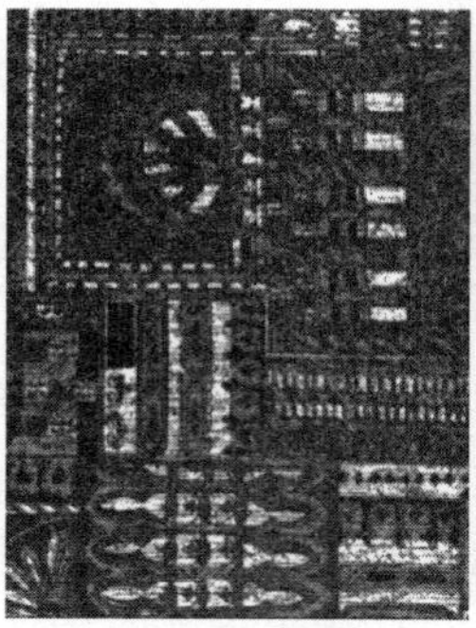

典型案例

《曼哈顿的印第安人》绘画案

原告托马斯·克尔创作了人物肖像画《曼哈顿的印第安人》（Manhattan Mohawk[③]）（见下图左），其中人物的突出特征是显现了纽约曼哈顿摩天大厦群轮廓的印第安人发型。被告安尼塔·克尔创作的人物绘画也具有上述特征，并被作为《纽约客》杂志的封面（见下图右）刊登。

法院认为：以摩天大厦群的轮廓作为人物发型加以描述，属于"思想"。同时两幅绘画对这一思想的表达完全不同。法院重申了认定侵权的基本原则：（两部作品之间）相似的一般印象并不足以认定侵权。对于原告的侵权指称而言，只有表达上的相似才是有意义的。[④]

在该案中，将摩天大厦群的轮廓用作印第安人的发型是一种创意，由色彩和线条等要素构成的人物造型才是作品的表达。被告绘制的人物无论在肖像和发型的具体造型上都与原告的作品相去甚远，两者的相似性在于创意而非表达。

---

① See Johan Deckmyn v. Helena Vandersteen, Case C-201/13 (2014). 本案的争议点在于被诉侵权作品是否应当被归入"讽刺性模仿"，因而适用权利限制，而不在于原、被告的图形是否构成实质性相似。

② Peter Pan Fabrics, Inc. v. Martin Weiner Corp., 274 F. 2d 487, 489 (2nd Cir., 1960).

③ 莫霍克人（Mohawk）属于印第安人。

④ Kerr v. New Yorker Magazine, 63 F. Supp. 2d 320, at 325-326 (S. D. N. Y., 1999).

典型案例

"美国黑棍小人案"

本书第二章第二节第三部分介绍过"中国黑棍小人案"。无独有偶，美国也发生过类似诉讼，只是两国法院分析的侧重点有所不同。在"中国黑棍小人案"中，法院主要关注原告作品的独创性。而在"美国黑棍小人案"中，原、被告的小人形象相似之处是思想还是

表达，以及表达的近似程度是关键问题。在本案中，原告布莱姆创作的名为"彭曼"的一系列黑色小人漫画（见左图）广受欢迎，被告雅各布兄弟在此之后画出了一系列名为"杰克"的黑色小人漫画（见右图），并销售印有该漫画的衬衫。布莱姆起诉雅各布兄弟侵犯其作品版权。（下图为诉讼中原告提交的漫画对比图）

法院认为：原、被告的漫画中人物所作的手势及接飞盘的姿势都极为普通，本身属于不受保护的思想，同时两个漫画人物的圆脑袋是人的自身特征，原告也不能就此获得版权保护。两相对比，"彭曼"的脑袋是规整的圆形，与身体的尺寸比例协调，而"杰克"的脑袋是不规整的椭圆，且相对于身体而言大得不成比例；"彭曼"的胳膊和腿相对于其被刻意缩短了的躯干而言长得不成比例，而"杰克"的胳膊和腿与躯干的尺寸比例是协调的；二者的脚存在显著区别，"彭曼"的脚又厚又长，呈滚轴型，而"杰克"的脚较短，呈三角形。法院同时认为，两个漫画中人物的笑容是关键所在，因为二者都有出奇大的半圆形笑容，而描绘笑容的方式多种多样。然而法院同时指出，半圆形笑容的创意不受保护，重要的是对这一创意的表达是否实质性相似。"彭曼"笑容的尖端是弧形的，而"杰克"笑容的尖端则锐利得多；由于脑袋与身体比例的关系，"杰克"的笑容比"彭曼"的笑容显得大许多；"彭曼"的白色笑容以全黑的脑袋为背景，而"杰克"的白色笑容以戴黑色眼镜的全白脑袋为背景。同时，由于原告布莱姆在绘制"彭曼"时刻意不画眼睛和其面部特征，导致"彭曼"的脸也可被看作仅由白色空间组成，白色空间上方的黑色则是额头上头发的刘海，而不是被理解为"彭曼"在大笑；"杰克"则显然呈现笑脸，对其表情不存在其他解读。法院因此得出结论：理性的审理者并不会认定"杰克"与"彭曼"在受保护的表达方面构成实质性相似。①

本书读者可能会惊讶于法院在比较原、被告的漫画时对细节差异的高度关注。如果结合前文介绍的"中国黑棍小人案"中法院的判决理由，则更容易理解本案中法院的分析方法。与"中国黑棍小人案"中一样，本案中原告的漫画小人也是用简单的黑色线条绘制的，

---

① Blehm v. Jacobs, 702 F. 3d 1193, 1206-1207 (10th Cir., 2012).

其造型的复杂程度相对较低，在类似的黑色小人普遍存在的情况下，其独创仅体现在差异之处。此时其受保护的水平也相应较低，只有与其贡献出的、与在先的黑色小人相比较为细微的差异构成实质性相似，才能认定侵权。而较为简单的造型又容易发生思想与表达的混同。这就是为什么表面上看原、被告的漫画人物比较接近，但法院并未认定侵权。如果本案原告创作的是与在先黑色小人相比存在较大差异、内容相对复杂的艺术造型，则法院就不需要去关注细微的差别，而是比较原、被告的漫画人物在整体造型上的相似性了（如前文引述的将美术作品改为讽刺画的案例）。

典型案例

法蓝瓷工艺产品案

原告A获得了一系列美术作品著作权的专有许可，其认为被告B生产的鸢尾花茶壶、金鱼大盘和金鱼饰品等产品，在艺术风格、形态处理、结构布置、装饰效果、设计理念等方面与自己的产品实质相似，存在明显刻意模仿痕迹。其中：双方的茶壶都采取了圆雕和捏雕，功能上兼具日用和艺术欣赏，主题都是一枝蓝色鸢尾花叶梗向器物另一端延伸绽放花朵的表现形式，尤其是部分花瓣或叶片悬空超出器物主体的相同处理手法且功能都相同。双方金鱼系列产品的主要设计元素一致，均为白底、红色金鱼、绿色水草，且主题图案设计和布局、色彩组合、设计理念和表现手法相似，尤其是金鱼尾巴扬起，红白色相间处理的手法，水草喷彩表现由深而浅的渐变过渡效果。原告A据此指称被告B的产品在表达上与其产品实质相似，是侵权产品。[①]

原告A的鸢尾花茶壶

被告B的产品

原告A的金鱼大盘

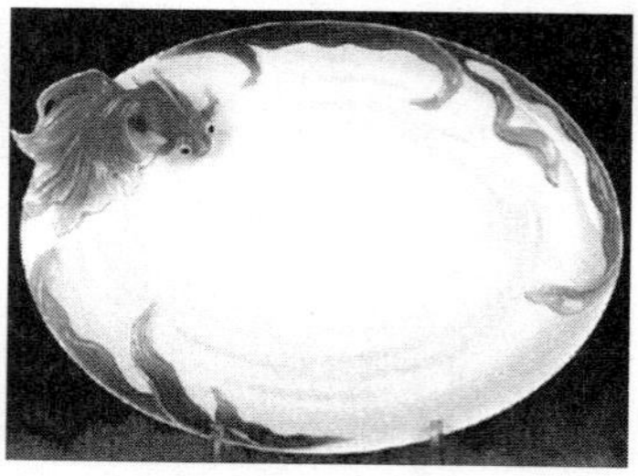
被告B的产品

① 参见最高人民法院（2012）民申字第1392号民事裁定书。

原告 A 的金鱼摆饰

被告 B 的产品

最高人民法院认为：一百多年前已出现了将动植物形象引入生活用品中，制作出精美的陶瓷制品的设计思路、工艺方法。涉案作品的作者借鉴已有的设计思路和工艺方法，用鸢尾花、蜂鸟、金鱼等动植物的形象来装饰茶壶等产品，使其系列瓷制品在艺术造型、结构、色彩搭配上具有独创性，构成有审美意义的立体造型艺术作品，应当受到著作权法的保护。但著作权法保护思想的表达，并不保护思想本身。将动植物形象装饰陶瓷制品，在各种器形载体的杯缘、瓶口、把手上刻画出立体生动的动植物造型的设计思路以及相应的工艺方法并非涉案作品的作者所独创，也非著作权法的保护对象，著作权人不能通过著作权垄断相应的设计思路和工艺方法。①

最高人民法院对比 A、B 的产品后指出，双方的茶壶产品都是在白底的器体上装饰绿色的叶子和蓝紫色的鸢尾花，盖钮也由花瓣构成，但两者在鸢尾花造型设计、位置及色彩搭配等方面存在诸多不同，B 的产品上没有蜂鸟和叶梗等设计元素。双方的金鱼系列产品和摆饰在主题、元素和布局上确有很多相同之处，如大盘中均有一条红色金鱼和绿色水草装饰于盘缘，摆饰也是呈游动姿态的红色金鱼，但两者也有诸多明显差异，比如器体整体差别较大，水草的形状、姿态、位置不同，金鱼的形态不同，颜色搭配也有区别等。

最高人民法院的结论是：虽然 B 的产品具有模仿 A 之产品的痕迹，两者的产品有相同之处，但也有明显的差异。相同之处主要是设计主题、思路、位置关系和动植物形象等元素，这些相同之处尚未使两者的产品达到实质性相似的程度，B 的行为没有超出应有的界限。②

在该案中，原、被告诸多产品的相似性难以用巧合来解释，被告应当接触过原告的产品并进行了模仿。但是，对艺术风格、设计理念和制作风格的模仿并不受到著作权法的禁止。美术作品的表达是由线条和色彩等要素构成的艺术造型，对美术作品的侵权认定也应以艺术造型方面的实质性相似为前提。在原、被告的鸢尾花茶壶中，叶子和鸢尾花的颜色虽然相近，但具体造型相去甚远。在双方的金鱼系列产品中，红白相间的金鱼颜色和基本造型源于现实，且这种设计早已有之，而原告的产品中的独创部分，如眼睛的颜色搭配和目光朝向、鱼鳍和鱼尾的摆动方向，并未出现在被告的产品中。因此，法院认定双方的产品并不构成表达方面的实质性相似是正确的。

2. 建筑作品

《著作权法实施条例》对“建筑作品”的定义是“以建筑物或者构筑物形式表现的有审

---

①② 参见最高人民法院（2012）民申字第 1392 号民事裁定书。

美意义的作品”[①]。这与其他一些国家对建筑作品的定义是不同的，如美国将建筑作品的平面设计图也作为建筑作品加以规定。我国《著作权法》将“图形作品、模型作品”与“建筑作品”作为两个不同的类别加以规定，因此，我国著作权法意义上的建筑作品并不包括平面建筑设计图和建筑模型，而只能指三维的建筑物或构筑物。关于建筑设计图和建筑作品的关系，请参见后文“（七）图形作品和模型作品”中的讲解。

建筑物或构筑物能够作为作品受到保护是因为它们具有独立于其实用功能的艺术美感，反映了建筑设计师独特的建筑美学观点与创造力，如上海东方明珠塔、香港中银大厦、悉尼歌剧院等都由于其别具一格的外形而给人以美的享受。缺乏独创性或没有任何艺术美感的建筑物或构筑物并不是建筑作品，例如，根据常规设计建造而成的楼房就缺乏独创性，而建筑工地上临时搭建的工棚一般缺乏最起码的艺术美感。

同时，著作权法不保护技术方案和实用性功能的基本原则对于建筑作品的保护仍然是适用的。例如，某高层建筑物具有独特的优美外形，但该外形设计是为了使该建筑物具有更好的稳定性，能够在台风来袭时保持楼体平衡。在这种情况下，无论该建筑物多么具有艺术观赏性，都不能作为建筑作品受到著作权法的保护。这是因为在这种情况下建筑物的实用功能与艺术美感是无法分离的，一旦不采用该外形设计，其抵御台风的实用功能也就消失了。用著作权法保护该外形势必也将保护具有功能性的设计，而这是违背著作权法基本原则的。世界知识产权组织编写的《世界知识产权组织管理的版权和相关权条约指南》在解释《伯尔尼公约》要求保护的建筑作品时，也明确指出：“（建筑作品）与纯艺术作品归入一类是有意义的，它使人注意到一个事实，是它们的艺术形态而不是技术方案与版权保护相关。”[②]

3. 实用艺术品及受保护的条件

某些实用品除了有实用功能，还具有一定的美感，故被称为实用艺术品。实用艺术品应符合何种条件才能受到著作权法的保护呢？由于《著作权法》缺乏明确规定，对此目前在理论上、实务中都存在较大争议。

《伯尔尼公约》第2条第1款将“实用艺术品”（works of applied art）列为“文学艺术作品”的范围。根据世界知识产权组织编写的《伯尔尼公约指南》，“实用艺术品”涵盖小摆设、首饰、金银首饰、家具、壁纸、装饰品、服装等。《伯尔尼公约》第2条第7款允许成员国规定适用著作权法保护实用艺术品的范围和条件，同时特别强调：如果实用艺术品的起源国没有对实用艺术品提供专门保护，实用艺术品应作为“艺术作品”（artistic work）受到保护。我国《著作权法》并未明确将“实用艺术品”列为保护客体，只有国务院于1992年颁布的《实施国际著作权条约的规定》明确要求对外国实用艺术作品进行为期25年的保护。但这并不意味着实用艺术品不能受到我国《著作权法》的保护：只要实用艺术品中的美感能够与实用功能在物理或观念上分离，从而可以独立存在，就可以作为美术作品受到《著作权法》的保护。

例如，《与贸易有关的知识产权协定》第25条第2款要求成员国对纺织品设计进行保护，而对于保护的手段，允许成员国选择工业品外观设计法或版权法。2004年，瑞士政府

① 《著作权法实施条例》第4条第9项。

② Guide to the Copyright and Related Rights Treaties Administered by WIPO：and Glossary of Copyright and Related Rights and Terms，World in Property Organization，WIPO Publication No. 891（E），2003，p. 26.

向中国政府询问《与贸易有关的知识产权协定》第25条第2款的履行情况时，国家版权局答复："……包括纺织品外观设计在内的工业品外观设计，只要符合构成'美术作品'条件的，著作权法就予以保护。也就是说，TRIPS协议第25、2条的要求在我国著作权法中得到了体现。"① 该答复清楚地说明：《专利法》对实用艺术品提供的外观设计专利保护，并不影响《著作权法》将实用艺术品中可以在物理或观念上独立存在的美感部分作为美术作品加以保护。在实务中，我国法院曾判决具有艺术造型的玩具积木块②、香水瓶③、儿童坐便器、浴盆④等应受《著作权法》的保护。

本书作者认为：实用艺术品应当符合三个条件才能作为美术作品受到著作权法的保护。第一个条件是：实用艺术品中的实用功能和艺术美感必须能够相互独立。前文"不受著作权法保护的对象"中曾提及：著作权法不能保护操作方法、技术方案和实用功能。这一原则完全适用于对实用艺术品的保护：只有当实用艺术品中的艺术成分能够在物理上或观念上独立于其实用功能而存在时，著作权法才对该艺术成分加以保护。

在一些情况下，实用艺术品中具有功能性的部分和展示美感的部分可以在物理上加以分离。前文引述的"'山姆大叔'案"中，争议的对象——带有"山姆大叔"雕像的存钱罐就是一个典型实例："山姆大叔"雕像有一定艺术美感，而雕像脚下的存钱罐具有投币存钱的实用功能。由于山姆大叔雕像仅仅是存钱罐的装饰，而且在物理上可以与存钱罐分离而单独存在，因而该雕像尽管是实用艺术品的一部分，也可能作为作品受到著作权法的保护。

在另一些情况下，实用艺术品中的实用性部分与美感相互融为一体，无法在物理上加以分离。此时，只有艺术成分在观念上分离出来，能够独立于实用功能而存在时，该实用艺术品才可能受到著作权法的保护。但是，关于判断"观念上分离"的标准众说纷纭，本书作者认为：如果改动实用艺术品在艺术部分的设计，影响了实用功能的实现，则艺术成分与实用功能就是无法在观念上分离的。但如果改动了实用艺术品在艺术部分的设计，不会影响实用功能的实现，则艺术成分与实用功能就可以在观念上分离。

例如，法国设计师让·保罗·高提耶（Jean Paul Gaultier）设计了男性造型香水瓶和女性造型香水瓶（见下页图左），这两种香水瓶的艺术造型（人体造型）与实用功能部分（容器）无法在物理上分离。但即使香水瓶不被设计成人体造型，也不会影响其实用功能——作为容器装香水，因此，香水瓶的艺术美感是能够与其实用功能在观念上进行分离的。同样，意大利欧可宝贝公司设计的儿童用品"小兔坐便器"（见下页图中）中的艺术美感（小兔造型）与其实用功能（供儿童坐便时使用）在观念上也是可以分离的。即使不将坐便器（中间镂空的圆形坐垫）加上小兔造型，它仍然可以作为坐便器使用，在功能的实现上不会受到丝毫影响。再如，"机器狗"（见下页图右）的小狗造型可以做无数种设计，除脚部须做成轮子之外，其他部位与该机械装置的功能并无关系，其艺术设计与实用功能的可分离性是显而易见的。

---

① 《对瑞士征询我履行TRIPS协议承诺的答复》（权司〔2004〕23号）。

② 参见北京市高级人民法院（2002）高民终字第279号民事判决书。

③ 参见北京市第二中级人民法院（2006）二中民初字第7070号民事判决书。

④ 参见北京市第二中级人民法院（2008）二中民初字第12293号民事判决书。

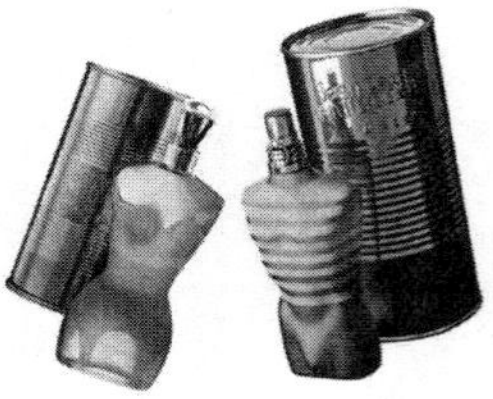

男性造型香水瓶和女性造型香水瓶[1]

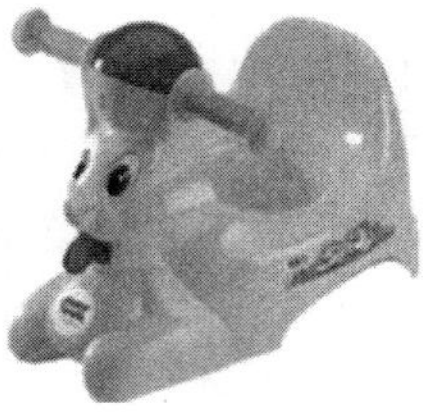

小兔坐便器

机器狗[2]

相反，如果一部小汽车的流线型设计能够基于动力学原理降低小汽车在高速行驶时遇到的空气阻力，并保持车身平稳，则该设计无论多么赏心悦目，具有多么高的艺术价值，都不能受到著作权法保护。因为在这种情况下，设计所带来的艺术美感是无法与其具有的实用功能分离的，一旦不再采用这种设计，小汽车所具有的行驶平稳、阻力较小的实用功能也就消失了。如果将这种流线型的小汽车作为作品用著作权法加以保护，则其他汽车制造商就不能未经许可而生产同种流线型小汽车，否则，将构成著作权侵权。这实际上使著作权法沦为了保护实用技术方案的工具。

假设一把设计新颖的椅子具有一个以某种特定角度弯曲并具有艺术造型的靠背，这把椅子是否能够受到著作权法的保护呢？这首先取决于椅子靠背的弯曲型设计是否具有实用功能：如果该靠背利用人体工学原理能够有效地降低使用者背部的疲劳感，则这种造型的靠背所具有的艺术美感与实用功能就无法分离。相反，如果该独特形状的靠背除和其他椅子的靠背一样使人能倚靠之外，没有任何实用性功能，则该靠背的设计并没有给其生产商带来技术上的竞争优势，而仅仅是有艺术美感。消费者购买这把椅子也不是为了坐得更加舒服，而是被其美妙的外观吸引。这样，这把椅子中的靠背形状就能够与椅子本身的实用功能相分离。在“鲁比克魔方案”中，魔方的设计者鲁比克认为，荷兰某公司制造和销售相同的魔方（见右图），侵犯了自己对魔方的著作权。荷兰最高法院认为：鲁比克魔方的造型、可旋转的特征以及除颜色之外的设计要素都仅服务于技术功能。同时，为了实现技术功能，在有限的选择空间中产生的各项要素也应被排除出保护范围。因此，魔方本身不能受到著作权法的保护。[3] 在“鞋底案”中，美国“可汗（Cole Haan）”鞋的品牌方申请将其设计的鞋底（见左图）登记为作品。美国版权局复审委员会认为，根据设计者自己的陈述，该鞋底设计模仿了人走路时足底的自然弯曲，使穿着此鞋的步行者从脚跟发力时疲劳感降低，这就说明由鞋底的正方形块状物

① 需要指出的是，法院不仅认为人型香水瓶可以作为实用艺术作品受到保护，而且认为“圆桶状外包装盒虽然线条并不复杂，但作为负有一定美感的和独特设计的立体造型，使该外包装盒也应作为实用艺术作品受著作权法保护”［北京市第二中级人民法院（2006）二中民初字第 7070 号民事判决书］。本书作者不能认同圆桶状外包装盒也能作为实用艺术作品受到著作权法保护。

② 参见斯平玛斯特有限公司与汕头市澄海区广益金光玩具厂等著作权侵权纠纷案，广东省高级人民法院（2018）粤民终 361 号民事判决书。

③ Rubik v. Beckx Trading，ECLI：NL：HR，2014，2737.

及其间的距离构成的造型是为实现该实用功能而设计的，不能作为作品登记。[1] 在“过滤漏斗”案中，用于摩托车的过滤漏斗（见右图）的形状、角度和弯曲度即使在有些人看来有一定美感，也因其完全由其要实现的功能所决定，不符合可分离性的要求，因此不能作为作品受保护。[2] 再如，曾有玩具坦克车制造商认为，其玩具的艺术性体现在下部的结构设计，即可以车轮向上翻转，使“车”变成“船”（见下图）。然而，即使该玩具下部的设计体现了车船结合的机械动感和巧妙性，具有一定的艺术性，但该设计是为了实现汽车造型与船体造型的相互变化，具有功能性，且其中的艺术性与功能性无法分离，因为一旦改动了向上翻折的造型设计，车与船之间相互转换的功能就无法实现，因此该设计不能受到著作权法的保护。[3]

玩具坦克下部可翻折的轮子

典型案例

异形魔方案

德国科学家乌尔·麦菲特设计了非常规造型的三种魔方（见下图），并给予本案原告专有使用权利。原告指称本案被告仿造了相同造型的魔方，侵害其立体美术作品的著作权。原告强调，虽然这几款魔方都是4轴结构或12轴结构，但相同的结构可以设计为外观不同的多款魔方。

“Pyraminx”（“金字塔魔方”）

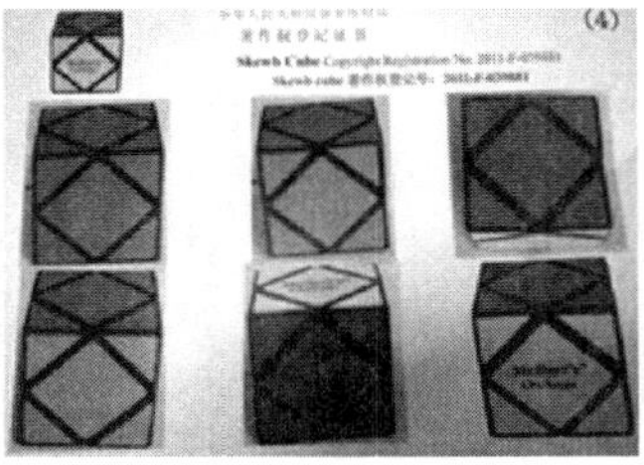

“Skewb Cube”（“斜转魔方”）

“Megaminx”（“五魔方”）

---

① Copyright Review Board of the United States Copyright Office, Re: second Request for Reconsideration for Refusal to Register Oustole (SR＃1-8409988481; Correspondence ID: 1-47JEY17).

② Copyright Review Board of the United States Copyright Office, Re: second Request for Reconsideration for Refusal to Register Funnel (SR1-7786584619) (Correspondence ID: 1-3X5PEX1).

③ 参见广东省高级人民法院（2015）粤高法民三终字第74号民事判决书。

法院认为：内部同样为4轴或12轴结构可以设计为不同外观的多款魔方并不意味着魔方的外观与功能是完全脱离的。魔方的游戏规则在于转动、打乱、还原，由此魔方必须具有标准块状分割、衔接，可旋转性，以及各个面初始形状相同、颜色相同、对称、有规律排列，否则魔方难以实现其复杂的转动、打乱、还原功能。魔方的外观服务于技术功能，其外形设计的美术性无法完全脱离其结构而存在。魔方的外观，包括整体形状，各个面的形状，各个面的构图、组合、颜色等，都必须服务于其技术功能。魔方的游戏益智功能不应被垄断，由此，与技术功能不可分的设计本身亦不应被垄断。“Pyraminx魔方”、“Skewb Cube”魔方，无论是整体形状、每个面的构图以及颜色，均为常见的几何形状或单一颜色，可供选择项较为有限。“Megaminx”魔方的每个面构图元素略微复杂，但其每个面的构图及组成依然必须考虑魔方转动、打乱、还原益智游戏功能的实现，“Megaminx”魔方的每个面构图也难称具有与其实用功能相分离的较高的独创性以及艺术美感。

法院强调：美术作品艺术性的根本在于创作者个性的张扬。而魔方的特点在于各个面图案相同，各个面初始颜色单一相同，魔方的各个面、各个面的构图要素以及组合规则、对称，有序排列，构图要素的规则有序、对称排列以及色彩的单一，确保了魔方转动、打乱、还原功能的实现，虽然对称、规则也是一种美，但魔方的这种对称、规则之美更多是基于科学原理、实用功能，魔方的这种“美”与美术作品的变化、个性化选择的“艺术之美”完全不同，在某种意义上也可以说是背道而驰。比如，如果基于艺术，美术作品应追求颜色、构图、形状的变化，但如果魔方每个面形状不同，或每个面的构图要素凸凹不平，颜色斑驳变化，那这种“魔方”因无法正常转动、打乱、还原，也就不成其为魔方。麦菲特公司在本案请求保护的“Pyraminx”魔、“Skewb Cube魔”、“Megaminx”魔方立体造型、每个面的构图及颜色均为常见设计，且该三款魔方都没有与其益智游戏功能完全分离的、具有足够的艺术性及美感的设计，故不应作为美术作品加以保护。[①]

在本案中，三个涉案魔方的造型确实不同于前文所述的“鲁比克魔方”。然而美术作品只与独创的艺术造型有关，而与技术功能无关。三个涉案魔方的立体形状本身在几何学的教科书中早已有之，设计者只是利用了这三个公有领域的立体形状制造了魔方而已。其唯一的区别在于各个面的分割和颜色，但这又与魔方的功能难以分离。可以想象：如果将其中一个面的分割改成扭曲的不规则形状，这个立体造型还能当作魔方使用吗？因此法院认定三个涉案魔方不能作为立体美术作品受保护是正确的。

第二个条件是：其能够独立存在的艺术设计是独立创作的。前文已详细论述过独立创作的含义，此处不再赘述。在这里需要强调的是：仅仅在实用品上再现现有作品，也即单纯改变作品的载体，不符合独创性的要求。

第三个条件是：实用艺术品应当能够被公众视为艺术领域的成果，也就是具有一定程度的艺术性并体现了相当的智力投入。之所以有这样的要求，是因为如下原因：首先，具有一定美感的实用品还可能获得外观设计专利权保护。获得外观设计专利权需要经过申请程序、支付申请费用、等待较长时间，而著作权法保护是自动产生的，无须任何费用。著

---

① 参见广东省深圳市中级人民法院（2019）粤03民终23385号民事判决书。

作权保护在力度和期限上远超外观设计专利权保护：著作权保护期限长达作者有生之年加50年，同时针对作品本身进行保护，也即无论在何种载体上使用相同作品都应经过许可；而外观设计专利权保护期限只有15年，保护只针对相同产品，也即如果在其他产品上使用相同造型设计，并不侵犯外观设计专利权。在追求生活品位的现代社会，许多日常实用品都或多或少地有一些美感。可以预见，如果对缺乏艺术性及相应智力投入的实用品都给予著作权保护，设计者将不再有动力去申请外观设计专利权，导致外观设计专利权的制度设计落空。其次，我国《著作权法》是将符合条件的实用艺术品作为美术作品加以保护的。如果不将一定的艺术性作为实用艺术品受著作权保护的条件，所有外形可与实用功能分离的日常实用物品都可受著作权法保护，那就超越了美术作品的范畴。也正因为如此，我国多数法院都将实用艺术品里有艺术性体现了相应智力投入作为保护条件。如在我国较早发生的涉及实用艺术品的"瑞士英特莱格公司诉可高（天津）玩具有限公司案"中，法院即指出："（实用艺术作品的）艺术性则要求该物品具有一定的艺术创作程度，这种创作程度至少应使一般公众足以将其看作艺术品。"[①] 下图所示的两块积木均为乐高公司的产品，但

乐高公司的积木一[②]

乐高公司的积木二[③]

法院只认定第一块积木为作品，原因就在于第二块积木未达到应有智力投入程度，难以具有艺术性。美国版权局也曾拒绝将增加了简单的小熊耳朵和鼻子造型的针织篮子（见左图）

作为作品登记，理由正是在于椭圆的鼻子和圆耳朵的造型与常见的类似形状相比变化太小，过于平常，也就是未能达到"创"的门槛。[④] 同样，仅在自行车头盔上增加对称排列的、线形均匀间隔的和略有倾斜度的三角鳍（见右图），只是极为普通的造型，缺乏构成作品的创造性。[⑤] 在德国，长期以来法院曾要求受著作权法保护的实用艺术品比其他类别的作品具有更高程度的创造性。[⑥]

---

① 北京市高级人民法院（2002）高民终字第279号民事判决书。

② 参见北京市第一中级人民法院（2010）一中民初字第16813号民事判决书。

③ 参见北京市第一中级人民法院（2009）一中民初字第5642号民事判决书。

④ The Review Board of the United States Copyright Office，Re：Seconde Request for Reconsideration of Refusal to Register Bear Basket Claraloo Variation1，SR 1-4646029181；Correspondence ID：1-2XJS9XJ.

⑤ The Review Board of the United States Copyright Office，Re：Seconde Request for Reconsideration of Refusal to Bolt Green Helmet（SR＃1-7829651933；Correspondence ID：1-46J7C21）.

⑥ Silke von Lewinski（ed.），*Copyright throughout the World*，Germany，2016，§16：9. e.

德国联邦最高法院曾明确指出：对《德国著作权法》中不同作品的创造性要求是不同的。实用艺术品要获得著作权保护，必须满足更严格的要求。著作权保护和外观设计保护的差异就在于创造性的程度。著作权保护要求体现更高程度的创造性和个性。该法院据此认定一种野花形状的耳环不能获得著作权保护。[①] 然而，欧盟《外观设计保护指令》不再严格区分外观设计保护和著作权保护，于是，德国不得不降低实用艺术品获得著作权保护所需的艺术性程度，不再要求其必须具备更高的创造性，只需要使相对熟悉艺术的公众将其视为"艺术"创作成果。[②] 这一变化源于欧盟曾为统一各成员国复杂而纷乱的保护标准而进行的立法，有其特殊的现实原因，并不应当为我国所效仿。

典型案例

宜家儿童椅凳案

世界上最大的家具零售公司宜家公司诉称我国一家公司抄袭了其玛莫特系列儿童椅和儿童凳（见右图），并加以销售。宜家公司认为涉案儿童椅凳既具有实用性又具有较高的艺术性，属于受著作权法保护的实用艺术作品。法院认为："根据我国《著作权法》的相关规定，实用艺术作品归属于美术作品范畴而受到著作权法的保护……因此，实用艺术作品的艺术性必须满足美术作品对于作品艺术性的最低要求，才能够获得著作权法的保护……本案中的玛莫特儿童椅和儿童凳的设计要点主要体现在造型线条上，但从整体上看，其与普通的儿童椅和儿童凳在外形上的区别不大，属于造型设计较为简单的儿童椅和儿童凳，在艺术性方面没有满足构成美术作品的最低要求，因此不属于美术作品范畴中的实用艺术作品，不受我国著作权法保护。"[③]

本案中的儿童椅、凳的"艺术"性，即圆形、无棱角的椅、凳腿，源于防止尚不会走路、只能在地上爬的幼儿撞伤头脸的实用功能，难以与实用功能分离。更何况该造型也难以使公众将其视为"艺术品"。因此该儿童椅、凳更适合作为工业品获得外观设计专利权保护，法院拒绝用著作权法予以保护是正确的。

典型案例

"人头马"酒瓶不能作为作品登记

法国人头马（Rémy Martin）公司向美国版权局申请将其一款造型独特的酒瓶（瓶身见

① See I ZR 119/93 (Silver Thistle), 1995 (BGH), IIC 1997, 28 (1), 140 - 143.

② See I ZR 143/12 (Birthday Train), 2013 (BGH), IIC 2014, 45 (7), 833.

③ 上海市第二中级人民法院（2008）沪二中民五（知）初字第187号民事判决书。

左图，从瓶底向上的仰视图见右图）登记为作品。人头马公司主张，该酒瓶是“一件独特的创意艺术作品，它从钻石和花朵的辐射状对称中汲取了灵感，但没有简单地复制自然物”。美国版权局复审委员会（以下简称“复审委员会”）指出，该酒瓶的整体造型中，其瓶身和软木塞表面的几何琢面和凹陷的扁平八边形具有艺术性，可以与实用功能分离。然而，可分离这一事实本身，并不意味着该造型就能自动受到版权保护，因为它还必须符合对独创性，包括对独立创作与创造性的要求。复审委员会认为，该造型纯粹由普通的几何形状，即环绕着瓶身和软木塞的多边形和三角形以及瓶身中部的八角形。而且这些几何形状的布局遵循标准的数学原则，即仅仅再现了钻石和花朵的辐射状对称，属于普通的排列，没有体现充分的创造性表达。因此复审委员会认为这款酒瓶缺乏获得版权保护的创造性，不应获得作品登记。①

（五）摄影作品

摄影作品是《伯尔尼公约》第2条第1款列举的作品类型。根据我国《著作权实施条例》的定义，摄影作品是指借助器械在感光材料或者其他介质上记录客观物体形象的艺术作品。② 这里的“感光材料”无疑是指传统的胶卷。而随着技术的进步，胶卷等感光材料以外的其他介质也可以记录摄影作品。目前使用胶卷的传统照相机已基本上被数码相机取代。在数码相机中，记录照片的介质是数字存储器。而当数码照片被拷贝至计算机之后，硬盘或光盘就成为记录照片的介质（物质载体）。

照片要成为拍摄作品，当然要符合独创性的要求。拍摄可以是复制的手段，如为真实再现文件或其他照片而进行的纯粹翻拍，由此形成的照片没有独创性。如法院曾认为拍摄空军某飞行表演队队徽形成的照片仅系对该队徽的简单复制，并未体现出拍摄者的独创性，不能被认定为作品。③ 再如，某公司员工设计了“小蜜蜂”艺术造型，形成了美术作品，该公司用激光设备通过打标将“小蜜蜂”打出来，然后再将其拍摄成照片。法院认定该拍摄行为不具有独创性，仅是对“小蜜蜂”美术作品的复制，并没有创作出摄影作品。④

典型案例

翻拍平面艺术作品不能形成拍摄作品

中美两国都发生过有关翻拍平面艺术作品能否形成摄影作品的纠纷。在美国发生的诉讼中，原告为一家艺术馆，其出于保存版本与展示的目的，将已进入公有领域的油画拍摄

---

① The Review Board of the United States Copyright Office, Re: Seconde Request for Reconsideration for Refusal to Register Diamant bottle (SR # 1-10923198141; Correspondence ID: 1-565XPQI).

② 参见《著作权法实施条例》第4条第10项。

③ 参见重庆市高级人民法院（2013）渝高法民终字第00261号民事判决书。

④ 参见深圳大族激光公司与深圳奥华激光公司侵犯著作权纠纷案，广东省深圳市中级人民法院（2010）深中法民三终字第57号民事判决书。

成照片，并制成了幻灯片，被告则未经许可而使用。法院认为，虽然对于照片而言，“极小程度的个性化表达就足以使其满足独创性的要求”，而且事实上绝大多数照片也因为对拍摄对象摆放位置或姿势的选择和对光线、角度的选择等独创性因素而构成作品，但为了准确再现油画所进行的纯粹翻拍则不同。法院指出：原告自己也承认其尽力对公有领域美术作品制作了“精确复制件”（slavish copies）。尽管该项工作需要具备技能和付出努力，也不存丝毫的独创性——实际上，这项工作的意义就是完全忠实地去复制原美术作品。原告称拍摄精确再现艺术品的照片需要极高的技巧，这使其有别于复印或与之类似的复制过程，但这一点并不重要，因为“仅仅存在于复制过程中的技巧、劳动或判断并不足以产生独创性”①。

在我国发生的诉讼中，争议的焦点在于对从古代流传下来的孔子画像拍摄的照片（见右图）是否属于摄影作品。法院认为：涉案照片系摄影师对孔子画像图而拍摄而形成，采用正面平视角度，并使用闪光设备使照片保持与原画相应的亮度。该照片的拍摄出发点和最终呈现都是高度完整地再现孔子画像图，是对该画像图的复制翻拍。故而尽管摄影师在拍摄中投入了劳动努力，但该劳动努力并不能体现出摄影师的个性创作。因此，涉案照片不具有独创性，不属于受著作权法保护的作品。②

这两个案例是翻拍平面艺术作品不能产生摄影作品的典型案例。在美国的案件中，艺术馆请摄影师拍摄油画的目的是保存版本与展示，这就意味着摄影师在拍摄时必然被要求精准地展示油画，使照片能够精准地反映油画的原貌。假设油画在展厅中灯光的照射下亮度为6，则摄影师所拍摄的油画照片的亮度也必须为6，而不是2或9。再如摄影师也不可能在被拍摄的油画与镜头之间安排一位女模特，形成以油画为背景的肖像照，否则就完全违背了艺术馆聘请他拍摄的目的。而在我国的案例中，涉案的孔子画像照片明显是对流传已久的孔子画像图的翻拍。单纯为了真实再现绘画而进行的拍摄，为摄影师留下的发挥个人选择与判断的空间非常小。换言之，由于要求精确再现绘画本身，拍摄过程难以体现摄影师与众不同的个性。数名具有同一水准的摄影师用同样的相机为此目的拍出来的照片在视觉上的差异极小。翻拍的结果因此不可能达到独创性的要求，即使在英美法系也不可能构成摄影作品。

拍摄也可以是创作的手段，照片尽管是借助照相机这一机械设备拍摄的，但拍摄过程可为拍摄者留下充分展示其个性和智力创造力的空间。

首先，不同的摄影师在对同一景物或人物进行拍摄时，可以对拍摄角度、距离、光线和明暗等拍摄因素进行富有个性化的选择，使照片影像具有独特的效果。

其次，摄影师还可以运用自己的判断力，敏感和准确地捕捉到稍纵即逝的场景，使照

① Bridgeman Art Library v. Corel Corporation，36 F. Supp. 2d 191，at 197，198（S. D. N. Y.，1999）. 引号中的陈述引自英国枢密院对 Interlego AG v. Tyco Industries，Inc. 案的判决。

② 参见北京全景视觉网络科技股份有限公司诉广州蓝海豚游船有限公司侵害作品信息网络传播权纠纷案，广东省广州市越秀区人民法院（2018）粤 0104 民初 23850 号民事判决书。

片影像体现“瞬间的艺术”。右图中的照片就展现了一条鱼飞入熊嘴中的一幕，成为摄影史上的经典之作。

再次，摄影师还可以对被拍摄的场景或人物进行特定安排，如要求被拍摄者摆出特定的姿势、表现出特定的表情，为被拍摄者选择服装和道具等。这种安排与对拍摄角度、距离、光线和明暗等拍摄因素的选择相结合，可以使照片影像在内容上具有独特的表现力。此时若他人以摄影或绘画、雕塑等方式实质性地再现摄影作品的内容，则可能构成侵权行为。如下图所示，第一名摄影师独具匠心地设计了两位老人怀抱一群小狗的场景作为拍摄对象，一名艺术家通过雕塑再现了近似的场景，被法院认定构成侵权。①

原告拍摄的照片

被告制作的雕塑品

同样道理，下图中被告的油画与原告的摄影作品在内容上高度相似，二者在整体构图、场景布局，人物的姿势、神态、服饰特征，以及物品摆放等方面均相同。法院认为：在摄影作品发表在先，油画作者有接触该摄影作品合理机会的情况下，被告的行为属于未经许可而改编摄影作品，构成侵权。②

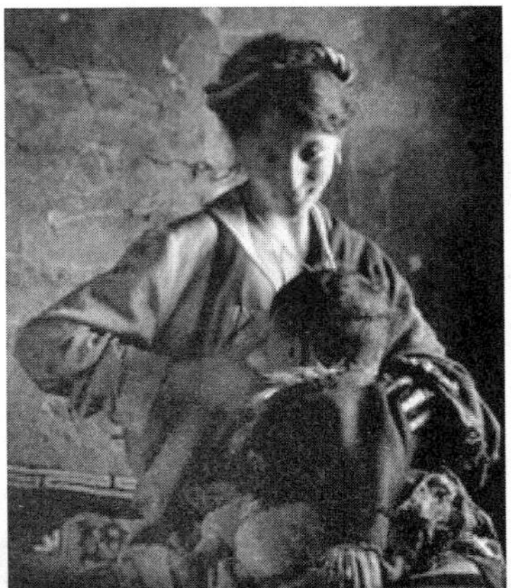

原告的摄影作品：《次仁卓玛》

被告的油画：《阿妈与卓玛》

① Rogers v. Koons，960 F. 2d 301（2nd Cir.，1992）.

② 参见北京市朝阳区人民法院（2011）朝民初字第20681号民事判决书。

需要注意的是，摄影作品以影像为表达形式，对被拍摄的场景或人物造型进行独特安排是形成该影像的手段，是摄影作品独创性的来源之一，因此对这种智力投入的保护只能体现在对影像本身的保护。如果他人通过仿照相似的场景或人物安排而重新拍摄或进行绘制、雕塑，由此形成的照片或绘画、雕塑实质性地再现了影像的视觉效果，则可能构成对摄影作品的侵权，但重现相似的场景或人物安排本身并不属于对摄影作品的侵权。与此同时，如果被拍摄的场景或人物造型并非摄影师进行独创性安排的结果，则摄影师无权阻止他人对同一场景或人物进行拍摄，而只能就其对该场景或人物的独创性表达——照片影像本身获得保护。如下图所示，第一名摄影师拍摄了婴儿的照片之后，其他摄影师仍然可以自由地用同一名婴儿做模特，独立地拍摄照片。① 如果摄影师对场景或人物的安排过于简单，如摄影师可能使用某种技巧使婴儿微笑，则其仅构成一种不受保护的思想，任何人都可以使用“拍摄一张婴儿微笑的照片”这一思想。

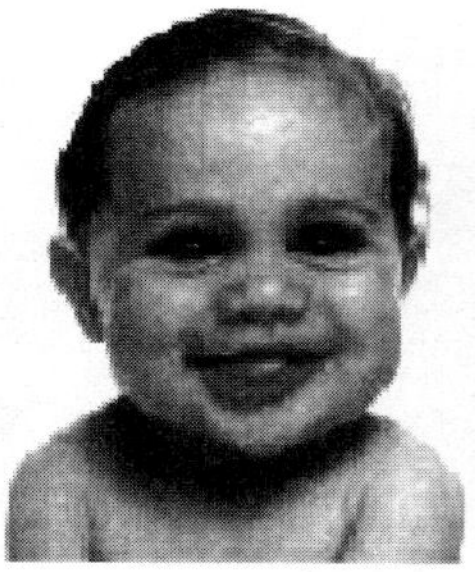

原告拍摄的照片

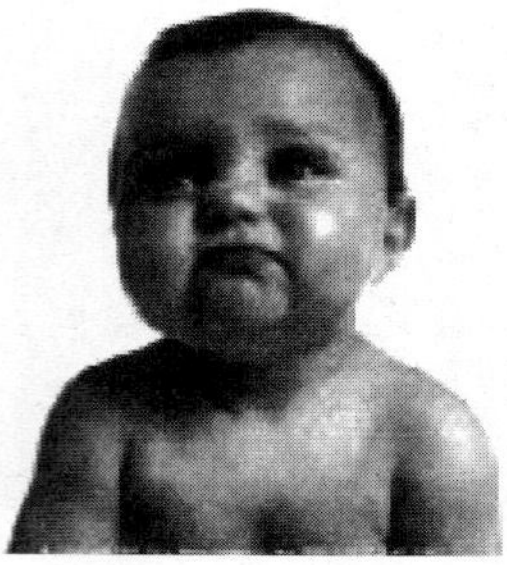

被告拍摄的照片

最后，对拍摄出的照片有时还要使用各种软、硬件工具进行一系列后期处理，以使其产生特殊的影像效果。只要影像内容和效果能够体现摄影师在拍摄过程中具有独创性的选择、安排和处理，就能构成摄影作品。

典型案例

圣路易斯大教堂照片侵权案

美国新奥尔良市位于迪凯特街杰克逊广场的圣路易斯大教堂经常在清晨笼罩在雾气中，成为游客和当地居民经常拍摄的热门场景。摄影师路易斯·萨胡克拍摄了名为《迪凯特街门》(the Decatur Street Gate) 的摄影作品（见右图左），其指称李·塔克在看过其照片后（此点得到了证实）拍摄并出售的照片《破雾》(Breaking Mist)（见右图右）侵犯其版权。然而，被拍摄的场景

① Penny Gentieu v. Tony Stone Images/Chicago, Inc., 255 F. Supp. 2d 838 (N. D. Ill., 2003).

是客观存在的，拍摄雾中该场景的想法也不能受保护，而双方独创性的表达并不相似。原、被告的照片在拍摄时选择的时机并不相同，导致照片中雾气的浓重程度不同，教堂的可见度也不同：在前者中教堂只剩下一个模糊的轮廓，而在后者中教堂的中间部分朦胧，但其顶部和底部都得到显现；前者完全没有摄入街道，后者则在底部出现了街道及上面的水洼。两者的拍摄角度也有区别：在前者中教堂和雕像在中轴线上，且两边都有香蕉树叶，在后者中教堂和雕像并不位于中正，且左侧几乎看不出香蕉树叶。更为重要的是，从正面拍摄该知名场景是最普遍和自然的拍摄手法，仅由此导致的相似度并不能成为比较的基础。而可以进行比较的独创性表达，即由对拍摄角度、时间、光线和焦距的个性化选择而形成的独特影像效果，具有较大差异。法院也认定原、被告的照片并不存在实质性相似，未支持原告的诉讼请求。[①]

典型案例

《青春的优雅》案

一名摄影师以一名年轻女性为模特，拍摄了名为《青春的优雅》的照片（见下图左），并将该照片的版权转让给了他人。两年之后，这名摄影师让同一位模特摆出了相同的姿势又拍摄了一张照片（见下图右），第二张照片在光线、阴影处理等方面都与第一张照片基本相同。美国联邦第二巡回上诉法院认为：在拍摄第二张照片时，这名摄影师的天分并没有被用于创作新的作品，而是用于复制原有作品。至于摄影师在拍摄内容相同的照片时，是将第一张照片直接摆放在面前以作参照，还是凭借对第一张照片清晰的记忆，都无关紧要。[②]

本案中摄影师实际上“抄袭”了自己以前的作品。正如“精确临摹”是复制而非创作一样，即使摄影师重新实施了拍摄的全部过程，而非直接用机械手段对原有照片进行翻拍，

---

① Sahuc v. Tucker，300 F. Supp. 2d 461 (E. D. La.，2004)

② Gross v. Seligman，212 F. 930 (2nd Cir.，1914).

只要新照片仅仅重复了原有照片的内容，其仍然不符合独创性中"独"的要求，不能构成新的摄影作品。

理论研究

两大法系对摄影作品独创性的不同要求

根据著作权法原理，只有符合独创性要求的照片才是摄影作品。照片只要是拍摄者独立拍摄，而不是为了精确再现他人作品而加以翻拍的结果，都是符合"独"的要求的。问题在于：照片如何才能达到"最低限度的智力创造性"？换言之，"最低限度"的界限划在哪里？偶然或随意抓拍到的照片能否因为是拍摄者独特视角的表现而符合"创"的要求？

对这一问题，英美法系国家和大陆法系国家作出了不同的回答。英美法系国家从实用主义出发，基于未经许可而使用的照片都具有价值的考虑，尽可能地对照片进行版权保护。英美法系的版权法理论认为：很低程度的个性表达就足以符合独创性的要求。美国的汉德法官早就指出："任何照片，无论多么简单都不可能不受到拍摄者个性的影响。"[①] 美国版权法学者也认为：拍"快照"（snapshot）时对拍摄对象、取景和按快门时机的选择都有一些个性因素，法院不会因照片中的艺术价值和艺术手法不足就不给予保护。[②] 这一观点在美国已经得到了公认。而仍然奉行"额头流汗"标准的英国版权法更是将适用于照片的独创性标准降到了无以复加的程度，认为"偶然对准一个方向按下照相机的快门就足以符合（独创性）要求"[③]。英国版权法方面的权威著作《现代版权与外观设计法》认为：照片的独创性完全可以表现为某人在恰当的时间出现在恰当的地点而拍摄出有价值的照片。无论拍摄者是尽力赶赴现场、发现场景，从而拍摄到了值得保存的影像，还是基于运气恰巧在现场，选择了恰当的时机拍摄出了照片，都是版权法所承认的作品。[④] 因此，在英美法系的司法实践中，除为了精确复制他人作品而进行纯粹复制型的翻拍，以及完全由机器自动拍摄的照片之外，照片几乎都被认为是符合独创性要求的作品。只有餐厅的菜谱中菜肴的照片（以惯常的角度拍摄烧好的菜肴）等少数照片未被认定为作品。[⑤] 与此相反，大陆法系国家对独创性中"创"的要求远远高于英美法系国家，它们要求作品必须是作者独特精神、个性、艺术观念和智力创造的反映。纯粹基于运气抓拍到的照片很难达到这一要求，因此并不能被承认为作品。在德国，其著作权法对"摄影作品"（lichtbildwerke）与普通"照片"（lichtbilder）是加以区别对待的，只有那些通过对题材的选择、灯光阴影的映衬、润色、照片的剪辑或者艺术处理工具的使用，表达了摄影师的艺术观点与创造力的照片，才会被认为是

---

① Jewelers' Circular Pub. Co. v. Keystone Pub. Co.，274 F. 932，at 934（1921）.

② See Robert A. Gorman，"Copyright Protection for the Collection and Representation of Facts"，*Harvard Law Review*，Vol. 76，No. 8（Jun.，1963），pp. 1569－1605.

③ *Copinger and Skone James on Copyright*，Sweet & Maxwell，Ltd.，1998，§ 3－104.

④ See Hugh Laddie，etc.，*The Modern Law of Copyright and Designs*（3rd edition），Butterworths，2000，§ 4. 57.

⑤ Oriental Art Printing v. Goldstar Printing Corp.，175 F. Supp. 2d 542（SDNY，2001）.

“个人智力创作成果”，才能作为摄影作品受到保护。[1] 但同时，德国的著作权法也承认在企业中为例行公事而制作的照片以及那些平庸的业余爱好者所摄制的照片等未达到独创性要求的普通照片也具有一定价值，需要法律加以保护，以防止他人未经许可进行使用；并因此将其规定为邻接权的客体，享受较短的保护期。[2]《西班牙知识产权法》第128条也用邻接权保护不具有独创性的普通照片，即当照片未被承认为作品、未受到狭义著作权保护时，赋予照片摄制者以复制、发行和公开传播作品的专有权利，但保护期只有25年。[3]《意大利著作权法》第2条则在规定作品类别时，明确将“摄影艺术作品及以类似摄影术的方法表现的作品”与“简单的照片”区分开来：前者受到狭义著作权的保护，后者则受邻接权中“照片中的权利”的保护。其中规定：（不构成作品的）照片是指通过摄影术或类似方法拍摄的人像、自然或社会生活中的面貌或事件，包括拍摄美术作品和电影画面而形成的照片。拍摄者对照片享有20年的专有权利，但不适用于有关著作、文献、商业文件、物品、技术图纸以及类似物品的照片。[4] 这说明拍摄纸质文件而形成的照片在意大利被认为过于简单，甚至不能成为邻接权的保护对象。

那么，类似前例中抓拍到的照片以及其他艺术性较低的照片在我国究竟是否构成摄影作品呢？从《著作权法实施条例》将摄影作品定义为“艺术作品”来看，答案似乎是否定的，即我国《著作权法》对摄影作品独创性的要求接近大陆法系而非英美法系。但需要注意的是：我国《著作权法》并没有像德国、西班牙和意大利等大陆法系国家那样，规定无独创性的照片可以作为邻接权的客体受到保护。这样一来，一张照片如果不被认定为摄影作品，在我国就无法受到《著作权法》的保护了。在其他法律也不提供专门保护的情况下，这种独创性程度很低但具有价值的照片在我国实际上将无法受到有效保护。这就导致法院在实践中出现了将未经许可被他人加以商业性利用的照片都作为摄影作品加以保护的倾向，这实际上是降低了对摄影作品独创性的要求，而向英美法系靠拢了。下文还将说明录像在我国又是按照完全不同的标准受到保护的。对比照片和录像这两种类似劳动成果在我国《著作权法》和司法实践中受到的不同“待遇”，可以发现我国《著作权法》对独创性的理解和相关的法律规定仍然有不协调之处。

典型案例

“腹腔镜照片”案

医生朱某为本院患者实施了腹腔镜胆囊切除手术，并在手术中应用了“生物可吸收医用膜”。在手术过程中，朱某利用手术设备自带的探头外接了录像机，对手术全过程进行了

---

① 参见［德］M. 雷炳德著，张恩民译：《著作权法》，151页，北京，法律出版社，2004。

② 参见上书，528页；*Law on Copyright and Neighboring Rights*，Sec. 72。

③ See Consolidated Text of the Law on Intellectual Property，regularizing，clarifying and harmonizing the applicable statutory provisions，Sec. 128.

④ See Law No. 633 of April 22，1941 Protection of Copyright and Rights Related to its Exercise（as last amended by Legislative Decree No. 95 of February 2，2001），Secs. 87，92.

同步录像。此后，朱某将手术录像带刻制成光盘，并运用电脑中的抓图软件截取了6个手术中运用“生物可吸收医用膜”的关键画面，刊载于产品宣传资料中。被告为一家生产“生物可吸收医用膜”的医用品有限公司，其未经许可，使用了朱某截取的手术画面。[①]

朱某起诉该公司侵犯其对摄影作品的著作权。被告认为：腹腔镜技术本身就是一项影像技术，画面是自动生成且必然生成的。这种技术下生成的画面既不具有独创性又不具有艺术性，故不构成著作权法上的摄影作品，不享有著作权。

法院经审理后认为，朱某截取的6个关键手术画面构成摄影作品。理由为：首先，虽然《著作权法实施条例》将摄影作品定义为借助器械在感光材料或者其他介质上记录客观物体形象的艺术作品，但就“艺术”的理解，在考量是否构成摄影作品时，不应将医学等科学领域所拍摄照片的“艺术性”程度要求与普通艺术领域照片的“艺术性”程度要求相等同。其次，朱某结合自身的临床经验，从自己实施的手术录像中截取了临床应用医用膜的关键画面，在上述过程中，朱某确实付出了一定程度的智力性劳动，该智力性劳动所体现的独创性达到了著作权法要求的最低限度，因此应获得著作权法的保护。被告未经许可，擅自使用朱某享有著作权的6幅作品，构成对著作权的侵权。[②]

此案是反映我国著作权法对摄影作品的独创性要求的典型案例。本案中朱某在观看录像时，根据自己的选择和判断进行截图，确实体现了一定的独创性。但问题在于：除了机器自动拍摄和纯粹翻拍之外，什么样的拍摄不需要依据拍摄者的选择和判断（哪怕是刹那间的）呢？承认具备这种程度的“创”就足以构成摄影作品，意味着我国著作权法在摄影作品的独创性标准上，采用的是英美法系的标准，而非大陆法系的标准。这与前文对我国独创性标准的讨论结论是相符的。

（六）视听作品

视听作品（audiovisual work）是指由一系列有伴音或无伴音的画面组成，并借助适当装置放映或者以其他方式传播的作品。[③] 需要注意的是，视听作品一词给人的印象是此类作品必须能够被“听”到（audible），也就是必须有伴音。然而事实并非如此[④]，没有伴音的连续画面如无声电影也可属于视听作品。反之，仅有声音而没有连续画面，则不可能属于视听作品。因此，“视听作品”中的“视听”既不能被理解为“视和听”，也不能被理解为“视或听”，而应被理解为“视（可加听）”。在国际上，“视听作品”被认为是《伯尔尼公约》中“电影作品和以类似摄制电影的方法表现的作品”（以下简称“电影作品”）的同义语。世界知识产权组织编写的《世界知识产权组织管理的版权及相关权条约指南以及版权

---

① 参见上海市第二中级人民法院（2005）沪二中民五（知）初字第171号民事判决书。

② 参见上海市高级人民法院（2006）沪高民三（知）终字第35号民事判决书。

③ 2002年颁布的《著作权法实施条例》对视听作品的前身——“电影作品和以类似摄制电影的方法创作的作品”的定义中有“摄制在一定介质之上”的要求，即有固定在物质载体上的要求。2020年《著作权法》修改后，《著作权法实施条例》也将作修订，但至本教材此次修改完成之时，《著作权法实施条例》的修订尚未完成，是否在对视听作品的定义中保留固定在物质载体上的要求，尚无从得知。

④ 1989年由世界知识产权组织主持缔结的《视听作品国际注册条约》（又称《电影注册条约》，已于1993年终止）第2条将视听作品定义为“任何由一系列有伴音或无伴音的已录制的相关画面组成，可被视觉所感知的作品，当有伴音时，还可被听觉所感知”。

及相关权术语汇编》指出：视听作品是《伯尔尼公约》第2条第1款非穷尽式列举的文学艺术作品中的“电影作品和以类似摄制电影的方法表现的作品”较为简洁的同义语。个别国家则将视听作品作为电影作品的上位概念，如《美国版权法》规定的第六类作品为“电影和其他视听作品”，其中：“视听作品”被定义为“由一系列相关画面组成，本质上是为了借助诸如放映机、幻灯机或电子设备，与伴音（如有）一起放映的作品，无论体现作品的物质载体（如电影胶片或录像带）的性质如何”。“电影（作品）”则被定义为“由一系列相关画面组成的视听作品，与伴音（如有）一起连续播放时，产生动感”。从中可以看出，“电影（作品）”是“视听作品”的下位概念，是“视听作品”的一种类型。“电影（作品）”的构成要件是在“连续播放时，产生动感”，也就是必须能让观看者感觉相关画面动了起来。一套幻灯片（如为教学而制作的课件）虽然也能被连续放映，而且上下两张之间也有一定关联，但只要在放映时无法给人以运动的感觉，仍然不能构成“电影（作品）”。但在《美国版权法》中“产生动感”只是对“电影（作品）”的要求，而不是对所有“视听作品”的要求。上文提及的一套幻灯片虽然不是“电影（作品）”，但可能属于“视听作品”。

与摄影作品相仿，视听作品虽然也是借助机器设备拍摄和制作的，但它具备了著作权法意义上的独创性，是个人美学观点和智力创造的结晶。导演对剧本的改编和重新设计、对场景的安排，对演员从神情、动作到语言的指导；摄像师根据导演的要求对拍摄角度、距离的选择和对光线明暗的把握；后期制作中使用软、硬件工具对录影的剪辑、编排和加入蒙太奇等特技效果等，都反映了参与创作者独特的视角和极富个性化的选择与判断，因此，即使使用同一电影剧本和同一批演员，不同导演所拍摄和制作出的电影也会有很大差异。这正说明由此拍摄和制作的电影是智力创造成果，符合独创性的要求。随着技术的发展，视听作品可以基本上利用计算机制作，而无须通过摄像机“拍摄”。如使用计算机制作的动画片和flash都可作为视听作品受到保护。两大法系对独创性的不同要求也体现在视听作品上。美国等英美法系国家对视听作品（有的国家采用的名称为“电影作品和以类似摄制电影的方法表现的作品”或“电影作品和其他视听作品”，下同）的创作性要求极低，只要不是翻拍，由人拍摄的连续影像几乎都会被认定为作品。在美国发生的“肯尼迪总统遇刺录影案”中，一名达拉斯市的市民在使用家用摄像机拍摄行进中的肯尼迪车队时，碰巧拍到了肯尼迪遇刺的过程。美国法院认为由人拍摄的连续画面不可能不受到个性的影响，并认为涉案录影涉及许多“创造性的因素”，如对摄像机的选择（选择了摄像机而不是照相机）、对录像带的选择（选择彩色的而非黑白的）、对镜头的选择（选择了远距广角镜头而非近距镜头），以及对拍摄区域、时机的选择等，因此该录影是符合独创性要求的作品。[①]

德国等大陆法系国家则依创作程度将摄制产生的连续影像区分为“视听作品”和“活动图像”，前者受著作权保护，后者受邻接权保护，保护期较短。[②] 我国《著作权法》在此方面与大陆法系国家的立法相近，将连续影像区分为视听作品和“录像制品”，后者被定义为“电影作品和以类似摄制电影的方法创作的作品（2020年修改后《著作权法》中的‘视

① Time Incorporated V. Bernard Geis Associates，293F Supp 130，at 143（SDNY.，1968）.

② 参见德国《著作权法》第95条。该条针的是“sequences of images and sequences of images and sounds which are not protected as cinematographic works”（不能作为电影作品保护的图像或图像和声音的序列）。

听作品’）以外的任何有伴音或者无伴音的连续相关形象、图像”。换言之，视听作品和录像制品在我国是非此即彼的关系，已经固定但独创程度不足、不属于视听作品的连续相关形象、图像属于录像制品。由此可见，我国在对视听作品要求的独创程度方面高于英美法系国家。

典型案例

卡拉OK音乐电视著作权侵权案

原告正东唱片公司制作了《光年》、《回情》和《情人说》这三部音乐电视（MV），其指称某卡拉OK经营者未经许可，向公众播放这三部MV的行为构成侵权。法院指出：《情人说》和《回情》这两部MV的画面内容与音乐主题互相配合，演绎了音乐作品的思想内涵。其制作者使用类似摄制电影的方法拍摄的一系列有伴音的电视画面，凝聚了导演、摄影、录音、剪辑、合成等工作人员的创造性劳动，因此属于以类似摄制电影的方法创作的作品（2020年《著作权法》修改后的“视听作品”，下同）。《光年》MV的画面为对舞台剧现场表演的机械录制，不具有独创性，不属于以类似摄制电影的方法创作的作品。①

本案中法院运用独创性标准是正确的。《光年》MV的全部画面由陈慧琳和许志安两名歌手在舞台上对唱的现场录像构成，摄影师只需要将镜头对准舞台上的两名歌手，即可以形成对现场演唱的影像和声音的忠实、客观记录。这一过程给摄影师留下的智力创作空间很小。例如，当轮到陈慧琳演唱时，专业的摄影师总是会将镜头对准陈慧琳而非许志安，而两人共同演唱时，镜头一般会同时将两人纳入。虽然某些细节也涉及某些摄影师个人的选择，如何时将镜头拉远或拉近，以及何时对演唱者的面部进行特写等，但这样的选择比较简单，无法达到大陆法系对独创性中智力创作的高度要求。同时，由现场演唱会录像构成的MV几乎没有什么后期制作和剪辑，独创性无法得到体现。另两部涉案MV则并非对现场演唱会的简单录制，而是使用蒙太奇等手法进行了大量后期制作，有独特的视觉效果和美感，是智力创作的成果，符合独创性的要求。

典型案例

中超赛事现场直播案

中国足球协会通过中超公司授权新浪网对中国足球超级联赛进行网络传播，新浪网的经营者指称凤凰网的经营者未经许可，对其直播的中超联赛进行了网络转播，构成侵权。本案的焦点之一在于对中超联赛的现场直播画面是否构成作品。

二审法院认为：电影作品应已固定并具有独创性。本案中被诉行为系网络转播行为，该过程与现场直播基本同步。现场直播过程中，因采用的是随摄随播的方式，此时整体比赛画面尚未被稳定地固定在有形载体上，因而此时的赛事直播公用信号所承载画面并不能

① 参见上海市第二中级人民法院（2004）沪二中民五（知）初字第12号民事判决书。

满足电影作品中固定的要求。中超赛事公用信号直播存在如下客观限制因素：赛事本身的客观情形、赛事直播的实时性、对直播团队水准的要求、观众的需求、公用信号的制作标准等。上述客观限制因素使公用信号所承载的连续画面在素材的选择方面基本上并无个性化选择，而在对素材的拍摄、对拍摄画面的选择及编排等方面的个性选择空间则相当有限。如直播中慢动作回放可能体现出直播团队的独创性，该独创性通常体现在对素材的拍摄及慢动作的选择上。但中超赛事在其公用信号制作手册中已对慢动作的使用情形作了具体的规定，包括“足球的越位、身体接触中小动作犯规、界外判定、红黄牌判定等等”情形，直播团队的选择空间很小。无论是其所采用的时机还是对慢动作的拍摄，基本上均属于具有此类赛事直播资格的团队通常会作的选择，难以达到独创性的要求。因此，中超赛事的直播画面并不属于作品。①

本书作者赞同此案二审法院的判决结果和理由。在体育比赛的现场直播中，观众不仅希望看到真实、客观的比赛全部过程，而且在特定时刻对于看到何种角度拍摄的画面通常有较为稳定的预期。对于导播而言，对于在哪个位置安排或放置面向何处的摄像机，是存在一定技术性规范的；对于在哪一时刻应当采用哪个机位拍摄的画面，也是有规律可循的。如果有多名达到一定技术水准的导播面对相同的、从不同机位传回的比赛画面进行实时的选择，差距并不会过于显著，因为他们都知道其选择必须符合观众稳定的预期。例如，对于足球比赛的进球场景，导播一般先选择能够反映最后阶段传球与射门、进球全过程的全景，再回放设置在球门各个侧面的机位拍摄的慢镜头。这几乎成为直播的常规。

有一种观点认为，既然连随手拍摄的照片都可以作为摄影作品受到保护，那么没有理由认为由摄像机拍摄的体育赛事画面不构成作品。这一类比是难以成立的。在比赛进行的过程中，让相机的镜头对准哪些或哪位运动员、教练、裁判或观众，在何时按下快门，用远镜头还是特写等，摄影师有无数选择。由于体育比赛中摄影的作用并不是完整地反映比赛的进程和全貌，而是抓住与比赛有关的稍纵即逝的任何精彩场景，体现“瞬间的艺术”，因此无所谓拍摄的常规或规律，也不存在观众的稳定预期。而为赛事直播进行摄制时，各摄像师各自操控一台有固定机位的摄像机，其摄制角度和范围是相对固定和有限的，所谓各司其职，而且其拍摄的目的是真实再现比赛的过程和全貌，以符合观众欣赏的需要。例如，在足球球员带球时，一旦进入了某机位摄像机的拍摄范围，摄像师应让镜头跟随球员的跑动而移动，不能随意将镜头对准不相关的场景。这就大大降低了摄影师进行个性化选择的可能性。虽然导播对不同机位拍摄的画面会有所取舍，其工作并不是纯粹机械性质的，而是需要作出一定的选择与判断，但观众对直播画面的预期和直播的常规决定了导播工作的个性化程度是有限的。当然，在英美法系国家这种程度已足以使直播画面成为作品，但在区分“视听作品”与“活动图像”的大陆法系国家，尚难以达到作品所需要的独创性程度。

此案再审后，再审法院推翻了二审法院的判决，认为涉案现场直播属于作品。

本书作者不能认同再审法院的判决结果与理由。有关再审判决对独创性认识的不当之处，参见本书第三章第二节中的“理论研究：独创性是‘有无’还是‘高低’（程度）问

---

① 参见北京知识产权法院（2015）京知民终字第1818号民事判决书。

题”，以及第五章第三节中的“实务探讨：机械、忠实地录制现存的视听作品或录像制品能形成新的录像制品吗”。

（七）图形作品和模型作品

《伯尔尼公约》第2条第1款列出的作品类型中，包括“与地理、地形、建筑或科学有关的示意图、地图、设计图、草图和立体作品”。我国《著作权法》据此规定了“工程设计图、产品设计图、地图、示意图等图形作品和模型作品”（以下简称“图形作品”和“模型作品”）。

1. 图形作品

根据《著作权法实施条例》的定义，图形作品是指“为施工、生产绘制的工程设计图、产品设计图，以及反映地理现象、说明事物原理或者结构的地图、示意图等作品”。

美术作品虽然也是以图形为表现形式的，但与工程设计图等图形作品不在一类。这是因为前者处于艺术领域，主要用途在于给人以艺术上美的享受；而后者处于科学领域，虽然也有一定美感，却主要服务于实用功能，如工程设计图和产品设计图用于建造具有实用性的工程或产品，而地图和示意图供公众了解地理现象或事实原理及结构。

著作权法的基本原则是不保护任何技术方案和实用性功能，那么将工程设计图和产品设计图列为受著作权法保护的作品是否违背了这一基本原则呢？对此需要指出的是：著作权法保护这类设计图是因为图形本身所具有的美感，而绝非其中的实用性功能。假设有两位产品设计人各自完成了一种电子产品的设计图。第一位设计人员创造性地设计了一种全新的技术方案，不但使该电子产品轻巧、灵便，而且能够大大降低耗电率。另一位设计人员的设计则有致命的缺陷，按照其设计图制造的电子产品不仅庞大、笨重，而且很容易因漏电而导致使用者死亡。那么，第二位设计人员绘制的产品设计图是否为受著作权法保护的作品呢？对此正确的回答是：无论工程设计图和产品设计图中体现的技术方案是先进的还是落后的，其对应的工程和产品是优质的还是拙劣的，都不会影响设计图本身作为作品的法律地位。而设计图之所以能够成为作品，与其设计方案以及与其相对应的工程和产品的技术实用性毫无关系，而是因为工程设计图和产品设计图是由点、线、面和各种几何图形组成的，包含着设计者眼中严谨、精确、简洁、和谐与对称的科学之美。这也是设计图符合独创性标准的方面。换言之，著作权法将设计图作为作品加以保护仅仅是因为图形设计“看上去美”，而不是因为它变成工程或实物之后的美感或实用功能。如果他人未经许可，按照工程设计图或产品设计图建造或制造出了工程或产品，是否构成著作权侵权，完全取决于该工程或产品的艺术美感与其实用功能是否能够分离。对此本书在第三章第二节讲解复制权时还将进行讨论。

典型案例

玩具产品设计图案

原告乐高公司为了生产玩具而绘制了产品设计图，此后又对该产品进行了技术上的重大改进，但改进后的产品设计图在图形上只与原图存在细微差异。本案的关键在于：在原产品设计图已不受版权法保护的情况下，新产品设计图能否因为并不显著的构图差异体现了重大技术进步，而构成新的受版权法保护的作品？此案当时经过三审，最终认定新产品设计图并不构成区别于原产品设计图的新作品，而只是原作品的非精确复制件。英国枢密院指出：产品设计图能够作为作品受到版权法保护的唯一原因在于它们是图形，而不在于其中体现的技术特征。如果新图与旧图之间仅存在细微视觉差异，无论其中体现了多么重要的技术变化，都不足以使新图成为独创性的作品。①

本案是区分图形作品之人美感与实用功能的典型案例。原告的新、旧设计图之间的差异反映了极为重要的技术进步，但技术与版权保护毫无关系。由于新、旧设计图在视觉上差异很小，新设计图中“源于”设计者的内容很少，无法达到独创性的要求，只能被视为原设计图的复制件。

事实不受保护也是著作权法的基本原则，而地图和示意图必须反映客观存在的地理现象、说明事物原理或者结构。例如，北京大学位于中关村大街，北京市地图的绘制者就不可能将北京大学标到天安门广场上去。同样，人体解剖图也必须力求真实地再现人体结构，不能为了好看而随意改动骨骼和器官的位置。鲁迅先生的名作《藤野先生》曾经记载了这样一件事：医学教授藤野先生将当时是医学院学生的鲁迅叫到研究生室去，翻出鲁迅绘制的人体下臂的血管图并告诉鲁迅：“你看，你将这条血管移了一点位置了。——自然，这样一移，的确比较的好看些，然而解剖图不是美术，实物是那么样的，我们没法改换它。现在我给你改好了，以后你要全照着黑板上那样的画。”② 这正说明示意图应当准确地反映客观存在的事实。

那么，反映客观事实的地图和示意图为什么还能成为受著作权法保护的作品呢？这是否违背了著作权法不保护事实的基本原则呢？仔细观察日常生活中接触到的各类地图就能发现：地图不仅要反映客观地理现象，还要追求艺术性与可读性，特别是要追求画面的美观，以及对标注对象与方式作出选择和取舍。

首先，不同地图绘制者选择的对象可能有不少差异。地图上往往要标出某条道路上有何文化古迹、历史景点、购物中心、机关单位和大中小学校，标出哪一家、不标出哪一家，完全是地图绘制者自己的选择，这种选择反映了一定的个性与智力创造性。

其次，不同的地图绘制者也会使用不同的标注和绘制方式。有的绘制者会为每一类对象设计出独特的艺术性标志、图例或插图。例如，对于北京大学和清华大学，有的北京地图简单地使用“北京大学”和“清华大学”的文字加以标注，但有的北京地图分别用北京大学和清华大学的标志性建筑——北大西门和清华西门加以标注，这种对标注的方式的设计就有了艺术性和美感。再如，对于街道、河流、各类建筑等标注对象，地图绘制者可以选择不同的色彩，这就使地图在整体上反映出绘制者个人对图形色彩搭配与和谐的美学观念。

---

① Interlego A. G. v. Tyco Industries Inc.，[1988] R. P. C. 343，at 365，367.

② 鲁迅：《鲁迅全集》，第 2 卷，315 页，北京，人民文学出版社，2005。

最后，即使是对客观的地理位置，地图的绘制者也可能进行取舍和艺术处理。地图上往往有一句声明："图形经过变形处理，不作实际测量用。"这说明地图绘制者为了方便读者使用，往往不按实际的比例尺绘制地图。例如，市区在城市中的地位比较重要，而且需要标出的各种机构很多，因此它在城市地图中的比例可能就是经过放大的，而郊区在地图画面中所占比例就可能被大大压缩。再如，上海市许多街道都是弯弯曲曲的，如果将其中每一个弯曲点都如实在地图上标出就显得不美观，因此，上海地图仅仅是绘出其大致走向，而不会与现实中每一条街道的每一处客观位置进行一一对应。这种对形状和大小的取舍也可能符合独创性的要求。

但是，地图因其在整体上符合独创性而成为受著作权法保护的作品，绝不意味着其中每一个要素都要受到保护，任何处于公共领域内的要素以及无独创性的选择、编排和处理都将被排除在著作权法保护范围之外。例如，我国的版图形状早已为世人所熟知，本身不可能再被"创作"出来，因此，仅仅把公知的我国版图形状再绘制出来，而没有进行其他艺术加工或处理，不能构成受保护的作品。美国版权局就曾拒绝将五大湖的轮廓（见右图）作为作品登记。同样，如果这张版图中标出了我国的直辖市和省会城市的名称，其整体也不能作为作品受到保护，因为在我国版图中标注这些重要的城市是最为常规的方法，对被标注城市的"选择"毫无智力创造性可言。

地图中反映客观事实的成分也不能受到保护，地图绘制者只能阻止他人未经许可而使用地图中的艺术性成分，而不能禁止他人借鉴其中反映的事实。如果一张地图中准确地列出了城市中所有街道的名称，即使地图的绘制者第一次在该市地图中列出了这些街道名称，也不能基于著作权而阻止其他地图绘制者使用相同的街道名称。美国早期的判例曾经根据"额头流汗标准"提出了保护地图版权的所谓"直接观察原则"，即只有绘图者直接观察地理状况、收集相关信息，将其反映在地图上，才能符合独创性的要求。如果地图绘制者只是收集其他地图中反映的客观地理状况，而没有亲自去察看，由此绘制而成的地图就没有独创性。[①] 但这一规则不合理地剥夺了绘图者使用事实的权利，因此已被后来的判例所推翻。

典型案例

地图中的事实不受保护

刘某绘制了内蒙古自治区达尔罕茂明安联合旗的"行政区划图"，其认为当地政府编制发行的"旅游交通图"侵犯了其对地图享有的著作权。经比对，两幅图中关于达茂旗及各乡镇的整体轮廓相同，边界线的画法均为深浅两种粉色，几处边墙遗址和河流水库的画法相同，数个图例相同；但两幅图的背景颜色不同，比例尺不同，角度不同，标注的道路有所不同。法院认为："行政区划图"系刘某独立创作完成的，在整体构图、客观地理要素的

---

① Amsterdam v. Triangle Publications，Inc.，93 F. Supp. 79（E. D. Pa.，1950）.

选择及表现形式上具有独创性，构成著作权法意义上的作品。但“旅游交通图”利用“行政区划图”的部分主要是达茂旗及各乡镇的整体轮廓和结构。而达茂旗的整体形状、位置以及各乡镇的形状和位置是客观存在的，其表达方式非常有限，不应受到垄断。“旅游交通图”对于“行政区划图”中有独创性的部分仅有少量使用，如边界线的颜色、边墙遗址的画法等，从整体来看，不构成对“行政区划图”之著作权的侵犯。[①]

示意图之所以能够成为作品，也是因为它包含了绘制者富有个性的选择、取舍和艺术处分。仍然以人体解剖图为例：医学院的教授和学生固然不能随意改动骨骼和器官的位置，但在色彩、线条和标注方法上仍然有选择和处理的余地，不同的绘制者可以用不同的颜色标注某一器官，可以将美术创作手法应用于描述某一器官的形状——因为示意图中的物体形状与地图中街道的走向一样，并不需要和实物进行严格的一一对应，只要绘出读者都能理解的大致形状就可以了。

理论研究

建筑工程设计图和建筑作品是何种关系

我国《著作权法》将工程设计图和建筑作品分列为两种类型的作品，似乎说明立法者认为建筑工程设计图与建筑作品(以建筑物形式表现）是完全不同的两种作品，而未将建筑作品视为建筑工程设计图的立体复制品。这一立法意图可以从与美术作品的对比中看出。假如某人先创作了《功夫熊猫》的漫画，又根据漫画制成了立体的“功夫熊猫”玩具，则该玩具只是《功夫熊猫》漫画的立体复制品，而不是新的作品。换言之，此人仅完成了一幅美术作品的创作，只就该美术作品享有著作权。但假如某建筑公司先绘制了一幅上海金茂大厦的建筑工程设计图，又根据该图施工、建造了金茂大厦，则根据著作权法的规定，该建筑公司就应被视为先后创作出了建筑工程设计图和建筑作品这两个作品，可以对其分别享有独立的著作权。

这一结论初看起来是不合逻辑的：同样是根据图形来造相应的物体，为什么根据美术图形来制造玩具的结果是形成美术作品的立体复制件，而根据建筑工程设计图来造楼形成的就是建筑作品，而不是建筑工程设计图的立体复制件呢？本书作者认为，问题的关键在于正确地认识建筑工程设计图是何种作品。前文“书法是文字作品还是美术作品”中已经指出，毛主席以“毛体”书写的诗歌可以体现为不同的作品：诗歌的内容（遣词造句）为文字作品，而造型优美的文字外观又是美术作品。同样的道理：建筑工程设计图同时包含了对建筑物外观和内部结构的设计，从不同角度观察建筑工程设计图，就可以发现其体现了不同作品。

建筑工程设计图中必然包含各种用于描绘建筑物内部空间位置、相互关系和线路设计的图形，如房间的大小、电梯的位置、排水管道的走向等。它体现的是具有实用技术性的

---

① 参见最高人民法院（2008）民申字第47-1号民事裁定书。

设计，该设计本身作为“技术方案和实用功能”不能受到著作权法的保护（参见本书第三章第二节“复制权”中的“典型案例：迪比特诉摩托罗拉案”）。但设计图体现了科学美感，因此构成作品。只是由于具有实用性和功能性的设计不能受到著作权法的保护，按照设计图去建造建筑物内在的实用功能部分，并不构成著作权法意义上的“从平面到立体”的复制。与此同时，建筑工程设计图还能够体现建筑物的外在美感，即建筑物的优美外形。一幢建筑物如果构成建筑作品，与其内部构造和设计毫无关系，原因仅在于其外形能够给人以美的享受。因此，从建筑工程设计图体现建筑物优美外形的角度看，它应当是建筑作品的平面表现形式。这就是为什么许多国家的立法将体现建筑物外观造型的设计图同时归入图形作品和建筑作品。如在《美国版权法》第102条中，“图形、绘画和雕塑作品”（以下简称“图形作品”）与“建筑作品”分属不同的作品类型，前者是第五类，后者是第八类。然而，《美国版权法》第101条对这两类作品的定义在表达上出现了重叠。在该条中，“图形作品”被定义为“……绘画（graphic）……和技术绘图（technical drawing），其中包括建筑平面图（architectural plans）”[①]，而“建筑作品”被定义为“对建筑物的设计，可以体现在任何有形的表达载体上，包括建筑物、建筑平面图（architectural plans）或绘图（drawing）。”[②]《德国著作权法》第2条规定的第四类作品包括“建筑作品”以及“该建筑作品的平面图（plan）”，而第七类作品则是“具有科学或技术性质的平面或立体作品，如绘图、设计图（plan）……”《韩国著作权法》第4条和《俄罗斯民法典》第1259条中也有类似的分类。与建筑有关的设计图之所以出现在了两种不同类型作品的定义中，正是因为部分建筑设计图具有双重属性，从不同的观察角度可被归入不同类型的作品。

这一区分在实用艺术品中也存在，仍然以《功夫熊猫》漫画为例：假如作者意图制作一个带闹钟的“功夫熊猫”玩具，因此在作画时，不但画出了“功夫熊猫”的外形，还在外形的轮廓中画出了闹钟的构造。从绘画可以用于制造闹钟的角度，该绘画是产品设计图。但该绘画又有完全独立于闹钟设计的艺术造型“功夫熊猫”，因此它也是美术作品。根据该绘画制作一个带闹钟的“功夫熊猫”玩具，构成对美术作品“从平面到立体”的复制，而不是对产品设计图从“从平面到立体”的复制。

从以上分析还可以看出：我国《著作权法实施条例》将“建筑作品”限定为“以建筑物或者构筑物形式表现”是有缺陷的。许多国家和地区的著作权立法仅将建筑物作为“建筑作品”的表现形式之一，而非唯一的表现形式，原因就在于勾画出建筑物优美外形的设计图也可以体现“建筑作品”。因此，我国《著作权法》对“建筑作品”的定义应被修改为“以建筑物、构筑物或其设计图形式表现的有审美意义的作品”。这样一来，表现“建筑作品”（仅指优美的外形）的设计图与表现内部实用性和功能性构造的设计图可以分属于不同类别的作品，在逻辑上就通顺了。

2. 模型作品

根据《著作权法实施条例》第4条第13项的定义，模型作品是指为展示、试验或者观

---

① 17 U.S.C.101，“Pictorial，graphic，and sculptural works”.

② 17 U.S.C.101，“architectural work”.

测等用途，根据物体的形状和结构，按照一定比例制成的立体作品，如地理沙盘模型、动植物模型和产品模型等。对于模型作品，著作权法有关不保护事实和实用功能的基本原则仍然适用，只有具有艺术成分、符合独创性要求的模型才能作为作品受到著作权法的保护。

“模型作品”的名称容易使人误认为一些生活常见的模型，如等比例精确缩小的汽车模型等，也属于“模型作品”。任何作品都要符合独创性的要求，而精确地按照一定比例对实物进行放大、缩小或按原尺寸制成的“模型”仅是实物的复制品，无论此类模型的制作是机械的复制过程还是需要高超的技巧，由于没有形成有别于原物、源于制作者本身的造型，此类模型都不属于“模型作品”。还有一些模型在造型上与原物存在显著差异，如根据人像雕刻制作一个小雕像，但刻意了改变人像的表情或面部特征，导致缩小版的小雕像具有嘲讽的视觉效果。再如，以波音飞机为原型制作供儿童玩耍的玩具，该玩具并非飞机的精确缩小版，而是适应儿童的审美心理，对飞机各部分的形状进行了重新塑造和艺术加工。此类模型具备独创性，当然属于作品，但由于它们不是“为展示、试验或者观察等用途”而制成的，故属于立体美术作品，而不是模型作品。

实际上，我国《著作权法》规定的“模型作品”来源于《伯尔尼公约》第2条第1款规定的“与地理、地形、建筑或科学有关的……立体作品”，也就是“科学模型”，如为了向学生展示人体结构和山川构造而制作的人体模型和地形地貌模型等。在制作此类模型时，为了达到教学效果，通常不会精确地按照实物进行等比例缩小，而是在不违反科学性的前提下在造型和色彩等方面进行适度夸张和改变，从而使其具备了独创性。

典型案例

“歼十”战斗机模型案

“歼十”战斗机的设计、研发单位制作了该战斗机的等比例缩小模型，并给予原告以制造和销售该模型的专有许可。被告则未经许可，制作、销售“歼十”战斗机的模型。原告认为：“歼十”战斗机的模型是模型作品，被告的行为侵犯了其对模型作品的著作权。据查，原告制作的模型与“歼十”战斗机的外观造型是完全相同的，区别仅在于尺寸和制作材料。

二审法院认为：“为了实现展示、试验或者观测等目的，模型与原物的近似程度越高或者越满足实际需要，其独创性越高……虽然该模型是‘歼十飞机’造型的等比例缩小，但……该模型的独创性恰恰体现于此，其已构成模型作品，应当受到《著作权法》的保护。”① 最高人民法院再审后认为：本案中要求保护的“歼十”飞机模型与“歼十”飞机相比，除材质、大小不同外，外观造型完全相同。因此，无论模型制作者在将“歼十”飞机等比例缩小的过程中付出多么艰辛的劳动，均未经过自己的选择、取舍、安排、设计、综合、描述，创作出新的点、线、面和几何结构，其等比例缩小的过程只是在另一载体上精

---

① 北京中航智成科技有限公司诉深圳市飞鹏达精品制造有限公司侵害著作权纠纷案，北京市高级人民法院（2014）高民（知）终字第3451号民事判决书。

确地再现了“歼十”飞机原有的外观造型，没有带来新的表达，属于严格按比例缩小的技术过程。该过程仍然是复制，产生的“歼十”飞机模型属于“歼十”飞机的复制件，不构成受我国《著作权法》所保护的模型作品。最高人民法院特别强调，二审法院关于“模型与原物的近似程度越高，其独创性越高”的认定，违背了我国著作权法的基本原理。[①]

既然“歼十”战斗机模型的外观造型完全忠实于“歼十”战斗机，属于对战斗机的等比例缩小，则模型制作者就没有贡献出任何源于其本人的造型设计。这一准确再现战斗机外观造型的等比例缩小模型不同于那些以实物为基础但进行了艺术夸张与处理的玩具模型，它并不具备独创性，只是原物的缩小版复制件而已。

典型案例

“慧鱼”创意组合模型案

本案原告德国费希尔公司设计和制造了“慧鱼”创意组合模型，其中“机械与结构组合包”中含有拼装组件。学习机械原理和设计的学生可以根据说明书中的示意图（见下图），搭建30种机械装置的立体造型（见下图）。本案被告未经许可，制造和销售与原告的产品近似的创意组合模型，双方发生诉讼，争议焦点之一是按照说明书搭成的30种机械装置的立体造型是否属于我国《著作权法》规定的模型作品。

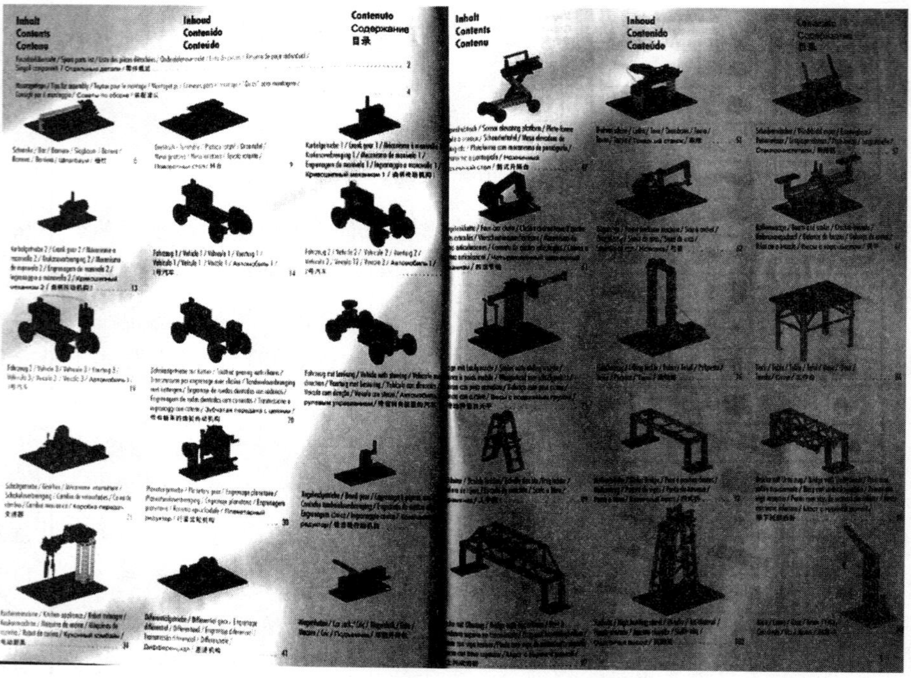

上海知识产权法院认为：涉案栅栏、曲柄传动机构等30种立体造型系抽象自现实中的

① 参见北京中航智成科技有限公司诉深圳市飞鹏达精品制造有限公司侵害著作权纠纷案，最高人民法院（2017）最高法民再353号民事判决书。

机械、工程结构，现实中存在与之相对应的物体或者结构，但又不完全是复制实物，而能展示实物所蕴含的机械原理和物理结构。设计者通过对现有机械及工程结构进行选取和提炼、抽象和简化，在创作过程中对立体结构进行了取舍、浓缩、抽象，展示科学之美，在布局、结构安排、搭配组合等方面，体现了设计者的构思和安排，具有独创性。同时，运用组件，按照说明书的步骤图能够搭建成与“安装说明书”所附图样一致的具有实物形态的 30 种立体造型，即能以有形形式固定。因此，涉案 30 种立体造型均符合我国《著作权法》规定的模型作品的构成要件，并各自独立于图形作品，构成模型作品，应受我国《著作权法》保护。①

上述认定符合《著作权法实施条例》对“模型作品”的定义，以及著作权法的基本法理。搭建完成的立体模型一方面能够反映现实中机械装置（如吊车、抽水机等）的形状和结构，便于向使用者展示机械原理，也能让使用者进行观察和学习；另一方面又不是对原物按比例进行精确缩小，而是进行了抽象、夸张、缩略或其他改动，使之在造型与色彩的搭配上具备独创性，因此其属于模型作品。

（八）计算机软件

计算机软件是随着技术的发展而新出现的作品类型。计算机软件中的程序不同于文学、艺术和科学作品的特征在于，它的作用不是展示文学、艺术和科学美感，传递思想感情或特定信息，而是指挥计算机完成任务。《伯尔尼公约》第 2 条列举的作品类型中并不包括计算机程序。因此，早期有不少国家并不赞同将计算机程序认定为著作权法意义上的“作品”，而是主张用邻接权或其他特殊机制加以保护。但美国作为计算机软件产业最为发达的国家，运用其政治和经济影响力，最终使其他国家同意将计算机程序作为作品纳入著作权的保护范围。② 1994 年通过的《与贸易有关的知识产权协定》第 10 条第 1 款规定：“无论是以源代码还是以目标代码形式存在的计算机程序，都应根据《伯尔尼公约》1971 年文本作为文字作品受到保护。”《世界知识产权组织版权条约》第 4 条规定：“计算机程序作为《伯尔尼公约》第 2 条意义下的文字作品受到保护。此种保护适用于各计算机程序，而无论其表达方式或表达形式如何。”

理论研究

计算机程序为什么成了著作权法上的作品？

如果仔细比较计算机程序与传统著作权法所保护的客体，会发现两者之间存在着较大差别，后者主要是文学、艺术和科学领域内在内容或形式上具有美感的智力创造成果。虽然这些传统客体之间在美感程度和角度方面存在差异，如工程设计图与产品设计图等具有的只是科学设计上的严谨之美、精确之美、简洁之美、和谐之美与对称之美，不同于一幅

---

① 参见上海知识产权法院（2018）沪 73 民终 268 号民事判决书。

② 参见［日］小野昌延著，李可亮、马庆田译，王栋全校：《知识产权 100 点》，20 页，北京，专利文献出版社，1992。

国画或油画所具有的艺术之美；一份产品说明书在文字表述上的清晰、准确与简练之美也不同于一部长篇小说通过故事情节表现的文学之美，但至少在外观上或内容上看都具有图形或文字所共有的美感。而计算机程序是由一系列指令与代码构成的，用于指挥计算机完成特定的任务。由于著作权法不保护任何设计思想和实用性功能，因而计算机程序能够受到著作权法保护之处主要就在于具体的指令与代码，也即对设计思想的表达，而指令与代码很难被解释为具有传统著作权法所承认的美感。

正因为如此，在究竟应当以何种法律机制保护计算机程序的问题上，各国曾经发生过激烈的争论，多数国家并不赞成用著作权法保护不具有内在美感的计算机程序，有的国家提出，至多用著作权法中的邻接权保护计算机程序。换言之，计算机程序不应作为著作权法意义上的作品，而只能作为其他有价值的劳动成果受到邻接权的保护。但美国作为世界上软件业最为发达的国家，极力主张将计算机程序视为作品加以保护，其中的主要原因在于：世界上大多数国家已经加入了《伯尔尼公约》这个世界性的著作权保护条约，一旦计算机程序被承认为作品，根据《伯尔尼公约》规定的自动保护原则，美国人开发完成的计算机程序将自动在《伯尔尼公约》全体成员国与文学、艺术作品一样受到高水平的保护，而这对于在全世界范围内保护美国的软件产业是极为有利的。在美国强大的政治与经济压力下，各国逐步接受了计算机程序应当作为作品受到保护的要求。例如，日本原先并未决定将计算机程序纳入著作权法保护的对象，但在美国的压力下，只得修改其《著作权法》，将计算机程序作为保护客体。[①] 随着1994年《与贸易有关的知识产权协定》明确规定计算机程序应作为文字作品受到保护，计算机程序成为著作权法保护的客体已无疑义。但是，由于计算机程序中最具价值的设计思想和实用性功能无法受到著作权法的保护，美国等国家正在发展用专利法保护计算机程序的法律机制。同时，由于未经许可而使用计算机程序并不涉及传统著作权法意义上的“复制”，美国等发达国家为了控制使用盗版程序的行为，又将在计算机内存中发生的“临时复制”作为著作权法意义上的复制行为纳入了复制权的控制范围，从而引发了一系列复杂的法律问题。对此本书将在第三章第二节讨论复制权时进行深入讲解。但正如美国布丁（Boudin）法官所言：“将版权法适用于计算机程序就像是在拼接一个其各部分之间无法相互适应的七巧板。”[②]（Applying copyright law to computer programs is like assembling a jigsaw puzzle whose pieces do not quite fit.）

根据我国《计算机软件保护条例》，计算机软件是指计算机程序及其有关文档。其中：计算机程序是指为了得到某种结果而可以由计算机等具有信息处理能力的装置执行的代码化指令序列，或者可以被自动转换成代码化指令序列的符号化指令序列或者符号化语句序列。计算机程序有源程序和目标程序两种表现形式。源程序是程序员用高级语言编写的，能够为其他程序员所理解的程序，而目标程序由高级语言转化而来，只能为计算机所读取，而无法为人所理解。文档则指用来描述程序的内容、组成、设计、功能规格、开发情

---

① 参见［日］小野昌延著，李可亮、马庆田译，王栋全校：《知识产权100点》，20页，北京，专利文献出版社，1992。

② Lotus Development Corporation v. Borland International, Inc., 49 F. 3d 807, at 820 (1st Cir., 1995).

况、测试结果及使用方法的文字资料和图表等，如程序设计说明书、流程图、用户手册等。[①] 从这个定义来看，计算机软件中的文档与文字作品存在一定交叉，因为说明书和用户手册等本身主要由文字组成，只是由于它与软件有关，才作为文档，成为计算机软件中的一部分。

需要注意的是，著作权法意义上的"计算机程序"与日常口语中所说的"计算机程序"往往不是一回事。著作权法意义上的计算机程序仅指"代码化指令序列，或者可以被自动转换成代码化指令序列的符号化指令序列或者符号化语句序列"（以下简称"代码化指令序列"），它并不包括被代码化指令序列所调用的数据或其他类型的作品。口语中的"一套软件或程序"在被转化为能够直接为计算机所读取的"机器码"之后，所有内容都以 0 和 1 的"代码"形式表现，其中不但包含了"代码化指令序列"，还包括大量被"代码化指令"调取、以代码形式表现的其他类型作品（如文字作品、音乐作品、美术作品和摄影作品等），以及不构成作品的数据。这些作品和数据本身不是指挥计算机完成某种工作的"指令"，因此，即使其存在于口语上的"一套软件或程序"之中，也并不是著作权法意义上的"计算机程序"。

试以本书作者曾编写的一款"英语单词拼写测试软件"为例。该软件在运行时，首先会显示一个中文单词，要求使用者输入相对应的英文单词，并将输入的单词与软件中预存的英文单词加以比对。如果使用者输入的英文单词拼写正确，则告知"拼对了"并播放欢快的歌曲。如果拼写错误，则会提示"拼错了"并播放悲伤的歌曲。该软件由三部分组成：主程序、中英文单词库和两段歌曲。如果将该程序刻入光盘销售，人们在口语中会说这是一张"软件光盘"。但是，在著作权法意义上，其中真正能够构成"软件"的只有"主程序"，而不包括中英文单词库和两段歌曲。因为"主程序"才是"代码化指令序列"，它可以指挥计算机调取和显示词库中的中文单词，允许用户输入英文单词，将输入的英文单词与词库中预存的英文单词进行比对，显示比对结果并播放相应的歌曲。而中英文单词库是严格根据英语课本中列出的单词构建的，没有编写者独创性的选择与编排，因此仅仅属于无独创性的汇编，其中的内容不能受到著作权法的保护。两段歌曲则只能作为音乐作品受到著作权法的保护。因此，中英文单词库与两段歌曲虽然被编入了这套"英语单词拼写测试软件"，却并不构成"计算机程序"，也不能作为"计算机程序"的一部分受到保护。以上关系可用下图表示：

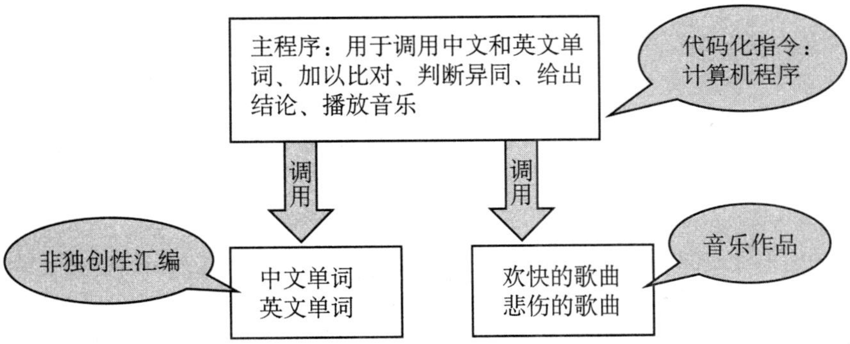

① 参见《计算机软件保护条例》第 2、3 条。

需要指出的是，以代码形式出现的数据与其他类型作品在著作权法中的地位是有差别的。虽然后者不是"代码化指令序列"，不能作为计算机程序受到著作权法的保护，但仍然可以作为其他类型作品受到保护。例如，游戏软件在运行过程中，会显示图片、动画，播放音乐，甚至还会有故事情节，这些内容可能分别构成美术作品、视听作品、音乐作品和文字作品。在英国法院审理的"Nova v. Mazooma案"中，原告指称被告的游戏软件与自己在先的游戏软件在界面和效果上实质性相似，构成侵权。但被告并未获得原告软件的源代码，因此，无论是原、被告双方还是法院，均将重点放在游戏软件中体现的以下几类作品上：(1) 以图像形式显示的美术作品；(2) 以游戏设计说明表现的文字作品；(3) 游戏本身体现的戏剧作品；(4) 以移动图像表现的视听作品。[①] 如果未经许可，将游戏中的这些作品单独提出后使用，仍然构成著作权侵权。但是，对于软件中单纯的数据而言，如代表游戏中人物生命力、能量级别等的参数、数值，其既非计算机程序，也不可能作为任何类型作品受到著作权法的保护，因为单纯的数据只是"事实"，并非独创性的表达，不可能构成著作权法上的作品。这与产生该数据的过程或机制是否具有智力创造性毫无关系。对数据本身进行复制和修改，不可能构成对计算机程序著作权的侵权。

在我国发生的多起因提供网络游戏"外挂"引起的著作权民事或刑事案件中[②]，一种具有代表性的观点认为："外挂"在运行中"修改"了网络游戏软件中的数据，构成对软件之"修改权"的侵犯。这一观点未能正确认识著作权法意义上的"计算机程序"。实际上，如果"外挂"修改的仅仅是游戏软件运行过程中产生的数据（如人物的生命力数值、武器的攻击力数值等），则其并没有改变代码化指令序列，不可能构成对软件的修改权的侵犯。

实务探讨

计算机软件中的"字库"属于"计算机软件"吗？

运行计算机软件的结果是，可以使人感知到其他作品，如屏幕上显示的图形（美术作品）、动画（视听作品）或扬声器中播放的音乐（音乐作品），但这些作品并不属于"软件作品"。这是因为"计算机软件"被明确地定义为可以被计算机执行的"代码化指令序列"，也就是其必须能够指挥计算机完成某种工作。人们能够在运行计算机软件（特别是游戏软件）时看到图形、动画或听到音乐，是因为程序员将已经创作完成的美术或音乐等作品转换成了数字形式，其作为独立的数据库，在软件运行过程中能够被"代码化指令"调用。因此，一张游戏光盘中，不但包含"计算机软件"（"代码化指令序列"及有关文档），还包含美术作品、视听作品和音乐作品等。不能因为后几类作品能够被计算机程序调用并通过计算机屏幕加以显示或通过扬声器予以播放，就认为它们也成了"计算机软件"。欧共体法院在2010年

---

① Nova Productions Ltd. v. Mazooma Games Ltd.，[2007] EWCA Civ. 219，para. 2.

② 根据"百度百科"的解释，"外挂"一般是指在电脑运行中，一个程序通过某种事件触发而挂接到另外一个程序的空间里（常用的触发事件有键盘触发、鼠标触发、消息触发等），挂接的目的通常是改变被挂接程序的运行方式。现在的游戏"外挂"就是将"外挂"程序嫁接到游戏程序当中，通过截取并修改游戏发送到游戏服务器的数据来实现各种功能的增强。参见 http：//baike. baidu. com/view/238. htm，访问日期：2012－08－10。

判决的“图形用户界面（graphic user interface）案”中也指出：欧共体《计算机程序保护指令》所说的“以任何形式表现的程序”，必须能够使计算机执行任务，而“图形用户界面”并不具有这一特征，因此，不能受到欧共体《计算机程序保护指令》的保护，只能在其符合独创性要求的情况下作为其他类型作品受到保护。[①]

同样道理，人们之所以能够在屏幕上看到特定的字体，如“华文新魏”、“微软雅黑”等，是因为这些字体被制作成了供计算机程序调用的数据库。不能因为字体被内置在软件光盘中，能够与计算机程序一起被安装到硬盘上，就认为这些字体也是“计算机软件”。字体是否构成作品，仍然取决于其独创性。假如某种字体并非长期流传、已成为国家标准的形状，而是由软件公司聘请书法家逐一撰写，体现了书法家个人的艺术视角和具有个性化的艺术美感，与前人的字体存在可以被客观识别的差异，则这些字体构成美术作品。这种字体在被进行数字化处理、制成字库并内置于软件之中后，其美术作品的性质不会发生改变。如果其他软件公司未经许可将该字库复制到其软件中，供用户安装、使用，将构成对美术作品的侵权，而不是对计算机软件的侵权。

（九）符合作品特征的其他智力成果

“符合作品特征的其他智力成果”是2020年修改后的《著作权法》第3条规定的兜底性作品类型。在缺乏明确规定的情况下，这类型的作品只可能由法院在个案中予以认定。但究竟何种其他智力成果“符合作品的特征”，恐难有共识可言。人类的智力成果丰富多彩，但仅有一部分被公认可作为作品受到著作权法的保护。各国著作权法只可能规定构成作品的必要条件（如独创性），而无法规定充分条件（如并非所有具备独创性的智力成果都是作品）。希望从公认的作品中总结出“作品特征”，以其为认定作品的充分条件并由法院自行认定新类型作品，固然出于良好的愿望并能在一定程度上加强作品认定的灵活性，但可能带来作品范围的高度不确定。

理论研究

“作品类型法定”与“作品类型开放”

2020年《著作权法》修改时，将之前《著作权法》实行的“作品类型法定”模式改成了“作品类型开放”模式。之前《著作权法》第3条在列举作品类型时，最后一类（第9项）是“法律、行政法规规定的其他作品”。该“兜底”有严格的限定，那就是必须由“法律、行政法规规定”，不能由其他规范性文件规定。这就意味着法院在司法实践中认定的作品，必须能够被归入之前《著作权法》第3条前八项列举的八类作品，或者是第14条规定的汇编作品法院不能自行认定新的作品类型。这就是“作品类型法定”模式。英国、澳大利亚、新西兰、爱尔兰、南非、尼日利亚、肯尼亚、马来西亚、新加坡的版权立法采用的

① Bezpenostn softwarov asociace-Svaz softwarov ochrany v. Ministerstvo kultury, Court of Justice, Case C-393/09, paras. 38, 42, 46.

是相同的模式。需要指出的是，“作品类型法定”并不像一些观点认为的那样，是在某种智力成果完全符合作品要求的前提之下，再看其是否属于法定作品类型，如果不属于则不保护此类作品。与之相反，“作品类型法定”本身就是对可以构成作品的表达形式的限定。它意味着在人类的各类智力成果中，只有具备特定表达形式的才可能属于作品，并受到著作权法的保护。比如香水气味或者食品味道，虽然也存在外在表达（可被嗅觉、味觉感知），但是并不属于著作权法所承认的可以构成作品的表达形式，因此不能将其作为作品予以保护。换言之，其并不符合“作品类型法定”下作品的构成要件。有观点将作品比作脚，将作品类型比作鞋子。此类比并不恰当。脚是客观存在的，只需要将其命名为“脚”或“足”即可，鞋子要适应脚的长度和宽度，自然不能削足适履。但受著作权法保护的作品是由法律界定的，对于将什么类型的智力成果确定为受保护的作品，是由立法者根据复杂的公共政策决定的，与自然存在的脚没有可比性。例如，计算机程序在20世纪50年代随着计算机的发明就出现了，但直至20世纪90年代才最终被普遍承认为作品。其间对于究竟是否应当将计算机程序纳入著作权法保护的作品范围，经过了长期争论，恐怕不是“作品是脚”的比喻可以解释的。

2020年《著作权法》将之前《著作权法》第3条列举的最后一种作品类型由“法律、行政法规规定的其他作品”改为“符合作品特征的其他智力成果”。这就意味着“作品类型法定”模式被改为“作品类型开放”模式，《著作权法》不再通过对作品类型的规定来限定可以构成作品的表达形式。这一修改很可能受到了对《伯尔尼公约》第2条第1款的不当解读的影响。《伯尔尼公约》第2条第1款不仅规定“‘文学和艺术作品’一词包括文学、科学和艺术领域内的一切成果，不论其表现形式或方式如何”，而且在列举作品类型时，使用了“诸如”一词。这就表明该条中所列举的各类作品仅是示例，而非穷尽式的规定。孤立地看这一条的规定，容易得出《伯尔尼公约》不允许采取“作品类型法定”模式的结论。

然而，这一结论是不能成立的。首先，英国等众多英美法系国家的立法采用的都是“作品类型法定”模式，难道这些国家都长期违反《伯尔尼公约》吗？其次，《伯尔尼公约》第2条第6款第一句规定，“本条所提到的作品在本同盟所有成员国内享受保护”。这里的“本条所提到的作品”显然是指第2条第1款在“诸如”之后明文列举的各类作品、第3款规定的演绎作品和第5款规定的汇编作品。这就意味着当一种表达形式落入了“诸如”之后列举的作品类型时，在符合独创性等其他条件的情况下，它必须作为“受本公约保护的作品”在《伯尔尼公约》所有成员国受到保护。至于没有列入“诸如”之后作品清单的表达形式，《伯尔尼公约》当然不妨碍某一成员国自行提供保护，但其他成员国没有保护的义务。最后，《伯尔尼公约》第2条第1款的用语在《伯尔尼公约》中很早就出现了，但此后几乎每一次为修订《伯尔尼公约》而召开的外交会议的重点都是，讨论是否应当在“诸如”之后的清单中增加新的作品类型。舞蹈作品、哑剧作品、建筑作品、摄影作品和电影作品都是此后逐步被列入《伯尔尼公约》第2条第1款“诸如”之后的作品清单内的。① 如果仅

① 舞蹈作品和哑剧作品在1908年的柏林文本中被加入《伯尔尼公约》；口述作品（讲课、演讲、讲道和其他同类性质作品）在1928年的罗马文本中被加入《伯尔尼公约》；电影作品和摄影作品在1948年的布鲁塞尔文本中被加入《伯尔尼公约》。

凭《伯尔尼公约》第2条第1款就可以将文学、艺术和科学领域内人类所有智力成果的一切表达形式都纳入保护范围，又何必大费周折地通过一次又一次的外交会议，甚至是新的条约，将新的作品类型纳入保护范围呢？

人类的智力成果和表达形式丰富多彩，但其中只有一部分能够作为作品受到著作权法的保护。“文学、艺术和科学领域”限定了能够产生作品的领域，而作品类型则指明了哪些表达形式能够被承认为作品。这就使法院和社会公众能够在纷繁复杂的智力成果和表达形式中迅速甄别出哪些不属于作品，而无须再去考虑抽象、晦涩，有时又存在争议的著作权法基本原理，从而大大节省司法成本和交易成本。“作品类型开放”模式给了法院在认定新作品类型方面的自由裁量权，不同法官基于对作品的不同认识和观点，可能作出不同的认定，从而大大增加了作品类型的不确定性并可能导致作品范围的无限扩张。即使是在一些著作权法立法历史远较我国久远、司法审判经验远较我国丰富的发达国家，也因此出现了一些堪称“奇葩”的诉讼请求或判决。如在采取“作品类型开放”模式的荷兰，其最高法院认定兰蔻公司“独创”的香水气味具有独创性，带有制作者的个性烙印，能被人类感知，应作为作品受《荷兰著作权法》保护。① 在同样采取“作品类型开放”模式的法国，巴黎上诉法院两次判决香水气味因展示了作者个性的烙印并具备独创性，属于受《法国知识产权法典》保护的作品。②

与发达国家相比，在《著作权法》颁布仅有30年的历史且地区发展并不均衡的我国，各地法院对著作权法基本原理的认识难言统一，有些地方的法院还存在着强烈的“创新”冲动。《著作权法》采用“作品类型开放”模式，可能对利益平衡造成不良后果。本书作者期望法院在审理涉及所谓新型表达形式的案件时，考虑以下问题：

首先，虽然随着技术的进步和社会的发展，确实可能出现在立法时未曾预料的新型表达形式，但将以一定形式表达的信息认定为作品（作品本质上就是信息），意味着设定相对意义上的垄断权，本质上是对他人行为自由的限定，应当非常谨慎。事实上自《伯尔尼公约》1971年巴黎文本以来，被纳入国际条约中作品范围的也仅有计算机程序，以及对作品之外的其他材料进行独创性选择或编排所形成的汇编成果。③

其次，在某些实行“作品类型开放”模式的国家（如美国），法院在法律明文规定的作品类型之外去认定作品的情形极其罕见。《伯尔尼公约》第2条第1款一方面详细列举了各类作品（各成员国必须保护），另一方面也有“兜底”，即“文学、科学和艺术领域内的一切成果，不论其表现形式或方式如何”（各成员国自行认定）。但世界知识产权组织编写的《伯尔尼公约保护指南》指出，在《伯尔尼公约》第2条第1款中，“实际上主要的作品类型全部都列举出来了”④。研究《伯尔尼公约》的权威著作《伯尔尼公约及其超越》指出：“未被（《伯尔尼公约》第2条第1款）列出，但理论上可能属于第2条第1款中‘文学或艺

---

① Kecofa B. V. v. Lancôme Parfums et Beauté et CIE S. N. C.，[2006] E. C. D. R. 26 (2006)，at 369－370.

② 两次判决的英文翻译见 Copyright Law：France-“fragrance of a perfume”，IIC 2008，39 (1)，113，114；France：Intellectual Property Code，Art. L. 112-2-“perfume”，IIC 2006，37 (7)，880，881。

③ 参见《与贸易有关的知识产权协定》第10条，《世界知识产权组织版权条约》第4条、第5条。

④ 世界知识产权组织编，刘波林译：《保护文学和艺术作品伯尔尼公约（1971年巴黎文本）指南》（附英文文本），13页，北京，中国人民大学出版社，2002。

术作品’的情形，在现实中几乎不存在”[1]。在2020年《著作权法》修改之后，法院也应对认定新类型作品采取谨慎态度。

最后，借用电影《蜘蛛侠》中一句流传甚广的台词，“伴随着强大的权力而来的是巨大的责任”（with great power comes great responsibility），我国《著作权法》将“作品类型法定”模式改为“作品类型开放”模式，意味着法院有了极大的自由裁量权，可以在个案中认定一种《著作权法》未予明确规定的表达形式“符合作品特征”，从而将其作为作品予以著作权保护。对于由此所获得的强大权力，建议法院审慎行使，避免《著作权法》像一匹脱缰的野马，任性地闯入其他法律的专属领地，甚至公有领域。当法院面对原告要求在《著作权法》明文规定的作品类型（明确承认可构成作品的表达形式）之外，将一种表达形式认定为作品时，认真比较其他国家的立法与司法实践，比如对于有悠久历史的插花和音乐喷泉，究竟有几个国家的法院将其分别认定为“实用艺术作品”[2]和“美术作品”[3]？我国法院并非不可以“创新”，但著作权是绝对权，认定新类型作品、提供绝对权保护，意味着对他人行动自由的限制，对此必须谨慎；同时著作权法高度复杂，我国保护著作权的立法和司法实践毕竟起步较晚，应当广泛借鉴国际共识，避免为创新而创新。这就是新的强大权力带来的巨大责任！

理论研究

香水气味和食品味道是作品吗？

在实行作品类型开放的国家，曾多次发生过香水气味和食品味道等只能通过嗅觉和味觉感知的“表达”是否属于作品的诉讼。如《荷兰著作权法》第10条在列举了十二类作品之后，又将“任何文学、科学或艺术领域内的创作成果，无论其表现形式或方式如何”列入受保护的作品范围。荷兰最高法院就据此认定兰蔻公司独创的香水气味应作为作品受到保护。荷兰最高法院认为：“《荷兰著作权法》第10条在非穷尽式地列举了作品类型之后，还对何为该法意义上的作品进行了概括式的定义，该定义没有排除香水的气味。这意味着香水是否能受到著作权的保护，取决于它是否能够被人类所感知，是否具有独创性，是否带有制作者的个性烙印。”[4]由于该法院认为涉案香水的气味是“独创”的，能够为人类的嗅觉所感知，带有制作者的个性烙印，该气味被认定为作品。

与此类似的是，《法国知识产权法典》先将“所有智力作品，无论作品的种类、表达形

---

① Sam Ricketson，Jane C. Ginsburg，*International Copyright and Neighbouring Rights：The Berne Convention and Beyond*（2nd edition），Oxford University Press，2006，p. 409.

② 在“插花案”中，法院认为原告的“涉案花束在视觉上具备相应的美感……具备独创性，且能够以有形形式予以复制，具有实用性，能够作为美术作品中的实用艺术品受到著作权法保护”［山东省济南市中级人民法院（2017）鲁01民终998号民事判决书］。

③ 在“音乐喷泉案”中，法院认为原告的音乐喷泉“喷射效果的呈现”属于美术作品。参见北京知识产权法院（2017）京73民终1404号民事判决书。

④ Kecofa B. V. v. Lancôme Parfums et Beauté et CIE S. N. C.，［2006］E. C. D. R. 26（2006），at 369－370.

式、价值或目的”都纳入著作权的保护范围，再非穷尽地列出十四类作品。[①] 法国巴黎上诉法院曾在不同的案件中，两次以相同的理由认为独创性的香水气味可作为作品受到著作权保护。该法院认为：“《知识产权法典》第L112－2条并没有对可受著作权保护的作品进行穷尽式的列举，也没有排除通过嗅觉感知的气味。同时，根据该法典第L112－1条，应对所有智力作品作者的权利给予保护，无论作品的种类、表达形式、价值或目的。……只要香水（气味）展示了作者个性的烙印并具备独创性，就可构成智力作品，根据《知识产权法典》著作权法部分受到保护。”[②]

荷兰最高法院和法国巴黎上诉法院认为香水气味属于作品的理由，显然是香水气味也是一种智力创造成果，存在于艺术领域，是可以为人们的嗅觉所感知的表达形式。[③] 这种看似荒谬的判决正是以荷兰和法国的著作权法对作品类型的开放式规定为依据的，法院实际上是将传统著作权法并不承认，但该国立法又未通过“作品类型法定”予以明确排除的表达形式——仅能为嗅觉所感知的气味，也认定为作品。有荷兰学者认为，《荷兰著作权法》第10条对构成“作品”的智力创造成果的开放式定义过于宽泛，以至于已经丧失了区分作品与其他智力创造成果的功能[④]，而荷兰最高法院对“香水气味案”的决定，则是“打开了潘多拉的盒子”[⑤]。

法国最高法院则两次否认香水气味可构成作品，但两次判决的理由都只有一句话：“香水气味仅是应用技术诀窍（know-how）的结果，在著作权法意义上，它不能被视为一种创作而成的、能从著作权保护中受益的表达形式，著作权保护只能用于智力作品。因此上诉法院违反了《知识产权法典》第L112—1条和第L112—2条。”[⑥] 该判决的结果当然是正确的，但理由缺乏说服力。在许多人眼中，计算机程序的编制也是应用技术诀窍的结果，为什么计算机程序就是作品呢？如法国巴黎上诉法院所言，《法国知识产权法典》第L112—1条和第L112—2条对作品类型进行了开放式的规定，并没有排除任何表达形式。法国最高法院认为香水气味不是一种受著作权法保护的表达形式，法律依据何在？事实上，在法国最高法院拒绝认定香水气味是作品之后，法国巴黎上诉法院随后又一次以相同的理由认定香水气味是作品，而且其直接针对法国最高法院有关“香水气味仅是应用技术诀窍的结果”的说法，主张“文学、美术或音乐作品（的创作）也需要技术诀窍”[⑦]。虽然该判决再次被法国最高法院所推翻，但法国最高法院在判决理由中竟然重复了其之前判决的用语，并没有针对巴黎上诉法院的质疑作出回应。这也从一个侧面反映出法国最高法院在对作品类型

---

① See French Intellectual Property Code, Article L112－1, L112－2.

② France: Intellectual Property Code, Art. L. 112－2－“perfume fragrance”, IIC 2006, 37 (7), 880, 881.

③ See Silke von Lewinski, *International Copyright Law and Policy*, Oxford University Press, 2008, p. 126.

④ Mireille van Eechoud, Netherlands, § 2 [2], in Paul Edward Geller (ed.), *International Copyright Law and Practice*, Matthew Bender & Company, Inc., 2016.

⑤ Herman Cohen Jehoram, “Shall the Perfume Scent Decision of the Dutch Supreme Court Conquer the EU and then the World or Will it Perish?” 54 *J. Copyright Soc'y* 571, 573 (2007).

⑥ France: Intellectual Property Code, Arts. L. 112－1, L. 112－2－Protection of Perfume, IIC 2006, 37 (8), 988－989; France: Intellectual Property Code, Arts. L. 112－1, L. 112－2— “Fragrance of a Perfume Ⅱ”, IIC 2010, 41 (2), 234－235

⑦ Copyright Law: France- “fragrance of a perfume”, IIC 2008, 39 (1), 113, 114.

完全开放的立法面前，实在是难以找到一个令人信服的理由将香水气味排除出作品范围。

在“食品味道案”中，荷兰某食品公司生产奶油芝士酱，并已就生产方法获得了专利。其指称竞争对手的同类产品的味道与其芝士酱的独特味道相同，并以之前荷兰最高法院判决的“香水气味案”为依据，要求法院认为其芝士酱的味道构成受《荷兰著作权法》保护的作品，以及其竞争者未经许可而复制其作品构成侵权。[①] 审理此案的法院并不认同该观点，但估计担心如果其驳回诉讼请求，此案被上诉至荷兰最高法院后，荷兰最高法院会按照“香水气味案”的思路推翻自己的判决，因此干脆将此案中的法律问题提交欧盟法院。

欧盟法院认为：要构成受欧盟《版权指令》保护的作品，相关客体必须通过一种能够被精准和客观地确定的方式加以表达，即使这种表达并不需要借助永久存在的介质。这首先是因为要保护版权的专有权利，就必须能够清楚和精准地确定受保护的客体。对于竞争者而言也是如此。同时，为了避免损害法律的确定性，也需要保证在确定受保护客体的过程中不受主观因素影响，这就意味着该客体必须能以精准和客观的方式被表达。[②] 食物的味道无法被精准和客观地确定，其本质上以主观与可变的味觉和经验为基础，而这又取决独特的个人因素，如年龄、偏好、习惯，以及消费时的环境或具体情形。同时，在当前的科学发展阶段，还无法通过技术手段精准和客观地确定食品的味道，并使之与同类食品相区别。[③] 因此，食品的味道并不能被归入欧盟《版权指令》中的“作品”[④]。

虽然欧盟法院的判决从根据上否定了气味和味道成为作品的可能性，从而实质上推翻了荷兰最高法院对“香水气味案”的判决，然而细究起来，在现代发达的化学检测技术面前，气味和味道中的几乎所有成分都可以被精准地分析出来（即使在今天还不可能完全实现，相信不断进步的技术最终可以做到这一点），从而可以做到准确地再现。这难道还不足以“清楚和精准地确定受保护的客体”吗？在“作品类型开放”模式下，如果把限制作品范围的传统都视为“削足适履”中的“履”，把一切有独创性的成果都视为“足”，欧盟法院费尽心力为作品设立的最后一道屏障，也总会有被突破的一天。

二、演绎作品与汇编作品

前文讲解的是《伯尔尼公约》第 2 条第 1 款和我国《著作权法》第 3 条规定的作品类型，其中的分类标准是作品表现形式。但是，《伯尔尼公约》第 2 条第 3 款和第 5 款还分别规定了对演绎作品和汇编作品的保护。演绎作品和汇编作品均是在已有作品的基础之上，融入新的创作要素而形成的，与前文讲解的九类作品并不是并列关系。虽然对作品还可根据其他标准进行分类，如职务作品和非职务作品、委托作品和非委托作品，以及合作作品和非合作作品等，但演绎作品和汇编作品与之相比，具有特别重要的意义。这是因为演绎作品和汇编作品都是以已有作品为基础创作的，涉及双层作品结构，立法首先要明确何种演绎和汇编行为能够形成受保护的作品。这与职务作品、委托作品和合作作品只涉及著作

---

① Levola Hengelo BV v. Smilde Foods BV，CJEU，Case C-310/17（2018），para. 18.

② Ibid.，paras. 40－41.

③ Ibid.，paras. 42－43.

④ Ibid.，para. 44.

权归属与行使的问题有所不同。

（一）演绎作品

演绎作品，又称派生作品，是指在保持原有作品基本表达的基础上，对原表达加以发展，并使新表达与原表达融为一体而形成的新作品。对作品进行改编和翻译是最为典型的演绎方式。例如，将俄文版的《战争与和平》翻译成中文，将金庸的小说《天龙八部》改编成电视剧剧本、将小说《红楼梦》改编成越剧，以及将文学名著缩写后编成配图本供儿童阅读等，均能产生演绎作品。《伯尔尼公约》第2条第3款规定，翻译、改编、乐曲改编以及对文学或艺术作品的其他改动应得到与原作品同等的保护。此即明确要求各成员国对演绎作品提供著作权保护。

需要注意的是。并非只要将原作品纳入新作品，新作品就成了原作品的演绎作品。例如，华东政法大学长宁校区的韬奋楼显然是建筑作品，其中草坪上邹韬奋先生的雕像，也当然是雕塑作品（立体美术作品）；摄影师对韬奋楼的拍摄可以形成摄影作品（见右图[①]）。然而，该摄影作品并非建筑作品和立体美术作品的演绎作品，因为构成建筑作品和美术作品的表达，即建筑物和雕像的外观造型，并不是摄影作品表达的组成部分。换言之，它们仅仅作为拍摄的对象被纳入了摄影品，摄影作品的表达并非建立在这两类作品的表达基础之上。相反，将小说拍摄成电影，小说的表达，包括部分文字组合、遣词造句和其情节设计，将由连续的画面和人物对话的形式予以实质性地呈现。因此，电影作品的表达是建立在小说的表达的基础之上的，该电影作品因此是该文字作品（小说）的演绎作品。

对原作品的演绎，只有符合独创性的要求才能形成演绎作品，即演绎者必须在原作品的基础上进行独立的创作，而且创作结果应当符合最低限度的创造性要求。前文“独创性”一节曾讲解过符合“独”的第二种情形，即对于在他人作品的基础之上进行的创作，只要由此产生的成果与原作品之间存在着可以被客观识别的、并非太过细微的差异，该差异部分仍然符合独创性中“独”的要求。如果该差异部分又符合“创”的要求，且与原有表达融为一个整体，则由此形成的劳动成果就是原作品的演绎作品。例如，将英文小说翻译成中文，通常都会形成演绎作品。一方面，虽然中文版是以英文版为基础的，叙述的是相同的故事，但中文的遣词造句显然与英文的不同，其源于翻译者本人，因此符合“独”的要求。另一方面，翻译并不是机械地根据字典找出一一对应的词句。面对同样的原文，不同的翻译者可以根据自己对原文的不同理解，使用不同的术语和方式加以直译或意译，有很大的选择、判断，甚至再创作的余地。翻译的结果也很少是雷同的，它打上了翻译者个性的烙印，是个人智力创造的产物，因此也符合“创”的要求。如对于驰名世界的美国小说 *Gone with the Wind*，有人翻译成《飘》，有人则翻译成《乱世佳人》，各有妙处。对于澳大利亚电影 *Piano*，有的译成《钢琴课》，较为古板；有的译成《钢琴师和她的情人》，略显低俗；而译成《钢琴别恋》则既揭示主题，又不失风雅。由此可见，对作品名称的翻译结果都如此多种多样（各位读者可自行思考：对作品名称的翻译是否可形成演绎作品?），对作

---

① 此照片为本书作者的研究生黄陈涵所摄。

品正文的翻译更是高度个性化的创作，译文相对于原作品而言就是演绎作品。

但是，如果只对原作品进行了很少的改变，改变的结果与原作品之间不存在可以被客观识别的显著差异，或者该差异不符合“创”的要求，则改变的成果只能被视为原作品的一种复制件。例如，对小说手稿进行校对，改正了其中的一些错别字，并调整了几个句子之间的顺序。尽管有“改”有“编”，但校对后的稿件与原手稿相比，不存在可以被客观识别的显著变化，并未形成新的作品。因此，校对行为并非演绎行为，校对稿在著作权法意义上仍然只是原作品的复制件，而非原作品的演绎作品。

需要注意的是：只有新作品与原作品在表达上相似，新作品才能被称为原作品的演绎作品。演绎作品的特点在于：它既包含演绎者的独创性劳动成果，又保留了原作品的基本表达。例如，对于翻译作品而言，无论原作品被翻译成了何种语言文字，原作品的基本含义不会发生改变。同时，翻译又必然涉及翻译者对原作品的内容与众不同的理解，以及在翻译的遣词造句方面高度个性化的选择与判断，因此翻译的成果不仅是作品，而且是原作品的演绎作品。再如，将小说改编成电影剧本时，虽然会为拍摄电影的需要而删去大量细节和心理描写，同时增加许多的场景安排和人物动作、表情设计等描写，但小说的基本故事情节仍然清晰可辨。同样，如果有人将钱钟书先生的小说《围城》绘制成了一整套漫画，尽管原作品与新作品的表现手法发生了根本变化——从文字到绘画，但小说《围城》中的基本情节仍然得到了体现。由于具体的故事情节属于“思想与表达”中的“表达”，用漫画将同一具体故事情节加以再现属于对小说中表达的使用，漫画与小说之间就存在实质性的表达相似。漫画版《围城》就是小说《围城》的演绎作品。

如果新作品与原作品在表达上已无相似之处，只有思想、观念和创意上的相似，则新作品并非原作品的演绎作品。换言之，如果原作品具有独创性的表达在新作品中已经无法被客观地辨别了，那么新作品对原作品的使用就只属于对思想的使用，例如，如果有人根据杜牧诗歌《清明》的意境创作了一幅画，绘出了清明节的阴雨蒙蒙，行人祭奠先人之后的悲痛，以及行人向牧童问路，牧童手指远方杏花村酒家的场景，或者有人根据《清明上河图》而创作了一首诗，将画中的主要场景用诗的语言描述了出来，则都没有使用原作品的基本表达。

如果新作品与原作品在表达上虽有一些相似之处，但尚不足以达到实质性相似的程度，则新作品也并非原作品的演绎作品。例如，在美国一起涉及改编权的案例中，被告写了一本名为《戏剧故事》的书，其中包括对原告的戏剧作品的简要介绍。原告的戏剧分三幕，共 46 页。被告的介绍一共只有半页多，介绍每一幕的字数只有一百字左右。法院认为被告只对剧情和人物进行了极为简单、含糊和支离破碎的介绍，其介绍不能构成改编作品。[①]

（二）汇编作品

根据《著作权法》第 15 条的规定，“汇编作品”是指汇编若干作品、作品的片段或者不构成作品的数据或者其他材料，对其内容的选择或者编排体现独创性的作品。该条规定体现了《与贸易有关的知识产权协定》和《世界知识产权组织版权条约》的要求：前者第 10 条规定“对于数据或其他材料（material）的汇编，无论是以机器可读的形式还是其他形

① G. Ricordi & Co. v. Mason，201 F. 182，182 - 183（C. C. S. D. N. Y.，1911）.

式，只要由于对其内容的选择或编排而构成智力创作，即应作为智力创作加以保护”；后者第5条规定“数据或其他材料的汇编，无论采用任何形式，只要由于其内容的选择或编排构成智力创作，其本身即受到保护”。

立法背景

如何理解“对其他材料的汇编”

在我国《著作权法》第15条对汇编作品的定义中，“汇编若干作品、作品的片段或者不构成作品的数据”的含义是显而易见的，因为“作品”、“作品的片段”和“数据”均是著作权法上及日常生活中的常用语。然而，“汇编……其他材料”的用语起了极大的困惑：此处的“材料”是否与“材料学”或“物质材料”中的“材料”同义？例如，收集色彩斑斓、形状各异的石头也可能在选择上体现独创性，那么由此选出的众多石头能形成汇编作品吗？同样，在餐馆点菜必然涉及对菜单中大量菜品的选择，不同的人面对相同菜单，点出的菜很少是相同的，由此产生了对某些人“点菜水平高”的评价。这说明对菜品进行个性化的选择是需要智力投入的，那么这样选出的一桌菜是否为汇编作品呢？[①]

从《著作权法》第15条用语的渊源来看，“材料”一词直接来源于国际条约和国外立法有关汇编作品之规定中的“material”，而“material”在其中并非指“物质材料”。《与贸易有关的知识产权协定》第10条第2款规定：“对于数据或其他材料（material）的汇编，无论是以机器可读的形式还是其他形式，只要由于对其内容的选择或编排而构成智力创作，即应作为智力创作加以保护。”《世界知识产权组织版权条约》第5条规定：“数据或其他材料（material）的汇编，无论采用任何形式，只要由于其内容的选择或编排构成智力创作，其本身即受到保护。”这两条约中的“材料”均与“数据”并列。由于“作品”和“作品的片段”在这两条约中没有被单独列出，其显然包含于“材料”之中，否则就会得出“对作品的独创性选择或编排不构成汇编作品”这一明显不合理的结论。世界知识产权组织关于《世界知识产权组织版权条约》的“基础提案”在解释《世界知识产权组织版权条约（草案）》第5条时也指出：该条是指“对数据或其他材料，包括作品的收集或汇编”[②]。基于“材料”与“数据”这两个术语在汇编作品定义中内在的同质性，“材料”一词不可能是指物理世界的材料。这一点在欧盟《数据库保护指令》中体现得更为明显。该指令指出：“‘数据库’一词应被理解为包括文字、艺术、音乐或其他作品的汇编，或诸如文本、声音、图像、数字、事实和数据等其他材料（other material）的汇编。”[③] 该条列举的“材料”实

---

① 本书作者的研究生曾经问过类似的问题。本书作者反问：“各位同学都是华东政法大学从人数多于录取名额的候选人中精心选择出来的，而且在相同的录取标准下，面试时不同的老师对于同一名同学的评价也会有所差异。试问：各位同学的集合是否因学校‘独创性的选择’而属于学校的‘汇编作品’？”

② WIPO, Doc. CRNR/DC/4, Basic Proposal for the Substantive Provisions of the Treaty on Certain Questions Concerning the Protection of Literary and Artistic Works to be considered by the Diplomatic Conference (1996), para. 5. 01.

③ Directive 96/9/EC of the European Parliament and of the Council of 11 March 1996 on the Legal Protection of Databases, Recitals (16).

例——“文本、声音、图像、数字、事实和数据”均为信息，其与物理世界中的实物是明显异质的。这说明“其他材料”应当是一种信息。

从上述分析还可以得出一个结论：对国际条约和国外立法有关汇编作品之规定中的“material”一词的最佳翻译，不是引人误解的“材料”，而是由信息构成的“资料”。根据对“材料”的这一解释，前文所述对石头的选择和点菜的结果，都不能构成汇编作品，因为石头和菜品均为物质，而非信息或“资料”。

1. 汇编作品与传统作品类型的关系

汇编作品是一种以体系化的方式呈现的作品、数据或其他信息的集合。对于《著作权法》第 3 条规定的各类作品而言，汇编作品具有“兜底”的作用。如果对创作素材作独创性的选择或编排形成的是能够独立表现思想或文学艺术美感的内容，则选择或编排仅仅是创作《著作权法》第 3 条中各类作品的手段，并不产生第 3 条规定的各类作品之外的汇编作品。例如，以文字形式表现的作品无非是从数千个汉字中“选择”一部分，以特定方式加以排列组合之后形成的。这种独创性“选择”和“编排”形成的显然是“文字作品”，而不是“汇编作品”。再如，著名历史学家黄仁宇先生创作的《汴京残梦》一书描述了《清明上河图》的创作过程：先由国画院的画师们在汴京城中四处写生，再由张择端从中选择、组合，最后在衔接处作画，增添过渡场景。① 如果该描述属实，则张择端显然对他人的作品进行了选择和编排。但由此形成的画作有其自身独立的艺术美感，已能够成为一部独立存在的完整作品，本身就可以作为美术作品受到著作权法的保护，不应再被归入“汇编作品”。

虽然独创性汇编的结果并不产生新的文字内容、艺术造型、音乐旋律等传统文学艺术作品的表现形态，但也能表达汇编者的观点。将作品、数据或其他信息的集合体系化地加以呈现，其作用在于以汇编者认为的合理呈现方式，提供汇编者眼中有价值的作品、数据或其他信息。换言之，汇编者通过对信息的独特选择或特殊编排，表达其对信息价值或呈现方式的观点。这样一来，使用者接受的就是打上了汇编者个性化烙印的信息集合。

2. 汇编作品的分类

汇编作品可以分为两类：第一类是对若干作品或作品片段进行独创性的汇编而形成的作品，第二类是对事实、资料等材料进行独创性的汇编而形成的汇编作品。在第一类汇编作品中，被汇编的材料本身就是作品。各类法学期刊、报纸和小说选集等就属于第一类汇编作品。汇编已有的作品之所以能够成为有别于被汇编作品的新作品，不是因为它是由作品集合而成的，而是因为在选择或编排作品方面体现出了独创性。例如，法学期刊上的每一篇论文无疑都是作品，但法学期刊是汇编作品并不是因为上面登载的论文都是作品，而是因为期刊编辑部的编辑对于论文的选择和编排付出了创造性劳动。首先，编辑要阅读大量来稿，从中选出学术质量较高的文章；其次，编辑还要根据文章的内容和本期关注的重点问题，设置特定的栏目并按一定的方式对文章进行编排。正是由于这种选择和编排是一

---

① 参见［美］黄仁宇：《汴京残梦》，63 页，北京，新星出版社，2005。此书是小说，但其中描述的绘画方法是否产生汇编作品，仍然值得思考。

种智力创造劳动，符合独创性的要求，法学期刊才构成汇编作品。再如，为儿童编写《古典音乐欣赏》时，编者依照个人喜好挑选音乐作品，并根据自己对儿童的兴趣点和接受能力的判断进行排序，由此形成的汇编成果就体现了选择与编排上的独创性，属于汇编作品。①

第二类汇编作品是将原本就不受著作权法保护的事实、数据等材料通过具有独创性的选择和编排汇集在一起。例如，出版社通过自己的判断，在上海众多餐馆中选择了最味美、实惠的50家并进行排序，同时附上地址和电话号码，编成《最佳餐馆50家》。虽然餐馆名称、地址和电话号码本身都不是作品，但对众多餐馆进行选择和排序是需要付出具有个性化的智力劳动的，由此形成的《最佳餐馆50家》就是汇编作品。

3. 汇编作品的独创性

无论被汇编的材料是不是作品，如果在选择或编排方面没有体现出独创性，则不能构成汇编作品。如果一种选择或编排只要按照既定规则或规律去做，结果都是相同的，没有给人留下发挥聪明才智的空间，则这种汇编结果不可能具有独创性，当然也不会构成作品。例如，出版社将鲁迅先生的全部作品按照文体及发表时间编成《鲁迅全集》，则该《鲁迅全集》并非汇编作品，因为收录鲁迅先生的全部作品不涉及“选择”，而且根据文体及发表时间安排作品顺序是最为常规的方法，均没有任何智力创造性可言。本章第二节曾经讲解过美国联邦最高法院判决的“Feist案”，在该案中，被告原样抄袭原告出版的电话号码簿之所以不构成版权侵权，一方面是因为电话号码本身不是作品，原告对电话号码无版权可言；另一方面是因为原告将全部订户的号码均编入电话号码簿，而且按订户姓名字母顺序排列，无论在选择还是编排方面均没有体现出最低限度的智力创造性。在我国发生的“族谱案”中，原告辛苦收集了某一家族族人的姓名，并编成了族谱。法院认为，“族谱资料虽然记载了在若干自然村、屯上曾经生息繁衍的祖先及其后代的名字，并对这些名字按辈分大小进行编排，但这种编排不具有独创性”②。该案与“Feist案”异曲同工：对收集齐全的姓名按照辈分大小这一常规方法排列，无论是在选择方面还是在编排方面都无独创性可言，故由此形成的族谱并非汇编作品。再如，某杂志社编辑、出版了《高考招生录取专刊》，将各高校在各省市的录取人数、分数，以及各文、理科专业的录取人数、最高分、最低分、平均分等数据加以收集、汇总。显然，要使该录取专刊对考生有吸引力，其中的录取信息必须齐全，对其分类应当与考生的期待相一致。不同的人要提供有价值的招生信息，都会将全部招生信息按照专业、文理科、录取人数、最高分、最低分、平均分等进行分类列举。这就排除了与众不同的个性化选择与编排，其形成的结果并非汇编作品。③

同样道理，“中国期刊全文数据库”和“中国知网——中国优秀硕士学位论文数据库”如果对全国各期刊刊登的文章或各大学的学位论文照单全收，并没有根据论文质量进行评判、甄别，就不存在独创性的选择。如果是收录核心期刊刊登的文章和“211工程”大学的

---

① 参见北京市第一中级人民法院（2011）一中民终字第5186号民事判决书。

② 广西壮族自治区河池市中级人民法院（2004）桂民三终字第3号民事判决书。

③ 因此，对于认定此类汇编为“汇编作品”的判决，本书作者不能认同。参见北京市海淀区人民法院（2006）海民初字第20439号民事判决书。

学位论文，也不存在选择上的独创性，因为源自核心期刊的文章或“211 工程”大学的学位论文是业界常规的选择范围。同时，对论文根据学科的专业门类进行编排，也是常规的编排方式，难有独创性可言。

与此同时，汇编作品也应当体现出一定程度的创造性。无论是备选的信息量过少，还是选出的信息量过少，都缺乏创造性，例如，将以同一人物为主题的三部作品编入一本合集，被认为“未能体现充分的创造性”。再如，将普通的星星、酒瓶和“COME AND DRINK IT（来喝它）”汇集在一起（见左图），“至多是微不足道的创造水准”，因此不能作为汇编作品受到保护。[①] 由于汇编作品是以体系化的方式呈现的信息集合，其中的信息并没有孤立存在，所以汇编作品的独创性就只能体现在对既有信息的选择或编排方面，而不能体现在该信息的产生或来源方面。因此，在认定汇编作品的过程中，区分“为取得被汇编的信息所付出的独创性劳动”与“对取得的信息进行独创性的选择与编排”极为重要，因为前者仅是一个产生、发现、确认信息的过程，不能直接形成以体系化方式呈现的信息集合，无论需要多少智力投入，其结果都不能受著作权法保护。换言之，确定事实的过程本身不能受到保护，对确定的事实的选择和编排结果才可能受到保护。

例如，一家出版社经过大量走访调查和分析研究，首次发现了鲁迅先生以前不为人所知的作品，并将这些作品与鲁迅先生的其他作品一起，按照作品类型和发表时间顺序编入了《鲁迅全集》。再如，出版社想方设法（这种方法很可能有创造性）劝说用户告知其电话号码，从而第一次收集到了某地所有居民的电话号码，并按照居民姓名的拼音顺序编制了电话号码簿。对上述鲁迅先生作品和电话号码的取得并非简单的“额头流汗”，而是需要一定智力投入的。然而，这一过程仅仅是发现和确认了客观存在的作品和数据本身，其所涉及的智力投入与汇编作品毫无关系。只有对这些作品和数据所进行的独创性选择或者编排，才是构成汇编作品所需要的智力创造。同样道理，中央电视台在编排春节联欢晚会（简称春晚）时，首先要面对的问题是：在各地方台报送的上百个备选节目中，选哪些节目进春晚？这当然需要进行选择和判断。但春晚节目一旦确定，公布的节目单就是事实的反映，本身不是汇编作品，而春晚作为一个整体可以成为汇编作品。从另外一个角度看，汇编作品是在对作品或其他材料的选择或编排方面体现出独创性的，其最小构成单位是被选择或编排的作品或其他材料。春晚导演选择和编排的是节目（作品及其表演），不是由几个字构成的节目的标题。换言之，作为一个整体的春晚是汇编作品，而春晚节目单不是。

典型案例

英超赛程表案

在本案中，英国超级联赛联盟（简称英超联盟）认为：雅虎网站公布其编制的英超赛

① The Review Board Of the United States Copyright Office，Re：Second Request for Reconsideration for Refusal to Register Come and Drink It；Correspondence ID：1-3VVNOUJ；SR # 1-7637637029.

程表的行为侵犯了其汇编作品的版权。欧盟法院发现，与编制电话号码簿不同，设计足球赛程表并非一个纯粹机械的或仅适用严格标准的过程，它需要相当程度的劳动和技巧，以满足各队之间相互冲突的要求，其间需要进行选择和判断。然而，欧盟法院明确指出：产生数据所需要的智力投入和技巧，与判断包含这些数据的数据库能否受到版权保护无关。在编制英超赛程表的过程中，为确定英超球队的比赛日期、时间和对阵序列进行的智力投入仅与数据的创建有关，在任何时候都不能作为判断数据库能否获得版权保护的依据。[①] 这即是正确区分上文所述“为取得被汇编的信息所付出的创造性劳动”与“对取得的信息进行独创性的选择与编排”的典型实例。

4. 汇编作品中思想与表达的分界

著作权法保护的是有独创性的表达，而不是有创造性的方法以及与之混同的表达。如果汇编者对信息的选择或编排，并非基于个性化的主观判断，而是应用某种操作方法或计算方法的必然结果，则此时发生思想与表达的混同。无论该操作方法或计算方法本身是否为汇编者智力劳动的产物，该汇编的结果都不能作为汇编作品受到保护，否则，就等于保护了这种操作方法或计算方法，这从根本上违反了著作权法的基本原理。

如果汇编者首创并说明了其选择或编排的方法，或者他人通过分析汇编结果总结出了其首创的选择或编排方法，而且对相同范围的信息使用该选择或编排方法能够获得基本相同的汇编结果，就说明这种选择或编排方法是一种可以被量化的操作方法或计算方法，对它的运用并不存在智力方面的个体差异，也即任何人对相同范围的信息运用该方法，只要不犯错误，结果都一样。在这种情况下，无论该选择或编排方法本身是不是独创的，它都属于思想的范畴，由它产生的汇编结果是与该思想混同的唯一表达，不能受到保护。

假设出版社在编辑《××年度法学优秀论文集》时，首次采用了一种可以量化的方法如根据被转载的次数、被引用的次数、读者在网站上的评价次数和分数，并在公式中加以计算，选出 100 篇优秀法学论文并加以排序，则该方法本身属于思想，不能受到著作权法的保护。同时，运用该方法获得的选择和编排结果具有唯一性，也即任何出版社使用该方法，都能选出相同的 100 篇论文，并以相同的顺序排列。因此，运用该方法的过程没有给汇编者留下聪明才智发挥的空间，汇编者与众不同的个性无从发挥，该《××年度法学优秀论文集》并不构成汇编作品。此时无论汇编方法是否为首创，该方法和与之对应的结果均不能作为作品受到著作权法的保护。

相反，如果对于汇编者自述或他人总结出的选择或编排方法，不同的人对相同范围的信息使用该方法无法获得基本相同的汇编结果，就说明这一方法不能被量化，对它的运用存在个体差异。不同的人在运用该方法时，必须还要加入自己个性化的主观判断，并得到不同的汇编结果。这就说明汇编结果并没有与汇编方法发生混同，仍然可能作为汇编作品受到保护。以前文提及的供儿童使用的《古典音乐欣赏》为例：如果汇编者自述或他人从中总结出的选择方法是：旋律优美而简单，易于吸引儿童的注意力，激发其兴趣。编排方法是：按照简单程度和为儿童所接受的程度排序。可以想象，不同的人在面对成千上万首

---

① Football Dataco v. Yahoo! UK, Case C-604/10, paras. 19, 33, 36.

古典音乐，用该选择或编排方法进行汇编时，其结果仍然是千差万别的。因为对于什么是旋律优美而简单、能够吸引儿童的注意力并激发其兴趣的，以及在特定曲目之间进行简单程度和儿童接受度的比较，每个人的判断都会有所不同，由此产生的结果并不发生思想与表达的混同。从前文的分析中还可以得出一个结论：用于对信息加以“分类”的目录本身并不能作为汇编作品受到保护。这是因为任何编排方法本身都属于思想的范畴，而对信息加以分类的目录正是客观反映编排方法，使他人得以对相同范围的信息加以无差别应用的最佳途径。当然，在相同的一级或多级目录分类设置之下，具体信息的编排结果能否受到保护，仍然取决于是否发生了思想与表达的混同。例如，《古典音乐欣赏》中的一级或多级曲目分类无论如何设置（如古琴、古筝、琵琶……或激昂、婉约、浪漫……），汇编者依然要根据自己对曲目的简单程度和儿童接受度的个性化判断，在每一分类（如琵琶）中对具体曲目进行排序，由此最终形成的《古典音乐欣赏》可以构成汇编作品，他人可以使用其中的一级或多级曲目分类设置，却不能使用最终形成的曲目汇编结果。与之形成对比的是，在前文提及的《××年度法学优秀论文集》中，论文的排序是根据被转载的次数、被引用的次数、读者在网站上的评价次数和分数，用特定公式计算后产生的，无论如何进行目录分类设置，在每一类别中论文的先后顺序都是应用特定操作方法和计算方法的唯一结果。此时《××年度法学优秀论文集》不能构成汇编作品，他人使用其中的一级或多级论文分类设置或最终形成的论文汇编结果，均不可能侵犯著作权。

通常情况下一级或多级目录分类设置，都可以被他人用于处理同类信息，获得同质化的分类结果，因此，其本身应当被作为思想排除出著作权法保护范围。曾有学者指出：“脱离具体数据、纯粹的数据库结构是不应当受版权保护的。”① 在“数据库结构”与目录分类设置同义的情况下，本书作者赞同这一观点。最高人民法院也曾在涉及成语词典中成语分类的诉讼中指出，原、被告的词典均系按照分级分类的方法汇编而成的汇编作品，而按照词义分级分类编纂是实践中词典编纂普遍采用的一种方法，这种方法不属于著作权法保护的客体。②

正是基于汇编作品的上述特征，在涉及汇编作品的著作权侵权诉讼中，举证责任的分配也有特殊性。通常情况下，权利人提起著作权侵权诉讼时，并不需要举证证明其成果的独创性，因为：对于小说、音乐、电影等表达形式而言，独创性体现在内容上。法官通过观察内容就能对独创性作出初步判断。如被告否认原告的成果具备独创性，需要举证反驳，如找出在创作和发表时间上早于原告成果的相同或高度近似的作品。但汇编作品的独创性源于对信息的选择或编排，汇编的结果是否体现独创性，无法通过外部观察进行判断。此时需要汇编者说明其是基于何种考虑进行选择或编排的，也就是证明其汇编的独创性。

① 张柳坚：《对数据库结构能否享有版权问题的讨论》，载《电子知识产权》，1997（12），18页。

② 参见孙某等与商务印书馆国际有限公司侵犯著作权纠纷案，最高人民法院民事裁定书（2008）民申字第74号。

典型案例

英语单词记忆教材对单词的汇编能形成汇编作品吗?

新东方公司对俞敏洪等编著的39本英语单词记忆教材获得了著作权的专有许可，其起诉另一公司提供的英语单词记忆教材使用了“与涉案图书单词、单元划分和单词顺序实质性相似的单词列表”，侵害其汇编作品的著作权。

法院认为：新东方公司所主张的其具有独创性的内容为对单词的选择、划分与编排。关于单词的选择，涉案39本图书中，一部分涉及为大学英语四、六级，高考、研究生考试等考试编纂的词汇类图书，这些特定考试通常设定特定的考试词汇大纲，新东方公司并未举证说明这类涉案图书中选取的词汇与相应的考试大纲存在何种区别；对于新东方公司主张的诸如GRE、雅思、托福等无考试大纲类的考试单词图书，仅依据考试中出现频率选择单词属于为取得被汇编信息所付出的创造性劳动，是一种单纯客观结果的展现，未能体现对已获得信息的主观选择，新东方公司亦未能证明其对这类图书中单词的选择与单纯依据出现频率统计的结果存在何种区别；还有一类图书不属于考试类词汇图书，诸如“新东方词汇进阶”系列图书，新东方公司主张这些词汇的选择是通过词根词缀方法，利用数千个核心词，通过词根词缀拓展出数以万计的词汇量。词根词缀是英语单词中的客观存在，不同人利用该方法对英语单词进行选择时将得到基本相同的汇编结果。这种方法能够被量化，不存在个体的差异，无法体现汇编者本身的主观选择，故利用这种方法的选择结果属于与该方法混同的唯一表达，无法受到著作权法的保护。关于单词的划分与编排，涉案图书中无论是按照字母顺序、考试频率，抑或是新东方公司主张的按照词根词缀方法、单词含义类型进行的划分，都属于一种客观存在的分类排序方法，这些方法所产生的划分结果有限，没有给汇编者留下才智发挥的空间，汇编者的主观个性难以从中体现，没有构成独创性表达；对于另一部分乱序排列的图书，新东方公司未能证明这些排列体现出的内在逻辑，排列标准、汇编结果存在随机性，无法就此认定其属于作者的独创性表达。综上，新东方公司所主张的单词选择、划分、排列内容不属于著作权法意义上具有独创性的表达，不能作为汇编作品予以保护。①

本案是有关利用可量化的汇编方法形成的汇编结果不能受保护的典型案例。纳入考试大纲中的全部单词，无所谓独创性的选择；根据考试中单词出现的频率进行排序，虽然需要大量的统计，但按照相同方法任何人的排序都是相同的。如果对由此产生的汇编结果提供保护，无异于保护了操作方法。与此同时，汇编作品的独创性需要由汇编者予以说明，在原告未能说明时不能提供保护，以免将不符合汇编作品构成要件的汇编结果也纳入保护范围。

---

① 参见北京新东方大愚文化传播有限公司与成都墨墨科技有限公司侵害著作权及不正当竞纠纷案，北京市海淀区人民法院（2018）京0108民初15569号民事判决书，北京知识产权法院（2020）京73民终1553号民事判决书。

典型案例

教辅图书使用与教科书相同的目录侵权吗?

人民教育出版社组织编写出版了某教科书，某出版社出版的教辅图书使用了与该教科书相同的目录。人民教育出版社认为教科书的目录体现了其对内容的选择和编排，未经许可而使用是侵权行为。

法院认为：对汇编作品著作权的侵权应当体现为原、被告双方所用的编排的结构、顺序、体例以及与之对应的内容（包括作品或非作品）均相同，而被告的教辅图书的目录虽然与原告的教科书的目录基本相同，但对应的内容不尽相同。同时，与教科书配套的教辅图书的编写必须以教科书为基础。这就决定了教辅图书必然尊重并依照教科书的目录、顺序来编写，若不这样，将会给学生带来使用上的不便与混乱。如果禁止采用与教科书相同的目录、顺序编写教辅图书，将造成教辅图书市场的垄断，并必然会缩小学校、教师和学生选择教辅图书的范围，不利于鼓励更多的人编写形式多样的、实用的、高质量的教辅图书。① 法院因此判决原告败诉。

第五节　民间文学艺术表达的特殊问题

《著作权法》第 6 条规定："民间文学艺术作品的著作权保护办法由国务院另行规定。"但直至本书完稿之时，《民间文学艺术作品著作权保护条例》尚未出台，这从一个侧面反映了该问题的复杂性。

一、民间文学艺术作品与民间文学艺术表达

目前国际上讨论相关议题时，使用的术语是"民间文学艺术表达"（expressions of folklore）。世界知识产权组织将"民间文学艺术表达"的特点总结为几下几点：（1）通过口述或模仿而世代流传；（2）反映了族群的文化和社会特性；（3）由反映该族群文化遗产特征的要素构成；（4）由族群、族群认可的人或不知名的作者创作；（5）往往不是基于商业目的而创作，而是将其作为宗教和文化表达的载体；（6）在族群内不断发展、演变和被重新创作。② "民间文学艺术表达"与"民间文学艺术作品"并非同一概念，前者的范围要广于后者的。根据联合国教科文组织和世界知识产权组织联合制定的《保护民间文学表达形式、防止不正当利用及其他损害行为的国内示范法条》（以下简称《示范法条》）规定：民间文学艺术表达是指由一个国家的族群或者个人创作和维系，反映该族群对传统艺术的观念，

---

① 参见人民教育出版社有限公司与江苏凤凰出版传媒集团有限公司等侵害著作权纠纷案，江苏省南京市鼓楼区人民法院（2011）鼓知民初字第 226 号民事判决书，江苏省南京市中级人民法院（2013）宁知民终字第 10 号民事判决书。

② See Intellectual Property and Traditional Cultural Expressions/Folklore, WIPO Publication No. 913（E）, p. 5.

带有传统艺术遗产特质的成果，包括：(1) 口头表达，如民间故事、民间诗歌和谜语；(2) 音乐表达，如民间歌曲和用乐器演奏的音乐；(3) 行为表达，如民间舞蹈、民间戏剧、艺术模式或仪式；(4) 物质化的表达，包括图画、油画、雕刻、雕塑、陶器、镶嵌器具、木制品、金属器具、珠宝首饰、编织藤篮、刺绣品和缝制品、纺织品、地毯和服装等民间艺术制品，乐器以及建筑形式。[①]

从该定义看，民间文学艺术表达形式极为多样，其中一些表达难以构成著作权法意义上的"作品"。例如，仪式被《示范法条》明文列为受保护的表达。仪式中的舞蹈、诵词和音乐当然是作品，但"仪式"本身是由一系列行动流程和操作方法构成的，并不属于"作品"。再如，编织藤篮如果没有形成独创的艺术造型，无论其使用的材料和编织方法多么独特、多么具有民族特色，也不能被认为是作品。同样道理，琵琶、古筝、二胡、葫芦丝和唢呐等乐器虽然是中华民族独有的，但它们本身并不是作品。联合国教科文组织和世界知识产权组织在对《示范法条》的解释中指出：虽然民间文学艺术表达可能，而且在多数情况下都与"作品"具有相同的艺术形式，但《示范法条》仍然刻意使用了"（民间文学艺术）表达"而非"作品"一词，就是为了强调《示范法条》提供的保护并非针对"作品"的版权保护。[②]

目前，世界知识产权组织"知识产权与遗传资源、传统知识和民间文学艺术政府间委员会"（以下简称委员会）正在讨论制定保护民间文学艺术表达的国际规则。该委员会在2012年7月第22届会议上讨论的《保护传统文化表现形式：条款草案》（以下简称《条款草案》）中提出了"传统文化表现形式"（traditional cultural expressions）的一个备选定义，范围还涵盖"传统运动和竞赛"[③]。而"运动和竞赛"由于只体现身体的力量和技巧，并不展示艺术美感，因而并不是著作权法意义上的"作品"（参见上文"不受著作权法保护的对象"一节）。虽然《条款草案》定义的是传统文化表现形式，而非民间文学艺术表达，但委员会早已指出：传统文化表现形式与民间文学艺术表达在其文件中是同义语，可替换使用。[④]

我国《著作权法》仅提及民间文学艺术作品，而非民间文学艺术表达，这说明不构成作品的民间文学艺术表达，如传统仪式、运动和竞赛等，尚不能受到《著作权法》的保护。

二、对民间文学艺术作品的保护

民间文学艺术作品如果符合受著作权法保护的条件，著作权法当然可以提供保护。例如，艺术家绘制的京剧脸谱只要符合独创性的要求，且仍然在著作权保护期内，当然可以

---

① See Model Provisions for National Laws on the Protection of Expressions of Folklore against Illicit Exploitation and other Prejudicial Actions, with a Commentary, Section 2.

② Ibid., para. 32.

③ WIPO/GRTKF/IC/22/4, Intergovernmental Committee on Intellectual Property and Genetic Resources, Traditional Knowledge and Folklore, Twenty-Second Session, The Protection of Traditional Cultural Expressions: Draft Articles, Article 1, Option 2.

④ See WIPO/GRTKF/IC/6/3, Traditional Cultural Expressions/Expressions of Folklore Legal and Policy Options, para. 15.

作为美术作品受到保护。① 再如，被称为“西部歌王”的王洛宾收集民歌之后进行改编，由此形成的新词曲也可作为音乐作品受到保护。但是，大量民间文学艺术作品是无法被纳入现代著作权制度的保护范围的，原因在于以下几点。

首先，在某一族群内长期流传的作品，如传说、诗歌、音乐、舞蹈和建筑，往往早已超过了著作权法规定的保护期。《伯尔尼公约》对于普通作品，规定了作者有生之年加 50 年的保护期。美国等发达国家也只提供作者有生之年加 70 年的保护期。据此，大量长期流传的民间文学艺术作品早已超过了保护期，无法受到著作权法的保护。

其次，许多民间文学艺术作品的作者身份不明。不少作品的创作时间久远，作者的真实姓名早已被湮没在历史的长河之中。更何况大量作品是一个族群内的众多成员集体创作，有的创作过程绵延上百年，如我国藏族的鸿篇史诗《格萨尔王传》，作者或作者们的真实身份恐已无从考证，而著作权的行使和保护均需要有明确的主体。《伯尔尼公约》第 2 条第 6 款规定：“本条提及的作品在本同盟所有成员国内享受保护。此种保护应以作者及其权利继承人为受益人。”在无法确认作者和权利人的情况下，对民间文学艺术作品的著作权保护就难以实现。

最后，对历史上流传下来的民间文学艺术作品提供著作权保护，与现代著作权法的观念存在矛盾。如本书第一章所述，创设著作权的主要目的，是鼓励创作并促进作品的传播。对早已超过保护期、连作者也无法确定的民间文学艺术作品提供保护，并不能产生鼓励创作的效果。同时，如果对民间文学艺术作品提供永久保护，甚至可能妨碍他人以民间文学艺术作品为基础进行新的创作并传播作品。

正因为如此，长期以来国际上所讨论的，是如何创设一种有别于现代著作权制度的特殊机制，以保护那些作者不明且早已超过保护期的民间文学艺术表达。第二次世界大战之后，发达国家以出版业和影视娱乐业为核心的版权产业得到了迅速的发展，它们开始越来越多地利用发展中国家的文化遗产创作作品，并从中获利。发展中国家创作和保存这些文化遗产的民族却没有从中获得回报。发达国家与发展中国家在经济实力上存在差距，而且有价值的民间文学艺术作品大多集中在发展中国家，这导致了发达国家单向利用发展中国家民间文学艺术作品的格局。这种利益不平衡导致了发展中国家的强烈不满。为此，发展中国家开始对民间文学艺术作品实行法律保护，其主要手段就是利用著作权法。1967 年，突尼斯率先将民间文学艺术品列为著作权法的保护对象。该法第 7 条规定：对任何流传至今、融合了风俗和传统以及民间创作的艺术遗产，如民间文学、故事、音乐和舞蹈等民间文学艺术，以营利为目的进行记录和翻译等行为，都需要经过文化部门的许可，并支付使用费。随后，玻利维亚、智利、摩洛哥、阿尔及利亚、塞内加尔、肯尼亚、马里、布隆迪、科特迪亚、赤道几内亚、巴巴多斯、喀麦隆、刚果和卢旺达等一大批发展中国家，陆续在其著作权立法中规定了对民间文学艺术作品的保护。

1976 年，联合国教科文组织和世界知识产权组织制定了《发展中国家突尼斯版权示范法》，其中将民间文学艺术作品定义为：任何在一国领土内由该国国民或族群创作，世代相

① 法院在司法实践中也作出了这样的认定，参见北京市东城区人民法院（2010）东民初字第 6423 号民事判决书，上海市第一中级人民法院（2003）沪一中民五（知）终字第 5 号民事判决书。

传，作为传统文化遗产基本构成要素的文学、艺术和科学作品。① 该法第 6 条规定：对民间文学艺术作品的保护不受时间限制，其经济权利和精神权利由主管机关行使。对于在国外未经主管机关许可而制作的民间文学艺术作品的复制件，或其翻译、改编、编排等演绎作品的复制件，不允许进口或发行。

从这些规定可以看出，用著作权法保护民间文学艺术作品的目的，并不在于鼓励这类作品的创作，而在于实现公平，保护民族或特定族群的利益。需要指出的是，虽然“expressions of folklore”被译为“民间文学艺术表达”，但 folklore 更多的是强调某一族群（community）的文化遗产，而“民间”一词并没有反映出这个意思。在许多国家，存在着居住地域相对集中也相对封闭、民族特色突出的“原住民”。他们的文化遗产世代相传，虽然已无法确定原始作者和后续改编者，但能够被认定为是该族群的共同文化遗产。同时，由于他们在主流社会中处于相对的弱势，立法者希望给予他们在法律上的一些特殊待遇，防止其共同文化遗产被族群之外的人所无偿利用。在我国，新中国成立后实施了各民族共同繁荣发展的民族政策，而且历史上经过长期的民族融合，民族状况与其他国家的情况并不相同，因此讨论民间文学艺术作品的语境也与之有所差异。

例如，美国迪士尼公司利用我国古代形成的作品《木兰辞》和梁山伯与祝英台的传说拍摄了电影《花木兰》和《蝴蝶》，取得了巨大的商业成功。这引起了国内对于保护民间文学艺术作品的关注。但问题在于，很难说《木兰辞》及梁山伯与祝英台的传说是由我国境内的某一民族或族群创作并在内部流传的。如果它们也作为民间文学艺术作品受到保护，那么任何创作年代久远、流传至今的作品大概也都能受到保护了，这会给当代创作者利用公有领域的作品实施创作活动造成巨大的障碍。

本书作者认为：“保护”一词具有不同的含义。如果“保护”是指挽救即将失传的传统文化成果，如特定的技艺等，使之继续传承下去，则用非物质文化遗产法来保护较为合适。如果“保护”是指防止不公平的利用，由于著作权法有其特定的立法目的（鼓励创作）、客体（不包括风格、流程等）和保护机制（有限的保护期），著作权法并非合适的保护手段，在著作权法之外创设特定的保护机制较为合适，且保护的客体似应被限定为主要在民族内部流传的文学艺术表达。

由此可见，在我国这样一个历史悠久、各民族长期融合和具有丰富文化遗产的国度，如何保护民间文学艺术作品，是一个极为复杂的问题。在我国的司法实践中，对此类民间文学艺术作品，也只是借助《著作权法》有关作品的精神权利不受保护期限制的规定，禁止他人在利用民间文学艺术作品时，将自己称为作者，侵犯署名权的行为。

典型案例

《乌苏里船歌》案

著名男高音歌唱家郭颂演唱的《乌苏里船歌》远近闻名。1999 年，在中央电视台与南

① See Tunis Model Law on Copyright for Developing Countries，Section 18（iv）.

宁市人民政府共同主办的艺术节开幕式晚会上，在郭颂演唱完《乌苏里船歌》后，中央电视台节目主持人说："刚才郭颂老师演唱的《乌苏里船歌》明明是一首创作歌曲，但我们一直以为它是赫哲族人的传统民歌。"此次开幕式晚会后被录制成光盘，并复制了8 000套，作为礼品赠送。黑龙江省饶河县四排赫哲族乡人民政府认为，《乌苏里船歌》歌曲系改编自赫哲族民间曲调，而非郭颂原创，遂起诉郭颂和中央电视台侵权。

中国音乐著作权协会组织鉴定后得出的结论为：《乌苏里船歌》的主部即中部主题曲调与赫哲族民歌《想情郎》、《狩猎的哥哥回来了》的曲调基本相同，《乌苏里船歌》的引子及尾声为创作；《乌苏里船歌》是在《想情郎》、《狩猎的哥哥回来了》原主题曲调的基础上改编完成的，应属改编或编曲，而不是作曲。

法院经审理后，认定四排赫哲族乡人民政府具备诉讼主体资格。法院指出：世代在赫哲族中流传、以《想情郎》和《狩猎的哥哥回来了》为代表的赫哲族民间音乐曲调形式，属于民间文学艺术作品，应当受法律保护。涉案的赫哲族民间音乐曲调形式作为赫哲族民间文学艺术作品，是赫哲族成员共同创作并拥有的精神文化财富。它不归属于赫哲族某一成员，但又与每一个赫哲族成员的权益有关。该民族中的任何群体、任何成员都有维护本民族民间文学艺术作品不受侵害的权利。四排赫哲族乡政府作为一个民族乡政府是依据我国宪法和法律的规定在少数民族聚居区内设立的乡级地方国家政权，可以作为赫哲族部分群体公共利益的代表。故在符合我国宪法规定的基本原则、不违反法律禁止性规定的前提下，四排赫哲族乡政府为维护本区域内的赫哲族公众的权益，可以自己的名义对侵犯赫哲族民间文学艺术作品合法权益的行为提起诉讼。①

法院同时认定：根据鉴定报告关于《乌苏里船歌》的中部乐曲的主题曲调与《想情郎》和《狩猎的哥哥回来了》的曲调基本相同的鉴定结论，以及《乌苏里船歌》的乐曲中部与《想情郎》和《狩猎的哥哥回来了》相比又有不同之处和创新之处的事实，《乌苏里船歌》的乐曲中部应系根据《想情郎》和《狩猎的哥哥回来了》的基本曲调改编而成。《乌苏里船歌》乐曲的中部是展示歌词的部分，且在整首乐曲中反复三次，虽然《乌苏里船歌》的首部和尾部均为新创作的内容，且达到了极高的艺术水平，但就《乌苏里船歌》乐曲整体而言，如果舍去中间部分，整首乐曲也将失去根本，因此可以认定《乌苏里船歌》的中部乐曲系整首乐曲的主要部分。在《乌苏里船歌》的乐曲中部系改编而成、中部又构成整首乐曲的主部的情况下，《乌苏里船歌》的整首乐曲应为改编作品。②

最终，法院认定中央电视台主持人发表的陈述与事实不符，中央电视台对其工作人员所发表的与事实不符的议论，应当采取适当的方式消除影响，遂判决中央电视台在报纸上发表更正声明。

本案是涉及民间文学艺术作品保护的典型案例，其重要意义在于：确认在某一民族长期流传的作品，属于该民族共有的精神文化财富，该民族聚居区内的政府可以作为该民族共同利益的代表提起诉讼。这对于那些无法找到作者或由众多民族成员参与创作的民间文学艺术作品而言，无异于克服了向其提供保护的一大障碍。

实际上，《伯尔尼公约》第15条第4款的立法目的，就是解决民间文学艺术作品创作

---

①② 参见北京市高级人民法院（2003）高民终字第246号民事判决书。

者身份不明的问题。[①] 该款规定："对于作者身份不明的未出版作品，如有充分理由推定该作者是本同盟某一成员国国民，该国法律得指定主管当局代表该作者并有权维护和行使作者在本同盟成员国内之权利。"虽然该款作为国际公约中的规定，作用不在于解决一个缔约国如何保护源于本国的民间文学艺术作品的问题，但其精神仍然可为我国法院所参考。

需要指出的是，法院在此案中对民间文学艺术作品的保护，仍然没有超出《著作权法》设定的框架，因为作为《乌苏里船歌》创作基础的《想情郎》和《狩猎的哥哥回来了》本身就是音乐作品，同时《著作权法》对署名权的保护，也没有时间限制。假如原告要求保护这两首音乐作品的经济权利，由于已超过保护期，将难以得到法院的支持。

【问题与思考】

1. 下图为法国著名雕刻家罗丹的不朽之作《上帝之手》。美国纽约一家艺术馆对其进行了按比例缩小的复制。由于技术人员技艺高超，复制品除了在体积上比原作小之外，与原作几乎没有差别。请思考：这一缩小的复制件是否构成"作品"？美国纽约南区联邦地区法院在 1959 年作出的判决认为其是作品。请阅读该判决的理由（见下段）后进行评论，同时请思考：1991 年之后美国联邦法院是否还会作出相同的判决？为什么？

罗丹的"上帝之手"是有史以来最复杂的雕塑品之一。数不清的平面、线条以及几何结构在这个多维艺术品中相互依赖，在缩小的过程中，它们必须被极其精确地变成更小的尺寸……（精确缩小）需要一个技术精湛的雕刻家在原作前花上许多的时间，缩小的过程中，任何部分只要有哪怕极小的差异，整体的外观就会被改变……这一缩小过程所需的工作量，远超过对一篇文学名著进行缩写所需的工作量。对一件伟大的作品制作按比例精确缩小的复制件，需要有极大的技巧和独创性。[②]

2. 在 2003 年的"赵某诉曲靖卷烟厂案"中，电影剧本《五朵金花》的作者之一赵某发现曲靖卷烟厂将"五朵金花"作为香烟商标使用，认为该行为侵犯了其著作权。该案的核心问题在于作品的短标题是否能够受到著作权法保护。法院得出了否定的结论，其中理由之一是："如果把是否具有独创

① 参见刘波林译：《保护文学和艺术作品伯尔尼公约（1971 年巴黎文本）指南》（附英文文本），75 页，北京，中国人民大学出版社，2002。

② Alva Studios v. Robert Winninger，177 F. Supp. 265（S. D. N. Y.，1959）.

性作为判断作品名称是否享有著作权的唯一标准，势必造成作品名称有独立于作品的著作权，即如果该作品名称具有独创性即可享有著作权，则会形成作品名称有一个独立的著作权，正文又有一个著作权，那么基于同一部作品，相同的作者可以享有两个或两个以上的著作权，这既不符合法律逻辑，也不符合法律规定。”①

阅读后请思考：（1）法院判决的结果正确吗？（2）法院的这一理由成立吗？为什么？

3. 在“插花案”中，韩某向花店经营者张某以 300 元价格订购涉案花束（见右图），韩某拿到花束后在其微信朋友圈上传了涉案鲜花花束的照片，张某起诉韩某侵犯著作权。一审法院认为涉案花束在色彩、搭配、植物线条上，未能体现其独创性特点，不属于《著作权法》保护范围的作品，遂驳回张某的诉讼请求。②

二审法院认为：作品的创作性要求该作品能够体现作者的个性表达，但不应对创作性提出过高的要求，也不应对作品的文学或艺术价值提出过高要求。就涉案花束而言，张某对于作品的创作性，分别从色彩搭配与过渡、花材的选择等方面进行了阐释。韩某作为消费者向张某购买花束用于婚礼的事实本身，也能够说明其对于张某制作的花束在主观上是认可的。涉案花束在视觉上具备相应的美感。二审法院因此认定涉案花束具备独创性，且能够以有形形式予以复制，具有实用性，能够作为美术作品中的实用艺术品受到著作权法保护。

对于张某有关韩某侵犯了其作品的信息网络传播权的主张，二审法院认为：首先，韩某对涉案花束享有所有权。韩童以合法渠道购得涉案花束后，对该花束享有所有权。其次，涉案花束的著作权归张某所有。美术等作品原件所有权的转移，不视为作品著作权的转移，但美术作品原件的展览权由原件所有权人享有。在同一标的物的所有权与著作权分属不同权利人的情况下，根据《民法通则》第 4 条及第 7 条确定的诚实信用原则及禁止权利滥用原则，权利人对其权利的行使均应遵循诚实信用原则，不得侵害他人的合法权利，也不得对他人权利行使造成不合理的限制，否则将构成权利滥用。韩某有权对其购买的花束行使占有、使用、收益、处分的权利，只要这种行为没有妨碍他人权利的正常行使，他人即不得干涉。韩某将涉案花束拍照后上传到微信朋友圈的行为，其受众仅限于特定群体，传播范围有限，不属于《著作权法》第 10 条第 1 款第 12 项规定的信息网络传播行为，并且韩某主观上没有恶意，也没有获取经济利益的意图，客观上并未给张某造成不良影响，在此情况下其行为应视为对其所有权的正当行使。即便其是面向社会公众展示其购买的花束，仍属于行使展览权的范畴，也未侵犯原告的著作权。③

请思考：（1）你认为涉案花束是我国《著作权法》保护的作品吗？（2）如果涉案花束为作品，韩某将涉案花束拍照后上传到微信朋友圈的行为，是否因其受众仅限于特定群体，传播范围有限，就不属于《著作权法》第 10 条第 1 款第 12 项规定的信息网络传播行为？“韩某主观上没有恶意，也没有获取经济利益的意图，客观上并未给张某造成不良影响”是不是其行为不侵犯著作权的理由？韩某将涉案花束拍照后上传到微信朋友圈的行为，是否属于行使展览权的行为？

4. 在本章第二节引述的“《青春的优雅》案”中，法院承认：在艺术家或鉴赏家看来，两张照片之间存在一些差异：背景并非完全相同（只是相像）；第一张照片中的模特表情平静，而第二张中的模特面带微笑；而且由于两张照片相隔两年，模特的体型稍有变化。你认为这是否足以使第二张照片成为新的作品？如果你认为第二张照片是新的作品，在第一张照片的版权已经转让的情况下，摄影师

① 云南省高级人民法院（2003）云高民三终字第 16 号民事判决书。

② 参见山东省济南市历下区人民法院（2016）鲁 0102 民初 976 号民事判决书。

③ 参见山东省济南市中级人民法院（2017）鲁 01 民终 998 号民事判决书。

对第二张照片进行商业化使用是否会构成侵权？

5. 著名摄影师雅各布斯·伦米斯特（Jacobus Rentmeester）于1984年为即将参加1984年奥运会篮球比赛的迈克尔·乔丹（当时为美国北卡罗来纳大学的学生）拍摄了一张照片（见下图左），并刊登在《生活》杂志上。耐克公司看到后联系伦米斯特，取得了使用该照片制作和放映幻灯片的许可。后耐克公司与乔丹建立了合作伙伴关系，并创立了乔丹（Air Jordan）运动鞋。为推广该品牌，耐克又聘请了一名摄影师拍摄了乔丹打篮球的照片（见下图中），其中乔丹身体轮廓的剪影就是人所共知的乔丹运动鞋的图形商标（见下图右）。伦米斯特起诉耐克侵犯其摄影作品的版权。

伦米斯特的照片

耐克的照片

乔丹品牌运动鞋的图形商标

法院认为：照片可以被分解为反映摄影师在生成图像时，作出的与拍摄对象、姿势、光线、相机角度、景深等相关的各种创造性选择。在本案中，伦米斯特的照片中具有高度独创性的因素之一是伦米斯特让乔丹摆出了不寻常的奇特（非自然的）姿势，该姿势是伦米斯特自己“智力创造”的产物。如果没有伦米斯特在构思这张照片时的创造性，就不会有照片呈现的视觉效果。

法院还认为伦米斯特的照片无疑有权获得较广程度的保护（broad protection），而非弱保护（thin protection）。伦米斯特在拍摄照片时可以作出的创造性选择的范围非常广泛，而且这些选择很少受惯常做法或拍摄主题的限定。事实上，伦米斯特的照片之所以与众不同，正是因为他选择不受拍摄一名篮球运动员准备扣篮的场景时的常规的约束。通常有关打篮球的照片需要以室内或室外篮球场为背景，伦米斯特则选择将乔丹放在一个开阔的草地小丘（位于北卡罗来纳大学）上，并放上一个篮球架作为道具，使之看上去远超篮球架的正常高度，产生了与周边场景格格不入的奇异效果。伦米斯特还打破常规，以一种奇特、高度独创的姿势捕捉了乔丹扣篮的动作。这种姿势更多地受到芭蕾舞中凌空跳跃姿势的启发，而不是篮球运动员在扣篮时自然采用的任何姿势。这些创造性的选择，加上伦米斯特在光线、相机角度、景深以及前景和背景元素的选择方面作出的其他选择，导致了一张具有许多非标准元素的照片。伦米斯特对这些元素的选择和安排产生了一张照片所能获得的最广泛保护的图像。

但法院同时认为：孤立存在的拍摄对象、姿势、光线、相机角度、景深等元素本身都不受版权保护。例如，使用高度原创的照明技术或新颖的相机角度拍摄照片的摄影师不能阻止其他摄影师使用这些相同的技术来制作他们自己的新图像，只要新图像与受版权保护的在先照片不构成实质性相似。就照片的主题而言，任何摄影师都不能仅仅因为他是第一个在胶片上拍摄某个特定主题的人，就声称对它拥有垄断权。随后的摄影师可以自由拍摄同一主题的照片，只要由此产生的图像与先前的照片不构成实质性相似。法院在承认伦米斯特创造了独创性姿势的情况下，认定其不能对姿势本身获得版权保护，从而阻止其他人拍摄摆出同一姿势的人。伦米斯特仅能因照片中姿势的表达方式而获得保护，而这不仅是姿势的产物，也是伦特梅斯特选择的相机角度、定时和快门速度的产物。如果随后的摄影师说服迈克尔·乔丹摆出完全相同的姿势，但从他正上方拍摄了他的照片，那么最终的图像鸟瞰图与伦特米斯特的照片几乎没有相似之处，因此不能被视为侵权。

法院进而认为，能受到版权保护的是摄影师对照片中本身不受保护的元素的选择和安排。只要有足够的独创性，拍摄对象、姿势、相机角度等的组合将受到保护，但不是任何单独的元素受到保护。在这方面，照片可以被类比为对事实的汇编。事实汇编的作者不能要求对被汇编的事实获得版权保护，因为事实必须供所有人自由使用。但是，作者对事实的选择和安排只要有充分的独创性，他就有权受到保护。对构成照片的单个元素可以以相同的方式加以对待，这些单个元素等同于任何人可以用来创作新作品的、不受保护的"事实"。第二位摄影师可以自由借用受版权保护的照片中的任何单独元素，只要由此产生的与原照片竞争的作品没有体现对这些元素的相同选择和组合。这就意味着摄影师的版权仅限于对受版权保护的图像所表达的元素的"特定选择和组合"。

法院据此认为，在判断伦米斯特的照片和耐克的照片是否实质性相似时，需要评估两张照片的客观细节所反映的照片元素在选择和编排方面的相似性。由于缺乏明确的标准，也不可能设计出任何硬性的规则用于指导此种判断，因此需要考虑的是两张照片的元素选择和排列必须足够相似，以至于"普通的观察者除非专注于发现差异，否则会倾向于忽略它们"。

法院在比较后得出的结论是两者并不构成实质性相似，理由是"正如伦米斯特在选择和编排照片中的元素时作出了一系列创造性的决定，耐克的摄影师也在这方面作出了自己独特的决定，由此产生了一张与伦米斯特的照片不同的照片，而且差异并不仅在细节上。"为此法院指出了两张照片在以下几方面的差异：

首先，从拍摄主题上看，这两张照片所描绘的主题无可否认是相似的：两张照片都捕捉到了迈克尔·乔丹的跳跃姿势，灵感来自芭蕾舞中的凌空跳跃动作。但伦米斯特的版权并不授予该一般"想法"或"概念"的垄断权；他不能禁止其他摄影师自己拍摄乔丹凌空跳跃的照片。然而，由于伦米斯特构思的姿势极具独创性，他有权阻止他人复制他拍摄的照片中的姿势细节。如果耐克的摄影师复制了伦米斯特的照片中的这些细节，即使耐克的照片的其他元素，如背景和光线，与伦米斯特的照片中的相应元素不同，陪审团也很可能会认定未经许可而使用。但法院认为耐克的摄影师没有复制伦米斯特的照片中的姿势细节，他只借用了照片中体现的一般思想或概念。因此，在两张照片中，乔丹都用左手将篮球举过头顶，双腿伸展，姿势至少是大致基于凌空跳跃动作。然而，这两张照片中他四肢的位置不同，这些细节上的差异非常显著，因为它们影响了图像的视觉效果。在伦米斯特的照片中，乔丹弯曲的四肢与照片的背景和前景元素相结合，主要传递了（乔丹）水平（向前）推进的感觉，而在耐克的照片中，乔丹完全笔直的四肢与其他元素结合，主要传递了（乔丹）垂直推进的感觉。因此虽然两张照片体现了相似的想法或概念，但它们以不同的方式加以表达。

其次，对于伦米斯特的照片中另一个高度原创的元素，即不同寻常的户外环境，耐克的摄影师也没有复制该元素的细节。这两张照片在概念层面上又有着无可否认的相似之处：它们都是在户外拍摄的，没有篮球场的常规装饰，只有一个篮筐和篮板。但当比较这两张照片中如何表达这一概念的细节时，明显的差异显而易见。伦米斯特的照片中乔丹在一个长满草的小山丘上投篮，一个奇异的与环境格格不入的篮球圈从安在地上的一根柱子上伸出。伦米斯特的照片前景中的草丘在耐克照片中完全不存在。事实上，在耐克的照片中根本没有前景元素。在这两张照片中，篮筐的位置也有很大不同：在伦米斯特的照片中，篮筐的高度似乎超出了任何人（甚至像乔丹这样的运动员）的扣篮能力，这进一步加强了画面的奇异性而非现实性。相比之下，耐克的照片中的篮筐似乎就在乔丹触手可及之处。

再次，这两张照片在概念上的另一个主要相似之处，是两张照片是从相似的角度拍摄的，因此观众可以抬头看到乔丹在晴空下的飞扬身影。这是伦米斯特的照片中一个独创性程度较低的元素，因为摄影师长期以来一直使用类似的相机角度来捕捉天空中被拍摄对象的轮廓。但即使在这里，这两张照片在实质方面的表现细节也有所不同：在伦米斯特的照片中，背景是无云的蓝天；在耐克的照片中，背景是芝加哥的天际线在黄昏或黎明的橙色和紫色色调衬托下的轮廓。在伦米斯特的照片中，太阳在图像的右下角，显得很大；在耐克的照片中，太阳根本没有出现。在伦米斯特的照片中，乔丹的部分身躯被投射在阴影之下，而在耐克的照片中，乔丹的每一寸身躯都是明亮的。

最后，这两张照片中元素的编排在另外两个方面存在实质性差异。在伦米斯特的照片中，乔丹位于中间偏左的位置，在画面中显得相对较小。在耐克照片中，乔丹居于正中，主导了整个画面。在伦米斯特的照片中，篮筐站位于插入地面的一根高杆的顶部上，篮筐在框架内的位置与乔丹的左中心位置处于同一水平线上。在耐克的照片中，篮筐圈占据了整个框架的右边缘，突出了乔丹的中心位置。环圈的灯光和角度也不同，以不同的角度朝向观众，进一步区分了它们在照片中的表达性作用。

法院因此认定，这两张照片中客观细节所反映的对元素选择和编排的这些差异，在法律上排除了认定侵权的可能性。耐克的摄影师在选择和编排方面作出了选择，产生了一幅与伦米斯特的照片在实质细节上明显不同的图像。对这些差异，这两幅作品的普通观察者都不会忽视。伦米斯特的照片和耐克的照片在总体想法或概念上有相似之处：（照片中的）迈克尔·乔丹试图以芭蕾舞中凌空跳跃为灵感的姿势去灌篮；一个去除了篮球场大部分传统装饰的户外环境；对拍摄对象在天空中的轮廓采用的相机角度等。伦米斯特不能对这种抽象程度上的想法或概念主张排他性权利，即使是对这些想法或概念的组合也是如此。如果允许他主张这样的权利，将从其他艺术家可用的“材料库”中拿走这些想法或概念，从而阻碍版权“培养创造力”的“基本目标”。而版权通过“鼓励他人在作品所传达的思想和信息基础上自由发展”来促进科学和实用技艺的进步。而耐克摄影师所做的正是如此，因此并不侵权。

你认同法院判决的结果和理由吗？为什么？

6. 本案原告在一个游客经常选择拍照的地点拍摄了一张双层巴士从左向右横穿伦敦威斯敏斯特桥的照片。原告随后对照片进行了后期制作：在颜色方面，画面中大部分内容在处理后为黑白色，议会大厦和桥梁为灰色，双层巴士则为亮红色（该技术借鉴了电影《辛德勒的名单》的画面处理手法）；原告还剪掉了建筑处天际线上方的天空，使之空无一物、没有云彩且为白色。同时原告还移除了楼梯上的一小群人和路灯下的一个人，并对照片进行了拉伸，使建筑物与地面垂直（见下图左）。该照片被广泛印刷在马克杯、文具、钥匙扣等伦敦的旅游纪念品上，具有很高的知名度。被告为茶叶制造商，曾看过原告的照片，其也拍摄、制作了类似的照片（见下图右），并印在其茶叶盒上，从而引发版权侵权诉讼。

两张照片显然存在差异，被告的照片中没有出现原告的作品中的河流、桥梁及其桥洞、台阶和灯柱；在被告的照片中可以看到行驶着双层巴士的路面，而在原告的照片中，桥的护栏遮住了路面；被告的照片中双层巴士位于右侧，与大本钟相接，而原告的照片中双层巴士偏向左侧，同时被告的照片中的双层巴士占照片的比例要大得多，呈现的角度有异于原告的照片，且旁边没有行人。在双方的照

片中英国议会大厦正面呈现的角度也不一样。

但法院也指出了两张照片的相似之处：在原告的照片中，经技术处理后的空白的天空突显了建筑物，给整体影像带来了戏剧性的外观，鲜红的双层巴士更是引人注目，这部分影像特征也出现在了被告的照片中；原告的照片的基本构图是双层巴士在桥上从右向左行驶，且该双层巴士被周边的建筑物框入其中，尽管原告的照片中建筑物组成的框架略有不同，但产生了相近的基本效果。尽管两张照片中双层巴士的大小不同，但双层巴士与议会大厦的正面在大小比例上是相当的。此外，两张照片中都没有其他车辆清晰可见，尽管都有一些行人，但很小，并不突出，这一切都给了图像一个简洁和清晰的元素。

法院认为：在存在复制（此处不是指被告直接裁剪原告的照片，而是指被告采用了原告照片中的独创性元素——引者注）的情况下，无须考虑被控侵权的作品在整体上与原作品是否相似，因为“复制实质性的部分，并不一定产生看起来相似的效果，尽管当然可能产生这样的效果”。在原、被告的照片之间存在相似之处不是偶然的，而是被告看到原告的作品后，希望使自己的照片与原告的照片具有相似之处。因此终极问题是对被复制的元素在重要性上的评估。法院认定被复制的元素是原告的作品的实质性部分，因为尽管被告的照片缺少原告的照片中一些重要的组成元素，但被告的照片仍然包含了原告的照片中由视觉反差形成的特征（只有双层巴士是亮红色，其他都是黑白或灰色，从而形成了强烈的视觉反差——引者注）与基本场景构成的关键组合。正是这种组合使原告的照片的图像在视觉上变得有趣，不再是一张有关伦敦标志性场景的普通照片。被告因此败诉。①

你认同法院判决的结果和理由吗？为什么？

7. 任某创作了书法作品“寿”（见下图左），其造型像一只猴子。任某将之命名为“猴寿”。李某则书写了与之造型接近的“太极猴寿”（见下图右）并用于经营活动。任某起诉李某侵犯其著作权。

任某的“猴寿”

李某的“太极猴寿”

一审法院认定：“太极猴寿”虽然融入了个人思想、感情和选择，但与原告的“猴寿”比较，并未脱离原作品的形式，本质上仍然属于对原作品的复制行为，其改变的只是复制方式，由机械复制变

① Temple Island Collections Ltd v. New English Teas Ltd.，[2012] F. S. R. 9 (2012)，at 322，334－336，328，336.

更为人工复制，因此“太极猴寿”最终不能成为著作权法意义上的具有独创性的作品，依法不应享有著作权。李某在完成“太极猴寿”之前有机会接触任某的作品，同时李某的“太极猴寿”实质上采用了与任某的“猴寿”作品相同的表现形式，与任某之作品的主要特征构成实质性相似，符合剽窃行为的构成要件。一审法院据此判定李某的作品侵权。①

二审法院则认为：关于李某的“太极猴寿”作品是否侵犯了任某创作的“猴寿”作品的著作权，关键是看李某的作品是否具有独创性。作品的独创性是指作品创作的独立性，一部作品只要是自己独立完成的，而不是剽窃、抄袭或复制他人的，该作品即具有独创性。从庭审查明的事实看李某的作品显然不是对任某之作品简单的复制，二者的作品在猴头、猴身、猴尾的造型、姿态、可视性、视觉美感性等表现形式上存在着不同之处。亦就是说李某的作品表现形式已经发生了具有著作权法意义上的独创性。另根据我国《著作权法实施条例》第 3 条的规定——“著作权法所称创作，是指直接产生文学、艺术和科学作品的智力活动”，即有一定的智力活动就能认定是创作作品。另外，只要作品在整体上具有自己的见解、构思，并且是以自己特有的表现手段，包括富有个性的语言、风格、技巧等，进行创作完成的，就应当认为具备了独创性。李某的作品具有一定的智力成果和特有的表现手段，故应当认定李某的“太极猴寿”具有独创性，未侵犯任某创作的“猴寿”作品的著作权。②

二审法院遂撤销一审判决，驳回任某的诉讼请求。

你认为哪个观点是正确的？为什么？

8. 游某将一些筹码的图形进行了著作权登记，其起诉一家礼品玩具公司在其制造和销售的筹码上使用了这些图形。被告举证证明在原告进行著作权登记之前，早已存在类似的筹码图形。

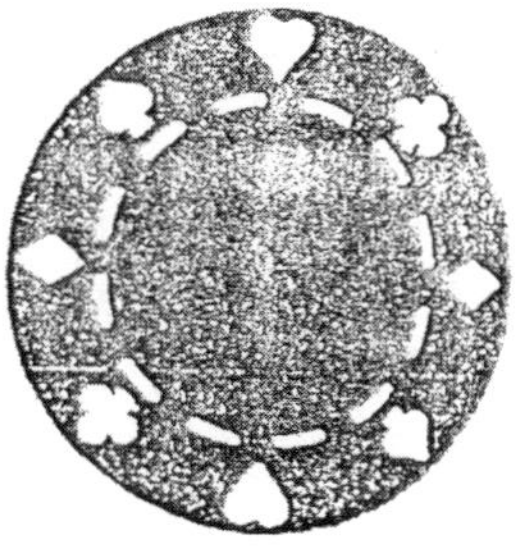

原告的筹码图形

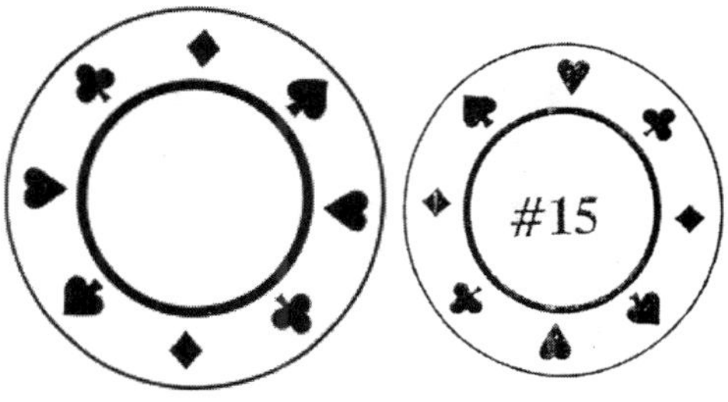

先前就存在的筹码图形

原告的筹码图形

先前就存在的筹码图形

① 参见陕西省西安市中级人民法院（2007）西民四初字第 213 号民事判决书。

② 参见陕西省高级人民法院（2008）陕民三终字第 16 号民事判决书。

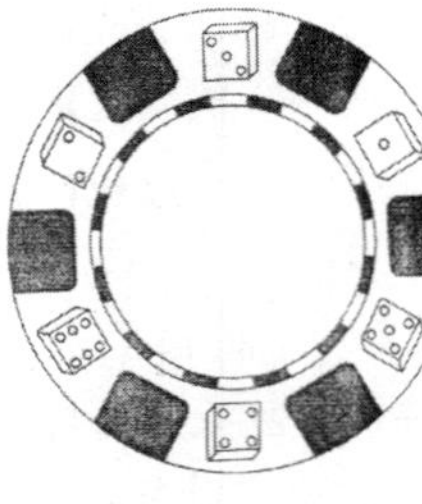

原告的筹码图形

先前就存在的筹码图形

一审法院认为：原告的三个涉案作品智力创造性微不足道。筹码……通常设计成类似硬币般的圆形饼。除特殊图腾、图案外，最普遍的设计为在圆的中心嵌置数字、金钱代号，在圆形的外缘（两个同心圆的中间）画上扑克牌之梅花、红心、方块、黑桃或骰子、几何图形等图案。（原告的）图案在日常生活中非常常见，原告将此移植于筹码中，没有经过创造性劳动，不符合著作权的最低限度创造性要求。其次，原告主张其享有著作权的图案……已见诸相关的公开文件。从原告主张其享有著作权的三个图案与公有领域作品的比对看，剔除相同部分后，差别微乎其微，对作品的整体美感影响不大。据此，一审法院认定原告的筹码图形不构成作品，并驳回了原告的诉讼请求。①

二审法院则认为："著作权法所保护的作品的独创性体现于作品之中的创造性劳动，该创造性劳动既不以新颖性为前提，亦不具有排他性限制。作品的创造性要求作者的智力成果与已有作品相比在表现形式上存有差异即可，而不以其内容是否为已有知识再现为除斥条件。游某创作的'游戏筹码之图（一）'、'游戏筹码之菱角图'、'游戏筹码之骰子图'系主要用于娱乐场所的筹码产品图案。此类筹码产品图案多以圆形、方形为主，且因受产品特性所限，设计筹码图案的基本元素相对固定。游某的涉案游戏筹码图案与前述公开出版物中筹码图案相比，在图案设计的基本元素构成上虽有一定的相似，但游某对这些基本元素又进行了新的排列、组合以及变换，两者呈现出一定的差异，而这些差异部分也正体现了游某对涉案游戏筹码图案的智力创造及其个性特征，具有独创性，符合作品的构成条件，应受著作权法的保护。"②

因此二审法院支持了原告的诉讼请求。

你认为一、二审法院的判决哪个是正确的？为什么？

9. 某图片公司为演艺明星毛宁、乐基儿两张肖像照片的信息网络传播权的专有被许可人，其起诉某网站未经其许可通过网络传播这两张照片。但该图片公司以营利为目的对外发放许可时，未取得该肖像权人的同意。法院认为：该图片公司未经两张照片中肖像权人的同意，以营利为目的使用两张肖像图片的行为，违反了法律的规定，也即：公民享有肖像权，未经本人同意，不得以营利为目的使用公民的肖像。因此图片公司虽然享有该图片的信息网络传播权，但不能行使该信息网络传播行为。故此，该图片公司亦不能以其信息网络传播权获得利益及行使请求他人进行侵权赔偿的诉讼权利，故对图片公司的该项诉讼请求，法院不予支持。③

你认为此案的判决结果是否正确？请参考本书第四章第三节中的"《死了都不卖》歌曲改编案"。

10. 相某创作并发表了《追击品牌泡沫》一文，其中有企业知名度和美誉度的四个不等式及其说明——"（1）知名度>美誉度>0 名过其实　此时，企业应减少过度宣传，脚踏实地，搞好经营管理、产品开发和企业文化建设，挖潜力，练内功，挤掉品牌中的泡沫。（2）知名度>美誉度，美誉度

---

① 参见浙江省台州市中级人民法院（2009）浙台知初字第 91 号民事判决书。

② 浙江省高级人民法院（2012）浙知终字第 33 号民事判决书。

③ 参见天津市第一中级人民法院（2011）一中民五终字第 15 号民事判决书。

＝0 名不副实　这是一个绝对的品牌泡沫，破了就一无所有。企业必须充实美誉度。（3）知名度＞美誉度，美誉度＜0 臭名昭著　这样的品牌毫无生命力，死不足惜。（4）知名度＝美誉度＞0 名副其实　这是一种最佳状态，企业应不断努力，使美誉度和知名度协同成长，使品牌得以维护和增值。”

成某创作了《水煮三国》一书。该书第二十二章“管理是一种文化活动”中《丑闻烧红了电视机的屏壁，故名赤壁》一文使用了上述关于知名度和美誉度的四个不等式，但对顺序进行了调整，使用顺序为（4）、（1）、（2）、（3），并对每个不等式的说明进行了个别文字的增删。

法院认为：如果仅就企业知名度、美誉度及二者关系而言，确实被有关文章提及，且＞、＜、＝、≠系通用的数学符号，但是，相某在《追击品牌泡沫》一文中以数学符号来表示知名度和美誉度的关系，该文字表达达到了作品具有独创性的要求，成某亦不能证明在此之前曾经有他人以数学符号来表示知名度和美誉度的关系。因此，涉案四个不等式及其说明文字是相某独创的表达。[1]

如果成某仅列出了四个不等式，没有相关的文字说明，你认为这四个不等式是否能够作为作品受到著作权法的保护？

11. 美国最知名的编舞者之一、纽约芭蕾舞团的创始人、被誉为“美国芭蕾之父”的乔治·巴兰钦（George Balanchine）于 1954 年所做的《胡桃夹子》舞蹈设计成为美国芭蕾舞的经典之作。巴兰钦去世后，其遗产管理人发现麦克米伦出版社出版了一本介绍纽约芭蕾舞团和芭蕾舞《胡桃夹子》的书，其中附有巴兰钦编排的芭蕾舞《胡桃夹子》表演的照片（共 60 张），于是起诉出版社和作者侵犯舞蹈作品的版权。一审法院认为被告的行为并不侵权，理由是：“舞蹈设计必须与芭蕾舞流动的舞步相关。有关《胡桃夹子》舞蹈的书中静止的照片，就算数量不少，抓拍的也是在特定时刻舞者的不同姿势。它们既没有，也无意使用其中的舞蹈设计。从这些照片中，无法重现舞台上的表演。”[2]

二审法院则不同意一审法院的观点。二审法院认为，认定是否侵权的标准，并非是否能够从被控侵权作品中再现原作品，而是被控侵权作品是否与原作品实质性相似。“即使是原作品的一小部分，只要其非常重要，（他人未经许可而使用）也足以构成侵权，哪怕无法从中再现全部原作品。”[3] 二审法院的看法是：“对舞蹈动作中一个瞬间的拍摄可能传递许多信息。例如，抓拍到一个姿势，舞者们身体的叠加或舞者们在舞台上的位置……一个近期看过《胡桃夹子》舞蹈表演的普通观众可能从这些照片中感受更多的内容。因此，（舞蹈表演的）一个瞬间能够传递的信息，远多于贝多芬交响乐中的一个和弦。”[4]

你赞同哪一种观点？美国版权局颁布的有关版权登记的政策明确规定：对舞蹈动作以示意图的方式加以描述的，示意图可被登记为舞蹈作品。[5] 你如何理解该规定？二审法院以电影作类比，认为既然未经许可而使用电影的片段就可构成侵权，那么使用舞蹈表演的照片也可构成对舞蹈作品的侵权。你认为这个类比是否成立？

12. 在“‘抖空竹’杂技作品侵权案”中，法院认为：“将杂技作品单独保护，要注意到杂技作品与相近作品的差异，其中最典型的为舞蹈作品。舞蹈作品与杂技作品均系主要通过人体动作进行表现的作品，但二者仍存在一定差异。杂技作品中的动作主要强调技巧性，而且是通过高难度的、普通人难以掌握的身体或道具控制来实现相应动作，一般公众可以认知到这类动作主要属于杂技中的特

---

① 参见北京市朝阳区人民法院（2006）朝民初字第 579 号民事判决书，北京市第二中级人民法院（2006）二中民终字第 8194 号民事判决书。

② Horgan v. Macmillan，621 F. Supp. 1169，1170（S. D. N. Y.，1985）.

③ Horgan v. Macmillan，789 F. 2d 157，162（2nd Cir.，1986）.

④ Ibid.，163.

⑤ See Compendium Ⅱ of Copyright Office Practices，450. 07（d）.

定门类，例如柔术、抖空竹、蹬鼓等；舞蹈作品中的动作往往是用于传情达意、塑造角色的有节奏的肢体语言，常配合音乐进行表演，相较于前者对技巧、难度的重视，其更注重表现情感表现乃至角色塑造。需要注意的是，现阶段，诸多杂技吸收舞蹈元素进行动作设计和编排，包括杂技动作之中融入舞蹈动作，杂技动作的衔接之间引入舞蹈动作等。此种情形下，强行将连贯动作分割为支离破碎的舞蹈动作与杂技动作，将舞蹈元素剔除，将使原作的美感大打折扣，分离后的动作编排亦难以单独作为舞蹈或杂技作品保护。因此，以杂技动作设计为主要内容，又融入一定舞蹈动作设计的作品，仍可按杂技作品予以保护。”①

你是否同意法院的观点？为什么？

13. 原告索·斯坦伯为《纽约客》杂志绘制了一幅封面图画（见下图左），被告哥伦比亚电影公司拍摄了电影《哈得逊河丘上的莫斯科》(Moscow on the Hudson，也译《美国真美丽》、《苏联同志》和《莫斯科先生》)，并请人绘制了一幅电影宣传画（见下图右），并承认参考过原告的绘画。

《纽约客》杂志封面

电影宣传画

美国纽约南区联邦地区法院认为：“即使只扫一眼，人们也能看出两幅图在风格上的惊人相似关系。由于风格是‘表达’的构成要素，这种相似关系（对于侵权认定）非常重要。被告的绘画是以素描和离奇的风格绘制的，而这正是斯坦伯绘画的招牌。两幅图都是鸟瞰曼哈顿直至其尽头，其中还有一条河流将曼哈顿与世界的其他部分分隔开。两幅图也都细致地描绘了大约四个城市的街区，而且越向背景延伸，描绘得就越简单。两幅图还都在上方用了一抹蓝色代表天空，一抹红基色描绘地平线。”“最为明显的相似之处，是呈现纽约市街区的方式。两名画家都选择了一个有利的地点，从中可以俯瞰宽阔的双向通行的街道，该街道在直抵河流之前与两条大道相汇。这并不是描绘一个具有棋盘式街道布局的城市无法避免的方法（虽然被告对此点提出了异议），特别是在考虑到大多数纽约的街道都是单行道的情况下。由于‘无论多么简单的照片都会受到作者个性的影响’，照片都是有版权的。既然如此，很难否认画家有权保护其绘画中的视角和布局，特别是其与整体概念和局部细节的结合……”②

① 吴桥县桑园镇张硕杂技团与中国杂技团有限公司技团等著作权权属、侵权纠纷案，北京知识产权法院(2019) 京 73 民终 2823 号民事判决书。

② Steinberg v. Columbia Pictures Industries，663 F. Supp. 706，at 712 (S. D. N. Y.，1987).

该法院由此认定被告的绘画是侵权作品。你认为该法院的判决是否有合理的理由？该法院保护的究竟是表达还是思想？本章第四节引述的“《曼哈顿的印第安人》绘画案”也涉及《纽约客》的封面画，你觉得这两个判决所依据的标准是不是一致的？

14. 原告创作的卡通形象（见下图左）在电视节目中使用后，受到孩子们的普遍欢迎，被告麦当劳在广告中使用了另一卡通形象（见下图右）。美国联邦第九巡回上诉法院认为：对于两部作品的表达是否存在实质性相似的问题，应当以理性的普通人所作出的判断为标准。由于两部作品都是以儿童为受众的，它们在儿童脑海中留下的印象非常重要。法院的结论是：被告的作品与原告的作品明显存在实质性相似，它利用了原告作品的“整体概念和感觉”① (total concept and feel)。被告因此被判败诉。

你认为用“整体概念和感觉”标准认定实质性相似，与著作权法只保护表达、不保护思想的原理是否存在冲突？一个理性的普通人（而不是受过专业法律训练的人）比较两部作品时，能否区分其中的思想与表达？即使适用“整体概念和感觉”标准，你觉得儿童是否会认为原、被告的卡通形象十分相似？请找些小朋友，听听他们的说法。

“整体概念和感觉”标准等同于排除了专家提供意见的可能性，因为专家并不是“普通人”。审理该案的法院也明确提出了这一观点。② 但在1992年的一个案例中，美国联邦第九巡回上诉法院承认，这种做法并不适当。③ 请查找美国案例，了解近年来认定实质性相似认定标准的发展。

15. 在本章第四节引用的“法蓝瓷工艺产品案”中，原告认为：“被告的金鱼系列产品与其享有专有使用权的金鱼摆饰系列相比，均属于日用艺术陶瓷作品，具有相同的功能，属于同类产品……二者之间最明显的区别仅仅在于大盘的器形，这种差异在著作权人设计理念的影响下和在不特别注意且特别记忆的情况下，容易使一般消费者忽视或误认为是著作权人的新产品，而产生混淆而导致误购行为。”④

你认为原告提出的上述理由是否适当？如果你是原告的律师，应建议原告采取何种策略保护自

① Sid & Marty Krofft Television Productions, Inc. v. McDonald's Corp., 562 F. 2d 1157, at 1166 - 1167 (9th Cir., 1977).

② Ibid., at 1164.

③ Brown Bag Software v. Symantec Corp., 960 F. 2d 1465, at 1474 (9th Cir., 1992).

④ 最高人民法院（2012）民申字第1392号民事裁定书。

己的利益？

16. 在“方正诉暴雪案”中，北京北大方正电子有限公司指称美国暴雪娱乐股份有限公司未经其许可，在网络游戏《魔兽世界》中使用了其方正兰亭字库中的方正北魏楷书、方正剪纸等 5 款方正字体。本案的争议焦点之一，是计算机字库是否构成“计算机程序”。

一审法院认为：“字库是为了使计算机等具有信息处理能力的装置显示、打印字符而收集并按照一定规则组织存放在存储设备中的坐标数据和函数算法等信息的集合。字库中的坐标数据和函数算法是对字型笔画所进行的客观描述；在运行时，通过特定软件的调用、解释，这些坐标数据和函数算法被还原为可以识别的字型。字库中对数据坐标和函数算法的描述并非计算机程序所指的指令，并且字库只能通过特定软件对其进行调用，本身并不能运行并产生某种结果，因此，字库不属于《计算机软件保护条例》所规定的程序，也不是程序的文档。北大方正电子公司关于涉案的方正兰亭字库属于计算机软件，应受《中华人民共和国著作权法》（简称《著作权法》）保护的主张不能成立。”①

二审法院对此持不同观点。二审法院认为：“印刷字库经编码形成计算机字库后，其组成部分的每个汉字不再以汉字字型图像的形式存在，而是以相应的坐标数据和相应的函数算法存在。在输出时经特定的指令及软件调用、解释后，还原为相应的字型图像……诉争字库中的字体文件的功能是支持相关字体字型的显示和输出，其内容是字型轮廓构建指令及相关数据与字型轮廓动态调整数据指令代码的结合，其经特定软件调用后产生运行结果，属于计算机系统软件的一种，应当认定其是为了得到可在计算机及相关电子设备的输出装置中显示相关字体字型而制作的由计算机执行的代码化指令序列，因此其属于《计算机软件保护条例》第 3 条第 1 项规定的计算机程序，属于著作权法意义上的作品。鉴于此，本院认为，一审法院以‘字库中对数据坐标和函数算法的描述并非计算机程序所指的指令，并且字库只能通过特定软件对其进行调用，本身并不能运行并产生某种结果’为由，认定诉争字库不属于《计算机软件保护条例》所规定的程序，缺乏事实和法律依据，应予以纠正。”②

你认为哪一种观点是正确的？为什么？

17. 在“‘IF 影响因子’数据库著作权纠纷案”中，英国卡米洛公司是 Web of Science（包括 Science Citation Index 科学引文索引）、InCites（包括 JCR 期刊引证报告）以及 IF 影响因子数据等所有子数据库的权利人。其中 IF 影响因子指标是指“期刊在过去两年发表的论文在当前 JCR 年的评价被引次数。例如，某期刊在 2011 年的影响因子为 4.25，说明该期刊在 2009 年和 2010 年发表的论文在 2011 年的篇均被引次数为 4.25 次”（见右图）。其专有被许可人认为：“JCR 期刊引证报告数据库经过专业的学术团队进行调研与学术价值分析从大量期刊中筛选了 1.1 万余册期刊，每份 JCR 期刊引证报告包含对期刊引用数量进行系统性地标引、筛选和计算所产生的 IF 影响因子数据以及基于 IF 影响因子数据衍生的一系列期刊评价指标，因此 JCR 期刊引证报告数据库无论是期刊的选择还是期刊引证报告中评价指标的编排均具有独创性，构成汇编作品。”被告在涉案网站、涉案 APP 提供了来自其他网站的 IF 影

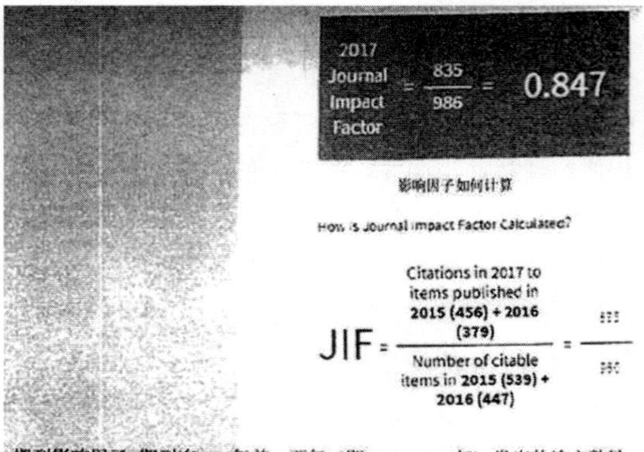

期刊影响因子=期刊在2017年前一两年（即2015、2016年）发表的论文数量除以期刊在2015年和2016年期刊在2017年被引用的论文数量

① 北京市高级人民法院民事判决书（2007）高民初字第 1108 号民事判决书。

② 最高人民法院（2010）民三终字第 6 号民事判决书。

响因子数据的链接，被诉侵害了 JCR 期刊引证报告数据库的信息网络传播权。

法院认为："一方面，每份期刊引证报告是每本期刊引文数据各项统计信息的集合，JCR 期刊引证报告的制作者通过对论文参考文献的标引和统计，根据特定的公式计算出 IF 影响因子数据，并在 IF 影响因子数据的基础上，衍生计算出总引用次数、五年影响因子、立即指数、可引用论文量等其他诸多的数据，通过上述一系列的期刊引用数据反映期刊的重要程度。每本期刊的引用数据系按特定公式计算而出，其本身虽不构成作品，但对于（对）哪些数据进行统计评价才能更完整、全面、有效地反映该期刊的影响力，不同制作者会有其个性化的选择、编排。因此，JCR 期刊引证报告制作者基于其分析判断就每份期刊所选择、编排的引用数据评价指标体系具有独创性。另一方面，JCR 期刊引证报告数据库系 1.1 万余册期刊引证报告的集合，该数据库中的期刊覆盖多学科、多国家和地区的期刊，显然该数据库并非对于特定学科、国家和地区所有期刊的照单全收，而是经过专业的学术团队进行调研与学术价值分析后从大量期刊中选择而得，因此该数据库对期刊的选择亦体现了制作者的智力创造。综上，JCR 期刊引证报告数据库无论是 JCR 期刊引证报告中各项评价指标的选择、编排还是数据库中期刊的选择均具有独创性，构成汇编作品。"法院据此认定被告对其他网站未经许可而提供的 IF 影响因子数据库设置链接，构成间接侵权。①

你认同判决结果和理由么，为什么？

18. 在本章第三节介绍的由美国联邦最高法院判决的"佐治亚州诉'公共资源组织'"案中，美国联邦最高法院有四名大法官对多数派法官（五名）的意见持不同观点，认为《佐治亚官方法典（注释版）》中的注释部分并不具备法律效力，也不是正式的官方文件，应当受到版权保护。少数派法官特别提出，目前美国有许多州都和佐治亚州一样，通过与私人公司的合作编纂官方法典的注释版，而且能使其价格较为实惠。如《佐治亚官方法典（注释版）》的编纂合作方 Lexis 公司依照与佐治亚法典修订委员会的约定，将注释版法典的售价定在 404 美元，而完全由私人公司编纂类似注释版法典价格就高得多，如 West 公司编纂的注释版佐治亚法典的价格就是 2 570 美元。如果《佐治亚官方法典（注释版）》中的注释部分不受版权保护，则佐治亚州和其他州就不再有动力编纂注释版法典，而仅提供无注释的法典（"经济舱"版），注释版法典（"头等舱"版）的市场将由私人公司所占据，这反而会给公众带来不利后果。②

你觉得该反对意见有道理吗？

---

① 参见科睿唯安信息服务（北京）有限公司诉上海梅斯医药科技有限公司侵害作品信息网络传播权及不正当竞争纠纷案，上海市徐汇区人民法院（2019）沪 0104 民初 2392 号民事判决书，上海知识产权法院（2020）沪 73 民终 531 号民事判决书。

② Georgia v. Public. Resource. Org，Inc.，140 S. Ct. 1498，1522（2020）.

第三章

著作权的内容：权利

本章导读

著作权的内容即指著作权人享有的各项权利的总和，是著作权法中最为核心的部分。著作权人的权利可分为著作人身权和著作财产权。学习著作权的内容，也就是了解《著作权法》中规定的各项权利的含义以及与之相应的行为。只有搞清楚了著作权人享有的各项权利，才能正确地判断哪些行为构成对著作权的侵权。

第一节　著作人身权

著作人身权，又称精神权利，是与著作财产权或经济权利相对的一个概念。作品不但具有经济价值，还体现了作者独特的人格、思想、意识、情感等精神状态。作者对作品中体现出的人格和精神享有的权利就是著作人身权。

日常生活经验告诉我们：对于同一个主题，人们可以用各种不同的表现方式予以表达。例如，要庆祝我国“神舟”飞船成功发射并顺利返回，不同的人可以选择以小说、诗歌、绘画、摄影，甚至舞台剧等各种表现方式进行庆贺和纪念。即使是用同一种表现方式，如诗歌，不同的人写出的诗歌一般情况下绝少会雷同。对同一个主题，不同的人会选择不同的表现方式、表达手法，并产生内容各异的作品。这正说明每一个人对主题的理解、所要表达的思想或感情、对表现方式的选择都是高度个性化的。这种“高度个性化”又反映了每个作者独特的气质、思维方式、生活经验和感情世界。这些特点，要么是与生俱来的，要么是由个人独特的后天教育和经历所造就的，总之，是与众不同的，因为没有两个人的内心世界会完全相同。因此，世界上很难找到一模一样的作品。

按照大陆法系的著作权法理论，著作权法首先要保护的就是这种蕴含在作品中的作者独特的人格利益。大陆法系国家的思想家将作品首先视为作者人格的延伸和精神的体现，而绝不仅仅是一般的财产。而作者创作作品的过程，就是一个表现作者独特的思想、感情、意志和人格的过程。从某种意义上说，作品是精神和人格的产物，作品就像是作者的孩子，作者就像是作品的父母。[①] 也正因为如此，传统大陆法系著作权理论认为著作权是一种天赋人权，它并不是国家法律所创造的权利，而是作者因创作行为自然而然享有的权利，法律只是承认和保护这种人权而已。如《法国知识产权法典》规定：对于外国人的作品，无论该外国人的所在国是否对法国的作品提供互惠保护，均保护作品中的完整权和署名权。[②] 这即是将著作权视为天赋人权的表现。正是基于这种理论，大陆法系著作权法保护的首先是作者的著作人身权，其次才是作者的著作财产权。《法国知识产权法典》在其第一章"著作权的性质"中明确宣示：作者的权利"包括具有智力精神性质特征的内容，以及具有财产性质的内容"[③]。这显然是将著作人身权放在了第一位。

《伯尔尼公约》也明确规定了两项著作人身权——署名权和保护作品完整权。《伯尔尼公约》第 6 条之二规定：不受作者经济权利的影响，甚至在上述经济权利转让之后，作者仍保有要求表明其作品作者身份的权利，并有权反对对其作品的任何有损其声誉的歪曲、割裂或其他更改，或其他损害行为。该权利在作者去世后应至少保留到作者经济权利期满为止。

著作人身权带有民法上一般人身权的特征，是不可转让或继承的。我国《著作权法》第 10 条第 3 款规定："著作权人可以全部或者部分转让本条第一款第五项至第十七项规定的权利……"；《著作权法》第 21 条第 1 款规定："著作权属于自然人的，自然人死亡后，其本法第十条第一款第五项至第十七项规定的权利在本法规定的保护期内，依法转移"。而《著作权法》第 10 条第 1 款第 5 项至第 17 项规定的权利全部为著作财产权，这就意味着著作人身权不得转让和继承。《著作权法实施条例》第 15 条第 1 款规定，"作者死亡后，其著作权中的署名权、修改权和保护作品完整权由作者的继承人或者受遗赠人保护"。该条的用语是"保护"而非"享有"，也说明著作人身权是不能被继承或受遗赠的。而在高度重视著作人身权的德国，甚至不允许著作财产权的转让，因此，在德国对著作财产权只能"许可"而不能"转让"。据此，德国大学校园中一些学生从网上购买论文的行为是不能受到法律保护的，因为购买论文的实质是一个著作权转让合同，论文作者将其对作品的包括署名权在内的全部著作权转让给了购买者。该合同违反了著作人身权不得转让的法律规定，应当是无效的。即使是在英美法系国家，精神权利也不能转让，只能放弃。如《英国版权法》第 94 条明确规定，"精神权利是不得转让的（not assignable）"；第 87 条则规定，"精神权利可以通过权利人签署的书面文件加以放弃"。《美国版权法》有类似规定，该法第 106A 条（e）款规定：本法规定的精神权利不可转让，但作者可通过签署书面文件而明确同意放弃。该放弃权利的文件应当指明其针对的作品和用途。

作品毕竟是具有利用价值的文化产品，立法政策鼓励作品尽可能地被公开和传播，因此，著作人身权在不少情况下要受到著作财产权的限制。对此本书在后文会有具体讲解。

---

① 德国著作权法专家迪茨为此将作品称为作者"心智的孩子"（intellectual child）。See Adolf Dietzn，Germany，§7（1）（b），in Paul Edward Geller（ed.），*International Copyright Law and Practice*，Matthew Bender & Company，Inc.，2006.

② 参见《法国知识产权法典》第 L111—4 条。

③ 《法国知识产权法典》第 L111—1 条。

理论研究

著作人身权与一般人身权之间的关系

有一种观点认为，著作人身权就是一种普通的人身权利，因此，民法上有关人身权利的规定对著作人身权都适用。这种观点的确有可取之处，因为著作人身权的大部分特征都符合一般人身权利的特征，如人身权不可转让，只能归属于本人，而著作人身权也是一样，著作权人可以许可他人行使或转让复制权、发行权等著作财产权，但不能转让自己的著作人身权，如署名权。《日本著作权法》也采用了这种观点。该法有一点与众不同：一般国家的著作权法总是把著作人身权和著作财产权并列，共同作为著作权中的两大类权利。《日本著作权法》则将"著作人格权"与"著作权"并列。日本学者认为：作者对作品所享有的人格权与一般的人格权并无本质差异，与姓名权、肖像权、名誉权等权利一样，在与一般人格权的关系上，作者人格权也是一种具体的人格权。《日本著作权法》虽然对作者人格权特别作了规定，但其权利性质并未因此发生变化。这样，作者的人格权就可以直接受到民法的保护。[①]

但是，著作人身权与民法上的人身权利又存在不少差别，直接套用民法上的人身权理论去理解和解释有关著作人身权是有一定困难的。

首先，著作人身权并非民法意义上的一般人格权。民法上的人身权一般可以分为人格权和身份权，其中人格权是指自然人与生俱来的权利，如生命权、健康权等。虽然大陆法系国家（地区）认为"作品是作者人格的延伸"，《日本著作权法》也使用了"著作人格权"的术语，但民法意义上的一般人格权毕竟是自然人与生俱来的权利，而作者的著作人身权是基于创作作品而产生的，并非与生俱来的，因此，任何人都有人格权，但只有作者才能基于对作品的创作而享有著作人身权。正因为如此，法国著作权法专家卢卡斯（Lucas）指出：著作人身权（moral rights）与人格权（right of personality）之间的相似关系并不能被夸大：著作人身权只属于作者，不是任何人都能享有的，而且只能在与作品有关的情形下行使。[②]

其次，著作人身权与民法意义上的身份权也有所区别。民法意义上的身份权是指自然人基于某种身份而产生的权利，如亲属权、配偶权等。大陆法系的著作权理论认为作品如同作者的孩子，作者如同作品的父母，可这毕竟是一种比喻，与基于自然血缘而产生的身份关系还是不同的，例如，"修改权"是无法用亲子关系来作比喻的。因此，著作人身权只能是一种特殊的人身权。虽然在多数情况下民法关于一般人身权的原则可以适用于著作人身权，但在另一些情况下著作人身权的行使有自己特定的规则。

一、发表权

发表权是指作者有决定是否将其作品公之于众，于何时、何处公之于众，以及以何种

---

① 参见［日］半田正夫、纹谷畅男编，魏启学译：《著作权法 50 讲》，54 页，北京，法律出版社，1990。

② See Andre Lucas, Pascal Kaminan, Robert Plaisantn, France, §7, in Paul Edward Geller (ed.), *International Copyright Law and Practice*, Matthew Bender & Company, Inc., 2006.

形式公之于众的权利。所谓公之于众，是指以出版发行、广播、上映、口述、演出、展示和网络传播等方式披露作品并使作品处于为公众所知悉的状态。至于公众是否实际知悉或关注被发表的作品，无关紧要。例如，作家将新撰写的小说通过网络上传到个人博客之中，即使无人实际登录过该博客阅读这篇小说，由于博客本身是向公众开放的，小说一旦上传至此，任何人都可以通过搜索引擎找到小说的位置并登录该博客进行阅读，故小说已经处于为公众所知悉的状态，作家的上传行为就是对小说的发表。

需要指出的是：最高人民法院《著作权司法解释》第9条规定，"……'公之于众'，是指著作权人自行或者经著作权人许可将作品向不特定的人公开……"。这一解释将著作权人决定发表的意志作为"公之于众"的构成要件，似有不妥。根据这一解释，任何"未经著作权人许可"而首次向公众披露作品的行为都不会使作品"公之于众"。由于将作品未经许可而"公之于众"才构成对发表权的侵权，而司法解释认为未经许可而将作品向不特定的人公开不构成"公之于众"，试问：世界上还有哪一种行为会构成对"发表权"的侵权呢？"未经著作权人许可"而首次向公众披露作品的行为又会侵犯何种权利呢？实际上，"公之于众"应当是一种事实状态，与著作权人的主观意志并无关系。无论著作权人许可与否，只要作品向不特定的人公开，就处于"公之于众"的状态。未经许可的"公之于众"会侵犯作者的"发表权"。

作品是作者的思想、观念、情感、理想、主张、价值观的反映，是否发表应当由作者自己决定。有时作者完成作品的创作之后，基于某些原因暂时不想发表，或希望在某一特定时刻、在特定场合、通过某种特定方式发表。作者的这种意愿必须获得充分尊重，任何人不得违背作者意愿擅自发表作品。例如，作者在给朋友的书信中写了一首诗，收信人虽然享有信纸的所有权，但却不能擅自将书信发表。即使该封书信不涉及任何私人隐私也是如此，因为该行为将侵犯作者对诗歌的发表权。

理论研究

发表权与著作财产权之间的关系

可以说，发表权是作者首要的著作权。因为如果不发表作品，使社会公众了解作品、体现作品的价值，那么与作品有关的一切权利都难以行使。但是，《伯尔尼公约》没有规定发表权，而且一些大陆法系国家也没有明确规定发表权。这是什么原因呢？

不明确规定发表权的原因在于：作者在发表作品的同时，往往又在以某种方式利用作品的经济价值，因此，只要对经济权利加以充分的保护，自然保护了发表权。发表作品，常常会与复制、发行、展览、表演等利用作品的方式联系在一起，不涉及任何经济权利的发表是很罕见的。例如，在报刊上发表他人小说必然涉及对小说的复制和发行，向公众朗诵诗歌则是对诗歌的公开表演，将剧本拍摄成电影公开放映又是放映行为。因此，发表权是一种具有经济权利性质的著作人身权。

正是因为发表权与经济权利紧密相连，为了避免发表权与经济权利之间发生冲突，在明确承认发表权的国家，也对发表权进行了限制。《日本著作权法》第18条第2款规定：

在以下三种情况下，作者被推定同意发表作品：一是作者已将未发表的作品的著作权转让（当然，在这种情况下“著作权”是指经济权利），二是已将未发表的美术作品或摄影作品的有形载体转让，三是作者已同意将作品用于拍摄电影。在这三种情况下，尽管理论上受让人只享有全部或部分经济权利，作者仍然保留作为著作人身权的发表权，但如果不限制作者的发表权，就会导致转让经济权利的行为毫无意义。例如作者在已许可出版商出版作品之后，又以未在合同中许可出版商发表作品为由，阻止出版商通过出版的方式发表作品，这显然会不合理地损害出版商的利益。

我国《著作权法》第 20 条第 1 款规定：美术等作品原件所有权的转移，不视为作品著作权的转移，但美术作品原件的展览权由原件所有人享有。该规定引发的问题是：如果这幅美术作品从未被以任何方式发表过，则其原件转移之后，作者是否可以通过发表权阻止他人第一次向公众展示这幅作品呢？《德国著作权法》第 44 条对此有明确规定：美术或摄影作品即使从未发表过，其原件所有权人也有权公开展览，除非著作权人在让与作品原件时明确表示禁止公开展览。

但是，在极端重视著作人身权的法国，在作为著作人身权的发表权与著作财产权发生冲突时，法律优先保护前者。在著名的“Whistler”案中，一名美国画家在巴黎受托为英国人艾登（Eden）画像。画像创作完成后，该画家许可将该画像向公众进行短暂展出。但画家在收取了报酬并同意交付画像后，却又反悔，拒绝交付画像进行展览。法国最高法院认定“只有作者自己才有权披露作品”。法国学者也指出：作者将作品公之于众的意图必须被清楚地表明。作者在转让了未发表作品的复制权或表演权之后，仍然可以援引《法国知识产权法》第 L121—2 条规定的发表权来阻止受让人向公众发表作品。如果认为作者仅仅因为已经转让了复制权或表演权就无权控制作品的发表，无异于迫使他自动放弃发表权，而这种放弃是被禁止的。① 例如，作者出售一幅绘画并不意味着作者同意发表作品。这就意味着购买了绘画的人无权公开展览该幅绘画，因为公开展览势必导致绘画被发表。不过，这一对发表权较为极端的保护并未被多数国家接受。

与其他著作人身权相比，发表权有以下三个特点：

首先，作者只要将作品公之于众，即完成了对作品的发表，作品被公之于众这一状态是不可逆转的。因此，作者首次将作品公之于众之后，再次公开利用作品的行为，并不构成对作品的发表，即作者不可能两次发表同一部作品。例如，作家将作品首先上传至向公众开放的博客之后，有出版社未经许可将该作品下载，并收入文集中出版。此时作者只能以出版社侵犯其复制权和发行权为由起诉，而不能以侵犯发表权为由起诉，因为作家的上传行为已经将作品公之于众，出版社的行为并非对该作品的“发表”，不应被认定为侵犯发表权。

其次，如果作者已转让著作财产权或许可他人以特定方式行使著作财产权，通常可以视情况推定作者许可发表作品。例如，词曲作者在许可唱片公司使用其未发表的音乐作品

---

① See Andre Lucas, Pascal Kaminan, Robert Plaisantn, France, §7 (1) (a), in Paul Edward Geller (ed.), *International Copyright Law and Practice*, Matthew Bender & Company, Inc., 2006.

举办演唱会或制作、发行唱片之后，不能以在合同中没有明确许可唱片公司发表该音乐作品为由，阻止唱片公司举办演唱会或制作、发行唱片。再如，小说作者在许可电影公司将其未发表的小说改编成剧本并拍摄成电影后，不能因为没有明确许可电影公司发表其小说，就认为电影公司不能公开放映拍摄完成的电影，否则，将会导致电影公司签订的取得“摄制权”并支付报酬的合同完全丧失意义。

最后，作者的继承人或者受遗赠人可以在不违背作者生前意愿的情况下发表作品。对于发表权之外的其他著作人身权，作者的继承人或者受遗赠人可以保护，但不能继承，他们自己也不能实施受这些人身权控制的行为。[①] 如作者去世后，其子女并不能在作品上署名。发表权的情形则有所不同，《著作权法实施条例》第 17 条规定：作者生前未发表的作品，如果作者未明确表示不发表，作者死亡后 50 年内，其发表权可由继承人或受遗赠人行使；没有继承人又无人受遗赠的，由作品原件所有人行使。可见，基于发表权与著作财产权之间的密切联系，同时为了促进优秀作品的传播，作者的继承人或者受遗赠人，甚至是特定情况下的原件所有人，可以行使发表权，可以在不违背作者生前意愿的情况下发表作品。

典型案例

钱钟书书信拍卖案

钱钟书及其夫人和女儿曾先后给朋友李某写过百余封私人书信，某拍卖公司发布公告，称其即将进行上述书信的拍卖。钱钟书夫人杨季康向法院提出申请[②]，请求责令该公司立即停止侵害著作权的行为。

法院认为：书信作为人类沟通感情、交流思想、洽谈事项的工具，通常是写信人独立构思并创作而成的文字作品。杨季康作为著作权人或著作权人的继承人，享有涉案书信作品的发表权，即享有决定作品是否公之于众的权利。如果他人未经许可而非法发表涉案书信手稿，将导致对申请人杨季康的发表权造成难以弥补的损害。此外，发表权是著作权人行使和保护其他权利的基础，一旦作品被非法发表，极易导致权利人对其他复制、发行等行为难以控制。在杨季康明确表示不同意将其享有权利的涉案作品公之于众的情况下，拍卖公司即将公开预展、公开拍卖涉案书信手稿，以及为拍卖而正在或即将通过报刊、光盘、宣传册、网络等方式复制、发行涉案书信手稿的行为，构成对申请人杨季康的发表权及复制权、发行权的侵犯，将导致申请人受到难以弥补的损害。法院据此裁定：拍卖公司在拍卖、预展及宣传等活动中不得以公开发表、展览、复制、发行、信息网络传播等方式实施侵害钱钟书、杨季康及其女儿写给李某的涉案书信手稿的著作权的行为。[③]

二、署名权

署名权是著作人身权的核心：作者与作品的关系通常被比喻成父母与孩子的关系。署

---

① 参见《著作权法实施条例》第 15 条第 1 款。

② 钱钟书、杨季康及其女儿均已经去世。

③ 参见北京市第二中级人民法院（2013）二中保字第 9727 号民事裁定书。

名即是在昭示作者与作品之间一种自然的、类似于亲子血缘关系的密切联系。署名权不能被理解为作者有署名的自由，否则无法解释早在没有著作权法的时代，《红楼梦》就也有曹雪芹的署名。法国著作权法理论甚至将这一权利称为“父权”① （right of paternity)。作者享有署名权，意味着他人必须尊重作者关于是否在自己创作的作品上署名，以及以何种方式署名（署真名或假名）的决定。《西班牙知识产权法》第 14 条即规定：作者有决定是否以其真名、假名、匿名或以其他方式发表作品的权利。需要指出的是：作者在最初发表作品时选择暂不署名，并不意味着作者放弃了署名权，相反，作者可以日后在作品上署名。《意大利著作权法》第 21 条对此明确规定：匿名或署笔名作品的作者随时有权披露其身份。他人擅自删除作者的署名、增加未参与创作者的署名，以及擅自改变作者署名方式的行为，即构成对署名权的侵权。例如，作者向杂志投稿时署了笔名，编辑就不能擅自标出作者的真名，更不能不署作者的笔名。如果未参与创作者利用权势强行在他人的作品上署名，也构成对作者署名权的侵犯。因此，抄袭他人作品不但侵犯了著作财产权中的复制权，也侵犯了著作人身权中的署名权，因为抄袭实际上是在他人作品之上署上自己的名字。

需要注意的是：对于基于原作品而产生的演绎作品，原作品的作者仍然有署名权。例如，电影公司根据鲁迅先生的小说拍摄了同名电影之后，应当注明“根据鲁迅同名小说改编”。当然，作者行使署名权应当与商业习惯相协调。例如，对于作者众多的百科全书而言，出版社可以在出版说明中集中地说明哪一位作者撰写了哪一章节的条目，而不一定要在封面将全部作者一一列出。再如，在公共场所播放录音制品中的音乐作品，是不可能将音乐作品的词曲作者一一报出的。《日本著作权法》第 19 条第 3 款为此明确规定：按照使用著作物的目的和状况，在不会损害作者对署名权的诉求的情况下，可根据公平、合理的惯例省略著作人姓名。我国《著作权法实施条例》第 19 条也规定：使用他人作品的，应当指明作者姓名，但是，由于作品使用方式的特性无法指明的除外。例如，将他人美术作品印制在床单上，由于“按照习惯在床上用品的图案上一般不标注作者名字”，所以该行为并不侵犯作者的署名权。②

典型案例

安顺地戏案

在由张艺谋担任编剧和导演的电影《千里走单骑》中，出现了安顺地区 8 位演员表演的“安顺地戏”剧目剪辑。但该电影并没有将之正确地称为“安顺地戏”，而是张冠李戴地以画外音的形式称为“云南面具戏”。安顺市文化局认为，电影将特殊地域性、表现唯一性的“安顺地戏”错误地称为“云南面具戏”，构成对其“署名权”的侵犯，因此提起著作权侵权之诉。

本案的关键问题在于：被告“张冠李戴”的行为是否构成著作权法意义上的“署名”？

① Andre Lucas，Pascal Kaminan，Robert Plaisantn，France，§7（1）（b），in Paul Edward Geller（ed.），*International Copyright Law and Practice*，Matthew Bender & Company，Inc.，2006.

② 参见上海市第一中级人民法院（2013）沪一中民五（知）终字第 78 号民事判决书。

本书作者认为，原告混淆了两个不同的概念——著作权法意义上的“署名”和戏种的起源地标志。著作权法意义上作者的“署名”只能针对特定的“作品”，我国《著作权法》对“署名权”的定义——“在作品上署名的权利”清楚地揭示了这一点。而“安顺地戏”本身并不是一部作品，甚至也不是多部作品的汇编或集合，而只是戏种的名称，其中“安顺”为地名，指示了这一戏种的起源地（有时也可指发展繁荣地）。按照“安顺地戏”的特征所创作的每一部剧本都是作品（戏剧作品），作者当然享有对作品的“署名权”。演员按照“安顺地戏”的表演风格，对该剧本以特定的道具、服饰和唱腔进行的演出，构成了著作权法所保护的“表演”，演员作为著作权法意义上的“表演者”享有“表明表演者身份”的权利，可被称为表演者的“署名权”。上述两种“署名权”指向的是特定的作品或表演，均受著作权法保护。但“安顺地戏”只是具体作品和表演的上位概念。电影《千里走单骑》将相关剧目称为“云南面具戏”，并非在为作品或表演“署名”，也即并非表明作者或表演者的身份，而是在昭示相关剧目的起源地或发展繁荣地。既然这一行为并非著作权法意义上的“署名”，又何谈对“署名权”的侵犯呢？

类似地，对于越剧中的著名剧目《梁山伯与祝英台》，从剧本和曲调角度来看，存在戏剧作品和音乐作品；从舞台演出角度来看，存在对作品的表演。剧本和音乐的作者以及演员，均可分别对作品及表演享有“署名权”。而“越剧”为一个上位概念，不可能对其适用著作权法意义上的“署名权”，其中的“越”字表明这一戏种起源（或发展繁荣）于江浙一带。假如有人“张冠李戴”，将越剧剧目《梁山伯与祝英台》称为“秦腔”，除贻笑大方之外，还会有什么侵犯著作权法意义上的“署名权”的问题呢？

因此，“署名”解决的问题是：谁为作品的作者？而“安顺地戏”这样的戏种起源地标志解决的问题则是：该戏种来源（或发展繁荣）于哪里？这样的区分在地方戏之外的领域同样存在。称张三“画了一幅金山农民画”，其中的“张三”是“署名”，而“金山”则是画种的起源地，并非著作权法意义上的“署名”。标错了戏种的来源地与标错了有形物的产地并没有实质区别。如果将原产于黄山的毛峰茶称为“福建铁观音”，或将原产于太湖的大闸蟹标为“阳澄湖大闸蟹”，均只有侵犯注册商标专用权（证明商标）和违反原产地管理规定的问题，与著作权法意义上的“署名”相去甚远。

二审法院在判决中认为：“‘安顺地戏’作为一个剧种，其仅是具有特定特征的戏剧剧目的总称，是对戏剧类别的划分……任何人均不能对‘安顺地戏’这一剧种享有署名权。”[①] 该判决正确地对“戏种”和其中的具体作品作出了区分，值得赞许。

理论研究

制作冒名作品侵犯了著作权中的署名权吗？

假冒他人的姓名发表自己的作品（冒名）是否属于对著作权中的署名权的侵犯？对此问题存在不同观点。一种观点认为：假冒名作家之名发表质量低劣的作品，会给该作家的

---

① 北京市第一中级人民法院（2011）一中民终字第13010号民事判决书。

声誉造成损害，是典型的侵犯精神权利的行为。如果版权法连这种行为都不加控制，那么对精神权利的保护就显得太不完整了。何况冒名可能影响被冒名者本应取得的收入。因此，冒他人之名发表非他人的作品是与版权中的精神权利及经济权利都密切相关的，应当列入版权法管辖范围。[①] 另一种观点认为：著作权是就具体的作品而产生的，没有作品就没有著作权。冒名行为已超出著作权法的署名权问题，属于假冒姓名、侵犯他人姓名权的行为。[②]

本书作者支持第二种观点。既然署名权是作者的权利，当然只能针对作者自己的作品。被冒名的人既然没有创作冒名作品，不是冒名作品的作者，又谈何著作权法意义上的署名权呢？《保护文学和艺术作品伯尔尼公约（1971年巴黎文本）指南》明确提出：作者凭借其“确认作者身份权”，可以制止将他的名字用在他人的作品上，因此，任何人都不能将他人的名字加在他人未曾创作的作品上。[③] 但各国立法中明确禁止冒名的基本上只是英美法系国家的版权法。《英国版权法》第84条规定了禁止冒名的权利（right against false attribution），《澳大利亚版权法》第195AC条和《新西兰版权法》第102条，也规定了相似的“作者禁止冒名权”（author's right not to have authorship falsely attributed）。美国于1990年通过的《视觉艺术家权利法》为视觉艺术作品作者规定的精神权利中，也包括“阻止将其姓名标明为其未创作作品的作者”的权利。[④] 但必须指出的是：英美法系国家关于作品的观念本来就是有别于大陆法系国家的，它们更为注重作品作为财产的经济价值。冒名的实质是利用名家的声誉去牟取不当经济利益，会在损害著名作者的声誉的同时影响其今后作品的销售，因此，英美法系国家规定“禁止冒名权”实际上是为了制止利用名家的名誉进行不正当竞争。还需要指出的是：这些英美法系国家的版权法规定的“禁止冒名权”是与“署名权”相并列的一项独立权利。换言之，他人制作冒名作品侵犯的并非署名权，而是署名权之外的“禁止冒名权”。因此，“禁止冒名权”并非传统著作权法中的署名权。

法国著名学者卢卡斯强调：在作者并未创作特定作品的情况下，署名权无法对作者提供保护。学者史特罗荷姆（Strömholm）也指出，“冒名行为有别于侵犯精神权利的行为”[⑤]。德国著名学者迪兹等也认为：署名权并不能禁止冒名，因此，《德国著作权法》中的署名权有别于《英国版权法》中的“禁止冒名权”[⑥]。我国立法者要仿效英美法系国家的这一做法当然无可厚非，但在立法没有明确规定“禁止冒名权”的情况下规定“制作、出售假冒他人署名的作品”构成侵权就成无源之水、无本之木了。而且，既然我国在著作人身权这一部分继受了大陆法系国家的立法传统，那么从保持理论体系和谐这一角度出发，更不宜认为冒名为侵犯署名权的行为，而应当认定为不正当竞争行为或侵犯民法中的姓名权的行为。

---

① 参见郑成思：《版权法》（修订本），142页，北京，中国人民大学出版社，1997。

② 参见刘春田主编：《知识产权法》，2版，68～69页，北京，中国人民大学出版社，2002。

③ 参见刘波林译：《保护文学和艺术作品伯尔尼公约（1971年巴黎文本）指南》（附英文文本），35页，北京，中国人民大学出版社，2002。

④ See 17 U.S.C. 106A (a) (1) (B).

⑤ Elizabeth Adeney, *The Moral Rights of Authors and Performers, An International and Comparative Analysis*, Oxford University Press, 2006, p. 181.

⑥ Ibid., p. 238.

三、修改权

根据《著作权法》的规定，修改权是指修改或者授权他人修改作品的权利。根据有关解释，修改是对作品内容作局部的变更以及文字、用语的修正。[①] 修改权与著作财产权中的改编权不同，受改编权控制的改编行为是根据原作品的基本表达，创作出新的作品。因此，对作品进行修改的结果一旦产生了新作品，就不再是修改行为，而是改编行为了。修改权属于著作人身权，而著作人身权不可授权他人行使，否则署名权岂不应当包括“授权他人署名的权利”？因此《著作权法》将修改权定义为“……或者授权他人修改作品的权利”值得商榷。

理论研究

我国《著作权法》有必要单独创设“修改权”吗？

修改权极少作为一项独立的著作人身权出现在其他国家的著作权立法之中。有的国家虽然规定了“修改与回收作品权”，或者在规定“回收作品权”的同时规定“修改权”，但其中的“修改权”只能与回收权一起行使，并不是我国《著作权法》意义上的“修改权”[②]。根据立法者的解释，作品的修改之所以必要，一是因为要更好地反映作者的意志；二是随着客观事物的变化，人的思想、认识也在不断变化，作者也需要对某些作品作出符合实际的修改。作者不但享有作品产生的权益，也对作品产生的社会效果和责任负责。因此，作者应有修改权。[③]

本书作者认为：有必要修改作品并不等于就应当设立修改权。诚如上述解释所言，当作者的思想、认识发生变化之后，就产生了修改作品的必要。问题在于：在作品发表之前，作者当然可以自行修改作品，根本无须额外赋予作者“修改权”。已故的郑成思教授撰写《版权法》耗费了整整10年时间，可谓十年磨“一见”[④]。其间郑成思教授不知对其作品进行了多少次修改。然而《版权法》的第一版是在1989年，即《著作权法》颁布之前出版的。那时郑成思教授作为作者还不享有“修改权”，难道他就没有修改自己作品的权利了吗？在作品发表之后，作者自然可以继续对作品进行修改，在修改完成之后可以将修改后的作品公之于众。如郑成思教授在《版权法》第一版出版7年之后，又将经过修改的第二版交付出版社出版。这同样无须“修改权”。如果认为《著作权法》规定修改权的意义在于确认作者有修改作品的自由，则世界各国著作权法共有的最大缺陷就是没有为作者规定“创作权”，因为确认作者有创作的自由，当然比确认作者有修改的自由重要得多。

同时，仅规定“修改权”而不规定“回收权”也不可能使作者在作品已经固定在有形物质载体之上且该载体已由他人合法享有时，对作品进行修改。例如，建筑作品的设计者

---

① 参见胡康生主编：《中华人民共和国著作权法释义》，43页，北京，法律出版社，2002。

② 如《法国知识产权法典》第L121—4条。

③ 参见胡康生主编：《中华人民共和国著作权法释义》，44页，北京，法律出版社，2002。

④ 郑成思：《版权法》（修订本），前言，1页，北京，中国人民大学出版社，1997。

在建筑物业已完工的情况下，即使认为应对建筑作品进行修改，也不能要求在已建成的建筑物上随意修改，甚至将建筑物推倒重建。再如，当小说作品已经在作者许可的情况下印刷出版时，作者不能因为想修改小说就要求出版社将已经售出的小说书全部收回。有一种观点认为：赋予作者修改权，可以使作者在作品再版之前对作品进行修改，即使这种修改对出版社并不一定有利。因此，修改权可以算作“半个收回作品权”。本书作者认为：这种观点也是难以成立的。如前所述，修改作品是作者原本就有的自由，根本无须《著作权法》加以规定。作者在原作品再次印刷、出版之前在一般情况下当然可以自行修改作品，而无须出版社的同意。但如果作者已经与出版社就原作品再版的条件签订了合同，出版社已经做好了印刷、出版的准备，作者临时提出修改作品会影响出版社的出版计划，则作者因要求修改而拒绝交稿构成违约行为，并不能因为修改权的存在而免除其违约责任。如果出版社严格按照合同约定将原作品付梓，也不会因此而侵犯作者的修改权。

需要特别指出的是：正如本书第一章所述，著作权法规定专有权利的根本目的并不是确认作者本人有积极从事某种行为的自由，而在于使作者得以控制他人的特定行为。因此，对于是否应当设立“修改权”的问题，也不应从作者是否需要对作品进行修改的角度来考虑，而应当判断作者是否需要禁止他人未经许可而修改作品。正如在 2001 年《著作权法》修订时设立“信息网络传播权”不是因为作者自己需要通过信息网络向公众传播作品，而是出于作者需要禁止他人未经许可而通过信息网络向公众传播作品的考虑。有一种观点认为：修改权与保护作品完整权具有相同的含义，不过是一项权利的两个方面，也就是说，从正面讲，作者有权修改自己的作品，可以授权他人修改自己的作品；从反面讲，作者有权禁止他人篡改、歪曲、割裂自己的作品。如果立法者的确希望使修改权仅仅成为“一项权利的正面”，则根据上述分析，修改权的创设是完全不必要的。依此目的，《著作权法》设立修改权正如设立一项“作者有权创作作品”的“创作权”一样，是没有任何意义的。

的确，作者确实需要禁止他人未经许可而修改作品，但问题在于：《著作权法》已经规定了保护作品完整权这一著作人身权和改编权这一著作财产权。如果他人修改作品的结果是产生了新的作品，而且新作品保留了原作品中的基本表达，则此项行为由改编权加以控制。如果作品经过他人修改之后，其原意被歪曲和篡改，可能导致作者的声誉受损，则这种修改行为构成对保护作品完整权的侵犯。有一种观点认为：保护作品完整权与修改权是互相联系的，侵犯修改权往往也侵犯了作者的保护作品完整权。① 这等于是说修改权的控制范围与保护作品完整权的控制范围相同，或者是在保护作品完整权的控制范围之内。这一解释将使修改权的存在变成多余，那又何必在保护作品完整权之外另行规定修改权呢？

为了在逻辑上划清修改权与改编权、保护作品完整权之间的界限，修改权能够控制的行为就只剩下他人对“作品内容作局部的变更以及对文字、用语的修正”②，而且该修改的结果既不是对作品的歪曲和篡改，也没有导致新作品的产生。在现实中，对作品进行这种类型修改的人主要是报刊社和出版社的编辑人员，而且既然没有以任何方式歪曲、篡改作品，也很难对作者造成任何精神上的损害。同时，对来稿作品进行局部变更及文字、用语的

---

① 参见胡康生主编：《中华人民共和国著作权法释义》，44 页，北京，法律出版社，2002。

② 同上书，43 页。

修改是任何报刊社、出版社编辑人员的日常工作，我国《著作权法》也明确予以肯定。在这种情况下，修改权几乎没有赋予作者任何新的控制他人修改作品的禁止权。这可能也是除中国之外世界各国都没有设立“修改权”的原因。本书作者认为：既然我国《著作权法》已经明确规定了保护作品完整权和改编权，同时报刊社和出版社又有对来稿作品进行适当文字性修改的权利，那么创设修改权没有现实意义。建议在下次修订《著作权法》时予以删除。

四、保护作品完整权

保护作品完整权，即保护作品不受歪曲、篡改的权利。歪曲是指故意改变事物的真相或内容，篡改则是指用作伪的手段对作品进行改动或曲解。保护作品不受歪曲、篡改，就是要防止他人在利用作品时（即使利用行为本身经过许可），对作品进行不当改动或利用，导致作品无法正确地反映作者原本要表达的思想、感情。作品是连接作者的内心世界与外部世界的桥梁，是公众了解作者所思所想的窗口。对作品进行歪曲、篡改，实质性地改变了作者在作品中传递的思想、感情，一方面会误导公众，另一方面也会使公众对作者产生误解，那样，该作品对作者而言还有什么意义呢？因此，保护作品完整权和署名权一样，是著作人身权中的核心权利。例如，在比利时发生的一起诉讼中，该国极右政党弗拉芒利益党的一名成员将比利时著名漫画家威利·范德斯汀创作的《苏苏和维维历险记》中的一幅漫画（见下图左）进行了修改，并将该画印在日历上散发。其中将原作品中撒钱的人画成了比利时根特市的市长（其致力于提高福利），还增加了戴面纱和头巾的少数族裔抢钱的内容（见下图右），这就使该画具有了种族歧视的意味，并使人们将此种信息与原作品联系起来。① 该修改应被认定为侵害漫画作者的保护作品完整权。需要注意的是：多数国家还将“可能对作者的声誉造成损害”作为侵犯保护作品完整权的要件，这是为了防止作者在其作品仅被轻微改动，尚不足以影响其声誉时过多地提起诉讼。② 例如，《加拿大版权法》规定：对作品的歪曲、割裂或其他改动，以及将作品与某种产品、服务结合使用，或者为某种事由或机制对作品的使用，只有使作者的名誉和声望受损时，作者的保护作品完整权才受到了侵

① Johan Deckmyn v. Helena Vandersteen, Case C-201/13 (2014), para. 29.

② See Adolf Dietzn, Germany, § 7 (1) (c), in Paul Edward Geller (ed.), *International Copyright Law and Practice*, Matthew Bender & Company, Inc., 2006.

犯。[1] 这一限定有其合理性：一方面，他人对作品的改动或特定利用方式是否扭曲了作者要表达的思想、感情，通常只有作者本人最有资格作出判断；另一方面，作者会像珍爱自己的孩子那样珍惜自己的作品，许多作者难以容忍他人对作品进行哪怕是细枝末节的、无关实质内容的改动。而他人经许可而利用作品时，在许多情况下难以避免对作品进行适当变动。如歌曲《烛光里的妈妈》在由男歌手演唱时，恐怕就得将其中的“女儿已经长大”改为“孩儿已经长大”。因此，必须在保护作者与促进作品正常传播之间实现平衡。“有损作者声誉”是相对客观的标准，起到了安全阀的作用，用于防止过于敏感的作者在其作品仅被轻微改动，尚不足以影响其声誉时提起诉讼。[2] 例如，在英国发生的一起诉讼中，画家应邀为历史博物馆所画的恐龙动漫在出版时被缩小至原尺寸的六分之一，导致画作的标题不容易看清，且原画作为纯黑白，而出版物中以粉色和黄色为背景色（见右图）。画家认为出版社的这种处理属于“歪曲”，有损于其声誉，侵害了其保护作品完整权（《英国版权法》称为“反对贬损性处理的权利”）。英国法院认为：尽管缩小画作的尺寸确实使其中的标题不容易看清，但缩小尺寸本身并不是对原作品的歪曲。同时，对损害声誉的判断“不可避免地涉及对合理性客观标准的应用”，而原告的声誉在看到缩小尺寸的理性人心目中不会有丝毫的贬损。[3]

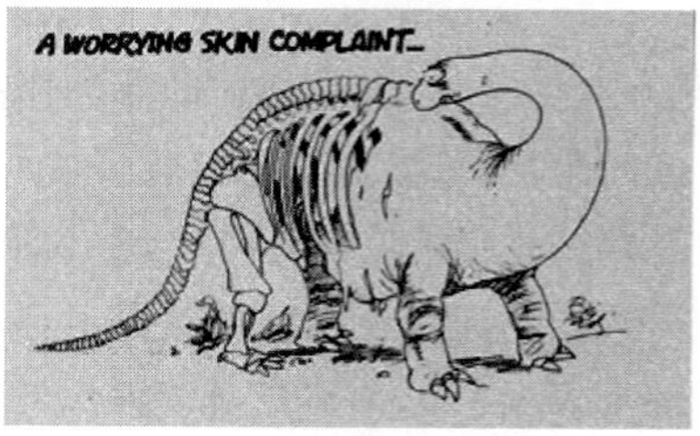

当然，对于“有损作者声誉”应当进行正确的解读。这里的“声誉”是指作者通过作品希望获得的声誉。假设对作品的改动使作品获得了更好的社会评价，进而提升了作者的声望，但该“声誉”是作者原本所反对的，那么这种改动仍然侵害了保护作品完整权。法国作家罗曼·罗兰的名著《约翰·克利斯朵夫》中有一个情节：年轻的约翰·克利斯朵夫撰写了一系列批评德国音乐和音乐人的文章，发表后恶评如潮，使他众叛亲离、身败名裂。但他坚持自己的观点，继续写此类文章。他在报社的朋友利用他只管投稿不看刊登其文章的报纸的习惯，对他的文章进行改写，改成了对德国音乐和音乐人的赞美之作。这些被篡改的文章发表后，好评如潮。后来克利斯朵夫惊奇地发现他所强烈批评的音乐人也主动亲近他、感谢他，让他一头雾水。待终于了解真相后他勃然大怒。显然，克利斯朵夫的保护作品完整权受到了侵害，对他文章的这种改动，违背了其意愿，有损其原本希望获得的社会评价，即他是德国音乐和音乐人的批判者，当然应被认为有损其声誉。对于绘画、雕刻等纯视觉艺术作品而言，由于其表现形式与作者的思想、感情之间的关系更为密切，有些国家在保护作品完整权方面给予了更高水平的保护。如《加拿大版权法》一方面将“使作者的名誉和声望受损”作为侵犯保护作品完整权的条件，另一方面又规定：只要对绘画、雕刻和版画进行了歪曲、割裂或其他改动，“使作者的名誉和声望受损”的后果就被视为已经发生，从而构成侵犯保护作品完整权的行为。[4] 我国虽然没有规定这一要件，但完全可以

---

① （Canada）Copyright Act，Section 28.2（1）.

② Adolf Dietzn，Germany，§7（1）（c），in Paul Edward Geller（ed.），*International Copyright Law and Practice*，Matthew Bender & Company，Inc.，2006.

③ Tidy v. Trustees of the Natural History Museum，39 I. P. R. 501（Ch.，1995）

④ （Canada）Copyright Act，Section 28.2（2）.

用此来解释“歪曲”和“篡改”，即如果对作品的修改实质性地改变了作者在作品中原本要表达的思想、感情，导致作者的声誉受到损害，即是对保护作品完整权的侵犯。假设对于重庆“史上最牛钉子户”事件，某评论家撰文，同时对住房和开发商进行批评，而报社在刊登时完全删除了批评开发商的段落。报社的行为改变了评论家在作品中表达的原意，会使读者误认为评论家完全站在开发商的立场上，由此会对评论家的声誉造成损害，即为典型的侵犯保护作品完整权的行为。再如，未经许可，在产品上印上经过部分剪裁的摄影作品，由于修改后的影像与原作品整体风格基本相同，不至于使作者的“声誉及相关人格利益受损”，因此并不侵害保护作品完整权。[①]

典型案例

为飞鹅雕塑披挂彩带案

著名艺术家迈克尔·斯诺（Michael Snow）设计了用玻璃纤维制作的一组加拿大飞鹅雕刻，并放置在位于多伦多的著名购物商场——伊顿中心（Eaton Centre）（见下图）。[②] 在圣诞节到来之前，伊顿中心在这些飞鹅的脖颈中挂上了彩带。斯诺认为其雕刻作品原本具有自然主义风格，挂了彩带后显得荒谬可笑。不少雕刻艺术家也支持斯诺的看法。斯诺因此起诉伊顿中心侵犯其保护作品完整权。法院也认为，飞鹅雕刻上的彩带歪曲了斯诺的作品，斯诺对其名誉和声望受损的担忧是合理的，因此要求伊顿中心限时将彩带移除。[③]

本案值得关注之处是，属于英美法系国家的加拿大对艺术作品作者的精神权利提供了较高水平的保护。在纯视觉艺术世界中，艺术家独特的视角和情感与普通民众的认知可能存在差异，此时以艺术家群体的感受来评判对作品本身及其所处环境的改变是否会影响作者的声誉，可能更为合理。

在极端重视著作人身权的法国，对作品完整权的保护已经达到了无以复加的程度。作者在法国以保护作品完整权受到侵害而起诉时，甚至不需要证明他人对作品的使用行为已

① 参见高某诉阿拉善苁阳酒业有限责任公司侵犯著作权纠纷案，最高人民法院（2010）民申字第772号民事判决书。

② 本书作者在加拿大多伦多留学时，曾在伊顿中心欣赏过这组艺术品。

③ Snow v. Eaton Centre Ltd.，CarswellOnt 1336（Ont. H.C.，1982）.

经或者可能损害其声誉，也不需要说明他拒绝容忍这种行为的理由，因为《法国知识产权法典》对于侵犯保护作品完整权采用主观标准，由作者自行判断这项权利何时受到了侵犯。换言之，对于某种使用作品的行为是否侵犯保护作品完整权的问题，不允许用使用者、公众，甚至法院的判断代替作者自己的判断。①《等待戈多》的作者——著名戏剧作家贝克特就成功地借助保护作品完整权阻止了《等待戈多》的导演使用女演员，因为贝克特事先已经明确表示不能在其戏剧表演中使用女演员。同样，广告商也不能将为宗教目的而创作的音乐作品用于商业广告之中。未经许可，为早期的无声电影配音也被判定侵犯了保护作品完整权。一名设计了雷诺总部纪念碑的艺术家甚至赢得了要求雷诺公司必须完成建造该纪念碑的诉讼。基于对作品完整权的尊重，法国甚至对电视台在播放作品过程中插播广告的行为进行了限制。② 法国最高法院甚至认定，以注塑成型的方式复制已进入公有领域的罗丹雕塑并冒充作品原件销售，由于改变了雕塑的尺寸并降低了精确度，侵害了罗丹的保护作品完整权。③

基于合理利用作品的需要，保护作品完整权也要受到必要的限制。如《德国著作权法》一方面在第 14 条规定“作者有权禁止对其作品进行有损其智力或精神方面合法利益的歪曲或任何其他贬损性处理”，并在第 39 条第 1 款规定“除非得到作者的同意，有权利用作品者不能改动作品、作品的标题或作者署名”；另一方面又在第 39 条第 2 款规定：“如果该改动系作者基于诚实信用原则不能拒绝同意的，则允许作此改动。”这就为根据具体情况对作品进行适当改动留下了空间。如前文所述的男歌手在演唱《烛光里的妈妈》时将其中的“女儿已经长大”改为“孩儿已经长大”应属于作者基于诚实信用原则不能反对的改动。再如，建筑设计者创作完成建筑作品之后，建筑者可以根据实际需要进行必要的改动，并不构成对保护作品完整权的侵犯。如《意大利著作权法》第 20 条规定：对于建筑作品而言，作者不能反对为完成建筑而对其进行必要的改动，也不能阻止对已建造完成的建筑作品的必要改动。如果国家相关机构认为该建筑作品具有重要的艺术价值，则应当委托建筑作品的作者进行研究和实施改动。《加拿大版权法》也规定，改变作品的位置，改变展示作品的方式或包含作品的物理结构，以及善意地修复或保护作品，本身并不构成对作品的歪曲、割裂或其他改动。④ 在希腊曾有音乐作品的作者认为唱片公司聘用的歌手用不同的乐器和风格对其作品的演唱水平低下，侵害其保护作品完整权。雅典地区法院认为唱片公司已从集体管理组织处获得了自聘歌手制作录音制品的许可，而对同一音乐作品重新录制唱片导致的乐器和风格的改变是业界惯例所允许的，因此原告是在滥用其精神权利，被告并未侵权。⑤

---

① See Andre Lucas, Pascal Kaminan, Robert Plaisantn, France, §7 (1) (c) (i), in Paul Edward Geller (ed.), *International Copyright Law and Practice*, Matthew Bender & Company, Inc., 2006.

② See Andre Lucas, Pascal Kaminan, Robert PLaisantn France, §7 (1) (c) (ii), in Paul Edward Geller (ed.), *International Copyright Law and Practice*, Matthew Bender & Company, Inc., 2006.

③ ECLI: FR: CCASS, 2016, CR04488.

④ (Canada) Copyright Act, Section 28.2 (3).

⑤ District Court of Athens, n°14751/1996.

典型案例

《蓝色的面具》侵权案

本案原告创作了歌剧《蓝色的面具》（德语 *Maske in Blau*），于 1937 年发表。被告是剧院，其于 1966 年演出经过修改的上述歌剧时，引发了诸多批评。剧院再次修改并演出的歌剧仍然对原剧本的内容进行了不少修改，如增加了两个主角在床上穿着睡衣躺着的场景，给观众以两人私通的印象，但原剧本中两人并无此关系。另一个主角的形象也因为在演出时加入了其躺在他人床下的内容，而发生了较大变化。同时，在歌剧演出时并未演奏原剧本中的重要的音乐段落，如《蓝色的华尔兹》（德语为 *Walzer in Blau*），同时加入了相当数量的由其他作曲家创作的音乐，且没有注明出处，给非专业观众留下这些音乐也是由原作者创作的印象。原告起诉被告侵害其保护作品完整权，被告则认为根据（联邦德国）《著作权法》第 39 条第 2 款的规定，作者基于诚实信用原则不能拒绝这些改动。

联邦德国最高法院指出：《著作权法》第 39 条第 2 款的规定是作者禁止他人改动作品权利的例外。禁止他人改动作品是创作者对其智力成果的固有权利，用于保护作者个性和智力方面的利益，以使作者自行决定以何种方式将其“心智的孩子”（intellectual child）呈现给公众。之所以要制定第 39 条第 2 款，是因为立法者考虑到了在使用中改动作品的需求，基于作品的使用情况，这种改动的程度可大可小。对于何为基于诚实信用原则作者不能拒绝的改动，不可能有放诸四海而皆准的精确判断标准，但存在一些考量因素，包括作品的声誉、合同约定的使用类型以及利益平衡的需要，据此判断许可人应享有更多的还是更少的修改作品的自由。

前联邦德国最高法院认为：对于舞台表演而言，舞台导演应当拥有修改的自由度，特别是进行非实质性的缩减，如去掉一些不重要的角色或细节。舞台导演并不仅仅是原作品作者的仆从，而有权将作品从抽象的状态转为具体的场景。他进行的可能是创造性的工作，除戏剧作品的价值之外，其自身的价值还必须可以得到认可。尽管戏剧作品的作者肯定对剧院的演出很敏感，特别是对于较早时创作的老歌剧而言，由于公众欣赏品味的改变，作者会对演出的内容更加敏感，但即使作者与剧院之间没有进行特别约定，也必须给予舞台导演以较大的修改自由，以使戏剧作品的表演现代化。然而，这并不意味着舞台导演的决定不受著作人身权的限制。如果对作品的再创作改变了其基本特征，就必须获得著作权人的许可。至于舞台导演对作品的修改从艺术角度来看是否正当，或者对观众而言这种修改是否成功，都无关紧要。在作者与舞台导演产生分歧的时候，如果舞台导演所作的修改将改变作品要传递的基本信息，则作者的观点必须永远占主导地位，而无须考虑艺术评价问题。如果被许可进行戏剧演出的剧院希望对内容进行实质性修改，则为了尊重作者与其创作成果之间的智力联系，其必须获得修改作品的许可。如果作者不同意这种修改，则该决定必须被尊重。此时作者的意愿高于舞台导演的意愿，原因是公众会将以作者名义出现的作品归于作者，而通常无法分辨舞台导演的作品添加或修改了哪些内容。如果剧院通过无数对原作品内容的删减或增加，使原作品在文本和音乐方面只剩下单薄的框架，成为舞台导演表达自己思想的工具，则原作品作者没有容忍的义务。

对作品的修改也可能在舞台表演中发生，也就是通过表演，将剧中人物的性格改变到与剧本的本质内容不协调的程度。涉案舞台表演在主要场景中，几个主角的性格被改变，而且不是为了使演出符合现代观众的欣赏需求而进行的修改。最重要的是，没有读过原作品的观众会以为被表演的内容就是原作品作者所写的。同时，插入大量他人创作的音乐并删除原歌剧中重要的音乐，使歌剧在音乐方面发生了本质的变化。因此，被告的行为构成了对原作品的歪曲，损害了原作品的完整性。①

对于电影的摄制而言，必然涉及对小说或剧本的重大修改，只要这种修改没有从根本上改变作者的原意和其思想、感情，就不构成对保护作品完整权的侵犯。如《德国著作权法》第93条为此规定：被电影使用的作品的作者只能凭借保护作品完整权禁止制片人对其作品的粗暴歪曲或割裂行为。《意大利著作权法》第47条规定：制片人有权对电影作品中使用的作品进行必要的修改。如果作者与制片人之间没有约定，则有关这种修改是否必要的问题由文化部部长根据相关条例指定专家小组裁决。我国《著作权法实施条例》第10条也规定：著作权人许可他人将其作品摄制成电影作品和以类似摄制电影的方法创作的作品的，视为已同意对其作品进行必要的改动，但是这种改动不得歪曲、篡改原作品。

典型案例

《上海人在东京》案

作家樊某创作了小说《上海人在东京》。上海电视台与之签订协议，有偿取得了小说的电视剧改编权和摄制权。在同名电视剧拍摄、播放之后，樊某认为原作《上海人在东京》的主题思想是：一个东京客、一页悲惨史、一掬辛酸泪、一本血泪作。而被告上海电视台将电视剧的主题思想改为：一群海外的游子、一个曲折的故事、一段缠绵的恋情、一页拼搏的历史。剧中竭力美化日本人、丑化中国人，严重歪曲和篡改了原作，且损害了原作作者的声誉，如电视剧《上海人在东京》第16集“情人旅馆”将小说中的女主人公“白洁”改写为一个以自己的贞操换取“保人”的低贱女人，是任意篡改原作的行为。攀某据此认为上海电视台及其两位编剧的行为侵犯了其对原作《上海人在东京》所享有的保护作品完整权。

一审法院经审理后认为：原告未能举证证明被告对小说的改编已达到了歪曲、篡改的程度，故原告诉称被告歪曲、篡改其作品依据尚不充分。而且在被告拍摄电视剧之前以及拍摄期间，原告应当知道被告对小说作了重大改变，而在长达半年之久的时间内未提出异议，直至被告投入大量资金完成电视剧拍摄及公开播映之后才提出异议。因此，根据公平原则，结合电视剧创作过程的具体情况，对原告提出的异议不予支持。②

本案二审以调解结案。

---

① I ZR 30/69 (“Maske in Blau”)，1970 (BGH)，IIC 1970，2 (2)，209 - 215.

② 参见上海市第二中级人民法院（1996）沪二中民初（知）字第28号民事判决书。

对于本案，如果法院主要依据原告在得知被告对其原作进行重大改动后在合理时间内未提出异议，视为已同意这种改动，自然是正确的，但如果主要以原告未能举证证明被告对小说的改编已达到歪曲、篡改的程度而判决原告败诉，就值得商榷了。歪曲和篡改本身就是高度主观性的判断，作者举证本身就非常困难。此时只能结合作者的创作动机，原作所表达的思想、感情以及原告许可被告改编的范围进行认定。本书作者认为：原告举出的将小说中的女主人公“白洁”改写为一个以自己的贞操换取“保人”的低贱的女人的改动情节及类似情节，就足以说明对原作内容的歪曲和篡改，因为对关键人物及关键情节的改动，已经改变了原作所要表达的思想、感情，特别是改变了原作批评的对象，有可能导致作者的声誉因此受到损害。前述法国法院将判断作品是否受到歪曲和篡改的权利完全交给作者行使的做法虽然有些极端，但其合理部分仍然值得我国借鉴，它要求他人在改动作品之时，应当及时与作者沟通并取得作者许可，不能仅仅因为取得了改编权和摄制权就随意对作品进行改动。

典型案例

《九层妖塔》著作权侵权案

根据小说《鬼吹灯》之编篇《精绝古城》改编拍摄的电影《九层妖塔》（见右图）上映后，《鬼吹灯》的作者起诉称，《九层妖塔》的故事情节、人物设置、故事背景均与原著相差甚远，严重歪曲、篡改了原著，社会评价极低，侵犯了原告的保护作品完整权。一审法院认为：小说《鬼吹灯》销量过千万册。由于具有较高的知名度和广泛的读者基础，小说的内容、观点已经在很多读者中深入人心。一般读者能够清晰地看到电影与小说两者之间的差别，电影并没有使读者对原著小说的内容、观点造成误解。被告提供的关于电影《九层妖塔》的获奖证据，能够证明涉案电影得到了行业的认可，亦能说明其改编摄制行为并未违背电影创作的规律。判断涉案电影是否侵犯原告的保护作品完整权时，应当要充分考虑改编者的艺术创作自由，尽量缩小保护作品完整权的控制范围。原告虽然提供了网络中批评电影的评论，但必须看到这些评论、批评明确指向电影《九层妖塔》，而不是小说《精绝古城》，因此评论所产生的后果虽然可能影响电影《九层妖塔》的声誉，但并没有证据证明电影在内容、观点上对小说造成贬损、丑化，导致小说《精绝古城》的社会评价降低。[①]

本书作者认为，一审法院的判决未能正确地适用认定侵害保护作品完整权与否的标准。一是如前文所述，“有损作者声誉”是指有损作者通过作品希望获得的社会评价。对作品实质内容的改动即使客观上产生了极佳的社会评价（如前文引述的约翰·克利斯朵夫的朋友对其文章观点的改动，使文章获得好评），但只要这种改动的程度违背作者的意志、背离了作者要表达的思想、感情，就仍然侵害了作者的保护作品完整权。以电影《九层妖塔》的获奖证据认定电影对作品内容的偏离未损害作者的声誉，并不能成立。二

---

① 参见北京市西城区人民法院（2016）京0102民初83号民事判决书。

是法院认为由于原著小说知名度高，即使出现了对电影的负面评价，影响的也是电影的声誉而不是小说的声誉，因此不构成侵权。这等于断然否定改编作品有任何因歪曲、篡改高知名度作品而侵害保护作品完整权的可能，因为任何因涉嫌在改编时歪曲、篡改原作品并利用如此改编后的作品而引发的保护作品完整权纠纷中，无论公众如何评价改编作品，被告都可以抗辩说负面评价仅能导致改编作品作者声誉的降低，而不会导致原作品作者声誉的降低。这就意味着原作品的知名度越高，他人的改编（无论程度如何）就越不可能侵害保护作品完整权。这显然是不能成立的。电影《九层妖塔》的大量观众不见得都读过小说《精绝古城》(本书作者就是如此)，很容易认为根据该小说改编拍摄的电影大致反映了小说的原貌，从而因感觉电影内容不佳而认定小说质量不高。前文所述的前联邦德国"《蓝色的面具》侵权案"中，前联邦德国最高法院即指出：没有读过原作品的观众会以为被表演的内容就是原作品作者所写的。本案一审法院的观点也与《著作权法实施条例》第10条有关根据原作品拍摄电影时，对原作品的改动不得歪曲、篡改原作品的规定相违背。三是一审法院似乎受到了美国好莱坞有关拍摄电影时可以自由改编，只以原著为起点，无须忠实于原著的观点和做法的影响。一审法院可能没有意识到，《美国版权法》对精神权利（著作人身权）的保护极其有限，只保护绘画、雕塑等视觉艺术作品作者的精神权利[①]，文字作品的作者根本就不享有任何精神权利。[②] 因此好莱坞无论怎样改编小说、剧本等原作品，都不可能有侵害保护作品完整权的问题。我国《著作权法》和《美国版权法》在这一点上截然相反，好莱坞的观点和做法对我国没有参考价值。在20世纪60年代，为修改《伯尔尼公约》而成立的国际专家委员会指出："不能因为作者许可将其作品拍摄成电影，就给了制片者一张可随意改动的空白支票。"[③] 此言值得借鉴。

本案的二审法院认为：改编者的自由不是绝对的，而是有限度的。对于改编作品，普通观众的普遍认知是电影内容应当在整体思想、感情上与原作品保持基本一致。观众会把电影所要表达的思想、情感认为是原作者在原作品中要表达的思想、情感。如果改编作品对原作品构成歪曲、篡改，则会使观众对原作品产生误解，进而导致原作品作者的声誉遭受损害。本案中，涉案电影观众会产生对涉案小说的误解，即小说存在地球人反抗外星文明、主人公具有超能力等内容。社会公众对涉案电影的评论虽然没有针对涉案小说，但已经足以证明涉案小说作者的声誉因为涉案电影的改编而遭到贬损。涉案电影中把外星文明直接作为整体背景设定，并将男女主人公都设定为拥有一定特异功能的外星人后裔，严重违背了原作品作者在原作品中的基础设定，实质上改变了作者在原作品中的思想、观点，足以构成歪曲、篡改。[④] 本书作者认同该观点。

---

① See 17 U. S. C. 106A.

② See17 U. S. C. 101，"work of visual art".

③ BIRPI DA/22/4，Committee of Governmental Experts，Informatory Document：Report by Prof. H. Desbois，p. 12.

④ 参见北京知识产权法院（2016）京73民终587号民事判决书。

实务探讨

艺术作品权利人反对毁损艺术品的权利

艺术品（美术作品的原件或复制件）被售出后，他人就合法获得了艺术品的所有权。艺术品既是物权法上的物，又体现了作品，所有权人仍然要尊重作品的保护作品完整权。如果公然毁损艺术品的重要部分，导致艺术品残缺不全，可能会扭曲艺术家原本要表达的思想、感情，并可能损害艺术家的声誉。因此有些国家的立法禁止毁损具有较高水准的艺术品。美国于1990年通过的《视觉艺术家权利法》① 规定：视觉艺术作品的作者有权禁止毁损那些公认具有较高艺术水准的作品。任何出于故意或极大过失而毁损这类艺术品的行为都是侵权行为。② 德国法院在案例中也对艺术家提供了类似保护。有意思的是，认定部分毁损构成侵权比认定全部毁损构成侵权更为容易。③ 这可能是因为在部分毁损的情况下，公众会因看到残留的艺术品而形成对艺术家的负面评价，而彻底毁损后反而不容易出现这样的效果。

当艺术品被纳入建筑物之后，出于对建筑物进行改造和维修的目的，可能需要移除艺术品。此时协调建筑物所有权人和艺术家的利益就非常重要。在这方面，美国《视觉艺术家权利法》作出了专门规定：如果公认具有较高艺术水准的视觉艺术品已融入建筑物或已成为建筑物的一部分，只要作者与建筑物所有人签署的文件中曾说明，纳入建筑物的艺术品今后可能会因移除而受到毁损，则即使在移除该艺术品时该艺术品被毁损，也不会导致侵权责任。④ 如果建筑物所有权人希望移除该视觉艺术品，同时移除又不会导致艺术品被毁损，则该所有权人可以在知道该艺术品作者的联系方式时发出通知，或者在不知道联系方式时尽力且善意地进行联系，如果无法联系到作者或作者在收到通知后90天没有自行移除，则建筑物的所有权人有权移除。作者在收到通知后，可以自己承担费用将艺术品移除并由此获得艺术品的所有权。⑤ 这样，既维护了建筑物所有权人行使物权的自由，又不至于因移除艺术品而影响艺术家的声誉。

典型案例

市政府毁损艺术品案

美国艺术家马丁创作了一座名为《交响曲》的雕塑作品（见下页图）。考虑到未来该雕塑可能需要被移到其他地点，艺术家采用了可拆卸的安装方式。印第安纳波利斯（印第安

---

① 根据该法，只有绘画、素描、雕刻、照片等视觉艺术品才能受到保护，而且前提是这些艺术品只有至多不超过200份的复制件，每一份都有作者的签名和编号。See 17 U. S. C. 101.

② See 17 U. S. C. 106A (a) (3) (B).

③ See Adolf Dietzn, Germany, § 7 (1) (c), in Paul Edward Geller (ed.), *International Copyright Law and Practice*, Matthew Bender & Company, Inc., 2006.

④ See 17 U. S. C. 113 (d) (1).

⑤ See 17 U. S. C. 113 (d) (2).

纳州的首府）市政府购得了雕塑所在场所的土地，并向马丁承诺，如果市政府不需要该雕塑了，会通知马丁移除。但市政府在未通知马丁的情况下拆除了该雕塑。马丁就政府的"强拆"提起诉讼，指称其违反了《视觉艺术家权利法》。由于该法只赋予了那些公认具有较高艺术水准的视觉艺术品的作者以禁止毁损的权利，原、被告双方就该雕塑是否被公认具有较高艺术水准进行了辩论。最终法院认为原告提供的媒体报道、专家评价和获奖证书能够证明该雕塑的艺术水准已得到公认，市政府因此败诉。①

马丁创作的雕塑作品《交响曲》

五、特殊权利

在一些国家的著作权法赋予作者的权利中，还有一些"特殊权利"。之所以"特殊"，是因为其作用不同于传统的专有权利，也即其作用并不是可控制他人实施某种行为，而是确认作者可以实施某种影响他人利益的行为，且他人在合理条件下不能拒绝。大陆法系国家著作权法中的"收回作品权"、"接触作品权"和追续权是这类权利的典型。

（一）收回作品权

法国、德国、西班牙等对著作人身权加以高水平保护的大陆法系国家，规定了收回作品权，其基本含义是：即使作者已经转让了经济权利或许可他人行使，如因其表达思想、感情发生了变化而希望修改作品或者不希望原作品继续流传，可以收回已转让或许可的权利。但是，收回作品权的行使必然会影响先前合法获得权利者的利益，因此，作者在行使此项权利时必须进行合理补偿。收回作品权实际上是"收回（曾经转让或许可出去的）权利"而不是作品或其有形载体本身，只是收回权利的实际效果是使作品不再以有形或无形方式进一步在市场上流通或传播。

例如，在规定了收回作品权的德国，一名作家在纳粹统治时期撰写了一本为希特勒歌功颂德的作品。第二次世界大战结束后这名作家认识到了纳粹的暴行，对希特勒的态度发

① Martin v. City of Indianapolis，192 F. 3d 608（7th Cir.，1999）.

生了根本性的转变。即使他与出版社的专有出版合同仍然有效，他也可以行使收回作品权，在给予出版社合理补偿的条件下收回曾经许可给出版社的复制、发行权。①

立法背景

大陆法系国家对收回作品权的规定

《德国著作权法》第 42 条规定：如果作品不再能够反映作者的观点，作者可以收回利用作品的经济权利，但作者必须赔偿作品经济权利享有人的损失。赔偿至少等于在其发出行使收回作品权通知时，经济权利享有人为利用作品而付出的成本，但为已经完成的使用行为而支出的成本则不应计算在内。作者只有在补偿了上述成本或提供担保之后才能有效行使收回作品权。经济权利享有人应在收到作者发出的行使收回作品权通知后 3 个月内将成本数额告知作者，否则，在 3 个月届满后对收回作品权的行使即生效。如果作者在行使收回作品权之后又希望恢复对作品的利用，则应当以合理的条件将与先前类型相同的经济权利许可给先前该经济权利的享有人。《法国知识产权法典》第 L121—4 条规定：作者虽然让与了其经济权利，即使在作品出版之后，对受让人仍然有权修改或收回作品。但如作者没有对因其修改或收回作品而可能遭受损失的受让人进行补偿，则不得行使此项权利。作者在行使了修改或收回作品权之后，如果又决定出版其作品，应当首先向原来的受让人按照原先的条件出让经济权利，并按照原先的条件让与。《西班牙知识产权法》第 14 条第 6 款有相似规定。

《意大利著作权法》则在“使用权转移”一章中专设一节“作品的收回”，对作者行使收回作品权和对相对人利益的保护作出了更加细致的规定。该节规定：作者因思想、感情方面的重大理由有权从市场上收回作品，但应当对已经被授权复制、传播、表演和销售作品的人进行赔偿。作者要行使收回作品权应当先通知权利受让人和文化部部长办公室，由部长办公室根据实施条例予以公告。自通知或公告之日 1 年之内，有关当事人有权向司法机关申请阻止作者行使收回作品权，或申请裁决违约赔偿及损害赔偿。在 1 年期届满之前，司法机关可以根据作者的请求审查是否存在收回作品的急迫理由，如该理由存在，则可在要求作者提供必要担保之后临时禁止作品的传播。如果作者没有在司法机关指定的期限内支付赔偿金，则禁止令自动失效。如果可向司法机关提出异议或赔偿申请的 1 年期限届满之后，或在司法机关发布禁止作品贸易的禁令之后，有关当事人继续复制、传播、表演或销售作品，应当受到侵犯著作权的民事和刑事制裁。②

收回作品权是基于作者思想、感情的变化而行使的，因此具有强烈的人身性质。凡是规定了收回作品权的国家均不允许该权利被提前放弃，或在合同中约定禁止作者行使。③ 多

---

① 当然，这种作品在第二次世界大战之后的德国本身就是被禁止出版、流通的，举本例只是为了说明收回作品权，并未考虑法律的强制性规定这一要素。

② 参见《意大利著作权法》第 142～143 条。

③ See Alberto Musson, Mario Fabianin, Italy, § 7 (1) (d), in Paul Edward Geller (ed.), *International Copyright Law and Practice*, Matthew Bender & Company, Inc., 2006.

数国家规定作者的继承人不得行使收回作品权。《德国著作权法》则规定：只有继承人能够证明在作者死亡之前就应当行使收回作品权，却因某种原因而受到阻碍，或者作者已在遗嘱中作出行使收回作品权的声明后，才能行使此项权利。[①]

收回作品权对于保障作者通过作品正确地反映其思想、感情具有重要价值。但作者行使这项权利的成本也是很高的，因为他必须补偿原先的权利受让人或被许可人为此而蒙受的经济损失。因此在规定了收回作品权的国家，真正行使过这项权利的作者也是极少数。

从上述立法也能看出，我国《著作权法》规定的修改权并不是收回作品权。

（二）接触作品权

部分大陆法系国家还规定了接触作品权，其含义是即使作品原件或复制件已为他人所合法取得，作者为了有效利用其作品，仍然有权接触该作品原件或复制件，但作者对作品原件或复制件的接触应当尽量避免对合法占有人造成不便。如《德国著作权法》第 25 条规定：作者可以要求作品原件或复制件的所有者允许其接触该原件或复制件，只要这种接触是为对作品进行复制或改编而必需的，而且不与原件或复制件的所有者的任何合法利益相抵触；但所有者不应被要求将该原件或复制件交给作者。《西班牙知识产权法》第 14 条则规定：如果作品唯一或稀有的复制件为他人所占有，作者为了行使发表权或其他相关权利，有权接触该复制件。但接触作品权并不能使作者要求转移作品复制件，而且对作品的接触应当以对占有者造成最少不便的方式进行。占有者如果因此而遭受损失，应当获得合理补偿。

接触作品权的意义在于调和作者利用作品的需要和对物权的尊重。例如，画家在创作完成一幅油画之后，即将它赠与一位友人。此时美术原件的所有权已经合法转移，画家本无权再加以干涉。但如果友人此后一直不公开展出该幅油画，又不让画家或他人进入其住宅对油画进行复制，则画家除非能够凭借记忆重新作画，否则，既无法发表美术作品，也无法通过利用美术作品获得经济利益。为了防止此种情形的发生，保证作者能够在不对物权人的利益造成不合理损害的情况下合理地利用作品，德国等国家的著作权法规定了这项接触作品权。但既然作品原件或复制件已为他人所合法获得，作者在行使此项权利时仍然应当尊重他人的物权，因此，作者既不能要求占有该作品原件或复制件或者取得其所有权，也不能对物权人造成其他不合理的不便。如果作品可以通过其他渠道较为方便地为作者所接触，作者就没有必要去打扰作品原件或复制件的所有者，因此，《西班牙知识产权法》才将行使接触作品权的条件限定为只能针对唯一或稀有的作品复制件。同时，作品原件或复制件所有者或占有者除容忍作者接触作品之外，并无其他义务，作者应自行前往物权人存放作品原件或复制件的场所并自备工具，以给物权人造成最小影响的方式接触作品。

（三）追续权

欧盟、澳大利亚等发达国家和地区的立法还规定了追续权，它是指视觉艺术作品的作者在其作品被转卖时，有权从价金中分得一定比例的份额。规定追续权是基于视觉艺术作品市场中常见的现象：在艺术家的作品最初问世时，其艺术价值并不为世人所认识，导致作品售价很低。但随着时间的流逝其价值逐渐被人们认识，价格也随之高涨，但艺术家如

---

① 参见《德国著作权法》第 42 条。

果早年已经以低价售出，却无法从中再得到经济回报。应当承认：作品升值的现象在文艺界普遍存在，但其他种类文艺作品的作者基本上都能从升值中受益。如对音乐作品而言，即使起初不为人所知，词曲作者获得的许可使用费极低，但由于任何人使用该音乐作品制作录音制品、电影音轨，举办演唱会，或者在公开场所予以播放，都必须直接或通过集体管理组织向作者支付报酬，所以在该音乐流行之后，作者就可能获得可观的收入。文字作品也是如此：例如，作者出名之后，他此前创作的、原本销量不大的作品也会随着出版社重印而销量大增，进而其获得新的收益。但对于绘画等视觉艺术作品而言，虽然作者也能从对作品的复制中获得一定报酬，但艺术作品的增值主要体现在原件的售价上。艺术家最初以较低价格将原件售出之后，根据“发行权用尽”原则，对此后该原件的再次出售不能进行任何控制，因而也不能分享原件增值所带来的利益。凡·高的经历最为典型：他的绘画在他生前无人问津，使他一生穷困潦倒，而在他死后每一幅作品都价值连城。追续权正是针对这种不公平现象而规定的。

欧盟于 2001 年通过的《追续权指令》规定：欧盟成员国应当为绘画、拼贴画、油画、素描、雕版画、版画、石版画、雕刻、编织画、照片以及陶瓷、玻璃造型等原创视觉艺术作品的作者规定追续权，使之能够在其首次销售作品之后，按转售价金的法定比例收取版税。但适用对象仅限于由作者亲手制作的原件或由作者编号、签名的有限数量的复制件。该权利不可转让和放弃。所有视觉艺术作品的转售者都应直接或通过集体管理组织向作者支付版税，唯一的例外是销售者直接从作者手中购入作品的时间不足 3 年，而且转售价格低于 1 万欧元。各成员国可以自行规定转售价达到多少金额之后作者才可行使追续权，但这一标准不得高于 3 万欧元。换言之，在欧盟任何成员国，只要对符合条件的视觉艺术作品以超过 3 万欧元的价格进行转售，作者就有权从中分得法定比例的版税。①

《追续权指令》还规定了作者从转售收入中收取版税的比例：转售价低于 5 万欧元的，为 4%；在 5 万至 20 万欧元的，为 3%；在 20 万至 35 万欧元的，为 1%；在 35 万至 50 万欧元的，为 0.5%；在 50 万欧元以上的，为 0.25%。但版税总额最高为 12 500 欧元。②

需要注意的是：追续权同时带有著作人身权和财产权的特征。追续权的行使可以直接给作者带来经济利益，从这一点上看接近于著作财产权。但追续权不得转让和放弃，而且只能针对原件或符合条件的特定复制件，又具有强烈的人身性，因此，总体来看更接近于著作人身权。

第二节 著作财产权

著作财产权又被称为著作权中的“经济权利”，是指那些作者和其他著作权人享有的以特定方式利用作品并获得经济利益的专有权利。所谓“以特定方式利用作品”，在我国即指

---

① See Directive 2001/84/EC of the European Parliament and of the Council of 27 September 2001 on the Resale Right for the Benefit of the Author of an Original Work of Art, Articles 1, 2, 3.

② Ibid., Article 14.

复制、发行、出租、展览、表演等13种法定方式。与此相对应，著作权人也享有13种著作财产权。

著作权法的根本目标是促进优秀作品的创作与传播，而使创作者从对作品的利用中获得相应的经济回报是实现这一目标最为重要的手段。只有赋予著作权人一系列控制作品利用方式的财产性权利，使著作权人能够在他人以特定方式利用作品时获得合理的报酬，才能鼓励和刺激更多的人积极投身于创作活动之中。从更为宏观的角度看，不但著作权人之经济利益的实现取决于法律对著作财产权的有效保护，一个与国民经济和国家综合实力密切相关的产业——版权产业的生存、发展和壮大，也高度依赖本国乃至其他国家对著作财产权的保护。

背景知识

经济权利与版权产业

根据美国“国际知识产权联盟”的报告，版权产业被划分为四类。① 第一类被称为“核心”版权产业，是指以创造和传播作品作为其主要目标的产业，包括图书出版业、音乐产业、报刊出版业、电影产业、广播电视产业、计算机软件（包括商业软件和娱乐软件）业等。第二类是“部分”版权产业，其产品中仅有部分属于享有版权的材料，较典型的是纺织品、玩具制造、建筑等。“发行业”是第三类，它们面向商店和消费者发行版权物品，如有关的运输服务、批发与零售业等。第四类是“版权关联”产业，其所生产和发行的产品完全或主要是与版权作品配合使用，如计算机、收音机、电视机。

由这四类构成的版权产业在现代经济中所占的比重越来越大。无论是在发达国家还是在发展中国家，GDP中版权产业所占份额在3%～8%。根据《美国经济中的版权产业》（2020年度）报告，2019年美国核心版权产业产值占GDP的7.41%左右，总体版权产业产值已占GDP的11.99%，核心版权产业就业人数占全美就业人数的3.79%，总体版权产业就业人数占全美就业人数的7.71%。可见，版权产业已经成为美国经济增长的主要动因和驱动力。同时，版权产业的对外销售出口额已经超过汽车业和农业的，成为美国出口份额最大的经济部类。② 由中国新闻出版研究院完成的《2020年中国版权产业经济贡献》报告显示：2020年中国版权产业占GDP的比重为7.39%，2016年至2020年间，中国版权产业行业增加值的年均增长率为8.3%，高于同期GDP 0.2个百分点。2020年我国版权产业的城镇单位就业人数占全国城镇单位就业总人数的比重为9.49%。③ 可见版权产业已在我国经济中占有重要地位。

---

① “国际知识产权联盟”（International Intellectual Property Alliance）每两年颁布一份题为“美国经济中的版权产业”（Copyright Industries in the U.S. Economy）的报告。

② See Copyright Industries in the U.S. Economy, 2020 Report, at https://www.iipa.org/files/uploads/2020/12/2020-IIPA-Report-FINAL-web.pdf.

③ 参见《2020年，中国版权产业经济贡献如何?》，载 http://www.prccopyright.org.cn/staticnews/2022-01-14/220114150900099/1.html。

各国著作权/版权法对著作财产权的划分有所不同。如《美国版权法》只规定了5种财产权，而我国《著作权法》规定了13种。但这并不意味着我国著作权人享有的著作财产权利远多于美国著作权人享有的，而是我国《著作权法》将《美国版权法》中的一项权利拆成了好几项权利。例如：根据《美国版权法》，无论是对作品的公开现场表演、机械表演还是公开放映和广播，都属于公开表演作品的行为，都只受表演权的控制。而我国将《美国版权法》意义上的表演权拆分成了表演权、放映权和广播权这三项互相独立的权利。这样，我国《著作权法》所规定的表演权的控制范围就较《美国版权法》所规定的表演权的控制范围狭窄。但这并不影响著作权人享受的保护水平。下文将根据国际上获得较多认同的著作财产权分类方法讲解各类著作财产权。

各国著作权/版权法定义著作财产权的方法，是对受专有权利控制的行为加以界定。美国、加拿大和澳大利亚等英美法系国家的版权法首先在"定义"条款中对各种特定行为加以界定，然后再在"专有权利"条款中从正面规定版权人享有实施某种特定行为的专有权利，或从反面规定何种特定行为受到专有权利的控制。以表演权为例，这三个国家的版权法均首先在"定义"或"释义"条款中对"（公开）表演行为"作出界定，然后在"专有权利"条款中规定：版权人有公开表演作品的专有权利。① 其他没有在著作权法中单独设立"定义"条款的国家，都在规定各专有权利时明确地划定受控制的特定行为。许多大陆法系国家以及我国就是如此。因此，学习各项著作财产权，实际上就是在学习这些专有权利控制的行为范围。

一、复制权

复制权是著作财产权中最为核心的权利。在著作权法律制度的产生之初，著作权人享有的主要就是复制权和表演权。时至今日，最常见、对著作权人的经济利益损害最大的行为也多与未经许可而复制作品有关。可以说，只要能够有效地保护复制权，就能基本上维护著作权人的经济利益，甚至在网络环境中也是如此。

复制权就是著作权人享有的复制作品的专有权利。根据前文所述的"根据受控行为界定专有权利"的基本原理，要理解复制权就必须搞清哪些行为是受复制权控制的复制行为。我国《著作权法》将复制权定义为"以印刷、复印、拓印、录音、录像、翻录、翻拍、数字化等方式将作品制作一份或者多份的权利"②，但其中对受控行为并未进行穷尽式列举。因此，必须总结出著作权法意义上的复制行为的特征。

（一）复制行为的构成

如果仅仅将复制行为理解为再现作品的行为，则表演、广播、放映作品，甚至翻译和改编作品的行为，都可以被称为对作品的复制。但根据绝大多数国家的著作权立法，并非所有再现作品的行为都是受复制权控制的复制行为，只有以特定方式对作品再现才是著作权法意义上的复制行为。

---

① See (US) Copyright Act, Secs. 101, 106 (4); (Canada) Copyright Act, Sec. 2, 3 (1); (Australia) Copyright Act, Secs. 27 (1), 31 (1) (a) (iii).

② 《著作权法》第10条第1款第5项。

总结各国著作权立法例和相关学说，本书作者认为：要构成著作权法上的复制行为，应当满足以下两个要件。

首先，该行为应当在有形物质载体（有体物）之上再现作品。在有形物质载体之上再现作品，是复制行为与其他再现作品行为，如表演、广播等，最根本的区别。如果再现作品的行为并不借助有形物质载体，则该行为不可能是著作权法意义上的复制行为，如仅将他人的诗歌记住并以朗诵的方式加以再现，就不是著作权法意义上的复制行为。原因是无论记忆还是朗诵都没有在有形物质载体上再现作品。特别需要注意的是：记忆是一种精神方面的活动，并非在有形物质载体上再现作品的行为。当然，人的身体在某些情况下是可以充当物质载体的。在金庸的武侠小说《射雕英雄传》中，陈玄风将《九阴真经》刻在了自己的胸口上。从著作权法的角度看，这一行为即为典型的复制，因为它使《九阴真经》这部作品被固定在了皮肤这一有形物质载体之上。同样，现在有不少年轻人喜欢文身，即将美术图案刻在身体上。只要图案本身是作品，则文身也是复制行为。至于作者创作作品时使用的物质载体与他人固定作品时使用的物质载体是否为同一类型，则在所不问。例如，画家在纸张上创作了书法作品，将该美术作品雕刻在石头上，并不会因为纸张与石头并非同一类型的载体就否认雕刻行为是复制（参见下文对“从平面到立体”的复制的讲解）。同样，原作品是雕塑，将其变成由纸张绘制的平面图形，虽然载体类型发生了改变，该行为仍然是固定（参见下文对“从立体到平面”的复制的讲解）。

其次，该行为应当使作品被相对稳定和持久地“固定”在有形物质载体之上，形成作品的有形复制件。著作权法意义上的复制行为应当是能够产生作品复制件的行为，即我国《著作权法》对复制权的定义中的“将作品制作一份或者多份”，而要产生作品复制件，就必须将作品相对稳定、持久地固定在有形物质载体之上。例如，印刷厂印刷图书的行为就是典型的复制行为，因为印刷将使作品被固定在有形物质载体——纸张之上，形成作品有形复制件——书本；而且这种“固定”是相当稳定和持久的，只要人们不去有意识地去破坏载体或消除载体上的作品，如用“消字灵”把书本上的文字涂掉，作品都将长期保存在载体之上。相反，如果作品没有被相对稳定和持久地固定在有形物质载体之上，则不能认为发生了复制行为。

再如，在一幅画前面摆放一面镜子以让镜面映出这幅画的全貌，并不是对美术作品的复制，因为镜子实际上只是暂时照出了这幅画，而没有真正地把这幅画“固定”在镜子之上，一旦将这幅画拿开，“镜中花”也就消失了。但是，如果一名工匠把这幅画刻在了镜面上，则这面镜子就“固定”了作品，镜面就成了作品的有形物质载体，镜子也就是画的复制件了，该名工匠的雕刻行为就是著作权法意义上的复制行为。同样，电视台对演唱会的现场直播虽然也使音乐作品和歌手的声音通过电视机得到再现，但同样不是著作权法意义上的复制行为。虽然表面上电视机是作品得到再现的物质载体，但实际上被演唱的音乐作品只是通过电视机扬声器被即时地播放，并没有被“固定”在电视机中。因为只要歌手在现场停止演唱，电视机中也不会有音乐作品传出了。同样道理，对油画展览进行的现场直播尽管会导致美术作品出现在电视机的屏幕上，但该电视直播行为仍然不是对美术作品的复制。有一种观点认为：“在无线电广播技术发展起来后，对于无载体的表演实况还可以采用无载体的形式复制，这就是不加录制的现场转播。"[①] 对此需要指出的是："采用无载体的形式复制" 并不是著作权法意义上的复制行为。《美国版权法》确实认定未经许可，对广播节目的转播是可能侵犯复制权的，但前提正是该法通过法律拟制的方法，明确规定作品在被播送的瞬间被固定在了有形物质载体之上。[②] 但我国和多数国家的立法并无此项规定。

需要强调的是，复制权控制的复制行为必须产生新的复制件，即增加复制件的数量。如果将作品原有的复制件以物理手段附着在新的载体上，没有导致复制件数量的增加，则不构成复制行为。例如，将挂历中的图片裁剪下来贴在硬卡片上制作成贺卡，仅是在现有复制件（美术作品+挂历纸）的基础上增加了一层物质载体（硬卡片）。该行为的实施并没有增加作品的复制件，故不属于复制行为。[③]

（二）复制行为的分类

只要符合构成复制行为的要件，一种再现作品的行为就应当受到著作权法中复制权的控制，无论其实施的手段、形式和载体。《伯尔尼公约》第 9 条第 1 款规定，"受本公约保护的文学艺术作品的作者，享有授权以任何方式和采取任何形式复制这些作品的专有权利"，就是强调了复制行为的多样性。《我国著作权法》将复制权定义为"以印刷、复印、拓印、录音、录像、翻录、翻拍、数字化等方式将作品制作一份或者多份的权利"[④]，其中的"一份或多份"似乎意味着只有制作精确复制件的行为才能被称为"复制"。但这种理解是不正确的，否则只要对作品进行了一些改动或者未利用作品的全部内容，由此产生的就不是作品的复制件，该过程也不构成复制了。实际上，只要在新的物质载体中保留了原作品的基本表达，同时没有通过发展原作品的表达来形成新作品，将该作品或其实质性部分在物质载体上加以固定的行为都应构成复制。只有这样的理解才符合《伯尔尼公约》的要求。正因为如此，《英国版权法》在规定受专有权利控制的行为时，才强调这些行为针对的是"作品的全部或其实质性部分"[⑤]。《美国版权法》虽然只规定版权人有复制作品的专有权利，并没有明确提及"作品的实质性部分"，但美国法院和学者从未认为这种复制必须是"精确复制"[⑥]。由此可见，复制行为首先可被分为"精确复制"和"非精确复制"：前者包括典型的"盗版"行为，如翻印图书或将电影刻录在光盘上，后者包括在稍作修改的情况下抄袭论文等。此外，根据复制行为涉及的载体类型，还可将复制行为分为以下几类。

1. "从平面到平面"的复制

所谓"从平面到平面"的复制，是指作品在被复制之时是被固定在平面载体之上的，而被复制之后，仍然被固定在同一或另一种平面载体之上，如静电复印、油印、胶印、铅印、打印、照相翻拍、录音带、录像带翻录、刻录 CD、扫描、上传和下载等。这是最为常

---

① 郑成思：《版权法》（修订本），166 页，北京，中国人民大学出版社，1997。

② 参见美国国会对 1976 年《版权法》的报告中对"固定"的解释，以及 Paul Goldstein，*Copyright*（2nd edition），Aspen Law & Business，2002，§ 2.4。

③ 英国的相关案例见 Frost v. Olive Series Publishing Co.（1908），24 T. L. R. 649，加拿大的相关案例见 Galerie dart du Petit Champlain Inc. c Théberge，2002 SCC 34。

④ 《著作权法》第 10 条第 1 款第 5 项。

⑤ Copyright，Designs and Patents Act 1988，Sec. 16（3）（a）.

⑥ Julie E. Cohen，etc.，*Copyright in a Global Information Economy*（3rd edition），Aspen Publishers，2010，p. 302.

见的和人们最熟悉的一类复制行为。需要注意的是，正如本书第二章第四节在讲解平面美术作品和立体美术作品的分类时所述，这里的“平面载体”不是物理学意义上的二维物，因为任何物质载体都有长、宽和高三个维度，都属于物理学意义上的三维物。“平面载体”是指通过该载体的长和宽两个维度就足以再现该美术作品了。例如，未经许可，将画作（见下图左）绘制到鼻烟壶（见下图右）中，虽然鼻烟壶是立体的，但欣赏鼻烟壶中的画并不需要借助物的三个维度，因此这仍然属于从平面到平面的复制。①

原告的画作

被告制作的鼻烟壶

2. “从平面到立体”的复制

所谓从“平面到立体”的复制，是指作品在被复制之时是被固定在平面载体之上的，而被复制、被固定在新载体之上后，是以新载体的三个维度来表现作品的。在著作权法之中，“从平面到立体”的复制是指按照美术作品或设计图制作立体艺术品，以及根据建筑作品的平面设计图（该图必须描绘了建筑物的外观）建造建筑物的行为。例如，画家用画笔绘制的 2022 年北京冬奥会吉祥物“冰墩墩”是平面美术作品，将其制作成立体的“冰墩墩”玩具，即是一种典型的“从平面到立体”的复制行为。对此世界各国的著作权立法的规定都是高度一致的，如《英国版权法》第 17 条明确规定：对艺术作品而言，复制包括对平面作品所进行的立体复制。②

需要指出的是，正如本书第二章第二节在讲解独创性中的“独”仅针对表达时所述，将平面美术作品以立体形式再现，往往需要运用技巧和技法，有时还需要运用极为高超的技巧。但著作权法保护的美术作品是造型艺术作品，而不是技巧和技法。只要立体造型没有改变平面美术作品的造型，就不属于新的美术作品（演绎作品）。以立体形式再现平面美术作品，总会因为载体维度的增加而带来一些视觉上的不同感受，但如果这种差异仅是载体不同本身造成的，而并不源于艺术造型方面的创作，就不足以认定产生新的作品，只能认定形成了从平面到立体的复制。

与此同时，不能认为凡是美术作品中的造型，都可以进行从平面到立体的复制。例如，荷兰画家约翰内斯·维米尔的油画《倒牛奶的女佣人》当然是美术作品，但根据该油画制造出画中的各种器皿，并不是对美术作品从平面到立体的复制。这是因为虽然画家在对器皿进行绘制时的艺术处理形成了独特的艺术造型，但被绘制的器皿本身并不属于具备独创

① 项某诉黄某、墨宝斋（北京）文化艺术有限责任公司侵害著作权纠纷案，北京市朝阳区人民法院（2015）朝民（知）初字第 55578 号民事判决书，北京知识产权法院（2016）京 73 民终 340 号民事判决书。

② See Copyright，Designs and Patents Act 1988，Sec. 17（3）.

性的立体艺术造型。这种情形有别于依据“冰墩墩”的平面造型制成立体玩具，因为“冰墩墩”的造型无论是平面的还是立体的，都是具有独创性的艺术造型。因此，室内装修设计师绘制的装修效果图可能因绘图的艺术性而构成美术作品，但室内装修本身并不属于从平面到立体的复制，因为被效果图描述的装修布局、家具和设备的造型与位置并不构成艺术造型。《英国版权法》第 51 条明确规定：按照对某一物品除表面装饰之外任何内部或外部形状或构造的设计去制造该物品，并不侵犯对设计文件（包括对设计的绘图）的版权（但对艺术品和字体的设计文件除外）。①

同样，根据建筑作品的设计图建造立体的建筑物也是“从平面到立体”的复制。三维的建筑物如果能够给人以美感，是符合独创性要求的作品，则该建筑物本身就受到著作权法的保护。在这种情况下，绘制建筑物的设计图是完成建筑作品的一个关键步骤，因为建筑物具有独创性的设计全都包含在建筑设计图之中了。而他人如果要复制一幢具有美感的建筑物，在绝大多数情况下需要拿到建筑物的设计图纸。如果不制止按照平面建筑设计图来建造三维建筑作品的行为，那么对建筑作品的著作权保护就无法实现。因此，各国（地区）著作权立法都选择用复制权来控制这种行为。如《法国知识产权法典》第 L122—3 条就明确规定：“复制指以一切方法将作品固定在物质上……建筑作品的复制也指再次按图纸或标准方案进行施工。”《日本著作权法》在“复制”的定义条款中规定：对于建筑作品而言，复制包括根据其建筑图纸建造建筑作品的行为。② 我国《著作权法》没有类似的明确规定，以至于有人认为我国《著作权法》对复制采用的是狭义概念，不包括“从平面到立体”的复制。③ 这一观点是不能成立的。如果按照平面美术作品或建筑作品的平面设计图制造或建造与之相对应的三维艺术品或建筑作品的行为不是复制，则未经许可而实施该行为也就不是侵犯著作权的行为了。如此，则我国对美术作品的保护力度将大大降低，对建筑作品的保护几乎成了一句空话。这不但不符合著作权法的基本原理，也是与我国所承担的国际义务相违背的。

需要注意的是：我国《著作权法》将工程设计图或产品设计图也列为受保护的作品，那么根据工程设计图或产品设计图去建设工程或制造产品是否构成“从平面到立体”的复制呢？例如，某市为老式楼房安装内置于楼房之中的自动简易灭火装置，这就需要先绘制有关管线铺设的工程图纸。再如，要制造一把多用老虎钳，也需要一张设计图。那么根据这种图纸进行工程的施工建设或产品制造，是否侵犯了工程设计图或产品设计图的著作权呢？我国 1990 年《著作权法》第 52 条第 2 款规定“按照工程设计、产品设计图纸及其说明进行施工、生产工业品，不属于本法所称的复制”，但在 2001 年修订《著作权法》时删除了这一条。有观点据此认为：根据 2001 年修订后的《著作权法》，按照工程设计图或产品设计图进行施工或生产工业品的行为属于受复制权控制的复制行为。

这种观点是不能成立的。不保护操作方法、技术方案和实用性功能是著作权法的基本原则。本书第二章“著作权的客体”第四节有关“图形作品”的部分曾经提道：著作权法

---

① See Copyright，Designs and Patents Act 1988，Sec. 51 (1) (3).

② See Copyright Law，Article 2 (1) (xv) (b).

③ 参见胡康生主编：《中华人民共和国著作权法释义》，46 页，北京，法律出版社，2002。

并不保护任何技术方案和实用功能，而只保护图形中所蕴含的科学美感。这就是为什么《著作权法》第3条列出的客体是“工程设计图”和“产品设计图”，而不是“工程设计”和“产品设计”。仅体现了实用功能和技术方案的“工程设计”和“产品设计”本身并不是著作权法保护的对象。工程设计图、产品设计图之所以能够成为作品，和其设计方案以及与其相对应的工程、产品的实用性毫无关系，而是因为工程设计图和产品设计图是由点、线、面及各种几何图形组成的，包含着设计者眼中严谨、精确、简洁、和谐与对称的科学之美。同样，立体的工程或产品如果只有功能性而无艺术美感，则不能作为作品受到著作权的保护。即使该工程或产品具有一定的艺术美感，只要该艺术美感无法与其实用性功能在物理或概念上分离，也不能受到著作权法的保护。这是世界各国著作权立法所普遍遵循的原则。例如，《意大利著作权法》在2001年之前规定：艺术作品如果应用于工业产品之上，只有其艺术价值能够与产品的工业实用性分离的才受到保护。[①] 2001年修法时单独列出一类“工业设计作品”，是指“具有创造性，同时本身具有美感”的作品。[②] 根据意大利学者的解释，它同样意味着工业设计中只有纯粹的艺术美感才能受到著作权法的保护。[③]

例如，自动简易灭火系统只有实用功能而无艺术美感，本身并不是作品。再如，一把多用老虎钳在某些人看来具有某些美妙的弯曲和弧线，但只要这些弯曲和弧线的设计是为了使用起来更为省力或提高效率，该老虎钳就不能受到著作权法的保护。同样，一个遵循古老的常规设计、缺乏美感的简易工棚，也不能作为建筑作品受到保护。对于这种本身不受著作权法保护的立体工程、产品和建筑物，按照其设计图进行施工或建造就不是著作权法意义上“从平面到立体”的复制，他人即使未经许可而实施了这样的行为，也不可能构成对复制权或其他著作权专有权利的侵犯。如果认为按照设计图建造或生产本身不受著作权法保护的工程或产品是著作权法意义上的复制行为，未经许可而这样做构成对复制权的侵犯，必然会导致以著作权法保护实用功能的结果，而这是违背著作权法基本原则的，因此，这为世界各国的著作权立法和司法实践所一致拒绝。《英国版权法》第51条明确规定：按照对某一物品除表面装饰之外任何内部或外部形状或构造的设计去制造该物品，并不侵犯对设计文件（包括对设计的绘图）的版权（但对艺术品和字体的设计文件除外）。[④] 英国版权法方面的权威著作《现代版权与外观设计法》也指出：根据现行《版权法》，如果有人绘制了废气管的设计图，他人按照该设计图制造了废气管并加以使用并不构成版权侵权。[⑤] 那么为什么我国《著作权法》在2001年修订时要删除1990年《著作权法》有关按照工程设计图、产品设计图进行施工和生产不构成复制的条款呢？因为《著作权法》在2001年修订时明确将“建筑作品”列为受《著作权法》保护的作品，这样，按照建筑作品的设计图

① See Law No. 633 of April 22, 1941 Protection of Copyright and Rights Related to its Exercise (as last amended on July 29, 1982), Article 2 (4).

② See Law No. 633 of April 22, 1941 Protection of Copyright and Rights Related to its Exercise (as last amended on July 29, 1982), Article 2 (10).

③ See Alberto Musson, Mario Fabianin, *Italy*, § 2 (4) (c) (i), in Paul Edward Geller (ed.), *International Copyright Law and Practice*, Matthew Bender & Company, Inc., 2006.

④ See Copyright, Designs and Patents Act 1988, Sec. 51 (1) (3).

⑤ Hugh Laddie, etc., *The Modern Law of Copyright and Designs* (3rd edition), Butterworths, 2000, § 14.16.

去施工、建造该建筑物就是著作权法意义上的复制行为了，所以需要删除 1990 年《著作权法》的概括性规定。但这绝不意味着修法之后，按照工程设计图或产品设计图去建造或生产不受著作权法保护的工程或产品被承认为著作权法意义上的复制行为。

因此，著作权法意义上“从平面到立体”的复制仅仅指按照平面设计图去建筑或生产受著作权法保护的三维艺术品或建筑作品。如果三维的实物不是著作权法意义上的作品或建筑作品，则这种按平面设计图进行的建筑或生产就不是著作权法意义上的复制行为。

典型案例

迪比特诉摩托罗拉案

上海迪比特实业有限公司（以下简称迪比特公司）完成了 T189 手机的印刷线路板布图设计，而摩托罗拉公司擅自根据该设计图制造了印刷线路板，用于制造手机。迪比特公司认为：T189 手机的印刷线路板布图设计是具有独创性并能以某种有形形式复制的智力创作成果，是受著作权法保护的工程技术作品和图形作品，原告依法享有著作权，摩托罗拉公司的行为构成对其著作权的侵害。

法院认为：印刷线路板是表面制有网状导电图形的绝缘板，其作用是通过它把多个电子元器件（集成电路、电阻、电容等）组合安装并向这些电子元器件提供它们之间需要的电路连接。印刷线路板属于一种具有实用功能的工业产品，不属于文学、艺术和科学作品的范围，不属于著作权法保护的客体。但印刷线路板设计图属于图形作品，应受著作权法保护，他人未经著作权人许可，不得复制、发行印刷线路板设计图。同时，著作权法意义上对工程设计图、产品设计图的复制，仅指以印刷、复印、翻拍等复制形式使用图纸，而不包括按照工程设计图、产品设计图施工、生产工业产品。因此，被告摩托罗拉公司按照印刷线路板设计图生产印刷线路板的行为，是生产工业产品的行为，而不属于著作权法意义上的复制行为。据此，法院驳回了原告的诉讼请求。①

该案是有关“从平面到立体”的复制的典型案例。印刷线路板即使包含了一定科学美感，但其本身具有技术功能，而且该技术功能与其科学美感无法分离，因此其不能受到著作权法的保护。印刷线路板的设计图体现了严谨、精确、简洁、和谐与对称的科学之美，能够作为产品设计图受到著作权法的保护。但按照印刷线路板设计图制造本身不受著作权法保护的印刷线路板不是侵犯复制权的行为，否则必然导致用著作权法保护技术功能的后果，而这是与著作权法的基本原则相违背的。

理论研究

平面美术作品受保护的范围：如何认定对美术作品“从平面到立体”的复制

对平面美术作品可以进行“从平面到立体”的复制。然而，在司法实务中出现了直接

---

① 参见上海市第二中级人民法院（2002）沪二中民五（知）初字第 132 号民事判决书。

而简单的做法，即只要未经许可而对构成平面美术作品的造型进行立体再现，就属于对平面美术作品“从平面到立体”的复制，从而构成著作权侵权。例如，在“演播室设计效果图案”中，某电视台（被告）的演播室是未经许可而根据某设计公司（原告）对该演播室的设计效果图和平面设计图进行布局和装修的。法院认为，根据施工图纸施工、建造电视台演播室，并不侵犯原告的工程设计图的复制权。法院同时认为：原告设计的效果图“通过线条、色彩及其组合的运用，创作出演播室的立体效果”，属于美术作品，而被告演播室整体的线条、色彩及其组合与原告的效果图构成实质性相似，是对原告的作品的复制，未经许可，根据该效果图施工侵害了原告的美术作品的复制权。被告对在该演播室录制的视频节目提供点播，又侵害了原告的美术作品的信息网络传播权。[①] 显然，法院对该案中的设计图采取了“两分法”：对于施工图纸，认定其属于工程设计图，只给予“从平面到平面”的保护，不认为根据该图纸施工、建造相应的工程构成“从平面到立体”的复制，自然也不可能因此而侵犯工程设计图的复制权。但对于以富有美感的方式反映未来建成后相应工程面貌的效果图，则认定其属于平面美术作品，不仅给予“从平面到平面”的保护，也给予“从平面到立体”的保护。未经许可，根据效果图施工、建造相应的工程，构成“从平面到立体”的复制，侵害复制权。

本书作者认为，该思路并不可取，它导致了对平面美术作品保护范围的不当扩张，而且也会导致不合常理的结论。正如上述“演播室设计效果图案”的判决所述，由于认定根据效果图进行施工、建造的行为构成复制，所以由此形成的电视台演播室就成了效果图的立体复制件，在该演播室进行节目录制必然会将演播室的设计布局也录制下来，录制节目视频就是对演播室（效果图的立体复制件）的复制，也就是对效果图的间接复制。提供该节目的视频点播侵犯了作为平面美术作品的效果图的信息网络传播权。这一结论恐难以为人们所接受。

形成上述不当做法的原因是，没有区分美术作品中的“形象”与“图形”。作为“造型艺术作品”，平面美术作品中的“造型”可谓千姿百态。有些“造型”是以写实的手法描绘世间既存的人物或事物的结果，如画家在郊外对着树木、小草、动物或茅舍所作的写生，或者以真人为模特绘制的肖像。既然是“写实”，该“造型”必然在相当程度上反映了该人物或事物自身造型的本来面貌。有些平面美术作品源于在描述世间既存的人物或事物时所进行的抽象、扭曲、夸张与重塑，以至于由此形成的“造型”在相当程度上偏离了该人物或事物的“本来面貌”。如毕加索的超现实主义绘画《哭泣的女人》虽以真人为模特，但人们很难将画中的妇女形象与任何一名模特的容貌联系在一起。有些“造型”是凭空想象的结果，完全脱离了现实，如孩子画笔下的外星人或怪兽。还有些“造型”就如上述“演播室设计效果图案”中效果图所描绘的电视台演播室，虽然当时并不实际存在，但完全可以根据平面美术作品对它的描绘，而在现实中产生相同的造型。

虽然在认定平面美术作品时，无须考虑其中“造型”的类型，但它们对于著作权的保护范围至关重要。油画家根据一个随处可见的平常板凳所创作的油画，与漫画家凭借想象

---

① 参见上海市杨浦区人民法院（2015）杨民三（知）初字第535号民事判决书，上海知识产权法院（2016）沪73民终126号民事判决书。

绘制的怪兽漫画，都可构成平面美术作品，出版社未经许可，出版这两幅画都构成对著作权的侵害。但是，假设有人未经许可，根据板凳油画制造了相同造型的板凳，另一人则未经许可，根据怪兽漫画制造了相同造型的怪兽玩具，试问：此二人各自的行为是否侵害板凳油画与怪兽漫画作为平面美术作品的著作权？

上述问题的答案应当是显而易见的。未经许可，根据板凳油画制造相同造型的板凳，并不属于“从平面到立体”的复制，并不可能侵害该平面美术作品的著作权。与之相反，未经许可，根据怪兽漫画制造相同造型的怪兽玩具，则属于“从平面到立体”的复制，可能侵害该平面美术作品的著作权。对此，需要就其中差异背后的法学原理进行深入探究。

本书作者认为，判断结果的不同源于平面美术作品中“造型”类型的差异。对板凳油画而言，画家并没有设计和制造板凳本身，而是独创了以板凳为描绘对象的艺术表达，也就是具有个性特征的板凳图形。既然任何作者都只能就自己独创的表达获得保护，而不能将公有领域的或他人独创的内容纳入保护范围，那么板凳油画的作者当然也只能就自己独创的图形获得保护，而不能就公有领域的板凳造型获得保护。退一步讲，假设世界上原本并不存在板凳，绘制板凳油画的画家同时也是一名工匠，是他首先发明了板凳，并通过油画的方式描绘该发明创造（对板凳的设计）且第一个将其制造出来，在著作权法意义上，对该板凳油画同样不可能进行“从平面到立体”的复制，未经其许可，根据板凳油画制造板凳的行为仍然不属于对平面美术作品著作权的侵权行为。这是因为立体的板凳本身并不是雕塑等艺术表达，不可能构成单纯的立体美术作品或艺术美感可以脱离其实用功能而独立存在的实用艺术作品（广义上的立体美术作品）。该立体的板凳无论由谁最先设计、制造，都不可能作为立体美术作品受到著作权法的保护。如果认为根据板凳图形制造实物板凳的行为属于“从平面到立体”的复制，则该实物板凳就会成为平面美术作品的立体复制件，此时该实物板凳将作为美术作品的立体表现形式受到著作权法的保护，他人未经许可，根据板凳图形制造并销售实物板凳的行为，或者对根据依板凳图形制成的实物板凳进行仿造并销售实物板凳的行为，均构成著作权侵权。这与直接承认实物板凳是立体美术作品别无二致，显然有违著作权法认定并保护美术作品的基本原理。因此，著作权法对作为平面美术作品的板凳油画提供的保护，并不会基于该画家同时发明了板凳的事实而在范围上予以拓展，画家仍然只能就自己描绘的板凳图形本身受到著作权保护，并不能就其“独创”的实物板凳造型获得著作权保护。这意味着该板凳图形作为平面美术作品，受著作权法保护的范围仅限于该平面图形，并不存在“从平面到立体”的复制行为。根据该平面图形所制造的实物板凳也不能被认为是平面美术作品的立体复制件。当然，该画家作为发明人或设计人有可能就该板凳获得专利保护，但这与著作权并无关系。

与此形成鲜明对比的是，怪兽漫画中的怪兽造型只要是独创的，其作为一种纯艺术表达，无论采取平面还是立体的形式，都可以构成美术作品。假设漫画画家并非先在纸上画出怪兽漫画，而是直接制作了一个相同造型的立体玩具，该立体造型当然可以作为立体美术作品获得著作权保护。换言之，漫画家所独创的并不仅仅是在纸张上通过对线条、色彩、阴影、比例和角度等要素的处理而形成的具体图形，还有被描绘的动漫形象。因此，无论他人未经许可，以何种形式利用在纸张上绘制的怪兽漫画，只要动漫形象清晰可辨，都可能构成对美术作品著作权的侵权。由此可见，平面美术作品中造型的类型与作品的保护范围密切相关。

对此，本书作者试提出一种既符合著作权法原理又简单易行的对“造型”进行分类并确定其保护范围的测试法，即“假定立体物在先测试法”。首先，假定争议造型并不是最先以平面图形（平面美术作品）作为其表达方式，而是最先以立体物的形式存在，也就是暂不考虑该造型事实上是否最先以平面图形表现。其次，评判该立体造型能否作为立体美术作品，如雕刻、雕塑等，受到著作权法的保护。在该环节中应考虑该立体造型是否为独立创作的结果，是否具有艺术美感即是否属于艺术表达，以及其美感与其实用功能能否分离。最后，依据上一环节的评判结果认定争议造型的类型并确定其受著作权法保护的范围。如果该立体造型被认定为可受著作权法保护的立体美术作品，则对该造型的保护不受表现形式的限制。如果先以平面图形（平面美术作品）表现该造型，则根据该平面图形制作表现相同造型的立体物，必然构成“从平面到立体”的复制。反之，如果该立体造型未被认定为立体美术作品，而是被排除在著作权法保护范围之外，则对该造型的保护受到表现形式的限制。如果先以平面图形表现该造型，即使平面图形因体现了对线条、色彩、阴影、比例和角度等要素的选择与判断，且具有艺术美感，能够被认定为平面美术作品，根据该平面图形制作表现相同造型的立体物，也不可能构成“从平面到立体”的复制。

由于前一种造型无论采用平面的还是立体的表现形式，都属于同一美术作品，都受到著作权法的保护，故不妨将这种造型称为“形象”。而对后一种造型而言，只有其平面表现形式才有可能被认定为美术作品，其立体表现形式并不属于作品，故不妨将这种造型称为“图形”。需要说明的是，这里所称的“图形”并不是《著作权法》第 3 条第 7 项所规定的“图形作品”中的“图形”。它并不是指工程设计图和产品设计图，而是用于描述前文所述的构成美术作品的第二类造型。

应用上述“图形”与“形象”的区分及“假定立体物在先测试法”，文首引述的有关室内设计效果图的著作权保护问题可迎刃而解，试以“演播室设计效果图案”为例进行分析：首先，假定电视台演播室并非根据设计图建造完成的，而是设计方直接通过施工实现其设计思路。其次，评判已建成的演播室内部是否属于立体美术作品。答案显然是否定的，演播室的内部结构和布局与雕刻、雕塑等单纯的立体美术作品相去甚远，也不同于能够从中明显识别并分离出艺术造型的实用艺术作品。相信审理该案件的法院也不会认为演播室内部是一个立体美术作品。最后，可据此认定与演播室内部设计相对应的设计效果图是“图形”而非“形象”。著作权法对该效果图的保护仅限于具体图形本身，不延及被描绘的对象。这样一来，根据该效果图进行施工，形成演播室内部状态的过程就不属于“从平面到立体”的复制，由此形成的演播室内部状态也不是效果图的复制件。电视台为在该演播室内拍摄的节目提供视频点播也不属于对效果图的信息网络传播行为。因此法院对该案的判决结果是不适当的。在该案中，只有被告对涉案效果图“从平面到平面”的再现（如复印）才可能构成对作为“图形”的平面美术作品的复制，并侵犯复制权。同时，法院还可视案情认定被告因恶意磋商而应承担缔约过失责任。

3. “从立体到平面”的复制

“从平面到立体”的复制的反方向就是“从立体到平面”的复制，它是指作品在被复制之时是以物质载体的三个维度体现的，而被复制之后只需要以物质载体的两个维度体现。例如，将雕刻（见下图左）以平面图形（见下图右）的形式表现，属于“从立体到平面”的复制，因为这使同一艺术造型只以物质载体的两个维度加以反映，未经许可而实施将侵害复制权。①

同样，为了制作档案资料而对雕塑作品和建筑作品进行拍摄，也是典型的“从立体到平面”的复制，所以在一些立体艺术品的展览会上，组织者是不允许参观者拍摄的，如果未经许可而拍摄，就可能构成对复制权的侵犯。但是，雕刻、雕塑和建筑物等三维作品往往存在于公共场所，如果一概限制公众对这些作品进行“从立体到平面”的复制即拍摄或临摹，对公众而言是不大公平的。因此，许多国家都对这类位于公共场所的立体艺术作品和建筑物的复制权加以一定程度的限制。如《美国版权法》就明确规定：如果体现作品的建筑处于一般公众可以看到的位置，版权人不得阻止制作、发行或向公众展示建筑作品的照片、图片或其他图形。我国《著作权法》第 24 条第 10 项也规定：“对设置或者陈列在公共场所的艺术作品进行临摹、绘画、摄影、录像”可以不经著作权人许可（参见本书第六章第二节中的“对公共场所艺术品以平面形式进行利用”）。

4. “从立体到立体”的复制

一般情况下，复制他人的三维作品，如雕塑艺术品等，都需要经历“从立体到平面”和“从平面到立体”两个步骤，即先根据立体造型绘出平面设计图，再根据平面设计图复原立体艺术品。但有些技艺高超的艺术家可以直接根据立体艺术品，制作出同样大小或按比例缩放的立体艺术品。本书第二章所附的思考题曾举过美国《上帝之手》案的例子，在该案中，艺术家直接对照着罗丹的著名雕塑《上帝之手》，制作出了一个缩小版的《上帝之手》雕塑。这就是典型的“从立体到立体”的复制。

5. “从无载体到有载体”的复制

“从无载体到有载体”的复制是指并非从物质载体中提取被固定于其中的作品，将之固定于另一物质载体，而是将未借助物质载体传播的作品固定于物质载体，形成作品新的复制件。

例如，某人即兴发表演讲，也即创作口述作品。在此人通过口述创作作品的时候，作品是没有物质载体的。但如果有他人通过速记或录音将演讲记录或录制下来，则口述作品就被固定在了物质载体之上，纸张或录音带等就成了作品的复制件。再如，在歌手演唱会

① 参见刘某与伍某、贵州天海规划设计有限公司侵害著作权纠纷案，最高人民法院（2015）民提字第 47 号民事判决书。

上对歌手演唱的录制也是典型的“从无载体到有载体”的复制，无论是被演唱的音乐作品还是歌手的声音，都通过录音被固定在了物质载体之上，形成了音乐作品和表演的复制件。由于这类复制行为不像翻印图书那样容易为一般人所理解，《伯尔尼公约》第 9 条第 3 款明确规定：“所有录音或录像均应视为本公约所指的复制。”

（三）数字环境中的复制行为

随着技术的发展，不断有新的行为可以符合著作权法对复制行为的要求，成为著作权法意义上的复制行为。例如，历史上最早的复制行为仅仅是手抄、拓印和临摹等以纯手工方式进行的复制，后来随着印刷机、复印机、照相机、摄像机和双卡录音机等机器设备的出现，印刷、复印、录音、录像、翻录、翻拍等新的复制方式相继出现。而数字技术更是能够使作品以数字化的形式高质量地被固定在新型物质载体之上，形成作品的数字化复制件，从而产生了诸多新型复制行为。

具体而言，数字环境中的典型复制行为包括以下几种：

（1）将作品以各种技术手段固定在芯片、光盘和硬盘等媒介之上，如将歌曲“固化”在家用 DVD 机中的芯片中，将作品刻录成光盘，将软件“安装”（如通过运行 set-up 或 install 程序）或以其他方式拷贝到计算机硬盘中，以及用扫描仪将作品扫描成数字化格式保存在计算机中等。1994 年，国家版权局在《关于以 IC 和 CD-ROM 等方式使用音乐作品制作电脑卡拉 OK 付酬问题的通知》中指出：将音乐作品用技术手段存储进 IC 和 CD-ROM 等载体，并通过电脑等技术设备合成再现音乐作品，制作电脑卡拉 OK 的行为是对音乐作品的一种录音。2004 年，深圳康佳通信科技公司未经许可，将中国音乐著作权协会管理的音乐作品《渴望》固化在电话机 IC 卡上，内置为来电提示的铃音。北京市第二中级人民法院认定：被告将音乐作品固化在电话机 IC 卡上的行为构成复制行为。①

（2）将作品上传至网络服务器。向 BBS、个人空间、博客空间、微博、微信朋友圈等上传作品都将导致作品以数字化格式在网络服务器硬盘中形成永久性复制件，是典型的复制行为。早在 2000 年，北京市第二中级人民法院就已在我国第一起因未经许可而上传作品的著作权侵权纠纷案“《大学生》杂志社诉京讯公司、李翔案”中认定，“将他人作品上载的行为亦属于对他人作品的复制”②。

（3）将作品从网络服务器或他人计算机中下载到本地计算机中（但不包括没有在本地计算机硬盘中产生永久性复制件的在线阅读、浏览或欣赏作品的行为）。从网络服务器或他人计算机的“共享区”下载将导致作品被永久性地保存在本地计算机硬盘，也完全符合复制行为的构成要件。

（4）通过网络向其他计算机用户发送作品。例如，将数字化作品作为电子邮件的“附件”发送给其他用户，也会导致在用户邮件服务器的硬盘上形成作品的永久性复制件。同样，以手机短消息的方式将一首诗发送给他人，也是著作权法意义上的复制行为。

---

① 参见北京市第二中级人民法院（2004）二中民初字第 11835 号民事判决书。

② 北京市第二中级人民法院（2000）二中知初字第 18 号民事判决书。

理论研究

复制权和信息网络传播权的关系

大多数通过网络对作品进行交互式传播的行为，都需要将作品上传至网络服务器存储，而该行为构成复制。这就意味着多数侵犯信息网络传播权的行为必然侵犯复制权，那么适用复制权不就可以规制此类行为了吗？规定信息网络传播权的意义又在哪里呢？在《著作权法》同时规定了复制权和信息网络传播权的情况下，两者的关系又如何协调？如果某网站仅取得了信息网络传播权的许可，没有获得复制权的许可，其将作品上传至网络服务器中，进行交互式传播的行为，是否会导致对复制权的侵权？

将作品上传至网络服务器存储当然构成复制行为，因为这将导致作品被固定在网络服务器的硬盘中，从而形成作品的复制件。而多数受信息网络传播权规制的交互式网络传播行为都需要将作品上传至网络服务器中，这就意味着多数情况下复制作品是对作品进行交互式传播的步骤之一。但这并不意味着信息网络传播行为与复制行为别无二致，更不意味着复制权可以代替信息网络传播权发挥作用。

首先，信息网络传播权规制的交互式网络传播行为必须"向公众提供，使公众可以在其选定的时间和地点获得作品"①。换言之，作为一种向公众传播作品的行为，交互式网络传播行为必须使作品处于被公众所获得的状态，从而导致公众能够获得作品。如果将作品上传至尚未向公众开放的网络服务器，只构成复制行为，并不构成交互式网络传播行为。例如，某人将作品上传至其拥有账号的网盘空间中存储，尽管也将作品传到了网络服务器中，但由于该网盘空间并不向公众开放，故该行为只是复制而非向公众传播，即使未经许可，也不可能构成对信息网络传播权的侵权。由此可见，虽然多数交互式网络传播行为涉及对作品的复制，但实施复制和交互式网络传播这两种行为的目的和效果并不相同：复制行为的效果是形成作品的复制件，交互式网络传播行为意在使公众在其选定的时间和地点获得作品，将作品上传至服务器中存储仅是传播过程的一个步骤，并不是传播行为的目的。

其次，在某些情况下对作品的交互式传播行为并不涉及对作品的复制。例如，视频网站的经营者如欲通过网络向公众提供一部电影的点播服务，既可以将这部电影上传至服务器的硬盘中，也可以将载有电影的那张DVD放置在服务器的光驱中。在后一种情况下，当用户点击网页中的电影名称（背后是指向光驱路径的内部链接）之后，服务器将直接从光盘中调取数据，并通过网络传送至用户的计算机中。对于视频网站的经营者而言，将光盘置于光驱中的行为当然不是"复制"，而服务器从光盘中调取数据的过程仅涉及在内存中的"临时复制"，并不受复制权的控制，因此，视频网站的经营者的上述行为可以实现对电影作品的交互式网络传播，但并不涉及对电影作品的复制。再如，电影作品权利人自己动手将电影文件复制到硬盘中，再交给视频网站的经营者装入服务器之中，以提供电影点播服务。在这种情况下，实施复制行为的是权利人而非视频网站的经营者。但将硬盘装入服务器中，再通过对系统的设置和与网络的连接，对电影作品实施交互式网络传播行为的，则

① 《著作权法》第10条第1款第12项。

是视频网站的经营者。由此可见，在特定情况下，复制行为与交互式网络传播行为是可以分离的。如果《著作权法》只规定了复制权而未规定信息网络传播权，则权利人在控制不涉及复制的交互式网络传播行为时就会遇到困难。

再次，侵害复制权和侵害信息网络传播权所导致的法律责任类型也有所区别。对作品的复制使作品被固定在物质载体上，从而形成作品的复制件。一旦复制件产生，一次特定的复制行为也就实施完成了，对作品的再次复制需要实施新的复制行为。例如，某复印店将一部小说复印了10册，其实施的并不是一次复制行为，而是10次复制行为，且第十册复印完成后，第十次复制行为也就结束了。如果小说作者起诉复印店侵犯其复制权，且法院认定侵权成立，能否要求复印店“停止侵权”呢？回答自然是否定的，因为“停止侵权”的法律责任只能适用于正在实施的侵权行为，复印店未经许可而复制作品的侵权行为已经实施完毕，又如何停止呢？对于侵犯复制权的行为，应当只有在使用印刷设备连续复制且在诉讼时仍在继续的情况下，才有“停止侵权”的可能。

当某人未经许可，将作品上传至网络服务器中，向公众提供交互式传播时，如果《著作权法》仅规定了复制权而没有信息网络传播权，或者权利人仅起诉此人侵犯其复制权，而没有起诉此人侵犯信息网络传播权，则法院在认定被告的行为侵犯复制权之后，并不能判决被告“停止侵权”。这同样是因为作品一旦被上传至网络服务器形成复制件之后，复制行为就自然实施完毕，并不处于持续状态。对该项已经实施完成的侵犯复制权的行为，判决侵权人“停止侵权”是没有意义的。

与之形成对比的是，作为一项传播权，信息网络传播权针对的并不是将作品上传至网络服务器中产生复制件的复制行为，而是由此形成的使作品为公众以交互式手段所获得的状态。只要被上传的作品保留在向公众开放的服务器中供公众点击欣赏或下载，该作品就一直处于能够为公众获得的传播状态，侵犯信息网络传播权的行为就一直在持续。权利人对这种持续性的侵权行为才可能享有“停止侵权”的救济。

最后，在侵害复制权和侵害信息网络传播权引发的诉讼中，损害赔偿数额的计算方式也不同。基于过错侵害著作财产权的行为会给权利人造成经济损失，侵权人应当承担赔偿损失的法律责任。如果就实施相关行为向权利人寻求许可，通常需要向权利人支付许可使用费。而侵权行为使权利人丧失了本应获得的许可使用费，该许可使用费损失当然可以成为计算赔偿金的基础。① 但是，对于侵害不同专有权利的行为，计算损害赔偿数额的具体方法也有所差异。实施复制行为的目的和效果在于制作作品的复制件，因此未经许可，复制作品给权利人造成的损失体现在复制件本身的价值上，也就是权利人本应从许可复制件的制作中获得的报酬。

当某人未经许可，将作品上传至网络服务器中，向公众提供交互式传播时，如果《著作权法》仅规定了复制权而没有规定信息网络传播权，或者权利人仅起诉此人侵犯其复制权，而没有起诉此人侵犯信息网络传播权，则法院在认定被告的行为侵犯复制权之后，在确定损害赔偿数额时，只能将涉案作品一份复制件对权利人而言的价值（制作该复制件的许可使用费）作为计算的基础。因为单纯侵犯复制权的结果只是侵权复制件的产生，所以

---

① 参见《著作权法》第54条第1款。

权利人的损失也只能按侵权复制件的数量和价值来计算。至于这一份侵权复制件在网络服务器中生成之后，该网站向公众开放了多长时间，以及有多少人曾点击该作品进行在线欣赏或下载，在所不问。这正如某电影院未经许可，制作了电影的拷贝并公开放映了100场，而电影权利人只起诉该电影院侵犯复制权而未起诉侵犯放映权，则法院只能以一份拷贝的价值（制作该拷贝的许可使用费）计算损害赔偿数额，而不能考虑未经许可播放的场次。由于多数侵害著作权的行为都以未经许可而复制作品为前提，如果在以侵犯复制权为由提起的侵权之诉中考虑对被未经许可而复制的作品进行后续利用的情况，将产生架空其他财产权的后果。

显然，对于未经许可而将作品上传至网络服务器中进行交互式传播的行为，仅以侵害复制权的诉由计算损害赔偿数额，对于权利人而言是非常不公平的，远不能补偿对权利人实际造成的损失。该项行为属于对作品的传播，复制作品只是实施传播过程的一个环节，并不是实施该项行为的本质目的和效果。未经许可而对作品进行交互式传播导致的损害，是由使作品处于能够为公众以交互式手段所获得的状态（处于持续性的传播状态）造成的，远大于单纯未经许可而复制作品、形成一份侵权复制件造成的损害后果。例如，未经许可，将一部电影上传至一个视频分享网站进行交互式传播，虽然只形成了一份侵权复制件，却会导致无数人的反复点播或下载。仅以制作一份侵权复制件作为衡量损害后果的依据，并不能填平权利人实际遭受的损失。只有在规定了信息网络传播权并以侵害此项权利追究行为人的法律责任的情况下，才可能根据传播范围和传播持续的时间（作品在服务器中公开传播的时间）等因素综合计算侵权人应当向权利人支付的损害赔偿数额。假设甲、乙两个网站都未经许可，将同一部电影上传至其服务器中供用户点播和下载，甲网站将访问范围限制在我国境内，传播时间为3个月，乙网站则不限制访问范围，传播时间为1年，则甲、乙网站未经许可，对作品进行交互式网络传播而给电影作品权利人造成的损失是不同的。对于该侵犯信息网络传播权的行为，乙网站向权利人支付的损害赔偿数额应当比甲网站支付的更多。但甲、乙网站因未经许可，对作品进行复制而给电影作品权利人造成的损失是相同的。仅就侵害复制权的行为而言，两网站向权利人支付的损害赔偿数额应当是相同的。

由此可见，虽然将作品上传至网络服务器提供交互式传播，既构成复制行为，也是多数交互式网络传播行为的一个步骤，但复制行为与交互式网络传播行为并不相同，复制权与信息网络传播权也不重合。仅借助复制权并不能在网络环境中合理地保护权利人的利益。

二、发行权与出租权

我国《著作权法》是将发行权与出租权分成两项专有权利加以规定的，但许多国家将这两项专有权利作为一项广义的发行权加以规定。如《美国版权法》第106条第3款规定：版权人有以通过销售或其他转移所有权的方式，或以出租、出借方式，发行作品复制件或唱片的排他性权利。[①] 这是因为在著作权专有权利体系中，只有发行行为和出租行为涉及作

① 在《美国版权法》中，“复制件”（copy）与“唱片”（或译为“录音制品”，phonorecord）是两个不同的词，这是因为《美国版权法》对作为版权客体的录音有一些特殊规定。

品有形载体在物理空间上的转移，只是前者引起作品有形物质载体所有权的转移，而后者仅引起有形物质载体占有的临时变动。

在著作权专有权利体系中，复制权是财产权利的核心，在各种国际著作权条约和各国的著作权立法中都得到了明确的承认和规定。与复制权相比，发行权在20世纪70年代之前在许多国家并不是一项独立的权利，这其中的原因可能是：对作品的发行大多要涉及对作品的复制，不复制就不可能发行作品。例如，对于出版图书而言，印刷厂以印刷的方式复制作品是前提条件。同样，在电影发行公司发行电影的拷贝之前，首先要制作电影的拷贝，也就是制作电影作品的复制件。因此，许多国家的立法者认为：只要规定了复制权就足以控制发行行为，而无须单独去规定发行权了。

但是，在20世纪70年代末、80年代初，音像制品和计算机软件得到了突飞猛进的发展。作品的复制者和作品复制件的提供者往往并不是同一个人或组织，只规定复制权就难以直接阻止那些没有进行非法复制，却向公众出售或出租非法复制的音像制品和软件的行为。而且随着技术的进步，复制音像制品和计算机软件的成本日益降低，复制者往往没有固定的生产场所，同时也缺乏经济赔偿能力，著作权人经常无法通过找到复制者并追究其侵权责任来获得充分的法律救济。唯有赋予著作权人以控制销售和出租非法复制件的专有权利，使著作权人能够直接起诉销售和出租非法复制件的人，才能使著作权人的利益得到保障。与此同时，许多国家的音像出租市场也异常火爆，出租的收入额甚至超过了销售音像制品的收入。许多消费者花较少的钱租回音乐磁带后，立即用双卡录音机予以转录，在还回磁带后，也就不会再购买原版音乐磁带了，这就给作者的利益带来了严重影响。基于这两个原因，发行权与出租权在20世纪70、80年代逐渐得到了承认，许多国家的著作权立法也予以明确规定。1996年《世界知识产权组织版权条约》作为《伯尔尼公约》在数字化时代的延伸，明确规定了发行权和出租权。

（一）发行权

根据我国《著作权法》的规定，发行权是指著作权人享有的“以出售或者赠与方式向公众提供作品的原件或者复制件的权利”[①]。当然，向公众提供作品原件的情况是极为罕见的，因为毕竟原件只有一份，所以发行权主要是用于控制向社会公众提供作品复制件的行为。根据“以受控行为定义专有权利”的基本原理，要理解发行权，同样需要首先搞清什么是著作权法意义上的发行行为。

1. 发行行为的构成

日常口语中所说的“出版发行”与著作权法意义上的发行行为仍然是有一定差异的。“出版发行”一般只是指出版社将作品印刷成册，或制作完成音像制品后，再向社会公开销售。而著作权法意义上的发行行为的主体并不仅限于出版社，同时行为的方式也不限于销售。因此，口语中的“出版发行”仅仅是发行行为的一种而已。要构成著作权法意义上的发行行为，应当符合以下几个条件。

首先，该行为应当面向“公众”提供作品的原件或复制件。

著作权法意义上的发行又被称为“公开发行”，它仅指面向不特定的公众提供作品的原

---

① 《著作权法》第10条第1款第6项。

件或复制件的行为。例如，出版社公开出版一部美术画册，书店出售小说书，以及拍卖行公开拍卖艺术大师的国画原件等，均属于公开发行行为。相反，非公开性地提供作品原件或复制件不构成发行行为，如作者将手稿复印3份，分别送给3个朋友。

其次，该行为应当以转移作品有形物质载体（有体物）所有权的方式提供作品的原件或复制件。

《世界知识产权组织版权条约》和《世界知识产权组织表演和录音制品条约》规定，“发行权”是指作者、表演者和录音制品制作者享有的授权通过销售或其他所有权转让形式向公众提供其作品、录制的表演和录音制品原件或复制件的专有权利。同时该两条约又在议定声明中指出：受发行权控制的“原件和复制件仅指可投入流通的有体物”[①]。原件是作品首次被固定在有形物质载体之上形成的，而复制件是指通过复制行为，作品被固定在其他物质载体之上。换言之，无论是原件还是复制件，均是指“作品”＋“有形物质载体”，本质上就是有体物。因此，我国《著作权法》对发行权的定义中的“以出售或者赠与方式向公众提供作品的原件或者复制件”，就是指提供固定着作品的有形物质载体，也即转移有形物质载体的行为。这也是“发行”行为区别于“表演”、“广播”和“展览”等行为的关键所在。公开朗诵诗歌、演唱歌曲、展览油画，或通过无线、有线系统向公众传送作品虽然也能使公众欣赏到作品的内容，但不能使公众获得作品的原件或有形复制件，因此，这些行为并非发行行为。

那么，通过网络传播作品，特别是提供作品下载，是否属于受发行权规制的“发行”行为呢？在表面上看，该行为也能使公众获得作品的复制件——用户下载之后，将在自己的硬盘中形成作品的复制件。但该行为并不属于“发行”。发行权的定义是“向公众提供作品的原件或者复制件的权利”，而不是“向公众提供作品的权利”。假设某人要将一部小说上传至某文学网站供公众下载，在上传之前，该小说存储在此人的计算机中。此时该小说当然有其物质载体——此人计算机的硬盘，因此，“小说＋计算机硬盘”是该小说的复制件。在上传完成后，该小说存储在文学网站服务器中，此时该小说也有其物质载体——网站服务器的硬盘，因此，“小说＋网站服务器硬盘”也是该小说的复制件。然而，此硬盘非彼硬盘。此人能上传小说，却不可能上传存储了小说的硬盘（小说的复制件）。因此，此人并没有“以出售或赠与方式”（所有权转让方式）向公众“提供作品的原件或者复制件”，而是向公众“提供作品”。由此可见，该行为并未落入《世界知识产权组织版权条约》第6条规定的“发行权”的规制范围——“通过销售或其他所有权转让形式向公众提供其作品的原件或复制件”，而是落入了该条约第8条规定的“向公众传播的权利”（后半句即为我国《著作权法》规定的“信息网络传播权”）的规制范围——“将其作品（注意：并非‘作品的原件或复制件’）以有线或无线方式向公众传播，包括将其作品（注意：并非‘作品的原件或复制件’）向公众提供，使公众中的成员在其个人选定的地点和时间可获得这些作品（注意：并非‘作品的原件或复制件’）”。

我国《著作权法》对“发行权”和“信息网络传播权”的规定与《世界知识产权组织

① 《世界知识产权组织版权条约》第6条，《世界知识产权组织表演和录音制品条约》第8条、第12条，及相关议定声明。

版权条约》保持一致，两项权利之间的区别是非常清楚的。如果认为通过网络传播作品属于“发行权”控制的行为，那么“信息网络传播权”就将被架空，因为其规制的行为已经完全落入了“发行权”的规制范围。这显然不符合立法原意。与此同时，一旦将通过网络传播作品的行为被定性为“发行”，就可适用“发行权用尽”原则（参见后文的讲解）。这就意味着在权利人第一次许可将作品通过网络传播之后，他人就可不经权利人许可，通过网络传播其作品。这对权利人显然是不公平的。因此，“通过网络向公众传播作品”与“发行”之间在法理上存在着一条不可逾越的界限：凡是通过网络向公众传播作品的行为都不可能是我国著作权法意义上的“发行”行为，与发行权无关。

典型案例

音乐作品网络传播与发行权无关

本案原告取得了涉案歌曲信息网络传播权的专有许可，其认为被告未经许可而提供涉案歌曲录音制品的网络点播和下载侵犯其信息网络传播权。被告抗辩称，其上传涉案唱片获得了CD出版商（某音像公司）的授权，故其行为并非侵权行为。法院认为：被告的权利既然来源于音像公司，那么必然也受制于后者的权利范围，而音像公司享有发行权。从法律规范的逻辑关系而言，法律既然以列举的方式规定著作权人的各项权利，即意味着这些权利具有独立性，其相互间不应存在重合或者交叉地带，而且从法律规范的文义而言，发行权显然是指权利人转移作品载体所有权或占有的权利，而信息网络传播权则强调了权利人允许公众通过交互的方式获得作品的权利。对于权利人而言，这两者保护的侧重和范围并不相同。因此，信息网络传播权应该是著作权人或者邻接权人所享有的独立于发行权的权利。法院因此认定被告的抗辩不能成立。①

2. 发行权用尽

“发行权用尽”原则又称“发行权一次用尽”、“首次销售”原则（the first sale doctrine）或“权利穷竭”原则，是著作权法对发行权的限制。② 它的含义是：虽然著作权人享有以所有权转移方式向公众提供作品原件或复制件的发行权，但作品原件和经授权合法制作的作品复制件经著作权人许可而首次销售或赠与之后，著作权人就无权控制该特定原件或复制件的再次流转了。合法获得该作品原件或复制件所有权的人可以不经著作权人许可而将其再次出售或赠与。换言之，著作权人对特定作品原件或复制件的发行权在该特定原件或复制件首次被合法销售或赠与后即“穷竭”或“用尽”了。一些国家在其著作权/版权立法中对这一原则作了明确规定，如：《美国版权法》第109条（a）款规定，“根据本法合法制作的复制件或唱片的所有人，或任何经该所有人授权的人都有权不经版权人许可而销售或以其他方式处分对复制件或唱片的占有。”《德国著作权法》第17条第2款规定，“如作品的

---

① 参见上海市第一中级人民法院（2009）沪一中民五（知）初字第23号民事判决书。

② “首次销售原则”是美国等英美法系国家的提法，“权利穷竭原则”是欧洲大陆法系国家的提法。

原件或复制件经发行权人同意已经通过销售在欧盟境内投放市场，则许可其继续流转。”《英国版权法》第 18 条第 2 款规定，发行权不适用于首次销售之后散发、销售或出租作品复制件的行为。《日本著作权法》第 26 条之二规定，如作品原件或复制件的所有权经发行权人或其授权的人许可已向公众或特定的少数人转让，则发行权不再适用于该原件或复制件。正是由于“发行权一次用尽”原则的存在，书店可以将从批发商那里购进的正版图书予以公开销售，个人也可将其用过的正版图书和唱片在二手市场出售，而无须经过著作权人的许可。

“发行权用尽”原则的基础在于在前网络时代作品和其有形载体的不可分性。对于作为作品原件或复制件的图书或唱片等而言，它们具有双重属性：首先，它们有长、宽、高，占据一定物理空间，能够为人力所控制和支配，是物权法意义上的有体物，是物权的客体，购得图书或唱片者对其享有物权法上的所有权。其次，它们又承载着作为智力创造成果的作品，而使用作品的特定行为受到著作权专有权利的控制。这样，对图书或唱片的使用，就会同时涉及所有权与著作权。在许多情况下，这两类权利并不发生冲突，例如，阅读图书或在自家播放唱片，既属于对“物”的使用，又没有侵犯著作权人对其作品的任何一项专有权利。然而，当图书或唱片的所有权人意欲在公开市场上出售该图书或唱片时，就可能导致所有权和发行权的冲突，因为出售合法购得的作品原件或复制件属于对所有权的行使，而该行为又构成对作品复制件的发行行为，受发行权的控制。

考虑到著作权法创设发行权的主要目的在于防止他人出售作品的非法复制件，在作品原件或复制件已经因著作权人授权而在市场公开流通的情况下，如果允许著作权人限制买受人转售其购得的作品原件或复制件，就偏离了发行权的立法目的，而演变为授权著作权人对他人所有权和有形财产的合法流通加以干涉了。这将严重损害允许合法商品自由流转这一市场经济赖以存在的基本规则。因此，对于已经因著作权人许可而向公众发行的作品原件和合法复制件而言，著作权人的发行权已经“用尽”或“穷竭”，著作权人无权阻止该特定原件或复制件的所有权人向公众出售或赠与。

“发行权用尽”原则对于保证商品自由流通具有重要意义。例如，在美国发生的第一起涉及该原则的诉讼中，原告在出版的图书上注明：“本书的零售价为一美元。任何人都不得以低于此价格销售，否则将被认为构成版权侵权。”被告以 85 美分销售该书，被原告提起诉讼。美国联邦最高法院认为，版权法并没有给予版权人限制转售价格的法定权利。[①] 在美国发生的另一起案例中，原告是音乐作品的版权人，授权第三方销售音乐唱片，但在协议中规定唱片必须与一种洗发水一起销售。第三方将唱片与洗发水一起卖给了被告，而被告又将唱片单独转卖，版权人起诉其侵犯版权。对此，美国法院判决：即使被告知道版权人与第三方关于唱片必须与洗发水一起销售的限制，被告基于“首次销售”原则单独转售唱片的行为也不构成侵权。[②] 美国联邦第五巡回上诉法院在后来的案例中也指出：“对于首次销售原则的法律是清楚的……即使版权人对于首次销售中的购买者施加了限制，购买者无

① Bobbs-Merrill Co. v. Straus，210 U.S. 339，at 350 (1908).

② Burke & Van Heusen，Inc. v. Arrow Drug，Inc.，233 F. Supp. 881 (E.D. Pa.，1964).

视这一限制并不使购买者或二手市场中的购买者构成版权侵权。”① 这样，在合同相对性原则和“发行权用尽”原则的共同作用下，购买了经著作权人授权而出售的作品原件或复制件的人就可以自由地行使自己对“物”（作品原件或复制件）的处分权。无论著作权人在授权向公众出售该作品原件或复制件时向销售者施加了怎样的限制条件，都不能阻止合法买受者再出售该作品原件或复制件。

“发行权用尽”原则的适用有两个条件：首先，作品复制件必须经著作权人授权或根据法律规定合法制作。对于非法制作的作品复制件，如盗版电影光盘等，由于其在市场上的销售不可能经过著作权人许可，所以没有“发行权用尽”原则的适用余地，盗版电影光盘无论辗转落入何人之手，也无论买受人在购买时是否知道该电影光盘是非法复制件，持有人公开销售盗版电影光盘的行为都是侵犯电影著作权人的发行权的。再如，小说作者与出版社签订合同，授权出版社限量印刷出版 1 000 本，出版社销售这 1 000 本之后，购得此书的书店或消费者再次公开销售此书适用“发行权用尽”原则，并不构成对发行权的侵犯。但如出版社在该 1 000 本售罄之后，未经作者再次授权就自行加印了 3 000 本，则出版社销售这 3 000 本的行为侵犯了发行权，如果一家书店购入这 3 000 本之后再向消费者出售，并不能适用“发行权用尽”原则，因为这 3 000 本是未经著作权人许可而非法制作的复制件。其次，作品原件或合法制作的作品复制件已经经过著作权人许可或根据法律规定销售或赠与。即使对于作品原件或合法制作的特定复制件，如果著作权人和法律并未授权出售或赠与，他人擅自向公众出售或赠与，以及购买者或受赠与者再次向公众出售或赠与，均构成对发行权的侵犯。

典型案例

对赠品适用“发行权用尽”原则吗？

美国环球唱片公司向许多音乐评论人和广播电台节目制作者寄送了用于试听的赠品 CD，其在 CD 上声明：该 CD 是唱片公司的财产，只许可收件人进行个人使用。接受本 CD 就表明同意遵守许可条款，不得转售或转让 CD，否则，可能根据联邦或州法承担责任。有一家公司并没有收到环球唱片公司寄送的 CD，但其设法从其他收件人手中弄到了这种 CD，并通过 e-Bay 网站出售。环球唱片公司起诉其侵犯发行权。

本案的关键问题在于：对于该赠品是否适用“发行权用尽”原则/“首次销售”原则？法院认为：虽然环球唱片公司在 CD 上作了声明，但美国《未经订购商品法》明确规定：对于未经订购而主动寄送的商品，接收人有权持有、使用、丢弃或以任何方式处置，而不会导致对寄送者的责任。CD 上的声明因明显与该规定相抵触而无效。因此，环球唱片公司主动寄送 CD 的行为导致了 CD 所有权的转移。根据“发行权用尽”原则/“首次销售”原则，接收者可以不经环球唱片公司许可而销售该 CD。②

---

① American Int'l Pictures, Inc. v. Foreman, 576 F. 2d 661, at 663 - 664 (5th Cir., 1978).

② UMG Recordings v. Tory Augusto, 628 F. 3d 1175, at 1180 - 1181 (9th Cir., 2011).

（二）出租权

根据我国《著作权法》的规定，出租权是“有偿许可他人临时使用视听作品、计算机软件的原件或者复制件的权利，计算机软件不是出租的主要标的的除外”[①]。将出租权定义为提供“作品的原件或者复制件的权利”，意味着只有转移作品有形载体（原件或复制件）占有的行为才构成出租。例如，许多视频网站提供电影的“限时观看”服务，即用户付费后，就可以在一段时间内在线观看这部电影。这种行为由于没有提供“作品的原件或复制件”，即未转移作品有形载体的占有，不可能构成“出租”行为，只构成交互式传播行为。实际上，发行权和出租权之所以被认为属于一类权利，原因就在于其所控制的行为具有共同特征——涉及对作品有形载体的转移，只不过发行行为转移的是有形载体的所有权，而出租行为转移的是有形载体的占有。美国等国家至今仍然采用广义发行权的概念，将出租视为发行的一种形式，只是作出了对出租不适用“发行权用尽”原则的特殊规定。

我国《著作权法》只将有关作品的出租权赋予了视听作品和计算机软件这两类作品的权利人。这意味着向公众出租视听作品和计算机软件是需要经过著作权人许可的行为。但对于计算机软件而言，如果软件并非出租的主要标的，而是作为出租物中的一个次要附属，则该出租行为无须获得著作权人许可。例如，某人向公众出租全自动洗衣机，而全自动洗衣机中必然装有固化了计算机软件的电脑芯片，而该软件并非出租的主要标的，因此，未经软件著作权人许可，出租固化了软件的全自动洗衣机并非侵犯出租权的行为。

《著作权法》中的出租权只适用于视听作品和计算机软件，其规制的行为是未经许可，出租视听作品和计算机软件的原件（当然，基本上不可能）和复制件，比如出租 DVD 和计算机程序光盘。在早期我国实体市场中复制件的盗版率较高，民众更愿意花几块钱买一张盗版电影 DVD 或盗版计算机软件光盘，很少会有人愿意花钱租 DVD 或软件光盘。在网络兴起之后，实体盗版市场的规模迅速下降，以至于几乎消失；音像出租店在城市中早已难觅踪影，而软件出租店几乎从未出现过。这说明视听作品和计算机软件的复制件商业出租市场早已不复存在。如果连出租行为都消失了，以控制出租行为为己任的出租权还有何价值呢？因此，《著作权法》规定出租权，宣示意义大于实际意义。

三、传播权

在著作财产权体系中，有一类权利被称为传播权，它控制的是以不转移作品有形载体所有权或占有的方式面向公众传播作品，使公众获得作品（主要体现为欣赏作品的内容）的行为，如对作品公开进行的表演、播放、广播和展览等。发行权和出租权虽然也使公众“获得”了作品，却是以转移作品有形载体所有权或占有方式进行的，因此，发行权和出租权并不属于传播权。

（一）传播权概述

传播权作为一大类权利，又可被拆分为数项权利。各国著作权/版权立法中的拆分方法并不同，如《美国版权法》将传播权拆分为表演权和展示权两项权利，表演权不仅用于控

---

① 《著作权法》第 10 条第 1 款第 7 项。

制舞台表演和机械表演，还用于控制广播、放映和网络实时传播等行为。而多数国家则拆分得比较细，如《德国著作权法》规定了展览权、表演权、朗诵权、放映权、广播权、网络传播权和对广播与网络传播的再现权。[①] 而我国《著作权法》中属于传播权的专有权利包括展览权/表演权、放映权、广播权、信息网络传播权这五项权利。

1．“公开”和“公众”的认定

传播权控制的当是“公开”传播作品的行为，也就是面向公众传播作品的行为。如果传播是在私人家庭之中进行的，如在家中播放音乐和电影等，则不构成公开传播行为。而在那些人群聚集的公开场所如广场、公园、影剧院、超市和餐厅等传播作品则构成公开传播行为。但是，在其他情况下如何判断一种传播作品的行为是不是“公开”进行的呢?

我国《著作权法》并未规定构成“公开”的标准。从其他国家和地区的立法与司法实践来看，只要使家庭成员和经常交往的朋友圈子之外的不特定多数人能够阅读、欣赏或以其他方式感知作品，就构成了公开传播行为。至于受众是否在同一时刻或同一地点接收到被传播的内容，在所不问。《美国版权法》定义的“公开表演”（在范围上相当于我国《著作权法》规定的公开表演、放映和广播），就包括“通过任何设备或手段向公众进行的传播，无论公众中的成员是在同一地点，还是在分散的地点，也无论是在同一时间，还是在不同的时间接收该传播……”[②]。在家庭成员和相互有密切联系的朋友之间进行的传播，如在家中播放音乐和电影等，以及在由 30 名同学组成的大学班级微信群中上传图片或在班级聚会上唱歌跳舞，不受公开传播权的控制。而在那些人群聚集的公开场所如广场、公园、影剧院、超市和餐厅等传播作品则构成受公开传播权控制的行为。同时，在以下情况下对作品的传播也是公开传播：（1）受众在地理上是分散的，但在同一时刻不特定的多数人能够欣赏作品。例如，某旅馆通过内部的闭路电视系统向各房间播送节目，虽然旅馆中的客人并未集中在一起观赏，但能够在各自的房间内观赏，则该旅馆的行为构成对电影的公开传播。（2）受众在欣赏作品的时间上是分散的，但日积月累的效果是使不特定的多数人能够欣赏作品。例如，在餐厅播放音乐的某个时间点进餐的客人可能并不多，但只要音乐在持续播放，就能使众多不特定的客人欣赏音乐，故餐厅播放音乐的行为同样构成公开传播。（3）在半公开的场所如人数较多的大中院校、机关和工厂等传播作品通常也构成公开传播。这是因为在这些场所中，受众之间的联系并不紧密，不在“正常社交”的范围内。如在拥有上万名学生的大学中，不同院系的学生并不熟识。当然，如果实际发生的传播只针对特定的小圈子，如在一个班级聚会上或在一个公司的年会上播放电影，并不构成公开传播。

要构成对作品的“公开”传播，行为人必须出于使构成“公众”的预定受众欣赏作品的目的，对其实施传播行为。如果“公众”欣赏作品的结果，仅是偶发和意外现象，则不存在“公开传播”行为。[③] 例如，在家中播放音乐时音量过大，导致过路人也能听到。虽然过路人是“公众”，但该播放行为并不构成“公开”传播。

---

① 在网络出现之后，通过网络传播作品的行为也属于“向公众传播”。对此多数国家采用了扩大现有专有权利的方法对其加以控制，也有的国家为此新增一项权利。本书将在下文“信息网络传播权”部分进行讲解。

② 17 U. S. C. 101，“to perform or display a work”.

③ Società Consortile Fonografici（SCF）v. Marco Del Corso，Case C-135/10，paras. 82，91.

典型案例

通过电子邮件将作品作为证据发送给法院不属于“向公众传播”

在瑞典发生的一场民事诉讼中，被告截取了原告运营的含有摄影作品的网页，通过电子邮件作为证据发送给了审理此案的法院。根据瑞典的《媒体自由条例》，向法院提交的材料属于公共文件，除保密信息外任何人都有权查看。原告因此认为被告的行为侵害了其向公众传播权。二审法院请求欧盟法院解释本案中被告的行为是否属于向公众传播作品。

欧盟法院指出：“向公众传播”行为有两个构成要件，除了要实施传播行为，还要向公众进行传播。“公众”是指不特定数量的潜在接受者，同时意味着相当数量的人，且他们并不属于私人团体的特定个人。本案中，相关的传播面向的并不是一般公众，而是在法院内担任公职的范围有限的特定专业人员。因此该行为不能被视为《版权指令》中的“向公众传播”。

欧盟法院特别指出：欧盟成员国国内法中是否存在关于获取公共文件的规则无关紧要。公众获取法院文件的权限并不是由向法院传输作品的个人授予的，而是由法院根据与获取公共文件有关的法律规定的义务和程序授予提出请求的个人的，该法律的规定并不受《版权指令》的影响。同时，不能认为必须绝对确保对知识产权的保护，因为知识产权利必须与其他基本权利及公共利益相协调。如果权利人能够以证据包含受版权保护的客体为由，反对向法院披露证据，则他人的权利将受到严重损害。因此，“向公众传播”概念不包括通过电子手段将受保护作品传输给法院，以作为个人之间的司法程序中的证据使用。[①]

实务探讨

一个城市中IPTV的用户不是“公众”吗？

在由基于三网融合技术的IPTV（Internet Protocol TV）服务对已播出的电视节目提供“限时回看”（通常限于72小时内的“回看”，即“点播”）引发的诉讼中，一些法院否定IPTV服务侵犯信息网络传播权的理由是，向IPTV用户提供“限时回看”服务，并非向“公众”提供作品。如有法院认为：“被告提供作品的对象仅限于其有线电视的用户，并非所有的社会公众，不符合我国《著作权法》规定的‘使公众可以在其选定的时间和地点获得作品’的信息网络传播权的定义。”[②] 还有法院认为：“IPTV用户是利用特定终端并拥有专网访问权限和节目访问权限的特定用户，被告提供作品的对象并非所有的社会公众，仅限于已经相对特定的专网内的用户，其他公众不可能在不安装IPTV专网及终端的任何其选定的地点获得，故‘IPTV回看’行为的受众与信息网络传播权中的‘公众’范围有所

---

① BY v. CX，Case C-637/19（2020），para. 25 - 34.

② 广东省广州市越秀区人民法院（2012）穗越法知民初字第1101号民事判决书。二审法院维持了这一判决，参见广东省广州市中级人民法院（2013）穗中法知民终字第1174号民事判决书。

区别。”[①]

这样的观点当然是不能成立的。众所周知，我国《著作权法》中信息网络传播权的定义来源于《世界知识产权组织版权条约》第8条规定的“向公众传播的权利”的子权利“向公众提供权”。对于何为条约中的“公众”，国际上早有定论。世界知识产权组织编写的《著作权与邻接权法律术语汇编》将“向公众传播”定义为，“使作品、表演、录音制品或广播以任何适合的方式使一般人，也就是不限于属于一个私人群体的特定人能够感知”。另一本由世界知识产权组织编写的著作《世界知识产权组织管理的版权和相关权条约指南》对“向公众传播”的解释是：“……指通过有线或无线方式对作品或邻接权客体……进行传输，使其能够被通常的家庭圈子之外或该家庭有亲近社会关系之外的人们所感知……”由此可见，著作权法上的“公众”并不是“所有的社会公众”，而是指排除了家庭成员和经常交往的朋友圈子后的不特定多数人。IPTV服务当然是向“公众”开放的，在该服务覆盖范围内，任何家庭都可以成为IPTV的用户。这与在有线电视服务覆盖范围内，任何家庭都可以成为有线电视的用户有何不同？如果说只要有家庭没有开通IPTV服务、没有安装IPTV专网及终端，IPTV服务就不属于向“公众”传播，那么是否只要有家庭没有开通有线电视服务，有线电视就也不属于向“公众”传播？

2. 传播行为的认定

公开传播权所规制的传播行为具备一个共性，即在客观上形成了一个“传播源”，使作品以该“传播源”为起点向公众传送。如果把向公众传播作品的技术过程比成一条直线，直线的起始位置就是“传播源”，直线的终点就是“接收端”。这条直线也可能因出现了新的“传播源”而加以延伸。构成传播行为的要件就是创造“传播源”，使直线获得伸展的点。仅对“接收端”施加影响的行为并不是传播行为。

对于演员演唱歌曲，餐厅播放唱片，影院放映电影以及电台、电视台播放预先录制的节目等初始传播而言，以声音或形象展现作品内涵的表演者、带有扬声器或屏幕的播放设备以及发射塔等信号传输装置都是“传播源”，呈现作品内容的声音、图像，或载有该声音、图像的信号从表演者或上述设备中传出，供公众直接欣赏或借助相关设备欣赏。对于上述初始传播当然可以再次利用，但这种利用必须要形成另一个“传播源”，才可能构成新的传播行为。例如，电台、电视台对演员的现场表演进行直播，会形成有别于初始“传播源”（表演者）的另一个“传播源”即信号传输装置，“现场直播”由此成为区别于演员现场表演的一种独立的传播行为。再如，对其他电台、电视台的广播、电视信号以无线或有线方式转播，会导致载有作品的信号从转播者控制的无线信号发射装置或有线基站中传出，从而形成新的“传播源”。同样，只要餐厅等经营场所打开收音机、电视机，播放电台、电视台正在播出的广播或电视节目，进入该场所的公众就可以欣赏其中的作品。此时场所经营者控制的收音机、电视机就是有别于电台、电视台的“传播源”，场所经营者由此被认为实施了有别于初始传播的新的传播行为（参见下文对广播权第二项子权利的讲解）

要求传播行为形成“传播源”，对于利用初始传播的行为而言，就是要求形成独立于初

---

① 杭州互联网法院（2018）浙0192民初4603号民事判决书。

始“传播源”的新“传播源”，但并不意味着新的“传播源”在发挥功能时，必须完全独立于初始“传播源”。前文提及的对演员现场表演的直播，对广播、电视信号的转播，以及用收音机、电视机等设备播放接收到的广播、电视节目，都是对初始传播的再利用，其能否起到让公众欣赏作品的作用，取决于初始传播是否持续存在。如果初始“传播源”消失了，则上述再利用行为形成的新“传播源”也会自然消失。但这并不影响上述再利用行为构成传播行为，因为这些行为在客观上都能形成有别于初始“传播源”的新“传播源”。换言之，一种行为在客观上形成了新的“传播源”，与该“传播源”发挥作用必须依赖初始“传播源”的持续存在，并不是一回事：前者才是传播行为的构成要件，而后者不是。

与之形成鲜明对比的是，如果一种行为没有形成“传播源”，则无论该行为的实施手段和效果如何，都只可能对传播的“接收端”产生影响，因而不能构成著作权法意义上的传播行为。例如，在有围墙的露天球场内放映电影，且需购票入场时，周围楼房中住宅窗户面向球场的业主允许他人进入，并出租望远镜以使其免费观赏电影，从而规避了围墙和检票口这类物理性限制手段。[①] 该行为虽然损害了球场经营者和著作权人的利益，但并不侵害著作权法中的放映权或其他传播权，因为它并没有形成有别于球场中放映设备的新“传播源”——望远镜不是“传播源”，电影也并不源于望远镜。该行为改变的是公众欣赏作品的途径，而非作品传播本身。再如，有人破解了卫星节目信号中的加密措施，制作并提供专门用于解密的“智能卡”，使购买者无须付费就能欣赏收费卫星节目。其是否实施了“广播”或其他传播行为？答案显然是否定的。因为“智能卡”并没有创造出一个有别于卫星的“传播源”，它影响的只是传播的“接收端”。过去，它在许多国家受到电信管理法的规制，甚至可能构成刑事犯罪，现在已普遍被认为属于著作权法所禁止的规避技术措施的行为，但未被认定为“传播行为”。欧盟法院在司法实践中认为，只在于确保在信号覆盖范围内接收原始传输或提高其质量而提供技术手段的行为，并不构成欧盟《版权指令》意义上的向公众传播行为。[②] 这正是因为该行为不可能创造新的“传播源”。

在各种纷繁复杂的行为中，特别是在对初始传播进行再利用的行为之中，对“传播源”的要求清晰地区分了传播行为和非传播行为。没有形成“传播源”的行为虽然也可能对初始传播进行了某种程度的利用并使行为人从中受益，甚至还可能构成违法或其他侵权行为，但它只能使公众接收初始传播。换言之，使行为人从中受益的，只是该行为对传播“接收端”的影响，而不是对传播的发起。与之相反，形成“传播源”的行为尽管有时离不开初始传播的持续存在，但它使公众接收内容的并不是初始传播，而是以新的“传播源”为起点的另一传播行为。出售破解加密卫星节目信号的“智能卡”并不是传播行为，但安装了“智能卡”的餐厅等经营场所使用电视机播放卫星电视节目则构成传播行为[③]，因为其“通过扩音器或者其他传送符号、声音、图像的类似工具公开传播广播的作品”，形成了有别于

---

① 该假想例是在 2016 年 7 月 15 日北京市高级人民法院举办的“‘深度链接’法律问题研讨会”上时任北京知识产权法院副院长陈锦川法官提出的，可谓切中要害。

② Football Association Premier League Ltd v. QC Leisure，Joined Case C-403/08 and C-429/08（2011），paras. 74，79.

③ Ibid.，para. 207.

卫星的新“传播源”。

3. 传播权的体系

公开传播权的各类子权利可以根据受众所处的场所分为两类。第一类权利可被称为“现场传播权”，控制向位于传播发生地的公众传播的行为，这类权利包括我国《著作权法》中的展览权、表演权、放映权以及广播权中的第二项子权利（公开播放接收到的广播作品的权利）。第二类权利在《伯尔尼公约》和《世界知识产权组织版权条约》中被称为“向公众传播权”，但其含义并不如字面意义那样宽泛，而仅限于控制向不在传播发生地的公众传播的行为。本书作者将其称为“远程传播权”。这类权利包括我国《著作权法》规定的广播权中的第一项子权利（非交互式传播权）和信息网络传播权（交互式传播权）。因此，未经许可在娱乐场所用CD机播放背景音乐的行为只构成对表演权的侵犯，而不构成对广播权的侵犯。[①]同样，电视台未经许可而播放电影，也只构成对广播权的侵犯，而不构成对放映权的侵犯。

传播权的体系如下图所示：

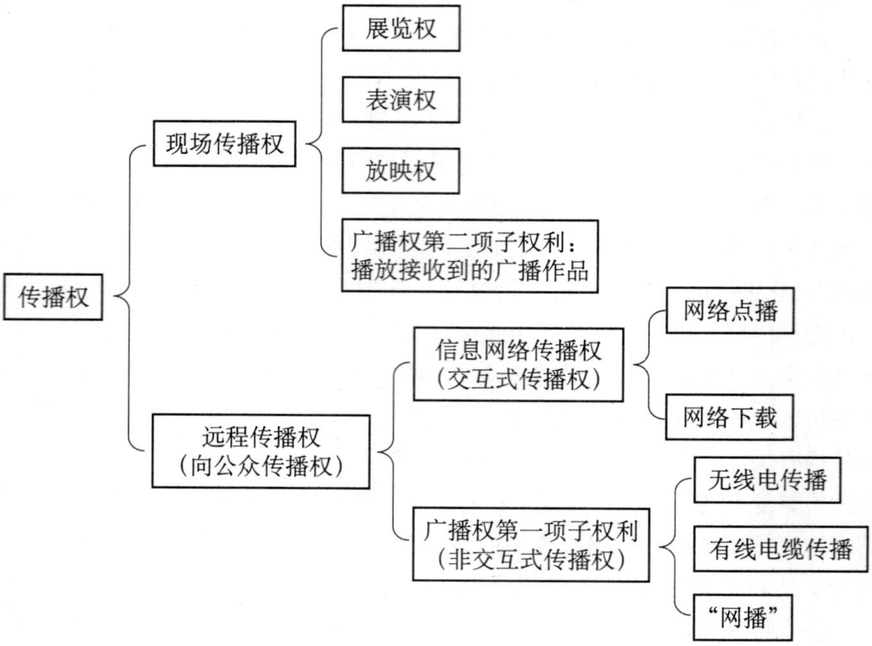

区分现场传播权（表演权、放映权等）与远程传播权［向公众传播权，包括广播权第一项子权利（非交互式传播权）、信息网络传播权］的依据在于，其控制的传播行为是向现场的公众传播还是向不在现场的公众传播。但是，“现场”并不是一个纯粹的物理概念，现场传播与远程传播的区分也不仅仅基于传播距离远近。要构成远程传播，还需要借助技术手段进行“传输”，将作品从一处传送至另一处。例如，意大利著名男高音歌唱家帕瓦罗蒂在世时，其声音的穿透力无与伦比。假设他在古罗马竞技场开了一场演唱会，其美妙的歌声能使远在竞技场外几百米的人也能听到。试问：帕瓦罗蒂的演唱涉及的是表演权（现场

① Circul Globus Bucuresti（Circ. & Variete Globus Bucuresti）v. Uniunea Compozitorilor si Muzicologilor din România-Asociatia pentru Drepturi de Autor（UCMR-ADA），Court of Justice，Case C-283/10，paras. 35 - 41.

传播权）还是向公众传播权（远程传播权）？对此的回答应当是清楚的，该行为涉及的是表演权（现场传播权），不是向公众传播权（远程传播权）。这是因为后者控制的向不在现场的公众传播作品的行为，必须通过某种技术手段进行，也就经由某种技术手段，将作品从一处传送至另一处，使原本无法获得作品的公众能够获得作品，而不是仅通过“传播源”自身的作用使公众获得作品。身处竞技场之外的人能够听到帕瓦罗蒂的歌声，是因为帕瓦罗蒂中气十足、声音洪亮，而不是必须依赖某种技术手段。同样道理，餐厅安装电视机供就餐的客人欣赏正在播出的电视节目时，公众（进进出出就餐的客人）仅凭借餐厅创造的“传播源”——电视机或其外接扬声器自身的作用，就能欣赏作品，无须借助额外的技术手段。如果没有采用技术手段进行“传输”，仅依靠“传播源”自身的作用，将无法使那些远离“传播源”的公众获得作品。帕瓦罗蒂的嗓门再大，餐厅安装的电视机即使使用了最高功率的扩音器，也不可能将其歌声传送至数公里之外的地方。因此，“传输”的要求就是使用技术手段将作品从一处传送至另一处的要求。

这里所说的“技术手段”必须是将作品从一处传送至另一处的技术手段，而不仅仅是将作品对现场受众进行播放的技术手段。帕瓦罗蒂演唱时可能使用麦克风和扬声器，它们都可以被称为“技术手段”，但这种技术手段的作用不是将作品以有线或无线方式从一处传送至另一处，而是使现场公众能够更好地欣赏作品。特别是就扬声器而言，由于演唱的声音出自其中，所以形成的是“传播源”，而不是对作品的传送。餐厅使用电视机虽然也是技术手段，但电视机及其中的扬声器的作用在于接收电视节目并形成“传播源”，使现场公众能够欣赏节目中的作品，并没有以有线或无线方式将作品传送至远离餐厅的公众。

（二）展览权

我国《著作权法》规定，展览权是指“公开陈列美术作品、摄影作品的原件或者复制件的权利”[①]。根据该定义，只有美术作品和摄影作品这两类作品的著作权人才享有展览作品的专有权利。因此，未经小说著作权人许可将其已发表过的小说手稿予以公开展览，并不侵犯展览权。但是，有一些国家规定的展览权的范围远远比我国规定的要广。《美国版权法》规定的“展示权”就是如此：它不仅适用于美术作品和摄影作品，还适用于文字作品、音乐作品、舞蹈作品、建筑作品以及电影或其他视听作品中的单个画面。无论是直接展示还是以电视机、幻灯机或其他设备来放映作品的单个画面，都构成对作品的“展示”，都是展示权能够控制的行为。[②]

需要注意的是：我国《著作权法》对展览权规定了一个重要的例外。《著作权法》20条第1款规定：“作品原件所有权的转移，不改变作品著作权的归属，但美术、摄影作品原件的展览权由原件所有人享有。”作品的有形物质载体具有双重意义：它既是可以流通的有体物，又是作品得到体现和表现的载体。在一般情况下，著作权人和所有权人分别行使对作品的著作权和对载体的所有权，并不发生冲突，因此，作品载体的转移并不影响著作权人对载体中的作品享有的权利。例如，某人购买了曹禺创作的《雷雨》剧本，印有剧本的纸张（一本书）的所有权归购买者所有。但是这并不意味着购买者有权去组织一个表演班子

---

① 《著作权法》第10条第1款第8项。

② See 17 U.S.C. 106 (5).

来公开表演这个剧本。但是，在某些情况下，著作权人的著作权，却妨碍所有权人或者社会公众享有载体作为物的效用。此时，法律就需要针对著作权人对作品使用的控制与载体所有权人对载体（有体物）的使用进行协调。如建筑作品的著作权人无权禁止人们对存在于公共场所的建筑物进行拍照；著作权人转让作品原件或复制件后，该原件或复制件的发行权用尽，著作权人不能再阻止这些作品特定载体的流通，其原因就在于此。

按照著作权法的基本原理，展览权既然是著作权人的一项专有权利，自然应当由著作权人享有，而无论作品的载体辗转落入何人的手中。正如记录歌曲的纸张的所有权无论落入何人之手，公开演唱这首歌曲的权利仍然归作词、作曲者一样。但是，美术作品原件与普通作品的载体具有不同意义和价值。对于其他许多类型的作品而言，原件和复制件的区别意义不大。如对于一本小说而言，在作家使用计算机打字的情况下，数字化的原件（由作品首次被固定在硬盘中形成）和复制件（由作品被拷入移动存储器中形成）在价值上没有任何区别。但是美术作品在多数情况下仍然在纸张上创作，其原件与复制件在价值上往往相去甚远。毕加索等著名画家的作品原件的价格动辄达到上百万美元，而复制件与之相比十分廉价。他人购买美术作品原件，往往不仅仅是为了满足个人的欣赏愿望，而是希望能够向世人展示自己的艺术收藏，或者在适当时机出售。如果美术作品作者仍然控制原件的展览，能够阻止原件所有权人展出作品或为了出售而首先展出作品，势必严重影响原件购买者的利益。

在这种情况下，各国著作权/版权立法均对展览权作出限制。我国规定美术作品原件的展览权由原件所有权人享有，这是基于美术作品原件价值特殊的一种特别规定。而有些国家和地区将展览权的范围定得很小，或者施加更多限制。如《德国著作权法》第 18 条规定："展览权是公开展览尚未发表的美术作品或摄影作品的原件或复制件的权利。"也就是将展览权的适用范围限于未发表的美术作品或摄影作品。这就意味着，作品即使尚未被出版、发行，但只要已经过作者许可而发表，著作权人对其原件和复制件均不再享有展览权了。《美国版权法》对"展示权"则进行了严格限制：只要合法获得了作品特定复制件的所有权，就可以不经版权人许可，向在场观众直接公开展示作品，或者通过投影设备一次公开展示一幅图片或画面。[①]

我国《著作权法》于 2020 年修改时，增加了摄影作品原件的展览权由原件所有权人享有的规定，这可能是因为立法者觉得摄影作品与美术作品一样，原件的价值远高于复制件的价值。然而，与多数美术作品仍然在纸张等非数字载体上进行创作不同，摄影作品目前已极少拍摄在传统的胶卷上，而是以数码相机、智能手机等数码摄制设备中的存储卡为初始载体。当拍摄者按下快门时，就在内存等电子存储设备上固定了影像，从而形成"原件"。只要将体现摄影作品的数字文件从数码摄制设备中拷贝出来，存储在计算机硬盘、闪存卡或其他存储设备上，形成的就是"复制件"。而展览数字化摄影作品需要将相应的数字影像打印出来，此时形成的也是复制件。即便将直接从原始摄制设备中打印出的照片称为"原件"，将从后续存储设备中打印出的照片称为"复制件"，人们也难以分辨。因此，法律需要明确规定区分"原件"与"复制件"的标准，否则强调摄影作品"原件"所有权人有

① See 17 U. S. C. 109（c）.

权展览“原件”，而摄影作品“复制件”所有权人无权展览“复制件”，难以取得实际效果。

需要注意的是，《著作权法》规定“美术、摄影作品原件的展览权由原件所有人享有”，用语似有不妥，因为该用语意味着原件所有权的转移会直接导致展览权这一项著作财产权的转移，有悖于法理。将其改为“美术、摄影作品原件所有人可以展览该原件”，也就是规定对展览权的限制，似更为合理。

虽然美术作品和摄影作品原件的展览权由原件所有人享有，但如果该美术作品和摄影作品尚未发表过，美术作品和摄影作品的作者向他人转让原件所有权后，受让人一旦公开展览美术作品、摄影作品原件，势必会导致美术作品和摄影作品被首次公之于众。那么，该公开展览行为是否会侵犯著作权人的发表权呢？对此，我国《著作权法》第 20 条第 2 款规定：“作者将未发表的美术、摄影作品的原件所有权转让给他人，受让人展览该原件不构成对作者发表权的侵犯。”这仍然是考虑到了作品原件的特殊价值，以及作品原件所有权人展示自己艺术收藏的需要。其他一些国家和地区也有类似规定，如《德国著作权法》第 44 条第 2 款规定：即使美术作品或者摄影作品尚未发表，其原件所有权人也有权对该作品进行公开展览，除非作者在出售原件时明确禁止对其进行公开展览。《日本著作权法》第 18 条第 2 款规定：在未发表的美术作品或摄影作品的原件被转让的情况下，应推定作者已经许可通过展览该原件的方式发表作品。当然，这些国家的立法是在著作权人转让其未发表的美术作品和摄影作品原件时，“推定”其受让人以展览的方式发表作品。如果著作权人在转让作品时明确禁止受让人以包括公开展览的方式发表，则受让人不能擅自公开展览。但我国《著作权法》没有采用“推定”的用语，这就意味着美术作品和摄影作品的作者一旦将未发表的美术作品、摄影作品原件的所有权转让给他人，受让人就可以以展览该原件的方式发表该作品，不再受到作者发表权的影响。即使作者与受让人有不得公开展览的约定，受让人的行为也只构成违约，而不属于对发表权的侵害。

（三）表演权

《伯尔尼公约》第 11 条和第 11 条之三分别针对“戏剧作品、音乐戏剧作品、音乐作品”以及“文学作品”规定了表演权和朗诵权，以控制对作品进行公开表演或朗诵，包括：(1) 以任何手段或方式公开表演或朗诵，以及 (2) 以任何方式向公众传播对作品的表演或朗诵。其中第一项子权利控制面向现场公众由演员进行的表演，以及“机械表演”即通过机械设备表演作品或传播演员对作品的表演，其中最为典型的是将对作品的表演录制下来，制成录音制品之后进行公开播放。第二项子权利则控制除无线广播（broadcasting）之外向不在现场的公众传播对作品的表演。之所以不包括无线广播，是因为《伯尔尼公约》第 11 条之二专门规定了这种向公众传播的方式（范围相当于我国《著作权法》中的广播权）。[①] 这就意味着《伯尔尼公约》中表演权和朗诵权条款中的第一项子权利是现场传播权，第二项子权利是远程传播权。

我国《著作权法》规定，表演权是“公开表演作品，以及用各种手段公开播送作品的表演的权利”[②]。该定义并没有像《伯尔尼公约》那样限定被表演作品的类型，因此任何可

① 参见刘波林译：《保护文学和艺术作品伯尔尼公约（1971 年巴黎文本）指南》（附英文文本），53 页，北京，中国人民大学出版社，2002。

② 《著作权法》第 10 条第 1 款第 9 项。

被表演的作品，包括文字作品、戏剧作品、音乐作品和舞蹈作品，其权利人都享有表演权。同时，根据该项表演权与其他公开传播权的关系，该项表演权的规制范围与《伯尔尼公约》规定的表演权和朗诵权的规制范围并不相同，只针对面向现场公众的演员表演和机械表演，属于现场传播权。《伯尔尼公约》规定的表演权和朗诵权规制的行为属于远程传播权规制的行为（向不在现场的公众传播对作品的表演），分由我国《著作权法》中的广播权第一项子权利和信息网络传播权规制。例如，通过网络传播（远程传播）对作品的表演并不适用我国《著作权法》中的表演权。对“网播”（非交互式网络传播，如主播通过网络直播对歌曲的演唱）适用下文讲解的广播权第一项子权利，对交互式网络传播（如提供音乐作品演唱的录音的在线点播或下载）适用信息网络传播权。

需要注意的是，表演权只规制公开表演行为（面向公众进行的表演），并不意味着只有公开表演才是“表演”，非公开表演就不是“表演”了。例如，歌手在唱片公司的录音棚中演唱歌曲时，现场只有几位负责录制的技术人员，并不属于公开表演，但不能说歌手不在“表演”作品，更不能说歌手就不是“表演者”，不能取得本书第五章第二节所述的表演者权了。

1. 演员现场表演

根据我国《著作权法》的规定，由人对文字作品、戏剧作品、音乐作品和舞蹈作品所进行的公开现场表演都是著作权法意义上的表演，如在公开场合对诗歌的朗诵、对音乐的演奏、对歌曲的演唱、表演舞蹈和上演戏剧等。因此，举办演唱会时，如果被演唱的歌曲是尚在著作权保护期之内的作品，主办方应直接向著作权人或向代表著作权人的集体管理组织取得授权，而不能“想唱就唱”。例如，“旭日阳刚”组合在2011年春节联欢晚会上因演唱由汪峰创作的歌曲《春天里》而红遍全国，但汪峰随后要求“旭日阳刚”组合停止未经授权而在商业演出活动中翻唱该歌曲，引起了公众热议。从著作权法角度看，在商业演出活动中演唱歌曲应获得著作权人的授权，否则，即构成对表演权的侵权。《著作权法》第38条对此明确规定：使用他人作品演出，表演者应当取得著作权人许可，并支付报酬。演出组织者组织演出，由该组织者取得著作权人许可，并支付报酬。当然，即使是未经著作权人许可的公开表演，如果属于《著作权法》第24条规定的“免费表演”，也不构成著作权侵权。

典型案例

邓丽君经典歌曲演唱会案

被告在北京展览馆主办了名为“何日君再来”的邓丽君经典歌曲全球巡回演唱会北京站的演出，在演唱会中未经许可公开表演了《月亮代表我的心》、《甜蜜蜜》、《恰似你的温柔》、《海韵》以及《独上西楼》5首歌曲，但并未征得著作权人及中国音乐著作权协会（以下简称“音著协”）的许可，也未交纳著作权使用费。这5首歌曲的词曲作者已将其著作权授权给我国台湾地区著作权协会，该协会又与音著协签订了“相互代表协议”，由音著协在大陆行使这5首歌曲的著作权。音著协起诉被告侵犯该5首歌曲的表演权。

法院认为：演出组织者组织演出，使用他人作品的，应取得著作权人的许可，并支付报酬。但被告在其组织的演唱会中使用音著协管理的涉案5首歌曲，并未征得许可，亦未支付报酬，故侵犯了相关著作权人的表演权。①

2. 机械表演

“机械表演”的概念根据各国对表演权控制范围的规定不同而有所差别。如根据《美国版权法》，放映电影和广播作品的行为都受表演权的控制，因此是《美国版权法》上的机械表演行为。而我国是将表演权与放映权、广播权分开规定的，机械表演在我国就仅指通过机器设备向现场公众表演作品或传播人对作品的表演，而不包括公开放映电影和通过广播传播作品的行为。

“机械表演”既包括直接由机器设备表演作品，也包括由机器设备播放人对作品的表演。前者的实例是“自动钢琴”弹奏钢琴曲和机器人模仿人的声音演唱，后者的实例是在歌舞厅、商场、超市、宾馆、酒店、餐馆、飞机场、火车站等场所播放背景音乐（播放已录制的对录音作品的表演）。在经营场所对作品进行“机械表演”，也应当经过著作权人许可并支付报酬，否则，将构成对表演权的侵犯。需要注意的是，“机械表演”的构成并不以经营者主动操作为要件，在经营场所提供了供公众直接操作的设备（提供收音机、电视机除外，该行为属于广播权第二项子权利的控制范围，参见后文对广播权的讲解），使现场公众可以利用该设备实现“机械表演”的，也受表演权控制。例如，西方国家歌舞厅中设置了“自动点唱机”，只有在使用者投币并选择其中的曲目之后，点唱机才会播放音乐，这一过程无须经营者的操作。但世界知识产权组织编写的《伯尔尼公约指南》指出：“舞厅里的管弦乐队演奏乐曲，同隔壁迪斯科舞厅中顾客投币选曲并没有区别，都发生了公开表演。”②虽然向“自动点唱机”中投币，从而启动机器、引发机器播放音乐的是顾客，但实施机械表演行为的并不是顾客，而是设置“自动点唱机”的娱乐场所的经营者。换言之，是设置“自动点唱机”的经营者向顾客（公众）提供了获得音乐作品（播放曲目）的可能性，因此其行为构成传播（机械表演）。

“机械表演”在绝大多数情况下都针对音乐作品。目前，在我国代表音乐著作权人管理音乐作品的集体管理组织——音著协已经制定了适用于各类经营场所播放背景音乐的收费标准，经营场所在支付了许可使用费之后，就可以合法地公开播放由音著协管理的音乐作品了。

典型案例

购物广场播放背景音乐案

被告在其经营的“人人乐购物广场”播放了由音著协管理的背景音乐《拯救》，但未向

---

① 参见北京市朝阳区人民法院（2010）朝民初字第20969号民事判决书。

② Guide to the Berne Convention for the Protection of Literary and Artistic Works (Paris Act, 1971), WIPO Publication No. 615 (E), 1978, p. 64, para. 11. 4.

音著协支付使用费。法院认为：被告在其经营场所将涉案音乐作品作为背景音乐播放的行为虽然不能直接获利，但可以起到营造氛围，提高消费者在购物过程中的愉悦程度，进而促进商家销售的作用，是一种间接获利的商业性使用行为。因此，被告在营业场所播放背景音乐的行为，侵犯了著作权人的表演权。[①]

（四）放映权

《伯尔尼公约》第 14 条之二第 1 款规定：在不损害（电影作品中）已被改编或复制的作品的版权的情况下，电影作品应作为原作受到保护。电影作品版权人享有与原作作者同等的权利，包括前一条提到的权利。而“前一条”为第 14 条，该条第 1 款规定：“文学艺术作品的作者享有下列专有权利：……（2）授权公开放映以及向公众有线传播经过如此改编或复制的作品。”“经过如此改编或复制的作品”即指电影作品。据此，小说、戏剧和音乐作品的作者对于根据其作品改编、拍摄而成的电影作品，享有放映和向公众进行有线传播的权利。由于“电影作品应作为原作受到保护。电影作品版权人享有与原作作者同等的权利”，电影作品的权利人享有放映电影和向公众进行有线传播的权利。可见《伯尔尼公约》第 14 条之二第 1 款为电影作品权利人规定的权利既包括现场传播权（现场放映权），也包括远程传播权（对电影作品向公众进行有线传播的权利）。

我国《著作权法》规定，放映权是“通过放映机、幻灯机等技术设备公开再现美术、摄影、视听作品等的权利”。与表演权的情况类似，我国《著作权法》规定的放映权与《伯尔尼公约》第 14 条之二第 1 款规定的权利的规制范围并不相同，只针对面向现场公众的放映，属于现场传播权。《伯尔尼公约》第 14 条之二第 1 款规定的远程传播权（对电影作品向公众进行有线传播的权利），也分别由我国《著作权法》中的广播权第一项子权利和信息网络传播权规制。对“网播”（非交互式网络传播，如“网络电视台”按预定的节目时间表播放视听作品）适用下文讲解的广播权第一项子权利，对交互式网络传播（如视频网站提供视听作品的在线点播或下载）适用信息网络传播权。

公开放映行为在许多国家的著作权法中都被定为机械表演的一种，但也有一些国家单独设立放映权来控制公开播放美术作品、摄影作品和视听作品等行为，如《德国著作权法》第 19 条第 4 款。我国《著作权法》采取的是后一种立法模式。放映权意味着公开放映美术作品、摄影作品和视听作品的行为应当经过著作权人的许可并支付报酬。例如，未经许可，将雕塑作品制作成 VR（通过数字技术实现的虚拟现实）影像，通过计算机和投屏装置向公众展示，不仅侵害复制权（未经许可，将雕塑作品进行数字化），也侵害放映权。[②] 在我国现实生活中，宾馆、餐厅等公开场所，学校、工厂和机关等半公开场所播放电影实际上并未向电影著作权人支付许可使用费。这一问题的解决除有待全民知识产权意识的提高之外，更重要的是电影作品著作权集体管理组织要开展对放映权的集体管理，统一发放放映电影的许可并收取许可使用费。

---

① 参见四川省成都市中级人民法院（2009）成民初字第 568 号民事判决书。

② 参见北京华彩光影传媒文化有限责任公司与北京时光梦幻科技有限公司侵害著作权纠纷案，北京市朝阳区人民法院（2016）京 0105 民初 51305 号民事判决书。由于本案原告没有起诉被告侵害放映权，故法院只判决被告的行为侵害了复制权。

实务探讨

“点播影院”通过互联网电视供公众点播源自网络的影视剧应如何定性

近些年来，在一些被称为“点播影院”（也称“小影吧”）的经营场所，经营者通过机顶盒使电视机连接互联网，或者直接通过内置机顶盒和应用软件的“互联网电视”，供付费观众在包间内点播源自腾讯视频、爱奇艺等视频网站的影视剧。对此类行为应如何定性、适用何种专有权利，引发了争论。

对此，需要明确该行为是在一个传播链条中的哪一个节点发生的。显然，这个传播链的起点是如腾讯视频、爱奇艺等视频网站中用于存储影视剧的服务器，该网络服务器是该传播链条中的第一个“传播源”。如果相关诉讼是针对视频网站的经营者，则涉及的传播权自然属于远程传播权（“向公众传播权”），因为视频网站必须利用技术传送手段将作品从该“传播源”传输至不在传播现场的公众，加之其交互式的传播性质，对该行为应当适用远程传播权（“向公众传播权”）中的信息网络传播权。但是，提供联网电视机供观众点播网络影视剧的行为发生在上述传播链的另一端，联网电视机是该传播链条中的第二个“传播源”，产生的是有别于初始传播的另一个传播行为。换言之，“点播影院”所实施的公开传播行为，是设置联网电视机，使公众可以通过该电视机点播源于互联网的影视剧。但“点播影院”并没有将被观众点播的影视剧“置于信息网络中”，其传播行为处于“接收端”而不是“提供端”，与“提供”行为及信息网络传播权无关。

《著作权法》对放映权的定义具有包容性——“通过放映机、幻灯机等技术设备公开再现美术、摄影、视听作品的权利”。虽然该定义没有提及通过互联网电视供公众点播源自网络的影视剧的行为，但“互联网电视”完全可以为“等技术设备”的用语所涵盖。至于被播放的视听作品是存储于现场播放设备之中还是来源于互联网，与对该播放行为的认定无关。同时，是否需要经营者动手播放，也与对该播放行为的认定无关。正如前文在讲解机械表演时指出，在经营场所设置“自动点唱机”，供顾客（公众）投币播放音乐的行为，构成对音乐作品的机械表演。在经营场所设置互联网电视，供顾客（公众）选择播放互联网端的影视剧，也构成对视听作品的放映行为，因此受放映权的控制。

（五）广播权

我国《著作权法》规定，广播权是“以有线或者无线方式公开传播或者转播作品，以及通过扩音器或者其他传送符号、声音、图像的类似工具向公众传播广播的作品的权利，但不包括本款第十二项规定的权利”[①]。这意味着广播权包含两项子权利：一是非交互式传播权，属于远程传播权（“向公众传播权”）。其规制的行为是以非交互式技术手段将作品传送至不在现场的公众（“以有线或者无线方式公开传播或者转播作品”）。二是公开播放接收到的广播作品的权利，属于现场传播权。其规制的行为是利用机械装置播放接收到的广播作品，即经初始传播的作品（“通过扩音器或者其他传送符号、声音、图像的类似工具向公

① 《著作权法》第10条第1款第11项。

众传播广播的作品的权利”）。

1. 广播权的第一项子权利——非交互式传播权

广播权的第一项子权利是作为远程传播权（“向公众传播权”）的非交互式传播权，其规制的行为是以非交互式技术手段将作品传送至不在现场的公众。非交互式传播是与交互式传播相对而言的，在传播技术业界也称为“线性传播”，意为由传播者决定传播的时间，受众只能被动接受，无法自主选择传播开始的时间以及传播的内容。按照预定的节目时间表传送节目的无线电广播（含卫星广播）、有线电缆传播（cablecasting）和网播（webcasting）均属于非交互式传播。转播（同步播放）上述传播内容，如一家电视台、电台或一家互联网网站转播另一家电视台播放的音乐会，也属于非交互式传播。这些传播行为均受制于广播权的第一项子权利。

广播权的第一项子权利“以有线或者无线方式公开传播或者转播作品……的权利”中的“以有线或者无线方式”是一个典型的技术中立的用语，实际上与“任何技术传送手段”无异，当然包括通过互联网进行的非交互式传播。“但不包括本款第十二项规定的权利”的用语限定了广播权的第一项子权利的范围，在广播权的第一项子权利（非交互式传播权）和信息网络传播权（交互式传播权，即“本款第十二项规定的权利”）之间划出了明确的界限。在不加限定的情况下，“以有线或者无线方式”传播作品同时包含了交互式传播和非交互式传播，将导致广播权的第一项子权利与信息网络传播权出现重叠。加入这一限定起到的效果就是，明确广播权的第一项子权利规制的远程传播（“向公众传播”）行为并不包括交互式传播行为。

实务探讨

网络主播在直播中演唱歌曲的行为应如何定性

2020年《著作权法》修改之后，广播权中的第一项子权利被改造成了非交互式传播权，由此导致了一个法律解释问题：非交互式网络传播（“网播”）既可以直接传播作品，如网站依预先公布的节目时间表传播电影，以及在玩网络游戏时直播对战实况（对构成视听作品的网络游戏连续画面和伴音的“网播”），也可以传播对作品的表演或者对作品的表演的录制品。例如，网络主播在网络直播中演唱歌曲，就属于对音乐作品的表演进行实时“网播”；将现场音乐会的实况录制为视频后，按预定的节目时间表传播，则构成对音乐作品现场表演的录制品的“网播”。2020年修改后《著作权法》中广播权的定义是“以有线或者无线方式公开传播或者转播作品……的权利”，其中并没有提及“传播作品的表演”。与之相比，表演权的定义包括“用各种手段公开播送作品的表演的权利”。那么，对于网络主播在网络直播中演唱歌曲等对作品的表演或表演的录制品进行非交互式网络传播，究竟应当适用广播权中的第一项子权利，还是应当适用表演权？

本书作者认为，适用表演权的观点是不成立的，其根本问题在于不适当地缩小了“传播作品”这一用语的范围，将其等同于“传播作品在创作完成时的原始形态”。2020年修改之前的《著作权法》对广播权的定义是“以无线方式公开广播或者传播作品……的权利”，用语也是“传播作品”而不是“传播作品的表演”。同时该法还规定了一条法定许可——“广播电台、电视台播放已经出版的录音制品，可以不经著作权人许可，但应当支付报酬。当事人另有约定的除外。具体办法由国务院规定。”① 该条针对的是作品被制作为录音制品出版后，电台、电视台播放录音制品的情形，涉及的专有权利当然是广播权而非表演权。2009 年国务院以该条为依据制定的《广播电台电视台播放录音制品支付报酬暂行办法》第 1 条就清楚地规定：“为了保障著作权人依法行使广播权……制定本办法。”

众所周知，电台、电视台播放的录音制品主要是音乐作品的录音制品。上述暂行办法第 2 条“广播电台、电视台可以就播放已经发表的音乐作品向著作权人支付报酬的方式、数额等有关事项与管理相关权利的著作权集体管理组织进行约定”也反映了这一情况。试问：电台、电视台“播放已经发表的音乐作品”是指播放音乐作品创作完成时的原始形态——乐谱吗？回答显然是否定的。只能进行声音广播的电台自然无法直接“播放”乐谱，电视台在屏幕上展示乐谱内容的行为虽然可被称为直接“播放”乐谱，但这当然不可能是电视台播放音乐作品的主要途径。对于绝大多数人而言，音乐作品只有经过表演（演唱或演奏）才能被欣赏。除了专业人士，人们不会通过阅读带词或不带词的曲谱来欣赏音乐，更不会有兴趣看电视台“播放”曲谱。可见，对音乐作品而言，《著作权法》该条中“播放已经出版的录音制品”和上述暂行办法中的“播放音乐”，当然是指播放音乐表演的录音制品。如果认为“传播作品”仅限于传播作品的原始形态（对音乐作品而言就是乐谱），那么《著作权法》对于电台、电视台播放作品录音制品规定的法定许可，以及上述《暂行办法》，都将失去意义，显然是不能成立的。

通过分析同为远程传播权（“向公众传播权”）的信息网络传播权中具体术语的含义，可以对《著作权法》中“传播作品”的含义产生更加清楚的认识。试举一例说明：某歌手演唱了尚在保护期内的歌曲，由唱片公司制成音乐专辑（录音制品），某音乐网站未经许可，将该专辑上传至其网站中供用户在线点播或下载，歌曲的著作权人起诉该音乐网站侵犯著作权。试问：侵害的是何种专有权利？相信审理此类案件的法官会觉得这是极为简单的问题——当然侵害信息网络传播权。估计法官甚至都不会想到该问题与表演权有何关系。但是，《著作权法》对信息网络传播权的定义是“以有线或者无线方式向公众提供，使公众可以在其选定的时间和地点获得作品的权利”，其中并没有提及“使公众……获得作品的表演（的录制品）”②。而按照对“传播作品”的限缩性解释，该被诉侵权的音乐网站上传的并不是音乐作品的原始形态（曲谱），而是音乐表演的录制品。换言之，据此观点，该音乐网站并没有直接对音乐作品进行交互式传播，而是对音乐表演的录制品实施了交互式传播。那么能否将该音乐网站的行为归入“用各种手段公开播送作品的表演”，从而对其适用表演

① 该条在 2001 年修订的《著作权法》中为第 43 条，在 2010 年修订的《著作权法》中为第 44 条。由于在作品经许可被制作为录音制品且该录音制品已出版的情况下，该作品必然已被“发表”，因此 2020 年修改《著作权法》时，删除了该条，统一适用第 46 条第 2 款的规定——“广播电台、电视台播放他人已发表的作品，可以不经著作权人许可，但应当按照规定支付报酬。”

② 作品的表演如果未被录制，是不可能进行交互式传播的，因为：未经录制的表演一定是现场表演，对现场表演的实时远程传播只可能是非交互式传播，即电台、电视台的直播，或“网播”。只有将表演录制后形成录制品，才可能以上传等方式置于服务器中进行交互式传播，即供用户在线点播或下载。

权，而非信息网络传播权？

如果对此问题给出肯定的回答，也就是认为对信息网络传播权的侵权，限于以交互式手段提供作品的原始形态，并不包括提供作品的表演以及该表演的录制品，则信息网络传播权的作用将式微。仍然以音乐作品为例：这将导致只有一种行为才会侵犯音乐作品权利人的信息网络传播权，那就是上传带词或不带词的曲谱。因为只有曲谱才是音乐作品创作完成时的原始形态①，才不会涉及对音乐作品的表演及表演的录制品。显然，除了专业人士，很少有人会有兴趣从网络中下载曲谱。如果认为只有上传曲谱才会侵害音乐作品权利人的信息网络传播权，那么信息网络传播权对于音乐作品权利人而言几乎丧失了意义。舞蹈作品也是如此：舞蹈作品的原始形态大概就是在纸上所画出的各种表明肢体动作的图式和符号。如果认为信息网络传播权定义中的“使公众……获得作品”，不包括使公众获得舞蹈表演的录像制品，那么信息网络传播权对于舞蹈作品的权利人还有什么用呢？而对于口述作品，信息网络传播权则完全丧失了价值，因为口述作品本身就是即兴创作的，事先并不存在文稿。对口述作品进行交互式传播的唯一途径就是将现场的口述录制下来，以上传等方式将录制品置于服务器中传播，即供公众在线点播或下载。

由此可见，在公开传播权的体系中，当公开传播权中的某项专有权利被定义为以某种方式传播“作品”时，除非有特别限定，否则该项专有权利涵盖的行为，并不限于对作品创作完成时的原始形态的传播，对于作品的表演和该表演的录制品的传播也被纳入其中。只是在传播作品的表演和该表演的录制品的情况下，还可能同时涉及表演者权和录制者权中的专有权利。前文提及的音乐网站未经许可，上传音乐专辑（音乐表演的录制品）的行为，同时侵害了音乐作品（被演唱的歌曲）著作权人、表演者和录音制品制作者的信息网络传播权。同样道理，2020 年《著作权法》修改后广播权定义中的“以有线或者无线方式公开传播或者转播作品”当然包括传播作品的表演和该表演的录制品。因此，通过无线电波、有线电缆和“网播”对音乐会（音乐表演）进行现场直播，以及播放该音乐会的实况录像（音乐表演的录制品），均属于与广播权对应的广播行为。

2. 广播权的第二项子权利——公开播放接收到的广播作品的权利

公开播放接收到的广播作品，是指在接收到以非交互式技术手段进行的初始传播之后，通过扩音器、电视机等设备或手段将其向公众播放。餐厅、咖啡厅、酒吧、酒店大堂、商场和超市等通过连接收音机的扩音器或通过大屏幕电视机，使公众能够欣赏广播电台、电视台正在播出的作品，或者通过互联网电视，使公众能够欣赏某一网络电视台正在根据节目时间表传播的作品，即为广播权的第二项子权利所控制的行为。

有人可能会认为：这些经营场所接收并播放广播电台、电视台正在播出的作品，是对经初始传播的作品（“广播的作品”）的正常利用，经初始传播的作品的著作权人默许这种行为，因此无须再经过许可并支付报酬。这种观点是不能成立的：首先，《伯尔尼公约》和

① 《著作权法实施条例》第 4 条第 3 项规定：“音乐作品，是指歌曲、交响乐等能够演唱或者演奏的带词或者不带词的作品”。这排除了边创作边演奏或演唱的特殊情况，音乐作品创作完成时的原始形态即为带词或不带词的曲谱。

我国《著作权法》明确规定公开播放接收到的经初始传播的作品是受广播权控制的行为。如果法律认定著作权人在许可广播电台、电视台对其作品进行无线或有线电缆传播时就已经许可接收者在公开场所利用收音机、电视机等装置向公众播放经初始传播的作品，则在立法上没有必要规定这种行为受广播权控制。其次，经营场所通过收音机、电视机等装置公开播放经初始传播的作品，与通过CD机和投影仪直接播放作品（机械表演或放映）并不存在本质区别，都是以播放设备形成了面向公众进行传播的“传播源”，利用被传播的作品谋取利益。因此，著作权人对这种营利性公开播放的行为有权加以控制。

由于面对的是难以计数且在地理上分散的经营场所，著作权人只能通过集体管理组织向这些场所发放许可和收取许可使用费。在我国，集体管理组织向广播电台和电视台针对其初始传播行为收取作品许可使用费的时间也不算长，要让播放经初始传播的作品的经营场所支付许可使用费，以实现广播权的第二项子权利的设立目的，可能还需要等待相当长的一段时间。

广播权控制的行为可总结如下表所示：

行为	非交互式初始传播（远程传播）	转播（远程传播）	公开播放接收到的经初始传播的作品（现场传播）
法律规定	以有线或者无线方式公开传播作品	以有线或者无线方式……转播作品	通过扩音器或者其他传送符号、声音、图像的类似工具向公众传播广播的作品
典型实例	广播电台通过无线电波直播音乐会、有线电视台通过有线电缆播放电影、网络电视台按照预定的时间表播放电视剧	就电视台对音乐会的直播，一广播电台以无线电波，另一电视台通过有线电缆，网站通过网络进行转播	餐厅用收音机或电视机接收广播电台或电视台对音乐会的直播，让在现场的顾客欣赏

典型案例

西班牙作家和出版商协会诉拉斐尔宾馆案

西班牙拉斐尔宾馆在每个房间中安装了电视机，入住宾馆的客人可以打开电视机欣赏音乐节目。集体管理组织西班牙作家和出版商协会（简称SGAE）对该宾馆提起诉讼，要求其就公开广播音乐作品的行为支付报酬。《西班牙知识产权法》对公开传播权的规定是根据欧盟《版权指令》修改的，而《版权指令》又与《伯尔尼公约》和《世界知识产权组织版权条约》保持一致。西班牙巴塞罗那地区法院认为：在宾馆房间中使用电视的行为并不涉及向公众传播作品。此案被上诉到巴塞罗那上诉法院之后，该法院请求欧盟法院对相关法律问题进行解释。

欧盟法院指出：本案中，“公众”是指经电视传播的作品的不特定潜在受众，不仅包括当时在宾馆客房中的客人，也包括其他可能入住并在客房中收看电视节目的人。特别是考虑到宾馆的退房和入住很频繁，会有相对大量的人群能够进入宾馆客房，这些人构成了公众。同时，没有宾馆提供电视机的行为，房客们即使位于广播信号的覆盖范围内，也无法欣赏被广播的作品。宾馆也充分意识到其提供电视机的后果，即使房客感知被广播的作品。因此，根据《伯尔尼公约》第11条的规定（也即前文所述的“公开播放接收到的经初始无线传播的作品”），本案中宾馆的行为属于对已被广播的作品的传播，属于广播权的控制范围。

欧盟法院还强调：只要传播行为使公众“能够”获得作品，就应当受到公开传播权的控制。因此，入住宾馆的客人是否实际打开了电视机无关紧要，因为其已经“能够”通过电视机欣赏被广播的作品。虽然是否以营利为目的并不能影响对公开传播行为的认定，但宾馆提供电视机会影响房间定价，为宾馆带来收入。① 因此，宾馆应当获取权利人的授权。

理论研究

实施传播行为与为传播提供实物设施的区别

公开传播权控制的是传播行为，而不是仅为传播行为的实施提供软、硬件设备或服务的行为。《世界知识产权组织版权条约》关于第8条的议定声明指出：“不言而喻，仅仅为促成或进行传播提供实物设施②不致构成本条约或《伯尔尼公约》意义下的传播。”那么，为什么不能把餐厅等场所安装收音机、电视台的行为认定为仅仅为广播电台、电视台进行传播提供实物设施呢？

在上文所述的“西班牙作家和出版商协会诉拉斐尔宾馆案”中，被告拉斐尔宾馆在每个客房中安装了可供客人欣赏节目的电视机。显然，客房中的电视机是入住宾馆的客人自己打开的，而不是宾馆经营者远程开启的。但欧盟法院仍然认为宾馆实施了对被广播作品的传播。由此可见，“为促成或进行传播提供实物设施”和实施传播行为的区别并不在于是否动手打开了相关设备。那么，两者的区分究竟在哪里呢？

应用“传播源”理论，上述问题可迎刃而解。传播行为的构成，以形成“传播源”为要件。对于初始传播的后续利用而言，只有形成有别于初始“传播源”的另一个“传播源”，后续利用行为才构成有别于初始传播行为的新的传播行为。如果在没有形成另一个“传播源”的情况下利用了初始“传播源”，则无论利用的方式与技术手段如何，都不可能属于新的传播行为。因此，只要创设了作品的“传播源”，使作品处于能够从其控制之下的“传播源”中为公众获取的状态，就实施了传播行为，与是否直接“动手操作”相关设备，从而启动实际传送作品的过程并无关系。与此同时，凡是创设“传播源”的行为，都不可能属于“仅仅为促成或进行传播提供实物设施”，即使该行为确实涉及提供“实物设施”。只有当没有创设“传播源”，但又提供了“实物设施”时，才可能属于“仅仅为促成或进行

---

① Sociedad General de Autores y Editores de Espana (SGAE) v. Rafael Hoteles, Case C-306/05, paras. 37-44.

② 该用语是《世界知识产权组织版权条约》官方译本使用的。本书作者认为将其翻译为“实质便利”更为合适。后文对此还会进行阐释。

传播提供实物设施”，从而不构成传播行为。

同样道理，接入服务提供商为网站提供宽带接入服务，并不会被认定为实施了传播行为。这是因为对于交互式传播而言，初始“传播源”是提供作品在线浏览、点播和下载的服务器，其创设者是网站的经营者，而接入服务本身并没有创设不同于初始“传播源”（服务器）的另一“传播源”。因此接入服务不能被认定为传播行为，只能被归为“仅仅为促成或进行传播提供实物设施”。与此类似的是，餐厅、酒吧、咖啡厅和宾馆等公开场所仅提供无线路由器供公众接入互联网并欣赏网络中的作品，并没有创设不同于初始“传播源”（服务器）的另一“传播源”。对于在这些场所的公众而言，其用于无线上网和欣赏作品的移动设备，如笔记本电脑、平板电脑和手机，才是新的“传播源”。如顾客用手机在咖啡厅进入视频网站看电影时，电影的初始“传播源”是视频服务器，但顾客直接感知的连续画面和声音是从手机这一新的“传播源”中传出的，只是从该“传播源”传出的作品仅面向特定的使用者，而不是面向“公众”，因此，这些场所设置的无线路由器仅是为作品的传播和公众从初始“传播源”获取作品提供了便利，因此场所经营者不能被认定为实施了传播行为。

与此形成鲜明对比的是以下两类传播行为。

第一类是受信息网络传播权规制的交互式传播行为，实施该行为的典型方式就是将作品上传至向公众开放的网络服务器中，供公众自行点击以欣赏或下载。显然，只要创设“传播源”，使作品处于从该“传播源”为公众“按需获取”的状态，即可构成交互式传播行为，传播者并不需要做进一步的“动手操作”。假设在某一时刻并没有用户进入爱奇艺的网站点播视频，该服务的经营者也并不会主动将服务器中存储的视频传送至任何用户，但无人会否认，只要爱奇艺网站的经营者将影视剧置于向公众开放的服务器中供公众点播或下载，就已经实施了交互式传播行为。而传送过程由用户的操作——点击相关影视剧启动的事实，并不会影响上述结论的成立。

第二类是餐厅、酒吧、咖啡厅和宾馆等公开场所设置收音机、电视机，使进入其场所的公众观看或收听电台、电视台正在播放的作品。此类行为形成了有别于电台和电视台这一初始“传播源”的另一“传播源”。进入餐厅等场所的公众是从收音机、电视机这一新的“传播源”中直接获取作品的。因此，餐厅等此类场所实施了传播行为，而不是“仅仅为促成或进行传播提供实物设施”。在著名的“欧共体诉美国案”中，世界贸易组织专家组认定：在餐厅中提供收音机和电视机，供就餐客人欣赏含有音乐的广播、电视节目的行为，属于《伯尔尼公约》第 11 条之二第 1 款第 3 项规定的传播行为（“通过扩音器或其他任何传送符号、声音或图像的类似工具公开传播广播的作品”）。[①] 显然，只要这些场所的经营者设置了接收装置，由此形成了能使公众从中获取作品的新的“传播源”，作品的初始来源为经营场所之外的电台、电视台的事实，并不会对经营者实施了传播行为这一认定产生影响。

由此可见，“动手操作”一定不是认定此类传播行为所必须具备的条件。如果将“动手操作”作为其构成要件，也就是餐厅等场所的经营者不仅要设置收音机、电视机，还必须

---

① 参见世界贸易组织专家组的报告：The Report of the Panel on United States - Section 110（5）of the US Copyright Act，WT/DS160/R。

动手打开收音机、电视机并调到播放相关作品的频率或频道，否则其行为就不受《伯尔尼公约》和我国《著作权法》规定的上述传播权的规制，那么场所经营者要规避责任就易如反掌——只要在收音机、电视机下贴一个纸条“请您自己开启收音机、电视机”，避免由自己直接为客人操作，就可以了。这将导致《伯尔尼公约》和我国《著作权法》的规定形同虚设。因此，传播行为的认定并不以“传播源”的创设者动手进行操作为前提条件，只要使作品通过“传播源”处于可被公众获取的状态，使公众有从“传播源”中获取作品的可能性就足够了。餐厅等场所安装用于接收和播放广播、电视节目的收音机、电视机并设置完成（如将电视机与接入有线电视系统的机顶盒相连）后，该收音机、电视机就立刻可被用于接收并播放电台、电视台正在传播的广播、电视节目。此时只要打开收音机、电视机，就能使作品从这一新的“传播源”中传播。即使是由入场的消费者打开收音机、电视机并调至某一频率或频道使之播放接收到的节目，经营者仍然会被认定为实施了传播行为。换言之，对于该形成新“传播源”的行为，当然应该由餐厅等场所的经营者负责。是餐厅等场所的经营者安装和设置收音机、电视机的行为，而不是进入该场所并动手打开收音机、电视机的消费者创设了“传播源”。

（六）信息网络传播权

《著作权法》规定，信息网络传播权是“以有线或者无线方式向公众提供，使公众可以在其选定的时间和地点获得作品的权利”①。

信息网络传播权是为了应对互联网对著作权保护带来的挑战而规定的。在网络出现之前，以无线或有线方式向不在现场的公众进行的传播都是一种由传播者“单向”提供作品内容、供公众欣赏的行为。公众只是被动的接受者，只能在作品传播者指定的时间或者在传播者指定的地点欣赏作品。例如，中央电视台预告在某日下午 3 点至 4 点播出“影视金曲”节目，希望欣赏的观众虽然可以自己选择一个收看的地点，如自己家中、朋友家中或办公室中，但只能在当天下午 3 点至 4 点这个时间段收看。

互联网带来的传播模式方面的最大变化在于，可以在远程传播中实现交互式传播，其特征在于受众可以自主地选择信息内容，以及接收传播的时间和地点。正因为如此，交互式传播也被称为按需传播(communication on demand)。例如，将作品上传至向公众开放的网络服务器之后，只要作品本身没有被删除以及网络服务器保持开机和联网状态，用户即可在世界上任何一台联网的计算机（个人选定的地点）上，在任何一个时间点（个人选定的时间），点击该作品进行在线欣赏或下载。虽然上传作品者才是传播者，但只有等到用户点击该作品时，从服务器向用户计算机的传输过程才会开始，是用户的点击行为触发了对作品的实际传输。

从对权利人的影响来看，交互式传播行为要远大于其他的远程传播行为，两者最大的区别在于：交互式传播能够在一定程度上代替对作品有形载体的购买，而其他远程传播行为难以达到这一效果。以音乐为例：某广播电台“音乐欣赏”栏目每天会定时播放歌曲，用户只能根据广播电台事先公布的节目时间表打开收音机，并调至特定频率加以收听。用

① 《著作权法》第 10 条第 1 款第 12 项。

户无论是对于收听的时间还是对于歌曲都没有任何选择的权利。当用户听到一首自己喜欢的歌曲时，由于无法预见这首歌下次会在何时被播出，如果用户希望反复欣赏，往往会去购买唱片。相反，如果一家音乐网站收录大量歌曲供用户自行点播，用户就可以自行选择时间登录该网站，并选择自己喜欢的歌曲加以在线欣赏。这种效果与用户购买一张唱片，在自己选择的时间播放，已经差别不大。因此，交互式传播对权利人会产生极大影响。

在20世纪70年代最后修订的《伯尔尼公约》规定了一系列"向公众传播权"（远程传播权），但一方面规定的权利较为分散，另一方面没有实现对所有类型作品和所有向公众传播行为（远程传播）的全覆盖。为了解决这一问题，使在网络时代各类作品的权利人对各种向公众传播行为（远程传播）都能享有"向公众传播权"（远程传播权），1996年缔结的《世界知识产权组织版权条约》第8条，以技术中立的方式规定了适用于全部类型作品的、涵盖面极广的"向公众传播的权利"——"文学和艺术作品的作者应享有专有权，以授权将其作品以有线或无线方式向公众传播，包括将其作品向公众提供，使公众中的成员在其个人选定的地点和时间可获得这些作品"。此处的"作品"延及所有可被远程传播的作品，而"有线或无线"的用语将各种技术手段均纳入其中。其中，"将其作品向公众提供，使公众中的成员在其个人选定的地点和时间可获得这些作品"的权利，在国际上被称为"向公众提供权"（right of making available to the public），是"向公众传播权"（远程传播权）的子权利，专门针对交互式传播，可以控制通过互联网提供作品的点播和下载的行为。该权利是我国《著作权法》中的信息网络传播权的直接来源。

为了加强在网络环境中对著作权的保护，我国不但在《著作权法》中根据《世界知识产权组织版权条约》第8条的措辞规定了信息网络传播权，还颁布了《信息网络传播权保护条例》。据《著作权法》对信息网络传播权的定义，受该权利控制的行为是"以有线或者无线方式向公众提供，使公众可以在其选定的时间和地点获得作品的"行为，即交互式网络传播行为。

要构成交互式网络传播行为，应当具备以下条件。

首先，该行为应当通过信息网络向公众提供作品，也就是可使作品通过网络被传送至远端。

所谓"提供作品"，仅仅是指使公众获得作品的可能性，而不要求实际将作品发送至公众手中。我国《著作权法》对信息网络传播权的定义中"提供"的一词译自《世界知识产权组织版权条约》第8条中的"making available"，意思是"使……可获得"，即一种使他人获得作品的"可能性"，而并非他人已经获得作品的状态。只要将作品"上传"至网络或以其他方式使作品处于在网络服务器中，供网络用户获取，如提供作品的在线阅读、收听、观看和软件的在线安装、运行（如"在线杀毒"）等，就构成对作品的"提供"的状态，而无论是否有人实际进行过下载、点播、浏览或安装。在"郑成思诉北京书生数字技术公司案"中，被告虽然只是未经许可，在其数字图书馆中对原告的作品提供在线阅览服务，并未开放下载功能，但一、二审法院仍然认定："书生公司未经郑成思许可，将郑成思享有著作权的涉案图书上载于书生之家网站上供公众浏览，侵犯了郑成思对上述作品享有的信息网络传播权。”[①] 北京市高级人民法院颁布的《关于审理涉及网络环境下著作权纠纷案件若干问题的指导意见（一）（试行）》第2条第2款也规定：“将作品、表演、录音录像制品上传至或以其他方式置于向公众开放的网络服务器中，使作品、表演、录音录像制品处于公众可以在选定的时间和地点下载、浏览或以其他方式在线获得，即构成信息网络传播行为，无须当事人举证证明实际进行过下载、浏览或以其他方式在线获得的事实。”

“信息网络传播权”名称中的“信息网络”是广义的概念。根据最高人民法院《关于审理侵害信息网络传播权民事纠纷案件适用法律若干问题的规定》第2条，“信息网络”包括以计算机、电视机、固定电话机、移动电话机等电子设备为终端的计算机互联网，广播电视网，固定通信网，移动通信网等信息网络，以及向公众开放的局域网络。在“三网融合”的技术背景下，任何网络只要能够实现交互式远程传播，都属于信息网络传播权之定义中的“信息网络”。例如，我国绝大部分已经开通了数字电视服务，观众在家中通过遥控器就可以自行“点播”电影等节目，并根据点播的节目单独付费。这同样实现了使公众在其“选定的时间和地点获得（作品）”。因此，数字电视经营商提供的这种服务也是受信息网络传播权控制的行为。

其次，该行为应当是交互式传播行为。

交互式传播是指并非由传播者指定受众获得作品的时间和地点，而是能够“使公众可以在其选定的时间和地点获得（作品）”的传播行为。换言之，这种行为应当使公众能够“按需”获得作品。这是受信息网络传播权规制的“向公众传播”（远程传播）行为区别于其他远程传播行为的本质特征。因此，《著作权法》中的信息网络传播权不能按照字面意思被理解为“通过信息网络传播作品的权利”，而只能是“通过信息网络对作品进行交互式传播的权利”。

如果传播行为并未采用“交互式”手段，即使通过网络向公众传播作品，也不受信息网络传播权控制。例如，目前一些互联网站提供“网播”服务，用户在登录后只能在线收听或收看到网络电台、电视台按照预定节目表在这一时刻正在播出的节目，而无法自行选择节目。这种“网播”并不是交互式网络传播，因为它仍然只能使公众在传播者“指定的时间”获得作品，而无法使公众在“其选定的时间获得作品”。对此类“网播”行为应当适用广播权中的第一项子权利——非交互式传播权，而不是信息网络传播权。但如果该网站将以往的节目录制下来，置于网站中供用户“点播”，则构成典型的交互式传播。

目前网络环境中最为典型的交互式网络传播行为有三种：第一种是网站经营者直接将数字化作品置于开放的网络服务器上，供用户在线欣赏或下载。第二种是用户将数字化作品上传到开放的网络服务器上，供其他用户在线欣赏或下载，如用户将构成视听作品的短视频上传到“抖音”服务器，将文字作品传到网络论坛等。第三种是用户将数字化作品置于P2P软件划定的“共享区”，供同类P2P软件的用户搜索和下载。

---

① 北京市海淀区人民法院（2004）海民初字第12509号民事判决书，北京市第一中级人民法院（2005）一中民终字第3463号民事判决书。

实务探讨

如何理解“公众可以在其选定的时间和地点获得作品”

根据《著作权法》对信息网络传播权的定义，只有那些能够“使公众可以在其选定的时间和地点获得作品”的行为才受该权利的控制，那么，对“选定的时间和地点”该如何理解呢？试举两例：(1) 基于“三网融合”的IPTV服务可以使用户利用电视机＋机顶盒对已播出的电视节目在一段时间（目前多为72小时）内进行点播，即“限时回看”，超过这段时间则无法回看。(2) 某大学图书馆将购买的正版“电子书”上传至服务器，供本校师生在校园网中阅读，师生一旦离开该大学的校园网，就无法登录阅读了。在这两个假想例中，相关服务都限定了用户得以欣赏的时间或地域。如果上述行为属于未经许可，提供作品，是否会构成对信息网络传播权的侵权呢？

有观点认为，如果仅能在有限的时间段（如72小时）、有限的地域范围（如某大学的校园）内提供作品，就不属于“使公众可以在其选定的时间和地点获得作品”。如在由IPTV对已播出的电视节目提供“限时回看”引发的诉讼中，有法院认为，“‘IPTV回看’模式既有时间限制，又有地点选择限定，并不符合严格意义上的信息网络传播的‘选定’特点”，因此认定该行为不侵犯信息网络传播权。[①] 这是对信息网络传播权的误读。

《著作权法》对信息网络传播权的规定源于《世界知识产权组织版权条约》第8条的后半句。世界知识产权组织在该条约的“基础提案”（作用类似于我国全国人大常委会宪法和法律委员会对法律草案的说明）中指出：“该条后半句的主要目标是澄清：交互式的按需传播行为是该条规制的范围。实现这一目标的方法是确认相关的传播行为包括使公众中的成员能够从不同的地点和在不同的时间获得作品。个性化选择的要件暗示了获得作品行为的交互式性质。”[②] 在缔结该条约的1996年世界知识产权组织外交会议上，会议主席对该条款作出了如下说明：“该条的后半部分针对通过在交互式系统中（in interactive systems）提供作品而使作品可被获得的行为。”[③] 由此可见，“使公众在其选定的时间和地点获得作品”并不能被望文生义地理解为公众可在“任何地方”和“随时可以”获得作品，而是指向公众进行的交互式传播。换言之，任何通过信息网络向公众进行的交互式传播，均可以“使公众在其选定的时间和地点获得作品”。例如，某视频网站在上传电影至其服务器之后，通过技术手段将服务范围限定在除索马里之外的世界其他国家和地区，或者每天关闭服务器10分钟。难道因为公众不能在随意选定的地点（索马里）和任意时间（服务器被关闭的那10分钟）获得作品，该视频网站的行为就不可能侵犯信息网络传播权了吗？这样一来，只有那些永远不关闭服务器、向全世界所有国家和地区开放服务的网络服务提供者的行为才有可能侵犯信息网络传播权。这样的结论显然是荒谬的。

---

① 参见杭州互联网法院（2018）浙0192民初4603号民事判决书。该案在二审中以调解结案，一审判决书未发生法律效力。

② 世界知识产权组织有关《世界知识产权组织版权条约》的“基础提案”第10条的解释，第10.11段。

③ 1996年外交会议第一主委员会的会议记录，WIPO Doc. CRNR/DC/102，Summary Minutes，Main Committee I，para. 299。

《信息网络传播权保护条例》第7条第1款中规定，“图书馆、档案馆、纪念馆、博物馆、美术馆等可以不经著作权人许可，通过信息网络向本馆馆舍内服务对象提供本馆收藏的合法出版的数字作品和依法为陈列或者保存版本的需要以数字化形式复制的作品，不向其支付报酬”。这一条是对信息网络传播权的限制，而进行权利限制的前提是相关行为已落入了专有权利的规制范围。例如，《著作权法》不可能规定“在家中可以不经著作权人许可播放音乐作品”，因为这种行为不是“公开表演”，不受表演权的控制。因此，《信息网络传播权保护条例》将图书馆等通过局域网向本馆馆舍内服务对象提供作品设定为对信息网络传播权的限制，本身就意味着仅在馆舍内进行交互式传播仍然可构成信息网络传播行为。最高人民法院发布的《关于做好涉及网吧著作权纠纷案件审判工作的通知》第3条中明确规定，“网吧经营者未经许可，通过网吧自行提供他人享有著作权的影视作品，侵犯他人信息网络传播权等权利的，应当根据原告的诉讼请求判决其停止侵权和赔偿损失”。图书馆和网吧在局域网中提供获取作品既有“时间限制”（图书馆和网吧有开放时间的限制）又有“地点选择限定”（只有进入图书馆和网吧才能点播），但其行为仍然构成信息网络传播行为。

由此可见，在传播者限定的时间和地域范围内，只要公众可以通过网络自行选择时间和地点去“点播”，这一传播就是“交互式传播”，仍然是信息网络传播权所规制的行为。在前述两个假想例中，虽然通过IPTV只能实现在72小时内的“限时回看”，但在这段时间内，用户仍然可以自行选择时间和地点点播作品。同样，虽然图书馆只在校园网内提供作品的在线阅读，但用户仍然可以自行选择时间进入校园，随意选择计算机终端阅读作品。因此，这两种行为均受信息网络传播权规制。

四、演绎权

与公开传播权一样，演绎权这个术语并不是指一项具体的专有权利，而是一类专有权利的总称，它控制的是对作品进行演绎以及对由此形成的演绎作品进行利用的行为。本书第二章第四节已详细讲解了演绎作品的概念，即演绎作品是指在保持原有作品基本表达的基础上，对原表达加以发展，并使新表达与原表达融为一体而形成的新作品。如果一种利用作品的行为并未形成演绎作品，则这种利用行为并不是演绎行为，不受演绎权的控制。我国《著作权法》将演绎权这一类权利分解为三项，分别为摄制权、改编权和翻译权。这意味着将作品摄制成视听作品、改编成新作品以及翻译成另一种文字的行为是受到演绎权控制的演绎行为。

典型案例

贴画瓷砖案

此案发生在美国。原告创作了美术作品并销售了原件，被告购买后，将其贴在瓷砖上，用透明树脂覆盖后出售。由于被告并未在瓷砖上复制原告的美术作品，而是直接贴上了其购买的原件，原告无法起诉被告侵犯复制权。同时，根据《美国版权法》第109条对“发行权用尽”原则/“首次销售”原则的规定，原告也无法起诉被告转售原件的行为。因此，原告采取的诉讼策略是，起诉被告制作贴画瓷砖的行为构成演绎，侵犯了《美国版权法》第106条第2款规定的演绎权。

法院认为：被告将原告的作品贴在瓷砖上的行为，并不构成“创作”，并未产生演绎作品。它与将油画装入框架之中展示的行为并无不同。虽然对框架或玻璃罩的选择会影响人们对艺术品的感知，而且许多艺术家会专门选定框架或雕塑的基座，但没有人会认为博物馆每次更换油画的框架的行为会构成对演绎权的侵权。

原告提出，即使被告的行为不能形成演绎作品，也侵犯了演绎权。法院不同意这种观点，并强调要构成对演绎权的侵权，必须产生有独创性的演绎作品，并据此判决原告败诉。①

理论研究

什么是《著作权法》中的“整理”

《著作权法》第13条规定：“改编、翻译、注释、整理已有作品而产生的作品，其著作权由改编、翻译、注释、整理人享有，但行使著作权时不得侵犯原作品的著作权。”由于“改编”和“翻译”是典型的演绎行为，这一规定给人留下的印象，就是“整理”也是一种演绎行为，也能产生演绎作品。

在认定古文点校结果为作品的案例中，法院均将点校结果划入“演绎作品”的范畴。如在“中华书局诉国学网案”中，一审法院对此认为：“在本案中，如果不给予原告保护……有悖于《著作权法》第12条的立法目的。故而本院认定原告对‘二十五史’进行的包括分段、加注标点和字句修正的校勘工作属于《著作权法》第13条中的‘整理已有作品’，其产生的中华书局本‘二十五史’点校作品应当依法受到保护。”②

法院的上述观点误解了《著作权法》第13条中“整理”的含义。“整理”一词直接源于《伯尔尼公约》。该公约第12条规定：“文学艺术作品的作者享有授权对其作品进行改编、arrangements和其他变动的专有权利。”Arrangement一词，有时被译为“整理”。这应是我国《著作权法》第13条中“整理”一词的来源。而《伯尔尼公约》中的arrangement并非“文献整理”意义上的“整理”，而是特指能产生新作品的“改编”或“编排”。这一含义，可从《伯尔尼公约》第2条第3款（其名称为“演绎作品”③）的规定中得到印证，该款规定：“文学艺术作品的作者享有授权对其作品进行改编、arrangement of music和其他演绎行为的专有权利。”我国政府在批准加入《伯尔尼公约》时，向世界知识产权组织提交

① Lee v. A. R. T. Co.，125 F. 3d 580，581－582（7th Cir.，1997）.

② 北京市海淀区人民法院（2011）海民初字第12761号民事判决书。

③ 该名称是《伯尔尼公约》自身就有的，并非学者对条文内容的总结。

的《伯尔尼公约》中文本中将该条中的 arrangement of music 翻译为“音乐改编”[①]，这较为准确地揭示了 arrangement 的原意。[②] 对于“music arrangement”的含义，美国著名版权法学者尼摩尔曾举例说明：对于 music arrangement 而言，演绎权特别有用。广播和电视广告中，经常会播放重新填词的音乐。该行为如果得到了音乐版权集体管理组织对表演权的许可，并不会侵犯表演权（《美国版权法》中的表演权包括广播权）。但对歌词的改变如没有获得演绎权的许可，仍然是侵权行为。[③]

世界知识产权组织编写的《著作权与邻接权法律术语汇编》在解释“arrangements of music”时指出：“该词一般被理解为根据特定的交响乐团或乐器的要求，或根据歌手的实际音域等情况调整音乐作品的表现形式，使之适于特定目的。其在大多数情况下是将其他乐曲改成管弦乐曲，或者以不同的音调转换乐曲，并不一定构成对演绎作品的创作。”[④] 根据这一解释，许多情况下对乐曲的刻意调整都不能产生“演绎作品”。如果仅是为了“复原”古文而进行的点校，又怎么可能作为“演绎作品”受保护呢？

《伯尔尼公约》另一处使用 arrangement 的条款是第 2 条第 5 款（其名称为“汇编”），该款规定：文学或艺术作品的汇编，诸如百科全书和选集，凡由于对材料的选择和编排（arrangement）而构成智力创作的，应得到相应的但不损害汇编内每一作品的版权的保护。《与贸易有关的知识产权协定》在同样意义上使用了 arrangement 一词，其第 10 条第 2 款规定：“对数据或其他材料的汇编……只要由于对其内容的选取或 arrangement（编排）而构成智力创作，即应作为智力创作加以保护……”

由此可见，上述规定中的 arrangement 仍然是指能够形成新作品（汇编作品）的编排行为。而在判断是否形成了受保护的新作品时，著作权法的基本原理，如事实和对事实的思想观点不受保护以及“混同原则”等，均完全适用。并非任何技术上的对文献的“整理”都可形成受保护的作品。因此，我国《著作权法》将《伯尔尼公约》中的 arrangement 译为“整理”，并未准确地反映 arrangement 的原意，容易引发误解。1991 年《著作权法实施条例》对 1990 年《著作权法》第 12 条中的“整理”的定义就反映了这一误解：该条例第 5 条第 12 项规定，“整理，指对内容零散、层次不清的已有文字作品或者材料进行条理化、系统化的加工，如古籍的校点、补遗等。”但该规定于 2001 年修改《著作权法实施条例》时被删除。这说明立法者已经意识到了“整理”在著作权法中的真实含义。需要特别指出的是：参与 2001 年《著作权法》修改的立法者专门针对“整理”作出了解释：“对于什么叫‘整理’，有不同的理解。如有人认为，整理就是‘对内容零散、层次不清的已有文字作品或材料进行条理化、系统化的加工，如古籍的校点、补遗等’。这个说法基本上是不正确的……古籍的校点、补遗并不产生演绎作品……”[⑤]

---

① 该中文本载于世界知识产权组织网站，http：//www. wipo. int/export/sites/www/treaties/zh/docs/berne. pdf。

② 与此相对应的是，该中文本将《伯尔尼公约》第 12 条中的 arrangement 也译为“音乐改编”。

③ See Melvile B. Nimmer & David Nimmer, *Nimmer on Copyright*, Matthew Bender & Company, Inc., 2003, §8.09 [B] [2].

④ 世界知识产权组织编，刘波林译：《著作权与邻接权法律术语汇编》（中英法对照），11 页，北京，北京大学出版社，2007。本书作者的翻译与该书中的译文略有不同。

⑤ 胡康生主编：《中华人民共和国著作权法释义》，62 页，北京，法律出版社，2002。

在“郑某诉大众文艺出版社案”中，法院指出：“对内容完整的古籍断句和标点，是在遵循古籍原意的前提下，为方便现代人阅读而在古籍中本应该停顿的地方用现代汉语中的标点加以标识……因此这种标点行为并不是著作权法中规定的汇编、改编、翻译、注释、整理等任何一种演绎行为。”[①] 可见，对《著作权法》第13条的规定，必须结合著作权法基本原理进行解释，不能望文生义，将古文点校理解为该条中的“整理”。

从上文的分析中还可得出一个结论：

(一) 摄制权

《著作权法》规定，摄制权是指“以摄制视听作品的方法将作品固定在载体上的权利”[②]。摄制权在《伯尔尼公约》中有明确体现。《伯尔尼公约》第14条第1款第1项规定：文学或艺术作品的作者有权许可他人以摄制电影的方式对作品进行改编和复制，以及发行由改编和复制而形成的新作品。这意味着如果没有得到文艺作品著作权人的许可，为了制作视听作品而对其作品进行复制、改编并制作完成视听作品，以及发行该视听作品都是侵权行为。《伯尔尼公约》中所说的“以摄制电影的方式对作品进行改编和复制”包含了拍摄电影所涉及的一系列利用作品的行为，如将小说改编为电影剧本，根据该电影剧本进行拍摄，以及将美术作品或摄影作品拍摄进电影之中等。

《著作权法》在定义摄制权时使用了“将作品固定在载体上”的用语。如果仅根据的字面含义，很容易认为摄制权就是复制权，只不过是将作品复制到视听作品中的权利，因为“将作品固定在载体上”就是复制行为。如果这样理解摄制权，则只有在制作视听作品时，用摄像机将挂在墙上的一幅画摄入镜头（参见第六章第二节引述的“典型案例：电影中对美术作品的附带性使用”）等单纯的复制行为，才属于受摄制权控制的行为。这将导致摄制权丧失意义，因为对这些行为完全可以适用复制权。实际上，摄制权的主要作用在于控制根据小说、戏剧等作品制作视听作品的行为，也就是将原作品中的内容以视听形式予以展现。《著作权法》的用语“将作品固定在载体上”没有涵盖演绎行为（如将小说拍摄成影视剧），需要进行合理解释才能使摄制权有意义。换言之，摄制权控制的行为应当是将他人的小说、戏剧等作品以拍摄或其他方式制作成电影、电视剧等视听作品。由此形成的视听作品本身当然是有别于小说、戏剧作品的新作品，属于演绎作品。如果其取得了商业上的成功，编剧、导演和摄影等视听作品作者的智力贡献当然功不可没，但也与作为视听作品基础的小说、戏剧等作品具有价值密不可分。因此，要将小说、戏剧等作品拍摄成电影、电视剧等视听作品，需要经过这些作品作者的许可。后文在讲解视听作品的著作权归属和利用时也会说明，将视听作品改为其他艺术形式后进行利用，需要得到作为视听作品基础的小说、戏剧等作品的权利人和视听作品权利人的双重许可。

(二) 改编权

《著作权法》规定，改编权是“改变作品，创作出具有独创性的新作品的权利”[③]。该定

---

① 北京市朝阳区人民法院（2011）朝民初字第17229号民事判决书，北京市第二中级人民法院（2011）二中民终字第12056号民事判决书。

② 《著作权法》第10条第1款第13项。

③ 《著作权法》第10条第1款第14项。

义并未涉及原作品与新作品之间的关系，但根据前文对演绎权的分析，仅仅根据原作品的思想创作出新作品并非受改编权控制的行为，只有在保留原作品基本表达的情况下通过改变原作品创作出新作品，才是著作权法意义上的改编行为。例如，将长篇小说改编成一套漫画，将抒情歌曲改编为摇滚乐，将戏剧改编成电影剧本等，都是改编。

根据专有权利控制行为的基本原理，《著作权法》对改编权的规定看似赋予了作者控制改编行为的权利，但是，在发表改编作品或对改编作品以其他方式加以利用之前，著作权人是无法阻止他人出于个人兴趣而对作品加以改编的，如画家在自己家中将小说绘制成连环画。因此，《德国著作权法》第 23 条对改编权采用了一种较为务实的规定：只有在经过被改编作品作者同意的情况下，才能对改编作品加以发表或利用。这意味着受改编权控制的并非单纯的改编行为，而是对改编作品加以后续利用的行为，如发表、发行和公开表演等。而根据我国《著作权法》，虽然改编行为本身就是受改编权控制的行为，但只要未发表改编作品或未对其进行后续利用，该行为完全可以构成为个人学习、研究目的的合理使用。

除《著作权法》对改编权有规定之外，《计算机软件保护条例》也有对计算机软件改编权的规定。《计算机软件保护条例》第 8 条第 1 款第 3 项规定："……修改权，即对软件进行增补、删节，或者改变指令、语句顺序的权利……"需要注意的是，虽然《计算机软件保护条例》使用的名称是"修改权"，但此"修改权"与《著作权法》规定的"修改权"并不是一回事。《著作权法》规定的"修改权"是一项著作人身权，是与"保护作品完整权"相互配合行使的。而计算机软件本质上是一种实用性工具，难以像文学艺术作品那样体现作者的人格与精神，因此《计算机软件保护条例》并未规定"保护作品完整权"。其规定的"修改权"实际上是著作财产权，与改编权无异。

典型案例

游戏作弊器案

"游戏魔仆"是一种针对任天堂游戏机的作弊设备。安装该设备之后，就可以增加游戏角色的生命值、移动速度或使角色飘过障碍物。"游戏魔仆"的工作原理是：截取游戏卡向主机发送的数据并加以修改，但它并不会修改存储在游戏卡中的任何数据。任天堂公司在美国起诉"游戏魔仆"的制造商侵犯其作品的演绎权。

法院认为：问题的关键在于，使用"游戏魔仆"之后产生的视觉效果是否能构成演绎作品。而演绎作品必须能够以某种实实在在或永久性的方式纳入原作品。但"游戏魔仆"并没有将原作品纳入其中。它本身并没有产生任何视觉效果。视觉效果是任天堂的游戏系统和游戏卡产生的，它们并不存在于"游戏魔仆"之中。因此"游戏魔仆"并没有产生演绎作品。

法院还将用于文字处理系统的"拼写检查"软件作为类比：第三方软件商开发的"拼写检查"软件可以自动对用户使用文字处理软件输入的文字是否有拼写错误进行检查。如果法院认为基于文字处理软件运行的"拼写检查"软件是演绎作品，则这类应用软件就无法上市销售了。同样的道理对“游戏魔仆”也是适用的。[①] 法院因此判决原告败诉。

本书第二章在讲解软件作品时已指出，计算机程序是代码化指令序列。在本案中，“游戏魔仆”只是截取并修改了数据，根本就没有对代码化指令序列本身进行任何修改，怎么可能产生以原计算机程序为基础的演绎作品呢？

（三）翻译权

翻译权是《伯尔尼公约》明确规定的一项权利。该公约第 8 条规定：受本公约保护的文学艺术作品的作者，在对原作品享有权利的整个保护期内，享有翻译和授权翻译其作品的专有权利。我国《著作权法》规定，翻译权是“将作品从一种语言文字转换成另一种语言文字的权利”[②]。在世界经济一体化进程加速的今天，翻译权是国际著作权保护中最重要的权利之一，它往往能够使作品的著作权人因他国对其作品的翻译和后续利用而获得新的经济利益。例如，将汉语写成的小说译成英语等其他语言是受翻译权控制的行为，未经许可而进行翻译构成侵权。

需要注意的是，并非所有的转换作品表达方式的行为都是著作权法意义上的翻译行为，例如，将汉语写成的小说改成盲文，供盲人阅读，并非翻译行为。这是因为汉语文字与盲文符号之间存在着严格的一一对应关系，任何懂汉语和盲文的人只要按照规则正确地进行转换，都会得到相同的结果。在这种情况下，个人没有发挥智力创造性的余地，转换行为缺乏起码的智力创造性，不符合独创性的要求。因此，这种转换只是复制行为，而非翻译行为。

五、汇编权的特殊问题

《著作权法》规定：汇编权是“将作品或者作品的片段通过选择或者编排，汇集成新作品的权利”[③]。其中使用了“新作品”一词，这意味着如果汇编的结果并非符合独创性要求的作品，则该将作品汇集成册的行为并非受汇编权控制的行为。要构成汇编作品，必须在选择或者编排作品方面体现出独创性。例如，某出版社精选出鲁迅先生的 50 篇杂文，编成《鲁迅杂文精选》。该书即为汇编作品，因为出版社至少在选择被汇编的杂文方面体现出了智力创造性——该选择涉及编辑与众不同的对杂文的理解和判断。但是，如果该出版社将鲁迅先生的全部杂文按发表时间顺序编成《鲁迅杂文全集》，则无论在选择还是编排方面都没有独创性：既然鲁迅先生的全部杂文都被收录，就不涉及有智力创造性的选择过程；同时，按照发表时间排序又是一种最为常规和传统的方法，也没有体现出智力创造性。故该《鲁迅杂文全集》就不是汇编作品。即使鲁迅先生的作品在今天尚未过保护期，他人未经许可，编辑并出版这本《鲁迅杂文全集》也不是侵犯汇编权的行为。

汇编权所控制的行为，无非是利用他人作品形成汇编作品并加以后续利用。这一过程涉及对他人作品的复制、发行或交互式网络传播，完全可以由复制权、发行权和信息网络传播权加以控制，故《著作权法》是否应当保留汇编权，值得讨论。

---

① Lewis Galoob Toys, Inc. v. Nintendo of America, 964 F. 2d 965, 968 - 969 (9th Cir., 1992).

② 《著作权法》第 10 条第 1 款第 15 项。

③ 《著作权法》第 10 条第 1 款第 16 项。

理论研究

《著作权法》有必要规定汇编权吗？

在《著作权法》已经规定了复制权的情况下，另行规定汇编权去规制独创性的汇编行为还有意义吗？将作品或其片段编入文集，并没有导致作品或其片段的内容或表现形式发生任何变化。这种汇编的结果无论是否产生了新的作品，都会使原作品或其片段被固定在新的有形物质载体之上，形成复制件。这一行为应当属于对作品或其片段的复制，无疑应受到复制权的控制。如果将文集印刷成册、制成光盘，或制成录音录像制品进行公开销售，属于"以出售方式向公众提供作品的复制件"，为典型的发行行为，又受到发行权的控制。如果将文集上传至网站，供公众在线欣赏或下载，则属于信息网络传播行为，受到信息网络传播权的控制。换言之，即使《著作权法》没有规定汇编权，未经许可，将作品或其片段编入文集，只要不构成"合理使用"（如为介绍、评论目的而适当引用作品片段），仍然是侵权行为。除了必然侵犯复制权之外，还可能构成对发行权、信息网络传播权等其他专有权利的侵犯。

根据参与立法者的解释，虽然《伯尔尼公约》"没有一般性地规定汇编权"，但根据其第2条之二的规定，"推理可知，作者对于其完全享有著作权的作品自然有汇编权"[①]。本书作者认为：参与立法者对《伯尔尼公约》的理解恐怕不能成立，《伯尔尼公约》并没有赋予作者以复制权之外的汇编权。

《伯尔尼公约》中提及所谓汇编权的只有一条，即第2条之二，其规定共有3款：(1)本联盟成员国有权通过立法自行决定是否将政治演讲和司法诉讼过程中发表的言论全部或部分排除在上条提供的保护之外；(2)本联盟成员国同样有权通过立法自行决定在何种条件下，对讲演、发言或其他在公共场所发表的同类性质作品可由报刊媒体加以复制、向公众进行无线广播或有线传播，以及通过第11条之二第1款规定的方式进行公开传播，只要上述使用是出于提供信息的正当目的；(3)但是，作者享有将上两款所述作品收编成汇集本的专有权利。

这一条的结构清楚地显示，《伯尔尼公约》仅是在允许缔约国对"政治演讲、司法诉讼过程中发表的言论"、在公共场所进行的"讲演、发言"的著作权进行限制的前提下，要求缔约国为作者保留将这些作品收编成汇集本的专有权利。例如，缔约国的著作权法可以规定对于公众集会上的政治演讲，为了使公众及时知晓，任何媒体都可以自由刊登，无须经过演讲者许可，也无须向其支付报酬。但某出版社如果收集了此名演讲者在各种公众集会上的所有政治演讲，并希望汇集成册后出版发行，则应当获得演讲者（作者）的许可，否则，是侵权行为。

从《伯尔尼公约》的上述规定可以得出两个结论：首先，所谓"作者享有将作品收编成汇集本的专有权利"并不是在复制权之外增加一项专有权利，而只是复制权的另一种表现形式。这一结论可以从两方面得到印证：一方面，如果《伯尔尼公约》意图在复制权之

---

① 胡康生主编：《中华人民共和国著作权法释义》，60页，北京，法律出版社，2002。

外创设一项汇编权，就绝不会仅仅针对“政治演讲、司法诉讼过程中发表的言论”、在公共场所进行的“讲演、发言”的作者规定汇编权，而应当赋予所有类别作品的作者以汇编权，因为发言或演讲一旦固定在有形载体之上就是文字作品，没有任何理由单独为这类文字作品的作者增加一项专有权利。另一方面，对于报刊媒体刊登这类公开演讲或发言的行为，《伯尔尼公约》第2条之二第2款的用语是“复制”（reproduction），这说明将作品收入报刊媒体加以刊登涉及的是复制权。《伯尔尼公约》允许各缔约国通过立法，限制这类作品的作者对即时刊登其演讲类作品的报刊媒体行使复制权，但要求保留作者的一种特定类型的复制权——控制对其作品的汇集。换言之，《伯尔尼公约》第2条之二第1、2款涉及的是特定类型作品复制权的例外，而第3款是对第1、2款规定的例外设定的例外。假设某期刊将某人在公共集会上发表的演讲及时予以刊登，该行为根据《伯尔尼公约》第2条之二第2款无疑构成复制，但缔约国可以规定该行为不构成对复制权的侵犯。如果日后该期刊将此人以往的数篇演讲汇集起来，一同刊登，则当然也是复制，如果未经许可，侵犯的应当是复制权。因此，根据《伯尔尼公约》，“将作品收编成汇集本”只能被视为一种特定的复制行为，作者仍然要凭借复制权去控制这种行为。

同时，通过《伯尔尼公约》的英文文本可以看出，“作者享有将上两款所述作品收编成汇集本的专有权利”，是特指将作者本人的许多公开演讲类作品收编成汇集本，而不是指将作者的一篇作品与其他众多作者的许多作品编在一起，形成汇集本。英文文本中“作者享有将上两款所述作品……”中的“作品”用的是works（复数）而非work（单数），意指本人以往发表的作品群。[①] 世界其他国家和地区在实施《伯尔尼公约》时也都清楚地表明：这一权利针对的是“同一作者”的演讲类作品。例如，《德国著作权法》第48条第1款规定了对公开演讲类作品著作权的限制，第2款接着规定：但不允许将主要内容为同一作者演讲的汇编进行复制和发行。《日本著作权法》第40条第1款规定：对于公开进行的政治演讲和司法诉讼过程中发表的言论，可以以任何方式加以使用，但将同一作者的作品进行汇编除外。

既然“作者享有将上两款所述作品收编成汇集本的专有权利”针对的是将同一作者的公开演讲类作品“收编成汇集本”的行为，那么这种行为形成“汇编作品”的情形是极为罕见的：因为同一作者进行公开演讲的次数一般很有限，他人在收集时也总是力求全面、完整，很少会刻意进行“选择”；而且对公开演讲的编排方法极其有限，无非是按照演讲主题、时间或地点加以编排，所以，无论是在选择还是编排方面要体现出独创性都很困难。

例如，某政治家一生在公众集会上共发表了30次公开政治演讲。如果某出版社将这30篇演讲全部编入《某政治家演讲文集》，并且按照演讲的时间顺序予以排序，则《某政治家演讲文集》无论在选择还是编排方面均无独创性，不构成汇编作品。但根据《伯尔尼公约》第2条之二第3款，出版社要汇编并出版《某政治家演讲文集》，需要经过这名政治家授权。换言之，将《伯尔尼公约》第2条之二第1、2款列明的作品收集后编入文集，无论是否形成了汇编作品，均需要经过作者许可。

---

① 本款的原文是：Nevertheless，the author shall enjoy the exclusive right of making a collection of his works mentioned in the preceding paragraphs。See Berne Convention for the Protection of Literary and Artistic Works (Paris Act)，Article 2 bis (3).

由此可见，我国《著作权法》中的汇编权并无独立存在的价值，因此需要对其进行重构。本书作者认为：重构的方法是根据《伯尔尼公约》的规定，还汇编权以本来面目。既然《伯尔尼公约》第2条之二第3款规定的“将作品收编成汇集本的专有权利”是专门针对“政治演讲、司法诉讼过程中发表的言论”、在公共场所进行的“讲演或发言”，我国《著作权法》就应当作出与其一致的规定，而不应当另行创设一项一般性的汇编权。具体而言，我国《著作权法》第24条第1款第5项规定：报纸、期刊、广播电台、电视台等媒体刊登或者播放在公众集会上发表的讲话，可以不经著作权人许可，不向其支付报酬，但作者声明不许刊登、播放的除外。这实际上是在实施《伯尔尼公约》第2条之二中第1、2款有关限制公开演讲类作品的著作权的规定。但仅依这一项规定，还无法判断媒体是只能在讲话发表后即时刊登，还是可以将以往的讲话汇集起来刊登。为了明晰起见，《著作权法》完全可以在此项之后根据《伯尔尼公约》第2条之二第3款的要求，增加一项“但书”——“但是，将讲话进行汇集，应当经过著作权人的许可，并支付报酬”。这一“但书”应当被解释为著作权人可以通过复制权阻止他人未经许可而将其在公众集会上发表的讲话汇集后发行或传播。之所以建议使用“汇集”而非“汇编”一词，是因为汇编作品中的“汇编”特指通过体现独创性的选择或编排对作品或其他材料加以汇编。而根据《伯尔尼公约》第2条之二第3款的精神和其他国家的立法例，将同一作者的公开演讲类作品收集在一起使用，无论是否涉及有独创性的选择或编排，均应经过作者的许可。为了避免歧义，使用“汇集”较好。在增加这一“但书”的同时，应当删除《著作权法》第10条第1款第16项关于汇编权的规定。

第三节　著作财产权的转让、许可与质押

著作权中既有著作人身权，也有著作财产权。如前文所述，著作人身权具有一般人身权的特征，不能转让、继承和遗赠。著作权中的财产权则与其他财产性权利一样，可以在不违反法律规定的情况下，由权利人进行转让、许可或质押，从而为其带来经济利益。对此《民法典》的一般规定当然适用，下文只讲解一些较为特殊的问题。

一、著作财产权的转让

与转让专利权及注册商标专用权需要进行登记及公告不同，《著作权法》并不要求对著作财产权的转让进行登记及公告。这就导致著作财产权的变动缺乏公示，在权利人就相同的著作财产权订立多重转让合同的情况下，只能参照适用买卖合同的有关规定[①]，在多个转让合同均有效的情况下，成立在先合同的受让人应当取得相应的著作财产权。[②] 当然，这样的制度设计对于成立在后合同的受让人是不利的。著作财产权为绝对权，其权利变动应当

① 最高人民法院《关于审理买卖合同纠纷案件适用法律问题的解释》第32条第1款规定：“法律或者行政法规对……权利转让合同……没有规定的，人民法院可以……参照适用买卖合同的有关规定。”

② 参见最高人民法院《关于审理买卖合同纠纷案件适用法律问题的解释》第6条第3项。

进行公示，以保护交易安全。

典型案例

歌曲《老鼠爱大米》"一权三卖"案

2001 年 12 月 23 日，肖某与歌曲《这样爱你》（后更名为《老鼠爱大米》）的作者杨臣刚签订"版权转让合同"，约定杨臣刚将其自行创作的歌曲《这样爱你》的各项权利绝卖给肖某，肖某以人民币 500 元的价格受让取得《这样爱你》的全部版权［《著作权法》（2001 年）第 10 条规定的 17 项权利］。同日，杨臣刚将歌曲《这样爱你》的手稿交给肖某，并出具写有"今收到歌曲《这样爱你》转让费伍佰元整"的收条给肖某。对此情况，武汉仲裁委员的裁决书认定：肖某与杨臣刚签订上述"版权转让合同"时，具有相应的民事权利能力和民事行为能力，意思表示真实，是依法成立的合同，受法律保护；该合同涉及人身权的部分无效，并不影响其他部分效力，其他部分仍然有效。

2002 年 7 月 13 日，王某与杨臣刚签订合同，约定：王某自合同签订之日起拥有对歌曲《这样爱你》的永久版权，并永久保留杨臣刚的作者冠名权；杨臣刚自合同签订之日起至 2004 年元月止，不得利用此歌曲进行任何商业性的盈利活动，自 2004 年元月起，王某允许杨臣刚拥有此歌曲的商业演出权；合同在签订之日起生效。王某称该份合同中的"永久版权"系著作财产权之义。

2002 年 11 月 6 日，田某与杨臣刚签订合同，主要内容为：杨臣刚以 2 000 元的标准将《这样爱你》的著作权转让给田某；杨臣刚将作品版权的复制权、发行权、信息网络传播权等应当由著作权人享有的其他相关权利全部转让给田某。田某和杨臣刚均称杨臣刚已于该合同签订之后向田某交付歌曲《这样爱你》词曲手稿。

2003 年 3 月 1 日，王某再次与杨臣刚签订合同，主要内容为：自 2003 年 3 月 1 日起杨臣刚向王某无偿转让歌曲《这样爱你》的永久版权，王某受让的权利种类包括作品的各项著作财产权；从此作品版权转让之日起四个月之后，杨臣刚可使用此作品进行非商业性和非营利性的演出，2004 年 6 月 1 日起杨臣刚可使用此作品进行商业性演出。

2003 年 4 月 20 日，王某作出书面版权转让声明，主要内容为：声明人王某曾于 2002 年 7 月 13 日和 2003 年 3 月 1 日与杨臣刚签订合同，并由此享有了歌曲《这样爱你》的词曲版权；王某将上述权益全部无偿转让给北京太格印象文化传播有限公司（以下简称北京太格印象公司）。

2004 年 10 月 10 日，杨臣刚与广东飞乐影视制品有限公司（以下简称广东飞乐公司）签订合同，其中包括杨臣刚授权广东飞乐公司独家使用、制作、发行歌曲《这样爱你》等条款。后广东飞乐公司发现杨臣刚在此前曾与他人签订该歌曲词曲的著作权转让合同，认为田某已通过与杨臣刚签订合法有效的著作权转让合同而成为该歌曲词曲的真正著作权人，故与田某联系并从田某处取得使用该歌曲词曲的授权，并制作了歌曲《这样爱你》的录音制品，由贵州文化音像出版社发行。北京太格印象公司诉广东飞乐公司和贵州文化音像出版社侵权。

法院认为：根据前述裁决书所确认的事实，2001 年 12 月 23 日，杨臣刚已经将歌曲

《这样爱你》词曲著作权中除涉及人身权以外的所有权利转让给肖某。杨臣刚于2002年7月13日及2003年3月1日与王某签订著作权转让合同时杨臣刚已不再享有歌曲《这样爱你》词曲著作权中的财产权，该转让行为属于无权处分，现王某没有证据证明该歌曲词曲著作权中财产权的所有人肖某对该无权处分行为曾经予以追认，王某无法据上述合同受让该歌曲词曲著作权中的财产权。因此，王某于2003年4月20日依所作出的书面版权转让声明，将歌曲《这样爱你》词曲著作权转让给北京太格印象公司亦属无权处分。现北京太格印象公司亦无证据证明该歌曲词曲著作权中的财产权的权利人肖某对该无权处分行为曾经予以追认，故北京太格印象公司亦不能取得歌曲《这样爱你》词曲的著作财产权。其起诉不符合民事诉讼法有关起诉必须具备的条件，因此应驳回北京太格印象公司对广东飞乐公司、贵州文化音像出版社的起诉。①

本案所涉情形属于“一权三卖”，即作者先后三次将其创作的同一作品的著作财产权转让给了三个不同的民事主体。根据民法原理，作者转让作品的著作财产权后，已不再是著作财产权的权利人，不能再转让属于他人（受让著作财产权的民事主体）的著作财产权，因此作者此后签订的著作财产权转让合同，均不能使合同中约定的受让人取得相应的著作财产权。此后这些“受让人”以复制、发行等方式利用作品的行为，均缺乏法律依据，构成侵权。当然，由于这些“受让人”系直接从作者手中通过合同“受让”著作财产权，在没有证据表明他们知道该作品著作财产权已经转让给他人的情况下，并无过错可言。此时，他们只应当承担停止侵害和返还所得利润的责任，无须进行赔偿。

需要指出的是：从本案也可以看出，著作财产权的专有许可和转让缺乏公示方法，容易导致“一权数卖”的情况发生。在今后《著作权法》修订时，可以借鉴《商标法》有关登记对抗的规定，也就是著作权专有许可合同和著作财产权转让合同未经登记，不得对抗善意第三人，以此降低“一权数卖”对善意第三人造成的影响。

二、著作财产权的许可

著作财产权是排他权，除了法定例外情形，他人未经许可，以受其控制的行为利用作品构成侵权。因此，他人要合法地利用作品，原则上应当与作品权利人签订许可合同。许可合同分为两类：专有许可合同和非专有许可合同。著作权专有许可类似于《专利法》中的独占实施许可和《商标法》规定的独占使用许可，是指著作权人在约定的时间和地域范围内，仅许可一个被许可人以特定方式利用作品。图书出版合同通常为专有许可合同，约定图书出版者享有“专有出版权”，图书出版者据此成为图书出版涉及的复制权与发行权的专有被许可人。② 非专有许可则是指著作权人在约定的时间和地域范围内，可同时许可多个主体以相同方式利用作品。无论采用哪一种许可方式，除合同另有约定外，被许可人许可第三人以相同的方式利用作品，必须取得著作权人的许可。③

---

① 广东飞乐影视制品有限公司与北京太格印象文化传播有限公司侵犯著作权纠纷上诉案，北京市第一中级人民法院（2006）一中民终字第2500号民事裁定书。

② 参见《著作权法》第33条。

③ 参见《著作权法实施条例》第24条。

非专有被许可人不能排除他人以相同的方式使用作品，其地位与著作权人相去甚远，但专有被许可人的法律地位与此完全不同。根据《著作权法实施条例》第24条的规定，对于专有许可的内容，合同没有约定或者约定不明的，视为被许可人有权排除包括著作权人在内的任何人以同样的方式使用作品。同时，著作权的专有被许可人还可以自己的名义，就他人在相同的时间、地域范围内未经许可而以相同方式使用作品的行为提起诉讼或申请采取诉前措施（参见第八章第三节）。这就意味着专有被许可人取得了接近于著作权人的地位，即享有排除他人以相同方式使用作品的权利。

正因为如此，《美国版权法》规定："版权转让"包括"专有许可"，但不包括"非专有许可"[①]。可见，美国立法者认为版权人发放专有许可，在合同约定的时间、地域和使用方式范围内，已与转让版权本身无异。《英国版权法》第101条规定：版权的专有被许可人享有的权利和救济，除不能对抗版权人之外，与版权转让的受让人相同。由此可见，非专有被许可人取得的仅是债权性质的权利，不具有对世性，而专有被许可人取得的则是物权性质的权利，具有对世性（排他性）。

典型案例

向绘画比赛参赛者提供素材构成创作与展示演绎作品的默许许可

某公司获得了美国米高梅电影公司的许可：将其所拍摄电影《绿野仙踪》的截图（见下图左）用于组织绘画比赛，并把所绘之图印在盘子上销售。一名参赛者（该公司的员工）的绘画（见下图右）被选中并获200美元奖金，但她对该公司提供的许可将绘画印于盘子上的合同不满，没有在合同上签字。此后该名参赛者公开展示了其绘画，用于争取艺术领域的发展机会。美国米高梅电影公司和获得其许可的该公司起诉该名参赛者侵害电影的版权。

《绿野仙踪》截图

参赛者的绘画

参赛者的绘画属于演绎作品，由于《美国版权法》规定了"展示权"（其范围广于我国《著作权法》规定的"展览权"的范围），如果参赛者的公开展示行为未获许可，则属于侵

① 17 U. S. C. 101, "transfer of copyright ownership".

权。著名的波斯纳法官对此指出：参赛者是受其所在的公司邀请参加比赛的，即使该公司没有明确许可其创作演绎作品，参赛者也可以进行此种创作。同时，该公司没有将“版权归属于公司”作为支付奖金的对价，并将绘画原件返还给了参赛者。波斯纳法官问道：当她拿回了绘画原件时，该公司认为此人可以如何利用它呢？是销毁它，还是一直藏在壁橱中直至电影《绿野仙踪》的版权保护期届满？波斯纳法官认为，该公司知道该名参赛者有在艺术领域发展的计划，并无条件地返还绘画原件，可见存在默示许可。①

典型案例

作者同意演出是否包含了使用作品的许可？

本案被告是葡萄牙一家演出组织者，其组织了几场音乐会，由几支乐队进行演出，参与演出者也是相关音乐的作者。但是被告与乐队的合同中没有明确约定对作品表演权的许可。葡萄牙集体管理组织“葡萄牙作者协会”对该演出组织者提起诉讼，要求法院判决被告就其组织表演作品的行为支付许可使用费。此案一直被上诉至葡萄牙最高法院。葡萄牙最高法院认为，本案的关键在于对表演者和演出组织者之间的合同进行解释。

在此案中，奥利韦拉·阿斯普索（Oliveira Ascensão）教授提供了专业意见，指出在本案中被告并没有与乐队缔结两个独立的合同，其中在第一个合同中乐队成员作为作者给予公开表演作品的授权，在第二个合同中乐队成员给予使用作品进行表演的邻接权的授权。本案中只存在一个合同，当作者们在合同中同意参与表演并实际进行了表演时，其态度必定是同意使用其作品进行表演。对此不可能作出相反的解释，否则就会严重违反诚实信用原则。合同内容必定包括了使用作者们的作品进行表演的许可。换言之，被告和身兼表演者与作者的人所签的书面合同中，含有使用作品的默示许可。

葡萄牙最高法院采纳了对合同的这一解释，指出，如果进行相反解释（身兼表演者与作者的乐队只在合同中同意表演，而不许可使用其创作的作品），就得出现荒谬的结论，也就是音乐会的组织者必须另行获得表演作品的授权，以允许乐队作为表演者去表演他自己创作的作品。

葡萄牙最高法院进一步指出：对于合同约定的报酬而言，如果合同清楚地区分了哪一部分是为作品的著作权许可所付的报酬，哪一部分是为作品的表演许可所付的报酬，在解释合同时就不会遇到任何困难。但本案中合同仅对艺术表演的条件和相应的报酬作出了约定，此时就需要运用合同解释的方法。在本案中，演出组织者在与作者兼表演者签订合同时，知道作者不会为表演其自己创作的作品而要求任何人的许可。《葡萄牙著作权法》第41条也只是规定利用他人作品需要获得许可。因此，合同约定的报酬，只能被解释为同时针对作品的使用和作品的表演。即使这一解释未被采纳，双方仅缔结了一个没有区分报酬指向的合同，该合同最终也只能被解释为作者兼表演者默示地给予了使用作品的许可。

通常而言，对他人作品进行公开表演，应当由表演者或表演组织者获得著作权人的许

---

① Gracen v. Bradford Exchange，698 F. 2d 300，303（1983）.

可，否则会构成对表演权的侵权。前文也强调了表演者权与作者权的相互独立性，在涉及对表演进行利用的情况下，获得了作者的许可未必不需要获得表演者的许可，反之亦然。但本案的特殊之处在于，表演者就是被表演作品的作者，其公开表演自己创作的作品时，除非已将表演权专有许可或转让给他人，否则当然无须再获得许可。本案中，在演出组织者和身兼表演者与作者的乐队成员签订的合同中，虽然没有明确其中的许可也包括公开表演作品的许可，但这是不言而喻的。在著作权人已经同意并已实际对其创作的作品进行了公开表演的情况下，认为演出组织者没有获得公开表演的许可确实是荒谬的。

专有许可和非专有许可是我国《著作权法实施条例》规定的许可类型。著作权人和使用者之间当然可以基于意思自治，作出其他的合同安排。如一名大学教授允许某法律网站将其授课（口述作品）录制后在该网站中向公众提供，并承认不再授权其他网站实施相同的利用行为，但保留自己在网站中提供的权利。这就相当于约定了专利法和商标法中的排他许可。此约定不违反法律的强制性规定，当然是有效的。与此同时，作品使用许可的对象是特定专有权利，目的是使被许可人实施特定利用行为。被许可人实施的受专有权利规制的行为只要在许可范围之内，就不会构成侵权。例如，电影作品的著作权人许可某视频网站提供该电影的点播，该视频网站为使电影早日上线，没有等待电影作品的原片光盘寄到，就从网站自行下载了未经许可而上传的该电影的高清版本提供点播。如果合同约定该视频网站必须使用电影作品著作权人寄送的电影光盘提供点播，则该视频网站的行为可能构成违约，但只要其下载的高清版本在内容上与原片并无二致，其行为并不属于超越许可范围而构成侵权。同样，摄影作品权利人许可报社使用其摄影作品并要求其从其网络图片库中下载，但报社从网络中自行下载了相同的照片使用的，并不构成侵权。①

三、著作财产权的质押

对著作财产权还可以其他方式进行利用。根据《民法典》第 440 条第 5 项的规定，著作财产权可以出质；著作财产权出质后，出质人不得转让或者许可他人使用，但经出质人与质权人协商同意的除外。出质人转让已出质作品的著作财产权或者许可他人使用已出质的作品所得的价款，应当向质权人提前清偿债务或者提存。以著作财产权出质的，由出质人和质权人向国家版权局办理出质登记，质权自登记之日起设立。②

在我国《著作权法》规定的邻接权中，除表演者权中的人身权利之外，其他权利均为财产权，都可以比照适用著作财产权的规定进行转让、许可或质押。

【问题与思考】

1. 原告起诉被告的苏绣《华清浴妃图》（见下页图右）抄袭了自己创作的工笔画作品《华清浴妃图》（见下页图左），侵害其著作权。

---

① 蓝牛仔影像（北京）有限公司与新民晚报社、上海新民网有限公司侵害作品信息网络传播权纠纷案，上海市普陀区人民法院（2018）沪 0107 民初 20802 号民事判决书。

② 参见《民法典》第 444 条，《著作权法》第 28 条，《著作权质权登记办法》第 2 条、第 4 条、第 5 条、第 11 条。

原告的工笔画《华清浴妃图》

被告的苏绣《华清浴妃图》

一审法院认为：苏绣是画稿、图案、造型、针法、绣工、色彩、技艺、装裱等多方面的综合体现，苏绣和绘画是两种不同领域不同载体的不同表达方式。尽管有的苏绣以画作为底稿，但经过绣线、绣层的改编，已经形成新的表达。因此被告依画制作苏绣并非简单复制，而是属于艺术再创作行为，其实质是对原告的画作《华清浴妃图》的改编，并非侵犯原告复制权的行为。①

二审法院认为：改编作品给予普通受众的欣赏体验和感受并不能完全等同于在先作品，亦非对于在先作品进行原样或基本原样“再现”的行为。本案中，享有著作权的涉案作品《华清浴妃图》为工笔画作品，而被控侵权作品为《华清浴妃图》苏绣作品，虽然后者的题材来源于前者，面向受众时具有结构、人物和色彩等相同表达要素，但是两者并不完全属于同一领域、同一类型、同一介质的表达，在创作过程中所采用的基本材料、基本技巧、基本手法等方面也有显著差异，面向受众呈现出有所不同的艺术感知和欣赏体验。被告在《华清浴妃图》工笔画作品的基础上，结合苏绣制品的特点和工艺要求，在造型、针法、绣工、色彩、技艺、装裱等方面融入智力创造活动，采用多套不同颜色丝线，采取灵活多样的针法，在表达介质、表达方式、表达效果上形成了与工笔画作品《华清浴妃图》有着显著区分的、具有独创性的苏绣作品《华清浴妃图》，应属形成新作品的艺术再创作行为，亦系对原告工笔画作品《华清浴妃图》的改编行为。②

你认为被告侵害的是复制权还是改编权？为什么？

2. 美国版权法学者尼默尔教授认为，《美国版权法》规定的演绎权是多余的。他指出：（演绎权）可被认为是完全多余的。因为根据《美国版权法》第 101 条对演绎作品的定义，演绎作品必须“基于一部或多部已有作品”。除非后一部作品包括了已有作品中足够多的内容，以至于后一部作品构成了已有作品的侵权作品，否则根据上述定义，后一部作品就不是演绎作品。因此，如果后一部作品并没有包含已有作品中足够多的内容，以至于构成侵犯复制权或表演权的作品，则其并不会构成侵犯演绎权的作品，因为在这种情况下没有产生演绎作品。③

你认为尼默尔教授的观点是否有道理？你是否建议我国立法者删除《著作权法》中规定的改编权、摄制权和翻译权？如果你提出了这个建议，如何解释目前多数国家的著作权立法中都有对演绎权的规定？

3. 美剧《宋飞正传》播出后大受欢迎，被告写了一本名为《〈宋飞正传〉能力测试》的书，共 132 页，就《宋飞正传》中出现的场景和人物设计了 643 个问题，包括了 211 道三选一或者五选一的多项选择题、93 道匹配题以及一些简答题。其中典型的例子为：

第 1 题：为了给女人留下深刻的印象，乔治（剧中男主角之一）经常冒充：

a）妇科医生　b）地质学家　c）海洋生物学家　d）气象学家

① 参见曹某与濮某著作权侵权纠纷案，江苏省苏州市中级人民法院（2018）苏 05 民初 557 号民事判决书。

② 曹某与濮某著作权侵权纠纷案，江苏省高级人民法院（2019）苏民终 1410 号民事判决书。

③ Melvile B. Nimmer & David Nimmer, *Nimmer on Copyright*, Matthew Bender & Company, Inc., 2003, § 8.09 [A].

第 11 题：克雷墨（剧中男主角之一）在从手术室阳台上观看手术时，吃的是什么糖果？

《宋飞正传》的权利人起诉《〈宋飞正传〉能力测试》的作者和出版商侵犯其演绎权。美国联邦第二巡回上诉法院认为："该书中的每一个问题都直接来自电视剧中独创的且受保护的表达。如考察读者是否知道剧中人物杰里在一场钢琴独奏会中将一个佩姿糖果盒放在伊莲的腿上，克雷墨喜欢去机场是因为他对机场的行李传送带着迷，以及杰里在讨论关于如何辨别处女时说，'这与辨认假发不同'。由于这些角色和场景来自《宋飞正传》作者的想象，《〈宋飞正传〉能力测试》显然复制了《宋飞正传》中受版权法保护的、具有独创性的表达。"①

最终，法院认定《〈宋飞正传〉能力测试》与《宋飞正传》之间存在实质性相似，同时被告的行为也不构成合理使用（关于本案的合理使用，请见本书第六章的思考题），因此被告侵犯了原告的演绎权。

你是否同意该判决结果和理由？

4. 请先阅读本章第二节讲解演绎权时介绍的"贴画瓷砖案"。

在美国另一起涉及贴画瓷器的诉讼中，被告购买了印有美术作品的图书，将其中的单幅作品裁剪下来贴在瓷器上，盖上透明的塑料薄膜后出售。美术作品的作者同样起诉被告侵犯演绎权。美国联邦第九巡回上诉法院认为：被告"制作了作品的另一个版本"，形成了演绎作品。同时，首次销售原则只适用于发行权，而不适用于演绎权。被告因此被判败诉。②

请思考以下问题：

（1）假设某集邮者将其多年来收集的邮票放入集邮册中，并公开拍卖该集邮册。该行为是否侵犯了邮票上美术作品的著作权？

（2）某人购买了一本画册，该画册每一页就是一幅油画。多年后此人拆开画册的装订线，将每一页取出，配上框架后出售。因该画册已绝版，且该画家也从未许可他人制作和销售自己作品的复制件，此人从销售中获利颇丰。请问：此人的行为是否侵犯美术作品的著作权？

（3）在上一问中，如果此人将四页拼在一起，配上框架后出售，是否侵犯了画家的演绎权？

5. 2013 年最高人民法院公布的十大创新案例"'彩虹显'案"涉及对软件的"动态修改"，该案的基本案情是：QQ 软件具有"隐身"功能，也即用户可以选择隐藏自己的在线状态，使其他 QQ 用户认为该用户当时并不在线。同时，QQ 软件并不显示用户的 IP 地址。而"彩虹显"软件与 QQ 软件一起运行后，能够使用户的 QQ 软件界面显示其他用户在线与否的真实状态和其 IP 地址。腾讯公司起诉"彩虹显"软件的开发者和提供者，认为其"制作、发布的彩虹显 IP 软件在运行过程中修改 QQ 客户端软件，侵犯了原告对 QQ 客户端软件的著作权项下的修改权"。

---

① Castle Rock v. Carol Publishing Group，150 F. 3d 132，141（2nd Cir.，1998）.

② Mirage Editions v. Albuquerque A. R. T. Co.，856 F. 2d 1341，1343 - 1344（9th Cir.，1988）.

一审判决书详细描述了“彩虹显”软件“修改”QQ软件的过程，并指出用户安装“彩虹显”软件后可以起到如下效果：“在QQ进程中删除QQ部分指令语句、补充彩虹显软件的指令语句、改变QQ软件目标程序固有流程、结构、顺序、组织、原有函数的应用等，致QQ软件19处目标程序发生改变。”①

一审判决认为：“两被告未经许可，擅自在互联网上传播该软件（‘彩虹显’软件——引者注），致腾讯QQ软件19处目标程序被修改……因此，上述两被告对腾讯QQ软件目标程序的修改行为，侵犯了腾讯QQ软件作品著作权的修改权。”②

二审判决认为：“（两被告）针对QQ软件开发彩虹显IP软件的行为，依照《计算机软件保护条例》第8条第1款第3项的规定，构成对QQ软件目标程序的修改，侵犯了QQ软件著作权人腾讯科技公司对其软件作品的修改权。”③

请对比“游戏作弊器案”后，思考以下问题：

（1）从判决书的描述来看，QQ软件是在“进程中”，也即“运行过程”中被“修改”的。如果QQ软件在运行过程中发生的功能变化能够被视为《计算机软件保护条例》意义上的“修改”，那么各种优化Windows软件视觉效果的软件，都会使Windows在运行中被“修改”，这些软件的提供者是否侵犯Windows软件的“修改权”？

（2）按照判决书的字面意思，“开发彩虹显IP软件的行为”（二审判决）或“在互联网上传播彩虹显IP软件的行为”（一审判决）就“构成对QQ软件目标程序的修改”。然而，一个被开发出来后孤零零地挂在网上供人下载的“彩虹显”软件是不会主动去“修改”QQ软件的。“彩虹显”软件也不是一个计算机病毒，其并不是隐藏在正常程序中，待不知情的用户下载并安装后，悄悄地自动修改硬盘中存储的QQ软件。它需要用户基于改变QQ软件功能的主观目的（也即希望显示网友的IP地址和在线与否的真实状态），主动选择下载、安装和运行。你认为本案中“修改”QQ软件的主体是谁。

6. 美国是世界上为数很少的不区分发行权与网络传播权的国家。请思考：这样的立法例会带来何种问题？请考虑一个假想案例：某人将MP3格式的音乐置于P2P软件设定的共享区内，供该P2P软件的其他用户下载，但尚无证据证明有用户曾实际下载过。请问：此人的行为在我国是否构成对“信息网络传播权”的侵权？在美国是否构成对“发行权”的侵权？（注意：《美国版权法》没有规定“信息网络传播权”）

在美国案例“Capitol Records v. Jammie Thomas案”中，明尼苏达联邦地区法院认为，如果将作品置于P2P网络之中，使之处于可被公众以交互式手段获得的状态（making available），只要他人尚未实际下载，该行为就不构成对发行权的侵权。该法院认为：“本院注意到国会对于实现发行的方式作出了说明，也即‘销售、转让所有权、出租或出借’。该规定（《美国版权法》106条第3款对发行权的规定——引者注）……没有说使作品可以通过上述方式被获得的行为构成发行……结论是：‘发行’的含义十分清楚，它并不包括使作品处于能够为公众获得的状态，相反，它要求有实际散发作品的行为。”④

---

①② 湖北省武汉市江岸区人民法院（2009）岸知民初字第4号民事判决书。

③ 湖北省武汉市中级人民法院（2011）武知终字第6号民事判决书。

④ Capitol Records v. Jammie Thomas，579 F. Supp. 2d 1210，at 1217，1219（D. Minn.，2008）.

请注意，美国是《世界知识产权组织版权条约》的缔约国，有义务保护该公约第 8 条规定的“向公众传播权”中的子权利——“向公众提供权”（也即我国的信息网络传播权）。如果有人将中国权利人的作品置于美国的网络之中供公众在线欣赏或下载，但在尚未有人实际进行在线欣赏或下载，中国权利人对于该行为在美国应当起诉行为人侵犯何种专有权利？美国明尼苏达联邦地区法院作了如下回答：“本院的结论是：本案原告对发行权的解释（也即只要使作品在网络中处于为公众以交互式手段获得的状态，无论是否有人实际在网络中欣赏或下载了作品，都构成发行行为——引者注）是不合理的……对于美国是否履行了《世界知识产权组织版权条约》义务的考虑，并不能推翻国会在《美国版权法》第 106 条第 3 款中所表示的明确意图”。[①]

请问：根据美国法院对发行权的解释，美国是否履行了《世界知识产权组织版权条约》规定的国际义务？

① Capitol Records v. Jammie Thomas，579 F. Supp. 2d 1210，at 1226（D. Minn.，2008）.

第四章

著作权的主体：著作权人

本章导读

著作权主体即享有著作权的人。创作作品的作者在通常情况下原始取得著作权，但也还存在一些例外情形，如法人作品、特殊职务作品和电影作品、电视剧作品的著作权并不归属于创作者，而委托作品以及电影作品、电视剧作品以外的其他视听作品的著作权归属可以通过合同约定。本章主要讲解哪些人可以在何种情况下享有著作权，以及特定作品的著作权由谁享有和行使。

第一节　著作权人概述

著作权的主体即著作权人，是指对作品享有著作权的人。著作权人可以许可他人以特定方式利用作品，也可以在其著作权受到侵害时提起诉讼或申请采取诉前措施。成为著作权人的途径有：既可以是基于创作作品的行为或法律的规定及合同的约定原始取得著作权，也可以通过继承、遗赠或合同转让而继受他人的著作权。同时，著作权的专有被许可人有较为特殊的地位，其在许可范围内享有的权利与著作权人本人享有的权利相近，因此也可被视为特殊的著作权人。对于著作权人，可以从以下角度加以观察。

一、作者作为著作权人和非作者作为著作权人

著作权是基于创作行为而产生的，除了后文要讲解的特殊情形之外，创作作品的自然人是作者，享有对作品的完整著作权。但“作者”并不能与“著作权主体”或“著作权人”这两个概念画等号，作者之外的个人或组织根据合同约定或法律规定也可以成为著作权人。

首先，作者可以将著作权中的全部或部分财产权转让给他人。在这种情况下，作者仍然享有著作人身权，但全部或部分财产权由他人享有，作者和受让著作财产权的人均可以被称为“著作权人”，均是著作权主体。例如，在许多英美法系国家，音乐作品的词曲作者会将音乐作品的全部财产权利转让给出版社或唱片公司，因此，如果出现他人未经许可使

用音乐作品的情形，一般由出版社或唱片公司以版权人的身份向侵权人主张权利。

其次，在特定情况下，作者并不享有著作权或只享有有限的著作权。我国《著作权法》第11条第3款明确规定在一定条件下视“法人或者非法人组织”为作者。最高人民法院《著作权司法解释》（2020年修正）第13条规定：“……由他人执笔，本人审阅定稿并以本人名义发表的报告、讲话等作品，著作权归报告人或者讲话人享有。著作权人可以支付执笔人适当的报酬。”这意味着在这两种情况下，真正动手从事创作的作者不享有任何著作权，甚至没有署名权。再如，根据《著作权法》第18条第2款第1项的规定，对于主要是利用单位的物质技术条件创作，并由法人或者非法人组织承担责任的工程设计图、产品设计图、地图、计算机软件等“特殊职务作品”，作者只享有署名权，其他著作权由单位享有。

二、原始取得著作权的人和继受取得著作权的人

原始取得著作权的人，是指作品在创作完成之时就取得了著作权的人。创作作品的作者当然可以原始取得著作权，而作者之外的个人或者组织根据法律的特别规定或合同约定也可以原始取得著作权。例如，对于上述“特殊职务作品”，我国《著作权法》规定由单位享有除署名权之外的著作权，此时单位就原始取得了除署名权之外的著作权。再如，如果在委托创作作品的合同中，委托人和受托人约定作品的著作权归委托人，则在作品创作完成之时，委托人就原始取得了著作权。

著作权还可以通过受让、继承、受赠和其他法定方式从原始著作权人手中继受取得。著作权中的财产权利可以像普通财产权利那样通过转让、继承或遗赠而被他人取得。例如，音乐作品的词曲作者将著作财产权转让给出版社之后，出版社就成为该音乐作品著作财产权的继受者。如果著作权人是法人或其他组织，法人或者非法人组织变更、终止之后，著作权中的财产权利就由承受其权利、义务的法人或者非法人组织享有。如果自然人死亡后无人继承又无人受遗赠，或法人、非法人组织变更、终止后无其他单位承受其权利、义务的，著作财产权归国家所有。

需要注意的是：根据我国《著作权法》的规定，继受取得著作权的人不能享有完整的著作权。其原因在于著作人身权是不能转让的，著作权的受让人和受赠人只能受让和受赠著作财产权。继承人对于已逝作者的著作人身权也只能加以保护，而不能继承。但是，对于作者生前未发表的作品，如果作者未明确表示不发表，在作者死亡后50年内，其发表权可由继承人或受遗赠人行使；没有继承人又无人受遗赠的，由作品原件的合法所有人行使。这是因为发表权与其他著作人身权相比，有强烈的财产权性质。

三、国内著作权人和国外著作权人

中国公民或法人、非法人组织依法可以享有著作权，而外国人也能根据国际条约和中国《著作权法》的规定在中国享有著作权。关于对外国人的著作权保护，本章第四节将作专门讲解。

四、著作权人和著作权被许可人

著作权的被许可人，是指根据与著作权人签订的著作权许可合同，在合同约定的时间

和地域范围内，以合同约定的方式利用作品的人。著作权许可合同分为专有使用权许可合同（以下简称“专有许可合同”）和非专有使用权许可合同（以下简称“非专有许可合同”）。非专有许可合同的被许可人（以下简称“非专有被许可人”）不能排除他人以相同的方式使用作品，其地位与著作权人相去甚远。但专有许可合同的被许可人（以下简称“专有被许可人”）的法律地位与之完全不同。根据《著作权法实施条例》第 24 条的规定，对于专有许可合同的内容，合同没有约定或者约定不明的，视为被许可人有权排除包括著作权人在内的任何人以同样的方式使用作品。同时，著作权的专有被许可人还可以自己的名义，就他人在相同的时间、地域范围内未经许可以相同方式使用作品的行为提起诉讼或申请采取诉前措施（参见本书第八章第三节）。[①] 这就意味着专有被许可人取得了接近于著作权人的地位，也即排除他人以相同方式使用的权利。

正因为如此，《美国版权法》规定：“版权转让”包括“专有许可”，但不包括“非专有许可”[②]。可见美国立法者认为版权人发放专有许可，在合同约定的时间、地域和使用方式范围内，已与转让版权本身无异。《英国版权法》第 101 条规定：版权的专有被许可人享有的权利和救济，除了不能对抗版权人之外，与版权转让的受让人相同。

由此可见，非专有被许可人取得的仅是债权性质的权利，不具有对世性，而专有被许可人取得的则是物权性质的权利，具有对世性（排他性）。因此，专有被许可人也可被视为特殊的著作权人。

第二节　作者及著作权的自动取得

我国《著作权法》不仅规定了自然人作者，还规定了视法人或非法人组织为作者的情形。同时，我国采用著作权自动取得和保护制度，作者对其创作完成的作品，除法定情形外，自动取得著作权并受到法律保护。

一、自然人作者

我国《著作权法》第 11 条第 2 款规定：创作作品的自然人是作者。除了法律特别规定或合同特别约定的情形，创作作品的自然人就是作品的著作权人。

《著作权法实施条例》第 3 条规定：“著作权法所称创作，是指直接产生文学、艺术和科学作品的智力活动。”据此，只有那些实际从事了创作的自然人才是作者，没有实际进行创作，而仅仅组织他人创作、提供物质条件，或者承担资料收集和其他辅助工作的人都不

---

① 最高人民法院《著作权司法解释》第 28 条规定：人民法院采取保全措施，依据《民事诉讼法》及最高人民法院《关于审查知识产权纠纷行为保全案件适用法律若干问题的规定》的有关规定办理。这就意味着著作权专有被许可人可以单独向法院申请采取保全措施。关于著作权专有被许可人可以自己的名义就侵权行为向法院提起诉讼的权利，《著作权法》和相关司法解释并未明确规定，但最高人民法院《关于审理商标民事纠纷案件适用法律若干问题的解释》（2020 年修正）第 4 条第 2 款规定：“在发生注册商标专用权被侵害时，独占使用许可合同的被许可人可以向人民法院提起诉讼……”在著作权司法保护的实践中法院参照适用了该规定。

② 17 U. S. C. 101，“transfer of copyright ownership”.

是作者。实务中曾经有某丛书的项目策划和责任编辑试图以作者的身份主张著作权，但法院正确地指出："书的项目策划和责任编辑均系劳务性工作，基于此种工作并不能成为图书的作者、译者、著作权人或出版者，也并不因其策划或责编行为另外产生新的作品。"① 同样，基于"思想无版权"的基本原理，思想和创意无论多么有价值都不受著作权法的保护，提供思想和创意的人也不是作者。例如，研究生导师在研究生撰写学位论文的过程中，往往会为研究生确定研究方向、论文题目和篇章结构，提供核心观点和论证思路，并在写作方法上进行指导，对学位论文的最终完成起到了十分重要的作用，但从著作权法角度看，导师对学位论文的贡献主要是不受著作权法保护的思想和方法，而不是具体的文字表述，因此，导师并不是学位论文的作者。

还需要注意的是：创作作品的行为是典型的事实行为，而不是法律行为，因此，创作者无论是否具有行为能力都可以作为作者享有著作权。例如，只要一名 6 岁孩子绘制的图画具有独创性，这名孩子就能成为该图画的作者，对自己创作的图画享有著作权。

典型案例

《歌乐山烈士群雕》案

在 20 世纪 80 年代初，重庆市有关部门聘请叶某设计《歌乐山烈士群雕》（以下简称《群雕》）。叶某完成并展示了 30 厘米高的《群雕》设计初稿之后，重庆市歌乐山烈士陵园管理处美工刘某根据领导指示，为说明《群雕》所处位置而制作了烈士墓模型。随后刘某在叶某的指导下，参加了《群雕》泥塑放大制作和其他一些工作。在泥塑放大制作过程中，叶某经常到现场进行指导和刻画修改，并对有关方面提出的合理化建议予以采纳。对刘某提出的一些建议，叶某认为符合自己创作意图和表现手法的，亦予以采纳，刘某遂认为自己是《群雕》的作者之一。重庆市中级人民法院认为：原告刘某在《群雕》制作过程中提过一些建议，按叶某的创作稿做过一些具体工作，但不能因此认定其为《群雕》的共同创作人。四川省高级人民法院进一步指出：叶某独立创作了《群雕》初稿，该作品著作权应由叶某享有。《群雕》放大稿是在叶某亲自参加和指导下完成的，刘某参与了放大制作，做了一些工作，通过口头或实际刻画制作提过建议，但最终是否采纳、认可，取决于叶某。《群雕》放大稿与初稿相比较，在主题思想、整体结构、基本形态、表现手法等方面是一致的，没有实质的改变；出现的一些变化也是在叶某的指导、参加和认可下完成的，是在初稿基础上的修改、完善。因此，刘某认为实际参与制作的放大稿较初稿有变化，从而其应享有著作权的主张不能成立，不能认定其为《群雕》的共同创作人。②

二、被视为作者的法人或非法人组织

我国《著作权法》不但规定了自然人作者，还承认本身不能进行思考和创作的法人或

① 北京市第二中级人民法院（2004）二中民初字第 12600 号民事判决书。
② 参见四川省高级人民法院（1990）川法民上字第 7 号民事判决书。

非法人组织可以成为“作者”。《著作权法》第11条第3款规定：“由法人或者非法人组织主持，代表法人或者非法人组织意志创作，并由法人或者非法人组织承担责任的作品，法人或者非法人组织视为作者。”以这种方式创作的作品被称为“法人作品”。法人或非法人组织既然被视为作者，当然享有作品的一切著作权。真正创作完成作品的自然人丧失了作者的法律地位，对作品不享有任何著作权法意义上的权利，包括署名权。

例如，国家知识产权局每年发布的《中国知识产权保护状况》在文字组合、遣词造句上具有一定独创性，属于文字作品，但它由国家知识产权局主持撰写，体现的并不是执笔者个人的观点和见解，而是国家知识产权局的意志，责任也由国家知识产权局承担，因此，它属于法人作品，国家知识产权局被视为作者。

对法人作品的范围应当严格界定，以免过度限制自然人创作者的权利。本书作者主张将法人作品的范围原则上限于公文类作品及与之具有高度同质性的作品。此类作品的表达往往需要经过集体讨论和反复斟酌，需要经过单位负责人审阅、修改定稿，体现的并不仅是参与撰写者个人的思想观点，而是法人的意志。上述《中国知识产权保护状况》和《人民日报》的社论就属于这种情况。艺术类作品的创作通常给作者留下了较大的想象与发挥的空间，即使单位对艺术作品的创作提出了特定的要求（如要求单位的宣传画“活泼、生动、有感染力”），也很难具体到艺术作品的细节，作者达到该要求的表达方式近乎无穷。故此时不能将单位对艺术作品创作提出的原则、抽象的要求视为“体现法人或非法人组织的意志”，而认定艺术作品为法人作品。

典型案例

“葫芦娃”美术作品著作权归属案

在20世纪80年代，上海美术电影制片厂（以下简称“美影厂”）制作了美术电影《葫芦兄弟》，其中最为重要的角色为“葫芦娃”，由当时在美影厂工作的胡某和吴某绘制，该电影中显示的“美术设计”署名为胡某和吴某。2010年，胡某、吴某与美影厂就“葫芦娃”美术作品的著作权归属发生纠纷，胡某、吴某提起确权之诉，要求确定“葫芦娃”美术作品的著作权归其享有。

本案的焦点之一，在于涉案的“葫芦娃”美术作品是否为法人作品。美影厂认为：系争角色造型是由两原告等人绘制草稿张贴于摄制组内，经组内人员集体讨论修改，并经厂创作办公室、艺术委员会反复讨论，提出修改意见并不断完善，最终由厂艺术委员会审定。原告胡某依据定稿的剧本、角色造型、背景设计，绘制分镜头台本，该项工作是导演的职责。被告并不否认两原告对系争角色造型所作贡献，但作品的创作系在被告领导下，体现法人的意志，并由法人承担责任，系法人作品。署名为两原告，是因为成立摄制组时确定的工作岗位是由两原告负责造型设计，并由两原告具体执笔。

法院认为：“虽然两原告系单位职工，造型设计属于其职责范围，系争造型是在单位主持下，为了完成单位的工作任务而进行的创作，责任亦由单位承担，但是，我们不能将法人意志简单地等同于单位指派工作任务、就创作提出原则性要求或提出修改完善意见等，否则，所有的职务作品均可被视为法人作品，作为自然人的创作者将丧失作者地位。系争美术作品的创作无须高度借助单位的物质技术条件，创作的过程也并不反映单位的意志，而是体现了作者独特的思想、感情、意志和人格。无论是'葫芦娃'角色造型的线条、轮廓、色彩还是服饰、颈饰、腰饰、葫芦冠等的选择都体现了作者个人的构思、选择和表达。虽然被告陈述摄制组其他成员和被告的部门负责人曾提出过修改意见，但这并不影响对'葫芦娃'角色造型作出实质性贡献的仍然是作者个人。而且，从片尾的署名来看，造型设计也已署名两原告个人，因此，'葫芦娃'角色造型美术作品并不是代表法人的意志创作，不应认定为法人作品。"①

本书作者赞同法院的判决。对于艺术类作品而言，即使严格遵循单位领导的指示，如"人物形象要和蔼可亲或庄严肃穆"，作者也有很大的艺术创作空间，足以发挥作者个人的聪明才智，使创作结果体现个性。在本案中，很难想象"葫芦娃"造型中"四方的脸型、粗短的眉毛、明亮的大眼、敦实的身体、头顶葫芦冠、颈戴葫芦叶项圈、身穿坎肩短裤、腰围葫芦叶围裙"代表或体现了单位的意志。正如法院的判决书所言，"葫芦娃"造型设计的细节体现的都是作者个人的构思、选择和表达。因此，本书作者认为：应将法人作品的范围限于公文类作品。

对于本案涉及的其他问题，请见本章"问题与思考"。

典型案例

新华社记者拍摄的党和国家领导人照片是法人作品吗?

新华社的摄影师吕某拍摄了许多毛主席的照片。中唱公司上海分公司发行的电视文献纪录片《独领风骚　诗人毛泽东》32次使用了吕某拍摄的24幅摄影作品，但未署名。吕某的继承人起诉中唱公司侵权。本案的焦点在于涉案摄影作品是否为法人作品。

在审理过程中，新华社向法院致函，提出：在2001年《著作权法》实施前后，新华社对涉及党和国家领导人等特殊题材的摄影作品始终享有著作权。从新中国成立前至今，新华社为党和国家领导人拍摄照片，具有鲜明的政治性和高度的保密性。新华社在选派记者、提供器材、部署拍摄任务和后期的照片编辑、发布与存档等各个方面有完善的内部管理制度和流程。为党和国家领导人拍摄照片，既不同于普通的新闻采访，也不同于一般意义上的摄影创作，记者基本没有自主的创作空间，对该类摄影作品的版权归属和保护，应当有别于一般的摄影作品和职务作品。

法院认为：根据当时的时代背景、该类作品特殊的拍摄过程、当事人的具体行为以及意思表示，可以认定吕某拍摄涉案摄影作品系为履行单位委派的特殊任务，其拍摄器材由单位提供，拍摄过程以及后期的编辑、对外发布由单位决定并由单位承担责任，因此，该

---

① 上海市黄浦区人民法院（2010）黄民三（知）初字第28号民事判决书。二审判决维持了一审的结果，参见上海市第二中级人民法院（2011）沪二中民五（知）终字第62号民事判决书。

类摄影作品应属于特殊的职务作品，由单位享有除署名权之外的著作权。①

“记者基本没有自主的创作空间”恐言过其实，否则，涉案照片会因无法体现作者个性、独特的选择与判断而不构成作品，这显然与事实不符。如前文所述，艺术类作品的创作通常有较大的想象与发挥的空间，即使为党和国家领导人拍摄照片需要严格遵循一系列规范性要求，也不能抹杀拍摄者个人在角度选择、时机把握、光线与焦距调整等各方面的决定性贡献。在本案中，法院认定涉案摄影作品属于特殊职务作品，没有认定其为法人作品，是正确的。

理论研究

质疑我国《著作权法》对法人作品的规定

我国《著作权法》规定了“法人作品”，法人或非法人组织被视为作者，包括著作人身权在内的著作权完全由该法人或非法人组织享有，真正动手从事创作的自然人丧失了作者的法律地位，甚至没有署名权。鉴于《著作权法》已经规定了由作者保留署名权，其他著作权由法人或非法人组织（作者的单位）享有的“特殊职务作品”，本书作者认为没有必要规定“法人作品”。

首先需要指出的是：只有英美版权法才可能视法人或非法人组织为作者，传统大陆法系国家（地区）的著作权法是不会将法人视为“作者”的。这是因为大陆法系著作权法普遍将作品视为作者人格的延伸和精神的反映，只有具有人格和精神的自然人才能够成为作者。除了个别例外情况之外，法人或非法人组织只可能因受让著作权中的财产权利而成为继受著作权人，当然更不可能成为作者。而英美法系将作品视为纯粹的财产，投资和组织创作作品的法人或非法人组织也可以成为原始版权人，甚至作者。

对于“视法人或非法人组织为作者”最为典型的规定是《美国版权法》第201条（b）款，该款规定：对于受雇完成的作品（work made for hire），除非双方有相反的书面约定，视雇主为作者，享有作品的所有版权。同时，雇主和雇员虽然可以约定由雇员享有作品的版权，但雇主仍然是作品的作者。显然，在《美国版权法》中，“职务作品”和“法人作品”实际上是一回事。对于职务作品而言，只要雇主和雇员没有以书面形式作出相反约定，均视雇主为作者，雇主原始取得作品的版权。与此同时，《美国版权法》只对视觉艺术作品的作者规定了精神权利②，且一旦该视觉艺术作品属于职务作品，视雇主为作者，由雇主取得版权，则对该视觉艺术品不提供精神权利保护。③

《日本著作权法》在这一问题上完全采用了美国的立法例。其第15条的标题即为“职务著作物的著作人”，并规定：按照法人或其他雇主（以下在本条中称为“法人等”）的提议，从事该法人等的业务的人在履行职责时做成的著作物（程序著作物除外），该法人等以自己的名义发表这种著作物时，只要在其做成时的合同、工作规章中无另外规定，则该法

① 参见北京市高级人民法院（2017）京再民31号民事裁定书。

② 17U. S. C. 106（A）.

③ 17U. S. C. 101，“work of visual art”.

人等视为著作人。[①] 同样，根据这一条的规定，“职务作品”也就是“法人作品”而已。

相反，大陆法系国家（地区）的著作权法不承认法人或非法人组织能够成为作品的“作者”。《西班牙知识产权法》第5条规定：创作文学、艺术和科学作品的自然人应被视为作者，但在本法有明确规定的情况下，法律实体可以享有本法给予作者的保护。西班牙学者对此的解释是：著作权通常只被授予有血有肉的作者，而当有法定例外情形或者法律规定或合同约定将权利让予法律实体时，法律实体才享有著作权。[②] 这说明法律实体在特定情况下可以受到著作权法的保护，但却不能成为“作者”。《意大利著作权法》第11条规定：以国家、州或市政当局名义创作并发表，并由其承担成本的作品，其著作权归属于国家、州或市政当局；非营利性私法人、学术团体和其他公共文化组织对于经其汇编的记录和出版物，在与已发表作品的作者没有相反约定的情况下，也对作品享有相同的权利。可以看出，法律实体即使根据第11条取得了著作权，也并不是“作者”。意大利学者也指出：在这些情况下，作者保留着人身权利。[③] 而德国和法国的著作权法更是将著作权原始归属于作者的原则发挥到了极致，不承认政府或任何非自然人能够原始取得著作权，规定“作者”当然必须为实际创作作品的自然人。[④] 法国学者指出：根据支配法国著作权法的基本原则，只有创作作品的自然人才能被视为作者。而那种承认非自然人不但能够获得原始著作权，还能获得作者身份的职务作品著作权归属规则在法国著作权法中是不存在的。[⑤]《法国知识产权法典》第L111—1条明确规定：作者对作品享有专有的、对抗所有人的无形财产权的唯一事实依据是对作品的创作。存在或签订雇佣或服务合同对作者享有的权利不产生任何消极影响。这意味着即使是为了完成雇主所交付的任务而创作的作品，原始著作权人仍然是创作作品的雇员。雇主能够根据法律规定或合同约定行使或受让著作财产权，但绝不可能被视为作品的“作者”。因此，大陆法系国家（地区）只有“职务作品”或政府作品的著作权归属于法人或非法人组织或政府的规定，而无“法人或非法人组织被视为作者”的规定。前述软件公司组织程序员编写的软件的作者究竟是程序员还是软件公司的争论，在大陆法系国家（地区）也是不存在的。

而我国在借鉴两大法系立法时，不但仿照英美版权法规定了视法人或非法人组织为作者的情形（这种情形是大陆法系所没有的），还规定了不视法人非法人组织为作者，而仅将法人非法人组织视为原始著作权人的情形。这种将英美法系版权法和大陆法系著作权法中两种互不相容的机制同时写入我国《著作权法》的做法不但会造成作品定性上的困难，而且实无必要因为立法者通过规定法人作品想要解决的问题完全可以通过完善职务作品的规定加以解决。

---

① 《日本著作权法》中的“著作权人”即为“作者”。

② See Alberto Bercovitzn, German Bercovitzn, Milagros del Corraln, Spain, §4 (1), in Paul Edward Geller (ed.), *International Copyright Law and Practice*, Matthew Bender & Company, Inc., 2006.

③ See Alberto Musson, Mario Fabianin, Italy, §4 (1) (b) (ii), in Paul Edward Geller (ed.), *International Copyright Law and Practice*, Matthew Bender & Company, Inc., 2006.

④ See Adolf Dietz, Germany, §4 (1), in Paul Edward Geller (ed.), *International Copyright Law and Practice*, Matthew Bender & Company, Inc., 2006.

⑤ See Andre Lucas, Pascal Kaminan, Robert Plaisantn, France, §4 (1) (b), in Paul Edward Geller (ed.), *International Copyright Law and Practice*, Matthew Bender & Company, Inc., 2006.

根据立法者的有关解释，之所以要规定法人作品，是因为“有的作品是在法人或者非法人组织的主持下创作的，体现了法人或者非法人组织的意志，并不是执笔者的个人意志，并由该法人或者非法人组织承担作品的责任，如某机关的年终工作总结报告等”；“特别是有些作品的创作，需要投入大量人力、物力和财力，个人一般不能完成这项任务”①。抛开法人或非法人组织是否具有独立于其高级管理人员和其他工作人员的独立意志这一颇具争议的问题不谈，规定法人作品的根本目的在于使法人或非法人组织对特定作品享有原始著作权。而要实现这一目的无须将“法人或非法人组织视为作者”，《著作权法》完全可以效仿大陆法系国家（地区）的相关立法，调整有关职务作品著作权归属的规定，使这类作品的著作财产权可由法人或非法人组织原始取得，或者在一定期限内行使。同时，法人或非法人组织在特定情形下使用该特定职务作品，依惯例可不为作者署名（如利用机关的年终工作总结报告），或作者在合同中可同意在特定情形下不署名。这样就完全达到了规定“法人作品”的目的。

三、著作权的自动取得、作者身份的推定、著作权的存在和归属推定

目前，包括我国在内的多数国家根据《伯尔尼公约》的要求采取著作权自动取得制度，只要经过创作形成了作品，著作权就依法自动产生，并受到法律的保护。但还有少数国家在加入《伯尔尼公约》之后，并没有对所有作品都采取著作权自动取得制度。例如，《美国版权法》长期以来将在法院提起版权侵权诉讼的前提规定为作品已在美国版权局登记。1989年美国加入《伯尔尼公约》之后，对于以《伯尔尼公约》其他成员国为起源国的作品，不再以登记作为提起版权侵权诉讼的前提，但登记仍然是以美国为起源国的作品的作者提起版权侵权诉讼的前提。同时，我国实行作品自愿登记制度，作品登记证书可以作为证明著作权归属的初步证明，但登记并非取得著作权的前提。《著作权法》第12条第2款规定：“作者等著作权人可以向国家著作权主管部门认定的登记机构办理作品登记。”其中的用语是“可以”，这意味着作品登记是自愿的。国家版权局颁布的《作品自愿登记试行办法》第2条明确规定：“作品实行自愿登记。作品不论是否登记，作者或其他著作权人依法取得的著作权不受影响。”同时，发表也并非取得著作权的条件，作品完成之后，即使作者一直将其藏在家中而不公之于众，作者仍然能够获得著作权。《著作权法》第2条第1款对此有明确规定：“中国公民、法人或者非法人组织的作品，不论是否发表，依照本法享有著作权。”

需要注意的是：不能将“作品完成”简单地理解为作品的最终完成。即使作品没有最终完成，只要已完成部分达到了独创性的要求，该部分仍然能够作为作品受到著作权法的保护。例如，作家创作小说时往往需要在初稿完成之后反复修改，作为创作过程中的一个阶段性成果的初稿仍然是作品，作家可以对其享有著作权。如著名作家金庸写武侠小说，经常是边写边连载，每次连载的小说章节尽管长度只有整部作品的几十分之一，但它也必然包含了一定的人物、情节、对话等实质性内容，已经具有了独创性，因此，它们本身也

① 胡康生主编：《中华人民共和国著作权法释义》，70页，北京，法律出版社，2002。

受到著作权法保护。

我国《著作权法》及相关的司法解释规定了依署名进行作者身份的推定、著作权的存在推定和归属推定。这样规定是为了适当减轻权利人在诉讼中的举证责任，加强对著作权的保护。

我国《著作权法》第 12 条第 1 款规定："在作品上署名的自然人、法人或者非法人组织为作者，且该作品上存在相应权利，但有相反证明的除外。"这就是依署名推定作者身份和作品中著作权的存在。

作者身份推定是指在没有相反证据的情况下，在作品上署名的自然人、法人或者非法人组织被"推定"为作者，享有作者的法律地位。但"推定"可以被更强的相反证据推翻，换言之，如果有证据能够证明在作品上署名的自然人、法人或者非法人组织并不是作者，就不能再依署名认定其是作者。假设甲创作的小说被乙抄袭后，乙以自己的名义发表，后丙又未经许可将署名为乙的该小说在网络中传播，乙发现后起诉丙侵权。在缺乏相反证据的情况下，法院将以乙在小说上的署名为依据，推定乙为作者，并以此为基础认定丙的行为侵犯了乙的著作权。但如果丙举证证明该小说的实际作者为甲，乙抄袭了甲的小说，则上述推定就被推翻，法院应当认定丙没有侵犯乙的著作权（是否侵犯甲的著作权并不是该案要解决的问题）并驳回乙的诉讼请求。

在作品上有作者署名的情况下，应当视情况推定存在著作权（该作品受著作权法保护）且归属于以作者身份署名的自然人、法人或者非法人组织。需要注意的是，"著作权存在推定"不能被误解为推定相关内容是作品。该推定的前提是相关成果是作品，换言之，相关成果是否属于作品不能通过署名来"推定"，而是需要法院结合相关事实和证据认定。相反，如果小说作者的继承人起诉他人盗版，只要其提供了标有作者署名的已出版的小说书，且证明自己是该作者的继承人，法院就不应要求其证明作者去世尚未超过 50 年，即该小说尚在著作权保护期内，而是应当推定该小说仍受著作权法保护。同样道理，当甲起诉乙抄袭自己之前发表的作品时，只要甲提供了载有自己署名的作品的出版物，如图书、期刊等，法院就可以直接推定该作品受著作权法保护。如果乙抗辩称甲的作品抄袭自公有领域的作品，因此不受著作权法保护，则应当由乙承担举证责任。

权利归属推定是指相关作品的著作权被推定归属于以作者身份署名的自然人、法人或者非法人组织。最高人民法院《关于加强著作权和与著作权有关的权利保护的意见》第 3 条第一句规定，"在作品、表演、录音制品上以通常方式署名的自然人、法人和非法人组织，应当推定为该作品、表演、录音制品的著作权人或者与著作权有关的权利的权利人，但有相反证据足以推翻的除外"[①]；第 4 条第一句规定，"适用署名推定规则确定著作权或者与著作权有关的权利归属且被告未提交相反证据的，原告可以不再另行提交权利转让协议或其他书面证据"。这样规定是为了减轻权利人在诉讼中的举证责任，加强对著作权的保护。上文曾举例，甲起诉乙抄袭自己之前发表的作品并提供了载有自己署名的作品的出版

---

① 请注意：本条中的"署名"用得不够准确。"署名"是表明作者身份的行为。表明表演者身份的行为也可以被认为是广义上的"署名"。但录音制作者表明自己是录制者的行为（比如在录音制品上打上"Ⓟ＋录制者名称"），不是著作权法上的"署名"，而是"权利标志"。

物，如图书、期刊等。此时法院就可以直接推定该作品受著作权法保护且其著作权归属于甲，不应要求甲提供原始稿件等其他证据，以证明自己是著作权人。如果乙抗辩称甲之前已将该作品的著作财产权转让给了他人，因此自己并不侵犯甲的著作财产权，则乙应当举证证明。

需要指出的是，《著作权法》及相关司法解释规定依署名推定在作品上存在权利以及权利归属，并没有实质性地改变著作权民事司法保护的规则，因为即便没有上述规定，著作权侵权民事诉讼中也依然采用“谁主张、谁举证”和优势证据规则。但在刑事诉讼中，该“推定”会对著作权刑事司法保护具有实质性影响。最高人民法院、最高人民检察院于2020年联合发布的《关于办理侵犯知识产权刑事案件具体应用法律若干问题的解释（三）》第2条第1款规定：“在刑法第二百一十七条规定的作品、录音制品上以通常方式署名的自然人、法人或者非法人组织，应当推定为著作权人或者录音制作者，且该作品、录音制品上存在着相应权利，但有相反证明的除外。”这就意味着在日后涉及侵犯著作权罪（《刑法》第217条）和销售侵权复制品罪（《刑法》第218条）的刑事调查和起诉过程中，公安机关和检察机关可以根据作品上的署名推定权利存在和权利人的身份。在刑事自诉案件中权利人的举证责任将大大减轻。

实务探讨

©旁出现的名称是否为作者的“署名”

《著作权法》第12条第1款和最高人民法院《关于加强著作权和与著作权有关的权利保护的意见》第3条规定依“署名”推定作者身份、著作权存在和著作权归属，因此认定何为“署名”极为重要。在司法实务中，一个长期争议的问题是，“©”旁出现的名称是否为作者的“署名”。

在“华盖案”中，美国专业图片提供商Getty公司在华的授权代表华盖公司对他人利用相关图片的行为提起诉讼。其证明相关图片著作权归Getty公司所有的证据，是涉案图片上有“Getty Images ©”的水印。最高人民法院认为：如无相反证明，在作品上署名的自然人、法人或者非法人组织为作者。Getty公司在其网站上的“署名”，包括本案中的权利声明和水印，构成证明著作权权属的初步证据，在没有相反证据的情况下，可以作为享有著作权的证明。[①] 显然，最高人民法院将“©”旁的名称认定为我国《著作权法》中的“署名”。

本书作者难以认同这一观点和做法。其在《著作权法》中缺乏法律依据，与相关国际条约的精神不符合。该项认定甚至在Getty公司所在的美国都不能成立。

首先，《著作权法》第10条第1款第2项规定，“署名权，即表明作者身份，在作品上署名的权利”。这说明“署名”是表明作者身份的行为，它与表明著作财产权归属的名称并不是一回事。同时，根据《著作权法》第39条第1款第1项的规定，表演者对其表演享有

---

① 参见最高人民法院（2014）民提字第57号民事判决书。

表明表演者身份的权利。可以将该权利也称为表演者的“署名权”。因此《著作权法》中的署名只有两种情况：一是作者（包括自然人，以及被视为作者的法人或非法人组织）表明作者的身份，二是表演者（只限于自然人）表明表演者的身份。Getty 公司显然不能被视为美术作品和摄影作品的“作者”（后文会说明在美国也不是！），“Getty Images ©”当然不是 Getty 公司表明“作者”身份的“署名”。

其次，由英美法系国家主导的《世界版权公约》是唯一涉及“©”标记意义的国际版权条约，其第 3 条第 1 款规定：任何缔约国如果依其国内法要求，将履行一系列手续（包括版权登记等）作为版权保护的条件，则对于根据本公约加以保护，并在该国领土之外首次出版而其作者又非本国国民的任何作品，只要经过作者或其他版权人（the author or other copyright proprietor）授权出版的作品所有复制件，自首次出版之日起，标有“©”标记，并附有版权人（copyright proprietor）名称和首次出版年份，且标注的方式和位置能使人合理注意到版权的存在，就应当被认为符合了上述国内法对手续的要求。可以清楚地看出：“©”之后所接的是“版权人”（copyright proprietor）而非“作者”（author）的名称。“Copyright proprietor”一词在英美法中本身就特指财产权人，而不是作者。“©”旁的名称在该条约中并不是指作者的署名。“版权人”与“作者”当然是两个不同的概念。“作者”是原始版权人，但“版权人”并不都是“作者”。当作者将财产权转让给他人之后，受让人可成为“版权人”，但不能成为“作者”。同样，我国《著作权法》第 18 条第 2 款规定：对于特殊职务作品，“……作者享有署名权，著作权的其他权利由法人或者非法人组织享有……”。也即法人或者非法人组织是“版权人”，但不是“作者”，因此才不享有“署名权”。

由大陆法系国家主导的《伯尔尼公约》第 15 条更是小心地对用以推定作者身份的“署名”和用于推定权利归属的标志进行了区分。该条第 1 款与我国《著作权法》第 12 条第 1 款的规定基本相同，即在无相反证据证明的情况下，姓名以通常方式出现在作品上的人为作者，有权提起侵权诉讼。该条第 2 款规定：在无相反证据证明的情况下，姓名或名称以通常方式出现在电影作品上的“个人或法人”（person or body corporate），被推定为该电影作品的制片者。该条第 3 款规定：除第 1 款规定的情形之外，对于匿名和化名作品，名称出现在作品上的出版商在无相反证据证明的情况下，应被视为代表作者保护和实施作者的权利。可见，出现在作品上的姓名或名称并不都是“表明作者身份的”署名，有些只是用于表明权利归属。结合英美法系国家的出版实践，即电影作品上“©”旁出现个人姓名或电影公司名称，一般出版物上“©”后接出版社名称，可知这些姓名和名称都不是“作者”的“署名”。它所起的作用，是推定电影作品的“制片者”[①]和代表作者行使权利的人。

最后，《美国版权法》第 401 条 b 款规定：版权标记应当包含的要素，除“©”之外，还要有出版年份和“作品版权人的名称”。这同样说明“©”旁的名称表明的是“版权人”而非“作者”。更为重要的是，《美国版权法》只对油画、绘画、板画、雕刻和照片等“视觉艺术作品”提供有限的精神权利保护。《美国版权法》第 106A 条规定：视觉艺术作品的作者享有表明其为作品作者的权利，以及阻止在其未创作的视觉艺术作品上使用“他的”（his）或“她的”（her）姓名标注作者的权利。请特别注意这其中并没有“它的”（its）的

---

① 我国《著作权法》对电影作品的“作者”和“制作者”是加以区分的。参见《著作权法》第 17 条第 1 款。

表述，原因在于《美国版权法》根本不承认非自然人可以享有署名权等精神权利。

《美国版权法》第 201 条规定：对于雇佣作品，视雇主为作者。为了防止在视觉艺术作品为雇佣作品的情况下，被“视为作者”的雇主取得署名权等精神权利，《美国版权法》第 101 条在定义视觉艺术作品时明确规定，视觉艺术作品不包括任何“雇佣作品”。这就意味着，如果视觉艺术作品是由雇员在其受雇范围内创作的，则雇主（多数情况下是一个组织）虽然可以根据《美国版权法》第 201 条的规定被“视为作者”，并取得这些作品的版权，但不能享有包括署名权在内的任何精神权利。郑成思教授也曾在其所著的《版权法》中转述了美国版权局前局长欧曼的观点——根据第 201 条被视为作者的法人不可能享有精神权利。[①] 因此，如果前述“华盖案”发生在美国，美国法院也不可能认定“Getty Images ©”是 Getty 公司在视觉艺术作品上作为“作者”的“署名”。

由此可见，“©”旁出现的如果是一个单位的名称，则除非相关作品是视该单位（法人或非法人组织）为作者的法人作品，该名称并不是我国《著作权法》意义上表明作者身份的“署名”，我国《著作权法》第 12 条第 1 款和最高人民法院《关于加强著作权和与著作权有关的权利保护的意见》第 3 条对此情况不能适用。当然，本书作者认为，电影作品、电视剧作品上“©”旁出现的制作者名称，可以用于推定该作品著作权的归属，但这与上述两条规定并无直接关系。

第三节　特殊作品的著作权归属与行使

作者原始享有作品的著作权，并可根据著作权法的规定独立行使著作权，比如发放以特定方式利用作品的许可，以及对侵犯著作权的行为采取提起诉讼等法律维权措施。这是著作权归属与行使的一般规则。与此同时，基于鼓励投资和促进作品利用等政策因素，著作权法针对特定情形，如为完成工作任务的创作、接受他人委托的创作等，还规定了作品著作权归属与行使的一些特殊规则。

一、职务作品

职务作品是指作者为了完成单位的工作任务而创作的作品。职务作品的著作权归属与行使规则需要兼顾两方面的需要，即保护单位的投资和作者的智力创作，因此《著作权法》专门对此作出了规定。

（一）职务作品的概念

我国《著作权法》第 18 条第 1 款规定：自然人为完成法人或者非法人组织的工作任务所创作的作品是职务作品。据此，要构成“职务作品”，必须符合两个条件：第一，创作作品的自然人必须是法人或者非法人组织（以下简称单位）的工作人员，与单位有实质意义上的劳动或雇佣关系，包括正式工作人员、临时工、实习生或试用人员。第二，作品必须因履行职务的需要而创作，也即为了完成单位的工作任务而产生。“工作任务”是指工作人

---

① 参见郑成思：《版权法》（修订本），33 页，北京，中国人民大学出版社，1997。

员在该单位中应当履行的职责。国家版权局曾经在答复法院的咨询时指出："……作品必须是履行单位工作任务的结果。所谓单位工作任务，指职工根据单位下达的书面或者口头指示创作与本单位工作业务范围有关的作品。也就是说，单位工作任务又可分为两部分：第一，创作的作品必须与单位的业务范围有关；第二，单位应当有明确的工作指示，至少有口头指示。"① 例如，对于游戏软件公司技术部的程序员而言，他在日常工作中的职责就是编写和维护游戏软件。该程序员为了履行这一职责所编写的软件作品就是职务作品。如果作品的创作与工作人员应当履行的职责无关，则即使该作品的创作利用了单位的物质技术条件或是在上班时间创作的，该作品也不属于职务作品。例如，游戏软件公司技术部的程序员在上班时利用闲暇时间为自己的儿子编写了一套学习软件，该软件就不属于职务作品。再如，某医院的老护士利用自己几十年的护理工作经验，撰写了一本《护理知识大全》。护士的工作职责是照顾病人而非撰写与护理有关的著作，因此，该作品并非职务作品。

对于自然人在受雇期间为了完成雇主交付的任务而创作的作品，许多国家的著作权/版权法都规定雇主可享有一定的著作财产权，或者允许雇主通过与作者签订合同而取得全部或部分财产权。即使是极端重视作者利益的大陆法系国家也是如此，而部分英美法系国家更是规定雇主可以被视为作者。如《美国版权法》和仿效美国立法的《日本著作权法》规定：对职务作品，视雇主为作者。这意味着雇主是职务作品的原始版权/著作权人，享有全部版权/著作权。《英国版权法》第 11 条第 2 款规定：如果文字、戏剧、音乐和艺术作品是由雇员在受雇期间创作的，则除非合同中有相反约定，否则，雇员的雇主为该作品的原始版权人。《澳大利亚版权法》第 35 条第 4 款规定：对于受报刊社雇用的记者创作的作品，只要其创作目的是在该报刊上发表，记者享有为将其作品收入图书而进行复制，以及从纸质报刊中将其作品复制出来之后，再进行复制的专有权利，其他版权专有权利则归报社享有。其他作者根据雇佣合同在受雇期间创作的文字、戏剧、艺术作品和音乐作品的版权归属于雇主。《西班牙知识产权法》第 51 条规定：在没有书面协议时，对于根据雇佣关系创作的作品而言，推定利用该作品的专有权利已授予了雇主，但这种利用仅限于雇主从事其通常业务所必需的范围。这样规定是因为职务作品毕竟是由工作人员为了完成雇主交付的任务而创作的，雇主为此提供了物质技术条件并支付了工资，也期望利用工作人员由此创作的作品获得经济利益，著作权法需要对雇主的投资和经济利益予以一定程度的保护。

对于计算机程序这种需要雇主提供大量物质技术条件才能完成的作品，各国著作权/版权立法对雇主给予了更多的保护。1991 年欧共体《计算机程序法律保护指令》第 2 条第 3 款规定：如计算机程序是由雇员为履行其职责或遵循雇主指令而创作的，除非合同有相反约定，雇主有权排他性地行使程序中的所有财产性权利。此后欧共体各成员国都为执行该指令修改了著作权/版权立法。这样，即使是在极端重视作者权利的大陆法系国家，作为职务作品的计算机程序的著作财产权，至少可以根据法律规定，由雇主继受取得或排他性地行使。例如，《法国知识产权法典》第 L113—9 条规定：除非法规有相反规定，对于由雇员根据雇主指示或在履行职责的过程中创作的计算机程序及其文档，其著作财产权归属于雇主，雇主可以排他性地行使其著作财产权。

---

① 国家版权局版权管理司关于《快乐大本营》一案给某法院的答复（权司［1999］73 号）。

我国《著作权法》将职务作品分为特殊职务作品和普通职务作品，并分别规定了其著作权归属与行使规则。

（二）特殊职务作品的著作权归属与行使

《著作权法》第 18 条第 2 款规定了特殊职务作品，除署名权外其著作权由单位享有。特殊职务作品又被分为四类：第一类是主要是利用单位的物质技术条件创作，并由单位承担责任的工程设计图、产品设计图、地图、计算机软件等职务作品。其中的物质技术条件，根据《著作权法实施条例》的解释，是指单位为作者（员工）完成创作专门提供的资金、设备或者资料。① “主要是利用单位专门提供的物质技术条件”，并非仅指利用了单位特意为创作提供的条件，还强调作者利用的由单位提供的物质技术条件与作品的创作直接相关，且无法从其他地方轻易获得，由此排除了用于创作作品的通用工具或其他条件。例如，在单位上班时进行创作，难免会用到单位的办公室、计算机、电源，以及纸、笔等各种文具。但这些东西随处可得，换一家单位也能享用。即使单位专门拨出一间办公室，拨专款购买了计算机等通用设备和文具，也不能仅因此认定相关作品是特殊职务作品。

《著作权法》第 18 条第 2 款规定的第一类特殊职务作品通常很难依靠自然人本人的力量单独完成，而必须借助单位专门提供的资金、设备和资料等。以计算机软件为例：对于许多大型软件，或者具有特定用途的软件，程序员往往需要使用单位提供的高性能计算机，用单位的资金购买相关的资料，特别是要和单位的其他程序员交流，利用他们在编程方面的专门技术和经验；有时候还需要使用单位才可能获得的专有技术和技术秘密。例如，目前国内许多软件公司都在组织程序员编写网络游戏软件，但网络游戏软件中被称为“游戏引擎”的核心部分往往是进口的，需要软件公司花费巨资从国外引进，并聘请外国专家进行技术指导。由于单位对这类作品的创作提供了不可或缺的“物质技术条件”，为了鼓励单位对作品的创作进行投资，保护它们对投资的合理利益，法律才规定这类作品除署名权之外的著作权其他权利归属于单位。

《著作权法》第 18 条第 2 款规定的第二类特殊职务作品是报社、期刊社、通讯社、广播电台、电视台的工作人员创作的职务作品。在报社、期刊社、通讯社、广播电台、电视台的工作人员创作的职务作品中，只有少数作品的创作才会“主要利用”报刊、期刊社、通讯社和电台、电视台的物质技术条件。如在 20 世纪 60、70 年代，新华社的摄影师为国家领导人拍摄照片（摄影作品）时，不但离不开新华社提供的在当时极其昂贵、个人很少拥有的专业相机，而且如果没有新华社的安排，摄像师个人不可能在距离国家领导人如此之近的情况下为其拍摄照片，因此此类摄影作品的创作可以说“主要利用”了新华社提供的物质技术条件，属于特殊职务作品。除这些特殊情况外，绝大多数此类职务作品的创作并不需要“主要利用”报社、期刊社、通讯社和电台、电视台的物质技术条件。例如，记者撰写采访报道与评论性文章，往往只需利用通用的辅助设备如照相机、摄像机、录音笔和计算机即可。报社、期刊社、通讯社和电台、电视台当然也会提供一定的物质技术条件，如提供辅助设备和经费等，但很难说离开这些物质技术条件，相关作品的创作就无法完成或难以完成。

---

① 参见《著作权法实施条例》第 11 条第 2 款。

但如果将此类职务作品的著作权归属于作者（员工），会带来很多不便，因为报社、期刊社、通讯社和电台、电视台对此类作品的后续利用和维权都需要以与作者（员工）签订合同为前提。例如，某报社如希望出版记者所写的深度新闻报道的合集，就需要逐一获得记者的许可。再如，该报社希望对网络媒体未经许可转载其刊登的本报记者所撰写的文章的行为提起侵权诉讼的，也应先与该记者约定其职务作品的除署名权之外的著作权其他权利属于报社（约定为特殊职务作品）。考虑到报社、期刊社、通讯社和电台、电视台的法律意识整体上还有待提高，有许多都未及时与作者（员工）签订合同，很难有效地维护自身的权益，《著作权法》将报社、期刊社、通讯社和电台、电视台的工作人员的职务作品规定为特殊职务作品，以使报社、期刊社、通讯社和电台、电视台取得署名权之外的著作权其他权利，便于对此类职务作品的后续利用和维权。

需要讨论的是，立法者可能忽略了一个问题，那就是报社、期刊社、通讯社和电台、电视台的工作人员也有对自己的职务作品进行后续利用的正当需求，不加限制地将此类职务作品的除署名权外的著作权其他权利一概归于单位，可能在某些情况下会导致利益失衡。例如，某报社记者为履行工作职责而撰写的随笔、杂文受到读者的欢迎。数年后该记者辞职转行，但希望将自己之前创作的上百篇评论编成一本文集出版。由于该记者在职期间为完成报社任务所撰写的所有文章都为“特殊职务作品”，其除署名权外的著作权其他权利都由报社享有，而出版文集属于对这些特殊职务作品的复制和发行，必须经过报社许可。如果报社拒绝许可，或提出记者难以接受的许可条件，则该文集事实上将无法出版。如果报社自己也未对这些作品进行后续利用，优秀作品的传播将受到阻碍。在这方面，前文引述的《澳大利亚版权法》第 35 条第 4 款的规定值得借鉴，其规定对于受报刊社雇用的记者为在该报刊上发表而创作的作品，记者享有为将其作品收入图书而进行复制的权利。因此，本书作者建议在下次修改《著作权法》时增加“但书”，规定允许报社、期刊社、通讯社和电台、电视台的工作人员自行利用其职务作品的具体情形，如将自己的作品集结成册出版等。

《著作权法》第 18 条第 2 款规定的第三类特殊职务作品是法律、行政法规规定的著作权由单位享有的职务作品。这就为其他法律或行政法规对职务作品的著作权归属作出特别规定留下了空间。该条允许法律、行政法规规定：对于某种职务作品，除署名权之外的著作权其他权利由单位享有。《计算机软件保护条例》就作出了这样的特别规定。其第 13 条规定，自然人在法人或者非法人组织中任职期间所开发的软件有下列情形之一的，该软件著作权由该法人或者非法人组织享有，该法人或者非法人组织可以对开发软件的自然人进行奖励：（1）针对本职工作中明确指定的开发目标所开发的软件；（2）开发的软件是从事本职工作活动所预见的结果或者自然的结果；（3）主要使用了法人或者非法人组织的资金、专用设备、未公开的专门信息等物质技术条件所开发并由法人或者非法人组织承担责任的软件。其中的第三种情况已被纳入《著作权法》第 18 条第 2 款规定的第一类特殊职务作品中。但其他两种情况则属于该条例作出的特别规定。《地方志工作条例》也对职务作品著作权的归属作出了特别规定，其第 15 条规定：“以县级以上行政区域名称冠名的地方志书、地方综合年鉴为职务作品……其著作权由组织编纂的负责地方志工作的机构享有，参与编纂的人员享有署名权。”据此，基于职务行为创作的地方志，除署名权之外的著作权其他权利由组织编纂的机构享有。①

《著作权法》第 18 条第 2 款规定的第四类特殊职务作品是合同约定著作权由单位享有的职务作品，也就是允许单位与作者（员工）通过合同将职务作品约定为特殊职务作品，从而使单位（法人或者非法人组织）享有除署名权之外的著作权其他权利。需要注意的是，该约定有效的前提是相关作品本身为职务作品。如果相关作品并不是职务作品，如前文提及的游戏软件公司的程序员在上班时为儿子编写的一套学习软件，则单位不能通过与作者（员工）签订合同将其约定为特殊职务作品并取得除署名权之外的著作权其他权利。只有在相关作品本身是职务作品，只是尚不构成法定特殊职务作品的情况下，单位和作者（员工）才能通过合同将其约定为特殊职务作品，并适用《著作权法》有关特殊职务作品之著作权归属的规定。这样限制是为了避免单位利用缔约优势侵害作者（员工）的权益。《著作权法》对特殊职务作品的著作权归属作出有利于单位的规定，是为了保护单位对作品的投资。如果相关作品根本不属于职务作品，则说明作品的形成与单位的投资无关，此时法律不允许单位在不付出额外代价的情况下仅凭事先的约定就取得除署名权外的著作权其他权利。

典型案例

小学教案案

原告高某是被告重庆市某小学的老师。在其任教的 12 年间，原告按照学校的要求编写并上交教案，先后交给被告教案本 48 册，而被告仅归还了其中的 4 册，其余 44 册不知所终。原告认为，教案是其独立完成的作品，原告对其享有著作权，被告私自处分教案原稿，致使原告著作权中的所有权能均无法实现，严重侵犯了原告的合法权益。本案的焦点之一，是教案的著作权归谁所有。被告认为：即使涉案教案是作品，也属于职务作品，其著作权应归属于小学。

法院认为：虽然原告创作涉案的教案作品利用了被告一定的物质技术条件（如空白教案本等），但并不是主要地利用了被告的物质技术条件，而且涉案的教案作品也不是由被告承担著作权法律责任。因此，涉案的教案作品应当属于《著作权法》规定的一般职务作品，著作权由作者原告高某享有，但被告有权在其业务范围内优先使用。②

本案被告显然是希望法院认定教案为特殊职务作品，理由是其提供了用于创作的物质技术条件，即空白的教案本。但这个理由是不能成立的，《著作权法》（2001 年）第 16 条第 2 款规定：构成特殊职务作品的条件是"主要是利用法人或者其他组织的物质技术条件创作"。对该条件不能进行过于宽松的解释，如果连利用单位的空白教案本、计算机等通用工具进行创作都被视为"主要是利用法人或者其他组织的物质技术条件创作"，恐怕大部分职务作品都会被认定为特殊职务作品了。本案涉及的空白教案本是最普通不过且最基本的物质条件，无论哪家学校都可提供，而且与作品的创作并无直接关系。法院拒绝以学校提供

① 参见甘肃省兰州市中级人民法院（2012）兰法民三初字第 005 号民事判决书。

② 参见重庆市第一中级人民法院（2005）渝一中民初字第 603 号民事判决书。

空白教案本为由认定教案构成特殊职务作品，无疑是正确的。

（三）一般职务作品的著作权归属与行使

特殊职务作品之外的其他职务作品就是一般职务作品。根据《著作权法》第 18 条第 1 款的规定，其著作权由作者（员工）享有，但单位有权在其业务范围内优先使用。在作品完成后两年内，未经单位同意，作者（员工）不得许可第三人以与单位使用的相同方式使用该作品。

这类职务作品虽然也是为了履行工作职责而创作的，但并不需要单位为此专门进行投资、提供特定的物质技术条件。例如，中学教师为备课所撰写的教案，虽然也属于为了完成学校交付的授课任务而创作的作品，但教师准备教案并不需要学校为此进行特定投资。因此，在这种情况下著作权法对单位利益的保护水平较低，单位只享有在作品完成后两年之内的优先使用权。当然，在职务作品完成后两年之内，只要经单位同意，作者（员工）也可许可第三人以与单位使用的相同方式使用该作品，但所获报酬，应由作者（员工）与单位按约定的比例分配。[①]

典型案例

抗美援朝战争照片案

孟某在退休前系解放军画报社记者。在抗美援朝期间，其作为随军记者拍摄了一系列反映抗美援朝战争的照片，刊登在《解放军画报》上。军事博物馆将其翻拍后进行保存。2000 年，军事博物馆授权人民出版社出版画册《抗美援朝战争》一书，其中使用了孟某拍摄的 9 幅摄影作品，均未标明作者姓名，孟某因此提起诉讼。

孟某拍摄的抗美援朝照片

法院经审理后认为：确定本案所涉及的在特定历史环境下完成的作品的著作权归属及

① 参见《著作权法实施条例》第 12 条。

其权利分配，应参照2001年《著作权法》第16条的规定，同时应考虑作品的创作条件和历史背景。涉案9幅摄影作品系抗美援朝期间孟某以原解放军画报社记者的身份受解放军画报社的指派拍摄的，应属于职务作品。孟某作为涉案作品的作者，享有署名权等人身权利及一定范围内的著作财产权利。孟某有权就涉案作品主张署名权，有权禁止他人未经权利人许可以复制、发行的方式对其拍摄的作品进行使用，并有权获得相应的报酬。因此法院判决原告胜诉。①

关于本案有两点特别值得关注：一是法院没有认定涉案作品为法人作品。如果涉案作品被认定为法人作品，则应当视原告所在单位——解放军画报社为作者，且原告不享有包括署名权在内的任何著作权。本书作者认同法院的观点，如前文所述，艺术作品与公文类作品不同，作者有很大的创作空间，单位的意志很难决定艺术作品的面貌，因此原则上不应将艺术类作品归入法人作品的范围。

二是在本案中，一审法院认为涉案作品为职务作品，但原告作为拍摄者享有著作权，并判决被告赔偿5 400元。② 而二审法院则强调原审原告享有“一定范围内的著作财产权利”，并将该赔偿金降低为2 700元，也即为一审法院所判决的赔偿金的一半。显然，二审法院认为涉案作品的著作财产权并非由原告所独享，而是由原告和其所在单位共享。这是考虑到涉案作品创作的特殊历史背景：在战火纷飞的抗美援朝战场上，如果没有解放军画报社向部队请求同意接受摄影师在前线拍摄，没有部队派出士兵加以保护，个人是不可能完成拍摄工作的。附图中战士们在硝烟中奔跑的画面，并非一名普通人孤身一人上前线就能拍到的。正如二审主审法官所指出的那样：“孟某拍摄涉案照片时的身份是解放军画报社军事记者，拍摄照片的过程比较特殊，主要体现在拍摄涉案照片是部队的重要任务，涉案照片是在孟某接受军队的最高指挥机关赴朝的命令、在严密的保护措施下、由部队决定拍摄内容并提供特殊的保障条件的情况下创作完成的，当然孟某本人也是冒着生命危险进行拍摄的。在这种情况下，如果著作权完全由作者个人享有，不符合客观实际，不能体现公平，不利于维护国家利益。”③ 虽然2001年《著作权法》第16条并没有规定职务作品的利益分享机制，但本案涉及的职务作品形成于20世纪50年代，将20世纪90年代颁布的《著作权法》适用于近半个世纪之前的情形，有欠公允。对于在《著作权法》颁布之前，在计划经济时代或特殊历史背景下形成的作品，法院根据公平原则，根据《著作权法》的立法本意进行裁判，是合理的方法。

二、委托作品

委托作品是指受托人根据委托人的委托而创作的作品。需要注意的是，虽然《著作权法》第19条使用了“受委托创作”的用语，但一方应另一方的请求创作作品，双方形成的并不是《民法典》中的委托合同，而是承揽合同。《民法典》第919条规定的“委托合同是

① 参见北京市高级人民法院（2004）高民终字第900号民事判决书。

② 参见北京市第二中级人民法院（2004）二中民初字第10号民事判决书。

③ 陈锦川：《著作权审判：原理解读与实务指导》，82页，北京，法律出版社，2014。

委托人和受托人约定，由受托人处理委托人事务的合同”，显然与“受委托创作”无关。《民法典》第770条规定“承揽合同是承揽人按照定作人的要求完成工作，交付工作成果，定作人给付报酬的合同”。这里的“完成工作”即包括了“受委托创作”。例如，新婚夫妇赴影楼拍摄结婚纪念照，实际上就是影楼（承揽人）按照新婚夫妇（定作人）的要求，为其创作摄影作品。再如，大型体育比赛组织者请音乐家为赛事撰写会歌，也是词曲作者作为承揽人，为定作人（组织者）创作音乐作品。为了与《著作权法》及相关司法解释的用语保持一致，下文仍然使用“委托作品”、“委托”、“委托合同”、“委托人”和“受托人”的用语。

对于委托作品的著作权归属，各国（地区）同样有不同规定。《美国版权法》第201条（b）款规定：对于某些通过定购或委托，为特定目的而创作的作品，包括作为集合作品组成部分的作品、作为电影作品或其他视听作品组成部分的作品、翻译作品、（对教材等原作品的）增补作品、编辑作品，说明书，试卷、试卷的答案或地图作品，如果双方当事人以书面合同的方式明确约定属于这9类范围之内的作品为职务作品，则该作品应当被视为职务作品，视雇主为作者，由雇主享有作品的版权。《澳大利亚版权法》规定：除了照片、画像和雕刻之外，除非委托合同有相反约定，否则，创作作品的受托人享有委托作品的版权。[①]《法国知识产权法典》虽然没有对委托作品的著作权归属作出具体规定，但根据创作作品的自然人才能被视为作者并原始取得著作权的基本原则，委托作品的著作权仍然归属于受托人，委托人只能根据委托合同的约定行使或受让著作财产权。[②] 德国和西班牙的著作权法也是如此规定。

我国《著作权法》第19条规定：“受委托创作的作品，著作权的归属由委托人和受托人通过合同约定。合同未作明确约定或者没有订立合同的，著作权属于受托人。”根据相关司法解释，如果委托作品的著作权归属于受托人，则委托人在约定的使用范围内享有使用作品的权利；双方没有约定使用作品范围的，委托人可以在委托创作的特定目的范围内免费使用该作品。[③] 例如，某公司委托画家创作一幅体现公司形象和经营理念的宣传画。如果双方没有对该宣传画的著作权归属和使用作品的范围作出约定，则著作权属于画家，但公司可以为了对外宣传的目的而展示、悬挂这幅宣传画，或将它印刷在公司的宣传册上，无须再经过画家许可，也无须支付额外报酬。

无论双方有无约定委托作品的著作权归属，受托人仍然是委托作品的作者。那么委托人能否在合同约定其享有委托作品著作权的情况下取得著作人身权呢？从我国《著作权法》第18条有关特殊职务作品的作者享有署名权、著作权的其他权利由单位享有的规定来看，第19条规定的“著作权的归属由委托人和受托人通过合同约定”中的“著作权”似乎应当包括人身权和财产权，即委托人和受托人可以通过合同使委托人原始取得包括人身权在内的全部著作权，但这种解释将实际上使委托人取得作品署名权，与署名权应由作者享有的

---

① See Brad Shermann, James Lahoren, Australia, §4 (1) (b) (i) (C), in Paul Edward Geller (ed.), *International Copyright Law and Practice*, Matthew Bender & Company, Inc., 2006.

② See Andre Lucas, Pascal Kaminan, Robert Plaisantn, France, §4 (1) (b) (iii), in Paul Edward Geller (ed.), *International Copyright Law and Practice*, Matthew Bender & Company, Inc., 2006.

③ 参见最高人民法院《著作权司法解释》(2020年修正) 第12条。

基本原则不符；而且，这种解释会导致将学生出资雇用他人为“枪手”，为自己撰写毕业论文的行为合法化，应当是不足取的。

理论研究

人像摄影作品的著作权的归属和行使

根据《著作权法》第19条的规定，在照相馆拍摄的照片实际上是被拍摄者委托摄影师为其创作的摄影作品，如果双方没有约定著作权的归属，则著作权应当由作为受托人的摄影师享有。被拍摄者并不享有照片的著作权，只能在委托创作的特定目的范围内免费使用该照片。如果被拍摄者在没有合同约定的情况下，超出委托创作的特定目的范围使用照片，将构成对摄影师的著作权的侵犯。但同时，摄影作品又体现了被拍摄者的肖像，如果是人体艺术照，还可能涉及被拍摄者的隐私，因此，在缺乏合同约定的情况下，不但被拍摄者不能随意使用照片，作为著作权人的摄影师也不能对照片进行商业性使用，否则，可能构成对被拍摄者的肖像权甚至隐私权的侵犯。

需要指出的是：人像摄影有其自身的特殊性，不仅是摄影师智力创作的结果，也是被拍摄者肖像的体现，故人像摄影作品与一般委托作品有很大不同。正因为如此，许多国家的立法对人像摄影作品的著作权归属或行使作出了特殊规定。例如，《澳大利亚版权法》第35条第5款规定：当照片、人像或雕刻是为了私人和家庭目的而委托他人拍摄、绘制或制作的，如“全家福”照片、婚纱照和小孩的百日照等，则版权由委托人享有。《意大利著作权法》将人像摄影作为不构成摄影作品的普通照片以邻接权加以保护，其第98条规定：如无相反约定，委托他人拍摄肖像照片的人可以不经摄影师的许可发表、复制或授权他人复制作品，但对肖像照片进行商业性复制时应向摄影师支付合理报酬。如果肖像照片上载有摄影师的姓名，则在发表和复制时也应载明摄影师的姓名。这些立法充分考虑了被拍摄者与摄影师之间的利益平衡，可为我国立法所借鉴。

三、合作作品

合作作品是指两个以上的作者经过共同创作所形成的作品。合作作品的类型不同，其著作权归属与行使规则也有区别。为此我国《著作权法》进行了分类规定。

（一）合作作品的概念

要构成合作作品，须两名以上作者有共同创作的合意，知道自己创作的部分将与他人创作的部分整合为一个整体。《美国版权法》第101条即明确将“两个以上的作者意图使其创作的部分被吸收到整体作品之中，成为整体作品中一个不可分割的部分或者与其他部分相互依存的部分”作为构成合作作品的要件。例如，由一人主编并统稿，由几人分章写作的教科书即为典型的合作作品。但《红楼梦》并不是曹雪芹和高鹗的合作作品，因为通说认为，高鹗是在曹雪芹去世之后在《红楼梦》前80回的基础之上续写后40回的，两人并无共同创作《红楼梦》的合意。再如，某出版社经过众多学者同意之后，将这些学者已发表的相同主题的学术论文汇编成一部文集，则该文集也并非这些学者的合作作品。如果一个人创作完成后，另一个人又加以补充创作，则经补充后的整体作品是否构成合作作品取决于第一位作者在进行创作时是否知道，其作品将通过其他创作者的演绎行为而被吸收进新的作品之中。例如，某作曲家应邀为某部电影创作主题歌中的乐曲部分，即使该名作曲家在创作时并不知道将由谁来填写歌词，只要其清楚地知晓自己创作的乐曲会被配上歌词，则由此形成的一首完整的电影主题歌仍然是合作作品。但如果某诗人创作了一首短诗并发表，电影公司在经过诗人许可之后，为短诗配上乐曲，制作成电影的主题歌，则该电影主题歌并非合作作品，因为诗人在创作短诗时并没有将其与乐曲结合起来的意图。

许多国家的著作权/版权立法还要求合作作者各自的贡献在整体合作作品之中无法被单独辨认或相互加以区分，以此作为合作作品的构成要件。如《意大利著作权法》第 10 条将合作作品定义为“两个或两个以上的人创作的作品，其中各自的贡献无法区分或分割”。《澳大利亚版权法》第 10 条也规定：合作作品是指两个或两个以上的作者合作创作的作品，其中一个作者的贡献无法与其他作者的贡献加以区分。《日本著作权法》第 2 条、《英国版权法》第 10 条和《德国著作权法》第 8 条也作出了相似的规定。据此，在一人作曲、一人填词的情况下，虽然两人有共同创作音乐作品的合意，但因为两个人创作的部分是可以清楚地分开的，故该音乐作品并非合作作品。我国《著作权法》并未对合作作品进行这种限制，上例中的音乐作品在我国无疑构成合作作品，词、曲作者都是合作作者。

需要注意的是：只有那些实际参与创作活动，对最终的作品作出了独创性贡献的人才能成为合作作者；仅仅为创作提供咨询意见、物质条件、素材或其他辅助劳动的人并非合作作者。当然，“参与创作”的形式可能是多种多样的，并不一定意味着亲自动手。例如，作家可以边构思小说的内容边进行口述，由其助手将口述内容记载下来，作家并不因此丧失作者身份。再如，一名资深摄影师带领其学生进行拍摄，资深摄影师在拍摄对象、角度、焦距、明暗等方面给予具体指示，而学生完全根据这些指示摆放和调整照相机并按下快门，则学生只是资深摄影师进行创作的消极工具，由此形成的摄影作品的著作权应当由资深摄影师独享。但如果学生在拍摄过程中加入了自己的选择和判断，则资深摄影师和学生为合作作者。相反，如果拍摄是由学生独立进行的，资深摄影师只是将自己多年积累的拍摄经验传授给学生，或只是告诉学生何处场景值得拍摄、采用何种拍摄手法效果较好，则资深摄影师并未实际参与创作，不能成为合作作者，由此形成的摄影作品的著作权应当归属于学生本人。

同时，是否参与创作活动也并非判断合作作者身份的唯一标准，创作参与者是否有以合作作者身份共享著作权的主观意图也是重要的判断因素。例如，论文作者向学术期刊投稿后，编辑发现论文篇幅过长，便对部分内容进行了缩写，并在得到作者的认可后予以刊登。由编辑缩写的内容有可能达到了独创性的要求，而且作者与编辑也有共同修改作品的合意，但编辑并不能取得合作作者的身份，因为编辑的本职工作内容之一就是修改稿件，并无成为合作作者、共享稿件著作权的意图。同样，在访谈活动中，嘉宾对记者所提问题的口头回答有可能构成口述作品。[①] 如果记者在其所撰写的访谈文章中纳入了嘉宾的回答，嘉宾能否与记者（或记者所在的单位）共享该文章的著作权呢？答案应当是否定的。嘉宾同意接受采访，只表明其许可将其口述内容纳入文章并发表，并没有以文章的合作作者身份共享著作权的意思表示，因此，日后他人要利用该文章，只需要经过记者（或记者所在的单位）许可，而无须再经过嘉宾许可。

典型案例

穆罕默德案

美国华纳电影公司聘用导演斯派克·李拍摄伊斯兰教教士、美国黑人民权运动领袖马尔科姆的传记电影，由丹泽尔·华盛顿主演。电影公司请求熟悉马尔科姆和伊斯兰教的杰夫里·穆罕默德提供协助。穆罕默德对剧本的修改提出了建议，以确保关于宗教和历史的描述的真实性。他指导丹泽尔·华盛顿如何演得像穆斯林，将一些阿拉伯语译成英语作为字幕，为角色选择正确的礼拜方式，与埃及掌管清真寺的人交谈，并设计了两幕与朝圣有关的场景。但穆罕默德在电影中仅被列为“伊斯兰技术顾问”。其向法院起诉，要求确认其为电影的合作作者。

美国联邦第九巡回上诉法院认为，依据以下事实尚不足以认定合作作者：(1) 创作者贡献出了独创性表达（创作出了受保护作品）；(2) 创作者们具有将各自的表达融入一部作品的意图。该法院同时指出，认定合作作者时应考虑下列因素：(1) 创作者是否能够通过行使控制权来监督作品的创作，是“创造性或起主导作用的灵魂人物”；(2) 创作者是否以合同约定等客观的方式表达了承认作品为合作作品，以及成为合作作者、共享作品版权的意图；(3) 整部作品对受众的吸引是否来自共同的贡献，且各自的贡献对作品的价值难以被受众区分。综合考虑这些因素后，该法院驳回了穆罕默德的诉讼请求。

该法院指出：如果作者一旦咨询他人并采纳有用的建议后，就丧失了独享版权的法律地位，则无法实现宪法促进文艺创作的立法目的。如果将认定作者的标准定得过于宽松，会迫使作者们将自己封闭起来，而不采用他人本可以作出的贡献。对“作者”作太过宽泛的解释，还会使合作作者的范围延及过多的人，使作者仅因他人提供了某种形式的帮助而丧失单一作者的地位。[②]

典型案例

“La Torna”案

西班牙著名戏剧艺术家阿尔伯特（Albert）在创作戏剧作品“La Torna”时，应用了一

① 需要注意的是，《著作权法》对口述作品的独创性有较高要求，嘉宾的回答构成口述作品的情况并不多见，见本书第二章第四节对口述作品的讲解。

② Aalmuhammed v. Lee, 202 F. 3d 1227 (9th Cir., 2000).

种其称为“集体创作”的模式：他要求演员在每次排练时即兴说出部分台词，由其进行选择修改后定稿。参与其中的演员后与阿尔伯特就著作权归属产生争议，关键问题在于演员是否能作为戏剧作品的合作作者共享著作权。

法院认为，“并非所有参与作品创作的行为都能产生作者的地位”；“对作品部分内容的少量贡献，即使确实是‘创造性’的，也不足以带来合作作者的身份”。法院参考了戏剧界的惯常做法与观点，认为：在戏剧艺术家在运用这种“集体创作”的模式时，“保留了决定作品所有表达性要素的权力。他根据自己的构思指导演员们提出建议，对其进行重塑、改造并确定与作品主旨相符的部分”。“因此演员是这一创作过程的手段，最终的作品源于阿尔伯特具有根本性和决定性的创作”。法院据此判决演员们败诉。[①]

本案与本章第二节引述的“《歌乐山烈士群雕》案”有异曲同工之处，即不能认为只要在作品中贡献出了独创性的表达，就一定能获得合作作者的身份。该两案的判决书都将参与者贡献的量与质，以及对采纳相关建议的决定权作为判断作者身份的重要因素。本案所涉戏剧作品的产生过程虽为“集体创作”，但实质上仍然是由编剧兼导演的阿尔伯特主导：排练中的演员在何时需要即兴说几句台词，不同演员的零散台词如何取舍、组合并融入事先创作的剧本中，完全由阿尔伯特决定。依此认定阿尔伯特为戏剧作品的唯一作者和著作权人，更为合理。

（二）可以分割使用的合作作品的著作权归属及行使

既然合作作品是两人以上合作创作的，其著作权就应当由各合作作者共同享有。我国《著作权法》第 14 条第 1 款第一句规定：“两人以上合作创作的作品，著作权由合作作者共同享有。”对于合作作品著作权的行使方式，《著作权法》又根据合作作品是否可以被分割使用，分两种情况加以规定。

对于可以分割使用的合作作品，作者对各自创作的部分单独享有著作权，但行使著作权时不得侵犯合作作品整体的著作权。“可以分割使用”是指一部合作作品中由某一合作作者创作的部分在篇章结构上相对独立，具有独立的价值，并可以单独加以使用。例如，某《知识产权法》教材共有四章，分为“总论”、“著作权”、“专利权”和“商标权”，由四名知识产权学者各自撰写。由于该四章中的每一章都是相对独立于其他章并且可以被单独使用的，所以各章的著作权都由撰写者所单独享有并行使，如果某一章的作者想出版一部文集，将自己撰写的一章纳入其中，并不需要经过其他章作者的许可。“不得侵犯合作作品整体的著作权”是指对该合作作品中某一部分的利用不能有损于对整体合作作品的利用。在上述由四章构成的《知识产权法》教材的假想例中，其中一章的作者许可出版社出版含该章的文集时，如果该许可为专有许可，应当通过合同约定，出版社不得以获得了该专有许可为由阻止另一出版社出版该整本《知识产权法》教材。

---

① La Torna，Provincial Court Barcelona（Audiencia Provincial Barcelona），28 April 2008.

典型案例

《五环之歌》著作权侵权案

电影《煎饼侠》的插曲《五环之歌》与歌曲《牡丹之歌》的曲部分高度近似，词部分由岳云鹏等创作，用戏谑的表达方式来说明北京的交通情况。本案原告获得了《牡丹之歌》歌词作者给予的专有许可（但未证明其获得了曲部分著作权人的专有许可），其认为《五环之歌》中岳云鹏演唱的部分在电影《煎饼侠》中作为背景音乐使用及在电影推广曲音乐电视中的使用构成侵权。《五环之歌》与《牡丹之歌》的歌词对比如下：

《牡丹之歌》歌词（部分）	《五环之歌》歌词（部分）
啊牡丹 百花丛中最鲜艳 啊牡丹 众香国里最壮观 冰封大地的时候 你正蕴育着生机一片 春风吹来的时候 你把美丽带给人间 啊牡丹　啊牡丹 你把美丽带给人间	啊 五环 你比四环多一环 啊 五环 你比六环少一环 终于有一天你会修到七环 修到七环怎么办 你比五环多两环 车一直塞 表情痴呆 早就习惯漫无目的一直开 那五环依然那么自在 它一直在 腐烂的喇叭声 苦难的师傅一直唉 北京的 Style 在上下班 车子一直排 为了生活 为了梦想 为了放假单 或许有天 我们必须要去 那八环 Res in peace 北京的交通 我为你放花篮

法院查明，歌曲《牡丹之歌》系为电影《红牡丹》而创作的合作作品，由乔羽作词，由吕远、唐诃作曲，且该歌曲的歌词与曲谱在创作方式与表现形式上可予明确区分，故该歌曲为可分割的合作作品。法院认为，《牡丹之歌》与《五环之歌》这两首歌对应部分的歌词中仅有“啊”字这一不具有独创性的语气助词相同，除此之外，《五环之歌》的歌词中并未使用或借鉴《牡丹之歌》的歌词中具有独创性特征的基本表达，因此《五环之歌》的歌词已脱离歌曲《牡丹之歌》的歌词，形成了独立的一种新的表达，并不构成对《牡丹之歌》的歌词的改编。①

在本案中，《牡丹之歌》与《五环之歌》这两首歌的歌词并无实质性相似，对此应无争议。本案的关键在于，原告认为自己虽然只获得了《牡丹之歌》的歌词作者的授权，但并

① 北京众得文化传播有限公司与万达影视传媒有限公司等侵害作品改编权案，天津市滨海新区人民法院（2018）津0116民初1980号民事判决书，天津市第三中级人民法院（2019）津03知民终6号民事判决书。

非只能就歌词部分主张权利，而是“有权就整个合作作品，即包括就合作作品的其他部分主张权利”，因此也可就《五环之歌》使用《牡丹之歌》的曲部分的行为主张权利。然而，《牡丹之歌》中的曲和词部分由不同的作者分别创作，相互可以独立存在，原告对其属于可以分割使用的合作作品并不持异议。对于可以分割使用的合作作品而言，由于每位作者的创作成果可以被清楚地划分，故各合作作者对自己创作的部分当然可以单独行使权利，包括许可他人利用，但不能对他人创作的部分擅自许可他人利用。本案原告单独从歌词作者处获得利用歌词的许可，而不是从曲作者处获得同时利用曲与词的许可，也说明了这一点。同样道理，他人未经许可利用的究竟是哪位作者的创作成果，也可以被清楚地界定，只有该作者才有权利追究该他人的侵权责任。这与不可分割使用的合作作品的情况完全不同——对不可分割使用的合作作品而言，由于每位作者的创作成果融为一体，难以分离，对合作作品某一部分的利用将涉及全体合作作者，因而原则上才需要全体合作作者的同意；发生侵权时，任何一位合作作者也都有权对侵权人提起诉讼（见下文的讲解）。因此，本案原告的主张难以成立。

（三）不可分割使用的合作作品的著作权归属及行使

对于不可分割使用的合作作品，必须在保护每名合作作者的利益的同时，尽量促进对合作作品的利用。“不可分割使用”是指各合作作者的创作成果已融为一体，难以分离，或分离后将缺乏原有的价值，难以单独利用。这就意味着对此类合作作品的利用，将涉及全体合作作者的利益。因此，在利用不可分割使用的合作作品时，合作作者应当进行协商，通过协商一致后进行使用。例如，两位作曲家共同谱写一部乐谱，经过双方反复讨论和修改，在最后定稿的乐谱中已经无法清楚地分辨哪一小节为哪一位所创作。在这种情况下，不但该合作作品的著作权由各合作作者共同享有，而且对该合作作品的使用也应当由各合作作者协商一致。但是，作品毕竟具有公共文化的属性，立法政策要求作品尽可能地被公之于众和得到利用。同时，当各合作作者无法对合作作品的使用达成一致意见时，如果绝对禁止对作品加以使用，也会使要求使用合作作品的合作作者的利益受到损害。因此，即使是极端重视作者权益的《德国著作权法》也规定：合作作者不能违反诚实信用原则而拒绝对合作作品的发表、利用和改动。① 我国《著作权法》第 14 条第 2 款作了相似的规定：对于不可分割使用的合作作品的利用，合作作者不能协商一致，又无正当理由的，任何一方不得阻止他方行使除转让、许可他人专有使用、出质以外的其他权利，但是所得收益应当合理分配给所有合作作者。例如，甲、乙合作创作了一首乐曲，乐曲之中已无法清楚地区分两人各自的创作，后来两人交恶，甲作曲家想授权某唱片公司使用该乐曲录制录音制品，乙作曲家出于阻止对方获得声誉的目的而拒绝许可。在这种情况下甲作曲家就可以在协商未果时单方许可唱片公司使用该乐曲，但应当将由此获得的报酬分配给拒绝许可的乙作曲家。有些国家的立法规定：在某一合作作者违反诚实信用原则拒绝给予使用合作作品

---

① 参见《德国著作权法》第 8 条。

的许可时，其他合作作者只能通过诉讼由法院给予许可。[①] 但我国《著作权法》目前并无这样的要求。

根据我国《著作权法》第 14 条第 2 款的规定，在利用不可分割使用的合作作品时，"协商"是利用该合作作品的必经程序，如果没有经过协商，部分合作作者不能许可他人利用该合作作品。同时，即使某一合作作者无正当理由反对其他合作作者行使合作作品著作权，其他合作作者也不能转让合作作品的著作权，或者许可他人专有使用，或者出质。这就意味着在上述甲、乙两位作曲家共同创作音乐作品的假想例中，如果其中甲希望向某唱片公司发放将该音乐作品制作为录音制品的专有许可，而经过协商，乙在无正当理由的情况下提出反对，则甲也不能向唱片公司发放专有许可，只能发放非专有许可。

我国《著作权法》规定这些限制的原因在于：转让合作作品著作权（著作财产权）属于权利变动，发放专有许可接近于权利变动，而出质则有导致权利变动的可能。既然合作作品由合作作者基于创作的合意共同创作完成，其著作财产权应为合作作者的共同财产。对其进行导致可能发生权利变动或接近于权利变动的处分行为，将涉及全体合作作者的重大利益。转让合作作品的著作财产权自不待言，专有许可意味着被许可人"有权排除包括著作权人在内的任何人以同样的方式使用作品"[②]，同时专有被许可人还可以以自己的名义向法院提起侵权诉讼或申请采取诉前措施，无须再经过著作权人的许可。由此可见，专有许可具有财产权的排他效力，在专有许可合同约定的时间和地域范围内，被许可人取得了接近著作权人的法律地位。因此，《美国版权法》将专有许可列为"版权转让"的一种方式。合作作者之一向他人发放专有许可，相当于著作财产权在合同约定的时间和地域范围内发生了权利变动，对其他合作作者的利益会产生很大影响，因为在承认该专有许可有效的情况下，其他合作作者既不能向他人发放相同的专有许可或非专有许可，也不能以相同的方式利用作品。而著作权人（债务人）为担保债务的履行而以著作财产权出质后，当著作权人（债务人）不能履行到期债务或者发生当事人约定的实现质权的情形时，债权人有权就该著作财产权优先受偿。[③] 这就意味着此时将发生著作财产权的变动。对于可能引起权利变动的出质和引起类似权利变动的专有许可，立法者要求全体合作作者一致同意，是具有合理性的。

需要注意的是，任何一位合作作者都有权对侵害不可分割使用的合作作品的人提起诉讼，以维护全体合作作者对合作作品的利益。[④] 这与该位合作者是否可以许可他人利用作品并无关系。这正如共有财产的共有人之一未必有权单独许可他人利用共有财产，但当该共有财产遭到他人侵害时，他可以单独维权。

---

① See Adolf Dietz，Germany，§4(1)(a)，in Paul Edward Geller (ed.)，*International Copyright Law and Practice*，Matthew Bender & Company，Inc.，2006. 另参见《意大利著作权法》第 10 条第 3 款。

② 《著作权法实施条例》第 24 条。

③ 参见《民法典》第 425、446 条。

④ 例如，法院指出，"（原告）是否是唯一著作权人以及是否取得其他著作权人的同意，并不影响其以著作权人的身份进行维权"[广州市美歌娱乐有限公司与上海灿星文化传媒股份有限公司等著作权权属、侵权纠纷案，广州知识产权法院（2021）粤 73 民终 3893 号民事判决书]。

实务探讨

合作创作的学术专著与论文如何出版与发表

《著作权法》规定对合作作品进行专有许可必须经过全体合作作者一致同意。但立法者可能未能考虑到该项要求对于学术研究成果的发表与出版的影响。对于学术著作和论文（特别是理工农医类）而言，合作创作是常见现象。而出版社通常要求在出版合同中约定专有出版权，也就是对以纸质形式出版的作品取得复制权和发行权的专有许可，在实务中很少出现出版社与作者未约定专有出版权的情形。学术期刊社也通常要求作者与之签订合同（在网络投稿系统中为电子合同），约定稿件一旦被接受并在该期刊上发表，作者不得再投其他期刊；或者直接约定取得复制权和发行权的专有许可。这已经成为业界的惯例，作者们也普遍认同。但是，根据《著作权法》第14条第2款的规定，如果合作作者对于学术著作的出版或学术论文的投稿不能达成一致意见，即使反对者无正当理由，其他合作作者也不能与出版社或学术期刊签订专有许可合同。这将导致该学术著作或学术论文几乎无法出版或在学术期刊上刊登。从出版社和期刊社的角度来看，今后它们在出版或刊登合作创作的学术著作或学术论文时也会极为谨慎，因为如果其他合作作者有合理理由反对出版或投稿（如认为学术观点不够完善、实验数据不够准确等），其他合作作者就不能授权出版或进行投稿；即使其他合作作者没有正当理由反对出版或投稿，出版社和期刊社也不能取得专有许可。为了规避风险，估计出版社和期刊社会要求每一位合作作者都在合同上签字，否则不予出版或刊登。这将会给学术著作和论文的出版和发表造成一定障碍，无法实现鼓励优秀学术成果传播的著作权法立法目的。

为此，本书作者建议在下次修改《著作权法》时，对合作创作的学术著作或学术论文的出版和发表予以特别规定，以“但书”的形式规定：如果经协商有合作作者无正当理由反对的，其他合作作者仍然可以为出版学术著作或刊登学术论文而向出版社或学术期刊社发放专有许可。

（四）合作作者之著作权的继承

需要注意的是，《著作权法实施条例》第14条规定：合作作者之一死亡后，其对合作作品享有的财产权利无人继承又无人受遗赠的，由其他合作作者享有。这一规定不同于《民法典》规定的一般原则。《民法典》第1160条规定：无人继承又无人受遗赠的遗产，归国家所有，用于公益事业；死者生前是集体所有制组织成员的，归所在集体所有制组织所有。据此，合作作者之一死亡后，如果既没有继承人又没有受遗赠人的，则对作品享有的著作财产权只能归国家或集体所有制组织所有。但这样一来，其他在世的合作作者就与国家共同享有对作品的著作财产权，在行使著作财产权的过程中会遇到很多麻烦。例如，在将对作品的著作财产权转让给他人时，在世的合作作者还必须经过国家或集体所有制组织的同意。而规定无人继承又无人受遗赠的著作财产权由其他合作作者享有，将便于其他合作作者有效和便捷地行使著作财产权。

四、演绎作品与汇编作品

本书第二章第四节已详细讲解了演绎作品和汇编作品的概念，此处讲解这两种作品的著作权归属问题。

（一）演绎作品著作权的归属与行使

对于演绎作品，我国《著作权法》第 13 条规定：“改编、翻译、注释、整理已有作品而产生的作品，其著作权由改编、翻译、注释、整理人享有，但行使著作权时不得侵犯原作品的著作权”；第 16 条规定：“使用改编、翻译、注释、整理、汇编已有作品而产生的作品进行出版、演出和制作录音录像制品，应当取得该作品的著作权人和原作品的著作权人许可，并支付报酬。”《伯尔尼公约》第 2 条第 3 款在规定“翻译、改编、乐曲改编以及对文学或艺术作品的其他改动应得到与原作同等保护”的同时，强调“……不得损害原作的著作权”。从上述规定可以看出，演绎作品之上存在双层权利结构。一方面，演绎者在以他人作品为基础进行创作时投入了创造性智力劳动，对作为智力劳动成果的演绎作品享有著作权。另一方面，演绎作品融入了原作品的基本表达，原作品作者的著作权也存在于演绎作品之上。例如，根据小说所绘制的一套漫画，既体现了漫画作者在艺术造型方面的独创性劳动，又体现了原小说中的独创性情节设计，因此原小说作者和漫画作者对漫画都享有权利。

双重权利结构的存在意味着，要利用根据他人作品创作的演绎作品，不仅应得到演绎作品著作权人的许可，还应得到原作品著作权人的许可。本书作者将这一规则称为“双重权利、双重许可”规则。演绎者对演绎作品享有著作权并不意味着同时享有对原作品的著作权，演绎者也不能因为创作了演绎作品，就可以不经原作品著作权人许可利用演绎作品。例如，漫画家将他人创作的小说改编成一套漫画，漫画即是小说的演绎作品，漫画家对该漫画享有著作权，但未经小说著作权人许可，漫画家不得出版该漫画，否则，就会侵犯小说作者的著作权。同样道理，翻译家对翻译外文小说而形成的翻译作品享有著作权，但未经外国小说著作权人的许可，不得出版小说的中文版，否则，构成著作权侵权，原因是作为演绎作品的中文版作品同时包含了原作品作者和翻译者的智力成果。出版社要合法地出版发行中文版必须同时经过原作品著作权人和翻译作品著作权人的许可。

如本书第三章所述，原作品著作权人享有改编权、翻译权等演绎权，未经许可演绎他人作品并加以利用会构成对演绎权的侵犯。因此，如果演绎者本人未经原作品著作权人许可就以改编、翻译等方式利用原作品，并对由此产生的演绎作品进行后续利用，会构成对原作品著作权人的侵权。当然，超过著作权保护期的原作品已经进入公有领域，使用该作品创作演绎作品不再需要经过任何人同意，如将《三国演义》改编成连环画等。在实务中，演绎者向原作品著作权人获取授权时，获取的都是以特定方式对演绎作品进行后续利用的授权。例如，原作品著作权人在授权他人翻译时，一般也同时授权他人出版、发行翻译作品，这样，翻译者就可以在翻译完成之后单独许可出版社出版、发行其翻译作品了。但如果电影公司希望将中文版作品拍摄成电影，则仍然需要同时经过原作品著作权人和翻译作品著作权人的许可。

理论研究

侵权演绎作品受保护吗？

著作权人享有演绎权，这意味着未经许可利用对原作品实施演绎行为所形成的新作品是侵权行为。那么，这样的“侵权演绎作品”还能受到著作权法的保护吗？有一种观点认为：不能允许侵权者从侵权行为中受益，因此，侵权演绎作品不能受著作权法保护。本书作者认为：这一观点是不能成立的。正如本书第二章第三节中“违禁作品的著作权保护问题”部分所述，著作权专有权利的作用并不在于确认权利人有为某种行为的自由，而在于阻止他人未经许可利用作品。给予未经许可演绎者以著作权法保护，绝不意味着该演绎者可以随意使用该演绎作品，因为这势必侵犯原作品著作权人的演绎权。正如翻译家在未经许可将英国作者的小说翻译成中文后，无权单独授权出版社出版中文版，而应当由翻译家或出版社获得英国作者的许可。给予未经许可的演绎作品以著作权保护，仅意味着他人不能随意使用该演绎作品，否则，构成对演绎作品的侵权。上例中未经许可将英文小说翻译成中文的翻译家，虽然无权单独授权出版社出版中文版，但如果出版社未经其授权出版中文版，仍然构成对其著作权的侵权。此时如果法院判决出版社赔偿翻译家，赔偿额也只能以翻译家自己的独创性贡献，也即在翻译中付出的智力劳动为计算基础，而不能将原作者创作小说的智力劳动也算进去。

国际上，只有美国等少数国家对“侵权演绎作品”的保护是有限的。《美国版权法》第103条规定：“版权保护的客体包括汇编和演绎作品，但如果一作品使用了受版权保护的原有作品，对其保护不延及原有作品被非法使用的部分。”这意味着如果未经许可创作的演绎作品完全是以他人作品为基础的，则该演绎作品不能受到版权保护。[①] 而多数国家的著作权立法对“侵权演绎作品”进行保护。如1973年《巴西著作权法》第6条曾将演绎作品的创作者获得原作品权利人授权作为演绎作品获得保护的条件，但1998年著作权法不再规定这一条件。这意味着即使演绎作品的利用侵犯了在先作品的著作权也仍然可以受到保护。英国、德国、西班牙和加拿大等国家均采取了这一原则。

我国《著作权法》第13条规定：“改编、翻译、注释、整理已有作品而产生的作品，其著作权由改编、翻译、注释、整理人享有，但行使著作权时不得侵犯原作品的著作权。”该条没有像《美国版权法》第103条那样否认“侵权演绎作品”受保护的资格，其应当被解释为：未经许可创作的演绎作品仍然受到保护，只是对演绎作品的利用应当经过原作品著作权人和演绎作品著作权人的双重许可。

典型案例

《死了都不卖》歌曲改编案

2007年，歌曲填词爱好者龚某有感于自己的炒股经历和当时火爆的股市，根据信乐团

---

① See Eric J. Schwartzn, David Nimmer, United States, §2 (3) (a), in Paul Edward Geller (ed.), *International Copyright Law and Practice*, Matthew Bender & Company, Inc., 2006.

歌手阿信演唱的歌曲《死了都要爱》的曲调重新填写了歌词，命名为《死了都不卖》。改编后的歌曾在网上流行一时。某公司未经许可将《死了都不卖》的歌词修改后在网络上传播，龚某起诉该公司侵犯其著作权。

《死了都要爱》	龚某版《死了都不卖》	被告版《死了都不卖》
把每天当成是末日来相爱 一分一秒都美到泪水掉下来 不理会别人是看好或看坏 只要你勇敢跟我来 爱不用刻意安排 凭感觉去亲吻相拥就会很愉快 享受现在别一开怀就怕受伤害 许多奇迹我们相信才会存在 死了都要爱 不淋漓尽致不痛快 感情多深只有这样才足够表白 死了都要爱 不哭到微笑不痛快 宇宙毁灭心还在 穷途末路都要爱 不极度浪漫不痛快 发会雪白土会掩埋 思念不腐坏 到绝路都要爱 不天荒地老不痛快 不怕热爱变火海 爱到沸腾才精彩	把股票当成是投资才买来 一涨一跌都不必害怕掉下来 不理会大盘是看好或看坏 只要你翻倍我才卖 我不听别人安排 凭感觉就买入赚钱就会很愉快 享受现在别一套牢就怕受失败 许多奇迹中国股市永远存在 死了都不卖 不给我翻倍不痛快 我们散户只有这样才不被打败 死了都不卖 不涨到心慌不痛快 投资中国心永在 就算深套也不卖 不等到暴涨不痛快 你会明白卖会责怪 心态会变坏 到顶部都不卖 做股民就要不摇摆 不怕套牢或摘牌 股票终究有未来	把股票为了是赚钱才买来 一涨一跌都不用害怕掉下来 不理会大盘是看好或看坏 只要你翻倍我才卖 我不听别人安排 凭感觉就买入赚钱我会很愉快 可是现在有人套牢就怕受失败 许多奇迹中国股市永远存在 死了都不卖 不给我翻倍不痛快 我们散户只有这样才不被打败 死了都不卖 不涨到心慌不痛快 股市牛市一直在 就算深套也不卖 不等到暴涨不痛快 你会明白操作不好 心态会变坏 到顶部我才卖 做股民就要不摇摆 不怕套牢或洗牌 股票终究有未来

被告认为：龚某版《死了都不卖》的歌词抄袭自《死了都要爱》，两者的句式结构相同，字数也相等，只是将内容由爱情改为股票。因此，龚某的歌曲属于侵权作品，不具有著作权，依法不应受保护。

法院认为：独创既可以是从无到有地独立地创作一个作品，也可以在他人作品的基础上创作，但发挥了智力创造性，使之与原作品之间存在客观上容易识别的差异，构成新的作品。原告根据自己的炒股经历和对股票市场的认识而作的《死了都不卖》的歌词，与《死了都要爱》的歌词相比，主题、内容都不同，文字表达上存在较大的差异，客观上足以被识别为一个新的文字作品。该文字作品符合我国《著作权法》所保护的作品应达到的独创性要求，故原告对此享有著作权，应受到我国《著作权法》的保护。被告以龚某版《死了都不卖》抄袭《死了都要爱》的歌词和使用《死了都要爱》的曲调为由抗辩原告的权利，但原告的歌词对《死了都要爱》的歌词是否构成侵权，不是本案审理的范围。即使原告的歌词与《死了都要爱》的歌词之间存在侵权嫌疑，也是原告与《死了都要爱》的歌词作者之间的关系，且这只可能影响到原告利用作品，并不影响原告在自己作品被侵权时向他人主张权利。原告填写歌词，使用了《死了都要爱》一歌的乐曲，原告应处理好与《死了都要爱》的曲作者之间的关系，未经曲作者许可，不得利用改填词后的歌曲。但这同样不影响原告就其创作的文字作品被他人侵权时主张保护的权利。法院据此认定被告构成侵权。①

本案中龚某的歌词《死了都不卖》明显改编自《死了都要爱》，但因具有独创性，构成改编作品。本书第三章中“违禁作品的著作权保护问题”部分提及：《著作权法》（2001 年）第 4 条第 1 款“依法禁止出版、传播的作品，不受本法保护”已被删除。即使是内容根本违法的作品也能受到著作权法的保护，更何况“侵权演绎作品”呢？

需要注意的是，《伯尔尼公约》第 2 条第 3 款规定：“翻译、改编、乐曲改编以及对文学或艺术作品的其他改动应得到与原作同等保护……”据此，对于基于仍在著作权保护期内的作品创作的演绎作品，虽然在利用时适用“双重权利、双重许可”的规则，但在受保护方面与原作品并无不同。这就意味着演绎作品的著作权人享有与原作品著作权人同样的且独立于原作品著作权人的诉权，这与该演绎作品的创作是否经过原作品著作权人许可并无关系。

假设《伯尔尼公约》成员国国民甲用英语创作了一部小说，乙未经许可将其译成中文，试问：（1）乙将中文版上传至网络传播是否侵犯了甲的著作权？（2）乙能否许可出版社出版中文版？（3）如果某有声书网站未经许可传播中文版的有声书，乙能否单独起诉该网站侵权并胜诉？对第一个问题的回答是否定的，这是因为译者没有获得小说作者甲对翻译作品进行交互式传播的许可，该译者擅自实施该行为构成侵权（这与中译本构成作品毫无关系）。对第二个问题的回答是肯定的：只要译者没有谎称作者甲同意自己许可出版社出版中译本，译者的许可应当被解释为仅针对译者自己的独创性成果，而不针对英文版作品（原作品）。从出版社获得许可的角度来看，这只是“双重许可”中针对演绎作品（翻译作品）的许可，而不含针对原作品的许可。我国《著作权法》第 16 条规定“使用改编、翻译、注释、整理、汇编已有作品而产生的作品进行出版、演出和制作录音录像制品，应当取得该作品的著作权人和原作品的著作权人许可，并支付报酬”。其中“应当取得该作品的著作权人……许可”的民事主体是作品的出版者、演出者和录音录像制作者。相当数量的演绎作品都是以尚在著作权保护期内的作品为基础创作的，对这些演绎作品的利用，当然会同时涉及原作品的著作权，但我国《著作权法》不仅规定作品（当然也包括演绎作品）的著作财产权中有“许可”权能，还规定他人要利用演绎作品必须同时经过演绎作品著作权人和原作品著作权人的许可。这说明立法者并不认为演绎作品著作权人发放利用演绎作品的许可，本身会导致对原作品著作权的侵权。对第三个问题的回答也是肯定的：他人未经许可利用演绎作品，等同于未经许可同时利用了原作品作者和演绎作品作者的独创性成果，同时侵害了原作品的著作权和演绎作品的著作权，应当同时向这两个著作权人承担侵权责任（特殊情况除外，如下文讲解的作为特殊演绎作品保护的电影作品、电视剧作品），这与演绎作品的创作是否经过原作品著作权人的许可没有关系。

---

① 参见上海市浦东新区人民法院（2007）浦民三（知）初字第 120 号民事判决书。

* 2020 年《著作权法》修订时改称“视听作品”。——编辑注

典型案例

《鬼吹灯》游戏改编案

原告为一家网络游戏公司（以下简称“网游公司”），其得知某漫画公司享有漫画作品《鬼吹灯》（根据著名网络小说《鬼吹灯》改编）的著作权后，与之签订了授权合同。合同的内容为基于“漫画《鬼吹灯》形象的网络游戏开发及授权”，合同约定的合作方式为网游公司以“漫画《鬼吹灯》形象为基础进行网络游戏开发及运营”。漫画公司承诺“独立拥有《鬼吹灯》漫画的全部著作权及版权，对《鬼吹灯》漫画形象改编成网络游戏的合法授权权利”，其主要义务是授权网游公司进行网络游戏开发及运营。双方还约定，如漫画公司“对《鬼吹灯》漫画版权拥有无合法性”，造成网游公司无法以《鬼吹灯》为名的网络游戏上市及运营，漫画公司应退回对方实际付出的版权费用并赔偿对方为此所遭受的所有经济损失。

合同签订后，网游公司依约支付了许可使用费并开发了网络游戏《鬼吹灯》，但在进行宣传时，遭到了《鬼吹灯》文字作品著作权人和专有被许可人的起诉。网游公司认为，漫画公司在没有《鬼吹灯》文字作品著作权的情况下，无权授权自己将《鬼吹灯》漫画作品改编成网络游戏。漫画公司的虚假授权导致自己向《鬼吹灯》文字作品著作权人承担责任，蒙受经济损失。因而网游公司向法院起诉漫画公司。

法院认为：根据合同的约定，被告的合同义务是将其拥有著作权的漫画作品《鬼吹灯》中的形象（包括人物形象、场景设定等）授权给原告，用于开发《鬼吹灯》网络游戏等。在合同中，没有双方当事人对于取得《鬼吹灯》文字作品著作权人的改编授权的相关内容；作为授权方的被告仅是《鬼吹灯》漫画作品的著作权人而不是《鬼吹灯》文字作品的著作权人；鉴于《鬼吹灯》文字作品具有较高的知名度，原告作为网络游戏的开发者对于上述事实也应当是明知的；被告在履行上述合同过程中仅向原告交付了自己享有著作权的漫画作品和漫画形象；且原告在庭审中承认其在与被告签订合同时并不知道开发网络游戏还需要得到《鬼吹灯》文字作品著作权人的许可。因此，被告的合同义务并不包含《鬼吹灯》文字作品著作权人的改编权授权。① 原告因此败诉。

作为原告的网游公司之所以败诉，关键原因在于其并不了解利用演绎作品的“双重权利、双重许可”规则。作为被告的动漫公司对自己创作的漫画当然享有著作权，也可以许可他人利用该美术作品。但《鬼吹灯》漫画作品是根据《鬼吹灯》文字作品改编的，是文字作品的演绎作品。他人要合法地利用《鬼吹灯》漫画作品，需要经过漫画作品著作权人和文字作品著作权人的双重许可。在本案中，双方签订的合同只涉及漫画作品《鬼吹灯》中的漫画形象的许可，而不涉及文字作品《鬼吹灯》的许可，因此网游公司还应当另行向文字作品著作权人获得许可。但是，如果动漫公司在合同中明确声明自己已经获得了文字作品著作权人的许可，可以单独向网游公司发放制作和传播《鬼吹灯》网络游戏的完整许可，则网游公司的诉讼请求是可以成立的。

---

① 参见上海市第二中级人民法院（2010）沪二中民五（知）初字第158号民事判决书。

（二）汇编作品著作权的归属与行使

对于汇编作品，本书第二章第四节曾讲解过：汇编作品分为两类，第一类是对若干作品或作品片段进行独创性的汇编而形成的作品，第二类是对事实、数据等不构成作品的信息进行独创性的汇编而形成的汇编作品。在第一类汇编作品中，被汇编的材料本身就是作品，因此它也涉及双重权利结构。

我国《著作权法》第15条规定：汇编作品的著作权由汇编人享有，但行使著作权时，不得侵犯原作品的著作权。《伯尔尼公约》第2条第5款规定：文学或艺术作品的汇编，诸如百科全书和选集，凡由于对材料的选择和编排而构成智力创作的，该汇编成果应获得保护，但不得损害其中每一作品的著作权。[①] 这说明第一类汇编作品著作权归属规则与演绎作品的相同。

首先，汇编者在经过各作品作者许可，通过独创性的选择或编排将各作品汇编成册之后，对该汇编作品享有著作权。但汇编者对汇编作品的著作权仅限于体现独创性选择或编排的体系化的作品集合，而不能及于被汇编的作品本身。例如，某出版社出版了一本《鲁迅作品精选》，收集了100篇鲁迅先生的作品，并按照编辑们认为的精彩程度予以排序，该精选就是典型的汇编作品，因为编辑们在选择和编排作品方面体现出了智力创造性。如果其他出版社未经许可也选择了同样的100篇鲁迅先生的作品出版，则侵犯了对汇编作品的著作权。但是，《鲁迅作品精选》的汇编者无权阻止其他出版社选择将鲁迅的不同作品汇编成册，因为鲁迅先生作品的著作权保护期已届满，任何人都可以自由使用。汇编者虽然对作为汇编作品的《鲁迅作品精选》享有著作权，却不能基于汇编行为而对被汇编的作品本身享有著作权。

其次，汇编者行使汇编作品的著作权时，不能侵犯原作品著作权人的权利。例如，出版社编辑人员在大量电影剧本中，根据自己的判断选择了10部最优秀的剧本，并在经过作者许可之后汇编成《电影剧本精选》。《电影剧本精选》因体现了出版社具有创造性的选择而成为汇编作品，但出版社未经过各电影剧本作者的同意，无权自行许可电影公司将这10部剧本拍摄成电影，否则，构成侵权，因为各剧本的摄制电影权仍然掌握在各剧本的作者手中。同样，如果一家数字图书馆希望将《电影剧本精选》制成数字格式，置于网络之中，供用户在线阅读或下载，则必须同时经过这10部剧本的作者和出版社的许可，除非这10部剧本的作者已经将各剧本的信息网络传播权另行许可给出版社并允许其转授权，否则，仅作为汇编者的出版社无权单方授权数字图书馆这样做。

如果被汇编的作品仍在著作权保护期内，他人未经许可使用作为一个整体的汇编作品就会同时侵犯汇编作品的著作权和被汇编的作品的著作权。在上例中，如果数字图书馆未经许可将《电影剧本精选》置于网络中传播，则构成对出版社和这10部剧本的作者的信息网络传播权的侵犯。

五、视听作品

视听作品的著作权归属与行使是一个特别复杂的问题。这一方面是因为视听作品往

① 《伯尔尼公约》该规定将汇编作品的构成要件定为在选择“和”编排方面均有独创性，但《与贸易有关的知识产权协定》第10条和《世界知识产权组织版权条约》第5条已将汇编作品的构成要件改为选择“或”编排方面有独创性。

往属于演绎作品，如电影中的故事片通常是根据他人的小说拍摄的，但如果将视听作品视为普通的演绎作品，就意味着在约定不明的情况下，对电影的任何利用都需要经过原作品著作权人与电影作品著作权人的双重许可；另一方面是因为许多视听作品凝结了编剧者、导演、摄影师、剪接师和作词、作曲者等诸多人员为拍摄影视剧而共同付出的创造性劳动，从某种意义上说视听作品是最为复杂的合作作品。但如果按照合作作品的著作权归属和行使的规则，视听作品的著作权由对视听作品的创作付出了独创性劳动的所有人共同享有，对视听作品的利用需要经过全体合作作者的共同许可。这势必带来视听作品在利用方面的诸多纷争和极大不便。因此，著作权法对视听作品的著作权归属与行使作出了特别规定。

（一）视听作品的类型及分类标准

2020年《著作权法》修改时，不仅将“电影作品和以类似摄制电影的方法创作的作品”改为“视听作品”，还对视听作品的著作权归属进行了分类规定。《著作权法》第17条将“视听作品”分为“电影作品、电视剧作品”和“其他视听作品”。第17条第1款规定：“视听作品中的电影作品、电视剧作品的著作权由制作者享有，但编剧、导演、摄影、作词、作曲等作者享有署名权，并有权按照与制作者签订的合同获得报酬。”第17条第2款规定：“前款规定以外的视听作品的著作权归属由当事人约定；没有约定或者约定不明确的，由制作者享有，但作者享有署名权和获得报酬的权利。”第2款采用的著作权归属规则完全不同于第1款规定的，不是规定著作权归属于制作者，而是采用了“约定优先，无约定时归制作者”的规则。由此产生的问题就是，区分“电影作品、电视剧作品”和“其他视听作品”的意义和标准。然而，在这个视听产品制作技术极为发达、传播渠道多样性的媒体融合时代，几乎难以找到一个既符合法理又不违反常识的区分标准。其他国家也没有将此类作品区分为“电影作品、电视剧作品”和“其他视听作品”的先例。

实务探讨

如何区分“电影作品、电视剧作品”和“其他视听作品”

首先，是否能以“视听作品”的长度作为划分的依据呢？人们在影院中观赏的“电影”通常不会短于一个小时，而电视台播放的电视剧通常一集也不会短于40分钟。但这种划分方法是不可行的，因为有时候短片也被人们公认为是电影、电视剧。如广受欢迎的动画片《小猪佩奇》每一集长度只有几分钟，但恐怕没有人否认这几分钟的一集构成“电影、电视剧作品”。再如，奥斯卡奖中也设有“最佳真人短片”［Best Short Film（Live Action)］、“最佳动画短片”［Best Short Film（Animated)］和“最佳纪录短片”［Best Documentary (Short Subject)］三个短片奖，难道获奖的影片仅因时长较短就不成为“电影、电视剧作品”了吗？

其次，能否以有情节为区分标准，将有情节的视听作品归入“电影、电视剧作品”，将没有情节的归于“其他视听作品”呢？这种划分是基于电影、电视剧通常都是有剧情的。

然而，这也难谓科学的分类标准，因为即使是在业界，也并不认为没有情节就必然不是电影、电视剧。《动物世界》《舌尖上的中国》等纪录片都没有情节，至少并不需要有情节，但也很少有人会否认这些纪录片属于“电影、电视剧作品”。奥斯卡奖中也设有“最佳纪录长片”［Best Documentary（Feature）］和“最佳纪录短片”［Best Documentary（Short Subject）］两个纪录片奖项。我国《电影管理条例》更是将通常没有情节的纪录片、科教片和专题片纳入了管理范围。①

再次，能否认为如果相关视听作品由持有摄制电影许可证的电影制片单位②，或者持有电视剧制作许可证的电视剧制作单位制作③，就属于“电影、电视剧作品”，否则属于“其他视听作品”？该标准的合理性也值得质疑。试举一例：某机构提交了设立电影制片单位的申请，但为了赶时间，在获批之前就违规开拍电影并在短期内拍摄完成，但该机构最终未能获得行政审批，未取得摄制电影许可证。试问：该违规拍摄的电影是否仅因未取得制作许可就不再属于“电影作品”了呢？其回答当然是否定的。该机构应当基于其违法行为受到处罚，其拍摄的电影也可能无法取得公映许可证，但这并不妨碍该电影作为电影作品受到《著作权法》的保护。还有一些被称为“微电影”的视频并不是由经行政机构审批的电影制作单位和电视剧制作单位制作的，而是由其他机构制作的。它们有情节，有导演，有演员，有配乐，达到了相当高的制作水准。除时长较短之外它们与故事片没有实质区别。试问：其是否属于“电影、电视剧作品”？④

最后，能否以视听作品的创作目的是否为在影院或电视台播映为区分标准？该标准显然也是不可行的。在网络时代，有越来越多的电影制片单位和电视剧制作单位在拍摄电影和电视剧之初就已决定只在网络上传播，而不进入影院或电视台播映。⑤

事实上，视听作品的共性就在于其画面的上下衔接体现出的独创性，有的以连续画面体现故事情节或传递信息，有的则以连续画面展示纯粹的视觉艺术美感。是创作方法（使画面上下衔接）和呈现方式（可播放的连续画面）使视听作品区别于其他类型的作品。《伯尔尼公约》使用的术语“cinematographic works to which are assimilated works expressed by a process analogous to cinematography”，被直译为“电影作品（用类似摄制电影的方法表现的作品与电影作品属于同类作品）”⑥，强调的是此类作品在创作方法和呈现方式上具有同质性，并没有生硬地将其区分为不同子类型的作品。

“电影”和“电视剧”是人们日常生活中的用语，在行政审批时也有严格限定（这就是

---

① 《电影管理条例》第 2 条规定：“本条例适用于中华人民共和国境内的故事片、纪录片、科教片、美术片、专题片等电影片的制片、进口、出口、发行和放映等活动。”

② 《电影管理条例》第 10 条规定：“国务院广播电影电视行政部门应当自收到设立电影制片单位的申请书之日起 90 日内，作出批准或者不批准的决定，并通知申请人。批准的，由国务院广播电影电视行政部门发给《摄制电影许可证》……”

③ 《广播电视管理条例》第 35 条第 1 款规定：“设立电视剧制作单位，应当经国务院广播电视行政部门批准，取得电视剧制作许可证后，方可制作电视剧。”

④ 本书作者曾在华东政法大学校庆晚会上观看过学校团委拍摄的一部时长为 17 分钟“微电影”《爱・回家》，讲述了三名法学毕业生在工作中遇到挫折后，在母校老师的鼓励和帮助下走出困境，获得事业成功的故事，非常感人。该片网址为 https：//www. bilibili. com/video/av18034586. html？from=singlemessage&isappinstalled=0。

⑤ 例如，电视剧《太子妃升职记》、《余罪》和《白夜追凶》等电视剧都是仅在网络视频平台传播的。

⑥ 这是本书作者求教著名翻译家张经浩教授时，张经浩教授所作的翻译。

为什么“电影”由国家电影局进行管理，而“电视剧”则由国家广播电视总局进行管理），但与著作权法中的用语原本并不对应。在未来的司法实践中，如何区分“电影、电视剧作品”和“其他视听作品”将成为巨大的难题。即使通过修订《著作权法实施条例》或者颁布司法解释来勉强规定一个标准，恐怕也难有科学性可言。

（二）“电影作品、电视剧作品”的著作权归属与行使

拍摄“电影作品、电视剧作品”往往需要先将原先就存在的小说或戏剧改编成剧本，再根据剧本进行拍摄，因此形成的“电影作品、电视剧作品”实际上是小说或戏剧的“演绎作品”。《伯尔尼公约》第 14 条第 1 款明确规定了“原作品作者的摄制电影权”。根据该款的规定，文学或艺术作品的作者对其作品享有两项专有权利：（1）对该作品以拍摄电影方式加以改编和复制，以及发行由此改编或复制而成的作品；（2）以有线方式公开播放和向公众传播由此改编或复制而成的作品。所谓“由此改编或复制而成的作品”就是指根据原作品（小说、戏剧等）拍摄而成的电影作品（对此类作品国外称呼不一，有“电影作品和以类似摄制电影的方法表现的作品”、“电影作品和其他视听作品”和“视听作品”等，下文提及国外立法时均使用“电影作品”的名称）（此处的“电影作品”是《伯尔尼公约》中的“电影作品和以类似摄制电影的方法表现的作品”的简称，在范围上相当于我国《著作权法》中的“视听作品”，不限于我国《著作权法》中的“电影作品”或“电影作品、电视剧作品”，下同）。从中可以看出，《伯尔尼公约》至少是将部分电影作品作为演绎作品对待的，原作品著作权人不仅可以授权将其作品改编并拍摄成电影作品，还可以授权对电影作品加以发行或者通过有线方式加以公开播放和传播。

1. 作为特殊演绎作品的著作权归属与行使规则

如果将“电影作品、电视剧作品”视为普通的演绎作品，适用前文所述的“双重权利、双重许可”规则，就意味着在约定不明的情况下，对“电影作品、电视剧作品”的任何利用都需要经过原作品著作权人与“电影作品、电视剧作品”著作权人的双重许可，“电影作品、电视剧作品”著作权人自己也不能在约定不明的情况下利用“电影作品、电视剧作品”。这会对“电影作品、电视剧作品”的传播造成极大的法律障碍。因此，国际条约和各国著作权立法都对电影作品的著作权归属和行使规则作出了较为特别的规定。

《伯尔尼公约》第 14 条之二第 2 款（a）项规定，电影作品著作权的归属，应由寻求保护地的国内立法规定。也即允许各国自行规定电影作品的著作权归属。《伯尔尼公约》第 14 条之二第 2 款（b）项规定，除非存在相反约定或特殊规定，一旦作者同意将其成果纳入电影作品之中，就不能再反对将电影作品加以复制、发行、公开放映、有线传播、无线广播或以其他方式向公众传播，以及为电影作品配上字幕或配音。同时，《伯尔尼公约》第 14 条之二第 3 款又针对上述规定作出了限制：除非国内法有相反规定，否则，上述规定不应适用于编剧、为电影作品而创作的音乐作品的作者以及电影作品的主要导演。这就为各国立法留下了充分的空间。

目前，多数国家的著作权立法都规定，对于在启动电影作品创作之前已经存在的小说、戏剧等作品（原作品）的著作权人而言，一旦许可制片者将其作品拍摄成电影作品或纳入

电影作品之中，就不能再阻止制片者（组织拍摄电影、电视剧的人通常被称为“制片者”，但2020年我国《著作权法》修改时，将包括“电影作品、电视剧作品”在内的视听作品的著作权享有者统一称为“制作者”。下文介绍或引述国外立法和国际条约时，仍然使用“制片者”，其他情况下使用“制作者”）对电影作品的正常利用。换言之，电影作品属于特殊的演绎作品，对“双重权利、双重许可”规则应进行限制。他人对电影作品在多数情形下的利用，只需要经过制片者许可，而无须再经过原作品著作权人的许可。德国等国家的著作权立法认为原作品的作者并不是电影作品的作者[1]，如果原作品的作者已经许可他人将其作品拍摄成电影作品，就应被认为已许可他人为拍摄电影作品而使用原作品和其改编作品，以及许可对电影作品进行复制、发行、公开放映和在电视台播放以及以其他各种方式进行利用。[2] 法国和意大利等国家的著作权立法则认为原作品作者也应成为电影作品的作者之一，但在授权拍摄电影之后，同样不能阻止制片者对电影作品的正常使用。如《法国知识产权法典》第L113—7条规定：如果视听作品来源于仍受保护的原有作品或剧本，原作品作者应被视为视听作品的作者。其第L132—24条规定：除视听作品中音乐作品的作者之外，其他视听作品作者与制片者签订合同意味着这些作者将对视听作品的专有使用权转让给了制片者。《西班牙知识产权法》第88条规定：根据尚未进入公有领域的在先作品的作者与利用该作品制作视听作品的合同，推定作者将复制、发行、向公众传播该视听作品及为之配音或配字幕的专有权利转让给了制片者。

我国《著作权法》第13条规定了演绎作品“双重权利、双重许可”规则。[3]《著作权法》第17条只是规定“电影作品、电视剧作品”的著作权属于制作者，在“电影作品、电视剧作品”与原作品（小说、戏剧等）的关系上，《著作权法》并没有作出明文规定，但其第48条规定：“电视台播放他人的视听作品、录像制品，应当取得视听作品著作人或者录像制作者许可，并支付报酬；播放他人的录像制品，还应当取得著作权人许可，并支付报酬。”该条并未规定“播放视听作品，还应当取得（原作品）著作权人的许可”。这就说明对于电视台播放包括“电影作品、电视剧作品”在内的视听作品，并不适用“双重权利、双重许可”规则。

根据《伯尔尼公约》并结合各国著作权法的规定，对我国《著作权法》第13条和第17条第1款较为恰当的解释是：“电影作品、电视剧作品”是一种特殊的演绎作品。一方面，根据原作品（小说、戏剧等）制作的“电影作品、电视剧作品”仍然是原作品的演绎作品，该“电影作品、电视剧作品”之中存在“双重权利”，因此要将该“电影作品、电视剧作品”改编成其他文艺形式，如改编成漫画书出版，或改编成戏剧上演，需要经过原作品著作权人和该“电影作品、电视剧作品”著作权人的许可。《伯尔尼公约》第14条第2款明确规定：要将由文学或艺术作品派生而来的电影作品改编为其他任何艺术形式，除了要经过电影作品作者的许可之外，还要经过原作品作者的许可。该条说明《伯尔尼公约》认为根据小说、戏剧等原作品拍摄而成的电影作品之上是存在“双重权利”的。对我国《著作

---

① 参见［德］M. 雷炳德著，张恩民译：《著作权法》，177页，北京，法律出版社，2004。

② 参见《德国著作权法》第88条。

③ 《著作权法》第13条规定：改编、翻译、注释、整理已有作品而产生的作品，其著作权由改编、翻译、注释、整理人享有，但行使著作权时不得侵犯原作品的著作权。

权法》相关规定的解释，不能导致我国违反国际义务的结果。因此，对“电影作品、电视剧作品”的改编需要同时经过原作品著作权人和“电影作品、电视剧作品”著作权人的许可。

另一方面，“电影作品、电视剧作品”是特殊的演绎作品，其特殊性体现在：利用“电影作品、电视剧作品”自身（也即排除将其改编成其他文艺形式的利用方式）的权利，完全属于制作者。对“电影作品、电视剧作品”的复制、发行、放映、网络传播或进行配音、对其字幕进行翻译等，只需要经过“电影作品、电视剧作品”制作者许可，而无须经过原作品著作权人许可。

典型案例

《世纪人生》案

富有传奇色彩的上海锦江饭店创始人董竹君撰写了一部自传作品《我的一个世纪》，并于1997年将作品的电视连续剧拍摄权独家转让给上海谢晋中路影视有限公司（以下简称影视公司）。影视公司在将根据《我的一个世纪》改编的电视连续剧《世纪人生》拍摄完成之后，又许可他人将《世纪人生》制成光盘发行，但没有向董竹君就光盘发行额外支付报酬。董竹君的继承人董某认为：董竹君仅许可影视公司使用《我的一个世纪》拍摄电视连续剧，影视公司对《世纪人生》电视连续剧的发行方式仅限于作为电视节目在电视台播映，并不包括制作成光盘销售及其他发行方式。而影视公司将改编、摄制而成的电视连续剧《世纪人生》交由他人以光盘方式出版、发行，超越了原作品作者许可使用的方式和范围，构成侵权，应当承担相应的法律责任。

对此一、二审法院均认为：经《我的一个世纪》作者许可后改编并摄制而成的电视连续剧《世纪人生》已成为一个独立的作品，即以类似摄制电影的方法创作的作品（2020年《著作权法》修改后的“视听作品”），该作品的著作权由摄制该电视连续剧的制片人所享有。虽然“合同书”所涉及的拍摄权是针对电视连续剧的，但并不意味着拍摄而成的电视连续剧只能作为“电视节目”在电视台播放，将其制作成光盘销售也是电视连续剧的制片人实现其著作财产权的一种方式。在原合同并未限制改编、拍摄的电视连续剧的发行方式的情况下，《我的一个世纪》文字作品的著作权人或者与该著作权有关的权利人，除了可以对署名权及相关合同约定之报酬主张权利外，无权限制对电视连续剧的具体使用方式，故以光盘方式出版、发行电视连续剧《世纪人生》并不存在超越与原作品作者所签合同的许可方式和范围问题。①

典型案例

将根据小说拍摄的电影改成话剧演出需要经过谁的许可

著名作家白先勇创作了小说《谪仙记》，后许可上海电影制片厂将其改编后拍摄成电影

① 参见上海市高级人民法院（2004）沪高民三（知）终字第137号民事判决书。

《最后的贵族》。某公司经上海电影制片厂许可，将电影改编为同名话剧并公开演出，但未取得白先勇的许可。白先勇起诉该公司侵犯其著作权。法院指出：上海电影制片厂对其拍摄的电影《最后的贵族》享有著作权，但电影《最后的贵族》属于演绎作品，将该演绎作品改编为另一种作品形式即话剧并进行公开演出，需要同时取得原作品（小说《谪仙记》）和演绎作品（电影《最后的贵族》）的著作权人许可。因此，某公司侵犯了白先勇的著作权。[①]

2. 作为特殊合作作品的著作权归属与行使规则

"电影作品、电视剧作品"的创作过程，往往需要许多人共同参与，因此"电影作品、电视剧作品"往往凝结了编剧、导演、摄影师和作词、作曲者等诸多人员的创造性劳动，可以说是最为复杂的合作作品。按照合作作品的著作权归属和行使的规则，"电影作品、电视剧作品"的著作权应由对"电影作品、电视剧作品"的创作付出了独创性劳动的所有人共同享有。这就意味着对"电影作品、电视剧作品"的利用需要经过全体合作作者的共同许可，这势必带来"电影作品、电视剧作品"在利用方面的诸多纷争和极大不便。因此，各国著作权立法在这方面也体现出了灵活性。无论是否规定"电影作品、电视剧作品"的著作权原始归属于制片者，或者规定由各合作作者转让给了制片者，制片者至少可以取得利用"电影作品、电视剧作品"的专有权利。换言之，"电影作品、电视剧作品"被视为特殊的合作作品，普通合作作品著作权归属与行使的规则，对影视作品不再适用。

大陆法系国家的著作权法注重保护作者权利，一般不承认通常以法人形式存在的制片者可以成为作者或者原始取得著作权，但推定共同参与电影作品创作的各合作作者已许可制片者排他性地行使著作财产权，如：《德国著作权法》第89条规定，参与电影创作的人取得电影作品著作权的，应被视为已排他性地许可电影制片人以已知的方式使用电影作品、电影作品的翻译和改编版本。《法国知识产权法典》规定，剧本作者、改编本作者、对话的作者、专门创作的音乐作品的作者和导演为视听作品的共同作者。除视听作品中音乐作品的作者之外，其他视听作品作者与制片者签订合同意味着这些作者将对视听作品的专有使用权转让给了制片者。[②]《西班牙知识产权法》第87条和第88条规定，导演、原作品作者、改编者、剧情和对话设计者、专为电影创作的带词或不带词的音乐作品的作者在为制作视听作品而签订的合同中，应被推定将复制、发行和向公众传播作品的权利转让给了制片者。《意大利著作权法》第44条规定，原作品作者、编剧者、作曲者和艺术导演应被视为电影作品的共同作者。第45条规定，电影作品中的经济权利的行使权应当属于组织拍摄电影作品的人。同时，为了保护制片者的投资，有些大陆法系国家还另外赋予制片者对电影作品的邻接权。如《德国著作权法》第94条则规定，制片者对于录有电影的音像制品，享有复制、发行、公开上映和通过电台播送，以及禁止歪曲和裁减的邻接权。

英美法系国家则通常将电影作品的版权直接赋予制片者，如：《澳大利亚版权法》第98

---

① 参见白先勇诉上海电影（集团）有限公司、上海艺响文化传播有限公司（以下简称艺响公司）等著作权权属、侵权纠纷案，上海市第二中级人民法院（2014）沪二中民五（知）初字第83号民事判决书。

② 参见《法国知识产权法典》第L113—7条、第L132—24条。

条规定，制片者享有电影作品的版权。《英国版权法》第9条第2款规定，电影作品作为合作作品，制片者和主要导演为合作作者，共同享有版权。如果电影作品是由雇员在受雇期间制作的，则适用职务作品版权归属的一般原则，即在没有相反约定的情况下，版权由雇主原始取得。第93A条和第191F条规定：电影作品的出租权和放映权已被推定转移给了制片者。仿效英美立法的《日本著作权法》第16条规定：在电影著作物中，除小说、剧情、音乐等的著作人之外，担任制作、导演、摄影、美工等对电影著作物的整体创作作出了贡献的人均为电影著作物的著作人。第29条规定：著作人已和电影制片者商定参加该电影著作物的制作时，该电影著作物的著作权归属于制片者。制片者既然就是电影作品的原始著作权人，当然可以利用电影作品。

我国《著作权法》第17条第1款规定："视听作品中的电影作品、电视剧作品的著作权由制作者享有，但编剧、导演、摄影、作词、作曲等作者享有署名权，并有权按照与制作者签订的合同获得报酬。"可以看出，我国《著作权法》在"电影作品、电视剧作品"的著作权归属方面采用了英美法系的做法，即将"电影作品、电视剧作品"的整体著作权直接赋予制作者，而不是按照普通合作作品的著作权归属规则，规定由共同参与"电影作品、电视剧作品"创作的作者们共享"电影作品、电视剧作品"的著作权。编剧、导演、摄影师和词曲作者等"电影作品、电视剧作品"的合作作者只能对"电影作品、电视剧作品"享有署名权，并按照与制作者的合同获得报酬。这意味着当"电影作品、电视剧作品"作为一个整体被使用时，只能由"电影作品、电视剧作品"的著作权人——制作者去行使权利，参与该作品创作的人在这种情况下是无权行使权利的。

需要注意的是，在2020年修改之前，我国《著作权法》使用的术语是"制片者"。将其改为"制作者"，可能是因为修改后的《著作权法》对"电影作品、电视剧作品"和"其他视听作品"进行了明确区分，立法者认为对于电影和电视剧存在"制片者"，但对于短视频等"其他视听作品"，业界并不使用"制片者"的用语，因此改用包容性更广的"制作者"。但该术语的变动并不属于实质性修改，因为无论是"制片者"还是"制作者"，对应的英文应当都是"producer"，都是指负责组织视听作品的创作并对其承担责任的个人或实体。

典型案例

黄梅戏电影《天仙配》案

著名黄梅戏艺术家严凤英作为主演和主唱参与了黄梅戏电影《天仙配》的摄制，其继承人发现某音像出版社发行了《天仙配》光盘，但未经其许可并支付报酬，便起诉该音像出版社和销售商侵犯了严凤英对唱腔曲调的著作权。①

法院认为：由上海电影制片厂拍摄的《天仙配》属于电影作品。即使严凤英在该片中的唱腔设计因具有独创性而形成了新的作品，但由于电影作品的整体著作权属于

① 本案原告还起诉被告侵犯了严凤英的表演者权，参见本书第五章第六节。

制片人，当发生电影作品著作权被侵犯的情形时，也只能由制片人作为著作权人对外主张权利，电影作品的作者和表演者无权向该侵权人主张权利。本案中被告出版发行黄梅戏电影《天仙配》光盘的行为，是对电影作品整体的使用，因此，本案原告无权向其主张权利。[①]

在一些著作权保护水平较高的国家，其著作权/版权立法还规定部分作者有权就电影作品的后续利用获得报酬。如《法国知识产权法典》第 L113—25 条规定：视听作品的作者（剧本作者、改编本作者、对话的作者、专门创作的音乐作品的作者和导演）应当从对视听作品的每一种使用方式中获得报酬。当公众为欣赏视听作品而付费时，视听作品的作者应当按照一定比例获得报酬。第 L132—29 条规定：除另有约定之外，视听作品的每一个作者均可以自由支配其在视听作品中个人创作的部分。《意大利著作权法》第 46 条规定：电影中音乐作品的词曲作者有权直接向公开放映电影者收取单独的报酬。电影作品的原作品作者、编剧和艺术导演如果没有从电影公映的收入中按比例获得报酬，则在没有相反约定的情况下，有权在公映收入达到与制片人约定的某一数额时获得额外报酬；如果他们已将电影作品的传播权转让给制片人，则每一次通过无线电视广播、有线电视或卫星电视向公众放映电影作品时，他们都有权从中获得合理报酬。《英国版权法》规定：作者和演员都对电影的利用享有不可转让的获得报酬权。[②] 这种获酬权，就是业界常说的“二次获酬权”，是指原作品的作者除因许可制片者利用作品创作电影作品，或电影作品的合作作者因参与电影作品的创作而从制片者处获得报酬之外，还可以从电影作品的后续利用中获得报酬。当然，并非所有上述作者都享有“二次获酬权”，哪些作者可以享有此项权利，取决于一国著作权/版权法的规定。目前，多数国家都给予了音乐作品作者这种“二次获酬权”。考虑到我国的国情，我国《著作权法》并未规定“电影作品、电视剧作品”的合作作者可以从对“电影作品、电视剧作品”的每一次商业利用中获得法定报酬。

实务探讨

“电影作品、电视剧作品”的著作权归属可以由合同约定吗?

2020 年《著作权法》第 17 条第 1 款对“电影作品、电视剧作品”采取了将著作权法定归属于制作者的模式，并没有像第 17 条第 2 款那样，允许制作者和作者约定著作权归属。但如果“电影作品、电视剧作品”的制作者和编剧、导演、摄影师和作词、作曲作者等就“电影作品、电视剧作品”的著作权归属进行了约定，内容是著作权并不归属于制作者，而是归属于编剧、导演、摄影师和作词、作曲作者等全体创作者共同享有，试问：这样的约定具有法律效力吗？如果希望利用“电影作品、电视剧作品”的人仅获得了制作者（其没

---

① 参见广东省深圳市南山区人民法院（2006）深南法知初字第 10 号民事判决书，广东省深圳市中级人民法院（2009）深中法民三终字第 86 号民事判决书。

② See Lionel Bently, William Cornish, United Kingdom, § 4 (1) (a) (ii), in Paul Edward Geller (ed.), *International Copyright Law and Practice*, Matthew Bender & Company, Inc., 2006.

有披露存在上述约定的事实）的许可，而没有获得全体创作者的许可，其利用“电影作品、电视剧作品”的行为是否构成侵权？

对此问题，应当从2020年《著作权法》第17条的立法目的，以及其第1款和第2款的关系出发进行分析。对“电影作品、电视剧作品”和“其他视听作品”规定不同的著作权归属规则是有意为之，是为了凸显两者的区别。同时，与2020年《著作权法》第17条第2款相比，第17条第1款并没有规定“电影作品、电视剧作品的著作权归属由当事人约定；没有约定或者约定不明确的，由制作者享有”，而是直接规定“电影作品、电视剧作品的著作权由制作者享有”。如果认为“电影作品、电视剧作品”的著作权也能通过约定确定归属，则等于认为2020年《著作权法》第17条第1款和第2款的规定没有任何区别，也就是“著作权由制作者享有”的规定也要让位于制作者与作者们的约定——有约定时从约定时，无约定或约定不明时著作权才归属于制作者。这样的解释所导致的问题就是，使立法者区分视听作品的类型并分别规定著作权归属的目的完全落空。既然“电影作品、电视剧作品”的著作权归属也是约定优先，那么为什么还要专门规定其“著作权由制作者享有”呢？又为什么还要再区分“电影作品、电视剧作品”和“其他视听作品”并规定后者的“著作权归属由当事人约定”呢？对视听作品的分类和对著作权归属的分别规定纯属多此一举，这不符合法律解释的基本原则——让法律规定有其存在的意义。

由此可见，“电影作品、电视剧作品”著作权的归属具有法定性和确定性，是不允许制作者和作者们通过约定改变的。当然，这并不是说如果当事人作出了与法律规定相反的约定，如约定“电影作品、电视剧作品”的著作权归属于全体创作者，该约定就是无效的。相关约定只要不属于《民法典》规定的无效情形，自然具有效力。只是在解释由此形成的合同效力时，应认为其不具有权利变动的效力，即不能认为其改变了“电影作品、电视剧作品”著作权的法定归属。该约定应仅具有约束当事人的效力，并不能对抗第三人。需要强调的是，由于该约定不具有变动权利归属的效力，第三人是否知晓制作者与作者们之间存在相反约定在所不问。换言之，获得了制作者许可的第三人对“电影作品、电视剧作品”的利用均为合法，无所谓善意第三人和恶意第三人的区分。

（三）“其他视听作品”的著作权归属与行使

《著作权法》第17条第2款规定，对于“电影作品、电视剧作品”以外的视听作品，“著作权归属由当事人约定；没有约定或者约定不明确的，由制作者享有，但作者享有署名权和获得报酬的权利”。根据该规定，“其他视听作品”的著作权归属采用“约定优先，无约定时归制作者”的规则。这就意味着，“其他视听作品”的制作者可以与诸多参与视听作品创作的作者通过约定决定该视听作品著作权的归属：既可以约定由制作者享有，也可以约定由全体创作者共同享有，还可以约定由制作者与全体创作者共同享有，或者由创作者中的一位或几位享有。只有在没有约定或约定不明时，此类视听作品的著作权才由制作者享有。

如前文所述，区分“电影作品、电视剧作品”和“其他视听作品”的标准本身就是一个难题。即便制定了这样的标准，以约定优先作为“其他视听作品”著作权归属规则也会对此类视听作品的利用带来不小的风险，因为“其他视听作品”有时也会与“电影作品、电视剧作品”一样，有众多参与创作的作者，而潜在的利用者很难知晓制作者与创作者是否对著作权归属进行了约定，以及，如有约定，约定的内容是什么。

实务探讨

对“其他视听作品”采用约定优先的著作权归属规则造成的问题

视听作品的特点在于通常需要多名作者在制作者的投资和组织之下，合作进行创作。因此《著作权法》要解决创作者与制作者（通常为机构）之间的关系。《著作权法》第17条第1款将“电影作品、电视剧作品”的著作权统一归属于制作者，使著作权归属清晰明了，有利于保护交易安全，因为潜在利用者可以放心地寻求制作者的许可，无须担心各位作者会前来主张权利，从而有利于“电影作品、电视剧作品”的传播，促进影视产业的发展。

《著作权法》第17条第2款规定“其他视听作品”的著作权归属由约定决定。创作者与制作者当然可以将该“其他视听作品”的著作权约定为由全体创作者共同享有，或者由制作者与全体创作者共有，或者由某一位或几位创作者享有。但在该内部约定缺乏公示方法的情况下，公众将无从知晓。如果潜在利用者向制作者寻求许可，而制作者向其隐瞒了其曾与创作者约定著作权归属于创作者的事实，并以著作权人的身份发放许可，被许可人将面临未经许可利用该“其他视听作品”的法律风险。这将迫使利用者找到“其他视听作品”的所有创作者，与其逐一核实其是否与制作者存在权利归属约定以及约定的内容如何。

如果参与创作者与制作者约定，其创作的“其他视听作品”的著作权由全体创作者共同享有，则此时对该“其他视听作品”（合作作品）应适用“不可分割使用的合作作品”著作权行使规则。2020年《著作权法》第14条第2款规定：“合作作品的著作权由合作作者通过协商一致行使；不能协商一致，又无正当理由的，任何一方不得阻止他方行使除转让、许可他人专有使用、出质以外的其他权利，但是所得收益应当合理分配给所有合作作者。”这意味着“协商”是利用该“其他视听作品”的必经程序，如果没有经过协商，部分合作作者不能许可他人利用该“其他视听作品”。如果共同享有著作权的合作作者不能就如何利用该“其他视听作品”协商一致，即使反对者的反对没有正当理由，其他合作作者也仅可以发放非专有许可，不得发放专有许可。

据此，那些希望利用该“其他视听作品”的人为了规避风险，必然会要求每一名创作者在许可合同上签字，因为一旦缺少任何一名创作者的签字，就意味着合作作者之间并没有对发放许可进行过协商，或者有合作作者反对发放许可。此时，即使只寻求获得非专有许可，潜在被许可人也必须查实该名创作者的反对意见是否有“正当理由”，而这当然是很难判断的。如果是寻求专有许可，则任何一名合作作者的反对（无论是否有“正当理由”）就将导致其无法获得专有许可。这将给对“其他视听作品”的利用带来极大的法律障碍。

2020年《著作权法》修改时，会分类规定视听作品的著作权归属规则，从而导致上述问题，与立法者没有认识到“其他视听作品”在市场交易方面与传统的“电影作品、电视剧作品”高度类似相关。本书作者臆测，立法者之所以要对视听作品的著作权归属规则进行分类规定，且对“其他视听作品”规定了完全不同于“电影作品、电视剧作品”的著作权归属规则，可能是考虑到在音乐电视等作品中，连续画面所起的作用弱于或者并不强于其中的其他作品，如音乐作品。如有一些画面独创性较低的音乐电视，虽然也勉强可被认定为“视听作品”，但吸引人们点唱的主要是音乐作品本身，而不是（或者不主要是）与音乐相配合的连续画面。立法者觉得将此类视听作品的著作权也规定为由制作者享有，对其中其他作品的作者有失公平。

这一用意值得称道，但其解决问题的思路值得商榷。视听作品著作权的归属，固然涉及视听作品制作者与创作者之间利益的分配，但更重要的是关涉视听作品的对外许可，即外部关系。其他类型作品很少像视听作品这样，涉及制作者与众多作者和表演者相互之间的复杂关系，因此特别需要明确对外许可的主体，即究竟谁有权发放许可，以使视听作品的潜在利用者较为便捷地查明权利归属状况，放心地与权利人进行交易，避免被视听作品中众多作者和表演者起诉的法律风险。因此，保障交易安全，是在设计视听作品著作权归属规则时应当首先考虑的政策目标。

（四）视听作品中可被单独使用的作品

《著作权法》第 17 条第 3 款规定：“视听作品中的剧本、音乐等可以单独使用的作品的作者有权单独行使其著作权。”据此，当一种被视听作品体现的作品属于“可以单独使用的作品”时，若他人希望获取使用许可，则该作品的作者“有权单独行使其著作权”，也即单独发放许可。换言之，他人要单独使用视听作品中“可以单独使用的作品”，应请求该作品的作者给予许可，而不是请求视听作品的著作权人给予许可。

在有些情况下，何为视听作品中“可以单独使用的作品”，以及何种行为属于单独使用该作品，是非常清楚的。例如，当出版社希望出版电影剧本，或唱片公司希望将电影插曲由其聘用的歌手演唱、制成录音制品发行时，它们应当分别经过编剧和词曲作者的许可，而非经过电影制作者许可，因为这明显属于对电影剧本和电影音乐的单独利用，并非对电影作品整体的利用。

在另一些情况下，对这一问题则可能产生争议。例如，许多电视台开设了“影视金曲”或类似栏目，播放影视剧中带插曲的画面片段。试问：该行为是否属于对影视剧中音乐作品的单独使用？是只需要经过音乐作品著作权人许可，还是只需要经过影视剧制片者许可，还是需要同时经过双方的许可？有一种观点认为，此时只需要经过音乐作品著作权人的许可，因为“影视金曲”或类似栏目意在传播音乐，观众收看也是出于欣赏音乐的目的。该观点恐怕难以成立。《著作权法》第 17 条第 3 款中的“单独行使著作权”显然是指对剧本、音乐等作品在脱离视听作品的情况下行使著作权。换言之，这种行使著作权仅针对剧本、音乐等，而不涉及视听作品本身。根据《著作权法实施条例》的定义，视听作品是指摄制在一定介质之上，由一系列有伴音或无伴音的画面组成，并借助适当装置放映或者以其他方式传播的作品。① 从该定义可以看出，视听作品的本质是有伴音或无伴音的连续画面。因此，如果在使用视听作品中的音乐或剧本的同时，使用了连续画面，则这种行为并非对音乐或剧本的“单独使用”。在上例中，电视台在“影视金曲”或类似栏目中播放带插曲的影

① 参见《著作权法实施条例》第 4 条第 11 项。

视剧片段，由于使用了影视剧中连续的画面，因而使用了视听作品本身，而不是对其中音乐的“单独使用”。同样道理，如果电视台对一些影视剧的片段进行了剪辑，编成“电影经典对白”并播放，由于播出的并非单纯的文字对话，而是影视剧画面，因而这种使用也并非对其中剧本片段的“单独使用”。

虽然《著作权法》第 17 条只将“剧本、音乐”明确列举为视听作品中“可以单独行使著作权”的作品，但该列举并非穷尽式的，后面还有“等”字，这说明视听作品中包含的其他作品也可能像剧本和音乐一样，“可以单独使用”。根据上文的分析，只要这种使用没有涉及视听作品本身，也即有伴音或无伴音的连续画面，也可能属于对此种作品的单独使用。例如，聘请舞蹈演员将影视剧中出现的舞蹈重跳一次，或者复制影视剧中出现的雕塑，都不需要再现影视剧的画面，因此属于对视听作品中的舞蹈作品和立体美术作品的单独使用。作出相关行为无须取得视听作品著作权人的许可，只需要取得舞蹈作品和立体美术作品著作权人的许可。

典型案例

阿凡提美术形象案

上海美术电影制片厂于 1979 年拍摄了美术片《阿凡提的故事》第一集，该片署名美术设计为曲某，即美术片中阿凡提的木偶形象是由曲某创作的。某公司在经营的网站广告中使用了阿凡提的形象，与美术片《阿凡提的故事》中木偶形式的阿凡提形象及曲某手绘的阿凡提形象只存在细微差别，曲某便起诉该公司侵犯其著作权。

被告抗辩称：阿凡提美术形象产生于上海美术电影制片厂拍摄的系列美术片《阿凡提的故事》，该片的著作权及片中阿凡提美术形象的著作权均应归属于上海美术电影制片厂而非原告，因此，原告无权就阿凡提美术形象主张权利。法院经审理后认为：根据现有证据，可以认定原告创作了阿凡提美术形象。虽然上海美术电影制片厂出品了美术片《阿凡提的故事》，但上海美术电影制片厂只对该美术片享有整体著作权，而原告作为该片的美术设计，对其创作的阿凡提美术形象享有独立的著作权，原告可就此作品单独主张著作权。被告未经许可在商业广告中使用阿凡提美术形象，侵犯了原告的著作权。

显然，审理本案的法院认为，美术片中的阿凡提美术作品是可以单独使用的作品，而且被告的行为单独使用了该作品。该认定是正确的，因为被告并没有使用美术片自身，包括没有使用静止的一帧画面，而是将其中的美术作品从美术片中抽离出来加以使用。对此，美术作品的著作权人可以单独行使著作权。

六、作者身份不明的作品

《著作权法实施条例》第 13 条规定：作者身份不明的作品，由作品原件的所有人行使除署名权以外的著作权。作者身份确定后，由作者或者其继承人行使著作权。

作品具有个人智力成果和文化产品的双重属性，著作权法在立法政策上鼓励作品尽可能地被社会利用，因此，对于作者身份不明的作品，著作权法规定由作品原件的所有人行使除署名权以外的著作权。需要注意的是：作者身份不明的作品仅指世人无法确定作者身份的作品。那些虽然未署名或未署真名，但仍然能够通过其他途径确定作者身份的作品并不是作者身份不明的作品。例如，“鲁迅”是“周树人”的笔名，最初许多人并不知道“鲁迅”就是“周树人”，但通过“鲁迅”这一笔名，作品的出版者和其他使用者仍然能够获取许可和支付报酬。在这种情况下作者的身份实际上是确定的。

《伯尔尼公约》第15条对于作者身份不明的作品也作出了专门的保护规定。该条第3款规定：对于未署名的作品以及无法确定作者身份的署假名的作品，如果出版者的名称出现在作品上，在没有相反证据的情况下，该出版者即视为作者的代表，有资格维护和行使作者的权利。当作者公开其身份并证实其为作者时，该规定即不再适用。例如，某英国作者以笔名在英国出版了一本小说，但时过境迁，该作者的真实身份已不再为人所知，如果中国某出版社未经许可将该小说翻译成中文出版，则只要该英文小说尚在著作权保护期内，该英文小说的出版商就可以根据《伯尔尼公约》第15条第3款的规定，出具该小说的英文原版上印有出版商名称的证据，代表作者在中国提起侵权诉讼。但中国的著作权立法并未作出类似规定，中国的出版者除非是原件的所有者，并不能代表作者身份不明的作品在国内维权。由此形成了事实上的超国民待遇（参见下文第四节）。

理论研究

“孤儿作品”问题及相关制度设计

我国《著作权法》规定了“作者身份不明的作品”的著作权利用规则，而在国际上，比“作者身份不明的作品”用得更多的是另一个术语——“孤儿作品”(orphan work)，它是指著作权人身份不明或著作权人身份确定但无法联系的作品。其在范围上大于“作者身份不明的作品”。

尽管“孤儿作品”的数量在各国都无法被准确统计，但并不在少数。例如，大英图书馆估计，在其收集的全部1.5亿份作品中，40%的作品（包括未发表的作品）属于“孤儿作品”①。著作权制度自身的特征是产生“孤儿作品”问题的一般原因，在我国也不例外。首先，根据《伯尔尼公约》要求的自动保护原则，著作权保护不以登记为条件，大量作品未经登记，导致其著作权人的信息难以被找到。其次，著作权的保护期较长。《伯尔尼公约》第7条第1款规定自然人作品的保护期为作者有生之年加死后50年，部分发达国家则将保护期延长到了作者有生之年加死后70年。在如此长的保护期内，著作权人的住所和其他联系方式发生反复变更的可能性很大，难以与著作权人联系的概率也会很高。最后，作者可以选择以匿名或假名方式发表作品，导致作者真实身份不易为人知晓。而著作财产权

① European Commission, Impact Assessment on the Cross-border Online Access to Orphan Works, May 2011, p. 11.

的继承、继受和转让无须登记，在著作财产权多次发生变动后，要找到作品的权利信息就可能变得非常困难。

同时，在我国还存在以下几点产生“孤儿作品”的特殊原因。第一，中国近数十年间发生了巨大的社会变动，大量的作品信息档案或记录因此灭失，进而导致著作权人的信息无法被找到。第二，我国集体管理组织成立时间不长、代表性不足，而具有高度代表性的集体管理组织是查找特定类型作品著作权人的最佳途径。如在加拿大，22.2%的利用“孤儿作品”的申请因为在版权委员会或集体管理组织的帮助下权利人被找到了而被放弃。[①] 但在我国，通过集体管理组织查询著作权人信息的成功率显然还较低。

对“孤儿作品”的利用同样可以达到促进文化传播的目的。但根据著作权法中“先授权，后使用”的基本原则，在著作权人身份不明或无法联系时，使用者就缺乏授权途径。同时，著作权人总是真实存在，也往往有某种途径可以联系到，只是其身份和联系渠道暂时不为一部分人或绝大多数人所知而已。而这些著作权人的利益同样应当受到保护。因此，著作权法中需要有一种制度设计，以既能实现对“孤儿作品”的利用，又要充分维护暂不为使用者所知或无法联系的著作权人的利益。

我国《著作权法实施条例》第13条第一句规定：对于作者身份不明的作品，由作品原件的所有人行使除署名权以外的著作权。这是一种合理的解决方案。然而，它的局限性也是很明显的：首先，并非所有作品的原件都能保存下来。随着时间的流逝，许多作品的原件早已灭失，“原件的所有人”当然也就不存在了。其次，有时原件的所有人也不为人所知或无法联系，此时希望使用作品的人仍然无法获得授权。实务中很少发生使用人通过向作品原件所有人获取授权的事例，也说明了这一点。最后，在数字时代，对许多类型的作品而言原件和复制件是难以区分的。如目前大量文字作品都是作者通过文字处理软件在计算机中创作完成的，其原件与复制件的界限已不复存在。在这种情况下当然不可能适用“原件所有权人行使著作权”的规则。由此可见，我国还需要在未来的修法中针对“孤儿作品”的利用问题进行完整的制度设计。

首先，应当对“著作权人身份不明或无法联系”作出界定。

例如，一位作家在匿名发表作品后携家人移居国外，多年后与国内亲朋好友失去了联系。假设公安部门像侦破跨国犯罪案件那样运用刑事侦查手段，查找当时发表其作品的报刊编辑，获知作家真实姓名后再查找其户籍信息，在发现其因移民而注销户籍后，再查找其出入境和移民资料；找到其定居国后再联系该国相关部门，一般就能找到其住址和其他联系方式。因此，这名著作权人的身份客观上是“明确”的，人也是“可以”联系上的。只是这种查实著作权人身份和联系方式的手段，对绝大多数人而言是毫无意义的。如果认为只要能够通过“任何”方式获知著作权人的身份和联系方式，相关作品就不是“孤儿作品”了，恐怕世界上也基本上无“孤儿作品”可言了。

因此，著作权法/版权只能从主观上界定“孤儿作品”——通过尽力查找无法联系著作权/版权人的作品。各国立法或立法草案也均是以这种方式界定“孤儿作品”的。例如欧

① See Jeremy de Beer and Mario Bouchard, Canada's 'Orphan Works' Regime: Unlocatable Copyright Owners and the Copyright Board—Jeremy de Beer and Mario Bouchard, December 2009, p. 33.

盟《孤儿作品指令》规定：在尽力查找后仍无法联系作品的著作权人，且将尽力查找过程记录在案的，该作品应被认定为孤儿作品。[①]《加拿大孤儿作品报告》也指出："如果申请人通过合理努力未能找到版权人，那么版权委员会应认定该版权人无法联系。"[②] 因此，无论著作权/版权人客观上是否能够被找到，只要使用者根据法律的规定，尽力查找著作权/版权人而未能找到，该作品即属于"孤儿作品"。

其次，应明确规定利用"孤儿作品"的条件。

尽力查找著作权人无果既是界定"孤儿作品"的方法，也是允许对其加以利用的条件。凡是设计了"孤儿作品"制度的国家，均对"尽力查找"作出了具体的规定，其中一些原则是具有共性的，包括："尽力查找"应采取个案处理的方法，关于对不同类型作品的尽力查找义务应有不同标准，关于不同主体（商业性主体与非商业性主体、专业主体与非专业主体）的尽力查找义务也应采用不同标准。

但是，在利用"孤儿作品"的模式上，各国之间有很大差异。以《加拿大版权法》为代表的国家采用"准强制许可＋提存"模式：使用者须向专门机构提出使用"孤儿作品"的申请，并提供尽力查找权利人无果的证据。在申请获得批准并提存使用费后，方能利用"孤儿作品"[③]。美国则在相关立法草案中规定了"责任限制"模式：使用者可以在尽力查找权利人无果时，在不支付使用费的情况下直接利用"孤儿作品"。权利人出现后，可起诉使用者。如果法院认定使用者已履行了尽力查找义务，则使用者可以享受法定责任限制，即使用者只需向权利人支付合理赔偿金，在非商业使用的情况下则可不作赔偿；在已支付合理赔偿金的情况下，对利用"孤儿作品"的演绎作品的行为，法院不能颁发禁令。但使用者如果未履行尽力查找义务，则要承担支付惩罚性赔偿金的后果。[④] 这两种模式的差异在于：在"准强制许可＋提存"模式下，获得相关机构的批准并提存使用费是利用"孤儿作品"的前提。而在"责任限制"模式下，使用者既不需要事先获得批准也不需要事先付酬。

"责任限制"模式极大地简化了利用"孤儿作品"的手续，其优点在于效率较高。但这一模式的施行以多数使用者会自觉履行尽力查找义务为前提，并以惩罚性赔偿为后盾。根据我国的立法现状和国情，这一模式对我国并不适合。反观"准强制许可＋提存"模式：批准程序容易导致对"孤儿作品"利用效率低下和消耗较多行政资源。但行政机关的介入和对提存使用费的要求，有利于避免随意使用他人作品的行为，维护著作权人的正当利益。因此，"准强制许可＋提存"模式较为适合我国国情。

在"准强制许可＋提存"模式的具体实施过程中，可以由国家著作权行政管理部门指

---

① See Article 1 (1) of Directive 2012/28/EU of the European Parliament and of the Council of 25 October 2012 on certain permitted uses of orphan works.

② Jeremy de Beer and Mario Bouchard, Canada's "Orphan Works" Regime: Unlocatable Copyright Owners and the Copyright Board—Jeremy de Beer and Mario Bouchard, December 2009, p. 17.

③ Canada Copyright Law, Article 77. 向有关机构申请并获得批准才能使用的模式类似于我国《专利法》中的"强制许可"。但根据《专利法》颁布强制许可时，专利权人的身份是确定的，且其拒绝许可。因此此处将加拿大等国利用"孤儿作品"的模式称为"准强制许可"。

④ See Shawn Bentley Orphan Works Act of 2008, S. 2913.

定专门机构负责批准利用“孤儿作品”的申请。该机构应仅能批准他人使用“孤儿作品”，而不能转让“孤儿作品”的著作权。同时，为便于著作权人知晓作品的利用情况，方便后续使用者使用同一“孤儿作品”，该机构还应及时登记、公示被许可使用的“孤儿作品”的信息及尽力查找记录。

最后，应当规定支付使用费的方式。

修改后的著作权法如果采用了“准强制许可＋提存”模式，应同时对提存使用费的规则作出详细规定。该使用费的金额可以由上述国家著作权行政管理部门指定的专门机构认定。该机构在具体认定过程中，应考虑市场同类作品的通常许可使用费标准以及作品使用是否具有商业性质等因素。同时，这一机构还应负责保管“孤儿作品”的使用者支付的使用费。作品权利人在批准使用期限届满后的一段时间（立法可以将其确定为5年）内可以请求给付使用费。作品权利人如果认为许可使用费过低，可以向人民法院提起诉讼，请求重新确认许可使用费。

七、其他两种特殊情形

1. 由他人执笔，本人审阅定稿并以本人名义发表的报告、讲话等作品

最高人民法院《著作权司法解释》第13条规定：“……由他人执笔，本人审阅定稿并以本人名义发表的报告、讲话等作品，著作权归报告人或者讲话人享有。著作权人可以支付执笔人适当的报酬。”

报告、讲话及类似作品由报告人或者讲话人之外的人执笔，由报告人或者讲话人审阅定稿的情况并不罕见。此类作品与其他文字作品的创作和使用目的存在较大区别，通常要反映报告人、讲话人或其单位的意志，其文字组合、遣词造句的最终决定权掌握在报告人、讲话人或其单位（法人或非法人组织）手中。

此类作品的创作大致可分为三种情况：第一种情况是由单位组织、体现单位意志并由单位承担责任，如本单位的年度工作总结。此时该作品为法人作品，该单位被视为作者，著作权当然由该单位享有。即使在该报告、讲话上有报告人或者讲话人的姓名，该报告人或讲话人也不是著作权法意义上的作者，出现在该报告、讲话上的该姓名也不是著作权法意义上的署名，仅表示报告人或讲话人代表该单位发表该报告、讲话。对于这种情形，上述司法解释不能适用。第二种情况，是该报告、讲话的执笔人是单位的工作人员，该报告、讲话是作为执笔人上级的报告人、讲话人要求执笔人完成的工作任务，并以报告人、讲话人的名义发表，反映的是报告人、讲话人的意志，由其个人承担责任，如单位负责人的年度工作总结。此时该报告、讲话属于普通职务作品。第三种情况是该报告、讲话的执笔人并非单位的工作人员，该报告、讲话是报告人、讲话人委托其创作的，并以报告人、讲话人的名义发表。此时该报告、讲话属于委托作品。

对于第二、三种情况，如果适用普通职务作品和委托作品著作权归属的规定，在无特别约定时，作品的著作权就会由执笔人享有，且执笔人有署名权，这就会给报告人、讲话人利用此类作品造成不便，多数人也会由于无法区别著作权法意义上的署名和表明承担作品责任的署名而造成认识上的混乱。因此司法解释作出特别规定，在这两种情况下著作权

都由报告人或讲话人享有。虽然该司法解释没有明确规定署名权的归属，但根据制定该司法解释的目的，应当理解为署名权也由报告人或讲话人享有。

2. 当事人合意以特定人物经历为题材完成的自传体作品

最高人民法院《著作权司法解释》第 14 条规定：当事人合意以特定人物经历为题材完成的自传体作品，当事人对著作权归属有约定的，依其约定；没有约定的，著作权归该特定人物享有。执笔人或整理人对作品完成付出劳动的，著作权人可以向其支付适当的报酬。根据这一条的规定，如果某特定人物向传记作家提供素材，由传记作家为其撰写自传，但没有约定自传的著作权归属，则著作权应由该特定人物享有。传记作者除了能够获得适当报酬，对自传不享有任何著作权，包括署名权。

该条的制定应当是考虑到了现实中读者对自传体作品的通常看法。自传体作品的价值并不在于其文字组合、遣词造句的优美，而在于其反映了历史的真实。尽管著作权法意义上的署名针对的是表达，而不是被记录和描述的事实，但如果在自传体作品上作为作者署名的人并不是相关特定人物本人，会使一般读者产生其中内容虚构的印象。因此前述司法解释对此类作品的著作权归属作出了特别规定。

典型案例

《我的前半生》著作权归属纠纷案

《我的前半生》一书原来是由末代皇帝爱新觉罗·溥仪在抚顺战犯管理所被关押期间口述，他的弟弟溥杰执笔完成的。后来，群众出版社指派当时在该社工作的干部李某与溥仪一起对《我的前半生》进行修改。李某亲自到溥仪过去生活过的地方进行调查，澄清了原书中许多讹误的史实。而且有关领导决定由李某在确立的新主题思想下重新构思，重新组织材料和结构。溥仪和李某在新的主题思想指导下重新撰写，并最终完成了修改稿。在 20 世纪 80 年代，李某以合作作者的身份对外宣传《我的前半生》。溥仪的遗孀李淑贤认为这本书的著作权仅属于溥仪一人所有，因此针对李某提起了诉讼。经过北京市中级人民法院和北京市高级人民法院的审理和最高人民法院批复，最终自传体作品《我的前半生》的著作权被认定应归特定人物溥仪享有。

如上文所述，该案的判决考虑到了现实中读者对自传体作品的通常看法，上述司法解释也是以此案为基础制定的。当然，对于上述问题，似可有其他解决方法，如可要求在作品上标注“某某口述、某某执笔”，同时对著作权中的财产权仍应按照著作权法对委托作品和合作作品的规定确定归属。

第四节　外国著作权人

本书第一章第四节曾讲解过，著作权具有地域性。根据某一国家的著作权立法产生的著作权，在其他国家并不受到当然的承认和保护，除非有国际条约、双边或多边协定的特别规定。目前，国际上已经有许多保护著作权（指狭义著作权）的国际条约，我国也加入了《伯尔尼公约》、《世界版权公约》、《世界知识产权组织版权条约》和《与贸易有关的知识产权协定》，因此，我国有义务向这些条约的受益人提供保护，即使他们是外国人或无国籍人（以下除引用法条原文外，统称为“外国人”或“外国著作权人”）。

一、外国著作权人受我国著作权法保护的情形

《伯尔尼公约》是目前成员国数量最多的国际著作权条约，截止本书成稿时已有 181 个成员国。① 同时，《伯尔尼公约》还是《世界知识产权组织版权条约》和《与贸易有关的知识产权协定》版权部分的基础。《世界知识产权组织版权条约》第 1 条就明确规定：《世界知识产权组织版权条约》属于《伯尔尼公约》第 20 条允许各成员国相互之间缔约的专门协定，《世界知识产权组织版权条约》的缔约方必须遵守《伯尔尼公约》实质性条款（第 1 条至第 21 条）的规定。《与贸易有关的知识产权协定》第 9 条第 1 款同样规定，除了个别例外，《与贸易有关的知识产权协定》的成员方必须遵守《伯尔尼公约》实质性条款的规定。因此，《伯尔尼公约》是我国保护外国著作权人所依据的主要条约。

《伯尔尼公约》第 3 条规定，作者只要属于以下任何一种情形，其作品就可以在所有《伯尔尼公约》成员国受到保护。这三种情形是：第一，作者为成员国的国民（国籍标准）；第二，作者并非成员国的国民，但在成员国有惯常居所（惯常居所标准）；第三，作者并非成员国的国民，但其作品首先在成员国出版，或者在成员国和非成员国同时出版（出版标准）。② “同时出版”并不是指同一天出版，而是指作品在首先出版后 30 天内，又在其他国家出版。③

需要强调的是，此处的“出版”（publication）与“发表”并不是同义词。如本书第三章第一节所述，“发表”是指将作品公之于众，也即使作品处于内容为公众所知的状态，而“发表”的具体方式是多种多样的，包括发行、广播、放映、口述、展览和网络传播等。但《伯尔尼公约》第 3 条中的“出版”有其特定的含义，仅指经过作者许可，向公众转移作品的有形载体，如果是制作复制件，应根据作品的性质满足公众的合理需求。④ 这就意味着“发行”是“出版”的唯一方式，以“发行”之外的其他方式将作品公之于众的行为，不能构成《伯尔尼公约》第 3 条中的“出版”。《伯尔尼公约》第 3 条第 3 款明确规定：对戏剧、音乐，或戏剧的表演，对电影作品的放映，对音乐作品的演奏，对文学作品的公开朗诵，对文学或艺术作品的无线广播或有线传播，对美术作品的展览，以及对建筑作品的建造，都不构成“出版”。

本书第三章第二节曾讲解过，通过网络传播作品，并不会导致作品有形载体所有权的转移，因此通过网络传播作品不属于著作权法意义上的“发行”。因此，通过网络传播作品，也不构成《伯尔尼公约》第 3 条中的“出版”。如果某一非《伯尔尼公约》成员国国民

---

① 相关统计数据见 https：//www.wipo.int/export/sites/www/treaties/en/documents/pdf/berne.pdf，访问日期：2022-07-24。

② 参见《伯尔尼公约》第 3 条第 1、2 款。

③ 参见《伯尔尼公约》第 3 条第 4 款。

④ 参见《伯尔尼公约》第 3 条第 3 款。

在其他成员国并无惯常居所，他仅通过成员国的网络发表并传播自己创作的作品，则根据《伯尔尼公约》，我国没有义务保护此人的著作权。

我国《著作权法》根据《伯尔尼公约》专门规定了外国著作人在我国受著作权法保护的条件。

首先，“外国人、无国籍人的作品根据其作者所属国或者经常居住地国同中国签订的协议或者共同参加的国际条约享有的著作权”。这就意味着《伯尔尼公约》成员国的国民，或者虽非成员国国民但在成员国有经常居住地的人，其作品可受我国《著作权法》保护。例如，韩国是《伯尔尼公约》的成员国，韩国国民所创作的作品在我国自动受到我国《著作权法》的保护。再如，伊朗尚未加入《伯尔尼公约》，但如果伊朗国民在韩国有经常居住地，则该伊朗国民的作品就可以在我国受到保护。可见，我国《著作权法》的该条规定体现了《伯尔尼公约》规定的“国籍标准”和“惯常居所标准”。

其次，“外国人、无国籍人的作品首先在中国境内出版”。由于中国是《伯尔尼公约》成员国，外国人的作品在中国首先出版，无论该外国人是否为《伯尔尼公约》成员国的国民，或是否在《伯尔尼公约》成员国有惯常居所，该外国人都可以依中国《著作权法》的规定在中国受到保护，同时其他《伯尔尼公约》成员国也应当对其提供保护。假设伊朗国民的作品在我国首先出版，就可以受到我国和其他《伯尔尼公约》成员国的保护。我国《著作权法》的该条规定体现了《伯尔尼公约》规定的“出版标准”。

最后，“未与中国签订协议或者共同参加国际条约的国家的作者以及无国籍人的作品首次在中国参加的国际条约的成员国出版……或者在成员国和非成员国同时出版……”。例如，伊朗国民如果在《伯尔尼公约》成员国没有惯常居所，但在韩国首先出版，或者在伊朗出版之后，在 30 天内又在韩国出版，就可以受到我国《著作权法》的保护。同时，根据《伯尔尼公约》，该作品在其他成员国也受保护。该条规定体现的也是《伯尔尼公约》规定的“出版标准”。

需要注意的是，《伯尔尼公约》还在第 4 条规定了作者受成员国保护的两种情形：第一种针对电影作品。《伯尔尼公约》规定，如果电影作品的作者不属于第 3 条规定的三种情形之一，只要电影作品制片者的总部或惯常居住在某一成员国，该电影作品就可以在各成员国受到保护。第二种针对建筑作品和被纳入建筑物或构筑物之中的艺术作品。如果建筑作品的作者或艺术作品的作者不属于第 3 条规定的三种情形之一，只要建筑作品建造于某一成员国，或艺术作品被纳入了建造于某一成员国的建筑物或构筑物，则该建筑作品或艺术作品就可以在各成员国受到保护。

许多电影作品仅在电影院放映和在电视台播放，但如前文所述，这种传播并不属于《伯尔尼公约》第 3 条中的“出版”。如果电影作品的作者既非成员国国民，又不在任何成员国有惯常居所，而且也没有被制作成录像带或光盘在成员国首先出版，或者没有在非成员国与成员国同时出版，则该电影作品无法根据“国籍标准”、“惯常居所标准”和“出版标准”受到各成员国的保护。但根据《伯尔尼公约》第 4 条，只要制片者的总部或惯常居住在某一成员国，各成员国就有义务保护该电影作品。

如本书第二章第四节所述，由于历史的原因，《伯尔尼公约》在列举作品类型时，区分了“建筑作品”和“与建筑有关的作品”。前者以建筑物或构筑物形式体现，后者包括为建造建筑物而完成的设计图和模型，而建筑物或构筑物是无法被“出版”的。在作者并非《伯尔尼公约》成员国的国民，以及在成员国没有惯常居所的情况下，只要建筑物或构筑物建造于成员国，建筑作品就可以在各成员国受到保护。如果他人未经许可而仿造，就会构成侵权。根据1967年斯德哥尔摩会议的解释，在成员国境内建造的建筑物或构筑物必须是原件。换言之，如果原件建造于非成员国，只有仿造的建筑物或构筑物建造于成员国，则在作者既非成员国国民，又不在任何成员国有惯常居所的情况下，成员国没有保护该建筑作品的义务。

对于艺术作品而言，如果其无法根据“国籍标准”、“惯常居所标准”和“出版标准”受到各成员国的保护，只要该艺术作品被纳入了建造在某一成员国境内的建筑物或构筑物，则该艺术作品就可以在各成员国受到保护。假设伊朗雕刻家创作的人像雕刻被安装到了沙特阿拉伯的一幢建筑墙体中，即使该伊朗雕刻家在沙特阿拉伯或其他《伯尔尼公约》成员国没有惯常居所，以及从未在成员国出售过该雕刻的复制件，但由于沙特阿拉伯是《伯尔尼公约》成员国，该雕刻作品可以在所有成员国受到保护。

我国《著作权法》对外国人的电影作品、建筑作品和艺术作品没有作出类似的规定。但我国是《伯尔尼公约》成员国，必须履行条约义务。如果上例中的伊朗雕刻家发现该雕刻在中国被未经许可而复制，并在中国对复制者提起诉讼，则中国法院应当对该伊朗雕刻家提供著作权保护。

二、我国著作权法对外国著作权人的保护

在确定了哪些外国人的作品应受我国《著作权法》保护之外，还要了解我国《著作权法》应如何保护这些外国著作权人。《伯尔尼公约》对成员国应如何保护源于其他成员国的作品作出了规定，我国作为成员国，有义务对符合条件的外国人的作品提供《伯尔尼公约》要求的保护。

（一）国际著作权条约的作用

要学习我国著作权法如何对外国著作权人提供保护，应首先了解《伯尔尼公约》等国际著作权条约的作用。对著作权的保护不仅具有地域性，也体现了国家主权。地域性意味着作者根据某一国家的著作权立法获得的著作权，在他国并不能得到当然的承认和保护，除非两国缔结的双边协定或共同参加的国际条约要求承担这样的义务。国家主权则体现在，对于以本国为起源国的作品，该国是否赋予著作权，规定何种具体的专有权利，对该权利施加何种限制，以及通过何种法律程序加以保护，完全由该国自行决定，他国无权干涉。国际著作权条约原则上也不能直接规定成员国应如何保护源于本国的作品，而只能要求成员国对于起源国为其他成员国的作品按特定标准提供保护。换言之，国际著作权条约要解决的问题，从来都不是成员国如何保护以本国为起源国的作品，而是成员国如何保护起源国为其他成员国的作品。

“起源国”（country of origin）是《伯尔尼公约》中的重要概念，它决定了一部作品是仅按照某一国家的本国法受到保护，还是要按照《伯尔尼公约》的要求受到保护。《伯尔尼公约》第5条第4款分不同情况规定了作品的起源国：（1）对于首先在某一成员国出版的作品，以该成员国为起源国；对于在分别给予不同保护期的几个成员国同时出版（30天内

出版）的作品，以立法给予最短保护期的成员国为起源国。假如一名新加坡作者以中文创作的小说首先在中国出版，则该作品的起源国为中国。如果该作品在中国和新加坡同时出版，由于中国对自然人作品的保护期为作者有生之年加死后 50 年，短于新加坡对该作品的保护期（作者有生之年加死后 70 年），以中国为该作品的起源国。（2）对于同时在某一非成员国和某一成员国出版的作品，以后者为起源国。假设，伊朗作者在伊朗和中国同时出版了一部作品，该作品的起源国为中国。（3）对于未出版的作品，或首先在某一非成员国出版而未同时在成员国出版的作品，作者为其国民的成员国是起源国。假设韩国作者创作完成一部作品之后并未出版，或者仅在伊朗出版，则起源国为韩国。

如果未出版的作品是电影作品、建筑作品或艺术作品，且符合下列情形，则按下列规则确定起源国：对于电影作品而言，如制片者的总部或惯常居所在某一成员国，以该国为起源国。对于建筑作品和艺术作品而言，如果建筑作品建造于某一成员国，或者艺术作品融入了建造于某一成员国的建筑物或构筑物，则以该成员国为起源国。例如，一部电影并未被制作成录像带或光盘发行，或仅在伊朗发行，但其制片者的总部在沙特阿拉伯，由于沙特阿拉伯是《伯尔尼公约》的成员国，所以该部电影的起源国是沙特阿拉伯。再如，伊朗雕刻家创作了人像雕刻，但从未制作复制件并销售，或者仅在伊朗销售，但该雕刻被安装到了位于沙特阿拉伯的一幢建筑墙体中，则该雕刻作品的起源国是沙特阿拉伯。需要注意的是，确定电影作品和艺术作品起源国的上述规则，是以该电影作品或艺术作品没有在成员国首先出版或同时出版为前提的。如果该电影作品或艺术作品在成员国首先出版，或在非成员国与成员国同时出版，则其起源国仍然按前述规则（1）、（2）加以确定。仍然以电影为例：如果一部电影被制作成录像带或光盘后首先在叙利亚（《伯尔尼公约》成员国）发行，则虽其制片者的总部在沙特阿拉伯，但该部电影的起源国为叙利亚，而非沙特阿拉伯。

《伯尔尼公约》第 5 条第 3 款规定：起源国的保护由该国法律规定。这就意味着，作品在起源国受到的保护，在作者是该国国民的情况下，完全由该国法律确定，《伯尔尼公约》不会提供任何保护。[①] 试举一较为极端的假想例：我国《著作权法》规定，对于中国公民尚未出版的作品或在中国首先出版的作品，不提供任何保护。试问：该规定是否违反《伯尔尼公约》？回答是否定的。因为对于中国公民尚未出版的作品或在中国首先出版的作品而言，中国为起源国而该作品在作为起源国的中国是否受保护，以及如何受保护，完全由中国法律规定，与《伯尔尼公约》规定的保护标准无关。同样道理：作品的起源国对该作品提供的保护无论低于还是高于《伯尔尼公约》规定的最低标准，都不会产生违反《伯尔尼公约》的问题，因为《伯尔尼公约》规定的最低标准只涉及成员国对起源国为其他成员国的作品的保护，无涉作品在其起源国受到的保护。

（二）自动保护原则

《伯尔尼公约》第 5 条第 2 款规定，作者在起源国之外的成员国享有和行使著作权不需要履行任何手续。其中，“享有”意味着著作权的产生，而“行使”则暗示著作权受到保

① 参见刘波林译：《保护文学和艺术作品伯尔尼公约（1971 年巴黎文本）指南》（附英文文本），29 页，第 5.9 段（英文文本），北京，中国人民大学出版社，2002。

护。如本书第一章所述，作品由信息构成，一旦被披露就可以“自由流动”。在缺乏法律保护的情况下，权利人无法凭借一己之力阻止他人未经许可利用作品。要“行使”著作权，也即阻止他人未经许可以特定方式利用作品，以及向他人发放以特定方式利用作品的许可，必须以法律提供保护为前提。因此，《伯尔尼公约》第 5 条第 2 款规定了著作权的自动取得和保护原则。根据该规定，某一成员国应当对以其他成员国为起源国的作品提供自动保护，不能附加其他条件，如在登记机关登记并获得登记证书，提交作品的复制件以供版本保存，在出版物上标注版权标记，或者要求作品的内容合法。我国于 1991 年颁布的《计算机软件保护条例》第 24 条第 1 款规定：“向软件登记管理机构办理软件著作权的登记，是根据本条例提出软件权利纠纷行政处理或者诉讼的前提”。这对计算机软件著作权的行使附加了条件，没有采用自动保护原则。但是，1994 年的《与贸易有关的知识产权协定》将计算机程序明确规定为文字作品，同时要求成员方遵守《伯尔尼公约》的实质性条款。这就意味着中国加入世界贸易组织（《与贸易有关的知识产权协定》是世界贸易组织的三大基础协定之一）之后，有义务对以其他《与贸易有关的知识产权协定》成员方为起源国的计算机程序提供自动保护，否则就会违反《与贸易有关的知识产权协定》。因此，2001 年我国修改《计算机软件保护条例》时，删除了上述规定。

本书第二章第三节在讨论违禁作品的著作权保护问题时，曾介绍过“美国诉中国知识产权保护与执法措施案”。在该案中，世界贸易组织专家组认定我国 2001 年《著作权法》第 4 条第 1 款（“依法禁止出版、传播的作品，不受本法保护”）不符合《伯尔尼公约》以及包含《伯尔尼公约》实质性条款的《与贸易有关的知识产权协定》，其理由就在于该条款实际上为对作品的著作权保护设定了一个前提条件——该作品不属于依法禁止出版、传播的作品。如果该条款仅针对以中国为起源国的作品（绝大多数为中国公民创作的作品），并不会产生违反《伯尔尼公约》的问题，因为作品在起源国的保护完全由起源国的法律规定。但该条款在适用范围上并没有区分作品的起源国，这就会导致其在适用于以其他成员国为起源国的作品时，不符合自动保护原则。

如本书第二章第三节在讨论违禁作品的著作权保护问题时所述，我国修改 2001 年《著作权法》、删除其第 4 条第 1 款之后，违禁作品也能受到《著作权法》的保护，但这并不意味着违禁作品的权利人就“有权”发行或传播该作品，因为著作财产权是禁止权，而非“自用权”。《伯尔尼公约》第 17 条专门就此作出了规定。该条的名称是“控制流通、表演和展览作品的可能性”，内容为：如果成员国的主管机关认为有必要通过法律或规章对任何作品或制品的流通、表演或展览加以控制或禁止，本公约的条款绝不妨碍各国政府行使这样的权力。由此可见，受著作权法保护的违禁作品，当然可以被禁止出版和传播。《伯尔尼公约》规定的自动保护原则，不能被理解为任何作品的权利人都有出版和传播作品的权利。

需要注意的是，我国加入的另一国际条约《世界版权公约》并没有采用自动保护原则。《世界版权公约》第 3 条第 1 款允许成员国将缴存作品样本、版权登记、版权声明、办理公证、支付费用或在该国国内制作作品复制件或出版作品等手续方面的要求，作为给予版权保护的条件。在作者并非某一成员国国民，而且其作品在该成员国领土之外首次出版的情况下，如果从首次出版之日起，经过作者或其他版权人许可而出版的所有作品复制件上都标有©标记，标注了版权人的姓名或名称和首次出版年份，且标注的方式和位置使人能够合理地注意到对版权的要求，则成员国规定的上述手续方面的要求应被视为得到了满足。

对于一些只加入了《世界版权公约》，尚未加入《伯尔尼公约》，而且本国法将履行登记等手续作为取得或行使著作权的前提条件的国家而言，上述规定是有意义的。但是，随着越来越多的国家加入《伯尔尼公约》，自动保护已经成为对起源于其他成员国的作品提供保护的主要方式。我国现行著作权立法并没有为著作权的取得和行使规定上述手续方面的要求，绝大多数外国著作权在我国主张著作权保护所依据的国际条约也是《伯尔尼公约》，因此，我国保护外国著作权人的基本原则仍然是自动保护原则。

（三）独立保护原则

《伯尔尼公约》第5条第2款不仅规定了自动保护原则，还规定了独立保护原则。该款规定：享有和行使这些权利不需要履行任何手续，也不论作品起源国是否存在保护。因此，除本公约有规定外，保护的程度以及为保护作者权利而向其提供的救济方法完全由被要求给予保护的国家的法律规定。

据此，《伯尔尼公约》某一成员国向以其他成员国为起源国的作品提供著作权保护时，除《伯尔尼公约》有特别规定之外（参见下文对“国民待遇的例外”的讲解），不应考虑起源国对该作品是否提供保护、提供何种保护以及如何保护，而是应当按照《伯尔尼公约》的要求进行保护。例如，朝鲜已加入了《伯尔尼公约》，《朝鲜著作权法》第6条规定：作品的出版、发行、表演、广播和展览受法律禁止的，该作品的著作权不受保护。[①] 即使有朝鲜国民创作但尚未发表的作品因此而不能受到《朝鲜著作权法》的保护，他人在中国未经该作者许可而翻译并出版该作品的行为仍然构成侵权行为。根据独立保护原则，虽然作为该作品起源国的朝鲜并不保护该作品，但中国仍然应当向该作品提供《伯尔尼公约》所要求的保护，法院应当认定未经许可而翻译并出版该作品的行为构成侵权，并判决侵权人承担法律责任。

同样道理，如果《伯尔尼公约》某一成员国对作品的保护水平虽达到了《伯尔尼公约》的要求，但低于作品的起源国提供的保护水平，该成员国仍没有义务确保对该作品提供的保护达到其起源国的保护水平，只有义务提供本国立法规定的保护。例如，瑞典（已加入《伯尔尼公约》）针对侵犯著作权规定的入罪门槛远低于我国的规定，即对作品提供的保护高于我国的保护水平。《瑞典著作权法》第53条规定：对于特定侵犯著作权的行为，如果出于故意或极大过失，即构成刑事犯罪，可处以罚金或两年以下监禁。而根据我国《刑法》第217条，只有以营利为目的，故意实施未经许可的复制发行和通过网络传播作品的行为，违法所得数额较大或者有其他严重情节的，才构成犯罪。如果有人未经瑞典著作权人许可，对其电影作品在我国实施公开放映行为，该瑞典著作权人能否以该行为在瑞典构成刑事犯罪为由，要求我国司法机关追究该侵权人的刑事责任呢？回答是否定的，理由在于：我国对以瑞典为起源国的作品所提供的保护，在不违反《伯尔尼公约》的情况下，完全取决于我国法律的规定，我国没有义务提供与作品起源国——瑞典相同水平的保护。由于《伯尔

---

① 《朝鲜著作权法》的英文版可见世界知识产权组织网站，http：//www.wipo.int/edocs/lexdocs/laws/en/kp/kp001en.pdf，访问日期：2014-09-11。

尼公约》并没有要求成员国对任何侵犯著作权的行为进行刑事制裁[①]，我国司法机关以我国《刑法》为依据，认定对上述侵犯放映权的行为不应追究刑事责任，是符合独立保护原则的。这就是《伯尔尼公约》第5条第2款之“除本公约有规定外，保护的程度以及为保护作者权利而向其提供的救济方法完全由被要求给予保护的国家的法律规定”的含义。

（四）国民待遇、国民待遇的例外与超国民待遇

我国《著作权法》向起源国为其他《伯尔尼公约》成员国的作品提供的保护，应当符合《伯尔尼公约》的要求，其中最为重要的，就是遵循《伯尔尼公约》对国民待遇的规定。

1.《伯尔尼公约》对国民待遇的规定

从字面含义看，“国民待遇”是指本国给予外国国民的待遇，与给予本国国民的相同。但这一说法在著作权保护领域并不准确。《伯尔尼公约》第5条第1款规定：对于本公约保护的作品而言，作者在作品起源国以外的任一成员国享有该国法律现在给予和今后可能给予其国民的权利，以及本公约特别授予的权利。这就意味着：《伯尔尼公约》规定的国民待遇，是指对于起源国为其他成员国的作品，某一成员国给予其权利人的权利，应当为该成员国给予本国国民的权利，加上《伯尔尼公约》特别规定的权利。由此可见，“国民待遇”并非指“外国著作权人”在一国受到的待遇与该国国民受到的相同，而是指“起源国为其他成员国的作品的权利人”在一国受到的待遇不应低于该国国民受到的。

例如，截至2022年6月9日，《伯尔尼公约》有181个成员国，而《世界知识产权组织版权条约》有112个缔约方。《世界知识产权组织版权条约》是《伯尔尼公约》在数字环境中的延伸，它规定了“向公众提供权”，与我国《著作权法》中的“信息网络传播权”内容相同，但《伯尔尼公约》并未明确规定这一权利。[②] 如果某一作品的起源国加入了《伯尔尼公约》，但尚未加入《世界知识产权组织版权条约》，其作者在发现自己的作品被人未经许可而上传到我国的某网站，供用户点击下载时，向我国有管辖权的法院提起诉讼，要求保护自己的信息网络传播权的，请问法院是否应当提供保护。回答是肯定的，这是因为我国作为《伯尔尼公约》的成员国，有义务对以其他成员国为起源国的作品给予国民待遇，而国民待遇的范围是《伯尔尼公约》特别规定的权利，加上我国《著作权法》给予我国自然人、法人和非法人组织的权利。在我国自然人对于其创作的作品能够享有信息网络传播权，故对于以《伯尔尼公约》其他成员国为起源国的作品，其作者在我国也能享有信息网络传播权，与该起源国是否加入《世界知识产权组织版权条约》无关。

《伯尔尼公约》第5条第3款还规定了一种特殊的国民待遇。该条规定：起源国的保护由该国法律规定。如果作者不是起源国的国民，但其作品受公约保护，该作者在该国仍享有同本国作者相同的权利。假设一个中国人创作的作品在新加坡首先出版，则其作品起源国为新加坡，该作品在新加坡受到的保护，完全由《新加坡版权法》规定。由于中国是《伯尔尼公约》成员国，该作品受《伯尔尼公约》保护（国籍标准），其在新加坡应当与新

① 与《伯尔尼公约》不同，《与贸易有关的知识产权协定》第61条规定了刑事责任，但在版权领域，只要求缔约方对具有商业规模的故意盗版案件适用刑事程序和处罚。

② 需要注意的是，《伯尔尼公约》中的部分“向公众传播权”因采用了技术中立的用语，可以包含交互式传播权。

加坡国民的作品享受相同的待遇，例如，该作品在新加坡的保护期为该中国人有生之年加死后 70 年。

2.《伯尔尼公约》中国民待遇的例外

《伯尔尼公约》在要求成员国向以其他成员国为起源国的作品提供国民待遇的同时，也规定了例外，也即成员国在特定情形下无须向以其他成员国为起源国的作品提供国民待遇。这些例外包括以下几种情形。

（1）保护期例外。

《伯尔尼公约》第 7 条第 1 款对作品的保护期作出了规定，其中对自然人作品的保护期为作者有生之年加死后 50 年。但美国、澳大利亚和欧盟各成员国等发达国家的版权/著作权立法规定的保护期长于《伯尔尼公约》要求的保护期，其中对自然人作品的保护期为作者有生之年加死后 70 年，而我国《著作权法》对自然人作品的保护期为作者有生之年加死后 50 年。那么，以我国为起源国的自然人作品，在美国等发达国家在保护期上是否应获得国民待遇，即作者有生之年加死后 70 年呢？回答是否定的。《伯尔尼公约》第 7 条第 8 款规定：保护期由要求给予保护的国家的法律加以规定，但除非该国立法另有规定，否则保护期不超过作品起源国规定的保护期。这就意味着，在起源国保护期较短的作品，在其他成员国无法获得较长的保护期，除非该成员国自愿在立法中给予更长的保护期。因此，在前例中，以我国为起源国的自然人作品，在美国等发达国家的保护期仍然为作者有生之年加死后 50 年，而不是作者有生之年加死后 70 年。

（2）追续权例外。

本书第三章第一节曾介绍过追续权。《伯尔尼公约》第 14 条之三第 1 款规定：艺术作品的原件及作家和作曲家的手稿在作者首次转让之后，作者或作者去世后由国家法律授权的人或机构，对于任何后续的出售行为，享有不可剥夺的分享利益的权利。但是，《伯尔尼公约》并未要求成员国必须保护其他成员国国民的追续权，而是附加了保护的条件。第 14 条之三第 2 款和第 3 款规定：只有在作者本国法律承认追续权保护的情况下，才可在成员国要求追续权的保护，而且保护的程度应限于被要求给予保护的国家的法律所允许的程度。同时，分享利益的方式和比例由各国法律确定。

由此可见，《伯尔尼公约》并不要求在追续权的保护方面实行国民待遇。例如，《德国著作权法》规定了追续权，如果中国画家创作的油画原件在中国首先被出售，后在德国被拍卖，德国拍卖行拍卖该原件时，中国画家无权要求从拍卖收入中分享利益。这是因为中国《著作权法》并未规定追续权，德国没有义务给予中国画家以追续权的保护。当然，根据独立保护原则，德国画家所作油画的原件在中国被拍卖转售时，德国画家不能以《德国著作权法》规定了追续权为由，要求从拍卖收入中分享利益。再如，《意大利著作权法》曾经规定，只有在艺术作品原件的公开转售收益超过首次转让收益时，作者才能主张分享利益[①]，而 1998 年的《德国著作权法》规定，艺术作品作者可以从任何价格高于 100 马克的

---

① 参见《意大利著作权法》原第 144 条第 1 款。在实施欧盟《追续权指令》、修改《著作权法》的过程中，该款已被修改，转售价格高于首次转让价格已不再是分享收益的条件。

原件转售中分享利益[1]，无论转售收益是否超过首次销售收益，德国画家的油画原件在意大利被转售时，如转售收益低于首次转让收益，根据《伯尔尼公约》有关对追续权“保护的程度应限于被要求给予保护的国家的法律所允许的程度”的规定，德国画家不能要求分享此次转售的收益。

（3）实用艺术品和工业品的平面设计与立体设计原型例外。

对于与实用性联系密切的成果——实用艺术品、工业品的外观设计和设计原型[2]（industrial designs and models），《伯尔尼公约》给予成员国在保护方面一定程度的自由选择权。

《伯尔尼公约》第2条第7款规定：成员国的立法可以规定在何种程度上其法律适用于实用艺术品及工业品的平面设计和立体原型，以及其受保护的条件。如果它们在起源国只能作为工业品外观设计和实用新型受到专门保护，即以著作权法之外的法律机制如工业产权法提供以注册为前提的保护[3]，则在其他成员国也只能给予这种专门保护，而不是给予著作权保护。但如果某一成员国并不给予这种专门保护，则它们应当作为艺术作品受到保护。

该规定也设定了国民待遇的例外。例如，法国将服装这种实用艺术品作为一种作品给予著作权保护，但美国认为服装的实用功能和美感无法分离，因此服装设计在美国并不能作为作品获得版权保护，只能获得外观设计专利。在这种情况下，法国没有义务给予以美国为起源国的服装以著作权保护方面的国民待遇。只有当法国不对起源于美国的服装设计提供外观设计保护时，才有义务用著作权法加以保护。

如本书第二章第四节所述，我国对符合美术作品构成要件的实用艺术品提供著作权保护。同时，部分实用艺术品和工业品的设计原型符合我国《专利法》对实用新型和外观设计的授权条件。如果符合我国《著作权法》保护条件的实用艺术品和工业品的设计原型在其起源国不能作为作品获取著作权保护，则只能获得工业产权法的保护；只要其在我国能够被授予实用新型或外观设计专利，我国就没有义务向其提供著作权保护。

3. 超国民待遇

如果某一成员国对以本国为起源国的作品提供低于《伯尔尼公约》要求的保护，同时向以其他成员国为起源国的作品提供符合《伯尔尼公约》要求的保护，就会发生“超国民待遇”现象，即其作品尚未出版或尚未在本国首次出版的国民，在著作权保护方面在本国享受的待遇，低于其作品尚未出版或尚未在其他成员国首次出版的其他成员国国民所享受的。这一现象的发生，正是由于各成员国对以本国为起源国的作品，完全依据本国法律提供保护，不受《伯尔尼公约》的约束。

---

① 参见《德国著作权法》第26条。

② 如本书第二章第四节在讨论“模型作品”时所述，《伯尔尼公约》此处的model不应被译为“模型”，而应当译为“设计原型”。

③ 参见刘波林译：《保护文学和艺术作品伯尔尼公约（1971年巴黎文本）指南》（附英文文本），21页，第2.25段（英文文本），北京，中国人民大学出版社，2002。

立法背景

“超国民待遇”的产生

“超国民待遇”会导致对以本国为起源国的作品（其权利人绝大多数为本国国民）在保护水平方面的歧视，这并不是立法者所愿意看到的现象。因此“超国民待遇”是特殊现象，有其特殊原因。以美国为例：传统上，美国一直以版权登记作为作品受到《美国版权法》充分保护的前提。如果没有对作品进行版权登记，就不能提起版权侵权诉讼。但该规定与《伯尔尼公约》有关著作权的行使无须任何手续的基本原则相悖①，这也是美国曾经长期游离于《伯尔尼公约》之外的重要原因。美国在加入《伯尔尼公约》之后，为了符合《伯尔尼公约》的要求，对《美国版权法》第 411 条进行了修改，修改后的内容为：“除非已根据本法进行了版权登记或预登记，否则不能对侵犯美国作品版权的行为提起民事诉讼。”②

根据《美国版权法》第 101 条的定义，“美国作品”对于已出版作品而言，是指在美国首先出版或同时在美国首次出版的作品；对于未出版作品而言，是指所有作者均为美国国民或在美国有惯常居所的作者的作品。由于《美国版权法》第 411 条仅适用于“美国作品”，这就意味着“非美国作品”的权利人在美国提起版权侵权诉讼，并不以该作品已经进行过版权登记或预登记为前提。这样一来，与“美国作品”的权利人相比，“非美国作品”的权利人（大部分是《伯尔尼公约》其他成员国国民）在美国就获得了更好的待遇，由此形成了“超国民待遇”③。

在我国著作权法的立法史上，也出现过“超国民待遇”。这是因为我国于 1992 年加入《伯尔尼公约》后，必须对以其他成员国为起源国的作品提供符合公约要求的保护。但我国 1990 年《著作权法》提供的保护尚未达到《伯尔尼公约》的要求，而该法对著作权的限制则超出了《伯尔尼公约》允许的范围。如前文所述，我国 1990 年《著作权法》被适用于以我国为起源国的作品时，其与《伯尔尼公约》的差距并不构成对《伯尔尼公约》的违反，因为《伯尔尼公约》并不会干涉某一成员国对以本国为起源国的作品提供的保护和施加的权利限制，无论该保护和限制与《伯尔尼公约》的规定是否一致。但是，一旦将我国 1990 年《著作权法》适用于以其他成员国为起源国的作品，基于该法与《伯尔尼公约》的差距，就会出现违反《伯尔尼公约》的后果。

正是在这样的背景下，为了使我国对以其他成员国为起源国的作品的著作权保护符合《伯尔尼公约》的要求，国务院于 1992 年颁布了《实施国际著作权条约的规定》，对于起源于其他成员国的作品提供了 1990 年《著作权法》尚未规定的保护。例如，《实施国际著作

---

① 参见《伯尔尼公约》第 5 条第 2 款。

② 17 U.S.C. 411 (a).

③ 郑成思教授对此指出：“（那些以版权登记或加注版权标记为版权取得条件的国家）参加公约之后，不一定要修改本国的登记制或在国内法中删除加注标记的条款。只要它们把这些手续的要求仅限于本国国民，就不被看做违反了伯尔尼公约的自动保护原则。”［郑成思：《版权法》（修订本），396 页，北京，中国人民大学出版社，1997。］在这些国家不修改立法的情况下，当然会产生“超国民待遇”现象。

权条约的规定》第6条第1款对外国实用艺术作品加以保护，而1990年《著作权法》尚未对实用艺术作品提供保护。同时，《实施国际著作权条约的规定》排除了1990年《著作权法》中某些权利限制对起源于其他成员国的作品的适用。例如，1990年《著作权法》第22条第1款第11项规定："将已经发表的汉族文字作品翻译成少数民族文字在国内出版发行"，可以不经过著作权人许可，不向其支付报酬。而《实施国际著作权条约的规定》第10条则规定："将外国人已经发表的以汉族文字创作的作品，翻译成少数民族文字出版发行的，应当事先取得著作权人的授权"，即排除了上述1990年《著作权法》的规定对起源于其他成员国的作品的适用。

这样一来，《实施国际著作权条约的规定》就导致了"超国民待遇"。当然，"超国民待遇"对本国著作权人是不利的，颁布《实施国际著作权条约的规定》也仅是在1990年《著作权法》修改之前的权宜之计，随着2001年修改《著作权法》，对起源于我国的作品按照《伯尔尼公约》的标准提供保护，"超国民待遇"现象大部分被消除了。

第五节 著作权的保护期

根据《著作权法》第23条的规定，著作人身权中的署名权、修改权、保护作品完整权具有人身性（但请注意本书第三章第一节对规定"修改权"的批评），永远受到保护。但著作财产权并不是永久受保护的权利。为了在促进创作和公众利用作品之间实现平衡，《著作权法》规定了著作财产权的保护期。著作人身权中的发表权与著作财产权存在密切关系——对未发表作品的多数利用行为会导致将作品公之于众，故《著作权法》也对发表权规定了保护期。保护期届满，就意味着他人以复制等原本受专有权利控制的方式使用作品不再构成对著作权的侵犯。

《著作权法》第23条规定：对于自然人的作品，其发表权及各项著作财产权的保护期为作者终生及其死亡后50年，截止于作者死亡后第50年的12月31日。合作作品的发表权和各项财产权的保护期则为最后死亡的作者有生之年加死后50年。这是为了避免单独计算合作作品每一部分的著作权保护期造成的不便，更何况对于不可分割使用的合作作品而言，甚至都无法分辨哪一部分是由哪一位合作作者单独创作的。以最后一位合作作者去世的时间作为计算保护期的依据，较为科学与可行。《伯尔尼公约》第7条之二对此规定，对于著作权由合作作者共有的作品而言，保护期应从最后死亡的作者死亡时算起。

对于法人或者非法人组织的作品、特殊职务作品以及视听作品，其发表权的保护期为50年，截止于作品创作完成后第50年的12月31日；著作财产权的保护期为50年，截止于作品首次发表后第50年的12月31日，但作品自创作完成后50年内未发表的，著作权法不再保护。这些规定中的"首次发表"是指著作权人自行或同意他人将作品首次公之于众。因此，如果有人擅自将未发表的特殊职务作品公之于众，则该事件发生的时间并不能作为50年保护期的起算点。对于作者身份不明的作品，其著作财产权的保护期截止于作品首次发表后第50年的12月31日。作者身份确定后，按照前述规则计算保护期。

从上述规定可以看出，《著作权法》对保护期的规定基本上是以作品著作权是否原始归属于自然人为分类依据的。对于著作权原始归属于自然人的作品，给予较长保护期（作者有生之年加死后 50 年）。对于著作权原始归属于一个组织的作品，则给予的保护期较短（首次发表后 50 年）。这可能是考虑到自然人需要借助著作权的保护养育下一代，而一个组织则无这方面的需要。需要指出的是，《著作权法》于 2020 年修改后，视听作品中“电影作品、电视剧作品”之外的“其他视听作品”的著作权归属可以由制作者与创作者进行约定，这可能导致“其他视听作品”的著作权依约定归属于作为视听作品作者的自然人。但《著作权法》第 23 条第 3 款已经对视听作品的保护期作出了特别规定——其著作财产权的保护期为 50 年，截止于视听作品首次发表后第 50 年的 12 月 31 日，视听作品自创作完成后 50 年内未发表的，不再保护；同时又没有区分视听作品中“电影作品、电视剧作品”和“其他视听作品”的保护期，因此在自然人作者依约定取得“其他视听作品”著作权的情况下，该“其他视听作品”的保护期并不是该自然人作者有生之年再加死后 50 年。

还需要注意的是，保护期是由著作权原始归属的情况决定的。例如，某电影公司投资、组织电影摄制之后，将电影作品的著作权转让给了一名自然人后，该电影作品的著作权保护期并不是该自然人有生之年加死后 50 年，而是该电影作品首次发表之后的 50 年。同样，某画家将其画作的著作财产权转让给了某艺术馆后，该美术作品的著作财产权的保护期也不会因此缩短为美术作品首次发表之后的 50 年。

【问题与思考】

1. 2012 年国家司法考试第一卷第 82 题（多项选择）

李伍为惯常居所地在甲国的公民，满成为惯常居所地在乙国的公民。甲国不是《保护文学艺术作品伯尔尼公约》缔约国，乙国和中国是该公约的缔约国。关于作品在中国的国民待遇，下列哪些选项是正确的？（　　）

A. 李伍的文章在乙国首次发表，其作品在中国享有国民待遇

B. 李伍的文章无论发表与否，其作品在中国享有国民待遇

C. 满成的文章无论在任何国家首次发表，其作品在中国享有国民待遇

D. 满成的文章无论发表与否，其作品在中国享有国民待遇

该题的标准答案为 ACD。你认为该题在设计上是否有误？如果有，应如何修改？

2. 2004 年国家司法考试第三卷第 20 题（单项选择）

甲、乙共同创作完成一部小说，甲主张发表，乙不同意。后乙死亡，有一继承人。后甲将该小说发表。下列说法哪一个是错误的？（　　）

A. 乙生前不同意发表该小说，甲无权发表

B. 发表该小说的稿费全部由甲获得

C. 该小说的使用权保护期限应截止于甲死亡后第 50 年的 12 月 31 日

D. 甲不能剥夺乙的署名权

该题的标准答案为 A，这意味着 B 项内容是正确的，理由是：发表权是人身权，不能继承。你是否同意？

3. 在本章第二节所述的“‘葫芦娃’美术作品著作权归属案”中，法院虽然认定“葫芦娃”美术作品并非法人作品，但并不认为该作品的著作权就应当归属于创作者个人。一审法院认为：

法律制度通常反映了一国的经济、文化、社会和时代特征，对系争权属的判定，同样不能脱离作

品创作的时代背景和当时的法律制度。其一，从宏观的社会现实角度来看，被告提供的一系列证据显示，在涉案影片创作的当时，我国正处于计划经济时期，被告为全民所有制单位，影片的创作需严格遵循行政审批程序，影片的发行放映需严格遵循国家的计划安排，如根据上级单位下达的年度指标任务上报年度创作题材规划，根据年初规划组织安排人员落实，创作成果归属于单位，单位并将创作成果交由相关单位统一出版发行，年底向上级单位、政府部门等汇报各项指标任务的完成情况等。在作品创作的当时，两原告作为被告方的造型设计人员完成被告交付的工作任务正是其职责所在，其创作的成果归属于单位是毋庸置疑的行业惯例，也是整个社会的一种约定俗成。其二，从当时的法律制度来看，1987 年 1 月 1 日起施行的《中华人民共和国民法通则》第九十四条仅原则性地规定，公民、法人享有著作权（版权），依法有署名、发表、出版、获得报酬等权利。对于电影作品著作权的归属及电影作品中哪些作品可以单独使用并由作者单独行使著作权均未作出规定。可供参照的 1985 年 1 月 1 日起生效、现已失效的《图书、期刊版权保护试行条例》也仅规定，用机关、团体和企业事业单位的名义或其他集体名义发表的作品，版权归单位或集体所有。我们更无法要求本案当事人在系争造型创作的当时，能够预先按照于 1991 年 6 月 1 日起施行的我国著作权法的规定，就职务作品著作权的归属以合同的形式进行明确约定。因此，认定两原告对其创作的作品于创作的当时享有著作财产权缺乏法律依据。其三，从微观的规章制度来看，被告提供的三位证人证言均证实涉案影片创作的当时，导演等均需完成厂创作办公室每年下达的任务指标，其他创作人员跟随导演完成相应工作量。原、被告均认可被告就涉案影片成立了摄制组，并指派原告胡某担任导演，两原告任造型设计，此系完成被告交付的工作任务。可见，完成法人交付的工作指标任务，取得工资、奖金及相关的医疗、分房等福利待遇，创作成果则归属于法人，符合当时社会人们的普遍认知，也是社会公众普遍认同的行为准则。其四，从取得的奖励来看，1986 年 3 月被告的上级公司下达的文件明确规定，自 1 月 1 日起创作人员实行酬金制；1986 年 8 月 18 日广电部电影管理局的发函明确表示，奖金全额发给获奖影片的摄制组，其中 60%发给主要创作人员；为鼓励导演努力拍摄出更多的优秀影片，从今年开始分给导演的奖金应适当提高数额。其制度设计的本身亦说明在当时的历史条件下国家对影片主创人员创造性劳动的鼓励、尊重和其劳动价值的体现。上述文件结合两原告陈述、三位证人有关已领取酬金和奖励的证言及被告提供的财务凭证均表明就系争造型的作品创作，两原告已取得远高于工资性奖金的酬金和奖励，自涉案影片最初播映的 1986 年起至 2010 年两原告起诉之日前的 24 年间也没有证据表明两原告曾就此向被告提出过异议。而且，在系争造型创作完成的 24 年间两原告也从未就系争造型的著作权向被告提出异议。综上，根据系争造型创作当时的时代背景、历史条件和双方当事人的上述行为，可以认定"葫芦娃"角色造型美术作品的著作权由被告享有，两原告仅享有表明其作者身份的权利。①

二审法院维持了一审判决，并指出：

就当时的法律环境来看，我国尚未建立著作权法律制度，社会公众也缺乏著作权保护的法律意识，双方当事人对此也予认可。因此，才有证人所述的，谈论权利问题是"很不光彩的事情"的情况发生。这说明，针对动画电影的整个创作而言，完成工作任务所创作的成果归属于单位，是符合当时人们的普遍认知的。另外，在《葫芦兄弟》动画片拍摄过程中，时任美影厂创作办公室主任的蒋某曾明确要求创作人员不得对外投稿，而作为创作人员的本案上诉人（原审原告胡某、吴某——引者注）并未对此提出异议……也就是说，上诉人以实际行为遵守了被上诉人的规定。这一事实表明，双方当事人均认可被上诉人可对包括上诉人在内的创作人员提出上述要求，即被上诉人有权对动画电影的

---

① 上海市黄浦区人民法院（2010）黄民三（知）初字第 28 号民事判决书。

角色形象造型进行支配。因此，从诚信的角度出发，上诉人不得在事后作出相反的意思表示，主张系争角色造型美术作品的著作权……本案中，系争“葫芦娃”角色造型美术作品确由胡某、吴某创作，体现的是二人的个人意志，故对上诉人作为作者的人格应予尊重。具体而言，对于系争作品这样的“特殊职务作品”，应根据著作权法第十六条第二款的规定，由上诉人享有署名权，著作权的其他权利由被上诉人享有。①

请将此案的判决结果与本章第三节中的“典型案例：抗美援朝战争照片案”相对比。显然，在这两个案例中，法院都认为不能将计划经济时代产生的相关艺术作品认定为“法人作品”，但也不应当根据现行《著作权法》对普通职务作品的规定，由作者独享著作权。但关于对著作权归属的处理，这两案的法院采用了不同的方法。对此你如何看待？

4. 假设在“阿凡提美术形象案”中，被告直接将美术片《阿凡提的故事》中的一帧画面截取下来，用于商业广告，你认为谁有权向被告主张权利？是阿凡提美术作品的作者曲某，还是美术片《阿凡提的故事》的制片者——上海美术电影制片厂，还是两者都可以向被告主张权利？请查阅外国的著作权立法作为参考。

5. 著名相声表演者陈佩斯与朱时茂创作了《吃面条》等八部小品并在中央电视台春节联欢晚会上表演。② 中央电视台授权中国国际电视总公司将其制作的春晚节目中相关的小品表演部分汇集在一起，制作、发行了《朱时茂陈佩斯小品专辑》录像带，但没有经过陈佩斯与朱时茂的许可。陈佩斯与朱时茂起诉中央电视台侵犯其著作权。法院经审理后认为：

虽然中央电视台准许电视总公司使用其节目制作音像制品，但是由于电视作品形式的多样化，电视总公司在使用中央电视台的节目时并不仅仅涉及中央电视台的著作权，还有可能涉及在节目中包含的他人作品的著作权或表演者权。就本案而言，春节联欢晚会实际上包括了对他人作品的使用，根据《著作权法》有关规定，中央电视台组织、制作的春节联欢晚会从整体上应被认定属于电视作品（该案适用 1990 年《著作权法》，因此使用了当时立法中“电视作品”一词，该术语在 2001 年《著作权法》中不再使用，而是被改为“以类似摄影电影的方法创作的作品”，2020 年《著作权法》修改时被改为视听作品——引者注），但是中央电视台对春节联欢晚会这一综艺节目整体享有权利，并不能得出原告在该节目中丧失其对所涉小品享有的著作权和表演者权的结论，除非双方对此有明确约定，即原告将上述小品在春节联欢晚会上使用形成的节目的所有权利让渡给中央电视台。因此，被告出版、发行的小品虽系本案原告在历届春节联欢晚会上表演的小品节目，且原告许可中央电视台录制播放，但并不意味着原告将小品的著作权、表演者权处分或转让给了中央电视台；中央电视台也不因其组织、导演、摄制了原告表演的小品就当然拥有了这些小品的著作权及表演者权，而要看小品作者和表演者与中央电视台之间就有关小品的使用的具体约定。但在本案中，原告陈佩斯、朱时茂与中央电视台并未就所涉及的八个小品的使用和表演签订任何协议，因此被告仅凭中央电视台的授权书不能推定其已获得了原告陈佩斯、朱时茂的使用许可。

在中央电视台对春节联欢晚会整台节目享有著作权，原告对创作、表演的小品享有著作权、表演者权的情况下，被告将春节联欢晚会上原告表演的小品制作专辑，不仅要征得中央电视台的许可，而且还应当取得原告的同意，否则即构成侵权。这也符合《著作权法》第 15 条第 2 款关于电视作品中剧本、音乐等可以单独使用的作品的作者有权单独行使其著作权的规定的精神。因为本案不是中央电视台直接使用其电视作品，而是由第三方电视总公司专门从春节联欢晚会电视作品中选出原告的

---

① 上海市第二中级人民法院（2011）沪二中民五（知）终字第 62 号民事判决书。

② 部分小品还有其他合作作者，但他们在本案中放弃了权利。

小品制作专辑，这就涉及第三方对原告享有著作权和表演者权的小品的使用问题。第三方在出版发行原告的小品专辑时应当取得原告的许可。因此在本案中被告仅有中央电视台的许可而未经原告许可，出版、发行多个版本的含有原告享有著作权及表演者权利的小品的 VCD 光盘，明显构成侵权，损害了原告的合法权益，被告理应承担相应的法律责任，包括赔礼道歉、公开消除影响、赔偿损失。①

法院一方面认定春节联欢晚会在整体上构成影视作品，另一方面又认为对春节联欢晚会的使用需要经过其中作品著作权人的许可。你认为这两个结论之间是否存在矛盾？

① 参见北京市第一中级人民法院（1999）一中知初字第 108 号民事判决书。

第五章 邻接权

本章导读

邻接权，亦称相关权，是指作品的传播者和作品之外劳动成果的创造者对其劳动成果享有的专有权利的总称。随着传播手段的日益多样化和科技的进步，对作品的传播者和非作品的创造者加以保护具有越来越重要的意义。同时，由于著作权法对邻接权和狭义著作权的保护水平有所差异，著作权人和邻接权人所享有的专有权利数量也有所不同。这就使邻接权成为著作权法中较难掌握的部分。

第一节 邻接权概述

著作权法是以保护作品为核心的，但著作权法逐渐发展到对作品之外的客体提供一定程度的保护。为什么著作权法要将作品之外的客体纳入保护范围，并由此创设广义著作权，使之包括邻接权？邻接权与狭义著作权的关系如何？这些是本节要讨论的问题。

一、邻接权产生的原因

邻接权产生的主要原因，是某些有价值的劳动成果由于独创性不足或不符合著作权法规定的其他作品构成条件，而无法受到狭义著作权的保护。因此，要理解邻接权，必须先了解不同国家著作权立法对作品性质和独创性规定的差异。

大陆法系著作权法理论认为：只有那些能够反映作者个性、打上了作者个性智力烙印、体现一定智力创造水准的成果才算具有独创性，才能受到著作权法的保护。如德国著作权法专家雷炳德就指出："作品必须把带有独一无二天资与能力的个人智慧体现在创作活动中并把它的光辉展现出来"，"那些建立在普通人能力基础上的成果并不受到保护"①。因此，大陆法系著作权法对独创性的要求相对较高，那些未能体现创作者个性或创造性程度不够

① ［德］M. 雷炳德著，张恩民译：《著作权法》，112～117 页，北京，法律出版社，2004。

的劳动成果均不被承认为著作权法意义上的作品。本书第二章第四节曾说明：大陆法系国家著作权法对“摄影作品”和普通照片是加以区分的，只有表达了摄影师独特艺术观点与创造力的照片才能作为“摄影作品”受到保护。至于游人随意按一下快门抓拍出来的照片，大部分大陆法系国家的著作权法不认为其构成作品，原因就在于这种照片不能够体现作者个性，没有达到应有的创作高度。

对独创性的较高要求在 19 世纪末、20 世纪初遇到了挑战。当时，录音技术、电影摄制技术和无线广播技术得到了初步发展，由此产生了一系列需要法律作出明确回答的问题：如何保护表演者的劳动？如何保护录音制品制作者的劳动？如何保护广播组织的劳动？这些问题产生的原因在于：一方面，表演活动、录制活动和广播活动的创造性都比较低，难以达到许多国家的著作权法对独创性的要求，无法产生受到著作权法保护的“作品”；另一方面，这些活动所形成的劳动成果促进了作品的传播，又面临着容易被未经许可而复制和传播的风险，急需法律加以保护。

对于表演活动而言，一个技巧高超的表演艺术家对作品的表演可能具有很高的艺术价值。例如，对于同一首钢琴曲，不同的人即使都是严格按照曲谱来弹奏，其效果和艺术感染力也不可能是相同的。杰出的钢琴家能够准确地理解曲谱中所蕴含的情感，调动自己的艺术激情，通过按键强弱和节奏的变化来充分展现曲谱的艺术价值。这其中必然包含了钢琴家对曲谱与众不同的理解和判断。再如，虽是同样的舞蹈动作设计，在观众看来领舞者比伴舞者总是跳得好，就是因为技艺高超的领舞者对舞蹈作品的理解和形体的表现能力要高人一筹。

然而，表演活动无法达到多数国家对独创性的要求，因为表演者所做的毕竟只是最大限度地展示被表演作品中的美感，换言之，从观众的角度来看，表演者都必须忠实于作品的内容。表演者在表演过程中所进行的艺术发挥，相对于作者对作品的创作而言，独创性程度是很低的。德国著作权法专家雷炳德就指出：“他们（表演者）所再现的仅仅是原作者在作品中已经设想好了的东西”，“他们只是把作品中作者的精神、作者的感受、作者的声音、作者的思想带给了我们”①。因此，表演者的表演在大多数国家并不被承认为具有独创性的作品。我国法院曾针对制作有声书而引发的纠纷指出，“朗读行为不属于创作行为，而属于对作品的表演，朗读本身不会为作品添加新的独创性成分。固然，对同一作品，不同的朗读者在朗读时会对音调、语速作出不同的选择，甚至于会配以富有个性的背景音乐或音效，最终传递出的声音可能存在差别，给听众带来不同的感受，但因这种选择与安排并未改变作品的文字内容，即未改变作品之表达，故不属于对作品的演绎”②。这一观点是正确的。

对已有作品进行表演，虽然并不产生新作品，但它对作品的传播至关重要。对于由曲谱和歌词构成的音乐作品以及由舞蹈动作设计构成的舞蹈作品而言，如果没有歌手的演唱和舞者的舞蹈，它们几乎无法被公众欣赏，因为仅仅阅读曲谱、歌词和舞蹈动作设计图，

---

① ［德］M. 雷炳德著，张恩民译：《著作权法》，55 页，北京，法律出版社，2004。

② 谢某诉深圳市懒人在线科技有限公司、杭州创策科技有限公司等侵害作品信息网络传播权纠纷案，杭州铁路运输法院（2016）浙 8601 民初 354 号民事判决书。

是难以完整地领略其中的艺术美感的。而对于由文字构成的戏剧剧本和电影剧本而言，虽然公众直接阅读就能知晓其中内容，但演员的表演能够淋漓尽致地展现剧本中的故事情节，使公众对作品获得更佳的理解和体验。同时，不用法律保护表演者会产生严重的不利后果：在录音、录像技术以及广播技术发明和广泛应用之前，社会公众如果希望聆听或观看表演，就必须购票，亲临现场，表演者就可以从门票收入中获得报酬。但是，在录音、录像技术和广播技术得到普遍应用之后，现场的表演就有可能被现场直播，或者被录制下来并通过唱片、录音带、录像带出售，从而使社会公众足不出户就可在家中欣赏表演。如果表演者无法限制他人对表演的直播和录制，则愿意购票亲临现场观赏表演的人数就会减少，表演者的收入就可能锐减。

录音制品的制作者也面临着类似情形。在互联网普及之前，要欣赏对作品的表演，除了亲临表演现场、收听广播和收看电视节目，购买录音制品是主要途径。因此，录音制品对于作品的传播同样至关重要。但是，录音本身往往并不符合独创性的要求。如唱片公司组织专业人员录制唱片时，录制人员的主要任务是在技术上提供一个最佳演唱环境，如搭建专业化的录音棚，使歌手能够最大限度地发挥其歌唱才能，进行最佳效果的演唱；同时利用专业设备进行忠实的录制，并在对录音进行过滤、剪辑之后灌制成唱片。录制人员的工作主要是技术性的而非智力性、创造性的，无论由何人来进行录音和后期制作，只要他们使用同一套设备并遵循相同的专业方法，录制的效果是大同小异的。尽管对录音内容也需要进行一定的后期制作，但这种工作在当时的条件下毕竟只是对录音的小幅调整，由此制成的录音制品很难符合大多数国家对独创性的要求。

对于唱片公司而言，要合法地录制歌手演唱的歌曲并制成唱片出版、发行，必须与词曲作者（音乐著作权人）以及歌手签约，获得他们的许可并支付报酬。同时，这家唱片公司必须组织自己的专业录制小组，搭建专业录音棚，并使用昂贵的录音设备，对现场演唱进行高质量的录音；录制完成后又必须投入人力进行后期的剪辑和制作。唱片公司在向词曲作者和歌手付出报酬，同时又为录制和制作这张唱片耗费了人力与财力之后，如果其他唱片公司未经许可就擅自复制这张唱片，自行在市场上发行，自然会严重损害该唱片公司的经济利益。此时，如果法律不保护唱片公司在制作唱片过程中投入的劳动，唱片公司就无权制止擅自复制和发行其唱片的行为。当然，由于唱片中包含了音乐作品，词曲作者可以以音乐作品著作权人的身份对这种侵犯其复制权和发行权的行为提起诉讼。但是，这与唱片公司并无关系，唱片公司的利益仍然无法得到保护。

显然，在一个复制和传播技术日益发达的时代，如果不对表演者和录制者等作品的传播者加以保护，不仅会导致极为不公平的结果，而且会导致人们放弃艺术表演活动或对唱片产业进行投资，从而影响作品的传播。但是，表演和录音制品的“独创性”程度不高，无法达到大陆法系国家著作权法对作品的基本要求，因此，大陆法系传统的著作权法不能用于保护这种劳动。有些英美法系国家虽然规定录音制品是一类作品，但绝大多数也不认为表演能够形成作品。

既然表演和录音制品的独创性不足，无法作为作品受到保护，那么应当如何对表演和录音制品加以法律保护呢？一种解决方案是将表演和录音制品均视为符合独创性要求的作品，但是这会破坏著作权的传统理论。另一种解决方案是在著作权法之外另行制定特别法，但这样的立法成本显然过高。因此，多数国家的选择是在著作权法中新设一种与传统著作权并列的新型权利类型，专门用于保护那些独创性程度不高但又与作品有一定联系的劳动成果，这种新型权利就是邻接权。

在邻接权保护方面有五个重要国际公约。第一个是 1961 年在罗马缔约的《保护表演者、录音制品制作者和广播组织罗马公约》，简称《罗马公约》。第二个是 1971 年在日内瓦缔结的《保护录音制品制作者防止未经许可复制其录音制品公约》，简称《录音制品公约》。第三个是 1974 年在布鲁塞尔缔约的《发送卫星传输节目信号布鲁塞尔公约》，简称《布鲁塞尔公约》。第四个是 1996 年在日内瓦缔结的《世界知识产权组织表演和录音制品条约》。第五个是 2012 年在北京缔结的《视听表演北京条约》。中国已经加入了《录音制品公约》、《世界知识产权组织表演和录音制品条约》和《视听表演北京条约》，但没有加入《罗马公约》和《布鲁塞尔公约》。

二、邻接权的概念及与狭义著作权的关系

根据邻接权产生的原因，可以将邻接权定义为：不构成作品的特定文化产品的创造者对该文化产品所享有的专有权利。在我国《著作权法》中，邻接权特指表演者对其表演活动、录音录像制作者对其制作的录音录像、广播组织对其播出的广播信号以及出版者对其版式设计所享有的专有权利。由此可见，邻接权与狭义著作权的关键区别在于客体。邻接权的客体都不是作品，而是作品之外的其他成果；狭义著作权的客体则必须是作品。凡是以作品为客体的权利均为狭义著作权，不属于邻接权。

早期的几类邻接权与狭义著作权均有较为密切的联系，这也正是立法者选择在著作权法中创设邻接权的原因：首先，邻接权的客体与作品存在一定关联。例如，多数国家的著作权法所保护的表演活动是指对作品的表演；录音制品大多是对音乐作品演唱的录制，而广播电台、电视台所播出的节目信号多数也与音乐、电影、电视剧等作品有关。其次，邻接权与狭义著作权在性质上都是专有权利，而且邻接权人享有的许多专有权利不仅与狭义著作权人享有的专有权利名称相同，并且控制相同行为。例如，我国《著作权法》规定录音制品制作者享有复制权、发行权、信息网络传播权和出租权，而视听作品、计算机软件的著作权人也享有这些权利，控制着同种性质的行为。

但是，邻接权与狭义著作权毕竟是两类不同的权利，它们之间的差异也是很明显的：第一，两者的客体不同。狭义著作权的客体是符合独创性要求的作品，而邻接权的客体独创性不足，是不构成作品的其他劳动成果。第二，邻接权的客体在创造性上程度低于作品，其享受的法律保护水平也相应较低。因此，邻接权人享有的专有权利在数量上要少于狭义著作权人所享有的专有权利，其受法律保护的时间也短于狭义著作权的保护期。例如，我国《著作权法》并未赋予表演者和录音制品制作者以机械表演权，这意味着舞厅等经营性场所播放唱片只需要经过音乐著作权人许可并向其支付报酬，而无须经过表演者和录音制品制作者许可。

理论研究

邻接权等于作品传播者权吗？

对邻接权的传统观点是邻接权就是作品传播者权。这一观点在适当的语境下是有道理的，因为在邻接权制度的产生初期，邻接权的客体在绝大多数情况下都与作品有关，而邻接权的主体均为作品的传播者，如表演者向公众表演作品，录音制作者将表演活动固定在有形载体之上向公众提供，而广播电台、电视台通过广播电视信号将作品发送到千家万户。

但是，“邻接权就是作品传播者权”的表述容易引人误解。事实上，2020年《著作权法》修改时之所以为广播组织规定信息网络传播权，也可能是受到了这种说法的误导（参见本书后文对广播组织权的讲解）。传播作品的行为本身不可能，也不应该产生邻接权，只有当为了传播作品而通过投资和劳动，甚至通过一定程度的智力投入而产生了新的成果，也就是上文所述的“特定文化产品”时，相关主体才能就这种成果享有邻接权。例如，电影院为了传播电影可能进行了大量的投资，如建造造价高昂的3D放映厅，购入3D眼镜，安装舒适的座椅等，而且电影院对于电影作品的传播作出了巨大的贡献。但没有哪个国家仅仅因为电影院对电影的传播，就在著作权法中赋予其邻接权。这是因为电影院在电影传播的过程中没有形成新的成果。因此，邻接权不是仅仅因为传播了作品，甚至是因为在传播作品过程中投入了巨大的资金和劳动就能产生的。换言之，不是所有的作品传播者都能成为邻接权人。与此同时，即使是在邻接权制度产生的初期，邻接权的客体也并非都与作品传播有关。例如，将录音机放在郊外一晚，让其自动地录下青蛙的鸣叫。虽然蛙鸣并不是“作品”，但对蛙鸣的录音仍然属于录音制品，受邻接权的保护。再如，广播电台播放这盘蛙鸣的录音，可对广播信号享有广播组织权。但其广播信号中并不包含任何作品。而现代邻接权的种类较在邻接权制度产生初期更是大为丰富，一些邻接权的客体与作品并无任何联系，其权利主体也并非作品的传播者。例如，许多大陆法系国家将独创性不足、不能构成作品的普通照片作为邻接权的客体加以保护，这些照片多数并非对作品的拍摄，因此与作品无关。再如，德国等欧盟国家为了实施欧盟的《数据库保护指令》，用邻接权保护在数据的选择或编排上并不体现“独创性”的数据库，这些数据库大多是不构成作品的数据的汇编，数据库的投资者和编制者也并非作品传播者。

尤其值得注意的是《意大利著作权法》。意大利规定了十余种邻接权的客体，其中许多都与作品传播无直接关系。例如，《意大利著作权法》第86条规定了“舞台布景设计权”：对于尚不构成作品的舞台布景设计，当其他剧院加以使用时，设计者有权获得报酬，保护期为首次在该舞台布景设计中进行表演后的5年。第99条规定了“工程项目设计权”：工程项目的设计者，不但对工程设计图和说明书享有狭义著作权，还可以就不受狭义著作权保护的工程设计本身享有邻接权。只要设计者事先已经在设计图或说明书中作出了权利声明，而且将设计图或说明书交存相关政府部门，当他人未经许可以营利为目的按照工程设计图进行施工时，设计者有权索取报酬。保护期为20年。这实际上是将为狭义著作权所排除的客体——实用功能也置于邻接权的保护之下。而第100条至第102条对作品标题、报刊名称、新闻信息，甚至作品的装饰性标志等作品“外观”提供邻接权保护。这种保护实际上是为了制止不正当竞争。第 100 条规定：当作品的标题能够识别作品独一无二的来源时，未经作者许可不得在其他任何作品中使用。显然，当作品的标题本身无法构成作品，但可用以识别作品来源时，其起到的是类似商标的作用。给予此类标题以邻接权保护，其目的就是防止不正当竞争。第 101 条规定：对新闻信息，不但在复制时要符合新闻界中的公平惯例，而且不得在新闻机构发布该信息后的 16 小时之内，以及在被新闻机构授权的报刊发布之前复制，而且报刊或广播组织不得以营利为目的系统地复制已出版或广播的新闻信息。该条对于不构成作品、不受狭义著作权保护的事实信息也给予邻接权保护，其目的仍然在于维持新闻界的公平竞争秩序。

本书作者认为：《意大利著作权法》对邻接权的规定，说明邻接权就是作品传播权者的观念正在被打破，邻接权的扩张基于以下原因，在未来可能成为著作权法发展的一个方向：将不构成作品，但需要用财产权加以保护的文化产品纳入邻接权的客体范围，可以极大地节省立法成本。狭义著作权的唯一客体是作品，而著作权法为作品设定了独创性这一严格条件。无独创性的数据库、普通照片、起识别作用的作品标题、时事新闻信息等均因不符合独创性的条件而不构成作品。但这些作为劳动成果的文化产品又确实需要获得一定程度的保护，以避免不公平的结果。如果立法者为了用狭义著作权保护这些劳动成果而将其定性为作品，一方面会破坏著作权法的内在逻辑，另一方面会导致对这些文化产品过高水平（享有和传统作品相同的专有权利）和过长时间（作者有生之年加死后 50 年）的保护。如果立法者选择在著作权法之外进行专门立法，则会招致较高的立法成本，而且一部专门立法也难以将这些涉及各方面的无形劳动成果均纳入其中。如果立法者选择由反不正当竞争法的基本原则（如“经营者在市场交易中，应当遵循自愿、平等、公平、诚实信用的原则，遵守公认的商业道德”）进行“兜底”保护，则会造成法律保护的高度不确定性，因为将抽象的基本原则适用于具体纠纷时，结果总会受到法官的主观认知的影响。而以列举式的方法将这些劳动成果纳入邻接权的客体范围，一方面可以借助著作权法中已经确立的保护机制，如权利人可以阻止他人未经许可而复制等，从而极大地降低立法成本；另一方面可以实现在保护水平方面的适当性（在保护力度和期限方面均弱于对作品的保护）。

随着科技的发展，今后可能还会有不构成作品但又需要用财产权加以保护的文化产品被纳入邻接权的客体范围，它们也不一定与作品的传播有关。因此，邻接权就是作品传播者权的观念正在被打破。

理论研究

专有出版权是邻接权吗？

2020 年修改《著作权法》时，将《著作权法》第四章的标题从“出版、表演、录音录像、播放”改为“与著作权有关的权利”。这一新的用语从表面上看言简意赅，实际上将导致人们对邻接权的认识混乱。此次修改的决策者可能未搞清楚为什么此前的立法宁愿选择多少有些啰唆的用语，而没有使用“与著作权有关的权利”的表述对该章内容进行高度概括。

《著作权法》第四章第一节的标题为“图书、报刊的出版”，该章一开始就规定了图书出版者的“专有出版权”。第32条规定：“图书出版者出版图书应当和著作权人订立出版合同，并支付报酬。”第33条规定：“图书出版者对著作权人交付出版的作品，按照合同约定享有的专有出版权受法律保护，他人不得出版该作品。”第四章的标题被改为“与著作权有关的权利”，而“与著作权有关的权利”当然就是指邻接权（相关权），这自然会给人们留下一个印象，那就是专有出版权是一种邻接权。

然而专有出版权并不是邻接权。邻接权与狭义著作权一样，都是绝对权，只能依法律的规定而产生，并不像债权那样，可以通过当事人的约定形成。如果一种权利源于当事人的约定而不是法律的规定，那么这种权利不可能是狭义著作权或者邻接权。

从《著作权法》第32条和第33条的规定可以看出，“专有出版权”是图书出版者与著作权人在出版合同中约定的权利。实际上是著作权人将自己对相关作品所享有的属于狭义著作权的复制权和发行权许可给图书出版者行使，只不过许可的方式是专有许可而已。这就意味着专有出版权是图书出版者依据与著作权人签订的合同，从著作权人手中获得的对相关作品以图书的形式进行复制和发行的权利。图书出版者是以著作权人享有的复制权和发行权的专有被许可人的身份来行使权利的，因此专有出版权与其他民事主体依据和著作权人签订的合同而取得的其他专有权利的专有许可，在法律性质上没有任何区别。假设某视频网站与电影公司（电影作品的著作权人）签订的许可合同约定：该视频网站享有在特定区域、特定时间范围内对特定电影作品信息网络传播权的专有许可，则该视频网站依据该专有许可合同取得的利用电影作品的权利，与图书出版者依据和著作权人签订的专有许可合同（图书出版合同）取得的专有出版权在性质上是相同的，本质上都属于狭义著作权，绝不是邻接权。《著作权法实施条例》第26条规定：“著作权法和本条例所称与著作权有关的权益，是指出版者对其出版的图书和期刊的版式设计享有的权利，表演者对其表演享有的权利，录音录像制作者对其制作的录音录像制品享有的权利，广播电台、电视台对其播放的广播、电视节目享有的权利。”其中并没有提及版式设计权。这也印证了版式设计权并不是邻接权。

严格地说，《著作权法》第33条的规定——“图书出版者对著作权人交付出版的作品，按照合同约定享有的专有出版权受法律保护，他人不得出版该作品”是多余的，是20世纪80年代特定历史条件的产物，因为在当时与其他传播形式相比，图书出版格外重要，立法者认为有必要强调图书出版者的专有出版权受法律保护。但即使从《著作权法》中删除该条规定，图书出版者只要与著作权人签订了专有许可协议，其作为作品复制权和发行权的专有被许可人，当然可以依法禁止其他图书出版者以复制和发行的形式利用相同的作品。《著作权法实施条例》对此明确规定：“……专有使用权的内容由合同约定，合同没有约定或者约定不明的，视为被许可人有权排除包括著作权人在内的任何人以同样的方式使用作品……”①。专有出版权当然属于此处的“专有使用权”，删除《著作权法》有关专有出版权受法律保护的规定（第33条），绝不会导致图书出版者依专有许可合同取得的专有出版权不再受法律保护。

---

① 《著作权法实施条例》第24条。

第二节　表演者权

表演者权是一种非常重要的邻接权，保护邻接权的国际条约和各国立法中，保护的第一项邻接权都是表演者权。表演活动不但如本书前文所述，对于民众对音乐作品、舞蹈作品等作品的欣赏具有难以替代的关键作用，而且在许多情况下还是产生其他邻接权的基础，如享有录制者权的录音录像制品多数都是录制表演的结果，广播电台、电视台播出的广播中也有大量的现场表演和表演的录制品，因此保护表演者权有重要的意义。

一、表演者权的主体

表演者权是指表演者对其表演活动所享有的专有权利。根据《罗马公约》第3条的规定，表演者特指演员、歌唱家、音乐家、舞蹈家以表演、歌唱、演说、朗诵、演奏或别的方式表演文学或艺术作品的其他人员。此外，根据一些国家著作权法的规定，乐队的指挥也是表演者。[①]《世界知识产权组织表演和录音制品条约》和《视听表演北京条约》第2条均将“表演者”定义为“演员、歌唱家、音乐家、舞蹈家以及对文学或艺术作品或民间文学艺术表达进行表演、歌唱、演说、朗诵、演奏、表现或以其他方式进行表演的其他人员”[②]。对于“表演者”的概念，应当注意以下问题。

首先，表演者在多数情况下都是作品的表演者，但表演者也可以是不构成作品的“民间文学艺术表达”的表演者。

“民间文学艺术表达”与“民间文学艺术作品”并非同一概念，前者的范围要广于后者的。根据联合国教科文组织和世界知识产权组织联合制定的《保护民间文学表达形式、防止不正当利用及其他损害行为的国内示范法条》（以下简称《示范法条》），“民间文学艺术表达”形式极为多样，其中一些“表达”难以构成著作权法意义上的“作品”。例如，“仪式”被《示范法条》明文列为受保护的“表达”[③]：“仪式”中的舞蹈、诵词和音乐当然是“作品”，但“仪式”本身是由一系列行动流程和操作方法构成的，并不属于“作品”[④]。联合国教科文组织和世界知识产权组织在对《示范法条》的解释中指出：虽然“民间文学艺术表达”可能，而且在多数情况下都与“作品”具有相同的艺术形式，但《示范法条》仍

---

① 参见《意大利著作权法》第82条第2款。

② 细心的读者可能会发现，虽然《视听表演北京条约》与《世界知识产权组织表演和录音制品条约》各自的中文文本对“表演者”的定义并不相同，前者定义的表演者包括对“民间文学艺术表达”进行表演的人，而后者定义的表演者包括对“民间文学艺术作品”进行表演的人，但实际上这两处文字对应的英文都是“expressions of folklore”，只是《视听表演北京条约》的中文文本使用的翻译是“民间文学艺术表达”，而《世界知识产权组织表演和录音制品条约》的中文文本使用的翻译是“民间文学艺术作品”。《视听表演北京条约》的中文文本使用的“民间文学艺术表达”才是准确的。后文也会说明，“expressions of folklore”在很多情况下并不是“作品”。

③ Model Provisions for National Laws on the Protection of Expressions of Folklore against Illicit Exploitation and other Prejudicial Actions，with a Commentary，Section 2.

④ 《与贸易有关的知识产权协定》第9条第2款明确规定：版权的保护仅延伸至表达方式，而不延伸至思想、程序、操作方法或数学概念本身。

然刻意使用了“民间文学艺术表达”而非“作品”一词，就是为了强调《示范法条》提供的保护并非针对“作品”的著作权保护。①

既然著作权法意义上“表演者”的范围限于作品和“民间文学艺术表达”的表演者，那么就不能认为所有日常口语中的“表演者”都是受著作权法保护的“表演者”。例如，在足球“表演赛”中，足球运动员更多的是在“表演”他们的球技，而不是在争夺比赛的胜利。在这种情况下足球运动员并不是著作权法意义上的表演者，因为足球比赛活动本身并非作品或“民间文学艺术表达”。同样，在视听作品中，许多群众演员会组成“茫茫人海”，充当某一场景的背景，比如在地上“躺平”，扮演在战争中阵亡的士兵。但他们并没有以演唱、舞蹈和说出整段台词等方式表现文学艺术作品或“民间文学艺术表达”，因此他们并不属于著作权法意义上的“表演者”，其利益需要通过与视听作品制作者签订合同得到保护。需要注意的是：《罗马公约》允许各缔约国对表演者作出广义的界定，有些国家据此在著作权法中将某些对非作品进行表演的人也作为表演者加以保护。如《日本著作权法》第 2 条第 3 项定义的“表演”包括那些没有表演作品但具有公开娱乐性质的表演行为，《法国知识产权法典》则将表演文艺作品之外的人，即杂耍演员、马戏演员和操作木偶者，也界定为表演者。② 但我国没有类似的规定，因此，演员如果既没有表演作品，也没有表演“民间文学艺术表达”，则在我国不可能享有表演者权。

典型案例

形象大使选拔赛中的选手是“表演者”吗?

原告洪某报名参加了被告某市旅游局、广电局共同主办的某市旅游形象大使电视选拔赛。其间，由组委会安排电视台为原告和其他两名选手录制了一段录像资料。为拍摄该录像，原告等三人在电视台主持人的指导和要求下以放松、自然的神态作出三人或两人并肩行走、两人坐着交谈、一人站立目视前方、举手遮阳、坐在车中、落下车窗露出全脸等动作，整个拍摄过程持续两个多小时。该录像资料中的若干片段后在电视台“卫生与健康”栏目介绍某医院美容整形业务的节目中播放。原告认为某市旅游局、广电局未经其同意将其录像资料提供给电视台使用、电视台将该录像用于某医院治疗皮肤疾患的医疗美容广告宣传，使观众误认为原告接受过这样的美容整形手术，损害了其形象。原告认为某市旅游局、广电局、电视台和某医院共同侵犯了其表演者权。

法院认为：原告等三人在拍摄过程中付出了劳动，其行为和组织者、拍摄者的工作一起，构成了以类似摄制电影的方法创作的作品。原告是其中的表演者，依法享有相应的表演者权。该节目制作过程中，电视台未经许可剪辑使用了形象大使选拔赛外景片中原告的表演片段，并将原告的脸部表情以特写方式表述。而且电视台将面容姣好的原告的表演片

---

① Model Provisions for National Laws on the Protection of Expressions of Folklore against Illicit Exploitation and other Prejudicial Actions, with a Commentary, para. 32.

② See (France) Intellectual Property Code, L. 212-1.

段用于医疗美容广告，也容易引起观众关于原告等人接受过医疗美容服务的误解，歪曲了原告的表演形象。所以，电视台在“卫生与健康”栏目中使用原告的参赛外景资料片作为其节目制作的内容，侵犯了原告的表演者权，应当承担相应的民事责任。①

本书作者对本案判决有不同看法。原告等三名选手并没有表演任何作品，如朗诵诗歌、跳舞或按台词对话，因此并不是著作权法意义上的表演者。需要注意的是，即使录影本身可以因为在镜头选择、特效处理和后期剪辑方面体现出的独创性而被认定为视听作品，被拍摄的人物也不一定是著作权法意义上的表演者，如电影取景时摄入的过路人或特技演员。原告既然不是表演者，自然不能享受我国《著作权法》为表演者规定的权利，包括保护表演者形象不受歪曲的权利。因此，本案中似应认定被告的行为构成民事侵权（侵害肖像权）而非构成对表演者权的侵权。

实务探讨

真人秀节目的参与者是表演者吗？

近年来，以《爸爸去哪儿》为代表的实景真人秀节目非常流行。这类节目以跟踪拍摄人物的正常生活状态为特色，没有事先安排的剧本。那么，这类真人秀节目中的参与者是否为著作权法意义上的表演者呢？

法国最高法院于2013年判决的“Ammour等诉法国电视台TF1频道案”为此提供了解答。在该案中，真人秀节目《诱惑岛》的52名参与者要求确认他们在著作权法中的表演者身份，理由是真人秀节目并不是完全“真实”的，也有为实现电视效果而人为制造的成分，如制片人会设计一些场景、安排一些对话或制造一些冲突等。但法国最高法院认为：真人秀节目的参与者并没有对作品进行表演，他们只是展示自我，并对各种情境作出自然的反应。虽然其中有一些人为的因素，但尚不足以使他们的行为构成著作权法意义上的表演。②

本书作者赞同法国最高法院的判决。虽然真人秀节目并非对参与者自然生活状态原汁原味的记录，而是包含了制片者甚至导演一些刻意的安排和引导，但在程度上与演员们按照已有作品进行表演，如扮演戏剧中的角色、按照舞蹈动作设计跳舞和按照词曲演唱等相去甚远。著作权法保护表演者的主要目的是促进作品的传播，并非单纯地保护劳动本身，而上述真人秀节目吸引观众之处也并不在于其中有任何作品的传播，而是参与者自然而真实的生活。因此此类真人秀节目参与者并不能被视为著作权法意义上的表演者而获得保护。当然，如果某一节目虽然名为“真人秀”，但实际上是按照既定的台词和戏剧来表演，则其中的参与者与戏剧舞台上的演员无异，当然可以获得著作权法对表演者的保护。不过，这样的“真人秀”是在愚弄观众，参与者一旦提供证据主张表演者权，西洋镜就会被揭穿。

---

① 参见江苏省南通市中级人民法院（2007）通中民三初字第326号民事判决书。

② Mr. Ammour v. the French TV Channel TF1，French Supreme Court，Decision of 24 April 2013.

典型案例

纪录片中的乡村教师不是“表演者”

2002年法国拍摄的纪录片Être et avoir（国内译为《山村犹有读书声》）以12名孩子以及他们的老师为中心，记录了在只有一间教室的乡村学校的日常活动。该纪录片上映后又被制成了录像带和DVD，并在法国的电视台播放。该纪录片曾荣获包括欧洲电影节最佳纪录片奖和美国影评人协会奖最佳纪录片奖在内的一系列奖项。

然而，该纪录片中的乡村教师提起诉讼，其中的诉由之一是他的表演者权受到了侵害。此案一直上诉至法国最高法院。法国最高法院指出：纪录片中的教师仅仅是在履行他的教学职责，而不是为了拍摄而表演作品，纪录片的导演也没有分配给他表演作品的任务。涉案电影是一部纯粹的纪录片，这样的纪录片排斥了任何（对作品的）表演。因此，片中的乡村教师不能被承认为著作权法意义上的表演者。①

其次，对作品和“民间文学艺术表达”进行表演的人就是表演者。至于表演的水准如何则在所不论。

在《世界知识产权组织表演和录音制品条约》和《视听表演北京条约》的中文文本中，第2条对“表演者”的定义中出现了“歌唱家、音乐家、舞蹈家”这样带“家”的用语。在常人看来，能被称为“歌唱家、音乐家、舞蹈家”的往往是具有一定水准和成就的人，因此有别于普通的“歌唱者、音乐者、舞蹈者”。但在这两项条约的英文文本中，与“歌唱家、音乐家、舞蹈家”对应的原文为“singers，musicians，dancers”，并没有根据表演水准和成就区分表演者。同时，被表演的作品和“民间文学艺术表达”是否过了著作权保护期，甚至作品是否曾经受到著作权法的保护，都在所不论。例如，我国的古曲《春江花月夜》、《高山流水》和《十面埋伏》等都是早在著作权法出现之前就创作完成的作品，从来就没有受到过著作权法的保护，其创作者当然也谈不上享有著作权。但是，今天演奏这些古曲的艺术家仍然是著作权法意义上的表演者，对其表演活动享有表演者权。再如，鲁迅先生的小说《阿Q正传》已经超过了著作权保护期（鲁迅先生于1936年去世），这意味着鲁迅先生的后人不再对其享有演绎权和表演权，因此，任何人都可以将《阿Q正传》改写成戏剧加以表演，但演出《阿Q正传》的演员们仍然是著作权法意义上的表演者，享有表演者权。

再次，不能认为只有对文学艺术作品或“民间文学艺术表达”进行了公开表演的人才是“表演者”。

《世界知识产权组织表演和录音制品条约》和《视听表演北京条约》对“表演者”的定义，是“演员……或以其他方式进行表演的其他人员”，并不是“演员……或以其他方式进行公开表演的其他人员”。之所以会产生只有进行公开表演的人才是表演者的误解，可能是因为作品的著作权人享有的表演权只能规制他人对作品进行公开表演的行为，只有未经许

① Lopez v. N. Philiber (“Etre et Avoir”), Case No. 06-16.278, 2008 (Cour de cassation), IIC 2010, 41 (1), 101-103.

可而公开表演作品（如音乐会上的钢琴弹奏）才可能构成对表演权的侵害。因此，未经许可在家中演唱歌曲，由于不属于“公开表演”，不可能侵犯音乐作品作者的表演权。但这并不意味着非公开的表演就不是“表演”，更不能认为非公开的表演不能产生表演者权，否则，将歌手在录音棚演唱的歌曲录下并制成录音制品发行后，他人擅自翻录并销售录音制品的行为岂不是不构成对歌手（表演者）的侵权了吗？这几乎将架空《著作权法》第39条第1款第4至6项对已录制的表演提供的保护。显然，他人将演唱者在家中的演唱用手机录制下来，并未经许可地将音频上传至互联网中传播，仍然会构成对表演者权的侵权。无论是公开表演还是非公开表演，只要被表演的是文学艺术作品或“民间文学艺术表达”，该表演者都是著作权法意义上的“表演者”。

在我国发生的一起涉及表演者权的诉讼中，某歌手起诉他人未经许可利用其表演的录音制品，被告的抗辩理由之一是该歌手是在录音棚演唱的，不属于公开表演，不享有表演者权。这种理解显然是错误的。对此法院正确地指出，表演者是否以公开方式表演作品，并不影响其表演者身份以及依法享有的相关权利。①

最后，即兴创作作品并同时表演该作品的人，可以同时享有对作品的著作权和对表演的表演者权。

如果有人并不是对此前已经创作完成的作品进行表演（如朗诵者拿着已出版的诗集朗诵其中的诗歌）而是即兴创作和即兴表演，则此人并不因为是作品的作者，就丧失了表演者的法律地位。以中国古代著名的《七步诗》为例：魏文帝曹丕要求其弟曹植在七步之内就作出一首诗，否则就要加害于他。曹植事先当然不可能有所准备，于是曹植即兴赋诗一首：“煮豆燃豆萁，豆在釜中泣。本是同根生，相煎何太急？”假设当年也有著作权法，则边创作边吟诵的曹植就同时具有作者和表演者的身份，可以同时享有狭义著作权和表演者权，只是这两类权利针对的客体不同，前者针对诗歌（作品），后者针对表演活动（对诗歌的吟诵）。联邦德国最高法院曾指出：原则上可以肯定地说，著作权和邻接权能够相互独立地存在。一位表演艺术家可以同时为作品的创作者。作品创作者的创作成果和表演艺术家在传播方面的成果，即使是集于一个人，在性质上也是不同的。邻接权的客体是对作品进行传播过程中所进行的个性化的表现，而对于著作权而言，其客体则是个性化的智力创作成果，即作品的表达。这一点可以适用于对即兴创作的诗歌的朗诵。在这种情况下，朗诵者可以就其所进行的朗诵作为表演艺术家主张邻接权保护，同时又可以对文学作品中的创造性成分要求获得著作权保护，而这两者是在同时产生的。② 可能会有观点认为，著作权法中的表演者不包括即兴创作作品并同时对该作品进行表演的人，理由是此人已经享有作品的著作权，没有必要再享有表演者权。这一观点并不成立，不仅与上述基本原理相违背，也不符合国际著作权条约的规定。《视听表演北京条约中》对“表演者”定义的“议定声明”明确指出：“各方达成共识，表演者的定义涵盖凡对表演过程中创作的或首次录制的文学或艺术作品进行表演的人。”③ 根据此项“议定声明”，即兴创作作品并同时表演该作品的

① 参见四川省高级人民法院（2016）川民终900号民事判决书。

② See I ZR 147/81（“Film Director”），1983（BGH），IIC 1985，16（1），119，121.

③ 关于《视听表演北京条约》第2条（a）款的议定声明。

人，当然属于《视听表演北京条约》所定义的“表演者”。

与此同时，认为即兴创作作品并同时表演该作品的人只能作为作者享有狭义著作权，不能作为表演者享有表演者权的观点，也会不合理地损害此类民事主体的合法利益。假设甲为诗歌作者，乙为朗诵者，甲许可乙在收取门票的朗诵会上公开朗诵其诗歌。丙未经许可将乙现场的吟诵进行录音，并制成录音制品提供网络点播。此举显然同时侵犯甲作为作者和乙作为表演者分别享有的狭义著作权和表演者权（具体为其中的信息网络传播权）。假设甲和乙均起诉丙侵权，法院分别判决丙向甲赔偿 2 万元、向乙赔偿 1 万元，即丙对未经许可传播作品和对作品的表演的侵权行为，总计应当赔偿 3 万元。但如果改变上述假想例中的事实，即改为乙在朗诵会上即兴创作了相同的诗歌并吟诵，而丙未经许可将其现场的吟诵进行录音，并制成录音制品提供网络点播。试问：乙起诉丙侵权后，法院应当认为丙仅侵犯了乙作为作者享有的狭义著作权，还是应当同时认定丙也侵犯了乙的表演者权？如果认为回答是前者，则乙仅应当获赔 2 万元，而不是 3 万元。这当然是不合理的，因为是乙的两种性质的成果——作品（诗歌）和表演未经许可被利用，乙的这两类成果理应都受到保护。

典型案例

特定节目的主持人是即兴创作的作品的“表演者”

本案原告是 20 世纪 70 年代联邦德国一系列智力竞赛节目和其他娱乐节目的主持人，具有很高的知名度。被告是一家集体管理组织，代表受保护的表演者管理机械复制权。原、被告签订了协议，由被告为原告管理其作为表演者的权利。本案的核心问题是，在一些由原告所设计和主持的娱乐节目被使用时，被告是否有义务向原告分许可使用费。原告认为他是原联邦德国《著作权法》第 73 条意义上的表演者，他主张这些娱乐节目应当被认为是受著作权法保护的作品，因为每一个节目都遵循特定的理念，带有个性化的创作印记。原告个人呈现了这些作品，故是一名表演者。涉案的娱乐节目在很大程度上都是由他的个性所塑造的，是基于他的魅力受到欢迎，他表现了节目的核心思想。他还认为他发挥的作用与仅仅念稿子的新闻播音员不同。因为对于新闻播音员而言，没有阐释作品的空间。被告则认为原告没有对作品进行表演，不能作为表演者分得许可使用费。此案一直上诉至当时的联邦德国最高法院。

联邦德国最高法院认为：在娱乐节目中，只有具备创造性特征的成分才能被认定为作品。在本案中，仅证明原告的节目的内容和构成不同于其他智力竞赛节目是不够的，然而从下级法院对涉案节目的描述以及对台词的评估来看，原告的工作呈现出足够的智力创造性，虽然其程度并不高。如台词是在各方面都精心准备的，显示了原告以一种独特的方式向其听众进行陈述，而且通过广泛地使用机智的评语、点子和幽默的过渡，能够引导参赛者和嘉宾并使其放松。

联邦德国最高法院同时指出：艺术表演是以对作品的阐释为前提的。对于以口述方式进行的表演而言，进行阐释意味着增加额外的含义，而不仅仅是通过朗读传递文字内容本身的含义，也就是要向听众传递字里行间的意思。艺术性是“表演艺术家”（performing artist）这个概念的固有因素。根据对《著作权法》第73条的官方注释，立法者意图使用“表演艺术家”这一术语去指代音乐人、歌手、演员、舞者和其他对作品进行阐释的人。这通常被理解为上述表演艺术家共同具有的特征是使用一种艺术表现形式，而无论其艺术表现的质量如何。这点同样适用于通过口述方式进行的阐述。如果只要有对作品的声音表现就可以成为表演艺术家，那么新闻播音员只要将新闻内容读出来，也可以被认定为表演艺术家。但这既不在立法者得到公认的意图之中，也是缺乏正当性的。以口述方式进行艺术阐述时，向公众传递的并不仅仅是文字内容，相反，通过口述者对语言的表达性运用，应能调动公众的情绪、情感、感受或者想象。这种对文字从概念到感知的转换过程，必须展现自身的艺术价值。口述表演者的受欢迎程度或声誉与此无关。例如，即使一个新闻播音员受欢迎且有很高声誉，也不能在他传递事实信息时，给他留下阐释作品的余地。另一方面。口述是否具有艺术价值则无关紧要，这种口述即使只具有很低的艺术质量也应该受保护。

联邦德国最高法院认为：原告口述的风格体现了其个人情感，他知道如何实现其预定的效果，并且散发出个性魅力，使他具有与其他智力竞赛节目主持人不同的个人吸引力。在他与参赛者的对话中，他很快能适应其偏好和特性，并能够使一个本来搞砸了问题、处于尴尬境地的参赛者缓过神儿来。这些事实足以使原告的口述成为受保护的表演，虽然其艺术价值并不算高。[①] 原告因此胜诉。

在本案中，法院实际上认定原告从事了两种表演：一是对之前创作的文字作品（事先准备的详细的台词）的表演，二是对在主持过程中随机应变形成的口述作品的表演。在第一种情况下，原告在创作台词时是作者（著作权人），在当主持人时是表演者；在第二种情况下，原告的即兴发挥使其同时成为作者和表演者。也就是前文所述《视听表演北京条约》中“议定声明”所称的“对表演过程中创作的文学或艺术作品进行表演的人”。无论在哪一种情况下，原告都因对作品的表演而成为著作权法意义上的表演者，享有表演者权。

需要指出的是，本案的判决显示当时联邦德国的著作权法对表演者提出了较高的要求，即必须以一种艺术表现形式对作品进行阐释，而不是照本宣科地呈现作品。因此富有情感的朗诵者和风趣幽默的主持人可以成为表演者，但字正腔圆朗读新闻稿的新闻播音员则不能被认定为表演者。但《视听表演北京条约》和其他涉及表演者保护的国际条约并没有对“表演”提出艺术性的要求，因此新闻播音员也许在其他国家也能够被认定为表演者。当然，前提必须是被朗读的新闻稿必须是以事实基础为撰写的作品，而不能仅仅是不受著作权法保护的“时事新闻”，也就是单纯的事实消息。

二、表演者权的客体

表演者权的客体是表演活动，也就是表演者根据自己对作品的理解和阐释，以自己的

---

① Federal Supreme Court (Bundesgerichtshof), 14.11.1980, Case-I ZR 73/78 “Quizmaster”, IIC 1981, 893 - 898.

声音、动作或表情或者借助乐器等道具表现作品的内容。如果表演者多次进行了表演，则无论每次表演的内容是否相同，表演者对每一次表演都享有表演者权。例如：某舞蹈艺术家在北京表演了一场舞蹈之后，又在上海进行了相同内容的演出，则该舞蹈家对这两次表演分别享有表演者权。即使在北京演出时该舞蹈家授权某电视台进行现场直播，也不意味着该电视台可以于该舞蹈家在上海演出时未经授权进行现场直播。

需要注意的是，《罗马公约》、《与贸易有关的知识产权协定》和《世界知识产权组织表演和录音制品条约》均对以音频形式利用的表演和以视频形式（因绝大多数视频有伴音，因此也称为“视听”形式）利用的表演区别对待，只对前者提供保护。直至2012年，世界知识产权组织主持缔结的《视听表演北京条约》才对以视频形式利用的表演提供了保护（参见下文“立法背景：《视听表演北京条约》”）。我国《著作权法》一开始就没有区分这两种表演，无论对表演是进行了录音还是录像，表演者都可以受到保护。

三、表演者权的内容

表演者权的内容在邻接权各类权利中是非常特殊的，因为它是唯一由人身权利和经济权利共同构成的邻接权。这其中的主要原因在于，表演活动与表演者个人对文学艺术作品和“民间文学艺术表达”的独特理解紧密相连，在某种程度上可以认为表演也是表演者人格的延伸。其他的邻接权人如录音录像制作者与录音录像制品之间关系的密切程度，不可能达到表演者与表演之间的关系的密切程度。

（一）表明表演者身份权

表演者享有的两项人身权利之一是表明表演者身份的权利，类似于作者的署名权。当然，传播表演活动的方式不同，表明表演者身份的方式也各异。剧院可以把表演者的姓名印在海报和节目单上，或显示在电子屏幕上；电视台转播表演时可以在字幕中列出表演者的姓名；而载有表演的录音录像制品的发行者可以将表演者的姓名印在制品的包装上。此外，表明表演者身份的方式还要与商业习惯和便利性的要求相协调，如在表演者众多的情况下可只列举其中主要表演者。《意大利著作权法》第83条规定：在戏剧、文学或音乐作品的表演中起到重要作用的表演者，在其表演被传播或固定在音像载体上时，有署名的权利。《世界知识产权组织表演和录音制品条约》和《视听表演北京条约》第5条第1款在规定表演者有表明身份权的同时，也附有“但书”——“除非因使用表演的方式而决定可省略不提其系表演者”。如果在利用表演时未能以适当方式表明表演者身份，则构成对表演者此项权利的侵害。例如，在“对口型假唱案”中，原告芦某演唱了一首歌曲并将演唱录音交给某文化馆。某文化馆在其组织的文化旅游节开幕式上安排其工作人员“对口型”假唱，同时播放芦某的演唱录音，在电子屏幕上注明的演唱者是该名工作人员。法院认定，某文化馆一方面播放芦某演唱的录音，另一方面又将演唱者署名为他人，侵犯了芦某的表明表演者身份权。[①]

（二）保护表演形象不受歪曲权

保护表演形象不受歪曲权是指表演者有权禁止他人对自己在表演中的形象加以歪曲和篡改，防止对表演者的声誉和声望的损害。《世界知识产权组织表演和录音制品条约》和

---

① 参见四川省高级人民法院（2016）川民终900号民事判决书。

《视听表演北京条约》第5条第1款规定：表演者对于其现场表演以及以录音制品或视听录制品录制的表演，有权反对任何对其表演进行将有损其名声的歪曲、篡改或其他修改。我国《著作权法》第39条规定：表演者对其表演享有保护表演形象不受歪曲的权利。例如，将他人演唱的录音通过电子手段加以特殊处理，使其完全丧失原有的艺术表现风格，而产生滑稽、可笑的效果，就是侵犯表演形象的典型表现。

典型案例

将电影中同性接吻的镜头纳入艾滋病纪录片，构成对表演者形象的歪曲篡改

在西班牙公共电视台第一频道播出的一部有关同性恋与艾滋病的纪录片中，使用了两名男子接吻的画面。该画面源于一部电影的镜头，是电影故事情节的展现。这两名男演员提起诉讼，认为这种使用会使观众误认为他们是男同性恋且患有艾滋病。此案一直上诉至西班牙最高法院。西班牙最高法院认为：虽然电影演员在参加电影拍摄时，已经将其表演者权中的复制权和向公众传播权转让给了制片者，但对其形象的这种使用歪曲了其形象，损害了其声誉，仍可构成侵权。

在本案中，两位男演员在电影中接吻的镜头被从电影中提取出来，在脱离其背景和情节的情况下被置于有关同性恋与艾滋病的纪录片中，确实可能会使公众基于纪录片通常记录真实人物或事情的性质，误认为这两人是感染了艾滋病的同性恋，从而歪曲其形象，有损其声誉。

特别需要注意的是，《西班牙知识产权法》第110条规定，对于根据雇佣合同或承揽合同进行的表演，除有相反约定，雇主或出资聘用表演者的人应被视为取得了进行复制和向公众传播的专有权利。因此在本案中西班牙最高法院认定：作为原告的两名男演员已经将许可进行复制和向公众传播的专有权利转让给了制片者。但在这种情况下，两名表演者保护其形象不受歪曲、篡改的精神权利仍然受到保护。

（三）现场直播权

我国《著作权法》第39条第1款第3项规定，表演者对其表演享有“许可他人从现场直播和公开传送其现场表演，并获得报酬”的权利，本书将其称为“现场直播权”。该项权利在《世界知识产权组织表演和录音制品条约》和《视听表演北京条约》中被称为“广播和向公众传播尚未录制的表演的权利”。由于广播和向公众传播“尚未录制的表演”只可能是现场直播，因而我国《著作权法》中的现场直播权与其内容是相同的。

参照《世界知识产权组织表演和录音制品条约》和《视听表演北京条约》对“广播和向公众传播”的定义和有关解释[1]，我国《著作权法》第39条中的“直播”应当是指“无线广播”（broadcasting），即广播电台、电视台以无线方式传送表演活动的信号，使远端的

---

[1] 参见《世界知识产权组织表演和录音制品条约》第2条（f）、（g）款与第6条，《视听表演北京条约》第2条（c）、（d）款与第6条；胡康生主编：《中华人民共和国著作权法释义》，159页，北京，法律出版社，2001。

公众能接收并欣赏表演活动中的声音或图像；而“公开传送”应当是指以无线电波、有线电缆和“网播”等各种非交互式技术手段，将现场表演传送至不在现场的公众。

现场直播权是表演者享有的重要经济权利。如果表演者无法阻止他人对其表演活动进行现场直播，势必会导致大量观众或听众选择在表演场所之外的地方收看或收听现场直播，而表演者无法得到任何补偿，从而严重损害表演者的经济利益。从权利内容来看，表演者的现场直播权类似于狭义著作权中的广播权的第一项子权利，但现场直播权仅能控制对现场表演进行同步直播的广播行为。如果表演者已经许可他人对现场表演加以录制，根据我国《著作权法》的规定，广播电台或电视台播放由此制成的录音录像制品无须经过表演者的许可，也无须向表演者支付报酬。因此，可以将表演者的现场直播权视为“半个广播权”。

典型案例

Anthony 诉乐视网信息公司

Anthony Perry Royster Jr.（以下简称 Anthony）是美国著名的鼓手。2016 年某音乐公司邀请 Anthony 在一场“国际鼓手节”中表演，并提出“一家名为‘乐视’的专业互联网媒体公司将播出整个现场表演”。Anthony 同意表演，但并未明确同意由乐视网对其表演进行现场直播。该音乐公司则与乐视网签订合同，约定其授权乐视网对该“国际鼓手节”利用互联网进行现场直播。Anthony 在鼓手节活动中进行表演时，乐视网进行了网络直播。后 Anthony 起诉乐视网侵权。

法院经审理后认为：虽然音乐公司在邀请 Anthony 表演时，告知其乐视网将直播其表演的安排，但 Anthony 并未对此作出肯定性的答复，同时还提出双方需要进一步沟通，且音乐公司也未提交证据证明双方在后续的沟通中，Anthony 作出了同意乐视网现场直播的意思表示。对民事权利的处分一般应当以权利人的明确授权为原则。Anthony 虽然未对乐视网传播涉案表演作出否认的意思表示，但该行为不能使音乐公司对乐视网有权传播涉案表演产生合理的期待，Anthony 也未以行为对音乐公司和乐视网传播涉案表演表明接受。因此，音乐公司未经 Anthony 许可，擅自许可乐视网现场直播涉案表演，且未就传播行为支付报酬，就与乐视网共同侵害了 Anthony 对涉案表演享有的表演者权。①

（四）首次固定权（首次录制权）

我国《著作权法》第 39 条第 4 项规定：表演者有权许可他人对其表演录音、录像并获得报酬。这项表演者的专有权利在国际上被称为“首次固定权”（也称“首次录制权”）。在对表演活动进行录制之前，表演活动没有被记录在物质载体之上，而对现场表演进行录制之后，表演活动就被首次固定在了物质载体之上，形成了表演活动的复制件。首次固定权也是《罗马公约》、《与贸易有关的知识产权协定》、《世界知识产权组织表演和录音制品条

---

① 参见四川省成都市中级人民法院（2017）川 01 民初 3806 号民事判决书。

约》和《视听表演北京条约》均规定了的权利。[1] 对表演活动加以录音、录像，实际上是对表演活动从无载体到有载体的复制行为，是日后进一步以播放等方式利用表演活动的前提，对表演者的利益有重大影响，因此，我国《著作权法》规定表演者有权对其加以控制。

（五）复制、发行权

我国《著作权法》第 39 条第 1 款第 5 项规定：表演者有权许可他人复制、发行录有其表演的录音录像制品并获得报酬。《罗马公约》和《与贸易有关的知识产权协定》规定了表演者对录有其表演的录音制品进行复制的权利[2]，《世界知识产权组织表演和录音制品条约》和《视听表演北京条约》则分别规定了表演者以任何方式或形式对其以录音制品和以视听录制品录制的表演进行直接或间接复制的权利，以及通过销售或其他所有权转让形式向公众提供其以录音制品和以视听录制品录制的表演的原件或复制品的权利。[3]

对现场表演加以录音或录像之后，表演活动已经被固定在了有形载体之上，形成了录有表演活动的录制品，对该录制品的复制实际上是制作表演活动的复制品，而向公众以销售或赠与的方式提供该录制品则是对录有表演活动的录制品的发行。复制、发行录有表演活动的录制品能够使大量公众在表演现场之外的场所欣赏表演活动，也会影响表演者的经济利益，因此，我国《著作权法》赋予表演者对其加以控制的专有权利。

典型案例

未经许可录制现场表演并复制、发行录制品侵犯表演者权

何某系湖南省知名演艺人员，某文化传播公司在其经营的歌舞剧院组织了一场演出，何某受邀演唱了两首歌曲并与主持人合作表演了一部小品。某企业策划公司根据与某文化传播公司的合作协议，对现场的演出进行了拍摄并制作成影碟，并授权某音像公司出版发行。何某起诉某文化传播公司、某企业策划公司和某音像公司侵权。

法院认为：某文化传播公司作为演出组织者，与何某之间存在事实上的表演合同关系，双方以行为达成一致的意思表示，即何某演出一次，某文化传播公司即支付其该次表演的报酬。由于此次演出的形式是面向现场观众的晚会式演出，故某文化传播公司支付给何某的报酬应当被认定为对何某现场表演的报酬。在没有充分证据的情况下，不能认定某文化传播公司已得到何某许可对其表演进行录像并支付了相应的报酬，故某文化传播公司未取得何某的同意而将其表演制作成录像制品，亦未支付何某相应的报酬，侵犯了何某依法享有的表演者权。某企业策划公司和某音像公司均有义务依照著作权法的规定取得涉案影碟中表演者的许可并支付报酬，或对此负有充分注意的义务。某企业策划公司和某音像公司仅凭一份协议或授权委托书即制作涉案录像制品，显然违背了前述

---

[1] 参见《罗马公约》第 7 条，《与贸易有关的知识产权协定》第 14 条第 1 款，《世界知识产权组织表演和录音制品条约》第 6 条，《视听表演北京条约》第 6 条。

[2] 参见《罗马公约》第 7 条第 1 款，《与贸易有关的知识产权协定》第 14 条第 1 款。

[3] 参见《世界知识产权组织表演和录音制品条约》第 7、8 条，《视听表演北京条约》第 7、8 条。

法定义务，对于侵犯何某的表演者权有过错，亦应当承担相应的侵权责任，应承担连带责任。①

在本案中，某文化传播公司、某企业策划公司在未征得表演者许可的情况下对其表演进行视频录制，其行为落入了“首次固定权”的规制范围，构成侵权。由于视频录制未经许可，由此形成的录像制品必然也是侵权复制品，对该侵权复制品进行复制、发行必然也是侵权行为，侵犯表演者的复制权和发行权。后续复制者和发行者如果没有审查授权链的完整性，因此未发现自己获得的授权有瑕疵，就没有尽到合理注意义务，也应承担对表演者的赔偿责任。

（六）出租权

2020年修改后《著作权法》为表演者规定了出租权。由于《著作权法》在定义著作权人享有的出租权时，明确规定其针对的并不是作品本身，而是作品的“原件或复制件”，与之相应，表演者的出租权针对的也不可能是表演本身，而是表演录制品的原件或复制件。为表演者增加出租权，应当是为了实施《世界知识产权组织表演与录音制品条约》和《视听表演北京条约》第9条对出租权的规定。但是，正如本书第三章第二节在讲解著作权人的出租权时所述，早期我国实体市场中复制件的盗版率较高，很少会有人愿意花钱租载有表演的音像制品（如音乐CD）来欣赏。在网络兴起之后，实体盗版市场的规模迅速下降，以至于几乎消失，表演录制品的商业出租市场早已不复存在。如果连出租行为都不见踪影，也就是出租权规制的行为都消失了，是否为表演者规定出租权又有什么影响呢？因此，为表演者规定出租权的意义仅在于使我国《著作权法》与国际著作权条约相符，并无多少现实价值。

（七）信息网络传播权

与作品的著作权人一样，表演者对其表演活动也享有信息网络传播权。《世界知识产权组织表演与录音制品条约》和《视听表演北京条约》分别规定了表演者有权通过有线或无线的方式向公众提供其以录音制品和以视听录制品录制的表演，使该表演可为公众中的成员在其个人选定的地点和时间获得。② 该项权利在两条约中被称为“提供已录制表演的权利”，这里的“提供”（making available）特指“以交互式手段提供”。我国《著作权法》第39条第1款第6项规定：表演者有权许可他人通过信息网络向公众传播其表演，并获得报酬。因此，未经表演者许可，将录有表演活动的录音录像上传到网络中，供公众在其个人选定的时间和地点欣赏的行为构成对表演者权的侵犯。

需要注意的是：表演者与作品著作权人享有的信息网络传播权控制的行为是相同的，都是“交互式”的网络传播行为。如果仅仅通过网络对现场表演进行同步的直播，则这种传播表演的方式由于无法使公众在其个人选定的时间欣赏表演，故不属于“交互式”传播，并不涉及表演者的信息网络传播权，只有可能涉及表演者的“现场直播权”。

---

① 参见何某诉湖南平和堂实业有限公司等肖像权、著作权纠纷案，湖南省长沙市天心区人民法院（2007）天民初字第403号民事判决书。

② 参见《世界知识产权组织表演和录音制品条约》第10条，《视听表演北京条约》第10条。

典型案例

将表演制成 Flash 是否侵犯表演者权

著名相声演员杨奇峙、任军以笔名奇志、大兵创作并表演了双簧《检查卫生》、《洗脚城》、《结巴子开会》和相声《戏说百家姓》等多部作品。其发现新浪公司未经许可将这些作品的表演制作成 Flash 动画在新浪网上传播，于是起诉新浪公司侵犯其著作权和表演者权。涉案 Flash 均系可使用播放软件播放的配以声音、字幕的动态漫画作品，大部分涉案 Flash 与其对应的双簧或相声表演相比，声音部分未作变化，画面部分另行绘制，其中的漫画形象与原双簧或相声表演中奇志和大兵的标志性形象基本吻合。

法院经审理后认定：Flash 系使用计算机软件制作的配有声音和字幕的可使用播放软件播放的连续漫画，属于以类似摄制电影的方法创作的作品。该作品画面系根据原作品内容绘制，字幕使用原作品文字，故构成对奇志、大兵作品的改编。声音系奇志、大兵的表演录音，系对原表演的复制。新浪公司知道，也应当知道涉案 Flash 改编自奇志、大兵的相关作品，但未审查是否获得了合法有效的授权，在网站上商业性提供涉案 Flash 的传播和下载，侵犯了奇志、大兵对涉案作品及表演的著作权和表演者权。[①]

涉案 Flash 未经许可使用了表演中的声音，即复制录有表演的录音，以及通过信息网络传播表演的声音，构成对表演者权的侵害。关于对此案涉及的表演者权问题的进一步讨论，请见本章后的思考题。

四、表演者权的保护期

根据我国《著作权法》第 41 条第 1 款的规定，表演者权中的表明表演者身份权和保护表演形象不受歪曲权具有人身性，故其保护期不受限制。该保护期长于《世界知识产权组织表演与录音制品条约》和《视听表演北京条约》第 5 条第 2 款要求的最短保护期，该款规定：表明表演者身份权和保护表演形象不受歪曲权在表演者去世后应继续保留，至少到其经济权利期满为止。

我国《著作权法》第 39 条第 1 款为表演者规定的其他四项权利为经济权利，受保护期为 50 年，截止于该表演发生后第 50 年的 12 月 31 日。这与《与贸易有关的知识产权协定》第 14 条第 5 款的规定是一致的。

需要注意的是：《世界知识产权组织表演与录音制品条约》第 17 条和《视听表演北京条约》第 14 条，均规定以表演被录制（分别为被录制在录音制品上和被录制在视听录制品上）之时为保护期的起算点。我国《著作权法》第 41 条的规定在表面上与之存在差异。但是，保护期只涉及已录制表演，而两条约规定的“对表演的录制”实际上就是“现场录制”，也即对表演的首次录制。因此以表演被录制之时作为保护期起算的起点，与以表演发生之时作为保护期的起点，并无差异。

---

① 参见北京市海淀区人民法院（2007）海民初字第 6126 号民事判决书。

五、表演者权的归属

表演者权归属的基本规则与狭义著作权归属的基本规则是类似的。通常情况下表演了作品或“民间文学艺术表达”的自然人当然可以作为表演者享有表演者权，但对于职务表演，《著作权法》作出了特别规定。同时，视听录制品中表演者的权利归属是特别复杂的问题，对此国际上曾有激烈争论。2020 年修改的《著作权法》对视听作品著作权的分类归属加剧了这一问题的复杂化。

（一）职务表演中表演者权的归属

《著作权法》对职务表演中表演者权的归属作出了特别规定。其第 40 条第 1 款规定：“演员为完成本演出单位的演出任务进行的表演为职务表演，演员享有表明身份和保护表演形象不受歪曲的权利，其他权利归属由当事人约定。当事人没有约定或者约定不明确的，职务表演的权利由演出单位享有。”第 2 款规定：“职务表演的权利由演员享有的，演出单位可以在其业务范围内免费使用该表演。”本书第五章第三节在讲解职务作品的著作权归属时，曾说明认定构成职务作品必须符合两个条件：一是创作作品的自然人必须是法人或者非法人组织（单位）的工作人员，与单位有实质意义上的劳动或雇佣关系，包括正式工作人员、临时工、实习生或试用人员。二是作品必须出于履行职务行为的需要而创作，即自然人作者为了完成在单位中应当履行的职责而创作。这两个条件对于认定职务表演同样适用。

在职务表演的情况下，演出单位往往在培养培训表演者和组织演出方面都进行了大量的投入，其利益需要得到保护。采用“约定优先，无约定或约定不明时归演出单位”的表演者权归属规则，解决了演出单位与其聘用的表演者之间的利益平衡问题。据此，职务表演中的表演者仍然享有人身权，即表明身份权和保护表演形象不受歪曲权。但通常情况下职务表演产生的表演者权中的财产权将归属于演出单位，因为演出单位很少会与本单位的表演者约定表演者权中的财产权利归属于表演者本人。如果确定出现了这样的约定，演出单位仍然可以在其业务范围内免费使用该表演。然而，何谓“在其业务范围内使用”，需要《著作权法实施条例》或者最高人民法院的司法解释进行明确。例如，演出团体组织其演员在剧场进行演出，如果双方约定表演者权中的财产权利归属于演员，那么演出团体在未征得演员同意的情况下，许可电视台进行现场直播，或者许可视频网站录制表演后提供录像的点播，是否属于“在其业务范围内使用”？如果回答是否定的，那么“演出单位可以在其业务范围内免费使用该表演”似乎也没有什么意义了，因为上述使用方式正是目前对表演（包括未录制的表演和已录制的表演）进行利用最为常见的方式。但如果对上述问题的回答是肯定的，同时允许演出单位发放专有许可，那么将表演者权中的财产权利约定为由表演者本人享有似乎也没有什么意义了，因为这意味着表演者将无法凭借其表演者权，阻止最为常见的对表演进行利用的行为。因此，对于“演出单位在其业务范围内使用”需要进行明确界定。允许演出单位针对现场表演或已录制的表演向他人发放非专有许可，可能是较为合理的解释。

（二）视听录制品中表演者权归属概述

在表演者同意将其表演以视频形式予以录制，形成视听作品或录像制品（国际上统称为“视听录制品”）之后，其表演者权如何归属？对此，不同国家有不同的观点：一些影视产业发达的国家基于保护投资的考虑，认为应当归视听录制品的制作者享有，但另一些国家则认为仍然应当归属于表演者本人，视听录制品的制作者可通过合同取得相应的权利。2000 年，在准备缔结《世界知识产权组织视听表演条约》（后来的《视听表演北京条约》）的外交会议中，美国和欧共体对视听录制品中表演者权利的归属存在争议，导致外交会议失败，在当时未能成功缔结条约。于 2012 年缔结的《视听表演北京条约》对此则采用了高度灵活的规则，于第 12 条（权利的转让）第 1 款规定：“缔约方可以在其国内法中规定，表演者一旦同意将其表演录制于视听录制品中，本条约第 7 条至第 11 条所规定的进行授权的专有权应归该视听录制品的制作者所有，或应由其行使，或应向其转让，但表演者与视听录制品制作者之间按国内法的规定订立任何相反合同者除外。”该款中所述的“第 7 条至第 11 条所规定的进行授权的专有权”，指该条约规定的复制权（第 7 条）、发行权（第 8 条）、出租权（第 9 条）、提供已录制表演的权利（第 10 条，即信息网络传播权）、广播和向公众传播的权利（第 11 条）这几项财产权，并不包括表明表演者身份和反对歪曲、篡改表演的人身权，这是因为人身权具有强烈的人身属性，不可被“授权”。

当表演者“同意将其表演录制于视听录制品”，如电影演员同意参加电影的拍摄时，缔约方对于表演者的经济权利归属可以有四个选择：一是不对表演者的经济权利归属作出特别规定，这就意味着对于由此形成的录有表演的视听录制品，表演者仍然享有复制权和发行权等经济权利。视听录制品的制作者及他人如果需要以复制和发行等方式利用视听录制品，应当通过合同取得表演者的许可。二是规定在这种情况下，表演者的经济权利由视听录制品的制作者享有，表演者不再保留经济权利。需要注意的是，在这种情况下，视听录制品的制作者将依法原始取得表演者的经济权利，而不是由表演者先原始取得经济权利，再依据法律的规定将经济权利转让给视听录制品的制作者。这就意味着他人对录有表演的视听录制品的利用，无须经过表演者许可，只需要得到视听录制品制作者的许可。如果他人未经许可而使用该视听录制品，也只能由制作者提起诉讼，追究侵权者的法律责任。三是规定表演者仍然可保留经济权利，但应由视听录制品的制作者行使。这实际上是使表演者仅成为经济权利名义上的权利人。只有视听录制品的制作者才能向他人发放使用视听录制品的许可，以及向未经许可而使用者追究法律责任。四是规定表演者的经济权利应当转让给视听录制品的制作者，表演者不再保留这些经济权利。第二种选择与这种选择的唯一区别在于，前者使视听录制品的制作者成为表演者的经济权利的原始取得者，而后者使视听录制品的制作者成为表演者的经济权利的继受取得者，表演者仍然是经济权利的原始权利人。但这两种选择的实际效果并无区别。

《视听表演北京条约》允许缔约方作出后三种选择，显然是为了使缔约方能够根据本国国情与立法现状，在表演者（特别是电影演员）与视听录制品的制作者（特别是电影作品制片者）之间实现利益平衡。视听录制品的制作，特别是电影作品的拍摄，往往需要为数不少的来自不同国家的作者和表演者的合作，同时也离不开制片者对资金和物质条件的投入。在一些缔约方，特别是缺乏成熟的表演者集体管理或集体谈判机制的国家，如果将表演者与视听录制品的制作者之间的关系完全交由自由协商解决，可能会给对视听录制品的利用带来困难，因为在众多表演者之中，只要有一名表演者基于其经济权利，拒绝给予视听录制品的制作者以特定方式利用视听录制品的许可，就可以阻止对视听录制品以此种方式的利用。这不仅会减少视听录制品的制作者获取回报的机会，从而影响对视听录制品的投资，也会不公平地剥夺其他表演者从对视听录制品的特定利用中获得报酬的权利。因此，由视听录制品的制作者统一享有或者行使表演者的经济权利，对一些缔约方而言是更为切实可行的选择。例如，《加拿大版权法》第 17 条第 1 款规定，“当表演者许可将其表演用于电影作品时，表演者不能再对其该被纳入电影作品中的表演行使第 15 条第 1 款规定的权利（表演者的各项经济权利）”。这体现的就是上述思路。同时，视听录制品的其他使用者，如果希望获得许可，只需要与视听录制品的制作者联系，取得许可。这比他们分别找到不同的表演者获得许可，更为简便易行。

那么，我国《著作权法》采用了《视听表演北京条约》所允许的四种选择中的哪一种呢？在表面上看是第一种，因为我国《著作权法》没有针对视听录制品中的表演者权利归属作出任何特别规定，但实际情况要复杂得多。

（三）视听作品中表演者权的归属

对于视听作品中的“电影作品、电视剧作品”，可以运用法律解释方法，推出此类视听作品的表演者不能再保留视听作品中的表演者经济权利。我国《著作权法》第 17 条第 1 款规定：视听作品中的电影作品、电视剧作品的著作权由制作者享有，但编剧、导演、摄影、作词、作曲等作者享有署名权，并有权按照与制作者签订的合同获得报酬。如本书第四章第三节在讲解视听作品的著作权归属时所述，此类视听作品虽源于编剧、导演、摄影、作词、作曲等多位作者合作的创作，属于合作作品，但其著作权并不根据《著作权法》对合作作品著作权归属的规定，由全体合作作者共同享有，而是由制作者享有。这就意味着他人在利用此类视听作品时，并不需要一一取得编剧、导演、摄影、作词、作曲等作者的许可，而是只需要取得制作者的许可。同样，如果发生了未经许可而复制和放映此类视听作品的侵权行为，编剧等各合作作者并无资格对侵权人提起诉讼，只有制作者才能以著作权人的身份提起诉讼。

与此同时，在区分狭义著作权与邻接权的立法中，对邻接权的保护水平原则上不会超过对狭义著作权的保护水平。这是因为狭义著作权的客体是有独创性的作品，其中蕴含的智力创作程度较高。著作权法规定邻接权，初衷也是通过保护在传播作品的过程中产生的新成果，来促进作品的传播，维护作者的利益。虽然我国《著作权法》第 17 条第 1 款仅规定电影作品、电视剧作品的合作作者对于此类作品不再保留除署名权之外的著作权其他权利，并未对电影作品、电视剧作品中的演员（表演者）作出相同的明确规定，但根据“举重以明轻”的法律解释方法，既然受到较高水平保护的作者都不能对其参与创作的此类作品保留除署名权之外的著作权其他权利，那么演员（表演者）也不可能对其参与表演的相同作品保留其除署名权之外的著作权其他权利。

典型案例

黄梅戏电影《天仙配》案

著名黄梅戏艺术家严凤英曾于 20 世纪 50 年代作为主演和主唱参与了黄梅戏电影《天

仙配》的摄制。严凤英的继承人指称某音像出版社未经许可出版了黄梅戏电影《天仙配》的光盘，并认为此举侵犯了严凤英的表演者权。[①]

法院认为：严凤英在电影作品《天仙配》中并非固定在舞台表演，而是场景多变，并运用了大量电影专有的拍摄及演出方法。严凤英专为拍摄电影作品而进行了表演，电影演员对为完成电影拍摄所进行的表演除享有获得报酬的权利以外不再享有其他经济权利。法院因此驳回了原告的诉讼请求。[②]

但是，2020年修改的《著作权法》第17条第2款对电影作品、电视剧作品之外的其他视听作品作出了完全不同的著作权归属规定。根据该款，此类视听作品的著作权归属“由当事人约定”。既然此类视听作品的著作权并不法定归属于制作者，而是约定优先，则认为其中演员（表演者）的表演者权法定归属于制作者的观点就失去了基础，也就是无法“举重以明轻”。再加上《著作权法》第40条明文规定在职务表演的情况下，表演者可以与单位约定表演者权的归属，在“其他视听作品”中的演员（表演者）是制作者员工的情况下，就更无法否认此类表演者有权与制作者约定表演者权的归属。

这样一来，“其他视听作品”的权利结构将出现异常复杂的局面。不仅创作者可以与制作者约定著作权归属，出现著作权归属的不同可能，而且演员（表演者）也可以与制作者约定表演者权的归属，又出现表演者权归属的不同可能。同时，对上述两种情况又可以进行排列组合，如合作作者与制作者约定著作权归全体创作者共有，但表演者与制作者约定表演者权归制作者等。假如约定表演者权由全体表演者共同享有，则对其表演者权的许可应比照《著作权法》第14条第2款有关不可分割使用的合作作品的规定进行，也就是应以“协商”为必经程序，某一表演者即使无正当理由，也可阻止其他表演者对表演者权进行专有许可。

显而易见的是，“其他视听作品”的潜在利用者要想合法地获得许可，传播该作品，必须查清每一名合作作者以及每一名表演者是否与制作者进行过约定、约定的内容如何。如果查实该“其他视听作品”的著作权经约定归属于全体合作作者，以及表演者权经约定归属于全体表演者，则必须要找到每一位合作作者和每一位表演者以获得许可，且任何一位合作作者或表演者的反对都将使专有许可无法实现。这将对“其他视听作品”的传播造成极高的交易成本和巨大障碍，是不言而喻的。

（四）录像制品中表演者权的归属

《著作权法》规定的录像制品属于《视听表演北京条约》中的“视听录制品”。如果录像制品是录制表演形成的，其中表演者权应如何归属呢?

对于载有作品的录像制品（如对老师授课的录像，对现场演唱会的录像等），《著作权法》不但没有规定其中作品的作者不再对录像制品享有权利，反而在第48条明确规定，“电视台播放他人的……录像制品，应当取得……录像制作者许可，并支付报酬；播放他人

---

① 本案中原告还起诉被告侵犯了严凤英作为“唱腔作品”设计者的著作权，对此前文已经进行讨论，此处不再重复。

② 参见广东省深圳市南山区人民法院（2006）深南法知初字第10号民事判决书。

的录像制品，还应当取得著作权人许可，并支付报酬”。由此可见，电视台播放录像制品，应当取得录像制作者和作品著作权人的“双重许可”。这意味着录像制品中作品的作者仍然对载有其作品的录像制品享有权利，并不因为同意使用其作品制作录像制品，其权利就归属于录像制作者了。

由于《著作权法》并未赋予表演者对经其许可而录制的表演的广播权（表演者只有现场直播权，即本书所称的“半个广播权”），因此《著作权法》第 48 条也未规定电视台播放录像制品时，还要经过表演者许可。但是，既然《著作权法》并未明确规定表演者的权利转让给了录像制作者，同时也无法采用“举重以明轻”等法律解释方法从其他条文中推出这一结论，那么表演者仍然可以对录像制品行使表演者权。换言之，如果他人要对录像制品进行复制、发行、出租和网络传播，就必须经过表演者的许可。这就意味着，对于录像制品中表演者权利的归属，《著作权法》采用了《视听表演北京条约》第 12 条允许的第一种选择。

典型案例

郭德纲等诉飞乐影视公司

相声表演者郭德纲和王玥波曾接受某电视台的邀请，参加了《幽默、相声小段》的录制，供该电视台作为电视节目播出。电视台授权飞乐影视公司将该节目录像制成《非著名相声演员郭德纲》DVD 和 VCD 出版。郭德纲和王玥波起诉飞乐影视公司侵犯其表演者权。法院经审理后认为：郭德纲、王玥波作为涉案相声的表演者，享有许可他人复制、发行录有其表演的音像制品，并获得报酬的权利。由于根据现有证据不能认定郭德纲、王玥波许可某电视台使用其表演的涉案相声出版音像制品，某电视台也就无权授权飞乐影视公司使用涉案相声出版音像制品。飞乐影视公司虽然与某电视台签订了协议书，但其并不能通过该协议书取得使用涉案相声的合法授权。因此，法院判决飞乐影视公司承担侵犯表演者权的法律责任。①

本案中，郭德纲和王玥波作为表演者，已经许可某电视台对其表演进行录像，也就是制作录像制品。但郭德纲和王玥波对以该录像制品录制的表演享有的表演者权并不因此就归某电视台所享有。他人要对录有其表演的该录像制品进行复制、发行，仍然需要经过郭德纲和王玥波的许可。

在视听作品和录像制品中，表演者权的归属情况如下表所示。

视听作品		录像制品
电影作品、电视剧作品	其他视听作品	
财产权法定归属于视听作品的制作者	约定优先，无约定或约定不明时财产权归属于视听作品的制作者	归属于表演者

① 参见北京市朝阳区人民法院（2006）朝民初字第 18477 号民事判决书。

六、表演者与著作权人的关系

著作权人对其音乐、戏剧等作品享有表演权，因此，表演者如欲公开表演他人作品，除属于“合理使用”的免费表演之外，应当经过著作权人的许可。例如，演唱会的主办者在组织歌手对享有著作权的歌曲进行公开演唱之前，应当取得音乐作品著作权人的许可。同时，如果表演是对尚在保护期内作品的表演，则对该表演的复制（含首次录制）、发行、现场直播和交互式网络传播，需要同时经过表演者和被表演的作品的著作权人许可。例如，将表演活动录制下来并制成录音或录像制品出售，既是对被表演作品的复制和发行，也是对表演活动的“首次固定”和对载有表演活动的录音或录像制品的发行，故也应同时获得著作权人和表演者的许可。如果著作权人事先仅许可表演者对其作品进行公开表演，而没有许可将表演活动录制后出版、发行，则唱片公司等要录制表演活动并制成录音、录像制品后出售，除了应获得表演者许可，还应获得著作权人的许可。

需要注意的是，在演艺圈中，艺人往往与娱乐公司签约，演艺活动均由公司安排，其表演活动已不是个人行为，而是职务行为。同时，许多表演活动是由组织者安排、策划的，表演者是受邀参加。在这些情况下，要求表演者个人直接取得著作权人对表演权的许可是不现实的。为此，我国《著作权法》第 38 条规定：“使用他人作品演出，表演者应当取得著作权人许可，并支付报酬。演出组织者组织演出，由该组织者取得著作权人许可，并支付报酬”。这是较为合理的。

典型案例

未经许可演唱《暗香》是否由签约歌手承担责任

陈某为电视连续剧《金粉世家》主题歌《暗香》创作了歌词。某唱片公司的签约歌手沙某演唱了《暗香》，由该公司制作成歌曲专辑 CD 和同名磁带出版发行，并制作了《暗香》MV 在电视台播放，均未经过陈某许可。此外，沙某在某电视艺术节开幕式和某国际服装节开幕式上，均未经陈某许可演唱了《暗香》。陈某起诉沙某和唱片公司侵犯其对歌词享有的表演权。

一审法院认定：沙某在两次开幕式上演唱歌曲《暗香》，是对陈某作品进行表演的行为，其本人未就此征得陈某许可，亦未提供证据证明上述活动的演出组织者履行了取得权利人许可及支付报酬的义务，因此沙某的表演行为侵犯了陈某所享有的表演权。唱片公司为制作《暗香》MV 而组织其签约歌手沙某进行表演，沙某和唱片公司均未就该表演及录制行为征得许可，共同侵犯了陈某享有的表演权与复制权。①

二审法院则认为：唱片公司系《暗香》MV 的制作人，沙某作为该唱片公司的签约歌手，接受该公司工作安排参加《暗香》MV 的表演，其不应对《暗香》MV 造成侵害他人著作权的后果承担法律责任。沙某虽在案外人组织的两次开幕式上演唱了歌曲《暗香》，但

---

① 参见北京市朝阳区人民法院（2003）朝民初字第 23918 号民事判决书。

就该表演行为征得著作权人许可的责任在于涉案演出的组织单位。因此沙某不承担侵权责任。[①]

第三节　录制者权

录制者权，是指录音、录像制品的制作者对其制作的录音、录像享有的专有权利。录音、录像制品对于作品的传播非常重要。本书前文已提及，对音乐作品和舞蹈作品而言，如果没有表演，几乎无法被欣赏。但人们不可能将在现场欣赏音乐和舞蹈表演以及收听、收看该表演的现场直播作为欣赏的主要渠道，而是通过购买录制了表演的录音、录像制品，或者在网上点播或下载该录音、录像制品进行欣赏。因此保护录音录像制作者，对于作品和表演的传播都有促进作用。录音制作者权是一种国际上公认的邻接权，《罗马公约》、《与贸易有关的知识产权协定》和《世界知识产权组织表演和录音制品条约》，都保护录音制作者的权利。但"录像"则有所不同，许多国家将独创性较低的录影也作为视听作品加以保护，其制作者享有的是著作权而非邻接权。因此国际著作权条约都没有规定"录像制作者权"。我国则仿效德国等一些大陆法系国家的立法，将独创性较低的录影列为一种独立的客体——录像，用邻接权加以保护。

一、录制者权的主体与客体

录制者权的主体即录音、录像制品的制作者，是指首次制作录音、录像制品的人。对于录制者权的归属而言，如果对录音、录像制品的制作是个人行为，则该个人无疑直接享有录制者权，如果是职务行为，包括唱片公司的技术人员按照公司的要求录制歌手的演唱，以及广播电台的记者在新闻发布会现场用录音笔录下了发布会的实况，则由此产生的录制者权应当归属于单位还是个人呢？对此，《著作权法》并没有像规定职务作品著作权归属的规则那样作出明确规定。对此较为合理的解释是：实施职务行为产生的录音、录像制品的录制者权应当归属于单位而非个人。这是因为该录音、录像制品与职务作品在性质上存在本质差异。职务作品当然也是"作品"，是智力创作的结晶，体现了作者与众不同的个性。为了鼓励作品的创作，同时为了保护单位的投资，《著作权法》才区分不同的情形规定了特殊职务作品和一般职务作品，以及相应的著作权归属规则。但录音、录像制品不是作品，它们与单位工作人员的其他非作品类职务劳动成果没有区别。《著作权法》规定录制者权是为了保护录音、录像制品制作方面的投资，以促进被录制的作品的传播。因此，没有必要对不构成作品的录音、录像制品规定特殊的权利归属规则，录制者权应当自然归属于单位。这正是《著作权法》没有专门规定录制者权归属的原因。

《著作权法实施条例》将录音制品界定为"任何对表演的声音和其他声音的录制品"，将录像制品界定为"电影作品和以类似摄制电影的方法创作的作品以外的任何有伴音或者无伴音的连续相关形象、图像的录制品"（2020 年《著作权法》修改时，"电影作品和以类

---

① 参见北京市第二中级人民法院（2004）二中民终字第 1923 号民事判决书。

似摄制电影的方法创作的作品”被改为“视听作品”），同时将录音制作者和录像制作者定义为录音、录像制品的“首次制作人”。这说明录制者权的客体是首次制作的录音制品和录像制品，即首次被录制（固定）的声音和连续图像。这意味着对已被录制的声音和影像进行单纯翻录，只能形成已有录音、录像制品的复制件，而不能形成新的录音、录像制品。需要指出的是，“录音制品”和“录像制品”用语容易使人认为它们就是物质载体，如一盘磁带或录像带、一张CD或DVD，但这种认识是不正确的。“录音、录像制品”并不是指录有声音和连续影像的物质载体（有体物），而是指物质载体上承载的已录制的声音和连续影像。这正如小说作者享有的著作权针对的并不是“书本”，而是书本承载的小说。我国《著作权法》中使用的“录音制品”一词译自英文phonogram和sound recording。根据《世界知识产权组织表演和录音制品条约》的定义，phonogram是指fixation of the sounds[①]，即已录制的声音。它强调的不是物质载体（承载声音的磁带、唱片等），而是声音本身，只是该声音必须是已被录制，也即被固定在物质载体之上的声音。《美国版权法》区分了“唱片”（Phonorecord）和“录音制品”（sound recording）。前者是指录有声音的“物质载体”（material objects），后者则是指由物质载体承载的录音。[②] 两者的关系相当于复制件与作品。同样，“录像制品”也是指固定在物质载体之上的、独创性不足的连续影像。因此，不能说一盘磁带或一张CD是“录音制品”，或者说一盘录像带或一张DVD是“录像制品”。严格地说，它们分别是“录音制品的原件或复制件”和“录像制品的原件或复制件”。当然，从汉语习惯来看，“制品”一词本身就是指物质载体。因此，用“录音”（作名词）代替“录音制品”，用“录像”（作名词）代替“录像制品”也许是更好的选择。

录音、录像制品均可分为两类：一类是录制表演者表演活动的结果，另一类是对表演活动之外的其他事件进行录制的结果。后者又分为两种情况：一是录制人类生活中的声音和画面的结果，如录制的他人谈话、生活场景和比赛实况；二是录制纯粹自然界的声音和画面的结果，如录制的动物的鸣叫、雷电和潮汐。《世界知识产权组织表演和录音制品条约》对“录音制品”（phonogram）的定义也体现了上述分类，根据该定义，“录音制品”是系指除以电影作品或其他视听作品所含的录制形式之外，对表演的声音或其他声音或声音的表现进行录制的结果。[③] 这种分类的意义在于，由于著作权法保护的表演在多数情况下是对作品的表演，录制对作品的表演所形成的录音制品与录像制品，在多数情况下也内含三重权利——作品的著作权、表演者权和录制者权。他人如需利用该录音制品与录像制品，可能需要同时获得著作权人、表演者和录制者的许可。录制表演之外的声音和活动、事件形成的录音制品与录像制品则并不包含作品的著作权和表演者权，他人在利用该录音制品与录像制品时只需获得录制者的许可。

需要注意的是：多数录音、录像制品都包含了录制者对录制对象、时机或角度的富有个性化的选择，因此，即使两名摄影师被要求对同一活动进行录制，录制的结果也很少是完全一样的。同时，现实生活中大多数录音、录像制品都不是经过一次机械录制之后形成

---

① 参见《世界知识产权组织表演和录音制品条约》第2条（b）款。

② See 17 U. S. C. 101，“Phono records”，“Sound recordings”.

③ 参见《世界知识产权组织表演和录音制品条约》第2条（b）款。

的，而是包含了录制者后期的剪辑和制作。但是，由于大陆法系国家对独创性的水准有一定要求，上述个性化选择和后期制作中某些智力劳动独创性不足，仍然不能构成“作品”，只能作为与“作品”相对应的“录音、录像制品”受到保护，相关的录制者也只能享有邻接权而非狭义著作权。前述《著作权法实施条例》对录像制品的定义实际上是将所有的录影分为两种：独创性程度高的属于“电影作品和以类似摄制电影的方法创作的作品”，其他的则属于“录像制品”。

实务探讨

将电影作品制作成 DVD 产生录像制作者权吗？

假设一家音像出版社根据与某电影公司签订的专有许可合同，将某电影公司拍摄的电影制作成 DVD 发行，该 DVD 被人未经许可而复制、销售，音像出版社提起侵权之诉。该纠纷属于狭义著作权侵权纠纷还是邻接权侵权纠纷？有法院认为这属于邻接权侵权纠纷，因为起诉者是音像出版社而非电影公司，针对的是录像制作者权。这一观点是不能成立的。狭义著作权与邻接权之间的区别在于客体，著作权法只将对作品之外的其他客体（subject matters other than works）享有的权利定为邻接权。在该假想例中，音像出版社只是经电影作品著作权人许可，将电影作品复制到 DVD 这一有形物质载体上并向公众销售，并没有“首次制作”出连续影像。更何况 DVD 之中的影像并不是不同于电影作品的“录像”，而是电影作品，且该电影作品是由某电影公司创作的。因此，音像出版社的法律地位是电影作品著作权中复制权和发行权的专有被许可人，其对电影作品进行了复制，并发行了电影作品的复制件（DVD），故并不是“录像制品制作者”。因此该纠纷当然属于狭义著作权侵权纠纷，而非邻接权侵权纠纷。

实务探讨

机械、忠实地录制现存的视听作品或录像制品能形成新的录像制品吗？

本书第二章第二节之“理论研究：独创性是‘有无’还是‘高低’（程度）问题”讨论了“中超赛事现场直播案”的再审判决。该再审判决认为邻接权的客体不可能具有任何独创性（是“零”而不是“一”），而且对录像制品也提出了一个颠覆性的全新定义：“著作权法意义上的录像制品限于复制性、机械性录制的连续画面，即机械、忠实地录制现存的作品或其他连续相关形象、图像。”根据该定义，只有对已有的电影作品、以类似摄制电影的方法创作的作品（以下简称类电作品）（2020 年《著作权法》修改之后的“视听作品”）或录像制品进行“复制性、机械性录制”，即进行纯粹翻拍所形成的结果，才属于录像制品。这样一来，在电视台播放电影时，用一台摄像机对准电视机屏幕，以便“忠实地录制现存的作品”——被电视台播放的电影作品，由此在摄像机中的录像带或存储卡中产生的“复制性录制的连续画面”当然就是录像制品，且其独创性当然为“零”。

这一结论的谬误是显而易见的。《著作权法实施条例》规定，“录像制品，是指电影作品和以类似摄制电影的方法创作的作品以外的任何有伴音或者无伴音的连续相关形象、图像的录制品”[1]。由该定义可见，《著作权法》以独创性为标准把已固定的连续影像一分为二，如果不属于电影和类电作品，则必然属于录像制品，反之亦然。与此同时，《著作权法实施条例》将“录像制作者”定义为“录像制品的首次制作人”[2]。也就是说，构成录像制品的连续影像必须是由此人首次制作，而不是翻录（纯粹翻拍）“现存的”连续影像而获得的。

回到用摄像机对准电视机屏幕录制电影的实例，试问：摄像机的操作者在“忠实地录制”被电视台播放的电影作品之前，连续影像是否已经形成？回答是当然已经形成，那是电影作品制片者拍摄完成的。那么摄像机的操作者有没有首次制作出任何不同于电影作品的连续影像？回答是当然没有，此人只不过是采用技术手段（摄像机）把制作者已经拍摄完成的连续影像——“现存的”电影作品，复制到了新的物质载体（录像带或存储卡）。这一行为，与音像出版社采用技术手段（如光盘刻录机）将“现存的”电影作品复制到空白塑料片（光盘）上并无不同。这不是制作录像制品的行为，而是复制“现存的”电影作品的行为。因此，对准电视机屏幕摄录正在播出的电影，形成的不可能是录像制品，而是“现存的”电影作品的复制件；摄像机操作者的法律地位也不是录像制品制作者，而是电影作品的复制者，其不可能享有我国《著作权法》所规定的录像制作者权。前述再审判决有关录像制品仅限于“忠实的录制现存的作品或其他连续相关形象、图像”的观点显然是不能成立的。

二、录制者权的内容

《著作权法》没有为录音、录像制作者规定人身权利，仅规定了财产权利。其中，复制权、发行权、出租权和信息网络传播权是录音制作者和录像制作者共有的财产权利。此外，《著作权法》还为录音制作者规定了“传播录音制品获酬权”，为录像制作者规定了作为专有权利的“许可电视台播放的权利”。

（一）复制权

对录音、录像制品的复制是指将原有制品中所包含的声音和画面固定在另一载体之上。通常所说的对录音、录像制品的盗版，即指未经许可而将包含录音、录像的磁带、光盘等进行翻录和翻刻以及拷贝至硬盘等存储器中的行为。

实务探讨

模仿并独立制作相同的录音、录像制品侵犯录制者权吗？

假设甲唱片公司聘请知名歌手演唱歌曲并录制成 CD 发行，乙唱片公司聘请同一名歌

---

① 《著作权法实施条例》第 5 条第 3 项。
② 《著作权法实施条例》第 5 条第 5 项。

手演唱相同的歌曲，并刻意模仿甲公司CD中的伴音，制成了音效相似的CD发行。请问：乙公司的行为侵犯甲公司享有的录制者权吗？

答案是否定的。录制者的复制权仅能控制他人翻录录音、录像制品的行为，不能阻止他人通过独立的录音、录像行为，刻意制作声音与影像高度相似的录音、录像制品。[①] 与之形成对比的是，在上例中，乙公司的行为构成对相关音乐作品的复制。这其中的差异在于：音乐作品是指“歌曲、交响乐等能够演唱或者演奏的带词或者不带词的作品”，著作权法保护的是构成音乐作品的曲与词等要素。无论何人演唱该作品，也无论他人是否曾经使用该作品制作过录音制品，录制该演唱都会在物质载体上固定相同的词与曲，从而构成对音乐作品的复制。但“录音制品”是指“任何对表演的声音和其他声音的录制品”，“录像制品”是指视听作品以外的“任何有伴音或者无伴音的连续相关形象、图像的录制品”。著作权法对录音录像的保护，仅限于录制行为形成的录制成果，而不包括与录制行为无关的曲谱、歌词或表演形成的声音与形象。也正因为如此，如果有两家唱片公司同时在现场录制演唱会的实况，虽然录下的声音是相同的，但都是各自录制行为的结果，这两家唱片公司对其各自享有独立的录制者权。《美国版权法》虽然将“录音制品”规定为一种法定作品类型，但明确规定：录音版权人的复制权，限于抓取录音制品中的声音，而不能延及完全独立录制其他声音的行为，即使该声音模仿了录音制品中的声音。[②]

（二）发行权

对录音、录像制品的发行是指以出售或者赠与方式向公众提供录音、录像制品原件或复制件的行为。电商平台出售包含演唱者歌声录音的黑胶唱片、光盘即为典型的发行录音制品的行为。因此，销售盗版唱片是侵犯录音制品制作者发行权的行为。

（三）信息网络传播权

录音、录像制作者享有信息网络传播权，因此，未经录制者许可，将CD、DVD中录音、录像的内容上传到网络中，供公众在其个人选定的时间和地点在线点播欣赏或下载的行为构成对录制者权的侵犯。

需要注意的是：录制者与作品著作权人、表演者享有的信息网络传播权控制的行为是相同的，都是“交互式”的网络传播行为。一些“网络广播电台、电视台”按照预定的时间表定时传播录音或录像的行为，并不能使公众在其个人选定的时间欣赏录音或录像，故不属于“交互式”传播，并不侵犯录制者的信息网络传播权。

（四）出租权

录音、录像制作者享有出租权，这意味着有偿许可他人临时使用录音、录像制品的原件或复制件需要经过录音、录像制作者的许可，否则，是侵权行为。但是，正如前文在讲解作者的出租权时所述，由于近年来从网络中下载录音录像较为便捷，音像出租店在城市中已难觅踪影。既然出租行为都不再存在，以控制出租行为为己任的出租权还有何价值呢？因此，《著作权法》为录制者规定出租权，宣示意义大于实际意义。

---

① 相关案例参见 Australia Ltd. v. Telmak Teleproducts（Aust）Pty Ltd.，（1987）9 IPR 440。

② 17 U.S.C.114（b）.

（五）录音制作者的“传播录音制品获酬权”

《著作权法》第45条为录音制作者规定了“传播录音制品获酬权”，该条内容为：“将录音制品用于有线或者无线公开传播，或者通过传送声音的技术设备向公众公开播送的，应当向录音制作者支付报酬。”

据此，在两种利用录音制品的情况下，应当向录音制作者支付报酬。第一种情况是“将录音制品用于有线或者无线公开传播”。这里的“有线或者无线公开传播”是指通过无线电广播、有线电缆传播或“网播”等非交互式传输手段，将录音制品传送至不在传播发生地的公众，供其欣赏的行为。之所以将其解释为非交互式传播，是因为关于对录音制品的交互式传播，《著作权法》已经规定了相应的专有权利——信息网络传播权。获酬权是专有权利的权能，因此他人如果希望对录音制品进行交互式传播，如提供体现录音制品的数字文件的下载，当然应当经过录制者许可并支付许可使用费。此时并无适用《著作权法》第45条的余地。需要注意的是，《著作权法》第45条此处用语有欠严谨，“将录音制品用于有线或者无线公开传播”针对的是向公众传播（远程传播）录音制品的行为，应改为“将录音制品以有线或者无线方式向公众传播”。

第二种需要向录制者支付报酬的利用录音制品的情况，是“通过传送声音的技术设备向公众公开播送”。它既包括超市、餐厅和酒吧使用CD机等设备直接播放CD等录音制品的行为，也包括在这些场所打开收音机、电视机，接受广播电台、电视台正在播出的播放录音制品的节目（如播放音乐演唱会的录音），并通过收音机、电视机及与之相连的扬声器使在场公众欣赏的行为。《著作权法》第45条此处用语同样有欠严谨：“通过传送声音的技术设备向公众公开播送”针对的是对录音制品的现场传播行为，应改为“通过传送声音的技术设备公开播放”。

当然，无论是对于第一种情况还是第二种情况，要求录音制品的上述传播者自行找到录音制作者直接付酬是不现实的，只有成立相应的集体管理组织，统一收取报酬并进行分配才是可行的。目前，一些国家的著作权法规定对于传播录音制品获酬权采用“强制集体管理”，也就是录音制作者只能通过集体管理组织收取相应报酬，而不得自行收取。如《法国知识产权法典》第L214—5条规定：第L214—1条规定的权利（包括传播录音制品获酬权）应通过集体管理组织收取和分配。这可能是考虑到传播录音制品行为具有多样性和复杂性，由集体管理组织统一收取和分配报酬更为便捷、高效。我国目前还没有关于此项获酬权的集体管理机制，因此要落实《著作权法》规定的传播录音制品获酬权，还有待时日。

需要指出的是，对传播录音制品获酬权的规定并不属于法定许可。法定许可是对专有权利的限制，以法律已规定专有权利为基本前提。在对专有权利设有法定许可的情况下，符合条件的利用者可以不经许可而以法律规定的方式利用作品或其他受著作权法保护的客体。换言之，此时专有许可限制了专有权利的禁止效力，所以才被称为权利限制。而传播录音制品获酬权并未针对任何专有权利，《著作权法》并没有为录音制作者规定作为专有权利的广播权和表演权，录音制作者唯一享有的作为专有权利的传播权就是信息网络传播权，因此该项获酬权自然也谈不上是对专有权利的限制。可见《著作权法》第45条规定的并不是法定许可，而是单纯的获酬权。

典型案例

爱尔兰录音制品集体管理组织诉爱尔兰司法部长案

2000年《爱尔兰版权法》第97条规定，在为居民、患者和囚犯提供住宿，或者专门为其提供服务的设施中，播放录音制品并不侵害录音制品的权利，除非单独为此而收费。据此，在宾馆房间，以及在养老院、住院护理机构、监狱和所有其他类似机构中设置收音机、电视机，使房客、患者和囚犯能够听到广播电视节目中播放的录音制品，就无须向录音制作者付费了。代表录音制品制作者的集体管理组织“唱片播放（爱尔兰）有限公司”认为该条违反了欧盟《出租权、出借权和知识产权领域与版权相关的特定权利指令》（以下简称《邻接权指令》）第8条第2款有关传播录音制品获酬权的规定，导致其无法向宾馆收费。该组织因此以爱尔兰司法部长为被告提起诉讼。审理此案的爱尔兰高等法院请求欧盟法院解释：宾馆在其客房内提供接收广播信号的收音机、电视机，是否传播了在广播节目中播放的录音制品？如果回答是肯定的，是否允许成员国以“私人使用”为理由，免除宾馆支付传播录音制品的公平报酬？

欧盟法院指出：在确定是否面向“公众”时，必须考虑累积效应。在这方面，不仅需要知道有多少人在同一时间可以收听同一录音制品，而且还需要知道他们中有多少人可以在不同时间收听同一录音制品。宾馆客房中进进出出的房客当然构成了不特定的一般公众。虽然宾馆的房客在传送录音制品的广播信号所覆盖的区域内，但只有通过宾馆刻意实施的行为，即在其客房内提供接收广播信号的收音机、电视机，房客才能听到这些录音制品。与此同时，宾馆的上述行为构成了向其房客提供的额外的服务，可能会吸引更多对该额外服务感兴趣的客人，从而对宾馆的声誉和客房价格产生了影响，因此属于面向公众实施的传播行为，宾馆有义务根据《邻接权指令》向录音制作者支付公平报酬。① 欧盟法院同时提出，如果宾馆提供的不是接收广播信号的收音机和电视机，而是以物理介质存储或以数字格式存在的录音制品（如CD、MP3文件）以及相应的播放设备（如CD机、MP3机），上述分析和结论并不会改变。因为没有宾馆刻意提供的录音制品及播放设备，房客将无法欣赏这些录音制品，所以宾馆仍然实施了面向公众传播录音制品的行为，仍然需要为此向录音制作者支付公平报酬。② 至于“私人使用”，欧盟法院认为：宾馆房间中的房客播放录音制品是私人使用，但这与宾馆是否进行了私人使用无关。既然已经认定宾馆实施了面向“公众”传播录音制品的行为，该行为不可能是宾馆的“私人”使用。因此不能允许成员国免除宾馆向录音制作者支付公平报酬的义务。③

本案和本书第三章第二节引述的“西班牙作家和出版商协会诉拉斐尔宾馆案”如出一辙，其核心都是宾馆在客房中设置收音机、电视机等节目接收和播放设备是否属于传播行为？如前文所述，宾馆的行为创设了不同于广播电台、电视台发射装置的另一个“传播源”，并非仅为便利传播行为而提供实物设施。在被传播的内容是录音制品的情况下，宾馆

---

① Phonographic Performance (Ireland) Limited v. Ireland, Case C-162/10 (2012), para. 35 - 47.

② Ibid., paras. 56 - 69.

③ Ibid., paras. 71 - 77.

应当就该传播行为向录音制作者支付报酬。

（六）录像制作者的“许可电视台播放权”

我国《著作权法》除了在第 44 条规定录音录像制品制作者对其制作的录音录像制品，享有复制权、发行权、出租权和信息网络传播权之外，还在第 48 条规定：电视台播放录像制品应当取得录像制作者和（被录制的作品的）著作权人许可。换言之，关于对作品的表演进行录制形成的录像制品，电视台在播放时遵循“双重许可”规则，应同时取得作品著作权人和录像制作者的许可。这说明录像制作者还享有许可电视台播放的权利，即针对电视台的广播权。但录音制作者并无此项权利。

三、录制者权的保护期

《著作权法》第 44 条第 1 款规定：录音录像制品制作者权的保护期为 50 年，截止于该制品首次制作完成后第 50 年的 12 月 31 日，其中录音制品制作者权的保护期与《与贸易有关的知识产权协定》第 14 条第 5 款的规定是一致的。但是，《世界知识产权组织表演和录音制品条约》第 17 条第 2 款对录音制品制作者权的保护期规定了不同的起算方法，该条规定：“依本条约授予录音制品制作者的保护期，应自该录音制品发行之年年终算起，至少持续到 50 年期满为止；或如果录音制品自录制完成起 50 年内未被发行，则保护期应自录制完成之年年终起至少持续 50 年”。

如果录音制品在制作完成之后，在当年就进行了发行（如唱片公司于 2021 年 5 月 1 日制作了一张唱片，并于 2021 年 8 月 1 日发行），无论按照我国《著作权法》还是按照《世界知识产权组织表演和录音制品条约》规定的起算点，50 年保护期的终止时间都是相同的。但是，如果录音制品在制作完成之后，当年没有进行发行（如广播电台于 2021 年 5 月 1 日对某作家进行了采访并录音，但直至 2022 年 8 月 1 日才发行该录音制品），则按照我国《著作权法》和《世界知识产权组织表演和录音制品条约》规定的起算点，50 年保护期的终止时间就会相差一年。这就意味着我国《著作权法》为录音制品制作者规定的保护期与《世界知识产权组织表演和录音制品条约》的规定并不一致，需要在未来修法时进行修改。

四、录制者与著作权人和表演者的关系

表演者表演他人作品时，录制者如果要对现场表演加以录制，以及发行由此形成的录音、录像制品的复制件，或将该录音、录像制成数字格式，置于网络中供公众点播或下载，必须同时获得被表演作品的著作权人和表演者许可。原因是录制为典型的复制行为，而录制表演活动既是对表演活动本身的复制，也是对被表演作品的复制，由此形成的录音、录像制品既载有表演活动，也载有被表演的作品。向公众出售该录音、录像制品的复制件即为向公众发行载有表演和作品的复制件，构成对已录制的表演和作品的发行。而将该录音、录像制成数字格式，置于网络中供公众点播或下载，既是通过网络传播已录制的表演，也是通过网络传播作品。而著作权人对自己的作品享有复制权、发行权和信息网络传播权，表演者则对其表演活动享有首次固定权、复制权、发行权和信息网络传播权。录制者的上述活动均受到著作权人和表演者的专有权利的控制，除非有“合理使用”与“法定许可”

的情形，均应同时获得他们的许可。同时，表演者对于录有其表演的录音、录像制品还有出租权，但被录制的文字作品、口述作品、音乐作品和舞蹈作品的著作权人均无出租权（只有视听作品和计算机软件的著作权人才享有出租权），录制者要出租录音、录像制品，需要经过表演者的许可，但无须经过被表演的作品的著作权人的许可。

同时，录制者只能行使属于自己的录制者权，而不能将属于著作权人和表演者的专有权利许可他人行使。例如，将对表演活动的录音、录像置于网络中供用户点播或下载，同时构成对被表演作品、已录制的表演和录音、录像的网络传播行为，同时受到著作权人、表演者和录制者所享有的信息网络传播权的控制。因此，如果著作权人和表演者事先仅许可录制者对表演活动进行录制，而没有许可录制者将录音、录像置于网络中传播，则网站要传播该录音、录像，除了要获得录制者的许可，还要获得著作权人和表演者的许可。

第四节　广播组织权

广播电台、电视台对节目的播放对于促进作品、表演和录音、录像制品的传播以及丰富文化生活具有重要作用。即使这些节目不是由广播电台、电视台所创作或制作的，或者它们对诸多节目的选择或编排未能形成汇编作品，或者它们只是作为节目的普通被许可人播出节目，甚至被播出的内容根本不是作品或其他受著作权法保护的客体，如对某些重大活动的现场直播，那么它们也对获取节目和播出节目进行了投资，如支付许可使用费、编制节目时间表、购买播出设备以及雇用技术人员等，并形成了新的成果——载有节目的信号，因此广播电台、电视台作为传播者和载有节目的信号的产生者，其利益应当受到著作权法的保护。

一、广播组织权的主体与客体

广播组织权的主体当然就是“广播组织”，但《著作权法》及相关条例和司法解释均未对“广播组织”进行界定。根据《著作权法》对狭义著作权人享有的广播权的规定，应当认为《著作权法》中的“广播”是广义的，涵盖了远程传播（国际著作权条约中的“向公众传播”）行为中所有非交互式传播行为，即按照传播者决定的时间向传播现场之外的公众进行的传播，包括无线电传播、有线电缆传播和“网播”。与之相适应，广播电台、电视台（包括有线电视台）和“网播”组织均应属于“广播组织”。但在国际上，是否将“网播”组织纳入广播组织权主体的范围还存在争议。与此同时，我国《广播电视管理条例》第8条第2款规定：“本条例所称广播电台、电视台是指采编、制作并通过有线或者无线的方式播放广播电视节目的机构”。参考这一定义，结合我国《著作权法》规定广播组织权的立法背景和各国的立法例，可以认为，在我国能够享有“广播组织权”的广播组织为“无线广播组织”和“有线广播组织”，即广播电台和电视台（包括有线电视台），暂不包括“网播”组织。未来随着“网播”的重要性不断提升，将“网播”组织纳入可享有广播组织权的广播组织范围是有可能的。由于广播组织权的法定权利主体就是广播电台、电视台，在广播电台、电视台工作的自然人不可能取得广播组织权。广播电台、电视台的工作人员操作机器设备播放节目的行为所产生的广播组织权，法定归属于广播电台、电视台。

广播组织权的客体，依《著作权法》第 47 条第 1 款的规定，是“其播放的广播、电视”。那么“其播放的广播、电视”又是什么？从应然状态而言，广播组织权的客体是广播组织播放的载有广播、电视节目的信号。需要注意的是：广播组织权的客体不能等同于广播组织制作的广播、电视节目，因为广播组织制作的节目是其他权利的客体，例如，许多广播组织制作的节目是满足独创性要求的视听作品。如电视台拍摄的电视连续剧是视听作品，此时，电视台以视听作品制作者的身份享有著作权。再如，对于中央电视台记者采访他人形成的录音、录像制品，中央电视台可以以录制者的身份享有录制者权。在这种情况下，法律也无须通过广播组织权对这些节目进行保护。

因此，广播组织获得广播组织权的依据并非“制作节目”，而是“播放节目”。无论该节目是否由广播组织自己制作，只要是广播组织合法播放的，广播组织对节目信号都享有广播组织权。例如，国外不少电视节目中有“家庭开心录像”栏目，观众个人可以将家庭中发生的趣事用摄像机拍摄下来，寄送到电视台去播放。该录像显然并非电视台制作的，但只要电视台播放了它，电视台就对载有该节目的信号享有广播组织权。再如，中央电视台直播重大赛事如奥运会、足球世界杯时，需要向赛事的主办方支付高额费用购买现场直播权（注意，此处的“现场直播权”并非著作权法中的权利），但直播画面往往并不是中央电视台的工作人员在比赛现场拍摄、编辑和制作的，而是赛事主办者提供的画面信号（“公用信号”），播出时再加上中央电视台体育解说员的解说。虽然这些现场直播的比赛画面并不是中央电视台自己制作的，但中央电视台作为广播组织在我国境内对载有其现场直播的比赛节目信号享有专有权利。当然，广播组织如果播出的是自己制作的节目，则可能同时享有几类权利。例如，电视台播放自己拍摄的电视剧时，既作为电视剧作品的制作者享有著作权，又作为广播组织对播出的节目信号享有广播组织权。

广播组织的客体应当是载有节目的信号，广播组织只能对载有节目的信号享有广播组织权，而不能对经其播出的节目本身（作品或录音、录像制品）享有广播组织权。本书本章第一节之“理论研究：邻接权等于作品传播者权吗”曾说明：传播作品的行为本身不可能，也不应该产生邻接权。只有当为了传播作品而通过投资和劳动，甚至通过一定程度的智力投入而产生了新的成果时，著作权法才可能对该新成果设定邻接权。如电影院是电影作品的传播者，但电影院不能因为放映电影作品的行为就对电影作品本身享有“作品传播者权”。本书本章讲解的其他几种邻接权，包括表演者权、录制者权和版式设计权，针对的都不是被表演、被录制以及被进行版式设计的作品本身，而是产生的新成果，也就是本书本章第一节所称的“特定文化产品”——有别于作品本身的表演活动，录音、录像制品和出版物版式设计。同样道理，广播组织不能因为播放节目就对节目本身享有邻接权，而只能对在播放节目过程中产生的载有节目的信号享有邻接权。在世界知识产权组织主持起草《世界知识产权组织保护广播组织条约》的过程中，其最高权力机构——世界知识产权组织大会要求在该条约中采取“以信号为基础的方法”[①]（signal-based approach）。这一点得到了

① WO/GA/33/10，WIPO General Assembly，Thirty-Third（16th Extraordinary）Session，Report，para. 107；WO/GA/34/8.

其成员国的广泛认同，作为条约讨论基础的各草案、提案或工作文件均将广播组织权的客体定义为“广播组织用于传送节目的信号”。如世界知识产权组织“版权及相关权常设委员会”（SCCR）讨论该条约时形成的文件明确规定：“依本条约授予的保护仅延及广播组织播送的或代表广播组织播送的，作为广播的载有节目的信号，包括预广播信号，而不延及其中所载的节目。”[①] 因此，广播组织权的应然客体，是广播组织在播出节目时形成的载有节目的信号，而不是被播出的节目本身。

然而，2020年修改的我国《著作权法》在广播组织权中规定了信息网络传播权。《著作权法》第47条第1款规定：“广播电台、电视台有权禁止未经其许可的下列行为：……（三）将其播放的广播、电视通过信息网络向公众传播。”该项权利与广播组织禁止“将其播放的广播、电视以有线或者无线方式转播”的权利（非交互式传播权）不同，为交互式传播权。该项权利规制的行为是，将广播组织播出的广播、电视（节目）的录制品上传至向公众开放的服务器中，供公众在线点播或下载，也就是使公众在其选定的时间和地点获得。显然，为广播组织规定的此项信息网络传播权针对的是广播组织播出的节目本身，而不可能是载有节目的信号。承载节目的信号必然是流动的，无论是在空中还是在电缆中，都是如此，否则就无法将节目从一个地点传送到另一个地点。世界上并不存在静止的信号，一波信号一旦通过某种通信设备被发送，就会在其预定范围内流动。如果达到了其传输距离的极限，这波信号就会消亡。信号本身只可能被接收，而不可能被固定。只有被信号承载的节目可以被提取出来加以固定。信号与节目的关系正如海水与海盐的关系：水为溶剂（媒介），盐为溶质（内容），人们可以“煮海水为盐”，将盐从水中提炼出来，但此时水分早已蒸发消失了。在用收音机、电视机等装置接收载有节目的信号之后，用录音或录像设备将其中的节目录制下来，就如同煮海水炼盐，录制的是被信号承载的节目，而不是信号本身。将录制形成的录制品上传到互联网中供公众在线欣赏或下载，利用的纯粹是节目本身，与最初传送节目的信号已无任何关系。这正如在煮海水炼出海盐之后，用海盐炒菜或贩卖海盐都与海水无涉。

由此可见，在广播组织权中规定信息网络传播权（交互式传播权），实际上赋予了广播组织控制他人将其播出的广播、电视（节目）录制后上传到网络服务器，供公众在线点播或下载的权利；保护的是被播出的节目（作品和录音、录像制品等）。这与“以信号为基础的方法”背道而驰，同时也使我国《著作权法》中广播组织权的客体究竟为何成为“罗生门”，难以形成统一的认识。

二、广播组织权的内容

我国《著作权法》为广播组织规定了三项专有权利，即转播权、录制和复制权，以及信息网络传播权。这些专有权利就是广播组织权的内容。

（一）转播权

我国《著作权法》第47条第1款规定：广播电台、电视台有权禁止未经其许可“将其播放的广播、电视以有线或无线方式转播”。该规定中的“转播”是指同步传播，这就排除

---

① SCCR/39/4.

了“录播”。例如，一家电视台将另一家电视台播出的电视节目录制下来之后在第二天再进行播放，并不是“转播”，因为这种播放并未与初始传播“同时”进行。同样，网站录制电视台播出的电视节目后，将录制品以数字文件格式上传至服务器，供公众点播或下载，即实现交互式传播，也不属于“转播”。该行为由广播组织享有的信息网络传播权规制。未经许可而转播可能会严重损害广播组织的经济利益。例如，中央电视台对奥运会、足球世界杯等重大赛事的现场直播都是以付费为前提的，如果允许其他电视台随意转播中央电视台的现场直播信号，必然导致中央电视台的观众数量减少和广告收入降低。这对中央电视台很不公平。同样，中央电视台播放他人摄制的电影、电视剧等都是需要付费的，如果其他电视台未经许可加以转播，不但会侵犯电影作品、电视剧作品制作者的著作权，还会导致中央电视台观众的流失，从而损害中央电视台的利益。因此，转播权是广播组织权中最为重要的权利，而且转播必然会同步利用接收到的原始节目信号，对该行为进行规制完全符合“以信号为基础的方法”。

《著作权法》在为广播组织规定转播权时，使用了“以有线或无线方式转播”的用语。这是为了明确对转播权的规定采用了技术中立的立法，即该项转播权可以涵盖包括互联网传送在内的以任何技术手段对广播组织播放的节目信号进行的同步传播（非交互式传播）。未经许可截取广播电台、电视台载有节目的信号后，无论是广播电台、电视台通过无线电波、有线电缆进行同步传播，还是互联网网站通过互联网进行同步传播，都将构成对广播组织权中的转播权的侵害。

（二）录制、复制权

《著作权法》第 47 条第 1 款规定：广播电台、电视台有权禁止未经其许可将其播放的广播、电视录制以及复制。该规定中的“录制”是指将广播组织播出的节目通过录制而固定在物质载体之上，形成节目的复制件。“录制”与接收信号同步进行，至少利用了信号。“复制”则是指将该复制件中的节目固定在另一物质载体之上。此项行为与信号无关，纯属对节目的利用。

《著作权法》对广播组织权中的录制和复制权的规定，直接源于 1961 年的《罗马公约》。在当时，人们对于广播组织权的客体究竟为何认识并不深入，因此并不是根据“以信号为基础的方法”确定广播组织权的客体并规定广播组织享有的专有权利的。但此项权利在现实中作用有限，因为《著作权法》并没有针对后续利用该节目的录制品及其复制件或其中节目的发行和重播行为设定专有权利。如果是录制后上传至网络服务器供公众在其选定的时间和地点获得，也就是公众可以点播或下载，则落入了信息网络传播权的规制范围。

（三）信息网络传播权

《著作权法》第 47 条第 1 款规定：“广播电台、电视台有权禁止未经其许可的下列行为：……（三）将其播放的广播、电视通过信息网络向公众传播。”此项权利就是广播组织权中的信息网络传播权。需要注意的是，虽然该规定并没有使用“……使公众在其选定的时间和地点获得广播、电视”的用语，但从立法背景、此项权利与广播组织权中的转播权的关系，以及《著作权法》为表演者和录制者规定信息网络传播权的用语来看，此项权利无疑是交互式传播权，其规制的行为是将广播电台、电视台播放的广播、电视（节目）录制后上传至网络服务器，使公众在其选定的时间和地点获得，也就是使公众可以点播或下载节目；其中并不包括非交互式网络传播行为。对此，下文“理论研究：表演者、录制者和广播组织‘通过信息网络向公众传播’的权利在范围上大于作者享有的‘信息网络传播权’吗”已作了详细讲解，此处不再赘述。

将信息网络传播权纳入广播组织权，意味着他人未经播放节目的广播组织许可，将其播放的节目录制后上传至网络服务器，使公众可以点播或下载该节目，将构成对播放该节目的广播组织享有的信息网络传播权的侵害。即使该节目是由他人创作的或制作的，或者构成该节目的作品或录音、录像制品已超过了保护期，也是如此。如本书本章本节所述，这不仅与“以信号为基础的方法”背道而驰，而且将带来严重的正当性问题——作品的传播者仅仅因为传播了他人的作品，就对被传播的作品本身（而不是对传播过程中产生的新成果）享有邻接权。

理论研究

表演者、录制者和广播组织“通过信息网络向公众传播”的权利在范围上大于作者享有的“信息网络传播权”吗？

《著作权法》第10条第1款第12项在赋予作者“信息网络传播权”的同时，还对该项权利进行了定义——“以有线或者无线方式向公众提供，使公众可以在其选定的时间和地点获得作品的权利”。本书在第三章第二节“信息网络传播权”部分已经指出，该项权利的定义清楚地说明其只能控制“交互式”传播行为。

而《著作权法》第39条第1款、第44条第1款和第47条第1款在分别规定表演者、录制者和广播组织的专有权利时，均只使用了“通过信息网络向公众传播”的用语，并未将“通过信息网络传播”的方式明确限定为“使公众可以在其选定的时间和地点获得”。那么，表演者、录制者和广播组织享有的“通过信息网络向公众传播”的权利的范围是否大于作者享有的“信息网络传播权”？是否应当认为“通过信息网络向公众传播”的权利既可以控制“交互式”传播行为，也能控制非“交互式”传播行为？对此的回答是否定的。

首先，从著作权法原理来看，作品在智力创造程度上通常高于表演、录音录像制品和广播，因此，著作权法对作品的保护力度相应地高于对表演、录音录像制品和广播的保护力度。这就是为什么作者所享有的专有权利在数量上要多于表演者、录制者和广播组织所享有的。因此，著作权法不可能在同样赋予作者和表演者、录制者和广播组织一项专有权利的情况下，规定表演者和录制者和广播组织享有的这项专有权利在范围上更大。[①]

其次，《世界知识产权组织版权条约》第8条规定：文学和艺术作品的作者应享有专有权，以授权将其作品以有线或无线方式向公众传播，包括将其作品向公众提供，使公众中的成员在其个人选定的地点和时间可获得这些作品。而《世界知识产权组织表演和录音制

---

① 参与立法者清楚地指出：“……表演者对其表演享有许可他人通过信息网络向公众传播其表演，并获得报酬的权利。2001年修改著作权法（时）适应网络环境下的新问题，与本法第10条赋予作品著作权人信息网络传播权的内容相对应，赋予表演者此类邻接权人以信息网络传播权……”（黄微、王雷鸣主编：《中华人民共和国著作权法导读与释义》，95页，北京，中国民主法制出版社，2021。）

品条约》第10条和第14条仅规定：表演者和录音制品制作者应享有专有权，以授权通过有线或无线的方式向公众提供其录音制品，使该表演和该录音制品可为公众中的成员在其个人选定的地点和时间获得。两相对比，可以清楚地发现：两条约只要求缔约方赋予表演者和录制者以“交互式”手段提供其已录制的表演和录音制品的权利，但要求缔约方赋予作者以一项广义的“向公众传播权”，其中包括以“交互式”手段提供作品的权利。考虑到《著作权法》对作者、表演者和录制者信息网络传播权的规定皆是借鉴自这两个互联网条约，本书作者认为，《著作权法》不可能超越两条约的要求，将表演者和录制者享有的信息网络传播权的范围规定得比作者享有的相同权利还广。广播组织“通过信息网络传播”的权利是在2020年《著作权法》修改时增加的，并非来自国际著作权条约（目前没有任何国际著作权条约为广播组织规定此项权利）。参与此次修法的立法者指出：“（广播组织的）此项权利是本次修法新增加的内容。所谓通过信息网络向公众传播，可参考本法第10条第十二项信息网络传播权的定义，即‘以有线或者无线方式向公众提供，使公众可以在其选定的时间和地点获得作品的权利’”。可见其也是交互式传播权。

最后，《信息网络传播权保护条例》第26条规定：信息网络传播权，是指以有线或者无线方式向公众提供作品、表演或者录音录像制品，使公众可以在其个人选定的时间和地点获得作品、表演或者录音录像制品的权利。这一条规定清楚地表明：表演者和录制者享有的“通过信息网络传播”的权利就是“信息网络传播权”，只涉及“交互式”传播，在范围上与作者享有的“信息网络传播权”没有任何区别。

三、广播组织权的保护期

根据《著作权法》第47条第3款的规定，前述广播组织权中各项专有权利的保护期为50年，截止于该广播、电视首次播放后第50年的12月31日。需要指出的是，为广播组织权规定保护期，源于1961年《罗马公约》的规定。而如前文所述，那时国际上对广播组织权的认识并不深入。广播组织权的客体本应是载有节目的信号，而信号的本质特征就是流动性，一旦达到了流动能力的极限就不复存在。这与可以借助物质载体长久受保护的作品、表演和录音、录像制品都完全不同。广播电台可以将播音员朗诵一首诗的录音通过广播信号传送到接收者的收音机中，无论是广播电台还是接收者，都可以录制、保存该广播（节目）（文字作品＋表演＋录音制品），因此对作品、表演和录音制品规定保护期是有意义的，以防止他人对这三类受保护的客体以不同方式进行后续利用。但是，在接收者的收音机接收广播（节目）之后，传送该广播（节目）的信号就消失了。对已经消失的信号提供长达50年的保护期是没有意义的。

既然信号不像作品、表演和录音、录像制品那样能够借助物质载体长久保存，而是只能“存在一次”，而且“存在一次”之后就消失了，那么规定超出信号存续时间的保护期，只能说明真正受保护的并不是信号本身，而是被信号承载的节目。在2020年修改之前，《著作权法》仅将转播权和录制、复制权规定为广播组织权的内容，对保护期的规定在现实中尚不会产生不利影响。2020年修改的《著作权法》在广播组织权中增加了信息网络传播权，这就意味着广播组织每播放一次节目，就能在长达50年的保护期内阻止他人将录制该节目所形成的录制品提供交互式传播。这将产生是否正当的疑问和侵蚀公有领域的后果，因为只要广播组织播放一次已处于公有领域的他人创作的作品（如电影作品），就能对被播放的该作品享有50年的保护期，只要其每隔50年播放一次，广播组织对该被播放作品的信息网络传播权的保护期将永远不会届满，他人将永远不能在录制后提供交互式传播。

理论研究

在广播组织权中规定信息网络传播权和保护期带来的问题

2020年修改的《著作权法》在广播组织权中规定信息网络传播权，不仅在理论上应受到质疑，还将在实务中引起混乱。试举一例说明：电影《永不消逝的电波》的保护期早已届满[①]，进入了公有领域，市面上也很难找到这部电影的光盘。某视频网站将某电视台播出的这部电影录制下来提供点播，该视频网站是否侵犯了某电视台的信息网络传播权？按照《著作权法》第47条第1款的规定，答案是肯定的。这就意味着某电视台仅仅因为播出了一部公有领域的电影，就对这部电影享有自播出之日起长达50年的信息网络传播权，而且只要每隔几年播出一次，就会不断获得新的50年的保护期，而且某电视台因播放电影《永不消逝的电波》而取得的对该“其播放的广播、电视（节目）”的信息网络传播权将“永不消逝”！他人将永远不能录制某电视台播放的这部电影并提供网络点播。

有广播组织的代表认为，在上述假想例中，某电视台每播出一次电影《永不消逝的电波》就享有一次保护期为50年的信息网络传播权的结果是正当的。其理由是乐队每演奏一次早已超过保护期的古典音乐，就享有一次保护期为50年的信息网络传播权。这是典型的“引喻失义”：表演者在表演作品（如乐队演奏古典音乐）的过程中，作出了有别于被表演作品的新贡献，即表演的声音或动作，因此表演者权指向的是“（对）作品的表演”，也就是表演的声音或动作，而不是“被表演的作品”。不同的表演者对相同的作品进行表演，形成的声音或动作并不相同。即使是同一名表演者对相同的作品进行多次表演，每次表演所形成的声音或动作都会有所差异。表演者难免有时会说自己“这次发挥不好”，这正说明了对相同作品的多次表演不可能做到完全相同。换言之，即使表演相同的作品，表演者每表演一次都会作出新的贡献。这就是为什么表演者权针对的是每一次的表演。然而，同一电视台多次播放电影《永不消逝的电波》，或者不同电视台分别播放电影《永不消逝的电波》，该电视节目（电影的内容）并不会有任何区别。

显然，广播组织播放节目产生的贡献是载有节目的信号，因此其广播组织权针对的客体本也应该是信号。未经许可以有线或无线方式转播（“信号盗版”），直接利用了载有节目的信号，会分流广播组织的受众，减少其广告收入，因此广播组织应有权予以规制。但是，为广播组织规定信息网络传播权，远远超出了制止“信号盗版”的范围，而演变成为广播组织就其播出的节目享有权利。仍然以某电视台播放电影《永不消逝的电波》为例：某视

---

① 电影《永不消逝的电波》于1958年上映。该片以李白烈士的事迹为原型，讲述了中共党员李侠潜伏在敌占区坚持用电台发送情报，为革命事业奉献出生命的故事。

频网站将电影录制后上传至服务器提供点播之时，载有电影的信号早已消失得无影无踪。信号本身是不可能“永不消逝”的，信号达到其传送的极限后自然就会消失。电影《永不消逝的电波》所要表达的思想当然不是电波（信号）本身能一直停留在空中，而是以片中主角的原型李白烈士为代表的中国共产党人为中国人民谋幸福、为中华民族谋复兴的伟大革命精神永不消逝！上述视频网站提供节目（已录制的电影）点播的行为，利用的仅仅是某电视台播出的电影本身，而不是载有电影的信号。认为视频网站将某电视台播出的电影录制下来后提供点播侵犯了该电视台的信息网络传播权，就如同认为网站将电影院播出的电影录制下来提供点播，或者将书店销售的图书扫描后提供下载，侵犯了电影院和书店的邻接权一样，在逻辑上是无法成立的，在后果上将导致对公共领域的侵蚀。

假设电影《永不消逝的电波》的制作者因搬迁丢失了电影胶片，一时也难以找到其他备份，于是录制了某电视台播放的这部电影并上传至官网提供点播，某电视台起诉《永不消逝的电波》的制作者侵犯其信息网络传播权。试问：在为广播组织规定信息网络传播权之后，法院又该如何判决？本书作者臆测，如果立法者就此问题询问广播组织，得到的回答一定是：“我们绝不会做这样的事！”这当然是高风亮节的体现。但是，法律是有普适性的，现实中鲜有著作权人因学生在家中抄写其作品（未经许可而复制作品）而起诉该学生侵权的事件，但《著作权法》必须将为个人学习研究而进行的复制纳入权利限制，以保持法律逻辑的严密性。作为一项属于绝对权（对世权）的专有权利，广播组织权中的信息网络传播权的边界居然要靠权利人的高尚情操来限定，这与法治的理念、精神恐怕相去甚远。

还有观点认为，只要视频网站没有录制电视台播出的这部电影，而是自行找到了这部电影的其他片源（没有电视台的台标）并将其上传至服务器供公众点播，就不会侵犯广播组织的信息网络传播权，因此为广播组织规定信息网络传播权不会损害公共利益。这一观点就相当于要求为电影院就其播放的电影和为书店就其销售的图书规定信息网络传播权，然后又称只要不是将在电影院偷拍的电影和在书店偷拍的图书上传至服务器供公众点播，就不会侵犯电影院和书店的信息网络传播权，因此为电影院和书店规定信息网络传播权是正当的。这种观点的谬误是显而易见的。如前文所述，单纯对作品的传播不可能产生邻接权，而一旦规定邻接权，任何人未经许可原则上不得实施受其专有权利控制的行为。这当然是在缺乏正当性的情况下挤压公共领域，损害公共利益。

四、广播组织与著作权人、表演者、录制者的关系

著作权人对其作品享有广播权和信息网络传播权，表演者对其现场表演活动享有现场直播权，对表演的录制品享有信息网络传播权，录音、录像制作者对录音、录像制品享有信息网络传播权，录音制作者还享有传播录音制品获酬权，而录像制作者享有许可广播组织播放其录像制品的权利。因此，广播组织在进行现场直播、播放作品或载有表演活动的录制品，以及进行交互式传播时，应当尊重著作权人、表演者和录音、录像制作者的上述权利。如表演者表演他人作品时，广播组织希望对现场表演进行直播，应同时获得被表演作品的著作权人和表演者许可，原因是现场直播既是对表演活动的广播，也是对被表演作品的广播。如果广播组织播放的录像制品录有对作品的表演，则广播组织应当同时经过录

像制作者和被表演作品著作权人的许可。当然，广播组织此时无须经过表演者许可，因为表演者对经其许可录制的表演并无广播权。对此《著作权法》第48条规定："电视台播放他人的……录像制品，应当取得……录像制作者许可，并支付报酬；播放他人的录像制品，还应当取得著作权人许可，并支付报酬。"如果广播组织希望将其播放的该录像制品自行上传至网络中供公众点播或下载，则需要同时经过著作权人、表演者和录像制品制作者许可。广播组织播放如果对已发表作品的表演的录音制品，则还需要向作品的著作权人和录音制作者支付报酬。

理论研究

如何理解《著作权法》第47条第2款对行使广播组织权的限制？

《著作权法》第47条第2款规定："广播电台、电视台行使前款规定的权利，不得影响、限制或者侵害他人行使著作权或者与著作权有关的权利。"此处的"前款规定的权利"是指第47条第1款为广播组织规定的转播权，录制、复制权及信息网络传播权。该款在表面上看是多余的，因为根据前文讲解的广播组织与著作权人、表演者、录制者的关系，即使没有该款，广播组织也不能未经著作权人、表演者和录制者许可，以受其专有权利规制的方式利用构成节目的作品、表演和录音、录像制品，如广播组织不能未经著作权人、表演者和录制者许可，就将其播出的现场演唱会的节目录像上传至其官网中供公众点播或下载。而且《著作权法》在为表演者和录制者规定专有权利时，都没有出现类似表述，只是要求他们获得前手权利人的许可。但制定该款的目的是，解决本书前文指出的电视台仅因不断播放他人创作或制作的，甚至已进入公有领域的作品（如电影《永不消逝的电波》）或录音、录像制品，就永远对被播放的作品或录音、录像制品享有信息网络传播权而产生的问题，因此对该款的解释，应与该目的相适应。

本书作者认为，只要广播组织对由其播出的但纯粹由他人创作的作品或制作的录音、录像制品（构成节目）行使信息网络传播权，也就是阻止他人在录制节目后对节目进行交互式传播，广播组织的行为就应当被解释为"影响、限制或者侵害他人行使著作权或者与著作权有关的权利"。这是因为对于源于他人的节目本身，本来就不该由广播组织享有广播组织权。这就意味着广播组织的信息网络传播权的客体应当限于广播组织自己制作（至少参与制作）并播出的节目。当然，这样的解释会导致广播组织权中的信息网络传播权的客体与广播组织作为著作权人或录制者享有的信息网络传播权的客体出现重合。换言之，广播组织对自己制作的节目本来就可能作为著作权人享有著作权（如果节目是广播组织为著作权人的作品），或者作为录制者享有录制者权（如果节目是广播组织制作的录音、录像制品），再为广播组织就其制作并播放的节目增加信息网络传播权，只不过是使广播组织在行使权利时多了一项选择而已。然而，只有采用上述解释，才能使《著作权法》第47条第2款的规定具有意义，不至于沦为一纸空文。

第五节 其他邻接权

表演者权、录制者权和广播组织权是传统的邻接权，《罗马条约》等国际条约已经为其规定了最低保护标准，因此，多数国家对其都予以保护。但是，这并不意味着邻接权仅包括这三类权利。各国立法往往根据本国国情，将其他一些具有价值、需要保护，但不属于作品的成果纳入邻接权的保护范围。目前，我国《著作权法》在这三种传统的邻接权之外，还创设了另一种邻接权——版式设计权。

一、版式设计权

《著作权法》第37条规定：出版者有权许可或者禁止他人使用其出版的图书、期刊的版式设计。前款规定的权利的保护期为10年，截止于使用该版式设计的图书、期刊首次出版后第10年的12月31日。该权利即为出版者享有的版式设计权。

版式设计权的主体为图书、期刊的出版者，即出版社和期刊社。在出版社和期刊社中工作的自然人不可能取得版式设计权。工作人员对图书和期刊的版式进行版式设计所产生的版式设计权法定归属于出版者。

版式设计权的客体为出版社、期刊社在其出版的图书、期刊中采用的版式设计，即对印刷品的版面格式的设计，包括对版心、排式、用字、行距、标点等版面布局因素的安排。[①] 不同的出版社出版的同一部作品，如《红楼梦》《莎士比亚四大悲剧》等，在版面格式上往往有不小的区别，这体现了出版社的劳动和设计成果。尤其是在出版音乐作品的曲谱时，出版社经常会根据同一音乐作品的不同使用目的，如独奏、合奏等，对其格式进行不同的安排。[②] 在计算机数字化排版技术尚未出现的年代，对印刷品进行版式设计是极为费时费力的工作，需要相当的投入。虽然出版社的版式设计难以达到独创性的要求，无法作为作品受到狭义著作权的保护，但如果放任其他出版社在出版相同作品，特别是已过保护期的作品时通过翻印其出版的印刷品而使用其版式设计，则对于设计者而言显然是不公平的。同样，如果他人盗印期刊销售，当该期期刊不构成汇编作品，同时期刊社未获得所刊登作品的复制权和发行权的专有许可时，只能由著作权人起诉盗版者侵权，在得到著作权人对诉权的授权之前，期刊社并不能提起侵害著作权之诉，这对于期刊社而言同样是不公平的。故《著作权法》特设版式设计权对出版社的这种劳动成果予以保护。

但版式毕竟是有限的，常用的版式本身是可以穷尽的，如果对版式设计的保护过于宽泛，将会影响出版业的发展，同时，在计算机数字化排版技术尚未出现的年代，对于一家出版社在一部作品（如《水浒传》）的印刷品上采用的版式设计，另一家出版社在另一部作品（如《红楼梦》）的印刷品上使用，同样要经历人工排版的过程，仍然

---

① 参见胡康生主编：《中华人民共和国著作权法释义》，148页，北京，法律出版社，2002。

② 参见上书，149页。

费时费力。因此，版式设计权在当时的主要用途是，防止第二家出版社通过直接翻印第一家出版社出版的同一部作品的印刷品，而使用第一家出版社对该作品的版式设计。换言之，版式设计权针对的行为，是在同一部作品上使用相同的版式设计。例如，甲出版社出版了古典小说《水浒传》之后，乙出版社不得以相同的版式出版《水浒传》。在我国计算机科学家王选发明汉字激光照排技术之后，对印刷品的排版在计算机上实现了数字化，从而大大提高了效率、降低了难度，很少再会有出版者通过翻印其他出版社出版的图书而使用对同一作品的版式设计，因此在今天，版式设计权的作用已经相当有限。我国《著作权法》和《信息网络传播权保护条例》均未规定出版者的版式设计权中包含信息网络传播权，因此，将《水浒传》扫描后上传至网络传播的行为，并不会侵犯出版社的版式设计权。有法院认为该行为侵犯了版式设计权①，这是明显缺乏法律依据的。

理论研究

版式设计权中包含信息网络传播权吗?

《著作权法》第 37 条第 1 款规定：“出版者有权许可或者禁止他人使用其出版的图书、期刊的版式设计。”该条并没有列出权利人享有的专有权利的名称，如复制权、发行权和信息网络传播权等，而是仅仅采用了在含义上高度不确定的“使用”一词。那么这里的“使用”是否包含交互式网络传播？是否涵盖对已出版的图书、期刊进行扫描后，将由此形成的电子版本，即数字文件上传至网络服务器，提供浏览或下载的行为？对此问题的回答应当是否定的，版式设计权中并不包含信息网络传播权。

首先，从信息网络传播权被纳入《著作权法》的历史来看，该项专有权利直接来源于1996 年世界知识产权组织主持缔结的两个条约，即《世界知识产权组织版权条约》和《世界知识产权组织表演和录音制品条约》，这是参与立法者反复说明的。② 即使是在 2020 年《著作权法》修改之后，参与立法者也仍然强调这一点。③ 只有广播组织的信息网络传播权不是参照国际条约制定的，而是我国立法者在 2020 年修改《著作权法》时的主动选择。尽管这种选择的适当性引发质疑，但一方面，在 2020 年修改《著作权法》的过程中，各方对于是否应当为广播组织规定信息网络传播权进行了相当激烈的争论；另一方面，2020 年修改后的《著作权法》明确规定“广播电台、电视台有权禁止未经其许可的下列行为：……将其播放的广播、电视通过信息网络向公众传播。”绝不是仅靠“使用”二字就纳入了这项权利。

---

① 参见北京市高级人民法院《侵害著作权案件审理指南》第 6.6 条。

② 参见胡康生主编：《中华人民共和国著作权法释义》，56 页，北京，法律出版社，2002。组织《信息网络传播权保护条例》制定的国务院法制办公室负责人也指出：《信息网络传播权保护条例》第 26 条中“信息网络传播权”这一术语源自 1996 年 12 月 20 日缔结的《版权条约》。参见张建华主编：《信息网络传播权保护条例释义》，92 页，北京，中国法制出版社，2006。

③ 黄薇、王雷鸣：《中华人民共和国著作权法导读与释义》，95 页，北京，中国民主法制出版社，2021。

与之形成鲜明对比的是，早在1991年，《著作权法实施条例》就已经规定了版式设计权，当时的用语是“专有使用权”①。只是在2001年修改《著作权法》时，将这项权利纳入了《著作权法》。由于信息网络传播权也是在2001年修改中被明确赋予作者、表演者和录制者的，立法者如果认为出版者也应当就其版式设计享有信息网络传播权，一定会明确表达其意图，至少会在阐明规定信息网络传播权原因的立法文件和随后的解释中说明这一点。然而，与2001年《著作权法》修改相关的立法报告和解释说明一方面详细阐述了为作者、表演者和录制者规定信息网络传播权的理由，另一方面完全没有提及出版者对其版式设计的信息网络传播权，相反，专门提出“版式设计权的保范围是很狭小的，一般仅仅表现为复制权”②。对此只可能有一种合理解释，那就是立法者无意为出版者就其版式设计增加信息网络传播权。

其次，《信息网络传播权保护条例》第26条对信息网络传播权的定义印证了出版者对其版式设计并不享有信息网络传播权。该条规定：“信息网络传播权，是指以有线或者无线方式向公众提供作品、表演或者录音录像制品，使公众可以在其个人选定的时间和地点获得作品、表演或者录音录像制品的权利。”版式设计权已在2001年被纳入了《著作权法》。2006年颁布的《信息网络传播权保护条例》在定义信息网络传播权时，没有将版式设计规定为信息网络传播权的客体，并不是条例制定者的疏漏，而是版式设计权中根本不含有信息网络传播权。

有一种观点认为，版式设计权中虽然不含有信息网络传播权，但含有复制权，对已出版的图书、报刊以扫描、拍照的方式进行复制后，将由此形成的电子版上传至网络服务器中必然是复制行为，因此该行为仍然侵害了版式设计权。北京市高级人民法院于2018年颁布的《侵害著作权案件审理指南》第6.6条（版式设计权保护范围）规定：“……将图书、报刊扫描复制后在互联网上传播的，构成侵害版式设计权。”起草者对此的解释是：“对于将图书、报刊扫描复制后在互联网上传播的行为，应当区分为扫描复制行为以及后续的信息网络传播行为两项行为……对于前一项行为，则应纳入复制权的调整范围，可以认定构成对版式设计权的侵害。”③

上述观点的实质，是以复制权替代信息网络传播权。本书第三章第二节之“理论研究：复制权和信息网络传播权的关系”已经指出这是不可行的，其结论完全可以适用于版式设计权。

首先，将已出版的图书、期刊进行扫描，以及将由此生成的电子版上传至网络服务器，会分别以计算机的硬盘和服务器的硬盘为载体形成图书、期刊的复制件，因此这确实属于复制。但在法院认定该行为未经许可而实施，因此侵犯复制权时，由于该复制行为已实施完毕，享有版式设计权的出版者并不能要求法院判决上传者停止侵权。

其次，如果出版者以未经许可扫描图书、期刊和上传出版物的电子版本侵犯其复制权，导致其遭受经济损失为由要求法院判决对方承担赔偿损失的责任，则法院在计算损害赔偿

① 《著作权法实施条例》（1991年颁布）第38条规定：“出版者对其出版的图书、报纸、杂志的版式、装帧设计，享有专有使用权。”

② 胡康生主编：《中华人民共和国著作权法释义》，148页，北京，法律出版社，2001。

③ 杨柏勇主编：《著作权法原理解读与审判实务》，223页，北京，法律出版社，2021。

数额时，只能考虑制作两份复制件（扫描和上传各形成一份复制件）时应向出版者支付的使用其版式设计的许可使用费，而不能考虑该电子版本被上传至服务器后，持续传播了多长时间、有多少人曾经在线阅读或下载。假设零售价为50元的一本小说书被未经许可而扫描成电子版后上传至网络服务器，供他人下载、阅读，在认定扫描和上传行为侵害了版式设计权中的复制权的情况下，无论该电子版曾经被多少人下载、阅读，出版社能够获得的赔偿只能是其版式设计在50元的售价中所占的合理比例。作者通常也只能获得图书销售价格的10%以下的稿酬（复制权和发行权的许可使用费），出版者的版式设计权作为邻接权，其许可使用费在图书销售价格中的比重大约不会超过作者的。哪怕法院以被告故意侵权为由判处原告损失金额的5倍的惩罚性赔偿[①]，总金额估计也不会超过100元。这样的判决对于保护版式设计又有什么意义呢？

从版式设计权的制度设计来看。扫描已出版的图书、期刊后上传电子版的行为并不在版式设计权的规制范围之内。版式设计权当然是为了保护出版者的利益而设置的，但是出版者的首要利益是利用其从作者手中获得的专有权利的专有许可，阻止他人未经许可而利用其出版物的内容（作品），即阻止他人侵犯作者的著作权并由此损害出版者作为专有被许可人的独占性利益。出版者由于并非作品内容的创作者，不可能直接对内容享有专有权利，只能依据与作者签订的许可合同获得专有出版权（以纸质版本复制和发行作品的专有许可）和信息网络传播权的专有许可，以阻止其他出版社在合同约定的时间和地域范围内出版同一部作品，以及阻止他人擅自将出版物的内容制成电子版而传播。与之形成对比的是，版式设计权并不针对作品的内容，只针对作品出版物的版式设计。版式设计权针对的“使用”行为，是指另一出版者不经过自己的设计而套用同一作品出版物的已有版式设计，也就是直接翻印已有出版物的行为。将出版物扫描成电子版，使之在网络中传播的行为，虽然在表面上也“使用”了版式设计，但这种“使用”与版式设计权的立法目的尚有距离。由此可见，对于将已出版的图书、期刊扫描成电子版后在网络中传播的行为，以版式设计权中的复制权进行规制，不但偏离了版式设计权的立法目，也难以取得理想的实际效果，属于事倍功半，实不值得法院采用。

典型案例

封面装帧设计不能作为版式设计受保护

外语教学与研究出版社（以下简称外研社）于2002年2月出版发行《牛津英汉双解小词典（新版）》，于2003年12月出版发行《牛津现代英汉双解词典（新版）》，于2004年9月出版发行《牛津英汉汉英小词典（新版）》，并对这三本词典采用了基本相同的封面、书脊设计，使之具备自己独特的风格。因词典广受欢迎及大量销售，其封面也为读者所熟识。某出版社于2005年出版发行的《现代新英汉双解词典》，使用了与外研社上述三本词典的封面极为近似的封面，只是个别颜色略有变化。外研社认为该出版社的上述行为构成对其

---

① 参见《著作权法》第54条第1款。

版式设计权的侵犯。法院经审理后认为：出版者对其出版的图书、期刊的版式设计享有专有使用权。版式设计是对印刷品的版面格式的设计，包括版心、排式、用字、行距、标点等版面布局因素的安排。但书的封面、书脊等属于印刷物的装帧设计，并非版式设计，不属于我国著作权法所保护的版式设计范畴。因此，外研社提出的其对《牛津英汉双解小词典（新版）》《牛津英汉汉英小词典（新版）》《牛津现代英汉双解词典（新版）》等三本词典的封面和书脊享有版式设计专有使用权的主张不能成立。最后，法院认定外研社的上述词典系知名商品，其封面设计均有别于其他图书的，系上述系列词典特有的装潢，而被告的使用会导致相关消费者在购买时容易产生混淆和误认，其行为构成不正当竞争。[①]

二、对特定版本的邻接权

许多国家都规定了对特定版本的邻接权。《西班牙知识产权法》第 129 条规定：已不再受保护的作品的出版者享有许可复制、发行和向公众传播该版本作品的专有权利，条件是该版本可以通过字体设计、排版或其他编辑上的特征得到识别。保护期为从出版之后下一年起算的 25 年。《德国著作权法》70 条规定：不享有著作权的作品或文本的版本如果是科学分析成果的体现，而且与先前公知版本显著不同，则该版本的编辑者可受到保护。该权利的保护期为自该版本出版之时起算 25 年。例如，莎士比亚的戏剧可能有不同版本流传，而编辑者在比较各版本的基础上经过分析，出版了他认为最为准确的一个版本，则该版本即能够受到《德国著作权法》第 70 条的保护。《德国著作权法》第 71 条则赋予了出版者一项邻接权：对于先前从未出版，而且已经超过著作权保护期的作品，出版者第一次合法地出版或向公众传播之后，享有利用该作品的专有权利。该权利的保护期为首次出版或传播之日起算 25 年。《意大利著作权法》第 85 条也规定：对于已超过著作权保护期的作品，第一次合法出版或向公众传播的出版者享有 25 年的专有权利。同时，公有领域作品的评论或科学分析版本的出版者对该评论或科学分析版本享有 20 年专有权利。当然，这是针对评论或分析尚未达到独创性要求的情况而言的。如果评论或分析已经具有了独创性，就构成了对原有作品的演绎作品，此时评论人或分析人就可作为演绎作品的作者享有狭义著作权了。[②] 英国 1996 年《版权与相关权条例》第 16 条规定：在未出版的文字、戏剧、音乐或艺术作品及电影版权保护期届满之后，以发行、出租、出借作品复制件，电子传输、公开表演和展览，广播方式首次出版该作品的人享有 25 年的专有权利。

上述国家规定的对特定版本的邻接权与我国《著作权法》规定的版式设计权都是基于保护出版者或编辑者劳动的相同考虑，但在法律规则上仍然有很大区别：上述对特定版本的邻接权只能基于出版或编辑已超过保护期的作品而产生，而我国的版式设计权无此项限制。

---

① 参见北京市第一中级人民法院（2006）一中民初字第 6648 号民事判决书。

② See Alberto Musson，Mario Fabianin，Italy，§ 9（1）（a）（vii），in Paul Edward Geller（ed.），*International Copyright Law and Practice*，Matthew Bender & Company，Inc.，2006.

三、对照片的邻接权

在德国、意大利和西班牙等大陆法系国家，那些在日常生活中抓拍拍摄的照片多数被认为难以反映拍摄者的独特精神、个性、艺术观念和智力创造，因此独创性不足，不能作为摄影作品受到保护。但考虑到许多照片仍然具有价值，特别是在它们被营利性使用时，如果拍摄者不能受到保护是有失公平的，因此，这些国家用邻接权对其加以保护。《德国著作权法》第 72 条规定：对（不构成作品的）照片也按照适用于摄影作品的规定加以保护，但保护期只有 50 年，从照片出版或首次合法向公众传播之日起算。如果照片 50 年内未被出版或合法向公众传播，则保护期为自制作完成之日起 50 年。这显著低于摄影作品的保护期——作者有生之年加死后 70 年。《意大利著作权法》第 87 条规定：（不构成作品的）照片是指通过摄影术或类似方法拍摄的人像、自然或社会生活中的面貌或事件，包括拍摄美术作品和电影画面而形成的照片，拍摄者对照片享有 20 年的专有权利。同时，如果照片上没有说明拍摄者的姓名或委托人的姓名、拍摄年份和被拍摄的平面艺术作品的作者姓名，则除非拍摄者能够证明复制者具有恶意，否则，未经许可地复制该照片并不违法，也无须向拍摄者支付报酬。①《西班牙知识产权法》第 128 条规定：对于不能作为摄影作品受到狭义著作权保护的普通照片，照片摄制者享有复制、发行和公开传播作品的专有权利，保护期为 25 年。

四、对无独创性数据库的邻接权

本书第二章第四节曾经说明：对材料的选择或编排体现出独创性的，无论被选择或编排的材料本身是否享有著作权，由此形成的数据库都可以作为汇编作品受到保护。但是，如果对材料的选择和编排均无任何独创性，则无论收集和编排材料的过程多么艰苦，投资多么巨大，由此形成的数据库也不能作为作品受到保护。例如，在美国联邦最高法院判决的 Feist 案中，一本收集了当地全部电话用户的电话号码并按照姓名字母顺序予以编排的电话号码簿被认定不构成作品，其原因是选择全体电话用户的号码并无独创性可言，且按照用户姓名字母顺序编排是最为古老和常用的方法。

但是，电话号码簿、法律法规数据库和各种名录等许多无独创性的数据库在信息社会中发挥着重要作用，如果不对无独创性的数据库加以一定保护，不但有失公平，而且会挫伤人们投资制作数据库的积极性。1996 年，欧盟通过了《数据库保护指令》，规定：无论数据库是否具有独创性，只要其从数据数量或质量上反映了在获取、校验或展示数据内容方面的巨大投资，投资者有权禁止对数据库进行复制、发行、出租和传播。该项权利的保护期为 15 年。对此，德国、意大利等一些欧洲国家选择通过在著作权法中创设一项邻接权的方法来加以实施，这就使对无独创性数据库的权利在这些国家成为著作权法意义上的邻接权。

例如，《德国著作权法》在第二编“邻接权”中新增第六章“对数据库制作者的保护”，其中：第 87a 条将“数据库”定义为：对各自独立的作品、数据或其他材料以特定方法进

① See Protection of Copyright and Rights Related to Its Exercise，Article 90.

行系统编排之后的集合，对其中材料可以通过电子或其他方式加以单独获取，而且对其中材料的获取、校验或展示需要较大的投资。“数据库制作者”被定义为对数据库进行投资的人。第 87b 条规定：数据库制作者享有复制、发行和传播数据库内容或者其中大量或重要内容的专有权利。

五、其他类型的邻接权

除了上述几种常见的邻接权，有些国家将另一些需要保护的劳动成果也纳入邻接权的保护体系，如《意大利著作权法》第二编规定了丰富的邻接权种类，如对非独创性的舞台布景设计的权利，对有关工程设计图和用于解决技术问题的设计图从“平面到立体”加以实施的权利[①]，有关作品名称、标题、新闻报道的权利等。例如，为了在不违背著作权法“不保护实用功能”这一基本原则的前提下，限制他人根据工程设计图或产品设计图建造或制造不具有艺术美感，或者艺术美感与实用功能无法分离的工程或产品，《意大利著作权法》第 99 条规定：工程设计图和其他创造性地解决技术问题的方案设计者，除了享有复制图纸的专有权利之外，对于未经许可以营利为目的而实施设计方案的人，有权要求获得合理报酬。但作者必须在图纸上声明保留这一权利，并向文化部交存图纸，才能行使这一获得报酬权。该权利的保护期限为交存图纸之日起 20 年。显然，这一条中提及的“复制图纸的专有权利”是指“从平面到平面”的复制，是狭义著作权对图形作品所提供的保护。而他人实施图纸中的技术方案（根据图形建设工程或制造产品）的行为，并不属于狭义著作权所控制的“从平面到立体”的复制，从该行为中获得报酬是狭义著作权之外的邻接权对实用功能所提供的特殊保护。再如，对于尚不构成作品的舞台布景设计，《意大利著作权法》第 86 条规定了“舞台布景设计权”，当其他剧院加以使用时，设计者有权获得报酬，保护期为首次在该舞台布景设计中进行表演后的 5 年。

理论研究

增加我国《著作权法》中邻接权的种类

我国现行的《著作权法》之中只有四类邻接权，即表演者权、录制者权、广播组织权和版式设计权，其数量较发达国家所规定的要少得多。邻接权数量过少会给司法实践和著作权体系的协调性带来严重问题：某些独创性程度很低，甚至并无独创性的劳动成果一方面无法作为邻接权客体受到保护，另一方面又难以根据《反不正当竞争法》或其他法律机制受到保护，而完全不受保护又确实有失公平，最后法院只能借助我国《著作权法》缺乏独创性具体标准的现状，将其作为“作品”加以保护，其后果必然会导致独创性标准在不同的案例中时高时低，以致产生混乱。例如，《著作权法》根据大陆法系的独创性标准将录影划分为视听作品与录像制品。对自然风景、社会事件和表演活动进行机械录制的结果只能被认定为录像制品而非视听作品。如果依据相同的标准，日常生活中对相同自然风景、

---

① 本书在“复制权”部分已对此进行了较为详细的介绍。

社会事件和表演活动进行随意抓拍而形成的照片也不应构成“作品”，但是，《著作权法》并没有对无独创性的照片规定一项邻接权，如果不将这类照片作为“作品”加以保护，它们实际上将无法受到任何法律保护。因此，一旦有未经许可而使用普通照片的纠纷发生，法院只能将这类照片认定为“摄影作品”而进行保护，实际上又采取了英美法系的独创性标准。这样，对不同类别的劳动成果在独创性标准上就出现了巨大差异。同样，由于我国缺乏保护无独创性数据库的邻接权或其他法律机制，一旦诸如“法律数据库”和“期刊论文数据库”等独创性极低的数据库被他人擅自进行商业性利用，法院为了维系社会公平，只能从数据库制作者的收集和编排方式中尽力寻找一点点“独创性”并加以认定，以使数据库能够作为汇编作品受到保护，而这实际上将使《著作权法》对汇编作品的独创性要求形同虚设。本书第二章第三节讨论的“古文点校”也是如此：虽然古籍点校的结果一般情况下并不是作品，但部分法院为了保护点校者的劳动，还是将其作为作品而保护。

对此，较为理想的解决方案就是在《著作权法》中增加邻接权的种类，如对无独创性的照片、数据库和科学版本的邻接权。这样，不仅可以使相关无独创性的劳动成果名正言顺地受到保护，更可以维系独创性标准的统一性，避免法院为了保护独创性程度低的劳动成果而在司法实践中降低独创性标准。例如，如果我国《著作权法》规定了对科学版本的邻接权，则本书第二章第三节讨论的“古文点校”问题可迎刃而解——经点校后的版本不属于作品，但应属于科学版本，受此项邻接权保护。

第六节　外国邻接权人

本书第四章第四节曾讲解过著作权法对外国著作权人的保护。著作权法对外国邻接权人的保护与之既有相同之处，也有很大区别。相同之处体现在：（1）基于国家主权，一个国家是否赋予本国国民邻接权，规定何种具体的专有权利，对该权利施加何种限制，以及通过何种法律程序加以保护，除国际条约有特别规定之外，完全由该国自行决定。（2）基于地域性，根据某一国家的著作权立法产生的著作权，在其他国家并不受到当然的承认和保护，除非有国际条约、双边或多边协定的特别规定。著作权法对外国著作权人和邻接权人的保护不同之处在于：国际著作权条约规定的国民待遇在范围上大于我国参加的国际邻接权条约的规定。这体现了国际条约对著作权和邻接权不同的保护水平。

一、外国邻接权人受我国著作权法保护的情形

我国已加入了保护邻接权的国际条约《世界知识产权组织表演和录音制品条约》以及《视听表演北京条约》，同时，我国加入的《与贸易有关的知识产权协定》中也有保护邻接权的规定。我国并未加入《罗马公约》以及《布鲁塞尔公约》，但《罗马公约》在邻接权国际保护方面有较大影响，截至本书成稿时已有96个缔约方[①]；《世界知识产权组织表演和录音制品条约》和《与贸易有关的知识产权协定》在规定“受益人”，即缔约方应当提供保护

① 参见 http：//www.wipo.int/treaties/en/StatsResults.jsp?treaty_id=17&lang=en。

的权利人时，直接采取了《罗马公约》的标准。换言之，在确定谁可以受到《世界知识产权组织表演和录音制品条约》和《与贸易有关的知识产权协定》的保护，从而在缔约方享受《世界知识产权组织表演和录音制品条约》和《与贸易有关的知识产权协定》规定的国民待遇时，应假定所有《世界知识产权组织表演和录音制品条约》和《与贸易有关的知识产权协定》的缔约方已经加入《罗马公约》并按照《罗马公约》确定受益人的范围。[①] 因此，我国虽然没有加入《罗马公约》，但在根据《世界知识产权组织表演和录音制品条约》和《与贸易有关的知识产权协定》提供邻接权保护时，必须遵守《罗马公约》对受益人范围的规定。

（一）录音制品、广播表演受我国著作权法保护的情形

我国《著作权法实施条例》对外国录音制品、广播和声音表演在何种条件下受《著作权法》保护进行了规定。其中，外国录音制品和广播只要受我国参加的国际条约的保护，我国也应依国际条约的规定提供保护。

1. 录音制品受我国著作权法保护的情形

我国《著作权法实施条例》第 34 条第 1 款规定："外国人、无国籍人在中国境内制作、发行的录音制品，受著作权法保护"；第 2 款规定，"外国人、无国籍人根据中国参加的国际条约对其制作、发行的录音制品享有的权利，受著作权法保护"。该条规定了外国人、无国籍人制作的录音制品在我国受保护的条件：在我国制作、发行或者受我国参加的国际条约的保护。就保护录音制品而言，"我国参加的国际条约"包括《世界知识产权组织表演和录音制品条约》、《与贸易有关的知识产权协定》和《保护录音制品制作者防止未经许可复制其录音制品公约》（简称《录音制品公约》）。

《世界知识产权组织表演和录音制品条约》和《与贸易有关的知识产权协定》均对录音制品提供保护。那么，哪些录音制品能够根据该两条约的规定，受到我国《著作权法》的保护呢？如上文所述，该两条约均要求缔约方遵守《罗马公约》关于受益人范围的规定。对录音制品而言，该规定为《罗马公约》第 5 条第 1 款、第 2 项。该条规定：只要符合下列条件之一，缔约国就应当给予录音制品制作者以国民待遇：(1) 录音制品制作者是另一个缔约国[②]的国民（国民标准）；(2) 首次录音是在另一个缔约国进行的（录制标准）；(3) 录音制品是在另一个缔约国首次发行的（发行标准）。如果某一录音制品是在某一非缔约国首次发行的，但在首次发行后 30 天内也在某一缔约国发行（同时发行），则该录音制品应当被认为是在该缔约国首次发行。"国民标准"是强制性标准，缔约国必须适用。但对于"录制标准"和"发行标准"，缔约国可以声明只适用其中一个标准，但不能既不适用"录制标准"也不适用"发行标准"。对于未加入《罗马公约》的《世界知识产权组织表演和录音制品条约》缔约方而言，其可以向世界知识产权组织总干事发出通知，说明其不适用"录制标准"或

---

① 参见《世界知识产权组织表演和录音制品条约》第 3 条第 2 款，《与贸易有关的知识产权协定》定第 1 条第 3 款。

② 《罗马公约》使用的是"缔约国"（contracting state），《世界知识产权组织表演和录音制品条约》使用的是"缔约方"（contracting parties），这是因为欧共体可以作为一方（而不是"一国"）加入《世界知识产权组织表演和录音制品条约》。

“发行标准”[①]。对于未加入《罗马公约》的《与贸易有关的知识产权协定》缔约方而言，其可以向与贸易有关的知识产权理事会（TRIPs理事会）发出通知，说明其不适用“录制标准”或“发行标准”[②]。

例如，中美两国都没有加入《罗马公约》，但都是《世界知识产权组织表演和录音制品条约》的缔约方，根据《世界知识产权组织表演和录音制品条约》第3条第2款的规定，在根据《世界知识产权组织表演和录音制品条约》向表演和录音制品提供保护时，应当假定中美两国都已加入《罗马公约》，并适用《罗马公约》关于哪些表演和录音制品能够受保护的规定（也即对“受益人”范围的规定）。据此，美国国民制作的录音制品应当在中国受保护并享受国民待遇（关于国民待遇的范围请见下文）。同时，该两国均没有向世界知识产权组织总干事发出通知，说明其不适用“录制标准”或“发行标准”。如果录音制品的制作者是泰国国民，而泰国并未加入《世界知识产权组织表演和录音制品条约》[③]，则只要该录音制品是在美国制作的，或者是在美国首次发行的，包括首先在泰国发行后30天内又在美国发行，则中国也有义务保护该录音制品。

需要注意的是，《罗马公约》第5条在规定录音制品受保护的条件时，所采用的“国民标准”特指“录音制品制作者是另一个缔约国的国民”。这就意味着对于某一缔约国是否保护本国国民制作的录音制品，与《罗马公约》无关。同样，《罗马公约》第5条采用的“录制标准”和“发行标准”也是特指“在另一个缔约国进行的”首次录制和首次发行的录音制品。这意味着非缔约国国民在某一缔约国制作的录音制品或首次发行的录音制品，该缔约国没有义务提供保护，只有其他缔约国才有义务提供保护。在上文提及的假想例中，对于泰国（非《世界知识产权组织表演和录音制品条约》缔约方）国民在美国（《世界知识产权组织表演和录音制品条约》缔约方）制作或首次发行的录音制品，中国（《世界知识产权组织表演和录音制品条约》缔约方）应当提供保护，因为首次制作或首次发行录音制品是“在另一个缔约方（美国）”进行的；但美国没有义务根据《世界知识产权组织表演和录音制品条约》对该录音制品提供保护[④]，因为首次制作或首次发行录音制品是在美国本国进行的，而不是“在另一个缔约方”进行的。如果泰国国民虽然在美国首次进行录制并形成了录音制品，但该录音制品是在加拿大（《世界知识产权组织表演和录音制品条约》缔约方）首次发行的，则美国应当对该录音制品提供保护，因为首次制作虽然不是“在另一个缔约方”进行的，但录音制品是在“在另一个缔约方（加拿大）”首次发行的。

《录音制品公约》第2条只要求缔约国保护“是其他缔约国国民的录音制品制作者”，即只采用了“国民标准”。仍然以泰国国民在美国（《录音制品公约》缔约国）制作或首次发行录音制品为例：由于泰国没有加入《录音制品公约》，中国没有义务根据该公约对该录

---

① 《世界知识产权组织表演和录音制品条约》第3条第3款。

② 《与贸易有关的知识产权协定》第1条第3款。

③ 这是截至2022年12月的情况。

④ 需要注意是，此处只说明是美国没有义务根据《世界知识产权组织表演和录音制品条约》对泰国国民在美国首次制作或首次发行的录音制品提供保护。但泰国加入了世界贸易组织，也即是《与贸易有关的知识产权协定》的缔约方，根据《罗马公约》第5条规定的“国民标准”，美国有义务根据《与贸易有关的知识产权协定》对泰国国民在美国首次制作或首次发行的录音制品提供保护。

音制品提供保护。

当然，缔约方对于在本国制作的录音制品或首次发行的录音制品，没有根据国际条约提供保护的义务，并不意味着该缔约方不能主动提供保护。我国《著作权法实施条例》第34条第1款规定："外国人、无国籍人在中国境内制作、发行的录音制品，受著作权法保护"。该规定的依据并非《世界知识产权组织表演和录音制品条约》或《与贸易有关的知识产权协定》。如上文所述，由于该录音制品的首次制作地和发行地是中国，而非"另一个缔约方"，如果该外国人并非《世界知识产权组织表演和录音制品条约》或《与贸易有关的知识产权协定》缔约方的国民，该两条约并不要求中国对该录音制品提供保护，是我国立法者自主决定提供这种超越国际义务的保护。需要指出的是，参考国际条约的规定，前述条例第34条中的"在中国境内……发行的录音制品"当然是指在中国境内首次发行的录音制品，而不包括首先在其他国家发行后，又在中国发行。

2. 广播受我国著作权法保护的情形

我国《著作权法实施条例》第35条规定："外国的广播电台、电视台根据中国参加的国际条约对其播放的广播、电视节目享有的权利，受著作权法保护。"目前，我国唯一参加的涉及广播组织权保护的国际条约是《与贸易有关的知识产权协定》，因此，受其保护的外国广播组织的广播组织权，也应受我国著作权法保护。

《与贸易有关的知识产权协定》第14条第3款规定了对广播组织的保护，关于受保护的条件，仍然应遵守《罗马公约》的规定。《罗马公约》第6条规定，只要符合下列两项条件之一，缔约各国就应当给予广播组织以国民待遇：（1）该广播组织的总部设在另一缔约国；（2）广播是由设在另一缔约国的发射台播放的。缔约国可以声明只保护符合上述某一条件的广播组织。对于未加入《罗马公约》的《与贸易有关的知识产权协定》缔约方而言，其可以向TRIPs理事会发出通知，说明其按上述某一种标准保护广播组织。[①]

例如，中国和印度都没有加入《罗马公约》[②]，但都加入了世界贸易组织，即都是《与贸易有关的知识产权协定》的缔约方。印度对于中国国际广播电台播送的广播信号，应当给予保护，阻止本国境内其他广播组织进行未经许可的无线转播。这是因为中国国际广播电台的总部在中国，其广播也是从中国境内的发射台播放的，符合《与贸易有关的知识产权协定》根据《罗马公约》设定的保护条件。

需要注意的是，我国《著作权法实施条例》第35条在规定对广播组织的广播组织权保护时，并没有像第34条第1款（有关对外国人制作的录音制品的保护）那样，规定外国的广播电台、电视台在中国境内播放的广播、电视（节目）受著作权法保护。这可能是因为我国对广播电台、电视台的设立与运作有严格的管理，外国的广播电台、电视台不可能直接在我国直接播放广播、电视（节目）。

（二）表演受我国著作权法保护的情形

《著作权法实施条例》第33条第1款规定："外国人、无国籍人在中国境内的表演，受著作权法保护"；第2款规定："外国人、无国籍人根据中国参加的国际条约对其表演享有

---

① 参见《与贸易有关的知识产权协定》第1条第3款。

② 这是截至2014年7月的情况。

的权利，受著作权法保护。”该条规定了外国人、无国籍人的表演在我国受保护的条件：在我国境内表演或者受我国参加的国际条约的保护。就保护表演而言，“我国参加的国际条约”包括《世界知识产权组织表演和录音制品条约》、《视听表演北京条约》和《与贸易有关的知识产权协定》。其中，《世界知识产权组织表演和录音制品条约》和《与贸易有关的知识产权协定》并不对以视听录制品录制的表演提供保护，而《视听表演北京条约》对以视听录制品录制的表演提供了保护。我国《著作权法》和《著作权法实施条例》在保护表演者权时，并未区分相关表演是以录音制品录制的，还是以视听录制品录制的。但在外国人作为表演者要求获得《著作权法》规定的保护时，必须进行这种区分，以判断我国是否有予以保护的义务。

（1）以录音制品录制的表演受我国著作权法保护的情形。

《世界知识产权组织表演和录音制品条约》和《与贸易有关的知识产权协定》均对表演提供保护，但在表演已被录制的情况下，该两条约均只对“以录音制品录制的表演”提供保护①，这就意味着如果表演是以视频形式录制的，那么《世界知识产权组织表演和录音制品条约》和《与贸易有关的知识产权协定》并不提供保护，而是由《视听表演北京条约》提供保护的。对于现场表演，《世界知识产权组织表演和录音制品条约》和《与贸易有关的知识产权协定》则均禁止未经许可而进行现场直播，以及以音频形式进行录制（参见下文中的“立法背景：《视听表演北京条约》”）。②

那么，哪些表演能够受到《世界知识产权组织表演和录音制品条约》和《与贸易有关的知识产权协定》的保护呢？这仍然要根据《罗马公约》的规定加以确定。③《罗马公约》第 4 条规定，只要符合下列条件之一，缔约各国应当给予表演者以国民待遇：（1）表演是在另一缔约国进行的（表演地标准）；（2）表演已被录制在受本公约第 5 条保护的录音制品上（录音制品标准）；（3）表演未被录制成录音制品，但在受《罗马公约》第 6 条保护的广播中播放（广播标准）。

例如，中国和美国均加入了《世界知识产权组织表演和录音制品条约》，泰国（尚未加入《世界知识产权组织表演和录音制品条约》）国民在美国进行的表演就可以在中国受到保护。假设泰国国民是在泰国进行的表演，由英国的唱片公司在泰国将其录制为录音制品，或者由泰国的唱片公司在泰国录制为录音制品后，在加拿大首次发行，虽然泰国没有加入《世界知识产权组织表演和录音制品条约》，但由于英国和加拿大均为《世界知识产权组织表演和录音制品条约》的缔约方，根据《罗马公约》中保护录音制品的“国民标准”和“发行标准”，该录音制品应受保护，则其中的表演也应受保护，因此中国应对该表演提供保护。假设对于泰国国民在泰国进行的表演，由总部设在澳大利亚的电视台进行了现场直

---

① 参见《世界知识产权组织表演和录音制品条约》第 7 条至第 10 条，《与贸易有关的知识产权协定》第 14 条第 1 款。

② 参见《世界知识产权组织表演和录音制品条约》第 6 条，《与贸易有关的知识产权协定》第 14 条第 1 款。

③《世界知识产权组织表演和录音制品条约》第 3 条第 1 款规定，“缔约各方应将依本条约规定的保护给予系其他缔约方国民的表演者和录音制品制作者”。第 2 款规定，“其他缔约方的国民应被理解为符合《罗马公约》规定的标准、有资格受到保护的表演者或录音制品制作者，如同本条约的全体缔约方均假设为该公约缔约国的情形。对于这些资格标准，缔约各方应适用本条约第 2 条中的有关定义”。由此可见，第 1 款中的“其他缔约方国民”与其字面意思相差甚远，并不是指中国国民、美国国民等“缔约方国民”，而是指符合《罗马公约》保护条件的人。

播，或者该表演在被录制成DVD后，由总部设在澳大利亚的电视台进行了播放，由于澳大利亚是《世界知识产权组织表演和录音制品条约》的缔约方，根据《罗马公约》中保护广播的标准，该广播应受保护。由于在这两种情况下，表演都未被“录制成录音制品”（DVD不是“录音制品”），广播中的表演也应受保护，中国有义务对该表演提供保护。

需要特别注意的是，《罗马公约》并没有将表演者的国籍或惯常居住设定为受保护的标准，这就意味着表演者作为某一《世界知识产权组织表演和录音制品条约》或《与贸易有关的知识产权协定》缔约方的国民，如果不符合《罗马公约》规定的上述“表演地标准”、“录音标准”或“广播标准”，仍然不能在特定的缔约方获得保护。因此，《世界知识产权组织表演和录音制品条约》和《与贸易有关的知识产权协定》根据《罗马公约》设定的保护条件来判断一种表演是否受保护，并非尽善尽美。请考虑一种情形：中国和美国都是《世界知识产权组织表演和录音制品条约》的缔约方，中国歌手W在美国举办演唱会，并许可一家美国唱片公司将现场演唱录制成CD在美国销售，同时许可一家美国广播电台进行现场直播。后W发现有人在美国未经许可而复制、发行录有其表演的CD。请问：美国是否有义务根据《世界知识产权组织表演和录音制品条约》或《与贸易有关的知识产权协定》对表演者W提供保护？

对此的回答是否定的。首先，美国是表演者W寻求获得保护的国家，而W的表演正是在美国进行的，而不是“在另一个缔约方进行的”，因此W不能根据《罗马公约》关于保护表演的“表演地标准”在美国获得保护。其次，录有W表演的CD（录音制品）的录制者是美国国民，不是“另一缔约方的国民”，首次录制是在美国进行的，不是“在另一个缔约方进行的”，而且也是在美国首次发行的，不是“在另一个缔约方首次发行的”。这样一来，该录音制品无法根据《罗马公约》关于保护录音制品的“国民标准”、“录制标准”和“发行标准”受到《世界知识产权组织表演和录音制品条约》或《与贸易有关的知识产权协定》的保护，因此其中的表演也不能根据《罗马公约》关于保护表演的“录音制品标准”受到保护。虽然该CD可以作为“录音作品”获得《美国版权法》的保护，但这与美国是否有义务根据《世界知识产权组织表演和录音制品条约》或《与贸易有关的知识产权协定》对CD中的外国表演者提供保护无关。最后，播放载有W表演现场直播信号的广播电台的总部在美国，不是“设在另一缔约国”的，且该广播是从美国的发射台播放的，而不是“由设在另一缔约国”的发射台播放的，因此该广播不符合《罗马公约》规定的保护条件，其中的表演也不能根据《罗马公约》关于保护表演的“广播标准”受到保护。由此可见，在该假想例中，美国没有义务对W的表演提供保护。至于美国是否自愿提供保护，则与条约义务无关了。当然，如果在该假想例中，未经W许可而复制在加拿大等美国之外的《世界知识产权组织表演和录音制品条约》或《与贸易有关的知识产权协定》的缔约方销售，则W在加拿大等国家起诉销售者侵犯其表演者权的行为，应当胜诉。这是因为对于加拿大等其他缔约方而言，表演行为是“在另一个缔约方”（美国）进行的，《罗马公约》规定的“表演地标准”就足以使加拿大等其他缔约方承担根据《世界知识产权组织表演和录音制品条约》和《与贸易有关的知识产权协定》保护该表演的义务。

如果将上述假想例中的中美两国的情形对调，其结果如何呢？假设美国歌手L在中国举办演唱会，并许可一家中国唱片公司将现场演唱录制成CD在中国销售，同时许可一家中国广播电台进行现场直播。后L发现有人在中国未经许可而复制、发行录有其表演的CD。请问：中国是否应当对表演者L提供保护？

对此问题的回答是肯定的。虽然与以W为假想例的情况相同，中国没有义务根据《世界知识产权组织表演和录音制品条约》或《与贸易有关的知识产权协定》对L在中国的演唱提供保护，但《著作权法实施条例》第33条第1款规定“外国人、无国籍人在中国境内的表演，受著作权法保护”，且该款独立于第2款——“外国人、无国籍人根据中国参加的国际条约对其表演享有的权利，受著作权法保护”。由此可见，在《世界知识产权组织表演和录音制品条约》和《与贸易有关的知识产权协定》要求提供的保护范围之外，我国主动提供了更广的保护范围，不仅对外国表演者“在另一个缔约方”进行的表演提供保护，还对外国表演者在本国境内进行的表演提供保护，而且这种保护并不取决于该外国表演者的国籍国是否对中国的表演者提供同样的保护。

典型案例

菲尔·科林斯诉Imtrat贸易公司

菲尔·科林斯（Phil Collins）是英国歌手和作曲家，他在美国举行了一场演唱会之后，发现德国Imtrat贸易公司在德国销售未经其许可而制作的演唱会录音制品，于是向德国法院提起诉讼，要求法院下达禁令，禁止被告销售侵犯其表演者权的录音制品。本案发生时，含有保护表演者内容的《与贸易有关的知识产权协定》与《世界知识产权组织表演和录音制品条约》尚未缔结，与表演者保护有关的国际条约只有《罗马公约》。英国和德国都是《罗马公约》的缔约方，但美国不是缔约方。根据《罗马公约》第4条的规定，只要表演是在另一缔约方进行的，或者表演已被录制在受《罗马公约》保护的录音制品上，或者表演在受《罗马公约》保护的广播中被播放，表演者就可以在各缔约方受到保护。由于菲尔·科林斯进行表演的地点是非缔约方美国，同时其表演也没有录制在受《罗马公约》保护的录音制品上或在受《罗马公约》保护的广播中被播放①，故《罗马公约》并不要求德国给予菲尔·科林斯国民待遇。因此根据《罗马公约》，菲尔·科林斯应该败诉。但是，《建立欧洲经济共同体条约》第7条第1款规定：“在本条约的适用范围之内……任何以国籍为基础的歧视都应被禁止”。如果认为该条约也适用于著作权和相关权的保护，则菲尔·科林斯应当胜诉，因为德国不得对同为欧洲经济欧共体的英国的国民进行歧视。德国慕尼黑地区法院因此请求欧盟法院（当时为欧共体法院）对《建立欧洲经济共同体条约》第7条第1款

① 对于菲尔·科林斯的表演是否在录制受《罗马公约》保护的录音制品上或在受《罗马公约》保护的广播中被播放，判决书中并没有交代。但如果菲尔·科林斯的表演是录制在受《罗马公约》保护的录音制品上或在受《罗马公约》保护的广播中被播放，则根据《罗马公约》第4条，其表演就应当在德国受到保护，本案的争议也就不会发生了。因此可以合理地推断，菲尔·科林斯的表演并没有录制在受《罗马公约》保护的录音制品上或在受《罗马公约》保护的广播中被播放。

的适用范围进行解释。[①]

欧盟法院认为，基于著作权和相关权对欧洲经济共同体内部货物和服务贸易的影响，其应当在《建立欧洲经济共同体条约》的适用范围之内。该条约第7条第1款规定的无歧视原则适用于这些权利。该条约第7条第1款必须被解释为：成员国国的立法不得拒绝给予其他成员国的作者和表演者以该立法给予本国国民的权利。该条约禁止在该国境内销售未经作者和表演者许可而制作的录音制品，即使表演是在本国境外发生的。[②] 因此，菲尔·科林斯的表演者权应根据《建立欧洲经济共同体条约》第7条第1款规定的非歧视原则在德国获得保护。

由此可见，菲尔·科林斯的表演者权在德国获得保护的最终法律依据，并不是保护表演者权的《罗马公约》，而是《建立欧洲经济共同体条约》。可以设想，假如并不存在规定了成员国之间必须实行非歧视待遇的《建立欧洲经济共同体条约》，或者本案的原告不是该条约的成员国英国的国民，而是其他国家的国民，则本案中德国并没有义务保护他在美国进行的表演。

（2）以视听录制品录制的声音表演受我国著作权法保护的情形。

《罗马公约》、《与贸易有关的知识产权协定》和《世界知识产权组织表演和录音制品条约》均对以音频形式利用表演（利用以录音制品录制的表演）的行为和以视频形式利用表演（利用以视听录制品录制的表演）的行为区别对待，对于利用以视听录制品录制的表演，均并不加以规制。直至2012年世界知识产权组织在北京外交会议上成功缔结《视听表演北京条约》，才解决了保护视听表演的问题。

立法背景

《视听表演北京条约》

涉及表演者邻接权保护的《罗马公约》、《与贸易有关的知识产权协定》和《世界知识产权组织表演和录音制品条约》对以录音制品录制的表演提供保护，但对以视听录制品录制的表演不予保护。例如，对于复制已录制在CD等录音制品中的表演的行为，上述三条约均要求获得表演者的许可，但对于复制已录制在DVD、录像带等视听录制品中的表演的行为，则三条约均不要求获得表演者的许可。

《罗马公约》第19条明确规定，一旦表演者同意将其表演纳入视觉或视听录制品中，第7条（赋予表演者禁止他人未经许可录制其现场表演、复制其表演的录制品的权利——引者注）即不再适用。这里的“视觉或视听录制品”（简称视听录制品）是指一切用摄录设备进行视频拍摄的结果，无论其是否构成作品。据此，一位歌手只要许可他人在位于某一缔约方的演唱会现场对表演摄像，则另一缔约方对于他人未经许可而复制录像带的行为，

---

① Phil Collins v. Imtrat Handelsgesellschaft mbH, Case C-92/92 (1993), paras. 3-6.

② Ibid., para. 27. 32.

没有义务向该歌手提供法律救济；但如果有人经过许可用录音机录下了歌声并制作成CD，则另一缔约方对于他人未经许可而复制CD的行为，必须向这名歌手提供法律救济。

《罗马公约》缔结于20世纪60年代，当时摄像机尚未普及，能够对表演活动以视频方式进行录制的主要是影视公司。而《罗马公约》第7条赋予了表演者广泛权利，即使表演者已经许可录制其表演，仍然有权禁止为其他目的对由此形成的录制品进行再复制。这就意味着即使演员已经许可出于播放影视剧的需要而录制其表演，影视公司仍然不能擅自制作和销售影视剧的录像带。为了维护影视产业的利益，《罗马公约》规定视听录制品中的表演不受保护，从而产生了歧视视听表演的问题。

随着摄录设备的普及，对表演的摄录变得极为简单易行，影视产业之外也产生了大量的视听录制品，而这些作品中表演者的利益未能受到合理保护。同时，许多国家建立了表演者权集体管理组织，使得在不损害影视产业利益的情况下给予表演者全面保护现实可能。世界知识产权组织自20世纪90年代以来一直尽力推动缔结新的国际条约，以对表演者提供全面保护。

2000年，世界知识产权组织在日内瓦召开外交会议，目标是缔结“视听表演保护条约”。美国为了防止好莱坞电影集团的利益受到新条约影响，要求条约确保表演者对视听录制品的权利转让给制作者。该立场遭到了欧共体的反对，导致该次外交会议上未能成功缔结新条约。直至2011年，美欧双方才就表演者权利转让条款达成妥协，也即确认应允许各缔约方国内法自行规定表演者权利的归属。2012年6月，世界知识产权组织在北京召开外交会议，顺利缔结了《视听表演北京条约》。这是第一个以我国城市命名的国际知识产权条约。

《视听表演北京条约》规定：表演者对于载有其表演的视听录制品，享有复制权、发行权和信息网络传播权，缔约方还可视情况决定是否规定出租权、广播权和向公众传播的权利。① 这就使表演者对载有其表演的录音制品和视听录制品享有同样的专有权利。《视听表演北京条约》还规定：缔约方可以在国内法中规定，表演者一旦同意将其表演录制于视听录制品中，其各种专有权利就应归该视听录制品的制作者所有，或应由其行使，或应向其转让，但表演者和制作者可以作出相反约定。②

与《世界知识产权组织表演和录音制品条约》将《罗马公约》对表演者的保护延伸至数字环境不同，《视听表演北京条约》对表演者的保护并不是以《罗马公约》为基础的，它所规制的行为，正是《罗马公约》不予规制的。因此，《视听表演北京条约》并没有像《世界知识产权组织表演和录音制品条约》和《与贸易有关的知识产权协定》那样，假定所有缔约方都加入了《罗马公约》并按照《罗马公约》的规定确定受益人，而是对受益人，也即谁可以受到保护，作出了自己的规定。

《视听表演北京条约》第3条规定：（1）缔约各方应将本条约规定的保护给予系其他缔约方国民的表演者。（2）非缔约方国民但在一个缔约方境内有惯常居所的表演者，在本条

① 参见《视听表演北京条约》第7条至第11条。
② 参见《视听表演北京条约》第12条第1款。

约中视同该缔约方的国民。由此可见，《视听表演北京条约》规定的表演者受保护的条件与《世界知识产权组织表演和录音制品条约》和《与贸易有关的知识产权协定》所规定的完全不同。《视听表演北京条约》采用的是“国民标准”和“惯常居所地标准”，即只要表演者是其他缔约方的国民或者在其他缔约方有惯常居所，缔约方就应对其提供《视听表演北京条约》要求的保护。例如，截至本书完成时，美国尚未批准《视听表演北京条约》。假设一名美国哑剧演员在《视听表演北京条约》缔约方韩国进行了哑剧表演，其录像被未经许可而上传至我国的视频网站，供公众在线点播或下载，该美国演员根据我国《著作权法》，在我国起诉上传者侵害其表演者权中的信息网络传播权。只要该美国演员在韩国没有惯常居所，我国就没有义务保护该美国演员以视听录制品录制的表演，其诉讼请求应当被驳回。

二、我国著作权法对外国邻接权人的保护

在确定了哪些外国人的表演、录音制品和广播应受我国《著作权法》保护之外，还要了解我国《著作权法》应如何进行保护。我国作为《世界知识产权组织表演和录音制品条约》和《与贸易有关的知识产权协定》的缔约方，有义务对符合条件的表演、录音制品和广播提供该两条约要求的保护。

（一）自动保护原则和独立保护原则

《与贸易有关的知识产权协定》、《世界知识产权组织表演和录音制品条约》和《视听表演北京条约》均采用了自动保护原则，也即享受条约要求的保护无须履行登记或标注标记等手续。《与贸易有关的知识产权协定》第 62 条第 1 款规定：“各成员可要求作为取得或维持第二部分第 2 节至第 6 节下规定的知识产权的一项条件，应符合合理的程序和手续……”由于《与贸易有关的知识产权协定》对邻接权的规定属于第二部分第一节，因而对于邻接权的取得或维持，不能要求以履行手续为前提。《世界知识产权组织表演和录音制品条约》第 20 条和《视听表演北京条约》第 17 条更是明确规定：“享有和行使本条约所规定的权利无须履行任何手续”。

《罗马公约》和《录音制品公约》则允许缔约国在对录音制品和体现于录音制品中的表演提供保护时规定应履行的手续。《罗马公约》第 11 条规定：对于录音制品，缔约国的国内法可以要求以履行手续作为保护录音制品制作者或表演者或二者的权利的条件。《录音制品公约》第 5 条也允许缔约国的国内法要求以履行手续作为保护录音制品制作者的条件。

我国没有加入《罗马公约》，《录音制品公约》也只是“允许”而不是“要求”缔约国规定保护录音制品的手续，所以我国《著作权法》并没有将履行特定手续作为享有和行使邻接权的前提。这一规则对中外权利人是平等适用的。我国《著作权法实施条例》第 33 条规定：外国人、无国籍人在中国境内的表演，受著作权法保护。外国人、无国籍人根据中国参加的国际条约对其表演享有的权利，受著作权法保护。第 34 条规定：外国人、无国籍人在中国境内制作、发行的录音制品，受著作权法保护。外国人、无国籍人根据中国参加的国际条约对其制作、发行的录音制品享有的权利，受著作权法保护。第 35 条规定：外国的广播电台、电视台根据中国参加的国际条约对其播放的广播、电视节目享有的权利，受著作权法保护。这三条规定均没有对保护外国邻接权人设置应当履行的手续，体现了自动保护原则。

保护邻接权方面的国际条约虽然不像《伯尔尼公约》那样，明确规定了独立保护原则，但这些条约都没有规定表演、录音制品和广播受其国籍国，或者表演地、制作地、广播地或录音制品发行地所在国的保护，会对某一缔约方的保护产生什么影响。实际上这是默认了独立保护原则。

（二）国民待遇和国民待遇的例外

保护著作权的国际条约和保护邻接权的国际条约虽然都规定了国民待遇，但两者在国民待遇范围的规定上有很大差异。如前文所述，《伯尔尼公约》所要求的国民待遇，是指对于起源国为其他成员国的作品，某一成员国给予其权利人的权利，应当为该成员国给予本国国民的权利，加上《伯尔尼公约》特别规定的权利。与之相反，我国参加的国际邻接权条约所要求的国民待遇，仅指条约本身规定的权利，包括专有权利和获酬权，不包括缔约方在本国立法中给予本国国民的额外权利。

《与贸易有关的知识产权协定》第 3 条（国民待遇）第 1 款规定："在知识产权保护方面……每一成员给予其他成员国民的待遇不得低于给予本国国民的待遇。就表演者、录音制品制作者和广播组织而言，此义务仅适用于本协定规定的权利。"这就意味着世界贸易组成方各成员对于表演者权、录制者权和广播组织权的保护，只有义务在该协定规定的权利范围内给予其他成员的国民以国民待遇。对于该成员在超出该协定为上述邻接权人规定的权利之外额外规定的其他权利，并无给予国民待遇的义务。同样，《世界知识产权组织表演和录音制品条约》第 4 条第 1 款规定：在本条约所专门授予的专有权以及本条约第 15 条所规定的获得合理报酬的权利方面（当为商业目的发行的录音制品用于广播或对公众传播时，表演者或录制者有权获得合理报酬），每个缔约方均应将其给予本国国民的待遇给予第 3 条第 2 款所定义的其他缔约方的国民（按《罗马公约》的规定确定的受益人范围）。《视听表演北京条约》第 4 条以基本相同的措辞规定了国民待遇的范围。《与贸易有关的知识产权协定》第 3 条第 1 款也明确规定："……每一成员给予其他成员国民的待遇不得低于给予本国国民的待遇。就表演者、录音制品制作者和广播组织而言，此义务仅适用于本协定规定的权利……"由此可见，对于邻接权保护方面的国民待遇，不能望文生义地将其理解为：给其他缔约方国民的待遇与给本国国民的相同。如果本国立法对邻接权的保护水平超出了国际条约的要求，则该国没有义务将超出部分的保护同样给予其他缔约方的国民。① 换言之，在邻接权保护水平较高的国家，给本国国民的待遇超过给外国国民的是正常现象。

前文曾以印度举例说明《与贸易有关的知识产权协定》对广播组织的保护，此处仍以印度为例：如果我国与印度相邻的边境地区的电视台收到位于印度的电视台播放的无线广播（节目）之后，未经许可而通过有线电缆进行转播，或者提供该广播（节目）录制品的在线点播或下载，其行为并不能依据我国《著作权法》为广播组织规定的转播权和信息网络传播权，被认定为对该印度电视台广播组织权的侵权。② 这是因为《与贸易有关的知识产权协定》第 14 条第 3 款只要求保护广播组织禁止未经许可而以无线方式进行转播的权利。

---

① 《世界知识产权组织表演和录音制品条约》和《与贸易有关的知识产权协定》中的"其他缔约方的国民"并不是指拥有其他缔约方国籍的国民，而是按照《罗马公约》的规定有资格享受保护的人，即受益人。下同。

② 当然，如果广播（节目）中作品的著作权人依据《伯尔尼公约》第 11 条之二有关"广播和相关权"的规定主张保护，结果会完全不同。

虽然我国《著作权法》赋予广播组织的转播权不限于无线转播的权利，还包括通过有线电缆转播等一切技术手段转播的权利以及信息网络传播权（见本章第四节），但根据《与贸易有关的知识产权协定》第3条有关邻接权方面的国民待遇“仅适用于本协定规定的权利”的规定，我国没有义务保护印度广播组织的“有线转播权”和信息网络传播权。我国《著作权法实施条例》第35条规定：“外国的广播电台、电视台根据中国参加的国际条约对其播放的广播、电视节目享有的权利，受著作权法保护”。换言之，对于外国的广播电台、电视台对其播放的广播、电视节目无法根据中国参加的国际条约享有的权利，我国《著作权法》不予保护。

如果保护邻接权的国际条约允许缔约方对条约规定的某一权利声明保留，则就被声明保留的权利，作出声明保留的缔约方无须给予其他缔约方国民。其他缔约方对该被声明保留的权利，也无须给予作出声明保留的缔约方的国民。这就是邻接权领域国民待遇的例外。

例如，《世界知识产权组织表演和录音制品条约》第15条规定：对于将为商业目的发行的录音制品直接或间接地用于广播或用于对公众的任何传播，表演者和录音制品制作者应享有获得一次性合理报酬的权利。同时允许缔约方对该合理获酬权的规定声明保留。我国于2006年加入《世界知识产权组织表演和录音制品条约》时，声明中国不受条约第15条第1款的约束。《世界知识产权组织表演和录音制品条约》第4条第1款规定：在本条约所专门授予的专有权以及本条约第15条所规定的获得合理报酬的权利方面，每个缔约方均应将其给予本国国民的待遇给予第3条第2款所定义的其他缔约方的国民（按《罗马公约》的规定确定的受益人范围）。第2款则规定：本条第1款规定的义务不适用于另一缔约方使用了本条约第15条允许的保留的情况。由于中国对《世界知识产权组织表演和录音制品条约》第15条规定的合理获酬权声明保留，中国自然没有给予其他缔约方的表演者和录音制品制作者从广播和向公众传播录音制品中获得合理报酬的义务。因此，外国的录音制品制作者不能以中国《著作权法实施条例》第34条第2款（“外国人、无国籍人根据中国参加的国际条约对其制作、发行的录音制品享有的权利，受著作权法保护”）为依据，要求在中国享受中国《著作权法》第45条规定的传播录音制品获酬权。反之，在规定了这种合理获酬权的国家（如欧盟成员国），中国的表演者和录音制品制作者也不能享有与该国国民相同的合理获酬权。

【问题与思考】

1. 在本章第二节提及的“典型案例　将表演制成Flash是否侵犯表演者权”中，奇志、大兵认为：涉案Flash漫画画面粗糙，声音与画面脱节。粗糙的制作、丑陋的人物形象产生了丑化的结果，因此新浪的行为侵犯了原告作为作者享有的保护作品完整权和作为表演者享有的保护表演形象不受歪曲权。法院认为：涉案Flash漫画的画面虽然与奇志、大兵的真人表演不同，且简单粗糙，音效质量问题的产生也有多种原因，但无证据证明使用此种动画与声音效果是为故意丑化、贬损奇志、大兵的作品，并使公众实际产生对二人相关作品降低评价或造成其二人的声誉贬损，故未侵犯奇志、大兵对涉案作品和表演的保护作品完整权及保护表演形象不受歪曲权。

你对此是否认同？

奇志、大兵相声表演画面

根据相声表演制作的 **Flash** 画面

奇志、大兵相声表演画面

根据相声表演制作的 **Flash** 画面

在本案中，被告的 Flash 动漫直接使用了表演者的声音，因此无疑构成对表演者权的侵害。假设被告在 Flash 动漫中没有使用表演者的声音，只是以动漫的手法展示表演者的形象和动作，并将表演者的对话制作成字幕，请问：被告的行为是否构成对表演者权的侵权？

2. 某唱片公司深入原始森林，录制了风声、水流声和鸟鸣声并制作了名为《天籁之音》的 CD 出版。另一唱片公司受到启发，也赴相同的原始森林，自行录制了风声、水流声和鸟鸣声，并制作成名为《自然美声》的 CD 出版。两张 CD 中包含的声音十分相似。现第一家唱片公司起诉第二家唱片公司侵权。如果你是第一家唱片公司的律师，应当提出何种诉讼请求和相应的理由？如果你是第二家唱片公司的律师，应当如何进行抗辩？

3. 在讨论《视听表演北京条约》的过程中，美国对于其支持条约全面保护视听表演设定了一个前提，即扩大"国民待遇"的范围。美国提出，未来的条约应明确规定缔约方对其他缔约方国民给予的保护应与给予本国国民的保护相同。[①] 换言之，"国民待遇"的范围不限于条约规定的权利，而是要扩大到缔约方为本国国民规定的其他所有的权利。请思考：为什么美国要提出这样的条件？为什么美国的意见最终没有被接受？

4. 请结合本书第四章第三节有关电影作品著作权归属的内容，以及本章对《视听表演北京条约》的介绍和"黄梅戏电影《天仙配》案"，思考《著作权法》的相关规定是否合理、是否符合国际条约的规定。请参考《加拿大版权法》第 17 条第 1 款：当表演者许可将其表演纳入电影作品之中，表演

① See WIPO Doc. CRNR/DC/34, Diplomatic Conference on Certain Copyright and Neighboring Rights Questions, Scope of Coverage for Audiovisual Performers, Proposed by the Delegation of the United States of American, p. 2.

者对于被纳入该电影作品之中的表演，不能再行使第 15 条第 1 款规定的表演者权。同时请自行查找并阅读该法第 2 款至第 4 款的补充规定。

5. 在某国与我国进行自由贸易协定谈判时，其提出的知识产权章节的草案包含以下一条：

对于本章涵盖的各类知识产权，每一缔约方在知识产权以及此类权利所衍生的任何利益的保护和享有方面，给予其他缔约方国民的待遇不得低于其给予自己国民的待遇。

如果你是中方谈判人员，你能否接受该条款？如果由你来修改，应当如何修改才符合我国的利益？

6. 电影《永不消逝的电波》于 1958 年首映，其保护期早已届满。某视频网站希望在“红色经典”频道提供该部电影的点播，但市场上未能找到这部电影的录像带或光盘。其发现某电视台正在播出这部电影，于就进行了录制，并将录制的电影（画面上该电视台的台标清晰可见）上传至服务器中提供点播。该电视台发现后，起诉该网站侵害其广播组织权中的信息网络传播权。

假设你是该案的主审法官，请对此案撰写一份判决书

一审法院因此驳回了原告的诉讼请求。在二审中，法院指出：

本案争议法律问题的实质在于广播组织权项下的转播权的保护范围是否能够扩展至网络领域。首先，我国著作权法对于此问题的规定并不明确，根据《中华人民共和国著作权法》（2010 年）的规定，广播组织者享有转播权，但法律并未将“转播”的定义扩展至互联网领域。且从立法体系上分析，我国著作权法将广播组织权和信息网络传播权相分离，广播组织并不是信息网络传播权的权利主体，不能控制互联网领域的广播电视作品的传播。音、视频节目在互联网领域内的权利可由著作权人、表演者、录音录像制作者等权利主体进行主张。在立法没有明确赋予广播组织在互联网领域控制传播权利的法律现状下，如果将广播组织权扩大至互联网领域，可能会缩减著作权人的网络传播权的范围，改变著作权人与邻接权人的权利分配。其次，从国际公约的立法情况来看，不管是《与贸易有关的知识产权协定》还是《保护表演者、音像制品制作者和广播组织罗马公约》，均未将转播权的保护范围扩展至网络领域。再次，在互联网领域，虽然广播组织权的权利人不能对“转播”予以控制，但著作权人或著作权的被许可人、录音录像制作者或录音录像制作者权的被许可人，仍可以信息网络传播权受到侵害为由获得司法救济。因而，在法律没有明确规定的情况下，不应将转播权的保护范围扩展至网络领域。在本案中，（原告）作为广播组织权的享有者，而非某卫视（频道电视）节目的著作权人，不享有对该节目网络转播的控制权。（被告）通过 IPTV 宽带业务将某卫视（频道电视）节目传送给用户观看的行为，并未侵犯（原告）享有的广播组织权。①

你是否认同一、二审法院的判决结果？如果回答是肯定的，对于一、二审法院的判决理由，你是否都认同？为什么？

① 浙江省嘉兴市中级人民法院（2012）浙嘉知终字第 7 号民事判决书。

第六章 对著作权的限制

本章导读

我国著作权法规定了著作权人和邻接权人的诸多财产权利。为了鼓励和促进人们的创作积极性，保护这些权利具有重要的意义。但是出于社会政策的考虑，在赋予权利人有限垄断权的同时，也要满足社会对知识和信息的需要，在一定的条件下应该允许他人不经许可而使用，甚至可以无偿使用作品。我国著作权法规定了对著作权的两类限制：法定许可和合理使用。两者的区别在于根据法定许可使用作品者无须经过著作权人许可，但应当支付报酬；而根据合理使用规定对作品进行使用既不需要经过著作权人许可，也不需要支付报酬。但判断一种使用是否构成合理使用，不仅要看它是否属于《著作权法》所规定的情形，还要看它是否符合“三步检验标准”。

第一节 对著作权的限制概述

著作权是一系列权利的统称。我国《著作权法》第1款第10条所列举的4项著作人身权和13项著作财产权，即为著作权人所享有的专有权利。这些权利之所以被称为“专有权利”，是因为一般情况下，只有经著作权人许可的人才能实施受这些权利控制的行为。如果未经权利人许可，也缺乏法律的特殊规定，他人擅自实施受这些权利控制的行为，即构成对著作权的直接侵权。例如，公开放映电影作品的行为是受放映权控制的，而一家电影院在未经电影作品著作权人许可的情况下擅自向公众放映电影就是侵犯放映权的行为。

在作品的创作、传播和利用过程中，都会涉及一系列受著作权专有权利控制的行为，例如，文艺评论家对他人的诗歌进行评析时，往往需要首先引用诗歌本身，这是一种受复制权控制的复制行为；在“文艺下乡”活动中，由志愿者组成的歌舞乐团会在农村公开演唱或表演他人创作的音乐作品或舞蹈作品，这是一种受表演权控制的公开表演行为；当广播电台、电视台对这一表演活动进行新闻报道时，不免会将现场对作品的部分表演活动通过无线电波传送出去，这又是受广播权控制的广播行为。如果不对著作权人的“专有权利”在一定程度上加以限制，作出合理的例外规定，则上述三种行为在未得到著作权人许可的情况下，都将构成对著作权的侵权。

著作权法规定专有权利的目的并不是使创作者对作品的传播和使用进行绝对垄断，也不是单纯地对创作者加以奖励，而是通过赋予创作者有限的垄断权，保障其从作品中获得合理的经济收入，以鼓励和刺激更多的人投身于原创性劳动之中，促使更多高质量的作品得以产生和传播。[①] 正是由于著作权必须最终服务于更为重要的社会利益，《伯尔尼公约》第 9 条第 2 款规定：成员国法律有权允许在某些特殊情况下（不经作者许可）复制作品，只要这种复制不致损害作品的正常使用，也不致无故侵害作者的合法利益。《与贸易有关的知识产权协定》和《世界知识产权组织版权条约》更是以基本相同的措辞规定，成员国可以对各种专有权利作出限制。

虽然各国均规定了对著作权的限制和例外，但在名称和立法体例上有很大区别。《美国版权法》第 107 条将既不需要经过版权人许可也不需要向其支付报酬的使用作品行为称为“合理使用”[②]（fair use），但并没有详尽地一一列举构成“合理使用”的具体情形，只是规定了法官在判断他人实施一种受专有权利控制的行为是否构成“合理使用”时四个可供考虑的因素：(1) 使用的目的和性质，即使用是为商业目的还是教育目的，是否构成“转换性使用”；(2) 被使用作品的性质，即作品是具有高度独创性的还是包含大量公有领域的材料的；(3) 被使用部分的数量和重要性，即被使用的部分占原作的比例及重要程度；(4) 对作品潜在市场或价值的影响，即使用是否会影响原作及演绎作品的市场销路。[③] 同时，《美国版权法》还规定了一系列无须经版权人许可，但需要向其支付报酬的情形，称为“法定许可”（statutory license）。

欧洲大陆法系国家的著作权立法中并没有“合理使用”和“法定许可”的称谓，而是将所有不需要经过著作权人许可的使用作品行为归入“权利的例外和限制”条款，这些条款总是对各种例外情形作出非常具体、全面的列举，但往往缺乏一项判定特定行为是否属于“例外和限制”的一般原则，这样，法官就难以运用自由裁量权在著作权法规定的情形之外认定受专有权利控制的行为不构成侵权。[④] 此外，大陆法系的立法也没有用单独的条款对“法定许可”另行加以规定，只是在“权利的例外和限制”条款中规定某些行为虽然无须著作权人许可，但应当向著作权人支付报酬。英国、加拿大等其他英美法系国家的版权法在这方面接近大陆法系国家的模式，只是将“限制和例外”称为“公平交易”（fair dealing），同时又以判例法确定的原则作为法官在个案审理时的补充。

---

① 美国联邦最高法院对此指出：“创造性作品是要受到鼓励和奖励的，但私人动机必须最终服务于促进公众广泛获得文学、音乐和其他艺术（作品）的（目标）。”（Twentieth Century Music Corp. v. Aiken，422 U. S. 151, at 156.）

② 从字义上看，fair use 应被译为“公平使用”，但“合理使用”已是通行译法。

③ See 17 U. S. C. 107.

④ See Andre Lucasn，Pascal Kaminan，Robert Plaisantn，*FRA International Copyright Law and Practice*，Matthew Bender & Company，Inc.，2005，§ 11 (1).

我国《著作权法》限制专有权利的立法模式是接近大陆法系国家的，因为《著作权法》并未规定判定特定行为是否属于“例外和限制”的一般原则或供法官考虑的因素。因此，学界习惯于将《著作权法》第24条规定的12项“权利的限制”称为“合理使用”，实际上并不合适（本书为了论述的方便，下文仍然沿用“合理使用”的说法）。但我国的立法模式与大陆法系的也并非完全相同，因为《著作权法》对“法定许可”是单独加以规定的。这样，我国《著作权法》对专有权利的限制就分为两类：一类是合理使用，另一类是法定许可。

理论研究

合理使用是使用者的权利吗？

吴汉东教授曾将学术界有关“合理使用”之性质的学说分为三种类型。[①] 一是“权利限制说”，即将合理使用看作是对著作权人权利的限制。二是“侵权阻却说”，即认为合理使用是违法阻却事由。三是“使用者权利说”，即认为合理使用是使用者依法享有的利用他人作品的一项权益。吴汉东教授指出：“侵权阻却说”与“权利限制说”是从不同方面对合理使用之法律属性的认定，与“使用者权利说”截然相反。[②] 本书作者赞同吴汉东教授的归纳，即第一种和第二种学说尽管表述不同，但实际上是同一意思，即合理使用是对专有权利的限制，也正是这种限制的存在，阻却了将特定未经许可而使用作品的行为认定为侵权行为。本书作者也赞同吴汉东教授的另一观点，即“权利限制说”是无法与“使用者权利说”相调和的。

在法律意义上，权利（right）是与义务（duty）相对应的。承认特定民事主体享有权利，必然意味着其可以请求相应的民事主体履行为一定行为或不为一定行为的义务。著作权是典型的绝对权或对世权，权利人享有一系列专有权利，意味着其他人不得未经许可而实施受专有权利控制的行为，这就是他人的义务。与此不同，特权（privilege）则意味着一个人可以为某种行为的自由。[③] 合理使用应当是一种特权，也即权利人之外的人可以依法不经权利人许可，以特定方式利用作品，而权利人对此必须容忍。例如，读者一旦从书店买回了一本小说书，就可以为个人学习和研究目的对部分章节进行复印，权利人不能加以干涉。但是，如果认为合理使用是使用者的“权利”，则权利人之外的人就可以请求权利人提供作品，以实现对作品的合理使用，而这显然是不能成立的。例如，某人进行了公开演讲，也即公开发表了作品，但在场的听众未能将其演讲记录下来。如果听众中有人是记者，希望为新闻报道的目的复制演讲的片段，但苦于找不到原文，便向作者索要。此时作者是否有义务向其提供演讲稿，以使记者实现“合理使用权”呢？答案显然是否定的，作者并无向记者提供作品的义务。可记者一旦拿到了原文，就可以对其进行私人复制。因此私人复

---

① 参见吴汉东：《著作权合理使用制度研究》（修订版），130页，北京，中国政法大学出版社，2005。

② 参见上书，133页。

③ See Wesley Newcomb Hohfeld, “Fundamental Legal Conceptions as Applied in Judicial Reasoning”, 26 *Yale Law Journal* 710, 1916-1917.

制对记者而言只是其可以享受的法定利益（特权），而不是一种“权利”①。

“使用者权利说”的缺陷在数字时代体现得更加突出。例如，某人撰写了一篇文章并发表在自己的博客上。出于某种原因，作者采取了技术措施，只允许用户阅读，不允许用户拷贝。如果承认合理使用是使用者的“权利”，则作者采用这种技术措施显然干涉了使用者为个人学习、研究目的而复制作品的“权利”，该技术措施岂不成了非法的？那么著作权法保护技术措施、禁止他人规避技术措施的正当性又何在呢？

典型案例

权利人采用技术措施不侵犯“使用者权”

在比利时发生的“Test Achats 诉百代唱片公司等案”中，原告 Test Achats 是一个维护消费者利益的组织。被告百代（EMI）、索尼、环球和贝塔斯曼等唱片公司在其发行的 CD 中加入了技术措施，使消费者无法复制 CD。原告认为：根据《比利时著作权法》对“私人复制”的规定，消费者享有“私人复制权”，而被告使用的技术措施构成对消费者这一权利的侵犯。因此其要求法院禁止被告在 CD 中使用此类技术措施。法院认为：《比利时著作权法》允许“私人复制”，只是对著作权的一种限制。这一规定既不能被视为赋予个人制作私人复制件的权利，也不能被视为一种著作权或邻接权。由于本案的诉因是“著作权侵权”，法院驳回了原告的诉讼请求。②

在法国发生的著名的“穆赫兰道案”中，一位名叫史蒂芬尼（Stephane Perquin）的消费者购买了电影《穆赫兰道》的 DVD。他想对电影进行私人复制，即将电影拷贝到录像带中。但由于 DVD 中有限制复制的技术措施，他无法进行拷贝。该名消费者认为：《法国知识产权法典》规定作品的使用者有权为其私人使用目的而对作品进行复制，但 DVD 中的技术措施妨碍了自己行使这一权利。该名消费者于是与法国消费者协会一起对采用技术措施的电影公司提起了诉讼。巴黎上诉法院认定：“私人复制”并非一种“权利”，而是对禁止复制作品这一规定的“例外”。因此，消费者所进行的私人复制只能作为对侵权指称的抗辩。该法院以此为由驳回了原告的诉讼请求。③

同样，在“消费者联盟诉 Fnac Paris 和华纳唱片公司案”中，一名消费者在 Fnac Paris 唱片店中购买了一张 CD。他想将 CD 复制到计算机中，却发现因 CD 中含有禁止拷贝的技术措施而无法复制。该名消费者向法国消费者利益保护团体“消费者联盟”（UFC Que Choisir）投诉，该消费者团体便和这名消费者一同起诉这家唱片店和 CD 的发行者华纳唱片公司，要求移除 CD 中的技术措施。其理由是消费者的“私人复制权”受到了损害。原告特

---

① Bettina Goldmann, "Copyright Protection by DRM in the EU and Germany: Legal Aspects", in Edberhard Becker, Willms Buhse, Dirk Gunnewig, NielsRump (eds.), *Digital Rights Management: Technological, Legal and Political Aspects*, Springer-Verlag Berlin Heidelberg, 2003, p. 496.

② Test Achats v. EMI Recorded Music Belgium, et al., Court of Appeal, 9th Ch., Brussels, 2004/AR/1649, 9 September 2005.

③ Association U. F. C. Que Choisir v. Société Universal Pictures Vidéo France, Films Alain Sarde, Studio Canal and Syndicat de l'Edition Vidéo, Court of Appeal Paris (Cour d'appel Paris), 4 April 2007, 06/07506.

别提出：法国的消费者要为录制设备和媒体支付“私人复制补偿金”，既然消费者已经为私人复制付过费，其当然有权进行私人复制。同时，原告还认为被告违反了《法国消费者保护法》，其CD无法被复制到计算机中属于产品的“隐蔽质量缺陷”，而被告在产品封面上提供的信息并不足以使消费者意识到该CD无法被复制到计算机中。一审法院认定：私人复制不是一项“权利”，而是基于公共政策的例外。但该法院还是禁止权利人使用旨在阻止对CD进行私人复制的技术措施。同时，该法院也认定该CD无法被复制属于CD的“隐蔽质量缺陷”，而封面上向消费者提供的信息也不充分。在二审中，上诉法院重申：私人复制不是一项“权利”，而是“禁止未经权利人许可全部或部分复制作品”原则的法定例外。因此，私人复制仅能在权利人提起的诉讼中被用作抗辩理由，而不能作为一项诉因使权利人提起诉讼，这与消费者是否支付过“私人复制补偿金”无关。因此，上诉法院推翻了一审法院有关禁止权利人在CD中使用限制私人复制的技术措施的判决。同时，上诉法院还认为：CD不能被复制是权利人使用技术措施的结果，而不是CD本身的质量问题。且CD包装上已经载明：“本CD受（技术措施）保护，无法以数字方式被复制。在插入这张CD时，它可以被多数CD播放机和光盘驱动器所播放。”上诉法院认为该描述是准确无误的，因此华纳唱片公司已经履行了向消费者告知的义务。①

在美国的“环球电影公司诉Corley案”（此案的一审为“环球电影公司诉Reimerdes案”）中，Corley被控传播用于规避电影DVD中技术措施（名称为CSS，即“内容扰乱系统”）的解密码（名称为DeCSS）。Corley认为，《美国千禧年数字版权法》有关禁止提供规避手段的规定是违宪的，因为宪法要求保障公众对作品进行合理使用的能力。法院对此指出：“合理使用原则从来都不保证合理使用者获取作品，以便以其偏好的技术或以原版的格式去复制版权作品”②。

上述案例也说明合理使用并非使用者的一项“权利”（right），而是“特权”（privilege），它对专有权利起到了限制作用，同时实现了侵权阻却的效果。③

第二节　合理使用

《伯尔尼公约》、《与贸易有关的知识产权协定》和《世界知识产权组织版权条约》虽然均允许成员国对著作权规定限制和例外，但均以该规定只能在特殊情况下作出、与作品的正常利用不相冲突，以及没有不合理地损害权利人的合法权益这三个条件为前提。④ 这就是“三步检验法”或“三步检验标准”（Three-step Test）。根据“三步检验标准”，限制与例外

---

① UFC Que Choisir & Mr. X v. Fnac Paris & Music Warner, Court of Appeal Paris (20 June 2007).

② Universal City Studios, Inc., v. Corley, 273 F. 3d 429, 459 (2nd Cir., 2001).

③ 德国、匈牙利等欧洲国家持同样的观点，see Adolf Dietz, Mihaly Ficsor, “Implementation of the EU Copyright Directive's Provisions on DRM/Technical Protection Measures (Podium Discussion Report, by Catherine Meetraux Kauthen)”, in Christoph Beat Graber (ed.), *Digital Rights Management: The End of Collecting Societies?*, Staempfli Publisher Ltd., 2005, pp. 185, 189。

④ 参见《伯尔尼公约》第9条第2款，《与贸易有关的知识产权协定》第13条，《世界知识产权组织版权条约》第10条。

允许使用作品的情形首先在范围上必须是有限的，而且应基于适当的公共政策考量，如保护言论自由、促进教育事业的发展和对信息的获取等。其次，凡是能够带来较大经济利益、对作者较为重要的权利，应留给作者行使，限制与例外允许的行为不能在经济上与作者对权利的行使形成竞争，也即不能损害作品的市场价值。最后，虽然任何限制与例外都会在一定程度上减损作者的利益，这种程度必须合理，不能超出与相应公共政策相适应的范围。[①] 据此，各成员国不仅只能针对特定情形规定对著作权的限制和例外，而且对相应条款的制定和解释应当适当、合理，不能导致影响作品正常利用和严重损害权利人合法权益的后果。换言之，一种本应受到专有权利控制的行为是否无须经过权利人许可或不向其支付报酬，最终判断标准并不是它是否被列举在成员国立法所规定的“权利限制”条款之中（包括称为“合理使用”、“权利的限制和例外”的条款），而是它是否能够通过“三步检验标准”的检验。我国已经加入了《伯尔尼公约》、《与贸易有关的知识产权协定》和《世界知识产权组织版权条约》，应履行遵守“三步检验标准”的国际义务。同时，我国《著作权法》第 24 条也明确规定，对于该条所列举的可以不经著作人许可、不向其支付报酬的使用行为，“不得影响该作品的正常使用，也不得不合理地损害著作权人的合法权益”，从而体现了“三步检验标准”。这样，“三步检验标准”就已经被转换为我国国内立法，成为法院在作出相关判决时必须依据的最终标准。

典型案例

“三步检验标准”与“欧共体诉美国案”

最初出现在《伯尔尼公约》，后来又为《与贸易有关的知识产权协定》和《世界知识产权组织版权条约》所确认的“三步检验标准”，是各国公认的判断一类行为是否构成“合理使用”的标准。但是，“三步检验标准”的用语是高度原则、抽象和富有弹性的。不同的人从不同的角度加以解读，会得出不同的结论。因此，有必要在将“三步检验标准”适用于网络环境之前，对其每一步的标准进行分析。迄今为止，对“三步检验标准”最为权威的解释，莫过于世界贸易组织争端解决专家小组对“《美国版权法》第 110（5）条案”所作的报告了，因为这一报告毕竟是在国际层次上对争议双方具有约束力的法律文件，而且是在考虑了版权立法最为发达的地区——美国和欧共体对“三步检验标准”的解释之后作出的。它不仅在世界贸易组织成员方今后就有关“合理使用”的某项国内立法发生争端时具有极强的说服力，也对各国今后的立法具有指导意义。因此，专家小组的意见对于澄清“三步检验标准”中每一步标准的含义极为重要。

“《美国版权法》第 110（5）条案”较为复杂的事实与法律背景是：《伯尔尼公约》第 11 条之二是对“广播及相关权”（以下简称广播权）的规定，其内容是：“文学艺术作品的作者享有下列专有权利：（1）授权广播其作品或以任何其他无线传送符号、声音或图像的

① See Mihaly Ficsor, *Collective Management of Copyright and Related Rights*, WIPO Publication No. 855 (E), Geneva, 2002, pp. 68 - 69.

方法向公众传播其作品；（2）授权由原广播机构以外的另一机构通过有线传播或转播的方式向公众传播广播的作品；（3）授权通过扩音器或其他任何传送符号、声音或图像的类似工具公开传播广播的作品。”

根据这一条的字面意思，著作权人不仅有权许可广播电台和电视台将自己的作品通过无线电波加以公开传播，有权许可其他广播电台和电视台将收到的上述广播（节目）再通过无线电波或有线电缆加以转播，还有权许可公共场所的经营管理者打开收音机或电视机，通过扩音器放出收到的广播（节目）。对于“通过扩音装置公开播放广播的权利”，曾经有人表示过怀疑，认为既然著作权人已经许可过广播电台、电视台播放其作品，以及许可过其他广播电台、电视台转播含有其作品的广播，就已经获得了充分的报酬，不应再控制在公共场所对广播（节目）的播放了。但是，《伯尔尼公约指南》明确指出：著作权人虽然许可对其作品进行广播，但他只假定听众或观众只在家庭范围内接受广播信号并欣赏被广播的作品。一旦接受广播信号的目的是向更大范围的人群提供娱乐，使其他公众也能欣赏被广播的作品，著作权人就有权对这种新的传播方式进行控制。[①]

显然，并非所有“通过扩音装置公开播放广播”的行为都应当受到著作权人的控制，《伯尔尼公约》也允许各成员国规定行使三种广播权的条件。许多国家也在其著作权立法中对三种广播权，特别是第三种广播权，设置了例外或豁免。

在20世纪70年代在美国曾经发生过“Twentieth Century Music Corp 诉 Aiken 案”。被告是一家小快餐店，其中放置了家用收音装置和4个扬声器。该快餐店的总面积为1 055平方英尺（约98平方米），其中有620平方英尺（约57.6平方米）是对公众开放的。被告未经原告著作权人许可，就打开收音机接收音乐节目，并通过4个扬声器加以播放。原告起诉被告侵犯其公开表演权（《美国版权法》第106条规定的“表演权”是广义的，能规制《伯尔尼公约》第11条之二要求规制的三种行为，包括了我国《著作权法》规定的广播权中的第一项子权利和第二项子权利所针对的行为）。美国联邦最高法院最终认定如此小面积的经营场所播放收到的广播（节目）不构成侵权。此案促使美国立法者对表演权的范围进行限制，《美国版权法》第110（5）条因此规定：使用通常用于私人家庭中的单个接收装置接收展示或播放作品内容的广播（节目），并加以播放的，构成对表演权的例外，条件是没有直接对收听或收看广播（节目）者收取费用，以及没有再将收到的广播（节目）以其他方式向公众进行进一步传播。美国国会在立法报告中指出，这一规定目的在于豁免“任何仅仅是在公共场所打开通常是出售给公众成员用于私人目的的收音或电视接受设备者”的版权侵权责任，其基本理由是“通过在公开场所打开普通接受设备对收到的广播进行再次使用对版权人造成的影响太小和太无关了，因此不应施加更多的责任”。虽然立法本身没有对什么是“通常用于私人家庭中的单个接收装置”作出解释，但美国国会的报告要求法院在个案中应当考虑以下因素：（1）以平方英尺为单位的商业机构的物理面积［与上述餐馆面积1 055平方英尺（约98平方米）对比］；（2）接收设备被视为私人家庭普遍使用设备的程度；（3）接收器和扩音器之间的距离；（4）扩音器的数量；（5）扩音器是可自由移动的

---

① See Guide to the Berne Convention for the Protection of Literary and Artistic Works (Paris Act, 1971), WIPO Publication No. 615 (E), pp. 68-69, para. 11, bis. 12.

还是可固定在天花板上；(6) 根据收入状况，该商业机构是否被通常认为是可以提供背景音乐服务的类型；(7) 商业机构内可视或可听见传播内容区域的噪音水平；(8) 设备的构造等情况。据此，小型商业机构的业主在营业时间打开家用录音机或电视机接收并通过扬声器播放广播（节目）的行为就不构成侵权了，从而形成了第三种广播权的例外。

1998 年，美国通过了《音乐公平许可法案》(Fairness in Music Licensing Act)，在第 110 (5) 条增加了 (B) 项，拓展了表演权的例外范围，同时将第 110 (5) 条原规定的例外定为 (A) 项。该法案规定：

对来自联邦通讯委员会（Federal Communications Commission）许可的广播电台或电视台播出的非戏剧音乐作品，或对来自有线或卫星电视播出的视听作品，商业机构在收到该广播（节目）或对其的转播信号之后，以公众接收为目的的播放该广播（节目）的，如果没有直接对收听或收看广播（节目）者收取费用，没有再将收到的广播（节目）以其他方式向公众进行进一步传播，以及该对作品的广播或传播是经过版权人授权的，则在以下情况下不构成侵权：

第一，对于餐饮服务机构之外的商业机构，只要其总面积小于 2 000 平方英尺（约 185.8 平方米，不包括顾客用以停车的空间和没有其他用途的空间），其播放广播（节目）的行为就不构成侵权。当该商业机构的总面积等于或者大于 2 000 平方英尺（约 185.8 平方米，不包括顾客用以停车的空间和没有其他用途的空间）时，如果仅播放声音，只要使用总计不超过 6 个扩音器播放，其中位于任何一个房间或户外毗连空间内的扩音器不超过 4 个，播放广播（节目）的行为就不构成侵权。如果播放声音和画面，只要对画面部分的播放或展示使用总计不超过 4 个视听装置，其中位于任何一个房间的视听装置不超过 1 个，且视听装置屏幕的对角线不超过 55 英寸（约 139.7 厘米）；对声音部分的播放使用不超过总计 6 个扩音器，其中位于任何一个房间或户外毗连空间内的扩音器不超过 4 个，播放广播（节目）的行为就不构成侵权。

第二，对于餐饮服务机构，如果其总面积小于 3 750 平方英尺（约 348.4 平方米，不包括顾客用以停车的空间和没有其他用途的空间），其播放广播（节目）的行为就不构成侵权。当该商业机构总面积等于或大于 3 750 平方英尺（约 348.4 平方米，不包括顾客用以停车的空间和没有其他用途的空间）时，如果仅播放声音，使用总计不超过 6 个扩音器播放，其中位于任何一个房间或户外毗连空间内的扩音器不超过 4 个，播放广播（节目）的行为就不构成侵权。如果播放声音和画面，对画面部分的播放或展示使用不超过总计 4 个的视听装置，其中位于任何一个房间的视听装置不超过 1 个，且视听装置屏幕的对角线不超过 55 英寸（约 139.7 厘米）；对声音部分的播放使用总计不超过 6 个扩音器，其中位于任何一个房间或户外毗连空间内的扩音器不超过 4 个，播放广播（节目）的行为就不构成侵权。

显然，修改后的《美国版权法》第 110 (5) 条大大拓展了第三种广播权的例外范围，使大量商业机构播放广播音乐节目的行为都不构成侵权了。“爱尔兰音乐权利组织”(the Irish Music Rights Organization) 通过欧共体对《公平音乐许可法案》提出质疑，认为该法案违反了《伯尔尼公约》和《与贸易有关的知识产权协定》，给爱尔兰的音乐著作权人造成了每年约 270 万美元的损失。在欧共体与美国的双边磋商失败后，世界贸易组织根据争端解决程序组成了专家小组，该专家小组于 2000 年 7 月 15 日提交了报告。由于双方争议的焦点是修改后的《美国版权法》第 110（5）条（A）项与（B）项对广播权的豁免是否符合《与贸易有关的知识产权协定》第 13 条规定的“三步检验标准”，专家小组结合案情对“三步检验标准”的具体解释就具有重要参考意义。

首先，《与贸易有关的知识产权协定》第 13 条规定的“三步检验标准”中的第一个标准是“应将对专有权利的限制或例外局限于‘特定的特殊情况’”。专家小组指出：“特定的”（certain）是指国内法规定的任何一种限制或例外都必须被清楚地界定。虽然无须明确列举可以适用例外的每一种可能情形，但必须将限制或例外的范围特定化，并为人所知。“特殊”则是指“适用范围或目的是有限的，是个别性的”，“在质上和量上的界限都是狭窄的”。换言之，限制或例外不能变成“常态或通常情况”。

根据相关调查，美国绝大多数餐饮店和接近一半的零售店都可以根据《美国版权法》第 110（5）条（B）项享受豁免。专家小组认为：《伯尔尼公约》第 11 条之二规定的第三种“广播权”原本就是意图适用于“餐馆、茶室、火车车厢、大商场等人群聚集的地方”。《美国版权法》第 110（5）条（B）项的规定使这种广播权所针对的大部分使用者都被免除了责任，这不属于《与贸易有关的知识产权协定》第 13 条意义上的“特殊情形”。换言之，《美国版权法》第 110（5）条（B）项划出的免责范围相对于第三种广播权的适用范围而言，已经不再“在质上和量上是狭窄的”，是“例外和少见的”，而成了一种“常态或通常情况”。相反，据调查，只有少数的餐馆、酒馆和零售店面积在 1 005 平方英尺（约 93.4 平方米）之下，能够享受《美国版权法》第 110（5）条（A）项规定的豁免。这就使专家小组认为第 110（5）条（A）项划定的免责范围不仅明确，而且是例外和少见的，因此符合《与贸易有关的知识产权协定》第 13 条规定的“三步检验标准”中的第一个标准。

其次，对于第二个标准，对专有权利的限制或例外“与作品的正常利用不相冲突”，专家小组认为：“利用”（exploit）主要指版权人从行使其专有权利中获得经济利益的行为。而“正常”的含义则可以用两种不同的方法加以定义：一是经验的方法，二是法律规范的方法。第一种方法实际上是考察版权人以往在通常情况下利用其作品的合理方式。如果版权人根本不期望以某种方式利用其作品并从中获得报酬，则这种利用方式就不属于对作品的“正常”利用。而第二种方法却要考虑版权人根据法律规则、根据技术和市场的发展在未来以新的方式利用作品的可能性。专家小组赞成用第二种方法来定义“正常”，即不仅要考虑在当前能够产生巨大和现实收入的作品利用形式，还要考虑那些可能合理地具有相当经济价值的作品利用形式。同时，专家小组还强调“所有具有或可能获得相当经济或实用价值的作品利用形式，都应当保留给作者”。版权人由于某种原因（如一国对某种专有权利缺乏有效的保护手段，或保护的成本过高）而暂时不行使某种专有权利，并不意味着不能通过这种专有权利对作品进行“正常利用”。换言之，“正常利用”并不等于版权人现在从一种专有权利中“正常获得报酬”。如果只要版权人现在不行使某项专有权利，一国就可以通过立法限制这项权利，那么版权人的专有权利的范围将被“冻结”在现在行使的部分，使他永远无法在未来条件成熟的时候行使目前尚未行使的部分。这当然是不能成立的。但是，专家小组也承认：在评价一种例外的现实和潜在影响时，只能以当前或近期的市场和技术条件为基础，而不能对未来的发展作出“推测”，尽管市场中对作品的“正常利用”可能因为技术发展和消费者偏好的转变而发生变化。

对于何种使用与“对作品的正常利用相冲突”的问题，专家小组指出：并非每一种涉及经济利益，并在专有权利控制范围之内的使用，都必然和对作品的正常利用相冲突，否则几乎没有任何一项例外或限制可以满足第二个标准《与贸易有关的知识产权协定》第13条就可能失去意义了。正确的理解是：当一种利用作品的行为与版权人通常从行使专有权利中获取经济价值的行为相竞争，并且因此使版权人丧失大量的实体商业利益时，如果国内法将这种利用行为规定为对专有权利的例外或限制，这一规定就上升到了与作品的正常利用相冲突的程度。

据此，专家小组认为，虽然在制定《音乐公平许可法案》、增加第110（5）条（B）项所规定的例外之前，美国的版权人从未通过集体管理组织有效地行使《伯尔尼公约》第11条之二规定的第三种“广播权”（属于《美国版权法》中的表演权的范围，下同）、向餐饮店和零售店收取播放音乐广播的许可费，但这并不意味着《美国版权法》第110（5）条（B）项所规定的例外就不与对作品的“正常利用”相冲突。版权人利用此项专有权利获得经济收入的主要来源就是那些在营业时间打开广播接收装置播放广播（节目）的商业机构，而根据《美国版权法》第110（5）条（B）项，绝大多数餐饮店和零售店在播放广播音乐节目时都可以享受豁免，无须向版权人支付报酬。这将使版权人丧失本来可以预期获得的大部分许可使用费，显然是与通过《伯尔尼公约》规定的第三种“广播权”对作品进行“正常利用”相冲突的。而《美国版权法》第110（5）条（A）项不但仅能使很少部分的餐饮店和零售店享受豁免，适用范围也仅限于戏剧音乐作品。考虑到美国根本不存在对戏剧音乐作品的集体许可机制，在当前和近期的市场和技术条件下，版权人不可能合理地期待对此类作品行使第三种广播权。第110（5）条（A）项规定的例外并不与通过第三种“广播权”对作品进行“正常利用”相冲突。

最后，对于第三个条件“没有不合理地损害权利人的合法利益”，专家小组指出：“利益”一词既包括财产性质的使用权和收益权，也包括版权人对潜在损害或利益的关注。换言之，“利益”并不局限于“经济利益”。“合法”则不仅指符合法律规定，还指被要求保护的利益是正当的。如果国内法规定的例外导致或可能导致版权人不合理地丧失其利益，这种损害就是“不合理的”。专家小组再次强调：在衡量利益损害时，不但应考虑现实的损害，还要考虑潜在的损害。版权人暂时不行使某项权利，没有从该项权利中获得经济利益，并不意味着针对这项专有权利的例外就一定不会损害版权人的“合法利益”，因为这项例外虽然不会对版权人的收入造成直接损失，却会使权利人再也无法行使此项专有权利并从中获得收入。

据此，专家小组在考察了双方就因《美国版权法》第110（5）条（B）项规定的例外而导致版权人的现实损失和潜在损失数额后，认定第110（5）条（B）项对版权人的损害是“不合理的”，第110（5）条（A）项造成的损害则尚未达到“不合理”的水平。

当然，由于“与作品的正常利用不相冲突”、“没有不合理地损害权利人的合法权益”都是十分抽象的用语，各成员国可能会有不同的理解和判断标准。例如，《美国版权法》第107条专门指出：即使作品尚未发表，对作品未经许可的使用仍然可能构成“合理使用”。这与我国《著作权法》的规定是截然相反的。但是，某些明显损害著作权人的其他合法权益的使用，如在引用他人观点时不注明出处等，在各国都是不被允许的。

我国《著作权法》第24条列出了12种可构成“合理使用”的情形，并允许其他法律和法规规定其他“合理使用”情形，同时《信息网络传播权保护条例》第6条也在此范围内规定了8种数字环境中“合理使用”的情形，但前提均是针对已发表作品，同时必须“指明作者姓名或者名称、作品名称，并且不得影响该作品的正常使用，也不得不合理地损害著作权人的合法权益”。下文对这12种情形逐一加以讲解。

一、个人使用

我国立法规定的第一种合理使用情形是：为个人学习、研究或者欣赏，使用他人已经发表的作品。[①] 这种合理使用情形仅限于纯粹为个人目的而进行的使用，如学者或学生在图书馆复印一部作品的片段或期刊中的一篇文章等。如果使用具有直接商业动机，或者将复制件向公众散发，则不能构成合理使用。例如，在日本发生的著名判例“三精运输机株式会社（Sansei Yusoki K. K）诉东宝舞台株式会社（Toho Stage K. K）案”中，被告复制了原告为投标韩国的国家大剧院而制作的设计图。被告认为自己的行为是私人复制，可构成合理使用。但法院拒绝了这一理由，指出：合理使用只允许在家庭或有限范围内为个人使用而进行复制，在公司中为商业目的进行的复制不是个人使用，需要获得原告的许可。[②] 但是，大部分国家都承认公司中科研人员为进行研究而使用他人作品的行为只具有间接商业目的，仍然可能构成合理使用。

需要指出的是：不能认为只要是“为个人学习、研究或者欣赏”而进行的复制，不问被复制作品的来源、复制的方式和数量等，都构成合理使用，“三步检验法”仍然是最终的判断标准。例如，对于为了个人欣赏而复制整部书籍、大量翻录整盘音乐磁带或光盘，以及大量从网上下载盗版音乐或电影，在许多国家都因其会对权利人的经济利益造成不合理的损害而认定构成侵权行为。

典型案例

索尼录像机案

使用家用录像机录制电视台正在播出的作品属于复制行为，因为录制的结果是导致作品在物质载体——录像带上形成了永久复制件。那么，这种未经作品著作权人许可的复制行为是否构成侵权呢？答案取决于法律是否承认它落入了“限制和例外”的范围。在现实生活中，绝大多数个人录制电视节目的目的在于个人欣赏。我国《著作权法》第24条第1款第1项规定：为个人学习、研究或者欣赏，使用他人已经发表的作品，可构成合理使用。但是，如上文所述：判断一项行为是否应当属于限制或例外的最终标准，是能否通过“三步检验标准”的检验。

---

① 参见《著作权法》第24条第1款第1项。

② See Teruo Doin, Japan, §8 (2) (a) (i), in Paul Edward Geller (ed.), *International Copyright Law and Practice*, Matthew Bender & Company, Inc., 2006.

在“三步检验标准”中，最为关键的一步是“使用没有不合理地损害权利人的合法权益”，这与《美国版权法》第107条规定的判断一项行为是否构成合理使用的第四个考虑因素——“对作品市场的潜在影响”是很相似的。因此，了解美国法院如何运用这个因素来判断合理使用行为，对于理解“三步检验标准”是有一定帮助的。

“索尼录像机案”的起因是：20世纪70年代，日本索尼公司开始在美国销售名为Betamax的录像机。该录像机既可通过电视机录制正在被观看的节目，也可以通过录像机自带的接收器，在观众观看一个频道时录制另一个频道的节目，还可以通过定时器在观众不在家时，自动按预先设定的时间对某一指定频道的节目进行录制。此外，Betamax录像机还有“暂停”和“快进”功能，观众在边观看边录制时可以通过按下暂停键避免将广告录进去，在播放录像带时可以通过按下快进键跳过广告。美国环球电影制片公司和迪士尼制片公司于1976年向美国加利福尼亚州中区联邦地区法院起诉索尼公司，认为：(1) 消费者未经许可而使用Betamax录像机录制其享有版权的电影构成版权侵权；(2) 索尼公司制造和销售这种录像机的唯一目的就是引诱购买者录制电视节目，包括其拍摄的电影，因此其应作为帮助侵权者为消费者的版权侵权行为承担责任。这两电影公司要求获得损害赔偿，包括索尼公司从销售Betamax录像机中获得的利润；并要求颁布禁止生产和销售这种录像机的禁令。[①]

个人消费者使用录像机在家庭中录制电视节目是否侵权的问题，实质上就是这一行为是否构成合理使用的问题。合理使用被美国法院认为是“整个版权法中最麻烦的问题”。1976年《美国版权法》修改时，并没有以穷尽列举的方式详细规定构成合理使用的情形，而只是在第107条列举了供法院考虑的四个要素：使用的性质和目的，被使用作品的性质，被使用部分的数量和重要性，使用对于作品潜在市场或价值的影响。对消费者使用录像机录制电视台播出的电影而言，第二个和第三个因素是不利于认定合理使用的，因为电影作为一种具有高度创造性的作品，应当受到最高限度的保护[②]，而消费者录制的显然又是一整部电影作品。[③] 但是，第107条在列举四个要素时，并没有指出它们各自的权重，而是允许法院在个案分析的基础上自由地将这些因素适用于特定的情况。因此，美国联邦最高法院中由5名大法官组成的多数派认为本案中第一个和第四个因素才是关键性的。

“索尼录像机案”中的原、被告双方都同意消费者使用Betamax录像机的首要目的是“改变观看时间”(time-shifting)，即在不方便收看电视直播的节目时将其录制下来，在观

---

① Universal City Studios, Inc. v. Sony Corporation of America, 480 F. Supp. 429, 435 - 436 (CD Cal., 1977). 被起诉者还包括其他几家销售商和一名在家庭中使用Betamax录像机录制这两公司出品的电影的个人消费者。在上诉至美国联邦最高法院时，这两公司放弃了对个人消费者的诉讼请求。

② 第二个因素“被使用作品的性质”的含义是：作品越是具有创造性，它享有的保护就越多。而那些由事实和信息构成的作品，如新闻报道等，所享受的版权保护范围就比较狭窄，他人对其使用构成合理使用的可能性就更大。See Melvile B. Nimmer & David Nimmer, *Nimmer on Copyright*, Matthew Bender & Company, Inc., 2003, Chapter 13.05 (A) (2) (a).

③ 第三个因素“被使用部分的数量和重要性”的含义是：从作品中复制的内容越多，复制的部分越重要，越不容易被认定为合理使用。See Melvile B. Nimmer & David Nimmer, *Nimmer on Copyright*, Matthew Bender & Company, Inc., 2003, Chapter 13.03, 13.05 (A) (3).

看过一次后就洗掉以录制其他节目。[1] 这种复制行为的“性质和目的”是否有利于认定合理使用呢？在此问题上，多数派与由 4 名大法官组成的少数派发生了激烈的争论。少数派认为：合理使用原则的目的在于“促进科学和有用技艺的进步”，评论、新闻报道、教学和学术研究等都需要使用先前作品，并都能在先前作品的价值之外创造有利于公众的“额外价值”。如果没有合理使用原则，人们就可能因为先前作品的版权人要价太高而放弃创作，导致公众无法获得新的知识。合理使用原则以牺牲先前作品版权人的利益为代价对使用者进行“补贴”，允许他们为了社会利益而对先前作品进行有限的免费使用。如果仅仅为了使用作品而使用，却没有给公众带来利益，合理使用原则就不能适用，因为在这种情况下不需要以牺牲版权人的利益为代价向使用者提供“补贴”。少数派据此认为：录制电视节目供个人欣赏并不是一种“能够创造价值的使用（productive use）”，只要版权人能够证明这种使用对其“作品的潜在市场或价值”有损害的“可能性”，就足以认定其不构成合理使用。

多数派反对将合理使用局限于“能够创造价值的使用”，认为使用是否能够创造价值并不是决定性的标准。多数派举例说：一名教师为了备课而复制他人作品固然是“能够创造价值的使用”，但单纯为了扩大自己的专业视野进行复制也是“合理使用”；立法者为了了解民情，以及选民为了作出投票决定而复制新闻，医院为了让病人能够观看原本将错过的电视节目而使用录像机录像均不是“能够创造价值的使用”，却都应当是合理使用。多数派因此认定：由于使用录像机“改变观看时间”属于“非商业性和非营利性的”，版权人只有能够证明“这种特定使用行为能够造成损害”，或者“如果这种行为变得普遍，会对作品的潜在市场造成负面影响”，才可能使法院认定这种使用行为不构成合理使用。

由于少数派与多数派对于为“改变观看时间”而录制的性质有重大分歧，他们在考虑第四个因素——“对作品潜在市场或价值的影响”时，对原告的举证责任的要求截然不同，并因此得出了相反的结论。两原告认为：虽然目前无法证明使用录像机“改变观看时间”已经造成了实际损害，但两原告从许可电视台播出电影获得的费用是由广告商根据对直播收视率的统计支付的，如果越来越多的人观看用录像机录制的电影录像，观看电视直播的观众人数就会减少，而观看录像的人数又无法被统计，将导致两原告的收入下降。两原告还认为：消费者会使用暂停键和快进键跳过广告，这将导致广告商不愿在播放电影时付费插播广告，电视台因此会减少向两原告支付的版权许可费。

对此，少数派认为：两原告已经通过指出录像机录制影响其收入的方式证明了“潜在的损害”，而且录像技术的出现为版权人创造了新的市场：那些在节目播出时无法观看的观众愿意为了在其方便的时间观看而付费，而索尼公司的录像机剥夺了电影公司开发这片市场的能力。初审法院没有认定使用录像机造成的损害只是因为“错误地分配了举证责任”。而多数派认为仅仅指出“潜在的损害”是不够的，还必须证明发生损害的“现实可能性”。他们引用地区法院在 1978 年的调查，指出：现在已经有办法统计通过录像观看电视节目的人数，因此，观看直播人数的减少并不会影响两原告的收入；同时只有 25%的消费者在观看录像时通过“快进”跳过广告，对广告商的影响不大。多数派因此认定“改变观看时间”并不可能导致对两原告的作品的潜在市场或价值的显著损害，相反，录像机使

---

① Sony Corporation of America，et al.，v. Universal City Studios，Inc.，et al.，464 U.S. 417，423 (1984).

那些原本无法收看电视直播的人能够通过录像观看，从而提高了收视率，对电影公司、电视台和广告商反而是有利的。多数派据此得出结论："在家庭中改变观看时间"构成合理使用。

在今天看来，"索尼录像机案"最深远的影响之一在于拒绝以作品的使用是否能够创造新的价值作为判断是否构成合理使用的决定性标准，而承认纯粹为个人欣赏而复制作品可以构成合理使用。尽管这一结论高度依赖地区法院有关消费者很少跳过广告或长期保存电影录像这一具体事实，但它毕竟是在以往判例从未支持"完全为了使用者的利益而复制作品可构成合理使用"的情况下[①]，第一次明确承认：在不至于对版权人"作品的潜在市场或价值"造成显著损害的前提下，消费者可以为个人利益而复制作品。在高科技时代这对于保障消费者获取作品的能力、维系版权人与公众的利益平衡关系是具有重大意义的。

典型案例

个人用户下载盗版构成侵权

本案被告是个人用户塞西莉亚，她使用 P2P 软件在几周时间内下载并保存了超过 1 370 首由原告贝塔斯曼（BMG）唱片公司等享有版权的歌曲，而这些歌曲均是没有经过许可而被他人置于硬盘"共享区"之中传播的。塞西莉亚首先认为：她下载的目的是试听，以便挑出喜欢的歌曲后再去购买正版。这种行为属于"改变（收听）时间"（time-shifting），就像"索尼录像机案"中录像机的使用者"改变（收看）时间"（time-shifting）那样，构成合理使用。

法院指出："索尼录像机案"中录像机使用者在看过录像带之后就将之删除，这才是"改变（收看）时间"。而塞西莉亚一直将下载的音乐保存在了自己的电脑，并不构成"改变（收听）时间"。"索尼录像机案"中用户使用录像机录制电视台播出的电影构成合理使用的前提，是电影公司已经许可电视台播放电影，而塞西莉亚下载的歌曲均是未经许可而被上传的。

塞西莉亚还认为：下载试听对于歌曲版权人能够起到很好的广告宣传的效应，能提高歌曲的销量。但法院认为：免费从网上下载歌曲会对正版歌曲产生市场替代效应，很容易导致正版唱片销量下降。同时，即使是那些能够刺激作品销量的作品使用行为，也是需要经过版权人许可的，如广播电台、电视台播放歌曲都是需要支付许可使用费的。塞西莉亚本来可以通过合法途径对歌曲进行试听，或通过在网上免费收听歌曲片段来决定是否购买。塞西莉亚的观点等同于说一个小偷顺手牵羊拿走了 30 盘唱片，打算先拿回去听，再购买她喜欢的歌曲，显然是不合法的。最终法院判定塞西莉亚为个人欣赏而进行的下载行为不是合理使用而是版权侵权。[②]

---

① 这是少数派研究以往判例后的结论。See Sony Corporation of America, et al., v. Universal City Studios, Inc., et al., 464 U.S. 417, 479 (1984).

② BMG Music v. Cecilia Gonzalez, 430 F. 3d 888 (7th Cir., 2005).

典型案例

歌曲片段试听案

加拿大某网络服务提供商提供30秒～90秒的歌曲在线免费“试听”服务，集体管理组织加拿大作曲家、作者和音乐出版商协会(简称SOCAM）要求就该项服务收取许可使用费，但网络服务提供商认为其行为构成《加拿大版权法》中的合理使用(fair dealing，直译应为“公平交易”，为了理解的方便，本书仍然称其为“合理使用”)。

加拿大最高法院认为：提供试听的目的是让用户判断其是否喜欢该音乐，从而作出购买与否的决定。同时，用户只能在线试听音乐的部分片段，无法下载，音质也较差，因此，无法代替对音乐的购买（付费下载）。而且除了试听之外，很难有其他途径能够让用户便捷、有效地了解音乐的内容，并同时保护版权人的利益。因此，提供试听是“公平”的使用行为，并不构成侵权。[①]

二、适当引用

我国立法规定的第二种合理使用情形为：为介绍、评论某一作品或者说明某一问题，在作品中适当引用他人已经发表的作品，包括在通过信息网络提供的他人作品中适当引用已经发表的作品。[②] 这种合理使用是为创作作品，特别是创作评论文章或学术著作所必需的，因为在对他人的作品进行评论或论证观点、说明问题时，经常需要对他人作品中的具体表述加以引用，即所谓“旁征博引”。例如，一名学者要对另一名学者的某篇论文中的某种学术观点进行批评，就需要引用后者的一部分原文，以使读者明了批评的对象；有时甚至需要全文引用，如对他人发表的短诗撰写鉴赏文章。再如，电视台开办的“影视评论”栏目需要播放影视剧的片段，以使观众理解评论员有关影视剧成功之处或缺陷的评价。同样，一本有关艺术史的学术著作或教科书在介绍和评论某种绘画艺术风格时，往往会以较小的尺寸引用几幅代表性的画作。“适当引用”这种“合理使用”正是豁免了这种复制、发行或广播等使用行为所可能导致的侵权责任。

《著作权法》将“为介绍、评论某一作品”和“为说明某一问题”相并列，意味着区分了两种情况：一种是对作品的引用与该作品直接相关，这就是对作品本身的介绍和评论；另一种则是对作品的引用与该作品并不直接相关，这就是用作品去说明其他问题。例如，邵逸夫先生去世时，由于他是邵氏兄弟电影公司的创办人之一，某电视台制作了专题节目回顾他的生平，其中展示了邵氏兄弟电影公司拍摄的经典电影片段，这比单纯地用文字播报这些电影的名称更能说明邵氏电影事业的成功。再如，在历史题材的专题片中，为了对某一历史人物或事件加以说明，往往会配上电影中的一些相关镜头。虽然引用电影片段可能并不是为说明这一问题所必需的，但这并不意味着这种引用就一概侵权。《伯尔尼公约》

① Society of Composers，Authors and Music Publishers of Canada v. Bell Canada，2012，SCC 36.

② 参见《著作权法》第24条第1款第2项，《信息网络传播权保护条例》第6条第1项。

第 10 条第 1 款规定：对于已合法公之于众的作品，允许进行引用，只要这种引用符合公平惯例，且不超出达到目的的正当需要范围。可见，该条没有将引用的目的限于对被引用作品本身的介绍或评论。

“适当引用”意味着应当在自己创作的过程中引用合理长度的作品片段，而不允许完全或主要以他人作品代替自己的创作。因此，将他人作品中的内容加以拼接的行为并不是创作中的适当引用。“引用”的目的应当限于“介绍、评论和说明”，而不是单纯地向读者展现被引用的作品本身，导致新作品与原作品在市场上形成竞争。例如，为了对他人油画中使用的技巧进行评论和说明，可以在文中复制这幅画。但如果仅仅将他人油画用作自己作品的装饰，以提升作品的吸引力，则不构成“合理使用”，而应当取得作者许可。

那么，引用作品中多少量的片段才是“适当引用”呢？以电视台的影视介绍栏目为例：如果未经许可播出了电影的全片，无论配以多少介绍、评论或说明之辞，都不可能构成合理使用，因为这种使用显然会替代经过授权的电视台播放，会不合理地损害著作权人的利益。与此形成对比的是，如果在介绍、评论或说明之中，电影镜头一闪而过，则不大可能被认定为侵权。问题在于，对处于两个极端之间的情形应当如何判断呢？实际上，并不存在一个绝对的数量或比例的规则，如短于 15 分钟或低于 10%就不侵权。这是因为引用作品的情况非常复杂，有时引用全部作品也是合理的，有时使用较小的比例也是侵权。例如，要对一首短诗进行逐字逐句的评论就需要对该诗的全文进行引用，这种全文使用并不侵权。在美国发生的“《福特回忆录》案”中，被告将尚未发表的美国前总统福特回忆录中的引言部分（也是该书最为吸引人的部分之一）抢先发表，却被美国联邦最高法院认定为侵权。[①] 正因为对引用长度并不存在绝对化的规则，《伯尔尼公约》自 1967 年的斯德哥尔摩文本之后，在允许“引用”的条款中，删除了“引用”之前“简短”的定语。[②] 由此可见：允许引用作品的长度和比例，应取决于介绍、评论或说明的合理需要。例如，对于“讽刺性模仿”(parody) 这种通过对原作品进行模仿，来达到嘲讽效果的评论形式而言，其特殊的创作方法就决定了其需要以“模仿”的方式使用原作品中大量内容，甚至是核心内容，使受众想起原作品表达的立场、观点和思想感情，由此树立起批判的靶子，并通过对原作品在模仿基础之上的改造，达到对原作品的嘲讽效果。如果“讽刺性模仿”对原作品的使用甚少，根本无法让人将新作品与原作品联系起来，则不可能实现嘲讽目的。下文所讨论的案例或实例，其核心都是这种引用长度和比例与介绍、评论或说明目的的协调性。

理论研究

“转换性使用”、“讽刺性模仿”与“合理使用”

在判断引用是否为“适当引用”时，应特别注意对原作品的使用是否构成“转换性使

---

① Happer & Row Publishers, Inc. v. Nation Enterprises, 471 U. S. 539 (1985).

② 参见《伯尔尼公约》1948 年布鲁塞尔文本、1967 年斯德哥尔摩文本和 1971 年巴黎文本的第 10 条第 1 款。布鲁塞尔文本只允许“简短引用”，而后两个文本均删除了“简短”一词。

用”，以及“转换性”的程度。所谓“转换性使用”，是指对原作品的使用并非为了单纯地再现原作品本身的文学、艺术价值或者实现其内在功能或目的，而是通过增加新的美学内容、新的视角、新的理念，或通过其他方式，使原作品在被使用过程中具有了新的价值、功能或性质，从而改变了其原先的功能或目的。

例如，文学评论家为了评论一首20字的古体短诗而在1 000字的论文中引用了短诗全文。虽然这种引用构成对短诗的“复制”，但原作——短诗在新作品——评论文章中的作用发生了一种富有建设性的转换。新作品不是为了单纯地展示这首短诗的艺术价值和魅力，让读者仅仅欣赏短诗本身，而是将短诗作为引子，使读者更好地理解文章对短诗的评价。评论文章的主要价值和功能，不在于它所引用的短诗本身，而在于对短诗的评论部分。如果评论文章获得了良好的社会评价并为作者带来了利益，那并不是因为文中引用了短诗，而是因为对短诗的评论在创作上是成功的。

相反，对作品进行的一般性“改编”，如将一部长篇小说改成长篇漫画，通常并不是“转换性使用”。尽管漫画家投入的大量创造性劳动是漫画作品价值的来源之一，但这种“改编”毕竟只是以漫画的形式讲述了小说中的故事，小说中的主要内容——人物、人物之间的关系、故事情节等，均在漫画中得到完整的体现，并且是漫画作品之价值和功能的组成部分。换言之，原作品的艺术价值和功能在新作品中并没有发生建设性的转换，而是以另一种表现手法被展示和实现。新作品的艺术价值和功能同时来源于小说作者和漫画作者的创造性劳动。如果漫画作品在市场上获得了成功，那并不仅仅因为漫画本身画得引人入胜，还因为它描绘的是小说中的故事。

对原作品的使用越是具有“转换性”，越有可能构成合理使用，甚至商业性地使用原作品也可因此而构成合理使用。这是因为“转换性使用”推进了著作权立法促进文艺发展的终极目标。在高度“转换性使用”所形成的新作品中，原作品对于新作品在价值和功能上的贡献并不大，要求新作品作者获得许可和支付报酬并不合理，反而影响对作品的创作。相反，如果原作品并未被新作品“转换性”地使用，或“转换性”程度不大，则新作品的价值和功能在很大程度上直接来源于原作品，此时要求新作品作者获得许可和支付报酬就是公平的。因此，将以“评论”为目的适当引用认定为“合理使用”的重要法理基础就在于，这种适当引用是对原作品的“转换性使用”。

例如，文艺创作中有一种形式被称为parody（“讽刺性模仿”），它是指为了对原作品进行讽刺或批判，而对原作品进行“改造”（也是一种“转换性使用”），形成新作品，并使新作品反映模仿者与原作品作者相对立的观点、立场或思想感情。这将导致原作品的内容成为讽刺、批判原作品本身的工具，即所谓“以其人之道，还治其人之身”。

例如，以战国时代赵国刺客刺杀秦王为背景的电影《英雄》中有一段台词，刺客说：“中原地区连年战乱，百姓受苦，唯有秦国才能停止战乱。赵王一个人的痛苦，与天下人相比，便不再是痛苦。秦国与赵国的仇恨，放到天下，也不再是仇恨。”秦王说：“我孤独一人，忍受多少责难、多少暗算，无人能懂我心，与我心意相通……没想到最了解我的，竟然是一个刺客！”

有人对《英雄》所要表达的思想不以为然，便创作了讽刺性模仿作品——《布什总统看了〈英雄〉之后》，其中写道：布什说：“海湾地区连年战乱，百姓受苦，唯有美国才能停止战乱。萨达姆一个人的痛苦，与天下人相比便不再是痛苦。伊拉克与美国的仇恨，放到天下，也不再是仇恨……我布什孤独一人，忍受多少责难、多少暗算，无人能懂我心，与我心意相通……没想到最了解我的竟然是中国的张艺谋!”①

比较这两段文字可以发现：除了将“秦王”替换为“布什”，将“秦国”和“赵国”替换为“美国”和“伊拉克”之外，其文字上基本相同。但是，新作品对电影《英雄》台词的使用，绝非单纯为了再现台词本身的美感，而是通过将其巧妙地嫁接到伊拉克战争的背景，并通过布什之口说出来，体现出对原作品强烈的讽刺，使读者在笑声中认识到原作品对待兼并战争的观点和逻辑是荒谬的。这是一种典型的“转换性使用”。只要对原作品的“模仿”没有超出对原作品进行批判和讽刺的需要，这种使用就可以构成合理使用。

典型案例

《杨家埠年画之旅》案

被告出版了《杨家埠年画之旅》一书，其中未经许可而使用了山东潍坊杨家埠木板年画传人杨某的16幅年画，杨某诉其侵权。被告认为：《杨家埠年画之旅》引用涉案作品，属于“为介绍、评论”以及宣传、推广杨某作品而“适当引用”，依法“可以不经著作权人许可，不向其支付报酬”。法院认为：《杨家埠年画之旅》一书只有极少篇幅涉及了对杨某年画作品的简单介绍，与涉案年画的关联性不强，而且使用年画的数量也超出了简单介绍的幅度。对涉案年画的使用增强了该书的欣赏性、收藏性，同时客观上阻碍了年画作品作者独立行使复制权并获得报酬的权利。法院因此认定被告的行为不构成合理使用，而是侵权。②

如果被告是在用文字介绍或评论杨某的某一年画作品时配以该年画，则该行为可以构成合理使用，因为此时复制年画的目的不是简单地再现年画的美感，而是让读者理解介绍和评论的内容。这属于前文介绍的“转换性使用”。而本案中被告对16幅年画的使用超过了介绍和评论的需要，演变为通过单纯再现年画自身美感来吸引读者购买的行为，由此与作者对年画的销售形成了竞争。这种行为不能构成合理使用。

典型案例

《环球时报》配图案

《环球时报》英文版刊登了一篇文章《〈大众电影〉不确定的未来》，介绍了《大众电影》杂志的辉煌历史、衰落过程以及该杂志可能面临的改革和不确定的未来。该文的配图使用了六本《大众电影》杂志的完整封面或封底，但有的封面或封底的部分内容被其他封

---

① http://bbs.bjmzdx.org/thread-1770-1-1.html。

② 参见山东省高级人民法院（2007）鲁民三终字第94号民事判决书。

面或封底遮挡。其中有三本杂志的封面或封底为摄影师周某拍摄的演员姜黎黎、刘德华和巩俐的人物摄影。周某认为《环球时报》杂志社未经许可使用其摄影作品，且未为其署名，因此提起诉讼。

法院认为：《环球时报》在该文章中配以《大众电影》杂志的封面和封底，是出于介绍、评论《大众电影》以及说明文章主旨的需要。而该杂志的封面和封底均是人物照片，因此，《环球时报》在使用该杂志封面、封底时会不可避免地再现杂志封面、封底上的人物照片，也即不可避免地再现了周某的三张照片。但该种再现不会影响周某对这三张照片的正常使用，也不会影响其利用照片正常获取经济利益。鉴于这种在评论文章中对《大众电影》杂志封面、封底的使用的特殊性，《环球时报》杂志社也无法为周某署名。[①] 法院因此驳回了原告的诉讼请求。

涉案《大众电影》封面之一

本案中，《环球时报》文章的配图显然不是为了单纯地再现由摄影作品构成的杂志封面或封底的美感，而是为了让读者对《大众电影》杂志有一个直观的了解。同时，文章的配图会对杂志封面或封底的尺寸进行大幅度缩小，其展示的美感与原尺寸杂志所展示的是无法相比的，因此也很难形成市场替代作用并影响对摄影作品的正常使用和损害作者的经济利益。此外，《著作权法实施条例》（2002 年）第 19 条规定："使用他人作品的，应当指明作者姓名、作品名称；但是，当事人另有约定或者由于作品使用方式的特性无法指明的除外。"《环球时报》文章中的配图是《大众电影》杂志的封面或封底，这种使用方式的特性决定了《环球时报》难以为封面或封底照片的摄影师另行署名，其行为并不构成对摄影师署名权的侵犯。

典型案例

电影海报使用动漫形象案

电影《80 后的独立宣言》的宣传海报（见下页图）上使用了上海美术电影制片厂享有著作权的"葫芦娃"和"黑猫警长"动漫形象（美术作品），其制作者被诉侵权。

本案中宣传海报对"葫芦娃"和"黑猫警长"动漫形象的使用具有明显的转换性——并不是为了让读者在偌大的电影海报中寻找并不突出的两个动漫人物并欣赏其美感，而是为了提示该电影的时代背景，即与其他伴随在 20 世纪 80 年代出生的一代人成长的代表性物品和活动一起，让潜在的观众了解该电影讲述的是"80 后"的成长经历。加之两个动漫形象的尺寸和占比都很小，很难认定这种使用替代了原作品，从而损害其市场价值。

---

① 参见北京市第二中级人民法院（2012）二中民终字第 16700 号民事判决书。

法院认为：涉案影片讲述了一个“80后”年轻人自主创业的励志故事，“葫芦娃”“黑猫警长”形象诞生于20世纪80年代，是“80后”群体闪亮的童年记忆，海报中的其他元素皆属“80后”成长记忆中具有代表性的人、物、景，是为配合说明影片的“80后”主题，因此这种使用是为了说明某一问题，即涉案电影主角的年龄特征。再加上两个动漫形象在海报中处于辅助、配角、从属的背景地位，所占面积很小，属于适度的引用。① 因此，涉案电影海报是为说明20世纪80年代少年儿童的年代特征这一特殊情况，适当引用当时具有代表性的少儿动画形象“葫芦娃”“黑猫警长”，与其他具有当年年代特征的元素一起作为电影海报背景图案，构成合理使用。②

典型案例

谷歌数字图书馆案

美国谷歌公司扫描了大量书籍，将数字文本存储在服务器中，并提供全文检索服务。用户输入关键词后，谷歌会将含有该关键词的作品片段予以显示，通常长度不会超过以该关键词为中心的四五行文字。相关作品的作者在美国和中国都起诉谷歌公司该行为侵权。对于谷歌公司未经许可提供作品片段的行为，美国法院和我国法院均认为构成合理使用。

两国法院都认为：谷歌提供以关键词为中心的作品片段，并非为了单纯地再现原作本身的文学艺术价值或者实现其内在的表意功能，而是为了帮助读者、学者和图书馆馆员找到合适的图书。该行为属于对作品的转换性使用，具有合理性。③

在本案中：谷歌显示以用户输入的关键词为中心的几行作品片段，显然不是为了替代用户对作品的阅读，事实上也不可能起到替代作用，而是让用户了解该作品使用相关关键词的情况，以使用户判断该作品是否值得购买。这种对作品片段的提供，不仅只涉及作品中很少的内容，而且具有高度转换性，不会与对作品的正常利用（如许可纸质版的发行和电子版付费下载）有冲突或损害作者的利益，应为法律所允许。

---

① 参见上海美术电影制片厂与浙江新影年代文化传播有限公司等著作权侵权纠纷案，上海市普陀区人民法院（2014）普民三（知）初字258号民事判决书。

② 参见上海美术电影制片厂与浙江新影年代文化传播有限公司等著作权侵权纠纷案，上海知识产权法院（2015）沪知民终字第730号民事判决书。

③ Authors Guild v. Google. Inc.，954 F. Supp. 2d 282，289（SNDY，2011）；Authors Guild v. Google Inc.，804 F. 3d 202（2nd Cir.，2015）；北京市第一中级人民法院（2011）一中民初字第1321号民事判决书，北京市高级人民法院（2013）高民终字第1221号民事判决书。

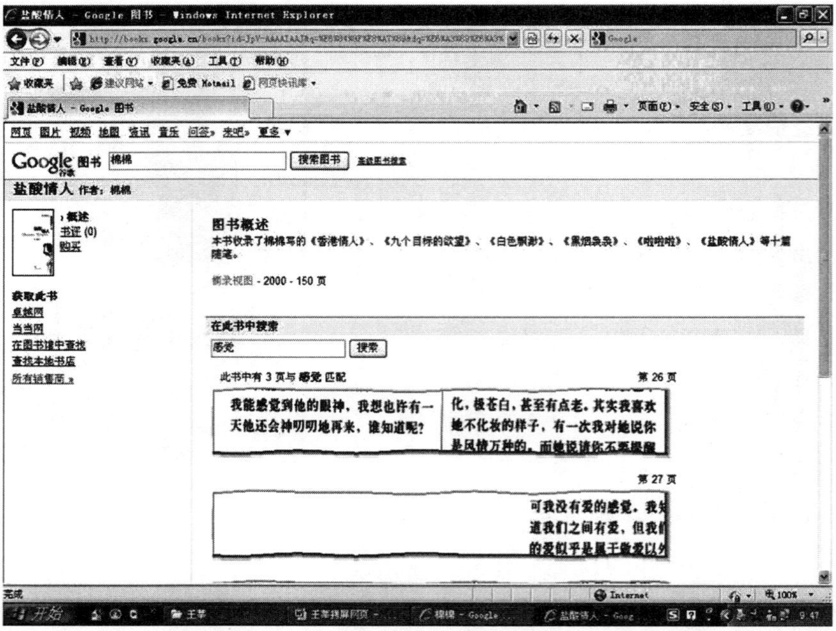

在谷歌数字图书馆中以“感觉”为关键词搜索作者棉棉的作品显示的结果

典型案例

使用 7 秒钟的介绍视频属于合理使用

道奇公司制作了一部有关美国“四季乐队”（20 世纪 60、70 年代的著名乐队）历史的音乐剧，其中使用了一个娱乐节目视频中长度为 7 秒的片段。该视频片段的内容为，节目主持人以其招牌式的姿势向观众致敬，并介绍称“女士们、先生们，全国的年轻人们，四季乐队（全场）……”随后用手势将观众的注意力引向舞台中央。该娱乐节目视频的版权人起诉道奇公司侵权。①

法院指出：在涉案节目中，四季乐队登场演出是其职业生涯中重要的时刻。音乐剧是将该视频片段作为历史见证使用的，传递的是事实信息，具有转换性。同时，7 秒钟的视频难言有多少重要性，或对版权人的利益会产生何种影响。因此道奇公司的使用属于合理使用。

典型案例

利用照片创作拼接画案

美国摄影师帕特里克·卡利欧（Patrick Cariou）在牙买加与当地土著居民塔法里人一起生活了 6 年，拍摄了许多塔法里人的照片。拼贴画艺术家理查德·普林斯（Richard

① SOFA Entm't, Inc. v. Dodger Prods., Inc., 709 F. 3d 1273, 1278 (9th Cir., 2013).

Prince）以这些照片为基础，创作了一系列绘画。卡利欧起诉普林斯侵犯其摄影作品的版权。一审法院判决卡利欧胜诉，但二审法院美国联邦第二巡回上诉法院推翻了一审判决，认定普林斯对摄影作品的使用构成合理使用。

帕特里克·卡利欧拍摄的照片

理查德·普林斯创作的拼贴画

帕特里克·卡利欧拍摄的照片

理查德·普林斯创作的拼贴画

帕特里克·卡利欧拍摄的照片

理查德·普林斯创作的拼贴画

一审法院认为，普林斯在使用卡利欧的摄影作品时，并没有对这些作品进行批评或评论，因此不属于“转换性使用”。二审法院则不赞同这一点，而是认为新作品即使是为了实现批评、评论、新闻报道、教学和研究之外的目的，也可构成合理使用。[①] 二审法院比较原、被告的作品后提出：被告的图片与原告的照片具有明显不同的美感。原告的肖像照和风景照平静而祥和，描述了塔法里人的自然美和周边的环境，被告的图片风格则是粗犷、不和谐、忙乱和具有挑逗性。被告的图片具有不同于原告的照片的新特征、新表达、新美感和创造性的效果，属于对原告作品的转换性使用。[②]

本书作者对本案的二审判决持不同观点。对原作品进行批评和评论确实并非构成合理使用的前提，如私人复制就并不一定是为了批评和评论。但在自己的作品中实质性地利用原作品的表达，必须有足够充分的理由。“转换性使用”原本是美国法院判断这种使用具有正当性的适当标准，但二审法院对该标准的适用令人难以理解。本案中被告只是将原告的作品进行了作旧处理，并在局部进行了替换，同时增加了一些新的影像。由此形成的绘画仍然实质性地再现了摄影作品的艺术美感，而并没有以任何方式对它进行“转换”，如讽刺摄影作品作者的观点或评价其艺术创作。如果本案被告利用作品的方式也能够被认定为“转换性使用”，从而构成合理使用，试问：是否在复制任何摄影作品或美术作品的同时，只要改变部分内容并增加一些新的画面，无论这些增删的目的和用途是什么，都可以构成合理使用？根据本案的事实，对于任何肖像照片而言，是否只要在利用时将人物的眼睛挖空，再在两边各画上一位裸体女人，出版新作品或以其他方式对其进行商业性利用的行为就不侵权了？如果是这样，试问：著作权法中的“演绎权”还有何意义？

对于本案涉及的其他问题，请见本章的思考题。

实务探讨

电台、电视台的“读报”节目侵犯了报刊文章的著作权吗？

目前，有许多广播电台、电视台都有“读报”节目，如凤凰卫视的“有报天天读”和东方卫视的“看东方”。在这些节目中，主持人会总结各大媒体中新闻评论文章的主要观点和内容，并朗读或展示其中的精华部分。如果该行为没有经过文章著作权人的许可，是否侵犯其著作权？换一个角度讲，这是否属于为介绍、评论某一作品或者说明某一问题，在作品中适当引用他人已经发表的作品？

“读报”节目中对文章片段的朗读或展示，在多数情况下并不是为了对该文章本身进行介绍或评论，而是使听众或观众直接了解文章的主要内容。那么，它是否属于“为说明某一问题，在作品中适当引用”呢？答案似乎要取决于具体情况：如果主持人主要是在朗读文章片段，即使加入了一些过渡性的用语，也很难形成口述作品（参见本书第二章第四节对口述作品的讨论），从而被认为“在（口述作品）中适当引用”。如果主持人主要是在表达自己的观点，在其中插入一些文章的片段作为批评的对象，或者作为支持自己观点的论据，当然是符合“适当引用”的要求的，但这恐怕不是多数“读报”节目的做法。

---

① Cariou v. Prince，714 F. 3d 694，707（2nd Cir.，2013）.

② Ibid.，at 706.

实际上，《伯尔尼公约》第10条第1款对此有明确规定——“从一部合法公之于众的作品中摘出引文，包括以新闻摘要形式（press summaries）引用报纸期刊的文章，只要符合公平的惯例，在为达到目的的正当需要范围内，就属合法”。《伯尔尼公约指南》对此指出，公约允许进行新闻综述（press review），也即从许多文章中进行选择并作出摘要，将其传递给读者、观众或听众，使他们形成自己的观点。① 允许“新闻摘要”是因为在法国和澳大利亚等国家，其广播中一直就有类似“读报”节目的报刊内容概述节目②，而规定该条款的提案，也是法国代表团提出的。③ 由此可见，《伯尔尼公约》是允许成员国在广播电台、电视台的“读报”节目中引用外国媒体刊登或播放的作品的，只要这种引用没有超出公平合理的限度。虽然《伯尔尼公约》并不规定某一成员国如何保护和限制起源于本国的作品的著作权，但鉴于“读报”节目在传递新观点、新信息方面的巨大作用，以及对作者的利益影响较小（仅阅读或展示片段，可与后文讨论的对关于政治、经济、宗教问题的时事性文章的全文转载或广播相比较），许多发达国家都允许在“读报”节目使用他人作品的情况下，应当根据具体情况，特别是使用作品内容的量与比例，认定这种使用是否构成合理使用。

三、时事新闻报道中的使用

我国立法规定的第三种合理使用情形是：为报道新闻，在报纸、期刊、广播电台、电视台等媒体中，以及在向通过网络向公众提供的作品中不可避免地再现或者引用已发表的作品。④

这一合理使用允许在进行新闻报道时附带性地复制或广播作品，以保障公民对时事新闻的知情权。例如，电视台要制作并播出某演唱会的新闻，就需要对现场情况有选择地加以录制、剪辑和播出，其中不可避免地会将歌手演唱的实况片段纳入新闻节目中播出，这必然涉及对音乐作品的复制和广播。这种行为只要没有超出报道时事新闻的必要限度，就可以构成合理使用。但是，如果电视台未经许可而将演唱会中歌手对一首歌曲的演唱完整地录制下来并播出，就不再是合理使用，而构成侵权行为了。例如，在2008年美国总统大选之前，美国《纽约人》杂志封面刊登了一幅漫画，将当时参加总统竞选的奥巴马和其夫人米歇尔描绘成了恐怖分子形象，在当时引起了极大争议。许多媒体在新闻报道中为了让读者知晓这幅漫画，都再现了这幅漫画。尽管这种再现可以构成对漫画（美术作品）的复制或展示，但这是报道时事新闻所必需的，不将这幅漫画进行原样再现，公众就无法知晓为什么这幅漫画会引起如此大的争议。再如，小米公司推出其新品电视时，在其官网上发布了一张电视机图片（见下页图左），其中电视机屏幕上显示的画面为美术作品（见下页图右），有网站在报道此事时引用了该电视机图片，电视机屏幕中的美术作品的权利人起诉该

---

① 参见刘波林译：《保护文学和艺术作品伯尔尼公约（1971年巴黎文本）指南》（附英文文本），265页，第10.7段（本书作者的翻译与译者略有不同），北京，中国人民大学出版社，2002。

② See Sam Ricketson, Jane C. Ginsburg, *International Copyright and Neighbouring Rights: The Berne Convention and Beyond* (2nd edition), Oxford University Press, 2006, p. 788, para. 13. 42.

③ Ibid., p. 784, para. 13. 40.

④ 参见《著作权法》第24条第1款第3项，《信息网络传播权保护条例》第6条第2项。

网站侵权。法院认为，该网站使用了小米官方发布的电视机照片，是为了让公众对小米新电视能有更直观的认识，属于不可避免地引用厂商的官方图片，符合为报道时事新闻而合理使用的法律规定，不构成侵权。①

原告的美术作品

小米官网上和被告引用的图片

实务探讨

什么是“不可避免地再现或者引用”

《著作权法》第 24 条在规定此种合理使用时，使用了“不可避免地再现或者引用”的限制。这会导致一个法律解释上的问题：新闻媒体可以完全不引用作品进行新闻报道，只是效果不佳。换言之，是否只要在报道时事新闻时存在一种“避免再现或引用”作品的方法，新闻媒体对该作品的再现或引用就是侵权的？试举一例：某艺术馆举行“中国当代画家精品展”，当地电视台为进行新闻报道，用摄像机拍摄了几幅精品画作的特写镜头，并配上解说在新闻节目中播放。该行为属于对美术作品的复制（拍摄）和广播，但未经过著作权人许可，其是否构成著作权侵权行为？显然，即使在电视新闻中不给出美术作品的特写镜头，而只是给出一个画展的全景镜头，或者根本不拍摄任何画面，仅凭解说也能对画展进行新闻报道。那么以特写镜头对美术作品的使用是否构成“合理使用”？

本书作者认为，对于“不可避免地再现或者引用”不宜给予过于严格的解释。在报道时事新闻时，许多情况下对作品的再现或引用都非绝对意义上的“不可避免”。如电视台要报道演唱会的新闻，即使不录制演唱会现场的歌声片段，仅让播音员进行解说，也能对该新闻进行报道，只是这样的报道不够生动而已。那么在报道时加入几个配有演唱会现场声音的实况画面，是否属于“不可避免地再现或者引用”作品？如果给予否定的回答，那就意味着只要不再现或引用作品也能对时事新闻进行报道，无论这样的报道多么乏味无趣，对作品的再现或引用都不属于“合理使用”。如此一来，该条合理使用的规定就几乎丧失存在价值了，因为对绝大多数时事新闻都可以用简单的文字描述加以报道。

这样的解释是不符合立法目的的。从该条关于合理使用的规定的立法渊源来看，它参考了《伯尔尼公约》第 10 条之二第 2 款，该条的内容是：本联盟成员国的立法可以规定在何种条件下，准许为时事报道并在为提供信息所需的合理范围内，以摄影、摄制、向公众进行无线广播或有线传播的方式，复制和向公众提供在事件发生过程中看到或听到的文字或艺术作品。世界知识产权组织编写的《伯尔尼公约指南》对此指出：“时事新闻报道的主

① 参见牛仔影像（北京）有限公司与广州超能网络科技有限公司侵害作品信息网络传播权纠纷案，广州互联网法院（2019）粤 0192 民初 1984 号民事判决书，广州知识产权法院（2019）粤 73 民终 6638 号民事判决书。

要目的是让公众有一种参与其中的感觉”①。显然，如果在报道演唱会时不使用一小段现场录音，或在报道画展时没有一两个画作的特写镜头，很难使听众或观众有“参与其中”的感觉。实际上，《伯尔尼公约指南》就列举了以下实例：如果在一名著名作曲家的塑像揭幕式上，演奏了他若干作品的片段，就可以将这些片段纳入广播电台、电视台的新闻报道之中，不必征询作曲家继承人的意见。同样，在画展开幕式上，可以将其中陈列的绘画（但不能是所有绘画）纳入新闻报道，因为这些正是在新闻事件发生过程中听到或看到的作品的情形。② 可见，《伯尔尼公约》第10条之一第2款的规定充分尊重了新闻报道的规律和要求，它允许将在新闻事件发生时出现的作品纳入新闻报道。对于我国《著作权法》第24条中“不可避免地再现或者引用”的用语，也应当按照这一立法目的进行合理解释。“不可避免”并不是指在不再现或引用作品的情况下，就无法以任何其他方式报道时事新闻，而是指如果不再现或引用作品，就无法使公众身临其境地了解新闻事件的内容。这就意味着如果作品本身就出现在了新闻事件之中，在进行新闻报道时附带性地再现或引用作品，应被认定为合理使用，如在报道演唱会时附带现场的一段歌声，或在报道画展时给两幅画以特写镜头等。相反，如果再现或引用作品与报道新闻事件没有直接关系，对相关使用作品的行为，至少不能以时事新闻报道为由认定构成合理使用。例如，一部新电影上映后引起热烈反响，票房收入创出新高，为报道这一时事新闻，电视台可以给出影院中全场座无虚席的画面，以及电影在影院当时正在播放的几秒钟片段，以使观众切身感受到该电影在影院热播的场景。但是，如果电视台随后又制作并播出了一个专题节目，将能够较完整反映电影中主要情节的大量精彩片段串在一起，用画外音解说电影片段之外的内容，则这种利用电影作品的行为，与报道电影热播的时事新闻无关，不能构成报道时事新闻时的合理使用。同时，观众观看该节目的后果就是不再需要欣赏全片，由此产生了市场替代效果，而这显然会影响电影著作权的授权市场，损害著作权人的合法利益，因此不能构成合理使用。

典型案例

使用飞行表演照片案

乔某拍摄了一系列有关飞行表演的照片，配于《我军用激光模拟系统进行信息化程度最高红蓝对抗》等18篇报道之中。某网站未经许可而转载了含有照片的上述18篇报道文章，并提出其是为报道新闻而使用照片（见右图）。法院认为：即使18篇报道中有些属于单纯的事实消息，其所配的照片也可能属于作品。涉案照片之取图的画面、取图的角度、画面的亮度、局部的光彩等都凝聚了拍摄者创造性的劳动，属于具有独创性的摄影作品。同时，

① 刘波林译：《保护文学和艺术作品伯尔尼公约（1971年巴黎文本）指南》（附英文文本），51页，北京，中国人民大学出版社，2002。

② 参见上书，51页。

《著作权法》规定为新闻报道而合理使用，目的是允许在用文字、广播、摄影等手段报道新闻时，对在报道事件过程中所看到或听到的作品在报道目的正当需要的范围内予以复制。本案中被告转载的涉案摄影作品并非所在报道的新闻中出现的作品，而是原告乔某在报道人物和事件过程中创作产生的作品。因此被告的行为构成侵权，并非合理使用。①

典型案例

提供财报会议中高管陈述的录音及文稿属于合理使用

瑞士斯沃琪集团（著名的Swatch手表品牌的权利人）在发布公司年度财报之后，邀请部分财务分析师召开电话会议，由其首席执行官和其他几位高级管理人员对财报进行说明，并回答了一些问题，但要求参与者不得录音并公布录音。彭博（Bloomberg）新闻社在会后很快获得了会议录音及文字稿，并将其置于其网站中供付费用户获取。斯沃琪集团起诉彭博新闻社侵犯版权。美国法院认为，虽然彭博新闻社对录音的复制和传播具有商业性质，但其目的是使投资者了解有关斯沃琪集团的重要财务信息，这在证券市场之中极为关键，与新闻报道具有相同的作用。这种使用，也构成在功能和目的上的转换性使用，因为斯沃琪集团高管们的陈述是为了使财务分析师信赖其财报的适当性和可信性，而彭博新闻社的行为只是利用了这些高管们发言的新闻价值，也就是让大家了解高管们说了些什么。尽管彭博新闻社进行了完整使用，但这正是向投资者传递有价值的事实信息所需要的，如果进行删减，反而会影响信息的准确性。同时，该行为也没有影响涉案作品的市场，因为对斯沃琪集团而言，高管发言意在向参会的财务分析师提供信息，并不寻求公布录音并从中获利。换言之，电话会议中创作性表达的价值在于向财务分析师传递重要信息，而不是产生许可使用费。彭博新闻社的行为并没有损害这种价值，最多只是剥夺了斯沃琪集团准确地知晓和控制听众范围的能力，这与版权保护并无关系。因此，法院认定彭博新闻社的行为构成合理使用。②

典型案例

阿什比·唐纳德等诉法国案

奥利维尔·克莱斯是时尚摄影师，根据其与某时尚公司的合同，其受邀参与时尚活动所拍摄的照片只能在该时尚公司指定的媒体上使用。在一次时尚活动中，奥利维尔将其拍摄的照片（见右图）传给了由其朋友马西奥和阿什比·唐纳德经营的一家图片和视频公司。在该时尚活动结几小时后，

① 参见乔某与重庆华龙网新闻传媒有限公司侵害著作权纠纷案，重庆市高级人民法院（2013）渝高法民终字第00261号民事判决书。

② Swatch Group Management Services Ltd. v. Bloomberg L. P.，756 F. 3d 73，82-85，91-92（2014）.

该公司就将照片在其网站上传播。某时尚公司投诉和起诉上述三人的行为侵犯其对时装的著作权（《法国知识产权法典》第L112—2条第14项将时装等时尚设计也列为作品，此点与世界上多数国家不同），上述三人均被法国法院认定应承担侵害著作权的刑事和民事责任，包括刑事罚金和民事赔偿。上述三人向法国最高法院上诉，认为其行为属于《法国知识产权法典》第L122—5条第9项规定的权利限制，即可以为了提供即时信息而不经著作权人许可复制图片、模型作品和建筑作品。但法国最高法院驳回上诉，认为该项权利限制并不适用于时装等时尚设计。

上述三人向欧洲人权法院提起诉讼，其理由之一是法国法院的判决违反了《欧洲人权公约》(以下简称《公约》) 第10条第1款有关“人人享有表达自由的权利……包括接受和传播信息和思想的自由”的规定，构成了对其表达自由的不公正干涉。上述三人认为，有关时装的照片构成“信息”，他们在网站中对照片的传播属于表达自由，即使为商业目的传播也是如此；公众有权了解有关时尚的新闻，而禁止媒体传播照片是对这项权利的过分干预。

欧洲人权法院认为：《公约》第10条第1款适用于通过网络进行的传播，也与被传播的信息的类型以及是否以营利为目的无关，而且表达自由也包括发布照片，因此在网站上发布有关时尚业的照片属于表达自由的权利范围，法院认定本案三位申请人侵权并定罪属于对该权利的干涉。然而，根据《公约》第10条第2款的规定，当这种干涉为合法目的“依法”进行，且是为在民主社会中实现合法目的所必需时，并不违反《公约》第10条第1款，而“保护他人的权利”正是第10条第2款规定的合法目的之一。法国法院的民事和刑事判决，显然是依据《法国知识产权法典》，即“依法”进行的，因此关键在于该判决是否为在民主社会中实现合法目所必需。欧洲人权法院指出，根据《公约》议定书和相关判例，保护知识产权是《公约》第10条第2款所允许的合法目的。此时应当考虑相关表达或信息的类型。本案中三位申请人的行为是单纯传播照片牟利，并没有通过照片参与与公众利益有关的意见表达，在此情况下保护某时装公司的知识产权应更为优先。[①]

法国作为时尚之国，对时尚设计提供了高水平的著作权，包括对时尚设计类作品的著作权限制也较少。而著作权保护必然有限制信息自由传播的后果（参见本书第一章第三节中“著作权制度的正当性”）。此时就需要在著作权保护与信息自由传播之间寻求平衡。在本案中，时装照片的传播者除了传播照片之外，并无任何意见的表达，如对时装设计的评论或者在新闻报道中引用，即并无转换性使用。在这种情况下法院认为保护著作权的需求超过了保护信息传播的自由，是具有合理性的。

四、对时事性文章的使用

我国立法规定的第四种合理使用情形是：刊登或播放已发表的关于政治、经济、宗教问题的时事性文章[②]，以及通过网络向公众提供已经在网络上发表的关于政治、经济问题的

---

① Case of Ashby Donald and Others v. France，European Court of Human Rights，2013，paras. 34－42.

② 参见《著作权法》第24条第1款第4项。

时事性文章[①]，但著作权人声明不许刊登、播放、提供的除外。之所以有权作出声明的是“著作权人”而不限于“作者”，是因为根据《著作权法》第 18 条第 2 款第 2 项的规定，报社、期刊社、通讯社、广播电台、电视台的工作人员创作的职务作品属于特殊职务作品，其除署名权外的著作权其他权利由该报社、期刊社、通讯社、广播电台、电视台享有。而报纸、期刊、广播电台、电视台等媒体已发表的关于政治、经济、宗教问题的时事性文章，许多都属于此类特殊职务作品，除署名权之外的著作权其他权利并不归属于作者。因此，此类特殊职务作品的著作权人，即报社、期刊社、通讯社、广播电台、电视台，可以作出不许刊登、播放、提供的声明。了解国家目前的政治、经济状况，不仅是每个公民的权利，也是公民参加国家政治生活、参与民主政治进程的前提条件，因此，《伯尔尼公约》第 10 条之二第 1 款允许各国在作者没有作出保留声明的情况下，由报刊或广播组织刊登或播放已经发表的时事性文章，但必须要注明出处。例如，《人民日报》刊登的社论文章属于典型的“关于政治问题的时事性文章”，其他报刊可以不经作者许可进行转载，广播电台、电视台也可以不经作者许可而播放，但应当指明作者姓名［如“任仲平”（“《人民日报》重要评论”谐音）是《人民日报》选择采用的署名］及出处（其原载《人民日报》）。在网络时代，有的时事性文章可能会首先在网络中发表，为了保障公民的知情权，其他网站就可以对其进行转载。需要指出的是：一篇文章只有在涉及当前政治、经济和宗教生活中的重大问题且具有很强的时效性时，才属于“时事性文章”，对它的转载和广播才可能被认定为“合理使用”。

实务探讨

《伯尔尼公约》第 10 条之二第 1 款规定：本同盟各成员国的法律可以允许报刊复制，以及在向公众进行的无线广播或有线传播中利用已在报纸、期刊上刊登的有关经济、政治或宗教的时事性文章（on current economic, political or religious topics），或具有同样性质的已广播的作品，但以作者对这种复制、无线广播或有线传播并未明确予以保留为限。

该条规定的用语与我国《著作权法》第 22 条第 1 款第 4 项的用语是相似的，但它在《伯尔尼公约》中经历了一个长期演变的过程，从中可以清楚地看出该条背后立法政策的变化。《伯尔尼公约》的第一个版本（1886 年的伯尔尼文本中），第 7 条规定：“在本同盟任何成员国的报纸或期刊上发表的文章可以在本同盟其他成员国以原文或译作形式复制，除非作者或出版者明确禁止该行为……这种禁止（声明）在任何情况下都不能适用于政治性讨论……”

由此可见，当时《伯尔尼公约》的制定者认为促进信息在国际上的自由流动，特别是让一国民众了解其他国家的报刊上出现的政治观点，比保护作者的著作权更为重要，因此在作者没有作出保留声明的情况下，一国的报刊可以自由地复制和翻译其他国家的报刊中登载的文章，而对于讨论政治问题的文章，其他国家的报刊有复制和翻译的绝对自由，作者甚至不能通过作出保留声明来阻止这种行为。本书作者认为，这种立法政策的形成，可

---

① 参见《信息网络传播权保护条例》第 6 条第 7 项。

能是因为当时许多国家的报刊行业尚不发达，报刊缺乏实力派出记者到海外采访、撰写有关他国的新闻报道，因此需要翻译和复制其他国家的报刊中的文章。

随着各国报刊业的发展和记者与其他作者的权利意识增强，《伯尔尼公约》在后续的几次修订中逐渐加强了对报刊中登载的作品的保护，并缩小了允许自由复制的范围。报刊中的“小说连载、故事和其他文学、艺术与科学作品”首先受到了高水平的保护，不再允许未经许可而转载。[①] 随后，可以不经许可而转载的范围又缩小到“有关经济、政治或宗教的时事性文章”[②]。最后，连这种有限度允许转载的规定也受到了质疑。在1967年为修订《伯尔尼公约》而召开的斯德哥尔摩外交会议上，出现了删除允许转载“有关经济、政治或宗教的时事性文章”的条款的呼声，并得到了国际记者联盟的支持，理由是“未经作者许可复制在其他报纸上发表的文章，很难符合新闻界公认的道德准则”[③]。但是，一些国家的代表团反对删除该条款，认为它对于促进信息自由流动仍然具有积极的作用，因为它使一国的报刊能够迅速翻译、转载国外报刊的时事文章。经过讨论，该条款不但得到保留，而且还将其范围拓展到了允许在广播中播放“有关经济、政治或宗教的时事性文章”[④]。

从《伯尔尼公约》的修订过程可以看出，允许媒体使用其他媒体已经刊登或广播的“有关经济、政治或宗教的时事性文章”，是针对一些成员国媒体产业实力不强，无法及时报道其他成员国的政治、经济和宗教问题的情况，帮助相关信息及时进行跨国传递。同时，本书第四章第四节也曾讲解过，国际版权条约解决的是如何对其他缔约方的权利人提供保护的问题，至于一个国家如何保护本国的权利人，完全属于一国内部事务，体现的是国家主权原则。更为重要的是，《伯尔尼公约》从1967年的斯德哥尔摩文本开始，不再强制要求成员国规定其报刊或广播组织可以转载或广播其他国家的媒体已经刊登或广播的“有关经济、政治或宗教的时事性文章”，而是允许成员国自己选择是否作出这样的规定。

在这种情况下，我国《著作权法》照搬《伯尔尼公约》的规定并不合适。一方面，《著作权法》将公约的规定转换成国内法规范之后，国内媒体可以据此转载或广播其他国内媒体刊登或广播的“有关经济、政治或宗教的时事性文章”，但这与《伯尔尼公约》要解决的问题——一些成员国媒体产业实力不强，无法及时报道其他成员国的政治、经济和宗教问题并无关系。另一方面，我国的媒体行业已经比较发达，报刊和广播电台、电视台早已辐射全国，特别是电台、电视台的“读报”节目已经传递了各主要报刊的政治和经济类时事性文章的基本内容（参见前文中的“实务探讨：电台、电视台的‘读报’节目侵犯报刊文章的著作权吗”），再加上《著作权法》已经规定了报刊转载法定许可，至少对于国内“有关经济、政治或宗教的时事性文章”的传播而言，早已有了充足的渠道。由此可见，《著作权法》是否还需要保留针对国内媒体刊发或广播的“有关经济、政治或宗教的时事性文章”的免费转载和广播的“合理使用”，值得讨论。即使予以保留，也应作出严格解释：只有当一篇文章涉及对当前政治、经济和宗教生活中的重大问题的讨论且具有很强的时效性时，

---

① 参见《伯尔尼公约》1914年柏林文本第9条第1款，1928年罗马文本第9条第1款。

② 《伯尔尼公约》1928年罗马文本第9条第2款。

③ Sam Ricketson，Jane C. Ginsburg，*International Copyright and Neighbouring Rights：The Berne Convention and Beyond*（2nd edition），Oxford University Press，2006，p. 799，para. 13. 52.

④ Ibid.，p. 800，para. 13. 52.

对它的转载和广播才可能被认定为“合理使用”。

当然，这一问题的解决，有赖于对《著作权法》的修改或最高人民法院颁布相关司法解释，建议区分对国内媒体中的和国外媒体中的相关文章的使用机制：对于前者，应将允许免费全文转载和广播的范围限于党政机关报刊中登载的政治、经济和宗教类社论文章。这类文章符合重大性和时效性的要求，能够满足公众的知情需求，此外，基于党政机关报刊的特殊性质，其作者往往具有在党政机关工作的身份，创作作品也基本上是职务行为或基于党政机关的委托。即使著作权归属于创作者本人（委托创作且未约定著作权归属于委托人的情形下），著作权法提供的经济激励和回报，与该涉及重大问题的文章在党政机关报刊中传播带来的社会影响和声誉相比，是次要的。如果著作权归属于党政机关或其下属的报刊社（作者为报刊社的工作人员或委托创作时约定著作权归属于委托人），则它们对于此类文章尽可能广泛传播的需要，显然超过了获得经济利益的需要。因此对时事性文章“合理使用”的范围作上述严格的限制，有利于保护著作权，也符合现实的需要。

典型案例

《上海进口化妆品销售火爆的背后……》不属于关于经济问题的时事性文章

某网站未经许可转载了《解放日报》刊登的文章《上海进口化妆品销售火爆的背后，居然与20公里外的一座仓库密切相关》。该文描述了进口化妆品类零售额逆势增长的现象，说明这是上海在外高桥保税区率先试点非特化妆品进口备案改革等措施的结果。该文著作权人起诉该网站侵权，网站以此文“系关于经济问题的时事性文章”进行抗辩。

法院认为，“关于政治、经济问题的时事性文章”是指涉及政治、经济重大问题且具有很强时效性的文章，涉案文章不属于上述规定涉及的时事性文章，遂判决被告抗辩不成立，其行为构成侵权。

本案中的涉案文章虽然与经济有关，但明显属于针对特定具体经济现象（进口化妆品零售额增加）所作评论性文章，并不涉及有关国家经济活动的重大决策或事件，重要程度并不高，无须以牺牲著作权人的获酬权为代价换取其内容的迅速传播和公众的普遍知悉，因此其并不属于“关于经济问题的时事性文章”。

五、对公众集会上讲话的使用

我国立法规定的第五种合理使用情形是：报纸、期刊、广播电台、电视台等媒体刊登、播放或者通过网络提供在公众集会上发表的讲话，但作者声明不许刊登、播放、提供的除外。[①] 允许使用此类作品是为了让公众尽快了解各方的观点，为公众参与讨论创造条件。

例如，某一政府官员在公开会议上作当前政治形势的报告，该报告虽然也可能符合作品的构成要件，但它更为重要的意义是向公众传达公共政策信息。再如，人民代表在各

① 参见《著作权法》第24条第1款第5项，《信息网络传播权保护条例》第6条第8项、第10条第1项。

级人民代表大会上的发言，不仅可能构成口述作品，还传达了民意以及该代表的政治理念。在这种情况下，公众对政治生活的知情权应当优先于讲话者个人的著作权。只要讲话者没有作出保留声明，报刊就可以刊登，广播电台、电视台可以播放，网站也可以传播。

需要注意的是，允许此种“合理使用”的立法目的是确保相关信息迅速地向公众传播。如果将他人的多次演讲结集成册而出版或传播，则超出了保障公众在第一时间“知情”的需要，这种行为应当获得演讲者的许可。《伯尔尼公约》第2条之二第2款规定：本联盟成员国的立法可以规定在何种条件下，准许在为提供信息所需的合理范围内，对公开进行的授课、演讲或其他相同性质的作品进行报刊登载、无线广播或向公众以有线方式传播。第3款则规定：作者享有将上述作品收编成汇集本的专有权利。我国《著作权法》规定“汇编权”，本意也是为了实施《伯尔尼公约》的这一规定。①

立法背景

什么是“公众集会上的讲话”

《著作权法》和《信息网络传播权保护条例》允许在不经过权利人许可的情况下，刊登、播放或通过网络提供在公众集会上发表的讲话，但作者声明不许刊登、播放、提供的除外。该规定对“讲话”的场所作出了具体限定——“集会”，但并没有对该术语进行界定。在这种情况下，只能参考其他法律中“集会”的含义，因为根据法律解释的基本原则，不同法律中使用的相同术语原则上应当具有相同的含义。《宪法》第35条规定：“中华人民共和国公民有……集会……的自由”。《集会游行示威法》第2条规定：“在中华人民共和国境内举行集会……均适用本法。本法所称集会，是指聚集于露天公共场所，发表意见、表达意愿的活动……”如果按照该法对“集会”的定义，只有在“露天公共场所”，如广场、马路、公园空地等，向公众进行的讲话，才能在不经著作权人许可的情况下，由媒体进行刊登、播放或通过网络提供。这就意味着对于在人民大会堂、礼堂或任何会议中心等室内场所向公众进行的讲话，不能适用“合理使用”的规定。这显然并非《著作权法》的立法本意。

本书作者认为，对《著作权法》和《信息网络传播权保护条例》中“公众集会上的讲话”的含义，应当参照《伯尔尼公约》及其立法目的进行解释。《伯尔尼公约》第2条之二第2款规定：本联盟成员国的立法可以规定在何种条件下，准许在为提供信息所需的合理范围内，对公开进行的授课、演讲或其他相同性质的作品进行报刊登载、无线广播或向公众以有线方式传播。

制定该条款有其特定的背景：1928年《伯尔尼公约》在罗马外交会议上修订时，将受保护的作品范围扩大到了部分口述作品——授课、演讲和布道（参见本书第二章第四节中

① 遗憾的是，我国的立法者对《伯尔尼公约》的该条规定有所误解，参见本书第三章第二节中的“理论研究：《著作权法》有必要规定‘汇编权’吗”。

的"立法背景：《伯尔尼公约》对口述作品的保护"），而一些国家担心这种保护会影响公众对信息的获取以及报刊的传播。作为妥协的产物，《伯尔尼公约》在罗马文本中允许成员国在立法中完全或部分排除对政治言论或法律诉讼中的言论的保护，以及自行规定在何种条件下报刊可以使用授课、演讲、布道等口述作品，也即对口述作品的保护设定限制和例外。[①] 1967 年的斯德哥尔摩外交会议对该条进行了修订，将"布道"从允许使用的口述作品类型中删除，将使用的方式从单纯的报刊登载扩大到包括无线广播和有线转播，但要求所使用的授课和演讲必须是"公开"的（delivered in public），以及这种使用必须"在提供信息所需的合理范围内"[②]。

由此可见，《伯尔尼公约》对于限制与例外适用的对象，并不非限于在政治意义上的公众"集会"中所作的授课或演讲，而只是要求该授课或演讲是公开进行的。例如，大学的公开课不限制入场者的身份，属于公开授课，但日常教学由于不向公众开放，则并非公开授课。当然，《伯尔尼公约》允许成员国自行规定适用限制与例外的条件，我国《著作权法》将适用范围从所有公开进行的授课或演讲，缩小到在"公众集会"上进行的讲话，本身无可厚非。但是，如果将《著作权法》中的"集会"解释为在"聚集于露天公共场所"，或者按照参与立法者的说明，是指"在公共场所（如广场、体育场）举行的集会"，会带来不小的问题。

《伯尔尼公约》允许各成员国自行决定是否在立法中全部或部分地将政治言论和在诉讼过程中发表的言论排除在保护范围之外。[③] 若予以排除，则只有在将这些言论在事后汇集起来出版或传播时，才需要经过著作权人的许可。[④] 显然，该规定是考虑到了政治家发表的政治言论和律师进行的法庭陈述和辩论与公众对政治生活的知情权有重大关系，因此需要迅速地向公众传递相关信息。我国《著作权法》明确将口述作品，即"即兴的演说……法庭辩论等以口头语言形式表现的作品"纳入了保护范围[⑤]，这意味着政治演说和法庭辩论是受著作权法保护的口述作品，但如果不对其著作权加以适当的限制，就意味着对政治演说和法庭辩论的现场直播需要经过演说者和律师许可，否则就会侵犯其著作权。虽然《著作权法》规定了为报道时事新闻的合理使用，但在新闻栏目或节目中报道时事新闻时毕竟不大可能一字不差地全文使用。如果将《著作权法》中的"集会"解释为"聚集于露天公共场所"或者"在公共场所（如广场、体育场）举行的集会"，则法庭辩论就会被排除在外，因为很难说法院是"公共场所"，即使法院对某一案件公开审理，律师在法庭中进行的辩论也难以被认定为在"公众集会"中的讲话。同时，许多政治演讲即使被现场直播，从而构成"公开演讲"，其所在的场所也并不一定是"公众场所"，如国家领导人在中南海会议室中召开的当前政治形势座谈会上发表公开讲话，中南海会议室并非"公众场所"。但如果认为对法庭辩论或在中南海会议室召开的会议上公开讲话的使用不能构成"合理使用"，就会导致比《伯尔尼公约》更加严格的保护机制。这是有违我国国情的，也会影响公众对相关信息

---

① 参见《伯尔尼公约》罗马文本第 2 条第 1 款、第 2 条之二。
② 《伯尔尼公约》斯德哥尔摩文本第 2 条之二。
③ 参见《伯尔尼公约》第 2 条之二第 1 款。
④ 参见《伯尔尼公约》第 2 条之二第 3 款。
⑤ 参见《著作权法实施条例》第 4 条第 2 项。

的获取。

因此，对于“公众集会”，有必要根据《伯尔尼公约》相关条款的立法精神进行解释，不要将其局限于公众聚集于公共场所的情形，而是将其延伸至面向公众所进行的讲话，包括允许公众入场，以及对讲话进行广播的情况。《伯尔尼公约指南》针对“公开进行的授课、演讲”所举的实例中，就包括“广播讲话”①。“广播讲话”很难构成严格意义上的“公众集会中的讲话”，因为它一般发生在广播电台封闭的录制室中，听众往往并不在现场，但它是向公众传播的。同时，根据《伯尔尼公约》的要求，对这种公开讲话只能在“为提供信息所需的合理范围内”使用。“提供信息”是指让公众了解讲话的内容，并不是指讲话本身或其主题就是新闻事件。② 例如，一位法院院长在法学论坛上公开发表了回顾知识产权司法审判三十多年历程的演讲，在该院长没有声明不许刊登、播放或提供的情况下，媒体可以刊登、播放或通过网络提供该演讲。

如果我国立法者希望在保障公众知情权的情况下，适当提高对著作权的保护水平，可以对允许媒体使用的公开讲话的类型加以限制。根据一些国家的著作权法，只有对公开发表的有关时事性的演说或辩论才能进行全文刊登或播放。例如，《意大利著作权法》第66条只允许报刊或广播组织使用在公众集会（public assemblies）上所作的，或以其他任何公众方式进行的“有关政治或行政事务的演讲”。这就将学术演讲、诗歌朗诵、科学报告等排除在外了。根据欧盟《版权指令》的规定，对于政治言论可以为提供信息的目的而使用全文，而对于其他的公开演讲，只允许使用片段。③ 我国《著作权法》可以将可使用的公开讲话的范围限定为“政治演说和法庭辩论”。

六、在课堂教学和科研中使用

我国立法规定的第六种合理使用情形是：为学校课堂教学或者科学研究，翻译、改编、汇编、播放或者少量复制已经发表的作品，供教学或者科研人员使用，但不得出版发行④，以及通过网络向少数教学、科研人员提供少量已经发表的作品。⑤

在教学准备和教学活动中，教师有时需要将图书馆中外文藏书的一小部分予以复印，用作教学时的参考；或者将这部分翻译成中文，供本教研室其他教师参考；语文教师需要将一部长篇小说为教学目的而改写成适合低龄学生理解的缩写版，以此为基础进行备课，或者在平时收集、整理名人名言，将其汇编成册，在课堂上讲解。在大学历史公选课上，教师有时需要播放历史题材的电影片段或者构成视听作品的纪录片片段，以使学生直观地了解某一重大历史事件。这种使用在教学和科研活动中是大量存在的，通常不会对著作权

---

① 刘波林译：《保护文学和艺术作品伯尔尼公约（1971年巴黎文本）指南》（附英文文本），22页，北京，中国人民大学出版社，2002。

② 参见上书，22页；Sam Ricketson，Jane C. Ginsburg，*International Copyright and Neighbouring Rights*：*The Berne Convention and Beyond*（2nd edition），Oxford University Press，2006，p. 808，para. 13. 58。

③ See Directive on the Harmonisation of Certain Aspects of Copyright and Related Rights in the Information Society，Article 5. 3（f）.

④ 参见《著作权法》第24条第1款第6项。

⑤ 参见《信息网络传播权保护条例》第6条第3项。

人的利益造成严重损害。

需要指出的是，上述实例中的一些教学活动，与本项合理使用无关。《著作权法》和《信息网络传播权保护条例》将为课堂教学进行“合理使用”的主体限定于教学人员。需要特别注意的是，《著作权法》的用语是“供教学或者科研人员使用”，而不是“供教学或者科研活动使用”。从字面上看，并不允许教学人员将作品少量翻译、改编、汇编或复制后发给学生，也不允许向学生播放作品。因此，上述实例中历史教师在课堂上为教学需要而播放历史题材的电影片段或者构成视听作品的纪录片片段，由于并不属于“供教学或者科研人员使用”，无法被纳入此项合理使用。

与此同时，“播放”应当是指通过机械设备，使现场的受众能够感知作品的行为，如播放电影、音乐、有声书、图片和照片等，可能涉及的专有权利包括表演权（机械表演权）、放映权和广播权的第二项子权利（“通过扩音器或者其他传送符号、声音、图像的类似工具向公众传播广播的作品的权利”，也就是现场传播权）。然而，各类传播权所规制的行为必须面向“公众”。未面向“公众”所进行的播放与传播权无涉，当然也不应被归入权利限制范围。顾名思义，权利限制是对专有权利行使的限制，如果某项未经许可而实施的利用作品行为，根本未落入任何专有权利的规制范围，自然不可能构成对该项专有权利的直接侵害，也无须被纳入权利限制范围。

如本书第三章第二节在讲解公开传播权时所述，“公众”是指家庭成员和经常交往的朋友圈子之外的不特定多数人。对于课堂教学而言，常见的情况是播放的受众就是一个班或几个班的学生，这些学生几年在一起相处，相互之间形成的密切的联系属于正常的社交关系，因此在这些课堂上播放相关作品并不属于面向“公众”的传播。即使某些课堂教学涉及面向公众的播放（如大学中供全校学生选修的大课上，学生来自全校多个院系，且课堂人数较多，相互之间缺乏密切联系，可构成“公众”），只要对作品的播放是出于教学的需要且程度适当，就可以归入另一项合理使用——“为介绍、评论某一作品或者说明某一问题，在作品中适当引用他人已经发表的作品”。仍以历史教师在课堂上为教学需要而播放历史题材的电影片段或者构成视听作品的纪录片片段为例：只要教师在讲解（属于即兴创作口述作品）中播放相关内容是为了介绍、说明某一历史问题，且长度与这一目的相适应，自然不构成侵权，并不属于在课堂教学中“合理使用”。

如果翻译、改编、汇编、复制和网络传播超出了必要的限度，导致了“市场替代”效果，使学校和科研机构不再购买正版作品，而是经常性地使用未经许可的翻译件、复制件、改编版本或汇编版本作为替代，从而实质性地损害了著作权人的合法利益，则不应被视为合理使用。例如，如果某机构将自己订购的国外期刊经常性地予以复印并分发给其他大学或科研机构，或者将期刊扫描之后置于教学网上供大量教师下载，或者将他人撰写的教材按学生人数全书复印后发给学生，即使没有从中赢利，也没有公开出版发行，仍然不能构成合理使用。如在“美国教育考试服务中心诉新东方学校案”中，新东方学校未经许可，复制 TOEFL 考试题并以出版物的形式在其校内和网上向不特定人公开销售。法院认定其使用作品的方式已超出了课堂教学合理使用的范围，构成侵权行为。①

---

① 参见北京市高级人民法院（2003）高民终字第 1393 号民事判决书。

本项合理使用中关于“供教学或者科研人员使用”的限定，使该项合理使用的范围非常狭窄。如在大学课堂上，教师有时需要先向学生印发他人论文片段并提出问题，再在课堂上进行讨论。该行为虽然属于课堂教学活动，但并非将他人论文“供教学或者科研人员使用”，不符合本项合理使用的条件。但许多国家的著作权法并未作如此狭窄的限定，而是允许在符合“三步检验标准”的前提下向学生散发作品片段或以其他方式使用作品。在我国，开展文字作品著作权集体管理的时间并不长，按照复印数量向著作权人支付许可使用费在现实中尚不可能，故更是应当承认合理范围内为教学目的向学生散发作品片段的使用有可能构成合理使用。

典型案例

将他人 40 篇文章编入习题册印发给本校学生不属于合理使用

林某创作了《高中英语单词串记法》，其中含有几十篇其撰写的英语文章及中文翻译。某高级中学的名师工作室编写了《轻松搞掂高考词汇与语法填空》练习册，共印刷 2 500 册，大部分已免费发放给本校学生复习使用，且未申请书名、刊号并出版。林某起诉该高级中学侵犯其著作权。

法院认为：《轻松搞掂高考英语词汇与语法填空》未经许可而复制林某的英语短文的数量达 40 篇，且短文的英文及中文翻译内容基本完全一致，印刷数量达 2 500 本，远超过教师或学生少量复制使用的范围。由于林某的作品《高中英语单词串记法》的主要受众是高中阶段的学生，综合考虑该高级中学的印制数量及发放群体，可以确认其未经许可的使用行为对林某的作品正常的市场销售及获利造成了减损，且没有指明所复制短文的作者姓名、作品名称，故该使用已经超出“合理”范围，不属于合理使用，构成侵权。①

本案的关键，不仅在于被诉高级中学对作品的复制并不是“供教学人员使用”，而是“供教学使用”（供学生使用），而且在于其使用的量（完整的 40 篇英语短文和中文翻译）以及使用的目的和效果（实现与原作品完全相同的功能，从而替代了原作品的市场）。这样的使用会与对作品的正常利用相冲突，且不合理地损害了权利人的合法利益，因此并不是合理使用。

本案也从一个侧面反映出教学机构需要建立起一套著作权保护与管理机制。许多国家的教学机构中都有专门负责获取拟使用作品的许可的机构。如一些大学的课程并不使用正式出版的教科书，而是由教师在开学前将许多材料汇集在一起，形成被称为“course pack”的自编教学材料。如果其中涉及受版权保护的作品且明显不属于合理使用范围的，教师都会通过学校的版权中心事先获取许可。这样的做法值得借鉴。

对本案中涉及的其他问题，请见本章“问题与思考”。

---

① 参见林某与深圳市光明新区高级中学等侵害著作权纠纷案，深圳市宝安区人民法院（2019）粤 0306 民初 2633 号民事判决书，广东省深圳市中级人民法院（2020）粤 03 民终 6862 号民事判决书。

典型案例

《冲出亚马逊》案

国家广播电影电视总局电影卫星频道节目制作中心（以下简称节目制作中心）与八一电影制片厂共同拍摄了电影《冲出亚马逊》，并根据合同享有该片的国内外电视播映权。该电影讲述了我国两名特种兵在亚马逊旁的国际特种兵训练中心接受残酷特种军事训练的故事。两名中国军人凭借超出常人想象的非凡意志和勇气，顺利完成训练并为祖国争得了荣誉。该电影后被列入“百部优秀爱国主义教育影视片”名单。中国教育电视台在附有广告的“周末影院”栏目中未经许可而播放了《冲出亚马逊》。节目制作中心据此诉中国教育电视台侵犯其著作权。中国教育电视台认为其播放爱国主义影片属于教育教学节目的一部分，是当前进行思想道德教育的课堂教育不可缺少的组成部分，是进行爱国主义教育的公益行为，属于合理使用。

法院认为：虽然《冲出亚马逊》确实属于有关部门推荐的爱国主义教育影片，但并不表示任何播放该片的行为均是出于公益目的。中国教育电视台在播放该片过程中插播了多次广告，显然与公众利益无关，因此，其播放行为带有一定的商业目的。同时，认定合理使用的前提条件之一是该行为不能损害权利人的经济利益，既包括不能造成权利人实际的经济损失，还包括不能影响权利人在潜在的市场获得的经济利益。中国教育电视台作为一家面向全国的公共电视台，其观众群体中除广大中小学生外，还包括社会各个阶层，其播放《冲出亚马逊》并附带播放广告的行为，显然降低了电影权利人利用该部电影获取经营收入的可能，给其经济利益造成了影响。① 更何况《著作权法》(2001 年）将为教学目的的合理使用明确限定为“为学校课堂教学”而“翻译或者少量复制已经发表的作品”以“供教学人员使用”。中国教育电视台在其“周末影院”栏目中播放电影并不属于课堂教学范围。② 因此，法院认定被告的行为不构成合理使用。

实务探讨

私立学校和社会培训机构对作品的使用属于“教学性合理使用”吗？

《著作权法》第 24 条第 1 款第 6 项允许为学校课堂教学而翻译或者少量复制已经发表的作品，但没有对“学校”的范围作出界定。参与立法者认为：“‘课堂教学’一词是有严格限制的，考研辅导班，托福、GRE 培训班等以营利为目的的教学不属于‘课堂教学’”③。根据这一解释，对以营利为目的而开设的教育培训机构和私立学校④不能适用此条规定的合理使用。

---

① 参见北京市海淀区人民法院（2006）海民初字第 8877 号民事判决书。

② 参见北京市第一中级人民法院（2006）一中民终字第 13332 号民事判决书。

③ 胡康生主编：《中华人民共和国著作权法释义》，107 页，北京，法律出版社，2011。

④ 但《民办教育促进法》(2018 年修正）第 3 条第 1 款前半句规定：民办教育事业属于公益性事业。这似乎意味着我国没有以营利为目的的私立学校。

然而，《伯尔尼公约》并没有将私立学校排除出享受限制与例外的主体范围。该公约第10条第2款规定：本同盟成员国法律以及成员国之间现有或将要签订的特别协议得规定，允许在出版物、广播节目或录音录像中使用文学艺术作品作为教学示例，只要这种使用不超出为实现其目的的正当需要，并符合公平的惯例。1967年斯德哥尔摩修订会议的报告对此指出："'教学'一词包括各级教学——在教育机构和大学，市立和国立学校，以及私立学校。在这些机构范围之外进行的教育活动，例如向公众开展的一般性教学，只要不是由上述类型的学校提供的，就应被排除在外"①。

由此可见，《伯尔尼公约》允许成员国为私立学校的教学活动规定限制与例外。虽然该公约将社会培训机构排除在外，但需要注意的是，该公约该条针对的活动是在出版物、广播节目或录音录像中使用作品，而不是在师生面对面的课堂教学中使用作品。虽然在出版物、广播节目或录音录像中使用作品的目的是进行教学活动，但由于出版物和录音录像是公开发行的，广播节目是公开传播的，无法确保它们的使用者就是学生，因而该公约施加了较为严格的限制。而在课堂教学中使用作品，受众就是学生，因此《伯尔尼公约》并没有专门对课堂教学设定成员国规定限制与例外的范围，实际上是允许成员国作出任何合理的规定。在这种情况下，根据我国的现实国情，没有必要对"课堂教学"的主体范围进行过于严格的限制。

我国在司法实践中也没有将教学性合理使用的主体限于公立学校。如在"美国教育考试服务中心诉新东方学校案"中，对于私立且明显以营利为目的的新东方学校在课堂中讲解TOEFL试题（该讲解过程会涉及在黑板或课件中复制试题）的行为，法院指出："新东方学校在不使用侵权资料的情况下在课堂教学中讲解TOEFL试题应属于《著作权法》第22条规定的合理使用相关作品的行为，并不构成对他人著作权的侵犯"②。本书作者赞同法院的这一认定。

典型案例

《新概念英语》网络教学案

路易·亚历山大是英语教材《新概念英语》的作者之一，教材1～3册中的课文均由其创作。某学校提供"新概念英语"的网络教学课程，在其课件中，老师的讲解方式有三种：一是对每篇课文进行朗读，页面显示全部或部分课文中的句子；二是对单词和短语进行讲解，页面显示全部或部分单词和短语；三是页面显示老师扩充讲解的部分内容。亚历山大的继承人朱莉亚·亚历山大起诉该学校未经许可而使用《新概念英语》的行为构成侵权。

法院认为：对于第一种情况，老师对课文的朗读以及在页面上对作品内容的显示，是对涉案作品在网络上公开进行的传播。该传播行为，未经著作权人许可，使公众可以通过互联网在个人选定的时间和地点获得涉案作品，已经构成对朱莉亚·亚历山大享有的信息

---

① Sam Ricketson, Jane C. Ginsburg, *International Copyright and Neighbouring Rights: The Berne Convention and Beyond* (2nd edition), Oxford University Press, 2006, p. 792.

② 北京市高级人民法院（2003）高民终字第1393号民事判决书。

网络传播权的侵犯。至于第二种情况，是对单词和短语的显示和讲解，因这些单词和短语并非作品，且其选择、排序也不具有独立于作品的独创性，故对朱莉亚·亚历山大相关主张不予支持。关于第三种情况，是老师对作品的扩充讲解，并非对涉案作品的使用，显然不构成对朱莉亚·亚历山大的著作权的侵犯。①

需要指出的是：对于教学性合理使用，《著作权法》和《信息网络传播权保护条例》仅允许“为学校课堂教学”而翻译或少量复制已发表作品供教学人员使用，或“为学校课堂教学”通过信息网络向少数教学人员提供少量已发表作品。如果法院在审理时以该规定为唯一依据，则该案非常简单：被告通过网络提供涉案教材的全文朗读，显然不是“供教学人员使用”，不符合教学性合理使用的构成条件。但如前文所述，《著作权法》作出如此限制性规定本身就缺乏合理性。因此，本案法院实际上参考了《美国版权法》第107条规定的判断“合理使用”的四个考虑因素进行分析。法院指出：判断是否构成合理使用一般参考以下标准，即：是否基于商业目的而使用；所使用作品的性质；使用的数量和比例；使用行为对作品的潜在市场价值是否有较大的不利影响。本案中，被告作为营利性教学机构使用《新概念英语》的行为，显然不属于非商业使用；其对《新概念英语》绝大部分英文内容进行了使用，而非少量使用；学员通过涉案网络教学中的朗读和显示，完全可以不再购买《新概念英语》而进行学习，这对《新概念英语》潜在的市场价值也具有较大的不利影响。② 这种司法裁决的方法在一定程度上弥补了立法的缺陷。

七、国家机关的公务性使用

我国立法规定的第七种合理使用情形是：国家机关为执行公务在合理范围内使用已经发表的作品③，包括在合理范围内通过网络向公众提供已经发表的作品。④

国家机关出于执行公务目的经常需要以合理的方式对作品进行使用。例如，公安机关张贴或在网络中分发的通缉令中往往要使用犯罪嫌疑人的照片或画像。即使该照片或画像是受著作权保护的作品，由于公安机关并非为了展示照片或画像的艺术价值，而是为了向公众宣告犯罪嫌疑人的长相，故该公务性使用仍然可构成合理使用。《德国著作权法》第45条对此明确规定：法院和行政机关可以为司法程序和公共安全而复制人物画像或人物照片，以及对其进行散发、公开展示和传播。再如，在审理案件过程中，法官可复印一部著作的片段用作参考资料。在结案之后，法院还需要将全套诉讼材料复印、扫描后存档，即使其中有原、被告提交的作为证据使用的作品，法院也可以复制。

但是，为执行公务而使用仍然要符合“三步检验标准”，要受到合理范围的限制。例如，国家机关不能以执行公务为借口使用盗版软件，因为这种使用与公务之间实际并无必然联系，并且会导致对软件著作权人的不合理损害。同样，国家机关也不能仅仅因为经费紧张就不去订购报刊资料，而经常性地加以复印。换言之，国家机关对作品的使用应具有

---

①② 参见北京市高级人民法院（2008）高民终字第185号民事判决书。

③ 参见《著作权法》第24条第1款第7项。

④ 参见《信息网络传播权保护条例》第6条第4项。

必要性，使用方式应与执行公务的需要相适应。例如，某市监察局未经许可在其主办的当地廉政网上刊登了一部4 000字的以反腐倡廉为主题的人物传记。法院认为：公务性合理使用有严格的条件限制，使用的目的是执行公务，而且使用的必要程度、方式、范围，所使用部分的数量和内容等均应合理。虽监察局负有宣传反腐倡廉的工作任务，但其使用涉案作品并非完成该项任务所必需，且使用了作品的全文，传播范围十分广泛，因此该使用行为并不属于合理使用。[①]

典型案例

律师纪律委员会复制律师的博客文章作证据使用侵权吗?

本案原告乔安妮·丹尼森（Joanne Denison）是美国伊利诺伊州的执业律师，被告是伊利诺伊州律师登记和纪律委员会（以下简称“律师纪律委员会”），该委员会是由伊利诺伊州最高法院设立的公共机构。丹尼森认为法院在处理一起涉及遗嘱案件时有司法腐败行为，导致一名老人受害。丹尼森为此建了一个博客，贴出了她自己的博文。律师纪律委员会对此调查后，认为丹尼森有关司法腐败的指称是虚构的，而且认定她是基于故意或极大过失作出了虚假陈述，因此决定对她和她的合作伙伴进行纪律处分。丹尼森对律师纪律委员会和其中的相关人员提起了版权侵权之诉，认为其从自己的博客中复制了上千页的作品，超出了为调查和准备听证程序所需的限度。

法院根据《美国版权法》第107条规定的四个因素，分析了律师纪律委员会在调查程序中对原告的博文的使用是否构成合理使用：首先，从使用的目的和性质来看，律师纪律委员会使用博文的目的和性质与原告创建博客的目的并不相关。原告的博客是为了让人们对司法腐败发表意见，而律师纪律委员会是在针对原告的纪律处分程序中将博文用作证据。显然，法院认为律师纪律委员会对作品的使用构成转换性使用。其次，从原告的作品的性质来看，原告的博客主要用于讨论法律争议、诉讼策略与合规性，其中博文的性质接近于事实作品或已发表的言论，而不是故事或未发表的回忆录，因此对它们的使用更易构成合理使用。再次，从被使用部分的数量和重要性来看，律师纪律委员复制博文是为了在纪律处分程序中进行调查，这种全文复制服务于重要的社会利益，是合理的。而且律师纪律委员会最后只在供公众查阅的报告中引用了博文中的15段，这与一千多页的全部博文相比只占很小比例。最后，将博文作为证据使用并不可能对博文的潜在市场产生不利影响。[②] 法院因此驳回了原告的诉讼请求。

《美国版权法》并没有像大陆法系国家著作权法一样，明确将在立法、司法和行政程序中对作品的使用列为对权利的限制或例外，因此需要法院根据该法第107条规定的四个因素进行个案判断。读者可思考：如果此案发生在我国，法院能否认定被告的行为属于“国家机关的公务性合理使用”?

---

① 参见浙江省高级人民法院（2009）浙知终字第118号民事判决书。

② Denison v. Larkin，2014 WL 3953637，at 5 - 6（N. D. Ill.，2014）.

立法建议

改“国家机关的公务性使用”为“立法、司法和行政程序中的使用”

我国《著作权法》和《信息网络传播权保护条例》将公务性合理使用的主体限定为“国家机关”，将目的限定为“执行公务”。这就意味着律师在诉讼中复制他人的作品作为证据使用并不构成合理使用，因为律师并不属于国家机关的工作人员，制作和提交证据也不属于执行公务。假设在一场著作权侵权诉讼中，被控侵权一方的律师为了证明原告提交的署有原告姓名的文章并非原告独创的，找到并复印了在更早时发表的署有他人的姓名的相同文章，作为证据提交给法院。如果被复印作品的作者起诉该律师侵犯其复制权，在我国现行立法中无法找到认定律师的复制行为构成合理使用的直接依据。

事实上，即使是发达国家的立法也并没有对合理使用作出如此严格的限定，它们的立法大多允许在立法、司法和行政程序中使用作品，使用的主体既包括议会、法院和行政机关，也包括律师等相关参与者。例如，欧盟《版权指令》允许成员国为实现公共安全或者确保立法、司法和行政程序的顺利进行而规定限制与例外。① 《德国著作权法》第 45 条第 1 款允许在司法、仲裁和行政程序中复制作品，并没有将行为主体限于行政机关。同样，《澳大利亚版权法》第 43 条规定，在司法程序中使用文字、戏剧、音乐或艺术作品并不构成侵权。这些规定更为合理，值得未来我国在修改《著作权法》时借鉴。

典型案例

高考试卷使用他人作品案

由教育部考试中心（以下简称考试中心）组织出题的 2007 年全国高考语文试卷中，命题作文《摔了一跤》所使用的漫画（见下图右）与何某创作的漫画《摔了一跤》（见下图左）非常相似。考试中心是教育部指定的负责全国高考命题及试卷、成绩统计分析与评价工作等的直属事业单位。何某认为考试中心此举侵犯了其著作权。

何某创作的漫画《摔了一跤》

2007 年高考语文试题《摔了一跤》

---

① See Directive on the Harmonisation of Certain Aspects of Copyright and Related Rights in the Information Society, Article 5. 3 (e).

法院首先认为：比较两幅漫画，二者在构图、故事设计、人物形态等方面存在较大的相似性，可见一种紧密联系、发展演变的过程。考试中心亦认可曾事先接触过原告的漫画。但两幅漫画在具体人物选择、所配文字，特别是寓意上有很大不同。因此，考试中心在高考作文中使用的漫画，是以何某的漫画的主要特征为基础，增加新的创作要素和构思完成的，已经形成了由何某的漫画演绎而来的新作品。

本案的焦点还有两个：第一个是考试中心在全国高考试卷中将他人的作品用作试题是否属于“国家机关为执行公务在合理范围内使用已发表作品”。何某否认考试中心为国家机关。对此法院认为：国家机关执行公务存在两种形式：一种是国家机关自行执行公务，另一种是国家机关授权或委托其他单位执行公务。考试中心虽然不属于国家机关，但它是教育部根据《教育法》指定的执行高考试卷命题等公务的机关，其组织高考出题的行为属于后一种执行公务的情形，因此考试中心在组织高考试卷出题过程中使用原告的作品的行为，应属于国家机关为执行公务在合理范围内使用已经发表的作品。

本案的第二个焦点是，考试中心在高考试卷中使用演绎作品时未指明原作品作者的姓名和作品名称，是否还能构成合理使用。法院认为：在公共利益较著作权人的利益明显重要时，应有条件地限制著作权人的相关权利。本案中，因高考保密的严格要求，事先获得相关作者的改编许可变得不具有可行性。为确保通过高考选拔出高素质人才的公共利益得到实现，高考出题者考虑高考试题的难度要求、篇幅要求和背景要求等特点，可对作品进行一定的改编，以适应出题角度和技巧的要求。因此，考试中心的行为并不构成对原告的改编权的侵犯。同样，考试中心对涉案漫画不署名的做法有其合理性：(1) 高考过程中，考试时间对考生而言是非常紧张和宝贵的，考生的注意力亦极为有限，如对试题的来源均进行署名会增加考生对信息量的阅读量，浪费考生的宝贵时间。(2) 看图作文的漫画署名给考生提供的是无用信息，出题者出于避免考生浪费不必要的时间注意无用信息等考虑，采取不署名的方式亦是适当的。因此，考试中心未在高考试题中为原告署名，不构成侵权。法院最后驳回了原告的诉讼请求。①

需要说明的是：此案判决后，北京市海淀区人民法院向考试中心发出司法建议函，建议考试中心在高考结束后，以发函或致电形式对作者进行相应的告知和感谢。此举得到了考试中心的积极回应。考试中心已决定在往后的高考结束后，以适当方式公开试题中使用相关材料的情况，并以考试中心和广大考生的名义对相关权利人表示感谢。这不失为《著作权法》框架下巧妙维持著作权人利益与公众利益平衡的一种方法。2019 年四川省高考语文试卷中，在用于作文题的漫画下方，清楚地标注了漫画的出处（见右图），这体现了对原作品作者的尊重。

(据“小林漫画”作品改编)

关于本案涉及的其他问题，请参考本章的思考题。

① 参见北京市海淀区人民法院（2007）海民初字第 26273 号民事判决书。

八、图书馆等对馆藏作品的特定复制和传播

我国立法规定的第八种合理使用适用于图书馆、档案馆、纪念馆、博物馆、美术馆和文化馆等。《著作权法》第 24 条第 1 款第 8 项规定：这些机构为了陈列或者保存版本的需要，可以在不经过著作权人许可并不支付报酬的情况下复制本馆收藏的作品。

图书馆等收藏的作品的物质载体经过长期使用后会自然磨损。出于继续向公众提供借阅或展览的需要，图书馆等需要以复制方式保存版本。这在作品已经绝版的情况下特别有用。这种复制并不会严重损害著作权人的经济利益，可以构成合理使用。其他一些国家的立法也明确允许图书馆、档案馆等实施这种复制行为。如《英国版权法》第 42 条规定：图书馆、档案馆为了保存或替代本馆的作品版本而复制作品，或在其他图书馆、档案馆的作品版本已丢失或损坏、损毁的情况下，为替代原有版本而制作作品的复制件并向其提供，条件是购买作品不具有现实可能性。但是，如果图书馆等不是出于保存本馆藏品的需要，而是出于节省开支的考虑以廉价的复印件代替市场上出售的原版作品，显然不是合理使用。

鉴于数字化复制的廉价和迅捷可能对著作权人的利益造成不利影响，我国《信息网络传播权保护条例》第 7 条对图书馆、档案馆、纪念馆、博物馆和美术馆等为了陈列或者保存版本的需要而以数字化形式复制本馆收藏的作品作出了特别限定：这些作品应当是已经损毁或者濒临损毁、丢失或者失窃，或者其存储格式已经过时，并且在市场上无法购买或者只能以明显高于标定的价格购买的作品。例如，图书馆所藏的热门书籍失窃之后，只要市场上仍然有相同书籍出售，图书馆就应当出资购买，而不能为了节省经费自行以数字化手段加以复制。再如，图书馆原来藏有以录像带形式保存的电影作品，即使录像带因时间久远濒临损坏，而且该录像使用的也是已经过时的 VHS 或 Betamax 存储格式，但只要电影作品在市场上还有以 VCD 或 DVD 光盘为存储介质的销售，图书馆就不能自行将录像带转录成 VCD 或 DVD 格式加以保存，而应当在市场上购买，否则，仍然会构成对著作权人的复制权的侵犯。再如，早期的音乐作品是以老式唱片、磁带等模拟格式存储的，随着技术的进步，使用这些存储介质播放音乐的机器设备已经越来越罕见，但如果市场中存在以数字格式存储的相同音乐作品，如音乐 CD、音乐 MP3 等，则图书馆仍然应当购买使用数字格式的介质以替代原有的唱片和磁带，而不能自行将老式唱片和磁带中的音乐进行数字化，录制至新型介质之中加以保存。

图书馆等同时具有“资料保存”与“信息提供”这两种不同功能，上述适用于图书馆的合理使用应是针对前一种功能而言的。传统图书馆所具有的“信息提供”功能主要体现在对作品复制件的出借上。由于我国《著作权法》并未规定“公共借阅权”或其他能够控制出借行为的专有权利，图书馆出借作品复制件本身并不构成侵权，因此，无所谓合理使用。随着技术的进步，图书馆的“信息提供”方式也日益多样化，除了出借纸质书等作品的有形复制件之外，图书馆还可以在视听阅览室中播放音乐或电影，以及将数字化作品置于网上传播。这些行为不但可能涉及对作品的复制，而且还涉及对作品的机械表演、放映或网络传播，如果不当实施就可能不合理地损害权利人的利益。因此，这类行为只有在符合严格法定条件的情况下才能构成合理使用。例如，有的图书馆的视听阅览室是在向读者

收费之后才允许读者点播欣赏电影的。这等同于使用电影作品牟利，该阅览室与一般的影视厅并没有什么不同，如果未经电影作品著作权人许可必然会构成对其放映权的侵犯。即使视听阅览室是免费提供电影作品点播的，但如果其放映的是正在影院热播的新电影，就可能对票房造成不利影响，也很难构成合理使用。图书馆通过网络传播作品对著作权人的影响更大，如果读者足不出户就可以登录图书馆的网站全文阅读或下载作品，必然会影响作品在有形市场上的销量。

为此，我国《著作权法》仅对图书馆的“信息保存”功能规定了上文所述的合理使用。对于“信息提供”功能，《信息网络传播权保护条例》第 7 条第 1 款规定：图书馆、档案馆、纪念馆、博物馆、美术馆等可以不经著作权人许可，通过信息网络向本馆馆舍内服务对象提供本馆收藏的合法出版的数字作品和依法为陈列或者保存版本的需要以数字化形式复制的作品，不向其支付报酬，但不得直接或者间接获得经济利益；当事人另有约定的除外。同时，该条例第 10 条还要求图书馆等采取技术措施，防止服务对象以外的其他人获得著作权人的作品，并防止服务对象的复制行为对著作权人的利益造成实质性损害。

这条“合理使用”规定为图书馆等限定了通过网络提供数字化作品的场所、对象和方式。首先，图书馆等只能通过网络在馆舍之内向读者提供数字化作品，而不能通过网络向馆舍之外的读者提供数字化作品，如将作品置于网络之上，使读者在馆外也可以在联网的计算机上登录阅读。其次，图书馆等能够通过网络在馆舍之内合法提供的作品被严格限定为两种情况：一是图书馆等合法收藏时就是以数字格式存在的，如光盘版《中国大百科全书》。二是在馆藏作品已经损毁或者濒临损毁、丢失或者失窃，或者其存储格式已经过时，并且在市场上无法购买或者只能以明显高于标定的价格购买时，图书馆等为了陈列或保存版本的需要而制作的数字化复制件。这意味着图书馆不得为了通过网络向馆舍内的读者提供作品而超出上述范围擅自将馆藏作品数字化。最后，图书馆等在通过网络向馆舍内的读者提供数字化作品时必须采用加密、身份验证等技术性措施，只允许读者在线阅读，而不允许读者将数字化作品复制到自带的移动硬盘等存储设备之中，以防止该数字化作品被带到馆舍之外后又被复制和传播，影响著作权人的利益。

需要指出的是：《信息网络传播权保护条例》第 7 条并未对图书馆等通过网络向馆舍内的读者提供作品的类型进行限定。因此从字面上看，图书馆等可以将合法购入的最新 DVD 电影置于本馆的网络之中供馆舍内的读者点击欣赏。但如前文所述，这种行为可能严重损害电影著作权人的利益，恐难以构成符合“三步检验标准”的合理使用。

实务探讨

图书馆可以向读者提供复印服务吗？

读者在图书馆阅读书刊时，往往需要为个人学习、研究的目的，复印著作的片段或期刊中的文章。许多图书馆对此提供复印服务，有时是图书馆安排馆员根据读者的需求进行复印，有时是图书馆设置自助复印机，由读者购买复印卡后，自行刷卡复印。如果这种复印没有经过著作权人的许可，包括图书馆未与集体管理组织签订一揽子许可合同，图书馆提供的复印服务是否侵权？

许多国家的立法对此作出了明确规定。对于由图书馆馆员提供复印服务的情形，《英国版权法》第 38 条和第 39 条规定：图书馆馆员可以对期刊中一篇文章、同一期期刊中的数篇文章或已出版作品的一部分复制一份，并向读者提供，条件是此人仅是为了非商业性的研究或私人学习目的而要求获得复制件，而且支付了复制作品的成本。《美国版权法》第 108 条规定：图书馆或档案馆的馆员可以将馆藏期刊中的一篇文章或其他文字作品中的一小部分复制一份，并提供给读者，但该图书馆或档案馆必须是向公众或特定领域的研究者开放的，而且要遵循一系列的条件，包括在提供复制件时附有原作品中的版权标识，在要求读者填写的复制申请单的显著位置标注必须遵循版权法的警示，以及馆员并不知道读者会将作品复制件用于私人学习或学术研究之外的任何目的。如果馆员经过合理调查，认定作品无法以合理的价格购得，还可以对整部作品或其中的大部分内容进行复制并向读者提供复制件。①

对于图书馆提供自助复印服务的情形，《美国版权法》规定，只要复制设备上提示使用者注意复制行为受版权法的规制，图书馆、档案馆及其馆员就不会因为未派人监督复制设备的使用而对读者过量复制的侵权行为承担责任。② 当然，这样的规定也意味着，如果图书馆没有在自助复印机上提示读者尊重版权法，其提供自助复印服务的行为有可能被认定为间接侵权（关于间接侵权，参见本书第八章）。在澳大利亚发生的“Moorhouse 诉新南威尔士大学案”中，版权人指称新南威尔士大学明知放置在图书馆的自助复印机有可能被用于版权侵权，却没有在复印机上张贴正确的版权警告，是“默许”读者侵权。新南威尔士最高法院判决版权人胜诉，认为向他人提供复印机等可用于侵权的工具，或者能够控制这种工具使用的人，如果知道或有理由怀疑该工具有可能被用于进行侵权行为，但却没有采取合理的措施加以预防，即构成“许可侵权”③（“许可侵权”是英国、澳大利亚等英美法系国家规定的一种间接侵权）。

我国《著作权法》并没有规定在何种条件下图书馆、档案馆等可以向读者提供作品复印服务。一旦发生纠纷，法院可能需要对《著作权法》第 24 条规定的第一种合理使用情形——“为个人学习、研究或者欣赏，使用他人已经发表的作品”作出扩大解释，将图书馆提供的复印服务视为帮助读者个人学习、研究或者欣赏，从而使图书馆享受免责；或者突破现行立法的规定，借鉴《美国版权法》第 107 条规定的四个因素认定图书馆的行为构成合理使用。但无论采取上述哪种方式，总是不如由《著作权法》作出明确的规定能够使规则清晰且具有适用上的可预见性。由此可见，未来在《著作权法》修订时，应考虑允许图书馆、档案馆等提供作品复印服务的条件。

---

① 这些国家版权法的规定非常细致，此处只是概括其主要规定，并未全面及精确地反映其内容，读者可自行阅读英文原文。

② See 17 U. S. C. 108 (f).

③ University of New South Wales v. Moorhouse, 133 C. L. R 1, at 13 - 14 (1975).

典型案例

图书馆允许用户在电子阅读室下载作品至存储器后带走是否侵权

德国达姆施塔特工业大学图书馆中设置了电子阅览室，读者可以查阅该图书馆馆藏的、已被制作为数字化版本的作品；并采取技术措施确保在电子阅览室同时阅读同一作品的人数不会超过该作品的纸质版在该图书馆的数量（比如图书馆购买了三份，则只能有三名读者同时阅读该作品的数字版），但读者可打印电子版，也可以将其存储在移动存储器上，然后将该移动存储器带离图书馆。以这种方式向读者提供的作品中包含了由奥尔根乌默（Eugen Ulmer）出版社出版的教科书《近代史导论》，该出版社起诉达姆施塔特工业大学侵害其著作权。

欧盟《版权指令》第5条第3款（n）项允许成员国规定一项权利限制：出于研究或私人学习的目的，公共图书馆、教育机构、博物馆或档案馆可在馆舍内的专用终端上，通过公开传播或（以交互式手段）向公众中的成员提供作品和邻接权客体，只要它们没有被纳入为进行馆藏而签订的购买或许可条款之中。《德国著作权法》为实施欧盟《版权指令》也有类似规定。审理此案的德国法院请求欧盟法院解释欧盟《版权指令》的上述规定。欧盟法院认为：将作品打印在纸上或将其存储在存储器上，并不是“传播”行为，而是“复制”行为。与为了在馆舍内以交互式手段向公众提供作品，必须先将作品数字化（复制）不同，读者的打印或存储与在馆舍内向公众提供作品无关。同时此种复制也不是公共图书馆、教育机构、博物馆或档案馆实施的，而是由用户实施的，因此不在欧盟《版权指令》第5条第3款（n）项所允许的范围之内。欧盟法院认为：对于此种复制，只能根据欧盟《版权指令》第5条第2款规定的以权利人获得公平补偿为前提的私人复制例外①，考虑其是否能够被允许，而且私人复制例外也不能不合理地损害权利人的合法利益。各成员国可通过国内立法规定是否允许涉案的复制行为。②

欧盟法院虽然没有明确回答图书馆能否允许电子阅览室的读者下载作品在存储在存储器，但已澄清了该行为与允许图书馆等在馆舍内向读者以交互式手段提供作品的权利限制无关。换言之，让读者在电子阅览室中阅读作品是一回事，让他们下载后带走是另一回事。鉴于《德国著作权法》对私人复制有严格限制（第53条第4款规定：对于脱销至少两年以上的作品才允许为私人使用而全书复制），图书馆不加区分地允许读者带走下载的电子版，恐难以被认定为合法行为。

---

① 欧盟《版权指令》第5条为“例外与限制”，其第2段规定：在下列情况下，成员国可以对第2条规定的复制权规定例外或限制：(a) 使用任何类型的摄影技术或其他具有类似效果的方法在纸张或任何类似介质上进行的复制，乐谱除外，但前提是权利人获得公平补偿；(b) 于自然人为私人使用和非直接或间接商业目的在任何媒介上进行的复制，条件是在考虑到第6条所指的技术措施的应用或未应用于作品或相关客体的情况后，权利人获得了公平的补偿；(c) 由公共图书馆、教育机构或博物馆或档案馆进行的非直接或间接谋求经济或商业利益的特定复制行为……

② Technische Universität Darmstadt v. Eugen Ulmer KG，Case C-117/13（2014），paras. 50－57.

九、免费表演

我国立法规定的第九种合理使用情形是：免费表演已经发表的作品，该表演未向公众收取费用，也未向表演者支付报酬，且不以营利为目的。[①]

《伯尔尼公约》虽然没有明确授权成员国对表演权规定权利限制，但在修订《伯尔尼公约》的斯德哥尔摩会议上，各国代表团都同意应允许所谓“非重大保留”（minor reservations），如在宗教仪式上对音乐作品的演奏和军乐队的演奏等。[②] 我国《著作权法》也据此规定了对表演权的限制。

《著作权法》第 10 条第 1 款第 9 项规定，表演权是“公开表演作品，以及用各种手段公开播送作品的表演的权利”。这说明著作权法意义上的“表演”不仅指由表演者现场进行的朗诵、演唱、演奏、跳舞等表演活动，也包括播放载有上述表演活动的录音、录像，即“机械表演”。关于第九种合理使用的规定并没有明确说明“免费表演”是仅指“演员现场表演”还是同时指“机械表演”，但从“未向表演者支付报酬”推断，应当仅指“演员现场表演”，而不包括“机械表演”在内。据此，交响乐团赴养老院为老人进行义务演出，学生在大学的校庆晚会上面向全校师生唱歌跳舞，就属于此项“合理使用”。

构成这种“合理使用”有严格的条件限制：既不能向公众收取费用，也不能向表演者支付报酬，且不以营利为目的。这里的“费用”和“报酬”包括以任何名义收取或支付的，与欣赏或表演作品有关的直接或间接的费用和报酬，如向表演者支付的车马费、出场费或实物对价，以及向观众收取的餐饮费、场地费、会员费等。一家餐馆如果有偿聘用一名歌手在席间弹唱享有著作权的歌曲，当然应当获得著作权人的许可并支付报酬。即使餐馆并未向歌手支付任何费用，也没有向前来就餐者直接收取餐费之外的额外费用，该表演也不属于“免费表演”。原因是在这种营利性场所的表演是一种招揽顾客的手段，而且顾客所支付的餐费或服务费中已经隐含了欣赏音乐的费用。

典型案例

使用他人作品参加表演比赛是合理使用吗？

王某创作了一部小品，某文化馆未经其许可，使用该小品参加“××戏剧小品大赛”（表演小品的比赛）。王某认为该行为构成侵权。法院查明，根据比赛通知，该比赛所有奖项均不设奖金，且比赛也没有对外销售门票。且文化馆在参赛过程中明确指明王某为作者。法院因此认定就涉案表演未向文化馆的表演者支付报酬，也未向公众收取费用，构成《著作权法》规定的免费表演，属于合理使用。[③]

---

① 参见《著作权法》第 24 条第 1 款第 9 项。

② See Sam Ricketson，Jane C. Ginsburg，*International Copyright and Neighbouring Rights*：*The Berne Convention and Beyond*（2nd edition），Oxford University Press，2006，pp. 830－835，paras. 13. 79－13. 82.

③ 参见福建省福州市马尾区人民法院（2017）闽 0105 民初 605 号民事判决书，福建省福州市中级人民法院（2017）闽 01 民终 5342 号民事判决书。

典型案例

餐厅内演奏音乐不是“免费表演”

美国一家餐厅聘用乐队演奏音乐，美国音乐版权集体管理组织美国作曲者、作者和出版者协会(简称 ASCAP）要求其为表演音乐作品支付许可使用费。餐厅拒绝付费，理由是前来就餐的客人并未因欣赏音乐而支付费用，因此对音乐的演奏并非出于营利目的。此案一直上诉至美国联邦最高法院，美国联邦最高法院于 1917 年判决餐厅败诉，并指出：“如果只有在进门处收钱的情况下，音乐表演才构成版权侵权，则对版权的保护就存在极大的缺陷……被告的表演不是慈善活动，而是公众付费获得的一部分回报……确实，音乐并不是唯一的（消费）目标，但食物也不是唯一的目标，因为在其他地方食物可能卖得更便宜……人们（消费的）目标是在这样一个环境中就餐，相对于静悄悄的吃饭而言，它提供了奢侈的快乐。如果演奏音乐没有起到（吸引消费者的）效果，餐厅就会放弃演奏。如果演奏音乐起到了效果，它是以公众付费为对价的。无论是否有效果，演奏音乐的目的是营利，这一点就足够了。”①

本案发生时，《美国版权法》（1909 年颁布）规定的表演权仅控制营利性表演，因此本案的关键就是在餐厅中演奏是否具有营利性质。美国联邦最高法院的判决由此确立了一个先例：在营利性场所进行的音乐表演具有吸引潜在消费者、增加经营者利润的效果，因此属于受表演权控制的行为。

实务探讨

慈善义演是否属于“免费表演”

慈善组织和爱心人士经常会举办慈善义演，如为筹集善款、赈济灾民而组织群星演唱会。所谓“义演”，自然是指艺人们义务演出，不收取报酬，但效果是组织者募集到了捐款。那么，慈善义演是否属于“未向公众收取费用，也未向表演者支付报酬”的“免费表演”呢？如果回答是否定的，则在义演中未经许可而表演作品将构成对表演权的侵权。

慈善义演虽然具有公益性质，但不可避免地会“向公众收取费用”，也即筹集善款，因此，义演并不属于“免费表演”。但是，如果要求义演组织者事先必须获得被表演作品权利人的许可，会增加组织义演的难度和成本。为解决这一问题，有些国家的著作权版权立法规定了专门的限制与例外，如《美国版权法》规定：表演非戏剧文学作品和音乐作品，如果不是出于直接或间接的商业目的，而且没有向表演者、宣传者和组织者支付任何费用，也未向观众收取直接或间接的入场费，该未经许可的表演不构成侵权。如果向观众收取了直接或间接的入场费，只要对由此获得的收入，在扣除合理的成本之后完全用于教育、宗教或慈善事业，而且版权人没有在演出开始 7 天之前，根据美国版权局规定的格式和方式，

---

① Herbert v. Shanley, 242 U.S. 591, 594–595 (1917).

向演出组织者送达经签字的书面反对通知并陈述理由，则该未经许可的表演也不构成侵权。但上述表演均限于现场表演，不包括向公众以广播等方式传播表演实况。[①]

这种限制与例外的制度设计值得我国借鉴：它将“先许可后使用”的规则变为“除非反对即可使用”，有利于慈善义演的开展，同时也尊重了权利人的选择。将享受限制与例外的慈善义演限于现场表演也具有合理性，因为募捐只有在现场进行才具有可控性（大概很少有观众好意思在现场欣赏慈善义演而不捐款的）。对慈善义演实况以广播等方式进行传播，很难说不在现场的观众在收看之后都会自觉捐款，权利人牺牲表演权的目的也无法实现。

十、对公共场所的艺术品以平面形式进行利用

我国立法规定第十种合理使用情形是：对设置或者陈列在公共场所的艺术作品进行临摹、绘画、摄影、录像。[②]

对绘画、书法等平面艺术作品进行临摹、绘画、摄影和录像，是一种典型的以无接触方式实施的“从平面到平面”的复制或演绎行为；而对雕塑等三维艺术作品的临摹、绘画、摄影和录像，则是以无接触方式实施的“从立体到平面”的复制或演绎行为。虽然这两类复制或演绎行为都受艺术作品著作权人的复制权或演绎权的控制，但设置或陈列在公共场所的艺术作品已经成为公共文化生活的一部分，应当给予公众以较多的使用自由。同时，要求公众在临摹、绘画、摄影和录像之前征得著作权人许可并支付报酬，在许多情况下也是不现实的。因此，对公共场所的雕刻、雕像、书法、绘画等进行上述利用，就不是侵犯著作权的行为。

值得讨论的是，以临摹、绘画、摄影和录像方式将公共场所的艺术作品复制或演绎到平面载体上之后，能否再以其他受专有权利控制的方式加以使用呢？根据最高人民法院《著作权司法解释》（2020 年修正）第 18 条第 2 款的规定，公共场所的艺术作品的临摹、绘画、摄影、录像人，可以对其成果以合理的方式和范围再行使用，不构成侵权。那么，以何种方式和范围使用才属于“合理的”呢？

首先，对公共场所的平面美术作品，如绘画和书法等，进行“从平面到平面”的摄影、录像或临摹、绘画之后，再将由此形成的平面复制件或演绎作品进行商业性利用的行为，如制作明信片或挂历等，应构成侵权行为。这是因为著作权人正常使用平面美术作品的方式比较单一，就是授权他人复制作品或创作演绎作品之后再加以商业性利用。例如，美术作品作者可以授权在服装、生活用品和纪念品上再现其美术作品，或授权网站在其网页上使用其美术作品作为装饰等。如果认为只要一幅平面美术作品被置于公共场所，他人就可以在摄影、录像或临摹、绘画之后随意进行商业性使用，势必会严重影响美术作品著作权人对他人发放许可，并威胁到其收入，因此这种行为会与美术作品正常使用方式相冲突，影响著作权人的合法利益。

---

① See 17 U. S. C. 110（4）.

② 参见《著作权法》第 24 条第 1 款第 10 项。

其次，对公共场所的雕刻、雕塑和建筑作品等三维艺术作品进行“从立体到平面”的摄影、录像或临摹、绘画之后，还可能以两种方式对其进行“从平面到立体”的利用。第一种方式是根据平面照片或绘画，重新制作或建造完全相同或相似的三维艺术作品。这种利用方式显然已经超出了“合理”的范围，不符合“三步检验标准”。这是因为制作或建造相同或相似的三维艺术作品是权利人利用三维艺术作品的正常方式，也是权利人获得经济利益的主要来源。如创作建筑作品的主要目的就是去建造建筑物，如果将根据平面的建筑作品照片去建造相同或相似建筑物的行为视为合理使用，则任何人都可以据此在不经过许可和支付报酬的情况下随意模仿世界上著名的建筑作品（如上海的金茂大厦、香港的中银大厦、台北的101大楼、悉尼歌剧院等），对建筑作品的著作权保护就成了一句空话。因此，这种行为应被认定为侵权。《日本著作权法》第46条对此规定：对于公共场所艺术作品的拍摄，不能以在公共场所永久矗立该作品的复制件为目的。第二种方式是根据平面照片或绘画，制作模型纪念品等复制件并向公众销售。这种现象在现实中比较常见，如上海东方明珠广播电视塔附近有许多小贩会向游客兜售“东方明珠塔”的模型。对于这种行为是否构成侵权，我国《著作权法》和相关司法解释并未作出明确规定。部分国家已在著作权立法中明确禁止这种行为，如《日本著作权法》第46条对此规定：对于公共场所的雕塑作品和建筑作品，不能进行复制、仿制并向公众出售。这里的“出售”应当包括出售模型复制件的行为。《德国著作权法》第59条也规定：对公共场所的建筑作品，只允许复制其平面造型，不得以建筑的方式重建。《瑞典著作权法》第24条规定：对于建筑物，可以以图片形式复制并向公众提供。该条并未允许以模型等三维形式向公众提供建筑作品的复制件。

三维的模型复制件虽然不能完全展示原三维雕刻、雕塑和建筑作品的美感与艺术价值，但毕竟可以在一定程度上被视为原作品在艺术上的替代欣赏品，与原作品存在一定的竞争和替代关系。特别是许多建筑作品的权利人都会授权制作三维模型，作为纪念品销售。因此，未经许可而制作和出售公共场所三维艺术作品的模型复制件可能与对这些作品的正常使用产生冲突。当然，关于这一点，还需要通过立法或司法解释加以明确。

最后，对公共场所的雕刻、雕塑和建筑作品等三维艺术作品进行“从立体到平面”的摄影、录像、临摹或绘画之后，还可能对由此形成的照片、绘画等平面复制件进行商业利用，如制作并出售明信片或挂历。本书作者认为：这种行为对著作权人的经济利益的影响是有限的。这是因为这类艺术作品原本是以三维形式存在的，其正常的使用方式也是使用其三维形式，如展出雕刻、雕塑，或在其他场所重新制造并矗立三维的雕刻、雕塑，或在其他场所重新建造相同的建筑作品。作者获得经济利益的主要方式，也是对其作品以三维形式的使用。这类三维艺术作品的二维形式（照片、绘画）并不能全面体现三维作品的美感和价值，因此，二维复制件与三维作品之间并不存在直接的市场替代或竞争关系，例如，上海“东方明珠塔”的明信片并不会与“东方明珠塔”本身产生竞争关系。加之考虑到设置或陈列在公共场所的三维艺术作品本身是公共文化生活的一部分，允许对这类艺术作品进行二维形式的利用是合理的。

正因为如此，一些国家的立法对于摄影、录像、临摹或绘画公共场所的三维艺术品的平面成果，允许其被商业性利用，如《美国版权法》规定：对那些矗立在公众场所，或者是在公共场所视力可及范围内的建筑物，建筑作品的版权不应被解释为版权人有权阻止他人对建筑物制作照片、绘画或其他图片并加以散发或公开展示。[①] 在我国司法实践中，也多次发生过由对拍摄室外雕刻或建筑作品而形成的平面复制件进行商业性再利用而引发的纠纷。例如，在2003年发生的"'五月的风'案"中，青岛海信通信公司未经许可，将矗立在青岛市五四广场的雕塑作品"五月的风"拍摄成照片后，将照片作为"壁纸"设置在其所生产的海信手机显示屏中。雕塑作品权利人起诉该公司侵害其著作权。在此案审理过程中，山东省高级人民法院向最高人民法院进行请示，最高人民法院回复指出：最高人民法院《著作权司法解释》第18条已经规定：对艺术作品的临摹、绘画、摄影、录像人，可以对其成果以合理的方式和范围再行使用，不构成侵权。而"合理的方式和范围"，应包括以营利为目的的"再行使用"。这是制定该司法解释的本意。该司法解释的这一规定既符合《伯尔尼公约》规定合理使用的基本精神，也与世界大多数国家的立法例相吻合。[②] 据此，法院驳回了原告的诉讼请求。[③]

需要指出的是，其他国家的著作权法在规定此项权利限制时，大都将对象限于室外艺术品或永久设置在公共场所的艺术品，包括建筑作品。在2020年修改《著作权法》之前，在我国，此项合理使用的适用范围也限于"室外公共场所的艺术作品"。这样的限定是有合理性的。对于室外的艺术品，现实中难以做到专人把守，禁止他人对其进行拍照、临摹等。但对于室内公共场所的艺术作品，管理者既可以出于保护著作权的考虑，也可以出于保护原件状况等与著作权无关的理由，禁止他人临摹、绘画、摄影和录像，且完全有能力这样做（如安排管理人员）。作出"永久设置"的要求，主要是为了排除对在美术馆、博物馆等公共场所临时展览的艺术作品进行临摹、绘画、摄影和录像，因为既然是"临时"展览，很难说这些艺术作品已成为公共文化生活的组成部分。《德国著作权法》第59条就只允许对永久位于公共道路或公共空间的作品进行复制、发行和向公众提供。德国联邦最高法院曾认定，未经许可而拍摄临时展览两周的艺术品并制成明信片出售，构成侵权行为。[④] 更为重要的是，尽管著作权本质上是禁止权而不是自用权，我国《著作权法》此项规定是对著作权的限制，并不是对室内公共场所管理者管理权限的限制，但是这样的规定有可能使社会公众产生误解，即误以为《著作权法》给予了公众对室内公共场所的艺术作品进行临摹、绘画、摄影和录像的权利（请求权）。这样一来，今后美术馆、博物馆等举办艺术作品展览时，就可能发生参观者以2020年修改后的《著作权法》为依据，要求进行临摹、绘画、摄影和录像，而管理者为了保护原件的良好状况，禁止参观者这么做，由此导致冲突。因此，下次修改《著作权法》时，是否恢复"室外公共场所"或者增加"永久设置"的限制，值得考虑。

---

① See 17 U. S. C. 120（a).

② 参见最高人民法院《关于对山东省高级人民法院〈关于山东天笠广告有限责任公司与青岛海信通信有限公司侵犯著作权纠纷一案的请示报告〉的复函》[（2004）民三他字第5号]。

③ 参见山东省青岛市中级人民法院（2003）青民三初字第964号民事判决书。

④ See I ZR 102/99（Wrapped Reichstag-Christo），2002（BGH），IIC 2003，34（5），570－573.

典型案例

鸟巢型烟花侵权案

某烟花公司制造并销售的一款名为“盛放鸟巢”的烟花产品与国家体育场（常被称为“鸟巢”）的造型非常相似，对国家体育场建筑作品享有著作权的国家体育场公司起诉该烟花厂侵犯建筑作品的著作权。

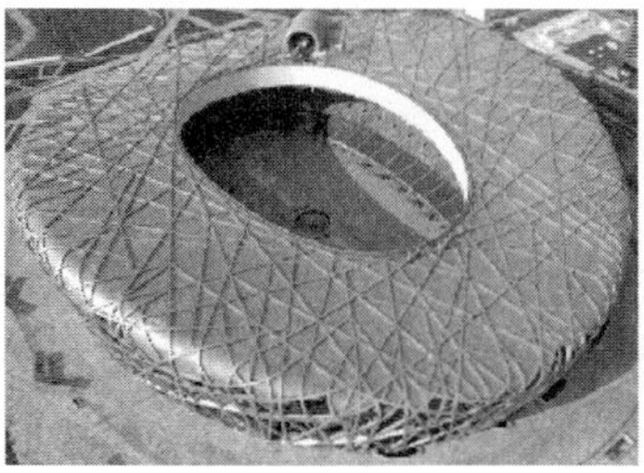

国家体育场

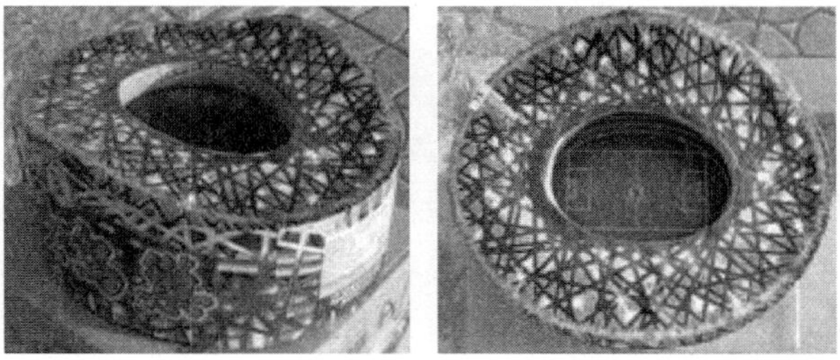

“盛放鸟巢”烟花产品

法院经审理后认为：在判断是否构成合理使用时，需要考虑该使用方式是否会影响作品的价值或者潜在市场，亦即是否会影响权利人对该作品的正常使用。作品的正常使用，是指在一般情况下人们可能合理地预期到的作者利用其作品的各种方式，包括作者所预期的现实存在的作品使用方式和未来可能出现的作品使用方式。将建筑设计应用到其他产品上属于可以预见的使用方式，被告的行为直接影响到原告对其作品的二次商业化利用，会不合理地损害原告的利益。法院因此判决被告败诉。①

十一、制作少数民族语言文字版本

我国立法规定第十一种合理使用情形是：将中国自然人、法人或者非法人组织已经发表的以国家通用语言文字创作的作品翻译成少数民族语言文字作品在国内出版发行，以及通过网络向中国境内少数民族提供。②《国家通用语言文字法》第 2 条规定：“本法所称的国家通用语言文字是普通话和规范汉字”。因此，本项合理使用允许将以汉字创作的作品翻译成少数民族语言文字作品在国内出版发行，但不允许将以少数民族语言文字创作的作品翻译成汉文作品出版发行。

这种合理使用是为了增加少数民族获得信息和受教育的机会，以促进少数民族社会、经济的发展。这一公共政策比保障著作权人的利益更为重要。但是，各国民族构成不同，对少数民族的政策也有所区别。要求外国著作权人也放弃许可和获得报酬的权利，为我国的少数民族服务并不合适，也缺乏条约依据。换言之，汉族作者有义务“将汉族的科学文

① 参见北京市第一中级人民法院（2009）一中民初字第 4476 号民事判决书。

② 参见《著作权法》第 24 条第 1 款第 11 项，《信息网络传播权保护条例》第 6 条第 5 项。

化知识介绍给兄弟民族，加速当地科学文化的发展”[①]，但外国作者并无这样的义务。因此，本项合理使用的范围被限定于将中国自然人或组织的汉文作品翻译成少数民族语言文字在中国境内出版发行以及通过网络向中国境内少数民族提供。这意味着要想将外国人的作品翻译成少数民族语言文字作品并出版发行，或通过网络向中国境内少数民族提供，仍然应当经过许可并支付报酬。

十二、制作、提供无障碍格式版本

《著作权法》规定的第十二种合理使用情形是：以阅读障碍者能够感知的无障碍方式向其提供已经发表的作品。阅读作品是人们接受教育和参与文化生活的主要方式。然而，由于先天残疾、后天疾病或事故，有相当一部分人无法正常阅读。根据 2013 年世界知识产权组织缔结的《关于为盲人、视力障碍者或其他印刷品阅读障碍者获得已出版作品提供便利的马拉喀什条约》（简称《马拉喀什条约》）第 3 条（受益人）的规定，“阅读障碍者”特指“印刷品阅读障碍者”，包括以下三类人群：（1）盲人；（2）有视觉缺陷、知觉障碍或阅读障碍的人，无法改善到基本达到无此类缺陷或障碍者的视觉功能，因而无法像无缺陷或无障碍者一样以基本相同的程度阅读印刷作品；（3）在其他方面因身体伤残而不能持书或翻书，或者不能集中目光或移动目光进行正常阅读的人。由此可见，“阅读障碍者”不限于双目失明或基本失明的盲人。例如，严重弱视，无法矫正，但尚存视力者，因神经系统受损，无法转动眼球，以移动目光进行阅读者，因先天残疾或意外事故而丧失双手导致无法持书者，都是阅读障碍者。与之相适应，阅读障碍者能够感知的作品的无障碍格式版本包括盲文（供触摸感知的由不同排列的凸出的点表现的文字）版、大字版和有声读物。

为了使阅读障碍者能够获得受教育和参与文化生活的机会，就需要将作品制作成盲文版、大字版或有声读物等无障碍格式版本向其提供，或者以某种特定方式直接使其感知作品。而这一过程涉及一系列受著作权专有权利控制的行为，如：将作品转换成无障碍格式版本是复制行为；以销售或赠与的方式向阅读障碍者提供无障碍格式版本的复制件是发行行为；在阅读障碍者聚集的康复机构或疗养机构，由收取一定费用的演员向阅读障碍者表演作品，或者通过机械装置向其播放作品，属于表演行为；在电影院向阅读障碍者放映带有解说的电影属于放映行为；通过网络以交互式手段向阅读障碍者提供则是信息网络传播行为，分别涉及复制权、发行权、表演权、放映权和信息网络传播权。由于阅读障碍者的经济承受能力显著低于视力正常人的经济能力，如果要求实施上述行为均经过权利人许可并支付许可使用费，则除非有大笔公共资金的支持，否则许多阅读障碍者将无力承担，其能够获得的作品的数量也会非常有限。因此需要设定相应的权利限制，以使阅读障碍者能够像视力正常人一样感知作品。

本项合理使用没有明确规定对哪些专有权利进行限制，但根据《马拉喀什条约》的规定和向阅读障碍者提供作品的现实需要，应当认为复制权、发行权、表演权、放映权和信息网络传播权都属于此项合理使用适用的对象。当然，权利限制的适用必须符合“三步检

---

① 胡康生主编：《中华人民共和国著作权法释义》，111 页，北京，法律出版社，2011；姚红主编：《中华人民共和国著作权法释解》，171 页，北京，群众出版社，2001。

验标准”。例如，有声书已成为重要的无障碍格式版本，不经著作权人许可而将作品制成有声书并通过互联网向阅读障碍者提供有声书下载是《著作权法》所允许的，但提供时必须设置技术措施，验证下载者是否为阅读障碍者或帮助其获得作品的人。如果不设技术措施，就意味着视力正常人也能免费获得，将导致纸质书或收费有声书的销量下降。这就违背了设置此项权利限制的目的，不符合“三步检验标准”，属于侵权行为。

典型案例

未设身份验证措施，提供无障碍电影点播侵犯著作权

本案被告提供无障碍电影的点播：电影中如有人物对话，则屏幕右下角会同步出现手语解说画面；如有无对话的画面，则会添加配音，对画面中的人物表情动作、场景、情景转换等进行同步描述，并附有声源字幕（如右图所示，右下角有手语解说。将电影画面限于环形镜头内是电影的表现手法）。但在电影著作权人起诉前，被告在提供该服务时没有残疾人身份验证机制；在著作权人起诉后被告增加了身份验证机制，但其中身份证号和残疾证号为选填项，仅填入手机号即可通过获取验证码的方式登录并点播电影。被告也承认其并无核验用户注册时选填的身份证号及残疾证号是否属实的能力。

法院认为：由于被告并未采用和实施验证机制以保障登录用户为特定的残障人士，不特定社会公众均可登录其应用程序获取影视资源。涉案影片无障碍版系在涉案影片的画面及声效基础上添加相应配音、手语翻译及声源字幕，能够实质呈现涉案影片的具体表达，公众可通过观看或收听的方式完整地获悉涉案影片的全部内容，故被诉侵权行为对涉案影片起到了实质性替代作用，影响了涉案影片的正常使用。加之该应用程序面向不特定的社会公众开放，导致原属于权利人的相关流量被分流，势必会影响其通过授权涉案影片使用获得的经济利益，造成了对其合法权益的损害。因此法院认定被告的行为构成侵权。①

本案被告本可以完成功德无量的善举——免费向残疾人提供无障碍电影，但遗憾的是，由于其没有采取有效的残疾人身份验证措施，无视觉和听觉残疾的公众也可以免费欣赏涉案电影，而且其观赏体验并不会因电影中添加的手语和画外音解说而受到多少影响。这样一来，被告服务的对象并未限于残疾人，而是包括残疾人在内的所有人。这显然会与对电影作品的正常利用相冲突，不合理地损害权利人的合法权益。因此被告的行为并非合理使用。

---

① 参见北京爱奇艺科技有限公司与上海俏佳人文化传媒有限公司侵害作品信息网络传播权纠纷案，北京互联网法院（2020）京0491民初14935号民事判决书。

十三、法律、行政法规规定的其他情形

除了上述十二种合理使用情形，《著作权法》中还有一项兜底性规定："法律、行政法规规定的其他情形"。前文指出，《著作权法》采用了欧洲大陆法系国家的"权利限制与例外"模式，即对著作权的限制必须有明确规定，没有给法院留下自行认定某种未经许可而以受专有权利规制的方式利用作品不构成侵权的空间。它与《美国版权法》采用的"合理使用"模式完全不同，《美国版权法》第107条只列举了供法院在个案中考虑的四个因素，以便法院灵活地判断相关未经许可而利用作品的行为是否构成侵权。

然而，我国《著作权法》只规定了十二种可以在不经许可、不支付报酬的情况下利用作品的行为，在数量上远远少于欧洲大陆法系国家著作权法规定的权利限制情形，远不能满足现实的需要。前文曾举例说明，教师为了教学需要，将一篇论文的片段复印后发给学生，要求其阅读后讨论。该行为当然是"为课堂教学"而进行的活动，但被复印的作品并非"供教学人员使用"，而是供学生使用。因此针对课堂教学和科学研究的权利限制难以适用。假设相关论文的作者起诉该名教师侵犯其著作权，而法院判决教师的行为构成侵权，显然这将与基本的公平正义观念相抵触。

在《著作权法》没有对此提供救济途径的情况下，最高人民法院可制定司法政策，允许法院在必要时超出《著作权法》规定的权利限制范围，认定某种未经许可而利用作品的行为并不侵犯著作权。2011年最高人民法院发布的《关于充分发挥知识产权审判职能作用推动社会主义文化大发展大繁荣和促进经济自主协调发展若干问题的意见》第8条规定："妥当运用著作权的限制和例外规定，正确判定被诉侵权行为的合法性……在促进技术创新和商业发展确有必要的特殊情形下，考虑作品使用行为的性质和目的、被使用作品的性质、被使用部分的数量和质量、使用对作品潜在市场或价值的影响等因素。如果该使用行为既不与作品的正常使用相冲突，也不至于不合理地损害作者的正当利益，可以认定为合理使用……""作品使用行为的性质和目的、被使用作品的性质、被使用部分的数量和质量、使用对作品潜在市场或价值的影响"，正是《美国版权法》第107条列举的供法院在个案中认定某种未经许可而利用作品的行为构成合理使用的四个考虑因素。最高人民法院的此项意见等于授权下级法院在"确有必要"的时候，突破《著作权法》对权利限制的限定。其在实务中能够发挥的积极作用是不言而喻的，但存在着缺乏法律依据的问题。

在2020年修改的《著作权法》规定了无须许可、无须付费即可利用作品的第十三种情形，即"法律、行政法规规定的其他情形"，从而具有一定程度的灵活性。然而，寄希望于《著作权法》之外的其他法律去规定新的权利限制是不现实的。可以期待的是，为配合2020年修改后的《著作权法》实施，在修订《著作权法实施条例》、《计算机软件保护条例》和《信息网络传播权保护条例》时，有可能适当增加权利限制的类型。但在这三部条例的修订完成后，通过不断地修订条例增加新的权利限制的概率也并不大。既然如此，在2020年修改后的《著作权法》实施之后，只要最高人民法院没有废止其司法政策，法院突破《著作权法》规定的权利限制范围的做法还将延续。

典型案例

电影中对美术作品的附带性使用

法国纪录片《山村犹有读书声》以12名孩子以及他们的老师为中心，记录了在只有一间教室的乡村学校的日常活动，获得了许多奖项。[①] 其中教室的墙上有一幅画，在纪录片中出现了几次（见下图），管理该画的集体管理组织认为其著作权被侵害，并起诉。

镜头一：孩子往墙上贴画

镜头二：教室的墙上有这幅画

法国最高法院指出：纪录片中虽然出现了涉案的图画，但镜头只是一扫而过，而且也只是在作为主角的教师和学生活动的场景中作为背景使用，从未被单独呈现过，因此这属于附带性使用。因此涉案行为不应被认定为侵权行为。[②]

该纪录片对涉案美术作品的使用是典型的转换性使用，因为使用的目的并非让观众欣赏作品的美感，且该纪录片的制作者也无意用该作品来增强纪录片的吸引力，而是真实地再现教室中的活动和场景，故该使用行为不属于侵权行为。然而值得探讨的是：如果此案发生在我国，法院应以何种理由认定该使用行为不构成侵权？它既不属于前文引述的“电影海报使用动漫形象案”那样，可被归入“为……说明某一问题……在作品中适当引用他人已发表的作品”，也不属于《著作权法》第24条明文规定的其他任何一种无须经过权利人许可而实施的行为。法院如果不以前文所述的最高人民法院的司法政策为依据，考虑作品使用行为的性质和目的、被使用作品的性质、被使用部分的数量和质量、使用对作品潜在市场或价值的影响等因素，是无法作出合理的判决的。

颇为有趣的是，欧盟《版权指令》第5条第3款i项虽然允许成员国针对“将作品或其他受保护的客体附带性地纳入其他材料中”规定权利限制，但《法国知识产权法典》并没有将该行为明文列入权利限制范围。因此，在审理此案时，法国法院也面临着我国法院面临的相同问题——认定其不侵权缺乏直接的法律依据。因此法国最高法院是以《法国知识产权法典》的修改文件表明了实施欧盟《版权指令》的意图为由，认定应当适用欧盟《版权指令》第5条第3款i项（尽管该条并没有被转换为法国国内法）。这种法外变通的做法，恐怕是穷尽式列举限制与例外情况的大陆法系国家的法院无法完全避免的。我国法院也会在司法实践中继续根据最高人民法院的司法解释，在法定情形之外认定特定利用作品的行为不构成侵权。

---

① 本书第五章第二节引用过此案来讲解对表演者的认定。

② Saif, Usopav & Scei v. Maia Films, Court of Cassation, First Civil Chamber (2011).

理论研究

完善我国的“合理使用”制度

《著作权法》第24条虽然根据《伯尔尼公约》规定了专有权利的12种例外和限制，但仍然显得较为粗糙。试举一例：假设一家电视机专卖店为了向消费者展示其电视机的质量，在营业时间将电视机打开，接收并播放电视台正在播出的一部电影。如果这部电影尚在著作权保护期内，该专卖店的行为是否侵犯了电影著作权人的著作权？

绝大多数人看到这个例子的第一反应必定是该专卖店的行为不侵权，而且会觉得这个问题本身就很荒谬。然而，从《著作权法》对广播权的规定来看，结论并非如此简单。《著作权法》第10条第1款第11项明确规定：“……广播权，即……以及通过扩音器或者其他传送符号、声音、图像的类似工具向公众传播广播的作品的权利……”电视机当然是一种“传送符号、声音、图像的类似工具”，将电视机打开，接收正在被播出（也即正在被广播）的电影并向不特定消费者播放，当然是“通过扩音器或者其他传送符号、声音、图像的类似工具向公众传播广播的作品”的行为。如果《著作权法》不对广播权规定限制或例外，该专卖店的行为在没有得到电影著作权人许可的情况下，将依法构成侵犯电影作品著作权人的广播权的行为。可是，无论是《著作权法》第二章第四节“权利的限制”，还是其他任何条款，均没有对广播权规定这种限制或例外。这样至少在法律逻辑上将导致一种令人难以接受的奇怪结果：只要该专卖店在对外营业时间内打开电视机，同时只要被电视机接收的电视节目是享有著作权的作品，该专卖店的行为就构成对广播权的侵犯。

这一假想例充分反映了我国《著作权法》在权利限制方面存在的不足。首先，我国《著作权法》没有像《美国版权法》那样规定判定特定行为是否构成合理使用的一般原则，这使法官只能依据《著作权法》明确列举出的权利限制情形作出判断。其次，我国《著作权法》无论在合理使用（《著作权法》中的“对权利的限制”）方面还是在“法定许可”方面列举的情形都远远少于大陆法系国家著作权立法规定的情形，许多本应规定的限制和例外情形并没有被纳入，广播权即为典型的一例。《伯尔尼公约》第11条之二在规定了“广播与相关权”之后明确允许各成员国“规定行使广播权的条件”，也即成员国可以作出例外规定。1998年美国通过的《音乐公平许可法案》（Fairness In Music Licensing Act）即规定对其营业面积在一定标准以内的娱乐场所适用对音乐作品表演权（《美国版权法》中的表演权在范围上大于我国《著作权法》中的表演权，可以控制广播行为）的例外，也即这些娱乐场所无须经过许可就可以打开收音机或电视机接受、播放被广播电台、电视台播出的音乐作品。[①]《日本著作权法》则干脆规定，只要没有向听众或观众收费，商场就可以这样做。由此可见，我国《著作权法》在这方面的规定过于简单，确有今后在修订中加以完善的必要。

---

① See 17 U.S.C. 110 (5).

第三节　法定许可

法定许可是指法律明确规定实施某种原本受专有权利控制的行为无须经过著作权人许可，但应向著作权人支付报酬。换言之，在符合法定条件的情况下，专有权利禁止他人利用作品的权能消失了，或者说由法律代替著作权人自动向行为人“发放”了使用作品的许可。但专有权利中获得报酬的权能仍然存在，只是付酬的标准通常由法律规定。我国《著作权法》一共规定了四项法定许可[①]，《信息网络传播权保护条例》又增加了一项法定许可和一项准法定许可。虽然有的法定许可条款没有明确要求“指明作者姓名、作品名称，并且不得侵犯著作权人依照本法享有的其他权利”，但既然对著作权限制程度更高的合理使用都有此要求，那么对法定许可当然应有同样的要求。

一、报刊转载法定许可

我国立法规定的第一项法定许可是“报刊转载法定许可”。《著作权法》第 35 条第 2 款规定：作品（在报纸、期刊上——引者注）刊登后，除著作权人声明不得转载、摘编的外，其他报刊可以转载或者作为文摘、资料刊登，但应当按照规定向著作权人支付报酬。其中，“转载”是指原封不动或者略有改动之后刊登已经其他报刊发表的作品，“摘编”则是指对原文的主要内容进行摘录、缩写。[②] 该项法定许可是对文字作品复制权的限制，主要目的是在使著作权人获得合理报酬的情况下，为通过报刊转载促进优秀作品的传播提供便利。也正是因为有了这项“报刊转载法定许可”，《报刊文摘》、《文摘报》和《文摘周报》等文摘类报纸，以及“中国人民大学复印报刊资料”、《中国社会科学文摘》和《高校文科学术文摘》等学术文摘期刊，才能够合法地存在。

本项法定许可只适用于报刊之间的相互转载，并不适用于图书之间、图书与报刊之间、网络与报刊之间以及网络与网络之间的相互转载。最高人民法院《著作权司法解释》（2020 年修正）第 17 条对此明确规定：著作权法第 33 条第 2 款（现行《著作权法》第 35 条第 2 款——引者注）规定的转载，是指报纸、期刊登载其他报刊已发表作品的行为。同时，进行转载、摘编的报刊也不能侵犯著作权人的其他合法权益，特别是应当尊重作者的署名权，保持作品的完整性。例如，为了进行摘要转载而概括原文的观点时，不能以偏概全、断章取义，从而歪曲、篡改和割裂作者的观点，对作者的声誉造成损害。上述司法解释第 17 条第二句规定：“转载未注明被转载作品的作者和最初登载的报刊出处的，应当承担消除影响、赔礼道歉等民事责任”。

需要注意的是：法定许可只是免除了使用者寻求著作权人许可的义务，并没有免除其支付报酬的义务。2014 年颁布的《使用文字作品支付报酬办法》（以下简称《付酬办法》）第 13 条第 1 款规定，报刊依照《著作权法》的相关规定转载、摘编其他报刊已发表的作

---

① 也可将第三、四种视为一种，这样，我国《著作权法》中就只有四种“法定许可”了。

② 参见北京市朝阳区人民法院（2005）朝民初字第 29104 号民事判决书。

品，应当自报刊出版之日起 2 个月内，按每千字 100 元的付酬标准向著作权人支付报酬，不足 500 字的按千字作半计算，超过 500 字不足千字的按千字计算。考虑到在现实中，报刊转载其他报刊已发表的作品时，往往不知道作者的联系方式，直接向作者付酬存在困难，因此《付酬办法》允许报刊向文字作品的集体管理组织——中国文字著作权协会送交报酬，由协会进行收转。《付酬办法》第 13 条第 2 款和第 3 款规定：报刊出版者未按前款规定向著作权人支付报酬的，应当将报酬连同邮资以及转载、摘编作品的有关情况送交中国文字著作权协会代为收转。中国文字著作权协会收到相关报酬后，应当按相关规定及时向著作权人转付，并编制报酬收转记录。报刊出版者按前款规定将相关报酬转交给中国文字著作权协会后，对著作权人不再承担支付报酬的义务。

典型案例

杂志摘编著作中的篇章属于法定许可的范围吗？

原告创作了一部记述许世友将军生平的传记作品《毛泽东之剑》并由江苏人民出版社出版发行。被告是某文摘月刊的编辑出版者，该月刊中刊登的文章《解密许世友》系由《毛泽东之剑》的主要章节摘录而成。该文在刊登时署了作者的姓名，注明了“摘自江苏人民出版社《毛泽东之剑》”，并在刊物扉页上的“编辑室手记”栏目中对作者和原作品加以介绍。该刊还刊登了一则“重要启示（事）”，称：“因地址不详，本刊未能与部分图文作者取得联系，敬请各位谅解，并速与本刊北京联络处联系，以便付酬”。原告起诉被告侵犯其著作权，被告则认为：原告主张权利的作品是已经公开出版发行的作品，原告并未声明不得转载、摘编，而自己出版的杂志系正规出版的文摘类月刊，其功能是对已刊登作品摘编后再刊登。而且杂志对原告的作品摘编刊登时，已在摘编中注明作者姓名、文章出处，并对作者作了介绍，符合报刊转载法定许可的条件，其行为不构成侵权。虽然自己因联系不便未能及时向原告支付稿酬，但已就此在该期刊物中刊登启事，要求有关作者与本刊物联系。

法院经审理后认为：本案系争作品是原告创作并经江苏人民出版社出版发行的著作，显然不属于“著作权人向报社、期刊社投稿的”作品。因此，不论原告是否在其作品上声明不得转载、摘编，被告均无权将该作品予以转载或者作为文摘、资料刊登。因此被告的行为构成侵权，被告应承担侵权责任。①

二、制作录音制品法定许可

我国立法规定的第二项法定许可为“制作录音制品法定许可”。《著作权法》第 42 条第 2 款规定：录音制作者使用他人已经合法录制为录音制品的音乐作品制作录音制品，可以不经著作权人许可，但应当按照规定支付报酬；著作权人声明不许使用的不

① 参见上海市第一中级人民法院（2003）沪一中民五（知）初字第 66 号民事判决书。

得使用。

在国际上，“制作录音制品法定许可”起源于20世纪初，其立法目的是防止出现对音乐的垄断[①]，并增加音乐文化的多样性。那时词曲作者（音乐作品著作权人）往往先通过乐谱出版商出版其乐谱，并将权利转让给出版商或给予其专有许可，而大唱片公司是从出版商手中购买大量音乐的机械复制权（将音乐制作成录音制品并出版的权利）或取得相应的专有许可，以成为唯一有权使用这些音乐作品制作录音制品的唱片公司。在当时的技术条件下，唱片很难像图书、报刊那样被复制，同时唱片出租市场也尚未形成，而购买唱片是公众得以欣赏音乐作品的主要渠道。因此，获得专有许可的大唱片公司有可能借助市场垄断地位提高唱片价格。同时，音乐作品虽然可以以曲谱形式被记录并传播，但需求者只有乐团、乐队和歌手等音乐表演者，以及音乐的教学者和学习者。多数人都不可能将曲谱放在眼前或耳旁去感知跳动的音符，而是需要通过倾听演唱或演奏来欣赏音乐。音乐作品如果不经过表演，以声音形式被表现，将无法为绝大多数人所欣赏。如果音乐作品权利人向一家录音制作者发放制作和发行录音制品的专有许可，则除非专有许可协议允许被许可人进行分许可，以及被许可人愿意向其他录音制作者进行分许可，其他录音制作者在该专有许可期限内，对相同的音乐作品，就没有机会聘请不同的表演者进行演奏或演唱后录制成录音制品并发行了。这将导致公众无法通过购买录音制品来欣赏不同表演者对相同音乐作品的演唱或演奏，从而严重影响音乐作品通过录有不同风格表演的录音制品进行传播，也会实质性地限制公众的选择权，损害了音乐文化的多样性。为了使唱片公司之间能够形成合理的竞争，使唱片价格维持在较合理的水平，同时维护并促进音乐文化的多样性，美国等国家规定，只要音乐作品已经被合法制作为录音制品并发行，其他唱片公司就可以不经音乐作品著作权人许可，将其音乐作品录制在唱片上销售，但需要支付法定报酬。这样一来，对相同的音乐作品，就会出现不同唱片公司制作的、录有不同风格表演的录音制品并相互竞争，进而一方面适当平抑了唱片价格，另一方面扩大了公众对不同风格表演的选择范围。

从我国《著作权法》第42条第2款的用语来看，“制作录音制品法定许可”只适用于已经被合法录制为录音制品的音乐作品。如果音乐作品尚未被合法录制为录音制品，如仅在网络中传播，就不能未经音乐作品著作权人许可而制作录音制品。同时，如果音乐作品作为配乐被视听作品使用，则对这部视听作品的制作和出版不能视为“已经将音乐作品合法录制为录音制品”，因为视听作品中的配乐与连续画面一并使用时，只是视听作品的一部分，视听作品并不是“录音制品”。

更重要的是：该法定许可也只是针对为将音乐作品制作成录音制品并出版所涉及的音乐作品著作权人的复制权和发行权，并不涉及表演者和录音制品制作者享有的复制权和发行权。如果直接翻录他人制作的录音制品，或在翻录的基础上以技术手段进行加工和编辑，制成新的录音制品出版，将同时构成对表演者和前一录音制品制作者的复制权和发行权的侵权。因此，“制作录音制品法定许可”实际上只允许使用词曲本身。根据法定许可制作录

---

① See Melvile B. Nimmer & David Nimmer, *Nimmer on Copyright*, Matthew Bender & Company, Inc., 2003, Chapter 8.04 (A) (2) (a).

音制品者，必须自己聘用表演者，并将对音乐作品的演唱或演奏录制下来，制成录音制品。

从我国《著作权法》第 42 条第 2 款的用语来看，“制作录音制品法定许可”只允许“制作”录音制品，而不允许在未经著作权人许可的情况下发行由此制作完成的录音制品。但对法条的这一解释是不符合立法原意的。如果该法定许可只允许“制作”而不允许“发行”，那么“制作”又有什么意义呢？音乐作品著作权人完全可以通过拒绝许可“发行”根据法定许可制作的录音制品，达到垄断唱片市场的目的。这与本项法定许可的精神是格格不入的。因此，应将本项法定许可解释为：在符合法定条件的情况下允许制作并发行录音制品。[①]

我国《著作权法》在规定“制作录音制品法定许可”时，增加了一条但书——“著作权人声明不许使用的不得使用”。这与大多数国家的规定不同。如前文所述，在国际上，规定这项法定许可是为了防止对唱片市场的垄断。而允许音乐作品著作权人作出保留声明无异于使这一法定许可从根本上失去了作用，因为那些希望垄断市场的唱片公司必然会在与音乐作品著作权人签订专有许可协议时要求其作出保留声明，以排斥竞争对手根据法定许可使用同样的音乐作品制作录音制品。这样一来，防止市场垄断的立法目的就难以实现了。

近年来由于我国互联网产业的飞速发展，在我国数字音乐在音乐市场的占比远超其他国家。实体唱片在我国音乐市场的销售收入占比仅为 4%[②]，实体唱片对于音乐传播的作用在我国已可忽略。人们直观的感受就是，在繁华的都市中再难觅实体唱片的踪迹。尚存的唱片店也基本上是为少数专业音乐人士和发烧友级的欣赏者服务的。而“制作录音制品法定许可”只适用于将音乐作品制作成录音制品后发行其复制件，也就是只针对实体唱片的制作和销售，并不适用于网络传播。这就导致“制作录音制品法定许可”在当下几乎丧失了其存在的价值。与此同时，我国数字音乐市场出现了高度集中的趋势。将实体唱片时代的“制作录音制品法定许可”改造为适应数字音乐时代的权利限制，是立法者应当认真考虑的选项。

典型案例

出版翻唱《传奇》的 CD 侵权吗?

歌曲《传奇》由李健作曲、刘兵填词，于 2008 年被合法地录制为录音制品，并收录在李健演唱的音乐专辑《似水流年》中，该专辑的盘封上显示了“版权所有　翻录必究”字样。后词曲作者将其著作权独家授权给某文化公司。2012 年，中国唱片总公司（以下简称中唱公司）出版了名为《十二种毛宁》的 CD 专辑，其中收录了由毛宁演唱的《传奇》。某文化公司起诉中唱公司侵犯其著作权。

法院经审理查明，涉案专辑《十二种毛宁》的制作者已经为使用歌曲《传奇》向中国

① 最高人民法院的判例也采用了相同的解释。参见最高人民法院（2008）民提字第 51 号民事判决书。
② See IFPI, Global Music Report 2017 (full report), at 45.

音乐著作权协会支付了发行 5 000 张 CD 的著作权使用费。法院认为：根据《著作权法》有关制作录音制品法定许可的规定，著作权人可作出不得使用其音乐作品制作录音制品的声明，但应当由著作权人在作品发表的同时，以使公众知晓的方式明确作出。同时，对于制作录音制品法定许可的报酬，中国音乐著作权协会负有向音乐作品著作权人转付的职责。在本案中，歌曲《传奇》在涉案专辑《十二种毛宁》制作之前，已经由词曲作者授权他人在先合法录制、出版，而且词曲作者并未在该歌曲发表时作出不得使用的声明。虽然经许可出版的专辑上显示了“版权所有　翻录必究”字样，但从上述内容的文义来看，应理解为系禁止他人擅自翻录录音制品的声明，而不能视为词曲作者作出的不得使用歌曲《传奇》词、曲的声明。同时，涉案专辑《十二种毛宁》的录音制作者虽然未就使用涉案歌曲直接向词曲作者支付使用费，但在该专辑出版前向负有法定许可使用费收转职能的中国音乐著作权协会交付了使用费，符合相关规定。因此，涉案专辑《十二种毛宁》对歌曲《传奇》的使用符合《著作权法》对制作录音制品法定许可的规定。法院据此驳回了原告的诉讼请求。①

三、播放作品法定许可

我国立法规定的第三项法定许可为“播放作品法定许可”。《著作权法》第 46 条第 2 款规定，“广播电台、电视台播放他人已发表的作品，可以不经著作权人许可，但应当按照规定支付报酬”。此项法定许可是对广播权中的第一项子权利的限制，是为了适当降低广播电台、电视台获得许可的难度，促进作品的传播。例如，某电台在“小说连播”栏目请播音员朗读已出版的小说，并不需要经过小说著作权人许可，只需向其支付报酬。同样，广播电台、电视台播放以已发表作品为基础制作的录音制品，如音乐演唱的 CD，无须经过音乐作品著作权人许可，只需要向其支付法定许可使用费。当然，此时广播电台、电视台还需要向录音制品制作者支付报酬，只是向录音制品制作者支付的报酬与向音乐作品著作权人支付的报酬性质不同：前者为《著作权法》第 45 条（传播录音制品获酬权）规定的报酬，不属于法定许可使用费（参见本书第五章第三节）；后者则为依《著作权法》第 46 条第 2 款规定的法定许可而产生的法定许可使用费。

需要指出的是：“播放作品法定许可”不适用于电视台播放视听作品，因为《著作权法》第 48 条明确规定：电视台播放他人的视听作品，应当取得著作权人许可。同时，它也不适用于电视台播放已录制于录像制品中的作品，因为对该行为适用《著作权法》第 48 条的特别规定——电视台播放他人的录像制品，除应取得录像制品制作者许可之外，应当取得其中作品著作权人许可，并支付报酬。因此，如果一位诗人已发表了他创作的 10 首诗歌，电视台可以不经这位诗人的许可，就在“诗词鉴赏”栏目让播音员朗诵这些诗歌并播出。但是，如果这位诗人对这 10 首诗歌的朗诵被一家音像公司制成了配有风景画面的 DVD（录像制品）发行，则购买了这张 DVD 的电视台就不能未经诗人许可而播出

---

① 参见北京市朝阳区人民法院（2013）朝民初字第 32575 号民事判决书。

该 DVD。①

对上述内容的总结见表 6-1（以将播音员对诗歌的朗诵被音像公司分别制成录像制品、录音制品后，电视台、电台播放该音像制品和录音制品为例）。

表 6-1 播放录音、录像制品涉及的权利及许可

行为	电视台播放诗歌朗诵的录像制品	电台、电视台播放诗歌朗诵的录音制品
法条依据	《著作权法》第 48 条	《著作权法》第 45 条、第 46 条第 2 款
诗人对诗歌作品的著作权	自愿许可（广播权第一项子权利）	法定许可（广播权第一项子权利）
播音员对朗读的表演者权	无广播权，无须经过表演者许可	
音像公司对录音制品、录像制品的录制者权	自愿许可（录像制作者许可电视台播放的权利）	传播录音制品获酬权（不是法定许可）

四、编写出版教科书法定许可

我国立法规定的第四项法定许可是“编写出版教科书法定许可”。《著作权法》第 25 条第 1 款规定：为实施义务教育和国家教育规划而编写出版教科书，可以不经著作权人许可，在教科书中汇编已经发表的作品片段或者短小的文字作品、音乐作品或者单幅的美术作品、摄影作品、图形作品，但应当按照规定支付报酬，指明作者姓名或者名称、作品名称，并且不得侵犯著作权人依照本法享有的其他权利。第 2 款规定：前款规定适用于对与著作权有关的权利的限制。

“编写出版教科书法定许可”意在促进义务教育和国家教育规划的实施，著作权人并不能通过声明不许使用而排斥该项法定许可的适用。该项法定许可适用范围较广，不仅限制文字作品、音乐作品、美术作品、摄影作品和图形作品著作权人的汇编权、复制权和发行权，还限制出版者的专有出版权，广播电台、电视台对其所播出节目的复制权，以及表演者、录音录像制作者对其表演和录音录像制品的复制权、发行权。与其他几项“法定许可”一样，此项法定许可下使用者必须尊重作者的署名权，注明出处并支付报酬。

“编写出版教科书法定许可”对使用作品的目的和数量作了严格限制，只有“为实施义务教育和国家教育规划”而编写教科书才能援引这一法定许可。《教科书法定许可使用作品支付报酬办法》第 2 条第 2 款规定：义务教育教科书和国家教育规划教科书，是指为实施义务教育、高中阶段教育、职业教育、高等教育、民族教育、特殊教育，保证基本的教学标准，或者为达到国家对某一领域、某一方面教育教学的要求，根据国务院教育行政部门或者省级人民政府教育行政部门制定的课程方案、专业教学指导方案而编写出版的教科书，并不包括教学参考书和教学辅导材料。这就意味着为其他教育目的，如国家教育规划之外

① 同时，电视台也不能未经 VCD 制作者许可而播出该 VCD。

的社会培训而编写教科书，或编写教科书之外的辅导材料等，均不在该项法定许可的适用范围内。同时，编写者只限于使用作品“片段”、“短小”的文字作品、音乐作品或“单幅”的美术作品、摄影作品和图形作品。根据国家版权局、国家发展和改革委员颁布的《教科书法定许可使用作品支付报酬办法》，“作品片断或者短小的文字作品”，对于义务教育教科书而言，是指其中使用的单篇不超过2 000字的文字作品；对于国家教育规划（不含义务教育）教科书而言，是指其中使用的单篇不超过3 000字的文字作品。“短小的音乐作品”，是指义务教育教科书和国家教育规划教科书中使用的单篇不超过5页面或时长不超过5分钟的单声部音乐作品，或者乘以相应倍数的多声部音乐作品。

根据《教科书法定许可使用作品支付报酬办法》，教科书汇编者支付法定许可报酬的标准为：文字作品：每千字300元，不足千字的按千字计算。音乐作品：每首300元。美术作品、摄影作品：每幅200元，用于封面或者封底的，每幅400元。在与音乐教科书配套的录音制品教科书中使用已有录音制品的，每首50元。该付酬标准从表面上看并不高，但办法第6条第1款规定：“教科书出版发行存续期间，教科书汇编者应当按照本办法每年向著作权人支付一次报酬。”由于获准出版的义务教育教科书和国家教育规划教科书通常会有较长的使用年限，因此每年都必须付酬的规定在相当程度上保障了著作权人的利益。目前，编写出版教科书法定许可使用费的收取和转付，由中国文字著作权协会这一文字著作权集体管理组织负责。

典型案例

小学教材使用摄影作品案

摄影记者丁某拍摄了一幅题名为《街上红灯闹》的照片，并发表在《南通日报》上。江苏美术出版社出版、发行了一本《乡土教材》，其中未经许可使用了这幅照片，并且没有指明作者身份。丁某起诉江苏美术出版社侵犯其著作权。江苏美术出版社辩称：《乡土教材》是根据《九年制义务教育全日制小学美术教学大纲》的有关要求编写的，属于为了实施九年制义务教育和国家教育规划而出版的教科书，故其使用照片《街上红灯闹》可以不经著作权人许可。

法院认为：《著作权法》（2001年修正）第23条第1款有关编写义务教育教科书法定许可的规定，旨在平衡著作权保护与公共利益需要。但该规定仅是对著作权的一种适度限制，适用该规定的教科书也并非泛指中小学使用的所有教材。根据《中华人民共和国义务教育法》的规定，义务教育的教学制度、教学内容、课程设置和教科书审定，应当由国务院教育行政部门确定。国家教育委员会在《全国中小学教材审定委员会工作章程》中规定，教科书的编写必须经中央或省级教育行政部门批准，经学科审查委员会通过，并报送审定委员会批准后，由国家教育委员会列入全国普通中小学教学用书目录。因此，《著作权法》（2001年修正）第23条第1款规定的教科书，应当被界定为经省级以上教育行政部门批准编写、经国家专门设立的学科审查委员会通过，并报送审定委员会批准后，由国家教育委员会列入全国普通中小学教学用书目录的中小学课堂正式用书。在被告江苏美术出版社出版、发行《乡土教材》前，该教材的编写者未按规定向江苏省教育厅补办编写地方性教材的立项申请核准手续，该教材也未经江苏省中小学教材审定委员会审查，更未经江苏省教育厅批准并列入南通市辖区范围内的《中小学教学用书目录》。因此，该教材不属于《著作权法》（2001 年修正）第 23 条第 1 款规定的教科书，江苏美术出版社关于在该教材中使用原告丁某的摄影作品《街上红灯闹》属于法定许可的答辩理由亦不能成立。[①]

典型案例

教辅图书引用教科书中作品案

某教育出版社在其出版的小学语文教科书中使用了孙德斌创作的优秀的诗歌作品《西部畅想》，并向作者支付了报酬。随后该出版社又在其出版的配套教辅图书中引用了该诗歌的部分内容，但未支付报酬。诗歌作者起诉其侵犯著作权。本案中，被诉侵权的图书是与教科书配套的教辅图书，而不是教科书本身，对此“编写教科书法定许可”并不适用。因此必须判断被诉侵权的使用是否为合理使用。

表 6-2　本章中原告的诗歌和被告的教辅图书内容的对比

《西部畅想》	教辅图书中的内容
长河落日 大漠孤烟 一幅画留在四部山川 一架古筝 几声羌笛 一杯酒送你西出阳关 金戈铁马 几番征战 一卷书任你阅读昨天 啊！西部 中国的西部 我们梦想的家园 丝绸古道 敦煌飞天 大雁塔诉说着过去的 光辉灿烂 黄土高坡 雪域高原	【教学目标】…… 【课文理解】《西部畅想》以历史上的西部、旧时代的西部、今日的西部三个部分抒发对中国西部的“畅想”。 第一部分（第 1—4 节），通过重现四首古诗词的意境，表现中国西部的幅员辽阔、异域风情和民族的战斗精神。第 1 节活化唐代诗人王维《使至塞上》“大漠孤烟直，长河落日圆”的诗句，以显中国西部之“大”。第 2 节再现王之涣《凉州词》“羌笛何须怨杨柳，春风不度玉门关”和王维《送元二使安西》“劝君更尽一杯酒，西出阳关无故人”的情韵，写中国西部的异域风情。第 3 节概括宋代词人辛弃疾《永遇乐·京口北固亭怀古》的名句“想当年，金戈铁马，气吞万里如虎”的意象，显示英武豪迈的民族精神。这四首诗词都是表现中国西部的脍炙人口的经典作品，表现西部浩瀚、荒凉，民族风情和民族精神，极具代表性，勾勒出中国西部“梦中的家园”的典型环境。从语言上看，语意概括，句式对称，结构相似，“一幅画”、“一杯酒”、“一卷书”形成排比，意境鲜明、突出，音韵和谐高亢，显示了诗歌语言的形象美、凝练美、节奏美。第 4 节直抒胸臆，“啊！西部/中国的西部/我们梦中的家园”，感情浓烈，既是对前三节诗内容的概括，在结构上又承前启后，开启后面的内容。

① 参见江苏省南通市中级人民法院（2002）通中民三初字第 14 号民事判决书。

续表

《西部畅想》	教辅图书中的内容
兰花花雪莲花开成 千古梦幻 梦中驼铃 窗外风铃 信天游悲悲壮壮 年复一年 啊！西部 中国的西部 一张版图上的半壁江山 黄河，长江 雅鲁藏布江 每一条河都流淌着你 重振雄风的呐喊 昆仑山，祁连山 喜马拉雅山 每一座都凝聚着你 重现光辉的期盼 啊！西部 中国的西部 我听见 开发的号角已吹响 我看见 春风正度玉门关 啊！西部 中国的西部 不要说寂寞 望穿了你的眼 不要说等待 苍老了你的脸 你将是新世纪 最亮丽的风景线	第二部分（第 5—8 节），呈现西部独特的历史文化名胜和自然景观，赞美西部是祖国版图上的半壁江山。第 5 节，通过拟人的手法，写西部灿烂的历史。“丝绸古道”指丝绸之路，即西汉时张骞出使西域开辟的以长安（今西安）为起点，经甘肃、新疆，到中亚、西亚，并联结地中海各国的陆上通道，这条道路也被称为“西北丝绸之路”，以区别日后另外两条冠以“丝绸之路”名称的交通路线。“敦煌飞天”是敦煌莫高窟的艺术珍品，是敦煌艺术的标志。只要看到优美的飞天，人们就会想到敦煌莫高窟艺术。敦煌莫高窟 492 个洞窟中，几乎窟窟画有飞天。敦煌飞天总计有 4 500 余身，是中国佛教石窟中保存数量最多的石窟。“大雁塔述说着过去的光辉灿烂”，大雁塔位于陕西省西安市南郊慈恩寺内，是全国著名的古代建筑，被视为古都西安的象征。第 5 节通过河西走廊的丝绸古道、莫高窟的敦煌飞天、西安的大雁塔展现了西部的人文景观。第 6 节的黄土高坡、雪域高原、蓝花花、雪莲花，描绘了奇异的自然景观。第 7 节沙漠、驼铃、信天游，是自然景观和人文景观的融合，这里总写与分写结合，写出了西部独特的自然景观和人文景观之美，总结西部是中国版图上的半壁江山。第二部分的三节诗从“丝绸古道”写起，到“黄土高坡”，再到“梦中驼铃”，虽然写的都是西部的历史文化，却暗含着由古及今的时间脉络。由“大雁塔述说着过去的/光辉灿烂”，再到“蓝花花雪莲花开成/千古梦幻”，再到“信天游悲悲壮壮/年复一年”，显示历史的脚步一步步从远古走到今天。 第三部分（第 9—11 节），新世纪的展望，西部是最亮丽的风景线。第 9 节，写黄河、长江、雅鲁藏布江流淌着呐喊，重振雄风；第 10 节写昆仑山、祁连山、喜马拉雅山凝聚着期盼，重现辉煌。第 11 节，写“我”听见号角已吹响，看见春风度玉关。西部再不会有寂寞的盼望和等待，西部开发将使西部成为最亮丽的风景线。 本诗情感充盈，an 韵和 ang 韵颇具张力，读来琅琅上口，掷地有声，赋予本诗磅礴的气势，易于反复诵读。本诗在写作上运用拟人、比喻、双关、反复等修辞手法，强化了诗歌的表现力，“啊！西部，中国的西部”在全诗中反复咏叹，形成鲜明的节奏，表达了诗人对祖国西部文化和自然风光的热爱和赞美之情，同时向读者传达了对西部未来的无限憧憬。 【教学建议】……

《著作权法》不但将引用的目的限为“为介绍、评论某一作品或者说明某一问题”，同时还要求“引用”必须“适当”。“适当”强调的是引用部分的篇幅应当与介绍、评论、说明的合理需要相适应，不能超过必要的限度。如果被引用的作品在引用者的作品中所占比

例过大，导致所谓的“引用”就是直接再现被引用作品的文艺美感，则不符合“适当”的要求。同时，在通常情况下，也不能以“引用”为名，将作品的全部内容或实质性部分都照搬过来，因为这将使所谓被“引用”的内容成为新作品的主体，而不是被介绍、评论的对象或说明某一问题时的例证。在本案中，涉案教辅图书在讲解《西部畅想》这首已收入教材的诗歌时，在介绍其与古诗文的关系和分析其写作手法过程中，对《西部畅想》中的部分表述进行了引用。例如，《西部畅想》中有以下诗句“……一幅画留在四部山川……一杯酒送你西出阳关……一卷书任你阅读昨天……啊！西部/中国的西部/我们梦中的家园……”。涉案教辅图书则包含以下内容：“从语言上看，语意概括，句式对称，结构相似，‘一幅画’、‘一杯酒’、‘一卷书’形成排比，意境鲜明、突出，音韵和谐高亢，显示了诗歌语言的形象美、凝练美、节奏美。第4节直抒胸臆，‘啊！西部/中国的西部/我们梦中的家园’，感情浓烈，既是对前三节诗内容的概括，在结构上又承前启后，开启后面的内容。”其中的“一幅画”“一杯酒”“一卷书”和“啊！西部/中国的西部/我们梦中的家园”源于《西部畅想》。

对此，原告认为涉案教辅图书引用原诗程度超过原诗的70%，应当认定构成侵权行为。法院认为，考察“适当引用”之“适当”时，要看被引用部分占被控侵权作品的比重以及被控侵权作品被引用的具体方式是否合理。“即便权利作品被全文引用的，亦不必然不构成著作权法所指‘适当引用’的合理使用情形……被控侵权作品虽引用了权利作品的部分内容，但其引用时，均融入其具有独创性的介绍、解读和评论内容，且引用的部分较被控侵权作品整体而言仅占较少比重，其程度尚属合理范畴，故被控侵权作品引用权利作品的方式在适度范围内。”[①] 本书作者赞同法院的认定。70%的引用率应当是将分散于教辅图书中在讲解诗歌时引用的片段组合计算的结果。但教辅图书对原告的诗歌中词汇和诗句的引用显然是为了说明该诗歌的句式和结构。被引用的片段也分散于教辅图书对全诗的论述之中，而不是集中在一起，使读者可以在脱离教材中收录的原诗的情况下，仅通过阅读教辅图书就能直接了解这首诗歌的全貌或实质性部分。因此，在涉案教辅图书对诗歌的讲解中，主体部分并不是被引用的诗歌片段，而是独创性的新内容。同时，如果对诗歌片段不进行上述引用，就难以使读者理解教辅图书中的介绍、解读和评论。在这种情况下，法院没有单纯以被分散引用的片段组合后占诗歌的比例作为认定引用“适当”与否的依据，是正确的做法。

涉案教辅图书对涉案诗歌的使用，也没有“影响该作品的正常使用”以及“不合理地损害著作权人的合法利益”。在“欧共体诉美国案”中，世界贸易组织专家组指出，当一种利用作品的行为与版权人通常从行使专有权利中获取经济价值的行为相竞争，并且因此使版权人丧失大量的实体商业利益时，如果国内法将这种利用行为规定为对专有权利的例外或限制，这一规定就上升到了与作品的正常利用相冲突的程度。对于将作品全文或精华部分纳入图书的行为，不仅存在许可市场，而且也是作者获得收入的主要渠道之一。如果著作权法将此类行为设定为合理使用，使作者丧失经济收入，将与对作品的正常利用相冲突，也会不合理地损害作者的合法权益。这就是为什么我国《著作权法》规定的是“编写教科书法定许可”而不是合理使用。如果涉案教辅图书照搬教科书中收录的作品，导致了涉案

① 上海市高级人民法院（2020）沪民申2416号民事裁定书，上海市高级人民法院（2020）沪民申2415号民事裁定书。

教辅图书对教科书中作品的完全替代，这种行为显然无法构成“适当引用”[①]。但是，在他人为介绍和评论作品而分散地引用作品片段，且引用方式与介绍和评论的正常需要相适应的情况下，这种利用行为并不会与作品的正常许可产生竞争，也就是不可能替代原本的许可市场。而且作者也不会期望从他人引用作品进行的介绍和评论中获得经济回报。因此这种引用并不会与对作品的正常利用相冲突，或不合理地损害作者的合法利益。正如法院所述，“被控侵权作品不仅不会产生替代效应，导致教师、学生等主要读者从权利作品转向选择被控侵权作品，相反会对读者加深课文理解有所助益。因此，被控侵权作品并未对权利作品的正常使用和著作权人的合法利益造成负面影响”[②]。

五、制作和提供课件法定许可

“制作课件法定许可”是《信息网络传播权保护条例》规定的。该条例第 8 条规定：为通过信息网络实施九年制义务教育或者国家教育规划，可以不经著作权人许可，使用其已经发表作品的片段或者短小的文字作品、音乐作品或者单幅的美术作品、摄影作品制作课件，由制作课件或者依法取得课件的远程教育机构通过信息网络向注册学生提供，但应当向著作权人支付报酬。该项“法定许可”的立法目的与“编写出版教科书法定许可”的立法目的相同，都是促进义务教育和国家教育规划的实施，实际上是将“编写出版教科书法定许可”延伸到了网络环境。随着网络技术的发展，许多教育机构开设了远程网络教育课程，需要使用作品片段制作多媒体课件供学生通过网络在远端加以使用。只要该课件用于实施义务教育或者国家教育规划，制作者在制作该课件时就可以使用已经发表作品的片段或者短小的文字作品、音乐作品或者单幅的美术作品、摄影作品。但是，根据《信息网络传播权保护条例》第 10 条第 4 项的规定，在网络远程教育中使用该课件的教学机构应当采取技术措施，“防止……服务对象以外的其他人获得著作权人的作品”。这意味着这些教学机构应当采用身份验证或地址控制等技术手段，仅允许义务教育或者国家教育规划项目中符合条件的特定学生群体使用。

六、通过网络向农村提供特定作品的准法定许可

《信息网络传播权保护条例》规定了一项类似法定许可，但又不是严格意义上的法定许可的权利限制。根据其第 9 条的规定，为扶助贫困，通过信息网络向农村地区的公众免费提供中国自然人、法人或者非法人组织已经发表的种植养殖、防病治病、防灾减灾等与扶助贫困有关的作品和适应基本文化需求的作品，网络服务提供者应当在提供前公告拟提供的作品及其作者、拟支付报酬的标准。自公告之日起 30 日内，著作权人不同意提供的，网络服务提供者不得提供其作品；自公告之日起满 30 日，著作权人没有异议的，网络服务提供者可以提供其作品，并按照公告的标准向著作权人支付报酬。网络服务提供者提供著作权人的作品后，著作权人不同意提供的，网络服务提供者应当立即删除著作权人的作品，

---

① 湖北省高级人民法院（2016）鄂民终 1125 号民事判决书。

② 上海市高级人民法院（2020）沪民申 2415 号民事裁定书。

并按照公告的标准向著作权人支付提供作品期间的报酬。依照前述规定提供作品的，不得直接或者间接获得经济利益。

农村地区的书店、图书馆较少，但农村地区同样需要获得满足基本文化需要的作品，特别是有关种植养殖、防病治病、防灾减灾等与扶助贫困有关的作品。目前，农村地区居民也能够利用现代化网络以更低的成本和更快的速度获得丰富信息。但是，将农村地区需要的作品置于网上向农村地区提供仍然属于受信息网络传播权控制的行为，如果未经许可，将构成侵权。

《信息网络传播权保护条例》规定了这一权利限制，但也设置了严格的条件加以限制：

首先，作品的作者范围被限定为中国自然人、法人或者非法人组织。将主体限定为中国人[①]是因为该权利限制的受益者是中国农村地区的居民，而且权利人的利益会受到一定影响，如报酬是法定的，一般情况下会低于双方自由协商的报酬标准。在缺乏条约依据的情况下，不能强制要求以《伯尔尼公约》其他成员国为起源国的作品的著作权人牺牲自己的利益来帮助中国农村地区的居民。

其次，作品的范围被限定为已经发表的种植养殖、防病治病、防灾减灾等与扶助贫困有关的作品和适应基本文化需求的作品。这是因为该权利限制的立法目的就是满足农村地区居民不同于城市居民的特殊需要，即保障农村地区居民能够享受基本的物质与文化生活。如果对作品类别不加任何限制，导致所有类别作品的著作权人都基本丧失了控制向数亿农村地区居民通过网络传播作品的权利，势必无法通过“三步检验标准”的第一步“只能将例外限制在特定情形”的检验。

再次，网络服务提供者必须依法定程序进行公告，给予著作权人提出异议的权利。在这一点上，该权利限制与传统的法定许可是有所区别的：法定许可允许著作权人事先作出不得使用的保留声明，但在著作权人没有作出保留声明的情况下，符合条件的使用者即可径行以法定方式使用作品，此时著作权人不能再提出异议，阻止他人根据法定许可进行使用。例如，某出版社在编写九年制义务教育用的教科书时使用了已发表的文字作品片段。如果作者事先没有声明不得使用，则在发现出版社使用之后，作者无权要求出版社停止使用。但《信息网络传播权保护条例》第 9 条规定：著作权人不但可以在公告之日起 30 日内提出异议，从而阻止提供其作品，而且可以在公告期届满、网络服务提供者开始提供作品之后提出异议，而网络服务提供者不但应当立即删除作品，还要支付使用期间的报酬。因此，本书将该权利限制称为“准法定许可”。

最后，不得直接或者间接获得经济利益。该权利限制属于对农村地区居民的帮助，是为了保障其基本的物质和文化权利。而其成本的一部分实际上是由著作权人承担的，因为其获得的报酬一般低于许可商业性使用时获得的报酬。如果网络服务提供者营利性向农村地区提供作品，无异于在没有给著作人充分补偿的情况下使用其作品牟利，而这是不能允许的。至于通过网络向农村地区提供作品所带来的必要成本，虽然可以向农村使用者收取，但基于该权利限制的立法目的，由国家予以承担才是较为合适的。

---

① 读者可自行思考：将范围限于“中国自然人、法人或者非法人组织……的作品”，与限于“以中国为起源国的作品”是否相同？

关于法定许可条款的适用，请参见表 6－3。

6－3 权利人声明与法定许可的适用

许可类型	是否允许著作权人通过事先作出不得使用的保留声明而排除法定许可的适用
报刊转载法定许可	允许
制作录音制品法定许可	允许
播放作品法定许可	不允许
编写出版教科书法定许可	不允许
制作和提供课件法定许可	不允许
通过网络向农村提供特定作品的准法定许可	网络服务提供者公告之日起 30 日内，著作权人不同意提供的，网络服务提供者不得提供其作品

【问题与思考】

1. 本书作者曾读过一本物理学方面的科普著作《爱因斯坦的玩具》（［美］徐一鸿著，张礼译，清华大学出版社 2013 年版），其中第 32 页为了说明引力问题，引用了《丁丁历险记》中《月球探险》的漫画（见下图）。如果《丁丁历险记》尚在著作权保护期内，《爱因斯坦的玩具》的作者引用时未经许可，是否构成合理使用？下图是《爱因斯坦的玩具》中完整的一页，如果本书作者被诉侵权，你将如何为本书作者辩护？

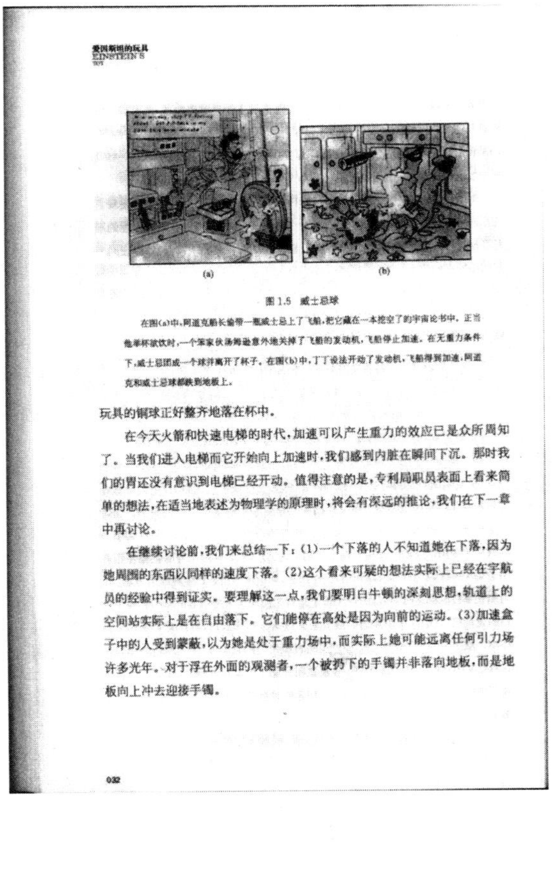
爱因斯坦的玩具
EINSTEIN'S

(a) (b)

图 1.5 威士忌球

在图(a)中，阿道克船长偷带一瓶威士忌上了飞船，把它藏在一本挖空了的宇宙论书中。正当他举杯欲饮时，一个笨家伙杨姆逊意外地关掉了飞船的发动机，飞船停止加速。在无重力条件下，威士忌团成一个球并离开了杯子。在图(b)中，丁丁设法开动了发动机，飞船得到加速，阿道克和威士忌球都跌到地板上。

玩具的铜球正好整齐地落在杯中。

在今天火箭和快速电梯的时代，加速可以产生重力的效应已是众所周知了。当我们进入电梯而它开始向上加速时，我们感到内脏在瞬间下沉。那时我们的胃还没有意识到电梯已经开动。值得注意的是，专利局职员表面上看来简单的想法，在适当地表述为物理学的原理时，将会有深远的推论，我们在下一章中再讨论。

在继续讨论前，我们来总结一下：(1)一个下落的人不知道她在下落，因为她周围的东西以同样的速度下落。(2)这个看来可疑的想法实际上已经在宇航员的经验中得到证实。要理解这一点，我们要明白牛顿的深刻思想，轨道上的空间站实际上是在自由落下。它们能停在高处是因为向前的运动。(3)加速盒子中的人受到蒙蔽，以为她是处于重力场中，而实际上她可能远离任何引力场许多光年。对于浮在外面的观测者，一个被扔下的手镯并非落向地板，而是地板向上冲去迎接手镯。

032

2. 本书第三章的思考题中，有涉及美剧《宋飞正传》的案例。在该案中，被告认为《〈宋飞正传〉能力测试》使用《宋飞正传》中的人物和剧情去设计问题，属于合理使用。美国联邦第二巡回上诉法院认为：

即使从最有利于被告的角度去看《〈宋飞正传〉能力测试》，我们也没有发现有合理理由能够认定这本测试书的宗旨是进行教育，或是对《宋飞正传》进行批评、讽刺性模仿、评论、报道或研究，或是实现了其他“转换性使用”的目的。该书并不包括对《宋飞正传》的评论或者分析，也没有建议如何使用《〈宋飞正传〉能力测试》去研究《宋飞正传》。相反，该书只提出了许多小问题。因此，《〈宋飞正传〉能力测试》的直接目的不是揭示《宋飞正传》的“毫无价值”，而是充分满足《宋飞正传》的痴迷者对于“毫无价值”的热情，这就将该“毫无价值”带进了受保护的具有独创性的表达的范围……毫无疑问的是，可以有无数书籍“揭露”《宋飞正传》的“毫无价值”，或评论、批评、研究《宋飞正传》以及其他当代电视文化，或教育公众。然而，《〈宋飞正传〉能力测试》不是这样的书。①

4年之后，在著名法官波斯纳审理的一起版权侵权诉讼中，原告引用了上述判决作为支持自己观点的理由，波斯纳法官认为：

购买了该书（指《〈宋飞正传〉能力测试》——引者注）的人们必须得去看电视剧，这样才能回答书中的问题。没有人会用读这本书去代替看电视剧。当该书出版时，电视剧的制片方要求对方赠送一些，以作为宣传材料散发。而且该书中的简介告诉读者，在看完一集，焦急等待下一集时，打开此书看看。但法院仍然认定该书不能根据合理使用原则享受免责。作出该判决的理由部分在于：法院认为该书是肤浅的。该案法院说：“毫无疑问的是，可以有无数书籍‘揭露’《宋飞正传》的‘毫无价值’，或评论、批评、研究《宋飞正传》以及其他当代电视文化，或教育公众。然而，《〈宋飞正传〉能力测试》不是这样的书”。但是，合理使用原则无意让法院成为作品质量的判断者。②

显然，波斯纳法官并不赞同“《〈宋飞正传〉能力测试》案”中法院的观点。请阅读两份判决书，并作出你自己的判断。

3. 百度等搜索引擎提供“图片搜索”功能，用户输入关键词后，搜索结果以图片的“缩略图”形式出现。“缩略图”的分辨率比原图大为降低，但大致看得出原图的内容（见下图）。百度等搜索引

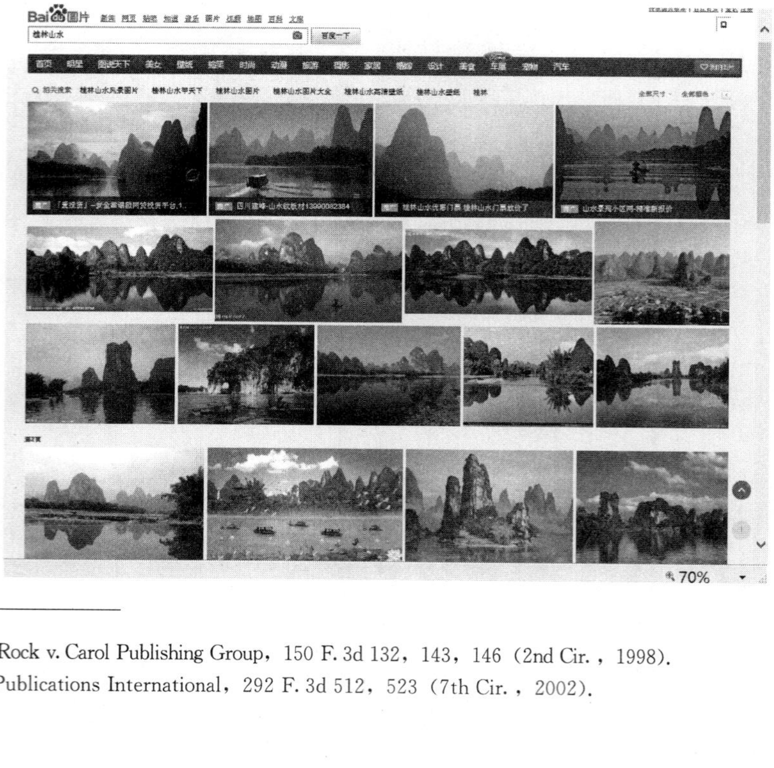

① Castle Rock v. Carol Publishing Group, 150 F. 3d 132, 143, 146 (2nd Cir., 1998).

② Ty v. Publications International, 292 F. 3d 512, 523 (7th Cir., 2002).

擎制作并提供“缩略图”的行为受到复制权和信息网络传播权的控制，但未经摄影作品或美术作品权利人的许可。

请问：其行为构成“合理使用”还是侵权？请写出你的推理过程，并与美国联邦第九巡回上诉法院判决的“Perfect10 诉谷歌案”[508 F. 3d 1146 (9th Cir.，2007)] 进行比较。

4. 在本章第二节所述的帕特里克·卡利欧诉理查德·普林斯案中，美国第二巡回上诉法院在认定被告在大部分作品（25 幅拼贴画）中的使用构成合理使用的同时，对于被告在另 5 部作品中使用原告的照片是否构成合理使用，表示“无法确定”，因此发回重审。

帕特里克·卡利欧拍摄的照片

理查德·普林斯创作的拼贴画之一

之二

帕特里克·卡利欧拍摄的照片

理查德·普林斯创作的拼贴画

请将此处被告的作品与本章正文所附的被告的作品相比较，法院认定被告在其中的一些作品（本章正文所附作品）中对原告作品的使用构成合理使用，而对在另一些作品中的使用是否构成合理使用“不能确定”（此处所附作品），你认为这种区分是否合理？在此处所附的被告作品中，如果被告再多画上两只毛驴或两位裸体女人，其行为是否就会构成合理使用？

美国联邦第二巡回上诉法院的判决是以 2∶1 的意见作出的。持反对意见的法官提出：“虽然我承认我并不是一个艺术评论家或艺术专家，但我没有看出多数派凭什么在上诉审中能信心满满地区分 25 张构成合理使用的图片和 5 张他们无法确定是否构成合理的图片”①。你是否赞同这个反对意见？

5. 本章第二节引述了“《新概念英语》网络教学案”。如果在该案中被告举证证明，其提供的

① Cariou v. Prince，714 F. 3d 694，713 (2nd Cir.，2013).

《新概念英语》网络教学，不但没有替代《新概念英语》的销售，反而促进了该教材的销售，因为几乎每一名参加该网络课程学习的学员都购买了正版教材，你觉得该案的判决结果是否会不同？

6. 2014 年天津高考语文作文试题如下：

阅读下面的文字，按要求作文。

假如有一款芯片

也许将来有这么一天，我们发明了一种智慧芯片，有了它，任何人都能古今中外无一不知，天文地理无所不晓。比如说，你在心里默念一声“物理”，人类有史以来有关物理的一切公式、定律便纷纷浮现出来，比老师讲的还多，比书本印的还全。你逛秦淮河时，脱口一句“旧时王谢堂前燕”，旁边卖雪糕的老大娘就接茬说“飞入寻常百姓家”，还慈祥地告诉你，这首诗的作者是刘禹锡，这时一个金发碧眼的外国小女孩抢着说，诗名《乌衣巷》，出自《全唐诗》365 卷 4 117 页……这将是怎样的情形啊！

读了上面的材料，你有怎样的联想或思考？请就此写一篇文章。

《假如有一款芯片》直接来源于作者刘齐发表于《南方周末》上的文章《智慧芯片》。该文开篇描述了人们排队进入手术室进行脑部芯片移植手术的场景，接着讲述智慧芯片给人们带来的变化，其中包含以下文字：“比如说物理，只要在心里默念一声‘物理’，人类有史以来一切物理的公式、定律、成果等等便纷纷浮现在脑海里，比老师讲的还好，比书本印的还全”。该文随后又举出了生动的例子说明智慧芯片的作用，并讲解它的原理，并反思智慧芯片的副作用，其中包含以下文字：“比如说你逛秦淮河有感，想吟诵一首唐诗抒怀，刚皱起眉头背了句‘旧时王谢堂前燕’，旁边卖雪糕的老大娘就接茬背了下一句‘飞入寻常百姓家’。背完了还不过瘾，又慈祥地告诉你，这首诗的名字叫《乌衣巷》，诗作者刘禹锡，选自《全唐诗》365 卷 4 117 页。想想看，你会是一种什么心情?”文章最后请读者思考保持或拆除智慧芯片的两难选择。全文近 900 字。

刘齐发现自己文章中的片段被作为天津高考语文试题使用后，在《南方周末》上先后发表了四篇文章“感谢”天津高考作文出题人，质问“为什么不署我的名”。

本章第二节曾引述了“典型案例：高考试卷使用他人作品案”。对于在考试中使用他人作品的行为，英国等国在其立法中作出了明确规定。《英国版权法》第 32 条第 3 款规定：为考试的目的，以设置问题、向参加考试者传递问题以及回答问题的方式使用作品，并不构成对版权的侵权，但在试题旁应充分说明出处（the questions are accompanied by a sufficient acknowledgement）。但注明出处不具有现实可行性或因其他原因而不可能注明出处时，不在此例。

请思考：我国是否应当借鉴英国立法作出相同的规定？如果回答是肯定的，你认为高考试卷将他人的文章改成作文题使用时没有给作者署名，是否属于“不具有现实可行性或因其他原因而不可能注明”的情况？

在本章第一节引述的“将典型案例：他人 40 篇文章编入习题册印发给本校学生不属于合理使用”中，还涉及被诉侵权的练习册《轻松搞掂高考英语词汇与语法填空》的权利归属的认定。该书由某高级中学名师工作室编写，工作室全体英语老师均在该练习册最后一页署名。法院认为，《轻松搞掂高考英语词汇与语法填空》属于法人作品。其理由如下：

第一，《轻松搞掂高考英语词汇与语法填空》编写目的是改该校高中学生英语基础薄弱，词汇量欠缺的现状，进一步提高学生英语成绩，提升学校英语教学质量与水平；第二，《轻松搞掂高考英语词汇与语法填空》的编创系由该校校长办公会讨论决定，具体工作由英语教研组（名师工作室）负责落实完成；第三，该练习册的编写人员均系该校英语教研组教师，在编创过程中，就该练习册的编创体例、材料取舍等多次召开英语教研组会议，形成了一致意见；第四，《轻松搞掂高考英语词汇与语法填空》印刷费用共计 49 500 元，虽由名师工作室经费支出，但该支出经校长审核同意；第五，《轻松搞掂高考英语词汇与语法填空》共计印刷 2 500 册，其中 2 200 册分别免费发放高二、高三学生，300 册英语教研组教师留用；第六，《轻松搞掂高考英语词汇与语法填空》封面上部显眼处署名为高级中学，其下一行虽有"商某名师工作室"字样，但字体略小，参编人员仅在封底及内页第 1 页载明；第七，《轻松搞掂高考英语词汇与语法填空》没有公开出版发行，仅作为内部资料使用；第八，未有证据证明相关教师因编写《轻松搞掂高考英语词汇与语法填空》获取报酬。综上，无论从编创目的、立项决策、参编人员、使用对象、署名形式等判断，均指向该高级中学。《轻松搞掂高考英语词汇与语法填空》系由光明高中主持，代表光明高中意志创作，并由光明高中承担责任，属于法人作品。①

你认为《轻松搞掂高考英语词汇与语法填空》是法人作品吗？为什么？

7. 1982 年，宁勇创作了《丝路驼铃》阮曲音乐，完整演奏时间约 8 分钟。该曲于 1985 年由陕西音像出版社经许可录制后，收入该社出版的盒带《中国民族乐曲精选》。1994 年，中国唱片上海公司根据《著作权法》（1990 年）中制作录音制品法定许可的规定，另行演奏了《丝路驼铃》并收入《中国中阮名家名曲》CD 中出版，事后向中国音乐著作权协会交付了音乐使用费。电影《卧虎藏龙》拍摄制作时，制片者经过中国唱片上海公司的许可，使用了其 CD 中一段《丝路驼铃》阮曲音乐，时长 2 分 18 秒。双方约定由电影制片者直接向宁勇付酬。后来制片者给宁勇邮寄了 200 美元的汇票，但宁勇未领取，并起诉《卧虎藏龙》的制片者等侵犯其音乐作品著作权。

本案适用 1990 年的《著作权法》，该法第 37 条规定："录音制作者使用……他人已发表的作品制作录音制品，可以不经著作人许可，但应当按照规定支付报酬；著作权人声明不许使用的不得使用"。第 39 条规定："录音录像制作者对其制作的录音录像制品，享有许可他人复制发行并获得报酬的权利……被许可复制发行的录音录像制作者还应当按照规定向著作权人和表演者支付报酬"。

一审法院认为：根据《著作权法》（1990 年）中制作录音制品法定许可的规定制作录音制品后，录制者可以许可他人复制发行。本案被告在电影《卧虎藏龙》中使用中国唱片上海公司制作的《丝路驼铃》录音制品，虽然不是简单地将《丝路驼铃》录音制品加以复制、发行，但是仍然可以视为系在该范畴内使用该录音制品，被许可使用方就该曲无须再次获得该曲原作者的许可，因此判决原告败诉。②

二审法院认为：电影《卧虎藏龙》节选宁勇已经发表并制作成音乐制品的《丝路驼铃》，缩节为 2 分 18 秒作为影片背景音乐，把宁勇表现沙漠驼队坚忍不拔精神的《丝路驼铃》用于影片的场景，烘托了女主人公倔强坚韧的性格。被节选的《丝路驼铃》经过具有创造性的技术处理，被赋予了适合剧情的新内涵，成为影片一个有机的组成部分。这种使用音乐作品的方式不是对已制作的音乐制品进行简单的复制，符合以拍摄电影方式首次将作品固定在一定载体上的特征，属于以摄制电影方式使用作品，应当征得著作权人许可，并支付报酬。《卧虎藏龙》制片者未取得《丝路驼铃》著作权人许可即使用作品，侵犯了宁勇的音乐作品著作权，应当依法承担民事责任。③

你认同哪一种观点，为什么？

---

① 林某与深圳市光明新区高级中学等侵害著作权纠纷案，广东省深圳市宝安区人民法院（2019）粤 0306 民初 2633 号民事判决书，广东省深圳市中级人民法院（2020）粤 03 民终 6862 号民事判决书。

② 参见广东省广州市中级人民法院（2001）穗中法知初字第 191 号民事判决书。

③ 参见广东省高级人民法院（2006）粤高法民三终字第 244 号民事判决书。

8. 本章第三节在讲解“播放作品法定许可”时，曾举过一例：如果一位诗人已发表了他创作的10首诗歌，电视台可以不经这位诗人的许可，就在“诗词鉴赏”栏目让播音员朗诵这些诗歌并播出。但是，如果这位诗人对这10首诗歌的朗诵被一家音像公司制成了DVD（录像制品）发行，购买了这张DVD的电视台就不能未经诗人许可而播出该DVD。你认为我国《著作权法》作出这种区分是否合理？

9. 国家版权局于2012年启动了《著作权法》第三次修改工作。2012年3月31日，国家版权局就《著作权法修改草案》公开征求意见，其中第46条对现行《著作权法》中“制作录音制品法定许可”的规定进行了修改，改为：“录音制品首次出版3个月后，其他录音制作者可以依照本法第48条规定的条件，不经著作权人许可，使用其音乐作品制作录音制品。”

第48条的内容是：“根据本法第四十四条、第四十五条、第四十六条和第四十七条的规定，不经著作权人许可使用其已发表的作品，必须符合下列条件：（一）在使用前向国务院著作权行政管理部门申请备案；（二）在使用时指明作者姓名、作品名称和作品出处；（三）在使用后一个月内按照国务院著作权行政管理部门制定的标准向著作权集体管理组织支付使用费，同时报送使用作品的作品名称、作者姓名和作品出处等相关信息。使用者申请法定许可备案的，国务院著作权行政管理部门应在其官方网站公告备案信息。”“著作权集体管理组织应当将第一款所述使用费及时转付给相关权利人，并建立作品使用情况查询系统供权利人免费查询作品使用情况和使用费支付情况”。

《著作权法修改草案》公布后，该条修改引起了广大音乐著作权人和唱片公司的强烈不满。国家版权局在听取音乐著作权人和唱片公司意见后，决定在《著作权修改草案》中删除“制作录音制品法定许可”的规定。当然，该草案是否能够通过，目前尚不得而知。

你是否赞同删除“制作录音制品法定许可”？删除该法定许可的利弊何在？请搜索当时围绕这一问题各方发表的观点，形成你的意见和理由。

10. 美国威斯康星州首府麦迪市市长逊保罗·萨格林（Paul Soglin）不喜欢一个街区聚会，因为该聚会的主题就是批判政府。2012年，聚会组织者制作了一批T恤衫和背心，其中印有萨格林的头像。该头像源于摄影师迈克尔·基尼茨（Michael Kienitz）为萨格林拍摄的照片。基尼茨提起了版权侵权之诉，本案的争议焦点是：被告的使用是否构成“合理使用”？

基尼茨拍摄的萨格林的照片

T恤衫和背心上印的图案

法院认为：

我们要问的是，被控侵权的使用是对受保护作品的补充（这种使用是被允许的），还是对它的替代（这种使用是被禁止的）。一件T恤衫或背心并不是独创性照片的替代品。基尼茨也没说过被告干扰了其许可在衣服上使用作品的计划。基尼茨并未主张被告的产品减少了对原作品的需求，或者他预期的任何用途。

…………

被告移除了原作品中的太多东西，以至于就像柴郡猫（《艾丽丝漫游奇境记》描述的一只总咧嘴笑的猫——引者注）那样，只剩下了笑容。被告使用了在市政府网站中出现的低分辨率照片版本，因此原作品中的许多细节根本没有机会在该复制件中被展现；原作品中的背景消失了；其色彩和阴影也不见了；萨格林眼中的表情也无法被感知；通过多色调的分色印刷（以及使用丝织方法的再现），原作品中的明暗效果几乎完全被消除了。除了萨格林的一丝微笑，剩下的只有他脸庞的轮廓，而这是不受版权保护的。被告完全可以通过在街头抓拍而作出同样的效果来。①

法院因此认定被告的使用是合理使用。然而，法院还说了以下两段话：

对基尼茨而言，有两点是有利的。首先，被告并不需要使用受版权保护的作品。他们想要嘲讽市长，而不是对基尼茨作为一名摄影师在创作该特定照片时展示的技巧和艺术口味进行评论。当存在许多不受版权保护的照片（包括他们本可以自己拍摄）时，没有合理理由允许被告将他人受版权保护的成果用于挖苦别人的起点。《美国版权法》第107条规定的合理使用的特权并不是用于懒惰的剽窃者（appropriator）的。相反，其立法目的是为一种类型的使用行为提供便利，如果这类使用者总是需要与版权人协商，则这类使用就不可能实现。（例如，许多版权人将阻止所有的讽刺性模仿。同样，寻求和获得版权人同意所耗费的成本，将使许多研究型的使用无法进行。）

其次，（被告的）这种使用即使不会降低基尼茨从该特定照片中获得的价值，也可能损害他的长期商业机会。基尼茨向被拍摄的对象（萨格林市长——引者注）承诺，该照片只会被许可用于庄重的用途。如果人们认为基尼茨（为其拍摄）的照片以不利于他们自己的方式使用时，其作品的高质量将使这种效果更突出，愿意聘用基尼茨或与之合作的人数会减少。但是基尼茨并没有顺着这个思路进行主张……②

请思考下列问题：（1）法院认为基尼茨没有主张被告在服装上对其摄影作品的使用，减少了对该摄影作品的需求或影响了其许可计划。这意味着作者要在涉及合理使用的诉讼中胜诉，应当举证证明被控侵权的使用行为影响了自己作品的市场。你认为这种对举证责任的分配是否合理？如果作者初出茅庐，在被控侵权行为发生之时，其作品原件或复制件一件都没有卖出去，也没有人曾经或表示愿意付费获得使用其作品的许可，他人未经许可而使用的行为是否因作者无法举证市场损害而构成“合理使用”？（2）法院认为被告在T恤衫和背心上使用的图案，只是原告的摄影作品中不受版权保护的东西，也即萨格林脸庞的轮廓，因此侵权不成立。但荷兰法院曾判决使用照片中的人物剪影，构成对摄影作品著作权的侵权（见下页图）。③ 你同意哪一种观点？（3）法院也承认没有合理理由允许被告使用原告的摄影作品去讽刺其他人。法院为什么没有沿着这条思路判决被告的行为侵权？（4）如果你是法官，而且你也认为被告的行为是“合理使用”，能否提出不同于本判决的理由？

---

① Kienitz v. Sconnie Nation LLC, 766 F. 3d 756, 759 (7th. Cir., 2014).

② Ibid., at 759 - 760.

③ Wasi Malik v. Monta Street GmbH, et al., Court of Amsterdam (5 June 2012).

原告的照片

被告使用的剪影

11. 原告某信息科技有限公司开发了角色扮演类计算机游戏软件《古剑奇谭》，拥有游戏软件和其中美术作品的著作权。被告某电子音像出版社出版了全彩页图书《古剑奇谭权威攻略》，全书分“世界”（古剑奇谭综合介绍）、“人物”（主角介绍/技能表）、“基础”（游戏系统详解）、“星蕴”（星蕴详解/配点）、“物品”（装备/物品/食品）、“灵兽”（血契灵兽获得）、“历程”（流程攻略）、“分支”（支线攻略）等八部分，使用游戏软件《古剑奇谭》中的游戏画面共计 475 幅。原告起诉称，《古剑奇谭权威攻略》未经许可使用了《古剑奇谭》中大量游戏画面作为该书的封面及内容插图（见下图）。被告的行为侵犯了原告对游戏软件中美术作品的著作权。

《古剑奇谭权威攻略》的封面和封底

法院经审理后认为：

根据《著作权法》之相关规定，未经著作权人许可，复制、发行其作品，如果不存在合理使用等情形，属于侵权行为，应当承担侵权责任。在游戏攻略中使用游戏图片具有一定的必要性和合理性，这种使用并非单纯再现游戏中画面、图像本身的艺术价值或实现其功能、目的，而是通过增加新的内容，使这些影像具有了新的价值和功能，这种使用方式在形式上符合《著作权法》第 22 条第 1 款第 2 项所规定的为介绍、评论某一作品或者说明某一问题，在作品中适当引用他人已经发表的作品之合理使用情形。但是，《著作权法》第 22 条只是规定了可以适用合理使用的特殊情形，是否构成合理使用，应结合《著作权法实施条例》第 21 条的规定进行判断，即还应当不影响作品的正常使用，不得不合理地损害著作权人的合法权益。涉案游戏攻略在市场上销售，势必会影响原告的官方攻略的销售，对作品的潜在市场和价值来说，无疑是不合理的损害，故未经计算机游戏软件著作权人许可，商业性利用游戏画面出版游戏攻略不属于合理使用，构成侵权。[①]

请思考下列问题：(1) 法院认为被告的使用具有“转换性”，但仍然认定被告的行为并非合理使用。你是否同意法院的观点——即使被控侵权的使用具有转换性，也可构成侵权？(2) 如果被告只在封面和封底使用了游戏画面，而没有在书中使用任何游戏画面，被告的行为是否构成侵权？(3) 如果《古剑奇谭权威攻略》中使用的每一幅游戏画面，都与其文字攻略相配合，而且缺乏这些画面，读者就无法理解攻略，同时每幅画面的尺寸都很小，仅能供读者理解攻略，被告的行为是否构成侵权？

12. 在本章第三节引用的“教辅图书引用教科书中作品案”中，原告认为被告的教辅图书侵权的另一个理由，是教辅图书在讲解其诗歌时，没有注明作者姓名，因此不符合认定合理使用的条件。你认为该理由能否成立？

---

① 参见北京市西城区人民法院（2010）西民初字第18251号民事判决书。

第七章 著作权的集体管理

本章导读

著作权的集体管理对于权利人和使用者而言都极为重要。对于著作权法规定的许多“小权利”，权利人难以直接向众多使用者商谈许可条件并收取许可使用费，需要利用大量作品的使用者也难以一一找到权利人寻求许可。只有通过集体管理组织发放许可和收取、分配许可使用费，对大量作品的利用才能井然有序。

第一节 著作权集体管理概述

著作权人享有财产性专有权利，他人要实施受这些专有权利控制的行为，除法定例外情形外，必须获得权利人的许可，向权利人支付报酬。例如，出版社要出版作家的小说，就必须与作家签订出版合同，取得复制和发行小说的许可。这是一种在权利人与被许可人之间的直接交易。然而，在许多情况下，权利人与使用者之间很难进行这种直接交易。此时对著作权的集体管理就不可或缺。

一、著作权集体管理产生的必然性

著作权集体管理产生的必然性，可以用音乐作品的表演权为例说明。著作权法赋予音乐作品作者以表演权，而表演权控制的行为包括诸如超市播放背景音乐的机械表演。从理论上说，任何以营利为目的向公众播放录有音乐作品的录音制品，都应当事先向音乐作品著作权人取得许可，并支付报酬。然而，由于使用机械设备播放音乐作品的情况随时随地都可能发生，音乐作品著作权人不可能与每一名使用者签订许可合同，也难以知悉全国有多少个人和组织在何时何地播放自己的作品。同样，使用者要找到著作权人获得许可也并不容易。特别是在一次播放涉及多部音乐作品时，要事先逐一寻找著作权人几乎是不可能的。在一百八十多个国家加入《伯尔尼公约》之后，权利人和全世界的使用者要就机械表演直接商谈许可使用费并完成报酬的支付，更是难上加难。在这种情况下，要有效行使著作权法赋予音乐作品著作权人的表演权，唯一现实可行的办法就是成立一个代表音乐著作权人的组织，由该组织向分散的使用者发放许可并收取报酬，并在作为会员的音乐著作权人之间分配报酬。这种机制就是对著作权的集体管理。

著作权的集体管理对于权利人和使用者而言都极为重要。对于许多权利，权利人难以直接向众多使用者商谈许可条件并收取许可使用费，需要利用大量作品的使用者也难以一一找到权利人寻求许可。只有通过集体管理组织发放许可和收取、分配许可使用费，对大量作品的利用才能井然有序。这就是著作权集体管理产生的必要性和必然性。

当然，著作权集体管理的产生在必然性之下也有偶然性。1847 年，法国两名音乐作品的曲作者和一名词作者到巴黎爱丽舍田园大街的一家咖啡馆喝饮料，发现咖啡馆正在演奏他们创作的音乐。而他们事先没有许可过这家咖啡馆表演他们的作品，也没有获得过报酬。因此三人拒绝向咖啡馆付账，理由是既然咖啡馆靠他们的音乐作品招揽生意而没有向他们付费，他们也可以不付饮料费，于是引发了诉讼。1849 年，法国法院判决这三名词曲作者胜诉。这件事促成了著作权集体管理机制的诞生，因为没有集体管理就无法使著作权人实现著作权法规定的表演权。[①] 于是法国于 1850 年率先成立了音乐作品著作权的集体管理组织，后来发展为“作者、作曲者和音乐编辑协会”[②]（SACEM）。随后，世界各国也纷纷仿效法国成立了著作权集体管理组织。这些组织早期往往以“版税征集协会”（Collecting Society）命名，但是这种称呼很容易引起社会公众的反感，以为这些组织的一切活动就是为了收钱和分钱。而事实上著作权集体管理组织的活动远不限于收取和发放许可使用费，它们还负有弘扬优秀文学艺术作品、扶持年轻作者的创作、改善作者社会福利待遇等其他使命。因此后来这类组织大多取名为“集体管理组织”。

我国于 1992 年成立了第一家著作权集体管理组织——音著协。2004 年 12 月，国务院颁布了《著作权集体管理条例》，为我国著作权集体管理制度规定了法律框架。目前，除了音著协，我国还有“中国电影著作权协会”、“中国音像著作权集体管理协会”、“中国文字著作权协会”和“中国摄影著作权协会”四家集体管理组织。

二、集体管理涉及的主要领域

集体管理主要是为了解决权利人难以直接与使用者商谈许可条件和收取许可使用费的问题，因此，如果对于一种权利，权利人可以有效地直接发放许可并收取许可使用费，就无须集体管理的参与了。这类权利通常被称为“大权利”（grand right）。例如，出版社要将作者的作品印刷成册出版，需要经过作者对相关复制权和发行权的许可。由于出版社的数量有限，作者与出版社之间很容易就某部作品的出版进行直接协商，相关的复制权和发行权就是“大权利”。同样，要将一部小说拍摄成影视剧需要投入较大的人力、物力和财力，只能由专业的影视公司承担。影视公司与作者进行一对一的直接谈判并不困难，因此相关的摄制权也是“大权利”。相反，如果对于一种权利，权利人难以进行有效的单独许可和收

---

① See Mihaly Ficsor, *Collective Management of Copyright and Related Rights*, WIPO Publication No. 855 (E), Geneva, 2002, p. 19.

② 世界知识产权组织编:《从艺术家到受众》，世界知识产权组织第 922（C）号出版物，7 页。

费，该权利就被称为“小权利”（small right）。一首歌曲的表演权就是典型的“小权利”，权利人只有通过集体管理，才能较为有效地向众多分散的使用者发放许可和收取许可使用费。由此可见，“小权利”与“大权利”并不是指该项权利在经济上对权利人的重要性，而是反映了权利人自己行使该项权利的难度。我国《著作权集体管理条例》第4条规定：“著作权法规定的表演权、放映权、广播权、出租权、信息网络传播权、复制权等权利人自己难以有效行使的权利，可以由著作权集体管理组织进行集体管理。”这就说明立法者认为其中的权利属于“小权利”。

需要注意的是，“大权利”和“小权利”不仅是针对权利本身而言的，有时也涉及作品类型。例如，戏剧音乐作品（dramatic-musical works）的现场表演权并不是“小权利”；这是因为能够在舞台上表演戏剧音乐作品的，一般都是专业的剧院，权利人可以直接发放许可和收取许可使用费。[①] 再如，出版涉及的复制权是“大权利”，而复印涉及的复制权则是“小权利”。

传统的著作权集体管理组织主要是音乐作品著作权集体管理组织，其原因就在于音乐作品最经常地以公开表演和广播等方式向公众传播，而著作权人又难以行使表演权和广播权。近年来，对音乐的网络点播和下载迅速增长，在许多国家已经逐渐替代了CD的发行，因此对信息网络传播权的集体管理日益重要。随着现代科学技术的发展，特别是复制手段和传播手段的飞速更新，针对文字作品、美术作品等作品类型的著作权集体管理组织也在许多国家建立起来。根据集体管理涉及作品和权利的类型，可将集体管理涉及的主要领域分为以下几种。

（一）对音乐作品表演权、广播权和信息网络传播权的集体管理

如前文所述，集体管理组织的设立，最初就是为了对音乐作品的表演权进行管理。随着广播技术的发展，广播电台、电视台播放音乐作品涉及的广播权（在许多国家属于广义的表演权）也成为必须进行集体管理的小权利。在网络时代到来之前，对于音乐作品权利人而言，其收入的主要来源就是对广播权和表演权的行使。这一情况有别于其他类型的作品。例如，文字作品的权利人主要依靠出版其作品获得报酬，一部畅销小说会随着销量的增加而给作者带来源源不断的收入，而且是由出版社直接向作者支付报酬，因此作者的收入是比较有保障的。而音乐作品以乐谱形式的出版，往往并不会给词曲作者带来充分的回报，因为乐谱的使用范围是有限的，只有学习和演奏、演唱音乐的人才需要。许可使用音乐作品制作录音制品固然可以成为词曲作者的收入来源，但在不少国家，词曲作者在出版乐谱时已将制作录音制品的权利转让给了出版商。同时，该权利还受到“制作录音制品法定许可”的限制（参见本书第六章第三节）。因此，当时词曲作者最重要的收入来源就是对音乐作品的“二次使用”，即因许可对音乐作品的广播和表演而获得的许可使用费。[②] 在许多国家，管理音乐作品的表演权和广播权的集体管理组织都是历史最悠久，也是最重要的集体管理组织。例如，英国于1914年成立的“表演权协会”（the Performing Right Society,

---

① See Mihaly Ficsor, *Collective Management of Copyright and Related Rights*, WIPO Publication No. 855 (E), Geneva, 2002, p. 38.

② 参见［瑞士］乌里奇·乌腾哈根著，高凌瀚译：《著作权和邻接权的集体管理的基本原则》，载国家版权局编：《著作权的管理和行使文论集》，136页，上海，上海译文出版社，1995。

以下简称 PRS）是这一领域典型的集体管理组织，主要管理音乐作品版权人的表演权和向公众传播权，以及将作品录入影片中的权利。① PRS 的许可对象主要是音乐表演或播放场所的业主。PRS 目前针对不同的使用类型制定了多达五十余种标准许可使用费率，其中最常使用的类型适用于在俱乐部、电影院、旅馆、咖啡馆、餐馆、办公室、小卖部、酒吧、零售商店等场所播放音乐作品的行为。PRS 还与 BBS 等商业广播电台、卫星广播者、有线电视节目经营者和数字音乐服务经营者之间签订单独的许可协议。PRS 的许可方式主要是一揽子许可（blanket license），计算的依据主要是被许可场所的类型。例如，对于在飞机上播放音乐与在旅馆、快餐店、咖啡馆、宴会厅等场所播放就适用不同的费率。为了向会员尽可能准确地分配其所应得的许可使用费，PRS 除了要求被许可者提交使用作品清单外，还有一套复杂的采样系统，以对作品的使用情况进行统计。

在网络时代到来之后，数字音乐市场（提供在线点播和下载）的占比逐年提高，在我国更是占绝对优势，因此，在我国对音乐作品信息网络传播权的集体管理也愈加重要。例如，在音著协 2012 年的年报中，管理表演权和广播权的收入占协会总收入的 78%②，但在 2020 年年报中，管理表演权和广播权的收入占比下降至 40%，而“数字网络”的收入高达 54%。③ 这充分说明了对信息网络传播权的集体管理已成为我国音乐作品著作权集体管理的重中之重。

（二）对音乐作品机械录制权的集体管理

音乐作品著作权人享有许可将其音乐作品以各种方式进行录制的权利，该权利在国际上被称为“机械录制权”，或干脆被简称为“机械权利”（mechanical right），其中包括许可将音乐作品录制为录音制品的权利。如本书第六章第三节在讲解“制作录音制品法定许可”时所述，《伯尔尼公约》允许成员国对该项权利进行限制，包括我国在内的许多国家也据此规定了“制作录音制品法定许可”。另一些国家并没有规定类似的法定许可，但也通过集体管理组织向国内外唱片公司发放利用音乐作品制作录音制品的许可和以其他方式录制音乐作品的许可。例如，英国于 1924 年成立了“机械版权保护协会”（the Mechanical Copyright Protection Society，以下简称 MCPS），负责代表词曲作者对录制音乐作品的行为发放许可，其中最重要的是为唱片公司使用音乐作品制作录音制品发放许可。现行的许可使用费是唱片公司向销售商批发录音制品价格的 8.5%，如果不存在批发价，则以零售价为准。MCPS 还制定了三种针对商业性录音行为的标准合同，供不同的录制者使用。其他的重要许可类型包括为制作视频游戏、电影、电视节目、广播节目和教育节目录制音乐作品。MCPS 与各电视台、有线电视节目制作者和地方广播电台有一揽子安排，许可这些广播组织为了制作电视节目而录制音乐作品。MCPS 要求广播组织对被录制的音乐作品进行详细的记录，

---

① 该协会也管理邻接权中的机械表演获酬权，也即唱片公司及表演者就他人公开播放其制作的或载有其表演的录音制品而获得报酬的权利。以下对该协会的介绍主要参考了 Hugh Laddie，Peter Prescott，Mary Vitoria，*The Modern Law of Copyright and Designs*（4th edition），Butterworths，2011，pp. 1133 - 1137。

② 参见《中国音乐著作权协会 2012 年年报》，6 页，载 http：//www. mcsc. com. cn/pdf/phpNlBlno. pdf，访问日期：2014 - 11 - 16。

③ 参见《中国音乐著作权协会 2020 年年报》，7 页，载 https：//www. mcsc. com. cn/upload/other/20210824/ea24b17c1267a76fadab05a0226e9975. pdf，访问日期：2022 - 07 - 31。

以使 MCPS 能够向相应的版权人分配许可使用费。MCPS 还向教育机构发放许可，以允许其为教学目的录制音乐作品。[①]

在我国音著协对音乐作品的机械录制权也提供集体管理。根据该协会的章程，该协会对音乐著作权的管理包括“使用音乐作品制作、复制、发行录音录像制品”、“使用音乐作品制作广播电视节目”和“以制作视听作品的方法将音乐作品固定在载体上”[②]。但 2020 年该协会管理机械录制权的收入并不高，仅占总收入的 3%。[③] 这与音乐作品被广泛用于制作各类节目的现状并不相符，说明在这方面的集体管理任重道远。

（三）对文字和艺术作品影印复制权的集体管理

随着复印机等自动复制设备的广泛使用，人们可以在图书馆、办公室和复印店中轻而易举地对作品进行低成本、快速和大量的复制。《伯尔尼公约》第 9 条第 1 款要求成员国保护复制权。复制权包括控制利用复印机、扫描仪等机械设备对作品进行复制的权利，国际上称之为“影印复制权”（reprographic reproduction right）。《伯尔尼公约》第 9 条第 2 款则规定，只有在符合“三步检验标准”的情况下，才能对复制权设定限制与例外。这就意味着在多数情况下，未经权利人许可的影印复制行为将构成对复制权的侵权。因此，许多国家虽然在著作权立法中允许特定未经许可的影印复制，但要求向权利人支付报酬。由于影印复制的分散性，只能由集体管理组织统一收取报酬。企业的影印复制，需要经过权利人的许可，这种许可仍然只能由集体管理组织发放。为此，许多国家成立了专门管理影印复制权的集体管理组织，负责向各大学、图书馆、企业和复印店发放许可并收取报酬。

以英国为例，英国的影印复制权集体管理组织有三个。第一个是于 1983 年成立的“版权许可机构”（the Copyright Licensing Agency Ltd.，以下简称 CLA）。CLA 的主要职责是接受代表文字作品作者和出版社的集体管理组织——“作者许可和收费协会”（Authors' Licensing and Collecting Society Ltd.，以下简称 ALCS）以及“出版者许可协会”（Publishers' Licensing Society Ltd.，以下简称 PLS）的委托，发放有关复制图书、期刊片段的许可并收取报酬。无论是大学、福利机构、教堂、政府等公共机构还是商业机构，如要以影印复制的方式使用除报纸之外的文字作品（复制报纸的许可由另一家集体管理组织发放，下文会有介绍），均应获取 CLA 的许可。例如，根据 CLA 与公立学校、私立学校和大学达成的许可协议，对于一般学校，教师可以通过非电子手段对一本书至多 5%的部分进行复制，但对于短小的故事或诗集中的诗歌可以全文复制；对于大学，教师和学生可为一门课程、一次讲授或辅导课而复制图书内容的 5%或其中一章、期刊中的一篇文章，并可以对保存在图书馆的复制件进行再复制，许可使用费根据页数计算。随着数字技术的广泛应用，CLA 已经开始向大学发放扫描使用许可，许可的范围是将文字作品扫描并转换成适当的格式放在大学内部的网络上供教师和学生使用。大学以这种方式对作品的每一次使用都要经过 CLA 的许可。为了向权利人公平地分配许可使用费，CLA 设计了将被复制的作品标题作

---

① See Hugh Laddie, Peter Prescott, Mary Vitoria, *The Modern Law of Copyright and Designs* (4th edition), Butterworths, 2011, pp. 1125 - 1128.

② 参见 Http://www.mcsc.com.cn/information.php?partid=21，访问日期：2014 - 11 - 15。

③ 参见《中国音乐著作权协会 2020 年年报》，7 页，载 https://www.mcsc.com.cn/upload/other/20210824/ea24b17c1267a76fadab05a0226e9975.pdf，访问日期：2022 - 07 - 31。

为统计方法的机制。它要求被许可者对于使用作品的情况保存记录：被许可的单个商业用户被要求保存其复制行为的全部记录；对于被许可的集体用户，CLA 要求对 5%的被许可用户进行采样统计。[①]

第二个是于 1983 年成立的“设计和艺术家版权协会”（Design and Artists Copyright Society Ltd.，以下简称 DACS），负责发放复制视觉艺术作品的许可并收取许可使用费。它的成员包括所有的视觉艺术家，如画家、绘图者、设计者、版画家、摄影师、雕刻家、建筑师和手工艺者。对艺术作品的复制，除法定免费使用情形之外，均应取得许可，包括将视觉艺术品用于图书的推销、非广告性张贴画和向公众出售的印刷品。从 1994 年开始，教育机构为教育目的使用视觉艺术品制作 35 毫米的幻灯片也要获得 DACS 的许可。DACS 有自己的标准许可合同，但许可使用费率由艺术家自己设定。对于百科全书、教育用书、字典、展览目录和手册使用艺术作品使用，则有特别的费率。但 DACS 不发放为制作广告目的对其视觉艺术作品进行复制的许可，使用者只能自己找到艺术家商谈许可事宜。[②]

第三个是于 1996 年 1 月成立的“报纸许可机构”（Newspaper Licensing Agency Ltd.，以下简称 NLA），其职能是许可对报纸上的文章进行复制。根据 NLA 的标准合同，在作者已将作品的版权转让给报社的情况下，报社将报纸上登载的作品的影印复制权交给 NLA 管理。对报纸内容进行复制，除法定免费使用情形之外，均应获得 NLA 的许可。被许可者主要是专门从事剪报的机构和处理公共关系的机构，它们的业务都涉及将报纸中的有关文章进行复印、扫描并将复制件提供给其客户。如果这些客户对复印件进行再复印并在内部传播，也需要从 NLA 处获得许可。NLA 的标准许可合同许可剪报机构以照片或传真方式提供复印件。被许可人要将其客户名单提供给 NLA，并承诺如果 NLA 通知其特定的客户没有从 NLA 处获得再复印的许可，则停止向该客户提供服务。此外，NLA 还有面向不同用户类型的各类许可，包括商业许可、教育许可和其他专业合作许可。对于商业许可，被许可人要根据雇员数量或营业额支付基础许可使用费，适用于复制英国全国性报纸的纸质版或网络版的行为。如果要复制英国的地区性报纸或外国报纸，则被许可人对每一次复印都要进行记录，并根据复印频率的抽样统计支付许可使用费。教育许可面向各类学校发放，对入学年龄在 16 周岁以下的学校，NLA 将免费发放许可，允许学校为内部管理需要或教育目的而复印报纸。至于入学年龄在 16 周岁以上的各类学校和大学，均需从 NLA 获得许可。

在我国，虽然图书馆和各类学校也经常复制作品、作品的片段或提供复印服务，但基于我国的国情，法院并没有将非营利性的且出于教学研究目的的复制认定为侵权。因此，中国文字著作权协会也没有像国外的同类集体管理组织一样，对一般性的影印复制开展集体管理。目前该协会的管理业务主要是根据《著作权法》对教科书使用作品法定许可以及报刊转载作品法定许可的规定，收转出版社和报刊社向作者支付的报酬。[③]

---

① See Hugh Laddie, Peter Prescott, Mary Vitoria, *The Modern Law of Copyright and Designs* (4th edition), Butterworths, 2011, pp. 1112 - 1116.

② Ibid., pp. 1118 - 1120.

③ 参见中国文字著作权协会网站的介绍，载 http://www.prccopyright.org.cn/staticnews/2010-06-07/100607104804453/1.html。

（四）其他集体管理

在我国，音著协主要针对音乐电视（MV）的使用开展集体管理。在卡拉 OK 厅唱歌在我国是一种常见的娱乐消费形式，面对卡拉 OK 厅海量使用音乐电视的情况，权利人只能通过集体管理维护自己的权利，卡拉 OK 厅也只能通过集体管理获得“一揽子许可”。2006 年，国家版权局批准了由音著协和中国音像著作权集体管理协会（以下简称“音集协”）共同拟定的许可使用费标准：卡拉 OK 经营行业以经营场所的包房为单位，按年度缴纳卡拉 OK 许可使用费。许可使用费定价标准为每间包房一天最高收取 12 元，对各地区根据经济发展水平适用有差异的收费标准。[①] 目前，由音集协负责向卡拉 OK 厅发放许可和收取许可使用费，再将其中音乐作品的使用费分配给音著协。随着《著作权法》为录音制品制作者规定传播录音制品获酬权（参见本书第五章第三节），对此项获酬权的集体管理也已开展。

除上述集体管理的领域之外，许多国家还在其他领域开展了集体管理活动，如对有线电视转播节目的集体管理，对追续权的集体管理，以及对邻接权（表演者获酬权）的集体管理。但我国尚未开展此类集体管理活动，有的是因为《著作权法》并未规定相关的权利，如没有为作者规定追续权，也没有为表演者规定对于播放（机械表演）或广播表演的录音品的获酬权；有的则是因为我国缺乏类似的行为，如我国的有线电视台都是自行制作或购买节目而播放，很少以转播其他电视台的节目为主要业务，因此也不需要针对有线电视转播节目的集体管理。

三、独家集体管理与竞争性集体管理

如果对某一类作品或某一类专有权利，只有一家相应的集体管理组织加以管理，则这样的集体管理为独家集体管理，具有事实上的垄断性。相反，如果有几家集体管理组织对同一类作品或同一类专有权利进行集体管理，则为竞争性集体管理。目前，在多数国家并不存在竞争性集体管理。有的国家的著作权立法还明确规定，对某一类作品或某一类专有权利只允许设立一家集体管理组织。我国也是如此，《著作权集体管理条例》第 7 条规定：拟设立的著作权集体管理组织不能与已经依法登记的著作权集体管理组织的业务范围交叉、重合。依此赋予在某一业务领域依法成立的集体管理组织以事实上的垄断权。赋予这种垄断权是为了保证集体管理的有效性、权威性和低成本。我国已经有中音著协，负责对音乐作品著作权的集体管理。如果再成立一家对音乐著作权加以管理的集体管理组织，两家组织将会在著作权人入会、资源分配、对外关系等各方面遇到许多复杂问题；社会公众也可能因此感到无所适从，容易因未能选择正确的集体管理组织支付许可使用费而导致侵权。从世界各国的实践来看，只有美国等少数国家和地区对同一业务领域内集体管理组织的数量不加限制，试图以各集体管理组织之间的竞争来实现权利人利益的最大化。当然，在缺乏竞争的情况下，集体管理组织在事实上的垄断性也可能带来一些问题，因而需要建立起一套对集体管理组织加以有效管理和监督的机制。

---

① 参见《国家版权局公告》（2006 年第 1 号），载 https：//www. cavca. org/newsDetail/1319，以及中国音像著作权集体管理协会《关于 2022 年卡拉 OK 著作权使用费收取标准的公告》，载 https：//www. cavca. org/newsDetail/1631。

四、保障集体管理有效性的机制

集体管理是为了解决权利人难以和使用者商谈与发放许可而存在的。但集体管理组织应当先获得权利人的授权，然后才能以自己的名义管理相应的作品。只有当大量权利人加入了集体管理组织并授权管理自己的作品之后，集体管理组织才可能向使用者统一发放使用作品的许可，而且这种许可主要是“一揽子许可”，也即被许可人可以以约定的方式，使用该集体管理组织管理的所有相关作品。可以说，有效的“一揽子许可”是集体管理的重要特征。如果被许可人在获得集体管理组织的许可之后，还会面临该领域内作品权利人要求获得许可或支付许可使用费的要求，甚至因未经许可使用作品而有承担法律责任的风险，则集体管理的优势也就不复存在了。①

然而，即使已经有大量权利人加入了集体管理组织并授权其管理作品，从而使集体管理组织具有了广泛的代表性，也总会有一些权利人基于各种原因不愿加入集体管理组织并进行授权。这就意味着，集体管理组织不可能具有百分之百的代表性，其发放的“一揽子许可”并不能覆盖未加入者（也即“非会员”）的作品。按照民法原理，非会员当然可以单独行使自己的权利，要求那些已从集体管理组织处获得“一揽子许可”的使用者为使用自己作品的行为单独获得许可并付费，也可以在发现这些使用者未经自己许可而使用作品之后，对其提起侵权之诉。如果允许这种情形广泛发生，集体管理的有效性将丧失殆尽。

针对这一问题，各国在立法中或在集体管理组织实务中都采取了一些方法，以确保集体管理的有效性，使已获得集体管理组织“一揽子许可”的使用者不至于面临承担法律责任的风险。

（一）强制集体管理

一些国家和地区的著作权立法规定，在法定情形下，权利人只能通过集体管理组织行使其特定权利。这种机制被称为强制集体管理。例如，1993 年欧共体通过的《协调与卫星广播与有线转播有关的版权与邻接权特定规则指令》（以下简称《卫星广播与有线转播指令》）第 9 条规定：成员国应确保权利人授权或拒绝有线电视运营商进行有线转播的权利（以有线方式转播载有作品的广播的权利，参见本书第三章第二节对广播权内容的讨论），只能通过集体管理组织行使。再如，《德国著作权法》第 26 条规定，对于行使追续权、索要转让艺术品所得收益法定份额的，仅可通过集体管理组织主张。第 27 条规定，根据出租权和公共出借权的规定，请求支付报酬的，仅可通过集体管理组织主张。该法第六章“著作权的限制”也规定了数种此类情形，如第 45a 条规定，可以非营利性地将作品制成无障碍格式向视障者提供，但应向权利人支付合理报酬，该报酬请求权仅可通过集体管理组织主张。第 52b 条规定，对于图书馆、博物馆或档案馆将馆藏作品制作电子版本，在馆舍内的电子阅读室向公众为学术和研究目的而阅读的，应向权利人支付合理报酬，该报酬请求权仅可通过集体管理组织主张。同时，第 63a 条还规定，报酬请求权不得事先放弃，只能将其交由集体管理组织行使。《罗马尼亚著作权法》第 123 条第 1 款规定：对于私人复制获

---

① See Mihaly Ficsor, *Collective Management of Copyright and Related Rights*, WIPO Publication No. 855 (E), Geneva, 2002, p. 139.

酬权、公共出借获酬权、追续权，对音乐作品的广播权和其他传播权等七项专有权利或获酬权，必须进行集体管理。一些国家的著作权法在规定表演者和录音制品制作者在他人传播录音制品（机械表演和广播等非交互式传播）时享有的获酬权时也采用了“强制集体管理”。如《法国知识产权法典》第 L214—1 条规定了表演者和录音制品制作者的获酬权，同时在第 L214—5 条规定：第 L214—1 条规定的权利应通过集体管理组织收取和分配。

强制集体管理与法定许可不同。在法定许可机制下，权利人并无禁止他人以特定方式利用作品的权利，只有获得报酬的权利。而强制集体管理既可以针对法定许可机制之下的获酬权，也可以针对专有权利，也即统一向使用者发放许可。前述欧共体《卫星广播与有线转播指令》针对有线转播权规定的强制集体管理机制，就是典型实例。

即使是针对获酬权的强制集体管理，也有别于我国《著作权法》规定的法定许可机制：后者也要求使用者支付报酬，但付酬标准大多是由国家有关部门直接制定的。例如，《教科书法定许可使用作品支付报酬办法》是由国家版权局、国家发展和改革委员会颁布的。同时，权利人可以直接要求使用者付酬，使用者也可以直接向权利人付酬，如《教科书法定许可使用作品支付报酬办法》第 6 条第 2 款和第 3 款规定：报酬自教科书出版之日起 2 个月内向著作权人支付。没有向著作权人支付报酬的，应当在每学期开学第一个月内将报酬送交著作权集体管理组织。《使用文字作品支付报酬办法》第 13 条规定：转载、摘编其他报刊已发表的作品，应当自报刊出版之日起 2 个月内向著作权人付酬。没有向著作权人付酬的，应当将报酬送交中国文字著作权协会代为收转。由此可以看出，其中的集体管理组织并不是真正在进行“集体管理”，即与使用者商谈许可使用费并在会员之间进行分配，而仅起到了收转许可使用费的作用。而在强制集体管理机制下，付酬标准是由集体管理组织与使用者谈判后确定的，较为灵活。而付酬请求权不得事先放弃的规定，也是对著作权人获酬权的有力保障，避免了著作权人受出版社、唱片公司等强势传播者的压力而放弃获酬权的可能性。正因为如此，世界知识产权组织建议，凡有可能，都应尽量采用集体管理制度而不采用非自愿许可制度。①

在强制集体管理机制之下，权利人只能通过集体管理组织向使用者发放许可或要求付酬，从而避免了已获得集体管理组织“一揽子许可”的使用者面临非会员采取单方法律行动的风险。

（二）延伸集体管理

延伸集体管理是指在集体管理组织已具有广泛代表性的情况下，其与使用者签订的许可使用作品的合同对非会员也具有约束力。目前，北欧国家丹麦、芬兰、挪威和瑞典在立法中明确规定了延伸集体管理机制。② 如《芬兰著作权法》第 26 条规定：当使用者与经教育部批准的（集体管理）组织已就作品的使用达成协议，而且该组织代表了某一领域在芬兰被使用的作品的大量作者时，适用本法规定的延伸集体许可。延伸集体许可的被许可人可以根据许可条款，在相同领域使用该组织未代表的作者的作品。欧共体《卫星广播与有

---

① 参见世界知识产权组织国际局著，翟丽凤译：《著作权和邻接权的集体管理的基本原则》，载国家版权局编：《著作权的管理和行使文论集》，31 页，上海，上海译文出版社，1995。

② See Tarjia Koskinen-Olsson, “Collective Management in the Nordic Countries”, in Daniel Gervais (ed.), *Collective Management of Copyright and Related Rights* (2nd edition), Wolters Kluwer, 2010, pp. 290 - 292.

线转播指令》第 3 条第 2 款也规定：成员国可以规定，集体管理组织与广播组织就特定类型作品的使用达成的协议，可延伸适用至该集体管理组织未予代表的同类型作品的权利人。

根据延伸集体管理机制，债的相对性，也即合同不能约束第三人的原则，出现了例外。那些未授权集体管理组织管理自己作品的权利人也必须受到集体管理组织与使用者所订立协议的约束。这一制度性安排对于确保集体管理的有效性当然是有利的。

在规定了延伸集体管理的立法中，集体管理组织本身已具有广泛代表性是前提条件。如果集体管理组织的代表性不足，说明大量权利人对该集体管理组织缺乏信任，而且使用者也无法通过与集体管理组织签订的协议取得多数作品的使用许可。此时适用延伸集体管理就丧失了正当性。此外，这些立法均规定延伸集体许可适用于非会员时非会员有权从集体管理组织获得报酬，同时也允许非会员声明排除延伸集体许可对其作品的适用。①

由此可见，延伸集体管理与强制集体管理不同：前者只是使集体管理组织与使用者签订的许可合同适用于非会员，非会员可以声明排除该许可合同对他的适用并自行行使权利，而后者意味着权利人必须通过集体管理组织行使权利，也即在法律上不存在自行行使权利的机会。

虽然非会员可以通过声明排除延伸集体许可对他的适用，但由于声明的主体身份和涉及的作品都很明确，集体管理组织在发放“一揽子许可”时，很容易通知被许可人该许可不适用的权利人和作品名称，被许可人就可以在使用时予以排除。虽然这不可避免地会增加被许可人的负担，但由于适用延伸集体管理的前提就是集体管理组织已经具有广泛代表性，故这种负担仍然是可以接受的。

（三）合同承诺

保障集体管理有效性的另一种方法是合同承诺，即集体管理组织在向使用者发放“一揽子许可”时承诺，如果使用者因实施被许可的行为而遭受非会员权利人的起诉或被要求付酬，由此产生的纠纷由集体管理组织负责解决。如果使用者因此而遭受了损失，由集体管理组织加以补偿。② 由于我国《著作权法》既没有规定强制集体管理，也没有规定延伸集体管理，合同承诺是在我国提高集体管理有效性较为可行的方法，音著协等集体管理组织在实务中也是这么做的。

然而，合同承诺并不能完全避免使用者面临的法律风险，因为毕竟直接使用作品的人要为未经许可的使用行为承担直接的法律责任，集体管理组织只能在事后向使用者提供补偿；而且使用者的行为如被法院认定为侵权，其声誉会受到负面影响。因此，要使合同承诺发挥作用，还需要其他一些机制的配合。如果权利人发现，直接起诉已获得集体管理组织“一揽子许可”的使用者能够获得的赔偿，比自己加入集体管理组织获得的报酬还要多，就会失去参加集体管理组织的动力。这对一个国家集体管理的开展是不利的。因此，在处

---

① See Tarjia Koskinen-Olsson, “Collective Management in the Nordic Countries”, in Daniel Gervais (ed.), *Collective Management of Copyright and Related Rights* (2nd edition), Wolters Kluwer, 2010, p. 291. See also Mihaly Ficsor, Collective Management of Copyright and Related Rights, WIPO Publication No. 855 (E), Geneva, 2002, p. 140.

② See Mihaly Ficsor, *Collective Management of Copyright and Related Rights*, WIPO Publication No. 855 (E), Geneva, 2002, p. 140.

理非会员权利人与使用者的纠纷时，应当区分使用者是否已经获得了相关集体管理组织的“一揽子许可”，对于已获许可者，应认定其根据许可协议使用作品的行为无过错可言，只应根据集体管理许可协议中每一部作品的平均许可使用费计算应补交的许可使用费。

第二节　著作权集体管理组织

著作权集体管理是通过集体管理组织实现的，可以说，集体管理组织是著作权集体管理制度的核心。我国《著作权集体管理条例》第3条规定，著作权集体管理组织是指为权利人的利益依法设立，根据权利人授权，对权利人的著作权或者与著作权有关的权利进行集体管理的社会团体。

一、著作权集体管理组织的性质

各国的著作权集体管理组织一般都承担着管理著作权人的专有权利、保障著作权人的利益、促进社会公众对著作权的认知和尊重，以及扶植年轻文艺创作者、促进优秀作品传播等一系列具有社会意义的任务。与此相适应，关于各国著作权集体管理组织的性质可总结如下。

第一，著作权集体管理组织具有非官方性。著作权属于私权，集体管理组织是著作权人管理自己权利、保障自身利益的组织，应当由著作权人自己来组织。虽然有的集体管理组织是在官方的推进和支持之下成立的，例如我国的音著协即是由国家版权局和中国音乐家协会共同发起设立的，而且集体管理组织的活动要受到相关政府机关的监督，但这并不能改变集体管理组织非官方机构的性质。集体管理组织在行使著作权人授予的权利时，与使用者之间是平等民事主体之间的关系。在发放许可时，集体管理组织与使用者要进行平等协商。在无法达成协议时，许多国家规定使用者可以申请仲裁或提起诉讼。因此，集体管理组织是代表著作权人行使权利的民间机构。著作权集体管理组织的非官方性还意味着不得强迫著作权人加入集体管理组织。同时，著作权人即使已经自愿加入，仍然有退出的自由。

第二，各国的著作权集体管理组织大多具有非营利性。除在收取的许可使用费中扣除10%～15%的金额作为管理费用之外，集体管理组织会将剩余部分全部分配给著作权人。如德国最为著名的音乐著作权集体管理组织GEMA在其章程中宣布：本协会不以营利为目的。有的国家还在其著作权立法中对集体管理组织的性质作出了明确规定，如《西班牙知识产权法》第147条规定：依法成立的集体管理组织不应以营利为目的。我国《著作权法》第8条第1款明确规定：著作权集体管理组织是非营利法人。《著作权集体管理条例》第29条第1款也规定：著作权集体管理组织收取的使用费，在提取管理费后，应当全部分配给权利人，不得挪作他用。

第三，集体管理组织属于信托机构。我国学术界和实务界曾经就著作权集体管理组织能否以自己的名义提请仲裁或提起诉讼发生过争议，因为有一种观点认为集体管理组织只能以著作权人的名义提请仲裁或起诉。但是，著作权集体管理组织实为信托机构，是基于委托人（著作权人）的信任，基于委托以自己的名义管理委托人的财产（著作财产权）的组织。我国《信托法》第2条规定，“本法所称信托，是指委托人基于对受托人的信任，将其财产权委托给受托人，由受托人按委托人的意愿以自己的名义，为受益人的利益或者特定目的，进行管理或者处分的行为”，而著作权集体管理组织是符合这一定义的。《著作权法》第8条第1款中规定：（著作权集体管理组织）被授权后可以以自己的名义为著作权人和与著作权有关的权利人主张权利，并可以作为当事人进行涉及著作权或者与著作权有关的权利的诉讼、仲裁、调解活动。《著作权集体管理条例》第2条规定：本条例所称著作权集体管理，是指著作权集体管理组织经权利人授权，集中行使权利人的有关权利并以自己的名义进行特定活动。这些规定说明我国法律实际上是将著作权集体管理组织作为信托机构对待的。

典型案例

非法集体管理与合法行使专有被许可人权利之间的界限

某音乐公司与大德公司签订许可协议，将其对音乐作品及音乐电视作品的权利许可给大德公司，同时许可其以民事诉讼等方式以自己的名义向任何第三人主张权利。大德公司认为对于其已获许可的十部音乐电视作品，某会所擅自提供卡拉OK点唱构成侵权，于是提起诉讼。

一审法院判决大德公司胜诉。

二审法院认为：《著作权集体管理条例》第6条规定，除依照本条例规定设立的著作权集体管理组织外，任何组织和个人不得从事著作权集体管理活动；第7条规定了著作权集体管理组织设立的条件，目的是规范著作权集体管理组织的设立，以实现著作权集体管理制度的立法目的。本案中，大德公司从著作权人某音乐公司处取得了就涉案作品许可VOD（video on demand，视频按需点播系统）生产商和卡拉OK经营者进行复制、放映的权利，以及向该两类经营者收取费用并以自己的名义提起诉讼的权利，该类权利与著作权集体管理组织从著作权人处获得的著作权集体管理权利无实质差别；根据《著作权集体管理条例》第6条的规定，该类权利的行使应由满足该条例第7条所规定的设立条件的组织行使，否则，大量的作品交由不具备著作权集体管理组织成立要件的组织集体管理，将与著作权集体管理制度的立法目的相悖。本案中，大德公司并未提供证据证明其已满足《著作权集体管理条例》第7条规定的设立条件，根据该条例第6条的规定，大德公司不得行使著作权集体管理组织的权利，即无权以自己的名义为著作权人和与著作权有关的权利人主张权利，也无权作为当事人进行涉及著作权或者与著作权有关的权利的诉讼、仲裁活动，大德公司无权就涉案作品向某会所提起诉讼。[①]

最高人民法院再审认为：著作权集体管理与著作权的许可使用存在区别。著作权集体管理组织可以集中行使权利人有关实体权利，但并未实际获得权利人有关实体权利；而在

---

① 参见湖南省高级人民法院（2017）湘民终560号民事裁定书。

著作权许可中，权利人是通过许可的方式将有关实体权利授权给了被许可人，被许可人并非像著作权集体管理组织那样为了权利人的利益行使属于权利人的实体权利，而是行使自己的实体权利。在作品使用方式上，《著作权集体管理条例》第 23 条规定，著作权集体管理组织不得与使用者订立专有许可使用合同；而著作权被许可人可以依法授权他人专有使用；在费用支付方式上，著作权集体管理组织先向使用者收取使用费，后向权利人转付使用费，而著作权许可合同必须约定付酬标准和办法，许可使用费为双方协商确定，并非被许可人向他人收取许可使用费后再转付给权利人。在本案中，涉案作品的权利人许可大德公司独家行使涉案作品的一系列专有权利，并约定大德公司可以自己的名义向任何第三人提起民事诉讼。大德公司从事活动中也不包括“向使用者收取使用费，再向权利人转付使用费”的行为，故尚不足以认定大德公司从事了著作权集体管理活动或者行使了著作权集体管理组织权利。德公司作为原告提起诉讼既有利于权利人维护权利，也不违反著作权法和《著作权集体管理条例》关于著作权集体管理组织的相关规定。最终再审判决因此撤销二审裁定，维持一审判决。①

集体管理的核心在于接受分散的权利人的委托，集中管理他们的权利，也就是向使用者发放许可收取许可使用费，并向权利人分配。如前文所述，著作权人向集体管理组织授权的性质并不是著作权许可，而是信托。著作权集体管理组织也不会因此要向著作权人缴纳许可使用费。在本案中。大德公司的法律地位是著作权的专有被许可人，其在获得许可时，必然要向著作权人支付许可使用费。同时，大德公司依据许可合可以向使用者发放许可并收取报酬，但无须将收取的报酬转交给著作权人。因此大德公司的行为并不属于对著作权的集体管理。

二、著作权集体管理组织的设立

由于著作权的集体管理不仅涉及对众多著作权人之权利的管理与保护，还涉及向公众收取许可使用费这种与公众利益相关的行为，故各国普遍对著作权集体管理组织的设立条件加以规定，以确保集体管理组织能够有效地履行各项职责。例如，德国专门针对著作权集体管理组织的立法《关于实施著作权和相关权的法律》第 1 条即规定：进行著作权集体管理必须获得许可，由监督机关根据当事人的书面申请而决定是否给予许可。

我国《著作权集体管理条例》第 3 条第 2 款规定：“著作权集体管理组织应当依照有关社会团体登记管理的行政法规和本条例的规定进行登记并开展活动。”第 6 条规定：“除依照本条例规定设立的著作权集体管理组织外，任何组织和个人不得从事著作权集体管理活动。”这说明我国对著作权集体管理组织也实行登记许可制，未经登记许可的，不能成立集体管理组织并开展活动。

1. 在我国设立著作权集体管理组织的条件

《著作权集体管理条例》第 7 条和第 8 条规定了设立著作权集体管理组织的实质条件。第 7 条规定：依法享有著作权或者与著作权有关的权利的中国公民、法人或者其他组织，

① 参见最高人民法院（2018）最高法民再 417 号民事判决书。

可以发起设立著作权集体管理组织。设立著作权集体管理组织，应当具备下列条件：(1) 发起设立著作权集体管理组织的权利人不少于50人；(2) 不与已经依法登记的著作权集体管理组织的业务范围交叉、重合；(3) 能在全国范围代表相关权利人的利益；(4) 有著作权集体管理组织的章程草案、使用费收取标准草案和向权利人转付使用费的办法草案。第8条规定，著作权集体管理组织章程应当载明下列事项：(1) 名称、住所；(2) 设立宗旨；(3) 业务范围；(4) 组织机构及其职权；(5) 会员大会的最低人数；(6) 理事会的职责及理事会负责人的条件和产生、罢免的程序；(7) 管理费提取、使用办法；(8) 会员加入、退出著作权集体管理组织的条件、程序；(9) 章程的修改程序；(10) 著作权集体管理组织终止的条件、程序和终止后资产的处理。

《著作权集体管理条例》要求拟将设立的集体管理组织不能与已经依法登记的集体管理组织的业务范围交叉、重合，从而赋予了在某一业务领域依法成立的著作权集体管理组织事实上的垄断权。

2. 在我国设立著作权集体管理组织的程序

根据《著作权集体管理条例》第9条至第16条的规定，申请设立著作权集体管理组织，应当向国务院著作权管理部门提交证明符合《著作权集体管理条例》第7条规定的条件的材料。国务院著作权管理部门应当自收到材料之日起60日内，作出批准或者不予批准的决定：批准的，发给著作权集体管理许可证；不予批准的，应当说明理由。在获得许可证之后，申请人应在30日内依照有关社会团体登记管理的行政法规到国务院民政部门办理登记手续。完成登记手续、取得登记证书之后，申请人应在30日内将其登记证书副本报国务院著作权管理部门备案；国务院著作权管理部门应当将报备的登记证书副本以及著作权集体管理组织章程、使用费收取标准、使用费转付办法予以公告。著作权集体管理组织依法登记成立后，如要设立分支机构，应当经国务院著作权管理部门批准，并依照有关社会团体登记管理的行政法规到国务院民政部门办理登记手续。经依法登记的，应当将分支机构的登记证书副本报国务院著作权管理部门备案，由国务院著作权管理部门予以公告。著作权集体管理组织修改章程，应当依法经国务院民政部门核准后，由国务院著作权管理部门予以公告。著作权集体管理组织被依法撤销登记的，自被撤销登记之日起不得再进行著作权集体管理业务活动。

三、著作权集体管理组织的职责、收费与分配

对于集体管理组织的正常运作而言，首先需要确定其职责范围，然后发放许可并收取许可使用费，最后是对许可使用费进行分配。

1. 职责

各国著作权集体管理组织的职责范围都很相似，主要包括以下几项：(1) 代表权利人与作品使用者就使用作品的条件和使用费进行协商谈判，并发放许可、收取使用费；(2) 与境外的著作权集体管理组织签订协议，代表境外著作权人管理其权利；(3) 在扣除必要的管理费用后，将收取的使用费公平合理地分配给会员；(4) 如发现他人侵犯属于自己管理的权利，以自己的名义提请仲裁或提起诉讼；(5) 开展其他活动，如对社会公众进行宣传教育、帮助青年作者、为会员提供社会保障等。

我国《著作权集体管理条例》第 2 条规定，著作权集体管理组织可以自己的名义进行下列活动：与使用者订立著作权或者与著作权有关的权利许可使用合同；向使用者收取使用费；向权利人转付使用费；进行涉及著作权或者与著作权有关的权利的诉讼、仲裁等。随着我国社会经济发展水平的提高和著作权集体管理能力的增强，我国著作权集体管理组织的职能还将进一步扩张。需要强调的是，为了确保集体管理组织有效地开展许可和维权活动，同时也避免使用者重复面对集体管理组织和权利人本人提出的权利主张，《著作权集体管理条例》第 20 条规定："权利人与著作权集体管理组织订立著作权集体管理合同后，不得在合同约定期限内自己行使或者许可他人行使合同约定的由著作权集体管理组织行使的权利。"这一点也是各国的普遍做法。如法国最高法院曾经认定，作者加入音乐作品著作权的集体管理组织"作者、作曲者和音乐编辑协会"（SACEM），将其权利交由集体管理组织管理之后，无权对他人的侵权行为提起诉讼。①

我国已经加入了《伯尔尼公约》等一系列著作权保护国际条约，有义务保护以其他成员国为起源国的作品的著作权。同时，我国公民作品的著作权在其他成员国也受到保护。要在国内对外国人的著作权以及在外国对中国人的著作权提供充分保护，最有效的办法是由中国与其他成员国的著作权集体管理组织签订相互代表协议，从而代表对方的会员管理著作权。我国《著作权集体管理条例》第 22 条第 1 款规定：外国人、无国籍人可以通过与中国的著作权集体管理组织订立相互代表协议的境外同类组织，授权中国的著作权集体管理组织管理其依法在中国境内享有的著作权或者与著作权有关的权利。因此，集体管理组织的重要职责之一就是与境外的集体管理组织签订相互代表协议，并在必要时代表境外权利人维权。例如，音著协已经与境外几十家著作权集体管理组织签订了相互代表协议，在实践中也多次代表境外著作权人提起诉讼并胜诉。

2. 使用与收费

发放许可与收取使用费是著作权集体管理组织的基本工作。从各国的实践来看，许可的方式基本可分为两种。第一种方式是"一揽子许可"，适用于使用者对作品的需要量较大的情况。如广播电台、电视台，以及宾馆、超市、航空公司、娱乐场所等每年都要播出或播放大量音乐作品，集体管理组织对单个作品进行分别许可显然是不现实的。而一项"一揽子许可"可允许使用者在约定的时间、地域范围内以约定的方式使用该集体管理组织管理的全部作品，从而减少了许可成本、提高了许可效率。例如，前文介绍的英国 PRS 一直尽量采用"一揽子使用"方式，以避免管理成本的上升。

不过，即使采用"一揽子许可"，收取使用费的方式仍然应当按照具体的使用情况而定。例如，对于广播电台、电视台，大多数国家的集体管理组织的实际做法是要求其每年按照其收入的一定比例支付一笔总的报酬。这比按照使用作品的数量或收听率、收视率收费更为合理，因为不同的广播电台、电视台收听率或收视率并不相同，也即传播范围不同，对著作权人的影响也不同，按照使用作品数量收费对于小的广播组织有失公平；而统计收听率或收视率则存在技术上的困难，成本也较高。但是，对于被许可复制作品的复印店而言，记录被复制的作品是较为容易的，同时不同类型作品有不同价值，因而许多国家的集

① France：TF1，IIC 2015，46（5），609.

体管理组织对于发放给复印店的许可是按照被复印作品的类型和数量收取使用费的。根据“一揽子许可”协议，复印店有义务保存详细的复印记录，记下被复印作品的名称、作者、印数等，以此作为计算使用费的依据。

第二种方式是单项许可，即著作权集体管理组织针对每一次特定的使用作品行为，向使用者发放许可并收取使用费。例如，演唱会的组织者如欲使用享有著作权的音乐作品，就要与音乐著作权集体管理组织就使用费进行谈判，根据票价、场地面积等支付使用费。

至于收费标准，在有的国家是由政府管理部门制定的，但在多数西方国家是由著作权集体管理组织自行制定并公布的。但使用者如果对该收费标准不满，可以启动与著作权集体管理组织的争端解决机制，如提请仲裁或向法院起诉。例如，英国的集体管理组织如无法就使用费与使用者达成协议，则由英国版权仲裁庭（Copyright Tribunal）确定费率。在英国 PRS 使用的五十余种标准使用费费率中，有一些即是通过版权仲裁庭的争端解决程序而确定的。

我国《著作权集体管理条例》第 13 条规定：“著作权集体管理组织应当根据下列因素制定使用费收取标准：（一）使用作品、录音录像制品等的时间、方式和地域范围；（二）权利的种类；（三）订立许可使用合同和收取使用费工作的繁简程度。”第 25 条规定：“除著作权法第二十三条、第三十四条第二款、第四十条第三款、第四十三条第二款和第四十四条规定应当支付的使用费外，著作权集体管理组织应当根据国务院著作权管理部门公告的使用费收取标准，与使用者约定收取使用费的具体数额。”该条中的 4 项例外条款均为《著作权法》要求国务院规定具体收费办法或已经存在收费办法的“法定许可”情形。上述规定说明我国集体管理收费模式是在政府颁布基本标准的情况下，由集体管理组织与使用者自由协商形成的。

此外，《著作权集体管理条例》还对集体管理组织发放许可的条件和类型作出了限定。第 23 条规定：著作权集体管理组织许可他人使用其管理的作品、录音录像制品等，应当与使用者以书面形式订立许可使用合同，但不得与使用者订立专有许可使用合同。使用者以合理的条件要求与著作权集体管理组织订立许可使用合同，著作权集体管理组织不得拒绝。许可使用合同的期限不得超过 2 年；合同期限届满可以续订。这样的规定是为了防止集体管理组织滥用权利，损害作品使用者以合理条件获得许可的机会。

3. 分配

著作权集体管理组织对于收取的使用费，先要扣除必要的管理费，以维持日常运作。至于剩下的部分，应全部分配给会员。我国《著作权集体管理条例》第 28 条和第 29 条也规定：著作权集体管理组织除从收取的使用费中提取一定比例作为管理费用于维持其正常的业务活动之外，应当全部转付给权利人，不得挪作他用。此外，第 14 条还要求著作权集体管理组织根据权利人的作品或者录音录像制品等的使用情况制定使用费转付办法。

如果集体管理组织能够了解收到的使用费是来自对哪些会员作品的使用，则可直接将使用费分配给这些会员。对此，许多国家都规定，获得许可的使用者有义务对作品使用情况加以记录。例如，前文所述英国 NLA 向企业发放的复制地区性报纸和国外报纸的许可就要求被许可人有健全的会计制度，能够对每一次复制的情况都准确地加以记录。有些国家的法律甚至授权著作权集体管理组织进入被许可人的营业场所，对其财务账本进行检查。

我国《著作权集体管理条例》第 27 条第 1 款规定："使用者向著作权集体管理组织支付使用费时，应当提供其使用的作品、录音录像制品等的名称、权利人姓名或者名称和使用的方式、数量、时间等有关使用情况；许可使用合同另有约定的除外。"可见，说明、记录被使用作品或录音录像制品的情况在我国也是被许可人的义务。

这一义务对某些使用者而言并不难履行，如广播电台、电视台在其音乐节目中播放 CD，以及音乐网站提供音乐的下载都是有据可查的。再如，一些卡拉 OK 歌厅也有自动统计装置，可以较为准确地统计出哪些歌曲被点唱了多少次。然而，对于另一些使用者而言，要准确地记录和统计哪一位会员的作品被使用了多少次，有时是非常困难的，如超市、餐厅、宾馆、酒吧等播放背景音乐时，可能使用了多种渠道来源的音乐，要准确地统计被播放的曲目和次数几乎是不可能的。

在这种情况下，集体管理组织只能对作品的使用情况进行估算，如根据广播电台、电视台的播放情况，音乐网站的下载情况，以及现场演唱会对音乐的演唱，辅之以对餐厅、宾馆等场所播放音乐的情况进行的抽样统计，大致估算出各音乐作品被使用的次数，作为分配的依据。①

为了保障权利人获得合理分配份额的权利，我国《著作权法》第 8 条第 3 款规定："著作权集体管理组织应当将使用费的收取和转付、管理费的提取和使用、使用费的未分配部分等总体情况定期向社会公布，并应当建立权利信息查询系统，供权利人和使用者查询……"《著作权集体管理条例》第 29 条第 2 款还规定："著作权集体管理组织转付使用费，应当编制使用费转付记录。使用费转付记录应当载明使用费总额、管理费数额、权利人姓名或者名称、作品或者录音录像制品等的名称、有关使用情况、向各权利人转付使用费的具体数额等事项，并应当保存 10 年以上。"

四、著作权集体管理组织的内部管理和外部关系

著作权集体管理组织要有效地履行其职能，必须建立完善的内部管理机构和制度，同时要接受来自政府和民众的监督。

1. 内部管理

集体管理组织的内部管理主要涉及管理权力机构、加入与退出集体管理组织的程序和条件，以及财会管理等问题。我国《著作权集体管理组织条例》第 17 条规定：著作权集体管理组织会员大会为著作权集体管理组织的权力机构。会员大会作为权力机构的地位是由著作权集体管理组织的性质决定的。既然集体管理组织是非官方的民间组织，是著作权人为了有效地管理自己的权利而设立的，加入集体管理组织的著作权人自然享有管理权。第 17 条同时规定：会员大会可制定和修改章程、制定和修改使用费收取标准、制定和修改使用费转付办法、选举和罢免理事、审议批准理事会的工作报告和财务报告、制定内部管理制度、决定使用费转付方案和著作权集体管理组织提取管理费的比例，以及决定其他重大事项。会员大会每年召开一次；经 10％以上会员或者理事会提议，可以召开临时会员大会。

---

① See Mihaly Ficsor，*Collective Management of Copyright and Related Rights*，WIPO Publication No. 855 (E)，Geneva，2002，p. 46.

会员大会作出决定，应当经出席会议的会员过半数表决通过。《著作权集体管理组织条例》第18条同时规定：著作权集体管理组织设立理事会，作为会员大会的执行机构，执行会员大会的决定，并对会员大会负责。理事会负责召集会员大会。

著作权集体管理组织存在的意义就是帮助著作权人有效地管理其权利，因此集体管理组织应当是一个开放的组织，只要著作权人愿意按照章程授权该组织管理其权利，就应当允许其加入，而不应设立其他条件。同样，如果著作权人基于某种原因希望自己亲自管理所有权利，也应当有自由退出集体管理组织的权利。但是，在著作权人授权集体管理组织管理其特定权利期间，集体管理组织应当是该特定权利的唯一管理者，否则就会出现著作权人和集体管理组织同时管理一项权利的情况，使社会公众无所适从。因此，《著作权集体管理组织条例》第19条至第21条规定：权利人符合章程规定加入条件的，著作权集体管理组织应当与其订立著作权集体管理合同，不得拒绝。权利人可以依照章程规定的程序，退出著作权集体管理组织，终止著作权集体管理合同；但是，著作权集体管理组织已经与他人订立许可使用合同的，该合同在期限届满前继续有效。权利人在与著作权集体管理组织合同约定期限内，不得自己行使或者许可他人行使合同约定的由著作权集体管理组织行使的权利。

2. 外部关系

著作权集体管理组织必须接受来自政府和民众的监督。著作权集体管理组织在权利人授权范围内对特定类型的权利进行统一管理，固然有利于保障权利人的利益和简化许可手续，但也可能因其事实上的垄断性产生滥用权利和官僚化的倾向，如不合理地提高许可条件和使用费等。为此，有必要在建立内部管理机制的同时，从外部对集体管理组织的活动加以监督。相关政府部门应当持续监督集体管理组织的运行状况，包括其是否依法开展了集体管理活动，使用费率的设定和收取是否公平，管理成本是否过高，是否按时对报酬进行了合理的分配等。许多国家的著作权法都规定相关政府部门有权检查集体管理组织的财务和业务状况，以及集体管理组织必须接受独立的审计。①

我国《著作权集体管理条例》第五章规定：著作权集体管理组织的资产使用和财务管理受国务院著作权管理部门和民政部门的监督，其他活动也应接受国务院民政部门和其他有关部门的监督。国务院著作权管理部门可以检查著作权集体管理组织的业务活动是否符合《著作权集体管理条例》及其章程的规定，核查著作权集体管理组织的会计账簿、年度预算和决算报告及其他有关业务材料，派员列席著作权集体管理组织的会员大会、理事会等重要会议，以对著作权集体管理组织进行监督。

除政府监督之外，许多国家的著作权版权法为了防止集体管理组织设定不合理的使用费率，还规定了不同机制，如英国设立了版权仲裁庭，加拿大设立了版权委员会（Copyright Board of Canada），其职责之一就是就使用费率进行裁决。② 如对裁决结果不服，还可以提起诉讼。但我国《著作权集体管理条例》尚未规定类似的机制。

---

① See Mihaly Ficsor, *Collective Management of Copyright and Related Rights*, WIPO Publication No. 855 (E), Geneva, 2002, p. 143.

② 参见《英国版权法》第149条，《加拿大版权法》第七部分。

【问题与思考】

1. 设想我国文字著作权协会（以下简称“文著协”）与境外的一家文字著作权集体管理组织签订了相互代表协议。该境外集体管理组织的职责包括对影印复制权进行集体管理，由于其所在国华人较多，图书馆、学校也收藏了较多中国作者创作的文字作品并提供复印服务。而文著协尚未开展影印复制权的集体管理活动。请问：该境外集体管理组织是否有义务将其收取的影印复制权许可使用费的一部分（涉及中文作品的复印）转交给文著协？

2. 请阅读音集协于 2011 年在其网站上发布的一则公告：

各卡拉 OK 经营者：

近年来，北京××传播有限公司在全国范围内针对卡拉 OK 歌厅提起大量著作权侵权诉讼，已引起社会强烈反响。经查该公司尚未加入我会。根据《著作权法》和《著作权集体管理条例》的规定，我会不对该公司享有原始权利的歌曲发放使用许可。

为此，我会郑重声明，已向我会支付著作权使用费及正在或将要办理签约交费的卡拉 OK 经营者，如有使用该公司歌曲的情况，自即日起立即删除，以避免受到可能的法律诉讼。该公司声称享有著作权并已经起诉的部分歌曲清单见附件。

已向我会支付著作权使用费及正在或将要办理签约交费的卡拉 OK 经营者可以替换使用已授权我会管理的同名其他版本歌曲。歌曲清单见附件。

自本公告发布之日起，卡拉 OK 经营者因未能及时采取删除措施导致的一切后果由经营者自行承担。(后附需删除歌曲的列表)①

在这则公告发布后，如果已与音集协签约的卡拉 OK 经营者没有删除该公告中列出的曲目，在遭到权利人起诉后，其是否应当承担赔偿责任？如果回答是肯定的，你认为妨碍我国集体管理有效性的主要障碍在哪里？应如何解决？

3. 国家版权局于 2012 年启动了《著作权法》第三次修改工作。2012 年 3 月 31 日，国家版权局就《著作权法修改草案》公开征求意见，其中第 60 条规定：著作权集体管理组织取得权利人授权并能在全国范围代表权利人利益的，可以向国务院著作权行政管理部门申请代表全体权利人行使著作权或者相关权，权利人书面声明不得集体管理的除外。

《著作权法修改草案》公布后，该规定引起了很大争议。国家版权局 2012 年 7 月 6 日第二次就《著作权法修改草案》公开征求意见时，将第 60 条改为：著作权集体管理组织取得权利人授权并能在全国范围内代表权利人利益的，可以就下列使用方式代表全体权利人行使著作权或者相关权，权利人书面声明不得集体管理的除外：（一）广播电台、电视台播放已经发表的文字、音乐、美术或者摄影作品；（二）自助点歌经营者通过自助点歌系统向公众传播已经发表的音乐或者视听作品。

但是，修改后的规定仍然引起了争议。2014 年 8 月，国务院法制办公室就《著作权法修改草案》公开征求意见，草案中原第 60 条被改为第 63 条，内容如下：著作权集体管理组织取得权利人授权并能在全国范围内代表权利人利益的，可以就自助点歌系统向公众传播已经发表的音乐或者视听作品以及其他方式使用作品，代表全体权利人行使著作权或者相关权，权利人书面声明不得集体管理的除外。

显然，该条适用的范围在三个修改草案中逐步缩小。2020 年第三次修改的《著作权法》完全没有纳入上述三个修改草案中该条的内容。请思考：是什么因素导致了这一结果？你觉得解决我国集体

① 来源：http：//www.cavca.org/scgg_show.php？id=42，访问日期：2014-11-17。

管理组织代表性和集体管理有效性的途径是什么？请搜索当时围绕这一问题各方发表的观点，形成你的意见和理由。

4.2020年修改的《著作权法》增加了“传播录音制品获酬权”。该法第45条规定：“将录音制品用于有线或者无线公开传播，或者通过传送声音的技术设备向公众公开播送的，应当向录音制作者支付报酬。”显然，如同音乐作品著作权人的机械表演权一样，此项获酬权不通过集体管理是难以实现的。你认为根据我国国情和现有集体管理组织的情况，应当如何进行制度设计，以有效地实现录音制作者的此项获酬权？

第八章

著作权侵权及法律救济

本章导读

如果他人在未经著作权人的许可和缺乏法律依据的情况下实施受著作权专有权利控制的行为，构成对著作权的直接侵权。而教唆、引诱他人实施著作权侵权，或在知晓他人侵权行为的情况下，对该侵权行为提供实质性帮助，则构成对著作权的间接侵权。侵犯著作权的认定是一个非常复杂的问题，本章应重点掌握直接侵权和间接侵权的不同构成要件。随着数字技术的发展，近些年来间接侵权问题日益突出，因此，理解间接侵权的概念和认定规则十分重要。

第一节　直接侵权

侵犯著作权的行为可分为直接侵权和间接侵权，这种区分与著作权法中的核心概念——专有权利密不可分。构成直接侵权的行为都落入了专有权利控制的范围，而构成间接侵权的行为则并不受专有权利的直接控制。

一、直接侵权的概念和构成要件

直接侵权的概念是与构成著作权权利内容的一系列专有权利密切相关的，每一项专有权利都控制着一类特定行为，如复制权控制复制行为、发行权控制发行行为、表演权控制表演行为，等等。如果未经著作权人许可，又缺乏“合理使用”“法定许可”等抗辩理由，而实施受专有权利控制的行为，即构成直接侵权。换言之，专有权利划定了一个只有著作权人或经其授权的人才能享有的特定领域，未经著作权人或法律的许可而擅自闯入这一领域即构成直接侵权。这非常类似于侵害他人土地所有权的概念——在法律没有特别许可的情况下，未经权利人同意，擅自闯入他人的土地即构成对他人土地所有权的侵害(trespass)。

因此，一项特定行为是否构成直接侵犯著作权的行为，关键在于这项行为是否受到专有权利的控制，以及是否存在特定的法定免责事由。例如，一个公司的程序员明知市场上出售的一本《计算机软件手册》是盗版书，却故意前去购买、阅读，用以为公司提供商业服务，是否构成直接侵权行为？如果这名程序员明知市场上出售的一份软件是盗版软件，却故意前去购买并用在公司的计算机上，以便向公司客户提供商业服务，是否构成直接侵权行为？这两项貌似类似的行为在著作权法上有完全不同的法律性质。在《著作权法》第10条第1款明确赋予著作权人的17项专有权利中，没有一项能够控制购买和阅读盗版书籍的行为。购买和阅读盗版书籍，并不构成对文字作品的复制、发行、表演等受专有权利控制的行为，因此，故意购买和阅读盗版书籍的行为并不构成对著作权的直接侵权。但是，在使用计算机软件之前，却必须"安装"软件，而"安装"是一个将软件从其他物质载体（如光盘）复制到计算机硬盘中的过程，且"安装"的最终结果，是在硬盘这一物质载体之上形成软件的永久性复制件，因此，"安装"是一个典型的复制行为，受到复制权的控制。安装盗版软件当然是未经软件著作权人许可的复制行为，同时商业性地复制也不属于"合理使用"范围，因此，商业性使用盗版软件构成对软件著作权的直接侵权。最高人民法院《著作权司法解释》第21条据此明确规定：计算机软件用户未经许可或者超过许可范围商业使用计算机软件的，依据《著作权法》第53条第1项、《计算机软件保护条例》第24条第1款第1项的规定承担民事责任。而《著作权法》第53条第1项和《计算机软件保护条例》第24条第1款第1项均为未经许可而复制作品应承担侵权责任的规定。需要指出的是：即使最高人民法院对此没有作出司法解释，法院也依然可以依专有权利的性质推出同样的结论。

从这个角度看，《著作权法》第52条和第53条的规定在很大程度上是不必要的，因为这两条所列出的侵权行为绝大多数都是直接侵权，而所有的直接侵权都可以从第10条规定的专有权利中推出。例如，出现在第52条中的"未经著作权人许可，发表其作品"，是对发表权的直接侵权；"没有参加创作，为谋取个人名利，在他人作品上署名""未经合作作者许可，将与他人合作创作的作品当作自己单独创作的作品发表"，是对署名权或发表权的直接侵权；"歪曲、篡改他人作品"是对保护作品完整权的直接侵权等，并不需要用单独的条款将这些直接侵权行为列出。因此，今后在修改《著作权法》时，可以考虑对第52条和第53条进行调整，删除所有对直接侵权行为的列举，而增加对下文所述的间接侵权行为和其他违法行为的规定。

二、直接侵权的构成与主观过错

需要着重强调的是：对包括著作权在内的知识产权的侵权，与普通民事侵权不同。前者的英文为 infringement（在不加特别说明的情况下，infringement 就是指 direct infringement，即直接侵权），后者的英文为 tort。在英美法系以及内容受英美法系影响的《与贸易有关的知识产权协定》中，infringement 的构成无须主观过错，但赔偿责任的承担往往需要存在主观过错。如《与贸易有关的知识产权协定》第45条第2款规定：在适当的情况下，即使侵权人（infringer）并不知道，也没有合理理由知道自己从事了侵权行为（infringing activity），各成员国仍可授权司法机关责令其返还利润和/或支付法定赔偿金。该条中使用的"侵权人（infringer）"和"侵权行为"（infringing activity）显然与主观过错无关。

因此，《与贸易有关的知识产权协定》中使用的“侵权”（infringement）一词，并非民法中的“侵权”（tort）。从民事侵权的角度看，如果行为人不知道，也没有合理理由知道自己的行为侵害了他人的权利，其行为并不构成民事侵权（tort）。但基于物权等绝对权的效力，权利人可以请求行为人停止相关行为。但是，如果包括《著作权法》在内的我国知识产权立法均从普通民事侵权的角度对侵犯著作权等知识产权的行为进行规定，就会出现与国际条约在制度和用语方面的差异。因此，包括《著作权法》在内的我国知识产权立法中的“侵权”，实际上均为infringement，而不是tort。因此，只要未经著作权人许可，也没有法律规定的免责理由，擅自实施受专有权利控制的行为即构成“直接侵权”。至于行为人心理状态如何、是否具有主观过错，只影响损害赔偿数额或救济方法，并不影响行为是否构成直接侵权的认定。有些国家对此作出了非常清楚的规定，如《加拿大版权法》规定，“任何人未经版权人许可即实施了根据本法规定只有版权人才有权从事的行为，构成版权侵权”①。《美国版权法》规定，“任何侵犯了版权人根据第106条至第122条规定的版权人的专有权利……就是版权的侵权者”②。在著名的“索尼案”中，美国联邦最高法院指出：“‘任何侵犯了版权人的专有权利’是指任何人通过使用或许可使用版权作品，而侵入他人专有领地（exclusive domain），成为‘版权的侵权者’。”③ 欧盟法院也认为，“除了《版权指令》第5条规定的限制和例外，任何第三人未经（权利人）事先许可而使用作品的行为都必须被认定为对作品著作权的侵权”④。

假设某作家甲创作了一部小说，其友乙将书稿借去阅读，却在甲不知情的情况下，在书稿上署上自己的名字，并送至出版社。出版社虽然尽到了符合出版业常规的审查义务，但仍然没有发现事实真相。那么，出版社将小说予以出版并署上乙的姓名是否构成侵犯甲的著作权的行为？显然，出版社已经尽到了合理审查义务，并无故意或过失的主观过错。但是，出版社在未经著作权人甲许可的情况下，将其未发表的作品予以出版的行为受到四项专有权利的控制：首先，将未发表的作品予以出版构成对作品的发表行为，受到发表权的控制；其次，出版社出版的是未正确署名的作品，受署名权的规制；再次，出版的前提是将作品印刷在纸张上，印刷是一个典型的复制行为，受到复制权的控制；最后，出版意味着向公众出售已印刷、装订成册的书籍，即作品的复制件，这是一个受发行权控制的发行行为。上述未经许可而实施的受专有权利控制的四种行为，根据《著作权法》的规定，均不属于合理使用或法定许可的范围，因此，尽管出版社没有主观过错，其行为仍然构成对甲的署名权、发表权、复制权和发行权的直接侵权，出版社仍然应当承担相应的法律责任。

当然，如果直接侵权者确无主观过错，其与有过错的侵权者承担法律责任的方式有所不同：无须承担损害赔偿责任。最高人民法院《著作权司法解释》第20条明确指出：出版物侵犯他人著作权的，出版者应当根据其过错、侵权程度及损害后果等承担民事赔偿责任。

---

① （Canada）Copyright Act，Sec. 27（1）.

② 17 U. S. C. 501（a）.

③ Sony Corporation of America，et al.，v. Universal City Studios，Inc.，et al.，464 U. S. 417，433（1984）.

④ Land Nordrhein-Westfalen v. Renckhoff，Case C-161/17（2018），E. J. C. U.，para. 16.

出版者对其出版行为的授权、稿件来源和署名、所编辑出版物的内容等未尽到合理注意义务的，依据《著作权法》第49条（《著作权法》于2020年修订后，原第49条已改为第54条——引者注）的规定，承担赔偿责任。出版者应对其尽了合理注意义务承担举证责任。这说明即使出版社无任何主观过错，其行为仍然构成直接侵权（infringement，而非tort），出版社应当承担停止侵权、返还其侵权所得利润的民事责任，但无须承担赔偿损失的民事责任。

典型案例

侵占装有软件的电脑并不侵害软件的著作权

某公司员工为完成公司分配的任务开发了一套计算机软件，该软件的著作权依法归属于该公司（参见本书第四章第三节有关特殊职务作品著作权归属的讲解）。后该员工因与公司发生劳动纠纷而离职。公司指称该员工离职后侵占装有涉案软件的电脑，致使公司无法对涉案软件进行后续开发并交付给第三方终端用户，因此侵害了公司对该软件所享有的修改权与发行权。

本案与本书第一章第四节中的“典型案例：‘删帖’并不侵害发帖者的著作权”有类似之处。本案中原告的诉讼请求反映了对著作权的作用一种较有代表性的误解，即修改权就是指权利人自己有权修改作品，发行权就是权利人自己有权发行作品。本案中，该公司认为，因为装有软件的电脑被员工侵占，自己没法及时获得软件，也就无法对软件进行修改和发行，因此员工的行为侵害了自己在《著作权法》中的修改权和发行权。前文“理论研究：知识产权有‘自用权’吗”已经说明，知识产权依《民法典》第123条的规定属于“专有的权利”，即排他权，是规制他人对受保护的知识产权客体实施特定行为的权利，与权利人自己可以对受保护的知识产权客体实施何种行为没有关系。《著作权法》中的修改权和发行权的作用当然不是让权利人自己有权去修改和发行作品，否则在1991年《著作权法》实施之前，创作作品的作者岂不是无权修改自己的作品，不能通过出版社发行自己的作品了?《著作权法》中的修改权和发行权是指规制他人未经许可而修改和发行作品的权利。在本案中，该员工并没有未经许可而修改和发行作品，何谈对修改权和发行权的侵害呢？至于该员工未及时移交作为工作成果的软件是否违反与公司的约定或管理规定，与著作权侵权没有关系，该公司可以以该员工违约或其行为构成普通民事侵权行为为由提起诉讼。

最高人民法院审理此案后指出：根据《著作权法》对侵权行为的规定，侵害软件修改权与发行权均以“未经著作权人许可而擅自修改和发行”为基本行为模式，修改权与发行权所规制的行为主体是未经著作权人授权的其他民事主体，而非著作权人自身。换言之，被诉侵权语境下的“修改”与“发行”行为应指向被诉侵权方，而非享有著作权一方。本案中该公司主张该员工离职后占有涉案软件致使该公司不能行使修改和发行涉案软件的权利，该被诉侵权行为与《著作权法》及《计算机软件保护条例》所规定的侵害修改权与发行权的行为模式存在根本区别，不能将二者混为一谈。正因如此，最高人民法院没有支持该公司有关该员工侵害其修改权和发行权的诉讼请求。① 该判决是符合著作权法原理的。

三、直接侵权责任与合法来源抗辩

虽然直接侵权的构成要件中并无主观过错，但过错是承担赔偿责任的前提。《英国版权法》规定：当侵权行为发生时，被告并不知道，也没有理由相信其行为涉及的作品受版权保护的，原告无权要求其赔偿损失，但不影响获得其他救济。② 在我国，最高人民法院《著作权司法解释》第 20 条第 1、2 款规定：出版物侵害他人著作权的，出版者应当根据其过错、侵权程度及损害后果等承担赔偿损失的责任。出版者对其出版行为的授权、稿件来源和署名、所编辑出版物的内容等未尽到合理注意义务的，承担赔偿损失的责任。这意味着只有“未尽到合理注意义务”，即有过错，直接侵权者才承担赔偿责任。如果直接侵权者确无主观过错，则其无须承担损害赔偿责任。《著作权法》以此原理为基础规定了“合法来源抗辩”。《著作权法》第 59 条第 1 款规定：“……复制品的发行者……不能证明其发行……的复制品有合法来源的，应当承担法律责任。”需要注意的是，本条中的“法律责任”的真实意思为“赔偿责任”，这是因为停止侵权责任的承担，并不以行为人有主观过错，也即复制品没有合法来源为前提。《专利法》第 77 条的相关表述是：“为生产经营目的使用、许诺销售或者销售不知道是未经专利权人许可而制造并售出的专利侵权产品，能证明该产品合法来源的，不承担赔偿责任。”《商标法》第 64 条第 2 款的相关表述是：“销售不知道是侵犯注册商标专用权的商品，能证明该商品是自己合法取得并说明提供者的，不承担赔偿责任。”这两条规定均可印证《著作权法》第 59 条第 1 款中的“法律责任”实为“赔偿责任”。

合法来源抗辩的前提是行为人未经许可而实施了受专有权利规制的特定行为，即受著作权中发行权规制的发行行为（以销售或赠与的方式向公众提供作品的原件或复制件）。该行为均构成对相关专有权利的直接侵害，只是行为人可以通过举证证明相关复制品来源合法来说明自己的行为并非基于过错，从而免除赔偿责任。因此，“合法来源抗辩”并不是对侵权成立的抗辩，而是对赔偿损失诉请的抗辩。

被诉侵权人要进行合法来源抗辩，即其无过错，也就是不知道，也不应当知道相关复制品是侵害著作权的复制品，应当证明相关复制品有合法来源，也就是提供合同、进货单和发票等符合交易习惯的相关证据来证明自己从正规渠道以正常价格进货，合乎交易惯例，无从知晓相关复制品侵害他人著作权。如被诉侵权人能够证明有合法来源，则可推定其不知道且不应当知道相关复制品为侵权复制品，即推定其无过错。此时，应由权利人提供相反证据。在权利人未进一步提供足以推翻上述推定的相反证据的情况下，应认定合法来源抗辩成立。③ 相关司法解释对此规定：“被告依法主张合法来源抗辩的，应当举证证明合法取得被诉侵权产品、复制品的事实，包括合法的购货渠道、合理的价格和直接的供货方等。”“被告提供的被诉侵权产品、复制品来源证据与其合理注意义务程度相当的，可以认

---

① 参见安徽行天电子科技有限公司与毛培友计算机软件著作权权属、侵权纠纷案，最高人民法院（2020）最高法知民终 4 号民事判决书。

② See UK Copyright，Designs and Patents Act，Section 97（1）.

③ 参见最高人民法院（2019）最高法知民终 118 号民事判决书。

定其完成前款所称举证，并推定其不知道被诉侵权产品、复制品侵害知识产权。被告的经营规模、专业程度、市场交易习惯等，可以作为确定其合理注意义务的证据。"[①] 例如，在"《傅雷家书》案"中，"当当网"销售的《傅雷家书》是某出版社未经著作权人许可出版的，因此，"当当网"经营者的行为侵害了发行权。但其销售的《傅雷家书》由正规出版社出版，有明确的书号，并由拥有出版物经营许可证等相应资质的公司向其供货，因此，法院认为该图书有合法来源，"当当网"的经营者无须承担赔偿责任。[②]

需要说明的是，合法来源抗辩仅仅是免除赔偿责任的抗辩，而非不侵权抗辩。合法来源抗辩成立，并不改变相关受专有权利规制的行为的侵权性质。因此在合法来源抗辩成立的情况下，被诉侵权人虽然免于承担赔偿损失的责任，但应当相应地承担其他法律责任。最高人民法院在相关判决中指出：权利人进行维权的合理开支系基于侵权行为而发生，故在合法来源抗辩成立的情况下，权利人为获得停止侵权救济的合理开支仍应得到支持。[③] 同时，被诉侵权人还应承担停止侵权的责任，即侵权复制品的发行者应停止其发行行为。

理论研究

出租者能通过证明复制品有合法来源而免责吗?

《著作权法》第 59 条第 1 款规定："……视听作品、计算机软件、录音录像制品的复制品的出租者不能证明其……出租的复制品有合法来源的，应当承担法律责任。"

本书作者认为：该规定与《著作权法》对"出租权"的规定是矛盾的，等于使"出租权"丧失了存在的意义。这是因为出租权控制的是有偿临时转移复制品占有的行为。只要未获得权利人的许可，出租行为就构成侵权，与被出租的复制件的来源合法与否毫无关系。试举一例：甲经营一家电影 DVD 出租店，甲购入并提供出租的电影 DVD 均为正版，但其出租 DVD 的行为没有经过其中电影著作权人的许可，当电影著作权人起诉甲侵犯其出租权的时，甲能否以其提供出租的电影 DVD 有合法来源（DVD 确实为正版）进行抗辩？按照《著作权法》第 59 条的规定回答应当是肯定的。然而，这样的结论与出租权的立法目的和国际条约均不相符。著作权法和国际条约之所以要规定出租权，而且没有为出租权规定权利用尽，就是因为即使提供出租的作品复制件为正版，即是经过著作权人许可而制作和销售的，出租行为也需要经过著作权人的许可。

需要注意的是：《著作权法》第 59 条规定"复制品的发行者……不能证明其发行……的复制品有合法来源的，应当承担法律责任"的规定是正确的。这是因为对发行权有"一次用尽"的限制，如果特定的复制品是合法发行的，则对该复制品的再次发行本身就不需要经过权利人对发行权的授权。例如，书店或音像店从出版社购入电影 DVD 之后，无须经过电影著作权人的授权就可以销售。这与音像店从出版社购入电影 DVD 之后，必须经过电

---

① 最高人民法院《关于知识产权民事诉讼证据的若干规定》第 4 条。

② 参见江苏省无锡市高新技术产业开发区人民法院（2015）新知民初字第 0016 号民事判决书，江苏省无锡市中级人民法院（2015）锡知民终字第 0039 号民事判决书。

③ 参见最高人民法院（2019）最高法知民终 25 号民事判决书。

影著作权人的授权才能出租是完全不同的。只是由于复制品的后续发行者往往并不清楚该特定复制品的首次发行是不是合法的，如音像店在销售电影 DVD 时，并不清楚该 DVD 是不是经过著作权人许可而制作的，此时只要复制品有合法来源，如电影 DVD 是从正规音像出版社购入的，有发票为证，则认定复制品的销售者（发行者）无主观过错，无须承担赔偿责任。但对于复制品的出租者而言，《著作权法》明确要求其出租行为必须获得视听作品、计算机软件作品和录音录像制品权利人授权。出租者未获得授权就出租复制品，当然具有主观过错，与复制品的来源是否合法并无关系。

《美国版权法》中的相关规定可资参考。《美国版权法》第 106 条规定的"发行权"是广义发行权，涵盖了我国《著作权法》规定的发行权和出租权。[①] 但《美国版权法》第 109 条明确规定，"发行权用尽"规则（在美国被称为"首次销售原则"）不适用于以出租方式发行作品复制件的行为。复制品的所有人或占有人如欲为商业目的出租复制品，必须经过相关权利人的许可。[②]

由此可见，《著作权法》第 59 条在逻辑上出现了错位，它使出租权只能去规制提供未经许可而制作的作品复制件，也就是出租盗版的行为，从而使出租权的适用范围大大缩减，因此是不能成立的。所幸我国商业出租市场几乎已经绝迹，连出租行为都消失了，《著作权法》第 59 条的规定即便存在严重问题也不会带来严重后果。

第二节　间接侵权

在著作权法理论中，间接侵权是相对于直接侵权而言的，它是指即使行为人并未直接实施受专有权利控制的行为，如果其行为与他人的直接侵权行为之间存在特定关系，且行为人具有特定的主观过错，该行为也可基于公共政策原因而被法律定性为侵权行为。这类行为构成侵权的原因，并非其直接侵犯了著作权人的专有权利，因此被称为间接侵权。

一、间接侵权的概念和发展

在著作权制度发展的早期，间接侵权并未受到重视。在当时的技术条件下，只有那些具备一定财力、有固定经营场所的经济实体才有可能实施严重损害著作权人利益的直接侵权行为。要查实这种侵权行为是较为容易的，通过追究直接侵权者的责任，往往足以使著作权人获得充分的救济。例如，如果一家印刷厂未经许可而印刷他人著作，一家书店出售盗版图书，著作权人容易借助司法的力量查实印刷厂和书店的侵权行为，也能通过处置其财产获得损害赔偿。因此，各国早期著作权立法和执法的重点都在于制止那些直接侵犯著作权人专有权利的行为。

但是，直接侵权行为并不是孤立进行的，它经常需要借助第三人的帮助、参与和支持，同时也存在着准备和实施的不同阶段。在一个复制和传播技术十分发达的时代，个人侵权

---

① See 17 U. S. C. 106 (3).

② See 17 U. S. C. 109 (b).

能力已经大大增强，其侵权损害后果也十分严重。著作权人要追究个人侵权者的责任不但费时费力，而且很难得到充分补偿。如果直接侵权者不在法院管辖范围内，著作权人甚至无法起诉。同时，如果等到直接侵权行为发生之后再追究侵权者的责任，其造成的损害可能无法弥补；如果某些扩大他人的侵权行为的损害后果的行为不被及时制止，著作权人会继续蒙受损失。出于保护著作权人的需要，各国在司法实践中普遍将某些不构成直接侵权的行为在特定条件下认定为侵权行为即间接侵权，有的国家还在著作权立法中具体列举了各类间接侵权行为。近些年来，基于网络技术严重威胁著作权人利益的现实，各国更是纷纷对在何种情况下网络服务提供者的行为构成间接侵权加以明确规定。鉴于著作权侵权的特殊性，区分直接侵权与间接侵权具有特别重要的意义。各国著作权立法都承认：基于著作权专有权利的绝对权性质，除非法律有例外规定，未经许可而实施受专有权利控制的行为即构成直接侵权，主观过错并非构成直接侵权的必要条件，只影响赔偿责任的承担。[①] 而构成间接侵权的各种行为都不在著作权专有权利的控制范围内，将其界定为对著作权的侵犯是出于适当扩大著作权保护范围的政策考量以及这些行为的可责备性，因此，必须以行为人具有主观过错为构成要件。这意味着在诉讼中，著作权人如果指称被告直接侵权，只需证明其实施了受专有权利控制的行为，而如果被告确实实施了相关行为，只能通过证明自己无主观过错或过错程度较小，来免除或减轻赔偿责任。著作权人如果指称被告间接侵权，则应当举证被告是在具有主观过错的情况下实施引诱、教唆或帮助等行为。

二、间接侵权的类型

教唆、引诱他人进行侵权，或明知他人的行为构成侵权，但仍然给予实质性帮助的，应当对侵权后果承担责任。[②] 这是各国侵权行为法所普遍承认的规则。我国《民法典》第1169第1条款规定：教唆、帮助他人实施侵权行为的，应当与行为人承担连带责任。在这种情况下，行为人主观上的过错是明显的，而且其教唆、引诱和帮助行为与损害结果之间存在因果关系，将该行为界定为侵权并要求行为人承担责任是合理的。侵权行为法的规则当然可以适用于著作权侵权，因此，即使我国《著作权法》没有对间接侵权作出明确规定，教唆、引诱和帮助他人实施直接侵权的行为也构成间接侵权行为。

英美法系国家的版权立法或判例以一般侵权法的这一基本原则为基础，发展出了专门在版权领域适用的间接侵权规则。在美国，《美国版权法》并不存在对间接侵权的明确规定[③]，但美国法院在长期的司法实践中，逐渐形成了“帮助侵权”和“引诱侵权”这两种间接侵权的类型。所谓“帮助侵权”（contributory infringement）是指在知晓一种行为构成版权侵权的情况下，实质性地帮助他人进行侵权行为。[④] 美国法院和学者又将帮助侵权区分为

---

① 有些国家的立法对此作出了非常清楚的规定，如“任何人未经版权人许可即进行了根据本法规定只有版权人有权进行的行为，构成版权侵权”[(Canada) Copyright Act, Sec. 27 (1)]。

② 参见 Restatement of the Law, Second, Torts, §876; Fowler Harper, Fleming James & Oscar Gray, *The Law of Torts* (2nd edition), Little, Brown and Co., 1986, §10.1;［德］克雷斯蒂安·冯·巴尔著，张新宝译：《欧洲比较侵权行为法》，81页，北京，法律出版社，2003。

③ Sony Corp. v. Universal City Studios, Inc., 464 U.S. 417, 435 (1984).

④ Gershwin Publishing Corp. v. Columbia Artists Management, Inc., 443 F.2d 1159, at 1162 (2nd Cir., 1971).

两种方式：一种是“身体力行”地参与侵权（contribution of labor），包括不享有版权的人擅自“许可”他人行使版权，以及以其他方式与直接侵权者“协同行事”[①]（working in concert）。例如，在 Screen Gems 案中，一家公司出版了一批盗版唱片，而一家广告商、一家广播公司和一家包装公司均在明知这批唱片为盗版的情况下，分别为其提供了广告制作、广告播出和唱片包装服务，这三家公司的行为均构成“帮助侵权”[②]。在 1996 年著名的 Fonovisa 案中，一家二手货市场中有一些摊位大量出售盗版唱片，警察和版权人曾经向市场经营者发出警告函，告知其市场中发生的直接侵权行为，而经营者置若罔闻。法院认定市场经营者在明知部分摊位从事侵权行为的情况下，还通过提供摊位、设施、停车位、广告、水管维修和顾客等方式对其进行实质性帮助，构成帮助侵权。[③]

另一种帮助侵权方式是提供为侵权所需的工具、设备和材料。在 Abdallah 案中，几个地下盗版工厂的经营者拿着正版音乐磁带找到一家磁带制造商，要求定做和正版磁带长度一致的空白磁带（正版磁带的长度并非标准的 30 分钟）。磁带制造商明知这些客户定做空白磁带的目的在于非法复制正版音乐磁带后出售，仍然为其专门制作了其所要求的空白磁带。法院认为磁带制造商在明知客户侵权意图的情况下仍然向其提供为侵权所需的工具，是帮助侵权行为。[④] 有些国家还在著作权立法中明确地对这类间接侵权行为作出了规定。《英国版权法》是这种立法的典型，该法第 24 条规定：未经版权人许可，在知晓或有理由认为某一专为制作作品复制件而设计或改装的工具将被用于制作侵权复制件的情况下，在商业过程中出售、出租、发出销售要约、为出售或出租而展示，即构成版权侵权。该法第 25、26 条规定：在公共娱乐场所发生侵权表演时，允许侵权表演者使用公共娱乐场所者，除非有合理依据相信表演不构成侵权，否则，应对侵权行为负责；因公开表演作品或使用播放、放映设备和电子信号接收设备播放作品而侵权时，设备提供者在提供该设备时以及场所所有人在允许该设备进入其场所时，如知晓或有理由认为设备可能被用于侵权，均应对侵权行为承担责任。向他人提供唱片或电影拷贝者，如在提供时知晓或有合理依据认为该唱片或电影拷贝可能被用于侵权，也应对侵权行为负责。在上述情形中，侵权工具提供者、公共娱乐场所的所有人、播放设备的所有人以及唱片或电影拷贝的提供者，均知晓或有理由知晓他人的直接侵权行为，仍然通过向他人提供侵权工具、允许他人使用娱乐场所，或者提供播放设备或唱片、电影拷贝的行为，实质性地帮助他人实施直接侵权的，构成间接侵权。

某些行为并未直接侵犯著作权人的专有权利，也不属于教唆、引诱或故意帮助他人侵权，但极有可能导致直接侵权或扩大该侵权行为的损害后果。一些国家出于防止直接侵权和避免其损害后果扩大的政策考虑，也将这类行为规定为间接侵权。例如，《英国版权法》第 24 条规定：未经版权人许可，在知晓或有理由认为某一专为制作作品复制件而设

---

① Melvile B. Nimmer & David Nimmer, *Nimmer on Copyright*, § 13.05 (A) (2), Matthew Bender & Company, Inc., 2003; Paul Goldstein, *Copyright* (2nd edition), Vol. 2, Aspen Law & Business, 2002, Part Three, § § 6.0, 6.1.

② Screen Gems-Columbia Music, Inc. v. Mark-Fi Records, Inc., 256 F. Supp. 399 (S. D. N. Y., 1966).

③ Fonovisa, Inc. v. Cherry Auction, Inc., 76 F. 3d 259, at 264 (9th Cir., 1996).

④ A & M Records, Inc. v. Abdallah, 948 F. Supp. 1449 (C. D. Cal., 1996).

计或改装的工具将被用于制作侵权复制件的情况下，制作该工具、将其输入英国和在商业过程中持有，即构成版权侵权。显然，制作、进口和持有侵权工具的行为本身并没有侵犯专有权利。同时，在向他人提供这一侵权工具之前，也不构成对他人直接侵权的帮助。但是，制作、进口和持有侵权工具的后续行为往往就是向他人提供侵权工具，从而帮助其实施直接侵权。因此，将这种行为规定为间接侵权，便于防患于未然，防止侵权行为的发生。

三、网络环境中的间接侵权

本书第三章第二节曾经讲解过信息网络传播权。将作品以数字化格式上传到网络服务器中供用户在线浏览或下载的交互式传播行为，受信息网络传播权控制，如未经著作权人许可而上传就会构成对信息网络传播权的直接侵权，上传者应承担侵权责任。从技术角度看，任何在网络环境中发生的直接侵权行为都不可能离开网络服务提供商的硬件设施和软件系统。网络服务提供商为他人提供的服务大致可分为三类：第一类是“网络接入服务”，即通过自己的硬件设施向用户提供以电话线、光缆或微波方式接入互联网的服务。客户接入互联网之后，网络服务提供商的硬件设施仅仅成为信息的“传输通道”，网络服务提供商并不控制信息的内容。在我国，中国电信、中国联通和有线电视公司提供的光纤宽带上网和有线电视宽带上网业务均属于“网络接入服务”。网络接入服务中还会发生“缓存”现象：对于被许多用户经常访问的网络信息，接入服务提供商的服务器会将其自动作为临时文件存入服务器之中，这样下次用户要访问相同信息时，就可以直接从接入服务提供商的服务器中读取信息了，从而大大提高了访问速度。第二类是“信息存储服务”，即以自己的服务器为网络用户提供存储空间，允许其上传信息，以供其他网络用户浏览或下载。BBS服务、视频分享服务、“个人主页”和“博客空间”等服务均属于“信息存储服务”。第三类是“信息定位服务”，即根据网络用户输入的关键词查找包含该关键词的网站和信息，如百度提供的搜索服务。

如果网络服务提供商之外的第三人使用网络服务提供商所提供的上述服务进行侵权活动，如未经许可地将他人享有著作权的音乐和小说上传到“博客空间”中供他人浏览和下载，为此人的“博客空间”提供线路接入和存储服务的网络服务提供商是否应当作为间接侵权人与此人承担连带责任呢？网络服务提供商所提供的网络接入服务和信息存储服务客观上是侵权行为得以进行、侵权后果得以发生的条件，必然是“对他人直接侵权行为提供实质性帮助”。但如果网络服务提供商对此并没有主观过错，也即不知晓他人侵权行为的存在，则其行为并不构成间接侵权。但是，“知晓”毕竟只是一种主观心理状态，法律必须确立一系列从外部的行为和相关事实推断行为人是否“知晓”的具体规则。目前，世界各国在网络服务提供商主观过错的认定方面已经基本形成了比较一致的规则。

首先，网络服务提供商没有监控网络活动的义务。

在早期的网络侵权诉讼中，国外一些法院认为网络服务提供商如果没有发现并制止存储在网络中的侵权内容，至少存在过失。在美国一个早期案例中，被告 Frena 公司经营一个 BBS，一个用户上传了 170 张高清晰度的《花花公子》杂志享有版权的照片。虽然 Frena

公司发现后立即删除了它们，但法院仍然判决其行为构成侵权。① 德国法院早期的判决也认为网络服务提供商有义务确保任何侵犯著作权的行为不会在其服务器中发生，因此，网络服务提供商应对在其服务器中存放的任何非法内容承担责任。② 该法院实际上是在进行“过错推定”，即只要网络服务提供商提供的服务客观上成为侵权行为的工具，就推定其没有尽到合理注意义务、具有主观过错。同时网络服务提供商实际上又无法证明自己已尽到了注意义务，因此必然会被法院认定为构成“间接侵权”。这种做法显然会极大地影响网络服务业的发展，而且是极其不公平的。如果要求网络服务提供商对任何用户上传的信息都进行严格审查以确保其不含有侵权内容，则必然迫使网络服务提供商动用大量人力审查信息内容，从而大大增加其经营费用，并进而导致用户所缴网络服务费的上涨。这不但会影响网络服务的发展和普及，还将严重妨碍信息的自由交流，大大降低信息的传播速度。这与发展网络技术的基本目标和价值取向——便利信息的交流与传播是背道而驰的。

对此，美国于1998年通过的《千禧年数字版权法》第512条（m）款明确规定：网络服务提供商没有监视网络、寻找侵权活动的义务。欧盟《电子商务指令》第15条也宣布：成员国不得规定网络服务提供商负有监视其传输或存储的信息的义务，以及积极发现相关侵权事实的义务。这意味着如果网络服务提供商没有主动监控网络活动，并不能推定其没有尽到合理的注意义务而具有过失；即使网络服务提供商主动采取监控措施，如果没有证据证明其本能够发现侵权信息，也不能因其确实没有发现侵权信息而认定其具有过失。换言之，网络服务提供商的过错不能仅仅从网络服务提供商没有监控网络、没有发现和制止侵权行为这一事实中推出。

其次，网络服务提供商不知晓或没有合理的理由知晓侵权行为，以及知晓后采取措施制止侵权行为的，即没有主观过错。

对于纯粹的网络接入服务，包括在传递信息过程中的临时性存储信息的服务而言，网络服务提供商提供的网络接入服务就像电话公司提供的线路服务那样，仅仅是信息传输的“管道”而已。接入服务提供商如果不采取监控网络活动的措施，根本无从知晓网络中流动的信息内容。即使主动采取了监控措施，由于网络信息量的无限庞大，加上信息流动的即时性，接入服务提供商也很难从中发现侵权信息。接入服务提供商由于无从知晓用户利用网络传播侵权信息的事实，对损害后果并不承担责任。

至于信息存储服务和信息定位服务，如果网络服务提供商发现网络系统中存储有用户上传的侵权内容或者链接指向了侵权内容，以及在收到著作权人发出的符合法定要求的书面通知后，立即移除了侵权内容或断开了对侵权内容的链接，就不对损害后果承担侵权责任。③ 这就是为美国《千禧年数字版权法》所首创，并被包括我国在内的世界上许多国家所采用的“通知与移除规则”。由于网络服务提供商并没有监视网络活动的义务，不能仅因为用户上传了侵权内容或指向侵权内容的链接就认定网络服务提供商的行为构成间接侵权。但如果网络服务提供商在获悉自己的服务器上存储有侵权内容或指向侵权内容的链接之后，

---

① Playboy Enterprises，Inc. v. Frena，839 F. Supp. 1552（M. D. Fla.，1993).

② 参见［德］马库斯·斯特凡布勒默：《因特网服务提供商在德国和欧洲法中违反版权的责任》，载《版权公报》，2001（2）。

③ See 17 U. S. C. 512（c）（1）（A）（iii）；E-Commerce Directive，Article 14.1（b).

仍然拒绝采取措施防止损害后果的扩大，就明显具有主观过错，其行为构成间接侵权。“通知和移除规则”一方面可以推动权利人积极地寻找和发现侵权信息以保护自己的利益，另一方面也促使网络服务提供商及时地制止侵权行为，防止侵权后果的蔓延，确实非常经济和有效。① 在我国，《民法典》第1195条第1款和第2款规定：“网络用户利用网络服务实施侵权行为的，权利人有权通知网络服务提供者采取删除、屏蔽、断开链接等必要措施。通知应当包括构成侵权的初步证据及权利人的真实身份信息。”“网络服务提供者接到通知后，应当及时将该通知转送相关网络用户，并根据构成侵权的初步证据和服务类型采取必要措施；未及时采取必要措施的，对损害的扩大部分与该网络用户承担连带责任。”该规定吸收了“通知和移除规则”的精神，当然也适用于网络环境中发生的著作权侵权行为。

第三节 侵权救济的程序保障

包括著作权侵权在内的知识产权侵权行为与一般民事侵权相比，具有侵权行为实施较为便捷、成本低廉、侵权行为难以查实和损害后果极易扩大等特点，因此，许多国家的知识产权立法对知识产权侵权诉讼作出了一些特殊规定，以从程序上保障权利人得到及时救济。

一、临时措施

临时措施是指法院在对案件的是非曲直作出最终判决之前，先行采取的保护当事人利益的措施。我国《著作权法》规定，权利人在向法院起诉之前就可以向法院申请采取临时措施。

（一）临时措施概述

在许多情况下，临时措施对于制止正在或即将实施的侵权行为、保存重要证据、防止损害后果进一步扩大或者导致无法弥补的损失是至关重要的。例如，当一家公司商业性地使用盗版软件，构成侵犯软件著作权人之复制权的行为时，如果无法在起诉之前就由法院进行证据保全，则该公司在接到起诉书后可以通过删除盗版软件轻而易举地销毁证据，使软件著作权人的诉讼请求无法得到支持。再如：唱片公司发现一家网站正在陆续将其新制作的数字音乐专辑通过手机应用程序供用户下载，如果不能及时制止这一侵权行为，短时间内这些MP3歌曲就可能被反复下载、复制和传播，严重冲击正版数字专辑的销售。等到法院作出最终判决时，唱片公司的损失可能已无法挽回。而且由于无法准确地计算损失，法院判决的赔偿金额可能并不足以对唱片公司充分地补偿。对唱片公司而言，保护其利益最有力的手段莫过于法院立即采取禁止这家网站实施侵权行为的临时措施。

英美法系国家中的“临时禁令”（preliminary injunction），即在法院作出最终判决之前

---

① 需要注意的是：网络环境中的间接侵权问题十分复杂。本书作者已出版了《网络版权法》（中国人民大学出版社2008年版）以及《网络环境中的著作权保护研究》（法律出版社2011年版），对相关理论与实务问题及国内外案例进行了较详尽的讲解。

临时性地禁止当事人从事某种活动的法院令，就是一种典型的临时措施。《美国版权法》第502条（a）款规定：法院可以按其认为合理的条件发出临时禁令，以防止或制止侵犯版权行为的发生。《英国版权法》第96条第2款规定：在版权侵权诉讼中，原告可以要求获得禁令作为救济。在法院下达禁令后，收到禁令的当事人就不能再从事禁令所禁止的行为，否则，将导致藐视法庭等严重后果。

此外，一些国家的知识产权立法还规定，法院在作出最终判决之前，可以根据权利人的申请扣押或没收侵权产品、侵权复制件或用于实施侵权行为的工具，以防止侵权行为人继续实施侵权行为。如《美国版权法》第503条（a）款规定：在版权侵权诉讼过程中，法院可以按照其认为合理的条件，没收被指称侵权或用于侵权的作品复制件、唱片、印版、模具、字模、母盘、磁带、电影底版等。《英国版权法》第99条第1款规定：如果某人在商业过程中占有、控制作品的侵权复制件或某种专门用于制作侵权复制件的工具，版权人可以申请法院将该侵权复制件或工具交付于他。《与贸易有关的知识产权协定》第50条第1款也规定：司法机关有权责令采取迅速和有效的临时措施以便防止侵犯知识产权的货物进入商业渠道，以及保存关于被指控侵权的有关证据。

我国《著作权法》，以《与贸易有关的知识产权协定》第50条为参照，规定了诉前责令停止侵权、诉前证据保全和诉前财产保全共三类临时措施。同时，《民事诉讼法》不仅规定了利害关系人在提起诉讼或申请仲裁前可以申请临时措施（诉前保全措施），还规定了在起诉之后，判决、裁定或仲裁生效之前，当事人可以申请保全措施（诉中保全措施）。

（二）行为保全

我国《著作权法》第56条规定：著作权人或者与著作权有关的权利人有证据证明他人正在实施或者即将实施侵犯其权利、妨碍实现其权利的行为，如不及时制止将会使其合法权益受到难以弥补的损害的，可以在起诉前向人民法院申请采取财产保全和责令作出一定行为或者禁止作出一定行为的措施。《民事诉讼法》第104条第1款也规定："利害关系人因情况紧急，不立即申请保全将会使其合法权益受到难以弥补的损害的，可以在提起诉讼或者申请仲裁前向被保全财产所在地、被申请人住所地或者对案件有管辖权的人民法院申请采取保全措施……"其中有关诉前责令被申请人作出一定行为或者禁止作出一定行为的临时措施，被称为诉前行为保全。《民事诉讼法》第103条第1款还规定："人民法院对于可能因当事人一方的行为或者其他原因，使判决难以执行或者造成当事人其他损害的案件，根据对方当事人的申请，可以裁定对其财产进行保全、责令其作出一定行为或者禁止其作出一定行为……"其中有关在诉讼中责令被申请人作出一定行为或者禁止其作出一定行为的临时措施，被称为诉中行为保全。

根据最高人民法院颁布的相关司法解释，著作权人或者利害关系人可以在起诉前向侵权行为地或者被申请人住所地对著作权侵权案件有管辖权的法院提出申请。"利害关系人"包括著作权许可使用合同的被许可人和著作财产权的合法继承人。在著作权许可使用合同的被许可人中，除非另有约定，专有许可合同的被许可人可以单独向法院提出申请；普通许可合同的被许可人则不能单独向法院提出申请。[①] 向法院申请行为保全时，应当递交申请

① 参见最高人民法院《关于审查知识产权纠纷行为保全案件适用法律若干问题的规定》第2条第2款。

书和相应证据，包括：（1）申请书，其中应当说明申请人与被申请人的身份、送达地址、联系方式；申请采取行为保全措施的内容和期限；申请所依据的事实、理由，包括被申请人的行为将会使申请人的合法权益受到难以弥补的损害或者造成案件裁决难以执行等损害的具体说明；为行为保全提供担保的财产信息或资信证明，或者不需要提供担保的理由。（2）有关享有著作权的证明，如作品登记证书等。如申请人为许可合同的被许可人，应提交许可合同等证明材料。专有许可合同的被许可人单独提出申请的，应当提交著作权人放弃申请的证据材料；著作财产权的继承人应当提交已经继承或者正在继承的证据材料。（3）证明被申请人正在实施或者即将实施侵权行为的证据。（4）相应的担保。如未能提供担保，法院将驳回申请。申请人提供的担保数额，应当相当于被申请人可能因执行行为保全措施所遭受的损失，包括责令停止侵权行为所涉产品的销售收益、保管费用等合理损失。在执行行为保全措施过程中，被申请人可能因此遭受的损失超过申请人提供的担保数额的，法院可以责令申请人追加相应的担保。申请人拒不追加的，法院可以裁定解除或者部分解除保全措施。诉前责令停止侵权的措施毕竟是在法院全面听取当事人双方的意见并审查双方提供的证据之前，依申请人“一面之词”而作出的，存在着申请人提供虚假证据限制被申请人从事正常商业活动的风险，为了保障被申请人的合法利益，防止申请人滥用临时措施机制，要求申请人提供相应的担保是完全必要的。《与贸易有关的知识产权协定》也规定：成员国的司法机关不但有权要求申请人提供所有可以合理获得的证据，以使司法机关足以确信该申请人为权利人、其权利正在受到侵犯或此种侵权已迫近，而且有权责令申请人提供足以保护被申请人和防止滥用临时措施的保证金或与之相当的担保。①

在我国，最高人民法院的司法解释规定，在申请诉前和诉中行为保全时，有下列情形之一，不立即采取行为保全措施足以损害申请人利益的，属于为申请行为保全所需的“情况紧急”：申请人的发表权等人身权利即将受到侵害；诉争的著作权即将被非法处分；申请人的著作权在展销会等时效性较强的场合正在或者即将受到侵害；时效性较强的热播节目正在或者即将受到侵害，以及其他需要立即采取行为保全措施的情况。在申请诉前行为保全时，“难以弥补的损害”包含以下情形：（1）被申请人的行为将会侵害申请人享有的发表权等人身性质的权利且造成无法挽回的损害；（2）被申请人的行为将会导致侵权行为难以控制且显著增加申请人的损害；（3）被申请人的侵害行为将会导致申请人的相关市场份额明显减少；（4）对申请人造成其他难以弥补的损害。②

法院在审查行为保全申请时，应当综合考量一系列因素：第一，申请人的请求是否具有事实基础和法律依据，特别是请求保护的著作权是否存在权属争议。第二，不采取行为保全措施是否会使申请人的合法权益受到难以弥补的损害或者造成案件裁决难以执行等损害。第三，不采取行为保全措施对申请人造成的损害是否超过采取行为保全措施对被申请人造成的损害。第四，采取行为保全措施是否损害社会公共利益。③

值得注意的是，这些考虑因素非常类似于美国法院长期以来形成的颁布“临时禁令”

---

① 参见《与贸易有关的知识产权协定》第 50 条第 3 款。

② 参见最高人民法院《关于审查知识产权纠纷行为保全案件适用法律若干问题的规定》第 6 条、第 10 条。

③ 参见上述规定第 7 条、第 8 条。

的若干标准：根据事实，原告胜诉的可能性；在颁布禁令之外是否有其他充分的法律救济手段；不颁布禁令是否会导致无法弥补的损害；不颁布禁令给原告造成的损失是否会超过被告可能因禁令而遭受的损失；颁布禁令是否会危及公共利益。在实践中，如果法院确信原告具有胜诉的极大可能，一般会认定不颁布禁令会对原告造成无法弥补的损失。但法院会仔细考虑后两个因素，因为在一些情况下，即使原告确实有极大的胜诉可能性，颁布禁令也并非最适合的救济方式。例如，被告未经许可在原告的作品的基础之上创作并出版了受到广泛欢迎的续写作品（演绎作品），颁布禁止该侵权作品继续出售的禁令就会使公众无法欣赏到优秀作品。此时，让被告承担赔偿责任是一种对公共利益更为有利的救济方式。再如，在 1984 年美国联邦最高法院判决的索尼案中，即使认为私人录制不是“合理使用”、索尼公司出售录像机的行为构成“帮助侵权”的四名大法官，也不赞成颁布禁止索尼公司出售录像机的禁令，因为除了电影作品版权人之外，许多电视节目的版权人并不反对消费者录制它们的节目，禁令会不合理地剥夺大批消费者使用录像机合法录制电视节目的机会。虽然我国最高人民法院的司法解释并未对“是否会损害社会公共利益”的含义作出更详细的解释，但美国法院的实践可以起到参考作用。

对于申请人提出的责令停止侵权行为的申请，法院经审查后认为符合法定条件的，应在 48 小时内作出书面裁定，责令被申请人停止侵权行为，而且应当立即开始执行；并在至迟不超过 5 日的时间内及时通知被申请人。对裁定的时间作出严格规定是因为侵权行为往往会给权利人造成难以弥补的损失，法院尽早对申请是否符合法定条件进行审查并作出裁定，可便于权利人及时制止侵权行为。

当事人对行为保全的裁定不服的，可以在收到裁定之日起 10 日内申请复议一次，复议期间不停止裁定的执行。同时，在法院采取行为保全措施后，申请人应当在 30 日内对被申请人提起诉讼或者申请仲裁，否则，法院应当裁定解除所采取的临时措施。这同样是为了保障被申请人的合法利益，防止申请人滥用临时措施机制。由于法院采取的措施是根据申请人单方面的申请作出的，被申请人尚未有充足的时间准备和提交有利于自己的证据，并对申请人的请求进行反驳和抗辩；而且停止有关行为的裁定的效力，一般将维持到终审法院作出的裁判生效时才终止。因此，如果允许申请人在法院采取责令被申请人停止有关行为的措施之后，无限期拖延起诉时间，使法院迟迟不能对被申请人的行为是否构成著作权侵权进行全面审理，无疑剥夺了被申请人及时获得公正司法保障的机会。《与贸易有关的知识产权协定》第 50 条第 6 款也规定：如导致根据案件是非曲直作出裁决的程序未在合理期限内启动，则应被申请人请求，司法机关采取的临时措施应予撤销或终止。该合理期限在一成员国法律允许的情况下由责令采取该措施的司法机关确定，如未作出此种确定，则不超过 20 个工作日或 31 天，以时间长者为准。

申请人如在采取行为保全措施后 30 日内不依法提起诉讼或者申请仲裁，自然会使此前采取的行为保全措施丧失合理性。同时，如其请求保护的著作权被认定并不归属于申请人，或者根本就不存在应当受保护的著作权或邻接权，导致行为保全措施成为无源之水、无本之木，从而自始不当，或被诉侵权行为最终被生效裁判认定不构成侵权，则此前采取的行为保全措施显属错误。对于由此给被申请人造成的损失，申请人应予以赔偿。被申请人可以向法院起诉，请求申请人赔偿，也可以在申请人提起的侵权诉讼中提出损害赔偿请求。

如法院认定申请错误导致被申请人遭受损失，申请人应予以赔偿。

（三）证据保全

《著作权法》第57条规定：为制止侵权行为，在证据可能灭失或者以后难以取得的情况下，著作权人或者与著作权有关的权利人可以在起诉前依法向人民法院申请保全证据。《民事诉讼法》第84条第2款也规定：因情况紧急，在证据可能灭失或者以后难以取得的情况下，利害关系人可以在提起诉讼前向证据所在地、被申请人住所地或者对案件有管辖权的人民法院申请保全证据。《民事诉讼法》第84条第1款还规定了诉中证据保全，即在证据可能灭失或者以后难以取得的情况下，当事人可以在诉讼过程中向人民法院申请保全证据，人民法院也可以主动采取保全措施。

根据相关司法解释，当事人申请诉前证据保全措施以及法院作出裁定的程序、条件与申请保全措施基本相同。此处只就其特殊之处作出说明：首先，申请人应当说明申请诉前证据保全的理由，包括证据可能灭失或者以后难以取得，而且当事人及其诉讼代理人因客观原因不能自行收集的具体说明。其次，如果申请人申请诉前保全证据可能涉及被申请人遭受财产损失的，法院可以责令申请人提供相应的担保。例如，当软件著作权人有初步证据怀疑一家公司使用其软件的盗版时，可以在诉前申请法院进入该公司，对被怀疑安装盗版软件的计算机进行证据保全，而这将使该公司在法院判决之前无法使用相关软件进行商业活动，有可能导致该公司遭受财产损失。此时法院就可以要求申请人提供担保。

需要注意的是：诉前证据保全的目的之一是避免被申请人转移或销毁证据，因此，一般只有在不事先通知被申请人的情况下由法院实施才能达到保全证据的效果。虽然法律和司法解释都没有对这一点作出规定，但《与贸易有关的知识产权协定》明确规定：在存在证据被销毁的显而易见的风险时，司法机关有权采取不作预先通知的临时措施。① 因此，法院有权在不事先通知被申请人的情况下采取证据保全措施。

（四）财产保全

《著作权法》第56条规定了诉前财产保全的临时措施。《民事诉讼法》规定的诉前和诉中的财产保全措施当然也适用于知识产权侵权诉讼。《民事诉讼法》第104条第1款规定："利害关系人因情况紧急，不立即申请保全将会使其合法权益受到难以弥补的损害的，可以在提起诉讼或者申请仲裁前向被保全财产所在地、被申请人住所地或者对案件有管辖权的人民法院申请采取保全措施……" 其中针对财产的保全为诉前财产保全。第103条第1款规定："人民法院对于可能因当事人一方的行为或者其他原因，使判决难以执行或者造成当事人其他损害的案件，根据对方当事人的申请，可以裁定对其财产进行保全、责令其作出一定行为或者禁止其作出一定行为；当事人没有提出申请的，人民法院在必要时也可以裁定采取保全措施"，其中针对财产的保全为诉中财产保全。有关诉前和诉中财产保全措施的法律规则与有关诉前和诉中行为保全的规则基本上是一致的。需要注意的不同之处是：对于责令停止侵权行为的措施，除非申请人同意，否则，不因被申请人提供担保而解除。而对于财产保全的措施，被申请人提供担保的，法院应当解除。这是因为这两种临时措施所要达到的目的不同：前者的目的是阻止被申请人实施侵权行为，避免造成申请人的损失或

① 参见《与贸易有关的知识产权协定》第50条第2款。

进一步扩大损失。在法院对案件进行全面审理并对侵权行为造成的损失作出认定之前，无法确认被申请人的担保是否足以弥补申请人的损失；而且一些侵权行为涉及对著作人身权的侵犯，是必须加以制止的。后者的目的是防止被申请人转移、隐匿财产或因其他原因丧失清偿能力，如果被申请人提供了与被保全财产相当的担保，则采取财产保全措施的目的就已经达到，无须再继续对被申请人的财产进行保全了。

二、管辖与时效

（一）地域管辖与级别管辖

在对侵权行为提起的民事诉讼中，诉讼管辖对于原告而言是很重要的因素，因为适当的管辖地不但可能节省原告的差旅费等诉讼成本，还可能对日后的执行较为有利。与其他侵权诉讼相比，知识产权侵权诉讼无论在地域管辖还是在级别管辖方面都有一些特殊之处。

《民事诉讼法》第 29 条确定的有关地域管辖的一般原则是：因侵权行为提起的诉讼，由侵权行为地或者被告住所地人民法院管辖。根据最高人民法院《关于适用〈中华人民共和国民事诉讼法〉的解释》（2022 年修正），侵权行为地包括侵权行为实施地、侵权结果发生地。最高人民法院《著作权司法解释》第 4 条第 1 款又进一步规定：除了被告所在地的人民法院有管辖权，侵权行为的实施地、侵权复制品储藏地或者查封扣押地的人民法院也有管辖权。这里的“侵权复制品储藏地”是指大量或者经营性储存、隐匿侵权复制品所在地；“查封扣押地”是指海关、版权、市场监督等行政机关依法查封、扣押侵权复制品所在地。这实际上是将“侵权复制品或侵权商品储藏地或者查封、扣押地”解释为“侵权结果发生地”。最高人民法院《著作权司法解释》第 5 条规定：对涉及不同侵权行为实施地的多个被告提起的共同诉讼，原告可以选择其中一个被告的侵权行为实施地人民法院管辖；仅对其中某一被告提起诉讼的，该被告侵权行为实施地的人民法院有管辖权。

此外，最高人民法院在《关于审理侵害信息网络传播权民事纠纷案件适用法律若干问题的规定》第 15 条中，针对网络著作权侵权的特殊情况规定：“侵权行为地”包括实施被诉侵权行为的网络服务器、计算机终端等设备所在地。侵权行为地和被告住所地均难以确定或者在境外的，原告发现侵权内容的计算机终端等设备所在地可以被视为侵权行为地。

这样一来，权利人可以充分利用有关侵权行为地域管辖的规则，选择对自己最为有利的管辖法院。例如，权利人在上海，侵权者的住所在天津，但在北京实施了未经许可而印刷、出版权利人作品的侵权行为，被印刷、出版的侵权复制品在全国各地都有出售。此时因为侵权复制品在上海有售，上海就是“侵权结果发生地”，即可被视为“侵权行为地”，权利人就可以在上海起诉侵权者，以节省诉讼成本。权利人也可先请求上海著作权行政执法部门先行扣押侵权复制品，这样，上海就成为“查封、扣押侵权复制品所在地”，上海法院就具有管辖权。

实务探讨

能将网络购物的收货地和权利人住所地确定为知识产权侵权行为地吗？

最高人民法院《关于适用〈中华人民共和国民事诉讼法〉的解释》第 20 条规定：“以

信息网络方式订立的买卖合同，通过信息网络交付标的的，以买受人住所地为合同履行地；通过其他方式交付标的的，收货地为合同履行地……”有一种观点认为，该条意味着被诉侵犯知识产权的产品（如盗版书、带有假冒他人注册商标的商品等）的“网购”收货地可被认为知识产权侵权结果发生地，因此收货地的法院有管辖权。该观点的实质，是将《民事诉讼法》及其司法解释理解为允许知识产权权利人选择任意地点起诉，只要该地可以接收“网购”的商品。该观点忽视了知识产权侵权的特殊性，将架空民事侵权管辖的基本原则及知识产权法相关司法解释的规定。同一销售侵犯知识产权的商品的行为就可以导致成千上万个侵权商品在全国各地被接收到，如果将“网购”收货地作为侵权结果发生地，将导致任意“选择法院”的现象普遍发生。

对此，最高人民法院在相关案例中明确指出：上述司法解释是对民事诉讼法关于合同履行地的补充规定，“由于合同案件与侵犯知识产权及不正当竞争案件存在较大的不同，合同案件一般发生在合同当事人之间，且其影响基本仅限于特定的行为和特定的当事人，而在侵犯知识产权和不正当竞争案件中，当事人通过网络购物方式取得被诉侵权产品，虽然形式上与‘以信息网络方式订立买卖合同’并无区别，但其所提出的侵权主张并非仅针对这一特定的产品，而是包含了特定权利的所有产品；其主张也并非仅针对合同的另一方主体，而可能是与此产品相关的、根据法律规定可能构成侵权的其他各方主体。考虑到上述区别，并考虑到侵犯知识产权案件和不正当竞争案件中对侵权行为地的确定有专门的规定，在此类案件中，如果原告通过网络购物方式购买被诉侵权产品，不宜适用民事诉讼法司法解释第 20 条的规定来确定案件的地域管辖”[①]。在有关管辖权异议的“格力诉奥克斯案”中，最高人民法院再次强调：在侵犯知识产权类案件中，如果原告通过网络购物方式购买被诉侵权产品，在确定管辖时，不宜适用最高人民法院《关于适用〈中华人民共和国民事诉讼法〉的解释》第 20 条的规定，以收货地作为管辖连结点。最高人民法院指出，如果只要在“京东商城”进行下单、收货，就可以根据收货地址随意选择管辖权，则违反管辖权的确定原则。因此，在确定专利侵权案件的管辖时，销售行为地原则上包括不以网络购买者的意志为转移的网络销售商主要经营地、被诉侵权产品储藏地、发货地或者查封扣押地等，但网络购买方可以随意选择的网络购物收货地通常不宜作为网络销售行为地。[②] 该原则对于涉及“网购”的著作权侵权（如“网购”实物图书）案件的管辖和商标侵权案件的管辖是同样适用的。

最高人民法院《关于适用〈中华人民共和国民事诉讼法〉的解释》第 25 条还规定：“信息网络侵权行为实施地包括实施被诉侵权行为的计算机等信息设备所在地，侵权结果发生地包括被侵权人住所地。”也有观点认为，对于侵犯著作权人之信息网络传播权的侵权行为（如擅自将小说上传至网站中传播），著作权人住所地的法院有管辖权。本书作者对此持不同观点。对于侵犯信息网络传播权的行为而言，侵权行为（未经许可而上传作品至向公众开放的服务器）和侵权结果（作品在服务器上处于可为公众所获得的状态，无论是否有人实际获得作品）均在涉案服务器上发生，难以分离。只有在服务器所在地和被告住所地

---

① 最高人民法院（2016）最高法民辖终 107 号民事裁定书。

② 参见最高人民法院（2018）最高法民辖终 93 号民事裁定书。

均难以确定的情况下，才能将被侵权人（著作权人）住所地视为侵权结果发生地。换言之，对于侵犯信息网络传播权的诉讼，仍然应当适用前文提及的有关侵犯信息网络传播权的司法解释的规定。在级别管辖方面，根据最高人民法院《关于第一审知识产权民事、行政案件管辖的若干规定》第1～3条，除计算机软件的权属、侵权纠纷由知识产权法院（中级人民法院级别），省、自治区、直辖市人民政府所在地的中级人民法院和最高人民法院确定的中级人民法院管辖之外，其他第一审著作权民事、行政案件，由最高人民法院确定的基层人民法院管辖，但诉讼标的额在最高人民法院确定的数额以上的，以及涉及国务院部门、县级以上地方人民政府或者海关行政行为的，由中级人民法院管辖。之所以规定由特定的中级人民法院作为计算机软件的权属、侵权纠纷以及著作权侵权纠纷的一审法院，是因为审理此类案件往往涉及较为专业的技术问题，对法官的要求更高。

典型案例

信息网络传播权侵权纠纷原则上不能以“原告发现侵权内容的计算机终端等设备所在地”来确定管辖

本案中原告发现两位自然人被告未经许可将其摄影作品在某网站上发布，于是在其住所地秦皇岛（“原告发现侵权内容的计算机终端等设备所在地”）起诉两自然人及运营网站的公司侵犯其信息网络传播权。被告提出管辖权异议，认为本案应当由被告住所地北京的法院管辖。本案的关键在于，在信息网络传播权侵权纠纷中，能否将“原告发现侵权内容的计算机终端等设备所在地”（通常为原告住所地）视为侵权结果发生地并依此确定管辖。

最高人民法院认为，《关于适用〈中华人民共和国民事诉讼法〉的解释》第25条规定（“信息网络侵权行为……侵权结果发生地包括被侵权人住所地”）中的“信息网络侵权行为”针对的是发生在信息网络环境下，通过信息网络实施的侵权行为，并未限于特定类型的民事权利或者权益。与之不同的是，《关于审理侵害信息网络传播权民事纠纷案件适用法律若干问题的规定》第15条规定（“侵害信息网络传播权民事纠纷案件由侵权行为地或者被告住所地人民法院管辖……”）是针对信息网络传播权这一特定类型的民事权利，对侵害信息网络传播权纠纷民事案件的管辖作出的特别规定。在确定侵害信息网络传播权民事纠纷案件的管辖时，应当以上述规定第15条为依据。该条明确规定，只有在“侵权行为地和被告住所地均难以确定或者在境外”的例外情形下，才可以将“原告发现侵权内容的计算机终端等设备所在地”视为侵权行为地。基于信息网络传播权的性质和特点，侵害信息网络传播权的行为一旦发生，随之导致“公众可以在其个人选定的时间和地点获得作品”，其侵权结果涉及的地域范围具有随机性、广泛性。本案中，秦皇岛市为原告住所地，并非被告住所地，亦不属于上述规定第15条规定的侵权行为地。此外，本案也不存在“侵权行为地和被告住所地均难以确定或者在境外”的例外情形。因此，秦皇岛法院对于本案没有管辖权。①

---

① 参见最高人民法院（2022）最高法民辖42号民事裁定书。

2014 年，北京、上海和广州知识产权法院成立；2020 年海南自由贸易港知识产权法院成立。知识产权法院的级别为中级人民法院。根据最高人民法院《关于北京、上海、广州知识产权法院案件管辖的规定》以及全国人民代表大会常务委员会《关于设立海南自由贸易港知识产权法院的决定》，在著作权侵权案件管辖方面，北京知识产权法院和上海知识产权法院管辖所在市辖区内的计算机软件民事和行政案件。[①] 广州知识产权法院和海南自由贸易港知识产权法院分别对广东省和海南省内的计算机软件民事和行政案件实行跨区域管辖，广东省（深圳市除外）和海南省的其他中级人民法院不再受理计算机软件民事和行政案件。[②] 该规定意味着：在这三家知识产权法院的辖区内，涉及计算机软件著作权的民事案件和行政案件的级别管辖有特殊之处，无论这些纠纷的一审案件的标的额如何，都不再由当地高级人民法院确定的基层人民法院管辖，而是统一由知识产权法院进行管辖。

2018 年，全国人大常委会通过了《关于专利等知识产权案件诉讼程序若干问题的决定》，对专业技术性较强的知识产权侵权案件的上诉审理机制作出了重大调整。在著作权侵权案件管辖方面，当事人对涉计算机软件知识产权民事案件和行政案件第一审判决、裁定不服，提起上诉的，由最高人民法院知识产权法庭审理（最高人民法院知识产权法庭与最高人民法院知识产权审判庭相互独立）。第一审涉计算机软件知识产权民事案件，应由中级人民法院管辖，当事人对一审判决、裁定不服，提起上诉的，原本应由相应的高级人民法院审理，比如对于上海知识产权法院作出的计算机软件著作权侵权判决，当事人原本应向上海市高级人民法院上诉。上述决定将此类案件的二审都集中由最高人民法院知识产权法庭审理，主要是为了统一和规范裁判尺度。

有的国家还规定了另一种意义上的“管辖”，即几类不同的法律都有适用可能时，应当适用何种法律、由何种法院受理。如《美国版权法》第 301 条（a）款规定，对于该法中规定的、已在物质载体上固定的作品，对该法规定的专有权利进行保护时，均应适用《美国版权法》(联邦立法）。这就意味着此类案件必须由美国联邦法院管辖，各州规定的侵权法和其他专门立法没有适用的空间，不可由州法院受理。我国并无类似规定，但根据特别法优于普通法的原理，以及其他相关考虑，可以在几类不同法律都有适用可能时，对于应适用何种法律作出判断。例如，当立体美术作品的权利人也在特定类型产品上就相同的造型获得了外观设计专利权时，由于著作权和外观设计专利权都是法定权利，权利人可以视情况主张著作权保护（如他人制造和出售使用了相同造型的不同类产品）或外观设计专利权保护（如他人制造和出售使用了相同造型的同类产品），并不是所有情况下只可能适用《著作权法》或《专利法》。再如，有的法院认为未出版的书稿可作为商业秘密受到保护，并适用《反不正当竞争法》判决未经许可而出版该书稿的出版社侵权。但这将导致任何尚未由商业机构发表的作品都可成为“商业秘密”，有架空《著作权法》规定的发表权和其他权利之嫌，值得商榷。

---

① 参见最高人民法院《关于北京、上海、广州知识产权法院案件管辖的规定》第 1 条。

② 参见最高人民法院《关于北京、上海、广州知识产权法院案件管辖的规定》第 2 条、第 3 条第 2 款，全国人大常委会《关于设立海南自由贸易港知识产权法院的决定》第 2 条。但根据最高人民法院《关于同意广东省深圳市两级法院继续管辖专利等知识产权案件的批复》，深圳市两级法院继续管辖涉计算机软件知识产权民事案件和行政案件。

（二）诉讼时效

按照《民法典》第 188 条的规定，向人民法院请求保护民事权利的诉讼时效期间为 3 年，从知道或者应当知道权利被侵害及义务人时起计算。这一原则性规定当然适用于著作权侵权诉讼。但是，许多侵犯著作权的行为是持续性的，如某音乐网站擅自提供音乐专辑的下载，只要提供行为一直在继续，就构成对音乐作品著作权人、表演者和录音制品制作者权利的持续侵犯。为了加强对著作权的保护，同时维护公共利益，最高人民法院在相关司法解释中对著作权侵权诉讼的时效作出了特别规定：侵犯著作权的诉讼时效为 3 年，自著作权人知道或者应当知道侵权行为之日起计算。权利人超过 3 年起诉的，如果侵权行为在起诉时仍在持续，在该著作权保护期内，人民法院应当判决被告停止侵权行为；侵权损害赔偿数额应当自权利人向人民法院起诉之日起向前推算 3 年计算。① 例如，著作权人知道侵权人自 2017 年 2 月 1 日开始实施侵犯其著作权的行为，但直至 2022 年 2 月 1 日才向法院提起诉讼。只要起诉时著作权仍然在保护期内，法院就应责令侵权人停止侵权，但赔偿数额只能从 2019 年 2 月 1 日算起。至于 2017 年 2 月 1 日至 2019 年 1 月 31 日之间权利人的损失，不能计算在赔偿数额之内。

需要注意的是，许多看似持续性的侵权行为实际上是分次实施的侵权行为。例如，某出版社从 2017 年 2 月起，在长达 5 年时间内，对一部畅销小说每年都在 2 月和 8 月未经许可各印刷 1 万本出售，则每次印刷出售都构成一次对小说著作权中的复制权和发行权的侵权，对该次侵权行为的诉讼时效，应当从其发生之时起算，而不是从出版社第一次印刷出售时（2017 年 2 月）起算。如果权利人知道侵权人自 2017 年 2 月开始侵权，但直至 2022 年 2 月才向法院提起诉讼，对于 2017 年至 2019 年 2 月之间发生的各次侵权行为而言，被诉侵权人提出超过诉讼时效的抗辩的，其不再承担赔偿责任；但对于 2019 年 2 月至 2022 年 2 月之间发生的侵权行为而言，因并未超过诉讼时效，权利人即使依照《民法典》的规定也仍可获得侵权损害赔偿。

第四节　侵权诉讼中的举证

在著作权侵权诉讼中，举证责任的分配和履行是非常重要的一环，直接关系到当事人能否赢得诉讼。著作权侵权诉讼为民事诉讼，“谁主张、谁举证”的举证责任分配规则仍然适用。但由于著作权所具有的特殊性质，相关法律和司法解释在举证问题上也有一些特殊规定。

一、举证责任的分配

在权利人起诉他人侵权并要求对方承担停止侵权责任的情况下，由于过错并非构成直接侵权和被诉侵权人承担停止侵权责任的条件，权利人只需要证明自己是相关作品的权利人，以及被诉侵权人未经许可实施了受著作权控制的相关行为。同时，如本书第四章第二

---

① 参见最高人民法院《著作权司法解释》第 27 条。

节所述，作品上的署名和特定权利归属的标志（如电影作品、电视剧作品上制作者的名称）还可以起到推定作者身份、作品上存在相应权利，以及权利归属的作用。被诉侵权人则需要举证证明相关客体并不受保护，如作品已超过保护期，或者自己取得了相应的许可，或者相关行为是权利限制条款所允许的。《著作权法》第59条第2款规定："在诉讼程序中，被诉侵权人主张其不承担侵权责任的，应当提供证据证明已经取得权利人的许可，或者具有本法规定的不经权利人许可而可以使用的情形。"需要注意的是，该规定并非要求"举证责任倒置"。"举证责任倒置"是指原本由一方承担的举证责任改由另一方承担。如《专利法》第66条第1款规定："专利侵权纠纷涉及新产品制造方法的发明专利的，制造同样产品的单位或者个人应当提供其产品制造方法不同于专利方法的证明。"该条规定的才是"举证责任倒置"，因为按照"谁主张、谁举证"的举证责任分配规则，理应先由专利权人举证证明被诉侵权人未经许可而使用自己的专利方法制造新产品，然后再由被诉侵权人举反证反驳，证明自己使用的并非专利方法。但是考虑到除非采用工业间谍等非常规手段，专利权人不太可能取得被诉侵权人使用其专利方法的直接证据，因此对于新产品的制造方法，免除专利权人举证证明对方使用专利方法的责任，而直接由被诉侵权人证明自己制造相同新产品时，使用的是不同于专利方法的其他方法。而《著作权法》第59条第2款并没有改变"谁主张、谁举证"的基本规则：该条并没有免除权利人对于被诉侵权人实施侵权行为的举证责任。权利人还是应当首先举证证明被诉侵权人实施了受专有权利规制的行为，然后再由被诉侵权人举证证明其没有实施受原告享有的专有权利规制的行为，或者其已经取得了许可，或者其行为有不构成侵权的其他正当理由。这并不是"举证责任倒置"，而且在民事诉讼中也一直采用相同的规则。无论有没有该条规定，法院都会这样去分配举证责任。

如果权利人还要求对方承担赔偿责任，则被控侵权人还应具有主观过错。此时被控侵权人为免除赔偿责任，应举证证明自己在实施直接侵权行为时没有故意或过失。最高人民法院《著作权司法解释》第20条规定：出版者对其出版行为的授权、稿件来源和署名、所编辑出版物的内容等未尽到合理注意义务的，依据著作权法第49条（现行《著作权法》第54条——引者注）的规定，承担赔偿责任。出版者应对其尽了合理注意义务承担举证责任。根据此条规定，在原告已经证明作为被告的出版社未经许可而出版其作品、构成侵权的情况下，出版社必须举证证明自己已经对"其出版行为的授权、稿件来源和署名、所编辑出版物的内容"尽到了合理注意义务、不具有主观过错，否则仍然将承担赔偿损失的民事责任。

典型案例

商业性使用盗版软件案

北京北大方正集团公司、北京红楼计算机科学技术研究所共同为激光照排软件方正RIP v2.1的著作权人。它们发现北京某科技发展公司未经许可，在其照排机中非法安装使用方正RIP v2.1软件用于商业性服务。两公司随即以该科技发展公司侵犯其计算机软件著作权为由提起诉讼，要求其赔偿经济损失15万元。某科技发展公司则认为自己使用的方正RIP v2.1软件是从另一家公司购买的电子出版系统中随机装配的，并不知晓该软件为侵权复制品。某科技发展公司还提供了与另一家公司签订的购买照排机及方正 RIP v2.1 软件的合同。

法院经审理后认为：对计算机软件本身的合法取得是通过软件权利人的合法授权或者法律规定的授权来体现。因此，在取得计算机软件物质载体时，应该对其中运行使用的软件进行必要的审查，尽到一定注意义务，避免获得和运行使用未经授权的计算机软件，从而维护软件权利人的合法权利。本案中，被告没能审查通过捆绑式销售取得的电子出版系统中配备软件型号的具体情况，也没有尽到对所运行软件的著作权作进一步审查的义务。因此，被告在使用侵权方正 RIP v2.1 软件时，没有证据证明其不知道或者没有合理理由知道该软件为侵权复制品，应视为其主观上存在过错，未尽一定的审查义务而运行使用了侵权复制品，故应承担赔偿损失的民事责任。最后，法院根据原告作为著作权人有偿许可他人使用方正 RIP v2.1 软件所收取合理费用的数额，判决被告赔偿原告经济损失 7 万元人民币。①

二、对被控侵权行为的证明

在涉及直接侵权的诉讼中，原告不仅需要证明自己是相关作品的权利人或者利害关系人，还要证明被告未经许可实施了受著作权控制的相关行为。在认定侵犯复制权和演绎权的行为时，权利人往往难以直接证明被控侵权人实施了复制和演绎行为。因为被控侵权人一般都是在私人空间实施复制和演绎行为的，除非其行为被录制下来，或者现场有他人目睹了该行为的实施，否则权利人难以提出被控侵权人进行了复制和演绎的直接证据。

为了解决这一问题，在中外司法实践中都使用了“接触＋实质性相似”的侵权认定公式。根据该公式，如无直接证据证明被控侵权人实施了复制或演绎行为，但权利人证明了被控侵权人接触过其在先作品，以及被控侵权作品与在先作品之间存在着表达上的实质性相似，法院就可以认定被控侵权人实施了未经许可的复制或演绎行为。

该公式是符合著作权法原理的。首先，著作权法并不排斥巧合，如果在后的创作者并没有接触过在先作品，但基于巧合创作出了与在先作品实质性相似的作品，当然不能认定在后创作者为侵权者。其次，著作权法不保护思想，只保护表达。如果两部作品之间只有主题、观点或创意等思想方面的相似，在后作品的创作者也不能被认为是侵权者。最后，侵权认定的前提并不是被控侵权作品与著作权人的作品完全相同。本书第三章第二节曾经讲解过，复制权控制的复制行为并不限于原样复制。只要对作品的表达未进行充分的改变或发展，以至于产生了以原作品为基础的新作品，利用原作品的行为仍然属于复制。这种非精确复制行为的结果就是，产生了与原作品实质性相似的表达。同时，改编和翻译等演绎行为，是在保留原作品基本表达的情况下，发展原作品表达并使新表达与原表达融为一体而产生新作品的行为。新作品与原作品在表达方面不可能是相同的，只可能是实质性相似。由此可见，“接触＋实质性相似”的公式不仅可适用于认定被控侵权人实施了复制行为，也可适用于认定其实施了演绎行为。

---

① 参见北京市第二中级人民法院（2003）二中民终字第 5255 号民事判决书。

需要指出的是："接触"虽然可以指"实际接触"，但在更多的情况下是指"接触的合理可能性"。这是因为权利人要证明被控侵权人实际接触过在先作品（如找到其购买在先作品的出版物或联系自己试图获取许可的记录等）并不容易。要求权利人必须证明被控侵权人"实际接触"过在先作品，与要求权利人直接证明被控侵权人实施了复制或演绎行为并无多少差异，"接触＋实质性相似"的公式就几乎失去意义了。因此，只要权利人能够证明被控侵权人有"接触的合理可能性"就足够了。"合理可能性"（reasonable possibility）并不是指任何仅在理论上存在的可能性（bare possibility）。[①] 如果原告仅在某一城市演唱过一首其创作的歌曲，而且没有现场直播或录制发行录音制品，被告当时也不在该座城市，则除非被告创作的歌曲与该歌曲存在"惊人相似"，否则不能认定被告接触过原告的作品。[②]

关于被控侵权人接触作品的"合理可能性"可通过几种方式认定：第一种认定方式是在先作品已被广为发行或传播，如小说已经出版，音乐已被制成专辑在网络中传播，或电影已经上映等。此时可推定被控侵权人有接触该在先作品的合理机会。当然，有时被控侵权人在创作自己的作品时，会不自觉地借用之前接触过的作品，并非刻意抄袭。但这种无意识的使用并不能成为免责的理由。

典型案例

《Love is a Wonderful Thing》歌曲侵权案

"艾斯利兄弟"（Isley Brothers）是 20 世纪 60 年代在美国极为成功的乐队。他们于 1964 年创作了具有黑人音乐风格的歌曲《Love is a Wonderful Thing》，该歌曲直至 1991 年才被收录进专辑出版，也从未进入任何排行榜的前 100 名，当时只作为单曲在广播电台、电视台播出过或由乐队演唱过。1990 年，美国乐坛的巨星迈克尔·波顿（Michael Bolton）与他人合作创作了同名歌曲，并收录进专辑出版。该歌曲由于与"艾斯利兄弟"的歌曲十分相似，引起了诉讼。

迈克尔·波顿及其他合作作者否认自己曾经听过原告那首 25 年前的老歌。三名研究黑人音乐风格的专家也作证称，此前他们从未听过"艾斯利兄弟"的那首歌曲。至于歌曲同名的问题，迈克尔·波顿找到了 129 首在美国版权局登记的同名歌曲，其中有 85 首在 1964 年之前就登记了，以此说明该歌名是非常普通的名称，不足以证明抄袭。

"艾斯利兄弟"乐队则认为，他们的歌曲在当时已通过广播电台、电视台广为传播，迈克尔·波顿有接触该歌曲的合理机会。他们举证证明：迈克尔·波顿及其合作者在涉案歌曲传播时已是十几岁的孩子，非常喜欢听黑人音乐风格的歌曲，而且还收集了"艾斯利兄弟"乐队的音乐作品。

在此案一审时陪审团经过审理，认定迈克尔·波顿及其合作者有接触"艾斯利兄弟"乐队同名歌曲的合理机会。由于两首歌曲在旋律方面也存在实质性相似，法院判决被告败

---

① Three Boys Music v. Bolton 212 F. 3d 477, at 482 (9th Cir., 2000).

② See Melvile B. Nimmer & David Nimmer, *Nimmer on Copyright*, Matthew Bender & Company, Inc., 2003, § 13.02.

诉，赔偿540万美元。在二审中，法院认为，十几岁的孩子往往是音乐的狂热爱好者，迈克尔·波顿和他的合作者完全有可能对那首当时在广播电台、电视台中播出的音乐着迷，并在二十多年后创作自己的歌曲时不自觉地用到了它的旋律。因此陪审团的结论有充分的证据支持，应而维持一审判决。①

第二种认定“合理接触可能性”的方式，是被控侵权作品与在先作品之间存在着“令人吃惊的相似度”（striking similarity），以至于排除了被告基于巧合独立创作出相似作品的可能性。在这种情况下，除非两部作品之间的相似度可以用共同源于其他作品来解释，否则法院可以直接认定被告接触过原告的作品，并进行了复制或演绎。换言之，如果存在“令人吃惊的相似度”，“接触”与“实质性相似”这两个要件就一并满足了。例如，一位作家发现一本长篇小说与自己已出版的一部长篇小说在文字上几乎一模一样，却署了另一个人的姓名，该名作家即可起诉在小说上署名的另一人侵犯其著作权。该名作家可以通过向法院出示署有自己姓名的已出版小说来证明自己是作者和著作权人，并通过出示署名为他人，而内容与其作品雷同的小说来证明他人侵犯自己的著作权。由于这两部小说在内容上具有“令人吃惊的相似度”，法院可以直接推定被告抄袭了原告的小说。

典型案例

毛绒小猪玩具案

原告推出毛绒小猪玩具后，被告很快推出了与之造型非常相似的毛绒小猪玩具。原告未能提出被告接触过在先玩具的直接证据。双方的玩具上市时间间隔只有几个月，而且当时原告的玩具并不容易从市场购得。法院认为：如果原、被告的作品高度相似，而且这种相似度并不来源于对公有领域作品的共同借鉴，则可以推定被告接触并复制了原告的作品。本案中原、被告的毛绒小猪玩具的相似度令人吃惊（strikingly similar），连细节之处，如小猪的三瓣蹄造型，都几乎相同，法院最终判决被告败诉。②

图片中上方的毛绒玩具是原告的，下方的是被告的③

① Three Boys Music v. Bolton，212 F. 3d 477（9th Cir.，2000）.
② Ty，Inc. v. GMA Accessories，132 F. 3d 1167（7th Cir.，1997）.
③ 图片来源：http：//www. coolcopyright. com/cases/chp5/tygma. htm。

第三种认定方式是：如果与被告有密切联系的第三人获得了原告的作品，根据举证情况，有时也可推定被告通过该第三人接触过该用品。例如，在“《曼哈顿的印第安人》绘画案”中（参见本书第二章第三节），原告的绘画并没有正式出版或广泛传播，与被告绘画的相似度也尚未达到令人吃惊的程度，但原告曾将该绘画制作成明信片寄给《纽约客》杂志，而被告正是接受《纽约客》杂志的委托而创作被控侵权作品的。原告曾将该明信片寄给被告的好友，而被告在此期间曾到过该好友的画室。此外，原告曾经身穿印有其绘画的文化衫参加被告的画展的开幕式，并与被告交谈。法院认为被告是有合理机会看到过原告的绘画的。[1]

在根据“接触＋实质性相似”的公式推定被告对原告的在先作品进行了复制或演绎之后，被告仍然可以通过举证证明：自己并未对原告的作品进行复制或演绎，而是进行了独立创作。相似之处源于巧合或对其他作品的共同借鉴。当然，如本书第二章第二节在讲解独创性时所言，在先作品篇幅越长、内容越复杂，被控侵权作品与之越相似，被控侵权人就越难以成功地证明自己进行了独立创作。

典型案例

《钢铁侠》电影宣传海报案

美国漫威公司于2013年推出电影《钢铁侠3》，并发布了宣传海报（见下图左）。然而12年前，由莱氏兄弟创办的地平线公司出版了名为《雷迪克斯》（*Radix*）的系列动漫，并绘制了一张其中角色的漫画（见下图右），但该漫画并未公开出版过。此后曾有六名漫威公司的工作人员（他们并未参与或监督《钢铁侠3》宣传海报的创作）与莱氏兄弟接触过，其中只有一人曾在贴有该漫画的地方与莱氏兄弟洽谈，希望他们能加入漫威。地平线公司因此认为《钢铁侠3》宣传海报的创作者有通过这六人获得自己在先漫画的合理机会，加之双方的图形实质性相似，漫威公司侵害了自己的版权。

① Kerr v. New Yorker Magazine, 63 F. Supp. 2d 320, at 323 - 324 (S. D. N. Y., 1999).

法院认为：地平线公司提供的证据尚不足以推出《钢铁侠Ⅲ》宣传海报的创作者具有接触地平线公司漫画的合理机会，而且《钢铁侠Ⅲ》宣传海报与地平线公司漫画之间的相似性尚未达到“令人吃惊”（strikingly similar）的程度。更为重要的是漫威公司证明了《钢铁侠3》宣传海报完整的创作过程：画家们设立了“灵感板”，用铅笔画草图，而素材则是电影《钢铁侠》和《钢铁侠2》和漫画《钢铁侠》中的人物形象，其中包括电影中男主角身穿机甲、蹲伏跪地的一批剧照。根据其中一张剧照绘制的宣传画在配上战斗场面的背景后被最终选中。因此法院确信该宣传海报是独立创作完成的，而非抄袭的结果。[①]

本案中，在原告的涉案作品并未出版的情况下，其证明接触的证据并不充分。在原告提及的与之有过接触的6名漫威公司工作人员中，仅有1人进入过展示涉案作品的场所，距离《钢铁侠3》宣传海报的创作时间甚远，且此人并未参与海报的设计或管理。原、被告的作品虽然有明显相似之处，但人蹲伏的姿势本身并非原告独创，原、被告的作品中人物蹲伏的具体动作造型也存在区别。更为重要的是，漫威公司举证说明了在电影《钢铁侠》中，男主角本来就身穿机甲做过这样的动作，且这批剧照还是漫威公司创作宣传海报的素材，由此证明了其独创创作过程，因此漫威公司的海报未被认定为侵权作品。

对于涉及计算机程序的侵权诉讼而言，如果被诉侵权的计算机程序并没有直接显示权利人计算机程序的名称或由权利人开发等信息，无法直接推定被诉侵权的计算机程序来源于权利人，就需要通过原、被告双方的计算机程序源代码的比对来判断被诉侵权的计算机程序是不是由权利人的计算机程序复制或修改而来的。由于权利人很难获得被诉侵权的计算机程序的源代码，不能认为只有权利人提供了双方计算机程序源代码的比对结果才算完成初步举证责任。在被诉侵权人有接触权利人的计算机程序的合理机会的情况下，被诉侵权的计算机程序与权利人的计算机程序在运行界面、操作方法和输出内容等方面存在难以合理解释的相似之处或共同错误的，可以认为权利人完成了初步举证责任，此时应转而由被诉侵权人提供程序的源代码以供法院委托鉴定机构进行比对。

典型案例

计算机程序权利人在侵权诉讼中的举证责任

原告开发了“电泳仪程序”，其从事研发工作的职员后成为被告的法定代表人。随后原告发现被告销售的电泳仪与自己开发的电泳仪在显示界面、参数设置和操作特征上完全一致，且都有共同的错误，遂起诉被告侵害其计算机程序著作权。由于原告未能提供被诉侵权的计算机程序的源代码，以至于法院无法进行源代码的比对，一审法院便驳回了原告的诉讼请求。

在二审中，最高人民法院认为，本案中的权利人难以获取被诉侵权软件的源程序，在其已证明被诉侵权人对涉案软件具有接触可能性以及两款软件的可视化内容相同，特别是

① Horizon Comics Productions Inc. v. Marvel Entertainment，2019 WL 3080847，5-7.

二者在瑕疵显示上亦相同的情况下，权利人已在其举证能力范围内尽到了初步的举证责任。此时，如被诉侵权人认为不构成侵权，则应提供相反证据证明其主张。原审法院以权利人未提交被诉侵权软件源代码为由，认为其未提交充分证据证明二者的源代码构成实质近似，从而驳回其诉讼请求，属于对举证责任的分配不当。在二审期间，最高人民法院责令被诉侵权人提交被诉侵权软件的源代码，在被诉侵权人提交了源代码后，最高人民法院将此案裁定发回重审，以查明双方计算机程序的源代码是否相同或实质性相似。[①]

需要注意的是，“接触＋实质性相似”的公式并不能用于认定被控侵权人实施了发行、出租或传播行为。这是因为发行、出租和传播均是对被控侵权作品或其复制件的利用，而不涉及创作侵权作品或制作侵权复制件的行为。同时，发行、出租和传播均具有公开性，权利人完全能够提出直接证据。例如，某人未经许可而根据小说创作出连环画并送交出版，对于出版社出版和书店销售该连环画的行为，权利人可以通过由公证员陪同在书店购买该连环画出版物（印有出版社名称）并对该过程制作公证书来加以证明。最高人民法院《著作权司法解释》第8条规定：当事人自行或者委托他人以定购、现场交易等方式购买侵权复制品而取得的实物、发票等，可以作为证据。公证人员在未向涉嫌侵权的一方当事人表明身份的情况下，如实对另一方当事人按照前款规定的方式取得的证据和取证过程出具的公证书，应当作为证据使用，但有相反证据的除外。这样，为了获得具有说服力的证据，著作权人可以申请公证机关派身着便衣的公证员一起去购买侵权复制品，公证员在亲历整个过程之后做成公证书。如果没有相反证据，该证据将被法院采信。至于出版社和书店是否接触过作为连环画基础的小说，则在所不问。

实务探讨

“陷阱取证”合法吗？

“陷阱取证”原是指在侦查特定刑事案件过程中，警方为了获取证据，采取隐瞒真正身份、引诱犯罪嫌疑人实施犯罪行为的特定取证方法。例如，当警方怀疑某人贩毒，又苦于无法获得确凿证据时，就可以假扮买主去犯罪嫌疑人处，要求购买毒品，然后在对方交货的时候将其抓获并取得证据。“陷阱取证”有两种类型：第一种是“机会提供型”，即被侦查对象已有犯罪意图或倾向，警方的引诱行为只是使其犯罪意图暴露出来，为其实施犯罪提供机会，属于合法的侦查行为。第二种是“犯意诱惑型”，即引诱本无犯罪意图的人产生犯意并实施。这种取证手段一般被认为是非法的。

刑事侦查中的“陷阱取证”是国家运用公权力打击犯罪的手段，其使用条件和方式受到《刑事诉讼法》等法律的严格限制。而著作权人在以常规方法难以获得他人侵权的证据时，使用“陷阱取证”方法而获得的证据是否具有效力曾经是一个有争议的问题。

---

① 北京君意东方电泳设备有限公司与北京东方瑞利科技有限公司侵害计算机软件著作权纠纷案，最高人民法院（2020）最高法知民终209号民事裁定书。

在2002年发生的“北大方正集团公司、北京红楼计算机科学技术研究所诉北京高术天力科技有限公司案”就是一起典型的“陷阱取证”案例。在该案中，北大方正集团公司（以下简称方正公司）发现北京高术天力科技有限公司（以下简称高术公司）在销售激光照排机时随机安装方正公司享有著作权的RIP v2.1软件。为了取得证据，方正公司就派员工租用民房，并以普通用户的身份多次与高术公司商谈购买装有盗版RIP v2.1软件的激光照排机事宜。在身着便装的公证人员在场的情况下，高术公司的员工在交付激光照排机的同时安装了盗版的RIP v2.1软件。在依靠这一“陷阱取证”方法获得证据之后，方正公司向北京市第一中级人民法院提起了著作权侵权之诉。一审法院认为方正公司采用的“陷阱取证”方式并未被法律所禁止，并对由此取得的证据加以采信，不仅判决高术公司停止侵权、赔偿经济损失，还要求高术公司赔偿方正公司在“陷阱取证”中支出的费用，包括房租和购机款40万元。但是，在二审中，北京市高级人民法院则认为：方正公司在高术公司几次声明该激光照排机有配套销售的进口正版软件，其无权直接销售方正软件的情况下，方正公司仍坚持要用盗版方正软件，反复游说、再三要求高术公司员工为其安装盗版方正软件，与刑事案件中的“犯意诱惑型”侦查圈套极为相似。这种取证方式虽然并未被法律所明确禁止，但它有违诚实信用原则，一旦获得支持，将对正常的市场交易秩序造成破坏，危及市场信用的建立。因此法院对由此取得的证据效力不予认可。因此，二审法院没有支持方正公司要求高术公司支付与“陷阱取证”有关的调查取证费的诉讼请求。①

二审判决后，方正公司向最高人民法院申请再审。最高人民法院认为“方正公司通过公证取证方式，不仅取得了高术公司现场安装盗版方正软件的证据，而且获取了其向其他客户销售盗版软件，实施同类侵权行为的证据和证据线索，其目的并无不正当性，其行为并未损害社会公共利益和他人合法权益。加之计算机软件著作权侵权行为具有隐蔽性较强、取证难度大等特点，采取该取证方式，有利于解决此类案件取证难问题，起到威慑和遏制侵权行为的作用，也符合依法加强知识产权保护的法律精神”，并据此最终判定方正公司胜诉。②

本案中原告的“陷阱取证”方式类似于刑事侦查中“陷阱取证”方式中的“犯意诱惑型”。从法院认定的事实可以看出：被告员工本无侵权意图，反而在原告要求安装盗版软件时，几次予以拒绝。而原告为了获得被告侵权的证据，仍然反复要求安装盗版软件，最终导致被告员工为了获得个人佣金实施了侵权行为。如果对由此获得的证据予以认可，势必导致众多著作权人为了获取对自己有利的证据而引诱原本无侵权意图者实施侵权的行为。从而人为地“制造”出众多侵权诉讼。可以想象，本案被告员工在没有受到原告反复请求诱导的正常商业经营活动中，是不会向第三人出售盗版的。原告的商业利益原本就不会受到影响。原告在这种情况下进行“犯意诱惑型”的“陷阱取证”无异于自己主动导致了原本不可能遭受的损失，再要求获得对损失的赔偿。这与一个人反复要求另一个原本无意伤人的人打自己一拳，又在达到目的之后起诉对方伤人一样，显然是不合理的。正如二审法

① 参见北京市高级人民法院（2002）高民终字第194号民事判决书。另参见陈健：《“陷阱取证”在计算机软件侵权案件中的应用》，载《科技与法律》，2003（1）；孙丽杨：《“方正”和“高术”一波三折后的思考》，载《电子知识产权》，2002（9）。

② 参见最高人民法院（2006）民三提字第1号民事判决书。

院指出的，这显然有悖于诚实信用原则和正常的市场交易秩序，而且容易造成著作权人滥用权利的现象。最高人民法院得出“该取证方式，有利于解决此类案件取证难问题，起到威慑和遏制侵权行为的作用”的结论是值得商榷的。最高人民法院于2020年发布的《关于知识产权民事诉讼证据的若干规定》第7条第2款规定：“被诉侵权人基于他人行为而实施侵害知识产权行为所形成的证据，可以作为权利人起诉其侵权的证据，但被诉侵权人仅基于权利人的取证行为而实施侵害知识产权行为的除外。”其中“仅基于权利人的取证行为而实施侵害知识产权行为”就是指“犯意诱惑型”的“陷阱取证”，因为“仅”字意味着如果没有权利人的取证行为，就不会发生侵害知识产权的行为。这就否定了通过“犯意诱惑型”的“陷阱取证”获得的证据的效力。

如果被告本身就经常从事销售盗版软件的侵权行为，原告隐瞒真实意图，以普通消费者或客户的身份要求购买，则只是为被告原本就准备实施的侵权行为提供机会。这种类型的“陷阱取证”并没有引诱那些缺乏侵权意图的人实施侵权，而只是印证了有侵权意图的人确实会时常实施侵权行为，因此无损于诚实信用原则和正常的市场交易秩序。最高人民法院《著作权司法解释》第8条明确承认当事人和公证员在不表明身份的情况下以现场交易方式购买侵权复制品而取得的实物、发票等具有证据效力，等于是承认了“机会提供型”的“陷阱取证”的合法性。如果本案中原告采用的是“机会提供型”的“陷阱取证”，则其合法性当然是应当得到肯定的。

三、举证妨碍

在著作权侵权诉讼中，权利人可以选择以其因侵权行为遭受的实际损失和侵权人的违法所得作为计算损害赔偿的基础（参见下节）。“谁主张，谁举证”是民事诉讼中举证责任分配的基本原则，如果权利人选择以其因侵权行为遭受的实际损失计算损害赔偿，自然应当证明自己的损失；但如果权利人要求以侵权人的违法所得计算损害赔偿，则除非侵权人完全通过电子商务平台销售侵权产品且销售数据可以公开查询或有其他特殊情况，否则权利人是很难举证证明相关金额的。如果法律没有作出特别规定，侵权人并没有义务提供证据说明自己通过侵权行为获得的利益（违法所得）。

鉴于著作权侵权行为的易发性和可能造成的严重后果，以及著作权人很难举证证明侵权人违法所得的现实，为了适当提高对著作权的保护水平，遏制侵权行为，《著作权法》第54条第4款规定了针对侵权人的举证妨碍机制：在权利人已经尽了必要举证责任，而与侵权行为相关的账簿、资料等主要由侵权人掌握时，人民法院为确定赔偿数额，可以责令侵权人提供与侵权行为相关的账簿、资料等。侵权人不提供，或者提供虚假的账簿、资料等的，人民法院可以参考权利人的主张和提供的证据确定赔偿数额。这就意味着当侵权人未按法院的要求提供与侵权行为相关的真实信息时，侵权人将承担由此导致的不利后果，即使法院参考权利人的主张和提供的证据所确定的赔偿数额实际上超过了侵权人的违法所得，侵权人也必须接受。

第五节 侵犯著作权的法律责任

侵犯著作权的人依法应承担法律责任。一般情况下侵权人应视情况承担停止侵权和赔偿损失等民事责任，但如果侵权行为同时损害了公共利益，侵权人还可能承担行政责任，而严重损害公共利益的侵权行为还可能导致刑事责任。

一、民事责任

针对著作权侵权行为，法院对侵权人施加民事责任应当达到三个基本目标：一是使侵权人停止侵权行为，防止损害后果的进一步扩大；二是使著作权人所蒙受的损失获得充分的补偿；三是防止侵权人今后继续从事侵权行为。

（一）停止侵害

如果在法院作出判决时侵权行为仍在继续，那么停止侵权将是法院要求侵权人首先应当承担的民事责任。如前文所述，著作权是由一系列专有权利构成的，在未取得著作权人许可或缺乏法律依据的情况下擅自进行受专有权利控制的行为，就如同闯入了他人控制的土地，即构成对著作权的直接侵权。此时无论侵权人的主观状态如何，其都应承担立即停止侵权行为的民事责任。如一网站未经许可将他人享有著作权的歌曲置于网上供网友在线点击收听或下载，只要在法院作出判决时，这些歌曲仍然没有被删除，不特定的公众就仍然可以在网上获得这些歌曲，侵犯信息网络传播权的行为就仍然处于持续状态。此时法院应当判令该网站承担停止侵权的民事责任，也就是立即删除这些歌曲。

需要指出的是，基于比例原则或出于对其他公共政策因素的考量，对于特定的侵权行为，法院可以不判决停止侵权。假设在著作权侵权纠纷中法院认定，被诉侵权的小说的作者和出版社在百万字长篇小说中抄袭了一首几十字的诗歌，其行为构成侵权，那么，此时法院判决小说的作者和出版社停止侵权，包括停止销售已经印刷待售的几万本小说书，显然是不合理的。此时法院应判决小说的作者和出版社支付赔偿金，以及出版社在再版时删除其中的侵权诗歌。

（二）消除影响、赔礼道歉

消除影响和赔礼道歉属于侵害他人人身权利者所应承担的法律责任。著作权人享有著作人身权，当侵权行为侵犯了著作人身权，导致其人格利益受到损害时，就无法单纯通过经济赔偿挽回对著作权人造成的损害，法院就应当判令侵权人通过完成某些必要的行为来消除对著作权人的声誉造成的不良影响或者对著作权人进行精神抚慰。例如，报刊登载他人作品时因疏忽大意未能正确署名的，应当通过在显著位置登载声明而加以更正。而篡改、歪曲他人作品的，则应当根据作者的声誉受损的程度和范围，以适当的方式向作者赔礼道歉。《著作权法》第 52 条规定，对于“未经著作权人许可，发表其作品”“未经合作作者许可，将与他人合作创作的作品当作自己单独创作的作品发表”“没有参加创作，为谋取个人名利，在他人作品上署名”“歪曲、篡改他人作品”“剽窃他人作品”等侵害著作权人人身权利的行为，行为人应承担消除影响和赔礼道歉的法律责任。最高人民法院《著作权司法解释》第 17 条也针对转载者的责任指出：转载未注明被转载作品的作者和最初登载的报刊出处的，应当承担消除影响、赔礼道歉等民事责任。

如果侵权行为只侵犯了著作财产权，而没有侵犯著作人身权，侵权人是否应当承担赔礼道歉的民事责任？一般认为：纯粹侵犯财产权利的行为只会造成著作权人经济上的损失，通过判决侵权人支付相应的损害赔偿金就可以使著作权人获得充分救济，因此，不宜要求侵权人承担赔礼道歉的民事责任。但需要注意的是，有些侵权行为表面上只侵犯了著作财产权，但实际上也构成对著作人身权的侵犯，此时要求侵权人同时承担赔偿损失和赔礼道歉的民事责任就是适当的。例如，出版纯属抄袭的作品，固然侵犯了原作品著作权人的复制权和发行权，但实际上也侵犯了该著作权人的署名权，因为抄袭而来的作品实际上是原作品作者创作的作品，在该作品上署上抄袭者的姓名而非原作品作者的姓名，构成对原作品作者署名权的侵犯，抄袭者除了应当赔偿原作品作者的经济损失，还应向其赔礼道歉。

国外的著作权法中鲜有"赔礼道歉"的民事责任，但仍然有一些救济措施类似于我国《著作权法》规定的"消除影响"。例如，在高度重视人身权利的法国，法院曾要求施工单位完成一名艺术家设计的雕像，以避免未完成的雕像损害艺术家声誉。[①] 再如，欧盟于 2004 年通过的《知识产权执法指令》第 15 条规定：成员国应当确保在知识产权侵权诉讼中，司法机关可以公布判决结果，包括全文或摘要刊登判决书，而费用由侵权人承担。权利人也可以申请司法机关进行公布。《德国著作权法》第 103 条也有类似规定。对著作权人胜诉判决书的公布，使公众得以了解侵权事实和判决结果，也是一种"消除影响"的方式。

相关行为侵害知识产权人的人身权的，侵权人是否应当赔偿由此给权利人造成的精神损害？对此问题以往曾长期存在争议，但现在学术界和司法界已普遍认同赔偿金是抚慰权利人精神损害的重要方法。因此，对于侵犯作者人身权和表演者人身权的行为，如《著作权法》第 52 条和第 53 条列举的"未经著作权人许可，发表其作品""未经合作作者许可，将与他人合作创作的作品当作自己单独创作的作品发表""没有参加创作，为谋取个人名利，在他人作品上署名""歪曲、篡改他人作品""剽窃他人作品""制作、出售假冒他人署名的作品"，以及歪曲表演者形象等行为，导致产生较大负面社会影响，而且无法通过采用停止侵权、消除影响和赔礼道歉的方法抚慰权利人的，法院可以判令侵权人支付精神损害抚慰金。

（三）赔偿损失：补偿性赔偿、惩罚性赔偿和法定赔偿

当侵权人具有过错，且侵权行为导致著作权人蒙受损失时，侵权人应承担赔偿损失的民事责任。需要指出的是：侵权人具有过错并非构成直接侵权的要件。但具有过错是承担赔偿损失这一民事责任的前提。没有过错的侵权人虽然也会给著作权人造成损害，但这种侵权行为毕竟缺乏道德上的可责备性，规定侵权人承担赔偿责任显得不公平。因此许多国家和国际条约只要求有过错的侵权人赔偿著作权人的损失。例如，《与贸易有关的知识产权协定》第 45 条第 1 款规定：对于故意或有理由知道自己从事了侵权行为的侵权人，司法机关有权要求侵权人向受侵害的权利人支付充分的损害赔偿金，以赔偿权利人因侵权行为而

---

① See Andre Lucas, Pascal Kaminan, Robert Plaisantn, France, §7 (2) (b), in Paul Edward Geller (ed.), *International Copyright Law and Practice*, Matthew Bender & Company, Inc., 2006.

受到的损失。欧盟《知识产权执法指令》第 13 条规定：成员国应确保司法机关根据受侵害一方的请求，要求故意或有合理理由知道自己从事了侵权行为的侵权人，向权利人支付与侵权行为导致的实际损害相适应的损害赔偿金。《英国版权法》第 97 条规定：如果侵权人能够证明在侵权行为发生时不知道，或者没有理由相信作品享有版权，原告就不能要求获得损害赔偿。《德国著作权法》第 97 条规定：在侵权人的侵权行为基于故意或过失的情况下，被侵权人可以要求损害赔偿。

也有少数国家（地区）要求无过错的侵权人支付一定数额的法定赔偿金，这可能是因为立法者认为，在权利人和侵权人均无过错的情况下，要求侵权人适当承担由法律事先规定的法定赔偿金，不但符合公平原则，还可起到督促行为人尽到合理注意义务，避免从事侵权行为的作用。如《美国版权法》第 504 条（c）款第 2 项规定：如果法院认定版权侵权者不知道，也没有理由认为其行为构成对版权的侵犯，法院可酌情决定将法定损害赔偿金减少到不低于每部作品赔偿 200 美元的数额。《与贸易有关的知识产权协定》和欧盟《知识产权执法指令》也都承认成员国有权在侵权人无过错的情况下，要求其支付适当的法定赔偿金。①

虽然我国《著作权法》没有明确将侵权人的过错即故意或过失规定为侵权人承担赔偿损失民事责任的前提条件。但《民法典》第 1165 条中“行为人因过错侵害他人民事权益造成损害的，应当承担侵权责任”的规定当然可以适用于著作权侵权诉讼。同时，最高人民法院《著作权司法解释》第 20 条第 2 款更是明确规定：出版者对其出版行为的授权、稿件来源和署名、所编辑出版物的内容等未尽到合理注意义务的，依据《著作权法》第 49 条（现行《著作权法》第 54 条——引者注）的规定，承担赔偿责任。这说明我国仍然是将具有过错作为侵权人承担赔偿损失责任的前提条件。

1. 补偿性赔偿及计算方法

传统的损害赔偿制度仅具有弥补权利人实际损失的功能，即使权利人的状况恢复到侵权行为发生之前。相应的损害赔偿被称为补偿性赔偿，用于填平权利人因侵权行为而遭受的损失。然而，著作权侵权行为针对无形成果，侵权人又很容易销毁有关证据材料，与主要针对有体物的侵害物权的行为相比，著作权侵权行为导致的损失往往不易计算，因此，许多国家（地区）的著作权立法一方面规定侵权人应当支付足以弥补权利人损失的赔偿金，另一方面又详细列举了法院在计算赔偿数额时应当予以考虑的因素，这就为法院留下了较大的自由裁量空间。

例如，欧盟《知识产权执法指令》第 13 条第 1 款（a）和（b）项要求成员国的司法机关在计算损害赔偿金数额时，应考虑所有适当的因素，如对权利受侵害一方造成的负面经济影响包括利润损失，侵权人获得的利润，以及在适当情况下经济因素之外的因素，如侵权行为对权利人造成的精神伤害等；或者还可以以正常情况下的许可（使用）费为基础进行计算。《英国版权法》第 92 条第 2 款规定：法院应在特别考虑侵权行为在性质上的恶劣程度和侵权人从侵权行为中获得的利益之后，根据个案公平原则决定是否额外增加赔偿金。

我国《著作权法》第 54 条第 1 款前半句规定，侵犯著作权或者与著作权有关的权利

① 参见《与贸易有关的知识产权协定》第 45 条第 2 款，欧盟《知识产权执法指令》第 13 条第 2 款。

的，侵权人应当按照权利人因此受到的实际损失或者侵权人的违法所得给予赔偿；权利人的实际损失或者侵权人的违法所得难以计算的，可以参照该权利使用费给予赔偿。

权利人的实际损失，当然是指权利人因侵权行为造成的相关作品或其复制品销量下降而遭受的损失。根据最高人民法院《著作权司法解释》第 24 条的规定，“实际损失”可以根据权利人因侵权所造成复制品发行减少量或者侵权复制品销售量与权利人发行该复制品单位利润乘积计算；发行减少量难以确定的，按照侵权复制品市场销售量确定。

侵权人的违法所得，是指侵权人因侵权行为而获得的利益。虽然我国《著作权法》并没有对违法所得的概念作出规定，但一般认为它应当是侵权人因侵权行为而获得的利润。在会计制度上，利润可以分为产品销售利润、营业利润和净利润三种。产品销售利润为产品销售收入减去相应的销售成本、产品销售税金及附加后的利润；营业利润为产品销售利润减去管理费用、财务费用后的利润；净利润为营业利润减去所得税后的利润。这三种利润的数额依次递减，因此，法院以哪一种利润来计算赔偿金额对权利人的利益有重大影响。实践中一般以侵权人的营业利润来计算赔偿数额。但如果完全以侵权为业，则可以以产品销售利润来计算赔偿数额。[①] 相反，如果侵权情节轻微，则可以以净利润来计算赔偿数额。当然，“违法所得”是指直接源于侵权行为的相关利益。例如，在百万字的小说中抄袭了他人一首几十字的诗歌，在计算赔偿金额时就不能将销售百万字小说产生的全部利润视为侵害诗歌著作权产生的利益，而应当考虑诗歌在其中所占的比重。

实际损失和违法所得这两种计算赔偿数额的依据，是可由权利人选择的。权利人可以选择对自己更有利的计算方式，如权利人发现侵权人未经许可通过网络提供作品的付费下载，且能够获取完整的下载数据，从中可以推算出违法所得时，权利人就可以要求以违法所得计算赔偿数额。但是，实际损失和违法所得在一些情况下都是难以查实的。这一方面是因为权利人很难证明作品或其复制品销量的下降与侵权行为之间的因果关系，因为销量下降是多种因素如市场的变化、消费者偏好的改变、出现合法竞争者等共同作用的结果。同时如果存在多个侵权人，也很难说某一个侵权人的行为导致了权利人在多大程度上的经济损失。另一方面，侵权人建立起完善的财务管理制度，有详细账簿可供查阅的情况也不多见，除非其完全在电子商务平台进行销售且可公开查询销售数据，否则要查清其从侵权行为中的获利是很困难的。

与之相比，如果权利人曾经向他人发放过许可，且被许可使用的情况与被诉侵权的使用情况较为接近，则过去的许可使用费是计算损失的较为客观的依据，因为侵权行为使权利人丧失了其本应获得的许可使用费。例如，某视频网站被诉未经许可而传播权利人的电视剧，而另一规模与之基本相当的视频网站已经获得相应的许可，则后者支付的许可使用费就可以作为计算权利人之损失的依据。在司法实践中，未经许可在报刊、图书中使用著作权人的作品而构成侵权的，法院参照国家稿酬标准计算著作权人的损失，实际上也是根据许可使用费来确定权利人的损失。再如，计算机程序的许可使用费基本上与其售价相当，且对于个人和商业机构分别有统一的价格，比较容易确定，如果能查清侵权人未经许可而

---

① 参见《北京市高级人民法院关于侵害知识产权及不正当竞争案件确定损害赔偿的指导意见及法定赔偿的裁判标准》（2020 年）第 1.7 条。

安装运行的计算机程序数量，就可以确定侵权人应支付的赔偿数额。

但是，许可使用的情况往往也有很大差异，有时在侵权行为发生时，权利人尚未发放过许可，此时就难以甚至无法以权利人过去收取的许可使用费作为计算损失的依据。因此在司法实务中，法院会更多地适用下文所述的有关法定赔偿的规定确定侵权人应支付的赔偿数额。

根据《著作权法》第 54 条第 3 款的规定，赔偿数额还应当包括权利人为制止侵权行为所支付的合理开支。这意味着无论按照权利人的实际损失、侵权人的违法所得还是许可使用费计算赔偿数额，都应当包括权利人为制止侵权行为所支付的合理开支。这一规定与国际上的通行做法是一致的。侵犯著作权的行为实施起来相对容易，成本也不高，但权利人为追究侵权行为所支出的费用可能极为高昂。因此，许多国家的著作权版权法都规定侵权人应当支付著作权版权人为追究侵权行为而支出的合理开支。如《美国版权法》第 505 条规定：法院可裁定将合理的律师费判给胜诉方。这一点得到了《与贸易有关的知识产权协定》的确认，该协定第 45 条第 2 款规定：司法机关还有权责令侵权人向权利持有人支付有关费用，其中可包括有关的律师费用。

根据最高人民法院《著作权司法解释》第 26 条，“合理开支”包括权利人或者委托代理人对侵权行为进行调查、取证的合理费用。同时，法院根据当事人的诉讼请求和具体案情，可以将符合国家有关部门规定的律师费用计算在赔偿范围内。在实践中，权利人为进行调查取证而支出的公证费、审计费、交通住宿费、诉讼材料印制费等，只要在合理和必要的范围内，法院一般都将其纳入“合理开支”之中。

典型案例

使用盗版软件被判赔偿 1 500 余万元

在法国达索系统股份有限公司诉上海某公司侵犯计算机软件著作权案中，法院查明：被告约有 180 台电脑，以 10%的比例抽查，18 台电脑中有 16 台电脑安装过涉案侵权软件，按比例计算，被告安装侵权软件的数量为 160 套。同时原告的软件的价格在 10 万元左右。法院结合其他相关因素判决被告赔偿原告经济损失及合理费用共计 1 505 万元。①

本案适用的是 2020 年修改之前的《著作权法》，虽然当时的《著作权法》尚未规定法院可以参照许可使用费给予赔偿，但法院以经证据推定的被告未经许可而安装运行涉案软件的数量和软件单价（许可使用费），合理地确定了赔偿金额，补偿了权利人的损失，值得称道。

在此需要指出的是，本案虽然判决了高额赔偿金，但并不属于下文讲解的惩罚性赔偿，因为本案中法院基本上是以侵权人使用的盗版软件数量与售价的乘积来计算赔偿金的，也就是参照软件许可使用费推定权利人的损失，这仍然属于补偿而非惩罚性赔偿。

---

① 参见上海知识产权法院（2017）沪 73 民初 208 号民事判决书。

典型案例

未经许可使用侵害他人肖像权的摄影作品无须向摄影作品著作权承担赔偿责任吗？

明星肖像照片的著作权人起诉他人未经许可通过网络传播涉案肖像照。法院一方面认定侵权认定，另一方面又认为：权利人行使信息网络传播权不得违反宪法和法律、行政法规，不得损害公共利益。因为原告未经该两张图片中肖像权人的同意，以营利为目的作出了将该两张肖像图片进行信息网络传播的行为违反了《民法通则》（当时《民法典》尚未颁布，——引者注）的规定，即公民享有肖像权，未经本人同意，不得以营利为目的使用公民的肖像，所以原告虽然享有该图片的信息网络传播权，但原告不能作出该信息网络传播行为。故此，原告亦不能以该信息网络传播权获得利益及行使请求他人进行侵权赔偿的诉讼权利，故对原告的该项诉讼请求，法院不予支持。①

本书作者难以认同本案判决书的结论和理由。假设本案被告传播涉案肖像照时，经过了明星本人的同意（使用肖像的许可），但未经本案原告即摄影作品著作权人的许可，试问：被告应当向原告赔偿侵害信息网络传播权所造成的损失吗？回答当然是肯定的。本案与该假想例相比，唯一的区别就在于被告获得了使用肖像的许可，然而被告是否获得了使用肖像的许可，与是否应当向肖像照的著作权人赔偿侵害著作权的损失又有什么关系呢？

如本书第一章第四节所述，著作权中的专有权利是禁止他人未经许可而利用作品的权利，从中可以派生出许可他人利用作品的权能。著作权人能否禁止他人利用其作品，能否要求他人获得许可并支付报酬，与著作权人能否自行利用作品没有关系。本案著作权人在侵害著作权的诉讼中要求被告赔偿的是未经许可而利用摄影作品造成的损失，即侵权人本应向著作权人支付的许可使用费，这与侵权人是否还应当获得明星有关使用其肖像的许可无关。本案判决认为，肖像照的著作权人未经明星许可不得通过网络传播作品，这是正确的；但判决同时认为原告"亦不能以该信息网络传播权获得利益及行使请求他人进行侵权赔偿的诉讼权利"，这是不能成立的。至于本案原告擅自传播明星的肖像照，可能侵害明星的肖像权，是另一法律关系，在本案中不应予以考虑。

2. 惩罚性赔偿及计算方法

为了加强对知识产权的保护，遏制故意侵权行为，我国建立了针对故意侵害知识产权的惩罚性赔偿机制。《民法典》第 1185 条规定，"故意侵害他人知识产权，情节严重的，被侵权人有权请求相应的惩罚性赔偿"。据此，《著作权法》也规定了惩罚性赔偿。顾名思义，惩罚性赔偿的作用不仅仅是填补权利人因侵权行为遭受的损失，还有对侵权人进行"惩罚"。理由是侵权行为出于"故意"，情节严重，也就是行为人有较为严重的过错，且行为性质较为恶劣，其侵权行为的方式、范围对权利人产生了较大损失和消极影响。当然，作

① 参见北京汉华易美图片有限公司与天津北方网股份有限公司侵犯著作财产权纠纷案，天津市和平区人民法院（2010）和知民初字第 0158 号民事判决书、天津市第一中级人民法院（2011）一中民五终字第 15 号民事判决书。

为民事责任，这里的“惩罚”与刑法中的“惩罚”不可同日而语，它体现在要求侵权人支付与能够查明的权利人的损失相比更多的赔偿金，也就是侵权人要为故意侵权行为付出更大的代价，以遏制侵权人日后的再次侵权，同时也对他人起到警示作用。《著作权法》第54条第1款后半句规定，对故意侵犯著作权或者与著作权有关的权利，情节严重的，如果能够根据权利人的实际损失或者侵权人的违法所得计算出具体金额，或者在难以计算权利人的实际损失或者侵权人的违法所得时能够参照许可使用费确定具体金额，则可以按照该金额的一倍以上五倍以下予以赔偿。换言之，侵权人最多可能支付权利人实际损失五倍的赔偿金，超过实际损失的赔偿金体现的就是对侵权人的“惩罚”。本书作者将该惩罚性赔偿称为“狭义惩罚性赔偿”，以区别于后文所述的“广义惩罚性赔偿”。

最高人民法院《关于审理侵害知识产权民事案件适用惩罚性赔偿的解释》第3条对“故意侵权（恶意侵权）”的认定方法作出了规定：“对于侵害知识产权的故意的认定，人民法院应当综合考虑被侵害知识产权客体类型、权利状态和相关产品知名度、被告与原告或者利害关系人之间的关系等因素。”“对于下列情形，人民法院可以初步认定被告具有侵害知识产权的故意：（一）被告经原告或者利害关系人通知、警告后，仍继续实施侵权行为的；（二）被告或其法定代表人、管理人是原告或者利害关系人的法定代表人、管理人、实际控制人的；（三）被告与原告或者利害关系人之间存在劳动、劳务、合作、许可、经销、代理、代表等关系，且接触过被侵害的知识产权的；（四）被告与原告或者利害关系人之间有业务往来或者为达成合同等进行过磋商，且接触过被侵害的知识产权的；（五）被告实施盗版、假冒注册商标行为的；（六）其他可以认定为故意的情形。”该司法解释第4条对“情节严重”的认定也作出了规定：“对于侵害知识产权情节严重的认定，人民法院应当综合考虑侵权手段、次数，侵权行为的持续时间、地域范围、规模、后果，侵权人在诉讼中的行为等因素。”“被告有下列情形的，人民法院可以认定为情节严重：（一）因侵权被行政处罚或者法院裁判承担责任后，再次实施相同或者类似侵权行为；（二）以侵害知识产权为业；（三）伪造、毁坏或者隐匿侵权证据；（四）拒不履行保全裁定；（五）侵权获利或者权利人受损巨大；（六）侵权行为可能危害国家安全、公共利益或者人身健康；（七）其他可以认定为情节严重的情形。”

需要指出的是，如前文所述，实际损失或者侵权人的违法所得有时在现实中是很难查清的。而参照许可使用费的计算方法，有时也是不可行的。而“狭义惩罚性赔偿”以补偿性赔偿金额为计算基础，前提是能够查明权利人实际损失数额、侵权人违法所得数额或者因侵权所获得的利益，或者在无法查明上述数额时，能够确定权利许可使用费。[①] 这就导致此类惩罚性赔偿在司法实践中适用的情形是有限的。

3. 法定赔偿及计算方法

由于在许多情况下权利人的损失难以确定，一些国家（地区）还规定了一定金额范围之内的“法定赔偿金”，以使法院在无法确定权利人的损失时，酌情判令侵权人支付法定赔偿金。如《美国版权法》第504条规定：侵犯版权者应当赔偿版权人的实际损失和侵权人额外获得的利润，或者法定赔偿额。如果权利人选择获得法定赔偿金，在侵权人具有过错的情况下，版权人有权要求侵权人对每一部被侵权的作品支付不低于750美元但不超过3

---

① 参见最高人民法院《关于审理侵害知识产权民事案件适用惩罚性赔偿的解释》第5条第2款。

万美元的法定赔偿金，由法院酌情判定。如果侵权人故意侵权，法定赔偿金可增至每部作品 15 万美元。如果侵权人能证明其没有意识到或没有理由相信其行为构成版权侵权，则法院可以酌情将法定赔偿金降低至最低每部作品 200 美元。

我国《著作权法》也规定了“法定赔偿”，以使法院在无法确定权利人的损失时，酌情在一定金额范围之内判令侵权人支付赔偿金。《著作权法》第 54 条第 2 款规定：“权利人的实际损失、侵权人的违法所得、权利使用费难以计算的，由人民法院根据侵权行为的情节，判决给予五百元以上五百万元以下的赔偿。”最高人民法院《著作权司法解释》第 25 条第 2 款规定，法院在确定赔偿数额时，应当考虑作品类型、合理使用费、侵权行为性质、后果等情节综合确定。

在司法实务中，经常会遇到这样的情况：虽然权利人因被侵权所受到的实际损失、侵权人的违法所得难以确定，也无可参照的许可使用费，但相关证据足以证明权利人的实际损失或侵权人的获利远高于法定赔偿金的上限。此时如果仅按照法定赔偿金的上限确定赔偿金额，显然是不公平的。对此，最高人民法院的司法政策允许法院综合考虑被诉侵权行为的表现形式等因素，在法定赔偿最高限额以上酌情确定赔偿数额。①

对于法定赔偿，还需要讨论的问题是：法定赔偿金的作用是限于填平权利人的损失，还是也可实现对故意侵权人的惩罚？如果是前者，就意味着法院虽然无法根据权利人的损失、侵权人的违法所得或许可使用费较为准确地计算出赔偿金，但在法律规定的法定赔偿金范围内确定的赔偿金应与法院估算的权利人的损失大致相当，此时侵权人的故意不应导致赔偿数额的明显增加。如果是后者，则意味着当法院发现侵权行为是出于故意为之时，将相应地提高法定赔偿金的数额。从上述法定赔偿金条款中“根据侵权行为的情节”的用语来看，由侵权情节反映出的侵权人的故意程度是确定法定赔偿金数额的法定因素。最高人民法院的司法政策要求人民法院在确定法定赔偿数额时应当考虑“侵权人是否存在侵权故意，是否主要以侵权为业，是否存在重复侵权”②，也印证了上述结论。

这就意味着在其他因素相同的情况下，不同的侵权人主观上过错的差异将明显影响法定赔偿金的数额，故意侵权人应支付的法定赔偿金将高于过失侵权人应支付的法定赔偿金。这说明法定赔偿也可以具有惩罚的功能。对于具有惩罚作用的法定赔偿金，本书称为“广义惩罚性赔偿”，以区别前文所述的“狭义惩罚性赔偿”。

（四）随附责任

在侵权行为被发现和制止后，如果放任侵权人继续持有违法所得或用于实施侵权行为的财物，或者允许侵权复制品留在市场之中，势必为侵权人日后再次实施侵权行为或侵权复制品的后续利用留下隐患。为此，一些国家的著作权版权法允许法院对侵权复制品等予以没收和销毁。如《美国版权法》第 503 条（b）款规定：在判决书中，法院可以判令对被认定侵权或用于侵权的作品复制件、唱片、印版、模具、字模、母盘、磁带、电影底版等加以销毁或以其他合理的方式加以处置。《伯尔尼公约》第 16 条第 1 款规定：对作品的侵

---

① 例如，北京市高级人民法院《关于侵害知识产权及不正当竞争案件确定损害赔偿的指导意见及法定赔偿的裁判标准》（2020 年）第 1.8 条第 2 款规定：“有证据证明权利人的实际损失或侵权人的获利明显在法定赔偿限额以外，综合全案证据情况，可以在法定限额以外合理确定赔偿数额。”

② 最高人民法院《关于依法加大知识产权侵权行为惩治力度的意见》第 11 条第 2 款。

权复制品，在作品受法律保护的本同盟成员国应予扣押。《与贸易有关的知识产权协定》第46条也规定：为有效制止侵权，司法机关有权在不给予任何补偿的情况下，责令将已被发现侵权的货物，或主要用于制造侵权货物的材料和工具清除出商业渠道，以避免对权利人造成任何损害，并将产生进一步侵权的风险减少到最低限度，或下令将其销毁。据此，我国《著作权法》第58条也规定：法院审理案件，对于侵犯著作权或与著作权有关的权利的，可以没收违法所得、侵权复制品以及进行违法活动的财物。第54条第5款规定："人民法院审理著作权纠纷案件，应权利人请求，对侵权复制品，除特殊情况外，责令销毁；对主要用于制造侵权复制品的材料、工具、设备等，责令销毁，且不予补偿；或者在特殊情况下，责令禁止前述材料、工具、设备等进入商业渠道，且不予补偿。"

由此可见，我国《著作权法》对于人民法院"没收"和"销毁"的权力进行了区分。对于没收侵权复制品以及违法所得或者进行违法活动的财产，根据《著作权法》第58条的规定，人民法院可以依职权主动进行，无须权利人的请求。对于在性质上更为严厉的措施——销毁侵权复制品以及制作工具，依《著作权法》第54条第5款的规定，在民事诉讼中需要"应权利人请求"才能进行。需要注意的是：没收侵权复制品是一种较严厉的法律责任，不能轻易适用。例如，出版社出版的百万字小说中有百余字的诗歌是抄袭他人的，该出版物也可被视为诗歌的"侵权复制品"。但此时要求没收和销毁所有复制品并不合适，而判决小说作者赔偿损失，以及出版社在再版时删除其中的诗歌更为合理。再如，出版社出于疏忽而在出版的作品封面上将作者的名字写错，此举侵犯了作者的署名权，该出版物也可被视为"侵权复制品"。但此时要求没收所有复制品并不合适。《意大利著作权法》第169条为此明确规定：在有关作者主张署名权的诉讼中，只有在无法通过在作品中增加声明或公告方式进行救济时才可禁止侵权物流通或予以销毁。

二、行政责任

当侵权人的特定侵权行为同时损害公共利益时，侵权人除了要根据权利人的诉讼请求和法院判决，向权利人承担民事责任之外，还可能要承担行政责任，即由著作权行政管理部门对侵权人予以行政处罚。需要注意的是：世界上绝大多数国家只规定了民事责任和刑事责任，而没有规定行政责任。其原因主要是著作权是私权，动用以全体纳税人的税金支撑的国家行政力量来维护权利人的私利似有失社会公平。只有当著作权侵权严重威胁到了社会公共利益，以致达到了构成刑事犯罪的程度，才需要国家动用司法力量加以干预。但鉴于我国著作权侵权现象较为普遍和严重，加上我国有依靠行政力量解决社会问题的传统，也取得了较好的社会效果，现阶段仍然保留了对行政责任的规定。

我国《著作权法》是按照侵权行为的性质，在第52条和第53条分别列举了两类侵权行为，只有第53条列举的8类侵权行为（第53条列举的与技术措施和权利信息有关的行为实为违法行为，而不是侵害专有权利的行为，下同），同时损害公共利益的，才能适用行政责任。这8类侵权行为是：（1）未经著作权人许可，复制、发行、表演、放映、广播、汇编、通过信息网络向公众传播其作品的，《著作权法》另有规定的除外；（2）出版他人享有专有出版权的图书的；（3）未经表演者许可，复制、发行录有其表演的录音录像制品，或者通过信息网络向公众传播其表演的，《著作权法》另有规定的除外；（4）未经录音录像制作者许可，复制、发行、通过信息网络向公众传播其制作的录音录像制品的，《著作权法》另有规定的除外；(5) 未经许可，播放或者复制或者通过信息网络向公众传播广播、电视的，《著作权法》另有规定的除外；(6) 未经著作权人或者与著作权有关的权利人许可，故意避开或者破坏技术措施，故意制造、进口或向他人提供主要用于避开、破坏技术措施的装置或者部件的，或者故意为他人避开或破坏技术措施提供技术服务的，法律、行政法规另有规定的除外；(7) 未经著作权人或者与著作权有关的权利人许可，故意删除或者改变作品、版式设计、表演、录音录像制品或者广播、电视上的权利管理电子信息的，知道或者应当知道作品、版式设计、表演、录音录像制品或者广播、电视的权利管理信息未经许可被删除或者改变，仍然向公众提供的，法律、行政法规另有规定的除外；(8) 制作、出售假冒他人署名的作品的。

《计算机软件保护条例》也是按照侵权行为的性质，在第 23 条和第 24 条第 1 款分别列举了两类侵权行为，只有第 24 条列举的 5 类侵权行为，同时损害公共利益的，才可以适用行政责任。这 5 类侵权行为是：(1) 复制或者部分复制著作权人的软件的；(2) 向公众发行、出租、通过信息网络传播著作权人的软件的；(3) 故意避开或者破坏著作权人为保护其软件著作权而采取的技术措施的；(4) 故意删除或者改变软件权利管理电子信息的；(5) 转让或者许可他人行使著作权人的软件著作权的。此外，根据《著作权行政处罚实施办法》，对于其他法律、法规、规章规定的应予行政处罚的著作权违法行为，也可适用行政责任。

立法背景

对可进行行政处罚和不可进行行政处罚的侵权行为的区分

《著作权法》对第 52、53 条列举的两类侵权行为进行区分，只规定可对后一类侵权行为进行行政处罚。这反映了立法者对两类侵权行为之性质和后果的不同评价。显然，立法者认为第一类侵权行为的危害性较轻或对市场秩序的影响较小。

首先，未经许可发表他人作品、将与他人合作创作的作品当作自己单独创作的作品发表、未参与创作者在他人作品上署名，以及歪曲、篡改他人作品①，涉及的是发表权、署名权和保护作品完整权，也即著作人身权；"剽窃他人作品"侵害的也首先是署名权。由于著作人身权本身并不存在许可市场，这些侵权行为对市场秩序的影响是有限的，给权利人造成的主要是精神方面的痛苦，因此适合通过民事诉讼，使权利人获得精神方面的抚慰。

其次，"未经著作权人许可，以……展览、摄制视听作品的方法使用作品，或者以改编、翻译、注释等方式使用作品"② 是对演绎权的侵犯。与纯粹的盗版不同，这类行为毕竟产生了新作品，侵权者为此也付出了智力创造劳动。立法者可能认为对这种行为施加民事责任就足够了，不必动用公权力进行制裁。

再次，版式设计虽然受《著作权法》保护，但立法者可能认为其需要的投资和自身的

---

① 参见《著作权法》第 52 条第 1～4 项。

② 《著作权法》第 52 条第 6 项。

价值在多数情况下低于其他邻接权客体，因此不愿给予较高水平的保护，体现在法律责任方面，就是对“未经出版者许可，使用其出版的图书、期刊的版式设计”[①] 的行为，并未规定行政处罚。

最后，对于一些类型的侵权行为，立法者可能认为其危害性有限，为节省行政资源，无须进行行政处罚。如“未经著作权人许可，以展览……方式使用作品”[②] 与未经许可的发行、传播行为相比，因受展览场地的限制，对权利人的影响要小得多。再如，由于目前出租市场几乎已不存在（参见本书第三章第二节），“未经视听作品、计算机软件、录音录像制品的著作权人、表演者或者录音录像制作者许可，出租其作品或者录音录像制品”[③] 的行为几乎已经绝迹。[④]“使用他人作品，应当支付报酬而未支付”[⑤] 则是指使用者已经与权利人约定了报酬但未按约定的数额、标准或时间付酬，或者在根据法定许可的规定使用作品时，未按照法定付酬标准付酬。[⑥] 在这种情况下，使用作品本身是合法的，这与未经许可而使用作品的行为在损害性方面有显著差异，权利人与使用者的争议纯属民事纠纷，无须公权力的介入。当然，对一类侵权行为之危害性的判断，不可避免地带有主观色彩，会因人而异，也会因时而异。“未经表演者许可，从现场直播或者公开传送其现场表演”[⑦] 可能会大幅降低现场表演的票房收入，在数字技术非常发达、现场直播的成本大幅降低的今天尤其如此；“未经表演者许可……录制其表演”[⑧] 同样可能导致“枪版”横行，因此很难说这两种侵权行为的危害性较小。《美国刑法典》甚至将以营利为目的未经许可而在音乐表演现场进行录制的行为定为刑事犯罪。[⑨] 同时，我国《著作权法》第 53 条针对“未经表演者许可，复制、发行录有其表演的录音录像制品，或者通过信息网络向公众传播其表演”[⑩] 的行为规定了行政处罚，可见立法者并不认为表演和版式设计一样，只应给予较低的保护水平。因此，立法者关于未经许可而现场直播和录制表演的侵权行为危害性较低的看法，也可能随着技术的发展而发生变化。

《信息网络传播权保护条例》规定了两类可给予行政处罚的行为。该条例第 18 条规定，有下列侵权行为之一，同时损害公共利益的，可以由著作权行政管理部门责令停止侵权行为，没收违法所得，非法经营额 5 万元以上的，可处非法经营额 1 倍以上 5 倍以下的罚款；没有非法经营额或者非法经营额 5 万元以下的，根据情节轻重，可处 25 万元以下的罚款；

---

① 《著作权法》第 52 条第 9 项。

② 《著作权法》第 52 条第 6 项。

③ 《著作权法》第 52 条第 8 项。

④ 需要指出的是：《计算机软件保护条例》第 24 条第 1 款规定，对于未经许可“……出租……著作权人的软件”的行为，同时损害社会公共利益的，可以进行行政处罚。本书作者认为，《计算机软件保护条例》作为授权立法，其中的这条规定明显与《著作权法》的规定相冲突，并不适当。所幸的是，由于很少发生出租计算机软件的现象，《计算机软件保护条例》的这一规定在实务中基本上没有被适用。

⑤ 《著作权法》第 52 条第 7 项。

⑥ 参见胡康生主编：《中华人民共和国著作权法释义》，195 页，北京，法律出版社，2011。

⑦ 《著作权法》第 52 条第 10 项。

⑧ 《著作权法》第 52 条第 10 项。

⑨ See 18 U. S. C. 2319A.

⑩ 《著作权法》第 53 条第 3 项。

情节严重的，著作权行政管理部门可以没收主要用于提供网络服务的计算机等设备：(1) 通过信息网络擅自向公众提供他人的作品、表演、录音录像制品的；(2) 故意避开或者破坏技术措施的；(3) 故意删除或者改变通过信息网络向公众提供的作品、表演、录音录像制品的权利管理电子信息，或者通过信息网络向公众提供明知或者应知未经权利人许可而被删除或者改变权利管理电子信息的作品、表演、录音录像制品的；(4) 为扶助贫困通过信息网络向农村地区提供作品、表演、录音录像制品超过规定范围，或者未按照公告的标准支付报酬，或者在权利人不同意提供其作品、表演、录音录像制品后未立即删除的；(5) 通过信息网络提供他人的作品、表演、录音录像制品，未指明作品、表演、录音录像制品的名称或者作者、表演者、录音录像制作者的姓名（名称），或者未支付报酬，或者未依照本条例规定采取技术措施防止服务对象以外的其他人获得他人的作品、表演、录音录像制品，或者未防止服务对象的复制行为对权利人利益造成实质性损害的。第 19 条规定：有下列行为之一的，由著作权行政管理部门予以警告，没收违法所得，没收主要用于避开、破坏技术措施的装置或者部件；情节严重的，可以没收主要用于提供网络服务的计算机等设备；非法经营额 5 万元以上的，可处非法经营额 1 倍以上 5 倍以下的罚款；没有非法经营额或者非法经营额 5 万元以下的，根据情节轻重，可处 25 万元以下的罚款：(1) 故意制造、进口或者向他人提供主要用于避开、破坏技术措施的装置或者部件，或者故意为他人避开或者破坏技术措施提供技术服务的；(2) 通过信息网络提供他人的作品、表演、录音录像制品，获得经济利益的；(3) 为扶助贫困通过信息网络向农村地区提供作品、表演、录音录像制品，未在提供前公告作品、表演、录音录像制品的名称和作者、表演者、录音录像制作者的姓名（名称）以及报酬标准的。

需要注意的是，《信息网络传播权保护条例》第 19 条没有使用“有下列侵权行为之一的……”而是使用了“有下列行为之一的……”用语。这可能是因为立法者并不认为其中的第一种行为，即“故意制造、进口或者向他人提供主要用于避开、破坏技术措施的装置或者部件，或者故意为他人避开或者破坏技术措施提供技术服务”，以及第三种行为，即“为扶助贫困通过信息网络向农村地区提供作品、表演、录音录像制品，未在提供前公告作品、表演、录音录像制品的名称和作者、表演者、录音录像制作者的姓名（名称）以及报酬标准”，是著作权法意义上的“侵权行为”[①]。对于其中第一种行为，即为规避技术措施提供手段的行为，本书第九章会专门论述其性质。对于其中第三种行为，即未遵守“通过网络向农村提供特定作品的准法定许可”的条件的，本书作者认为应构成侵权行为，因为：公告是权利人知悉其作品将被使用，并提出反对意见的前提。如果公告后权利人没有提出异议，可认定其已经给予了许可；如果公告后权利人不同意，则“网络服务提供者不得提供其作品”[②]。在未公告的情况下提供权利人的作品，相当于未经许可而使用，应构成侵权行为。此外，第 19 条之所以没有规定“同时损害公共利益”的条件，是因为立法者认为该条列举的三种行为无疑都损害了公共利益。[③]

---

① 张建华主编：《信息网络传播权保护条例释义》，73～74 页，北京，中国法制出版社，2006。

② 《信息网络传播权保护条例》第 9 条。

③ 参见张建华主编：《信息网络传播权保护条例释义》，72 页，北京，中国法制出版社，2006。

实务探讨

什么是“损害公共利益”的侵权行为

“损害公共利益”是行政执法机关对《著作权法》第48条列举的侵权行为的实施者进行行政处罚的前提条件。之所以设定这一条件，是为了使公权力对私权的保护具有正当性。

“公共利益”是行政法中用于界定政府行为必要性的概念。政府进行监管是为了解决市场失灵，维持市场经济秩序，促进市场竞争，最终维护社会公共利益。[①]“公共利益”可以被理解为不特定多数人的权利和利益的总和。著作权虽然是一种私权，但与公共利益并非毫无关系。在市场经济条件下，著作权往往是一种参与市场竞争的手段。权利人利用著作权的专有性，在市场上进行许可活动，在著作权得到尊重和充分保护的情况下，能够形成井然有序的市场竞争秩序，权利人、被许可人和社会公众都能从中受益。例如，软件公司投入巨大人力和财力开发出工业设计软件，并向工业设计企业发放使用软件的许可。在没有盗版的情况下，软件公司的收益取决于其软件的质量，质量上乘的软件会吸引众多工业设计企业购买许可，使软件公司获得充足的回报，从而可继续投资研发新一代设计软件。而工业设计企业使用工业设计软件，有助于提高产品设计质量，进而也有利于消费者。如果有人制作盗版软件出售给工业设计企业，使用盗版软件的企业与使用正版软件的企业就形成了不正当竞争，将导致软件公司收入的降低，影响其对软件升级换代的投资，消费者的利益也将因此受损。因此，一些破坏市场竞争秩序的侵权行为对社会公共利益造成了损害，这是公权力对其进行打击的前提。

国家版权局曾代表中国政府在2002年世界贸易组织过渡性审议中，就有关国家对于何为“损害公共利益”的问题作出答复：“构成不正当竞争，危害经济秩序的行为即可认定为损害公共利益”[②]。据此，要达到“损害公共利益”的程度，相关侵权行为应当基于故意或严重过失的主观心态，以营利为目的公开实施，且严重干扰了权利人正常许可的市场。国家版权局曾向地方版权局复函，指出：如果商业性卡拉OK经营者未经著作权人许可而使用作品，特别是在著作权人要求其履行合法义务的情况下，仍然置之不理，则其主观故意明显，应属情节严重的侵权行为。这种行为不仅侵犯了著作权人的合法权益，并且损害了市场经济秩序和公平竞争环境，应属一种损害公共利益的侵权行为。[③] 再如，《信息网络传播权保护条例》第19条规定：有下列行为之一的，由著作权行政管理部门进行行政处罚……其中包括“通过信息网络提供他人的作品、表演、录音录像制品，获得经济利益的”。在该条规定中，并未出现“同时损害公共利益”的限定。这是因为立法者认为，通过网络传播牟利，必定会“破坏信息网络传播权的保护秩序”[④]，也即影响权利人的许可市场。

---

① 参见周学荣：《政府规制论》，1～5页，武汉，湖北人民出版社，2010。

② 《国家版权局关于查处著作权侵权案件如何理解适用损害公共利益有关问题的复函》（国权办［2006］43号）。

③ 参见《国家版权局关于查处著作权侵权案件如何理解适用损害公共利益有关问题的复函》（国权办［2006］43号）。

④ 张建华主编：《信息网络传播权保护条例释义》，72页，北京，中国法制出版社，2006。

与此同时，那些基于较轻程度的过失、私下实施且影响不大的、不以营利为目的且未干扰权利人许可市场的，以及其他情节较为轻微的侵权行为，不应被认定为“损害社会公共利益”。

《著作权行政处罚实施办法》第4条规定，对于《著作权法》和相关行政法规规定的可给予行政处罚的侵权行为，著作权行政管理部门可以依法责令停止侵权行为，并给予下列行政处罚：(1) 警告；(2) 罚款；(3) 没收违法所得；(4) 没收侵权制品；(5) 没收安装存储侵权制品的设备；(6) 没收主要用于制作侵权制品的材料、工具、设备等；(7) 法律、法规、规章规定的其他行政处罚。

著作权行政管理部门实施行政处罚，应当适用《行政处罚法》规定的一般程序。除此之外，《著作权行政处罚实施办法》还从立案、调查取证、作出处理决定、进行处罚等几个方面对处罚程序作出了较详细的规定，如，对于个人处以2万元以上、对单位处以10万元以上的罚款，当事人有要求听证的权利；当事人对地方著作权行政管理部门的行政处罚不服的，可以向该部门的本级人民政府或者其上一级著作权行政管理部门申请行政复议，如对国家版权局的行政处罚不服的，可以向国家版权局申请行政复议；当事人对行政处罚或者行政复议决定不服的，可以依法提起行政诉讼。

三、刑事责任

著作权是一种私权，侵犯著作权的行为在多数情况下应当只导致民事责任。但是，某些严重侵犯著作权的行为，如大量制作、贩卖盗版图书、计算机软件、录音录像制品以及通过网络提供作品下载，等等，不仅会影响著作权人自身的利益，还会扰乱市场经营秩序，助长藐视著作权的不良心理，导致对社会公共利益的严重损害。为此，多数国家都在民事责任之外规定了刑事责任，以对这种严重的侵权行为加以严厉制裁。例如，《美国版权法》第506条 (a) 款规定：任何为了商业利益或私人牟利，故意以复制和发行方式侵权版权，只要在180天内复制件的零售价值超过1 000美元，即应根据刑法典受到刑事制裁。同时，数字技术、网络技术等高科技的发展使著作权侵权导致的社会危害日益严重，加强刑事制裁正在成为国际社会的趋势。例如，美国不断对版权法和刑法中的版权犯罪条款加以补充和修订，增加规定了数种构成刑事犯罪的行为，如分别将未经许可而在表演现场和电影院使用，甚至试图使用摄录设备录制表演和电影的行为规定为刑事犯罪，初犯即可最高判处3年监禁[①]；未经许可而传播以及通过计算机网络向公众提供“正在进行商业发行准备的作品”，只要行为人“知道或应当知道该作品将被版权人用于商业发行”，即使不以营利为目的，也构成刑事犯罪，应判处3年以下监禁或处罚金；如果是为了“商业利益或私人牟利”，可判处5年以下监禁。“正在进行商业发行准备的作品”是指版权人合理地预期将进行商业发行，但尚未加以商业发行的音乐作品、录音作品[②]、电影或其他视听作品、计算机

① See 18 U. S. C. 2319A，2319B.

② 《美国版权法》中没有“录音制品”的概念，只规定了“录音作品”。See 17 U. S. C. 102 (7).

软件，以及虽然已在电影院播出过，但尚未制成 DVD 等格式的复制件以向公众销售的电影。[①] 由这些规定足见刑事保护的力度之大。

我国 1990 年《著作权法》和当时的《刑法》并未规定侵犯著作权的刑事责任。直至 1994 年，为了有效打击严重侵权行为，才由全国人大常委会通过了《关于惩治侵犯著作权的犯罪的决定》，规定了数种构成刑事犯罪的著作权侵权行为。1997 年《刑法》修订时，在《刑法》分则第三章“破坏社会主义市场经济秩序罪”中增加了“侵犯知识产权罪”，作为第七节，其中第 217 条“侵犯著作权罪”和第 218 条“销售侵权复制品罪”是专门针对著作权犯罪的。

我国《刑法》第 217 条规定的“侵犯著作权罪”和第 218 条规定的“销售侵权复制品罪”，均是与著作权有关的犯罪。其中《刑法》第 217 条规定：“以营利为目的，有下列侵犯著作权或者与著作权有关的权利的情形之一，违法所得数额较大或者有其他严重情节的，处三年以下有期徒刑，并处或者单处罚金；违法所得数额巨大或者有其他特别严重情节的，处三年以上十年以下有期徒刑，并处罚金：（一）未经著作权人许可，复制发行、通过信息网络向公众传播其文字作品、音乐、美术、视听作品、计算机软件及法律、行政法规规定的其他作品的；（二）出版他人享有专有出版权的图书的；（三）未经录音录像制作者许可，复制发行、通过信息网络向公众传播其制作的录音录像的；（四）未经表演者许可，复制发行录有其表演的录音录像制品，或者通过信息网络向公众传播其表演的；（五）制作、出售假冒他人署名的美术作品的；（六）未经著作权人或者与著作权有关的权利人许可，故意避开或者破坏权利人为其作品、录音录像制品等采取的保护著作权或者与著作权有关的权利的技术措施的。”上述六种行为中，第一种和第二种行为侵害了作品著作权中的复制权、发行权和信息网络传播权。其中侵害“专有出版权”的行为，如本书第六章第一节所述，侵害的并不是邻接权，而是作品的著作权。因此上述第二种行为实际上可以归入第一种行为，也就是未经许可而对作品进行复制、发行的行为。只是立法者可能认为专有出版权具有特别重要的意义，因此在图书出版者已依据出版合同授予的专有出版权出版作品的情况下，对该作品的复制权和发行权予以特别保护。第三种和第四种行为分别侵害了录制者权和表演者权中的复制权、发行权和信息网络传播权。第一种、第三种和第四种行为中，“通过信息网络向公众传播”应当与《著作权法》使用的相同术语含义保持一致，特指交互式网络传播，不包括非交互式网络传播，也就是“网播”。这就意味着，将他人音乐作品现场演唱会的录音上传至某一互联网网站供公众下载的行为，在符合其他入罪条件的情况下，构成《刑法》第 217 条规定的犯罪行为，因为此类网络传播属于典型的交互式传播。但是网络主播以营利为目的在直播中演唱音乐作品的行为，并不属于《刑法》第 217 条所述的“通过信息网络向公众传播”音乐作品，因为这种传播是典型的非交互式传播，属于《著作权法》第 10 条第 1 款第 11 项规定的广播行为。由于《刑法》第 217 条没有将“未经许可而广播”作品列为可构成犯罪的行为，对于网络主播的上述行为不可追究刑事责任。至于《著作权法》在为表演者和录制者规定信息网络传播权时所使用的“通过信息网络向公众传播”的含义，本书第五章第四节已进行了详细解释，此处不赘述。

---

① See 17 U. S. C. 506 (a).

上述第五种行为严格地说侵害的是他人的姓名权，也就是将他人的姓名作为作者的姓名标志于自己创作的美术作品中并出售，没有侵害他人作为作者在著作权法上享有的署名权。对此本书第三章第一节针对有关冒名的问题已进行了详细讲解，此处不赘述。

第六种行为是直接规避技术措施和对技术措施提供规避手段。如本书第九章所述，严格地说，此类行为并不是侵害著作权专有权利的行为（为帮助他人实施直接侵权而提供规避手段的行为构成间接侵权，这是特例），而是违反著作权法特别规定的违法行为。

根据相关司法解释，除销售外，具有下列情形之一的，可以认定为“以营利为目的”：(1) 以在他人作品中刊登收费广告、捆绑第三方作品等方式直接或者间接收取费用的；(2) 通过信息网络传播他人作品，或者利用他人上传的侵权作品，在网站或者网页上提供刊登收费广告服务，直接或者间接收取费用的；(3) 以会员制方式通过信息网络传播他人作品，收取会员注册费或者其他费用的；(4) 其他利用他人作品牟利的情形。[①] 这意味着未经许可而免费将享有著作权的电影、音乐作品等以数字化形式置于刊登收费广告的网络中，供公众在线点播欣赏或下载的网站经营者的行为也可能构成刑事犯罪。

在涉案作品、录音制品种类众多且权利人分散的案件中，有证据证明涉案复制品系非法出版、复制发行，且出版者、复制发行者不能提供获得著作权人、录音制作者许可的相关证据材料的，可以认定为《刑法》第 217 条规定的“未经……许可”，但是，有证据证明权利人放弃权利、涉案作品的著作权或者录音制品的有关权利不受我国著作权法保护、权利保护期限已经届满的除外。[②] 这就意味着在对涉及“侵犯著作权罪”案件的刑事调查和起诉过程中，公安机关和检察机关在掌握了犯罪嫌疑人未经许可而利用的初步证据（如被许多权利人投诉的涉案视频网站大量提供中外影视剧，属于依常识即可判断的以侵权为业的网站）时，可以要求其提供已经获得许可的证据，如其不能提供，可以认定其行为未经许可。同时，相关司法解释规定，以通常方式署名的自然人、法人或者非法人组织，应当推定为著作权人或者录音制作者，且该作品、录音制品上存在着相应权利，但有相反证明的除外。[③] 这意味着对于刑事自诉案件，权利人的举证责任将大大减轻。

根据相关司法解释，实施《刑法》第 217 条所列侵犯著作权行为之一，违法所得数额在 3 万元以上的，属于“违法所得数额较大”；非法经营数额在 5 万元以上的，或者未经著作权人许可，复制、发行作品，复制品数量合计在 500 张（份）以上的，属于“有其他严重情节”；违法所得数额在 15 万元以上的，属于“违法所得数额巨大”；非法经营数额在 25 万元以上的，或者未经著作权人许可，复制、发行作品，复制品数量合计在 2 500 张（份）以上的，属于“有其他特别严重情节”[④]。而“非法经营数额”是指行为人在实施侵犯知识产权行为过程中，制造、储存、运输、销售侵权产品的价值。已销售的侵权产品的价值，

---

① 参见最高人民法院、最高人民检察院、公安部《关于办理侵犯知识产权刑事案件适用法律若干问题的意见》第 10 条。

② 参见最高人民法院、最高人民检察院《关于办理侵犯知识产权刑事案件具体应用法律若干问题的解释（三）》第 2 条第 2 款。

③ 参见上述解释第 2 条第 1 款。

④ 最高人民法院、最高人民检察院《关于办理侵犯知识产权刑事案件具体应用法律若干问题的解释》第 5 条，最高人民法院、最高人民检察院《关于办理侵犯知识产权刑事案件具体应用法律若干问题的解释（二）》第 1 条。

按照实际销售的价格计算。制造、储存、运输和未销售的侵权产品的价值，按照标价或者已经查清的侵权产品的实际销售平均价格计算。侵权产品没有标价或者无法查清其实际销售价格的，按照被侵权产品的市场中间价格计算。①

违法所得数额巨大或者有其他严重情节的，处5年以下有期徒刑，并处或者单处罚金。根据相关司法解释，实施《刑法》第218条规定的行为，违法所得数额在10万元以上的，属于“违法所得数额巨大”②。如本书第三章第二节在讲解发行权时所述，发行是指以销售或赠与的方式向公众提供作品的原件或复制件，未经许可，以销售的方式向公众提供作品的复制件，也就是销售作品的侵权复制品，是最为常见的侵害发行权的行为。因此，《刑法》第218条规定的“销售侵权复制品罪”本质上是侵犯发行权罪。

实务探讨

《刑法》第217条中的“复制发行”与第218条中的“销售”的关系

《刑法》第217条规定：以营利为目的，未经著作权人许可，复制发行其文字作品等，违法所得数额较大或者有其他严重情节的，构成“侵犯著作权罪”。其中的“复制发行”是一个完整的用语，在“复制”和“发行”之间并未使用连接词或标点符号。同时，《刑法》第218条规定，以营利为目的，销售明知是《刑法》第217条规定的侵权复制品，违法所得数额巨大或者有其他严重情节的，构成“销售侵权复制品罪”。如上文所述，“销售”作品的复制品是最为常见的“发行”，因此《刑法》第217条中的“复制发行”应当是指“复制和发行”，而不可能是“复制或发行”，否则会导致《刑法》第217条的范围完全涵盖《刑法》第218条，使后者丧失存在的价值。这是从“发行”和“销售”的逻辑关系中得出的必然结论。

但是，为了应对某些国家要求我国将单纯的侵犯复制权的行为入罪的要求，2007年最高人民法院、最高人民检察院颁布的《关于办理侵犯知识产权刑事案件具体应用法律若干问题的解释（二）》[以下简称《刑事司法解释（二）》]规定：《刑法》第217条中的“复制发行”，包括“复制”“发行”或者“既复制又发行的行为”③。据此，《刑法》第217条的“复制发行”等于“复制或发行”。这就意味着单独实施“复制”，或单独实施“发行”，都可以构成《刑法》第217条规定的“侵犯著作权罪”。本书作者质疑该司法解释：既然《刑法》第217条规定的“复制发行”根据《刑事司法解释（二）》包括单独的“发行”，而“销售”又是最为典型的“发行”，则《刑法》第218条规定的“销售侵权复制品罪”（实为侵犯“发行权”罪），可以被《刑法》第217条规定的因未经许可“复制发行”而构成的“侵犯著作权罪”所包含，那么《刑法》第218条还有什么存在的必要呢？

有观点认为，侵犯著作权罪和销售侵权复制品罪应以行为人所销售的侵权复制品的来

① 参见最高人民法院、最高人民检察院《关于办理侵犯知识产权刑事案件具体应用法律若干问题的解释》第12条第1款。

② 上述解释第6条。

③ 《刑事司法解释》第2条第1款。

源进行区分：来源于自己则只构成侵犯著作权罪，来源于他人则构成销售侵权复制品罪。[①]这相当于认为只有销售“来源于自己”（自己制作）的复制品才是“发行”，销售“来源于他人”（他人制作）的复制品不是“发行”而是“销售”。但《著作权法》从未区分过销售“来源于自己”的和“来源于他人”的复制品。无论是出版社未经许可而复制作品后销售（销售“来源于自己”的），还是书店购入后销售（销售“来源于他人”的），无疑均是《著作权法》中的发行行为，出版社和书店的行为均构成对发行权的侵权。还有观点认为，构成侵犯著作权罪的“发行”包含的销售行为应指首次销售行为，构成销售侵权复制品罪的销售是指发行后的后续销售行为。[②]这同样将导致《刑法》第217条规定的构成“侵犯著作权罪”的“发行”与《著作权法》定义的“发行”在含义上出现严重的偏离。无论是出版社将新作品印刷后首次销售，还是书店从出版社购入这批新书后销售，抑或二手书书店从读者手中购入旧书后销售，都属于《著作权法》所规定的“以销售的方式向公众提供作品的复制件”，也就是不会只将首次销售认定为“发行”，将后续销售排除出“发行”的范围。

本书作者认为，《刑法》中有关著作权犯罪的条款，在使用《著作权法》中相同的术语时，应保持含义一致，这样才能做到对著作权的民事保护与刑事保护相衔接。如果认为应将单纯侵害复制权的行为也纳入刑事打击的范围，应当单独将“未经许可复制”列为犯罪行为，而不应将《刑法》第217条中的“复制发行”解释为“复制或发行”。

【问题与思考】

1.《信息网络传播权保护条例》第20条至第23条规定了网络服务提供者不承担赔偿责任的条件，被称为“避风港”。例如，第22条规定：网络服务提供者为服务对象提供信息存储空间，供服务对象通过信息网络向公众提供作品、表演、录音录像制品，并具备下列条件的，不承担赔偿责任：（一）明确标示该信息存储空间是为服务对象所提供，并公开网络服务提供者的名称、联系人、网络地址；（二）未改变服务对象所提供的作品、表演、录音录像制品；（三）不知道也没有合理的理由应当知道服务对象提供的作品、表演、录音录像制品侵权；（四）未从服务对象提供作品、表演、录音录像制品中直接获得经济利益；（五）在接到权利人的通知书后，根据本条例规定删除权利人认为侵权的作品、表演、录音录像制品。

有一种观点认为，所谓“避风港”就是立法基于特定公共政策的考虑，免除了网络服务提供者本应承担的赔偿责任，换言之，是对侵权责任的免责。你是否认同这一观点？

2.本书第二章第四节“摄影作品”部分曾举过根据摄影作品绘制油画的案例（原告的作品《次仁卓玛》，被告的油画《阿妈与卓玛》）。与此案关联的还有一起诉讼，案情是相同的：原告指称被告未经许可，根据其摄影作品绘制油画。

原告提出：在2005年，其与被告相识，应被告的请求，其将一些作品的洗印件或图书赠与被告。被告则抗辩称：涉案被控侵权的油画作品是其独立创作完成的。由于双方曾一起进行创作，针对同一人物，在其绘画的时候，原告进行拍照，双方作品属于同时完成，因而必然会存在一定的相似性。

---

① 参见张远煌主编：《侵犯著作权罪典型案例评析》，212页，北京，北京大学出版社，2014。

② 参见《知识产权刑法保护研讨会综述》，载 http://www.zhichanli.com/article/4925.html，访问日期：2017-10-14。

原告的摄影作品《老人》

被告的油画《奶奶》

法院经审理查明：在 2005 年，原告与被告分别前往帕米尔高原，以当地居民为对象进行创作，并在当地相遇。原告曾在其所著的《摄影名家大讲堂》一书刊登了一张与涉案摄影作品相近的作品，该书于 2009 年 1 月出版。被告被控侵权的油画刊登于 2006 年 12 月某杂志上。

法院认为：根据现有事实，首先，原告没有证据证明其向被告提供了涉案照片的底片或冲洗件，也没有举证证明该作品已经对外发表，现有证据无法证明被告在创作涉案油画时有机会接触到其摄影作品。并且，被告本人确与原告在同一时间前往帕米尔高原进行创作，并提交了其当时创作的草图印证其创作的事实。因此，现有证据不足以证明被告创作涉案油画时使用了原告的摄影作品。其次，《著作权法》允许不同作者对同一思想、题材进行各自的独立创作，只是创作过程中不得使用他人作品具有独创性的表达方式。最高人民法院《著作权司法解释》第 15 条* 规定，不同作者就同一题材创作的作品，作品的表达系独立完成且有独创性的，各自享有独立的著作权。就本案而言，原告的摄影作品《老人》和被告的油画《奶奶》是以相同人物为特定创作对象的写实作品。通过比对，二者存在的相同之处主要属于人物本身固有的形象、姿势和神态，既非被告臆想产生，也非原告在拍摄过程中创造产生。作为不同类型的作品，油画《奶奶》与摄影作品《老人》的创作手法、使用的介质材料均不相同，且油画《奶奶》的尺寸、颜色以及局部细节等表现方式与摄影作品《老人》也存在差异。综上所述，不能认定被告在油画《奶奶》中使用了原告摄影作品《老人》的内容，被告并未侵犯原告的著作权。因此，对原告的诉讼请求，本院不予支持。①

显然，法院认为被告没有“接触”过原告的作品，因此其油画与原告的照片之间的相似性源于巧合。

请思考以下几个问题：(1) 你认为原、被告的作品之间是否存在“令人吃惊相似”，从而可以直接推定被告接触过原告的作品？(2) 如果回答是肯定的，你认为被告提出的理由，也即双方同时针对

---

① 北京市朝阳区人民法院（2011）朝民初字第 7231 号民事判决书。二审法院维持了一审法院的判决，参见北京市第二中级人民法院（2011）二中民终字第 21796 号民事判决书。

* 该解释已于 2020 年修正，该条无变化。——编辑注

同一人物进行创作，导致了相似的结果，是否合理？（3）除本案和本书第二章第四节“摄影作品”部分所举的案例之外，原告还起诉被告将自己其他 6 幅摄影作品绘制成了油画，其中在本书第二章第四节所举案例中，法院认定被告未经许可而使用原告的摄影作品绘制油画，侵犯了原告的著作权。你认为这对于判断本案是否存在“接触”有无影响？

第九章 对技术措施与权利管理信息的保护

本章导读

为了在数字时代加强对权利人的保护，1996 年世界知识产权组织主持缔结的《世界知识产权组织版权条约》和《世界知识产权组织表演和录音制品条约》要求对技术措施和权利管理信息提供保护。技术措施和权利管理信息本身并不是作品、表演和录音制品等原本就受著作权立法保护的成果，而是维护权利人利益的手段。规避技术措施和移除、修改权利管理信息并不构成对专有权利的侵权行为，而是违反著作权法规定的违法行为。随着数字化传播成为主流，对技术措施和权利管理信息的保护变得十分重要。

第一节　对技术措施的保护

在数字时代，权利人的利益受到了前所未有的威胁。通过计算机和网络，任何人都可以对数字化作品进行低成本、高质量和无限次的复制，并将其传送给其他用户，或上传至网络供公众自由下载。对于消费者而言，如果可以以极低的价格购买，甚至免费从网上下载“原汁原味”的盗版复制件，也就不会再向权利人付费购买其作品了。而权利人则难以通过传统手段对数字化作品的复制和传播进行有效的控制。虽然各国著作权法都赋予权利人以专有权利，如复制权、发行权和信息网络传播权等，并规定了各种法律救济手段，但这种方法在网络时代已经很难有效地起到保护作用了。其原因在于，法律救济只是一种事后救济，即只有在发现侵权行为、出现损害后果之后法律才能进行干预。而数字化作品一旦被非法复制、置于网上进行传播，在短期内就可以形成成千上万份复制件被人们所使用，到时一切法律救济手段都已无济于事。而且侵权者往往是众多缺乏经济赔偿能力的个人用户，逐一寻找这些侵权用户并追究其法律责任并不现实。因此在数字时代，仅仅依靠传统的法律保护方法已很难充分保护权利人的利益了。

在这种情况下，许多权利人开始在数字化作品中和网络上使用各种技术性手段保护自己的利益，这些技术性手段被称为“技术措施”（technological measure）或“技术保护措施”[①]（technological protection measure）。技术措施是一种“防患于未然”的事前预防措施，它从根本上切断了未经许可而使用作品，以及非法复制、传播和利用作品的途径，比事后救济的传统法律保护方法更为有效。例如，在软件中加入“序列号”及相应的验证机制，用户只有在输入其购买该正版软件时获得的“序列号”才能正常安装或运行软件。再如，在音乐光盘中采取防止复制的技术手段，用户只能播放光盘中的音乐，而不能将音乐光盘进行翻刻。这些技术措施可以有效地维护权利人的利益，并降低其维权成本。

然而，从技术措施诞生之时起，各种破解、避开技术措施或以其他方式使技术措施失效的行为就相伴而生。这些行为被统称为“规避”行为（circumvention）。例如，一些人为了牟取暴利，破解软件中的加密措施，导致盗版软件大量滋生。另一些人则专门破解网络作品数据库的口令，使未付使用费的人也能免费浏览和下载作品。更为严重的是，还有人出于展示自己“才智”的动机，设计、制造并向社会提供专门用于破解技术措施的软、硬件工具。如网上存在着许多被称为“口令入侵者”的解口令程序，用户可以下载，用以猜出网络上的口令。这样，连不太精通专业技术的外行也可以利用这些工具破解技术措施，从而对权利人的利益造成了更加广泛的侵害。

显然，要在数字时代对权利人提供有效保护，除依靠传统立法规定的救济渠道之外，还有必要对技术措施这一作品的“技术保护层”进行保护。从向公众提供作品的模式看，以纸质书、CD 音乐和 DVD 电影为代表的“有形载体”发行模式正在向以论文数据库、“网易云音乐”和“爱奇艺视频”为代表的数字化在线传播模式，包括“云计算”模式，转变。影响这一进程的重要因素，就是权利人用于保护其数字化作品的技术措施能够得到有效的保护。因为只有保证权利人在数字化作品中使用的序列号、密码、口令等技术措施能够正常运行，才能确保权利人从数字化作品的在线提供中获得合理报酬，并防止数字化作品被任意复制和传播。没有技术措施的应用和对技术措施的法律保护，权利人就失去了在线提供数字化作品的动力。

对于这一点，国际社会已经达成了共识。早在 1988 年，《英国版权法》就规定：对于以电子形式存在的作品，版权人有权对那些制造、进口、出售、出租、许诺销售或许诺出租、推销专门用于避开“防复制机制”的人，以及那些公布信息，使他人得以避开“防复制机制”的人，提起诉讼；并规定可以没收相关工具或设备。[②] 1991 年，欧共体在其通过的《计算机程序法律保护指令》中，也要求成员国禁止“为商业目的持有、散发唯一作用在于协助他人未经许可地移除或避开用于保护计算机软件的技术设施”的行为。[③] 美国 1992 年《家庭录音法》在规定数字录音设备提供者必须采用防止数字录音带被连续复制的“系列复制管理系统”（Serial copy management system）之后，紧接着规定“任何人不得进

① 这两个术语都被许多国家采用。由于《世界知识产权组织版权条约》、《世界知识产权组织表演和录音制品条约》和我国《著作权法》均采用了“技术措施”的术语，本书也使用“技术措施”这一术语。

② See UK Copyright Act, Section 296 (2).

③ See Council Directive 91/250/EEC of 14 May 1991 on the legal protection of computer programs, Article 7 (3).

口、制造、散发任何主要功能在于避开、越过、移去或以其他方式规避该系统的设备或提供具有相同效果的服务”①。

1996年，世界知识产权组织在日内瓦主持缔结了两个新条约——《世界知识产权组织版权条约》和《世界知识产权组织表演和录音制品条约》。《世界知识产权组织版权条约》第11条“关于技术措施的义务”规定：“缔约各方应规定适当的法律保护和有效的法律救济办法，制止规避由作者在与行使本条约或《伯尔尼公约》所规定的权利有关的活动过程中使用的，对就其作品进行未经该有关作者许可或未由法律准许的行为加以约束的有效技术措施。”《世界知识产权组织表演和录音制品条约》第18条以相同的标题规定：“缔约各方应规定适当的法律保护和有效的法律救济办法，制止规避由表演者或录音制品制作者在与行使本条约所规定的权利有关的活动过程中使用的，对就其表演或录音制品进行未经该有关表演者或录音制品制作者许可，或者未由法律准许的行为加以约束的有效技术措施。”自此，对技术措施的保护就成为各国著作权立法中的必要组成部分。

一、技术措施的概念

从纯技术角度看，任何能够起到特定作用的技术性手段似乎都可以被称为“技术措施”。例如，用户在接入互联网时，需要向电信服务提供商付费以获得用户名和密码。用户只有输入正确的用户名和密码之后，才能连接到互联网上。电信服务提供商设置的“用户名和密码”就是一种用于防止用户未经许可利用互联网接入服务的“技术措施”。但是，著作权法意义上“技术措施”在范围上远小于纯技术意义上的“技术措施”，它与后者的差异有两点：一是它必须用于作品、表演和录音录像制品等受著作权法保护的客体。二是具有阻止对上述特定客体实施特定行为的功能。

（一）用于作品和著作权法保护的其他客体

著作权法意义上的技术措施必须用于作品、表演和录音制品等著作权法规定的受保护客体。著作权法保护的作品是文学、艺术和科学领域内具有独创性并能以某种有形形式复制的智力成果。同时，著作权法还保护作品之外的特定智力劳动成果，如表演、录音录像制品和广播信号等。如果一种技术性手段并不用于保护这些客体（为了论述的简洁，以下统称为“作品”），与著作权法就毫无关联，自然就不能成为著作权法意义上的技术措施了，用著作权法保护该技术性手段也毫无必要。

例如，许多国家都有关于禁止破解网络系统安全机制的立法，这就属于对纯技术意义上的“技术措施”的保护。如我国《刑法》第285条第1款规定：违反国家规定，侵入国家事务、国防建设、尖端科学技术领域的计算机信息系统的，处3年以下有期徒刑或者拘役。但是，这些信息系统中的技术性措施只是用于保护系统安全，也即使其免受“黑客”的非法入侵，而不是保护计算机系统中存储的作品，因此，它们并不是著作权法所保护的技术措施。

① 17 U.S.C.1002.

典型案例

精雕诉奈凯案

在我国发生的首例涉及技术措施的诉讼——“精雕诉奈凯案”（以下简称“精雕案”）中，技术措施所保护的客体成为极为重要的问题。此案中，北京精雕公司自主开发了精雕CNC雕刻系统，该系统由三部分组成：精雕雕刻软件即JDPaint软件、精雕数控系统和机械本体。该系统的使用通过两台计算机完成：一台是加工编程计算机，另一台是数控控制计算机。这两台计算机运行两个不同的程序，需要通过数据文件进行数据交换。具体过程是：JDPaint软件通过加工编程计算机运行生成Eng格式的数据文件，再由运行于数控控制计算机上的控制软件接收该数据文件，将其变成加工指令。北京精雕公司对上述JDPaint软件享有著作权，该软件不公开对外销售，只配备在北京精雕公司自主生产的数控雕刻机上使用。

上海奈凯公司开发的雕铣机数控系统使用的Ncstudio软件能够读取JDPaint软件输出的Eng格式的数据文件。北京精雕公司认为其对Eng格式已采取了加密措施，因此指称：上海奈凯公司非法破解了其Eng格式的加密措施，并开发、销售能够读取Eng格式数据文件的数控系统，该行为是故意避开或者破坏其为保护软件著作权而采取的技术措施的行为。①

一审法院对此指出：“JDPaint软件所输出的Eng文件是数据文件，其所使用的输出格式即Eng格式是计算机JDPaint软件的目标程序经计算机执行产生的结果，该格式数据文件本身不是代码化指令序列或者符号化指令序列或者符号化语句序列，也无法通过计算机运行和执行。此外，根据原告的陈述，Eng文件是JDPaint软件在加工编程计算机上运行所生成的数据文件。可见，该文件所记录的数据并非原告的JDPaint软件所固有的，而是软件使用者输入的雕刻加工信息而生成的。因此，Eng格式数据文件中包含的数据和文件格式并不属于JDPaint软件的程序，不属于计算机软件的保护范围，不应受到法律保护。”② 二审法院同样认定：“上诉人JDPaint输出采用Eng格式不属于对JDPaint软件采取的技术保护措施。”③

本案的关键在于：著作权法意义上的技术措施只能用于保护作品或其他相关客体。而本案中北京精雕公司的技术措施保护的是软件作品输出的结果，而这一结果是不受著作权法保护的以特定格式存放的数据，而不是软件或其他法定客体。这类似于一所大学将使用信息管理软件对在校学生按照院系和年级分类处理后生成的学生信息进行加密，由于被加密的对象并不是作品（计算机软件或汇编作品），破解该加密措施并获取学生信息的行为并不违反《著作权法》。因此本案法院的判决是正确的。

---

① 参见上海市第一中级人民法院（2006）沪一中民五（知）初第134号民事判决书。

② 上海市第一中级人民法院（2006）沪一中民五（知）初第134号民事判决书。

③ 上海市高级人民法院（2006）沪高民三（知）终字第110号民事判决书。

（二）具有阻止实施特定行为的功能

著作权法意义上的技术措施还必须具有阻止对作品实施特定行为的功能。这是因为著作权法保护技术措施的最终目的是实现权利人在著作权法上的利益。在没有技术性手段的时代，这种利益主要由权利人借助著作权法的实施来实现，实施著作权法必然意味着阻止他人未经许可而对作品施加某种行为。而随着技术的进步，技术性手段可以被权利人用于实现同样的利益，即利用技术性手段阻止他人未经许可而对作品施加某种行为，且可以阻止的行为范围更加广泛。因此，只有能阻止他人实施特定行为的技术性手段，才可能实现著作权法的立法目的，才能被称为著作权法意义上的"技术措施"。《世界知识产权组织版权条约》第 11 条和《世界知识产权组织表演和录音制品条约》第 18 条，均只要求成员国保护用于"约束"（restrict）"就其作品进行未经该有关作者许可或未由法律准许的行为"的技术措施，也印证了著作权法意义上的技术措施必须能够阻止对作品实施特定行为。

实务探讨

"电子水印"是技术措施吗？

有一种观点认为，"电子水印"是著作权法意义上的技术措施。这一观点恐难成立。"水印"是指通过特定工艺流程，使纸张上的不同部位具有不同透光性能，以在透过强光观察时显示出独具特征的图文形状的一种技术。早在纸质印刷机时代，出版商就已采用"水印"技术来帮助识别盗版。作家出版社于 2001 年出版作家海岩的小说《拿什么拯救你，我的爱人》时，就在书中附有水印纸，底色中有清晰的"作家出版社"字样，在当时被认为是出版社采取的"全新的防盗版措施"[①]。而在数字时代，又出现了"数字水印"，即在图像、视频、音频等数字产品中嵌入关于作者、发行者、使用者的数字标识。这些标识一般不能被人的感官所识别，但能够被特定的计算机程序所读取，权利人可以利用"数字水印"（watermark）来追查盗版的源头。例如，提供正版电影或音乐下载的唱片公司可以将付费下载者的信息做成"电子水印"加入音乐之中，这样，一旦该电影或音乐被未经许可地传播，电影公司或唱片公司很容易就能发现是哪一名下载者传播该电影或音乐的。[②] 无论纸张上的"水印"还是"数字水印"，都只能用于判断特定版本的作品是否为未经许可而复制和传播的盗版，或追查盗版的来源，而不能阻止他人对作品或相关客体实施特定行为，如制作、传播或阅读、欣赏等，实际上无法起到作家出版社所称的"防盗版"作用。因此"水印"技术虽然对于著作权人等非常有用，但并不是著作权法意义上的技术措施。

二、技术措施的分类

从各国著作权立法界定或保护技术措施的条款来看，技术措施根据其功能被分为两类：

---

① 潇虹：《海岩新书上市防盗版水印〈我的爱人〉》，载《北京青年报》，2001－08－17。

② See Laura M. Holson，"Studios Moving to Block Piracy of Films Online"，*The New York Times*，Section A，Column 1，Business/Financial Desk，p. 1 （Sep. 25，2003）.

第一类是防止未经许可而阅读、欣赏文学艺术作品或运行计算机软件（也防止未经许可“接触”作品）的技术措施，简称“接触控制措施”。第二类是防止未经许可而以复制、传播等方式利用作品（也即阻止侵权行为）的技术措施，简称“版权保护措施”。

我国立法同时界定了两类技术措施。我国《著作权法》第 49 条第 3 款将受保护的“技术措施”界定为“用于防止、限制未经权利人许可浏览、欣赏作品、表演、录音录像制品或者通过信息网络向公众提供作品、表演、录音录像制品的有效技术、装置或者部件”。其中“用于防止、限制未经权利人许可浏览、欣赏作品、表演、录音录像制品”即为“防止未经许可而接触作品的技术措施”，“用于防止、限制未经权利人许可通过信息网络向公众提供作品、表演、录音录像制品”的“技术措施”即为“版权保护措施”。

“接触控制措施”并不用于防止他人未经许可而实施受专有权利控制的行为，即并不具有阻止著作权侵权行为的功能。只有“版权控制措施”才能阻止他人实施对著作权的侵权行为。正是由于这两类技术措施的作用不同，许多国家的立法对这两类技术措施进行了区别对待：有的只保护“版权保护措施”，如澳大利亚 2000 年《数字议程法案》。有的虽然同时对这两类技术措施提供保护，但保护的方法有所差别，如美国的《千禧年数字版权法》只禁止规避“接触控制措施”，而不禁止规避“版权保护措施”。可以说，“接触控制措施”与“版权保护措施”是许多国家保护技术措施的著作权立法中最为基本的概念。

（一）接触控制措施

“接触控制措施”的术语译自英文 access control technological measure。Access 一词在不同的语境下有不同的具体含义。在著作权法意义上，阅读文字作品、观赏美术作品、视听作品、收听音乐以及运行计算机软件等都可以被称为“接触”作品。“接触控制措施”的作用是直接阻止未经许可而阅读、欣赏作品等“接触”作品的行为。目前，典型的“接触控制措施”可以起到几方面的作用。

1. 防止获取网站中存储的内容

如网站的登录密码，作用类似于日常生活中的门锁。正如锁的作用在于防止他人未经许可而闯入房间，窃取其中的财物一样，网站中登录密码的作用也在于防止他人未经许可而进入网站，阅读、欣赏或以其他方式使用网站中的作品。例如，“中国期刊网”的网络版设置了口令和密码，只有购买了使用权、获得了正确的口令和密码的用户才能登录“中国期刊网”，检索、阅读和下载其中收录的学术论文。

2. 防止获取信息流中的内容

例如，任何人都可以通过简单的装置接收电视节目信号，但许多电视节目是收费的。服务提供商为了保证能够收取费用，往往在信号中加入这类“接触控制措施”，即将信号中的内容加密。那些没有付费的用户无法从服务提供商处获得正确的解密装置，他们虽然可以接收节目信号，却不能正常欣赏节目。

3. 防止复制件所有者接触其中的内容

这类技术措施主要应用于光盘等物质载体或通过网络下载的作品复制件中，用于防止未经许可而接触其中的内容。例如，运行光盘中 Windows 操作系统的安装程序时，系统会提示用户输入正确的注册序列号，没有序列号的用户即使获得了光盘这一软件作品的物质载体，也无法运行软件，也即无法“接触”其中的软件作品。在一起诉讼中，计算机程序权利人在计算机程序中采用序列号和相应的验证机制，以防止许可期届满后用户在未付费的情况下继续运行该程序。该案被告在其获得的许可到期后，为了能继续运行程序，采用技术手段破解了该技术措施[①]，该案中的技术措施显然就是“接触控制措施”。再如，发行商可以在电子版小说中加入密码后置于网站上供读者下载。读者虽然能够下载电子版小说，但在支付费用、得到密码之前，是无法“打开”小说进行阅读的，也即无法对复制件中的文字作品进行“接触”。曾经被软件开发商所广泛使用的“软件狗”或“加密狗”（dongle）就是一种硬件形式的“接触控制措施”：“软件狗”是一种验证软件信息的硬件，通常插在计算机的接口中使用。对于与“软件狗”配合使用的软件，用户只有将“软件狗”插入，且“软件狗”验证软件为正版或符合使用条件之后，用户才能正常地运行软件。[②] 在一起诉讼中，原告采用“加密狗”和图像卡保护其开发的计算机操作系统，法院认定的事实是：“装载在上述机器中的软件，只有‘加密狗’狗号与图像卡信息一致时，该装载软件才能运行，如果‘加密狗’狗号与图像卡信息不一致，则该软件无法正常运行。”可见，涉案技术措施显然就是防止未经许可而运行计算机程序的“接触控制措施”[③]。

4. 防止对内容的后续接触

这类技术措施最常见于“试用软件”中。软件作者或发行商往往将软件置于网站上供用户免费下载和试用。但运行一段时间或达到一定的运行次数之后，软件中的这类技术措施会阻止用户继续运行，或限制其中部分功能，并提示用户缴纳费用。例如，美国 Adobe 公司提供“Adobe 内容服务器”，供出版商发布采用 Adobe 格式的电子书并设置“接触控制措施”：用户可付费购买以 Adobe 格式制作的电子书，并从“Adobe 内容服务器”中下载，而用以阅读电子书的“Acrobat 电子书阅读软件”将根据电子书所附的“电子凭证”来判断该用户的使用权限。如果用户将电子书发给其他装有“Acrobat 电子书阅读软件”的用户，则接收者将无法在其计算机中阅读电子书或让系统对电子书进行有声朗读。[④] 这一技术措施限制了其他用户对相同内容的接触（阅读）或特定形式的“接触”（有声朗读），属于“接触控制措施”。

理论研究

只能阻止部分接触方式的技术措施是否构成“接触控制措施”

虽然许多国家的著作权立法都保护“接触控制措施”，并且进行了定义，但在实务中仍

---

① 参见上海地创网络技术公司等与北京万户名媒科技公司计算机软件著作权纠纷案，上海市浦东新区人民法院（2008）浦民三（知）初字第 453 号民事判决书。

② 参见维基英文网站对“软件保护狗”（software protection dongle）的解释，载 http：//en. wikipedia. org/wiki/Software_protection_dongle#cite_note-0。

③ 王锦峰等与深圳市沙井沙一股份合作公司等侵犯计算机软件著作权案，广东省深圳市中级人民法院（2007）深中法民三初字第 160 号民事判决书，广东省高级人民法院（2008）粤高法民三终字第 213 号民事判决书。此案中原告指称被告破解了软件中的技术措施，并复制软件后销售，但一审法院以原告证据不足为由驳回起诉，二审法院维持了一审法院的判决。

④ USA v. Elcom and Dmitry Sklyarov，203 F. Supp. 2d 1111，118（N. D. Cal.，2002）.

然经常会遇到某一特定技术措施是否属于"接触控制措施"的问题。例如，出版商在销售电子书时，有时分为"有声版"和"无声版"。购买了前者的用户可以通过软件对电子书内容进行"朗读"，实现"听"书；购买了后者的用户，由于存在技术措施而被阻止使用任何朗读软件对电子书进行"朗读"。那么，这种阻止电子书被软件"朗读"的技术措施是否属于"接触控制措施"呢？

对于盲人而言，以电子书形式提供的作品如果不能被朗读出来，其根本无从阅读、欣赏作品，也即无法"接触"作品。电子书中上述技术措施的存在，完全断绝了盲人"接触"作品的可能性，故将其定为"接触控制措施"似乎是合理的。但是，电子书的受众并非只有盲人。对于视力正常的人而言，即使无法使用软件朗读电子书中的作品，其仍然可以正常阅读、欣赏作品。换言之，他们虽然不能以"收听有声朗读"等方式"接触"作品，却可以通过肉眼阅读的方式"接触"作品。那么对视力正常的人而言，电子书中禁止朗读的技术措施还能构成"接触控制措施"吗？如果回答是否定的，就会出现一个难以解释的现象——对同一种技术措施的定性，会因为作品的受众不同而出现差异。但如果回答是肯定的，又如何解释视力正常的人原本就可以"接触"作品的事实呢？

本书作者认为：问题的根源在于如何理解"接触控制"。一些国家的立法在界定"接触控制措施"时，给人的印象是只有那些能够阻断一切"接触"作品途径的技术措施才是"接触控制措施"。如美国《千禧年数字版权法》规定——"如果一种技术措施在其正常运行过程中，要求经版权人许可应用某种信息、程序或处理过程后，（他人）才能接触作品，则这种技术措施能够有效控制对作品的接触。"[①] 从该规定的字面意思来看，"接触控制措施"对"接触"的控制是一种"有与无"的判断，也即其要么可以控制"接触"，要么不能控制"接触"，并不存在一方面可以控制"某种形式的接触"，另一方面又不能控制"另一种形式的接触"的情形。但这样的字面解释是不适当的。事实上，只控制对"作品某一部分的接触"的技术措施普遍被认为是"接触控制措施"。

例如，试用版软件与正式版软件在内容上并无差异，只是如果用户不购买序列号激活软件，那么在试用期过后，其只能调用软件中的部分功能，而不能使用软件的全部功能。换言之，序列号的作用在于控制对软件"部分内容的接触"，但该序列号被公认为是"接触控制措施"[②]。再如，视频网站在将正版电影上线时，可以在其中加入技术措施，未付费用户只能观赏前5分钟，只有付费用户才能观赏电影的全部内容。该技术措施并不控制对前5分钟电影内容的"接触"，只控制对剩余电影内容的"接触"。试问：该技术措施是否构成"接触控制措施"？回答当然是肯定的。

可见，在美国的《千禧年数字版权法》对"有效接触控制措施"的定义中，"接触作品"应包括"接触作品的一部分"，也即该规定中的"作品"可以指"作品的一部分"。"控制接触"也可以包括"控制以某种形式的接触"。这样的解释不仅符合逻辑，也与权利人使用技术措施的现实相符合。例如，权利人在出售电子书时，可以以不同的价格出售有声版和无声版：有声版价格高，无声版价格低。而要保证这种商业定价机制的成功，电子书中

---

① 17 U. S. C. 1201 (a) (3) (B).

② Microsoft Corp. v. Silver Star Micro, Inc., 2008 U. S. Dist. LEXIS 1526 (N. D. Ga., 2008).

就必须加入技术措施，以确保用户的付费高低与其享受的功能多少相匹配。这种技术措施显然并非“版权保护措施”。如果不承认其构成“接触控制措施”，那么只购买了无声版的用户规避该技术措施，以欣赏有声版的行为就不受版权法禁止了。这一结果显然是不能成立的。

因此，不能认为只有那些能够阻断一切“接触”作品的途径，而且是阻止“接触”作品全部内容的技术措施才构成“接触控制措施”。那些只能阻断“接触”作品的部分途径，或者只能阻止“接触”作品的部分内容的技术措施仍然属于“接触控制措施”。

（二）版权保护措施

“版权保护措施”也被称为“使用控制措施”。著作权法意义上的“使用”不同于日常口语中的“使用”，它特指著作权法中各项专有权利所对应的特定使用行为，如复制、发行、表演和网络传播等，因此，防止对作品进行著作权法意义上的“使用”，就是防止著作权侵权行为，“版权保护措施”也因此成为“使用控制措施”的同义语。

顾名思义，“版权保护措施”所阻止的正是受专有权利控制的行为。从目前“版权保护措施”的应用情况来看，其主要控制的是复制和网络传播行为，也即防止对复制权和网络传播权的侵犯。

1. 防止未经许可而复制

在“版权保护措施”中，最为常见的就是防止未经许可而复制的技术措施。这不仅是因为未经许可的复制是最为常见的行为，而且是因为复制往往是对作品进行其他形式利用的第一步。防止了未经许可而复制，就可以防止一系列后续侵权行为，如未经许可而发行、传播等。对音乐和电影作品，早已出现专门用于防止未经许可而复制的“版权保护措施”。早在20世纪80年代，就有了用于防止对数字音乐进行连续复制的“系列复制管理系统”，它的基本功能是在复制数字音乐时，在复制件中插入一段识别标记，带有这一系统的数字设备在检测到这段标记时，会拒绝执行再复制的指令。换言之，内置该系统的数字录音设备仅可以将原版音乐唱片复制一次，但复制件无法被再次复制。[①] 之前曾广泛用于电影DVD中的“内容扰乱系统”（content scrambling system）可以防止将DVD中的电影复制到计算机硬盘上，或将该DVD进行翻刻。[②] 在20世纪90年代，又出现了用于防止电视节目被未经许可而复制的“自动复制控制技术”或“彩条复制控制技术”，其可以使权利人在电视台播出节目时加入禁止录制的控制信号。与这两种技术相兼容的家用录像机、摄像机等摄录设备在探测到这种信号后会拒绝录制，或只能录制充满干扰条纹的内容，导致录制完全丧失意义。[③] 这些都属于防止复制的技术措施：在互联网出现后，权利人越来越多地通过互联网向公众提供其作品，但为了防止作品被未经许可而复制，权利人也采用了防止复制

---

① See House Committee on the Judiciary Report Audio Home Recording Act of 1992，p. 10.

② CSS码还具有其他功能，如确保只能在经过授权的设备上播放DVD，从而起到了“接触控制措施”的作用。它还具有区域划分的作用。下文均有涉及。

③ See 17 U. S. C. 1201（k）（1）（B）. 美国《千禧年数字版权法》专设一条“特定模拟设备和特定技术措施”，要求家用录像机、摄像机等6种模拟摄录设备在制造、进口和销售时必须与“自动复制控制技术”或“彩条复制控制技术”相兼容。See 17 U. S. C. 1201（k）（1）.

的“版权保护措施”，即只允许用户在线欣赏作品，但不能下载作品，即防止将作品复制至用户的硬盘。

2. 防止未经许可而传播

另一类“版权保护措施”并不直接防止未经许可而复制，而是防止未经许可而传播。其中最为典型的是与“广播标记”（broadcast flag）有关的技术措施：“广播标记”是电视服务提供商在收费电视节目信号中加入的一种视觉和听觉无法识别的数据系列，可以向与其兼容的设备传递有关的许可信息。美国联邦通讯委员会曾于 2003 年 11 月 4 日颁布行政规章，旨在推广和保护与“广播标记”相关的技术措施，以防止数字电视节目在网络中传播。该规章要求从 2005 年 7 月 1 日起，所有数字电视接收装置都必须与“广播标记”技术相兼容。[①] 这样，权利人就可以在数字电视中加入“广播标记”，数字电视接收装置在探测到数字节目中的“广播标记”后，只会将数字节目输出到模拟录制设备或符合加密要求的数字设备中，以此防止数字节目在网络上的大规模传播。[②] 该规章针对的并非消费者个人的录制，而是将录制下的数字电视在网络上传播。

需要指出的是：“接触控制措施”和“版权保护措施”可以融为一体，也即一整套技术措施完全可能同时具备“接触控制”和“版权保护”的功能。电影产业界曾广泛采用的“内容扰乱系统”就是这样一种技术措施。它首先会对电影内容通过“扰乱”的方式进行加密。只有使用“DVD 复制控制联盟”（简称 DVD CCA[③]）许可制造的、安装了“密钥”的 DVD 播放器或光驱，才能在播放电影时将被“扰乱”的内容复原。从这个角度看，“内容扰乱系统”是一种“接触控制措施”。没有“密钥”（也即没有与“内容扰乱系统”相兼容的 DVD 播放机或 DVD 光驱），就无法“接触”（也即通过 DVD 播放机或 DVD 光驱读取并播放）电影内容。但“内容扰乱系统”同时会阻止将 DVD 中的电影内容从 DVD 光驱中复制到计算机硬盘中。从这个角度看，“内容扰乱系统”又是一种“版权保护措施”：它限制了未经许可的数字化复制行为。[④] 在美国发生的“环球电影公司诉 Reimerdes 案”中，法院即指出：“‘内容扰乱系统’是一种既能有效控制接触 DVD，又能有效保护版权人权利的技术措施”[⑤]。在“RealNetworks 诉 DVD 复制控制联盟案”中，法院也认为，“内容扰乱系统”既是一种“接触控制措施”[⑥]，又是一种“版权保护措施”[⑦]，因为其“保护着 DVD 的内容，防止未经许可的接触，也防止消费者未经许可的复制”[⑧]。

---

① See 47 CFR 73. 9002，9003.

② See Federal Communications Commission，Digital Broadcast Content Protection，Report and Order and Further Notice of Proposed Rulemaking，Nov. 4，2003.

③ DVD CCA 由电影公司、电子产品公司和计算机软硬件公司共同组建，其职责在于向 DVD 播放机、光驱及播放软件制造商发放与 DVD 内容保护相关的技术许可。RealNetworks v. DVD Copy Control Association，641 F. Supp. 2d 913，at 918（N. D. Cal.，2009）.

④ See Jeffrey P. Cunard，“Technological Protection of Copyrighted Works and Copyright Management Systems，A Brief Survey of the Landscape”，in International Literary and Artistic Association（ALAI）Congress，Adjuncts and Alternatives to Copyright：ALAI-USA，New York，2001，pp. 29－30.

⑤ Universal City Studios v. Reimerdes，111 F. Supp. 2d 294，317－318（S. D. N. Y.，2000）.

⑥ RealNetworks v. DVD Copy Control Association，641 F. Supp. 2d 913，932（N. D. Cal.，2009）.

⑦⑧ Ibid.，at 935.

立法背景

《著作权法》所保护的技术措施的范围

2020年修改后的《著作权法》第49条第3款规定："本法所称的技术措施，是指用于防止、限制未经权利人许可浏览、欣赏作品、表演、录音录像制品或者通过信息网络向公众提供作品、表演、录音录像制品的有效技术、装置或者部件。"

该定义所界定的技术措施保护范围是否适当？对此可举两例予以说明。(1) 某人破解了大型商业制图软件中的正版验证机制，并编写了一个供用户破解该验证机制的程序供公众下载。试问：该行为是否违反了《著作权法》？(2) 某人破解了电影DVD中的防复制技术措施，并将解密方法公布在网络中，导致任何人都可以轻易将DVD中的电影复制到硬盘中。试问：该行为是否违反了《著作权法》？对于这两个问题，相信多数人都会不假思索地给出肯定的回答。然而，根据《著作权法》对技术措施的定义，对这两个问题的回答都应是否定的，因为相关的技术措施并不在受保护的范围内。

在《著作权法》第49条第3款对技术措施的定义中，"接触控制措施"仅限于"用于防止、限制未经权利人许可浏览、欣赏作品、表演、录音录像制品"的技术措施，并不包括用于防止、限制未经权利人许可而运行计算机程序的技术措施。在第一个假想例中，商业制图软件中的技术措施当然不能"用于防止、限制未经权利人许可浏览、欣赏"计算机程序，因为计算机程序就是代码化指令序列（参见本书第二章第四节），其作用在于指挥计算机等信息处理设备实现特定信息处理功能，其并不用于"浏览、欣赏"。破解计算机程序中以"序列号"和相应的验证机制为代表的"接触控制措施"的目的，当然也不是"浏览、欣赏"代码化指令序列，而是运行计算机程序，发挥其信息处理功能。

"接触控制措施"对于维护计算机程序权利人的利益而言最为重要。在当今的商业模式下，计算机程序权利人已普遍将含有"接触控制措施"的计算机程序在官网上免费向公众提供下载和试用。在计算机程序的试用期届满之后，"接触控制措施"就会发挥作用，未向计算机程序权利人支付费用的用户将无法继续正常运行计算机程序，或者无法调用全部功能。与此相适应，计算机程序权利人的主要收入就源于使用者为运行（"接触"）计算机程序所支付的费用。"接触控制措施"以此确保那些希望长期运行计算机程序或和调用其全部功能的用户向计算机程序权利人付费。可以想见，如果不对计算机程序中的"接触控制措施"提供法律保护，听任"黑客"破解此类技术措施并提供解密手段，计算机程序权利人的利益将受到极大的损害，对计算机程序的法律保护几乎将成为一句空话。正因为如此，国外涉及计算机程序的技术措施保护的许多案例都针对规避"接触控制措施"的行为。而在我国，迄今发生的与技术措施保护有关的案例中，绝大多数涉案行为都旨在规避计算机程序中的"接触控制措施"。由于用于计算机程序的"接触控制措施"并不在《著作权法》保护的技术措施的范围内，无论是直接规避此种技术措施还是提供规避手段，认定这些行为违反《著作权法》将失去法律依据。

与"接触控制措施"未受到全面保护的情况类似，《著作权法》对技术措施中的"版权保护措施"的规定也有缺漏，其中的"版权保护措施"是指"用于防止、限制未经权利人许可……通过信息网络向公众提供作品、表演、录音录像制品的有效技术、装置或者部件。”从中可以看出，该“版权保护措施”仅限于用于保护信息网络传播权的“版权保护措施”即防传播措施，并不涉及用于保护复制权的“版权保护措施”，也就是不保护防复制措施。在上文第二个假想例中，电影DVD中的技术措施是防复制措施，而不是防传播措施，因此并不属于《著作权法》所保护的“版权保护措施”，破解该技术措施并提供解密手段并不违反《著作权法》。

这样的结果当然是极不合理的。在多数情况下，对作品进行复制，是对作品进行其他利用的前提，因此用于防止复制的“版权保护措施”对保护权利人的利益具有极为重要的作用。时至今日，大多数“版权保护措施”都是防复制措施，至少都具有防止复制的功能，因此国际上发生的涉及“版权保护措施”的诉讼绝大多数都针对防复制措施。而我国《著作权法》将防复制措施排除在其定义的技术措施的范围之外，将使多数“版权保护措施”无法受到《著作权法》的保护。

《著作权法》在技术措施的定义中排除了用于计算机程序的“接触控制措施”，再加上该定义又排除了所有的防复制措施，于是，用于计算机程序的唯一受保护的技术措施就剩下了“版权保护措施”中的防传播措施。但由目前计算机程序权利人采用的商业模式多为在官网上免费提供计算机程序的下载和试用，同时在试用期届满后要求用户付费购买使用许可。这就意味着在网上传播此类含有“接触控制措施”的计算机程序本身（其中的“接触控制措施”未被破解）并不会严重损害计算机程序权利人的利益，《著作权法》对用于计算机程序的技术措施的保护也就基本上丧失了存在的价值。

本书作者认为，《著作权法》对技术措施之定义的缺陷，源于其照搬了《信息网络传播权保护条例》对技术措施的定义。2006年制定的《信息网络传播权保护条例》的性质是授权立法，仅仅是“信息网络传播权的保护办法”，并不能用于保护复制权或其他专有权利，当然也不能对用于保护复制权或其他专有权利的“版权保护措施”提供保护。同时，保护计算机程序中的“接触控制措施”与保护计算机程序的信息网络传播权之间的关系并不密切，《信息网络传播权保护条例》未将计算机程序中的“接触控制措施”纳入保护范围同样具有合理性。

《信息网络传播权保护条例》对技术措施定义的“不完整”，不但没有导致用于计算机程序的“接触控制措施”以及“版权保护措施”中的防复制措施被排除出2001年和2010年《著作权法》的保护范围，而且还可以印证这两类技术措施是在当时的《著作权法》保护范围之内的。这是由于2001年和2010年《著作权法》中均没有包含技术措施的定义，只对规避技术措施的法律责任作了规定。《信息网络传播权保护条例》作为授权立法和行政法规，对技术措施的保护范围不可能超越《著作权法》的规定，否则既超出了《著作权法》授权的范围，也会导致作为下位法的行政法规违反作为上位法的法律的严重后果。既然《信息网络传播权保护条例》定义的技术措施既包含“接触控制措施”（限于防止未经许可而浏览、欣赏作品的技术措施）又包含“版权保护措施”（限于防止未经许可而通过网络传播作品的技术措施），就说明2001年和2010年《著作权法》所保护的技术措施必然包括这两类技术措施。换言之，《信息网络传播权保护条例》保护的技术措施可以比2001年和2010年《著作权法》保护的技术措施在范围上更小，但绝不可能更大。那些与信息网络传播权的保护关系不大、不能受到《信息网络传播权保护条例》保护的“接触控制措施”和

“版权保护措施”，当然属于2001年和2010年《著作权法》所保护的技术措施的范围。这样一来，用于防止未经许可而运行计算机程序的“接触控制措施”和作为“版权保护措施”的防复制措施都应由2001年和2010年《著作权法》进行保护。

然而，2020年修改的《著作权法》直接纳入了对技术措施的上述不完整定义，这就意味着2020年《著作权法》保护的技术措施在范围上仅限于此，也就是2020年《著作权法》对技术措施的保护范围与《信息网络传播权保护条例》的保护范围完全相同，不存在前者大于后者的可能。令人遗憾的是，这种由立法技术造成的立法缺陷原本可以避免。2014年，由国家版权局负责起草，交送国务院法制办公室公开征求意见的《著作权法修改草案》第68条对“技术保护措施”所下的定义是：“本法所称的技术保护措施，是指权利人为防止、限制其作品、表演、录音制品或者广播电视节目被复制、浏览、欣赏、运行、改编或者通过网络传播而采取的有效技术、装置或者部件。”该定义中的“为防止、限制其作品……被……运行……的有效技术、装置或者部件”就是特指用于计算机程序的“接触控制措施”，而“为防止、限制其作品……被……复制……改编……的有效技术、装置或者部件”则是指“版权保护措施”中的防复制措施（改编的前提是复制）。2020年《著作权法》如能采纳该定义，将不会出现前文所述的将计算机程序中的“接触控制措施”和“版权保护措施”中的防复制措施排除出保护范围的后果。因此，在《著作权法》对技术措施的定义修改之前，应当通过对《著作权法实施条例》的修改和制定司法解释来对该定义进行扩大解释，以对技术措施提供全面保护。

三、技术措施的有效性

任何人都可以在自家院子里筑一道围墙，阻止路人看到院内的景象，但是他不能因为自己家围墙筑得太低，路人可以轻易望见家人的生活起居，而控告路人侵犯其隐私权。同样道理，受著作权法保护的技术措施也有一个“围墙有效性”问题。《世界知识产权组织版权条约》、《世界知识产权组织表演和录音制品条约》以及我国《著作权法》，在定义技术措施时明确规定：只有“有效”的技术措施才受保护。换言之，只有那些能够“有效”防止他人侵权或“接触”作品，以维护权利人在著作权法上的正当利益的技术措施才能受到著作权法的保护。

典型案例

“DVD解密码案”与技术措施“有效性”的认定

《世界知识产权组织版权条约》和《世界知识产权组织表演和录音制品条约》虽然只要求保护有效的技术措施，但对“有效性”的标准没有作出具体规定，从而导致了认识上的模糊。目前，在国外的司法实践中，出现了两种极端的做法：一是认为只要构成技术措施，能够发挥作用，这种技术措施就是有效的。二是认为如果技术措施已被广泛规避，就不再有效了。

在美国发生的多起涉及规避DVD中“CSS”的诉讼中，美国法院认定“CSS”具备有效性的唯一依据是，其能够在正常运行过程中，起到防止接触DVD中电影或防止复制的作用。[①] 显然，在不去破解"CSS"的前提下，该技术措施当然能够起到这种作用。但如果不加限制地应用这一思路，则任何技术措施就都是"有效的"，这就使对技术措施有效性的要求形同虚设。

与之相反，在芬兰发生的类似诉讼中，赫尔辛基地方法院认为：自从1999年挪威"黑客"破解了"内容扰乱系统"之后，互联网上传播着大量的此类破解软件，有些还是免费的，某些计算机甚至还预装了破解软件。对于普通用户而言，规避"内容扰乱系统"变得非常容易，因此"内容扰乱系统"已经无法实现保护DVD作品的最初目标，"内容扰乱系统"已不再是"有效"的。[②] 赫尔辛基上诉法院则认为技术措施是否具有有效性，不仅取决于是否存在破解手段，还取决于这种破解手段是否实际被人们经常使用。由于对"内容扰乱系统"的破解需要有编程技巧或使用额外的破解程序，因此不能认为破解"内容扰乱系统"的手段已经实际被人们经常使用。[③] 上诉法院由此得出了"内容扰乱系统"仍然是"有效的"这一结论。

本书作者认为：此案的一、二审法院判断技术措施"有效性"的标准都是不能成立的。对有效性的判断不应以技术措施是否已被规避或者被规避的普遍性为标准。众所周知，绝大部分技术措施都是可以被规避的。事实证明加密与解密技术总是相伴而生、共同发展，因此很难找到一种不可能被规避的技术措施。如果以一种技术措施已被规避作为否定其有效性的依据，则恐怕世上不会存在几种"有效"的技术措施了，而这会剥夺权利人利用技术措施保护自身利益的机会。这样的标准等同于要求法院只保护那些不可能被规避的技术措施，而不保护那些能够被规避的技术措施。暂且不论是否存在一种不可能被规避的技术措施，如果这种技术措施真的不可能被规避，法律对它的保护不就多此一举了吗？而那些有可能被规避，从而真正需要法律提供保护的技术措施，却无法受到法律的保护。

与此同时，也不能因规避技术措施的工具已被普遍传播，就认为这种技术措施是"无效"的。在上引案子中，赫尔辛基上诉法院虽然认定"内容扰乱系统"是"有效"的技术措施，但其认定"有效性"的标准是"破解手段是否实际被人们经常使用"。这相当于认为，只要市场上不但有万能钥匙出售，而且人们经常使用万能钥匙开门，门上的锁就不再"有效"，也不再受保护了。任何人再去造一把用于开锁的钥匙（提供破解工具），或者直接去撬锁（实施破解行为），也不再是非法的。这和赫尔辛基地方法院的逻辑并无实质区别。事实上，破解"内容扰乱系统"的工具，如带有破解码的各种播放软件，不仅在互联网上唾手可得，而且也被大量用户广泛使用。如果赫尔辛基上诉法院认定"破解'内容扰乱系统'技术措施的手段已经实际被人们经常使用"，则"内容扰乱系统"这种技术措施不就又将被认定为"无效"了吗？

---

① 321 Studios v. MGM, 307 F. Supp. 2d 1085, at 1095 (N. D. Cal., 2004); Universal City Studios v. Reimerdes, 111 F. Supp. 2d 294, at 318 (S. D. N. Y., 2000).

② See Case－R 07/1004 (25 May 2007).

③ See Court of Appeals' Decision on Circumvention of an Effective Technological Measure, at http://www.mondaq.com/article.asp?articleid=66800.

我国《著作权法》和《信息网络传播权保护条例》虽然只保护“有效”技术措施，但没有对何为“有效”作出规定。结合立法目的和技术使用情况，对此问题可从以下两方面作出判断。

（一）对有效性的判断应当以普通计算机用户为标准

对有效性的判断应当以一名普通计算机用户为标准，该名用户应当仅具有非计算机专业人员常规的计算机操作知识、经验和能力，仅会使用大众化的合法通用工具；他并不掌握各种专业解密技术和手段，也没有获得由专业人员设计并提供的专业规避工具。对于一种技术措施，如果这名假想的计算机用户能够规避，则说明该技术措施缺乏有效性。例如，某网站在网页中加入了一种防止用户复制网页内容的技术措施，用户虽然无法通过“复制”（Ctrl＋C）与“粘贴”（Ctrl＋V）手段复制网页内容，却可以使用浏览器中的“另存为”功能将网页内容以文本格式加以保存。即使不少“菜鸟”用户确实不知道这一保存网页文档的方法，但由于普通用户根据常识很容易想到，故网站的这一防复制技术措施就不能被认为是有效的。相反，如果网站中的技术措施可以同时防止普通用户通过“另存为”等任何常规手段或工具来复制网页内容，则该技术措施是有效的。

据此，对于“DVD解密码案”而言，应当认定“内容扰乱系统”是有效的技术措施，但理由应当是普通用户无法根据其掌握的通用技能和通用合法工具对其加以规避。北京市高级人民法院于2010年下发的《关于审理涉及网络环境下著作权纠纷案件若干问题的指导意见（一）（试行）》第33条明确规定：“受著作权法保护的技术措施应为有效的技术措施。技术措施是否有效，应以一般用户掌握的通常方法是否能够避开或者破解为标准。技术专家能够通过某种方式避开或者破解技术措施的，不影响技术措施的有效性。”这一规定明确“以一般用户掌握的通常方法是否能够避开或者破解为标准”，是适当的。

典型案例

“娱乐基地”案

某电子商务公司设立的“娱乐基地”是一家在线收费音乐网站，拥有三首涉案音乐作品的词曲著作权，并且在该网站内提供这三首歌曲MP3文件的付费下载服务。百度则在其音乐网站“百度mp3”提供音乐的搜索和下载服务。用户在该网站的“MP3搜索框”中输入上述歌曲的关键词之后，就可搜索出这三首歌曲在“娱乐基地”网站中的网络地址，点击之后即可以免费从“娱乐基地”下载。该电子商务公司认为百度这种MP3搜索服务侵犯了其合法权益，因而向法院提起侵权之诉。①

虽然原告并没有指称百度规避其技术措施，但本案与技术措施是有一定关系的。原告经营的“娱乐基地”是收费音乐网站，用户需要输入其购买的“登录口令”之后，才能进入该网站的音乐曲库进行下载，每首歌需付费0.2元。由此可见，“娱乐基地”网站中的“登录口令”是原告针对其享有著作权的作品设置的“接触控制措施”，它可直接阻止未付

① 参见北京市第一中级人民法院（2006）一中民初字第6273号民事判决书。

费用户“接触”其音乐作品，同时间接起到防止未付费用户下载（复制）其音乐作品的作用。而用户在百度音乐网站上却能够搜索出歌曲在“娱乐基地”网站的网络地址，并可在点击网址后免费下载。原告实际上是认为被告规避了“娱乐基地”网站中的技术措施。[①]

被告是否应承担规避技术措施的违法责任？这取决于该项技术措施是否有效。在本案中，搜索引擎是普通用户寻找并下载音乐作品的一种“通常手段”，绝大部分用户习惯于通过百度等搜索引擎来确定歌曲的具体位置，然后进行下载。他们并不关心，也不想知道歌曲具体是从哪个网站下载的。而普通的搜索引擎（如百度）能在遵守互联网公认的搜索协议的情况下，轻易搜索到涉案歌曲的网络地址，并向用户提供链接。与此同时，“娱乐基地”作为一家专业的音乐网站，显然十分了解网络用户的使用习惯，其经营者完全可以根据互联网公认的搜索协议，通过设置简单的“禁止设链”指令，来阻止包括百度在内的一切搜索引擎对其音乐曲库内的歌曲设置链接，但它并没有这样做。这就相当于书店有一扇面向普通用户的正门和一扇隐藏在黑暗中的边门，顾客从正门出入必须经过收银台，而普通顾客可能很难自己找到边门的所在。搜索引擎只是自动找到了可以直接进入“娱乐基地”歌曲库的一扇未上锁的“边门”，但并没有撬掉“正门”上的锁。在本案中，百度并没有对“娱乐基地”网站中的“登录口令”程序进行任何破坏，而且搜索引擎也不可能像人那样去区分“正门”和“边门”。在这种情况下，正如书店正门上的锁不能“有效”阻挡人们从边门进入一样[②]，“娱乐基地”网站中的“登录口令”也不能“有效”地阻止人们通过搜索引擎“接触”并下载（复制）其曲库中的歌曲。因此，如果原告起诉百度和使用百度下载其歌曲的用户规避其技术措施，不应获得法院支持。

(二) 对有效性的判断应针对具体规避行为

对技术措施有效性的判断，应当针对具体的“接触”或使用作品的行为。换言之，只能认定一种技术措施对于某种具体的“接触”或使用作品的行为是否有效，而不能泛泛地认定这种技术措施是否有效。因此，完全可能出现如下情况：一种技术措施对于阻止某种“接触”或使用作品的行为是有效的，因此他人规避这种技术措施以实施该种“接触”或使用作品的行为构成违法；但这种技术措施对于阻止另一种“接触”或使用作品的行为是无效的，因此他人规避这种技术措施以实施该种“接触”或使用作品的行为并不违法。例如，在前门上锁而后门不上锁的情况下，前门的锁不能成为阻止他人通过后门进入房间的有效措施。但不能因此认为前门的锁不再受保护，听任他人撬开或随意提供万能钥匙。在前文提及的“‘娱乐基地’案”中，“娱乐基地”网站中的“登录口令”作为技术措施并不能有效地防止用户通过百度音乐搜索引擎从网站“后门”下载网站曲库中的音乐，但不能就此认为该“登录口令”是全然无效的，因此不应用著作权法来保护该技术措施，从而不制止

---

① 事实上，在本案的审理过程中，法院也深入探讨了此案是否存在规避技术措施的违法行为。本书作者参加了对该案的研讨。

② 这个比喻是美国联邦第六巡回上诉法院在“Lexmark v. SCC 案”中提出的：“当前门没有上锁时，不能说锁上后门就控制了房子的门户。”该法院认为，如果一幢房子有两扇门，前门没锁而后门锁了，则这种情况下后门的锁就不属于保护该房子的“有效技术措施”，因为走前门进入房子是合法的，是通常的“操作方法”。Lexmark International，inc. v. Static Control Component，Inc.，387 F. 3d 522，at 59（6th Cir.，2004）.

任何规避“登录口令”并提供规避手段的行为。如果有人直接规避了该“登录口令”并设计出万能登录口令供用户从网站“正门”进入网站并下载音乐，当然属于规避技术措施的违法行为。再如，假设某音乐网站设置防复制技术措施，使用户只能在线点播音乐而不能下载，而有用户在点播音乐时，在旁边放置录音笔，从而将从扬声器中播放的音乐录制下来。能否认为由于该防复制技术措施无法防止此种复制行为，不具备有效性，他人就可随意破解呢？① 回答当然是否定的，该技术措施无法有效阻止上述用户的复制行为，并不意味着该技术措施对于希望直接从音乐网站下载音乐的行为不具备有效性。对于破解该技术措施并公布解密手段，供用户直接下载音乐的行为，《著作权法》仍然应当认定为违法对该技术措施提供保护。

典型案例

模拟式录制案

正版音乐服务提供商Napster在德国以每月9.95欧元的价格向用户提供不限数量的正版音乐下载和欣赏服务。② 但下载的音乐文件中含有技术措施，用于确保用户只能根据“服务协议”来使用音乐，即用户只能在付费使用期内播放已下载的正版音乐。如果用户停止付费，则无法播放其先前已下载的正版音乐。德国一家电子书和软件的出版商设计了一种名为“Napster DirecCut”的计算机软件，该软件可帮助从Napster下载了正版音乐的用户对该音乐制作不含有技术措施的复制件，从而实现对该音乐复制件无限制的复制和播放。这样，用户就可以只支付一个月的使用费，在该月下载大量音乐，然后使用“Napster DirecCut”软件制作不含有技术措施的复制件。此后，无须持续向Napster付费，用户也可以永久欣赏这些被复制的音乐了。Napster向德国法兰克福地方法院起诉，要求法院下达禁止制作和销售“Napster DirecCut”软件的禁令。原告的理由是被告销售的是一种被设计用于规避有效技术措施的软件。

法院经审理后发现，该软件的工作原理是：并不直接对数字音乐文件进行复制，而是将通过计算机声卡播放出的模拟声音信号录制之后，再将录下的文件转换成数字信号。法院认为：对受技术措施保护的数字音乐以模拟格式的方式进行复制不构成对技术措施的规避。数字音乐中的技术措施对于“模拟式录制”而言并不是有效的，因为任何外部录制设备都可以对模拟信号加以录制。最终，法院并没有认定被告违反了《德国著作权法》有关保护技术措施的规定，而是认定被告的行为构成不正当竞争，因为原、被告之间存在竞争关系，且被告的行为也是故意引诱原告的用户违约（第三人侵害债权），导致用户不愿意为使用Napster的服务而长期付费。③

本案中，原告在数字音乐文件中加入的技术措施虽然在用户停止向Napster支付使用

---

① RealNetworks，Inc.，v. Streambox，Inc.，2000 U. S. Dist. LEXIS 1889，at 18（W. D. Wash.，2000).

② 在美国著名的Napster案中，P2P服务提供者Napster败诉，随后破产并被收购，重新推出的Napster提供的正版音乐下载。

③ “Analoge Lücke”，2-06 O 288/06，District Court Frankfurt（31 May 2006).

费后，可以有效地防止用户直接播放先前已下载的正版音乐，但无法防止用户将通过声卡播放的声音录制之后，再将录下的声音转回数字格式，并长期欣赏。因此，原告的技术措施，对于通过外录的方式复制并长期欣赏音乐的行为是无效的。那么，能否因 Napster 在数字音乐中设置的技术措施无法防止用户以外录的方法复制和长期欣赏音乐，就认定这种技术措施无效，不受著作权法保护，从而不制止任何规避该技术措施的行为呢？回答是否定的，Napster 在数字音乐中设置的技术措施并不是阻止用户通过“外录”手段复制和长期欣赏音乐的有效技术措施，但它可以有效地防止用户在停止支付使用费的情况下，直接播放先前已下载的数字音乐。因此，该技术措施仍然应当受到保护，对其有效性应当针对具体的行为加以评估。

四、直接规避行为与提供规避手段行为的定性

《著作权法》第 49 条第 2 款规定：“未经权利人许可，任何组织或者个人不得故意避开或者破坏技术措施，不得以避开或者破坏技术措施为目的制造、进口或者向公众提供有关装置或者部件，不得故意为他人避开或者破坏技术措施提供技术服务。但是，法律、行政法规规定可以避开的情形除外。”这说明《著作权法》既禁止实施规避技术措施的行为（直接规避行为），也禁止向他人提供规避技术措施的设备、工具或服务的行为（提供规避手段行为）。[①] 违反该规定实施受禁行为者将承担法律责任。

（一）直接规避技术措施行为的定性

《著作权法》第 53 条规定：“有下列侵权行为的，应当根据情况，承担本法第五十二条规定的民事责任：……（六）未经著作权人或者与著作权有关的权利人许可，故意避开或者破坏技术措施的……”《信息网络传播权保护条例》第 18 条也规定：“违反本条例规定，有下列侵权行为之一的，根据情况承担停止侵害、消除影响、赔礼道歉、赔偿损失等民事责任……：……（二）故意避开或者破坏技术措施的……”

从字面上看，“故意避开或破坏……技术措施”的行为被定性为“侵权行为”。这实际上是将直接规避行为定性为对著作权的“直接侵权”，但该规定的用语并不适当。直接规避技术措施的行为，与规避之后再对作品进行后续利用的行为并非同一行为。在著作权法中，“侵权行为”有其特定的含义，它与专有权利是有对应关系的：专有权利控制特定行为，如复制权控制复制行为，发行权控制发行行为等。只有他人未经许可而实施了受专有权利控制的行为，同时又缺乏法定抗辩理由，才构成对专有权利的“直接侵权”。如果引诱他人实施“直接侵权”，或者在知道他人要实施“直接侵权”的情况下提供实质帮助，会构成“间接侵权”。直接规避技术措施的行为本身并不涉及受专有权利控制的行为，因为它只针对作品的技术保护层，而不涉及被保护的作品本身。同时，即使在实施直接规避行为之后，又未经许可，对作品实施了后续利用行为，如复制、发行或传播等，直接规避行为与后续侵权行为在法律上也是相互独立的。例如，某人破解了电影 DVD 中的防复制技术措施之后，

---

① 有一些国家并不禁止直接规避行为，如新西兰，see（New Zealand）Copyright Act，226A，或不禁止对“版权保护措施”实施的直接规避行为，如美国，see 17 U.S.C. 1201（b）(1)。

大量翻刻并出售。此人实际上分别实施了直接规避行为，以及复制和发行行为。能够构成“直接侵权”的只是复制和发行行为，而并非直接规避行为。

典型案例

名片设计软件序列号案

在“上海地创网络公司等诉北京某公司案”中，原告开发出了名为易图 WebDraw 的软件，可用于进行名片设计。原告许可被告使用该软件并提供了序列号。但原告根据许可期限对序列号的有效期进行了限定，在到期之后，被告需要另行付费以继续使用软件。在许可期结束后，原告发现被告继续使用该软件向客户提供名片设计服务，认为其破解了序列号，便起诉被告侵权。法院认为：“两被告在许可期限到期后，为了能继续使用软件，采用技术手段破解了软件的序列号。两被告的行为，侵犯了两原告对系争软件享有的著作权……至于两被告应赔偿的损失，因两原告的损失和两被告的获利情况无法确定，由本院参照第一原告与案外人合肥某公司的许可费用的标准、两被告在被许可期限届满后擅自使用的期限、两被告的过错程度合理酌定。”①

在此案中，被告实际上实施了两个行为：一是“破解了软件的序列号”，也即规避了技术措施；二是“在被许可期限届满后擅自使用”软件，也即侵犯软件著作权的行为。由于《著作权法》将前一行为直接界定为“侵权行为”，法院未再区分两个行为，以至于将被告实施前一行为作为认定侵权的依据，而将被告实施后一行为作为认定赔偿额的依据。实际上，此案中构成严格意义上的著作权侵权的行为，并非规避技术措施本身，因为这一行为并不涉及对软件的使用，而是在被许可期限届满之后未经许可继续使用软件。

如果出于帮助他人实施侵权行为的目的，为他人规避技术措施，确实可以构成“间接侵权”。但这种行为通常被归为“提供规避手段”，即《著作权法》中所述的“故意为他人避开或者破坏技术措施提供技术服务”。同时，为他人提供规避手段也并非一定构成“间接侵权”，这是因为“间接侵权”是以他人实施“直接侵权”为前提的，如果他人并未利用作品实施侵权行为，为他人提供规避手段的行为也不是“间接侵权”。例如，为他人规避了收费电影网站中的用户名和密码，使他人可以免费在线观赏电影，由于他人未经许可而观看电影的行为并不构成“直接侵权”，故规避行为也不构成“间接侵权”。如果是为了自身利用作品的需要而规避技术措施，则无论后续对作品的利用是否构成“直接侵权”，规避行为都不可能构成“间接侵权”，因为本人对自己的“帮助”并非“间接侵权”。

由于技术措施本质上是权利人对其在著作权法上的正当利益进行自力保护的手段，著作权法禁止直接规避技术措施，仅是对这一自力保护手段提供的法律保护。直接规避行为只是违反了法律的这一禁止性规定，并不直接涉及著作权法规定的任何专有权利，因此只能是违法行为，而非侵犯专有权利的行为。当然，由于技术措施本身就是用于维护权利人

---

① 上海市浦东新区人民法院（2008）浦民三（知）初字第453号民事判决书。

在著作权法上的正当利益的，故直接规避技术措施的行为也可被认为是一种损害权利人利益（但不是专有权利）的行为，应被定性为《著作权法》禁止的违法行为，而不是严格意义上的侵害著作权的行为。

理论研究

著作权法保护技术措施的正当性

对于“版权保护措施”和“接触控制措施”而言，著作权法保护“版权保护措施”的正当性并未引起太大争议。这是因为“版权保护措施”保护的对象本身就是著作权法所明确赋予权利人的专有权利。在作品中加入“版权保护措施”属于权利人自力保护专有权利的一种有效手段，著作权法对“版权保护措施”的保护实际上是对这一自力保护手段的认可。正是由于著作权人采用“版权保护措施”是保护专有权利的正当手段，因而著作权法对“版权保护措施”的保护也具有正当性。

但是，著作权法对“接触控制措施”的保护导致了理论上的极大困惑和争论——“接触控制措施”与“版权保护措施”相并列，本身就说明“接触控制措施”并不是直接用于保护著作权的。在未经许可而接触作品的行为中，阅读、欣赏盗版文学艺术作品在任何国家都不是侵犯著作权的行为，而运行盗版软件，也只在特定情况下构成侵权行为。[①] 那么，著作权法保护那些不能直接用于保护著作权、旨在防止著作权侵权的“接触控制措施”的正当性何在？

本书作者认为：“接触控制措施”是著作权人除行使专有权利之外，维护自己在著作权法上的正当利益的手段，著作权法保护“接触控制措施”的正当性，源于“接触控制措施”所保护利益的正当性。

著作权法的立法目的之一在于通过使著作权人从对作品的利用中获得收益，来刺激和鼓励更多的人投身于创作活动。这种收益就是著作权人在著作权法中的正当利益。而著作权法实现这一立法目的的传统手段就是赋予著作权人以专有权利，用于控制他人以特定方式利用作品的行为。他人如果希望实施受专有权利控制的特定行为，除非存在法定例外情形，必须获得权利人的许可并支付报酬，由此使权利人从对作品的利用中获得收益。

在权利人享有某种专有权利、能够控制某种行为的情况下，权利人当然可以通过设置技术措施来防止他人未经许可而实施这种行为，以保护自己在著作权法上的正当利益，如以特殊的技术手段将软件刻录在光盘中，导致他人用常规方法无法复制软件，从而直接防止他人未经许可而对软件实施复制行为。但是，即使著作权法没有赋予权利人一种控制他人以特定方式利用作品的专有权利，也只意味着他人未经许可而实施这种行为不构成对著作权的“直接侵权”，但并不意味着他人实施这种行为就是正当的，以及著作权人不能通过自力救济手段去阻止这种行为，以实现自己在著作权法中的正当利益。例如，在没有家用

---

① 最高人民法院《著作权司法解释》第 21 条规定，计算机软件用户未经许可或者超过许可范围商业使用计算机软件的，依据《著作权法》第 48 条（现行《著作权法》53 条——引者注）第 1 项、《计算机软件保护条例》第 24 条第 1 项的规定承担民事责任。这就意味着非商业使用盗版软件在我国并非侵权行为。

摄像机的时代，权利人与电影院达成协议，电影院以一定价格出售电影票，并在放映厅的入口处派人验票。“验票”机制在某种意义上也可以被视为一种单纯的“接触控制措施”——只能防止未经许可对电影内容的“接触”，而不能防止侵犯著作权。既然著作权法中并不存在一项名为“观看权”的专有权利，那么公众观赏电影（接触电影内容）也就不属于著作权法意义上对作品的“使用”，电影权利人不能基于著作权法中的任何专有权利，阻止公众对电影的观赏。如果电影权利人发现某一名观众“逃票”——在没有买票的情况下溜进放映厅观看电影，其不能依据著作权法起诉该名观众侵权。但这并不意味着电影权利人不能要求电影院在入口处对观众进行验票，以防止没有买票的人入场观赏电影。同理，公众购买加密卫星节目的解密装置之后，在未向著作权人付费的情况下收看卫星节目中的电影并不构成侵权，原因同样是著作权法中并不存在“观看权”。但电影权利人可以对在收费的卫星频道播放的电影加密，以防止没有订购卫星频道的公众观赏电影。

由此可见，著作权人行使著作权法赋予的专有权利，是从对作品的利用中获得收益，实现自己在著作权法上的正当利益的主要途径，但并非唯一途径。虽然著作权人不享有所谓“接触权”，不能对未经许可而接触作品的人提起著作权侵权之诉，但并不意味着消费者就享有接触作品的积极权利，更不意味着著作权人不能采用自力保护手段来维护自己在著作权法上的正当利益。只要不与著作权法和其他法律的禁止性规定相抵触，著作权人就可以采用行使专有权利之外的手段来使自己从作品中获得收益，以确保只有付费用户才能欣赏文学艺术作品或运行计算机软件，“接触控制措施”即属于这种手段。如在我国，用户非商业使用盗版软件并非侵权行为，软件著作权人无法追究未经许可而非商业使用软件者的责任。但这并不意味着著作权人不能在软件中设置“序列号”这一“接触控制措施”，以确保只有付费用户才能运行软件。由于“接触控制措施”保护的是著作权人在著作权法上的正当利益，因而著作权法对它进行保护也具有正当性。仍然以软件的“序列号”为例：破解“序列号”并将其出售的行为将导致著作权人无法通过“序列号”达到让用户付费使用软件，从而获得合理收益的目的。著作权法对“序列号”这一“接触控制措施”的保护，确保了著作权人可以实现自己在著作权法上的正当利益。[①]

（二）提供规避手段行为的定性

《著作权法》第 49 条第 2 款规定：“未经权利人许可，任何组织或者个人……不得以避开或者破坏技术措施为目的制造、进口或者向公众提供有关装置或者部件，不得故意为他人避开或者破坏技术措施提供技术服务……”可见，针对技术措施向他人提供规避设备或服务的行为，即提供规避手段的行为，是受到著作权法禁止的。

《著作权法》上述规定的用语容易使人认为提供规避手段属于对著作权的“间接侵权”[②]。如果提供规避手段是为了向他人实施“直接侵权”提供便利，则这种提供行为确实

① 美国法院和我国法院均认定破解软件“序列号”的行为违反了版权著作权法。美国的案例见 Microsoft Corp. v. Silver Star Micro，Inc.，2008 U. S. Dist. LEXIS 1526，我国的案例见“上海地创网络技术有限公司诉北京万户名媒科技有限公司上海分公司案”，上海市浦东新区人民法院（2008）浦民三（知）初字第 453 号民事判决书。

② The Chamberlain Group v. Skylink Technologies，381 F. 3d 1178，1203（Fed. Cir.，2004）.

可能构成“间接侵权”。但是，如果在规避技术措施之后，他人仅未经许可而阅读、欣赏或以其他方式“接触”作品，并没有实施“直接侵权”行为，则对该行为的帮助就不可能构成“间接侵权”。

典型案例

提供软件破解补丁案

北京文泰科技公司开发出了“文泰刻绘”软件，并设置了技术措施。该技术措施会自动验证用户试图运行的是否为正版，如果识别出盗版，则将阻止该盗版软件运行。孙某在其网站中提供了“补丁文件”，专门用于破解“文泰刻绘”软件中的技术措施。用户下载安装该“补丁文件”后，就可以运行盗版的“文泰刻绘”软件。原告不仅起诉被告提供规避其技术措施的手段，而且认为被告的行为侵犯了其软件作品的修改权与保护作品完整权。

法院经审理后指出：“本案中原告所设置的技术措施是为保护其计算机软件作品著作权而附加于其上的控制访问与使用措施，被告的相关行为导致原告软件作品陷于未经授权而被接触使用的危险之中，从而被法律视作侵犯著作权的行为。但被告以文泰解密补丁对‘DISCGUARD’光盘加密验证技术措施的避开与破坏并非对原告软件作品内容的破坏与修改，故而原告在本案中除技术措施主张之外所主张的被告侵犯其软件作品修改权与保护作品完整权的请求于法无据，本院不予支持。”[①]

在本案中，被告毕竟没有对软件作品本身的内容即代码化指令序列进行修改，同时《计算机软件保护条例》也没有为软件的权利人规定保护作品完整权，因此法院没有认定被告的行为侵犯了修改权和保护作品完整权，即认为被告的行为并不构成“直接侵权”。这一结论是正确的。同时，法院也没有认定被告的行为构成“间接侵权”，而是指出“被告的相关行为导致原告软件作品陷于未经授权而被接触使用的危险之中，从而被法律视作侵犯著作权的行为”。“视作”的用语说明法院并不认为提供规避手段本身就是直接或间接的侵权行为，法院对该行为的定性是准确的。

如果认为只有提供规避手段的行为构成“间接侵权”时，该行为才应当受到著作权法的禁止，则会在理论上和实务中带来一系列的问题。“间接侵权”的认定受制于“实质性非侵权用途”规则，也即如果一种产品“能够具有实质性的非侵权用途”，则即使制造商和销售商知道其可能被用于侵权，也不能推定其故意帮助他人侵权并构成“间接侵权”[②]。而多数规避技术措施的手段具有“实质性非侵权用途”，即可以被用于一些合法用途，如私人使

① 广东省深圳市龙岗区人民法院（2009）深龙法民初字第4153号民事判决书。

② Sony Corporation of America, et al. v. Universal City Studios, Inc., et al., 464 U.S. 442 (1984). 我国法院在一些案例中，均明确承认该规则，如“如果帮助行为人所提供的产品具有‘实质性非侵权用途’，则不能推定帮助行为人主观具有过错……鉴于涉案电脑具有实质性非侵权用途，而原告并未举证证明被告惠普公司具有主观过错，且本案中亦不存在直接侵权行为，故本案中被告惠普公司实施的生产及销售涉案电脑的行为不构成帮助侵权行为”[北京市第一中级人民法院（2010）一中民初字第9612号民事判决书]。

用、科学研究等，因此，如果是向公众提供规避手段，由于公众中的成员使用规避手段的目的各不相同，很难认定提供者明知或有理由知道所有接受该规避手段的人都将实施侵权行为，或确切地知道其中哪些人会实施侵权行为。即使公众中的成员利用规避手段，在规避技术措施之后实施了侵权行为，也无法认定提供者具有帮助侵权的主观意图。这样一来，向公众提供规避手段很难被认定为“间接侵权”。

典型案例

“专业锁”软件系统破解案

美国 Vault 公司开发了名为“专业锁”的系统，可供软件公司在软磁盘中使用，以防止他人未经许可而复制软磁盘中的计算机程序。该系统会在软磁盘的物理表面放置一种无法被删除或修改的验证代码，同时软磁盘中含有验证程序，该程序会指示计算机读取该验证代码，只有通过了验证，计算机才会运行存储在软磁盘中的其他程序。如果他人未经许可而复制软磁盘，是无法将这一验证代码复制到新磁盘中的，因此，被未经许可而复制到其他软磁盘中的程序无法正常运行。① 可见，“专业锁”系统是一种典型的技术措施，可防止未经许可而复制的程序在计算机中正常运行。

Quaid 软件公司则开发了一套计算机程序，其具有被称为“内存钥匙”的功能，专门用于破解“专业锁”系统。用户可使用该程序复制受“专业锁”系统保护的程序。当用户运行已被复制到其他软磁盘中的计算机程序时，“内存钥匙”功能就会发挥作用，使计算机误认为该软磁盘中有正确的验证代码，从而使程序能够正确运行。②

由于此案发生在 20 世纪 80 年代，当时美国还没有禁止规避技术措施和提供规避手段的专门立法，因而 Vault 公司只能起诉 Quaid 软件公司“间接侵权”。Vault 公司认为，用户未经许可复制软磁盘中程序的行为构成“直接侵权”，而 Quaid 软件公司推销和出售具有“内存钥匙”功能的程序，构成“间接侵权”③。美国联邦第五巡回上诉法院认为，《美国版权法》第 117 条第 2 款允许计算机程序复制件的合法所有者制作程序的备份，而 Quaid 软件公司的程序可以被用于制作备份程序，这一合法用途构成了“实质性非侵权用途”。根据“索尼案”确立的规则，Quaid 软件公司销售具有“内存钥匙”功能的程序，并不构成“间接侵权”④。

此案的判决结果，清楚地揭示了通过“间接侵权”规则规制向公众提供规避手段行为的重大缺陷。根据“间接侵权说”，对使用技术措施保护作品的权利人而言，其能否追究规避手段提供者的责任将取决于该提供者在何种情况下向何人提供规避手段。如果是向特定的人提供规避手段，而此人使用规避手段规避技术措施的目的，是在消除了作品的技术措施之后，继续对作品实施未经许可的复制或传播等侵权行为，而提供者在提供规避手段时

---

① Vault v. Quaid，847 F. 2d 255，256 - 257 (5th Cir.，1988).

② Ibid.，at 257.

③ Ibid.，at 262.

④ Ibid.，at 267.

知道此人的这一目的，或提供者引诱此人利用规避手段实施侵权行为，则提供规避手段行为构成“间接侵权”。在这种情况下提供规避手段，与其他“间接侵权”行为没有任何实质区别。但如果是向公众提供规避手段，就会因为规避手段具有“实质性非侵权用途”，而无法认定这种行为构成“间接侵权”。这样的结果对于权利人而言显然是有失公平的，因为与向几个特定的人提供规避手段相比，向公众提供规避手段对权利人造成的影响显然更大，但这种行为因难以构成“间接侵权”而无法受到法律的规制。

正因为如此，在各国禁止提供规避手段的著作权立法中，只有少数立法将提供规避手段的行为定性为“间接侵权”。在多数禁止向他人提供规避手段的立法中，“他人”对作品进行后续利用并构成侵权，均非追究规避手段提供者的法律责任的前提条件。这就意味着：向公众提供规避手段，除非属于免责情形，构成独立的违法行为。在我国《信息网络传播权保护条例》第19条第1项规定：“违反本条例规定，有下列行为之一的，由著作权行政管理部门予以警告……：（一）故意制造、进口或者向他人提供主要用于避开、破坏技术措施的装置或者部件，或者故意为他人避开或者破坏技术措施提供技术服务的……”此处使用的不是“有下列侵权行为”而是“有下列行为”，这说明我国立法者也不认为提供规避手段的行为是对著作权的“直接侵权”或“间接侵权”。由此可见，提供规避手段的行为与直接规避行为一样，多数情况下都属于著作权法所禁止的违法行为，而不是间接侵权行为。

五、认定与规避有关的违法行为的标准及责任

要正确地界定直接规避行为与提供规避手段行为的法律责任，就必须明确哪些行为属于违法的直接规避行为与提供规避手段的行为。

（一）认定违法的直接规避行为的标准

要构成违法的直接规避行为，首先要有客观存在的规避行为，即行为人通过某种机制或手段使技术措施失效。在一些国家的立法中，有专门的条款对直接规避技术措施的行为进行了界定。如美国《千禧年数字版权法》将“规避技术措施”定义为“未经版权人许可对内容已被扰乱的作品进行还原，对已加密的作品进行解密，或者以其他方式避开、绕过、清除、破解或损坏技术措施”[①]。参考这一定义可以得出一个结论：直接规避行为是直接针对技术措施进行破解的行为，或者利用规避手段使技术措施无法实现其预期的效果。

在实务中，常见的现象是有人借用他人合法的用户名和密码等阅读、欣赏作品。假如有人借用或盗用他人合法购买的“中国期刊网”的用户名和密码，并据此进入“中国期刊网”浏览其中的期刊论文，是否构成对技术措施的规避呢？在表面上看，这一行为与常见的规避技术措施的行为，如经过研究后破解“中国期刊网”的登录信息并进入其中是相同的，但是，该行为本身并不涉及对数据库“接触控制措施”的“解密”，也不涉及利用规避手段使技术措施失效，因此其并不构成违法的直接规避行为。再如，DVD中的“内容扰乱系统”是一种典型的技术措施。要正常播放DVD，就必须使用经过权利人许可制造的DVD

---

① 17 U.S.C.120（a）（3）（A）.《加拿大版权法》有类似定义，see（Canada）Copyright Act，Section 41（a）（b）。

播放器或光驱，否则就无法将DVD中内容已被扰乱的电影还原成可供正常欣赏的电影。显然，借用他人购买的这种DVD播放器或光驱不能被视为“规避”行为。这正如用一把斧头把锁砸烂，或经研究后配出一把万能钥匙开锁，都可以被称为“规避”，但借用他人合法所有的原配钥匙开锁，就不能被称为“规避”了。当然，借用他人合法获取的用户名和密码并用于“接触”作品，并不一定是合法行为，其中用户名和密码的合法拥有者向他人提供该信息很可能构成违约行为。如果是盗用他人的用户名和密码，进入数据库，阅读其中作品，则可能导致向被盗用者和数据库权利人承担侵权法上的民事责任。[①]

典型案例

借用他人用户名和密码登录数据库不构成违法的直接规避行为

在美国发生的“I. M. S咨询管理系统公司诉Berkshire信息系统公司案”（以下简称“I. M. S案”）和“David Egilman诉Keller & Heckman案”（以下简称“Egilman案”）是有关违法的直接规避行为构成要件的典型案例。

在“I. M. S案”中，I. M. S咨询管理系统公司（以下简称I. M. S公司）和Berkshire信息系统公司（以下简称Berkshire公司）是竞争对手，均经营广告信息数据库，用户需要付费获取用户名和密码才能登录进入数据库。I. M. S公司指称Berkshire公司使用I. M. S公司用户的用户名和密码登录进入了I. M. S公司的数据库，并认为此举违反了美国《千禧年数字版权法》有关禁止规避“接触控制措施”的条款。[②] Berkshire公司则抗辩称，他只是使用了I. M. S公司授权给其用户的合法的用户名和密码，不属于“规避”技术措施的行为。法院认同被告的观点，并指出：“原告指称（被告实施的行为）并不涉及《千禧年数字版权法》所称的‘规避’。‘规避’要求对内容已被扰乱的作品进行还原，或解密、避开、绕过、清除、破解或损坏技术措施。在本案中，被告并未被指称避开或绕过了原告所使用的技术措施具有的‘守门人’的功能。原告的起诉书从未指称：被告在没有输入原告（提供给其用户使用的）密码的情况下，进入了原告的e-basket系统（原告的数据库——引者注）……更准确地说，被告所避开或绕过的是……来自作者的许可……《千禧年数字版权法》的诉因并不是未经许可以侵权的方式进入（数据库等），相反，《千禧年数字版权法》‘针对的是规避用于防护版权内容的数字围墙’。”[③]

在“Egilman案”中，原告在其设置登录密码的个人网站中上传了文件，被告未经许可，使用该密码登录了原告的网站（但密码的来源不详），浏览了其中的内容并进行了打印。原告起诉被告“规避了其网站中用于限制接触其作品的技术措施，因此违反了《千禧

---

① See Jacques de Werra, “The Legal System of Technological Protection Measures under the WIPO Treaties, the Digital Millennium Copyright Act, the European Union Directives and other National Laws”, in International Literary and Artistic Association (ALAI) Congress, Adjuncts and Alternatives to Copyright: ALAI-USA, New York, 2001, p. 213.

② I. M. S. Inquiry Management Systems, Ltd., v. Berkshire Information Systems, Inc., 307 F. Supp. 2d 521, 522 (S. D. N. Y., 2004).

③ Ibid., at 532.

年数字版权法》"[①]。法院认同"I. M. S 案"的判决理由，认为"规避"行为限于"对内容已被扰乱的作品进行还原，或解密、避开、绕过、清除、破解或损坏技术措施"，仅仅未经许可而"使用"合法的用户名和密码并不构成《千禧年数字版权法》所称的"规避"技术措施。[②]

构成受法律所禁止的直接规避技术措施的行为，除了要具备上述客观要件，还应具备主观要件，即行为人能够意识到自己正在实施规避行为。这一点对于正确界定直接规避行为的法律责任非常重要。直接规避行为，往往是借助规避手段实施的，实施者未必能够意识到自己正在规避技术措施。

前文所讨论的"'娱乐基地案'"就是典型实例。假如法院认定百度确实刻意设计了针对"娱乐基地"音乐数据库的搜索机制，使搜索引擎能够绕过"娱乐基地"中音乐数据库的登录密码（一种"接触控制措施"），并对其中的音乐设置深层链接，使用户得以免费欣赏这些音乐，则该搜索机制就是一种用于规避"接触控制措施"的手段。问题在于，用户使用百度音乐搜索引擎，从而利用这一机制免费欣赏"娱乐基地"中收费音乐的行为，是否属于受著作权法禁止的直接规避行为？对此问题的回答应当是否定的。法律规制的对象，是人在其意志控制之下实施的行为。所谓"规避行为"也应当是人有意识地去规避技术措施的行为。仍然以前述"'娱乐基地案'"为例：一名普通用户在百度的音乐搜索引擎中输入关键词，可以搜索出"娱乐基地"音乐数据库中的音乐并在线欣赏或下载。此时该用户并不知道百度的搜索引擎是通过何种机制搜索出音乐并建立深层链接的。对这名用户而言，受其意志控制的行为是"输入关键词"并启动搜索过程。至于这一过程是否涉及对技术措施的规避，其既不关心，也不可能知晓。在这种情况下，仅仅因为百度的搜索引擎中含有规避技术措施的机制，就认定该名用户规避了技术措施，显然是不合理的。

有些国家或地区的立法已经明确规定了"意志"要件，如欧盟《版权指令》规定："成员国应规定充分的法律保护，制止对任何有效技术措施的规避，只要行为人知道或有合理的理由知道自己正在实施规避行为。"[③] 这里的"知道或有合理的理由知道自己正在实施规避行为"就是强调受法律禁止的规避行为必须是在意志控制之下的行为。《新加坡版权法》对此也有类似规定。[④]

我国《著作权法》第 53 条和《信息网络传播权保护条例》第 18 条也仅将"故意避开或者破坏"技术措施规定为应当承担法律责任的行为，而"故意"避开或破坏技术措施必定是一种有意识的行为。根据《著作权法》中的这一明确规定，前述"'娱乐基地案'"中，用户通过搜索引擎提供的深层链接，在其不知情的情况下获得受"接触控制措施"保护的歌曲的行为，不能被认为是"规避技术措施"的行为。

需要指出的是：权利人对技术措施的使用可能与"合理使用"的宗旨产生冲突。这是

---

① David Egilman v. Keller & Heckman, 401 F. Supp. 2d 105, 108 - 112 (D. D. C., 2005).

② Ibid., at 113.

③ Directive on the Harmonisation of Certain Aspects of Copyright and Related Rights in the Information Society, Article 6 (1).

④ See (Singapore) Copyright Act, Article 261C (1) (a).

因为技术措施虽然可以加强权利人对作品的控制，防止他人未经许可而“接触”或利用作品，但不可能自动识别他人对作品的“接触”或利用行为是否为“合理使用”，而是对未经许可的行为一概加以阻止。这就导致技术措施在阻止了侵权行为和其他损害权利人之正当利益的行为的同时，也可能阻止了对作品的“合理使用”。而著作权法对技术措施的保护，也即禁止直接规避技术措施和提供规避手段的行为，则可能加深这一矛盾。为此，各国在保护技术措施的同时，也都规定了例外情形。如《美国版权法》不仅规定了七种允许规避技术措施的例外情形，还规定每三年由美国国会图书馆颁布一次例外情形。[①] 我国《著作权法》第 50 条第 1 款规定：“下列情形可以避开技术措施，但不得向他人提供避开技术措施的技术、装置或者部件，不得侵犯权利人依法享有的其他权利：（一）为学校课堂教学或者科学研究，提供少量已经发表的作品，供教学或者科研人员使用，而该作品无法通过正常途径获取；（二）不以营利为目的，以阅读障碍者能够感知的无障碍方式向其提供已经发表的作品，而该作品无法通过正常途径获取；（三）国家机关依照行政、监察、司法程序执行公务；（四）对计算机及其系统或者网络的安全性能进行测试；（五）进行加密研究或者计算机软件反向工程研究。”

（二）认定违法提供规避手段的标准

《著作权法》第 49 条第 2 款规定：“未经权利人许可，任何组织或者个人……不得以避开或者破坏技术措施为目的制造、进口或者向公众提供有关装置或者部件，不得故意为他人避开或者破坏技术措施提供技术服务……”在单纯提供规避工具或设备（《著作权法》中的“装置或部件”）的情况下，并不涉及动手为他人规避技术措施。著作权法必须对违法的提供规避手段的行为作出界定，这样才能使人知晓在何种情况下提供何种工具和设备的行为是受法律禁止的。然而，著作权法要进行这种界定是十分困难的，许多通用软、硬件工具和设备均可被技术高手用于规避技术措施，如果禁止向公众提供这类工具和设备，可能对正常的产品交易和研发产生极大影响。为此，许多国家在设计禁止提供规避手段的条款时，均尽力作出精细的规定，以实现对特定行为的“精准打击”，避免伤及合法行为。

美国、欧盟、加拿大和新加坡等均规定，“制造、进口、向公众提供技术、产品、服务、装置、部件和其中的组成部分”的行为在三种情形下是被禁止的[②]：(1) 设计或制造的主要目的是规避有效技术措施；(2) 它们除了用于规避有效技术措施，仅具有有限的商业价值；(3) 明知它们将被用于规避技术措施，仍然单独销售或与他人协同销售，或者为规避技术措施的目的而对它们进行推销、进行广告宣传或销售。这三种情形所体现的判断标准可分别被命名为“设计目的标准”、“商业价值标准”和“销售目的标准”。

需要说明的是：“商业价值标准”与“实质性非侵权用途标准”在表面上具有相似性，实际上完全不同。根据“实质性非侵权用途标准”，即使一种工具或设备除用于规避有效技术措施之外，完全没有任何其他商业价值，只要他人使用规避手段实施“规避有效技术措

---

① 美国国会图书馆具有颁布行政规章的权力，美国版权局是美国国会图书馆的下设机构。此点与我国国家图书馆不同。

② See 17 U. S. C. 1201 (a) (2), (b) (1); Directive on the Harmonisation of Certain Aspects of Copyright and Related Rights in the Information Society, Article 6 (2); (Canada) Copyright Act, Article 41. 1 (1) (b) (c); (Singapore) Copyright Act, Article 261C.

施”的行为本身可能是合法的，提供者就不能仅因提供了唯一用途是规避技术措施的工具或设备，而承担间接侵权责任。同时，仅具有有限的其他商业价值的工具或设备也完全可能具有“实质性非侵权用途”。在美国“Grokster 案”中，原告已经举证使用被告的 P2P 软件分享的作品中，有 90%的都是未经许可的，即侵权用途高达 90%。这当然说明 P2P 软件“除帮助侵权之外，仅具有有限的商业价值”。但美国联邦最高法院仍然没有否定 P2P 软件的“实质性非侵权用途”。这充分说明“仅具有有限的商业价值”并非没有“实质性非侵权用途”①。而根据“商业价值标准”，只要提供“除用于规避有效技术措施之外，仅具有有限的商业价值”的工具或设备，就将导致法律责任。该标准考察的并不是一种工具或设备是否“除用于侵权目的之外，仅具有有限的商业价值”，而是其是否“除用于规避有效技术措施之外，仅具有有限的商业价值”。换言之，他人使用规避手段实施“规避有效技术措施”的行为本身是合法还是侵权，根本不是该标准考虑的问题。

由此可见，“商业价值标准”要比“实质性非侵权用途标准”严格得多。只要一种工具或设备的“主要”用途是规避技术措施，构成其商业价值的主要来源，即使其还有一些“次要”用途和商业价值，该产品仍然被禁止提供。同时，即使销售者并不知道他人购买这种工具或设备的目的是规避有效技术措施，甚至他人利用这种工具或设备实施的规避行为本身是合法的，制造和提供这种工具或设备的行为仍然是违法的。例如，对于用于破解收费电视节目信号中的加密措施的“解码器”而言，它仍然具有“实质性非侵权用途”，因为使用者可以利用“解码器”接收节目并对节目进行学术研究，而这一行为本身并不非法。但是，“解码器”除了被用于破解加密措施，实现免费观看电视节目的目的之外，缺乏有商业价值的用途，故销售这种“解码器”就是一种受禁止的行为。

典型案例

索尼 PS 游戏机解密码系列案

在一些国家发生的围绕提供规避索尼 PlayStation 游戏机（PlayStation 二代游戏机简称 PS2，三代游戏机简称 PS3，以下统称为“PS 游戏机”）中的技术措施的“解密码”发生的争议，为说明“商业价值标准”与“实质性非侵权用途标准”之间的差异提供了注脚。

索尼公司在其 PS 游戏机中，设置了被称为“控制码”的技术措施，其作用之一在于防止用户运行未经索尼公司认证的游戏软件，包括盗版游戏软件。一名叫乔治·霍茨（George Hötz）的美国人成功地破解了该技术措施，并公布了“解密码”和相应的解密程序。显然，“解密码”并非没有“实质性非侵权用途”，因为它可以使消费者在索尼公司的 PS 游戏机中运行第三方独立开发的游戏软件。但即使是这种合法用途，也需要通过规避技术措施来实现。因此，“解密码”，“除用于规避有效技术措施之外，仅具有有限的商业价值”，提供“解密码”的行为就是非法的。在索尼公司对霍茨提起违反美国《千禧年数字版权法》之诉之后，美国法院随即根据《千禧年数字版权法》下达了临时限制令，禁止霍茨

① Metro-Goldwyn-Mayer Studios, Inc. v. Grokster, Ltd., 545 U.S. 913 (2005).

制作和通过各种方式提供用于规避索尼公司的PS3游戏机中的技术措施的规避手段。①

同样，在“索尼公司诉Divineo公司案”中，数名被告出售的软件HDLoader、硬件“直读芯片”等均可以规避PS2游戏机中的“控制码”，使游戏机误认为所有游戏光盘都含有正确的“控制码”。被告的抗辩理由之一是，其提供的软、硬件可被用于合法行为，如运行独立开发的游戏软件，从而实现游戏机与游戏软件的兼容。② 但美国法院认为：规避手段的合法用途和用户对规避手段的合法使用，并不能免除规避手段提供者的违法责任。法院还特别指出：虽然用户可以用“直读芯片”实现各种目的，但这并不能证明“直读芯片”不是规避手段。被告因此败诉。③

在英国发生的“索尼诉欧文案”与“索尼诉保尔案”中，被告欧文和保尔同样销售用于规避索尼公司的PS游戏机中的“控制码”的芯片（该芯片在两案中分别被称为Messiah和Messiah 2芯片）。索尼公司起诉欧文和保尔违反《英国版权法》中关于禁止提供规避手段的规定。④ 两案中被告均认为：在英国销售的索尼公司的PS游戏机是PAL制式的，而在从采用NTSC制式的国家（如美国、日本）进口的PS游戏机上运行在英国购买的PS游戏光盘，或在英国购买的PS游戏机上运行在美国、日本等国家购买的PS游戏光盘，如果不规避“解密码”就无法实现。Messiah和Messiah 2芯片可以帮助消费者实现这一合法行为。⑤

在“索尼诉欧文案”中，被告还对《英国版权法》中禁止提供规避手段的第296条作了限制性解读。被告认为：该条针对的仅是那些专门被设计用于协助他人通过规避技术措施进行侵权的工具。而Messiah芯片具有其他合法用途，因此不在受禁止之列。⑥ 英国高等法院拒绝了被告对第296条的这一解读。法院认为：第296条关心的只是一种工具是否被专门设计用于规避技术措施，而Messiah芯片正是这样一种工具，因为Messiah芯片的唯一作用就是规避索尼公司在PS游戏机中应用的技术措施“控制码”。至于使用者规避技术措施是否为了实施合法行为，则在所不问。⑦

两案被告均被判决承担违法责任。

根据“设计目的标准”和“销售目的标准”，如果设计或制造某种工具或设备的主要目的是规避有效技术措施，或者明知这种工具或设备将被用于规避有效技术措施，却仍然加以销售或与他人合作销售，行为人就要承担违法责任。这就意味着即使一种工具或设备除了用于规避有效技术措施，还在客观上具有其他商业价值的用途，提供这种工具或设备也不一定就是合法行为。例如，在上文提及的有关提供规避索尼公司的PS游戏机中的技术措施的“解密码”的争议中，索尼公司等游戏机制造商举证说明：几乎所有成功破解技术措施的黑客，都会制作一套“破解包”，其中含有使不具备专业技能的游戏机

---

① Sony Computer Entertainment America LLC v. George Hotz, etc., 2011 WL 347137, at 2 (N. D. Cal., 2006).

②③ Sony Computer Entertainment America v. Divineo, 457 F. Supp. 2d 957, at 965 (ND. C., 2006).

④ Sony v. Owen, [2002] EWHC45, paras. 5-6; Sony v. Ball, [2004] All ER (D) 334 (Jul.), para. 7.

⑤ Sony v. Owen, [2002] EWHC45, para. 9; Sony v. Ball, [2004] All ER (D) 334 (Jul.), para. 31.

⑥ Sony v. Owen, [2002] EWHC45, para. 12.

⑦ Ibid., para. 13.

用户也能运行盗版游戏的程序，同时通过广告宣传这一功能。[①] 显然，在这种情况下，设计和提供“破解包”的目的就是帮助用户规避游戏机中的技术措施。此时，即使“破解包”还有其他商业价值，提供“破解包”的行为也仍然违法。

典型案例

DVD和CD复制软件案

在美国发生的电影版权人与RealNetworks公司的纠纷案中，电影版权人在电影DVD中加入了两种“版权保护措施”——ARccOS系统和RipGuard系统。这两种系统的工作原理是：刻意在DVD中加入“坏扇区”，导致复制软件误认为该DVD已经损坏，因此无法复制。[②] 而RealNetworks公司开发了RealDVD软件，可以规避ARccOS系统和RipGuard系统，从而使用户能够将DVD中的电影复制到计算机硬盘中。对于RealNetworks公司销售RealDVD软件是否违反美国《千禧年数字版权法》有关禁止提供规避手段规定的问题，RealNetworks公司认为：其RealDVD软件可以读取因任何原因而损坏的DVD，并不区分“坏扇区”是意外刮擦DVD造成的，还是ARccOS系统和RipGuard系统有意加入的。[③] 显然，RealNetworks公司是想说明自己设计RealDVD软件并不是为了规避技术措施。

但美国法院认为：被告早已意识到ARccOS和RipGuard系统的存在。其RealDVD软件的研发团队花费了大量时间来分析这些防止复制的系统，并特意决定进行规避ARccOS和RipGuard系统的设计，从而使RealDVD软件可以复制包含此类保护措施的DVD。RealDVD软件能够复制受ARccOS及RipGuard系统保护的DVD的唯一原因就是被告积极地、故意地规避该技术措施。[④] 法院根据“设计目的标准”，指出RealNetworks公司设计RealDVD软件的目的就是规避技术措施，因此RealNetworks公司销售RealDVD软件的行为构成违法。

在德国发生的“Clone-CD案”中，唱片公司在其音乐CD中使用了技术措施，可以防止消费者使用通常工具复制CD。有人开发了Clone-CD软件（意为“复制CD”）并在e-Bay网上向公众提供，该软件可以复制带有技术措施的CD。法院认为：Clone-CD软件是被“设计用于规避有效技术措施的”，《德国著作权法》根据欧盟《版权指令》的要求，禁止提供规避手段和以其进行广告宣传的行为[⑤]，而此人在e-Bay网上对Clone-CD软件进行了广告宣传并销售了该软件。由于此人仍然有再次实施该行为的可能，因此唱片公司有权获得禁令，也有权要求此人签署不再违法的保证并支付相关费用。[⑥] 可见，德国法院在本案中是根据“设计目的标准”和“销售目的标准”认定被告的行为违法的。

---

① See Library of Congress, Exemption to Prohibition on Circumvention of Copyright Protection Systems for Access Control Technologies, 77 FR 65260－1, at 65273 (2012).

② RealNetworks v. DVD Copy Control Association, 641 F. Supp. 2d 913, at 927－928 (N. D. Cal., 2009).

③④ Ibid., at 937.

⑤ 参见《德国著作权法》第95a条。

⑥ “Clone-CD”, I ZR 219/05 (17 July 2008).

“设计目的标准”、“商业价值标准”和“销售目的标准”也为工具或设备的设计、制造者和销售、提供者留下了一定的合法活动空间。对于设计、制造者而言，只要其主要目的不是去设计一种用于规避技术措施的工具或设备，即使该工具或设备被人大量用于规避技术措施，设计、制造者也不会承担责任。例如，某技术专家为某合法目的编写了一款软件，但被人发现其可以被用于规避技术措施，经此人宣传后被他人大量用于规避技术措施，该技术专家也并不为此后果承担责任。

对于一种工具或设备的销售、提供者而言，如果该工具或设备并非主要为了规避技术措施而设计，而且其除了能用于规避技术措施，还具有其他商业价值，则只要在销售、提供时并不知道他人将使用这种工具或设备规避技术措施，销售、提供者也不会承担责任。

（三）此类违法行为的法律责任

《世界知识产权组织版权条约》和《世界知识产权组织表演和录音制品条约》要求缔约方针对规避技术措施的行为，向权利人提供“有效的法律救济”。但何种救济措施属于“有效”，这两条约本身并未作出规定，为各国实施条约留下了很大的空间。我国《著作权法》第 53 条对于规避技术措施的行为（包括直接规避和提供规避手段）的法律责任作出了规定：“有下列侵权行为的，应当根据情况，承担本法第五十二条规定的民事责任；侵权行为同时损害公共利益的，由主管著作权的部门责令停止侵权行为，予以警告，没收违法所得，没收、无害化销毁处理侵权复制品以及主要用于制作侵权复制品的材料、工具、设备等，违法经营额五万元以上的，可以并处违法经营额一倍以上五倍以下的罚款；没有违法经营额、违法经营额难以计算或者不足五万元的，可以并处二十五万元以下的罚款；构成犯罪的，依法追究刑事责任：……（六）未经著作权人或者与著作权有关的权利人许可，故意避开或者破坏技术措施的，故意制造、进口或者向他人提供主要用于避开、破坏技术措施的装置或者部件的，或者故意为他人避开或者破坏技术措施提供技术服务的，法律、行政法规另有规定的除外……”这说明直接规避行为和提供规避手段这两类规避技术措施的行为均可能导致民事责任；同时损害公共利益的，还将导致行政处罚。

与此同时，《刑法》还将规避技术措施列为“侵犯著作权罪”的罪状。《刑法》第 217 条规定：“以营利为目的，有下列侵犯著作权或者与著作权有关的权利的情形之一，违法所得数额较大或者有其他严重情节的，处三年以下有期徒刑，并处或者单处罚金；违法所得数额巨大或者有其他特别严重情节的，处三年以上十年以下有期徒刑，并处罚金：……（六）未经著作权人或者与著作权有关的权利人许可，故意避开或者破坏权利人为其作品、录音录像制品等采取的保护著作权或者与著作权有关的权利的技术措施的。”需要指出的是，与《著作权法》第 53 条明确对直接规避行为和提供规避手段这两类规避技术措施的行为规定民事责任和行政处罚不同，《刑法》第 217 条似乎仅将直接规避行为纳入可入罪行为的范围，但这一理解有悖于立法原意，也会导致该规定在现实中基本上丧失意义，因此应当运用适当的法律解释方法，将其解释为直接规避行为和提供规避手段这两类规避技术措施的行为都可能入罪。

立法背景

规避技术措施入罪的行为类型是什么

2020年修正的《刑法》第217条第6项规定的罪状中只有“故意避开或者破坏……技术措施”，并未纳入“以避开或者破坏技术措施为目的制造、进口或者向公众提供有关装置或者部件”以及“故意为他人避开或者破坏技术措施提供技术服务”。这不可避免地使人产生一个印象：根据2020年修正的《刑法》，只有“直接规避行为”才能入罪，“提供规避手段行为”不能入罪。

对比2020修改前后《著作权法》有关规避技术措施之责任的规定，上述印象会进一步得到加强。2010年《著作权法》第48条第6项规定：“有下列侵权行为的……：……（六）未经著作权人或者与著作权有关的权利人许可，故意避开或者破坏权利人为其作品、录音录像制品等采取的保护著作权或者与著作权有关的权利的技术措施的……”（2001年《著作权法》第47条第6项有相同规定）；2020年修改后的《著作权法》第53条第6项规定：“有下列侵权行为的……：……（六）未经著作权人或者与著作权有关的权利人许可，故意避开或者破坏技术措施的，故意制造、进口或者向他人提供主要用于避开、破坏技术措施的装置或者部件的，或者故意为他人避开或者破坏技术措施提供技术服务的……”（注：着重号为引者所加）。显然，“提供规避手段”的法律责任，是在2020年修改《著作权法》时才明确规定的。这自然容易使人认为2010年《著作权法》第48条和2001年《著作权法》第47条规定的规避技术措施的法律责任，仅限于“直接规避”行为的法律责任，因此2020年修正的《刑法》第217条与之类似，只有“直接规避”行为才可构成犯罪。

然而，上述解释会使2020年修正的《刑法》规定规避技术措施行为入罪的规定意义寥寥，不可能反映真实的立法意图，因此是不可取的。首先，在不向公众提供规避手段的情况下，仅仅实施“直接规避”行为对权利人的利益造成的损害并不大。“直接规避”的直接后果，当然是使作品失去其技术保护层，从而可被未经许可地“接触”或复制或通过网络传播等。如果后续利用是面向公众发行或传播作品，如破解计算机程序中的序列号后，将去除序列号后的计算机程序通过网络销售（付费下载），或破解电影DVD中的防复制措施后，将电影拷贝到硬盘上并销售装有电影的硬盘或者提供电影的网络点播或下载，则这些后续利用构成对复制权、发行权或信息网络传播权的侵害。此时即使《刑法》并未将“直接规避”行为列为罪状，上述行为只要达到了入罪门槛，仍可被追究“侵犯著作权罪”的刑事责任。那么《刑法》规定“直接规避”行为构成刑事犯罪的意义又在哪里呢？正因为如此，有些国家根本就不认为世界知识产权组织的前述两个条约要求禁止“直接规避”行为，它们也只在其著作权版权立法中禁止提供规避手段，而不禁止“直接规避”行为，其典型代表为澳大利亚2000年《数字议程法案》[1]、1999年《日本

---

① See Digital Agenda Act，Section 116A.

著作权法》[①]，以及2008年《新西兰版权法》。[②] 在这些国家，“直接规避”行为甚至都不会导致民事责任，更遑论刑事责任了。

与“直接规避”行为相比，向公众提供规避手段对权利人利益的损害显然要大得多，因为这将使不具备专业技术能力的普通人也能自己动手规避技术措施且未经许可而运行计算机程序或阅读、欣赏文学艺术作品。两者之间的差距，类似于自己在家中阅读盗版小说和通过网络提供该小说的下载。因此，凡是世界知识产权组织前述两条约的缔约方都禁止对技术措施提供规避手段，即使那些不禁止“直接规避”行为的国家也是如此。如澳大利亚2000年《数字议程法案》、1999年《日本著作权法》和2008年《新西兰版权法》，均禁止对受保护的技术措施提供规避手段。世界知识产权组织编写的《世界知识产权组织管理的版权与相关权条约指南》强调，只有对那些使规避行为能够实现的“预备行为”（制造、进口和散发规避工具和为规避提供服务）规定法律责任，缔约方才算履行《世界知识产权组织版权条约》第11条规定的义务。[③] 对此国际学术界较为权威的著作也持相同观点。[④]

2020年《著作权法》第49条第2款中有关禁止“制造、进口或者向公众提供有关装置或者部件”和“故意为他人避开或者破坏技术措施提供技术服务”的规定，基本来源自《信息网络传播权保护条例》第4条第2款。《信息网络传播权保护条例》作为授权立法，对技术措施的保护范围不可能超越作为其依据的2001年《著作权法》所提供的保护范围。2001年《著作权法》涉及技术措施保护的唯一条款是第47条第6项，其规定了规避技术措施的法律责任——“有下列侵权行为的……：……（六）未经著作权人或者与著作权有关的权利人许可，故意避开或者破坏权利人为其作品、录音录像制品等采取的保护著作权或者与著作权有关的权利的技术措施的……”该规定中并没有出现禁止“故意制造、进口或者向公众提供主要用于避开或者破坏技术措施的装置或者部件”和“故意为他人避开或者破坏技术措施提供技术服务”的用语。然而《信息网络传播权保护条例》作出了这样的规定，这说明2001年《著作权法》中的“故意避开或者破坏……技术措施”必然既包括“直接规避”行为又包括提供规避手段。

特别需要指出的是，《世界知识产权组织版权条约》第11条和《世界知识产权组织表演和音制品条约》第18条在规定保护技术措施的义务时，也只使用了笼统的用语“制止规避……技术措施”，并没有明确要求制止提供规避技术措施的手段。但如上文所述，对这两条约的权威解释均认为制止提供规避手段是这两条约要求履行的义务。这两条约的缔约方在立法上的差异也只在于有的缔约方不禁止“直接规避”行为，但对于提供规避手段则均予以禁止。

---

① See (Japan) Copyright Law (1999), Article 120, bis (i) (ii).

② See (New Zealand) Copyright Act, Article 226A.

③ WIPO, Guide to the Copyright and Related Rights Treaties Administered by WIPO: and Glossary of Copyright and Related Rights and Terms, WIPO Publication No. 891 (E), 2003, p. 218.

④ Jörg Reinbothe, Silke von Lewinski, *The WIPO Treaties 1996: The WIPO Copyright Treaty and the WIPO Performances and Phonograms Treaty: Commentary and Legal Analysis*, *Butterworths*, 2002, pp. 144 - 145; Sam Ricketson, Jane C. Ginsburg, *International Copyright and Neighbouring Rights: The Berne Convention and Beyond* (2nd edition), Oxford University Press, 2006, p. 977.

由此可见，2001 年《著作权法》有关技术措施保护的第 47 条第 6 项（2010 年《著作权法》第 48 条第 6 项）本身，就可以被解释为同时规定了“直接规避”行为和提供规避手段行为的法律责任。2020 年修改该条款时，增加列举“故意避开或者破坏技术措施的，故意制造、进口或者向他人提供主要用于避开、破坏技术措施的装置或者部件的，或者故意为他人避开或者破坏技术措施提供技术服务的”的行为，只是为了明确这一点，以省去采用法律解释方法进行推理的麻烦，并没有拓展 2001 年和 2010 年《著作权法》规定的可追究法律责任的规避技术措施行为的范围。

既然如此，对于 2020 年修正的《刑法》第 217 条第 6 项规定的“未经著作权人或者与著作权有关的权利人许可，故意避开或者破坏权利人……的技术措施……”，也完全可以进行广义解释，使之涵盖提供规避手段的行为，从而可以避免前文所述的仅将“直接规避”行为纳入可入罪行为范围所带来的各种问题，并且可以实现在保护技术措施方面的刑民衔接。

第二节　对权利管理信息的保护

《著作权法》第 51 条规定了对权利管理信息的保护：“未经权利人许可，不得进行下列行为：（一）故意删除或者改变作品、版式设计、表演、录音录像制品或者广播、电视上的权利管理信息，但由于技术上的原因无法避免的除外；（二）知道或者应当知道作品、版式设计、表演、录音录像制品或者广播、电视上的权利管理信息未经许可被删除或者改变，仍然向公众提供。”与技术措施一样，“权利管理信息”也是随着数字技术和网络的发展而出现的新事物。但“权利管理信息”的作用与技术措施不同，它不能“保护”作品，而是展示相关权利信息。

一、权利管理信息的概念

根据《世界知识产权组织版权条约》和《世界知识产权组织表演和录音制品条约》的定义，权利管理信息是指在作品或录音制品中加入的用于识别作品、作者、表演、表演者、录音制品、录制者，以及作品、表演或录音制品的权利人的信息，有关作品、表演或录音制品使用的条款和条件的信息。这些信息随附于作品或录音制品的复制件，或在作品或录音制品（为了论述的简洁，以下统称“作品”）向公众进行传播时出现。① 在我国，《信息网络传播权条例》第 26 条将权利管理信息界定为“说明作品及其作者、表演及其表演者、录音录像制品及其制作者的信息，作品、表演、录音录像制品权利人的信息和使用条件的信息以及表示上述信息的数字或者代码”。例如，许多 DVD 电影的片头即是有关电影制片人的信息以及电影不得未经许可在公众场所放映的版权警告，许多软件在安装时也会自动弹出“最终用户许可协议”，这些都属于附属于作品的权利管理信息。

---

① 参见《世界知识产权组织版权条约》第 12 条第 2 款，《世界知识产权组织表演和录音制品条约》第 19 条第 2 款。《世界知识产权组织表演和录音制品条约》并不保护“录像制品”，只提及了“录音制品”。

从上述定义可见，权利管理信息与技术措施不同。后者本身具有特定技术功能，能阻止他人未经许可而“接触”或利用作品，即能够“控制”对作品的“接触”和利用行为。而前者本身没有技术功能，仅是一种能够识别有关作品、权利人、权利归属和使用条件等内容的信息。最为常见的权利管理信息是“数字水印”。

“数字水印”的名称源于印刷时代纸张中的水印。纸张中的水印是指在造纸过程中形成的，“夹”在纸中而不是在纸的表面，迎光透视时可以清晰地看到的有明暗纹理的图形、人像或文字。[①]“数字水印”与纸张中的水印有近似的特征：它是“夹”在数字内容中的一小段特定数字代码，不会被数字内容的使用者感知，也不会影响对数字内容的欣赏，但它可以被与之兼容的机器识别。[②]“数字水印”可以用于标志作品的名称和权利人等作品自身的属性，还可以记载并传递作品应如何被使用的信息。

典型案例

与技术措施无关的权利管理信息受保护吗？

作为原告的广告公司为两家保险公司发布广告，该公司在广告中加入了该公司的标志以及链接至其网站中的版权信息的超链接。两家保险公司随后均聘请被告为它们发布广告。被告发布了与原告先前发布的广告相同的广告，但是移除了原告的标志以及链接至原告的网站的超链接。原告提起了诉讼，认为被告违反了《美国版权法》第1202条有关禁止删除、改变权利管理信息的规定。法院认为：《美国版权法》第1202条提供的保护范围，仅限于作为技术措施一部分的权利管理信息，即只有权利管理信息构成用于保护作品的技术措施的组成部分时，才受第1202条保护。[③]由于原告没有举证证明涉案的标志和链接是自动版权保护或管理系统的组成部分，原告有关被告违反《美国版权法》第1202条的诉讼请求未获支持。

本书作者对美国法院的上述观点持不同看法。在进行法律解释时，不能背离法条清楚明白的含义。无论是《世界知识产权组织版权条约》、《世界知识产权组织表演和录音制品条约》还是《美国版权法》，都没有将“作为技术措施的组成部分”作为一种信息成为权利管理信息的前提条件。相反，这些定义都明确规定，任何能够识别权利人的信息，只要附着于作品或在作品向公众传播时展现，就应当受到保护，他人不得删除或改变。美国法院的上述解释，不仅违反了法律解释的原则，而且将权利管理信息与技术措施混为一谈。

如前文所述，技术措施的功能在于阻止他人对作品实施特定行为。而权利管理信息本身并不具备这一功能。正是由于权利管理信息本身并能被不用于阻止对作品的利用行为，

---

① 参见“百度百科”对“水印”的解释，载 http://baike.baidu.com/view/568885.htm，访问日期：2012-02-02.

② See Mike Godwin, “What Every Citizen should Know about DRM”, *Public Knowledge*, pp. 10-11, at http://www.publicknowledge.org/pdf/citizens_guide_to_drm.pdf.

③ IQ Group, Ltd. v. Wiesner Publishing, 409 F. Supp. 2d 587, 593. (D. N. J., 2006).

世界知识产权组织的前述两条约才将技术措施与权利管理信息分开规定。如果权利管理信息也属于技术措施，那么前述两条约再单独规定权利管理信息还有何意义呢？

当然，一些类型的权利管理信息与技术措施之间存在密切联系，甚至可以成为技术措施的一部分。例如，“广播标记”（broadcast flag）是电视服务提供商在收费电视节目信号中加入的一种视觉和听觉无法识别的数据系列，可以向与其兼容的设备传递有关的许可信息。“广播标记”本身属于“数字水印”，不是技术措施。但是，与“广播标记”兼容的数字电视接收装置在探测到收费电视节目中的“广播标记”后，会拒绝录制。在探测到免费数字电视节目中的“广播标记”后，则只会将数字电视节目输出到模拟录制设备或符合加密要求的数字设备中，该数字设备中的技术措施将阻止用户向网络中上传被录制的数字节目。[①] 此时“广播标记”这种“数字水印”与相关软、硬件系统作为一个整体构成了技术措施。但是，并不能以此为依据，认为任何“权利管理信息”都是技术措施的组成部分。

二、相关行为的定性及法律责任

权利管理信息不但能够使作品的使用者了解作者和相关权利人的姓名、名称，从而成为作者和相关权利人昭示自己身份的方式之一，还可以构成在使用作品之前必须接受的合同条款，促使作品的使用者尊重著作权。而故意删除或改变权利管理信息，会显著削弱作者等权利人对使用者的合理约束，同时还可能导致使用者无从知晓作品作者和相关权利人的身份，使作者和相关权利人无法获得与所付出的努力相称的声誉和尊敬。

由于在数字环境下删除和改变权利管理信息并不困难，所以对权利管理信息也需要进行法律保护。《世界知识产权组织版权条约》第 12 条和《世界知识产权组织表演和录音制品条约》第 19 条专门规定了“关于权利管理信息的义务”，要求缔约各方规定充分和有效的法律救济办法，如任何人在明知或有合理根据应知其下列行为会诱使、促成、便利或掩盖对该条约或《伯尔尼公约》所规定的任何权利的侵权，故意从事这些行为时，应予以制止：（1）未经许可去除或改变任何权利管理的电子信息；（2）未经许可发行、为发行目的进口、广播或向公众传播明知已被未经许可去除或改变权利管理信息的作品或作品的复制品、表演或录音制品。也即这两条约不仅禁止擅自删除或改变权利管理信息的行为，还禁止进口或传播其中的权利管理信息已被未经许可地删除或改变的作品、表演和制品。

理论研究

删改权利管理信息的行为是间接侵权吗？

从上述两条约的用语来看，似乎上述两种受禁止的行为都被界定为“间接侵权”，因为禁止这两种行为的条件，一是这两种行为“会诱使、促成、便利或掩盖对该条约或《伯尔

---

① See Federal Communications Commission, Digital Broadcast Content Protection, Report and Order and Further Notice of Proposed Rulemaking (Nov. 4, 2003).

尼公约》所规定的任何权利的侵权”，也即引诱他人实施侵权行为，或者为他人的侵权行为提供便利；二是行为人必须是在明知或有合理理由知道这两种行为会起到上述效果的情况下，为了追求这种效果而实施这两种行为，而这是典型的间接侵权的构成要件。

然而，将删改权利管理信息的行为以及提供权利管理信息被删改的作品的行为界定为间接侵权，会在理论上和实务中遇到一系列的障碍。首先，根据上述两条约的规定，用于识别作者的信息也属于受保护的权利管理信息。删除或改变了这一权利管理信息，就等于删除或改变了作者的署名，这种行为是典型的侵犯署名权的行为，属于直接侵权而非间接侵权①。

其次，间接侵权以直接侵权为前提，如果他人拿到其中权利管理信息被删改的作品之后，没有实施未经许可而复制、发行或传播等直接侵权行为，则删改权利管理信息和向他人提供权利管理信息被删改的作品，也无法构成间接侵权，这对于保护权利人是非常不利的。例如，删除数字作品中用于识别作者的信息，将使后续读者无从了解作者的身份，从而使作者的身份利益受损。这种损害直接来源于对权利管理信息的删除，而不是读者对作品的后续利用。

最后，如果用间接侵权制度规制删改权利管理信息和向他人提供权利管理信息被删改的作品的行为，则前述两条约专门规定保护权利管理信息的意义就值得质疑：间接侵权早已得到了各国立法或案例的承认，即使没有对权利管理信息的专门保护，一种故意为他人的直接侵权提供便利的行为，也可以被认定为间接侵权，从而受到规制。由此对权利管理信息提供专门保护，不就多此一举了吗？

本书作者认为，删改权利管理信息的行为以及提供权利管理信息被删改的作品的行为之所以受到禁止，并非因为这两种行为构成间接侵权，而是因为它们影响了权利人昭示作者身份、权利归属或使用条件等信息的法定利益。因此，它们与规避技术措施的行为类似，都是违法行为。当然，其中删除、改变作者署名的行为，也是一种侵犯署名权的行为。

我国《著作权法》第 51 条规定：“未经权利人许可，不得进行下列行为：（一）故意删除或者改变作品、版式设计、表演、录音录像制品或者广播、电视上的权利管理信息，但由于技术上的原因无法避免的除外；（二）知道或者应当知道作品、版式设计、表演、录音录像制品或者广播、电视上的权利管理信息未经许可被删除或者改变，仍然向公众提供”。《信息网络传播权保护条例》第 5 条也有类似规定。

从上述规定来看，我国立法者并没有将删改权利管理信息以及提供权利管理信息被删改的作品的行为定性为间接侵权，因为其中并没有像前述两条约那样，将禁止上述两种行为的条件限于“明知或有合理根据应知其行为会诱使、促成、便利或掩盖对著作权的侵权”。这就意味着，无论对其中权利管理信息被删改的作品进行利用的后续行为是否构成侵权，删改权利管理信息的行为在原则上都是受禁止的。这一立法体例是值得赞许的。《著作

① 相关案例可参见：上海市浦东新区人民法院（2009）浦民三（知）初字第 168 号民事判决书，北京市西城区人民法院（2013）西民初字第 23691 号民事判决书，北京市第一中级人民法院（2010）一中民终字第 16573 号民事判决书，北京市朝阳区人民法院（2013）朝民初字第 28007 号民事判决书。

权法》与《信息网络传播权保护条例》的上述规定也意味着，删改权利管理信息以及提供权利管理信息被删改的作品的行为并非直接侵权(删改署名的行为除外）或间接侵权，而是一种违法行为。

《世界知识产权组织版权条约》第12条和《世界知识产权组织表演和录音制品条约》第19条要求缔约方保护权利管理信息，就违法行为向权利人提供“充分和有效的法律救济”。但何种救济措施属于“充分和有效”的，则由各国自行决定。我国《著作权法》第53条第7项规定：“有下列侵权行为的，应当根据情况，承担本法第五十二条规定的民事责任；侵权行为同时损害公共利益的，由主管著作权的部门责令停止侵权行为，予以警告，没收违法所得，没收、无害化销毁处理侵权复制品以及主要用于制作侵权复制品的材料、工具、设备等，违法经营额五万元以上的，可以并处违法经营额一倍以上五倍以下的罚款；没有违法经营额、违法经营额难以计算或者不足五万元的，可以并处二十五万元以下的罚款；构成犯罪的，依法追究刑事责任：……（七）未经著作权人或者与著作权有关的权利人许可，故意删除或者改变作品、版式设计、表演、录音录像制品或者广播、电视上的权利管理信息的……法律、行政法规另有规定的除外……”《信息网络传播权保护条例》第18条第3项有类似规定。虽然《著作权法》和《信息网络传播权保护条例》都规定了“构成犯罪的，依法追究刑事责任”，但我国《刑法》并没有规定相应的刑事责任，因此实施涉及权利管理信息的违法行为并不会致刑事责任。

【问题与思考】

1. 我国曾经多次发生过软件权利人使用技术措施对盗版用户实施“惩罚”的事件。早在1995年，当时著名的文字表格处理软件CCED 5.0的作者朱某针对盗版猖獗的现象，在软件中加入了一种针对盗版使用者的计算机数据的破坏性加密程序，并以公开声明的形式警告用户不要使用盗版。该声明内容如下：为了惩治个别违背版权法，不尊重他人劳动的人，经加密的CCED程序如果确切地发现其中一个要素被解开，它并不及时警告和立即瘫痪，仍然佯做可正常运行，但它会不定期地对硬盘数据起破坏作用。CCED 5.0问世后，以其自身功能的吸引力和其特殊的加密方法，引起了解密者跃跃欲试。事实是：经朱××先生对目前出现的CCED 5.0版“解密”结果的考察，还没有一个是彻底的！至少文件存盘时不定期抽查密点以及不定期检验自身文件完备性还没有被解密者发现并解除！为了大家的数据安全，建议您不要使用来历不明的CCED软件。①

你认为该技术措施是否应当受著作权法的保护?

2. 在“飞狐信息技术（天津）有限公司与深圳市迅雷网络技术有限公司著作权侵权纠纷案”中，用户通过被告提供的“迅雷HD”软件可以搜索到“搜狐视频”中原告享有信息网络传播权的影视剧进行点播。原告认为被告的行为构成侵权。

一审判决书认为：

实践中权利人将作品授权他人使用时，通常会约定使用的形式、范围、期限等内容，并会要求使用人支付相应的对价，因此，即使上述作品如被告主张来源于“搜狐视频”，但被告并未提交证据证明其与“搜狐视频”存在相关技术合作协议或许可使用协议，“搜狐视频”对其使用涉案作品的情况亦不知情，被告在未告知视频播放网站并未取得其许可，亦未取得作品权利人的授权许可的情形下，

① 参见《朱××先生告诫电脑用户》，载《电脑》，1995（1），64页。

通过技术手段分析、破解“搜狐视频”的相关代码后私自取得涉案影视作品信息，使公众无须登录“搜狐视频”、通过被告的“迅雷 HD”软件即可实现涉案作品的在线观看，其本身就是一种新的作品使用方式，理应取得相关权利人的授权许可。综上，被告的行为扩大了涉案影视作品的传播范围，造成了权利人的收益损失，侵害了其信息网络传播权，依法应当承担相应的侵权责任。①

二审判决书认为：

由于本案中的证据表明，上诉人（一审中的被告）并没有“通过上传到网络服务器、设置共享文件或者利用文件分享软件等方式，将作品、表演、录音录像制品置于信息网络中”，其行为不属于直接提供作品，而是提供搜索链接服务。也即其行为并不构成对信息网络传播权的直接侵权。与此同时，帮助侵权的成立必须以直接侵权行为为基础，本案中涉案软件链接的涉案作品来自“搜狐视频”，而“搜狐视频”为国内大型影视作品的在线播放平台，设链者有理由相信该平台的作品均已获得合法授权。故上诉人并不具备帮助侵权的主观故意，客观上也并未针对直接侵权行为提供帮助，不构成帮助侵权。②

但是，二审法院同时认为：

被上诉人在本案中还主张其采用了技术保护措施防止未经授权的第三方跳过广告直接抓取视频。《中华人民共和国著作权法》第四十八条第（六）项规定［现为《著作权法》第 53 条第（六）项——引者注］未经著作权人或者与著作权有关的权利人许可，故意避开或者破坏权利人为其作品、录音录像制品等采取的保护著作权或者与著作权有关的权利的技术措施的，构成侵权。因此，上诉人在本案中故意避开或者破坏被上诉人为涉案作品采取的保护信息网络传播权的技术措施，已构成侵权。③

显然，一、二审法院虽然都认为本案被告的行为构成侵权，但理由不同：一审法院认为其直接侵害信息网络传播权，二审法院认为其既不构成对信息网络传播权的直接侵权，也不构成间接侵权，而属于避开或者破坏受《著作权法》保护的技术措施。

你认同哪一种思路？为什么？

---

① 广东省深圳市南山区人民法院（2015）深南法知民初字第 498 号民事判决书。

②③ 广东省深圳市中级人民法院（2016）粤 03 民终 4741 号民事判决书。

《　　　　　　　》※任课教师调查问卷

为了能更好地为您提供优秀的教材及良好的服务，也为了进一步提高我社法学教材出版的质量，希望您能协助我们完成本次小问卷，完成后您可以在我社网站中选择与您教学相关的1本教材作为今后的备选教材，我们会及时为您邮寄送达！如果您不方便邮寄，也可以申请加入我社的**法学教师QQ群：436438859（申请时请注明法学教师）**，然后下载本问卷填写，并发往我们指定的邮箱（cruplaw@163.com）。

邮寄地址：北京市海淀区中关村大街31号中国人民大学出版社806室收

邮　　编：100080

再次感谢您在百忙中抽出时间为我们填写这份调查问卷，您的举手之劳，将使我们获益匪浅！

基本信息及联系方式：※

姓名：__________ 性别：__________ 课程：____________________

任教学校：____________________ 院系（所）：________________

邮寄地址：____________________ 邮编：____________________

电话（办公）：__________ 手机：__________ 电子邮件：__________

调查问卷：※

1. 您认为图书的哪类特性对您使用教材最有影响力？（　　）（可多选，按重要性排序）

   A. 各级规划教材、获奖教材　　B. 知名作者教材

   C. 完善的配套资源　　D. 自编教材

   E. 行政命令

2. 在教材配套资源中，您最需要哪些？（　　）（可多选，按重要性排序）

   A. 电子教案　　B. 教学案例

   C. 教学视频　　D. 配套习题、模拟试卷

3. 您对于本书的评价如何？（　　）

   A. 该书目前仍符合教学要求，表现不错将继续采用。

   B. 该书的配套资源需要改进，才会继续使用。

   C. 该书需要在内容或实例更新再版后才能满足我的教学，才会继续使用。

   D. 该书与同类教材差距很大，不准备继续采用了。

4. 从您的教学出发，谈谈对本书的改进建议：____________________

____

____

选题征集：如果您有好的选题或出版需求，欢迎您联系我们：

联系人：黄　强　联系电话：010-62515955

索取样书：书名：______________________________

书号：______________________________

备注：※ 为必填项。